유대 전쟁사 1

나남
nanam

한국연구재단 학술명저번역총서
서양편 226

유대 전쟁사 1

2008년 7월 20일 발행
2023년 7월 1일 3쇄

지은이 플라비우스 요세푸스
옮긴이 박정수 · 박찬웅
펴낸이 趙相浩
펴낸곳 (주) 나남
주소 10881 경기도 파주시 회동길 193
전화 (031) 955-4601 (代)
FAX (031) 955-4555
등록 제 1-71호 (1979.5.12)
홈페이지 http://www.nanam.net
전자우편 post@nanam.net

ISBN 978-89-300-8313-3
ISBN 978-89-300-8215-0 (세트)

책값은 뒤표지에 있습니다.

'한국연구재단 학술명저 번역총서'는 우리 시대 기초학문의 부흥을 위해
한국연국재단과 (주)나남이 공동으로 펼치는 서양명저 번역간행사업입니다.

유대 전쟁사 1

플라비우스 요세푸스 지음|박정수·박찬웅 옮김

나남
nanam

옮긴이 머리말

이 책은 요세푸스의 저술 가운데 가장 널리 알려진 《유대 전쟁사》의 헬라어 본문을 한국어로 번역한 것이다. 이 책에 대한 개요를 설명한 해제를 번역문과 함께 수록하였으므로, 이 해제를 먼저 읽는 것이 독자들에게 도움이 될 것이다.

이 번역연구의 동기와 의미를 짧게나마 언급하고자 한다. 우리는 아카데미즘의 전통이 살아숨쉬는 유럽에서 신학훈련을 받았으며, 그 과정에서 우리는 역사를 반추하여 현재를 해석하고 학문의 미래적 발전을 기획하는 일이 학자로서 그 무엇과도 바꿀 수 없는 중요한 자세라고 믿어왔다. 바로 이 점이 번역연구의 기본동기가 되었다.

한여름을 꼬박 준비하여 한국연구재단의 동서양 학술명저번역사업에 지원했던 우리의 포부는 자못 큰 것이었다. 고전문헌학의 토대가 너무도 약한 한국의 학문적 토양에 필요한 자료를 제공함으로써 그야말로 인문학(특히 신학)을 제대로 할 수 있는 학문적 기초를 만들어 보겠다는 포부를 역자들은 서로 공감했던 것이다. 고전의 번역은 물론이거니와 여러 현대 학자들의 검증된 연구서들에 대한 번역소개가 시급히 필요함을 누구나 다 인정하면서도, 실제로 번역작업에는 그에 부합하는 평가와 인정이 매우 인색하게 이루어지고 있는 한국 학계의 풍토 때문에 우리 역자들도 마음의 갈등을 한 바가 있다. 엄청난 노력과 시간의 투자에 상응하는 인정이 보장되지 않을 것이기 때문이다. 그럼에도 불구하고 오직 이 작업이 충분한 학문적 기여를 할 것이라는 자부심과 사명감 때문에 이 일에 착수했다. 이러한 고민의 과정에서 한국학술진흥재단의 지원은 든든한 뒷받침이 되었다. 이러한 점에서, 앞서 언급한 문제의식을 공유하고 있을 한국의 많은 연구자들의 순수한 학문적 열정을 실천할 수 있도록 좋은 여건을 제공해준 한국연구재단에 깊이 감사드린다.

요세푸스의 작품이 한국어로 번역된 것은 이번이 처음은 아니다. 이미 1987년에 생명의 말씀사에서 김지찬 교수에 의해, 그리고 1992년에는 달산출판사에서 요세푸스 전집이 번역 출판되었다. 당시 한국 신학계에 비평적 논의가 본격적으로 활발해진 시기를 즈음하여 발 빠르게 이러한 번역서가 나올 수 있었다는 것이 놀랍다. 그 방대한 분량을 완역한 역자들의 노고가 학계에 공헌한 바가 크다고 평가한다. 그런데 해제에 언급한 바와 같이 이 두 번역본은 모두 각기 다른 영어 번역본을 중역한 것이다. 그럼에도 불구하고 선행 한국어 역서들은 요세푸스가 누구인지도 모르는 사람이 허다한 시대에, 학문적 열정을 지닌 자들을 위해 값지게 활용되었다. 그러나 여기에는 전문적 연구자들이 활용하기에는 많은 한계가 있음을 부정하기 어렵다. 아무튼 지금 헬라어에서 번역한 이 책이 나온 것은, 그러한 선행작업의 토대가 있었기 때문이며, 또한 예전에 비해 학문적 토양이 보다 더 성숙해졌다는 증거가 될 수도 있을 것이다. 요세푸스의 네 작품 가운데 여기서는《유대전쟁사》만이 번역된 것이다. 조만간 나머지 작품도 번역될 수 있기를 기대한다.

처음 우리의 계획은 헬라어와 한국어 '대조본'을 출판하려는 것이었다. 독자들이 이를 좌우로 비교하며 읽을 수 있도록 출판하기 위하여 여러 가지로 노력하였으나, 기술적 문제로 가능하지 않게 되어 적지 않게 유감스럽다. 가까운 주변에서 우리의 작업을 격려하며 응원해준 동료학자들의 기대에는 부합하지 못하게 되어 아쉬운 점이 많지만, 다른 측면에서 본다면 헬라어에 익숙하지 않은 다수의 독자들에게는 더 좋은 일일 수 있을 것이다. 헬라어 본문은 책 후미로 편집했다.

요세푸스 분야는 우리 역자들이 오랫동안 관심을 가져온 영역이다. 역자 박찬웅은 '요세푸스와 누가 - 사도행전 비교연구'를 비롯하여 신약학 분야와 요세푸스를 밀도 있게 접목한 연구를 계속하고 있으며, 역자 박정수는 '종교적, 사회적 차원에서 마태의 죄용서 주제'를 연구했으며 초기 유대교와 관련된 연구를 계속하고 있다. 이러한 연구과정에서 우리는 우선적으로 요세푸스 전집을 비롯하여, 신구약 중간기의 유대교 문헌들, 신약 외경 관련문헌들에 대한 장기적 번역 프로젝트가 필요함을 실감하게 되었다. 그것은 전문가는 물론, 고전어 및 외국어에 익숙하지 못한 독자들의 지적 지평을 확장하는 데에도 큰 도움을 주는 서비스가 될 것임이 자명하기 때문이다. 이 책의 출판이 자극제가 되어 한국의 많은 유능한 학자들이 이러한 작업의 중요성을 인식하고 학문적 기초를 튼튼히 다지는 일에 연대하게 되기를 바란다.

번역이 끝나기까지 도움을 주신 모든 분들께 깊은 감사를 전하며, 정성껏 책을 만들어주신 나남출판 조상호 사장님께 손 모아 감사의 말씀을 드린다.

2008년 초여름에

박정수 · 박찬웅

유대 전쟁사 1

차 례

제 2 권 전쟁발발과 베스파시아누스가 파견되기 직전까지

제 3 권 베스파시아누스의 갈릴리 진격과 요타파타의 함락

2권 차례 유대 전쟁사 2

Historia Ioudaikou Polemou Pros Romaious

1권

안티오쿠스 에피파네스의 예루살렘 침공에서부터
헤롯 왕의 죽음까지

서문

1.1. 로마인들에 대항하여 싸웠던 유대인들의 전쟁은 우리 시대에 발생한 가장 큰 전쟁이었을 뿐만 아니라, 우리가 알고 있는 도시와 도시 혹은 민족과 민족 사이에서 벌어진 그 어떤 전쟁보다도 큰 규모의 전쟁이었다. 그런데 이 사건을 직접 접해보지도 않고 단지 들었던 것만을 수집한 사람들은 이 전쟁의 이야기를 서로 상충되게 기술했다. 2. 다른 한편 이것을 직접 목격한 또다른 사람들 역시 로마인들에게 아부하거나, 또는 유대인에 대한 증오심을 갖고서 사실을 왜곡하였다. 따라서 이러한 책들은 한쪽에서는 트집거리, 다른 한쪽에서는 찬사만을 기록하고 있지, 정확한 역사적 서술은 어디에도 찾아볼 수가 없다. 3. 이러한 이유로 히브리인으로 태어났으며, 맛티아스의 아들이요, 예루살렘 출신의 제사장인 나 요세푸스는, 과거 로마인들과 직접 싸웠으나, 이후에는 불가피한 사건에 개입된 자로서,[1] 이전에 이미 내륙의 비(非) 헬라인들에게[2] 그들의 모국어[3]로 기록하여 모아 보냈던 것

을 헬라어로 번역하여[4] 로마의 통치 아래 살고 있는 사람들에게 설명하여줄 것을 제안하는 바이다.

2.4. 이것은 이미 언급한 바와 같이, 이러한 심각한 소요가 시작되었을 때 로마는 내적으로 병들어 있었고, 이런 시대적 혼란의 와중에 유대인들 가운데에서는 권력과 재력으로 무장한 혁명집단이 일어나게 되었기 때문이다. 그러한 극도의 혼란을 통해서 제국의 동방에서는 한편으로는 잃었던 나라를 완전히 회복할 수 있다고 생각하는 이들과, 다른 한편으로는 나라를 아주 잃을까 두려워하는 자들의 생각이 엇갈리고 있었다. 5. 이는 유대인들이 유프라테스 너머에 있는 같은 동족 모두가 자신들과 함께 봉기할 것이라고 기대했기 때문이다. 그 주변에 있는 갈리아인들[5] 도 로마인들을 긴장시켰고, 켈트 지역[6] 도 조용히 있지 않았다. 그래서 네로의 죽음 이후 모든 곳은 소요로 들끓었다. 많은 사람들은 이 기회에 왕권을 잡아보려고 흥분하였고, 군인들은 수

---

1) 이것은 요세푸스가 로마에 투항하여 로마 황실의 비호를 받게 된 일과 이에 대한 유대인 동족들의 비난 등과 관련된 상황들을 암시한다고 볼 수 있다. 특히 요세푸스가 로마군에게 항복하게 된 사건은 그의 생애의 중요한 전환점이 된다(《유대 전쟁사》 3.362~386). 그 이후 요세푸스는 베스파시아누스가 장차 로마 황제가 될 것이라는 예언을 하였고(《유대 전쟁사》 4.400~402), 실제로 약 1년 후에 그가 황제 자리에 오르게 되자 요세푸스는 특별대우를 받게 된다(《유대 전쟁사》 4.655; 《요세푸스 자서전》 414).

2) 원문에는 '상부(上部)의 야만인들에게'라고 표현되어 있으나, 이것은 내륙의 아시아인들로서, 주로 바벨론에 거주하는 파르티아인, 아라비아인들, 유대인 집단, 그리고 아디아베네인들을 의미한다.

3) 아마도 아람어였을 것이다.

4) 헬라어 기록은 아람어 기록에 대한 단순한 번역이 아니라 확장된 것임이 분명하다. 이것에 대하여는 '옮긴이 해제'를 참조하라.

5) 지금의 프랑스 지역의 거주자들.

6) 당시 게르만인들의 거주지역을 말한다.

익을 잡아보려는 욕심으로 어떤 변화를 열망했다. 6. 나는 그토록 엄청난 사건에 관한 진실이 왜곡되도록 내버려두는 것은 도무지 부당하다고 생각한다. 파르티아인들이나 바벨론인들, 저 멀리 떨어진 아라비아인들, 그리고 유프라테스 너머[7] 우리의 동족과 아디아베네인들은 나의 정확한 기록의 배려를 통해 전쟁이 어떻게 시작되었고, 어떤 고통과 함께 계속되었고, 또 어떻게 끝나게 되었는지에 대해 알게 되었다. 그러나 전쟁에 참여하지 않은 헬라인들과 로마인들은 이것을 알지 못하고, 아첨이나 날조된 것을 믿고 있다.

3. 7. 그럼에도 그들은 그 날조된 것을 아직도 '역사서'라고 부르는 것을 주저하지 않는다. 나의 생각으로 그들은 그 기록들을 통해서 어떠한 바른 정보도 제공하지 못했고, 또 자신들의 목적을 얻는 데도 실패한 것으로 보인다. 왜냐하면 그들은 로마인들이 위대하다는 것을 드러내려고, 유대인들에 관한 것을 항상 무시하고 보잘것없게 만들어버렸기 때문이다. 8. 그러나 나는 약한 자들을 정복했던 자들이 어떻게 위대해 보일 수 있는지 도무지 이해할 수 없다. 그들은 전쟁이 장기화된 일도, 고통스럽게 전쟁을 수행했던 수많은 로마군의 상태도, 예루살렘을 정복하려고 노력한 땀 흘린 장수들의 능력도 간과하고 있다. 생각건대 이들의 업적을 과소평가한다면, 그것은 이들을 불명예스럽게 하는 것이 될 것이다.

4. 9. 그렇지만 나는 로마인을 찬양하는 자들을 반박하려하거나, 나의 동족들에 대한 것을 조사하여 그것을 부각시키려는 생각은 없다. 도리어 나는 양자 모두를 객관적이고 상세하게 기록하려 한다. 하지만 그 사건을 언급함에 있어, 내 조국이 당한 처참함에 대하여 나의 기질

---

7) 티그리스 강 상부지역.

과 감정이 표현될 수밖에 없다는 것에 대해서는 양해를 구하고자 한다. 10. 내부적 갈등이 그 재난을 불러왔지만, 실상 뜻하지 않게 로마인들의 무력이 개입되게 하고 성전에 불을 질러 파괴되게 한 자들은 유대인 폭도들이었다.[8] 이에 대한 증인은 성전을 파괴한 티투스[9] 자신인데, 그는 전쟁의 전체 기간 동안 반역자들의 지배하에 있었던 무리들을 동정하여, 반역에 개입된 자들이 투항할 수 있도록 점령시간을 연장함으로써 이 도시를 함락하는 것을 의도적으로 여러 차례 지연하였다. 11. 만일 어떤 이가, 우리가 폭도들이나 그 도당들에게 책임을 지우려 하고 동시에, 조국의 비참한 재난을 슬퍼하는 것을 악의로 비난하려 한다면—비록 그것이 역사서술의 규범에 어긋나는 것이라 할지라도—그는 이 고뇌를 용납해야 한다. 왜냐하면 로마의 통치하에 있는 모든 도시들 중에 전에는 가장 축복을 누렸던 도시가, 이제는 가장 비참한 재난에 빠졌기 때문이다. 12. 어쨌든 나는, 지금까지 일어났던 인간의 모든 불행은 유대인들이 겪은 일에 비하면 오히려 아주 경미하다고 본다. 또한 유대인이 아닌 어느 누구에게도 이것에 대한 책임을 돌릴 수 없으니,[10] 나는 슬픔을 가눌 수가 없다. 그러나 만일 동정 같은 것에는 인색한 비평가가 있어, 역사의 사실만을 판단하고자 한다면, 그 슬픔은 이 책을 기록하고 있는 역사가 자신의 것이라고만 생각하면 될 것이다.

---

8) '튀란노이'(τύραννοι)는 '폭군'의 뜻이나, 요세푸스는 이 단어를 반란을 선동한 유대인들에게 적용한다.

9) 헬라어로는 황제, 즉 '케사르'로 되어 있으나, 황제 칭호는 공식적으로 아우구스투스부터 시작된다. 그러나 요세푸스는 곳곳에서 '케사르'라는 호칭을 이와 무관하게 적용하고 있다.

10) 요세푸스의 이러한 관점이 《유대 전쟁사》 전체에 영향을 주고 있다.

5. 13. 그럼에도 불구하고 나는 헬라의 지식인들이 책망받아야 한다고 생각한다. 그들은 오래 전에 일어났던 전쟁들과 비교해볼 때, 자신들의 당대에 일어난 이 전쟁에서 엄청난 일들이 발생했음에도 불구하고, 이것에 대해서는 재판관처럼 앉아서, 그 서술을 위해 야심찬 노력을 했던 사람들을 매도하였다. 그들은 표현에 있어 이 사람들보다 우월할지 모르나, 내용을 다루려는 시도에서는 이들을 필적할 수 없다. 그럼에도 그들은 앗시리아인과 메데인들에 관한 사실에 대해서는, 마치 고대의 역사가들이 제대로 보도하지 못했다는 듯이 기록한다. 14. 그렇지만 그들은 기록하는 능력에서나 지식의 전달 면에서도 고대의 역사가들보다 나은 것이 없었다. 그들 모두는 당대의 사건들을 기록함에 있어, 사건들이 일어났을 때에는 그것을 알리기 위한 보도에 급급했고, 사건을 그릇되게 날조하여 식자(識者)들에 의해 부끄러움을 당하게 되었다. 15. 사실 이전까지 기록되지 않은 일과, 당대의 일을 후대에 전하기 위해 기록을 남기는 것은 진실로 찬사를 받을 만한 것이다. 역사가에게 성실한 수고란 어떤 다른 사람의 계획이나 배열을 변경하는 것이 아니라, 새로운 것을 기록하여 역사의 내용 자체를 충실히 제공하는 것이다. 16. 그러므로 나 역시 헬라인들에게 뿐만 아니라 로마인들에게, 실제로 일어난 일들에 대한 온전한 기억을 제공하기 위해 많은 경비와 시간을 들이는 한 이방인일 뿐이다. 본토 출신의 헬라인들은 경제적이고 법적인 부당한 손익에 대해서는 그 즉시 입과 혀를 놀려 말하겠지만, 참된 것을 말해야 하고 또한 많은 작업과 함께 사료들을 수집해야 하는 역사의 기록에 대해서는 입을 다물며, 또 자신의 통치자들의 원정을 기록하는 것은 정치적 약자들과 사건의 전후를 분간하지 못하는 사람들에게 떠맡겨놓는다. 헬라인들은 역사의 진실을 무시할지 모르지만, 우리는 명예로 여기고 있다.

6.17. 그러나 유대인들의 고대역사에 대하여 논의하는 것은, 이를테면 그들은 어떤 민족이었으며, 어떻게 이집트로부터 벗어났는지, 또 어디서 생겨나 어떻게 떠돌게 되었고, 어떤 땅을 차지하였는지, 혹은 어떻게 다시 떠나게 되었는지에 대해서 여기서 다루는 것은 다른 문제이고, 또 적합하지도 않다고 생각한다. 왜냐하면 나 이전에도 많은 유대인들이 선조들의 역사를 정확하게 정리하였고, 이것들을 자기들의 모국어로 번역한 어떤 헬라인들도 진리에서 많이 벗어나지는 않기 때문이다. 18. 그러나 나는 이러한 저술가들뿐만 아니라, 우리의 선지자들이 중단했던 그곳에서부터 그 역사를 정리하여 기록하기를 시작하려 한다. 나는 나 자신이 경험한 전쟁에서 일어난 사건들에 대해서는 가능한 한 더 상세하게 언급하겠지만, 나의 생애 이전의 일에 대해서는 짧고 개괄적으로 다루고 지나가려 한다.

7.19. 먼저 나는 1권과 2권에서는 에피파네스라고 불리는 안티오쿠스가 어떻게 무력으로 예루살렘에 진입하였고, 3년 6개월 동안 이 지역을 장악한 후에 하스몬의 후예들에 의해 그 지역에서 쫓겨나게 되었는지, 그리고 이들의 후손들이 왕권을 중심으로 어떻게 파벌을 형성하였고, 그뒤 로마군과 폼페이우스가 어떻게 이 사건들에 개입하게 되었는지를 주로 서술하게 될 것이다. 20. 그리고 백성들이 헤롯[11] 사후 로마의 아우구스투스의 지배하에서, 퀸틸리우스 바루스가 그 지역을 다스리고 있을 때, 반대세력이 형성된 것과, 12년의 네로 통치기간 동안에 전쟁이 일어나 케스티우스가 다스리던 지방에서 일어난 소요로 번져나가게 된 상황, 그리고 가장 먼저 일어난 소요에서 유대인들이 어떻게 무력공격을 하게 되었는지를 서술하려 한다.

11) 안티파테르의 아들 헤롯 왕을 말한다.

8. 21. 다음으로 3권에서는 로마인들이 어떻게 예루살렘 둘레에 방벽을 구축했고, 케스티우스의 패배로 인하여 두려워진 네로가 베스파시아누스에게 전쟁의 모든 지휘권을 떠넘긴 것과, 베스파시아누스가 그의 맏아들 티투스와 함께 유대지역으로 진격하게 된 경위, 또 가용(可用)한 로마군의 수는 얼마나 되며, 얼마나 많은 원군이 갈릴리 전역으로 공격해 들어갔으며, 그가 어떻게 이 지역의 도시들 가운데 많은 곳을 때로는 힘으로, 때로는 협상으로 정복했는가를 설명할 것이다. 22. 여기에서 나는 전쟁에서 잘 훈련된 로마군의 질서에 관한 것뿐만 아니라, 갈릴리의 두 지역[12]의 넓이와 자연적 특징, 그리고 유대지역의 산, 여기에 더하여 지역의 특징뿐만 아니라, 그곳에 있는 호수와 물줄기와 함께 정복된 모든 도시들 주변에서 일어난 일들을 내가 보거나 체험한 대로 정확하게 기록할 것이다. 왜냐하면 내 자신이 겪은 것들에 대하여 알고자 하는 사람들에게 나는 어떤 것도 감추지 않고 말하고자 하기 때문이다.

9. 23. 계속해서 4권에서는 유대인들의 사태가 최악으로 치닫고 있을 때 네로가 사망한 일, 예루살렘 공격을 지휘한 베스파시아누스가 황제 통치권을 받기 위해 귀환한 이야기, 그리고 이와 관련하여 그에게 일어난 표적들과 로마에서 일어난 변화와 아울러, 24. 그가 자신의 의지와는 반대로 그의 군인들에 의해 통치자가 되게 된 경위와, 그후에 전권을 인수하기 위해 이집트로 가게 되었을 때, 유대인들 가운데 어떤 내분이 일어나게 되었는지, 그리고 폭도들이 나타나, 이들 상호간에 어떤 불화가 있었는지를 서술하겠다.

12) 갈릴리 상부와 하부를 말함.

10.25. 5권에서는 티투스가 이집트에서 출발하여 두 번째로 그 지역을 공격한 것과, 그가 어떻게, 어디서, 그리고 얼마나 군사력을 결집시켰고, 그가 도착했을 때 도시가 어떻게 그런 상태에 처하게 되었는지, 또 공격의 규모가 어떠했으며, 어느 정도의 성벽을 쌓았는지, 그리고 삼중으로 건설된 성벽의 둘레와 그 길이, 그리고 예루살렘뿐만 아니라, 그 거룩한 제단과 성전이 얼마나 견고했으며 어떻게 배열되어 있었는지에 대해 설명하려 한다. 26. 여기에 더하여 나는 성전의 토대와 전체 길이도 자세히 서술하고, 몇몇 축제와 일곱 가지 정결예식, 그리고 제사장들의 예식에 관한 관습과, 이에 더하여 제사장들과 대제사장의 예복과, 성전의 지성소와 같은 것에 대하여 설명할 것이다. 여기서 나는 내 연구의 결과에 어떤 것도 감추거나 덧붙이는 일이 없을 것이다.

11.27. 마지막으로 6권과 7권에서 나는 동족들을 잔혹하게 다룬 폭군들에 대해서, 그리고 이방인에 대한 로마인의 관용에 대해 기록할 것이고, 또한 티투스가 예루살렘 도시와 성전을 보존하려고 폭동을 일으킨 자에게 심혈을 기울이며 수차례 타협을 제안한 일에 대해 설명할 것이다. 나는 또 백성들의 참혹함과 재난을 분석하여, 전쟁과 불화와 기근에 의해 사람들이 얼마나 많은 고통을 받으며 정복되었는지를 설명할 것이다. 28. 그러나 나는 탈주자들의 불행이나, 포로들의 응징에 관해서도 그냥 넘어가지는 않을 것이다. 또 황제의 의도와는 반대로 어떻게 성전이 소실되었는지, 그리고 그 화재 가운데 보존된 거룩한 보물이 얼마나 되는지, 도시 전체가 정복된 것과 정복되기 이전에 발생한 징조와 기적들, 또 사로잡힌 폭도들과 노예의 숫자, 그리고 그들이 어떤 운명에 처하게 되었는가를 살펴보려고 한다. 29. 그 다음으로 로마인들이 전쟁의 잔해와 그 지역의 성벽을 처리한 내용과, 티투스가 유대 전 지역을 진군하며 질서를 회복한 것과, 이탈리아로 귀환

하여 개선행진을 한 것을 기술할 것이다.

12.30. 나는 이 모든 것을 일곱 권의 책에 포함시켰고, 이 사건들을 아는 사람들과 전쟁을 가까이에서 경험한 사람들에게 어떠한 책망받을 것이나 비난의 빌미도 남겨두지 않으려 했다. 무엇보다도 진리를 사랑하는 사람들을 위해 이것을 기록하는 것이지, 결코 지식의 쾌락을 추구하기 위한 것은 아니다. 이제 나는 지금까지 요약한 내용의 이야기를 시작하겠다.

제 1 장 안티오쿠스 에피파네스의 예루살렘 장악과 마카베우스 가문의 활동[13]

1.31. 에피파네스라 불리는 안티오쿠스가 당시에 프톨레메우스 6세와 전 시리아에 대한 패권을 다투고 있을 때, 유대의 정치세력가들 사이에서는 최고의 자리를 놓고 격돌하는 상황이 벌어졌다. 그들은 자신들과 동등한 자들에게 지배당하는 것을 겪고 있을 수만은 없었던 것이다. 결국 대제사장들 가운데 한 사람인 오니아스[14]가 권력을 잡게 되었을 때, 그는 토비아스의 아들들을 예루살렘에서 추방하였다. 32. 이들은 안티오쿠스에게로 피신하여, 그에게 그들과 함께 유대로 진군해서 그곳을 다스려 달라고 간청하였다. 이는 안티오쿠스 왕이 이미 오래 전부터 바라고 있던 일이라 그는 그러한 간청을 받아들였다. 그

13) 마카베우스 가문의 인물들에 관해서는 이 책 뒤쪽에 실린 가계도를 보라. 이 시대의 헬레니즘 통치자들의 유대교에 대한 헬레니즘적 개혁과 문화적 강요에 대하여는 박정수, "헬레니즘 시대의 유대교: 세계화의 도전과 응전", 〈성서마당〉 14(2007), 104~108을 참조하라.

14) 이 오니아스는 오니아스 3세의 아들인데, 대제사장은 아니었다.

는 많은 병력을 직접 이끌고 진격하여 예루살렘을 무력으로 함락시키고, 프톨레메우스를 추종하는 많은 무리들을 죽였다. 또한 그는 군사들을 시켜 마음껏 약탈하게 했고, 심지어 성전까지 노략질하게 하였다. 게다가 매일 끊이지 않고 드리는 희생제사를 3년 6개월 동안 중지시켰다. 33. 그러자 대제사장 오니아스는 프톨레메우스에게로 도피하여, 그에게서 헬리오폴리스에 있는 땅을 받아 거기에 예루살렘을 축소한 것과 같은 도시를 건설하고, 예루살렘 성전을 모방한 성전도 건축했다. 이에 대해서는 적절한 곳에서 다시 서술하도록 하겠다.[15)]

2.34. 안티오쿠스는 예루살렘을 예상치 않게 점령하고 노략질하면서 그렇게 많은 피를 보게 된 것이 불만이었다. 그는 자신이 예루살렘을 정벌할 때 겪었던 것만을 기억하고 분노를 참지 못하여 유대인들이 조상의 유전(遺傳)을 지키지 못하게 하였다. 그리하여 자식들에게 할례를 받지 못하게 했으며, 심지어 돼지를 잡아 하나님의 제단에 분향하게 하였다. 35. 그러자 유대인 모두가 저항하였고, 이로 인하여 당시의 가장 명망 있는 지도자들이 처형되었다. 또한 안티오쿠스는 예루살렘 총독으로 바키데스를 파견하여 하나님을 모독하는 행위를 자행하도록 시켰다. 바키데스는 타고난 본성이 잔인했으며, 어느 누구도 따라갈 수 없는 가증한 일을 자행하였다. 그는 유대인 가운데 존경받는 사람들을 차례로 고문하고, 유대인들이 정복당했다는 사실을 예루살렘 사람들에게 날마다 분명하게 확인시켰다. 그러한 악행이 만연해지자 고통을 당하던 유대인들은 자극을 받아 급기야 보복을 감행하기에 이르렀다.

---

15) 《유대 전쟁사》 7.420~432 참조.

3. 36. 모데인이라는 마을 출신의 제사장 가운데 아사모네우스[16]의 아들 맛티아스가 있었다. 그에게는 다섯 아들이 있었는데, 그는 자기 가문에 속한 자들과 함께 아들들을 무장시켜 단검으로 바키데스를 살해하게 하였다. 그리고 그는 수비대의 무리를 두려워하여 산지로 피신하였다. 37. 그 이후 그 지역에서 많은 사람들이 그에게 몰려들자, 그는 용기를 얻어 산지에서 내려와 그들과 함께 싸워 안티오쿠스의 장수들을 격파하여 유대지역에서 몰아냈다. 이 승리로 맛티아스는 권력을 장악할 수 있었고, 유대인들은 이방인에게서 벗어나 그들 스스로 맛티아스를 통치자로 세우게 되었다. 그는 아들 가운데 장남[17]인 유다에게 통치권을 물려주고 세상을 떠났다.

4. 38. 그러나 유다는 안티오쿠스가 유대지역의 토착세력을 규합하기 위하여 가만히 있지 않을 것임을 간파하고, 우선 로마와 우호관계를 맺었다. 유다는 에피파네스가 그 지역을 다시 침공하자 강력하게 저항하여 그들을 격퇴시켰다. 39. 이 승리로 사기가 높아지자 그는 예루살렘에 아직 남아 있던 적의 잔류부대를 공격하였다. 그리하여 유다는 적의 군사들을 이 도시의 상부에서 하부로 몰아낼 수 있었다. 예루살렘의 한 부분인 이곳은 아크라라고 불렸다. 그는 성전을 장악하고, 성전의 모든 곳을 정결하게 하였을 뿐만 아니라, 성전 둘레에 벽을 쌓았다. 또 예배를 위한 기물들을 새롭게 만들어 이것들을 성전으로 옮겨왔는데, 그것은 이전의 성전 기물들이 부정해졌기 때문이었다. 그리고 그는 또다른 제단을 세워 희생제사를 봉헌하기 시작하였다. 40.

---

16) 이 가문이 유대지역에서 정권을 잡은 다음 외세로부터 완전히 독립하게 되었는데, 이 유대의 '성전국가'의 이름은 '하스몬' 왕조가 된다(기원전 143~63년).

17) 마카비1서 2:4에는 셋째 아들로 되어 있다(《유대 고대사》 12.266 참조). 이때가 대략 기원전 167년.

도시가 원래의 모습을 다시 되찾고 나서 얼마 후 안티오쿠스는 죽었다. 그렇지만 그의 아들 안티오쿠스는 왕위를 계승하면서 유대인들에 대한 적대감도 물려받게 되었다.

5.41. 그리하여 그는 보병 5만 명과 기병 약 5천 명, 그리고 코끼리 80마리를 동원하여 유대지역을 통과하여 산악지대까지 진군하였다. 그는 소도시 벳주르를 점령하고, 벳자카리아라고 불리는 협곡으로 이루어진 지역에서 유다의 군대와 대치하게 되었다. 42. 그런데 접전이 벌어지기도 전에 유다의 형제인 엘르아살은 높은 망대와 금장식 보호대로 무장된 가장 큰 코끼리를 보고, 안티오쿠스가 그 위에 타고 있을 것이라고 생각했다. 그는 아군으로부터 멀리 이탈하여 적군의 부대 전열(戰列)을 관통해 들어가 그 코끼리 가까이까지 갔다. 43. 그러나 왕으로 생각되는 자가 너무 높이 있어 거기까지 도달할 수가 없자, 그는 코끼리의 배를 찔렀다. 그러자 그의 몸 위로 코끼리가 쓰러졌고, 엘르아살은 바닥에 깔려 죽었다. 엘르아살은 명예를 생명보다 더 소중하게 여겼기 때문에 이 비장한 일에 자기 몸을 희생했지만, 이보다 더 큰 일은 할 수 없었다. 44. 그 코끼리 위에 탔던 자는 사실 보통 군사였다. 그렇지만 거기에 안티오쿠스가 타고 있었다 할지라도, 이 대담한 행동을 한 사람은 그 영웅적 행위에 대한 단순한 열망으로 죽음을 택했지만, 명예 그 이상 성취한 것은 없었다. 45. 이 사건을 통해 그의 형제 유다는 전쟁 전체의 불길한 징조를 느끼게 되었다. 유대인들은 오래도록 끈질기게 대항했으나, 안티오쿠스 왕의 군대는 그 수가 많았고, 운도 따랐기에 유대인들을 압도할 수 있었다. 유다는 많은 사람들을 잃고서, 남은 사람들과 함께 고프나 지역으로 피신하였다. 46. 그러자 안티오쿠스는 예루살렘에 진입하여 며칠을 머문 후, 식량이 부족해지자 그곳을 떠났다. 그는 충분하다고 판단할 만큼의 수비대를 배치한 후, 남은 병력을 이끌고 겨울을 나기 위해 시리아로 갔다.

6. 47. 그러나 안티오쿠스가 돌아간 후 유다는 잠잠히 있지 않았다. 많은 백성들이 그에게로 나아왔고, 전쟁에서 살아남은 사람들이 다시 모여들었다. 유다는 안티오쿠스의 장군들과 아케다사라는 작은 마을에서 전투를 벌이면서, 가장 용맹하게 싸웠으며, 많은 적군을 죽인 후 자신도 전사했다. 며칠 후에 그의 형제 요한도 안티오쿠스 주위의 사람들의 음모에 의해 죽었다.

제 2 장 유다 마카베우스의 후계자 요나단, 시몬, 요한 히르카누스

1. 48. 그후에 그의 형제 요나단[18]이 그의 뒤를 이었다. 요나단은 한편으로는 신중한 처사로 자기의 고향사람들에게 관심을 기울이고, 다른 한편으로는 로마인들과 우호적 관계를 맺음으로써 통치권을 강화하였으며, 안티오쿠스의 아들과도 화친조약을 맺었다. 그러나 이러한 것들 가운데 어느 것도 그의 안전을 보장하지는 못하였다. 49. 이는 안티오쿠스의 아들의 후견인이었던 독재자 트뤼폰이 벌써 요나단을 제거할 음모를 꾸미고 있었기 때문이었다. 그는 요나단의 친구들을 이간하려 했는데, 요나단이 수행원 몇 명과 함께 프톨레메우스[19]에 있는 안티오쿠스에게 가자, 그를 비밀리에 체포하여 감금한 후에 유대로 진군하였다. 그후 트뤼폰은 요나단의 형제 시몬에게 패배한 것에 분개하

18) 요나단은 기원전 159년 대제사장 알키무스를 제거하고 권력을 장악하였다. 이후 152년까지 7년 동안 예루살렘에는 대제사장직이 비어 있었다. 152년 요나단이 대제사장직을 차지함으로 엣세네파는 사독계 지도자인 '의의 교사'의 영도하에 쿰란 공동체를 창설하여 광야로 나가게 된다.

19) 프톨레메우스 2세가 '아코'라는(사사기 1:31) 갈릴리의 해안도시를 이렇게 부르기 시작했다. 《유대 전쟁사》 2. 188 이하 참조.

여 요나단을 살해하였다.

2.50. 시몬은 과감하게 일을 처리하는 인물이었다. 그는 인접한 가자라와 욥바, 그리고 얌니아를 장악하고, 수비대를 진압한 후 성곽 아크라를 파괴하였다. 더 나아가 시몬은 트뤼폰에 대항하여 안티오쿠스와 동맹을 맺었는데, 안티오쿠스는 메데로의 원정에 앞서 도라에 진을 치고 있는 트뤼폰를 포위하였다. 51. 그러나 그는 시몬이 트뤼폰을 제거하는 것을 도왔음에도 왕으로서 자신의 야욕을 가라앉힐 줄 몰랐다. 얼마 후 안티오쿠스는 그의 장수 켄데바이오스를 군대와 함께 파견하여 유대지역을 파멸시키고, 시몬을 굴복시켰다. 52. 시몬은 나이가 들었음에도 불구하고 젊은이에 못지 않은 힘으로 전쟁을 지휘했다. 시몬은 그의 아들을 정예부대와 함께 앞으로 보내고, 자신도 한 부대를 이끌고 또다른 측면에서 공격했다. 53. 그는 또 산지와 그밖의 여러 곳에 매복을 두었고, 모든 전략을 총동원하여 빛나는 승리를 거두었고 대제사장으로 불리게 되었다. 그는 결국 170년간 마케도니아의 지배하에 있던 유대인을 해방하였다.[20]

3.54. 그러나 시몬 역시 그의 사위인 프톨레메우스의 음모에 의해 연회석상에서 살해되었다. 그런데 프톨레메우스는 자기의 아내뿐만 아니라 시몬의 두 아들도 감금하고, 셋째 아들인 요한, 곧 히르카누스라고 불린 요한을 살해하기 위하여 자객들을 보냈다. 55. 그러나 이 젊은 히르카누스는 자객들이 접근하는 것을 알아채고 서둘러 예루살렘으로 들어갔다. 왜냐하면 히르카누스는 예루살렘 백성이 자기 선친들이 세웠던 공을 기억하고 있을 뿐만 아니라, 프톨레메우스의 악행을 혐오하고 있다는 것을 굳게 믿었기 때문이다. 프톨레메우스도 다른 성

20) 이때부터 로마의 지배하에 다시 들어가기까지 하스몬 왕조는 약 80년간(기원전 143~63년) 이른바 '유대 성전국가'의 지위로 독립왕국을 형성한다.

문으로 성에 들어가려 했으나, 히르카누스를 받아들였던 백성들은 곧바로 격퇴하였다. 56. 프톨레메우스는 즉시 여리고 상부의 다곤이라 불리는 성으로 후퇴하였고, 히르카누스는 그의 부친으로부터 대제사장직을 이어받고 하나님께 제사를 드렸다. 그후 그는 곧바로 그의 모친과 형제들을 구하기 위하여 프톨레메우스를 공격하였다.

4.57. 그는 요새 공격에서 우위를 점했으나 피할 수 없는 곤경에 처했다. 프톨레메우스가 궁지에 몰리게 되자 히르카누스의 모친과 형제들을 잘 보이는 성벽으로 끌고 나와 고문했기 때문이었다. 그리고는 만일 히르카누스가 속히 퇴각하지 않는다면 그들을 성벽 아래로 떨어뜨리겠다고 위협까지 하였다. 이러한 상황으로 히르카누스는 연민과 공포에 휩싸여 분노했다. 그러나 그의 모친은 고문이나 죽음의 위협에도 결코 굴복하지 않았고, 오히려 아들이 자신이 당하는 굴욕 때문에 동요되어 이 비열한 자를 살려두지 않도록 손을 들어 기도하였다. 그리고 그들의 가문에 비열한 짓을 한 프톨레메우스가 징벌을 받기만 한다면, 목숨을 더 연명하느니 그의 손에 죽는 것이 낫다고 하였다. 59. 요한 히르카누스는 그의 모친이 단호한 의지를 갖고 간청할 때에는 공격을 감행하려고 결심했지만, 모친이 매를 맞아 몸이 상하는 것을 보자 마음이 약해져 번민했다. 60. 이 때문에 공격이 지연되는 동안 안식년이 왔다. 유대인의 안식년은 매주 7일째의 안식일과 같이 매 7년마다 쉬는 해였다. 그리하여 프톨레메우스는 포위망을 빠져나갈 수 있었고, 요한의 모친과 형제들을 살해하고 코틸라스라고도 불리는 필라델피아의 절대권력자[21]였던 제논에게로 도망갔다.

---

21) 요세푸스는 이 단어(τύραννος)를 다의적으로 사용한다. 우리는 부정적 의미로 쓰일 때는 폭군, 긍정적 의미로 쓰일 때는 절대권력자로 번역한다.

5.61. 시몬에게 당한 일로 분노하던 안티오쿠스는 이제 유대로 진군하여 예루살렘 앞에 진을 치고 히르카누스를 포위하였다. 그러자 히르카누스는 왕들 가운데 가장 부유했던 다윗 왕의 무덤을 열고 3천 달란트 이상의 보화를 탈취하였다. 그는 이것으로 안티오쿠스를 설득하여 포위망을 풀게 하였다. 그는 유대인 가운데 돈으로 용병군대를 움직인 첫 번째 사람이 되었다.

6.62. 히르카누스는 후에 안티오쿠스가 메데로 진군하자 복수할 기회를 포착했다. 그는 즉시 시리아에 있는 도시들을 공격하기 시작하였다. 그 도시들에는 정예군사가 없다고 판단하였기 때문이다. 63. 그래서 그는 메다바와 사마가와 그 주변의 도시들, 그리고 시키마와 아르가르제인[22]을 장악하였고, 성전 주위에 모여 살던 쿠타 족속까지도 정복하게 되었다. 또한 그는 이두매의 다른 많은 도시들과 아도레오스와 마리사도 장악하였다.

7.64. 히르카누스는 헤롯 왕이 세웠던 도시 세바스테가 있는 사마리아까지 진격하였고, 사방에서 이 도시를 포위하고 그의 아들 아리스토불루스와 안티고누스에게 그 성을 공략하도록 하였다. 그리하여 어느 누구도 이 포위망을 빠져나가지 못하게 되자, 이 도시에 있는 사람들은 이내 그들이 겪어보지 못한 기근에 빠져들게 되었다. 65. 그들은 아스펜디우스라 불리는 안티오쿠스에게 도움을 요청했고, 안티오쿠스는 이를 받아들였지만, 아리스토불루스의 군대에게 패배하고 말았다. 그는 이 두 형제에게 스키토폴리스까지 추격을 당했지만 그들의 추격을 따돌릴 수 있었다. 그후 그들은 사마리아 주위로 돌아와 많은 수의 주민들을 다시 성안에 가두었고, 이 도시를 완전히 파괴하였을 뿐만

---

22) 그리심을 말한다.

아니라, 주민들을 노예로 삼았다. 66. 이 승리로 사기가 오르자 그들은 공격의 여세를 늦추지 않고 스키토폴리스까지 진격하여, 이 도시를 점령하고 갈멜 산지지역 전체를 폐허로 만들었다.

8. 67. 그러나 요한 히르카누스와 그의 아들들이 거둔 승리를 시기한 그곳 주민들이 소요를 일으켰다. 많은 군중이 모여들어 전면전으로 번졌고 그들은 패할 때까지 저항하였다. 68. 요한은 여생을 다복하게 살았고, 그의 통치 33년 전 기간을 훌륭하게 다스렸으며, 다섯 아들을 남기고 세상을 떠났다. 그는 자신의 업적이 누구에 의해서도 책망받지 않을 만하였기에, 참으로 행복하였다고 말할 수 있을 것이다. 아무튼 그는 세 가지 최고의 직위, 즉 백성에 대한 통치권과 대제사장직, 그리고 예언의 직책을 가진 유일한 인물이었다. 69. 신적인 힘[23]이 그를 도왔기에, 그는 앞날의 일에 대하여 알지 못하는 것이 없었다. 그래서 그는 자기의 첫째와 둘째 아들이 국사(國事)를 처리하는 통치자로는 남지 못하게 될 것을 예언하였던 것이다. 이제 이들이 어떻게 해서 부친의 다복한 업적에서 멀어져 비극적 운명에 처하게 되었는가에 대해 기록하는 것이 좋을 것 같다.

제 3 장 독립된 유대국 최초의 왕 아리스토불루스의 행적

1. 70. 요한 히르카누스가 죽자 그의 아들 가운데 맏아들인 아리스토불루스가 왕위에 올라 통치했는데, 이는 유대민족이 바벨론의 종살이에서 해방되어 고국땅으로 돌아온 지 471년 3개월 만에 처음으로 왕좌에 앉게 된 일이었다.[24] 71. 그는 자신의 형제들 가운데서 바로 아

23) '운명'을 의미하는 '데모니온'(δαιμόνιον)을 번역한 것.

래 동생인 안티고누스를—일반적으로 생각건대—자기와 동등하게 대우했으나, 나머지 형제들은 결박하여 감금시켰다. 그는 정권으로 인하여 관계가 악화된 그의 어머니도 결박하게 하였다. 이것은 그의 아버지 요한이 그의 모친을 국가행정의 책임자로 앉혔기 때문이었다. 게다가 그는 모친을 감옥에서 굶겨 죽일 정도로 잔혹하였다.

2.72. 그러나 그에게 희생된 자는, 그가 사랑할 뿐만 아니라 왕권의 동반자로까지 여겼던 동생 안티고누스였다. 왜냐하면 그는 왕궁의 사악한 권력자들이 꾸민 중상모략으로 결국 안티고누스를 살해하였기 때문이었다. 처음에 아리스토불루스는 그러한 모함을 신뢰하지 않았다. 왜냐하면 그는 동생을 진심으로 사랑했고, 중상모략자들이 만들어낸 말들은 단순한 시기심에서 나온 것으로 여겼기 때문이었다. 73. 안티고누스는 전장에서 돌아와 하나님께 예배하고, 장막을 치는 조상의 관례에 따라 빛나는 옷을 입고 명절[25]의 축제에 참가했다. 마침 이 날에 아리스토불루스는 병에 걸려 있었다. 안티고누스는 명절 끝에 무장호위를 받으며 가장 아름답게 장식하고 형을 위해 간절히 기도하려고 성전으로 올라갔다. 74. 바로 이때 그 사악한 자들이 왕에게 가서 안티고누스가 무장호위를 하고 나타난 것에 대하여 고하기를, 그 거만한 모습이란 신하로서는 적절하지 않으며, 그저 명예롭게 통치권을 누리는 것에만 만족하지 못하고, 아주 큰 규모의 군사를 동원하여 왕을 살해하고 왕위를 찬탈하려고 지금 가까이 와 있다고 했다.

---

24) 요세푸스는 《유대 고대사》 13.301에는 381년으로 계산한다. 그러나 실제 아리스토불루스 8세(기원전 104~103년)는 537년의 귀환 이후 433년째 되는 해, 즉 104년에 왕위에 오르게 되었다.

25) 이 명절은 장막절이다.

3.75. 아리스토불루스는 그 말을 믿으려 하지 않았음에도 불구하고 점차 그러한 중상모략에 말려들었다. 그는 의심하는 표를 내지 않으려고 조심하면서도 만약의 사태에 대비했다. 그래서 그는 자신의 친위병을 지하통로의 어두운 곳에 배치시켰다. 그리고 그는 안토니아라는 성에 누워 있었는데, 당시 이곳은 '바리스'라고 불렸다. 그들에게 만일 안티고누스가 비무장이면 살려두고, 무기를 가지고 들어오면 죽이라고 명령하였다. 그리고는 그에게 무기를 가지지 말고 오라고 미리 전갈을 보냈다. 76. 그 이후에 왕후는 매우 간교한 음모를 꾸몄다. 왕후는 사신에게 왕의 지시를 안티고누스에게 다음과 같이 전하라고 시켰다. "안티고누스가 갈릴리에서 뛰어난 무기와 갑옷으로 무장했다는 것을 왕이 들었으며, 그것을 한번 볼 수 있기를 원하지만 병으로 인해 어쩔 수 없었습니다. 그러므로 이제 당신은 출발하시기 바랍니다. 왕이 갑옷을 입은 당신을 보기 원하고 있습니다."

4.77. 이 말을 들은 안티고누스는, 형의 태도에 어떤 악의가 있으리라고 생각하지 못했다. 그래서 그는 갑옷을 입고 당당한 자세로 왕에게 달려갔다. 그러나 그가 스트라토의 망대라 불리는 어두운 통로에 도달하자, 왕의 호위병들은 그를 살해했다. 이렇게 해서 그는 중상모략이란 모든 호의와 자연적 본성을 파괴한다는 것과, 어떠한 선한 감정도 질투를 견뎌낼 만큼 강하지 않다는 분명한 사실을 알게 해주었다.

5.78. 그런데 아마도 누구나 엣세네파에 속했던 유다가 예언한 것에 대해서 들으면 놀라게 될 것이다. 그는 예언할 때 실수하거나 거짓을 말하는 적이 없었다. 당시 안티고누스가 성전을 가로질러 가는 것을 보면서 그는 자기 주변사람들에게 외쳤다. 그의 주변에는 그를 따르는 자들이 적지 않았다. 79. "재앙이다. 차라리 내가 죽는 것이 나을 것을! 진리가 내 앞에서 사멸되었고, 내가 예언한 것이 거짓으로

드러났도다. 오늘 죽어야 할 안티고누스가 살아 있다니! 그가 살해될 곳은 스트라토 망대로 정해져 있고, 그 거리는 여기서 600스타디온인데! 그리고 벌써 하루 중 4시간이 지나지 않았는가! 80. 내 예언이 때를 분별하지 못하고 나와 함께 무능해지고 마는구나." 이 말을 한 후에 이 노인은 낙심하며 슬퍼하고 있었다. 그러나 잠시 후 안티고누스가 지하에서 살해되었다는 소식이 전해졌다. 그런데 그곳의 명칭은 해변가 가이사랴에 있던 스트라토 망대와 같은 이름을 가지고 있었기 때문에 이 예지자[26] 유다는 혼동했던 것이다.

6.81. 아리스토불루스는 곧 이 실책에 대해 후회했고, 급기야는 병이 들었다. 그는 자신의 살인행위에 죄책감을 느끼며 계속해서 내면의 고통에 시달려 쇠약해졌다. 결국 그는 내장의 심한 고통으로 경련을 일으켜 많은 피를 흘리고 말았다. 82. 그의 종 가운데 하나가 이 피를 밖으로 옮기려다가 안티고누스가 살해당한 그곳에서 넘어졌는데, 이는 하나님의 섭리에 의한 것이었다. 말하자면 살해의 흔적이 아직 선명하게 남아 있는 곳에 살인자의 피를 쏟았던 것이다. 그러자 그것을 목격한 자들은 즉시 경악하면서 함성을 질렀다. 그들은 그 종이 실수로 피를 쏟은 일을, 마치 일부러 그 자리에 희생의 피를 부은 것처럼 여겼던 것이다. 83. 이 소리를 왕이 듣고 이유를 물었다. 그러나 누구도 감히 대답하려고 하지 않자, 더욱 그것을 알고자 했다. 결국 그는 무력으로 위협하여 사실을 알게 되었다. 그러자 그는 눈물을 흘리고 깊이 탄식하며 남은 기력으로 이렇게 말하였다. 84. "나의 악행은 하나님의 전능한 눈으로부터 벗어날 수 없다. 나의 혈육을 죽인 것에 대한 형벌이 속히 나에게 돌아왔도다! 수치스러운 나의 몸이여, 너는 얼마나 형제와 모친을 통해 심판받은 영혼을 내게 붙어 있게 하겠느냐?

---

26) 이 단어는 헬라어로 '만티스'(μάντις)인데, 예언자와 유사하지만 이것은 지혜와 예언이 혼합되어가는 형태의 '지혜적 예언'이라고 할 수 있다.

또 얼마나 그들에게 나의 피를 쏟아야 한단 말이냐? 운명의 신이여! 그들로 나의 피를 가져가게 하고, 내 몸속에서 흘러나오는 희생의 피를 더 이상 치욕스럽게 만들지 말아주소서!" 그는 이 말을 마치자마자 죽었다. 그는 왕으로서 채 1년도 다스리지 못한 것이다.

제 4 장 알렉산더 얀내우스 왕의 행적

1. 85. 아리스토불루스의 아내는 이제 그의 형제들을 풀어주었고, 연령으로나 자질에서 우세해 보이는 알렉산더를 왕으로 앉혔다. 왕위에 오르자, 그는 왕권을 노리던 형제 중 하나를 살해했다. 그렇지만 정사(政事)를 멀리하며 살기 원했던 자들은 보호했다.

2. 86. 그런데 라투루스라 불리며 도시 아소키스를 장악했던 프톨레메우스와 알렉산더 사이에 충돌이 일어났다. 알렉산더는 많은 적들을 살해했으나, 승리는 프톨레메우스에게로 기울었다. 그러나 프톨레메우스가 그의 모친 클레오파트라에게 쫓겨 이집트로 피신했을 때, 알렉산더는 가다라와 요단 저편의 가장 중요한 요새인 아마투스를 점령하여 힘을 되찾았다. 여기에는 제논의 아들 테오도루스의 값진 보화들이 있었다. 87. 그러나 테오도루스는 갑자기 그곳으로 진격하여 자신의 소유물뿐만 아니라 왕 알렉산더의 수행원들까지도 사로잡았고, 유대인 1만 명을 살해했다. 그러나 알렉산더는 이 공격을 극복하고 해안으로 향했고, 가자와 라피아, 그리고 헤롯 왕에 의해 아그립피아스라 불리던 안테돈을 정복했다.

3.88. 알렉산더가 도시들을 정복할 때, 마침 축제의 절기에 있었던 유대인들은 소요를 일으켰다. 유대인은 주로 명절 때에 소요를 일으키곤 했다. 만일 이때 용병의 도움이 없었다면 알렉산더는 이 소요를 제압하지 못했을 것이다. 그를 도왔던 자들은 비시디아인들과 길리기아인들이었다. 그러나 그는 시리아인들을 용병으로 고용하지 않았는데, 그것은 그들이 유대인에 대한 뿌리 깊은 증오심을 갖고 있었기 때문이었다. 89. 그는 봉기를 일으킨 사람들 가운데 6천 명 이상을 살해했다. 그리고 아라비아를 공격하여 이 지역의 갈라드인들과 모압인들을 사로잡고, 그들에게 조공을 요구하였다. 또한 그는 아마투스로 방향을 선회하였다. 그러나 테오도루스가 그의 승리를 두려워하자, 알렉산더는 그의 요새 아마투스가 버려져 있음을 발견하고 그 요새를 완전히 파괴하였다.

4.90. 그 이후 알렉산더는 가울라니티스 지역에 잠복했던 아라비아의 왕 오베다스와 싸우게 되었다. 그는 이 함정에 빠져 그의 병사 전체를 잃었다. 그들은 깊은 계곡에 갇혀 낙타떼에게 짓밟혔다. 알렉산더 자신은 예루살렘으로 도망쳤지만, 이 심각한 패배는 그를 오래 전부터 증오했던 백성들을 봉기하도록 자극했다. 91. 그러나 이번에도 그는 우세하였고, 계속되는 전투에서 6년간 유대인들 5만 명 이상을 살해하였다. 그러나 많은 국력을 소모했기에 그는 단지 승리를 기뻐할 수만은 없었다. 그래서 알렉산더는 무력사용을 중지하고, 그가 정복한 자들과 화해를 위한 협상에 착수했다. 92. 그러나 그들은 수시로 변하는 알렉산더의 생각과 태도를 증오했다. 알렉산더가 그들을 진정시키기 위해 "내가 무엇을 해야만 하는가" 하고 묻자, 그들은 "네가 죽는 것이다"라고 대답했다. 다시 말해 죽음과 같은 영웅적 행위로 화해하려고 한다 해도 거의 불가능하다는 것이다. 이와 동시에 그들은 아카이루스[27]라고 하는 데메트리우스의 도움을 청했다. 데메트리우스는

많은 이익을 얻을 것을 기대하여 이에 기꺼이 응했고, 군대를 이끌고 와서 세겜 주위에서 유대인, 그리고 연합군과 합류했다.

5. 93. 알렉산더는 기병 1천 명과 용병부대인 보병 8천 명으로 구성된 이 두 부대와 대항하여 전투를 벌였다. 그리고 그에게 우호적인 유대인 1만 명이 그의 편에 있었다. 그러나 적의 편에서도 기병 3천과 보병 1만 4천을 거느리고 있었다. 전투가 접전에 이르기 전에 두 왕은 전령들을 보내어 적들을 이탈시키려 했다. 데메트리우스는 알렉산더의 용병부대가, 그리고 알렉산더는 데메트리우스의 편에 있는 유대인이 변심하기를 바랐다. 94. 그러나 유대인은 분노를, 헬라인들은 충성을 버리지 않았기에 그들은 무기를 들고 서로에게 돌진하였다. 95. 비록 알렉산더의 용병들이 사기와 힘 면에서 우세해 많은 전과를 올렸지만, 전쟁에서 승리한 자는 데메트리우스였다. 그러나 이 전투의 종결로 이 두 장수의 기대는 서로 빗나가기 시작하였다. 왜냐하면 데메트리우스를 지원했던 자들은 그런 변화를 기쁘게 생각하지 않았기에 승리자였던 그에게 붙어 있지 못했다. 그래서 유대인 6천 명은 산악지대로 피신했던 알렉산더 쪽으로 갔다. 데메트리우스는 이러한 변화를 견뎌내지 못했으며, 알렉산더가 이미 자신과의 일전(一戰)을 다시 준비하고 있고, 게다가 백성들 전체가 그에게로 돌아서고 있음을 알게 되자, 그는 그곳을 떠날 수밖에 없었다.

6. 96. 그러나 나머지 대다수는 그들의 공동체가 약화될 수 있음에도 불구하고 서로간의 반목을 중단하지 않았다. 더욱이 알렉산더는 전쟁에서 대다수를 죽이고 나머지는 도시 베메셀리스에 몰아넣고, 이 도

27) 이것은 일종의 언어유희를 통한 조롱을 담은 표현으로, 이 데메트리우스 3세의 원래 이름은 '유카이로스'(εὐκαίρως, 적절한 때)였으나, '아카이로스'(ἀκαίρως, 부적절한 때)로 바꾸어 부른 것이다.

시를 점령한 후 포로가 된 자들을 잡아 예루살렘으로 데려오기까지 전쟁을 중단하지 않았다. 97. 알렉산더의 도를 넘은 분노로 그의 야만성은 신을 모독하는 데까지 이르렀다. 즉, 그는 포로들 가운데 8백 명을 도시의 한가운데에서 십자가에 매달았으며, 그들이 보는 앞에서 그들의 부인들과 자녀들을 처형했다. 더욱이 그는 후궁들과 향연을 즐기면서 이 광경을 구경했다. 98. 백성들은 충격을 받아, 그의 적대자들 가운데 8천 명은 다음날 밤 유대를 떠나기 시작했고, 이 망명행렬은 알렉산더가 죽고 나서야 비로소 끝이 났다. 이러한 방법을 통해서 결국 데메트리우스는 왕국을 안정시킬 수 있었고, 전쟁은 그쳤다.

7.99. 그 이후 디오니소스라 불리는 안티오쿠스[28] 때에 다시 분쟁이 일어났다. 그는 데메트리우스의 형제로 셀류쿠스 왕가의 마지막 인물이었다. 알렉산더는 이 안티오쿠스를 두려워하였다. 알렉산더는 아라비아인과 전쟁을 일으키려는 의지를 분명히 하였고, 안티파트리스 상부의 산지와 욥바 근처의 해안선 사이에 깊은 참호를 파놓았다. 또한 이 도랑 앞에 벽을 설치하고, 나무로 만든 높은 망대를 세워 이 지역에서 쉽게 일어날 수 있는 습격을 저지하려고 하였다. 100. 그럼에도 그는 안티오쿠스를 막을 수가 없었다. 왜냐하면 안티오쿠스는 망대에 불을 지르고, 참호를 메워가며 병력과 함께 진군하였기 때문이었다. 그는 자기를 저지하려는 자들에 대한 보복은 중요하지 않다고 생각하고, 곧바로 아라비아인들에게로 진군하였다. 101. 그렇지만 아라비아인들의 왕은 전투에 적합한 지역으로 퇴각하여, 대략 1만의 기병을 급선회시켜, 아직 전투대열에 배치되지 않은 안티오쿠스 주위의 병사들을 공격했다. 드디어 치열한 전투가 벌어졌다. 아라비아인들은

28) 이는 기원전 86~85년에 통치한 안티오쿠스 12세이다. 시리아가 로마에 정복되기 이전(기원전 64년) 셀류쿠스 왕가의 마지막 지배자는 사실 안티오쿠스 13세로 보는 것이 옳다.

안티오쿠스의 군사들을 가차없이 살해했지만 안티오쿠스의 군사들은 안티오쿠스가 살아 있는 한 저항을 지속했다. 102. 그러나 그가 쓰러지자 — 그는 수세에 몰린 자들을 돕기 위하여 항상 위험한 자리의 선두에 있었다 — 그들 모두는 사기를 잃었고, 그들 중 대다수는 전투 중에 혹은 도망하다가 죽었다. 그러나 그밖에 가나라는 마을로 도망했던 자들은 식료품 부족으로 소수를 제외하고는 모두 죽었다.

8. 103. 그후에 다마스쿠스인들이 프톨레메우스에 대한 증오로 메네우스의 아들 아레타스를 데려다가 그를 코엘레-시리아[29]의 왕으로 앉혔다. 아레타스는 유대인들과의 전쟁에서 알렉산더에게 승리한 후, 조약을 맺고 이에 따라 후퇴하였다. 104. 그러나 알렉산더는 계속해서 펠라를 정복하고, 테오도루스의 보화를 차지하고자 거라사로 다시 군대를 이동시켰다. 그는 세 겹으로 수비대를 포위하여 전투 없이 그곳을 차지하였다. 105. 그는 가울라니티스와 셀류키아는 물론 이른바 안티오쿠스 계곡도 장악하고, 그밖에도 철옹성 가말라를 차지하고, 관직을 수행하면서 범한 많은 과실을 이유로 그곳의 통치자 데메트리우스를 퇴위시켰다. 그는 전장에서 정확히 3년간을 채운 뒤 다시 유대로 돌아왔다. 백성들은 그의 성공적 승리를 기뻐하며 환영했다. 그러나 전쟁의 끝이 그에게는 질병의 시작이었다. 106. 나흘 간격으로 오르내리는 고열에 시달리며, 그는 전쟁을 다시 수행한다면 이 질병에서 벗어나리라고 믿었다. 그리하여 그는 이유 없는 전쟁에 자신을 내던졌고, 힘겹게 몸을 혹사시킴으로써 죽음을 맞게 되었다. 그는 그렇게 27

---

29) 이 지역은 팔레스타인 북부 시리아의 접경지대로 기원전 334년 알렉산더 대제의 동방정벌 이후 디아도키 왕국들, 특히 셀류쿠스와 프톨레메우스 왕조들의 세력확장의 격전지로 고대의 문헌들에 '코엘레-시리아' 지역으로 자주 등장한다. M. Hengel, *Judentum und Hellenismus*(J. C. B Mohr; Tübingen, 1969), 8~20 참조.

년간 왕으로 있다가 혼란한 상황에서 죽음을 맞게 되었다.

제 5 장 알렉산드라 여왕의 통치(78~69년)와 바리새파의 득세

1. 107. 알렉산더는 자기의 아내 알렉산드라에게 왕위를 물려주고 세상을 떠났다. 그는 유대인들이 그녀의 말을 가장 잘 따르리라고 확신했는데, 그의 아내는 잔혹했던 자신과 달랐으며, 율법위반을 거부함으로써 백성들에게 호감을 주었기 때문이다. 108. 그의 희망은 빗나가지 않았다. 왜냐하면 그의 아내는 경건성을 인정받아 통치권을 강화했고, 율법에 기록된 조상의 관습을 철저하게 준수했으며, 거룩한 율법을 위반하는 자들을 처음부터 대적했다. 109. 알렉산드라는 알렉산더에게서 낳은 두 아들 가운데 맏아들 히르카누스를 대제사장으로 임명하였는데, 그가 연장자이기도 하였고 게다가 그녀에게 대항하여 문제를 일으키기에는 모든 면에서 사리분별이 부족했기 때문이었다. 그러나 성격이 급했던 동생 아리스토불루스는 관직에서 떠나 평범한 사람으로 살게 하였다.

2. 110. 그러자 바리새인들이 점차로 알렉산드라의 권력에 참여하게 되었다. 그들은 다른 이들보다도 더 경건하다고 인정을 받았던 유대인의 한 집단으로서 율법을 아주 엄격하게 준수하였다. 111. 알렉산드라는 자신의 경건성[30]에 대하여 근심하고 집착하였다. 바리새인들은 알렉산드라가 여자인 점을 노려 온갖 아부를 하여, 마침내 통치권력 전체를 장악하였다. 결과적으로 그들은 어느 누구라도 권좌에서 축출

---

30) τὸ θεῖον. 앞으로 역자가 원래의 단어 뜻에서 벗어나 독특하게 사용한 개념이나, 의역한 경우에 한하여 원문을 각주에 명기하도록 하겠다.

하거나 복직시켜놓을 수도 있었으며, 자신들이 원하는 자를 풀어주거나 억압할 수 있게 되었다. 이제 통치권력의 이권은 완전히 바리새인들에게 넘어가고, 그 비용과 부담은 알렉산드라에게 돌아왔다. 112. 그렇지만 그녀는 중요한 통치분야에서는 유능하였다. 그녀는 허물어졌던 군사력을 두 배로 늘렸고, 또한 적지 않은 외국인 용병들을 모집하여 자신이 통치하는 백성들을 장악하였다. 그리하여 그녀는 외부의 통치자들에게도 두려움의 대상이 되었다. 하지만 알렉산드라는 남을 지배했지만 정작 그녀 자신은 바리새인들에 의해 지배되었던 것이다.

3. 113. 바리새인들은 뛰어난 인물이자 알렉산더의 친구인 디오게네스를 처형했다. 그들은 알렉산드라 여왕에게 모함하기를, 예전에 디오게네스가 아리스토불루스 왕을 사주하여 8백 명을 십자가형에 처하도록 했다는 것이었다. 그리고 그들은 알렉산더를 선동한 또다른 사람에게도 알렉산드라가 손을 뻗치도록 충동하였다. 그녀는 편향된 경건심에 사로잡혀 바리새인들이 원하는 자들을 살해하는 것을 허락했다. 114. 이러한 위험에 처했던 자들 가운데 높은 지위에 있었던 사람들은 아리스토불루스에게 피신하려고 했다. 아리스토불루스는 자신의 모친을 설득하여, 지위를 생각하여 그들의 목숨을 살려야 하며, 만일 그들이 무죄인 것을 인정할 수 없다면 그들을 예루살렘에서 추방하라고 했다. 그래서 그들은 이러한 조건으로 징벌을 면하게 되어 그 나라를 벗어나 흩어졌다. 115. 또한 알렉산드라는 프톨레메우스가 항상 다마스쿠스를 위협한다는 구실로 예루살렘에 군대를 보냈다. 그녀에게 이것은 아무런 언급할 가치가 없는 일로 보였다. 116. 알렉산드라는 프톨레메우스 앞에 진을 치고서, 클레오파트라[31]를 포위하였던 아르메니아의

---

31) 프톨레메우스 7세 피스콘의 딸로서 클레오파트라 셀렌네를 말한다(《유대 고대사》 13. 420). 그녀는 당시 셀류쿠스 왕조의 여러 왕들과 결혼하였다.

왕 티그라네스를 돌아가게 하려고 협상과 회유에 애썼다. 그러나 류콜루스가 아르메니아에 침입하여 벌어진 혼란으로 인해 티그라네스는 이미 퇴각하였다.

4. 117. 알렉산드라가 병으로 누워 있는 동안에 작은 아들 아리스토불루스는 친척들의 도움으로 기회를 얻어 많은 사람들을 모았다. 이들 모두는 그의 정열적 성격을 좋아하는 자들이었다. 그는 모든 요새를 강화하였고, 자기 소유의 재물로 용병들을 모집한 후에 왕위에 앉았다. 118. 그의 어머니 알렉산드라는 이것으로 근심하는 히르카누스를 동정하여 아리스토불루스의 아내와 자녀들을 안토니아에 가두었다. 그곳은 성전의 북쪽에 위치한 성이었는데, 이미 언급한 바와 같이,[32] 예전에 바리스라고 불렸으나 이후 안토니우스가 통치하였을 때 안토니아라는 이름이 붙여졌다. 이는 세바스토스[33]와 아그립바가 통치했던 도시를 후에 세바스테와 아그립바스라는 이름으로 부른 것과 비슷한 경우이다. 119. 그러나 알렉산드라는 아리스토불루스가 히르카누스를 몰락시킨 일을 해결하지 못한 채 9년을 통치한 후 죽었다.

제 6 장 히르카누스 2세와 아리스토불루스 2세의 왕권다툼과 폼페이우스의 중재

1. 120. 알렉산드라가 남긴 유산의 전부는, 말하자면 히르카누스였다. 모친이 생전에 그에게 왕위를 물려주었으나, 능력이나 통찰력에서는 그보다 아리스토불루스가 우월하였다. 그들 사이에 왕권을 놓고

32) 《유대 전쟁사》 1. 75.

33) 아우구스투스 황제(옥타비아누스)를 의미한다.

여리고에서 일전이 벌어졌을 때, 대다수는 히르카누스를 버리고 아리스토불루스에게로 갔다. 121. 히르카누스는 자기에게 남아 있던 자들과 함께 안토니아로 도주했다. 그는 살아남기 위하여 아리스토불루스의 자녀들과 아내를 인질로 사로잡고, 치유될 수 없는 깊은 사태가 되기 전에 서로 화해했다. 즉, 아리스토불루스가 왕이 되고, 히르카누스에게는 왕의 형제라는 지위가 허락되지만, 그밖의 지위를 누리는 것은 제외한다는 것이었다. 122. 그들은 그 이후에 성전에서 화해하고, 백성들이 둘러선 가운데 화친의 인사를 서로 나누었으며, 자신들의 거처를 서로 바꾸었다. 즉, 아리스토불루스는 왕궁으로, 히르카누스는 아리스토불루스의 집으로 들어갔다.

2. 123. 아리스토불루스가 예기치 않게 다시 권좌에 오르게 되었을 때, 그를 싫어하는 많은 사람들, 특히 오래 전부터 극도로 그를 증오했던 안티파테르는 두려움에 휩싸였다. 안티파테르는 이두매 태생으로 자신의 출신과 부, 그리고 그밖에도 뛰어난 능력으로 그 백성들 중에서 일인자가 되었다. 124. 그는 히르카누스에게는 왕권을 되찾기 위하여 아라비아 왕 아레타스에게로 피신하라고 설득했으며, 동시에 아레타스에게는 히르카누스를 받아들이고 그가 다시 왕위에 복귀하도록 도와야 한다고 말했다. 안티파테르는 아리스토불루스의 기질 때문에 그를 매우 의심한 반면, 히르카누스는 높이 칭송했다. 그는 강조하기를, 영화로운 왕국의 통치자로서 불의를 당하는 자들을 돌보는 것이 마땅하다고 하면서, 히르카누스가 장남으로서 받아야 할 통치권을 빼앗긴 것은 온당하지 못하다고 하였다. 125. 안티파테르는 이 두 가지를 미리 준비하였고, 밤에 히르카누스를 데리고 예루살렘을 빠져나와, 페트라라는 도시로 온 힘을 다해 도주했다. 이곳은 아라비아 왕국의 수도였다. 126. 거기서 그는 아레타스에게 히르카누스를 맡기고, 수많은 위로의 말과 큰 선물을 주면서 히르카누스가 복권될 수 있도록 그에게 전투력을 제

공할 것을 당부했다. 결국 아레타스가 보병과 기병을 합하여 5만 명의 전투병력을 제공하자 아리스토불루스는 히르카누스를 대항할 수 없었고, 첫 번째 전투에서 패배하여 예루살렘으로 퇴각했다. 127. 만일 로마의 장군 스카우루스가 제때에 와서 포위를 풀지 않았더라면, 그는 곧바로 체포되었을 것이다. 이 스카우루스는 티그라네스와 싸웠던 위대한 장군 폼페이우스가 아르메니아에서 시리아로 파견하였던 인물이었는데, 그는 얼마 전에 메텔루스와 롤리우스에 의해 정복된 다마스쿠스로 와서 이 둘을 쫓아내었다. 그 이후에 그가 유대의 상황을 듣고, 그곳으로 가서 하늘이 도와준 기회를 잡았다.

3.128. 이제 스카우루스가 그 지역에 진군한 후 얼마 안 되어, 이 두 형제 히르카누스와 아리스토불루스가 파견한 자들이 도착했다. 두 사람은 이들에게 각자 자신을 도우라는 부탁을 하게 하였다. 그러나 스카우루스에게는 정당한 주장보다는 아리스토불루스가 보낸 3백 달란트가 더 중요했다. 그것을 받은 후에 스카우루스는 히르카누스와 아라비아인들에게 사신을 보내어, 그들이 만일 포위를 풀지 않으면 로마와 폼페이우스의 공격을 받을 것이라고 위협했다. 129. 아레타스는 이것을 두려워하여 유대에서 필라델피아로 후퇴했고, 스카우루스도 다시 다마스쿠스로 철수했다. 130. 그러나 아리스토불루스는 포위에서 풀려난 것만으로는 만족할 수 없었다. 그래서 그는 모든 군사력을 동원하여 적들을 추적해서, 파퓌론이라 불리는 곳에서 그들과 싸워 6천 명 이상을 살해하였다. 안티파테르의 형제 팔리온도 이때 죽었다.

4.131. 히르카누스와 안티파테르는 아라비아인들의 도움이 사라지자 희망을 적들에게로 옮겼다. 그래서 그들은 시리아를 치려고 다마스쿠스로 진군하는 폼페이우스에게 가서, 예전에 아레타스에게 했던 것처럼 — 그러나 선물은 제공하지 않았다 — 자신들의 주장을 설명했다.

그들은 아리스토불루스의 포악성을 열거하고 경륜으로나 나이에서 히르카누스가 왕위에 올라야 마땅하다고 주장하였다. 132. 한편 아리스토불루스도 가만히 있지는 않았으며, 스카우루스를 매수한 것을 믿고 자신의 위엄을 왕처럼 행사하고 있었다. 그러나 아리스토불루스는 자신의 위엄에 걸맞지 않게 아첨하는 것을 더는 견딜 수 없어서 디온[34]이라는 도시를 떠났다.

5. 133. 이에 분개한 폼페이우스는, 로마의 전투력과 시리아로부터 온 많은 연합군을 이끌고 출정했다. 물론 이것은 히르카누스와 그의 추종자들의 간절한 요청도 있었기 때문이었다. 134. 펠라와 스키토폴리스를 지나 유대지역이 시작되는 내륙으로 들어가는 코레아[35]에 들어섰을 때, 그는 아리스토불루스가 알렉산드리움으로 도주했음을 알았다. 이곳은 공고하게 무장된 요새로, 높은 곳에 위치했다. 그는 아리스토불루스에게 내려오라고 통첩하였다. 135. 그러나 그는 그런 강압적 통첩으로 볼 때, 그것을 받아들이는 것보다는 모든 위험을 감수하고 대항하는 것이 더 나을 것 같았다. 하지만 그는 군중이 두려워하는 것을 보고, 더욱이 그의 동료들로부터 로마의 세력은 대항하기가 불가능한 것임을 깊이 명심해야 한다는 경고를 들었다. 그는 그들의 말에 설득되어 폼페이우스에게 내려와 많은 말로 자신이 통치자로서 정당성이 있음을 항변하고 요새로 돌아갔다. 136. 그러나 그의 형제 히르카누스는 아리스토불루스에게 다시 내려와 자신의 정당성을 항변하라고 했다. 이때도 그는 폼페이우스의 방해 없이 그곳을 떠나 되돌아올 수 있었다. 그러나 그는 희망과 두려움 사이에 있었다. 그래서

34) 이 도시는 알렉산더 안내우스가 정복한 도시로(《유대 고대사》 13.393), 다마스쿠스에서 홍해로 가는 대로변에 있다.

35) 후에 베스파시아누스도 예루살렘을 정벌하기 위해 이곳을 통해 여리고로 들어갔다(《유대 고대사》 14.289).

그는 요새 아래로 내려와서는 온갖 요구를 내세우며 폼페이우스를 불쾌하게 만들었고, 다시 요새로 올라와서는 자기가 너무 조급하지 않았나 하고 생각하였다. 137. 이제 폼페이우스는 그에게 요새를 떠나라는 명령을 전했다. 그러자 요새의 모든 사령관들은 오직 문서로 전달된 명령에만 복종해야 했기에, 자기들 모두에게 퇴각하라는 전령문을 보내라고 아리스토불루스에게 요청했다. 아리스토불루스는 이 요청에 응했지만, 이것에 대한 분노로 예루살렘으로 돌아가서 폼페이우스와의 전쟁을 준비했다.

6. 138. 그러나 폼페이우스는 그가 전쟁을 준비할 시간을 주지 않고 곧바로 그를 추격했다. 폼페이우스가 이렇게 전투를 서두른 이유는, 여리고로부터 미트리다테스가 죽었다는 소식이 도착했기 때문이었다. 여리고는 유대의 가장 비옥한 땅으로 종려와 발삼나무가 가장 잘 자란다. 사람들은 날카로운 돌로 이 나무의 밑동을 잘라 즙을 받았다. 139. 폼페이우스는 이 지역에서 하룻밤을 보내고 새벽에 예루살렘으로 접근했다. 아리스토불루스는 그가 다가오자 놀라며 그에게 나아와, 돈을 주겠으며 도시뿐만 아니라 자신까지도 처분에 맡기겠다고 간청하며 폼페이우스의 분노를 가라앉혔다. 140. 그러나 그가 약속한 것 가운데서 어느 것도 지켜지지 않았는데, 아리스토불루스의 추종자들은 돈을 가져오기 위해 파견된 가비니우스를 예루살렘에 받아들이지도 않았다.

제 7 장 폼페이우스의 예루살렘 및 성전 점령

1. 141. 이에 분노한 폼페이우스는 아리스토불루스를 감금했다. 그는 예루살렘에 들어와서 어떻게 공격이 진행되어야 할지 자세히 살폈

다.[36] 그는 예루살렘 성벽의 내력(耐力)이 견고하여 공격하기에 힘이 들고, 그 앞의 계곡은 매우 깊으며, 또한 그 계곡 안에 있는 성전도 가장 견고한 벽으로 쌓여 있어서, 이 성벽이 무너져도 성전이 전쟁을 위한 제 2의 은신처가 될 수 있다고 생각했다.

2. 142. 그가 오랜 시간 동안 많은 고심을 하고 있을 때, 그 성 내부의 사람들은 분쟁에 빠져들었다. 아리스토불루스의 추종자들은 전쟁을 수행하고 아리스토불루스 왕을 구해야 한다고 했으나, 히르카누스의 추종자들은 성문을 열고 폼페이우스에게 투항해야 한다고 주장했다. 많은 사람들은 로마군의 질서정연함을 보고 두려워 투항하는 쪽으로 움직이게 되었다. 143. 결국 아리스토불루스를 따르는 사람들은 자신들이 열세임을 알고, 성전으로 후퇴하여 그곳과 도시를 연결하는 다리를 파괴하고 마지막까지 저항할 준비를 했다. 그러나 다른 편 사람들은 로마군을 도시로 받아들이고, 그들에게 왕궁을 넘겨주었다. 그러자 폼페이우스는 피소라는 그의 휘하의 장군을 한 부대와 함께 그곳에 들여보냈다. 144. 피소는 수비대를 세워 도시를 철저히 감시하였다. 그는 성전 안으로 피신한 자들을 말로 설득했지만 투항하는 자는 없었다. 이제 그는 공격할 만반의 태세를 갖추고, 또한 철저한 계획으로 행동할 준비가 된 히르카누스의 추종자들도 그를 도왔다.

3. 145. 그런가 하면 폼페이우스 자신은 군사력을 모아 성전의 북쪽을 따라 참호와 모든 계곡을 메우게 했다. 이것은 어려운 작업이었는데, 그것은 지형상 계곡이 깊기도 했지만, 유대인들이 위에서 온갖 방법으로 그 작업을 방해했기 때문이다. 146. 만일 유대인들이 7일마다 종교적 이유로 일손을 놓는 것을 폼페이우스가 알지 못했다면, 로마군

36) 폼페이우스의 예루살렘 함락에 관한 이야기는 《유대 고대사》 14.57 이하 참조.

의 수고는 수포로 돌아갈 뻔하였다. 유대인들은 안식일에는 공격하지 못하고 인명보호를 위한 방어만을 했기에, 폼페이우스는 이때에만 군사들을 통해 옹벽을 높이고 공동 수작업을 하게 했다. 147. 계곡이 메워지자 그는 그곳에 높은 망대를 세우고 두로에서 가져온 공성장비들을 집결시키고 성벽을 공격하기 시작했다. 투석기는 위에서 방어하려는 자들을 무력화시켰다. 그러나 성전에 딸린 망대들도 크기가 장대하고 웅장했기에 유대인들은 지속적으로 저항할 수 있었다.

4.148. 로마군은 많은 어려움을 겪어야 했는데, 당시에 폼페이우스는 유대인들의 불굴의 의지와, 무엇보다도 돌이 날아오는 형국에서도 종교적 제의를 그치지 않는 그들에 대해 매우 놀랐다. 왜냐하면 마치 도시가 고요한 평온 속에 잠긴 것처럼 매일의 번제와 거룩한 분향과 모든 예배를 정확하게 하나님께 드리고 있었기 때문이다. 심지어 예루살렘이 정복되는 그때에도 그들의 제단에서는 희생제사를 드리고 있었으며, 율법에 규정된 매일의 예배가 한 번도 중단되지 않았다. 149. 도시가 포위된 셋째 달에도 로마군은 성전의 망대 하나만을 무너뜨리고 성전에 진입할 수 있었다. 그 성벽을 넘으려 했던 첫 병사는 술라의 아들 파우스투스 코르넬리우스였고, 그의 뒤를 두 백부장, 그리고 푸리우스와 파비우스가 따라 들어갔다. 그들에게 딸린 무리들 모두가 뒤를 이었고, 그들은 성전 전체를 장악하여 일부 성소로 도주하는 자들을 죽였고, 나머지 얼마 동안 저항하던 자들까지 살해했다.[37]

5.150. 많은 제사장들은 적들이 칼을 들고 다가오는 것을 보고도 예배를 드리며 동요하지 않고 머물렀다. 그들은 헌제(獻祭)를 부으면서 살육되었고, 향을 사르다가 죽었다. 그들은 하나님께 예배하는 것

37) 요세푸스는 이때를 기원전 63년 대속죄일이었다고 기록한다(《유대 고대사》 14.66).

을 더 소중히 생각하고 자기의 목숨은 그 다음으로 생각했다. 그러나 많은 사람들은 동족들 중에 반역을 일으켰던 자들에 의해 살해당했고, 계곡 아래로 몸을 던진 자도 많았다. 또한 어떠한 도움도 기대할 수 없게 되자 당황하여 성벽 근처의 건물에 불을 질러 건물과 함께 불에 타 죽은 사람들도 있었다. 151. 유대인들 가운데 1만 2천 명이 죽었으나, 로마군인들은 소수만이 죽었다. 그러나 부상자는 많았다.

6. 152. 유대인들이 겪은 당시의 참변들 가운데 이와 같은 사건은 어디에도 없었다. 그때까지 감추어졌던 지성소가 이방인들에 의해 그대로 드러나게 되었다. 즉, 폼페이우스는 그의 수행원들과 함께 대제사장만 들어가도록 허락된 지성소에 들어갔던 것이다. 그는 거기서 금으로 만들어진 촛대와 등잔, 진설상, 그릇, 향로들을 보았고, 또한 많은 향료와 거룩한 보화 2천 달란트도 볼 수 있었다. 153. 그러나 그는 돈이나 그밖의 성전의 어떤 값진 것도 손대지 않았고, 오히려 성이 함락된 다음날 성전에서 봉사하는 자들에게 성전을 정결하게 하고 이제까지 지속된 희생제의를 계속 봉헌하라고 명했다. 그는 또한 히르카누스를 다시 대제사장직에 앉혔다. 이는 히르카누스가 성전을 함락시키는 데 적극적으로 지원한 것이 인정되었고, 또한 그 지역에 있었던 군중이 아리스토불루스를 도와 봉기하려는 것을 차단한 공로가 인정되었기 때문이다. 이러한 조치를 통해 폼페이우스는 덕망 있는 장군으로, 그리고 백성들에게 두려움을 주기보다는 호의를 베푸는 통치자로 생각되었다. 154. 포로들 중에는 아리스토불루스의 장인도 있었는데, 이 사람은 아리스토불루스의 숙부이기도 했다. 폼페이우스는 전쟁에서 극악한 죄를 지은 자들은 참수시켰고, 파우스투스와 그를 도와 용감하게 싸웠던 자들은 영광스런 포상을 하였다. 그리고 예루살렘의 땅과 거주민들에게는 조공을 바치게 했다.

7.155. 폼페이우스는 예전에 유대인들이 정복했던 코엘레-시리아 지역 도시들을 빼앗아 그 지역의 로마 사령관들에게 복속시켰고, 이곳을 원래의 시리아 영토로 편입시켰다. 더 나아가 그는 유대인들이 파괴했던 가다라를 재건해줌으로써, 자기가 해방시킨 가다라 출신 노예 데메트리우스에게도 은혜를 베풀었다. 156. 그리고 폼페이우스는 유대인들이 이전에 파괴하지 않았던 내륙도시들인 힙포, 스키토폴리스, 펠라, 사마리아, 얌니아, 마리사, 아스돗, 아레투사와 해변도시인 가자, 욥바, 도라, 그리고 과거에 스트라토의 망대로 불렸다가 나중에 헤롯 왕에 의해 찬란한 건축물로 새롭게 지어져 가이사랴로 개명된 곳도 유대인의 지배로부터 독립시켰다. 157. 그는 이 모든 도시를 그 원주민들에게 돌려주었고, 이들을 시리아 지방의 관할권에 복속시켰다. 그는 유대와 이집트, 그리고 유프라테스에 이르는 모든 지역을 스카우루스에게 관리하게 하고 그에게 두 개 군단의 병력을 주었다. 그러나 폼페이우스 자신은 서둘러 길리기아를 지나 로마로 갔고, 아리스토불루스와 그의 가족을 전쟁포로로 삼아 압송했다. 158. 아리스토불루스에게는 두 딸과 두 아들이 있었는데, 그 중 하나는 압송 도중에 도망한 알렉산더였고, 작은 아들인 안티고누스는 그의 자매와 함께 로마로 이송되었다.

제 8 장 아리스토불루스와 그 아들 알렉산더의 저항과 패배

1.159. 이러한 가운데 스카우루스는 아라비아로 원정을 떠나게 되었다. 그는 주변의 많은 지역을 파괴했지만, 페트라의 험난한 지형 때문에 난관에 부딪히게 되었고, 게다가 병사들은 기근으로 인해 많은 재난을 겪게 되었다. 그래서 히르카누스는 그를 돕기 위해 필요한 물

자를 안티파테르를 통해 전달했다. 스카우루스는 아레타스와 친분이 있었던 안티파테르를 그에게 보내어, 돈을 받으면 전쟁을 중단하겠다고 전했다. 아라비아 왕 아레타스는 이를 수락하여 3백 달란트를 전달했고, 그러자 스카우루스는 그의 병력을 아라비아로부터 철수하였다.

2. 160. 아리스토불루스의 아들 가운데 홀로 폼페이우스에게서 탈출한 알렉산더는 얼마 후 상당한 무리를 모아 유대지역을 돌아다니며 히르카누스에게 오래도록 압력을 가했다. 만일 시리아로 파견된 스카우루스의 후계자 가비니우스가 알렉산더를 향하여 진격하지 않았다면, 그는 예루살렘까지 진격하여 폼페이우스가 무너뜨린 성벽을 다시 재건하려 했을 것이고, 또한 히르카누스를 신속히 무너뜨렸을 것이다. 가비니우스는 그밖에도 많은 면에서 용감함을 보였다. 161. 가비니우스의 진격을 두려워한 알렉산더는 더 많은 군대를 모아 1만 명의 무장한 병사와 1,500명의 기병을 일으켰다. 또한 그는 아라비아 산악지대를 마주한 알렉산드리움과 히르카니움과 마케루스를 요새화하였다.

3. 162. 가비니우스는 마르쿠스 안토니우스를 일부 병력과 함께 보내고, 자신은 전 병력을 이끌고 그 뒤를 따랐다. 안티파테르의 정예부대와 말리쿠스와 페이톨라우스가 이끄는 유대인의 나머지 군대는 마르쿠스 안토니우스 휘하의 장군들과 연합하여 알렉산더에 대항했다. 얼마 후에 가비니우스도 전선에 합류했다. 163. 알렉산더는 적의 연합된 전투력에 대항할 수 없다고 판단하여 후퇴하였으나, 예루살렘 주위에서의 접전을 피할 수 없었다. 이 전투에서 그는 6천 명의 병사를 잃었는데, 그 중에서 3천 명은 죽고, 3천 명은 포로로 끌려갔으며, 알렉산더는 남은 자들과 함께 알렉산드리움으로 도주하였다.

4. 164. 알렉산드리움에 도착한 가비니우스는 수많은 적군이 진을 치는 것을 보고서, 이제까지 저지른 그들의 과실에 대한 용서를 약속하며 전투 전에 그들을 자신의 편으로 투항시키려고 했다. 그러나 그들은 결코 이 제안을 고려하지 않았다. 결국 가비니우스는 많은 사람을 죽이고 나머지는 요새에 감금했다. 165. 마르쿠스 안토니우스 장군은 어디에서나 항상 용감함을 드러냈지만 이 전투에서처럼 두각을 나타냈던 적은 없었다. 가비니우스는 요새를 탈환할 군대를 남겨놓고, 자신은 지역을 돌며 파괴되지 않은 도시를 안정시키고, 파괴된 도시는 재건했다. 166. 그의 명령으로 스키토폴리스, 사마리아, 안테돈, 아폴로니아, 얌니아, 라피아, 마리사, 아도레우스, 가발라, 아스돗과 그외 많은 도시들이 재건되었다. 그러자 많은 주민들이 기뻐하며 그 도시들로 되돌아왔다.

5. 167. 가비니우스는 이 도시들을 정비한 후 알렉산드리움으로 돌아와 성을 공략하기 위해 힘을 쏟았다. 그러자 알렉산더는 모든 것을 포기하고 사신들을 가비니우스에게 보내어 자신의 과실을 용서해 달라고 청했으며, 그가 아직도 장악하고 있는 히르카니움과 마케루스 성을 넘겨주겠다고 했다. 후에 그는 알렉산드리움도 넘겨주었다. 168. 가비니우스는 알렉산더의 어머니의 제안에 따라 이 모든 성을 파괴하여, 다시는 또다른 전쟁을 일으킬 수 없도록 했다. 그녀는 로마에서 포로가 되어 있는 자기의 남편과 다른 자녀들에 대한 걱정 때문에 가비니우스를 달래려 했다. 169. 그후에 가비니우스는 히르카누스를 예루살렘으로 데려와 성전을 돌보도록 하며, 귀족에 의한 통치방식[38]으로

38) 귀족집단 통치방식(*aristocracy*)은 '신정주의'(*theocracy*)라는 개념으로 바꾸어 부를 수 있으며, 이는 요세푸스가 이상적으로 생각하는 통치모델로, 일인지배 체제인 '왕정체제'와 상반된 개념이다. 《유대 고대사》 4. 423; 《아피온 반박문》 2. 165, 184~187 참조. 또한 박찬웅, "원시 그리스도교 사상 형

시민들을 다스리게 했다. 170. 또한 모든 백성을 다섯 개의 관할관청으로 나누어 통치했다. 하나는 예루살렘에 있고, 두 번째는 가다라에, 세 번째는 아마투스에, 네 번째는 여리고에, 그리고 다섯 번째는 갈릴리 도시 셉포리스에 두었다. 그들은 이제 한 명의 군주로부터 해방되어 기꺼이 귀족정치 형태로 남아 통치가 이루어지기를 바랐다.

6. 171. 얼마 후에 아리스토불루스로 인하여 새로운 소요가 발생했다. 그는 로마에서 탈출하여 다시금 많은 유대인을 규합하였는데, 그 중 일부는 사회변혁을 기도하는 자들이었고, 다른 부류는 전부터 아리스토불루스 개인을 따르던 자들이었다. 그는 우선 알렉산드리움을 장악했고, 그 다음 다시 성벽을 쌓으려고 하였다. 그러나 가비니우스가 시센나와 안토니우스, 그리고 세르비아누스 휘하의 군대를 파견하자, 아리스토불루스는 이를 알아차리고 마케루스[39]로 퇴각하였다. 172. 그는 필요 없는 무리들은 돌려보내고, 무장한 병사들만 대략 8천 명 가량을 이끌고 갔다. 그 중에는 예루살렘 사람으로서 아리스토불루스 휘하의 장군이었다가 1천 명을 데리고 그를 떠났던 페이톨라우스도 있었다. 로마군은 그들을 추격했고, 전투가 벌어지자 아리스토불루스의 병사들은 오랫동안 버텼지만, 결국 로마군에게 패하여, 5천 명이 죽고, 2천 명은 언덕으로 도주하고, 나머지 1천 명은 아리스토불루스와 함께 로마군의 전선을 뚫고 마케루스로 피신했다. 173. 그곳에서 아리스토불루스 왕은 처음으로 폐허 위에서 밤을 지냈다. 그리고 만일 그에게 잠시 휴전이 허락된다면 또다른 전투력을 모을 수 있으리라는 기대를 걸고, 빈약하지만 그곳에 요새를 지었다. 그는 로마군의 공격

성과 유대/로마 세계의 상호관계성에 대한 사회사적 연구", 〈신약논단〉 8(2001), 187~223을 보라.

39) 사해 남서부 근방의 요새도시로 후에 세례 요한이 투옥되었던 곳으로 알려져 있다.

에 맞서 초인적 투지로 이틀간을 버텼으나 결국 붙잡혀 포로가 되었다. 로마에서 탈출했던 아리스토불루스와 그 아들 안티고누스는 함께 포박되어 가비니우스에게 끌려와 다시 로마로 압송되었다. 174. 원로원은 아리스토불루스를 구금시켰으나 그 아들들은 유대로 보냈다. 이것은 아리스토불루스의 아내가 가비니우스에게 요새를 넘겨주는 대신 이행하기로 서로가 편지를 통해 약속했던 내용이었다.

7.175. 그런데 가비니우스가 파르티아인들을 치러 원정을 떠났을 때, 프톨레메우스[40] 가 그를 막아섰다. 그리하여 가비니우스는 유프라테스에서 회군하여 이집트로 다시 내려갔다. 이때 그는 히르카누스와 안티파테르에게 필요한 모든 것을 요청하였다. 안티파테르는 돈과 무기, 식량과 원군을 보냈고, 펠루시움에 있는 협곡을 지키는 유대인들에게 가비니우스를 통과시키게 하였다. 176. 그런데 가비니우스가 없는 동안 시리아 전역은 혼란에 빠지게 되었다. 아리스토불루스의 아들 알렉산더가 다시 유대인들을 선동했기 때문이다. 그는 그 지역에 있는 로마군 전체를 몰아낼 수 있는 거대한 전투병력을 모았다. 177. 그러자 가비니우스는 두려움에 빠졌다. 그는 이집트에서 돌아와 사태를 수습해야 했다. 그는 미리 안티파테르를 보내어 봉기를 일으킨 자들을 설득했다. 그러나 알렉산더에게는 아직도 3만 명이 남아 있었기에 그는 전쟁을 감행하기로 했으며, 결국 가비니우스와 전투를 벌이게 되었다. 결국 유대인 가운데 이타뷔리온 산[41] 위에서 싸우던 자들 1만 명이 전사했고 나머지는 흩어져 도주하였다. 178. 가비니우스는 예루살렘을 점령하고 안티파테르의 뜻에 따라 통치제도를 정비했다. 또한 가비니우스는 원정을 떠나 나바테아인들을 패배시켰다. 그는 파르티아

---

40) 클레오파트라의 부친 프톨레메우스 8세, 아울레테스를 말한다. 그는 기원전 58년 신하들에 의해 왕위에서 쫓겨났다.

41) 다볼 산.

로부터 빠져나온 미트리다테스와 오르사네스를 몰래 되돌려보내고, 병사들에게는 그들이 도주했다고 말했다.

8. 179. 그러는 동안 크라수스[42]가 그의 후계자로 와서 시리아를 물려받았다. 크라수스는 파르티아 원정을 위해 예루살렘 성전의 금고 전체를 장악하여, 폼페이우스도 손대지 않았던 2천 달란트를 모두 꺼내어 가져갔다. 그는 유프라테스를 넘었으나, 자신의 군대와 함께 패망했다. 그러나 이것에 대해서는 지금 쓸 수가 없다.

9. 180. 크라수스의 죽음 이후 시리아로 진격하는 파르티아인들에게 일격을 가한 자는 이 지역에 피신해 있던 카시우스였다. 그는 파르티아인들을 물리친 후 유대인들에게로 향하여, 타리케아를 정복하고 여기서 유대인 3만 명을 사로잡아 노예로 삼았다. 그는 또 아리스토불루스를 따르던 선동적 추종자들을 거느리고 있던 페이톨라우스도 죽였다. 이 일의 조언자는 바로 안티파테르였다. 181. 그는 키프로스라는 이름의 아라비아 명문가의 여인과 결혼했고, 4 명의 아들, 즉 파사엘, 후에 왕이 된 헤롯, 요셉, 페로라스와 딸 살로메를 두었다. 안티파테르는 곳곳에 있는 유지들과 친분을 쌓고 접대하는 방식을 통해 그들과 깊은 신뢰관계를 맺었고, 정략결혼을 통하여 아라비아 왕을 자기 편으로 만들었다. 그는 또한 아리스토불루스와 전쟁을 시작했을 때는 아라비아 왕을 위탁보호자로 삼아 자기의 자식들을 맡기기도 했다. 182. 카시우스는 협상을 통하여 알렉산더를 장악했고, 그후 파르티아인들이 유프라테스 강을 넘어오는 것을 저지하기 위해 유프라테스로 돌아왔다. 이에 대해서는 다른 곳에서 언급하도록 하겠다.

42) 리시니우스 크라수스는 기원전 54~53년 시리아를 통치하였다.

제 9 장 안티파테르의 로마 권력무대 진출

1. 183. 폼페이우스와 원로원들이 이오니아 바다를 넘어 로마로 도주한 이후 케사르가 모든 권력을 장악하자,[43] 그는 아리스토불루스를 석방하고 그에게 두 개의 군단을 주어 시리아로 급파하였다. 그는 아리스토불루스를 이용해서 유대지역을 자기에게 끌어들일 수 있을 것이라고 안이하게 생각했던 것이다. 184. 그러나 다른 이들의 정치적 시기심이 아리스토불루스의 의지나 케사르의 희망을 좌절시켰는데, 그것은 폼페이우스 추종자들이 아리스토불루스를 독살했기 때문이다. 그의 시신은 오랫동안 고국의 땅에 묻히지 못하고 꿀에 채워져 보관되다가, 안토니우스에 의해 유대인들에게로 보내어져 왕실무덤에 묻혔다.

2. 185. 그의 아들 알렉산더도 로마인들을 상해했다는 죄목으로 공개재판을 받은 후, 폼페이우스의 명령으로 안디옥에서 스키피오 총독[44]에 의해 참수되었다. 그리고 알렉산더의 형제와 자매들은 레바논 골짜기에 위치한 칼키스의 통치자였던 멘네우스의 아들인 프톨레메우스가 감금하고 있었는데, 그는 자기 아들 필립피온을 시켜 그들을 아스글론으로 보냈다. 186. 아리스토불루스의 아내는 안티고누스와 그의 자매들을 필립피온의 부친에게 데리고 왔다. 그러자 필립피온은 사랑에 빠져 그 중 작은딸과 결혼했지만, 후에 그는 이 여자 때문에 부친에게 죽음을 당했다. 프톨레메우스는 이렇게 자기 아들을 살해한 후에 며느리 알렉산드라와 결혼했던 것이다. 이 결혼으로 프톨레메우스는 그녀의 자매들을 더욱 잘 보살폈다.

---

43) 기원전 49년.

44) 당시 시리아의 총독.

3. 187. 안티파테르는 폼페이우스가 죽자 그에게서 벗어나 케사르에게 충성을 바쳤다. 페르가무스의 미트리다테스가 병력을 이끌고 이집트로 가던 도중 펠루시움에 있는 협곡에서 길이 막혀 아스글론으로 퇴각하여 있었을 때, 안티파테르는 아라비아인들을 설득하여 방문객[45]인 자신을 도와줄 것을 요청하였다. 안티파테르 자신도 대략 3천 명의 무장한 유대인을 이끌고 왔다. 188. 그는 시리아의 권력자들, 즉 레바논에 있는 프톨레메우스[46]와 얌블리쿠스를 설득하여 미트리다테스를 돕도록 하였다. 이들을 통하여 그들 수하에 있는 도시들도 기꺼이 전쟁에 참여하게 되었다. 189. 미트리다테스는 안티파테르의 지원을 얻자 용기를 내었다. 거기서 빠져나와 펠루시움으로 통과하려는 것이 저지되자 그는 펠루시움을 포위하였다. 이 공격에서도 안티파테르는 가장 뛰어나서, 그에게 맡겨진 성벽 일부를 부수고 제일 먼저 자기 군대를 이끌고 펠루시움에 진입했다.

4. 190. 이렇게 펠루시움은 함락되었으나, 이집트에 있는 유대인들이 케사르의 정복활동을 방해했다. 이들은 오니아스의 추종자들이었다. 안티파테르는 이들을 설득하여 저항을 포기하게 만들었고, 병사들에게 물자를 보급하게 했다. 그러자 멤피스의 주민들은 무기를 버리고 자발적으로 미트리다테스에게 투항하였다. 191. 그러자 그는 델타지역을 우회하여 나머지 이집트인들과 함께 유대인들의 거주지라 불리는 지역에서 전투를 벌였다. 미트리다테스는 이 전투의 우익(右翼)을 맡았던 병사들과 함께 곤경에 처했다. 그러나 그는 강둑을 따라 적을

45) 이 단어 '크세노스'(ξένος)는 외교적 관계를 맺고 있는 나라들이, 자기 국민이 상대방의 영토를 방문하거나 체류할 때, 그들을 환대하고 돌보아주어야 하는 지위에 있는 '방문객'을 의미한다.

46) 이 프톨레메우스는 위에서 언급된 프톨레메우스와는 다른 사람(소에무스의 아들)이다.

우회했던 안티파테르에 의해 구출되었다. 192. 전투의 좌익(左翼)의 지휘관이었던 안티파테르는 저항하던 적의 일부를 장악했다. 거기서 그는 미트리다테스를 추격하던 자들을 공격하여 많은 자들을 죽였고, 남은 자들을 추격하여 그들의 진영을 함락했다. 여기서 그는 부하 중에서 단지 80명만을 잃었으나, 미트리다테스는 퇴각하다가 8백 명을 잃었다. 기대하지 않았던 구조를 받자 미트리다테스는 시기하지 않고 케사르에게 안티파테르의 큰 업적에 대하여 증언해주었다.

5. 193. 케사르는 그를 칭찬하고 보상을 베풀었으며, 앞으로도 자기를 위하여 위험을 감수할 것을 부탁하였다. 그 이후 안티파테르는 온몸을 던지는 전사가 되었고, 그러한 용기의 상징으로 온몸에 많은 흉터가 생겼다. 194. 케사르는 이집트에서 질서를 확립하고 다시 시리아로 돌아온 후, 안티파테르에게 로마의 시민권을 수여하고, 세금을 면제했고, 또 많은 영예를 수여하고 자신과의 우정을 입증함으로 그를 영예롭게 하였다. 또한 그로 인하여 히르카누스에게도 대제사장직의 자리를 인정했다.

제 10 장 유대 총독이 된 안티파테르와 그의 아들들을 통한 주변지역의 통치권 장악

1. 195. 바로 이때에 아리스토불루스의 아들 안티고누스가 케사르에게 왔는데, 공교롭게도 그가 안티파테르를 비난한 것이 도리어 그의 인기를 더 올라가게 만들었다. 왜냐하면 그의 부친이 폼페이우스와의 적대감으로 인하여 독살되었다는 주장은 호소력이 있었을는지 모르나, 그의 형제 알렉산더가 처형된 것으로 인해 스키피오가 잔인하다고 비

난한 말만으로는 케사르를 설득하지 못하였기 때문이었다. 안티고누스가 와서 히르카누스와 안티파테르를 이렇게 고소하였다. 196. 그들은 율법을 위반하며 자신과 자신의 형제들을 고향땅에서 추방했으며, 그 백성에 대적하여 방자하게도 많은 율법을 범하였다는 것이다. 또한 그들이 이집트로 그와 함께 원정을 떠난 것도 자신을 도우려는 선의보다는 예로부터 가진 여러 감정을 두려워해서이며, 또 폼페이우스와의 친분을 멀리하기 위해서였다고 말하였다.

2. 197. 이에 대하여 안티파테르는 자기의 옷을 벗어던지며, 자기 몸에 있는 많은 상처를 드러내 보였다. 그리고 율리우스를 향한 자신의 충성심에 대하여는 그에게 말할 필요가 없는데, 만일 그가 침묵하고 있더라도 그의 몸이 소리칠 것이라 하였다. 198. 그는 항변하기를, 안티고누스가 로마의 적군의 자식이며, 로마에서 도망간 탈주자이며, 부친으로부터 반역과 선동의 기질을 물려받았음에도 불구하고, 로마의 영도자에게 다른 사람을 고소하고 있으며, 그는 자기가 살아 있다는 것만으로도 기뻐해야 함에도 지금 이권을 늘어놓는 이 궤변에 다만 놀랄 뿐이라고 하였다. 그리하여 이같은 자들은 필요에 따라 권력을 추구하지만, 권력을 쥐게 되면 유대인들을 선동하여 그 권력을 준 사람을 대항하게 될 것이라고 주장하였다.

3. 199. 이 말을 들은 케사르는 히르카누스가 대제사장직에 합당한 자라고 생각하기는 했지만, 안티파테르에게 권력의 선택권을 주었다. 그러나 안티파테르는 영예로운 케사르에게 명예를 돌렸다. 안티파테르는 유대 전지역의 행정장관으로 임명되었고 그에게 조국의 무너진 성벽을 다시 재건하도록 허락하였다. 200. 케사르는 이러한 영예를 로마에 알리고, 자신의 의로움의 상징과 안티파테르의 덕을 카피톨[47]에 새기도록 하였다.

4.201. 안티파테르는 시리아에서 케사르를 전송하고 유대로 돌아왔다. 그는 먼저 폼페이우스에 의해 무너진 조국의 수도의 성벽을 재건하고, 자신에 대하여 저항하는 각 지역의 소요를 진압하려고 하였다. 그는 각 사람을 위협하는 동시에 달래기를, 만일 그들이 히르카누스 치하에 속하면 행복하고 평온하게 살 것이며, 자신들의 재산과 공동의 평화를 향유하게 될 것이라고 하였다. 202. 그러나 그들이 개인적 이익을 위하여 반란을 일으키려는 자들의 천박한 야욕에 넘어간다면, 그것은 자신을 보호자 대신 폭군으로 만드는 것일 뿐만 아니라, 히르카누스를 왕 대신 독재자로 만드는 것이기도 하며, 더 나아가 로마인들, 그리고 케사르조차 통치자가 아닌 적으로 만드는 것이라고 하였다. 왜냐하면 로마인들은 결코 자신들이 세운 통치자가 무너지는 것을 보고만 있지 않을 것이기 때문이라고 말하였다. 203. 그는 이렇게 말하면서 동시에 그 지역의 질서를 세워갔는데, 그것은 히르카누스가 국사를 적극적으로 수행하지 못했고, 또한 통치에 안일했다는 것을 확인했기 때문이었다. 안티파테르는 자신의 큰아들 파사엘에게 예루살렘을 맡겨 그 주변지역의 통치자로 세웠다. 그리고 아직 젊었던 둘째 아들 헤롯[48]에게도 같은 지위를 주어 갈릴리로 파견했다.

5.204. 이 둘째 아들 헤롯은 원래 활동적이어서 그의 기질에 꼭 맞는 일을 발견했다. 이제 그는 수많은 강도들과 함께 시리아 인근지역을 두루 다니던 에제키아라는 강도떼 두목을 공격했고, 그와 그에 딸린 많은 자들을 체포하여 죽였다. 205. 그리하여 헤롯은 시리아인들에게 가장 인정받는 사람이 되었다. 그래서 사람들은 마치 헤롯이 그

47) 로마의 쥬피터 신전이 있는 곳으로, 이곳을 로마의 상징으로 여기게 되었다.

48) 이 사람이 바로 후에 '헤롯 대왕'으로 불리게 된 인물이다. 헤롯과 그의 부친 안티파테르, 그리고 그 후계자들의 호칭은 매우 복잡하므로, 독자들은 이 책 뒤쪽에 있는 '헤롯 가계도'를 참조하기 바람.

들에게 평화와 안녕을 다시 가져온 것처럼 마을과 도시마다 그를 찬양했다. 이로 인하여 그는 섹스투스 총독[49]에게 알려지게 되었다. 섹스투스는 케사르의 친척으로서 시리아를 통치했다.[50] 206. 파사엘도 자기의 동생이 유명해지자 선의의 경쟁을 통해 자신의 명성을 쌓고자 했다. 그는 함부로 권력을 남용하는 일이 없이 예루살렘 주민들에게 선정을 베풀었다. 207. 그래서 안티파테르는 그의 백성으로부터 왕으로 대우받았고, 절대군주와 같은 영예도 받았다. 그렇지만 그는 히르카누스에 대한 충성과 신뢰에서는 추호도 변함이 없었다.

6. 208. 그러나 사람이 성공하고도 질투받지 않는다는 것은 불가능하다. 히르카누스는 이 젊은 사람들에 대한 소문에 대해 침묵하면서도, 무엇보다도 헤롯이 성취한 성공과 명성이 점차로 많은 사람에게로 확산되는 것에 대해 번민했다. 게다가 왕궁 안에서 시기하는 많은 자들이 한편으로는 그의 아들들에 대한 것과, 다른 한편으로는 안티파테르에 관한 것을 은근히 말함으로써 그를 충동했다. 209. 그들은 히르카누스가 안티파테르와 아들들의 도움으로 국정에서 물러나 권력과는 멀리 떨어져 왕이라는 이름만을 가지고 있다고 하며, 언제까지 방황하며 그들이 왕에 대항하여 세력을 키우도록 방치하겠느냐고 물었다. 그들은 자신들의 권력을 숨기지 않고 있으며, 히르카누스를 제거하고 자신들이 그 나라의 주인임을 분명히 드러냈다는 것이다. 그래서 그가 명령을 내리지도 않았고 서신을 보내지 않았음에도, 헤롯은 유대법에 반하여 그렇게 많은 사람들을 죽였다고 그들은 충동질했다. 또한 그가 왕이 아니라 단지 아직 왕에게 속한 신하라면, 왕을 통할 뿐만 아니라 판결이 내려지지 않은 사람들을 죽일 수 없는 것이고, 조상으로부터

49) 요세푸스는 섹스투스도 '케사르'라고 부르지만, 실제로는 로마의 한 지역을 통치하는 총독에 해당한다.

50) 기원전 49∼48년.

내려온 율법을 통하여 재판을 했어야 했다고 말했다.

7.210. 이 말에 히르카누스는 점점 더 진노하였고, 마침내 그는 분노를 폭발하며 헤롯을 재판대에 세웠다. 헤롯은 부친의 조언으로 상황이 호전될 것이라고 믿고, 먼저 갈릴리의 수비를 철저히 한 후 예루살렘으로 올라왔다. 그는 일군의 강력한 부대와 함께 왔는데, 이것은 히르카누스를 무너뜨릴 수 있을 만큼 많은 병력도 아니었고, 그렇다고 그의 질투에 대책이 없을 만큼도 아니었다. 211. 섹스투스는 이 젊은이가 그의 적들로부터 어떤 곤경을 당하지 않을까 걱정하여 히르카누스에게 사신을 보내어, 헤롯을 죽음의 음모에서 건져냈다. 그가 그렇게 결단한 것은 다른 이유도 있었지만, 그가 헤롯을 좋아했기 때문이었다.

8.212. 히르카누스의 의지와는 상반되게 헤롯은 풀려났고, 다마스쿠스로 피했다. 헤롯은 다시 소환될 경우 불복하겠다는 의지를 다지고 다시 섹스투스에게 돌아갔다. 그리고는 모함하는 자들이 다시 히르카누스의 분노를 자극시켜 말하기를, 헤롯이 분노하여 그에게 대항하려고 준비한다고 했다. 왕은 이 말을 믿었으나 대처할 방법이 없었다. 213. 왜냐하면 그의 적대자가 자기보다 더 강했기 때문이었다. 헤롯이 섹스투스 총독에 의해 코엘레-시리아와 사마리아의 사령관으로 발탁되고 백성들도 헤롯을 지지하자, 히르카누스는 헤롯의 힘 앞에 두려움을 느꼈다. 히르카누스는 극도의 두려움에 빠져 조만간 헤롯이 군대를 동원하여 공격해오리라고 생각했다.

9.214. 이러한 예측은 빗나가지 않았다. 헤롯은 자기를 재판정에 세워 위협했던 것에 분노해, 군대를 일으켜 히르카누스를 전복시키기 위해 예루살렘으로 향했다. 만일 그의 부친과 형제가 그에게 와서 그

의 흥분을 가라앉히지 않았더라면, 헤롯은 전투를 시작했을 것이고, 히르카누스는 살해되었을 것이다. 그들은 헤롯에게 충고하기를, 위협에 대한 방어는 말과 타협으로만 하고, 히르카누스 왕의 치하에서 그런 권좌까지 오르게 되었으므로 그를 살려두라고 하였다. 그리고 만일 그가 재판정으로 호출된 것에 분노한다면, 반대로 풀려난 것에도 감사하는 것이 필요하며, 또 복수를 멀리하고 살아난 것에 대하여 감사해야 한다고 말하였다. 215. 더 나아가, 만일 우리가 전쟁의 승패가 하나님께 달렸다는 것을 염두에 둔다면, 병력이 아니라 전쟁의 비합법성이 승패를 좌우하는 더 큰 요인으로 작용할 것이라고 말했다. 그렇기 때문에 히르카누스가 악한 음모를 꾸민 자들에게 설득당해 그에게 불의의 그림자를 드리운 것을 제외한다면, 그는 헤롯에게 줄곧 신실한 후원자였지 적대자는 아니었기에, 이런 왕과 싸우려 한다면 승리를 낙관할 수 없다는 것이다. 결국 헤롯은 이 충고를 따랐고, 그의 백성들에게 자신의 힘을 보여주려 했던 뜻은 충분히 전달되었다고 여겼다.

10. 216. 이러한 가운데 아파메아 주변에서 로마인들의 소요가 일어나 내란으로 번졌다. 폼페이우스에 대한 충성심에서 카에킬리우스 바수스가 섹스투스 총독을 암살하고, 그의 군대를 장악한 사건이 발생한 것이다. 그러자 총독의 나머지 사령관들은 이 암살자에게 보복하기 위해 군사력을 함께 모았다. 217. 안티파테르는 암살당한 섹스투스와 아직 살아 있는 두 번째 총독[51]—이 둘은 친구였다—을 위하여 자기 아들들을 시켜 그들에게 원군을 보냈다. 전쟁은 오래 지속되었고, 이탈리아에서 온 무르쿠스가 섹스투스의 후계자로 부임하였다.

---

51) 이 단어 역시 원문에는 "케사르"로 되어 있으나, 문맥상 총독이라고 봄이 옳을 것이다.

제 11 장 로마의 위기로 확대된 헤롯의 통치권 확장과 안티파테르의 죽음

1. 218. 이때에 로마인들 가운데에서는 커다란 전쟁이 일어났다. 케사르가 3년 7개월의 통치를 유지한 후,[52] 카시우스와 브루투스가 반역을 일으켜 그를 죽였기 때문이다. 이 살인의 반역으로 커다란 소요가 일어나 권력자들은 분열에 빠졌다. 그들은 저마다 이익을 바라며, 자신들의 야망을 추구할 수 있는 곳에 속하였다. 그 이후 카시우스가 아파메아 지역에 있는 부대를 인수하기 위해서 시리아에 왔다. 219. 여기서 그는 무르쿠스 뿐만 아니라 자신에게 적대적인 군대와 바수스를 화해하게 하고 포위된 아파메아도 풀어주었다. 그는 자신이 그 군대를 지휘하여 도시들을 돌며 과도한 조공을 요구하였다.

2. 220. 그러나 그가 유대인들에게도 7백 달란트를 바치라고 요구하자, 안티파테르는 카시우스의 위협을 두려워하여, 자기의 아들들 뿐만 아니라 다른 친지들에게도 분담하여 급히 필요한 돈을 바치라고 하였다. 이 가운데에는 자신의 정적 가운데 하나였던 말리쿠스도 포함되었다. 이렇게 그는 자신의 필요를 강요했다. 221. 처음으로 헤롯은 갈릴리에서 바쳐야 할 자신의 조공 1백 달란트를 바침으로 카시우스를 만족시켰다. 이로 인해 헤롯은 그의 총애를 받게 되었다. 카시우스는 나머지 도시들이 지체하자 진노하며 그들을 모욕하였다. 222. 그리하여 그는 고프나와 엠마오와 그보다 못한 두 도시를 노예화시켰으며, 서둘러 조공을 바치지 않는다고 말리쿠스를 처형하려고까지 했다. 안

52) 요세푸스는 《유대 고대사》 14. 270에서는 그의 통치기간을 3년 6개월로 기록한다.

티파테르는 자기와 다른 도시들의 파멸을 막으려고 급히 1백 달란트로 카시우스의 화를 누그러뜨렸다.

3.223. 그러나 카시우스가 떠나자, 말리쿠스는 위와 같은 노력을 한 안티파테르에게 고마움을 느끼기는커녕 자기를 여러 차례 구해준 적이 있는 그를 오히려 죽이려는 음모를 꾸몄다. 그리하여 자신의 사악한 계획에 방해가 되는 그를 신속히 제거하려 하였다. 한편 안티파테르는 말리쿠스의 권력과 사악함을 두려워하여, 그의 공격을 방어하기 위한 군대를 모으기 위해 요단을 건넜다. 224. 이제 말리쿠스가 쫓기게 되었음에도 불구하고, 그는 뻔뻔한 거짓말로 안티파테르의 아들들을 조종하게 되었다. 그는 예루살렘의 사령관 파사엘과 그곳의 병기고를 맡고 있던 헤롯을 온갖 변명과 맹세를 하며, 그를 위해 저들의 아버지 안티파테르와 협상하도록 설득했다. 그래서 안티파테르는 반란을 꾀했다는 이유로 말리쿠스를 죽이려고 했던 당시 시리아 총독 무르쿠스를 설득하여 말리쿠스의 목숨을 또다시 구해주었다.

4.225. 그런데 카시우스와 브루투스에 대항하여 젊은 황제 아우구스투스와 안토니우스가 전쟁을 일으켰을 때, 카시우스와 무르쿠스가 시리아에서 군대를 일으켰다. 이제 헤롯의 힘이 강력해진 사실이 분명해졌기 때문에, 그들은 그를 시리아 전체의 총사령관으로 세워, 그에게 보병과 기병부대를 주었다. 그리고 카시우스는 전쟁이 끝나면 헤롯을 유대의 왕으로 임명하겠다고 약속했다. 226. 그러나 안티파테르가 권력과 자기 아들에 대한 희망을 함께 추구한 것이 멸망의 요인이 되었다. 왜냐하면 말리쿠스가 바로 이것을 두려워하여 왕의 주관(酒官) 하나를 매수해서 안티파테르에게 독약을 먹이도록 했기 때문이다. 그리하여 그는 말리쿠스의 불의한 음모의 희생양이 되어 잔치가 끝난 후에 죽었다. 그는 국사를 수행하는 데 있어 여러 면에서 정력적인 사람

이었고, 무엇보다도 히르카누스에게 통치권을 회복시켜주고 유지할 수 있게 해준 장본인이었다.

5. 227. 말리쿠스는 독살혐의를 받고 분노의 표적이 되자 이를 부인하며 백성들을 설득하려 했다. 그런가 하면 그는 무기로 무장하여 더욱 강력히 대비하였다. 왜냐하면 안티파테르의 아들 헤롯이 아버지의 원수를 갚으려고 곧 군대를 이끌고 나타날 것이라 생각했기 때문이었다. 228. 그러나 그의 형제 파사엘이 헤롯에게 충고하기를, 백성들이 소요를 일으킬지도 모르니 말리쿠스를 공개적으로는 대적하지 말라고 하였다. 헤롯은 말리쿠스의 변명을 받아들이고 혐의를 풀어주었다. 그리고 그는 부친의 장례를 성대하게 치렀다.

6. 229. 이제 그는 사마리아로 향하여 사마리아의 소요를 진압했다. 그 이후 축제절기를 맞아 그는 무장한 병사들을 이끌고 예루살렘으로 돌아왔다. 그러자 히르카누스는 그에게 사람을 보내어 — 이것은 말리쿠스가 헤롯이 들어오는 것을 두려워했기 때문이었다 — 그곳 주민들이 정결례를 행하고 있으니 이방인들을 데려오지 말라고 하였다. 그러나 헤롯은 이러한 구실이나 그런 지시를 내린 말리쿠스를 무시하고 밤에 들어왔다. 230. 그러자 말리쿠스가 다시 그를 찾아와 안티파테르의 죽음을 애도했다. 헤롯은 분노를 억제하는 것처럼 응했고, 카시우스에게 편지를 써 그의 부친이 암살당했다고 주장했다. 카시우스도 다른 이유로 말리쿠스를 증오하고 있었기 때문에, 헤롯에게 부친의 암살자를 보복하라고 대답하며, 자기 수하에 있는 천부장들을 헤롯에게 은밀하게 보내어 그의 일을 도우라고 하였다.

7. 231. 카시우스가 라오디게아를 점령하자 각지에서 권력자들이 선물과 승리의 관을 가지고 그에게 왔다. 헤롯은 이때를 복수의 기회로

삼으려 했다. 그러나 말리쿠스는 이미 의구심을 품고 자기의 아들이 볼모로 잡혀 있는 두로로 몰래 가서, 그를 빼내어 유대로 도망할 준비를 하려 했다. 232. 그는 자신의 탈출조차 포기하고 더 큰 계획을 감행하였는데, 그는 카시우스가 안토니우스와의 전쟁에 몰두하는 동안 유대민족을 선동하여 로마에 대항하게 하고, 히르카누스를 쉽게 제거하여 왕이 되려는 야망을 가졌던 것이다.

8. 233. 그러나 그의 운명은 도리어 그의 야망을 비웃었다. 헤롯은 그의 공격을 예견하고 그를 히르카누스와 함께 만찬에 초대했다. 그리고 그는 자기 곁에 서 있는 노예 하나를 그에게 보내어 식사를 준비하는 것처럼 행동하게 하였다. 그러나 그것은 실제로는 천부장들에게 가서 암살음모를 실행하기 위해 밖으로 나가라고 전하기 위해서였다. 234. 이들은 카시우스의 명령을 기억하고 도시의 해변 앞으로 나가 칼로 무장했다. 거기서 그들은 말리쿠스를 포위하고 칼로 그를 난자하여 죽였다. 히르카누스는 정신을 잃고 바닥에 쓰러졌다. 가까스로 일어난 그는 헤롯에게 말리쿠스를 죽인 자가 누구인가를 추궁했다. 235. 천부장들 가운데 하나가 대답하였다. "카시우스의 지시였습니다." 히르카누스가 말했다. "카시우스가 참으로 나와 나의 조국을 구했도다. 그가 나와 조국 모두를 위협하던 자를 죽이게 했도다." 히르카누스가 참으로 그렇게 생각했는지 아니면 두려움을 직면하고 그렇게 말했는지는 분명하지 않지만, 어찌하든 이렇게 하여 헤롯은 말리쿠스에게 복수하게 되었다.

제 12 장　헤롯과 파사엘이 분봉왕이 됨

1. 236. 카시우스가 시리아에서 후퇴하자 예루살렘에서는 다시 소요가 일어났다. 헬리쿠스는 파사엘을 대항해 군대를 일으켰는데, 이는 말리쿠스를 보복한 헤롯에게 복수하려는 것이었다. 다마스쿠스에서 로마의 파비우스 장군과 함께 있던 헤롯은 그의 형제 파사엘을 돕기 위해 곧바로 오려고 했으나 마침 병에 걸려 있었다. 237. 이러한 와중에 파사엘은 홀로 헬리쿠스에게 대항하였다. 동시에 그는 히르카누스의 무관심을 비난하였다. 왜냐하면 히르카누스가 헬리쿠스의 반란을 교사하면서 말리쿠스의 이 형제가 요새를 정복하는 것을 그저 보고만 있었기 때문이다. 이때 참으로 많은 곳이 정복되었는데, 가장 강력하게 저항했던 마사다[53] 도 포함되었다.

2. 238. 그렇지만 이것은 헬리쿠스가 헤롯의 공격에 대항하는 데 아무런 도움이 되지 못하였다. 헤롯은 병에서 회복된 후에 여러 요새들을 점령했고 헬리쿠스를 마사다에서 철수시켰는데, 이는 헬리쿠스가 간절하게 요청했기 때문이었다. 헤롯은 갈릴리에서도 이미 세 곳의 강력한 요새를 장악한 두로 사람들의 독재자 마리온을 쫓아내었다. 그는 사로잡힌 두로인들 모두를 살려주었고, 그들 가운데 몇몇은 선물까지 받아가게 하였다. 그리하여 그는 두로에서 호평을 얻게 되었고, 독재자 마리온은 반감을 사게 되었다. 239. 그러나 마리온은 시리아 전역에 걸쳐 권력을 행사하던 카시우스의 도움으로 권력을 유지했다. 그런데 그는 헤롯을 미워하였기에 아리스토불루스의 아들 안티고누스가 권

---

53) 이곳이 그 유명한 마사다의 항전이 있었던 곳이다. 사해 서쪽 연안에 위치한 이 견고한 요새에서 유대인 저항세력이 73년까지 최후의 항전을 벌였다.

좌에 오를 수 있도록 지원하였다. 하지만 더 큰 이유는 파비우스 때문이었다. 안티고누스는 파비우스에게 뇌물을 바쳐 자신의 복권을 도모했던 것이다. 그러나 안티고누스를 모든 면에서 후원하는 자는 그의 친척 프톨레메우스였다.

3. 240. 이들에 대항하던 헤롯은 유대로 들어가는 길목에서 전투를 벌여 승리로 이끌었다. 그가 안티고누스를 쫓아내고 예루살렘으로 되돌아가자, 모든 사람들이 전공(戰功)을 세운 헤롯을 환영했다. 왜냐하면 그를 좋아하지 않았던 사람들도 그가 히르카누스 집안과 결혼했다는 이유로 그에게로 마음을 돌리게 되었기 때문이다. 241. 그는 이전에 도리스라고 불리는 유대 귀족혈통의 여자와 결혼하여 안티파테르를 낳았다. 그런데 그는 아리스토불루스의 아들인 알렉산더의 딸이자 히르카누스의 손녀인 마리암네와 결혼함으로써 이제 왕가의 친인척이 된 것이었다.[54]

4. 242. 아우구스투스와 안토니우스가 빌립보 근처에서 카시우스를 죽인 후, 아우구스투스는 이탈리아로, 안토니우스는 아시아로 갔다. 당시 다른 도시의 지도자들이 비투니아의 안토니우스에게로 왔다. 유대인의 권력자들도 그에게 와서 파사엘과 헤롯을 비난하였다. 지금 파사엘과 헤롯은 무력으로 권력을 장악했고, 히르카누스는 명예로운 이름만 남아 있다는 것이다. 이러한 상황에서 헤롯이 나타나서 적지 않은 돈으로 안토니우스를 매수했기에, 안토니우스가 적의 말을 다시는 듣지 않게 할 수 있었다.

---

54) 이 책 뒤쪽의 헤롯 가문 가계도를 참조하라.

5.243. 그들은 그렇게 흩어지게 되었다. 그러나 유대인들 가운데 마지막으로 1백 명 가량의 사람들이 안디옥을 통하여 다프네에 있는 안토니우스에게 다시 왔다. 그런데 당시에 그는 클레오파트라와의 사랑의 노예가 되어 있었다. 그들은 가장 출중하고 언변에 능한 자들을 앞세워서 헤롯의 형제들을 고소했다. 그러나 멧살라가 와서 그들을 변호하였고, 히르카누스도 그들의 친척이었기 때문에 옆에서 도왔다. 244. 안토니우스는 이 둘의 말을 듣고, 히르카누스에게 누가 통치자로서 가장 적합한 자인지 자세히 알려달라고 했다. 히르카누스가 헤롯의 사람들을 추천하자, 안토니우스는 흐뭇하게 여겼다. 이는 안토니우스가 가비니우스와 함께 유대지방으로 출정했을 때 이들의 아버지 안티파테르의 환대를 받았기 때문이다. 그래서 그는 헤롯의 형제들을 분봉왕으로 임명하여 그들에게 유대 전체의 관리를 위임했다.

6.245. 이에 대하여 유대인 사신들은 불만을 표현하였으나, 안토니우스는 그들 가운데 15명을 사로잡아 감금하여 죽이기로 결심하였고, 나머지는 모욕을 당하게 하여 돌려보냈다. 예루살렘 사람들은 이것을 크게 문제 삼았다. 그래서 그들은 천 명의 대표단을 두로로 파견하였다. 예루살렘으로 진군하다가 이곳 두로에 잠시 머물던 안토니우스는 아우성치는 무리들에게 두로의 사령관을 보내어 닥치는 대로 살해하고, 자기가 임명한 분봉왕들의 통치권을 확립할 수 있도록 도우라고 하였다.

7.246. 이 일이 있기 전에 이미 헤롯은 히르카누스와 함께 해변으로 나와 대표단들에게 말하기를 조급한 호전성으로 스스로 멸망을 초래하지 말 것이며, 조국까지 전쟁으로 몰아넣지 않도록 해야 한다고 강력하게 경고하였다. 그러나 그들이 더욱더 포악해지자 안토니우스는 무장한 병력을 파견하여 많은 사람들을 죽이고 상처를 입혔다. 히

르카누스는 죽은 자들의 장례를 치러주었고, 부상당한 자들을 돌보아 주도록 하였다. 247. 그러나 도주한 자들은 잠잠하지 않고 도시를 소요에 빠뜨렸다. 이에 안토니우스는 격분하여 포로로 사로잡힌 자들까지도 처형하였다.

제 13 장 파르티아와 시리아의 충돌(기원전 40년): 안티고누스의 파견과 헤롯 형제들 사이의 사건

1. 248. 2년 후에 파르티아[55]의 총독 바르자바르네스가 파르티아 왕의 아들 파코루스와 함께 시리아를 정복했다. 이때 뤼사니아가 이미 죽은 그의 부친 멘네우스의 아들인 프톨레메우스의 뒤를 이어, 1천 달란트와 5백 명의 여자를 바칠 것을 약속하며, 총독에게 히르카누스를 제거하고 안티고누스를 왕위에 앉게 해 달라고 간청했다. 249. 파코루스는 바르자바르네스에게 내륙으로 진격하라고 명령하고 자신은 지중해를 따라 진격했다. 프톨레메우스와 시돈의 주민들은 파코루스를 받아들였지만 해안지방의 사람들 중 두로인들은 파코루스를 받아들이지 않았다. 그래서 파코루스는 자신의 기병을 자기와 같은 이름을 가진 어느 주관(酒官)에게 위임하고 유대로 진군하라는 명령을 내렸다. 이것은 적들의 상황을 살피게 하고, 안티고누스가 도움이 필요할 때 지원하려는 이유에서였다.

2. 250. 당시 그들이 갈멜을 습격하며 돌아다니자, 많은 유대인들도 함께 안티고누스에게 가서 기꺼이 자신들도 이 공격에 참여하겠다고

---

55) 시리아의 왕조가 이집트와 대결하는 동안 동쪽 페르시아 제국의 후예들이 일어나 국가를 건설하였고, 미트라다테스 1세 때 서쪽으로 로마제국과 동으로는 중국과 면하는 대제국으로 발전하였다(기원전 247~기원후 226년).

하였다. 이에 그는 그들을 드뤼무스라 불리는 지역으로 보내 그 지역을 장악하도록 했다. 그들은 그곳에서 전투를 벌여 적을 공략하고 예루살렘까지 진격하여, 많은 수가 왕궁까지 진입했다. 251. 이에 히르카누스와 파사엘이 정예부대를 모아 그들에게 대항하자 시장에서 전투가 벌어졌다. 이 전투에서 헤롯의 병사들은 적을 쳐부수었고, 그들을 성전 안에 가두었다. 그는 60명의 병사를 경계소에 경계병으로 배치하였다. 252. 그러나 이 두 형제 파사엘과 헤롯을 반대하는 백성들이 반역을 일으켜 성전 안으로 들어가 거기에 감금된 자들을 불태웠다. 그러자 헤롯은 분노하여 많은 백성들을 죽였다. 그들은 매일 서로가 매복하였다가 공격하였고 살상이 끊이지 않았다.

3. 253. 그러던 중 오순절이라 불리는 축제가 다가오자 성전 관할구역과 예루살렘 전체는 각 지역에서 온 많은 사람들로 가득 찼다. 이들 대부분이 무장하고 있었다. 이때 파사엘은 성벽을, 그리고 헤롯은 많지 않은 무리들로 왕궁을 장악하고 있었다. 헤롯은 도시 앞에 있는 적의 전열이 흐트러진 틈을 타서 그들의 포위망을 공격해서 많은 자들이 죽었다. 그는 다른 많은 자들을 쫓아보내고, 예루살렘 안에 있는 자들과 성전 안에 있는 자들, 그리고 진(陣) 밖에 있는 자들을 포위했다. 254. 이러한 가운데 안티고누스는 파코루스를 중재자로 불러들이자는 제안을 했다. 이에 파사엘이 설득되어, 이 파르티아인은 기병 5백 명과 함께 환대받으며 예루살렘에 들어갈 수 있었다. 파코루스는 소동을 진압하러 온 것처럼 가장하였으나, 255. 실제로는 안티고누스를 돕기 위해 온 것이다. 파코루스는 음모를 꾸며 종전협상을 위한 사신으로 파사엘을 바르자바르네스에게 보내려고 했다. 그러나 헤롯은 그것에 강력히 반대하여 충고하기를, 이 음모에 넘어가지 말고 차라리 이 음모를 꾸미는 자를 제거해야 한다고 했는데, 이것은 야만인들은 본래 믿을 수 없기 때문이라는 이유에서였다. 그러나 파사엘은 히르카누스

와 함께 갔다. 파코루스는 의심을 덜 받기 위하여 이른바 '자유인'이라는 기병들 가운데 몇몇을 헤롯에게 남겨두고 나머지는 파사엘을 호위하여 보냈다.

4. 256. 갈릴리에 도착하자, 그들은 그 지역주민들이 무장하고 소동을 일으키고 있었음을 알았다. 그들은 이 총독 바르자바르네스를 만나게 되었는데, 그는 이들의 총애를 받으면서도 아주 교활하게 자기의 음모를 감추는 자였다. 그는 그들에게 선물을 주었으나, 그들이 고국으로 돌아가는 것을 감시하게 했다. 257. 그들은 바다 근처의 엑디파라는 곳에 도착했을 때야 비로소 음모를 알아챘다. 왜냐하면 거기에서 그들은 안티고누스가 1천 달란트와 5백 명의 여자를 파르티아인들에게 주겠다고 약속한 것을 들었기 때문이었다. 258. 더욱이 그들은 자기들이 밤마다 야만인들에 의해 계속 감시를 받았으며, 만일 그들이 예루살렘에서 헤롯이 잡힐 때까지 기다리지 않았다면, 그리고 헤롯이 그들의 운명을 미리 내다보지 않았다면, 자기들은 이미 오래 전에 잡혔을 것이라는 사실도 깨달았다. 이것은 한낱 헛소문이 아니었다. 그들은 멀지 않은 거리에서 자신들을 감시하던 자들을 보았던 것이다.

5. 259. 오벨리우스는 파사엘에게 도망하라고 강력하게 권했다. 이것은 그가 당시 사마리아의 최대 부호 사라말라의 음모를 모두 다 알아챘기 때문이었다. 그렇지만 파사엘은 히르카누스를 버리고 가려고 하지 않고, 총독에게 직접 가서 그러한 음모를, 무엇보다도 그가 돈 때문에 그렇게 했다는 것을 비난했다. 파사엘은 자기 목숨을 위해 안티고누스가 권력을 위해 제안한 액수보다 더 많이 내겠다고 분명히 약속했다. 260. 이러한 질책에 대하여 이 파르티아인 바르자바르네스는 변명하며 맹세코 자기의 협의를 부인하려 했다. 그는 그후 파코루스에게 갔다. 그가 떠나자마자 명령을 받은 파르티아의 병사들이 파사엘과

히르카누스를 체포하였다. 그들은 맹세를 저버리고 자신들을 배신한 것에 대해 심한 저주를 내뱉었다.

6.261. 이때에 예루살렘으로 파송된 주관(酒官)은 헤롯을 속여 그를 성밖으로 유인해서 체포하려는 음모를 꾸몄다. 그러나 헤롯은 이미 처음부터 야만인들을 믿지 않았고, 뿐만 아니라 당시에 그에게 음모를 알려줄 편지가 적들의 수중에 들어갔다는 전갈을 받았었다. 그래서 그는 파코루스가 자신에게 전갈을 가져오는 전령들을 맞이하러 나가야 한다고 그렇게 끈질기게 설득했음에도 불구하고 나가지 않았다. 그는 결코 적들에게 잡히지도 않을 것이며, 음모에 대한 전갈이 아니라 파사엘의 문안을 받게 되리라고 여겼다. 262. 그리고 그는 우연히도 이미 그의 형제가 잡혔다는 것을 다른 사람에게 들었고, 게다가 히르카누스의 딸이자 가장 사려 깊은 여인 마리암메[56]가 와서, 그의 목숨을 노리는 그 야만인들을 믿지 말라고 이미 분명히 간언했다.

7.263. 파코루스와 그의 추종자들은 여전히 어떻게 그들의 음모를 실행할 수 있을까를 생각했다. 이는 헤롯같이 뛰어난 사람을 노골적으로 공격하여 제압하기는 어려웠기 때문이었다. 헤롯은 그들보다 앞서서 밤중에 가장 가까운 사람들과 함께 적들을 피하여 이두매로 갔다. 264. 파르티아인이 이것을 알아채고는 그를 추격했다. 그는 그의 모친, 누이들, 약혼녀와 그녀의 어머니와 동생들에게 계속 도망가라고 명하고, 자신은 그들의 안전을 위해 자기를 따르는 자들과 함께 야만인들에게 돌아가 싸웠다. 그는 공격할 때마다 많은 적들을 죽였고, 마침내 마사다라는 요새에 도달했다.

---

56) 마리암메는 히르카누스의 딸이 아니라 손녀로 보아야 한다. 그의 딸은 알렉산드라이기 때문이다(《유대 고대사》 14.351).

8.265. 그러나 그가 도망하는 동안 파르티아인들보다 유대인들이 더 무섭게 그를 공격했다. 그들은 도시에서 60스타디온 떨어진 지점에서 계속해서 그를 괴롭혔고, 상당 시간 동안 쉴 새 없이 전투가 벌어졌다. 헤롯은 전투 중에 많은 유대인들을 죽였다. 후에 그는 이러한 승전을 기념하며 유명한 곳을 지정하여 자신을 상징하는 엄청나게 비싼 궁전을 지었다. 뿐만 아니라 그는 거기에 강력한 성을 세우고 이를 자기 이름을 따라 헤로디움[57]이라고 명명했다. 266. 그가 도망할 당시 많은 자들이 매일 그와 합세하였다. 그가 이두매에 있는 레사라는 곳에 왔을 때, 그곳으로 마중 나온 그의 형제 요셉이 헤롯의 추종자 수를 대폭 줄이라고 충고하였다. 왜냐하면 마사다에는 그렇게 많은 무리를 수용할 수 없었기 때문이었다. 267. 그 수는 9천 명을 넘었다. 헤롯은 그 말을 받아들여 쓸모없는 사람들을 이두매 여러 곳으로 돌려보냈다. 그는 또 자기의 친척들을 제외하고도 가장 강력한 전투력을 유지했으며, 안전하게 요새를 향해 그곳을 지나갔다. 거기서 그는 여자들을 위해 8백 명의 경호병을 세웠고, 포위공격을 대비하여 충분한 식량을 남겨두었다. 그리고 헤롯은 아라비아에 있는 페트라로 급히 행군했다.

9.268. 이 사이에 파르티아인들은 예루살렘에서 약탈을 자행했다. 그들은 도주자들의 집과 왕궁을 노략질하였으나 히르카누스의 돈만은 건드리지 않았다. 그러나 그 돈은 3백 달란트 이하였다. 그들은 다른 사람들의 돈도 약탈했으나 기대했던 것만큼은 되지 않았다. 왜냐하면 헤롯은 이미 야만인들의 배신을 예견하여 가장 값비싼 물건들은 미리 이두매로 옮겼고, 그의 추종자들도 모두 그와 같이 했기 때문이다. 269. 그러나 파르티아인들은 광포하게 약탈을 계속하여 나라 전체를

57) 이 건물에 대한 자세한 설명은 《유대 전쟁사》 1.419에 나온다.

전쟁의 아수라장으로 만들었고, 도시 마리사를 황폐화했다. 또한 안티고누스를 왕으로 세울 뿐만 아니라, 파사엘과 히르카누스를 그에게 넘겨주어 포박하여 고문받게 했다. 270. 안티고누스는 자기에게 무릎 꿇은 히르카누스의 귀를 이로 깨물었다. 만일 이후의 상황이 변하여도 다시는 제사장에 오르지 못하게 하려는 것이었다. 육체적으로 흠이 없는 자들만이 대제사장이 될 수 있었기 때문이다.[58)]

10.271 그러나 이보다 먼저 파사엘은 치명적 행동을 자행했다. 이미 파사엘은 칼도 손도 쓸 수 없자 자기 머리를 돌에 부딪혔기 때문이다. 그는 자신이 헤롯의 참된 형제로서 히르카누스보다 우월하다는 것을 보인 것이다. 그는 참으로 용감하게 죽었고, 자신의 생애의 업적에 걸맞은 죽음을 맞았다. 272. 그러나 또다른 소문도 전해졌다. 그가 당시 부상에서 회복되자 안티고누스가 보낸 의사가 그의 상처를 치료해야 했으나, 거기에 독약을 사용해 그를 죽였다는 것이다. 어느 것이 사실인지는 몰라도 처음의 소문은 그가 용감한 행위를 하였다는 것이다. 또 이렇게도 들려온다. 그가 마지막 숨을 거두기 전에 헤롯이 탈출했다는 것을 한 여자로부터 듣고는, "나의 원수를 갚을 자가 살아남아 있으니 나는 이제 기꺼이 떠날 수 있겠다"고 말했다는 것이다.

11.273. 파사엘의 최후는 이와 같았다. 비록 파르티아인들은 가장 중시했던 여자들을 가질 수 없어서 실망했지만, 그들은 예루살렘에서 안티고누스의 통치권을 다시 세워주고, 히르카누스를 포로로 잡아 파르티아로 데려갔다.

---

58) 레위기의 규정(레위기 21:17 이하)과 《유대 고대사》 14.366 참조.

제 14 장 유대 왕으로 임명된 헤롯

1. 274. 한편 헤롯은 더 서둘러 아라비아로 행군했다. 그것은 그의 형이 아직 살아 있다는 생각에 아라비아의 왕으로부터 돈을 빌리기 위해서였다. 그는 야만인들이 돈을 원하고 있기에 그것으로 파사엘을 풀어주는 것을 설득할 수 있으리라고 희망했다. 왜냐하면 아라비아 왕이 그의 아버지와의 우의를 더 이상 기억하려 하지 않고, 돈을 아무런 대가 없이 주는 데 인색하다 할지라도, 그가 만일 풀려나야 될 형의 아들을 볼모로 제공한다면 그 왕으로부터 속전(贖錢)을 빌릴 수 있다고 계산했기 때문이다. 275. 이에 헤롯은 일곱 살의 조카를 데리고 갔다. 그래서 그는 3백 달란트를 지불할 준비를 하고 이것을 제공하기 위해 두로인들을 중재자로 사용하려 했다. 그러나 운명은 그의 노력보다 앞서 갔다. 이미 파사엘이 죽었기 때문에 더 이상 헤롯의 형제애는 쓸모가 없게 되었다. 또한 그는 아라비아인들에게서 참된 우의를 결코 찾아볼 수 없었다. 276. 그들의 왕 말쿠스는 사신을 보내어 자기 나라로 가는 가장 빠른 길로 돌아가야 한다고 전했다. 그는 여기서 파르티아인들이 헤롯을 아라비아에서 추방하라고 요구했다는 것을 핑계로 댔다. 그러나 사실은 안티파테르로부터 빌린 것을 갚지 않으려 하고, 그것에 대한 대가로 부끄러움에 처해 있는 그의 아들들에게 어떠한 것도 주고 싶지 않은 것이었다. 말쿠스에게 이 뻔뻔한 행동을 하라고 조언하는 자들도 동일하게 안티파테르가 맡겼던 것을 도둑질하려고 했다. 그들은 왕의 주변에 있는 권력자들이었다.

2. 277. 헤롯은 아라비아인들 가운데서 적을 발견한 것이다. 헤롯은 그들이 자기의 가장 친한 친구일 것이라고 기대했기 때문에, 전령들에게 그들이 어떻게 자신을 분노하게 만들었는지를 전했다. 그리고 그는

이집트로 향했다. 여기서 그는 첫날 저녁 그 나라의 한 신전 뜰에서 밤을 보냈다. 여기서 그를 떠났던 사람들과 다시 합류하게 되었다. 또 그가 다음날 리노코루라[59] 까지 가고 있을 때, 자기 형의 사망소식을 들었다. 278. 그는 떨쳐버릴 수 있는 만큼의 슬픔만을 받아들이고 그의 길을 계속 가야만 했다. 얼마 후 아라비아 왕은 마음을 바꾸어 가장 민첩하게 전령을 보내어 자기가 모욕을 주었던 자를 다시 불렀다. 그러나 헤롯은 그들로부터 너무 멀어져 있었고 이미 펠루시움에 도착했다. 정박하던 선원들은 그가 배를 타지 못하도록 하였기에 그는 선장들을 만났다. 이들은 헤롯의 명성과 지위를 생각하여 알렉산드리아로 그를 데려다주었다. 279. 그가 이 도시에 도착하자 클레오파트라가 극진히 영접했다. 그녀는 자기가 준비하는 전쟁에서 헤롯을 장수로 삼으려고 남아달라고 했지만, 그는 클레오파트라의 제안을 거절하고 추운 겨울도, 이탈리아의 소요도 두려워하지 않고 배를 타고 로마로 갔다.

3. 280. 한편 헤롯은 밤빌리아에서 풍랑을 만나 뱃짐의 대부분을 물속으로 던져야 했고, 카시우스와의 격전을 치루었던 로데스로 간신히 빠져나왔다. 여기서 그는 그의 친구들인 프톨레메우스와 사피니우스의 영접을 받았다. 그는 재정적 곤경에도 불구하고 거대한 전함[60] 을 만들었으며, 281. 자기의 친구들과 함께 부룬디지움으로 항해했다. 그곳에서 로마로 직행하여 우선 안토니우스에게 갔는데, 이는 자기 부친과 안토니우스의 우정을 생각했기 때문이다. 헤롯은 그에게 자신과 가족의 곤경을 이야기하며, 그의 친족들이 한 요새에 남아 갇혀 있으며, 그에게 도움을 청하기 위해 한겨울에 배를 타고 왔다고 말했다.

---

59) 이집트와 팔레스틴 접경의 해변도시.

60) 《유대 전쟁사》 7. 22의 각주 참고.

4. 282. 안토니우스는 이러한 설명을 듣고 감동했다. 그는 안티파테르와 맺은 우정을 기억하고, 무엇보다도 지금 도움을 청하는 이 사람의 용맹으로 인하여, 전에 이미 분봉왕으로 세웠던 그를 이제 유대인의 왕으로 앉히기로 작정했다. 안토니우스의 이런 결정은 안티고누스와는 적대관계에 있었지만 헤롯에게는 호감을 지니고 있었기 때문이다. 그는 물론 로마에 대항하여 봉기를 일으키는 안티고누스를 적으로 간주했을 것이다. 283. 그런데 옥타비아누스는 안토니우스보다 헤롯에 대해 더 호감을 가지고 있었다. 그것은 옥타비아누스가 이집트에서 자기의 부친의 편에서 싸웠던 안티파테르의 투쟁뿐만 아니라, 그들의 우호관계와 후한 호의를 새롭게 기억하였기 때문이었다. 무엇보다도 그는 헤롯의 행동을 보았다. 284. 이에 옥타비아누스는 원로원을 소집했다. 여기서 멧살라, 그리고 그를 이어 아트라티누스가 헤롯을 소개하며, 그의 부친의 행적뿐만 아니라, 로마에 대한 그의 호의를 소개하였다. 그리고 동시에 그들은 안티고누스가 로마인의 적이라는 것을 입증하였는데, 그것은 안티고누스가 불원간에 로마와 전쟁을 하게 될 것이며, 뿐만 아니라 지금 로마를 무시하고 파르티아인들을 통해 유대의 통치권을 장악했기 때문이라는 것이다. 그러자 원로원에서는 소동이 일어났다. 이에 안토니우스가 나타나 파르티아에 대한 전쟁에 대비해서 헤롯이 왕권을 가지는 것이 유리할 것이라고 설명하자, 모든 사람이 찬성하였다. 285. 원로원의 회의가 끝난 후, 안토니우스와 옥타비아누스는 헤롯과 함께 나갔다. 행정관들은 다른 집정관리들과 함께 제사를 지내고 의사당에 그 결과를 칙령으로 비치했다. 안토니우스는 헤롯이 왕으로서 재위한 첫날에 그에게 만찬을 대접했다.

제 15 장 안티고누스의 마사다 포위와 헤롯의 구출작전

1. 286. 이 사이에 안티고누스는 마사다에 있는 자들을 포위하였다. 이들은 다른 물자는 풍부하였으나 물이 부족하였다. 그래서 헤롯의 형제 요셉은 2백 명의 부하들을 데리고 아라비아로 도주하려 하였다. 왜냐하면 그는 말쿠스가 헤롯에 대한 그의 수치스러운 행동을 뉘우치고 있다는 것을 들었기 때문이었다. 287. 만일 떠나기로 예정된 그날 밤에 많은 비가 오지 않았더라면, 그는 아마도 요새를 떠났을 것이다. 그러나 웅덩이들은 물로 가득 찼기 때문에 이제 도주할 필요가 없어졌다. 오히려 그들은 안티고누스의 군대를 향해 한편으로는 그들과 전면전으로, 다른 한편으로는 매복하면서 많은 사람들을 죽였다. 그러나 그들은 모든 곳에서 승리하지는 못했고, 패하여 후퇴하기도 했다.

2. 288. 이때 로마의 장군 벤티디우스는 파르티아인들을 시리아에서 내쫓도록 명령을 받았다. 그는 요셉의 부대를 돕기 위한 것처럼 그들의 뒤를 따라 행군해 유대로 들어갔지만, 사실은 안티고누스를 위협해 돈을 빼앗기 위해서였다. 289. 그리하여 그는 예루살렘에서 가장 가까운 곳에 진을 쳤다. 그러나 그는 돈 욕심이 채워지자 군대의 대부분을 후퇴시켰다. 그는 그 중 한 부대를 실로가 맡도록 남겨두었는데, 이는 전군을 모두 철수할 경우 자기가 돈을 챙긴 사실이 드러날 수 있기 때문이었다. 안티고누스는 벤티디우스에게 했던 것처럼 실로도 매수했는데, 이는 파르티아의 도움을 기대했기 때문이며 이러한 기대가 물거품이 되지 않도록 하기 위함이었다.

3. 290. 그러나 헤롯은 이미 이탈리아에서 프톨레메우스로 항해해 내려갔다. 그는 이방인과 원주민들로 이루어진 상당한 군사력을 모아

급히 갈릴리를 통해 안티고누스에게로 행군했다. 이때 벤티디우스와 실로, 그리고 델리우스가 그를 지원했다. 델리우스는 헤롯의 복위를 돕기 위해 안토니우스가 보낸 사신이었다. 291. 벤티디우스는 시리아의 도시에서 파르티아인들 때문에 일어난 소요를 진압하는 일에 몰두하였고, 실로는 유대에 있는 안티고누스에 의해 돈으로 매수되었다. 이때 헤롯은 전투력의 부족을 전혀 느끼지 않았다. 그가 진군할 때 그의 권력은 나날이 공고해졌고, 소수를 제외하고는 갈릴리 전체가 그에게 동조하였다. 292. 전투의 가장 긴급한 목적인 마사다와 자기의 친족들을 포위에서 우선 구해내는 현안이 그의 목전에 놓여 있었다. 그렇지만 그는 아직 욥바로 가는 길에 있었다. 그는 자기에게 적대적이었던 이 도시를 가장 먼저 정복해야 했다. 이것은 예루살렘으로의 진군에서 자신의 등뒤에 어떠한 적의 요새도 남기지 않기 위해서였다. 이제 실로는 이미 예루살렘에서 철수하기 위한 명분을 찾고 있었으므로, 헤롯에게 합류할 준비가 되어 있었다. 그러나 유대인들은 그를 추격하여 강하게 압박했다. 헤롯은 소규모의 병력을 이끌고 재빠르게 이동해서, 힘겨운 상태로 수비하던 실로를 구해주었다.

4. 293. 그후 헤롯은 욥바를 장악하고 자기의 가족들을 구출하기 위하여 마사다를 향해 진군했다. 그곳 주민들 가운데 어떤 사람들은 그의 부친 때부터 내려온 좋은 관계로 인하여, 어떤 사람들은 그의 명성으로 인하여 그에게 나아왔다. 또다른 사람들은 이 두 부자가 베푼 호의에 보답하고자 오기도 했지만, 그러나 대다수는 그가 분명히 왕이 되리라는 희망으로 그에게 동조하였다. 따라서 헤롯은 엄청난 규모의 병력을 모을 수 있었다. 294. 헤롯이 진격할 때, 안티고누스는 그가 지나가는 길에 매복을 세워 그를 기다렸지만 거의 아무런 영향을 주지 못했다. 그의 전투력에 기껏해야 미미한 손실을 주었을 뿐이다. 그리하여 헤롯은 마사다의 친족들을 쉽게 데려올 수 있었고, 요새 레사도

이와 같이 점령하고 예루살렘으로 행군했다. 실로와 함께 하였던 군사들과 이 도시의 주민들이 그에게 나아왔는데, 이것은 그들이 그의 군사력에 압도되었기 때문이었다.

5. 295. 헤롯의 군대가 이 도시의 서쪽을 향해 진을 쳤을 때, 거기에 있던 경비병들이 활과 투석기를 쏘았다. 다른 병사들은 종대로 적의 전열을 공격하며 포위망을 돌파하려 하였다. 그러나 헤롯은 우선 전령에게 성벽을 돌며 메시지를 전하도록 했다. 그는 헤롯은 백성과 도시를 구하기 위해 왔으며, 어느 누구도 심지어 자기의 공공연한 적대자들조차 심판하지 않고 가장 악한 적들도 사면하겠다고 알렸다. 296. 그러나 안티고누스의 추종자들이 전령의 소리에 따르지 말라고 설득하며 누구도 투항하지 않도록 할 뿐만 아니라, 남은 자들로 하여금 성벽을 넘어오는 자들을 막게 하자, 그들은 다시 통제력을 회복하였다. 이제 그들은 가지고 있던 모든 창과 활로 망대 위에서 신속하게 공격하였다.

6. 297. 게다가 이제 실로도 매수되었다는 사실이 드러났다. 그는 많은 군사들을 선동하여 식량이 부족하다고 강력히 호소하게 했으며, 생계비 지급과 겨울나기에 적합한 장소로 이동할 것을 요구하게 했다. 왜냐하면 안티고누스의 군대가 모든 것을 쓸어가서 도시의 주변은 황폐화하였기 때문이다. 그는 부대의 진(陣)을 옮기는 것에 편승하여 자신도 후퇴하려 했던 것이다. 298. 그러나 헤롯은 실로 수하의 장군들과 많은 군사들에게 옥타비아누스와 안토니우스와 원로원에 의해 파송된 자신을 떠나지 말라고 부탁하였다. 그러면 바로 그날 그들의 요구를 들어주겠다고 했다. 299. 이렇게 요청한 후 헤롯은 직접 그곳으로 출발하여 실로의 모든 요구를 채울 만큼의 식료품을 가져와서 그들에게 제공했다. 그리고 다음날 물자의 수송이 중지되지 않기 위해 그는

미리 관리를 사마리아 — 이 도시는 그를 지지했다 — 주변의 거주자들에게 파견하여, 곡물과 포도주와 기름과 염소를 여리고로 보내야 한다고 전했다. 300. 이 소식을 들은 안티고누스는 병사들을 파견하여 그 지역에서 수송을 중지시키고 감시하라고 명령했다. 이에 사람들은 복종했고, 중무장한 많은 병사들은 여리고의 높은 곳으로 모여들었다. 그들은 산지에 숨어서 식료품을 수송하는 자들을 감시하였다. 301. 헤롯도 가만히 있지는 않았다. 10개의 보병대를 보냈는데, 이는 5개의 로마군 부대와 5개의 유대인 부대로 구성되었으며 여기에는 다양한 용병집단들도 포함되어 있었으며, 또한 소수의 기병도 포함되어 있었다. 그는 여리고를 통해 예루살렘으로 행군했다. 예루살렘은 텅 비어 있었다. 그러나 그는 5백 명 가량의 남자들이 아내와 자식들을 데리고 높은 곳에 진을 치고 있는 것을 발견했다. 302. 그는 그들을 사로잡았으나 곧 놓아주었다. 로마군인들은 도시의 나머지 영역으로 쳐들어와서 갖가지 보화로 가득 찬 집들을 찾아 그곳을 약탈했다. 헤롯 왕은 여리고에 수비대를 남겨놓고 돌아가서, 겨울을 나기 위하여 그에게 맡겨진 영역인 이두매, 갈릴리와 사마리아로 로마군을 분산시켰다. 그렇지만 안티고누스도 안토니우스에게 총애를 받으려고 실로에게 뇌물을 주어 자신의 군대의 한 부대를 룻다에서 받아줄 것을 허락받았다.

제 16 장 이두매와 갈릴리 전투

1. 303. 로마군인들은 거기서 충분히 지낼 수 있었고 이제 무장을 해제했다. 그러나 헤롯은 쉬지 않았다. 그는 안티고누스가 어떤 반역도 일으키지 못하게 하기 위하여 그의 형제 요셉을 이두매로 보내어, 2천 명의 보병과 4백 명의 기병으로 그곳을 장악하게 하였다. 그러나

자신은 모친과 마사다에서 구해낸 모든 친족들을 사마리아로 데려갔다. 그리고 그는 그들을 안전하게 보호한 후, 나머지 요새들을 정복하고 안티고누스의 수비대를 몰아내기 위해 갈릴리로 갔다.

2.304. 그는 모진 눈보라 속에 셉포리스[61]에 도착하여 싸우지도 않고 이 도시를 점령했다. 그가 수비대를 습격하기도 전에 이미 그들은 도망쳤기 때문이었다. 여기서 그는 지친 병사들을 쉬게 했다. 식량도 넉넉했다. 헤롯은 동굴에 은신하던 강도들을 치기 위해 나섰다. 이들은 그 지역의 많은 곳을 돌아다니며 전쟁 못지 않게 그 지역주민들을 어렵게 만들고 있었다. 305. 그는 세 개의 보병부대와 한 개의 기병부대를 아르벨라라는 마을로 보내었다. 그리고 자신은 40일 후에 나머지 병력과 함께 들어갔다. 그러자 적들은 헤롯이 다가오는 것을 두려워하지 않았고, 오히려 무기를 들고 저항했다. 그들은 전투경험과 함께 노략질에서 체득한 대담성도 있었던 것이다. 306. 교전이 벌어지자 그들은 자신들의 우익(右翼) 진영으로 헤롯 군의 좌익(左翼)을 약화시켰다. 그러나 헤롯은 자기의 우익으로 재빠르게 그들을 공격하였고, 도망가다가 돌이켜 추격하는 부대들을 향해 일격을 가했다. 이리하여 그들의 전위부대는 더 이상 버티지 못하고 도주하게 되었다.

3.307. 그는 요단까지 계속하여 그들을 추격하여 그들 중 많은 자들을 섬멸하였다. 동굴에 아직도 숨어 있는 자들을 제외하고 나머지는 강을 건너 흩어졌다. 그러나 갈릴리가 그들의 공포에서 벗어나기 위해서는 시간이 필요했다. 308. 그래서 그는 우선 군인들에게 수고에 대한 대가를 지불하게 하였고, 병사들마다 은화 150 드라크마를, 장수들에게는 그것의 몇 배를 나누어주었다. 그리고 그는 겨울을 날 곳으로

61) 이곳은 갈릴리에 있는 중요한 헬레니즘 도시 가운데 하나로 나사렛과 베들레헴에서 멀지 않다.

그들을 보냈다. 페로라스는 그의 막내 형제를 시장으로 보내어 식량배급 책임을 맡게 했으며, 또 알렉산드리움을 요새화하게 했다. 그는 이 두 가지 일 모두를 수행하였다.

4. 309. 이때에 안토니우스는 아테네 주변에 머물러 있었다. 그러나 벤티디우스는 실로와 헤롯을 파르티아와의 전쟁 때문에 불러들였다. 그는 그들에게 우선 유대의 질서를 다시 회복하라는 명령을 내렸다. 헤롯은 실로를 떠나 기꺼이 벤티디우스에게 갔고, 스스로 동굴에 숨어 있는 자들에 대한 전투를 시작했다. 310. 이 동굴들은 가파른 산에 있어, 어느 곳으로도 쉽게 접근할 수가 없었다. 거기에는 비탈지고 매우 좁은 길만이 있었다. 입구가 있는 거대한 암벽은 가파른 협곡이 있는 매우 깊은 계곡으로 이어졌다. 그래서 헤롯 왕은 그곳으로는 접근하기가 불가능하다고 판단하고, 마침내 위험하기는 하지만 모험적인 계획을 세웠다. 311. 그는 자기의 병사들 가운데 가장 강한 자들을 상자들 속에 넣어 밧줄에 달아 보내어 동굴입구로 가는 길을 만들도록 했다. 이들은 거기서 폭도들과 그들의 가족들을 함께 살해하고, 저항하는 자들을 불에 태워 살육했다. 헤롯은 그들 가운데 몇몇은 살려주려 했고, 그래서 전령을 통해 그들에게 밖으로 나오라고 전했다. 그러나 누구도 자발적으로 항복하려 하지 않았고, 잡히는 것보다 차라리 죽는 것을 선택하려 했다. 312. 그때 그곳의 노인들 가운데 일곱 아들을 둔 아버지가 있었다. 그의 아들들과 아내는 헤롯의 약속을 믿고 동굴에서 나가게 허락해 달라고 그 노인에게 간청했다. 그러나 그는 그들을 한 사람씩 나오라고 명한 뒤, 동굴입구에 서서 나오는 아들들을 차례로 죽였다. 멀리서 이것을 보던 헤롯은 동정심에 사로잡혀, 그 노인을 향해 자기의 오른손을 내밀어 그의 아들들을 살려주라고 권했다. 313. 그러나 그는 헤롯의 말에 아무런 반응을 보이지 않았다. 오히려 그는 헤롯에게 천한 출신이라고 욕하면서, 자식들에 이어 아내도 죽여 그 시

신들을 절벽 아래로 버리고, 마지막으로 자신도 몸을 던졌다.

5.314. 이렇게 해서 헤롯은 동굴과 거기 있던 자들을 점령하였다. 그는 앞으로 있을지도 모르는 봉기에 대응할 수 있을 정도의 부대를 남겨두었다. 그리고 프톨레메우스에게로 돌아가 안티고누스에 대항할 중무장한 3천 명의 병사들과 6백 명의 기병을 데리고 사마리아로 향했다. 315. 그가 그곳으로 가자 갈릴리에서 늘 봉기를 일으키던 자들이 겁 없이 일어나 예기치 않은 기습으로 그의 부하 장군 프톨레메우스를 살해했다. 그들은 나머지 도망간 자들을 후퇴하도록 유인하여 늪지와 찾기 어려운 지역으로 몰아가며 그 지역을 초토화시켰다. 316. 헤롯은 이 반란의 소식을 듣자마자 지원군을 보내어 봉기를 일으킨 자들 대다수를 죽였다. 그는 이곳을 포위한 요새 전체를 구해냈고, 반란에 대한 보복으로 그 도시들로부터 1백 달란트를 거두어들였다.

6.317. 이제 이미 파르티아인들은 쫓겨났고 파코루스도 살해되었다. 그래서 벤티디우스는 안토니우스의 지시로 헤롯에게 안티고누스에 대항할 원군으로 1천 명의 기병과 두 개 군단을 보내었다. 그러나 안티고누스는 지원군의 장수 마케라스에게 서신을 보내어 자기를 도와달라고 간청했다. 그는 헤롯의 폭력성에 대해서 신랄하게 토로했고, 그에게 돈을 주겠다고도 약속했다. 318. 그러나 마케라스는 자신을 파견했던 자를 무시하지 않았고, 그밖에도 헤롯이 돈을 더 많이 주었기에 그의 배신요청을 받아들일 수 없었다. 그렇지만 그는 헤롯의 설득에도 불구하고 안티고누스에게 응답하는 척하면서 안티고누스의 군대를 정탐하려고 먼저 갔다. 319. 안티고누스는 그의 의도를 알아채고 마케라스가 도시로 들어오지 못하게 막으면서 그를 적으로 간주하여 성벽에서 저항했다. 결국 마케라스는 수모를 당하고 엠마오에 있는 헤롯에게 돌아가야 했다. 그는 이 실패로 인하여 만나는 모든 유대인

을 죽일 만큼 분노하였는데, 헤롯의 사람들뿐만 아니라, 모든 자들이 마치 안티고누스를 지지하는 자들인 것처럼 대했다.

7. 320. 이에 대하여 격분한 헤롯은 마케라스를 적으로 간주하고 대항하였으나, 그는 곧 분노를 가라앉히고, 마케라스의 불법행동을 고소하기 위해 안토니우스에게 가려 했다. 그러나 마케라스는 자신의 과실을 깨닫고, 속히 헤롯 왕에게 가서 간청한 후에 그와 화해하게 되었다. 321. 그러나 헤롯은 안토니우스를 만나러 가는 계획을 멈추지 않았다. 오히려 그는 안토니우스가 많은 군사력으로 사모사타 — 이것은 에프라트에 속한 강력한 도시였다 — 를 공격하려 한다는 것을 듣고는, 자신의 용감성을 알릴 뿐만 아니라, 더 인상적으로 안토니우스를 기쁘게 하는 것이 좋겠다고 생각했기에 더욱더 서둘러서 그곳으로 갔다. 322. 그리고 그가 오자 정말로 로마군의 포위공격은 승리를 거두게 되었다. 그는 많은 야만인들을 죽였고, 충분한 노획물을 나누어서, 오래전에 이미 그의 용맹성에 대해 감탄했던 안토니우스를 놀라게 했던 것이다. 이제 안토니우스는 헤롯에게 명예와 왕위에 대한 희망 이외에도 더 많은 것을 주었다. 반면 안티오쿠스 왕은 사모사타를 내어줄 수밖에 없었다.

제 17 장 헤롯의 기적적 구출과 예루살렘 공격

1. 323. 이런 가운데 유대지역에서 헤롯의 상황은 나빠지고 있었다. 그가 그의 형제 요셉에게 모든 것을 위임하며, 돌아올 때까지 안티고누스에 대하여 어떠한 공격도 하지 말라고 지시했기 때문이었다. 그가 이렇게 한 것은 이제까지의 행동으로 보건대 마케라스가 그의 신실한 맹방(盟邦)은 아니었기 때문이었다. 그러나 요셉은 그의 형제가 멀리

간 것을 알자, 곧 지시한 명령을 무시하고 여리고를 향해 마케라스가 보내준 5개 보병대대와 함께 진격했다. 수확기에 곡물을 운반하려는 것이었다. 324. 그러나 적들은 산악과 접근하기 어려운 곳에서 공격했다. 요셉은 전투에서 뛰어난 공을 많이 남기고 전사했으며, 로마군도 모두 섬멸되었다. 이른바 베테랑들이 아직 전투경험이 없는 병사들을 도와 잘 융화될 수가 없는 상황이었기 때문이다.

2.325. 안티고누스에게 이 승리는 만족스럽지 못한 것이었다. 그는 요셉의 시신을 잔인하게 다룰 정도로 분노가 치밀었다. 그래서 그가 시신을 차지했을 때, 그의 형제 페로라스가 시신에 대한 대가로 50 달란트를 주었는데도 그 머리를 잘라버리게 하였다. 326. 갈릴리의 상황은 이처럼, 안티고누스의 승리 이후에 그의 추종자들이 강력했던 헤롯의 참모들을 호수[62]에 익사시킬 만큼 새롭게 변하였다. 유대에서도 변화가 일어나 마케라스가 깃타라 불리는 한 기지를 다시 만들었다. 327. 그러나 헤롯은 거기에 대해서는 아직 아무것도 알지 못했다. 그것은 사모사타를 장악한 후에 안토니우스가 소시우스를 시리아의 사령관으로 앉혔고, 그에게 안티고누스에 대항하여 헤롯을 도우라고 명령하였기 때문이다. 그러나 그 자신은 이집트로 돌아갔다. 소시우스는 헤롯과 연합하기 위해 두 개 군단을 유대로 파견하고, 자신은 나머지 병력을 데리고 그를 가까이 따라갔다.

3.328. 그런데 헤롯이 안디옥 근처 다프네에 있었을 때, 그의 형제의 죽음은 이미 그에게 꿈으로 선명하게 나타났다. 그가 혼란스러워 잠자리에서 뛰쳐나왔을 때 사신들이 들어와 이 상황을 전했다. 그는 이 사실을 짧게 애도하기는 했지만, 크게 슬퍼해야 할 일을 나중으로

---

62) 겐네사렛 호수.

미루고 적을 향해 진격해야 했다. 그는 힘겹게 진군했다. 329. 그는 레바논에 도착한 후에 산악지대에 사는 사람들 가운데 8백 명의 맹방(盟邦)을 모집했고, 거기서 자기와 조약을 맺은 로마 군단 중 한 부대와 연합했다. 그는 그들과 함께 날이 밝는 것을 기다리지도 않고 갈릴리를 습격하여 공격하던 적들을 그들이 본래 있던 곳까지 밀어붙였다. 330. 그리고 그는 적의 요새를 지속적으로 공략하였다. 그러나 그가 요새를 장악하기 전에 그는 견디기 어려운 악천후를 만나 어떤 마을에 진을 쳤다. 며칠 후 안토니우스가 파견한 두 번째 군단도 그와 연합하자, 적들은 그의 전력을 두려워하여 밤중에 그 요새를 떠났다.

4. 331. 그 이후 그는 자기의 형제를 죽인 안티고누스에게 가능한 빨리 가기 위하여 서둘러 여리고 지역을 통과하여 행군을 계속했다. 거기서 어떤 신적인 힘이 그에게 징조를 보여주었는데, 그는 이를 통해서 예기치 않게 구출될 수 있었다. 그는 말하자면 신의 은총을 입게 된 자였다. 귀족들 가운데서 많은 사람들이 그날 저녁에 그와 함께 만찬을 즐겼는데, 잔치가 끝나고 모든 사람들이 나갔을 때 갑자기 집이 무너졌다. 332. 이것은 그에게 다가오는 전쟁에서의 재난과 구원 모두에 관한 징조라고 이해되었다. 다음날 아침 그는 병력을 이동시켰다. 그러자 대략 6천 명의 적들이 산에서 내리달아 아군의 전위부대 위로 급습을 시도하였다. 그들은 로마군인들에게 감히 대항할 생각을 하지 못하고, 멀리서 돌과 창을 쏘아대며 많은 사람에게 부상을 입혔다. 여기서 헤롯도 전선을 따라 달리다가 옆구리에 창을 맞았다.

5. 333. 안티고누스는 용감할 뿐만 아니라, 병력의 숫자에서도 우월하다는 것을 보여주려 하였다. 그래서 그는 자기 동료 파푸스를 한 부대와 함께 사마리아로 보냈다. 334. 이제 그와 마케라스와의 한판의 전투가 벌어졌다. 그러나 헤롯은 적군을 공략하여 다섯 개의 소도시들

을 파괴하고 거기서 2백 명의 주민을 살해했으며 그들의 집을 불살랐다. 그리고 그는 주둔지로 돌아왔다. 그의 사령부는 가나라고 불리는 마을 근처에 있었다.

6.335. 그러자 매일같이 여리고와 나머지 지역에서 많은 유대인 무리들이 그에게 몰려왔다. 그들 중 일부는 안티고누스에 대한 증오로, 다른 자들은 헤롯의 성공으로 마음이 움직인 자들이었다. 그러나 사실 대부분은 변화를 갈구하다가 생긴 경솔함 때문에 모여들었다. 헤롯은 이들과 함께 싸우러 나갔으나 파푸스의 군대는 헤롯의 추종자의 수효도 그 전투력도 두려워하지 않고 그에게 맹렬히 대항했다. 336. 전투가 시작되자 적의 일부 부대들이 미미하게 저항했지만, 살해된 형제를 기억하여 몸을 던진 헤롯은, 대가를 지불하려는 듯이 자신에게 대항하는 자들을 가차없이 죽였다. 그후 그는 여전히 저항하는 자들을 공격했으며, 달아나는 모든 적들을 추격하였다. 337. 그리하여 살해의 결과는 엄청났다. 적들은 떠나왔던 마을로 몰려들었다. 그러나 헤롯은 그 후위부대를 공격하여 수많은 자들을 죽였다. 그는 적과 동시에 이 마을에 들이닥쳤다. 모든 집은 중무장한 군인들이 점령하였고, 높은 곳에서 아래를 향해 방어하던 군인들은 지붕 위에 가득했다. 338. 그는 밖에서 저항하는 자들을 제압한 후에, 집을 허물고 그 안에 있는 자들을 끌어냈다. 또 많은 자들을 위층에서 끌어내려서 죽였다. 무너진 집 더미에서 살아나온 자들은 헤롯의 군사들의 칼에 맞아 죽어, 나갈 길이 없을 만큼 시신들이 쌓였다. 339. 적들은 이 공격을 견뎌내지 못했다. 그래서 다시 모여들었던 적의 무리들은 마을에서 전멸당하는 자들을 보고는 도주했다. 만일 심한 악천후의 방해를 받지 않았더라면, 헤롯은 자기의 승리에 용기를 얻어 당장에라도 예루살렘으로 진군하였을 것이다. 이 전투로 헤롯에게는 궁극적 승리가 주어졌고, 이미 예루살렘을 떠나기로 계획했던 안티고누스는 패배하고 말았다.

7.340. 저녁 무렵 헤롯은 전투가 끝난 병사들이 휴식을 취하고 자신들의 몸을 돌보도록 했다. 그리고 자신은 갑옷 때문에 더워서 늘 그랬듯이 일반병사들처럼 목욕탕에 들어갔다. 수행하는 종 하나가 그를 따랐다. 그가 목욕탕에 들어가려고 할 때 적의 병사 하나가 손에 칼을 들고 뛰어나왔다. 이어서 두 번째와 세 번째, 그리고 계속해서 더 많은 자들이 나왔다. 341. 그들은 공격을 받고는 무장한 채로 목욕탕에 피신해 그때까지 두려워 떨며 숨어 있었던 것이다. 그러다가 그들은 헤롯 왕을 보자 놀라 떨면서 완전 무방비 상태였던 그의 곁을 지나 출구를 향해 달아났다. 이 자들을 잡을 수 있었던 사람은 거기에 아무도 없었다. 게다가 헤롯도 해를 모면한 것만으로 만족했기에, 그들 모두는 도망할 수 있었다.

8.342. 다음날 헤롯은 안티고누스의 장수로서 전장에서 죽은 파푸스의 목을 자른 후, 자기의 형제를 살해한 대가로 그 머리를 그의 형제 페로라스에게 보냈다. 왜냐하면 페로라스는 요셉을 죽인 자였기 때문이다. 343. 악천후가 그치자 그는 예루살렘으로 진군해 병력을 성벽까지 인솔하여 성벽 주위에 주둔시켰다. 이때는 그가 로마에서 왕으로 등극한 지 정확히 3년이 지난 때였다. 그는 성전을 향하여 진을 쳤는데, 이것은 성전 측면으로 공격을 개시할 수 있었기 때문이었다. 폼페이우스도 이 도시를 이전에 이렇게 점령했다. 344. 그는 이를 위해 필요한 여러 가지 일을 예하부대에 나누어 부과했다. 도시 주변의 나무들을 자르고, 장벽을 세우고 망대를 그 위에 세우라고 명령했다. 그는 그의 수행원들 가운데 가장 뛰어난 자에게 이 임무를 주고, 자신은 이미 설명한 것같이 그와 약혼한 아리스토불루스의 손녀이자 알렉산더의 딸 마리암메와 결혼하기 위해 사마리아로 진군했다. 말하자면 헤롯은 예루살렘을 포위공격하는 중에 결혼한 것이다. 이것은 그가 이미 적들보다 우세한 형국에 있음을 의미했다.

9.345. 결혼식 후 그는 더 많은 군사력을 동원하여 예루살렘으로 되돌아갔다. 소시우스가 이끄는 기병과 보병으로 이루어진 대군이 그와 연합했다. 헤롯은 자신이 페니키아를 통해 행군하는 동안 이 부대를 내륙을 통하여 보냈다. 346. 전체 부대의 적지 않은 부분을 차지하는 시리아 연맹부대를 제외하고서도, 전체 군사력은 연합하여 11개의 보병부대와 6천 명의 기병에 다다랐다. 그들은 북쪽 성벽 근처에 진을 쳤다. 헤롯은 자신을 왕으로 인정한 원로원의 결정을 믿었고, 소시우스는 예속된 부대를 원군으로 헤롯에게 보낸 안토니우스를 신뢰했다.

제 18 장 헤롯의 예루살렘 점령과 클레오파트라의 야욕

1.347. 도시에 있는 유대인 군중들은 여러 가지 문제에 빠져 있었다. 악령에 사로잡혀 약해진 자들은 성전 주위로 모여들었고, 중요한 때에 관한 예언들[63]이 성행했다. 더 대담한 자들은 무리를 이루어 많은 도적질을 감행했고, 특히 도시의 외곽을 공격하여, 사람이나 말이 먹을 것을 남겨두지 않을 정도가 되었다. 348. 마침내 싸울 수 있는 사람들 가운데 정규부대원들은 공격을 막기 위해 배치되었다. 그들은 적의 공병들이 성벽을 넘어 들어오는 것을 막아낼 뿐만 아니라, 공성무기에 대항할 수 있는 새로운 방어무기를 계속해서 고안하였다. 그러나 땅굴을 파는 일 외에는 적들보다 더 유리한 것은 없었다.

2.349. 한편 헤롯 왕은 이 약탈자들에 대항하도록 매복을 지시하였고, 이것을 통하여 그는 또한 적의 돌격을 방어하는 데도 성공하였다. 그리고 먼 곳에서 식량을 수송하여 부족량을 보충했다. 적들이 용감하

63) 이것은 종말론적 예언을 의미하는 것 같다.

기는 했지만 그는 로마군과 함께 했던 자신의 전쟁경험이 풍부했기 때문에 그들을 훨씬 능가했다. 350. 로마군과의 전면전은 죽음으로 이어질 것이 뻔했기 때문에 그들은 전면전 대신에 지하참호를 통하여 적진 한복판에 갑자기 나타나서 공격하거나, 성벽이 다 무너지기 전에 또다른 성벽을 만들어 대항하였다. 그러나 그들은 극단적으로 저항하고자 하는 결연한 의지를 보이는 행동을 보이지도 않았고 그런 생각조차도 할 수가 없었다. 351. 사실 그들은 비록 강력한 군대에 의해 포위되었지만, 헤롯 군대에 속한 자들이 성벽을 넘어 도시에 진입하고 그 뒤를 소시우스의 정예부대가 뒤따라오기까지 5개월 동안이나 포위공격을 견뎌냈다.[64] 그러나 먼저 성전 주변지역이 점령당하고, 성안에 병력이 유입되자 곳곳에서 무수한 살육이 자행되었다. 왜냐하면 로마군은 오랫동안 진행된 포위공격에 격분되어 있었고, 헤롯을 지지하는 유대인들은 적들에 관한 모든 것을 아무것도 남기지 않고 처부수려했기 때문이었다. 352. 그리하여 수많은 사람들이 좁은 골목에서뿐만 아니라 집에서도, 그리고 성전으로 도주하는 길에서도 살육당하고 말았다. 로마군인들은 어린아이이건 노인이건 연약한 여자이건 아무도 동정하지 않았으며, 헤롯 왕이 사람들을 두루 보내어 관대하게 처리하라고 명령했음에도 불구하고, 로마군인들은 그치지 않고 노소(老少)를 막론하고 미친 듯이 살육을 자행했다. 353. 그러자 이전이나 현재의 상황을 받아들이지 않았던 안티고누스가 성에서 내려와 소시우스의 발 앞에 엎드려 자비를 구했다. 그러나 소시우스는 그를 불쌍히 여기기는커녕, 그를 "힘없는 여자 같은 안티고나"라고 부르면서 그의 태도 변화를 비웃었다. 그렇다고 그를 여자와 같이 여겨 감옥에서 석방시킨 것은 아니었다. 도리어 그를 결박하여 감옥에 가두었다.

---

64) 《유대 고대사》 14.476에 의하면 성벽은 1차로 40일, 2차로 15일 만에 정복되었다.

3.354. 헤롯이 비록 적군을 제압하기는 했지만, 그에게는 자기를 도와준 외국 연맹군의 기세를 꺾어야 하는 과제가 남아 있었다. 왜냐하면 많은 이방인들이 성전뿐만 아니라, 지성소를 보려고 그 주위로 몰려들었기 때문이었다. 그래서 헤롯 왕은 한편으로는 그들을 격려하기도 하였고, 다른 한편으로는 그들을 위협하기도 하였다. 그는 무기로 적군을 제압하여 큰 승리를 거두는 것보다, 이방인들이 보아서는 안 되는 것을 보는 것이 더욱 큰 문제를 일으킬 것이라고 생각했기 때문이었다. 355. 또한 그는 소시우스에게 여러 방면으로 손을 써서, 도시 주위를 약탈하는 것을 중단시켰다. 그는 로마군이 이 도시에서 재산을 파괴할 뿐만 아니라 사람들까지도 떠나게 한다면, 자신은 그 황무지의 왕으로 남게 되는 것이며, 이와 같이 많은 시민들을 살육하여 얻은 세계의 통치권을 결국 무너뜨리는 결과를 낳을 것이라고 했다. 356. 이에 대하여 소시우스는 성의 공략에 대한 대가로 이루어지는 정당한 포획은 허용되어야 한다고 말했다. 그러자 헤롯은 자신의 재산으로 모든 군인들에게 그 대가를 나누어주겠다고 하였다. 이렇게 해서 그는 약속의 유업으로 남아 있는 고토(故土)를 사게 된 것이다. 그는 모든 병사들에게는 만족스럽게, 지휘관들에게는 적절하게 대가를 지불하였고 소시우스에게도 선물을 주어서, 돈을 못 받고 예루살렘을 떠나는 사람이 없게 하였다. 357. 그리하여 소시우스는 금으로 된 면류관을 하나님께 바친 후에, 안티고누스를 결박하여 안토니우스에게로 데려갔다. 안티고누스는 마지막까지 무의미한 희망을 걸고 목숨을 애걸하였으나, 결국 그는 도끼로 처형되는 수모를 당했다.

4.358. 헤롯 왕은 예루살렘의 주민들을 구별하여, 자신의 뜻을 따르는 사람들은 선대하였고, 자신에게 적대적인 자들은 죽여버렸다. 또한 이내 돈이 부족하게 되자, 그가 가진 모든 장식품을 동전으로 주조하여 안토니우스와 그의 측근들에게 보내었다. 359. 그러나 돈으로

모든 것을 다 살 수는 없었다. 왜냐하면 이미 안토니우스는 클레오파트라와의 사랑의 감정에 빠져, 모든 것을 그녀의 욕망에 따라 처리하고 있었기 때문이었다. 클레오파트라는 자기의 가족들 가운데 어느 누구도 살려놓지 않으려고 작정하였고,[65] 360. 더 나아가 외부의 사람들도 살해하려고 하였다. 또 그녀는 시리아의 유력인사들이 가진 것을 쉽게 장악하기 위하여 음모를 꾸며 안토니우스에게 그들을 없애라고 설득하였고, 자기의 탐욕을 계속해서 유대인들과 아라비아인들에게로 뻗쳐, 헤롯 왕과 말쿠스를 없애려고 은밀하게 행동하였다.

5. 361. 그렇지만 안토니우스는 그녀의 요구 가운데 일부만을 들어주었다. 그것은 그가 선량한 사람들과 위대한 왕들을 죽이는 것은 불경한 것이라고 생각하기도 했으며, 다른 한편에서는 저들로부터 두터운 신의를 많이 잃었기 때문이었다. 그는 그들의 통치지역을 분할하여 여리고에 있는 종려나무 농장—여기에는 발삼나무가 자라고 있다—과 두로와 시돈을 제외한 엘류테루스 강 이편의 모든 도시들을 클레오파트라에게 주었다. 362. 클레오파트라가 그곳을 다스리게 되었을 때, 그녀는 파르티아인들을 정복하려고 출정한 안토니우스를 따라 유프라테스까지 동행하여 아파메이아와 다마스쿠스를 지나 유대로 들어오게 되었다. 이때 헤롯은 거창한 선물로 클레오파트라의 적개심을 누그러뜨렸다. 또한 그는 그의 왕국에서 떨어져나간 지역도 매년 2백 달란트의 조공을 바치고 임대하였다. 그는 온갖 비굴한 자세를 취하며 클레오파트라를 펠루시움까지 동행하였다. 363. 그리고 얼마 안 되어 안토니우스는 파르티아로부터 돌아와서, 포로로 데려온 티그라네스의 아들 아르타바제스를 클레오파트라에게 선사하였다. 즉, 파르티아는 얼마 되지 않아 보화와 모든 노획물들과 함께 그녀에게 바쳐진 셈이었다.

---

65) 클레오파트라는 자기의 남동생 프톨레메우스와 자매 아르시노를 살해했다 (《유대 고대사》 15.89).

제 19 장　헤롯의 아라비아 정벌

1. 364. 악티움 전투가 시작되었을 때, 헤롯은 안토니우스를 도울 준비를 하였다. 왜냐하면 헤롯은 이미 유대와 그밖의 다른 지역의 폭동을 잠재웠고, 무엇보다도 히르카누스도 이전에 안티고누스의 여동생이 점령했던 지역을 장악하였기 때문이었다. 365. 그러나 위험에 처한 안토니우스와 함께하려던 그의 의도는 클레오파트라의 계략 때문에 좌절되고 말았다. 왜냐하면 이미 말한 바와 같이, 클레오파트라는 유대와 아라비아 왕들에 대하여 음모를 세운 후 안토니우스를 설득하여 헤롯에게 아라비아에 대한 전쟁을 완전히 떠맡기려 하였기 때문이다. 이것은 헤롯이 승리할 경우에는 아라비아를, 패배할 경우에는 유대를 장악하여, 두 왕 가운데서 하나를 통하여 다른 하나를 제거하려고 생각했기 때문이다.

2. 366. 그러나 이 계획은 헤롯에게 유리하게 기울게 되었다. 왜냐하면 그가 무엇보다도 먼저 인질들과 함께 적에게 대항했고 강력한 기병을 출전시켰기 때문이었다. 그는 이와 같이 디오스폴리스[66]에서 공격을 감행했고, 강력한 저항에 직면했음에도 불구하고 그들을 격퇴시켰다. 이 패전으로 아라비아인들은 크게 동요했고, 코엘레-시리아에 있는 카나타[67]에서 많은 부대가 집결하여 유대인들을 기다렸다. 367. 헤롯이 병력을 이끌고 그곳에 도착했을 때, 그는 가능한 한 신중하게 전투를 수행하기 위해 강력한 진을 구축하라고 명령했다. 그러나 군사들은 이 명령에 따르지 않고, 첫 승리에 대한 자신감으로 아라비아인

---

66) 이곳은 《유대 전쟁사》 1. 132의 디온과 동일한 지명일 수 있다.

67) 《유대 전쟁사》 1. 102의 요단 동쪽의 가나를 말함(《유대 고대사》 15. 112).

들을 계속해서 공격하려 하였다. 그들은 첫 공세를 가한 후 계속해서 그들을 뒤쫓았다. 그러나 이 추격에서 헤롯은 카나타의 거주민들을 선동한 아테니온—그는 클레오파트라의 장수였고 헤롯에게 항상 적대적이었다—의 계략에 말려들었다. 368. 이 반격으로 아라비아인들은 다시 사기를 되찾아 반격했는데, 그들은 군대를 모아 헤롯의 군인들을 암벽으로 된 협곡사면으로 몰아붙였고, 헤롯의 군대는 커다란 손실을 입게 되었다. 이 공격에서 살아남은 자들은 오르미자로 도주했고, 그곳에서도 아라비아인들의 포위공격을 당하여 붙잡히고 말았다.

3.369. 이 패배 후에 헤롯은 많은 원군을 이끌고 그들을 도우려고 왔으나 너무 늦고 말았다. 패배의 원인은 부하들이 그에게 복종하지 않았기 때문이다. 만일 아라비아인들이 이같은 갑작스런 공격을 하지 않았다면, 아테니온은 그런 반격의 기회를 찾지 못했을 것이었다. 헤롯은 계속해서 유일한 적의 승리를 상기하고 빼앗긴 영토를 되찾기 위한 반격을 꾸준하게 하여 아라비아인들에게 앙갚음을 하였다. 370. 헤롯이 적과 전투하는 도중에, 또 하나의 불가항력적 재난이 그에게 닥쳤다. 이는 그의 통치 7년째 되는 해[68]로서, 악티움의 전투가 정점에 다다랐을 때였다. 그해 봄에 지진이 발생하여 수많은 가축과 3만 명의 백성이 사망했다.[69] 다행히 군대는 노천에 주둔했으므로 피해를 입지 않았다. 371. 이런 끔직한 일들에는 항상 더 좋지 않은 일들이 따라오기 마련인데, 결국 그런 소문이 당시 아라비아인들에게 용기를 더해주었다. 왜냐하면 그들은 온 유대가 폐허가 되었기에 자신들이 이 황폐한 지역을 쉽게 장악할 수 있다고 믿었기 때문이다. 그래서 그들은 유대인들로부터 자신들에게 파견된 사신들을 희생양으로 처형시킨

68) 기원전 37년.

69) 여기서 지진은 악티움 해전 직전에 있었음을 암시하는데, 기원전 31년으로 잡을 수 있다. 그렇게 되면 헤롯은 기원전 37년에 왕위에 오른 것이 된다.

다음, 곧이어 그곳으로 진군하였다. 372. 많은 군중들은 이 습격에 매우 놀랐고, 계속되는 엄청난 재난에 절망하였다. 그러자 헤롯은 이들을 모아 저항을 독려하려고 다음과 같이 말했다.

4.373. "나는 너희들이 이렇게 두려움에 빠져 있는 것을 이상하게 여기고 있다. 물론 운명적 재난에[70] 대해 낙담하는 것은 자연스러운 일이지만, 사람의 공격조차도 그렇게 생각한다면 그것은 비겁한 것이다. 지진 이후에 일어난 전쟁을 두려워하여 그렇게 위축되어 있다는 것은 내게는 있을 수 없는 일이다. 왜냐하면 나는 이것을 아라비아인들에게 복수하여 우리의 명예를 회복할 수 있도록 하나님이 우리에게 주신 기회라고 믿고 있기 때문이다. 그들은 무기나 전투력을 의지해서가 아니라, 우리가 겪은 재난 그 자체를 의지하고 있는 것이다. 그러나 자신의 힘이 아닌 다른 사람의 재난을 의지하려는 그런 기대는 실패할 것이다. 374. 재난도 혹은 그 반대도 인간에게는 확실한 것은 아니다. 오히려 행운이란 어느 때는 이 사람에게, 또 어느 때는 저 사람에게 기우는 것처럼 보이는 것이다. 이것은 너희 자신이 겪은 경험에서 배울 수 있는 것인데, 우리는 첫 공격에서 승자가 되었지만, 그후에는 적들이 우리를 이겼다. 그러므로 분명히 이제 그들이 우월해 보이는 바로 그때에 패배를 맛보게 될 것이다. 너무 강한 확신은 경솔한 것이며, 궁지를 경험하면 깊이 있는 사려의 중요성을 배우게 된다. 그러므로 너희의 두려워함으로 인해 오히려 나는 용기를 갖게 되었다. 375. 너희가 상황을 고려하지 않으며 나의 결정을 무시하고 적들에게로 무모하게 진격했을 때, 아테니온은 교활한 행동을 할 기회를 얻은 것이다. 그렇지만 너희의 주저함과 분명한 낙심이 이제 나에게는 분명한 승리를 보장하게 될 것이다. 376. 물론 이렇게 되기까지 너희의 그

---

70) τὰς δαιμονίους πληγάς.

러한 행동은 불가피한 것이기는 하지만, 너희가 전쟁을 하게 되면 용기를 내어 어떠한 불행도, 그것이 인간에게서 온 것이든 하나님에게서 온 것이든, 유대인이 살아 있는 한 그 용기를 꺾을 수 없다는 것을 불경한 자들에게 보여주어야 한다. 이제 어느 누구도 우리가 그토록 자주 사로잡았던 아라비아인들이 우리의 재산의 주인이 되려는 것을 관망해서는 안 될 것이다. 377. '물질에 불과한 존재'가 요동쳤다고[71] 해서 결코 너희 스스로가 흔들려서는 안 되고, 그 지진이 또다른 재난의 전조가 되리라고 생각해서도 안 된다. 왜냐하면 거대한 자연의 힘이란 자연스러운 것이어서, 그것이 가진 것 이상의 또다른 피해를 인간에게 가져다주는 것은 아니기 때문이다. 전염병이나 기근, 혹은 지진이 일어나기 전에 작은 전조가 일어날 수는 있지만, 이러한 것들조차도 그 한계를 가지고 있는 것이다. 전쟁이 우리를 덮친다 해도 지진보다 더 큰 피해를 우리에게 줄 것이 무엇이겠느냐? 378. 그러나 이제 적들에게는 엄청난 패배의 징조가 나타나기 시작했다. 이것은 자신들이 의도한 것도 아니며, 다른 사람의 행위로 인한 것도 아니다. 그들은 인간의 상식을 거슬러가며 우리가 파송한 자들을 잔인하게 살해하였다. 그들은 전쟁을 위하여 이들을 이같이 잔인한 희생양으로 하나님께 드렸지만, 하나님의 크신 눈과 전능한 힘을 피할 수는 없을 것이다. 만일 우리가 우리 조상들의 용기를 본받아 언약을 파기한 자들을 징벌하기 위해 일어난다면, 곧바로 우리가 만족할 만한 징벌이 그들에게 내려질 것이다. 379. 그러므로 우리 모두가 아내와 자식들을 위해서나 위기에 처한 조국을 위해서가 아니라, 우리의 사신들을 죽인 자들에게 복수하기 위해 나가자! 희생당한 그들은 이 전쟁에서 살아남은 자들보다 더 강한 우리의 장수들이 될 것이다. 위험을 무릅쓰고 너희가 따를 것을 믿고 나도 앞서 공격하게 될 것이다. 만약 너희가 다시

---

71) 이것은 지진에 대한 묘사이다.

무모하게 앞서 나가지만 않는다면, 너희의 용기를 당해낼 수 있는 것은 아무것도 없다는 것을 너희들은 알게 될 것이다."[72]

5.380. 헤롯은 모인 군사들을 이와 같이 격려하였고 그들이 자기에게 동조하는 것을 보자, 하나님께 제사를 드리고 난 후 군대를 이끌고 요단 강을 건넜다. 그는 필라델피아[73]에서 적진 가까이에 진을 쳤다. 이제 양쪽 군대 사이에 놓여 있는 요새를 중심으로 전투가 벌어졌다. 왜냐하면 적군들도 속히 요새를 탈환하기 위해 어느 정도의 병력을 보냈기 때문이다. 381. 그러자 헤롯 왕이 보낸 전초부대는 이들을 신속히 격퇴하여 적의 후미를 장악했다. 또한 그는 매일 병력을 이끌어 전투에 투입시켰고 아라비아인들을 유인했다. 그러나 적들은 그 누구도 나타나지 않았는데, 이는 두려움이 그들을 위협하여 병사들은 물론 그들의 장수 엘테무스도 겁을 먹고 두려워하였기 때문이다. 이에 헤롯은 앞서 나가 적의 방어물을 산산조각 내기 시작했다. 382. 그러자 그들은 어쩔 수 없이 무질서하게 보병과 기병이 뒤섞여 밀려나게 되었다. 그들은 숫자로는 유대인을 능가했으나, 승리에 대한 소망이 없었고 자신들이 절망적 상황에 있었으므로 정작 전투의지가 없었다.

6.383. 그래서 그들이 버티는 한 그들에게 큰 희생은 없었지만, 그들이 후퇴를 결정했을 때 한편으로 유대인들에 의해 죽고, 다른 한편으로는 서로에게 밟혀 죽기도 하였다. 최소한 5천 명이 퇴각하다가 죽었고 나머지 무리도 도주하여 요새로 몰려들었으나, 헤롯은 이 요새를 포위하고 공격하였다. 이들은 이제 무력으로 포로가 되기 전에, 이미 물 부족으로 투항하고 싶은 욕구가 일어나게 되었다. 이들이 사신을

---

72) 요세푸스는 이 연설을 《유대 고대사》 15.127~146에서도 기록하고 있다.

73) 이곳은 프톨레메우스 2세 필라델푸스(285~247년) 때에 헬레니즘 도시로 개조되어 필라델푸스라는 이름으로 바뀌었다.

보내 5백 달란트의 속전을 제공하려 했을 때에도 헤롯 왕은 적의 사신들을 경멸적으로 다루며 공격의 고삐를 더욱 당겼다. 타들어가는 갈증으로 수많은 적들이 유대인들에게 투항하여, 닷새 동안에 4천 명이 사로잡혔다. 결국 여섯째 날에는 절망적 상황에서 살아남은 많은 자들이 반격을 개시하였고, 이 전투에서 헤롯은 다시금 7천 명을 살해했다. 385. 이 참혹한 공격을 통하여 그는 아라비아인들을 막아내고, 이들의 교만을 꺾어서 백성들에 의해 후견인으로 선출되기까지 하였다.

제 20 장 옥타비아누스 황제로부터 왕권을 인정받은 헤롯

1. 386. 그러나 그 즉시 헤롯은 안토니우스와 우호관계를 맺은 사실로 인하여 자신의 권력 전체에 대한 근심에 빠져들게 되었다. 그것은 옥타비아누스가 악티움 해전에서 승리자가 되었기 때문이었다. 헤롯은 이제까지 그가 겪었던 상황보다 훨씬 더 큰 두려움에 사로잡혔다. 옥타비아누스는 안토니우스와 헤롯이 동맹관계에 있는 한 결코 안토니우스를 장악한 것이라고 생각하지 않았기 때문이었다. 387. 이에 헤롯 왕은 이 위험에 대처하기로 결정하고 옥타비아누스가 체류하고 있는 로데스로 출항하였다.[74] 그는 왕관도 쓰지 않고, 외모로 보아서는 보통의 평민과 같은 차림으로 옥타비아누스 앞에 나아갔다. 그러나 그의 태도는 왕다웠으며 진심을 드러내보이는 것이었다. 388. "황제시여! 저는 안토니우스에 의해 왕이 된 자로서, 안토니우스를 위해 최선을 다했음을 고백합니다. 그러나 저는 이것도 감추지 않고 말씀 드리고 싶습니다. 만일 아라비아인들이 저를 방해하지 않았다면, 분명히 폐하는 안토니

74) 이 사건은 기원전 30년경에 일어났는데, 그 이전에 헤롯은 히르카누스 2세를 처형시켰다(《유대 고대사》 15. 165~181; 《유대 전쟁사》 1. 433).

우스를 위해 무장한 저의 충성을 시험했을 것입니다. 저는 물론 할 수 있는 한 그와 연맹을 맺으려 했고 그에게 많은 곡식을 제공했을 뿐만 아니라, 악티움의 패전 이후에도 은혜를 저버릴 수가 없었습니다. 389. 더욱이 저는 제가 군사동맹자로서 그에게 더 이상 도움이 되지 않을 때에는, 그의 조언자가 되어 그의 실책을 만회하는 유일한 길은 클레오파트라를 죽이는 것이라고 주장하기도 했습니다. 만일 클레오파트라를 죽인다면 저는 돈과 은신처와 군대는 물론 폐하에 대항한 전쟁에도 함께 참여하겠다고 약속했습니다. 390. 그러나 폐하께 통치권을 하사하신 하나님께서는[75] 클레오파트라를 향한 사랑으로 인해 그가 저의 설득을 듣지 못하도록 하셨습니다. 저는 안토니우스와 함께 전쟁에서 패했고 운명대로 왕관을 내려놓았습니다. 그러나 이제 저는 구원의 희망으로 폐하에게 나왔습니다. 저는 저의 신의가 누구에 대한 신의냐가 아니라, 그것이 어떠한 것인지를 판단받기를 원하고 있습니다."

2.391. 이에 대하여 옥타비아누스는 이렇게 대답하였다. "좋소. 그대를 살려주겠으니, 지금보다 더 확고하게 왕위를 보존하시오. 그대는 그와 같이 신의로 통치자가 되었으니, 많은 자들을 통치할 자격이 있소. 그러나 이제 내가 그대의 그 태도로 인하여 그대에게 희망을 거는 것과 같이, 그대는 그대에게 호의를 베푼 자에게 충성하도록 하시오. 안토니우스가 그대보다 클레오파트라를 더 신뢰한 것은 잘된 일이었소. 왜냐하면 우리는 그의 무지로 인하여 그대를 얻었기 때문이오. 392. 그대는 이미 벤티디우스[76]가 내게 전한 것처럼, 그의 단독 전투에서 그에게 조력부대를 파견함으로써 이미 그 신의의 행동을 시작한

---

75) 《유대 전쟁사》 5.367에는 이와 비슷한 관점으로 옥타비아누스의 승리를 기록한다.

76) 그는 퀸투스 디디우스 벤티디우스로서 기원전 30년 당시에 시리아의 통치자였다.

것으로 보이오. 그러므로 이제 나는 그대의 통치권이 지속될 것을 입증하는 포고를 내릴 것이오. 그대가 안토니우스를 다시금 생각하지 않도록 나도 그대에게 호의를 보이는 것이오."

3.393. 그는 이같은 말로 헤롯에게 호의를 보이고 다시 왕관을 씌어준 후에 그를 크게 칭찬하는 말이 담긴 법령으로 약속한 내용을 선포하였다. 그러자 헤롯은 옥타비아누스를 선물로 회유하여, 안토니우스의 친구로서 그에게 보호를 요청했던 알렉사스[77]를 용서할 것을 간청했다. 그러나 옥타비아누스는 분노로 가득 차서 알렉사스의 잘못을 헤롯에게 들추며 헤롯의 요구를 피하였다. 394. 그후에 옥타비아누스가 시리아를 지나 이집트로 진군할 때 헤롯은 그를 최고의 대우로 영접하였다. 그는 당시 프톨레메우스 근처에서 있었던 옥타비아누스의 열병(閱兵)에 즈음하여 처음으로 그의 곁에서 함께 시찰하고 그의 모든 측근들에게 축제를 베풀었다. 이후 그는 다른 나머지 병사들과도 함께 연회를 베풀었다. 395. 그는 또한 옥타비아누스의 군대가 펠루시움까지 사막행군을 하는 길에 물을 충분하게 공급했고, 귀환할 때도 그와 같이 하여 군사들이 식량이 부족하지 않도록 배려했다. 이렇게 되자 옥타비아누스뿐만 아니라 그의 군사들도 헤롯에게 수여된 왕국이 그의 업적에 비해서 너무 작다고 생각하게 되었다. 396. 그래서 옥타비아누스는 이미 클레오파트라와 안토니우스가 죽은 이집트로 가는 길에 헤롯의 나머지 영예뿐만 아니라 클레오파트라가 떼어놓았던 지역까지 그의 왕국에 더해주어, 밖으로는 가다라, 힙포, 사마리아까지, 그리고 해안도시 가운데서 가자, 안테돈, 욥바와 스트라토의 망대까지의 땅을 하사하였다.[78] 397. 옥타비아누스는 또한 이전에 클레오파트

---

77) 《유대 고대사》 15.197에 의하면 그는 알렉산더로 불리는데, 이것은 여러 다른 헬라어 사본들도 마찬가지이다.

78) 이 지역들에 대해서는 《유대 전쟁사》 1.361, 86(가다라), 87(가자), 416

라를 경호했던 갈리아인 4백 명도 헤롯의 경호를 위해 넘겨주었다. 그러나 이러한 선물들 가운데 어느 것도 옥타비아누스에게 입은 후의만큼 큰 것은 없었다.

4.398. 악티움 승전 후 최초의 4년이 지난 후, 옥타비아누스는 그의 왕국에서 이른바 트라코니티스라고 불리는 왕국의 경계지역인 바타네아와 아우라니티스[79]를 다음과 같은 이유로 병합했다. 즉, 뤼사니아의 집을 빌려 살았던 제노도루스는 트라콘으로부터 온 도적들을 선동하여 다마스쿠스 주민들에게 대항하도록 방조하였다. 그러자 주민들은 시리아의 통치자인 다마스쿠스의 바로에게 피하여, 그에게 자신들의 긴급한 상황을 옥타비아누스에게 고해줄 것을 부탁했다. 옥타비아누스는 그것을 알고는 도적떼를 소탕하라고 명령했다. 399. 그리하여 바로는 전쟁을 일으켜 이 도적들 치하에서 그 땅을 정화하고, 그 지역을 제노도루스에게서 빼앗았다. 옥타비아누스는 이곳이 다시는 도적들이 다마스쿠스를 공략하기 위한 거점이 되지 않도록 하기 위해, 나중에는 그 지역을 헤롯에게 넘겨주었다. 그가 10년 뒤에 이곳에 돌아왔을 때에도 그는 헤롯을 전 시리아 지역의 대리인으로 앉혔는데, 이로 인하여 당시 시리아의 행정장관들은 헤롯의 뜻과 상반되는 어떤 것도 실행할 수 없었다. 400. 제노도루스가 죽었을 때, 옥타비아누스는 트라코니티스와 갈릴리 사이의 지역 전체를 헤롯에게 주었다. 그러나 헤롯에게 이것보다 더 소중한 것은 옥타비아누스와 아그립바 모두에게 총애받는 것이었다. 물론 그에게 있어 아그립바[80]는 옥타비아누

(안테돈), 408~10(스트라토 망대)을 참고하라.

79) 요단 동편을 말한다. 트라코니티스는 다마스쿠스의 남쪽지방이다(누가복음 3:1).

80) 빕사니우스 아그립바(기원전 63~12년)는 옥타비아누스의 사위였다. 그는 기원전 15년에 예루살렘의 헤롯을 방문했다(《유대 고대사》 16.12~15).

스 다음으로 중요했다. 이러한 이유로 인해 헤롯은 한편으로 가장 큰 행복을 누렸고, 다른 한편으로 마음이 크게 고양되었는데, 이것은 지적 탁월성보다는 경건으로 훨씬 더 발전되어갔다.

제 21 장 헤롯의 건축 업적

1. 401. 이리하여 헤롯은 자신의 재위 15년에 성전을 재건하였고,[81] 성벽을 확장하여 과거보다 두 배나 넓은 지역을 성벽으로 둘렀다. 그는 여기에 엄청난 비용을 사용했고, 또한 과도하리만큼 화려하게 지었다. 이에 대한 증거는 성전을 둘러싼 거대한 기둥들과 성전 북쪽의 성이다. 이 기둥들은 헤롯이 기초부터 새로 지었으나, 성은 많은 비용을 들여 증축하였는데 왕궁을 본뜬 것은 조금도 없었다. 그는 그것을 안토니우스를 기리기 위해 안토니아 성이라고 이름 지었다. 402. 그는 자신을 위한 왕궁을 도시의 북쪽에 세우고[82] 성전과는 결코 비교할 수 없는 가장 크고 아름다운 두 건물을 자신의 고귀한 친구들의 이름을 따라서 케사레움과 아그립피움이라고 불렀다.

2. 403. 그러나 헤롯은 그들을 기념하여 건물에만 그 이름을 새겨놓는 데 그치지 않았다. 모든 도시에 이와 같은 헤롯의 명예욕이 반영되

---

81) 이것은 기원전 20~19년인데 《유대 고대사》 15. 380에 따르면 '제 18년'이다. 학자들은 유대 고대사의 기록이 더 정확한 연도라고 추정한다. 성전 재건은 기원후 28년까지 계속되었고(요한복음 2:20 참조) 알비누스 총독(62~64년) 때까지도 진행되었다(《유대 고대사》 20. 219). 요세푸스는 이 헤롯 성전과 안토니아에 대해 매우 자세하게 기록하고 있다(《유대 전쟁사》 5. 184~227; 5. 238~247).

82) 요세푸스는 이 왕궁에 대해서도 자세히 묘사하고 있는데(《유대 전쟁사》 5. 156~183), 이것은 대략 기원전 24년에 건립되었을 것으로 추측한다.

었다. 그래서 그는 사마리아에 있는 가장 아름다운 도시 하나를 길이 20 스타디온[83]의 성벽으로 둘러싸고, 6천 명의 주민을 이주시켰다.[84] 그는 그들에게 가장 비옥한 땅을 주었고, 그 중심에 거대한 성전을 세워 주위에 3.5 스타디온의 성전 영지를 황제에게 봉헌하였다. 그는 이 도시를 세바스테라고 불렀고, 이 도시의 거주자들에게는 엄선된 특권을 부여하였다.

3.404. 이밖에도 헤롯은 황제가 그에게 또다른 지역을 덧붙여 하사하였을 때, 거기에도 백색 대리석의 성전을 지어 그에게 헌정하였다. 그곳은 요단 강 발원지로 파니아스[85]라고 부르는 곳이었다. 405. 그곳의 산 정상은 한없이 높았고, 골짜기 옆 산의 발치에는 우묵 팬 어두운 동굴이 아래로 펼쳐져, 한없이 깊은 절벽이 형성되어 있었다. 그리고 그 끝에 물이 고여 있었는데, 그 깊이를 알기 위해 끈을 내려본다 해도 닿을 수 없을 만큼 깊었다. 406. 이 동굴로부터 물줄기가 흘러나가, 어떤 사람들은 이곳이 요단 강의 발원지라고 한다. 이에 대한 자세한 서술은 다음에 하도록 하겠다.

4.407. 헤롯 왕은 키프로스 성과 이전의 왕궁 사이에 있는 여리고에도 방문자들을 위해 전보다 더 훌륭하게 또다른 건물을 지어, 그 이름을 자신의 친구들의 이름을 따서 지었다. 간단히 말해서, 그는 자신의 영토마다 신전을 지은 후에, 이것으로 그에게 복속된 지역이 황제의 영예를 위한 것임을 전파했다. 그리고 많은 도시들에 황제를 위한 기념물을 세웠다.

---

83) 1 스타디온은 약 185m이다.

84) 이 이주는 이미 알렉산더 대왕 때에 시작되었다. 이 도시는 가비니우스에 의해 히르카누스 시대에 재건되었다(《유대 전쟁사》 1.166).

85) 이곳은 헤르몬 산지이고 후에는 가이사랴 빌립보로 불렸다.

5. 408. 그는 또한 해안지역에 스트라토라고 불리는 망대가 완전히 폐허가 된 도시가 있는 것을 알았다. 그것은 명예에 집착하고 있는 헤롯의 관심에 적합한 천혜(天惠)의 위치를 가지고 있었다. 그는 예루살렘을 백색의 석조건물로 완전히 새롭게 지어 찬란한 왕궁처럼 장식했다.[86] 여기서 그는 특별히 자신의 천성적인 대범함을 보여주었다. 409. 왜냐하면 당시 이 도시가 있는 도라와 욥바 사이의 모든 해안에는 항구가 없어서, 페니키아의 연안을 따라 이집트로 항해하는 모든 사람은 바다에서 남서풍의 위협을 받아야 했기 때문이다. 이 바람은 조금만 불어도 파도가 바위를 때리고 물러가 그것의 여파로 바다는 크게 출렁였다. 410. 헤롯 왕은 명예욕으로 인해 비용을 들여 자연을 정복하고자 하였다. 그리하여 이 만곡형 지형에 아테네의 페이레우스보다 더 크며 깊은 정박지를 가진 항구를 건설한 것이다.

6. 411. 비록 불리한 자연지형이었지만 헤롯은 이 자연적 장애를 극복하기 위하여 공사를 더욱 강화했는데, 이 시설은 바다로 인해 파괴되지 않을 만큼 견고하였고, 마치 건축공사에 아무런 어려움이 없었던 것처럼 보일 정도로 아름다운 모습을 과시했다. 왜냐하면 그것은 매우 균형이 잡혀 있었기 때문인데, 헤롯은 우리가 위에서 모두 언급했던 것처럼 견고하게 작업하여, 항구를 세우기 위해 양팔을 뻗친 길이의 20배나 되는 커다란 돌을 깊은 바다에 박았다. 이 돌들 중에 가장 큰 것은 길이 50피트,[87] 높이 9피트, 그리고 너비 10척이나 되었고, 더 큰 것도 있었다. 412. 이 건물이 수면까지 연장되었을 때 헤롯은 물에서 돌출된 너비 200피트 가량의 장벽을 세웠다. 이 앞에는 100피트 규모의 구조물이 세워져 파도가 부서지게 되어서 '방파제'라고 불렸다.

86) 이 공사는 약 12년 이상이 걸렸다고 한다(《유대 고대사》 15. 341). 이 공사는 대략 기원전 10~9년경에 끝났다.

87) 이 단위는 헬라어로는 '포돈'(ποδῶν)으로 되어 있다.

나머지 부분은 석벽으로 둘러싸여 아래에 놓여 있었는데, 높은 망대를 갖추고 있었고, 이들 중에서 가장 중요하고 아름다운 것은 황제의 사위 이름을 따서 드루시온이라고 명했다.

7.413. 수많은 둥근 지붕으로 된 공간은 선착장으로, 그리고 그 앞에 있는 모든 둥근 석벽은 육지로 나가는 사람들을 위한 넓은 길로 사용되었다. 항만 입구는 북쪽을 향했는데, 여기가 북풍이 가장 잔잔하기 때문이었다. 입구 정면에는 각 방향으로 세 개의 입상(立像)이 기둥으로 세워졌다. 이들 가운데 왼쪽 편에 있는 것은 배가 들어올 때 단단한 망대로 사용되고, 오른 편에 있는 것은 두 개의 입석(立石)이 연결되어 있는데, 맞은편 망대보다 더 큰 것이었다. 414. 그리고 항구에 인접한 건물들도 하얀 돌로 지었고, 도시의 거리들은 모두 동일한 간격을 유지하며 항구로 뻗어 있었다. 항만 입구 맞은편 언덕 위에는 뛰어난 아름다움과 장대함을 드러내는 황제의 신전이 서 있었다. 이 신전에는 황제의 거대한 주상(柱狀)이 있는데, 이것은 올림피아에 있는 제우스 상을 모방했지만 그에 못지 않았고, 로마에 있는 또다른 주상도 아르고스의 헤라와 크기가 같은 것이었다. 헤롯은 이 도시를 자신의 관할영토로 복속시켰으나, 항구는 지역을 항해하는 선원들에게 선사했다. 그러나 건축물의 영예는 황제에게 바쳤다. 그래서 헤롯은 이 도시를 '가이사랴'라고 명명했다.

8.415. 그는 그밖의 시설들로 원형경기장, 극장, 그리고 시장들도 황제의 이름의 영광을 위해 건축했다.[88] 그는 5년마다 일종의 격투기를 개최하고 그 경기도 동일하게 황제의 이름을 따서 불렀다. 헤롯은 최초로 제 192회 올림피아드 때에[89] 많은 상금을 내걸었는데, 이로써

88) 《유대 고대사》 19.354 이하 참조.

우승자들뿐만 아니라, 2등과 3등까지도 왕의 하사품을 받게 되었다. 416. 그는 안테돈이라는 전쟁으로 파괴된 도시도 바닷가에 다시 건설했고, 그 이름을 아그립피움이라 불렀다.[90] 또한 자신의 친구에 대한 깊은 애정을 과시하기 위해 헤롯은 아그립바의 이름을 자신이 지은 신전 안의 문에 새기기까지 하였다.

9.417. 그런가 하면 부모에 대한 헤롯의 사랑은 누구보다도 대단했다. 그는 아버지를 기념하여 그의 왕국의 가장 아름다운 평원에 강과 나무가 풍부한 도시를 건설하고 안티파트리스[91]라고 불렀다. 또한 그는 여리고의 상부지역에 성을 건설하여 강력하고 매우 아름다운 요새를 만들어 그 이름을 키프론이라고 명하여 그의 어머니에게 봉헌했다. 418. 또한 자기의 형제 파사엘에게도 그의 이름을 따서 지은 예루살렘에 있는 망대 하나를 지어 봉헌했다.[92] 이것의 외관과 거대한 크기에 대해서는 다음에 기록할 것이다. 헤롯은 여리고의 북쪽 계곡으로 난 길을 따라 또다른 도시를 건설하고 그 이름을 파사엘리스라고 하였다.

10.419. 이렇게 헤롯은 친척과 친구들을 위한 기념사업을 했으며, 또한 자기 자신을 기념하는 것도 소홀히 하지 않아서, 아라비아를 향한 산지에 요새를 건설하고 자신의 이름을 따서 헤로디움이라 불렀다. 헤롯은 또한 예루살렘에서 60 스타디온 떨어진, 젖가슴 모양으로 정교하게 손질된 언덕도 그와 동일하게 부르고, 그것을 더욱더 화려하게 장식했다. 420. 그리하여 그는 언덕의 정상을 여러 개의 둥근 망대로 둘러서, 그 망대 안쪽에 화려한 왕궁들을 지어 건물의 내부가 외관상

---

89) 이것은 기원전 12～8년경이다(《유대 고대사》 16.136).

90) 《유대 고대사》 13.357 참조.

91) 욥바의 북동쪽으로 가이사랴에서 예루살렘으로 가는 길에 위치하고 있었다.

92) 《유대 전쟁사》 5.166～169.

화려하게 보일 뿐만 아니라, 건물의 외벽과 흉벽, 그리고 지붕까지도 막대한 비용을 들여 치장하였다. 그는 또한 먼 곳에서 풍부하게 물을 끌어오기 위해 많은 비용을 들였으며, 언덕이 너무도 높아 백색 대리석으로 2백 개의 계단을 놓아, 언덕 전체를 인공적으로 만들었다. 421. 뿐만 아니라 헤롯은 언덕의 기슭 주위에도 궁정생활에도 쓰이면서 방문객들을 받을 수 있는 또 하나의 왕궁을 지었다. 이 요새는 시설 면에서는 모든 것을 가진 하나의 도시였지만, 외관상으로는 왕궁으로 보였다.

11.422. 이와 같은 많은 건축물들을 지은 후에 그는 외부의 도시들에도 그의 대범함을 보여주었다. 그래서 그는 트리폴리스, 다마스쿠스와 프톨레메우스에는 김나지움을 지어주고, 비블로스에는 성벽을, 베뤼투스와 두로에는 회관과 회랑뿐만 아니라 신전과 시장을, 또 시돈과 다마스쿠스에는 극장까지 건설했다. 그리고 라오디게아에는 해변가에 거주하는 사람들을 위해 수도(水道)를, 아스글론에는 목욕시설과 고급 우물뿐만 아니라 놀라운 예술성과 규모를 지닌 열주(列柱)를 건설했다. 또다른 민족들에게는 숲과 목초지를 선사했다. 423. 헤롯은 마치 자신의 왕국의 일부분인 것처럼 많은 도시들 몫으로 땅을 배분해주었다. 그리하여 그 도시들에는 매년 열리는 경기를 감독하는 지속적인 관청을 두어, 코스[93] 처럼 승리자를 위한 기금을 마련해서 표창이 중단되는 일이 없게 했다. 424. 그러나 헤롯은 무엇보다도 곡식을 마련하여 이 모든 필요를 충족시켰으며, 로데스[94] 라는 섬에는 배를 만드는 데 필요한 비용을 계속하여 헌납하였다. 그는 또한 이곳에 화재로 소실된 델피의 아폴로 신전을[95] 자기 비용을 들여 더욱 튼튼

93) 여기에는 많은 유대인들이 거주하고 있었다(《유대 고대사》 14.113).

94) 로데스의 상황에 대해서는 《유대 전쟁사》 1.280을 보라.

95) 《유대 고대사》 16.147.

하게 재건하였다. 425. 그밖에도 헤롯이 뤼키아와 사모스의 거주민들에게 선사한 것이나, 이오니아의 주민들 모두에게 필요한 곳곳마다 그의 자비를 베푼 것을 언급할 필요가 있겠는가? 아테네인들과 라케데모니아인들, 니코폴리스와 무시아에 있는 페르가무스 주민들에게까지 헤롯의 헌납이 넘쳐나지 않았던가? 또한 헤롯은, 사람들이 피해갈 정도로 지저분했던 시리아 안티옥의 대로 20 스타디온의 길이를 매끄러운 대리석으로 깔았으며, 일정한 간격으로 회랑을 설치해 비를 피할 수 있게 하지 않았던가?

12. 426. 말하자면, 이러한 것은 그것을 향유하는 민족들만을 위한 헤롯의 호혜였다. 반면 헤롯이 엘리스 사람들에게 베푼 선물은 헬라인들뿐만 아니라, 올림피아드 경기의 영광이 미치는 세상에 거주하는 모든 사람들에게까지 해당되는 것이었다. 427. 그는 이제 이 대회가 재정부족으로 열리지 못하여, 옛 헬라의 유일한 유산이 사라질 운명에 처하게 된 것을 알고는, 심판위원회를 소집하여 경기가 열리는 5년마다 배를 타고 로마를 방문했을 뿐만 아니라,[96] 지속적으로 재정을 보조하여 자신이 그 대회를 유치하였다는 것을 잊지 않게 하였다. 428. 만일 그가 떠안은 빚과 조세를 헤아린다면 끝이 없을 것이다. 예를 들면, 그는 파사엘리스과 발라니아[97]의 주민들과 길리기아의 작은 도시들에게 매년 내는 조세를 경감했다. 그러나 헤롯의 후덕한 배려가 주춤하기도 했는데, 이는 각 도시의 통치자들보다 더 큰 시혜를 주민들에게 베풀면 질투심이나 혹은 무슨 음모를 꾸민다는 오해를 유발하는 것을 방지하기 위한 처사였다.

96) 그의 2차 로마 방문(기원전 12년), 혹은 3차 방문(기원전 약 8년).
97) 모두 시리아 해안에 위치한 마을들이다.

13. 429. 헤롯은 정신과 육체가 조화를 이룬 사람이었다. 그의 말 타는 솜씨는 일품이었고, 뛰어난 사냥실력을 구비했다. 그는 한번은 하루에 40마리의 야생동물을 잡기도 했다. 그 지방에는 물론 사육 돼지도 있었지만, 무엇보다도 야생 나귀들과 수사슴이 많았다. 헤롯은 누구도 맞설 수 없는 전사였다. 430. 그래서 그가 훈련 때에 창을 힘차게 던지고, 활로 날카롭게 과녁을 명중시키는 장면을 본 많은 사람들은 몹시 경탄했다. 그는 또한 정신과 육체 양면에서 탁월하였고, 행운까지도 그를 도왔으므로 전쟁에서 패한 일이 거의 없었다. 있다 할지라도 그것은 자신의 과실이 아니라, 그의 부하들 몇몇의 배신이나 부주의함 때문이었다.

제 22 장 헤롯 가문[98]의 불행

1. 431. 헤롯은 자신의 공적인 성공에도 불구하고 집안이 불운했던 것을 수치스럽게 여겼다. 그 불운은 무엇보다도 한 여인에 대한 지나친 열정 때문에 시작되었다. 432. 왜냐하면 헤롯이 왕위에 올랐을 때 전처인 예루살렘 출신의 도리스를 쫓아내고, 아리스토불루스의 아들인 알렉산더의 딸 마리암메와 결혼했기 때문이었다.[99] 이 마리암메로 인하여 이미 가정에 불화가 생겼으나, 그가 로마로 돌아온 다음부터는 본격화되기 시작하였다. 433. 한번은 헤롯이 마리암메에게서 낳은 아들들로 인하여, 도리스에게서 낳은 아들 안티파테르를 예루살렘에서 쫓아내 절기 때나 들어올 수 있도록 하였다. 그리고 나서 그는 자기 아내의 조부인 히르카누스가 파르티아에서 그에게 돌아오자 반역음모를 꾀

98) 헤롯 가문의 인물들에 관해서는 이 책 뒤쪽에 실린 가계도를 참조하라.
99) 《유대 전쟁사》 1. 241.

했다는 이유로 그를 처형했다.[100] 바르자바르네스가 시리아를 급습했을 때 헤롯은 그를 체포했는데, 유프라테스 건너편에 있는 그의 동족들이 그를 동정하여 그의 석방을 탄원했다. 434. 그가 만일 헤롯에게로 가지 말라는 그들의 말을 들었더라면 죽지는 않았을 것이다. 그러나 그를 죽게 한 것은 손녀의 결혼이었다. 왜냐하면 그는 그들의 결합을 신뢰했고, 무엇보다도 고향에 대한 향수로 돌아왔던 것이다. 그는 스스로 왕이 되려고 함으로써가 아니라, 왕위에 대한 권리가 그에게 있었기 때문에 헤롯을 자극한 것이다.

2.435. 그에게는 마리암메를 통해 낳은 다섯 자녀가 있었는데, 둘은 딸이고 셋은 아들이었다. 이 세 아들 가운데 막내는 로마에서 교육받는 동안에 죽었고, 헤롯은 나머지 둘[101]에게 왕손의 자리를 주었다. 그들의 어머니가 왕족의 후손이기도 하고 그들이 자신의 재위기간에 낳은 아들들이기 때문이었다. 436. 이런 이유보다도 헤롯은 마리암메에 대한 사랑의 열기가 날마다 더하여 사랑하는 그의 아내로 인하여 받는 부담을 느끼지 못하였다. 그러나 헤롯이 마리암메를 열렬히 사랑했던 것과는 정반대로 그녀는 헤롯을 몹시도 증오했다. 437. 여기에는 그럴 만한 이유가 있었다. 마리암메는 헤롯의 사랑을 확신하고는 노골적으로 헤롯이 그녀의 조부 히르카누스와 그녀의 형제 요나단[102]에게 행한 일을 비난하였다. 왜냐하면 그가 아직 나이 어린 이 요나단을 가혹하게 대했기 때문이다. 헤롯은 17세밖에 되지 않은 그를 대제사장직으로 세웠다가 임명 이후에 곧바로 죽였는데, 이것은 축제 때에 모인 백성들이 그가 거룩한 예복을 입고 제단에 나아가자 그를 보고 눈물을 흘렸기 때문이었다. 이 젊은이는 밤에 여리고로 잡혀갔

100) 기원전 30년경(《유대 고대사》 15.11~22, 161~182 참조).

101) 알렉산더와 아리스토불루스.

102) 《유대 고대사》 15.51에 의하면 그의 이름은 아리스토불루스였다.

고, 거기서 헤롯의 명령에 따라 갈리아인들[103]이 그를 연못 속에 빠뜨려 죽였다.

3.438. 그래서 마리암메는 헤롯을 비난하고 그의 누이와 어머니에게 독설을 퍼부으며 모독하였다. 그러나 헤롯은 그녀에 대한 연민 때문에 아무 말도 하지 않았다. 그러나 헤롯의 누이와 어머니는 매우 분개하여 헤롯을 충동하기 위하여 마리암메가 부정을 저질렀다고 모함하였다. 439. 그들은 많은 것들을 그럴듯하게 조작할 뿐만 아니라, 마리암메가 정욕에 빠져 자신의 초상을 헤롯을 강탈할 수도 있는 호색한인 이집트의 안티오쿠스에게 보냈다고 고소하였다. 440. 헤롯에게 날벼락과 같은 이 말은 그를 극심한 혼란에 빠뜨렸다. 그는 한편으로는 연민의 정으로 인하여 시기심에 휩싸였고, 다른 한편으로는 왕 뤼사니아스[104]와 아라비아 왕 말코스를 죽게 했던 클레오파트라를 떠올리며 아내 마리암메를 잃게 되지 않을까 하는 고민과 함께, 자기 자신의 목숨을 부지할 수 있을지에 대해서도 근심했다.

4.441. 헤롯이 원정을 떠나야 했을 때,[105] 그는 자기의 여동생 살로메의 남편 요셉에게 그의 아내를 부탁하고 갔다. 왜냐하면 요셉은 이와 같은 혼인관계를 통해 헤롯에게 신뢰감을 주고 있었기 때문이다. 헤롯은 그에게 만일 안토니우스가 자신을 죽이면 마리암메를 죽이라는 지시를 은밀하게 해두었다. 그러나 요셉은 비밀을 누설하고 말았는데,

---

103) 이것은 요세푸스가 연대기를 잘못 계산한 것으로 볼 수 있는데, 왜냐하면 이 갈리아인들은 기원전 30년 클레오파트라가 죽은 후에 헤롯이 받아들인 400명이기 때문이다(《유대 고대사》 15.217; 《유대 전쟁사》 1.397).

104) 그는 칼키스의 왕인데, 클레오파트라의 사주에 의해서 살해당했다(《유대 고대사》 15.92).

105) 이것은 라오디게아 원정으로, 안토니우스에게 자신을 소개하기 위해 떠난 것으로서, 기원전 44년의 일이다(《유대 고대사》 15.218~236).

그것은 악의는 아니었고 마리암메에게, 헤롯은 죽음으로 인한 이별조차도 견딜 수 없을 만큼 그녀를 사랑하고 있음을 확신시켜주려다가 비밀을 발설했던 것이다. 442. 헤롯이 돌아와서 부부관계의 정을 나누며 자신은 결코 다른 여자를 사랑하지 않았다고 맹세하였다. 그러자 그녀는 그에게 "예, 그렇군요, 그래서 당신은 요셉에게 나를 죽이라고 명령해서 우리의 사랑을 입증하셨군요"라고 말하였다.

5. 443. 그는 발설되지 않아야 할 말을 마리암메의 입으로부터 듣게 되자마자 이성을 잃었다. 그는 요셉이 자기 아내와 불륜을 맺지 않고는 그 비밀을 발설하지 않았을 것이라고 소리쳤다. 그는 분노하여 침소에서 뛰쳐나와 궁전을 이리저리 돌아다녔다. 그의 여동생 살로메는 그 즉시 마리암메를 모략할 기회를 잡아 요셉에 대한 확실한 혐의를 잡고자 하였다. 그러나 헤롯은 커다란 시기심에 사로잡혀 그 둘을 모두 처형하라고 명령했다. 444. 그러나 그는 분노가 식자마자 후회하였고, 그의 사랑의 불꽃은 다시 피어올랐다. 그의 감정의 불꽃은 너무나 격렬해서 그녀의 죽음을 믿으려 하지 않았고, 그는 고통에 휩싸여서 마리암메가 여전히 살아 있다고 여기며 죽은 그녀에게 말을 건네기도 했다. 시간이 지남에 따라 그는 점점 더 슬픔을 실감하게 되었고, 살아 있는 사람을 대하듯 사랑의 감정을 느꼈다.

제 23 장 헤롯 가문의 분쟁

1. 445. 그런데 그의 자녀들은 자기들의 어머니의 증오를 물려받았다. 그들의 증오심은 이미 로마에서 교육받는 동안에,[106] 특별히 유

106) 아마도 이들의 로마 체류기간은 대략 기원전 23~18년이었을 것이다.

대로 돌아올 때에 아버지를 적으로 생각하게 하였다. 이러한 태도는 그들이 성장함에 따라 점점 더 굳어졌다. 446. 이들 중 하나는 자기 어머니를 고소한 고모 살로메의 딸과 결혼했고, 다른 하나는 갑파도키아의 왕 아르켈라우스의 딸과 결혼하였다.[107] 결혼하자 그들은 헤롯에 대한 증오심을 표출하기 시작하였다. 447. 그런데 그들은 신중하지 못하여 대적자들에게 빌미를 주었다. 그래서 이들 중 몇몇은 이미 왕에게, 그의 두 아들이 음모를 꾸미고 있으며, 더욱이 아르켈라우스의 사위는 이미 그의 장인을 믿고 황제에게 그를 고소하기 위하여 도주할 준비를 하고 있다고 고하였다. 448. 마침내 헤롯은 이 아들들로부터 자신을 보호하기 위하여 도리스에게서 낳은 아들 안티파테르를 데려와 모든 면에서 그를 편애하기 시작했다.

2.449. 그러나 안티파테르를 제외한 나머지 아들들에게 그러한 상황의 변화는 참을 수 없는 것이었다. 그들은 천한 가문 출신의 어머니에게서 나온 자가 자기들보다 앞서는 것을 보자, 자신들이 귀족 출신이라는 것 때문에 분노를 참지 못하였다.[108] 더욱이 그들은 문제가 생길 때마다 빠짐없이 분노를 표출했다. 450. 이렇게 하여 그들은 날마다 서로 긴밀한 결속력을 강화한 반면, 안티파테르는 이미 원래부터 아버지에게 아부하는 것에서는 놀랄 만큼 최선을 다했으나, 여러 가지로 형제들을 비방하는 것을 준비하여, 어떤 것은 자신이 말하기도 하였고, 또 어떤 것은 자기의 추종자들을 통하여 거짓을 말하게 하였다. 결국 그는 그의 형제들이 왕위에 오를 가능성을 모두 제거했다. 451. 그는 이미 유언장에서도 공개적으로 왕위계승자로서 정해졌다. 그래

107) 전자는 아리스토불루스의 아내 베레니케, 후자는 알렉산더의 아내 글라퓌라를 말한다(《유대 고대사》 16. 11).

108) 헤롯의 첫째 아내 도리스는 사마리아 출신인 반면, 둘째 아내 마리암메는 하스몬 가문 출신이었다.

서 그는 왕관만 없었지 마치 왕과 같이 모든 위엄과 명예를 갖추어 황제에게 파견되기도 하였다.[109] 시간이 지나자 그는 자기의 어머니를 마리암메의 자리에 들어가게 하는 데 성공하였고, 형제들에 대하여는 아첨과 모함이라는 두 개의 무기를 이용하여 헤롯 왕이 자기 아들들을 살해하도록 사주했다.

3. 452. 그리하여 안티파테르는, 헤롯이 직접 알렉산더를 로마의 황제 앞까지 끌고 가서, 독약으로 자신을 독살하려 했다고 고소하게 만들었다.[110] 알렉산더는 원통한 마음에 거의 말을 할 수가 없었지만 안티파테르보다 훨씬 더 경험이 풍부하고, 헤롯보다 훨씬 더 현명한 재판관인 황제 앞에서 자기의 불만을 토로할 수 있는 기회를 포착했다고 생각했다. 그래서 그는 한편으로는 아버지의 과실을 적당히 숨기며, 다른 한편으로는 안티파테르의 거짓 모함을 강력하게 고발했다. 453. 그는 같은 위험에 처한 자기의 형제의 무죄도 입증하는 동시에 안티파테르의 교활함과 자신들에게 입힌 불명예에 대하여서도 항소하였다. 알렉산더는 양심에 거리낌도 없었지만 비범한 그의 화술을 이용했다. 454. 그는 마지막으로 자신의 아버지는 그들을 죽일 권리가 있으며, 그러기에 자신은 그 고소를 달게 받겠다고 말했다. 그는 모든 사람들을 감동시켰으며 황제에게도 깊은 감명을 주어서, 이들에 대한 고소를 취하시키게 하고 헤롯에게도 화해할 것을 요청하였다. 그리하여 아들들은 아버지에게 절대적으로 복종하여야 하며, 아버지는 자기가 원하는 자에게 왕위를 계승할 수 있다는 조건으로 그들을 화해시켰다.

---

109) 안티파테르의 로마 방문은 대략 기원전 13년경이었을 것이다.

110) 《유대 고대사》 16. 90에는 이들은 모두 이탈리아로 호송되었으며, 재판은 로마가 아닌 아퀼레이이아에서 열렸다고 기록하고 있다.

4. 455. 헤롯 왕은 로마에서 돌아온 후에, 외관상으로는 재판관계에서 아들들을 용서하는 것 같았지만, 사실은 그들에 대한 혐의를 풀지 않고 있었다. 그것은 증오의 뿌리인 안티파테르가 늘 그의 주변에 있었기 때문이었다. 그러나 아버지의 화해를 부끄럽게 하지 않기 위해서 안티파테르는 적대감을 드러내놓고 행동으로 옮기지는 않았다. 456. 한편 헤롯은 길리기아를 따라 항해하다가 엘뤼사[111]에 정박하였다. 거기서 아르켈라우스가 그를 친절하게 받아들였고, 자기의 사위가 살아난 것에 대하여 매우 감사했으며 그가 아들들과 화해한 것도 매우 기뻐하였다. 왜냐하면 그는 로마에 있는 자기의 친구들에게 소송에서 알렉산더를 도와달라고 부탁했기 때문이었다. 그는 제피리움까지 그들을 안내하고 헤롯에게 30 달란트 상당의 선물을 하였다.

5. 457. 헤롯이 예루살렘에 도착했을 때 그는 백성들을 소집하고, 거기서 세 아들을 세우고 그가 로마를 다녀온 것에 대한 이유를 설명했다. 그는 하나님께 매우 감사하고, 또한 황제가 자기의 집을 다시 견고하게 해주고, 그의 아들들에게 왕관보다도 중요한 것을 선사해준 것에 대해서 여러 번 감사를 표했는데, 그 중요한 것이란 다름 아닌 '일치'였다. 458. 그는 계속해서 말하기를,[112] "그것은 황제가 내게 왕국에 대한 통치권과 그 후계자 임명권을 위임했기 때문이다. 나는 전적으로 그것을 따를 것이다. 물론 그것은 나 자신에게도 이익이 된다. 나는 이제 여기 있는 나의 세 아들을 왕으로 임명하고, 먼저는 하나님이 이것을 허락하시기를, 그리고 그 다음으로 너희에게도 이것을 부탁한다. 왜냐하면 한 아들은 나이가 되었고, 다른 아들들은 귀족 출신으로 후계에 대한 자격이 있기 때문이다. 그리고 나의 왕국은 더 많은

111) 길리기아 연안의 작은 섬.

112) 요세푸스는 이 헤롯의 연설을 《유대 고대사》 16. 132~135에서는 짧게 기록한다.

왕이 있어도 될 만큼 충분히 넓다. 459. 이들을 황제가 하나 되게 하였고, 아버지인 내가 임명하였으니 너희는 이들을 존경해야 할 것이다. 너희는 그들에게 불공정하거나 변덕스럽게 대하지 말고, 각각 나이에 맞게 그들을 존경하여라. 나이에 따라 존경을 받는 기쁨은 나이에 걸맞지 않게 존경받지 못하는 고통만큼 크지 않은 것이다. 460. 나는 그 일치의 증거로 친척들과 친구들을 임명하여 나의 아들들과 함께 있게 할 것이다. 물론 나는 내 자식들과 함께 한 이들이 악하면 반목과 불화를 일으킬 것이란 것도 잘 알고 있다. 그렇지만 이들이 선하다면 나의 아들들은 형제애를 유지할 것이다. 461. 그러나 나는 이들뿐만 아니라 나의 군대의 지휘관들에게도, 지금 당장은 나만을 바라볼 것을 요구하는 바이다. 나는 지금 내 아들들에게 영토를 다 넘겨주는 것이 아니라 통치권을 넘길 뿐이다. 내 아들들은 통치권을 받았다고 좋아할 테지만, 통치에 수반되는 짐은 나 혜롯이 짊어지게 될 것이다. 462. 너희 모두는 나의 나이와 나의 삶의 여정과 나의 경건한 삶의 궤적도 살펴주기 바란다. 나는 지금 모든 것을 내려놓아야 할 나이는 아니며, 젊음을 허비하거나 무절제한 인생에 빠지지도 않았다. 나는 하나님을 잘 섬겨 장수하게 되었다. 463. 만일 나의 아들들을 받들어 나를 폐위하고자 하는 자는 내가 징벌할 것이다. 이는 내가 내 아들들을 의심해서가 아니라 — 나는 그들을 이용해서 명예욕을 채우지는 않을 것이다 — 이러한 욕망이 젊은 사람들을 무모한 모험으로 내몰고야 만다는 것을 알기 때문이다. 464. 그들의 측근들이 선한 의도로 나의 아들들에게 접근한다면 칭찬받을 일이지만, 반역을 일으키거나 악한 의도로 그들을 떠받든다면 무익한 일이 될 것이다. 내가 확실히 믿는 바는, 나에게 속한 모든 자들은 나의 아들들을 보호할 것이다. 더 나아가 내가 왕국을 통치하는 것이 그들에게는 이익이요, 그들이 함께 일치하는 것은 나의 이익이 되기 때문이다. 465. 그러나 나의 선한 아들들아! 너희는 먼저는 짐승들도 형제간의 사랑을 지키는 '거룩한 본성'

을 기억하고, 다음으로는 우리를 화해하게 한 황제를, 세 번째로는 너희에게 명할 수 있는 아버지로서 권고하는 나를 기억하고, 너희는 형제답게 처신하라. 나는 이제 너희에게 왕으로서의 옷과 소유를 주는 바이며, 너희가 나의 결정을 따르고, 하나됨을 지킬 수 있기를 하나님께 간절히 기도하노라." 466. 이 말 후에 헤롯은 자기의 아들들 모두를 사랑스럽게 껴안고 군중을 돌려보냈다. 이들 중 한 부류의 무리는 헤롯의 기도에 동참했으나, 변화를 갈구했던 다른 무리들은 마치 그것을 전혀 듣지 않았다는 듯이 행동을 취했다.

제 24 장 계속되는 헤롯 가문의 불화

1. 467. 그러나 헤롯의 형제들은 그후 흩어져 서로 반목하게 되었고 불신은 더욱 악화되었다. 알렉산더와 아리스토불루스는 장자(長子)의 특권이 안티파테르로 넘어가지 않을까 노심초사하였지만, 안티파테르는 형제들이 자기 다음의 지위가 될 것조차 시샘했다. 468. 그러나 그는 매우 영특한 성격의 소유자여서 능숙하게 말조심을 할 줄 알았고 형제들에 대한 자기의 증오심을 감출 줄 아는 교활한 자였다. 그러나 다른 아들들은 자신들의 높은 신분에 자만했기 때문에 자기들의 모든 생각들을 말로 쏟아냈다. 그리하여 그들은 많은 자들을 선동하여 연루시켰지만, 그들의 편에 서 있는 측근들[113] 보다 스파이가 더 많이 끼어들었다. 469. 그래서 알렉산더의 주변에서 이야기되는 모든 것들은 곧바로 안티파테르의 측근들에게로, 그리고 그것은 안티파테르에 의해 부풀려져서 헤롯에게 전달되었다. 왜냐하면 그가 아무리 악의 없이

113) 헬라어 τῶν φιλῶν를 이렇게 번역한 것은 φίλος가 συγγενεῖς와 같이 헬레니즘 시대에 왕의 궁정에 있는 정치적 측근을 의미하였기 때문이다.

한 말이라 할지라도 이 젊은이는 중상모략자로 몰렸으며, 이렇게 그가 한 말은 모함자들을 통해 왜곡되었다. 조금만 부주의하게 말하면, 그들은 사소한 말꼬리를 잡아 심각하게 왜곡했던 것이다. 470. 안티파테르는 자신의 거짓말을 진실인 것처럼 꾸미려고 그의 형제들을 선동할 수 있는 사람들을 계속해서 보냈다. 그리고 유포된 말 가운데 어떤 것이 정말로 입증될 때는 그 하나를 다른 모든 것들과 연관시켰다. 안티파테르의 측근들은 한결같이 원래부터 아주 과묵한 자들이거나, 아니면 매수하여 비밀을 누설하지 않도록 했다. 안티파테르의 생애를 "악의 불가사의"라고 부른다 해도 잘못은 아닐 것이다. 그는 자신이 모든 것을 성취하는 데 사용했던 매수나 아첨을 통하여 반역자나 도둑처럼 알렉산더의 측근들의 행동이나 대화를 엿듣게 하였다. 471. 그는 모든 것을 신중하게 고려하여 헤롯 왕의 마음에 들도록 만들어 기발하게 중상모략을 했다. 안티파테르는 사랑스러운 형제처럼 행세하면서, 동시에 다른 형제들에 대한 정보를 얻기 위해 사람들을 파견했다. 그리고 그는 알렉산더에 대한 음모가 진행되면 어김없이 나타나 제 역할을 했다. 즉, 그는 우선 그 말에 대해 비아냥거리는 일로 시작해서 나중에는 그것이 사실이라고 못박아 헤롯 왕의 귀에 이 말이 들어가 분노하도록 꾸몄다. 472. 모든 것은 불신으로 연결되었고 알렉산더가 아버지의 암살을 음모하는 것처럼 보이게 했다. 그리고 안티파테르가 자기 형제들을 변호하는 듯한 태도는 이러한 중상모략들을 확실한 것으로 만드는 데 결정적 역할을 했다.

2.473. 그 결과 헤롯 왕은 매우 분노하였고, 날마다 이 젊은 아이들에 대한 애정이 식어가는 반면에 안티파테르와는 더 가까워졌다. 궁중의 사람들도 헤롯과 행동을 같이하였는데, 이것은 한편으로는 자발적으로, 또다른 한편으로는—예를 들면, 그의 측근들 가운데 가장 높은 자리에 있었던 프톨레메우스[114], 그리고 헤롯의 자매들과 모든 친

족들처럼 — 헤롯의 명령에 의한 것이었다. 그것은 안티파테르가 모든 것을 장악했기 때문이었다. 물론 알렉산더에게 가장 고통스러운 일은 바로 안티파테르의 모친 도리스의 행위였다. 그녀는 악한 계모 이상으로 그들을 학대했고, 양아들보다 더 그들을 증오했다. 474. 이렇게 되자 모든 사람들이 이권을 얻고자 안티파테르에게 충성을 바쳤고, 왕은 가장 높은 신하들이 알렉산더 주위에 나타나거나 그의 편에 서는 것조차 금했다. 이제 알렉산더의 측근들은 그를 떠났다. 그 땅뿐만 아니라 외국에 있는 알렉산더의 추종자들도 두려워했는데, 그것은 황제는 어떤 왕에게도 헤롯과 같은 그러한 특별한 권력을 주지 않았을 것이라고 생각했기 때문이다. 즉, 헤롯은 자기를 피해 도주한 자들을 그가 관할하지 않는 도시에서도 사로잡을 수 있는 막강한 권력을 가졌던 것이다. 475. 안티파테르의 동생들은 이 중상모략에 대해서는 아무것도 눈치 채지 못했기에 그들은 무방비로 음모에 걸려들었다. 왜냐하면 아버지가 그들에게는 한 번도 공개적으로 질책하지 않았기 때문이다. 그러나 그들은 점점 더 아버지가 냉혹해지고 있으며, 몇몇 불쾌한 사건들로 인해서 더욱 진노하게 되었다는 사실을 알게 되었다. 안티파테르는 그들의 삼촌 페로라스에게도 손을 뻗쳐 조카들에 대하여 적대감을 갖게 하고, 그들의 고모 살로메에게도 이와 같이 하여 마치 자기 아내에게 하는 것처럼 그녀를 구슬리고 설득하였다. 476. 알렉산더의 아내인 글라퓌라[115]도 살로메의 분노심을 부추기는 원인을 제공했다. 즉, 글라퓌라는 자신의 조상을 들어가며, 부계로는 테메노스에게서, 모계로는 히스타페스의 아들 다리우스에게 태어났다는 이유로 왕실의 모든 여인 가운데 자기가 최고라고 주장했던 것이다. 477. 더욱이 글라퓌라는 낮은 계층 출신인 헤롯의 자매들과 그의 부인들을 모독했다.

---

114) 그는 헤롯의 장관으로 로데스 출신이었다(《유대 전쟁사》 1.280).

115) 갑파도키아의 왕이었던 아켈라우스의 딸(《유대 전쟁사》 1.446).

왜냐하면 이들은 귀족이어서가 아니라 아름다운 외모 때문에 선발되었기 때문이다. 즉, 유대인들에게는 조상 때부터 여러 아내를 갖는 것이 허용되었기에, 왕도 많은 아내를 갖는 것을 선호했다는 것이었다. 글라퓌라의 이런 교만한 태도와 비방으로 인하여 그들 모두는 알렉산더를 증오했다.

3. 478. 여기에 더하여 아리스토불루스조차 이전부터 글라퓌라의 비방에 분노하였던 그의 장모 살로메와 적대하기 시작했다. 그것은 그가 자기 아내를 비천한 출신이라고 계속하여 나무랐고, 자기는 귀족신분이 아닌 여자와 결혼했지만, 자기 형제 알렉산더는 왕의 딸과 결혼했다고 불평했기 때문이었다. 479. 아리스토불루스의 아내는 울면서 이 말을 어머니 살로메에게 고했다. 또한 알렉산더 계파의 사람들이 권력을 잡으면 다른 형제들의 모친들은 시녀들과 함께 베틀 짜는 일이나 시킬 것이며, 그 다른 형제들은 대단한 교육을 받은 자들이니 시골마을의 서기관으로 삼겠다고 조롱했다고 일렀다. 살로메는 분노를 더 이상 참을 수 없어 결국 헤롯에게 모두 고자질했다. 이것은 살로메가 자기의 사위를 고발하는 것이었기에 그것이야말로 가장 확실한 증거였다. 480. 게다가 왕의 진노에 불을 당기는 또다른 비방이 있었으니, 그것은 두 왕자 알렉산더와 아리스토불루스가 끊임없이 죽은 자기들의 어머니의 이름을 불러가며 말한, 헤롯에 대한 고소와 저주를 들었던 것이다. 헤롯은 종종 마리암메의 옷 몇 가지를 새로운 후처들에게 나누어주었는데, 그러자 이들 왕자들은 머지않아 이 후궁들이 입은 궁중의복을 벗겨버리고 누더기 옷을 입히겠노라고 위협했다는 것이다.

4. 481. 그러므로 헤롯은 비록 작은 아들들의 이같은 마음을 걱정하기는 하였으나, 그들을 깨우쳐주어야겠다는 희망을 버리지 않았고, 그가 로마로 떠나야 했을 때 그들을 불러 한편으로는 왕으로서 그들을

위협하기도 했고, 다른 한편으로는 아버지로서 여러 가지를 가르쳤다. 그는 형제들을 사랑하라고 권고하고, 만일 그들이 앞으로 행실을 고친다면, 지나간 과실을 용서해주겠다고 하였다. 482. 그러나 그들은 자신들에 대한 모함이 거짓이라고 부인하고, 행동으로 무죄를 입증하겠으니, 왕도 잘못된 소문에 귀를 막고 더 이상은 그것들을 믿지 말아달라고 했다. 거짓을 말하는 사람을 믿는 사람이 있는 한 그들의 모함이 없어지지는 않을 것이라는 것이다.

5.483. 그들은 그러한 말로 곧 아버지를 설득하여, 지금 당장의 위험에서 벗어날 수 있었다. 그러나 그들은 앞으로의 일을 생각할 때 두려움에서 벗어날 수가 없었다. 왜냐하면 그들은 살로메가 그들을 적대시하고 있고 삼촌 페로라스도 그렇다는 것을 알았기 때문이었다. 그들 모두는 영향력이 있었고, 위험한 인물이었는데, 특별히 페로라스는 왕관만 없었지 거의 왕과 같은 힘을 가지고 있었다. 그는 개인 수입으로 얻는 1백 달란트 말고도, 자기의 형제인 헤롯으로부터 선사받은 요단 저편 땅 전체에서 수입을 벌어들이고 있었다. 헤롯은 황제에게 요청하여 그를 분봉왕으로 세웠다.[116] 그리고 그는 왕의 지위를 통해서 페로라스를 자기 아내의 여동생과 결혼시킴으로써 그를 높여주었다. 그녀가 죽자 헤롯은 자기의 장녀를 3백 달란트의 지참금과 함께 페로라스에게 주었다. 484. 그러나 페로라스는 한 시녀를 사랑하였기에 왕실과의 결혼을 회피했다. 이에 화가 난 헤롯은 자기의 딸을 후에 파르티아의 왕이 된 조카 요셉[117]과 결혼시켰다. 그러나 헤롯은 페로라스에 대한 분노를 곧 풀고 그의 과실을 용서했다.

---

116) 《유대 고대사》 15.362.

117) 이는 그의 형제인 파사엘의 아들인데(《유대 고대사》 1.196), 그의 이름 또한 파사엘이라 불렀다(《유대 고대사》 17.22).

6. 485. 페로라스는 여왕 마리암메[118]의 생전에 이미 헤롯을 독살하려 했다는 혐의를 받고 있었다. 이제 너무나 많은 고발이 넘쳐나서, 헤롯은 비록 그가 자기의 형제를 매우 사랑하고 있음에도 불구하고 이 고소들을 믿고 두려움을 가지지 않을 수 없었다. 그래서 혐의가 있는 많은 자들을 고문하고 마침내 페로라스의 친구들까지 고문하게 되었다. 486. 그러나 그들 가운데 누구도 음모를 자백하지는 않았고, 다만 페로라스가 사랑하는 여인과 함께 파르티아인들에게로 피신할 계획을 세웠다고 실토하게 되었다. 그의 피난계획은 적어도 살로메의 남편 코스토바로스[119]의 지원을 받을 수 있었다. 헤롯 왕은 예전에 살로메의 전남편이 간음죄로 처형되고 난 후, 그를 살로메와 맺어주었다. 487. 살로메는 그러한 비난으로부터 결코 자유롭지 못했다. 그녀는 아라비아 왕 오베다스의 행정장관으로 헤롯의 숙적이었던 쉴레우스와[120] 결혼한 일 때문에 페로라스로부터 비난받았던 것이다. 비록 살로메는 페로라스가 고소한 이 일과 또다른 일과 관련해서 죄가 확증되었음에도 불구하고 헤롯 왕은 그녀를 용서했고, 페로라스의 혐의도 벗겨주었다.

7. 488. 이제 헤롯 가문의 폭풍은 온통 알렉산더에게 집중되었다. 헤롯 왕에게는 3명의 내시가 있었는데, 이들이 맡은 일을 보면 왕으로부터 특별한 존중을 받고 있음을 알 수 있다. 그 중 하나는 주관(酒官)이었고, 다른 하나는 식사를 담당했다. 나머지 하나는 자는 동안 그의 침실을 경계할 뿐만 아니라, 왕과 함께 잠을 자기도 했다. 489. 그런데 알렉산더는 엄청난 비용을 들여서 이들을 설득하여 그들과 음

---

118) 헤롯의 아내 마리암메.

119) 그는 이두매인으로서 그의 첫 부인이 처형된 다음(《유대 전쟁사》 1. 443) 살로메와 결혼했다. 그는 기원전 24년경 헤롯에게 살해되었다(《유대 고대사》 15. 259~266).

120) 《유대 고대사》 16. 225.

란한 짓을 한 것이다. 이 소식을 전해들은 헤롯은 태형을 가해 그들의 죄를 드러나게 했다. 그들은 곧 자신들의 성적인 접촉을 고백했고, 이 범행은 알렉산더의 미혹에 의해 일어난 일이라고 밝혔다. 490. 그들은 실토하기를, 파렴치하고 이미 머리가 희어진 늙은이 헤롯을 젊은이로 생각한다면 모르지만, 그렇지 않다면 헤롯에 대한 희망을 버려야 한다고 알렉산더가 주장했다는 것이다. 더 나아가 그들은 헤롯의 뜻에 반하여 왕권을 잡게 될 자신을 가까이해야 하며, 머지않아 알렉산더가 원수들을 제압하면 그의 친구들, 특히 내시들은 행복과 만족감을 보장받을 것이며, 491. 유력한 자들이 은밀하게 자신에게 충성하고 있고, 장군들과 사령관들도 이미 비밀리에 자신을 만나려 한다는 말을 알렉산더에게서 들었다고 했다.

8. 492. 이 말을 듣고 헤롯은 매우 놀라 그 사실을 감히 곧바로 알리지 못하고, 밤이나 낮이나 정탐꾼들을 비밀리에 보내어 모든 행동과 말을 자세히 조사하도록 하였다. 그리고 혐의가 있는 자들을 즉시 제거했다. 493. 이제 왕국은 잔인한 살상으로 가득 찼고, 저마다 자신들의 정적에 대한 증오감으로 중상모략을 하였다. 많은 자들이 왕의 살상의 욕구를 자신들의 정적들을 공격하는 데 사용하였다. 그리하여 거짓을 곧 사실로 믿었고, 처벌이 음모보다 더 빨랐다. 그리하여 고소했던 사람이 고소를 당하게 되고, 자기가 고소했던 사람과 한편이 되기도 했다. 헤롯 왕의 명령보다도 자기 자신의 목숨을 더 중요하게 여겼던 것이다. 494. 헤롯의 고통은 점점 커져서 아무런 혐의가 없는 자도 편하게 대하지 못했으며 자기의 친구들에게조차도 거칠어졌다. 그는 많은 사람들이 궁정에 머물지 못하도록 했으며, 힘없는 사람들에게는 거친 말로 분노를 표했다. 495. 이러한 상황에서도 안티파테르는 친척들을 하나로 규합해 알렉산더를 압박했으며, 중상모략하는데 한 치의 실수도 없었다. 헤롯 왕은 환영과 음모에 의해 시달려,[121] 알렉산

더가 칼을 뽑아들고 자신을 향해 서 있다고 생각할 정도로 두려움에 빠져버렸다. 496. 그래서 그는 알렉산더를 갑작스럽게 체포하여 감금시키고, 계속하여 그의 측근들을 고문하였다. 많은 자들이 양심에 반하는 어떤 것도 말하지 않은 채 침묵 속에서 죽어갔다. 그러나 고통으로 인하여 거짓을 강요받은 자들은 알렉산더가 그의 형제 아리스토불루스와 함께 헤롯에 대한 음모를 계획했으며, 사냥할 때를 노려 그를 죽이고 로마로 도피하려 했다고 말했다. 497. 이러한 말들이 믿을 만한 것이 못 되며 강요로 그렇게 말한 것임에도 불구하고 헤롯은 그것을 믿었고, 도리어 아들을 체포한 것이 부당한 것이 아니었다고 정당화할 수가 있게 되었다.

제 25 장 아르켈라우스의 중재

1. 498. 알렉산더는 아버지를 설득하여 돌아서게 하는 것이 불가능하다는 것을 알게 되자, 이제 그는 자신의 운명을 받아들이기로 결심하고, 두렵지만 현실을 직면하기로 결심했다. 그리고 그는 적들을 반박하는 네 권의 책에 자신이 그들과 음모에 개입되었음을 기록하였다. 그들 대부분은 왕궁의 신하들이었는데, 특별히 페로라스와 살로메를 부각시켰다. 즉, 알렉산더가 원하지 않았는데도 살로메가 밤중에 자신에게 동침을 강요했다는 것이다. 499. 이 책에는 수많은 중대한 범죄로 많은 사람을 고소하는 내용이 가득했는데, 이것이 헤롯의 손에 들어가게 되었다. 그러자 아르켈라우스는 자기의 사위와 딸을 걱정하여 급히 유대로 왔다.[122] 그는 서둘러 그들에게 와서 매우 조심스럽고 현

---

121) 《유대 고대사》 16. 261 이하.

122) 이것은 대략 기원전 9년에 일어났을 것으로 추측된다(《유대 고대사》 16. 261 이하).

명하게 헤롯 왕의 위협을 막았다. 500. 그리하여 그는 헤롯을 만나자 이렇게 말했다. "도대체 이 악한 나의 사위는 어디 있습니까? 아버지를 살해하려는 주동자를 어디 가야 볼 수 있습니까? 내가 내 손으로 처치하게 해주십시오. 나도 내 딸을 더럽지 않은 새 남편에게 보내려 합니다. 내 딸이 사위의 음모에 참여하지는 않았지만, 그런 남편의 아내이기에 마찬가지로 부정해졌기 때문입니다. 501. 당신이 알렉산더의 음모의 표적이 되었는데도 만일 그가 아직도 살아 있다면 나는 그저 놀랄 따름입니다. 내가 갑파도키아로부터 급히 여기까지 달려온 것은, 그가 이미 처형되었을 것이라고 생각한 것이며, 내가 당신의 지위를 보고서 그에게 보낸 내 딸을 당신과 함께 심문해보려는 것뿐이었습니다. 그러나 이제 우리에게는 둘 모두를 심판할 일만 남았습니다. 만일 당신이 아버지로서 반역하는 아들을 벌하는 것이 너무나 가슴이 아프시거든, 우리가 서로 번갈아가며 맡아서 심판을 집행하도록 합시다."

2.502. 아르켈라우스는 이러한 장광설로 마지못해 하는 헤롯을 설득하는 데 성공했다. 그리하여 헤롯은 그에게 알렉산더에 의해 작성된 책들을 읽도록 주었고, 각 장마다 자세히 함께 검토했다. 여기서 아르켈라우스는 자신의 계획의 실마리를 발견했고, 책에서 거명된 인물들에게, 특히 페로라스에게 그 책임을 전가시켰다. 503. 그는 헤롯 왕이 자신을 믿는 것을 보고는 이렇게 말했다. "우리는 당신이 왕자 알렉산더의 음모에 얽힌 것이 아니라, 이 모든 악한 자들에 의해 왕자가 음모를 받고 있는 것이 아닌지 생각해보아야 합니다. 왜냐하면 만일 그를 선동하고 그의 젊은 혈기를 악용하는 자들이 없다면, 이미 왕위를 향유하는 것과 다를 바 없이 후계를 꿈꾸는 자리에 있는 그가 어떻게 그런 악한 길로 빠져들었는지 그 이유를 알 수 없기 때문입니다. 그리고 그러한 자들을 통해 젊은이들뿐만 아니라 노인들도 유혹을 받을 수 있어, 결국 명문 가문들과 모든 왕국도 그렇게 해서 무너지기 때문입니다."

3. 504. 헤롯은 그의 말에 동의하고, 알렉산더에 대한 자신의 분노를 누그러뜨렸지만, 페로라스에 대한 분노는 더욱 격화되었다. 왜냐하면 그 네 권의 책은 근본적으로 페로라스에 대한 것이었기 때문이다. 페로라스는 왕이 진노하는 이 상황에서, 아르켈라우스에 대한 그의 신의가 모든 것을 좌우하고 있다는 것을 알고는, 자신의 명예가 더 이상 유지될 수 없었기에 수치를 무릅쓰고 자신을 구해 달라고 애원했다. 즉, 그는 이제 알렉산더를 떠나 아르켈라우스에게 간청했던 것이다. 505. 그러자 아르켈라우스는, 그렇게 중차대한 고소를 당한 그를 어떻게 변호해야 할지를 모르겠으며, 그 고소를 통해 그는 분명히 왕을 살해하려 하였고, 자기 형제를 지금 이 곤경에 빠지게 했으니, 이제 남은 것은 자신의 교활함과 거짓을 포기하고 고소를 자백하여, 그를 아직도 사랑하는 형제에게 용서를 구하는 것밖에는 없다고 말했다. 그렇게 할 때 비로소 최선을 다해 그를 도울 수 있다는 것이었다.

4. 506. 페로라스는 이것을 따르기로 하였고, 가능하면 측은해 보이도록 준비했다. 그는 이미 종종 그렇게 해왔듯이 검은 옷을 입고 눈물을 흘리며, 헤롯의 발 앞에 엎드렸다. 그리고 용서를 빌며 자신이 부정한 사람임을 자백하기를, 자신에 대하여 고소된 모든 것은 사실이며, 자신이 여자에 대한 사랑으로 이성을 잃었던 것을 후회하였다. 507. 그러자 아르켈라우스는 고소인인 동시에 증인으로 페로라스를 세우고, 이제는 부탁하는 것으로 태도를 완전히 바꾸어 헤롯의 진노를 누그러뜨리려고 자기 가족의 예를 들기도 하였다. 자기 자신도 형제들과 더 심한 경험을 하였을 때, 자신은 보복보다는 자연의 순리를 우선시했다는 것이었다. 왕국에 있는 어떤 부분은 마치 거대한 몸의 일부분과 같아서 항상 특별한 문제로 곪을 경우가 있는데, 이것을 잘라낼 필요는 없으며 오히려 그것을 적당히 치료해야 한다는 것이다.

5.508. 이렇게 많은 노력을 통해서 아르켈라우스는 페로라스에 대한 헤롯의 적대감을 완화하는 데 성공하였다. 그러나 자신은 알렉산더에 대한 분노가 있었으므로, 자기의 딸을 이혼시켜 데려가야겠다고 말했다. 그는 이제 헤롯이 왕자를 변호하게 되고, 다시금 그의 딸이 헤롯의 아들과 살도록 호소하게 하는 성과까지 거둔 것이다. 아르켈라우스는 매우 순수한 표정을 지으며 그의 딸이 알렉산더만 아니라면 헤롯이 원하는 사람과 결혼하도록 헤롯의 재량에 맡긴다고 하였다. 왜냐하면 지금은 여러 가지 사안이 혼인의 적법성을 유지하는 것에 달려 있기 때문이라는 것이었다. 509. 그러자 헤롯 왕은 아르켈라우스가 이 결혼을 파기하지 않는 것은 곧 아르켈라우스가 헤롯의 아들에게 호의를 베푸는 것이나 다름없다고 설명하였다. 더욱이 이미 그들에게는 아이가 있고, 그의 아들은 자기의 아내를 매우 사랑하여, 그녀가 남아 있는다면 자기의 과실을 반성할 것이며, 따라서 결혼에 대한 모든 부정적 이유는 사라질 것이고, 더 나아가 가정생활에 충실함으로써 호색하는 버릇을 고치겠다고 호소했다. 510. 아르켈라우스는 어렵게 수긍하고 화해하였으며, 또한 그렇게 아들과 아버지를 화해시켰다. 그는 또 말하기를, 알렉산더를 반드시 로마로 보낼 필요는 있는데,[123] 그것은 자신이 이 모든 사건에 대하여 황제에게 보고했기 때문에 황제에게 말해야 한다고 설명했다.

6.511. 자기의 사위를 건져내기 위한 아르켈라우스의 전략은 이렇게 성공을 거두었고, 그들이 화해한 이후에도 함께 식사연회를 나누고 상호간의 신의에 대한 확증을 위해서는 얼마간의 시간이 더 필요했다. 그들이 헤어질 때 헤롯은 그에게 금 70 달란트를 선사했고, 보석으로

---

123) 《유대 전쟁사》 1.516에서는 알렉산더가 로마로 가지 않았으며, 《유대 고대사》 16.270에서는 알렉산더를 로마에 보낸 사람은 헤롯이라고 기록되어 있다.

장식된 왕관과 많은 내시와 판뉘키스라 불리는 첩을 함께 주었다. 또한 그의 친구들도 각자의 서열에 따라 대접했다. 512. 이와 같이 헤롯의 모든 왕족들도 왕의 명령에 따라 아르켈라우스에게 호화로운 선물을 주었으며, 그는 헤롯과 그의 고관들로부터 안디옥까지 배웅을 받았다.

제 26 장 유리클레스의 모략과 그 결과

1. 513. 얼마 후에 아르켈라우스보다 훨씬 뛰어난 전략가 한 사람이 유대에 나타났다. 그는 아르켈라우스가 알렉산더를 구하기 위해 정치적 능력을 발휘한 그 노고를 무산시켰을 뿐만 아니라, 알렉산더가 파멸에 이르게 되는 원인을 제공했다. 그는 라케데모니아 출신으로서 유리클레스라고 불렀다. 그는 돈에 대한 욕심으로 왕국을 파멸시키려고 헤롯의 왕국에 들어갔다. 그것은 그리스는 이제 더 이상 자신의 사치스런 삶을 지탱해줄 수 없었기 때문이었다. 514. 그는 자신이 삼키려는 것을 위한 미끼로서 호화스런 선물을 헤롯 왕에게 가져와, 삽시간에 몇 갑절을 받아내었다. 그러나 그가 왕국을 피로 물들여 착취하지 않고서는 그 단순한 선물은 아무런 의미가 없는 것이었다. 515. 그래서 그는 아첨과 간사한 말과 거짓된 찬사로 헤롯에게 접근하였다. 그리하여 그는 신속하게 헤롯의 특성을 간파하고, 모든 언행을 헤롯의 마음에 들게 맞추어 결국 헤롯의 가장 가까운 측근들 가운데 하나가 되었다. 다시 말해서, 왕과 그의 모든 측근들도 그가 스파르타인이라는 이유로 기꺼이 그를 우대하였다.

2. 516. 유리클레스는 먼저 왕가의 부패한 자리에 앉아 있는 형제들 사이의 알력과 그들 각자에 대한 아버지의 태도를 살펴보았다. 그리고 그는 안티파테르와의 오랜 친분관계를 통해서 이곳에 들어왔음에도,

마치 자신이 아르켈라우스와의 오랜 친구인 것처럼 거짓말을 함으로써 알렉산더를 속였다. 그리하여 그는 이미 검증된 친구인 양 받아들여졌고, 알렉산더는 그를 곧바로 그 형제 아리스토불루스에게 데려갔다. 517. 이렇게 모든 사람들에게 소개되자 그는 대면하는 모든 사람들에 대한 행동을 각각 달리했다. 무엇보다도 그는 안티파테르에게 매수되어 알렉산더를 배신했다. 그는 안티파테르에게는 장남으로서 왜 그의 왕위의 미래를 위협하고 있는 자들을 용납하고 있는지를 나무라는 한편, 알렉산더에게는 아르켈라우스가 그렇게 강력히 후원하고 있는데도 어떻게 아들과 왕가의 여인들의 남편으로서 천한 여인에게서 태어난 아들에게 왕위를 물려줄 수 있냐고 비난하였다. 518. 유리클레스가 아르켈라우스와 친분이 있는 척하였기에 그는 이 작은 왕자에게는 신실한 조언자처럼 행세하였다. 그리하여 알렉산더는 그에게 안티파테르에 대한 불평을 토로하기도 하였고, 모친을 살해한 아버지 헤롯이 그의 형제들이 차지할 왕위까지 빼앗아가는 것은 놀라운 일은 아니라고 설명하였다. 그러자 유리클레스는 동정하며 함께 슬퍼하는 체하며 말하였다. 519. 그는 또한 아리스토불루스에게도 접근하여 그런 불평을 토로하게 하였다. 그는 그렇게 이 두 아들이 부친에 대해 불평하게 함으로써 이들을 자기편으로 끌어들인 후, 안티파테르에게 가서 은밀하게 이것을 고해바쳤다. 게다가 그는 그들이 헤롯을 죽이려는 준비가 다 된 것처럼 완전히 날조된 음모를 덧붙여 보고했다. 또 그는 안티파테르에게 많은 돈을 받고, 그를 그의 부친 앞에서 칭찬하였다. 520. 드디어 그는 아리스토불루스와 알렉산더를 제거하려고 그들의 부친 앞에서 그들을 고소하며 이렇게 말했다. "저는 왕께 받은 은혜로 이제 왕의 생명을 구하고 그 호의에 보은하게 되었습니다. 실은 오래 전부터 알렉산더는 왕을 죽이기 위해 칼을 갈며 세력을 뻗어왔지만, 제가 그와 동조하는 척하면서 그것을 지연시켰습니다. 521. 그는 이렇게 말했습니다. 나의 부친 헤롯은 본래 타국의 통치권을 장악한 후에도 만족하지 않고 나의 모친마저도 살해했으며, 그후 모친의 재산을 탕진하고 우리의 조상의 왕위를 이 부정한 사생아에게 넘겨 후계자로 세우려 하고 있다. 나는 히르카누스와 마리암메의 원한을 반드시 갚아줄 것이다. 내가 피를 보지 않고 그와 같은 아버지 헤롯의 권력을 차지하지 않는다면 오히려 이상한 일일 것이다. 522. 지금 내게 매일같이 벌어지는 일들은 견딜 수 없어 정말 뒤엎어버리고 싶다. 아버지가 귀족들과 이야기할 때면 나는 이유 없이 모욕을 당하고 만다. 즉, 귀족출신은 유일하게 나 하나뿐이며, 아버지의 출신이 천하다는 이유로 내가 아버지를 업신여긴다는 것이다. 사냥에 나가서 내가 말없이 조용히 있으면 화를 돋운다고 하고, 반대로 내가 추켜세우는 말을 하면 비꼬는 말을 한다고 몰아붙인다.[124] 523. 나는 아버지와 만날 때마다 언제나 두려움을 느낀 반면, 아버지는 안티파테르에게만은 다정했다. 그래서 나는 목숨을 걸고 이 음모를 계획한 것이고, 만일 이 계획이 실패한다면, 나는 먼저 쉽게 피할 수 있는 장인 아르켈라우스에게, 그 다음으로는 내 부친의 성격을 아직도 파악하지 못한 황제에게 도움을 청할 계획이다. 524. 나는 황제 앞에서는 아버지 앞에서와는 다르게 두려워하지 않고, 내 개인의 문제만이 아니라 먼저 백성들의 고통을 말하고, 그들이 얼마나 무거운 세금으로 착취당했는지, 그리고 고혈로 짜낸 돈으로 아버지가 얼마나 방탕과 비행을 행하며 살아가는지, 그리고 우리의 재산으로 부자가 된 사람들이 어떤 사람들이며, 무슨 이유로 그 많은 도시들이 아버지에게 그 큰 이권을 받았는지를 말할 것이다. 525. 또 나는 그곳에서 나의 조부와 모친이 당한 일과 내 아버지 헤롯의 잔혹한 통치를 고발할 것이다. 이렇게 되면 나를 부친 살해범으로 판결하지는 않을 것이다."

---

124) 《유대 고대사》 2.247 이하.

3. 526. 유리클레스는 알렉산더에 대한 이러한 충격적인 보고를 한 후에 안티파테르를 매우 칭찬하기를, 안티파테르만이 자기의 아버지를 사랑하고, 그래서 이제까지 그러한 음모가 이루어지지 않은 것이라고 했다. 그러나 이전의 사건으로 아직 완전히 안정되지 않은 헤롯 왕은 참을 수 없는 분노로 흥분했다. 527. 안티파테르는 다시금 그의 형제들을 고소할 사람들을 보낼 수 있는 기회를 잡았다. 그들은 안티파테르의 형제들이 유쿤두스와 튀란누스[125]와 함께 은밀하게 음모를 나누고 있다는 것을 알렸다. 이들은 이전에 왕의 기병대 지휘관이었다가 몇몇 비행사실로 해직된 자들이었다. 이에 헤롯은 완전히 이성을 잃고, 즉시 이 사람들을 고문하라고 하였다. 528. 그러나 그들에게 적용된 죄목을 시인하지 않았다. 그런데 알렉산드리움 요새의 통치자들에게 알렉산더가 발송한 것으로 된 편지 하나가 발견되었다. 거기에는 그가 아버지를 죽이고 난 후에 자신과 자기의 형제 아리스토불루스를 그 요새로 받아주어 거기에 있는 무기와 다른 방어용 무기도 사용하도록 해 달라는 부탁이 담겨 있었다. 529. 알렉산더는 이 편지가 디오판토스의 날조일 뿐이라고 하였다. 디오판토스는 왕의 서기관으로서 용맹스러운 사람이었고, 어느 사본이든 모방하는 기술을 가졌다. 그는 이러한 방법으로 많은 문서를 위조하다가 결국 그것 때문에 처형당하였다. 헤롯이 그 요새의 사령관을 고문하였지만, 그로부터 그러한 음모와 연루된 아무것도 밝혀내지 못하였다.

4. 530. 비록 증거는 미미했지만 헤롯은 그의 아들들을 잘 감시하라고 명했다. 그 아들들이 구금되었던 것은 아니다. 반면 자기의 집안을 파멸시키고 이런 모든 잔인한 일을 조장한 유리클레스는 '구원자요 후

125) 이들은 헤롯의 경호사령관들이었다(《유대 고대사》 16. 314).

원자'라고 부르고 그에게 50 달란트를 하사했다. 그러나 그는 이러한 사건의 정확한 진상이 밝혀지기도 전에 벌써 갑파도키아로 갔고, 자신이 헤롯과 알렉산더조차도 화해시켰다고 뻔뻔스럽게 주장함으로써 아르켈라우스로부터도 돈을 받았다. 531. 그는 그리스로 건너간 후에 비열한 방법을 통해 번 돈을 또한 그런 비열한 일에 사용하였다. 그리하여 그는 황제 앞에서 아가야 지역을 봉기로 들끓게 해 도시를 약탈했다는 고소를 두 번이나 당하고, 결국은 추방당했다. 그는 알렉산더와 아리스토불루스에게 행한 것에 대한 보응을 받았던 것이다.[126]

5. 532. 이 스파르타인과는 대조적인 코스의 유아레스토스를 언급하는 것이 좋을 것 같다. 왜냐하면 이 사람도 알렉산더의 측근에 속하였고 유리클레스와 같은 시기에 유대지역을 방문했기 때문이다. 유리클레스가 헤롯에게 그 음모에 대해 조사받게 되자, 그는 그런 것에 대해 알렉산더에게서 아무것도 듣지 못했다고 맹세했다. 533. 그러나 이러한 말은 이 가련한 왕자들에게는 아무런 도움이 되지 못했다. 그것은 헤롯이 좋지 않은 소식에만 너무 귀를 기울이려고 했고, 자기의 의견과 불신에 동조하는 사람들은 누구나 환영하였기 때문이었다.

제 27 장 헤롯이 자기 아들들을 처형시킴

1. 534. 살로메 역시 헤롯이 아들들에게 잔인하게 하는 것을 부채질했다. 즉, 아리스토불루스는 자신의 장모와 고모를 함께 위험에 빠뜨리려는 의도로 살로메에게 전령을 보내어, 살로메 자신이 구출되어야 할 것이라고 충고했다. 왜냐하면 왕이 이미 오래 전에 그들에 대하여

126) 《유대 고대사》 16. 309~311 참조.

제기한 고소로 인하여 살로메의 처형을 계획하고 있었기 때문이었는데, 그 고소는 그녀가 아라비아인 쉴레우스와[127] 결혼하려 했을 때 그가 왕의 적인데도 불구하고 그에게 왕의 비밀을 누설했다는 것이었다. 535. 이것은 마치 악천후 속에 들어간 헤롯의 작은 아들들을 몰락시키는 마지막 폭풍과 같은 것이었다. 왜냐하면 살로메가 곧바로 왕에게 자기의 간청을 전했기 때문이었다. 그러자 왕은 더 이상 참지 못하고 두 아들을 묶어 격리시키어, 즉시 군사령관 볼룸니우스와 수행원 가운데 올림푸스를 통하여 그것에 대한 전령을 써서 황제에게 보내었다. 536. 그들이 로마로 향해해서 왕의 친서를 전달했을 때 황제는 헤롯의 작은 아들들의 운명을 고심하였다. 그러나 그는 아버지가 아들을 판단할 권한을 빼앗을 수는 없다고 생각했다. 537. 그래서 황제는 헤롯에게 모든 권한을 위임하는 답변을 전하며, 그러면서도 그가 그러한 음모를 조사하고, 그의 가족들과 유대의 총독들을 구성하여 재판을 잘 수행할 것이라고 덧붙였다. 그리고 만일 그들이 반역한 것으로 입증된다면 그들을 처형하되, 만일 그들이 단지 도주할 계획만 갖고 있었다면 가벼운 처벌만 하라고 하였다.

2.538. 헤롯은 이 지시를 따르기로 하였고 베뤼투스[128]에 도착한 후에 황제가 지정해준 곳에서 재판을 열었다. 황제의 고지에 따라서, 총독 사토르니우스[129]와 페다니우스 주위의 행정사령관, 그리고 그들과 함께 재정장관 볼룸니우스와 왕의 친족과 측근들인 살로메와 페로라스, 그리고 아르켈라우스 왕을 제외한 전 시리아의 귀족들을 재판석에 배석하게 하였다. 아르켈라우스 왕은 알렉산더의 장인이라 헤롯에

127) 《유대 전쟁사》 1. 487; 《유대 고대사》 16. 271~299.

128) 오늘날의 베이루트로서 기원전 14년부터 로마의 식민지가 되었다.

129) 그는 기원전 19년에 로마의 집정관이 되었고, 9~6년에 시리아의 총독으로 있었다.

게는 불신의 대상이었기 때문이다. 539. 그러나 그는 매우 치밀한 계략을 세워 자기의 아들들은 재판에 참석시키지 않았는데, 그것은 사람들이 그들을 보기만 해도 동정심을 유발할 수 있다고 생각했기 때문이었다. 그리고 만일 그들이 말이라도 하게 된다면 알렉산더는 쉽게 혐의를 벗어날 수 있게 될 것이기 때문이었다. 그들은 그래서 시돈에 있는 플라타네라는 마을에 감금되어 있었다.

3. 540. 헤롯 왕은 일어나서 마치 자기의 아들들이 있는 것처럼 격렬하게 그들을 비방하였다. 그들의 음모에 대한 고소를 입증할 수 있는 근거는 터무니없을 정도로 빈약했다. 그러나 그는 그들이 자신에게 가한 험담과 조롱, 모욕과 비방을 법정에서 무수히 쏟아냈고, 그것들은 자기에게는 '죽음보다 참기 어려운 것이었다'고 말했다. 이에 아무도 이의를 제기하지 않자 그는 이렇게 한탄하기 시작했다. 만일 그가 재판에서 이긴다 해도 그것은 패배한 소송과 다름없는데, 자기 자식을 이기는 것이란 어떤 경우에도 고통스럽기 때문이라는 것이다.[130] 그리고 그는 배심원 각자의 의견을 물었다. 541. 먼저 사토르니누스는 헤롯의 아들들은 유죄이지만, 사형에 처할 정도는 아니라는 견해를 밝혔다. 자신에게도 세 명의 아들이 있는데, 자기의 입으로 다른 이의 아들들에게 사형을 내리는 것이 어울리지 않다는 것이었다. 두 명의 행정사령관도[131] 그에게 동의하였고, 다른 몇몇의 사람들도 이들을 따랐다. 542. 그러나 볼룸니우스가 가혹한 처벌을 주장하자, 이어서 모든 사람이 사형판결을 지지하고 나섰다. 그들 가운데 일부는 아부로, 그리고 다른 사람들은 헤롯에 대한 증오 때문에 그렇게 한 것일 뿐, 실제로 피고들을 증오해서 그런 결정을 내린 것은 아니었다. 543.

---

130) 《유대 고대사》 16.362 이하 참조.

131) 《유대 고대사》 16.369에는 사토르니누스의 세 아들도 이 판결에 동의하는 것이 언급된다.

이제 시리아 전체와 유대지역은 이 비극의 끝이 어떻게 될지 긴장하였지만, 누구도 헤롯의 잔인함이 자기 자식들을 죽이는 데까지 가리라고는 생각하지 않았다. 그러나 헤롯은 그들을 두로로 끌고 가서, 가이사랴로 가로질러 항해하였다. 그리고 그는 거기서 어떻게 이 아들들을 처형해야 하는가 고심하고 있었다.

4.544. 한편 헤롯의 군대에는 티론이라는 이름의 늙은 병사가 있었다. 그의 아들은 알렉산더와 깊은 친구관계였고, 그 역시 헤롯의 아들들을 매우 좋아했다. 그는 과도한 분노로 정신이 이상해져서 처음에는 실성하여 돌아다니다가 이렇게 소리치기도 하였다. "세상은 정의가 짓밟혔고, 진리는 무너졌으며, 자연의 본성은 혼미해졌고, 무법의 삶으로 가득 차서, 감정이 시키는 모든 것이라면 생명도 아끼지 않게 되었다." 545. 드디어 그는 감히 헤롯 왕에게까지 가서 말하기를, "내가 생각해보니 당신은 모든 악령 가운데서도 가장 악한 영에 사로잡혔습니다. 당신이 그렇게도 가장 적대시하여 사형에 처하려 했던 페로라스와 살로메로 인해서 당신이 가장 사랑해야 할 자들을 적대하고 있으니 말입니다. 당신은 적들을 신뢰하면서도 정작 당신 아들들을 적대시하고 있습니다! 저들은 지금 당신에게서 적법한 후계자를 제거하고 자기들이 제일 다루기 쉬운 안티파테르만을 남겨 왕으로 세우려는 것이 아니고 무엇입니까? 546. 이제 당신은 이 형제들의 죽음이 병사들 사이에서 헤롯 왕에 대한 증오심을 야기한다는 것을 기억해야 합니다. 왜냐하면 이 두 왕자들을 동정하지 않는 자는 없으며, 장수들 가운데서도 많은 자들이 노골적으로 분노를 드러내고 있습니다." 그는 그래서 불만을 품은 자들의 이름을 열거하였다. 그러나 헤롯 왕은 즉시 이 티론과 그의 아들을 체포하게 하였다.

5. 547. 이때 궁정 이발사들 가운데 트뤼폰이라는 이름을 가진 사람이 나타나서 마치 미친 듯이 소란을 피우며, "티론이 나를 설득하기를 내가 당신 곁에서 일할 때, 내 칼로 당신을 죽이면 알렉산더를 통해서 큰 보상을 받게 해주겠다고 약속했다"고 소리치고 다녔다. 548. 이 말을 들은 헤롯은 티론과 그의 아들과 이 이발사를 심문했다. 이들이 그것을 부인하고 이발사도 더 이상 아무런 말도 하지 않자, 그는 티론을 더 세게 고문하라고 명령했다. 549. 그의 아들은 동정심에서 왕에게, 만일 왕이 아버지의 목숨을 살려준다면 모든 것을 말하겠다고 약속했다. 약속을 들은 그는 자기의 아버지가 알렉산더에게 선동되어 왕을 살해하려고 했다고 말했다. 이 일에 관해 어떤 사람들은 그가 자기의 아버지를 고통에서 구하기 위해 허위자백을 하였다고 하고, 다른 사람들은 이것이 사실이었다고 주장했다.

6. 550. 그러나 헤롯은 백성들을 소집하여 장수들과 티론을 공개적 회의에서 고소하였다. 그들은 이발사와 함께 그곳에서 나무와 돌로 쳐 죽였다. 551. 그리고 그는 자기 아들들을 가이사랴에서 멀지 않은 세바스테로 보내어 교살하라고 명하였다. 그의 명령은 곧바로 시행되었으며, 헤롯은 그 시신들을 알렉산드리움 요새로 옮겨 알렉산더와 그의 조부 곁에 매장했다. 알렉산더와 아리스토불루스의 최후는 이러했다.

제 28 장 헤롯의 후회와 그 아들 안티파테르의 간교함

1. 552. 안티파테르가 왕위를 물려받는 것은 명백했으나, 점점 끓어오르는 백성들의 분노는 참을 수 없는 지경이었다. 왜냐하면 그가 자기 형제들에 대한 모든 음모를 부추겼다는 것은 누구나 알고 있었기

때문이었다. 그러나 살해된 자들의 자녀들이 자라나는 것을 보면서 그에게는 심각한 두려움이 엄습했다. 즉, 알렉산더는 글라퓌라로부터 두 아들 티그라네스와 알렉산더를 얻고, 아리스토불루스는 살로메의 딸 베르니케에게서 헤롯의 아들들인 아그립바와 아리스토불루스, 그리고 딸 헤로디아와 마리암메를 얻었던 것이다. 553. 헤롯은 알렉산더를 죽이도록 한 뒤 글라퓌라를 그녀의 지참금과 함께 갑파도키아로 돌려보냈고, 아리스토불루스의 아내 베르니케를 안티파테르의 어머니의 형제와 결혼시켰다.[132] 안티파테르는 살로메를 자기편으로 끌어들이기 위한 수단으로 이 결혼을 이용했다. 554. 그는 페로라스에게 지속적으로 뇌물과 아첨으로 환심을 사려고 했고, 상당한 액수의 돈을 로마로 보냄으로써 황제의 호의도 구했다. 그리고 그는 시리아의 사토르니누스와 그의 측근들 모두에게도 선물공세를 했다. 그러나 그가 선물을 하면 할수록 그는 미움을 받았다. 왜냐하면 사람들은 그가 후해서 잘 베푸는 것이 아니라 두려움에서 선심을 쓰고 있다는 인상을 받았기 때문이었다. 555. 그래서 그 선물을 받은 사람들은 그에게 조금도 기울어지지 않았고, 도리어 적대자가 많이 생겨났으며, 그의 뇌물공세가 있기 전보다도 더 큰 적대감을 보였다. 그러나 그는 날마다 더 화려한 선물들을 모아야 했는데, 그것은 안티파테르의 기대와는 다르게 헤롯 왕이 그 아들들을 살해한 일을 후회하고 친족들을 돌보고 고아가 된 그 손자들에게 동정심을 보였기 때문이었다.

2.556. 하루는 헤롯이 그의 친족들과 측근들을 모아놓고 눈물을 흘리며 손자들을 앞에 세우고 이렇게 말했다. "어둠의 영이 나에게서 이 아이들의 아버지들을 빼앗아갔다. 혈족에 대한 애정과 함께 이 고아들을 불쌍히 여겨야 할 마음이 내게 일고 있다. 내가 비록 가장 불행한

132) 《유대 고대사》 17.70 참조.

아버지였지만 이제부터는 더 사려 깊은 할아버지가 되고, 내가 죽은 이후에도 내가 가장 사랑하는 자들을 그들의 후견인으로 남겨두려고 한다. 557. 페로라스야! 나는 너의 딸을 알렉산더의 아들 가운데 장남에게 약혼시켜 네가 그에게 꼭 필요한 후견인이 되게 하겠다. 안티파테르야! 너의 아들은 내가 아리스토불루스의 딸[133]과 약혼시킬 것인데, 너는 고아가 된 그녀의 보호자 역할을 맡도록 하라. 그리고 그녀의 동생[134]은 나의 아들 가운데 외조부가 대제사장이었던 헤롯[135]의 아내가 될 것이다. 558. 나에게 속한 모든 사람들은 나의 이 결정을 따르도록 하라. 나의 측근들 가운데 누구도 그들을 분열시키려고 해서는 안 된다. 나는 하나님께서 나의 왕국과 후손들의 번영을 위해 이 혼인을 맺어주시며, 너희들이 이 아이들을 친아버지들보다 더 친절하게 돌볼 수 있게 되기를 기도하겠다."

3. 559. 이 말을 하면서 헤롯은 눈물을 흘리며 아이들의 손을 잡았다. 그는 모두를 사랑스럽게 껴안아주고는 모인 자들을 돌려보냈다. 그런데 안티파테르의 태도는 이내 경직되어서, 그가 불안해 하고 있다는 것을 모두가 알 수 있었다. 왜냐하면 그는 이 고아들의 위상을 높여주는 것은 자신을 내치는 것이며, 만일 알렉산더의 아들들이 아르켈라우스뿐만 아니라 분봉왕이었던 페로라스의 도움도 받게 된다면, 결국 왕국에서 자기의 자리가 다시금 위험하게 될 것이라고 생각했기 때문이었다. 560. 그러나 그는 자신의 인성에 대한 백성들의 증오와 이 고아들에 대한 그들의 동정도 고려했고, 더욱이 그의 형제들이 아직

133) 마리암메.

134) 나중에 안티파스와 재혼한 헤로디아로, 그녀의 첫 번째 남편을 '빌립'으로 언급하는 마가복음 6장과 마태복음 14장은 사실관계를 오보하는 것으로 보인다. 헤롯의 아들의 이름은 알려져 있지 않다.

135) 이 아들 헤롯은 대제사장 시몬의 딸 마리암메 2세에게서 태어났다.

살아 있었을 때, 백성들의 호응이 얼마나 컸으며, 자기 때문에 그들이 죽었을 때 그들에 대한 기억이 유대인에게 얼마나 생생했는가도 계산했다. 그래서 그는 이 약혼관계들을 어떻게 해서든 막아야 하겠다고 결심했다.

4.561. 안티파테르는 성격이 까다로워지고 의심이 많아진 아버지 헤롯에게 감히 교활한 방법을 동원할 수 없었다. 그래서 그는 아버지 앞에서 직접 간청하기를, 이제까지 인정되었던 자기의 자리를 빼앗지 말며, 자기에게는 단지 왕의 칭호만이라도 주고 다른 사람에게 통치권을 넘기지 말아 달라고 했다. 왜냐하면 만일 알렉산더의 아들이 그의 조부 아르켈라우스에게 가거나 그의 장인 페로라스를 후견인으로 삼는다면 그에게는 왕권이 돌아오지 않는다는 것이었다. 562. 또 왕족이 많으므로 이 결혼계획을 바꾸어 달라고 계속해서 요구했다. 헤롯 왕은 9명의 아내를 통해서 7명의 아들을 낳았던 것이다.[136] 즉, 도리스에게서는 안티파테르를, 대제사장의 딸 마리암메(2세)에게서는 헤롯을, 사마리아 여인 말타케에게서는 안티파스와 아르켈라우스, 그리고 딸 올림피아를 낳았는데, 헤롯 왕의 조카 요셉이 이 딸을 자신의 아내로 취했다. 그리고 예루살렘 여인 클레오파트라에게서는 헤롯과 빌립을, 팔라스에게서는 파사엘을 낳았다. 563. 헤롯 왕에게는 딸들도 있었는데, 그들은 페드라에게서 낳은 록사네와 엘피스에게서 낳은 살로메였다. 그의 아내 가운데 두 명은 자식을 낳지 못하였는데, 하나는 그의 먼 친척이었고 또 하나는 그의 조카였다. 여기에 알렉산더와 아리스토불루스의 자매 두 명이 더 있었는데, 그들은 마리암메(1세)에게서 낳았다. 안티파테르는 이 많은 가족구성원들을 염두에 두고 헤롯이 선포한 그 결혼계획을 바꾸어 달라고 요청했다.

136) 이미 사망한 마리암메 1세를 포함하면 헤롯의 아내는 모두 10명이었다.

5.564. 그러나 헤롯 왕은 이 고아들을 대하는 안티파테르의 태도를 보고 거칠게 화를 냈다. 그는 죽은 자들이 안티파테르의 계략으로 희생되었을지도 모른다는 생각까지 했다. 565. 그리고는 분노하여 장광설로 답변한 후 안티파테르를 내보냈다. 그러나 얼마 안 되어 헤롯은 안티파테르의 아첨에 넘어가 계획을 바꾸어, 안티파테르를 아리스토불루스의 딸과, 안티파테르의 아들을 페로라스의 딸과 결혼시켰다.

6.566. 우리는 안티파테르가 이러한 아첨으로 얼마나 위력을 발휘할 수 있었는지 상상할 수 있다. 왜냐하면 살로메조차 그런 비슷한 상황에서 헤롯을 설득하는 데 실패했기 때문이다. 한번은 살로메가 황제의 아내였던 리비아[137]의 후원으로 아라비아인 쉴레우스와 결혼할 수 있게 해 달라고 요청하였지만, 헤롯은 살로메가 자기의 자매였음에도 만일 이 뜻을 포기하지 않는다면 그녀를 원수처럼 대할 것이라고 맹세하였다. 결국 그는 살로메의 요구와는 달리 그녀를 자기의 측근 중 하나인 알렉사스와 결혼시켰고, 그녀의 딸 가운데서 하나는 알렉사스의 아들과, 그리고 다른 하나는 안티파테르의 외삼촌과 결혼시켰다. 그리고 마리암메의 딸 중에 하나는 헤롯의 누이의 아들인 안티파테르를 남편으로 삼게 하고, 다른 하나는 그의 형제의 아들인 파사엘과 결혼시켰다.

137) 요세푸스는 이 리비아(《유대 전쟁사》 1.641 참조)를 《유대 전쟁사》 2.167 이하와 《유대 고대사》 17.10에서는 율리아로 기록한다.

제 29 장 계속되는 안티파테르의 음모와 페로라스의 죽음

1.567. 안티파테르는 고아가 된 조카들의 기대를 저버리고 자기의 유익대로 정략결혼을 시킨 후, 왕국을 더욱 확고하게 만들기 위해서 사악한 방법을 동원하였기에 그들 모두의 불만을 샀다. 그는 저마다 가지고 있는 증오는 사라질 수 없었기에, 자신에 대한 두려움을 갖게 만들어 안전을 도모하려고 했다. 568. 안티파테르가 이미 왕위를 장악한 것을 본 페로라스도 그의 편에 합세했다. 그러나 궁정에 있는 여인들도 새로운 반역을 일으킬 공모(共謀)를 시작하였다. 그것은 페로라스의 아내[138]가 자기의 어머니, 그리고 자매와 함께 안티파테르의 어머니와 연합하여 궁에서 매우 오만하게 행동하였기 때문이었다. 그들은 감히 왕의 두 딸[139]을 모욕하였는데, 이로 인해 헤롯은 페로라스의 아내를 특히 싫어하였다. 헤롯 왕의 미움을 받았지만 이 여인들은 다른 이들을 지배하고 있었다. 569. 살로메만이 일관되게 그들을 적대했고 왕에게 그들의 모임을 비난하여, 이 모임이 왕의 국사에 도움이 되지 못한다고 하였다. 자신들에 대한 이러한 비난을 알아채고, 헤롯이 자신들에 대하여 노여워하고 있다는 것을 알게 되자, 이 여인들은 공개적 만남과 그들 상호간의 친밀한 태도를 보이는 것을 중지했다. 그들은 왕이 듣고 있을 때는 서로 대적하는 체했다. 안티파테르도 공개석상에서 페로라스와 일부러 마찰을 빚는 듯한 모습을 보이기도 했다. 570. 그들은 이제 밤중에 은밀하게 함께 만나 모임을 열었다. 게다가 자신들이 주시받고 있다는 사실은 그들을 더욱더 하나로 맺어주었다. 그러나 살로메는 그들이 한 것에 대하여 아무것도 감추지 않

138) 이 여인은 노예 출신이었다(《유대 전쟁사》 1.484).

139) 이들은 록사네와 살로메였다(《유대 전쟁사》 1.563, 571).

고 모든 것을 헤롯에게 말해버렸다.

2. 571. 그러자 헤롯은 진노했고, 특히 페로라스의 아내에 대하여 가장 분노하였다. 왜냐하면 살로메의 고소가 특별히 그녀를 향하고 있었기 때문이었다. 헤롯은 이제 자기의 측근들과 친척들을 소집하고 무엇보다도 그의 딸을 모욕한 페로라스의 아내에게 중형을 내려야 한다고 고발했다. 또한 그녀가 바리새인들을 그에게 대항하도록 돈으로 매수했으며,[140] 약으로 중독이 된 그의 형제를 자기와 적이 되게 하였다고 고발했다. 572. 헤롯은 페로라스에게 아내와 자기 자신 중에 누구를 선택할 것이냐는 질문을 최종적으로 던졌다. 페로라스가 이 여자를 버리느니 차라리 자기 생명을 버리겠다고 말하자, 헤롯은 당황하였다. 그래서 그는 안티파테르에게로 향했는데, 헤롯은 그에게 페로라스와 그의 아내나 그들의 측근들과 일절 접촉하지 말라고 명령을 내린 바 있었다. 안티파테르는 이 명령을 공개적으로는 위반하지 않았으나, 한밤중에 은밀하게 그들과 만났다. 573. 그는 살로메가 지켜보는 것을 두려워했기 때문에 이탈리아에 있는 친구들의 중개를 통해서 로마로 여행가는 것을 성사시켰다.[141] 그들은 안티파테르를 잠시 황제에게 보내야 한다고 서신을 썼다. 그 이후에 헤롯은 주저하지 않고 수행원과 많은 돈과 함께 그를 보냈다. 이번 기회에 안티파테르가 왕으로 지명될 것이라는 언약도 건네주려는 것이었다. 안티파테르의 후계자인 헤롯은 대제사장의 딸 마리암메의 아들이었다.

3. 574. 한편 아라비아인 쉴레우스 역시 로마로 출항하였는데,[142] 그것은 그가 황제의 명령을 위반하기도 했으며, 또한 얼마 전에 니콜

140) 페로라스의 아내는 바리새파의 추종자였다(《유대 고대사》 17. 41 이하).

141) 기원전 6년.

142) 《유대 고대사》 16. 299 참조.

라우스와 함께 동일한 사안에서 안티파테르에게 소송을 제기하였기 때문이었다. 게다가 그는 자신의 왕이었던 아레타스와 심한 긴장관계에 있었는데, 이는 그가 왕의 측근들의 상당수를 제거했기 때문이었다. 그 중에는 페트라의 실력자인 소에무스도 있었다. 575. 그는 황제의 관리자인 파바투스에게 많은 돈을 주고 그를 설득하여 헤롯에 대항하는 데 참여하게 하였다. 헤롯은 그러나 더 많은 돈을 들여 파바투스를 쉴레우스에게서 떼어놓고, 오히려 파바투스를 통하여 황제가 이 아라비아인에게 부과한 돈을 징수하도록 하였다. 그러나 쉴레우스는 아무것도 내지 않았고 파바투스를 황제에게 고소하여 그가 황제에게 이익이 되는 관리자가 아니라, 헤롯에게 이익을 주는 자라고 하였다. 576. 아직도 헤롯에게서 크게 대우받던 파바투스는 그것에 대하여 매우 분개하여 쉴레우스의 음모를 폭로하였다. 즉, 그는 헤롯 왕에게 말하기를 쉴레우스가 왕실경호인인 코린투스를 매수하였기에 이 자를 체포해야 한다고 했던 것이다. 헤롯 왕은 이를 눈치채고 있었는데, 왜냐하면 코린투스는 그의 나라에서 자랐지만 아라비아 출생이었기 때문이었다. 577. 그리하여 그는 즉시 코린투스뿐만 아니라, 그와 함께 있었던 다른 아라비아인 두 명도 체포했다. 하나는 쉴레우스의 측근이었고 다른 하나는 족장이었다. 그들은 고문을 받은 끝에, 엄청난 돈으로 매수당해, 결국 자신들이 코린투스를 선동해 헤롯을 살해하려 했다고 위증했다. 이들은 시리아를 통치하던 사토르니누스에게서도 심문을 받은 후 로마로 압송되었다.

4.578. 한편 헤롯은 계속해서 페로라스에게 아내와 결별하도록 강요했다. 비록 헤롯은 그녀에게 증오를 품을 만한 많은 이유가 있었지만, 그녀를 자기의 형제와 함께 추방하기 전까지는 이 여인을 벌할 수단을 강구하지 않았다. 579. 페로라스는 이 모욕을 가슴에 새기고, 자기의 유배시기의 끝은 헤롯의 죽음이 될 것이며, 살아 있는 동안은 결

코 그에게 돌아가지 않겠다고 맹세하며 자신의 분봉국으로 돌아왔다. 그래서 헤롯이 병들어서 죽음을 앞둔 상황에서 그에게 유언을 남기고자 불렀을 때에도 가지 않았다. 580. 그러나 헤롯은 예상과는 달리 소생하였고, 얼마 후에 페로라스가 병들었을 때 헤롯은 관용을 보여, 그에게 가서 그를 정성으로 돌보았던 것이다. 물론 페로라스는 이 고통을 이겨내지 못하고 며칠 후에 죽었다. 581. 헤롯이 그를 마지막까지 사랑으로 돌보았음에도 헤롯이 그를 독살했다는 소문이 퍼졌다. 그러나 실은 헤롯이 그의 시신을 예루살렘으로 가져오게 해서 모든 백성이 그를 애도하고, 화려한 장례를 통해서 그를 영예롭게 하였던 것이다. 이것이 알렉산더와 아리스토불루스를 죽였던 한 사람의 종국이었다.

제 30 장 안티파테르와 페로라스의 헤롯 독살계획이 드러나기 시작함

1.582. 이제 페로라스의 죽음으로 시작되었던 보복은 살해의 장본인이었던 안티파테르로 향하게 되었다. 페로라스의 해방노예 몇 명이 경악하여 왕에게 와서, "당신의 형제는 독살되었습니다. 페로라스는 그의 아내가 특별히 준비한 음식을 먹고 곧바로 병이 들어 누웠으며, 583. 이틀 전에는 그녀의 어머니와 자매가 독약을 만들 수 있는 한 여자를 아라비아에서 데려와서 페로라스에게 신통한 약을 만들게 했습니다. 이 여자는 쉴레우스와 친분이 있었는데, 이 여자는 그가 시키는 대로 약 대신 독약을 주었습니다"라고 말했다.[143]

143) 《유대 고대사》 17.63.

2. 584. 헤롯은 더욱더 커져만 가는 혐의로 여종들뿐만 아니라, 자유민에 속한 몇몇 여인들도 고문했다. 그들 중에 한 여자는 "하늘과 땅을 다스리는 하나님이여 우리가 지금 당하는 고통에 책임이 있는 안티파테르의 어머니를 찾아 벌을 내리소서!"라고 소리질렀다. 헤롯은 이것을 시작으로 해서 계속해서 진실을 파헤치고자 했다. 585. 그 여자는 안티파테르의 어머니가 페로라스와 그의 부인들과 은밀하게 접촉한 사실을 실토했다. 뿐만 아니라 페로라스와 안티파테르가 왕을 만나고 집으로 돌아갈 때면, 남녀 종들도 들어오지 못하게 하고 밤새도록 이 여자들과 연회를 가졌다는 것이었다. 자유민 가운데 한 여자도 이 사실을 밝혔다.

3. 586. 헤롯은 종들을 하나씩 차례로 고문했다. 그들의 말은 이전에 자백을 받았던 것과 모든 것이 일치했다. 그밖에도 안티파테르가 로마로 떠나고 페로라스가 베레아로 떠나기로 모의했다는 것도 자백받았다. 왜냐하면 그들은 헤롯이 알렉산더와 아리스토불루스를 죽였으니, 그들의 아내들도 죽일 것이라는 소리를 자주 들었다는 것이었다. 마리암메와 그녀의 자녀들에 따르면 헤롯은 누구도 남겨두지 않을 것이기에 가능한 한 이 야수 같은 헤롯에게서 멀리 피하는 것이 상책이라고 말했다는 것이었다. 587. 안티파테르도 자기 어머니에게 이런 불평을 늘어놓았다는 것이다. "나도 이미 머리가 희어지고 있으나 아버지는 날로 젊어지고 있으니,144) 이제 나는 왕권을 행사하기도 전에 죽을지도 모르겠습니다. 그러나 아버님이 언젠가는 죽는다 해도 — 그것이 언제 일어나겠습니까마는 — 왕위 승계에 대한 기쁨은 분명히 잠깐뿐일 것입니다. 588. 그러는 동안 히드라의 머리같이 아리스토불루스와 알렉산더의 자식들은 점점 자라날 것입니다. 또 아버님은 나의

---

144) 《유대 전쟁사》 1. 490, 579.

자식들에 대한 희망을 빼앗았는데, 아버님의 죽음 이후 후계자는 나 안티파테르의 자식들 가운데 하나가 아니고, 마리암메의 아들 헤롯이 될 것이라는 유언을 남겼습니다. 만일 그 유언이 유효하다면, 아버님은 완전히 노망든 것이 틀림없는 것입니다. 왜냐하면 그렇게 생각하는 것은 아버지가 당신의 세대의 가족 가운데 아무도 남아 있지 않을 것이라는 걱정을 하는 것이기 때문입니다. 589. 아버님은 정말로 이전의 어느 아버지보다 자식을 미워하였고, 게다가 형제들은 더 증오했는데, 그렇기에 얼마 전에 페로라스와 더 이상 관계를 맺지 않는다는 조건으로 그에게 1백 달란트를 지불했던 것입니다." 그리고 페로라스가 "우리가 그에게 무엇을 하였단 말입니까?"라고 말하자, 안티파테르는 "그가 우리에게서 모든 것을 빼앗은 후 목숨만이라도 살려주길 바라는 것입니다. 그러나 자기 눈앞의 친구도 알아보지 못하는 그런 살인적인 야수를 피하는 것은 불가능합니다. 그러므로 이제 우리는 은밀하게 손을 잡읍시다. 우리가 모든 말과 행동에서 남자답다면 앞으로 충분히 드러내놓고 협력할 수 있을 것입니다"라고 대답했다는 것이다.

4. 590. 고문당한 여인들은 이러한 것과 아울러 페로라스가 페트라로 피하려는 계획을 세웠다는 것도 자백했다. 헤롯은 그들이 1백 달란트에 대하여 언급하였기에 이 모든 실토를 믿었다. 왜냐하면 이 말은 헤롯이 안티파테르에게만 말했던 사항이었기 때문이다. 그의 분노는 우선 안티파테르의 어머니 도리스에게 떨어졌다. 그는 우선 도리스에게 주었던 상당한 액수의 달란트에 달하는 모든 장신구를 빼앗고는 그녀를 내쫓았다. 591. 그러나 페로라스의 아내들은 고문한 후에는 다시 그들과 화해하고 돌보아주었다. 그러나 이제 헤롯은 두려움에 떨었고 작은 의심에도 마음이 격동되었다. 그는 죄 있는 자들을 간과할까 두려워 많은 무고한 자들까지 고문하였다.

5. 592. 헤롯은 이번엔 자기 아들 안티파테르의 관리인이었던 사마리아의 안티파테르를 고문하였다. 그를 심문하자 안티파테르가 자기의 친구인 안티필루스를 통해서 헤롯을 살해하기 위한 독약을 이집트에서 가져오게 하였고, 안티파테르의 숙부인 튜디온이 그것을 그에게서 받아 페로라스에게 주었다는 것을 실토했다. 안티파테르는 혐의를 받지 않게 하기 위해 로마에 있을 때 자신이 페로라스에게 헤롯을 죽이라는 지령을 내렸고, 페로라스는 이 독약을 자기의 아내에게 간직하라고 주었다는 것이었다. 593. 이제 왕은 그녀를 불러들였고, 받은 것을 당장 가져오라고 명령하였다. 페로라스의 아내는 왕에게 끌려가 학대받을 것이 분명하자 그것을 가져오는 체하면서 밖으로 나와 지붕 위에서 뛰어내렸다. 그러나 안티파테르를 벌주시려는 하나님의 섭리로 그녀는 떨어질 때 머리가 다치지 않아 생명을 건지게 되었다. 594. 그녀가 실려오자 헤롯 왕은 의식이 돌아오도록 돌보아주었다. 그녀가 진정되자, 그는 무슨 이유에서 투신했는지 물었고, 만일 그녀가 사실을 말하면 벌을 완전히 면해줄 것이지만, 만일 숨기는 것이 있다면 고문으로 머리를 부수어 매장도 할 수 없게 하겠다고 말했다.

6. 595. 그러자 이 여자는 잠시 침묵한 다음, "좋습니다. 페로라스가 죽은 이상 내가 무엇 때문에 비밀을 더 감추겠습니까? 우리 모두를 죽음으로 몰아넣은 안티파테르를 구하는 것이 아니라면 말입니다. 왕이시여! 당신과 함께 나의 참된 증인이 되시고 속임을 당하지 않으시는 하나님이 들으시기를 바랍니다. 596. 당신이 페로라스의 임종시에 눈물을 흘리자, 그는 나를 불러서 말하기를, '내 아내여! 나는 나에 대한 내 형제의 태도를 오해했소. 나는 나를 그렇게 사랑했던 자를 미워했고, 나의 죽음이 아직도 다가오지 않았음에도 나로 인하여 저렇게 슬퍼하는 형님을 죽이려 했소. 이제 나의 배은망덕에 대한 대가를 받았소. 그러니 당신은 안티파테르가 우리에게 숨겨 아직도 보관하는 독

약을 속히 가져다가 내 눈앞에서 버리시오. 597. 그래야 내가 지하세계에서 복수의 영을 피할 수 있을 것이오'라고 했습니다. 내가 그의 명령으로 그것을 가져다가 그가 보는 가운데 대부분은 불에 뿌려 버렸으나, 나머지 약간은 어찌 될지 몰라 나를 위해서, 그리고 당신을 두려워하여 보관하고 있었습니다."

7.598. 이 말을 한 후에 그녀는 아직 독약이 아주 조금 남아 있는 상자를 가져왔다. 헤롯 왕은 이제 안티필루스의 어머니와 형제들을 고문하게 되었다. 이들은 또한 안티필루스가 그 상자를 이집트에서 가져왔는데 알렉산드리아에 있는 의사였던 한 형제에게서 그 독약을 받았다고 실토하였다. 599. 알렉산더와 아리스토불루스의 영이 궁전 전체를 돌아다니며 숨겨진 것을 찾아 드러내었다. 혐의가 전혀 없는 자들조차 재판정에 끌려나오게 되었고, 대제사장의 딸 마리암메도 이 음모를 알고 있었던 사실이 드러났다. 600. 마리암메의 형제들은 고문을 받아 사실을 실토했던 것이다. 헤롯 왕은 그 어머니 마리암메의 간교함으로 인하여 그 아들도 벌하였는데, 그는 그녀의 아들 헤롯을 안티파테르의 후계자로 지명한 유언장에서 제외하였다.

제 31 장 헤롯이 귀향한 안티파테르를 법정에 세움

1.601. 바틸루스[145] 도 그러한 증언들을 보충했다. 드디어 안티파테르의 음모는 분명해졌다. 바틸루스는 안티파테르의 해방노예였는데, 뱀과 독사의 독으로 만든 또다른 독약을 가져오기 위해서 온 것이었

145) 바틸루스는 페로라스의 죽음을 알지 못하고 로마에서 왔다(《유대 고대사》 17.79).

다. 이것은 만일 첫 번째 독약이 너무 약한 것으로 드러나면, 페로라스와 그의 아내가 이것으로 대비할 수 있게 하려는 것이었다. 602. 바틸루스에게는 아버지에 대한 이 대담한 안티파테르의 음모 이외에도 형제들을 해치기 위해 그가 조작한 편지를 전달하는 임무가 주어졌었다. 그들은 헤롯의 아들인 아르켈라우스와 빌립으로, 로마에서 교육받아 성장한 높은 인품을 가진 자들이었다. 603. 안티파테르는 자기 야망에 방해가 되는 이들을 서둘러 제거하려 하였다. 이를 위해 그는 로마에 있는 자기의 친구의 이름으로 편지를 위조하는가 하면, 직접 그런 편지를 쓰도록 어떤 친구들을 매수하기도 했다. 내용인즉 로마에 있는 그의 형제들이 아버지를 여러 가지로 욕되게 하였으며, 모든 공개석상에서 알렉산더와 아리스토불루스가 자신들을 불러들이는 것에 대해 불만을 품고 있다는 비난이었다. 안티파테르가 이렇게 한 것은 아버지가 그들에게 이미 귀환명령을 내렸기에, 이것이 무엇보다도 그의 마음을 불안하게 만들었기 때문이다.

2.604. 그는 이미 로마로 출발하기 전 유대에 있을 때에 이렇게 그의 친구들을 매수하여 자기의 형제들을 비난하는 편지를 준비하였던 것이다. 그리고 그는 그런 혐의에서 벗어나기 위하여 아버지 앞에서는 자기의 형제들을 변호하는 말을 하였다. 한편으로는 그 편지의 내용을 거짓으로 설명하고, 다른 한편 그들의 실수는 아직 젊기에 있을 수 있는 일이라고 말하였다. 605. 그러나 그가 로마에서 그의 형제들을 고발하는 서신을 쓴 친구들에게 많은 돈을 주었을 당시에, 이 매수의 증거를 덮기 위해서 값비싼 옷과 아름다운 양탄자, 금과 은으로 만든 잔과 많은 값비싼 물건들을 구입해서 이 모든 것을 은폐하려 하였다. 그래서 그는 쉴레우스에 대한 소송비용 명목으로 전체 2백 달란트의 금액을 지불했다. 606. 그러나 이 거대한 범죄와 함께 소소한 것들도 모두 드러나게 되었다. 그리하여 수많은 고문으로는 아버지에 대한 살인

음모가, 그리고 편지들을 통해서는 형제들의 생명을 노린 그의 새로운 음모가 분명하게 입증되었던 것이다. 그러나 그에 대한 증거를 조사하고 그가 귀환하기까지 7개월의 시간이 걸렸는데도 로마에 간 사람들 중 누구도 유대에서 진행되는 그의 운명의 변화를 그에게 알려주는 자가 없었다. 그만큼 모든 사람은 그를 매우 증오하고 있었다. 607. 아마도 살해된 형제의 영이 어떤 정보를 전하려 결심했던 사람들의 입을 다물게 했을 것이다. 그래서 이러한 사실을 몰랐던 그는 로마에서 기쁜 소식, 즉 자신은 곧 귀향할 것이며, 황제가 얼마나 그를 영예롭게 환송해주었는가를 전하였다.

3.608. 헤롯 왕은 이 살인 음모자를 사로잡기 위해 서둘렀다. 그러나 그가 전혀 눈치채지 못하도록 조심했다. 그래서 헤롯은 매우 친절하게 답장을 보내어 서두르라고 권고했다. 그러면 그의 어머니에 대한 징벌을 철회하겠다는 것이었다. 이렇게 쓴 이유는 그녀가 추방되었다는 것만은 그에게 알려졌기 때문이었다. 609. 그는 이전에 이미 타렌툼에서 페로라스의 죽음을 편지로 전해듣고 매우 슬퍼하였다. 이것은 몇몇 사람들에게는 진실한 애도를 표한 것으로 보였으나,[146] 사실은 자신의 음모가 실패로 드러난 것에 대한 애도였다. 그는 페로라스의 죽음 자체를 애도한 것이 아니라, 살해를 위한 동지를 잃어버린 것을 슬퍼한 것이다. 이제 그 독약이 혹시 발견되지 않을까 하는 강박관념으로 인한 두려움이 그를 따라다녔다. 610. 그는 길리기아에 도착해서 이전에 언급한 아버지의 서신을 받고 항해를 계속했다. 그러나 그가 칼렌데리스에 정박했을 때, 어머니의 불행에 대한 생각이 그를 사로잡았고, 이미 그의 영혼은 어머니의 운명을 예감하게 되었다. 611. 그의 친구들 가운데서 좀더 신중한 사람들은, 왜 아버지가 그의 어머니를

146) 이 구절의 원문은 ὁ τίνες ὡς ἐπὶ θείῳ καθύμνουν인데, 매우 까다로운 번역으로 달리 번역될 수 있다.

추방하였는지 자세히 알기 전에는 아버지 헤롯 앞에 나타나지 말라고 충고하였다. 왜냐하면 그들은 그의 어머니에 대한 모함이 더 발전되지 않을까 두려워했기 때문이었다. 612. 그러나 안티파테르의 안전보다는 속히 자신들이 고향으로 돌아가 가족들을 만나기를 바랐던 사람들은 귀국을 서두르고자 했다. 안티파테르가 지체해서 아버지에게 이유 없는 의심을 불러일으켜 고소한 자들을 다시 자극해서는 안 된다는 것이었다. 왜냐하면 만일 지금 그에게 불리한 상황이 조성된다면, 그것은 그가 그곳에 없었기 때문에 일어난 것이며, 자기의 눈앞에서 그것을 계속하지는 않을 것이기 때문이라는 것이다. 더욱이 약간의 의심으로 인해 확실해진 이익을 놓치는 것이나, 속히 아버지에게 돌아가지 않는 것은 온당하지 못하며, 오히려 부친이 홀로 있으므로 위험할 수 있을 통치권을 속히 받아야 한다는 것이었다. 613. 그는 이 조언을 따랐는데, 이것은 운명의 힘이 그를 이끌고 있었기 때문이었다. 결국 그는 바다를 건너 가이사랴의 아우구스투스 항구에 도착하였다.

4.614. 그러나 그가 마주친 상황은 기대와는 달리 완전한 고립이었다. 모든 사람들이 그를 피했으며 어느 누구도 감히 그에게 가까이 접근하려 하지 않았다. 그것은 그가 모든 사람들로부터 한결같이 미움을 받았고, 이제 그 증오는 공개적으로 표출되기까지 했기 때문이다. 많은 사람들이 헤롯 왕에 대한 두려움에서 그를 멀리했고, 도시 전체는 이미 안티파테르에 대한 험담으로 가득 차 있었다. 단지 자신만이 이 사실을 모르고 있었다. 안티파테르는 로마로 향해할 때 누구보다도 영광스럽게 환송을 받았지만, 귀환할 때는 누구도 이렇게 천한 대접을 받지는 않았을 것이다. 615. 그는 자신의 가문에서 일어난 일을 생각했지만 교활하게 아무 내색도 하지 않았다. 그리고 비록 죽음의 위험을 느끼고 있었지만 자기의 표정을 억제했다. 616. 그는 이제 더 이상 도망할 수도, 체포의 위험에서 벗어날 수도 없었다. 아무도 자기의 가

족에서 일어난 일에 대하여는 그에게 말해주지 않았다. 왕을 두려워하였기 때문이다. 그에게 희망이 남아 있었다면, 그것은 아마도 비밀이 전혀 누설되지 않았을 것이며, 혹 누설되었다 해도 그것은 뻔뻔스러운 주장과 미끼로 넘어갈 수 있으리라는 것뿐이었다. 그것이 그에게는 위험으로부터 벗어날 유일한 방법이었다.

5. 617. 이렇게 다짐한 후 그는 측근 하나 없이 왕궁에 나타났다. 그것은 그의 측근들은 이미 첫 번째 궁문에서 제지당했기 때문이었다. 궁내에는 시리아의 지배자인 바루스[147]가 들어와 있었다. 안티파테르는 뻔뻔스럽게 왕에게 다가가 문안하려 했다. 618. 그러나 왕은 손을 내젓고 고개를 돌리며 고함쳤다. "이번에도 네 아버지를 죽이려는 수작으로 나를 껴안는 것이냐? 이 저주받을 놈! 그 수작을 그만두기 전에는 나의 몸에 손을 대지 말라! 너는 정식재판에 회부될 것이다. 때마침 바루스가 왔으니, 그가 너의 재판관이 될 것이다. 내일까지 시간을 줄 것이니 가서 변명거리나 찾아라!" 619. 이에 안티파테르는 당황하여 대답할 수가 없어 물러나왔다. 물론 그의 어머니와 아내[148]가 그에게 와서 자신의 범죄에 대한 고소를 설명해주었다. 그러나 그는 다시금 정신을 차리고 변호할 준비를 하였다.

제 32 장 안티파테르의 투옥과 헤롯의 유언장

1. 620. 다음날 헤롯 왕은 자기의 친족과 측근들로 구성된 법정을 소집하였다. 헤롯은 안티파테르의 친구들도 초대하였다. 헤롯은 바루

147) 이는 기원전 6~4년까지 총독으로 있었던 퀸틸리우스 바루스이다.

148) 그의 아내는 안토니우스에 의해 처형된 헤롯의 전임자인 안티고누스의 딸이다(《유대 고대사》 17.92 참조; 《유대 전쟁사》 1.357).

스와 함께 재판장을 맡았다. 그는 모든 증인들을 세우게 하였는데 그 중에는 안티파테르의 어머니의 종들도 있었다. 그들은 얼마 전에 체포되었고, 그녀가 아들에게 보냈던 다음과 같은 편지를 내어놓았다. "이 모든 것이 너의 아버지에게 발각되었으니, 네가 황제의 도움을 받을 수 없다면 아버지에게 오는 것을 조심하여라." 621. 이 증거품이 다른 것들과 함께 제출되자 안티파테르가 나와 그의 아버지의 발 앞에 엎드려 말했다. "아버지 제발 나를 벌하지 마시고, 나의 변호에 귀를 기울여주십시오. 아버지께서 이것을 허락해주신다면, 저는 저의 무죄를 입증하게 될 것입니다."

2.622. 그러자 헤롯은 그에게 입을 닥치라고 호통치며 바루스를 향해 이렇게 말했다. "바루스여, 나는 당신이 다른 의로운 재판관처럼 안티파테르가 완전히 타락한 인간이라고 판결해주실 것을 확신합니다. 그럼에도 나는 당신이 나의 운명을 어쩔 수 없는 것으로 생각하고, 내가 그런 아들을 낳았으니 이 모든 불행에 내가 책임이 있다고 확신하게 될까 봐 걱정됩니다. 내가 그런 못된 아들조차도 사랑했던 아버지였기에 나는 도리어 동정을 받아 마땅합니다. 623. 왜냐하면 나는 이미 내 자식들이 젊었을 때 그들에게 왕위를 허락했고, 로마에서 상당한 비용을 들여 교육시켰으며, 황제와 친분을 맺게 하여 다른 왕들도 그들을 부러워하였기 때문입니다. 나는 바로 그들이 도리어 공모자라고 생각했고, 그들이 죽는 것이 오히려 이 안티파테르에게 유익하다고 단정했습니다. 왜냐하면 안티파테르는 젊었고 이미 왕위계승자가 되었기에 나는 무엇보다도 그의 안전을 도모했던 것이었습니다. 624. 그러나 이 추악한 짐승 같은 놈은 내가 그렇게 인내하였음에도 나에 대해 칼을 들이댔습니다. 이놈은 내가 너무 오래 장수하는 것이 못마땅해서, 결국 자기 아버지가 살해되지 않고 왕이 되는 것을 참을 수 없었던 것입니다. 그는 내가 자기를 시골에서 끌어낸 후, 도리어 왕비

에게서 난 아들들을 폐인이 되게 하고, 자신을 왕위의 후계자로 지명한 것을 감사하지 않고 당연하게 생각했습니다. 625. 바루스여! 이제 당신에게 나의 어리석음을 시인합니다. 나는 안티파테르로 인하여 저 죽은 아들들의 희망을 무너뜨리고 나를 대적하게 만들었습니다. 내가 어떻게 저들에게 이 안티파테르에게만큼 큰 호의를 베풀었겠습니까? 내 생전에 나의 통치권을 물려주지 않았더라면 이런 일은 일어나지 않았을 것입니다. 내가 그를 왕위의 계승자로 유언하여 두었고, 50 달란트의 수입을 책정했으며, 게다가 그가 로마로 떠날 때 나의 재산에서 인색하지 않게 3백 달란트를 주었고, 또한 나는 황제에게 그의 아버지로서 그가 모든 나의 가족에서 유일하게 아버지의 '구원자'라고 말하기까지 했습니다. 626. 저들이 무슨 범죄를 안티파테르만큼이나 지었겠습니까? 또 언제 저들의 혐의에 대한 증거가 드러나 이 모함꾼이 한 것만큼 되겠습니까? 627. 그럼에도 이 아버지를 죽인 살인범은 감히 입을 열어 이번에도 술책을 부려 아직도 진실을 숨기려고 합니다. 그러므로 바루스여! 그를 경계하시기 바랍니다. 나는 저 짐승과 같은 자를 알고 있습니다. 또 그가 신실한 체하여 가련하게 보이려고 하리라는 것도 알고 있습니다. 이 자는 언젠가 알렉산더가 살아 있었을 때 알렉산더 앞에서 나에게 나의 몸을 아무에게나 의탁하지는 말라고 권고했던 자이며, 나를 침대로 데려와 누가 나를 해하지 않나 둘러보았던 자입니다. 이 자는 나의 침실의 감시자였고, 내가 쉴 때 나를 지키는 자였으며, 처형된 내 아들에 대한 나의 슬픔을 달래주며, 나에 대한 아직 살아 있는 형제들의 태도를 지켜보았던 자입니다. 그가 나의 방패막이였으며 나의 경호원이었다는 것입니다. 628. 바루스여! 저 자의 교활함과 위선을 생각하면, 내가 지금도 살아 있다는 것이 믿기지 않습니다. 또한 내가 어떻게 그런 엄청난 음모를 피할 수 있었는지 놀랍기만 합니다. 그러나 악한 영이 나의 집을 황폐하게 만들고 내가 가장 사랑하는 자들이 항상 나를 대적하도록 하였으므로, 나는 나의 기구한 운명을 슬퍼하고 나의 고독함을 한탄할 따름입니다. 그러나 나의 피를 노리는 자는 누구라도 내게서 피할 수 없을 것이며, 그가 내 자녀라 할지라도 심판이 따를 것입니다."

3.629. 그는 이렇게 말하고 격정을 이기지 못하여 더 이상 말을 못하고, 친구 니콜라우스에게 그밖의 고소를 맡아 해 달라고 손짓하였다. 잠시 후 안티파테르가 머리를 들고 소리쳤다. 그는 아직도 아버지의 발에 무릎을 꿇고 있었던 것이었다. 630. "아버지, 아버지는 스스로 나를 변호하셨습니다. 아버지를 언제나 지켰던 내가 어떻게 아버지를 살해하겠습니까? 아버지에 대한 저의 효심을 아버지는 엄청난 위선이라고 하셨습니다. 내가 모든 면에서 교활한 자라면, 사람들에게도 숨기기 어려운 부정한 계획을 어떻게 내가 모든 것을 보시고 어느 곳에나 계시는 하늘의 재판관에게 숨길 수 있다고 생각할 만큼 미련하게 되었겠습니까? 631. 또 아버지에 대한 그런 사악한 음모를 꾸며 하나님께 보복받은 내 형제들의 죽음을 내가 왜 몰랐겠습니까? 제가 왜 아버지의 마음을 격동시켰겠습니까? 통치에 대한 욕심 때문이었습니까? 저는 이미 왕과 같이 되었습니다. 아니면 아버지에게 미움을 받았다고 생각했기 때문입니까? 내가 사랑받지 못하였습니까? 제가 아버지를 두려워한 다른 이유가 있습니까? 오히려 제가 아버지를 지키는 자가 될 수 있었기에 나를 두려워한 다른 자들이 있었습니다. 돈이 필요해서입니까? 632. 누가 나보다 돈을 더 쓸 수 있었습니까? 만일 내가 모든 인간 중에서 가장 타락한 자이며 금수와 같은 자라 해도, 아버지, 아버지의 그 은혜로 내가 그것을 극복하지 않았겠습니까? 아버지께서 직접 말씀하신 것과 같이, 아버지께서 저를 집으로 부르셔서 다른 자식들보다 더 사랑하시고, 아버지 생전에 왕으로 지명하시고, 저를 총애하셔서 모든 사람이 부러워하게 만들지 않으셨습니까? 633. 아! 그 쓰라린 여행을 떠났던 제가 얼마나 비참합니까? 그 여행으로

그들은 얼마나 시기할 기회와 음모를 꾸밀 시간을 벌었습니까? 저는 쉴레우스가 아버지의 연로하심을 업신여기지 못하게 하기 위해 아버지와 아버지가 진행시킨 소송에서 멀리 떠나 있었습니다. 로마로 떠난 것은 아버지에 대한 저의 성심(誠心)의 증거입니다. 또한 저를 종종 필로파테르[149]라고 부르는 세상의 지배자 황제도 나의 증인입니다. 아버지! 음모보다도 더 신뢰할 만한 이 서신을 보십시오. 이것이 아버지에 대한 저의 애정에 대한 증거가 될 수 있는 저의 유일한 변호입니다. 634. 그리고 제가 이 나라 안에서 은밀하게 진행되는 나에 대한 음모를 알고 난 후, 제가 얼마나 로마를 떠나기를 꺼려하였는가를 기억해주십시오. 아버지! 아버지께서는 그런 질투를 통해서 저를 모함할 기회를 주도록 함으로써, 분명 아버지의 의지와는 반대로 저를 멸망하게 하고 있습니다. 이제 저는 저를 모함하는 증거들을 보고자 여기 와 있습니다. 이른바 '부친 살해범'이라는 제가 아무런 해도 받지 않고 육지와 바다를 지나 여기까지 올 수 있었겠습니까? 635. 그러나 이러한 증거로 나를 다시 사랑해 달라는 것은 아닙니다. 아버지! 왜냐하면 저는 하나님과 아버지 앞에서 죄를 지었기 때문입니다. 그렇게 죄를 지은 자로서 저는 간청합니다. 고문받아서 시인한 다른 말을 믿지 마시고, 불로 저를 고문하셔서 불이 창자를 통해 제 몸을 관통하도록 해주십시오. 부정한 제 몸의 고통을 보지 마십시오. 만일 제가 '부친 살해범'이라면, 636. 고문을 받지 않고 죽을 이유가 어디 있겠습니까?" 안티파테르가 이와 같이 슬퍼하며 소리치며 울자, 거기에 있던 사람들 모두, 특히 바루스가 그를 동정하게 되었다. 그러나 오직 헤롯만은 증거가 분명하다는 것을 알고 있었기에 동요하지 않았다.[150]

149) '아버지를 사랑하는 자'라는 표현은 《유대 전쟁사》 1.417에서 이미 헤롯을 그렇게 표현했었다. 이 이름은 이미 프톨레메우스 4세 '필로파테르'(기원전 221~203년)에게서 사용되었다.

150) 《유대 고대사》 17.106 참조.

4. 637. 이에 헤롯 왕이 다시 명령하자, 니콜라우스는 안티파테르의 교활함을 상세하게 말하였고,[151] 이것은 그를 동정하는 분위기를 흩어버렸다. 니콜라우스는 신랄한 고소를 늘어놓았고, 이 나라의 모든 악행과, 무엇보다도 그의 형제들이 처형된 원인을 그에게로 돌렸다. 그리하여 결국 이들이 그의 모함으로 죽었으며, 더 나아가 살아남은 자들이 자기의 왕위를 위협했기에 그들까지도 추적했다는 것을 입증하였다. "아버지에게 독약이 든 음식을 준비했던 자가 어떻게 그 형제를 아끼겠는가?" 638. 그리고 그는 독살계획에 대한 설명으로 넘어가서, 차례로 증언한 후에 페로라스에 대하여서는 분노를 드러냈는데, 안티파테르가 그를 사주하여 그의 형제를 죽이도록 하였으며, 페로라스는 왕의 가장 가까운 측근들을 끌어들였고, 그리하여 왕가의 모든 사람들이 무서운 죄악으로 가득 차게 되었다는 것이었다. 이밖에도 그는 자신이 입증할 수 있는 다른 많은 것들을 밝히고 그의 말을 마쳤다.

5. 639. 바루스가 이제 안티파테르에게 자신을 변호할 것을 명하자, 그는 더 이상 아무 말도 하지 않고, 단지 "하나님은 내가 무고하다는 것의 증인이십니다"라고 하였다. 바루스는 독약을 가져오게 하고 사형판결을 받은 또다른 죄수에게 마시게 하였다. 640. 그는 그 자리에서 죽었고, 바루스는 이어서 헤롯과 은밀한 대화를 나누었다. 그는 이 재판의 진행과정에 대하여 황제에게 서신을 쓴 후 하루 뒤에 시리아로 되돌아갔다. 헤롯 왕은 안티파테르를 구금하고 이 사건을 황제에게 전령을 통하여 보고하였다.

6. 641. 이 일 후에 살로메에 대한 안티파테르의 또다른 음모가 드러났는데, 안티필루스의 종 하나가 황제의 아내인 리비아[152]의 시녀 아

151) 요세푸스는 니콜라우스의 고소문을 《유대 고대사》 17. 106~126에 직접화법으로 자세하게 기록한다.

크메로부터 로마에서 편지 한 통을 받은 것이었다. 이 시녀는 왕에게, 자기가 리비아의 편지들 가운데서 살로메의 편지를 발견하여서, 왕에 대한 호의로서 은밀하게 편지를 보낸다고 썼다. 642. 살로메의 편지들에는 왕에 대한 심각한 모욕과 고소가 담겨 있었는데, 이것은 안티파테르가 위조하였고 아크메를 매수하여 헤롯에게 보내도록 시켰던 것이다. 643. 그에 대한 편지를 통해서 이제 사건은 완전히 뒤바뀌게 된 것이다. 왜냐하면 아크메가 안티파테르에게 다음과 같이 알려왔던 것이다. "당신의 소원에 따라 저는 당신의 편지를 아버지께 보냈습니다. 저는 왕이 그것을 읽는다면 그의 누이도 살려두지 않을 것이라고 확신합니다. 모든 일이 잘되면 약속을 기억해주셔야 합니다."

7. 644. 이 편지가 발견되고 살로메에 대한 모략이 드러나자 헤롯 왕에게는, 혹시 알렉산더에 대한 편지도 날조되지 않았나 하는 생각이 들었다. 그가 안티파테르로 인하여 자기의 누이도 죽일 뻔했다는 생각은 그를 매우 고통스럽게 했다. 645. 이제 그는 이 모든 것에 대한 징벌을 미룰 수가 없었다. 그러나 안티파테르에 대한 처벌을 집행하는 것은 헤롯이 중병을 앓았기 때문에 보류되었다. 그렇지만 그는 아크메에 관한 것과 살로메에 관한 거짓 주장은 황제에게 보고하였다. 646. 그리고 그는 자기의 유언장을 가져오게 하여 안티파테르의 형들인 아르켈라우스와 빌립 대신 안티파스를 왕으로 고쳤다. 이것은 안티파테르가 이 둘에 대해서도 중상모략을 하였기 때문이다. 그는 황제에게 다른 선물들과 함께 1천 달란트를 주었고, 황제의 아내와 자녀들과 측근들, 그리고 해방노예들에게는 약 5백 달란트를 선사하였다. 그리고 다른 사람들에게는 적지 않은 땅과 상당한 금액을 나누어주었다. 그리고 그는 특별한 선물을 자기의 누이동생 살로메에게 줌으로써 그녀를

152) 아우구스투스의 아내인 리비아 드루실라로, 죽은 후에는 율리아 아우구스타로 불려짐. 그녀는 전남편에게서 티베리우스 황제를 낳았다.

기념하게 하였다. 그는 이것들을 자신의 유언장에 고쳐 넣었다.[153]

제 33 장 헤롯의 죽음

1.647. 헤롯의 병은 점점 더 심해졌는데, 그것은 무엇보다도 그가 노년의 나이뿐만 아니라 심한 마음의 고뇌를 겪어야 했기 때문이었다. 즉, 그는 이미 거의 칠십 세가 다 되었고, 그가 자기의 자식들이 당해야 했던 불행한 일들로 인하여, 매우 건강할 때도 더 이상 삶의 기쁨을 발견하지 못했다. 안티파테르가 아직도 살아 있다는 사실 또한 그의 질병을 악화시키는 원인이 되었다. 헤롯이 그를 살려둔 것은 그를 결코 아무렇게나 제거하려는 것이 아니라, 자기가 회복된 후 공개적으로 처형하려고 결심하고 있었기 때문이었다.

2.648. 이 모든 불행에 백성들의 봉기까지 더해졌다. 도시 예루살렘에는 조상의 율법에 매우 정통하다고 여겨져 백성들에게 많은 존경을 받는 두 명의 현자가 있었는데, 하나는 셉페레우스의 아들 유다였고 다른 하나는 마르갈루스의 아들 맛티아스였다.[154] 649. 그들의 율법해설에 적지 않은 사람들이 몰려들었고, 매일 젊은 사람들이 무리를 이루어 모였다. 그들은 왕이 상심과 질병에 걸려 있다는 소식을 듣고는 자신들의 지인(知人)들에게 알려 말하기를, 지금이 바로 하나님께서 의를 이루시고 조상의 율법에 거역하는 모든 형상들을 파괴해야 할 기회라고 했다. 650. 왜냐하면 만일 성전에 신상이나 흉상 혹은 동물 형상들이 세워지는 것은 율법에 금지되어 있기 때문이라는 것이었다. 헤롯 왕은

---

153) 안티파테르는 이 유언장을 아우구스투스에게 입증하기 위하여 로마로 가져갔다(《유대 전쟁사》 1.573).

154) 《유대 고대사》 17.149.

성전의 대문에 금으로 만들어진 독수리 상을 세워놓았던 것이다. 이 현자들은 이제 이것들을 헐어버리는 것이 좋겠다고 역설했다. 그들은 만일 자기들에게 어떤 위험이 닥친다 해도 조상들의 율법을 위해 죽겠다고 말했다. 왜냐하면 그런 최후를 맞이하는 자들은 영혼이 죽지 않고, 축복의 의미를 아는 것은 영원히 남기 때문이라고 했다.[155] 그러나 지혜를 경험해보지 못한 무지한 자들은 목숨을 사랑하기 때문에, 덕을 위하여 죽는 것보다 병들어 죽는 것을 원한다고 말했다.

3. 651. 현자들이 이렇게 설득하고 있을 때, 헤롯 왕이 이미 죽었다는 소문이 퍼졌다. 그러자 젊은 사람들은 더욱더 대담하게 그 일을 착수했다. 한낮이 되자, 많은 사람들이 성전에 머물러 있었을 때, 그들은 금독수리 상을 밧줄로 성전 지붕에서 내려뜨리고 도끼로 부수었다. 652. 이 사건은 곧바로 왕의 지휘관에게 전해졌다. 그는 상당한 군대를 이끌고 신속히 달려나와 약 40명의 젊은이들을 체포하여 헤롯 왕에게 끌고 갔다. 653. 왕은 우선 그들이 정말 감히 금독수리 상을 끌어내려 부수었는지를 물었다. 그들은 그것을 공공연히 시인하였다. 그러자, "누구의 명령으로 하였는가?"라고 묻자, "조상의 율법에 따른 것입니다"라고 대답하였다. 마지막으로 그는 왜 그들이 그렇게 기꺼이 죽음을 맞이하려는지 알고자 했다. 그들은 "우리는 죽음 이후 더 큰 기쁨을 누릴 수 있게 될 것입니다"라고 대꾸했다.

4. 654. 그러자 헤롯 왕은 분노가 치민 나머지, 병석에서 박차고 일어서게 되었고 백성들의 모임[156]에 나아가서 이 자들에 대하여 강력

---

155) 사후의 삶에 대한 교리는 유대교의 종파마다 다양하다. 이에 대해서 바리새인은 《유대 전쟁사》 2. 162 이하, 엣세네인은 2. 254 이하를 보라(《유대 고대사》 3. 374; 6. 47; 7. 344~346 참조).

156) 이것은 여리고에서 개최되었다(《유대 고대사》 17. 161).

하게 비난하며, 그들은 성전 침입자로서 율법을 위하는 체하고 더 악한 것을 계획하였기에, 불경건한 자로 징벌을 받아야 마땅하다고 하였다. 655. 그러나 백성들은 많은 사람들이 연루되는 것을 두려워하여 우선 그 주동자들을, 그 다음에 그것에 가담한 자들을 처벌하고, 나머지 사람들에 대해서 진노를 삭혀 달라고 요청하였다. 왕은 마지못해 이에 동의하였다. 그는 지붕에서 독수리 상을 내린 자들을 그 현자들과 함께 산 채로 화형시켰다.[157] 그리고 체포된 나머지 사람들은 그의 경호원들에게 넘겨주어 처형시키게 하였다.

5.656. 그 이후 그의 병은 몸 전체에 퍼졌고, 여러 가지 질병이 발병하였다. 열은 그렇게 심하지 않았으나, 피부 전체에 참을 수 없는 가려움증이 나타났고, 내장의 심한 통증이 계속되었으며, 발에는 수종이, 하체에는 염증이, 그리고 성기 부분은 종양으로 썩어가 벌레가 나오기도 하였다.[158] 그는 똑바로 앉아서만 겨우 숨을 쉴 정도였고, 급기야는 몸의 모든 부위에서 경련을 일으키게 되어서, 예언하는 사람들은 그의 질병은 그가 죽인 현자들의 희생에 대한 대가라고 말하기도 하였다. 657. 비록 그가 그러한 고통과 싸워야 했지만, 그는 자기의 삶을 포기하지 않고, 다시 회복되기를 희망했기에 여러 가지 치료방법을 강구하였다. 그래서 그는 칼리르호에라는 지역에 있는 온천을 이용하기 위해서 요단을 건너기도 하였다. 이 온천은 아스팔티티스 호수[159]로 흘러들어갔는데, 담수를 포함하고 있어서 마실 수도 있었다. 의사들이 그의 몸 전체를 따뜻한 올리브 기름에 담그도록 결정하여 기

157) 요세푸스는 《유대 고대사》 17.167에서 그들이 화형당한 다음날 월식이 있었다고 보도한다.

158) 사도행전 12:23에 의하면, 그의 손자 헤롯 아그립바 1세는 벌레가 먹어 죽었다.

159) 사해.

름이 가득 찬 욕조에 그를 집어넣자, 그는 기절하였고 눈이 돌아가서 이미 죽어 있는 것처럼 보였다. 658. 종들이 놀라 소리치자 그 소리에 놀라 그는 다시 정신이 들었으나, 다시 회복될 가능성은 없었다. 그러자 그는 모든 군인들에게는 각각 50 드라크마씩을, 장교들과 측근들에게는 더 많은 금액을 나누어주라고 명령했다.

6. 659. 그는 이제 이미 기진맥진하여 여리고로 돌아와서, 그저 죽음에 임하는 사람답지 않게 잔인한 일에 착수하였다. 그는 모든 유대 마을에서 저마다 가장 명망 있는 사람들을 소집하여, 이른바 히포드롬이라는 경기장에 그들을 감금하라고 명령하였다. 660. 그리고는 자기의 누이 살로메와 그의 남편 알렉사스를 불러, "나는 내 죽음이 유대인에게는 도리어 기쁨의 축제가 되리라는 것을 알고 있다.[160] 그러나 만일 너희가 나의 지시를 따른다면 나는 애도할 사람을 얻을 수 있고, 이를 통해서 나의 장례식을 성대하게 치를 수 있게 될 것이다. 그러니 너희는 내가 죽으면 즉시 군인을 보내 포위하여 저 감금된 자들을 모두 죽여서, 원하든 원치 않든 상관없이[161] 유대 전역과 모든 가족들이 나의 죽음을 애도하게 하여라."

7. 661. 이 지시를 한 후 그가 로마에 파견한 사신들로부터 서신이 왔다. 이 편지를 통해 아크메가 황제의 명령으로 처형되었고 안티파테르에 대한 사형판결이 내려졌다는 소식이 전해졌다. 다만 황제는 만일 안티파테르의 아버지가 그의 추방을 희망한다면 그것에 동의한다고 하였다. 662. 그러자 왕은 잠깐은 회복되었고 목소리도 좋아졌다. 그러나 그는 곧 식사 부족과 심한 기침으로 고통에 시달렸고, 목숨을 끊으

---

160) 《유대 전쟁사》 2. 10에서 헤롯은 유월절이 지나 얼마 안 되어서 사망했다.
161) 여기서 ἄκων은 '원치 않는'이라는 형용사이지만 문맥상 이렇게 번역한다.

려고 결심했다. 그는 사과 하나를 잡고 칼을 가져오라고 명하였다. 그는 먹을 때 직접 한 조각씩 잘라 드는 습관이 있었기 때문이었다. 그리고 그는 혹시 누가 주위에 자기를 만류할 수 있는지 돌아보고, 오른손을 들어 자기 몸을 찌르려 했다. 그러나 그의 사촌인 아키압이 급히 와서 그의 손을 잡았다. 663. 그러자 왕궁에는 왕이 죽은 줄 알고, 곧 방성대곡이 터져 나왔다. 안티파테르도 이 소식을 들은 후, 힘을 얻어 보초병들을 회유하고 탄원하기를 자기를 풀어주면 돈을 주겠다고 했다. 그러나 경비대장은 거절하였을 뿐만 아니라, 헤롯 왕에게 달려가서 그의 음모를 알렸다. 664. 왕은 병이 그렇게 악화되었는데도 불구하고 소리를 질렀고, 당장 자기의 경호원들을 보내어 안티파테르를 죽이도록 하였다. 그리고 헤롯은 그 시신을 히르카니아에 묻어두고, 자기의 유언을 다시 고치게 하였다. 즉, 그는 자기의 큰아들이며 안티파테르의 형인 아르켈라우스를 후계자로 앉히고, 안티파스는 분봉왕으로 써넣게 하였다.

8. 665. 헤롯은 자기의 아들을 처형하고 곧바로 죽었다. 자기 아들보다 닷새를 더 산 것이었다. 그는 안티고누스를 처형하여 권력을 차지한 후 34년을 다스렸으나, 로마를 통해서 왕으로 임명된 지는 37년이 되었다. 만일 모든 것을 행복이라는 관점에서 본다면, 그는 행복했다. 그는 평민의 한 사람으로서 왕위에 올라 그 긴 시간을 향유하고 자기의 자식들에게 권력을 넘겨주었다. 그러나 그는 자기의 가족에 관계된 일에서는 가장 불행한 사람이었다. 666. 그의 군대가 왕의 죽음을 알기 전에 살로메는 자기의 남편과 함께 가서 왕이 죽이라고 명령한 자들을 풀어주었다. 그녀는 왕이 마음을 바꾸어 모든 사람을 집으로 돌려보내라고 하였다고 말했다. 이들이 떠나가자 그들은 군인들에게 왕의 죽음을 알리고 그들을 여리고에 있는 원형경기장으로 소집하였는데, 여기에는 그 지방의 남은 군중들도 함께 하였다. 667. 거기에

는 왕의 인장용 반지를 맡아 보관하는 프톨레메우스도[162] 와 있었는데, 그는 왕의 은덕을 기리라고 무리들에게 권고하였으며, 왕이 후계자에게 충성을 다해 달라고 군인들에게 남긴 편지를 읽었다. 668. 프톨레메우스는 이 서신을 읽은 후 유언장을 열어 공개하여 읽었다. 거기에는 트라코니티스와 그 인근지역은 빌립에게 상속되며, 이미 말한 것처럼 안티파스는 분봉왕으로, 그리고 아르켈라우스는 왕으로 봉책되어 있었다. 670. 헤롯 왕은 자기의 반지와 통치권과 관련된 서류를 봉인하여 황제에게 가져가는 책임을 아르켈라우스에게 맡겼다. 왜냐하면 헤롯이 명령한 모든 것과 그의 유언을 인정하는 것은 황제의 권한하에 있었기 때문이었다. 황제는 나머지 모든 것에 대해서도 이전에 헤롯 왕이 했던 유언에 따라 정확하게 실행할 권한을 갖고 있었다.

9. 670. 그러자 곧바로 아르켈라우스를 환호하는 함성이 터져 나왔다. 군사들은 백성들과 함께 무리를 지어 나와서 자신들도 그에게 충성할 것을 약속하고 하나님의 축복을 기원했다. 그후에는 왕의 장례식에 관심이 쏠렸다. 671. 아르켈라우스는 성대한 장례를 위해 소홀함이 없었다. 그는 왕의 장신구를 시신과 함께 넣게 했고, 관대(棺臺)는 금과 보석으로 쌌다. 관의 덮개는 자색과 형형색색으로 수놓였고, 시신도 자색 어의로 싸였다. 왕의 머리띠는 그의 이마에 둘렀고, 그 위에 금관이 놓였으며, 오른손에는 지팡이가 놓여 있었다. 672. 왕의 아들들과 많은 친족들의 무리가 관대 주위에 섰고, 그의 경호원들과 트라키아의 군대, 그리고 게르만인과 갈리아인들이 완전한 군장을 차려입고 그 뒤를 따랐다. 673. 나머지 군사들은 무장하고 질서정연하게 지휘관과 장교들의 인도를 받아 그 앞을 행진했다. 5백 명의 종들과 해방노예들은 향료를 들고 그 뒤를 따랐다. 왕의 시신은 헤로디움까지

162) 《유대 전쟁사》 1. 473 참조.

70 스타디온을 행진했고,[163] 거기서 고인이 원했던 방식에 따라 매장되었다. 헤롯의 통치는 이렇게 끝났다.

163) 헤로디움은 예루살렘에서 60 스타디온 거리에 있었다(《유대 전쟁사》 1. 265, 419).

Historia Ioudaikou Polemou Pros Romaious

2권

전쟁발발과 베스파시아누스가 파견되기 직전까지

제 1 장 아르켈라우스의 유대인 학살

1. 1. 한편 아르켈라우스는 어쩔 수 없이 로마로 여행해야 하는 일을 또 하나의 부담스러운 일로 여겼다.[1] 그는 7일 동안 아버지를 애도했으며 많은 하객들을 위해 성대한 연회를 베풀었다. 그런데 이러한 관습은 많은 유대인들을 빈곤하게 만드는 한 원인이었다. 많은 사람을 대접하는 일은 강요된 면이 없지 않아서, 이를 소홀히 행하는 사람은 불경한 자로 여겨졌다. 아르켈라우스가 흰옷으로 갈아입고 성전으로 나아가자 그곳에 있던 백성들은 온갖 말로 환호하며 그를 환영했다. 2. 그는 높은 연단에 있는 금으로 만든 보좌에서 군중에게 화답하였다. 아르켈라우스는 아버지를 위한 애도식에서 보여준 성의에 대해 그들에게 감사하고, 자신을 이미 확실한 왕처럼 섬겨주는 것에 대해서도 감사를 표했다. 그러나 그는 전권을 지닌 황제가 헤롯의 유언장에 의

1) 《유대 고대사》 17. 200~203 참조.

거하여 그를 후계자로 확증해줄 때까지는 권한을 행사하지 않을 뿐만 아니라 또한 왕의 칭호도 사용하지 않을 것이라고 말했다. 3. 그렇기 때문에 군인들이 여리고에서 자신에게 왕의 머리띠[2]를 묶어주려고 했을 때에도 그것을 거부했다고 말했다. 그는, 만일 그가 가장 높은 권위를 지닌 황제에게 인준을 받게 되면 기꺼이, 그리고 성심껏 군인들과 백성들 모두에게 충분히 보답할 것이라고 말했다. 또 자신은 모든 면에서 아버지보다도 더 훌륭한 통치자가 되도록 노력할 것이라고 그들에게 역설했다.

2.4. 백성들은 아르켈라우스의 말에 기뻐하면서 즉시 여러 가지 요청들을 제기하며 그의 의중을 시험했다. 어떤 이들은 세금을 경감할 것을, 어떤 이들은 관세를 폐지할 것을 요청했으며, 어떤 이들은 죄수들을 석방하라고 요구했다. 그러자 아르켈라우스는 군중을 안심시키기 위해서 모든 요구를 승낙했다. 제사를 마친 후, 그는 친지들과 함께하는 성대한 잔치를 열었다. 5. 그런데 저녁때가 되자 반란을 시도했던 자들 가운데 많은 사람이 모여들었다. 이들은 헤롯 왕을 위한 애도식이 끝나자 자기들만의 또다른 애도식을 시작했다. 그들은 성전 문에 있던 금독수리 상을 부셨다는 이유로 헤롯에게 처형된 자들을 위해 애통했다. 6. 그들은 울음소리를 억누르지 못했다. 울부짖는 통곡소리, 조화롭게 들려오는 애도의 노래, 그리고 비명을 지르는 소리가 한꺼번에 뒤섞여 온 도시를 가득 채웠다. 또한 사람들은 말하기를, 죽음을 당한 자들은 조국의 율법과 성전을 위해 불에 타 죽은 것이라고 했다.[3] 7. 사람들은 죽은 자들을 위해서 헤롯과 결탁했던 자들에게 복수해야 한다고 소리쳤다. 그리고 우선 헤롯이 대제사장으로 임명한 자

2) 왕을 상징하는 머리띠.

3) 《유대 전쟁사》 1.655에 의하면 이들은 화형에 처해졌다.

를 몰아내고 그보다 더 경건하고 더 정결한 사람을 대제사장으로 뽑아야 한다고 주장했다.[4]

3. 8. 아르켈라우스는 이러한 상황에 격분했지만, 보복을 미루고 서둘러 길을 떠나려고 했다. 왜냐하면 만일 그가 군중을 자극하면 폭동이 일어나 로마여행이 지체될 수 있었기 때문이다. 따라서 반란을 일으킨 자들을 무력이 아닌 말로 설득해서 잠잠하게 만들려고 부하를 보내 자중할 것을 요청했다. 9. 그러나 폭도들은 아르켈라우스의 부하가 성전에 와서 말을 꺼내기도 전에 돌을 던져댔다. 이렇게 폭도들은 자신들을 진정시키려고 온 아르켈라우스의 부하 및 그와 동행한 자들을 내쫓았다. 아르켈라우스는 많은 사람들을 파견했지만 그의 모든 시도는 폭도들의 분노를 부추겼을 뿐이었다. 그리고 아무리 많은 사람을 보내도 그들은 진정되지 않을 것이 확실했다.[5] 10. 유대인들이 유월절이라고 부르며 엄청난 양의 희생제물을 바치는 무교절이 임박했다. 제사를 드리기 위해 수많은 백성이 각지에서 몰려들었는데, 현자들[6]을 애도하던 사람들은 성전 안에 함께 모여서 폭도들에게 음식을 제공하고 있었다. 11. 아르켈라우스는 두려워했다. 그래서 폭동의 열기가 군중 전체로 번져가기 전에 한 개의 부대를 천부장 한 사람과 함께 파견하여 반란의 주동자들을 강제로 체포하라고 지시했다. 온 군중은 군대가 다가오는 것을 보고 격분하여 돌을 던져서 많은 군인들이 죽었다. 천부장 자신도 부상을 입고 간신히 도망쳤다. 12. 그러자 군중은 마치 아무 일도 없었다는 듯 다시 제사를 드렸다. 아르켈라우스는 살

---

4) 《유대 고대사》 17.164에 의하면, 헤롯은 성전 문의 금독수리 상이 파손당한 책임을 물어 대제사장 맛티아스의 직위를 박탈하고 대신 자기 부인의 형제인 요아자르를 대제사장으로 임명했다.

5) 《유대 고대사》 17.212 참조.

6) 즉, 금독수리 상 파손을 주동한 자들을 말한다.

육이 없이 군중을 제압하기가 어렵다는 것을 분명히 알게 되었다. 그리하여 그는 이들을 향해 전군을 출동시켰다. 보병들은 밀집대형을 이루어 예루살렘 한가운데로 진격하고 기병들은 평지를 따라 공격했다. 13. 군인들은 제사드리던 모든 사람들을 급습하여 3천 명을 살해했으며 남은 사람들은 근방의 산으로 흩어졌다. 아르켈라우스는 전령을 파견하여 모든 이들에게 자기 집으로 돌아가라고 명령했다. 그래서 모든 사람들은 유월절 행사를 포기하고 돌아갔다.

제 2 장 아르켈라우스와 안티파스의 왕위계승 분쟁

1. 14. 아르켈라우스는 어머니[7] 와 친구들, 즉 포플라스,[8] 프톨레메우스,[9] 니콜라우스[10] 와 함께 해변으로 떠났다. 그리고 그는 빌립[11] 에게 국가를 맡게 하고 왕실을 책임지도록 하였다.[12] 15. 그리고 살로메[13] 와 살로메의 자식들과 헤롯 왕의 조카들 및 사위들도 같이 길을 떠났는데, 이들은 겉으로는 아르켈라우스의 왕위 인준을 지원하기 위해서 동행하는 척했지만 사실은 그가 성전에서 자행한 무법행위를 고발하려고 계획하고 있었다.

---

7) 사마리아 출신의 말타케(《유대 전쟁사》 1.562; 2.39).
8) 《유대 고대사》 17.219에는 프톨라스로 언급됨.
9) 헤롯 왕의 가장 가까운 친구이자 헤롯의 유언을 집행할 자격을 맡은 자였다(《유대 전쟁사》 1.473, 667; 2.21 참조).
10) 헤롯 대왕의 친구로 다마스쿠스 출신이었다. 그는 역사가였으며 요세푸스는 그의 기록을 자료로 활용했다.
11) 분봉왕 빌립은 팔레스틴 동북부지역을 통치한 아르켈라우스의 형제였다.
12) 《유대 고대사》 17.219 참조.
13) 헤롯 왕의 누이.

2.16. 이들은 가이사랴에서 사비누스를 만나게 되었다. 시리아의 재정관리[14] 사비누스는 헤롯이 남긴 재산을 차지하기 위해 유대지방으로 가던 도중에 그곳에 억류되어 있던 상태였다. 바로 얼마 전에 그곳에 도착한 바루스가 그를 잡아두고 있었는데, 왜냐하면 아르켈라우스가 프톨레메우스를 보내 바루스의 방문을 요청했기 때문이었다. 17. 그러자 사비누스는 바루스에게 잘 보이기 위해, 황제가 결정을 내리기 전에는 예루살렘 성채에 가지 않겠다고 다짐함과 동시에, 아르켈라우스가 헤롯 왕이 소장했던 보물에 손을 대려 하는 것도 막지 않겠다고 약속했다. 그리고 사비누스는 가이사랴에 머물렀다. 18. 하지만 자신에게 방해가 되었던 자들[15]이 안디옥으로 가버리고, 또 아르켈라우스도 로마로 떠나가자 그는 재빨리 예루살렘으로 올라가 왕궁을 접수했다. 그는 예루살렘 성의 통치자들과 관리들을 소환하여, 헤롯 왕의 재산가치를 면밀하게 밝혀내고 성채들을 장악하려고 노력했다. 19. 하지만 성을 책임지던 자들은 아르켈라우스의 명령을 결코 잊지 않았다. 오히려 그들은 각자의 성채를 보존하였고, 이는 아르켈라우스에게 충성하는 것이라기보다는 황제에게 충성을 바치는 행위라고 주장했다.

3.20. 그 즈음에 안티파스 역시 왕위인준을 받을 목적으로 로마로 출발했다. 안티파스는 나중에 수정된 유언장보다 앞서 작성된 유언장이 더 유효하다고 주장했다. 이전에 작성된 유언장에는 안티파스가 왕위를 잇는 후계자로 기록되어 있었던 것이다.[16] 안티파스는, 아르켈

---

14) 사비누스의 직책은 '에피트로포스'(ἐπίτροπος)로, 총독의 지배하에 황제의 지방재정을 관리하는 책임자를 의미한다(《유대 전쟁사》 7.216의 주를 참조하라).

15) 즉, 바루스 일행.

16) 《유대 전쟁사》 1.645~646 참조.

라우스와 함께 떠난 살로메와 많은 다른 친척들로부터 자신을 지지할 것이라는 약속을 예전에 이미 받아두었다. 21. 안티파스는 그의 모친[17]과 함께 니콜라우스의 형제인 프톨레메우스를 대동하여 길을 떠났다. 안티파스는 헤롯에게 큰 신임을 받았던 프톨레메우스가 중요한 역할을 할 것이라고 생각했다. 그는 헤롯의 모든 친구들 가운데 가장 신뢰받았던 사람이었기 때문이다. 물론 안티파스가 제일 의지했던 인물은 탁월한 말솜씨를 지닌 이레네우스였다. 이러한 배경을 갖춘 안티파스는, 아르켈라우스가 자기보다 연장자라는 이유와, 또 수정된 유언내용을 근거로 아르켈라우스에게 왕위를 양보하라고 충고하는 자들의 말을 받아들일 수 없었던 것이다.[18] 22. 아르켈라우스를 싫어했던 모든 친척들은 로마에서 안티파스를 지지했다. 그러나 그들 모두의 마음속에서 가장 원했던 것은 로마 총독의 관리를 받는 자율적 통치체제였으며 만일 이것이 실현될 수 없다면 안티파스가 왕이 되기를 원했다.

4.23. 사비누스 또한 이러한 방향으로 그들을 도왔다. 그는 여러 통의 편지를 보내서 황제와 함께 있는 아르켈라우스를 비난하는 한편, 안티파스에 대해서는 칭찬을 아끼지 않았다. 24. 살로메 주변의 사람들도 아르켈라우스를 고발하는 의견을 모아서 황제에게 제출했다. 그 후 아르켈라우스도 자신의 정당성에 관한 주요근거들을 작성해서 아버지 헤롯의 인장 반지와 증명서류를 동봉하여 프톨레메우스를 통해 황제에게 전달했다. 25. 황제는 우선 양측의 입장을 검토하면서, 헤롯의 왕국의 규모와 이 왕국을 통한 세입량 및 헤롯 가문 사람들의 숫자를 신중하게 고려했다. 황제는 이 일에 관한 바루스와 사비누스가 보낸 편지들 또한 이미 읽었던 것이다. 이제 로마의 상류층으로 구성된

---

17) 말타케. 《유대 전쟁사》 2.14 참조.

18) 《유대 고대사》 17.225 참조.

회의가 소집되었다. 이 회의에 카이우스가 처음으로 참석했는데, 카이우스는 아그립바와 황제의 딸 율리아 사이에서 태어나 황제의 양자가 된 자였다. 카이우스는 그들의 주장을 경청하였다.

5. 26. 살로메의 아들이며 아르켈라우스 반대파 가운데 가장 언변이 뛰어난 안티파테르가 일어나서 이렇게 고발했다.[19] "아르켈라우스가 지금에서야 왕위를 받으려고 말하는 것처럼 보이지만, 사실상 그의 행동은 이미 예전부터 왕의 행세를 해왔음을 보여줍니다. 그는 지금 황제께서 귀담아 들으시는 와중에도 마음속으로는 우습게 생각하고 있습니다. 27. 그는 황제께서 왕위계승자를 결정하실 때까지 기다리지 않았습니다. 헤롯 왕의 죽음 직후, 그는 사람들을 매수하여 자기에게 왕관을 씌우게 했습니다. 그리고 왕좌에 앉아서 마치 자기가 왕인 것처럼 여러 가지 결정을 내렸습니다. 또한 군대의 질서를 어지럽히고 진급을 시켜주겠다고 공언했습니다. 28. 게다가 그는 자신을 마치 왕과 같은 존재로 여기는 백성들의 모든 요구사항을 들어주었으며, 중대한 죄를 범해서 아버지 헤롯에 의해 투옥된 자들을 석방했습니다. 지금 아르켈라우스가 여기에 온 이유는 자기의 통치권을 위한 그늘[20]을 황제에게 요청하려는 것입니다. 그는 자기 스스로 왕권을 차지했습니다. 그리고 그는 황제를 진정한 주인으로 여기는 것이 아니라 단순히 왕의 칭호를 수여하는 사람 정도로 생각하고 있습니다. 29. 더욱이 그는 아버지를 애도할 때에도 위선적 행동을 보였습니다. 낮에는 얼굴에 괴로운 표정을 짓는 척하다가도 밤에는 만취하여 난잡한 술판을 벌일 정도

---

19) 《유대 고대사》 17. 230 참조.

20) 헬라어로 '그늘, 그림자'를 뜻하는 '스키아'(σκία). 이 단어는 '무시될 만큼 하찮은 것'을 의미할 수도 있는데, 그렇다면 아르켈라우스가 황제로부터의 공식적 인준을 별로 중요하지 않은 단순한 형식적 절차로 여기고 있다고 비난하는 것으로 해석될 수 있다.

였습니다. 그리고 민중폭동 또한 이와 같은 아르켈라우스에 대한 불만 때문에 발생하게 된 것입니다." 30. 안티파테르는 연설 전체를 통해 성전에서 살해당한 많은 사람들을 강조했다. "희생된 사람들은 유월절 제사를 드리려고 왔다가 오히려 무자비하게 목이 잘림으로써 자신들의 몸을 제물로 바치게 되었습니다.[21] 성전에는 무수히 많은 시체들이 쌓였으며 지금까지 어떤 이방 적군이 침략했을 때도 그와 같은 일은 없었습니다. 31. 그의 아버지 역시 그의 이러한 잔혹성을 예견했기 때문에 그에게 왕국을 넘겨준다는 어떠한 희망도 주지 않았던 것입니다. 그 이후 헤롯은 몸에 비해 정신이 더욱 쇠약해져서 올바른 사고를 하기가 힘들어졌습니다. 헤롯은 유언장을 수정해서 아르켈라우스를 후계자로 바꾸면서 앞으로 어떤 결과가 빚어지게 될지를 몰랐던 것입니다. 그러나 애초의 유언장에서 후계자로 결정되었던 장본인 안티파스는 비난받을 만한 어떠한 흠도 갖고 있지 않습니다. 안티파스를 후계자로 지명한 본래의 유언장을 작성할 당시 헤롯은 아무런 질병도 앓고 있지 않아서 신체도 건강했을 뿐만 아니라 정신도 맑은 상태였던 것입니다.[22] 32. 중병에 걸린 사람의 판단을 더 유효한 것으로 여겼기 때문에, 아르켈라우스는 불법적으로 스스로 통치권을 차지했던 것입니다. 이미 그렇게 많은 사람을 학살한 그가 황제로부터 공식적 왕위 인준을 받게되면 어떤 일을 벌이겠습니까?"

6.33. 안티파테르는 이와 같은 근거를 들어 아르켈라우스를 고발했다. 그리고 고발한 항목마다 아르켈라우스의 친척들을 증인으로 내세우고 난 후에 말을 마쳤다. 34. 그러자 니콜라우스가 아르켈라우스를 변호하기 위해 일어나 말을 시작했다. "성전에서 벌어진 참상은 어쩔 수 없는 일이었습니다. 살해된 자들은 헤롯 왕국의 대적자였을 뿐만 아

21) 《유대 전쟁사》 2.89; 누가복음 13:1 참조.

22) 《유대 고대사》 17.328 참조.

니라 이 통치권에 대한 최종 결정권을 지닌 황제에게 반대한 자들이었습니다." 35. 아르켈라우스에 대한 다른 고발내용들에 관해서는, 아르켈라우스에게 그렇게 행하도록 조언한 것은 그 고발자들 자신이었다고 니콜라우스는 주장했다. "그 무엇보다도 중요한 것은 수정된 유언장입니다. 그 유언장은 헤롯이 아르켈라우스를 후계자로 삼아줄 것을 황제에게 요청했다는 증거이기 때문입니다. 36. 온 세계의 지배자에게 자기의 권한을 위탁할 정도로 총명했던 헤롯 왕이 자기 후계자를 결정하는 데 실수를 범했을 리가 없습니다. 곧 헤롯은 적임자가 누구인지 알 수 있을 정도로 명료한 정신을 지니고 있었던 것입니다."

7.37. 니콜라우스가 모든 변론을 마치자 아르켈라우스는 말없이 황제에게 다가가서 그 앞에 무릎을 꿇었다. 그러자 황제는 아주 친근한 태도로 아르켈라우스를 일으켜 세우면서 그가 부친의 왕위계승자가 될 자격이 있다고 인정한다는 암시를 주었다. 그러나 황제가 어떤 확답을 준 것은 아니었다. 38. 이 날의 회의를 마치고 나서 황제는 자신이 주의 깊게 경청한 내용들을 조용한 가운데 심사숙고했다. 즉, 황제는 헤롯 왕의 유언장에 언급된 자들 가운데 한 사람을 후계자로 임명할 것인지, 아니면 통치권을 헤롯 가문의 모든 이들에게 나누어줄 것인지를 고민했다. 왜냐하면 이 가문에 속한 많은 수의 사람들 모두가 황제 자신에게 필요하다고 여겼기 때문이다.

제 3 장 사비누스와 유대인들 사이에서 벌어진 예루살렘 전투

1. 39. 황제가 이 문제에 관해 결정을 내리기 전, 아르켈라우스의 어머니 말타케가 병으로 사망했다. 그때 유대인들의 폭동이 일어났다는 전갈이 시리아의 바루스 총독으로부터 도착했다. 바루스는 그러한 폭동을 예견했다.[23] 40. 그래서 바루스는 아르켈라우스가 출항한 후, 폭동 주동자들을 진압하기 위해 예루살렘으로 갔다. 바루스는 시리아에서 온 세 개의 군대 가운데 자기가 직접 인솔했던 한 개의 군대를 예루살렘에 남겨두었는데, 이는 예루살렘 백성들이 조용히 있지 않을 것이 분명했기 때문이었다. 41. 그리고 바루스 자신은 안디옥으로 귀환했다. 그런데 사비누스의 예루살렘 도착은 유대인들이 소요를 일으키는 빌미를 주었다. 왜냐하면 사비누스는 성채들을 지키는 자들에게 그것들을 넘기라고 강요했으며, 강압적으로 헤롯의 재산을 찾아내려고 했기 때문이다. 이를 위해 그는 바루스가 주둔시킨 군인들을 이용했으며, 동시에 자기 소유의 많은 노예들도 무장시켜서 자신의 탐욕을 위한 일꾼으로 사용했다. 42. 오순절이 되었는데 이 날은 백성들이 제사를 드리기 위해 모이는 날이 아니라 오히려 폭동의 날이 되어버렸다. 오순절이라는 축제의 명칭은 유월절 이후[24] 7주가 지난 날의 수를 계산하여 붙여진 이름이다. 43 무수히 많은 사람들이 갈릴리, 이두매, 여리고 지역으로부터, 그리고 요단 강 건너편 베레아로부터 모여들었다. 하지만 그 수효와 열정으로 볼 때 가장 두드러진 것은 유대 본토지역 출신 사람이었다. 44. 그들은 세 개의 진영으로 나뉘어졌다. 하나는 성전 북쪽에, 다른 하나는 경기장[25] 근방의 남쪽에, 셋째 진영은

23) 《유대 고대사》 17. 250 참조.

24) 헬라어 본문에는 '유월절 이후'라는 말이 없으나 의미상 추가되어야 할 것 같다.

25) 《유대 고대사》 17. 255 참조.

왕궁 부근 서쪽에 진을 쳤다. 그들은 로마군을 에워싸며 포위했다.

2. 45. 사비누스는 유대인들의 수효와 열의에 불안과 초조함을 느꼈다. 그래서 그는 바루스에게 신속하게 도와달라는 편지를 써서 여러 차례 사신을 보내어, 만일 바루스가 지체한다면 로마군은 전멸할 것이라고 했다.[26] 46. 사비누스는 요새에서 가장 높은 탑[27]에 직접 올라가 군사들에게 적을 공격하라는 신호를 보냈다. 이 탑은 파르티아인들에게 살해당한 헤롯의 형의 이름을 따라 '파사엘의 망대'라고 불렸다. 사비누스는 너무나 겁에 질려 있어서 부하들이 있는 곳으로 내려갈 엄두를 내지 못했다. 47. 사비누스의 병사들은 그의 명령에 복종하여 성전 안으로 쳐들어가서 유대인과의 힘겨운 전투를 시작했다. 전투경험이 많은 사비누스의 군인들은 유대인들보다 유리한 입장에 있었다. 그러나 이는 유대인들이 위쪽에서 공격하지 않을 경우에만 그러했다. 48. 많은 수의 유대인들은 지붕으로 올라가 로마군인들을 향해 화살을 쏘아대었고 그 결과 많은 로마군인이 죽었다. 위에서 날아오는 공격을 방어하면서 동시에 근접전을 벌여야 했던 로마군은 쉽게 살아남을 수 없었다.

3. 49. 양면공격으로 불리해진 로마군은 웅장하고 장엄한 예술적 걸작인 회랑에 불을 질러버렸다. 그러자 회랑 위에 있던 유대인들은 순식간에 불길에 휩싸여 많은 사람이 죽었다. 불길을 피해 로마군 한가운데로 뛰어내린 자들은 로마인의 손에 살해되었으며 성벽 뒤쪽으로 뛰어내려 죽음을 당한 자도 있었다. 불길에서 빠져나올 수 없게 된 몇몇 사람들은 칼로 스스로 목숨을 끊었다. 50. 또 성벽을 기어내려와서

26) 《유대 고대사》 17. 256 참조.

27) 파사엘의 망대. 이에 관해서는 《유대 전쟁사》 1. 418; 5. 166~169를 보라.

로마인들을 향해 돌진했던 자들도 당황한 상태였기 때문에 쉽게 제압될 수밖에 없었다. 이렇게 유대인들이 죽음을 당하고 공포심 때문에 흩어지게 되자 로마군은 하나님의 보물 보관소를 어려움 없이 습격해서 4백 달란트를 강탈했다. 이 금액은 군인들이 몰래 빼돌린 돈을 제외하고 사비누스 자신이 챙긴 액수였다.[28)]

4.51. 건물들이 파괴되고 인명피해가 발생하자, 오히려 유대인의 수는 더 불어나고 로마인들에 대해 더욱 호전적으로 변해갔다. 그들은 왕궁을 에워싼 채 만일 당장 물러나지 않는다면 전부 없애버리겠다고 위협했다. 이는 사비누스가 그의 군대와 함께 철수할 경우에는 안전한 철수를 약속하겠다는 말이었다. 52. 왕실부대의 많은 병사들이 유대인 편에 섰다. 반면 루푸스와 그라투스의 통솔하에 있던 왕실부대 소속 세바스테인[29)] 3천 명은 로마를 지지하고 있었다. 왕실군대 가운데 그라투스는 보병을, 루푸스는 기병을 지휘했는데, 이 두 사람 모두는 부하들 없이도 전투를 수행할 수 있을 정도로 용맹과 지략이 출중했다. 53. 유대인들은 성채를 포위해가면서 공격을 시도했다. 그러면서 그들은 사비누스의 군대를 향해 물러나라고 소리치며, 유대 조국의 독립을 오랫동안 가로막아온 자들의 대열에 서서 자신들을 억압하지 말라고 외쳤다. 54. 여기서 사비누스는 복잡한 생각 없이 그냥 철수할 수도 있었다. 하지만 그는 유대인들의 약속을 믿지 않았다. 사비누스는 유대인들의 우호적 태도 배후에는 자기를 체포하려는 속임수가 있

---

28) 《유대 고대사》 17.264에 의하면, 로마군인들이 약탈해간 돈을 제외하고 사비누스가 직접 챙긴 액수만 4백 달란트였다.

29) 세바스테는 '사마리아'의 헬라어식 표현이다. '세바스테인들'은 사마리아에서 징집된 군사들로 《유대 전쟁사》 2.58, 63, 74, 236에서도 언급되고 있다. 사도행전 27:1에 언급된 황제부대의 백부장 율리오에서 '황제부대'는 헬라어로 '세바스테의 군대'로 되어 있다. 즉, 당시 세바스테인들로 구성된 부대의 일부가 가이사랴에 주둔했다고 볼 수 있다.

을 것이라고 의심했다. 또한 그는 바루스가 구하러 올 것이라고 기대하며 계속해서 그의 진영을 유지시켰다.

제 4 장 헤롯 왕 사후 발생한 소요사건들

1.55. 이즈음에 여러 지방에서 많은 반란이 일어났는데, 이 상황을 왕권을 차지하기 위한 기회로 삼으려는 자들이 많았다. 이두매 지역에서는 과거 헤롯의 부하였던 군인 2천 명이 무장하고 왕실부대에 맞서 전투를 벌였다. 헤롯 왕의 사촌 아키압[30]이 이들과 맞섰는데, 그는 가장 안전한 요새 안에서만 싸움을 하고 공개된 곳에서의 전투는 피했다.[31] 56. 갈릴리의 셉포리스에서는 에제키아[32]의 아들 유다가 아주 많은 사람들을 끌어모았다. 그는 예전에 강도단의 두목으로 시골지역을 들쑤시고 다니다가 진압된 적이 있던 자였다. 유다는 왕실 무기고를 강탈해서 부하들을 무장시키고, 권력을 차지하려고 혈안이 된 자들[33]을 공격했다.

2.57. 베레아에서는 헤롯 왕의 노예였던 시몬이라는 자가 스스로 왕의 머리띠를 썼다.[34] 그는 자신의 준수한 용모와 건장한 체구를 내세웠다. 시몬은 자기 주위에 몰려든 강도무리와 함께 여리고 왕궁과 많은 부자들의 가옥을 불태웠다.[35] 그리고 그들은 잿더미 속을 뒤져서

---

30) 헤롯 왕이 말년에 자살을 기도했을 때 말렸던 인물이다. 《유대 전쟁사》 1.662 참조.

31) 《유대 고대사》 17.269 참조.

32) 《유대 전쟁사》 1.204 참조.

33) 권력 쟁탈전을 벌이고 있는 헤롯의 아들들을 가리킴.

34) 스스로 왕의 행세를 했다는 의미. 타키투스, 《역사》 5.9 참조.

약탈하기 용이한 물건들을 챙겼다. 58. 만일 왕실 보병대 지휘관 그라투스가 트라코니티스의 궁수들과 세바스테 출신의 정예군인들을 대동하여 시몬을 체포하러 출격하지 않았다면 아마 부유한 집들은 남김없이 불에 탔을 것이다. 59. 이 전투과정에서 많은 베레아 사람들이 희생되었다. 시몬은 가파른 골짜기로 달아나려고 했지만, 그라투스가 도주하는 그를 붙잡아 목을 내리쳤다. 또 요단 강 근처의 베타르마타[36] 궁전은 베레아 출신의 또다른 저항집단에 의해 불에 탔다.[37]

3.60. 당시 왕권을 차지하려고 도전한 또 한 사람이 있었는데, 그는 목동 출신 아트롱게스였다. 그러한 용기의 원동력은, 그가 지닌 강한 체력과 죽음도 두려워하지 않는 강인한 정신력이었다. 또한 자신과 닮은 네 명의 형제들도 그에게 자신감을 주었다. 61. 아트롱게스는 약탈공격을 위해 자기 형제 각각에게 무장한 군대를 맡겨 지휘관과 총독으로 삼고, 자기 자신은 왕의 행세를 하면서 중대한 일들만 처리했다. 62. 그는 스스로 왕의 머리띠를 매고 형제들과 함께 온 나라를 돌아다니며 한참 동안이나 약탈행위를 계속했다. 이들의 가장 큰 목적은 로마인들과 왕족들을 살해하는 것이었다. 하지만 유대인이 그들의 손에 잡히면, 무언가 약탈할 것을 지닌 자들은 물건만 빼앗고 놓아주었다. 63. 그들은 엠마오[38] 근방에서 로마부대를 공격하기도 했다. 이 부대는 로마군단의 곡식과 무기를 운반하고 있었다. 그들은 이 부대의 백부장 아리우스를 죽이고 정예병사 40명을 살해했다. 나머지 로마 군사

---

35) 《유대 고대사》 17.274에 의하면, 당시 여리고에 있던 세 개의 궁전 가운데 하나만이 방화공격을 받았다.

36) 요단 강 동쪽에 위치한 '벳하람'으로(여호수아 13:27 참조), 안티파스에 의해 재건되었다.

37) 《유대 고대사》 17.277 참조.

38) 《유대 전쟁사》 2.71 참조.

들도 똑같은 위험에 처했지만 그들은 세바스테인들을 이끌고 온 그라투스의 도움으로 살아날 수 있었다. 64. 유대인 동포와 이방인에 대한 이와 같은 많은 습격사건들이 혼란스러운 기간 전체에 걸쳐 일어났다. 이후 세 사람이 체포되었는데, 아트롱게스는 아르켈라우스에게, 그리고 그 아래의 두 형제는 그라투스와 프톨레메우스에게 체포되었다. 넷째 형제는 아르켈라우스에게 투항하였다.[39] 65. 그들은 강도행각을 벌이며 한참 동안이나 온 유다를 휩쓸고 다녔지만 그들의 행태는 이렇게 끝이 났다.[40]

제 5 장 바루스 총독의 유대인 진압

1. 66. 사비누스와 그의 지휘관들로부터 편지를 받은 바루스는 사비누스의 군대가 처한 모든 상황을 걱정하면서 사비누스를 도우러 가려고 서둘렀다. 67. 바루스는 남아 있는 두 개의 군단과 그 아래 편성된 네 개의 기병연대를[41] 이끌고 프톨레메스로 진군했다. 프톨레메스에서 바루스는 왕들과 통치자들에게 지원병을 요청했다. 그 결과 그의 부대가 베뤼투스를 통과할 때 그 도시에서 1천 5백 명의 중무장한 군인들이 증강되었다. 68. 그밖의 다른 부대들도 프톨레메스에서 동참했다. 또한 헤롯에게 증오심을 갖고 있던 아라비아의 아레타스가 엄청난 수의 기병과 보병을 더해주었는데, 그러자 바루스는 군대의 일부를 프톨레메스 인접지역에 위치한 갈릴리에 있는 그의 친구들 가운데 한 사람인 갈릴리의 통치자 가이우스에게 즉시 파견했다. 가이우스는 자

39) 다섯 명의 형제 가운데 나머지 한 사람이 어떻게 되었는지에 대해서는 기록이 없다.

40) 《유대 고대사》 17. 285 참조.

41) 《유대 전쟁사》 3. 120 참조.

기에게 반대한 적들을 체포하고 셉포리스 도시를 짓밟아 불살랐으며, 이 도시주민들을 노예로 팔아버렸던 자이다. 69. 바루스는 전군을 직접 이끌고 사마리아로 진군했다. 바루스는 사마리아 지역에는 아무런 피해를 주지 않았는데, 이는 다른 도시들에서 혼란한 상황이 벌어진 동안에도 사마리아 지역은 평온을 유지했기 때문이었다. 바루스는 아루스라는 마을 주변에 진을 쳤다. 이 아루스 마을은 프톨레메우스의 소유여서 아라비아인들에게 철저히 유린되었던 곳인데, 이는 아라비아인들이 헤롯의 친구들 역시 미워했기 때문이다.[42] 70. 그리고 바루스는 삼포라는 요새지역으로 진군했다.[43] 그는 자기가 접수한 마을들에서 했던 것과 비슷한 방식으로 이 마을을 약탈했다. 아라비아인들은 방화와 살해를 자행했는데, 그 무엇도 이들의 약탈행위를 막을 수 없었다.[44] 71. 엠마오 주민들은 이미 피난길을 떠난 상태였다. 바루스는 아리우스와 그 부하들을 살해한 것에 대한 보복으로 엠마오를 완전히 불살랐다.

2.72. 바루스는 엠마오를 출발하여 예루살렘으로 진군했다. 바루스가 군대를 이끌고 나타나자 곧 유대인 진영은 흩어져버렸다. 이때 예루살렘 밖으로 도망친 사람들도 있었지만, 73. 예루살렘 주민들은 바루스를 환영하면서 폭동의 책임을 회피하고자 했다. 자신들은 소요사건과 아무런 관계가 없으며, 유월절 축제기간에는 어쩔 수 없이 지방사람들을 받아들여야 한다고 변명했다. 또 자신들은 반란을 일으킨 자들과 결탁해서 로마인들을 포위했던 것이 아니라, 오히려 자기들이 로마인들과 함께 포위당한 것이라고 주장했다. 74. 이 일이 있기 전에

---

42) 프톨레메우스는 헤롯의 절친한 친구였기 때문에, 아라비아인들은 이곳을 집중 공격했다.

43) 삼포는 엠마오 북동쪽 10킬로미터 지점에 위치했다.

44) 《유대 고대사》 17.291 참조.

바루스는 아르켈라우스의 사촌 요셉[45]과, 왕실군대 및 세바스테 군사들을 지휘하던 그라투스와 루푸스를 만났었다. 전형적 형태로 무장한 로마 부대가 이들을 따라오고 있었다. 사비누스는 바루스와 마주치고 싶지 않아서, 예루살렘 도시를 떠나 바닷가 쪽으로 이미 떠나고 없었다. 75. 바루스는 군대의 일부를 지방으로 출동시켜 소요를 주동한 자들을 체포하도록 했다. 많은 수의 사람들이 붙잡혀왔다. 바루스는 반란에 참가한 정도가 미미한 자들은 투옥시키고 중죄를 지은 사람 약 2천 명을 십자가형에 처했다.

3. 76. 바루스는 이두매 지역에 아직 1천 명 가량의 사람들이 무장한 채로 버티고 있다는 전갈을 받았다. 그런데 바루스는 아라비아 원군을 해산시켰다. 왜냐하면 아라비아인들이 동맹군다운 바람직한 행동을 보이지 않고, 자기들의 주관적 감정에 따라 전쟁을 수행했으며, 헤롯에 대한 증오감에 휩싸여 바루스가 예상한 정도를 훨씬 넘어서 이 지역을 심하게 수탈했기 때문이다.[46] 그래서 바루스는 자신의 부대를 직접 동원하여 이두매 지역의 반란자들을 진압하기 위해 신속하게 출격했다. 77. 이두매의 반란자들은 아키압의 충고에 따라, 바루스와의 직접적 무력충돌이 발생하기 전에 항복했다. 바루스는 대부분의 사람들을 풀어주었지만, 주동자들은 철저한 조사를 위해 황제에게 호송 조치했다.[47] 78. 황제는 이들 대부분을 용서했다. 그러나 이들 가운데 실제로 헤롯 가문에 속한 자들이 있었는데, 이 왕족 출신의 몇몇 사람에게는 징벌을 내렸다. 이것은 왕족이면서도 자신들의 왕에 대항하여 전쟁을 했다는 이유에서였다. 79. 이와 같이 바루스는 예루살렘의 질

45) 여리고에서 죽음을 당한 헤롯의 형제 요셉의 아들. 《유대 전쟁사》 1. 324~325; 《유대 고대사》 18. 134 참조.

46) 이두매가 헤롯의 고향이었기 때문이다.

47) 《유대 고대사》 17. 297 참조.

서를 회복했다. 그리고 예전에 예루살렘에 있던 수비대 하나를 주둔시켜놓고서 그는 다시 안디옥으로 돌아갔다.

제 6 장 헤롯 가문 사람들의 통치권에 관한 황제의 결정

1. 80. 위와 같은 폭동이 발생하기 이전에, 바루스는 유대민족을 대표하는 사람들의 자치권을 인정한 적이 있었는데, 이들로 구성된 사절단에 맞서 아르켈라우스는 또 한 차례 법정싸움을 벌이게 되었다. 사절단의 숫자는 50명에 불과했지만, 이들은 로마에 거주하는 유대인 8천 명의 지지를 받고 있었다. 81. 황제는 상류층의 로마인들과 그의 친구들을 불러모아 팔라티누스에 있는 아폴로 신전에서 회의를 열었다. 이 신전은 황제가 직접 건축한 것으로 놀라울 정도로 화려하게 지어진 건물이었다.[48] 유대인 백성들은 사절단에 동조했으나 아르켈라우스와 그의 로마 친구들은 이들에 반대했다. 82. 한편 아르켈라우스의 친척들은 어느 쪽도 편들지 않았다. 이들이 아르켈라우스를 지지하지 않은 것은 그에 대한 증오심과 시기심 때문이었으며, 다른 한편으로는 아르켈라우스를 황제에게 고발하는 자들과 한통속으로 보이는 것도 두려워했기 때문이다. 83. 아르켈라우스의 형제 빌립 역시 이 자리에 있었다. 바루스는 특별한 목적으로 빌립을 로마로 보냈던 것이다. 바루스는 두 가지 의도를 갖고 있었는데, 하나는 빌립이 아르켈라우스를 지지하도록 하는 것이었고, 다른 하나는 만일 황제가 헤롯의 재산을 모든 후손들에게 분배하려고 할 경우에는 빌립 역시 똑같은 지분을 챙길 수 있게 하려는 것이었다.

---

48) 팔라티누스의 아폴로 신전은, 악티움 해전(기원전 31년, 옥타비아누스와 클레오파트라 연합군이 안토니우스를 무찌른 전투) 직후에 옛 아폴로 제단의 자리에 건설되었다.

2.84. 사절단은 말문을 열면서 먼저 헤롯의 위법사항들을 상세하게 열거하며 고발했다.[49] "우리를 다스린 자는 한 사람의 왕이었던 것이 아니라 너무도 잔혹한 독재자였습니다. 그는 무수히 많은 사람을 살해했으며, 그에게서 살아남은 자들은 엄청난 고통을 받아 오히려 죽은 자들을 부러워할 정도였습니다. 85. 헤롯은 자기에게 지배당한 사람들의 육체만을 끔찍하게 괴롭혔던 것이 아니라, 또한 그들의 도시들에게도 고통을 주었습니다. 그는 동족의 도시들은 파멸시키고, 대신 이방인의 도시들은 찬란하게 꾸몄습니다. 그럼으로써 유대인들의 피를 이방민족들에게 바쳐버리고 말았습니다. 86. 그는 조상이 물려준 번영과 율법을 대신하여 백성들을 가난에 허덕이게 만들고 가장 불의한 일들을 저질렀습니다. 아하수에로 통치시절 유대인 조상들이 바벨론을 떠나 귀향했을 때부터[50] 지금까지 이어지는 모든 시대와 비교해볼 때, 헤롯의 치하에서 유대인들은 너무도 심한 고통을 겪었습니다. 87. 유대인들은 불행을 참아내고 또 그 불행에 익숙해진 결과, 결국은 이러한 참담한 노예생활을 선택하게 될 지경에까지 이르고 말았습니다. 88. 즉, 유대인들은 헤롯이 죽자, 그 폭군의 아들 아르켈라우스를 기꺼이 왕이라고 불렀습니다. 유대인들은 헤롯의 죽음을 애도하면서 그의 후계자의 행복을 기원하기까지 했습니다. 89. 그러나 아르켈라우스는 자기가 헤롯의 진짜 아들이라는 것을 애써 증명이라도 하려는 양, 통치를 시작하자마자 3천 명의 시민을 살해했습니다. 살해당한 이들은 자기의 통치를 유지하기 위해 아르켈라우스가 하나님께 바친 제물이었습니다. 축제기간 동안 성전은 그렇게 많은 시체들로 가득했던 것입니다. 90. 따라서 그와 같이 혹독한 시련 속에서 살아남은 자들이 마침내 그 고통을 이겨내고 돌이켜, 전쟁의 법칙에 따라 상대방의 얼

49) 《유대 고대사》 17.304 참조.

50) 느헤미야가 이끈 제 2차 귀향을 언급하고 있는 듯하다. 《유대 고대사》 11.120 이하 참조.

굴을 가격하려고 하는 것은 자연스러운 일입니다.[51] 유대인들은 로마 정부에게 청원합니다. 파괴된 유대지역을 불쌍하게 여겨주시고, 아직 그 땅에 남아 있는 것을 삼키려는 잔혹한 자들에게 그 땅을 넘기지 말아주십시오. 우리는 우리의 영토가 시리아에 통합되어 로마에 의해 다스려지기를 바랍니다.[52] 91. 비록 우리가 지금은 반항적이고 호전적인 자들로 보일 수 있겠지만, 우리는 정당한 통치자에게는 순종할 것이며, 또한 그것을 증명할 수 있습니다." 92. 유대인들은 이렇게 요청하면서 아르켈라우스에 대한 고발을 마무리했다. 그러자 니콜라우스가 자리에서 일어나 왕들[53]에 대한 고발내용을 반박했다. 그는 유대민족이 통제하기 힘든 자들이며 본래부터 고분고분하지 않았다고 비난했다. 또한 그는 고발자들에게 동조한 아르켈라우스의 친척들에 대해서도 공격을 퍼부었다.

3.93. 양측의 주장을 듣고 난 후, 황제는 회의를 해산했다. 며칠 후 황제는 아르켈라우스에게 왕국의 절반을 맡기면서 그에게 분봉왕이라는 칭호[54]를 부여했다. 94. 그러면서 황제는, 나중에 아르켈라우스가 자격을 갖춘다면 왕의 칭호를 수여하겠다고 약속했다. 황제는 왕국의 나머지 절반은 헤롯의 또다른 두 아들에게 맡겼다. 그 중 하나는 빌립이었고, 또 하나는 아르켈라우스와 함께 왕위계승 경쟁을 벌인 안티파스였다. 95. 안티파스는 베레아와 갈릴리를 다스리게 되어 2백 달란트의 세입을 확보했다. 빌립은 바타네아, 트라코니티스, 아우라니티스, 그리고 인나노 지역[55]에 인접한 제노[56]의 일부 통치권을 얻

---

51) 수세에 몰렸던 자가 반격자세를 취한다는 의미.

52) 《유대 고대사》 17.314 참조.

53) 즉, 헤롯 왕과 아르켈라우스.

54) '에트나르케스'(ἐθνάρχης).

55) 얌니아를 의미하거나(몇몇 사본들의 경우), 혹은 파니아스, 즉 가이사랴 빌

어 백 달란트의 세입을 확보했다. 96. 아르켈라우스의 영토는 이두매, 유대, 사마리아로 정해졌다. 사마리아는 세금의 4분의 1을 면제받았는데, 이는 사마리아가 다른 지역의 폭동사건에 휘말리지 않았기 때문이다. 97. 게다가 아르켈라우스는 스트라토의 망대, 세바스테, 욥바와 예루살렘에 대한 지배권도 얻었다. 로마 황제는 헬라 도시인 가자, 가다라, 힙포를 헤롯의 영토에서 분리하여 시리아로 복속시켰다. 아르켈라우스에게 양도된 지역들에서 거둘 수 있는 세액은 4백 달란트였다.[57] 98. 살로메는 헤롯 왕이 유서를 통해 남겨준 것 이외에도, 얌니아, 아스돗, 파사엘을 얻게 되었으며, 황제는 그밖에도 아스글론 궁전을 그녀에게 선사했다. 이 지역 전체에서 살로메가 확보할 수 있는 세입은 60 달란트였다. 하지만 황제는 살로메의 통치지역을 아르켈라우스의 통제 아래 두었다.[58] 99. 헤롯의 나머지 자손 각각에게도 유언장에 기록된 대로 지분이 할당되었다. 또한 황제는 아직 미혼인 헤롯의 두 딸[59]에게 은 50만 드라크마[60]를 주었으며 이들을 페로라스의 아들들과 결혼시켰다. 100. 이와 같이 헤롯의 자손들에게 재산을 분할한 다음, 황제 자신은 헤롯이 선사한 1천 달란트를 접수했다. 또 황제는 헤롯을 기억하기 위해 그리 값비싸지 않은 헤롯의 장신구들 약간을 자기 몫으로 챙겼다.

립보를 의미할 수 있다.

56) 《유대 고대사》 17.319에도 이 지명이 나온다. 한편 《유대 전쟁사》 1.398에는 제노도루스로 언급된다.

57) 《유대 고대사》 17.320에 의하면, 6백 달란트.

58) 살로메 관할지역에 대한 공식적 표현은 '토파르키아'(τοπαρχία), 즉 '소국'(小國)이었다.

59) 록사네와 살로메. 《유대 전쟁사》 1.563 참조.

60) 헬라어 본문에는 화폐의 단위가 생략되어 있다.

제7장 가짜 알렉산더 사건과 아르켈라우스의 추방

1.101. 이 당시에 로마인으로부터 자유민이 된 시돈지역의 한 사람의 집에서 성장한 유대인 청년이 있었다. 그런데 헤롯이 죽인 알렉산더와[61] 외모가 흡사했던 그는 알렉산더 행세를 하고 다녔다. 그는 이 사실이 들통 나지 않을 것이라고 생각해서 로마로 갔다. 102. 이 청년을 도왔던 한 유대인이 있었는데, 그는 유대왕국의 사정을 매우 잘 알던 자였다. 청년은 이 자가 가르쳐주는 대로, 사형을 집행한 자들이 알렉산더와 아리스토불루스를 가엾게 생각해서 몰래 풀어주었고, 대신 그들과 흡사한 시신을 갖다놓았다고 말했다.[62] 103. 이런 거짓말을 통해 그는 크레타 지역의 유대인들을 속이고 여행에 필요한 물자들을 풍족하게 제공받아 멜로스[63]로 항해길을 떠났다. 멜로스에서도 사람들은 그를 믿어 의심치 않았고, 이곳에서 그는 훨씬 더 많은 것들을 챙길 수 있었다. 그래서 그는 자기를 접대한 주인들에게 함께 로마로 가자고 충동질했다. 104. 디케아르케이아[64]에 도착해서 그는 그곳의 유대인들로부터 많은 선물을 받았으며, 그의 아버지 헤롯의 친구들은 그를 마치 왕처럼 대우했다. 그는 알렉산더와 너무도 흡사했기 때문에 알렉산더를 본 적이 있고 그를 정확히 알고 있는 사람들도 알렉산더가 분명하다고 확신했다. 105. 로마에 있던 모든 유대인이 그를 보려고 모여들었고, 그를 태운 들것이 지나가는 길에는 엄청나게 많은 무리가

---

61) 《유대 전쟁사》 1.551 참조.

62) 《유대 고대사》 17.326 참조.

63) 멜로스는 크레타 북쪽에 있는 섬으로 많은 유대인들이 이곳에 살고 있었다. 마카비1서 15:23; 《유대 고대사》 17.328 참조.

64) 바울의 선교여행 때 지나갔던 보디올의 헬라식 이름이다(사도행전 28:13). 이 지역의 유대인들에 관해서는 《유대 고대사》 17.328을 보라.

운집했다. 멜로스 출신 사람들은 그를 가마에 태우고 손수 비용을 들여 그에게 왕에 걸맞는 치장도 해주었다.

2.106. 황제는 알렉산더가 헤롯에게 고발당해서 소환되었을 당시,[65] 그를 만난 적이 있기 때문에 그 외모의 여러 중요한 특징들을 기억하고 있었다. 그를 만나보기도 전에 이미 황제는 외모가 닮았다는 이유로 이 자가 거짓말을 하고 있다는 사실을 알아차렸다. 그러나 황제는 보다 확실한 방법을 택하기 위해, 알렉산더와 절친했던 사람 가운데 켈라도스라는 사람을 보내어 그 청년을 데려오라고 명령했다. 107. 켈라도스는 그 청년을 보자마자 얼굴의 특징이 알렉산더와 다르다는 점을 느꼈다. 그는 이 자가 노예에게나 어울릴 듯한 매우 단단한 체격을 지녔음을 보고는 모든 상황을 간파하였다. 108. 켈라도스는 이 청년의 뻔뻔한 말대답 때문에 몹시 화가 치밀었다. 그가 아리스토불루스에 대해 묻자 그 청년은 이렇게 대답했다.[66] "아리스토불루스 역시 살아 있고, 위험할 경우를 대비해서 키프로스에 머물고 있다. 왜냐하면 우리가 따로 떨어져 있어야 위험을 덜 당할 수 있기 때문이다." 109. 그러자 켈라도스는 그를 밀어젖히면서 이렇게 말했다. "너에게 그런 거짓말을 하도록 시킨 자가 누구인지 실토한다면 황제께서 네 목숨은 살려주실 수 있을 것이다!" 그러자 청년은 그 이름을 말하겠다고 하며 켈라도스를 따라 황제에게로 갔다. 그는 알렉산더와 얼굴이 비슷한 점을 악용해 유대인들에게 그와 같은 사기행각을 벌였다고 실토했다. 또 알렉산더가 살아 있을 적에 거두어들인 것보다도 훨씬 더 많은 선물을 많은 도시들에서 선사받았다고 말했다. 110. 이 말을 듣고 황제는 웃을 수밖에 없었다. 황제는 건장한 체구를 지닌 이 가짜 알렉산더를 군함의 노를 젓는 노예로 삼았다. 그러나 그를 부추겼던 그 선동

65) 《유대 전쟁사》 1.452 참조.

66) 《유대 고대사》 17.334 참조.

자는 처형했다. 멜로스인들은 어리석게도 그렇게 많은 금전적 손실을 입은 것으로 징벌을 받은 것이나 다름없었다.

3.111. 통치권을 쥐게 되자 아르켈라우스는 유대인과 사마리아인 모두를 가혹하게 대했다. 이전에 유대인과 사마리아인 모두가 아르켈라우스에 대적해서 황제에게 사절단을 파견했기 때문이었다. 그 결과 아르켈라우스는 통치 9년만에 폐위되어 갈리아의 지방도시 비엔나로 추방당하고 재산은 황제에게 몰수되었다.[67] 112. 황제의 소환을 받기 전 아르켈라우스는 꿈에서 이런 장면을 보았다. 꿈에서 소들이 9개의 잘 익고 큼직한 이삭을 먹어치우고 있었다. 아르켈라우스는 예언자 몇 사람과 갈대아인들을 불러 꿈을 해몽해 달라고 했다. 113. 이들은 서로 다른 해석을 내놓았는데,[68] 그 중 엣세네파[69]의 시몬이라는 자는 이렇게 풀이했다.[70] "제 생각으로는, 이삭은 햇수를 의미합니다. 그리고 그 소들은 폭동을 뜻하는데, 그것은 소들이 밭을 갈 때 흙을 뒤엎기 때문입니다." 즉, 아르켈라우스는 이삭의 숫자만큼의 기간 동안 통치하다가 많은 소용돌이에 휩싸이게 되고, 결국 자기 인생을 끝마치게 될 것이라는 말이다.[71] 아르켈라우스는 이 말을 듣고 나서 닷새만에 황제의 법정에 소환되었다.

4.114. 여기서 아르켈라우스의 아내 글라퓌라에 대해서도 잠시 언

67) 그러나 《유대 고대사》 17.342; 《요세푸스 자서전》 5에 의하면, 그의 통치기간은 10년이었다.

68) 《유대 고대사》 17.346 참조.

69) 엣세네파는 헬라어로 '종족 혹은 족속'(τὸ γένος)으로 언급됨.

70) 엣세네파의 예언자들에 관해서는 《유대 전쟁사》 1.78~80; 《유대 고대사》 13.311~313; 15.371~379를 보라. 《유대 전쟁사》 2.159에서 요세푸스는 엣세네파의 예언능력이 구약성서와 합일됨을 역설한다.

71) 창세기의 파라오의 꿈에 대한 요셉의 해몽과 유사한 측면이 있다. 요세푸스 자신도 꿈을 해석하는 재능을 지녔다고 강조한다(《유대 전쟁사》 3.352).

급해보겠다. 갑파도키아의 왕 아르켈라우스의 딸이었던 그녀는 예전에 알렉산더와 결혼했다.[72] 우리가 자세히 보도한 바와 같이 알렉산더는 아르켈라우스의 형제이며 헤롯의 아들이었고, 아버지 헤롯에게 죽임을 당한 자였다. 115. 알렉산더가 죽자 글라퓌라는 리비아의 왕 유바[73]와 재혼했다. 유바가 죽자 그녀는 돌아와서 과부신세로 아버지 헤롯 곁에서 살고 있었다. 그런데 아르켈라우스는 그녀를 보자마자 사랑에 빠져 자기 아내 마리암메와 이혼하고 그녀와 결혼했다.[74] 116. 유대에 도착한 직후 글라퓌라는 마치 알렉산더가 자기 앞에 서서 이렇게 말하는 것과 같은 환상을 보았다. "리비아 왕과 결혼했던 것으로도 충분했다. 그런데 너는 거기서 만족하지 않고 내 집안으로 눈을 돌려 세 번째 남자를 취했구나. 게다가 그 자가 바로 내 형제라니! 이런 뻔뻔한 일을 묵과하지 않겠다. 네가 좋든 싫든 상관없이 내가 너를 차지하마!" 이 꿈에 대해 말하고 나서 글라퓌라는 이틀만에 죽고 말았다.

제 8 장 유대지역에 대한 총독 통치 시작 및 엣세네파, 바리새파, 사두개파에 관하여

1. 117. 아르켈라우스의 영토는 로마의 속주로 바뀌었고,[75] 기병대 출신 코포니우스가 황제로부터 사형집행권을 포함한 모든 권력을 위임

72) 《유대 전쟁사》 1.446 참조.

73) 리비아의 유바 2세로, 문필가였으며 아우구스투스의 친구였다.

74) 《유대 고대사》 17.350 참조.

75) 아르켈라우스가 지배하던 지역은 로마제국 영토의 세 번째 등급에 속하는 속주로 전락했다. 이곳은 이제 기사계급 출신의 총독 지배를 받게 된다. 팔레스틴 지역의 총독들은 부분적으로 시리아의 총독 밑에 종속되어 있었는데, 가령 심각한 위기상황에 처하면 시리아 총독이 개입할 수 있었다(《유대 고대사》 17.355; 18.2 참조).

받은 총독으로 파견되었다.[76] 118. 코포니우스의 재임기간 중에 유다[77]라는 갈릴리 사람이 유대지역 주민들을 선동해서 폭동을 일으켰다. 그는 로마인들에게 계속해서 세금을 바치는 것과 하나님이 아닌 유한한 인간을 주인으로 여기는 일은 악행이라고 주장했다. 이 유다는 다른 종파들과는 전혀 다른 독특한 자신의 종파를 설립한 현자(賢者)였다.[78]

2.119. 유대인들에게는 세 개의 철학집단이 존재했다.[79] 첫 번째 종파에 속한 사람들로는 바리새인, 두 번째는 사두개인이 있었고, 엣세네인이라고 불린 세 번째 종파에 속한 사람들은 거룩함을 위해 금욕적 삶을 살아가는 자들이었다. 이들은 유대인 태생이었으며 다른 어떤 종파보다도 강한 사랑으로 강하게 결속되어 있었다. 120. 이들은 감각적 쾌락을 악한 것으로 여겨 멀리하며, 열정에 지배당하지 않도록 자신을 억제하고 절제하는 것을 미덕으로 여긴다. 또한 결혼의 가치를 인정하지 않고,[80] 교육받기에 적합한 연령에 있는 다른 사람의 아이

76) 《유대 고대사》 18.2 이하 참조.

77) 갈릴리의 유다는 가울라니티스 가말라 출신이었지만(《유대 고대사》 18.4) 주로 갈릴리에서 활동했기 때문에 '갈릴리의 유다'라고 불렸다(사도행전 5:37 참조).

78) 《유대 고대사》 18.23 참조.

79) 요세푸스는 유대교를 대표하는 세 종파를 철학적 집단으로 묘사함으로써 유대 사상의 보편성과 우월성을 암시한다. 이 세 종파에 대한 보도는 《유대 고대사》 13.171~173; 18.11~22에도 나타난다.

80) 이 본문과 《유대 고대사》 18.21 등은 엣세네인들의 독신생활을 언급한다. 하지만 이 본문 바로 아래 《유대 전쟁사》 2.160~261에 의하면 엣세네파 가운데에는 결혼생활을 유지하고 있는 자들도 있었다. 아마 엣세네인들의 대다수는 독신생활을 했던 것 같고, 예외적인 경우(가령 집단생활을 하지 않는 엣세네인들도 있었다면), 결혼이 허용되었던 것이라고 추정할 수 있을 것이다.

를 양자로 데려와 가족으로 삼고 그들의 관습에 따라 양육한다.[81] 121. 이들은 결혼과 자녀출산을 원칙적으로 금지한 것은 아니지만, 여자들의 욕정으로부터 자신들을 보호하려고 했으며, 여자에게 그러한 욕정이 없어야 한 남자에 대한 정절을 지킬 수 있다고 생각했다.

3.122. 부(富)를 멸시하는 그들의 공동체 의식은 경탄할 만하다. 그들 중에는 다른 사람보다 더 많은 재산을 소유한 사람이 없는데, 이것은 그들이 엣세네파에 입교할 때 재산을 종파조직에 양도하는 규칙 때문이었다.[82] 그렇게 함으로써 그들 가운데에서 가난 때문에 모욕감을 느끼거나 부유하다고 해서 우월감을 갖는 일은 없었으며, 각 개인의 소유를 합한 재산은 형제로서 모두가 함께 공유하는 공동재산으로만 존재했다. 123. 그들은 기름을 부정한 것으로 여긴다. 따라서 누군가가 자기 의지와 상관없이 우연히 기름을 묻히게 된 경우에는 몸을 깨끗이 씻어낸다. 거친 피부를 유지하고 항상 흰옷을 입는 것이 올바른 일로 여겨졌기 때문이다. 공동재산을 관리하는 자들은 투표로 선출되며,[83] 구성원 모두가 공동체를 위해 공평하게 봉사할 의무를 갖는다.

4.124. 엣세네파 공동체는 특정한 한 도시에 국한된 것이 아니라, 사람이 거주하는 곳이면 어디서나 많은 엣세네인들이 살고 있었다.[84] 타지의 엣세네파 사람이 찾아오면, 공동체는 모든 소유를 원래부터 그

---

81) 《유대 고대사》 18.20 참조.

82) 엣세네파의 공동소유 사상은 제사장들에게 부과된 명령, 즉 어떠한 소유와 재산도 지닐 수 없고 오직 하나님만을 섬기라는 명령과 연관되어 있다. 사유재산을 공공재산으로 기부하는 것에 대해서는, *1QS* 1.11~13; 6.19; 사도행전 2:44; 4:32~5:11을 보라.

83) 《유대 고대사》 18.22 참조.

84) 《유대 고대사》 18.2에 의하면, 엣세네파의 숫자는 약 4,000명이었다.

의 것인 양 사용하게 해주며, 생전 처음 보는 사람이라도 마치 오래 전부터 터놓고 지내온 믿음직한 사이처럼 대해준다. 125. 그렇기 때문에 그들은 여행을 떠날 때 강도로부터 몸을 방어하기 위한 무기 외에는 아무것도 몸에 지니지 않는다. 엣세네파의 모든 공동체에는 방문객을 돌보는 담당자가 정해져 있어서 의복 및 그밖의 생필품들을 챙겨준다. 126. 의복을 갖춰 입는 것과 처신에 대한 가르침은 마치 어린 학생들을 엄격하게 교육하는 것과 같이 행해진다. 의복과 신발은 완전히 해지거나 닳아서 못 쓰게 되기 전까지는 결코 새것으로 바꾸지 않는다. 127. 엣세네인들은 서로 물건을 팔거나 사지 않으며 각자 가진 것을 서로 필요한 것으로 교환한다. 또한 만일 상대방이 대신 제공할 것이 아무것도 없을 때에는 아무런 대가 없이 주거나 받기도 한다.

5.128. 하나님을 향한 그들의 경건행위는 독특한 방식에 따라 행해진다. 동이 트기 전에는 세속적인 말을 전혀 입에 담지 않으며, 전통에 따른 몇 개의 기도문을 암송하면서 태양이 떠오르기를 간구한다. 129. 그후에는 감독들의 지도에 따라 각자 맡은 작업에 임한다. 그들은 다섯 시간 동안 열심히 일한 뒤, 다시 한 장소에 모여 아마포를 몸에 두르고 냉수로 몸을 씻는다. 이렇게 몸을 정결하게 한 뒤에 특정한 건물 안에 모이는데, 엣세네파 회원이 아닌 사람은 이곳에 들어갈 수 없으며 마치 성스러운 영역에 들어가듯이 정결한 상태로 식당으로 들어간다. 130. 침묵을 지킨 채 자리를 잡고 앉으면, 빵 굽는 사람이 순서대로[85] 각 사람 앞에 빵을 놓아주고, 요리사는 한 가지 요리가 담긴 그릇을 각 사람 앞에 놓아준다. 131. 식사 시작 전에 먼저 제사장이 기도를 드린다. 기도 전에 음식을 먹는 것은 규칙에 어긋난다. 식후에도 다시 기도한다. 이렇게 식사를 시작할 때와 마칠 때 그들은 생명을

85) 엣세네파 구성원들은 서열에 따라 구분되었다(《유대 전쟁사》 2.150).

주신 하나님을 찬미한다. 식사를 마친 후 그들은 겉옷을 거룩하게 벗어두고 다시 일터로 돌아가 저녁때까지 일한다. 132. 일터에서 돌아온 후에는 다시 동일한 방식으로 저녁식사를 한다. 만약 그들 가운데 방문객이 있을 경우 그와 함께 공동식사를 한다. 집에서 큰소리를 지르거나 시끄러운 소리가 나는 일은 절대로 없으며 서로가 서로를 배려하며 대화를 나눈다. 133. 외부사람이 보면 엣세네파 사람들의 고요함은 신비한 불가사의처럼 느껴지겠지만, 이런 고요함은 끊임없는 절제와 적당히 배부를 만큼의 음식과 음료를 섭취하는 자세에서 비롯된 것이다.

6.134. 다른 모든 일들은 감독들의 지시에 따라 이루어지지만 단 두 가지 일은 각자의 결정에 따라 행해지는데, 그것은 바로 구제와 자선이다. 즉, 누구든지 도움이 필요한 사람들에게 필요에 따라 음식을 나눠줄 수 있다. 그러나 친척에게 무언가를 건네주는 행위는 감독의 허락이 없는 한 금지되었다.[86] 135. 그들은 분노를 잘 다스리는 자들이며, 격정을 자제하고 신의를 지키고 평화를 수호하는 자들이다. 그들이 말하는 모든 것은 어떤 맹세보다도 더 확실하지만, 그들은 맹세가 위증보다 악한 것이라고 여겨 맹세하기를 거부한다.[87] 신뢰를 잃어버린 자는 하나님의 심판도 필요 없이 이미 심판받았다고 그들은 말한다. 136. 그들은 고문서 연구에 매우 특별한 노력을 기울이는데, 특히 영혼과 육신의 건강을 증진하는 내용들을 선별해낸다. 그들은 이 문서들을 통해 질병치료를 위한 약효를 지닌 식물뿌리와 광물의 특성에 대해 연구한다.

---

86) 이는 엣세네 공동체를 새로운 가족으로 인식한 것과 관련 있을 것이다.

87) 공동체에 입회할 때 서약을 하는 것은 맹세 금지조항에 해당하지 않는다(《유대 전쟁사》 2.139, 143). 헤롯 왕은 엣세네파 사람들은 자기에게 복종의 맹세를 해야 할 의무를 면제해주었다(《유대 고대사》 15.371).

7.137. 이 종파에 입교하기를 원한다고 해서 곧장 가입되는 것은 아니다. 지원자들은 1년 동안 공동체 구성원이 아닌 외부인의 자격으로 이들의 생활방식과 동일하게 생활해야 하는 과제를 부여받으며, 작은 손도끼 하나와 위에서 언급된 속옷과 아마포로 만든 흰 겉옷을 지급받는다.[88] 138. 이 기간 동안 성실성을 입증받으면 공동체 규정에 좀더 근접할 수 있으며, 정화의 세례의식에 참여할 수 있다. 그러나 공동체 생활의 제반활동에 참여하는 것은 아직 허락되지 않는다. 즉, 꾸준한 인내력이 입증된 후, 2년간 더 품성과 행실을 검증받고 자격을 인정받은 후에야 공동체 명단에 오르게 된다. 139. 새로운 회원은 공동식사에 참여하기 전에 먼저 중대한 맹세를 해야만 한다. 그는 하나님을 경외하고 또 인간에 대한 정의를 준행한다는 서약을 해야 한다.[89] 자발적으로든 명령에 의해서든 남에게 해를 끼치지 않으며, 불의한 자들을 항상 미워하고 정의로운 자들의 편에서 싸우며, 140. 모든 사람에게 언제나 신의를 지키되 특히 지도자들에게 신의를 지켜야 한다. 모든 권위는 하나님으로부터 오는 것이기 때문이다.[90] 자신이 명령하는 입장이 되었을 때는 결코 권력을 남용하지 않으며, 의복이나 다른 장식물로 자기 자신을 아랫사람보다 더 돋보이게 하려고 꾸며서도 안 된다. 141. 그들은 항상 진리를 사랑하는 자들이며 누군가 거짓말을 하면 그것을 폭로해야 한다. 남의 것을 훔쳐서는 결코 안 되며, 불의한 재물로 영혼을 더럽히지 말아야 한다. 자기 종파 내부사람끼리는 서로 아무것도 숨기지 말아야 하지만, 외부사람에게는 자신들에 관

88) 이는 유대교 제사장들의 흰 의복에서 비롯된 것으로(출애굽기 28:39~42), 자신들을 진정한 제사장이라고 여겼기 때문에 흰옷을 착용했을 것이다. 아마포 역시 제사장들의 옷을 만드는 재료와 일치한다(레위기 6:10; 16:4; 《유대 전쟁사》 2.123, 129). 손도끼의 용도는 《유대 전쟁사》 2.148~149에서 언급된다.

89) 신에 대한 경외와 인간에 대한 정의는 이상적인 헬라 사상과 부합한다.

90) 로마서 13:1~7 참조.

해 누설하면 안 된다. 또한 죽음을 당할지언정 폭력을 사용하지 않는다. 142. 자신이 배운 교리들을 다른 사람에게 정확하게 전수하며, 약탈하지 않으며, 종파의 문서들을 천사들의 이름과 같이 소중히 간직한다. 이런 맹세들을 통해 그들은 새로운 가입자들을 검증한다.

8. 143. 중대한 과오를 범한 자는 공동체에서 추방된다. 추방당한 자들은 때로는 매우 비참한 운명을 맞기도 한다. 즉, 그들은 맹세와 규율에 매어 있기 때문에 낯선 사람으로부터 음식을 제공받을 수 없어 오직 풀 따위로 연명하다가 굶주려 죽기도 한다. 144. 따라서 거의 죽을 지경에 이른 자들은 동정을 받아 다시 받아들여지는 경우도 많이 있다. 죽기 직전까지 고통을 당한 것으로 그들의 과오에 대한 충분한 징벌이 이루어졌다고 인정되었기 때문이다.

9. 145. 법정판결은 신중하고 공정하게 내려진다. 적어도 100명이 동의해야 판결이 내려지고 한 번 내려진 결정은 번복되지 않는다. 율법을 준 자의 이름은 하나님 다음으로 높은 경외의 대상이기 때문에 누구든지 그 이름을 모독한 자는 사형에 처해진다.[91] 146. 그들은 장로들을 존중하며, 다수의 의견에 따르는 것을 미덕으로 여겼기 때문에, 10명이 함께 앉아 있다면 한 사람이 9명의 뜻을 거슬러 말할 수 없다. 147. 모임의 한가운데나, 혹은 그 오른쪽에 침을 뱉는 행위는 금지된다.[92] 이들은 안식일에 일을 금지하는 규정을 모든 유대인 가운데 가장 철저히 준수한다. 안식일에 불을 피우지 않기 위해 하루 전

---

91) 모세를 가리키는 것으로 볼 수 있다. 쿰란 공동체의 입회규칙에 의하면, 누구든지 공동체에 들어올 때 토라 준수의 의무를 맹세하는데, 이는 '모세의 율법'이라는 말로 명시된다(*1QS* 5.8). 한편 이 율법수여자가 가리키는 것은 쿰란 공동체의 '정의의 선생'일 것이라는 추정도 있다.

92) 침을 뱉는 행위는 다른 사람을 경멸하는 태도로 여겨졌기 때문이다.

에 음식을 준비할 뿐만 아니라, 이 날은 그릇을 옮기는 일조차 금하며 용변을 보러 나가는 것도 삼간다. 148. 그러나 안식일이 아닌 보통 때에는 도끼로 발 깊이 정도의 구덩이를 파고 하나님의 빛[93]을 모독하지 않기 위해 외투로 몸을 둘러 가리고 나서 구덩이에 배설을 한다. 새로운 입교자들에게 지급되는 작은 손도끼는 이런 용도로 사용되었던 것이다.[94] 149. 그후에 다시 구덩이를 파낸 흙으로 덮는다. 그들은 배설장소로 외진 곳을 선택한다. 배설행위는 자연스러운 현상임에도 불구하고 배설 때문에 부정해진다고 생각해서인지 일을 본 후에는 반드시 몸을 씻는다.[95]

10.150. 엣세네인들은 금욕생활을 수행한 기간에 따라 4개의 등급으로 구분된다.[96] 나중에 입교한 자들은 먼저 입교한 자들보다 매우 낮은 위치에 있기 때문에, 먼저 입교한 자들이 나중에 들어온 자들과 접촉한 경우에는 외부인과 접촉한 경우처럼 몸을 씻는다. 151. 또한 그들은 장수를 누려 대다수가 100세 이상 오래 산다. 내가 보기에 그들의 장수비결은 단순한 생활방식과 올바른 규율에 있는 것 같다. 그들은 공포를 일으키는 대상을 두려워하지 않으며, 강한 정신력으로 고통을 이겨내고 명예로운 죽음이 영원한 삶보다 낫다고 여긴다. 152. 유대-로마 전쟁을 통해 그들의 면모는 여실히 드러났다. 로마인들에게 고문과 괴롭힘을 당하고 불에 태워지고 뼈가 꺾어지면서 율법을 주신 분을 모독하거나 금지된 음식[97]을 먹으라며 온갖 고문을 받았지

93) 태양빛을 의미한다고 볼 수 있다. 《유대 전쟁사》 2.128 참조.

94) 《유대 전쟁사》 2.137 참조.

95) 신명기 23:12~14에 대한 준수라고도 볼 수 있다. 물론 신명기 보도에는 용변 후 물로 씻어야 한다는 언급은 없다. 몸의 정결을 위해 엣세네인들이 이런 규정을 만들었을 것이다.

96) 《유대 전쟁사》 2.137 이하 참조.

만, 그들은 전혀 변함없이 그 어느 것 하나도 범하지 않았으며, 고문하는 자들에게 애원하거나 눈물을 흘리지도 않았다. 153. 그들은 고통 속에서도 웃었고, 오히려 고문하는 자들을 비웃으며 기꺼이 생명을 내어주면서 나중에 그 생명을 다시 찾으리라는 확신을 가졌다.

11. 154. 그렇게 할 수 있었던 것은 그들이 지닌 확고한 신념의 힘 때문이다. 그들은 육체와 육체를 이루는 요소는 영속적인 것이 아니라 덧없이 사라져가지만, 영혼은 불멸하는 것이기에 영원히 존재한다고 생각했다.[98] 미세한 에테르로 이루어진 영혼은 공중에 떠다니는 상태로 존재하다가 자연의 어떤 마법을 통해 땅으로 끌려 내려져서 감옥과도 같은 육체와 결합하게 된다. 155. 반면 육신의 속박으로부터 벗어난 영혼은 마치 오랜 노예생활 끝에 자유로워진 것처럼 기뻐하며 하늘 높이 솟아오른다. 헬라인들과 마찬가지로 엣세네인들에 의하면, 선한 영혼들은 대양 건너편에서 살아가게 되며, 더 이상 비와 눈과 더위 때문에 고통받지 않고 대양으로부터 끊임없이 불어오는 부드러운 서풍의 신선함이 가득한 곳에 머물게 된다고 한다. 156. 이는 헬라인들의 내세관과 동일한 것으로 보인다. 헬라인들에 의하면, 영웅들과 '신적인 인간'(神人)으로 일컬어지는 용맹한 자들은 영혼의 섬에 거하게 되지만, 악한 자들의 영혼은, 헬라의 신화에 등장하는 시쉬푸스, 탄탈루스, 익시온, 티튀우스가 벌을 받는 곳이자 죄인들의 거처인 하데스에 머물게 된다. 이런 설명을 통해서 헬라인들은 우선 영혼불멸설을 주장하고, 다음으로는 인간들에게 선한 삶을 추구하고 악행을 멀리하도록 장려한다. 157. 선한 사람들은 사후에 주어질 명예에 대한 희망 때문에 살아 있는 동안 더 선한 삶을 살 것이지만 악한 자들은, 비록 그들

97) 가장 대표적인 음식은 돼지고기. 마카비2서 6:18; 7:1 참조.

98) 요세푸스가 묘사하는 엣세네파의 신념은 플라톤 및 피타고라스 학파의 헬라 철학과 유사한 측면이 많다. 《유대 고대사》 18.18 참조.

이 살아 있는 동안은 자신들의 악행이 드러나지 않는다 하더라도 사후에 영원한 형벌에 처해진다는 두려움을 알고 있기 때문에 악행을 삼가게 되리라는 것이다. 158. 이것이 바로 영혼에 관한 엣세네파 사람들의 신학적 가르침이다. 누구든 한번이라도 그들의 지혜를 접하게 되면, 마치 유혹에 빠진 것처럼 거기서 영영 벗어날 수 없게 된다.

12.159. 엣세네파에는 미래를 예언하는 역할을 맡은 자들도 있는데, 이들은 거룩한 경전과 다양한 정결의식들, 그리고 예언말씀들을 연구한 자들로, 그들의 예언이 빗나가는 일은 거의 없다.[99]

13.160. 엣세네파 내부에는 다른 분파도 존재한다. 이들의 생활방식, 관습, 율법 등은 일반적인 엣세네파와 일치하지만 결혼관에서만 차이를 나타낸다. 이들은 결혼하지 않으면 인생의 중요한 요소인 자손을 남기는 일에 소홀히 하는 것이라고 믿는다. 만일 아무도 결혼을 안 하면 조만간 인류는 멸종하고 말 것이기 때문이다. 161. 그들은 미래의 배우자가 될 여자와 3년간의 시험기간을 갖고, 출산이 가능하다는 것을 입증하는 세 번의 정화의식을 가진 후에야 여자를 집으로 데려와 동거한다. 임신 중에는 부부간의 성관계를 갖지 않는데, 이를 통해 그들의 결혼이 쾌락을 추구하는 것이 아니라 자녀를 생산하기 위한 것이라는 점을 입증하는 것이다. 정결예식 때 남자들이 천으로 몸을 감싸는 것처럼 여자들은 긴 겉옷을 몸에 두른다. 이들은 이와 같은 규율을 준수했다.

---

99) 요세푸스는 예언이 적중한 예로 엣세네파의 유다(《유대 전쟁사》 1.78), 시몬(《유대 전쟁사》 2.113), 므나엠(《유대 고대사》 15.373~374)을 언급한다. 이들은 제자들에게 예언의 방식을 가르쳤다(《유대 고대사》 13.311).

14. 162. 앞서 언급한 다른 두 개의 종파 중 바리새파는 엄격한 율법해석으로 유명하다. 바리새인들은 가장 먼저 종파를 형성한 자들로 모든 것을 운명과 하나님의 섭리로 여긴다. 163. 의로운 행위를 하는가 하지 않는가는 주로 인간 스스로에게 달려 있기는 하지만, 각각의 행위들은 또한 운명과도 연관되어 있다는 것이다.[100] 바리새인들에 의하면, 모든 영혼은 불멸하지만 오직 선한 영혼들만 다른 육체로 다시 태어나며[101] 악한 자들의 영혼은 영원한 형벌의 징계를 받는다. 164. 두 번째 종파인 사두개인들은 운명을 철저히 배척한다. 하나님은 세상과 멀리 떨어져 존재하며 어떤 면에서는 악과의 연관성이 있을 수도 있거나, 또는 단지 방관하기만 한다는 것이다. 165. 그들은, 선과 악은 인간의 선택에 달려 있으며 어떤 선택을 하는가는 각자의 의지에 따라 정해진다고 주장한다. 또한 그들은 영혼의 사후불멸과 저세상에서의 상벌 사상에 대해 부정적 입장을 취한다.[102] 166. 엣세네파와 마찬가지로 바리새파 사람들도 서로 친밀한 관계를 형성하여 공동체의 결속에 높은 가치를 두는 반면, 사두개인들은 서로 무심하게 대하며 동족들과의 교류에서도 이방인을 대하듯 냉정한 태도를 보인다. 유대민족의 철학학파들은 이렇게 설명할 수 있다.

제 9 장 빌라도의 실정과 헤롯 아그립바 1세에 관하여

1. 167. 아르켈라우스의 통치영역이 하나의 속주로 예속되었지만, 헤롯 왕의 나머지 상속자들인 빌립과 안티파스는 자기 영토를 계속해서

---

100) 신인협력설(神人協力說, *synergon*).

101) 영혼이 다시 또다른 육신을 입는다는 사상은 《유대 전쟁사》 3.374에도 나타난다. 《요세푸스 자서전》 2.218 참조.

102) 마가복음 12:18~27; 사도행전 23:6 이하 참조.

통치했다. 살로메는 이미 죽었고 그녀의 영토와 얌니아, 그리고 파사엘리스에 있는 종려나무 숲들을 황제의 아내인 율리아가 차지했다. 168. 아우구스투스 황제가 57년 6개월 2일 동안을 다스리고 사망한 후[103] 로마제국의 통치권은 율리아의 아들인 티베리우스에게 넘어갔고, 헤롯 안티파스와 빌립은 여전히 자신들의 영토를 다스리고 있었다. 빌립은 파니아스 지역의 요단 강 수원지 근처에 가이사랴[104]를, 그리고 가울라니티스 저지대에 율리아를 건설했으며, 안티파스도 갈릴리의 티베리아와 베레아에 도시를 건설하고 율리아라는 이름을 붙였다.[105]

2.169. 티베리우스의 명을 받아 유대 총독으로 부임한 빌라도는, 밤을 틈타 군기(軍旗), 즉 황제의 초상이 그려진 깃발들을 예루살렘으로 몰래 들여왔다.[106] 170. 다음날 이 일은 유대인 사이에서 크나 큰 문제를 불러일으켰다. 깃발에 가까이 다가간 사람들은 초상화를 보고 큰 충격을 받았으며 유대인의 율법이 짓밟혔다고 여겼다. 유대인의 율법은 예루살렘 성안에 형상을 두는 것을 금지하기 때문이다. 예루살렘 주민의 분노가 들끓는 가운데 지방의 유대인들도 큰 무리를 이루어 모여들었다. 171. 그들은 가이사랴에 있는 빌라도에게 찾아가서, 예루살렘에서 그 깃발들을 없애고 조상의 율법을 존중해 달라고 계속해서 간청했다. 빌라도가 이 청을 들어주지 않자 유대인들은 빌라도의 궁전 주위를 에워싸고 얼굴을 땅에 대고 엎드린 채 닷새 동안 낮과 밤을 보내며 자리를 떠나지 않았다.

---

103) 《유대 고대사》 18.32와 비교하면 이 본문에서 아우구스투스의 통치기간은 한 달 정도 더 길게 보도되어 있다.

104) 가이사랴 빌립보.

105) 베레아에 있던 율리아는 예전에 베타라마타라고 불리던 곳으로(《유대 전쟁사》 2.59) 여리고 맞은편에 있었다. '율리아'라는 명칭은 황후 율리아의 이름에서 유래했다.

106) 《유대 고대사》 18.55 참조.

3. 172. 빌라도는 오랫동안 끌다가 결국 재판석에 앉아[107] 답변을 주겠다며 백성을 불러모았다. 그러나 그는 미리 계획한 대로 군인들에게 신호를 보내 손에 무기를 들고 유대인들을 포위하게 했다. 173. 예상치 못한 상황에서 삼중으로 둘러싼 군마들을 보자 유대인들은 겁에 질려 얼어붙었고, 빌라도는 그들에게 황제의 초상을 받아들이지 않으면 모두 처형하겠다고 위협하며, 곧바로 군인들에게 칼을 뽑아들라는 신호를 보냈다. 174. 그러자 유대인들은 마치 약속이라도 한 듯이 모두 땅에 엎드려 목을 내놓은 채, 조상의 율법을 어기느니 차라리 죽겠노라고 소리쳤다. 이들의 신앙적 열정에 몹시 놀란 빌라도는 군기를 즉시 예루살렘 밖으로 내보내라고 명령했다.

4. 175. 얼마 후 빌라도는 또다른 소란을 야기했다. 그는 약 4백 스타디온 거리에서 물을 끌어오는 수로공사를 위해 '고르반'이라고 불리는[108] 성전 보물을 처분했다. 군중들은 이 일에 대해 몹시 격분해서 빌라도가 예루살렘에 오자, 소리를 지르고 비난하며 그의 재판석 주위로 몰려들었다. 176. 빌라도는 유대인들의 이런 동요를 미리 예상하여, 로마병사들을 일반인으로 변장시켜 군중 속에 미리 투입했으며, 칼을 사용하는 대신 곤봉으로 선동자들을 진압하라는 명령을 미리 전달해놓았다. 그가 재판석에 앉아 군인들에게 미리 약속한 신호를 보내자 갑자기 폭행이 시작되었다. 177. 많은 유대인들이 맞아 죽었고 도망치다가 유대인 동족의 발에 밟혀 죽은 사람도 많았다. 많은 사람의 죽음 때문에 충격을 받은 유대인들은 말을 잃고 잠잠해졌다.

107) 요한복음 19:13 참조.

108) 《아피온 반박문》 1. 167; 마태복음 27:6 참조.

5.178. 그 무렵 헤롯 왕이 죽인 아리스토불루스[109]의 아들인 아그립바[110]가 분봉왕 안티파스를 고발하려고 티베리우스를 찾아왔다.[111] 그러나 황제가 이 고발을 인정하지 않자, 그는 로마에 머물며 다른 유력한 인사들과 친목을 도모했는데, 그 중에는 특히 게르마니쿠스의 아들이며 당시에는 아직 일개 시민에 불과했던 가이우스[112]가 있었다. 179. 한번은 아그립바가 가이우스를 초대하여 함께 만찬을 하는 자리에서 가이우스에게 온갖 찬사를 보내더니, 끝내는 모든 사람들이 보는 앞에서 손을 들고 기도하기를, 티베리우스가 얼른 죽고 마침내 가이우스가 세상의 지배자가 되는 날이 오기를 빈다고 했다. 180. 시중 드는 자 가운데 한 사람이 이 사실을 티베리우스에게 고했고,[113] 황제는 크게 분노하며 아그립바를 감옥에 가두어 22년 6개월 3일간의 통치를 끝내고 죽을 때까지,[114] 여섯 달 동안 그를 가혹하게 다루었다.

6.181. 가이우스는 황제에 즉위한 직후 아그립바를 감옥에서 풀어주고, 예전에 죽은 빌립[115]의 영토를 그가 대신 다스리도록 왕으로 임명했다.[116] 아그립바가 그렇게 권력을 손에 넣게 된 일을 시기하여 분

---

109) 아리스토불루스는 하스몬 왕조의 마리암메의 아들이었다. 《유대 전쟁사》 1.551 참조.

110) 41~44년 유대의 왕이었던 헤롯 아그립바 1세. 《유대 전쟁사》 1.551; 사도행전 12장 참조.

111) 《유대 고대사》 18장에 자세한 이야기가 보도된다.

112) 가이우스 칼리굴라 황제.

113) 이 말을 전한 자는 아그립바의 해방노예이자 마부인 유티쿠스였다(《유대 고대사》 18.168 참조).

114) 《유대 고대사》 18.224에는 22년 5개월 3일로 나와 있다(숫자 5와 6을 혼동했을 것이라는 추정에 대해서는 《유대 전쟁사》 2.168의 주를 참조하라).

115) 분봉왕 빌립은 33/34년에 사망했다(《유대 고대사》 18.106).

116) 38~39년. 아르켈라우스, 안티파스, 빌립이 '분봉왕'에 불과했던 반면, 헤롯 아그립바 1세는 '왕'의 칭호를 받았다.

봉왕 헤롯 안티파스 역시 야심을 불태우게 되었다. 182. 특히 그의 아내 헤로디아는 야심에 가득 차서 왕위에 대한 헤롯의 명예욕을 부추겼다. 그녀는 헤롯의 게으름을 비난하며 황제를 알현하지 않는 것은 더 큰 권력을 포기하는 일이라고 말했다. 황제가 아무런 직위나 계급도 없는 아그립바를 왕으로 만들어주었으니, 분봉왕인 헤롯에게도 같은 일을 해주지 말라는 법이 없지 않느냐고 물었다. 183. 그녀의 말에 혹한 안티파스는 가이우스를 찾아갔지만, 오히려 황제는 안티파스의 탐욕심을 이유로 그를 갈리아로 유배시키는 벌을 내렸다.[117] 그리고 가이우스는 안티파스를 고발하기 위해 뒤쫓아온 아그립바에게 헤롯 왕의 영토마저 넘겨주었다. 헤로디아도 헤롯을 따라 그곳으로 유배되었고 헤롯 안티파스는 거기서 생을 마감했다.

제 10 장 칼리굴라 위기

1. 184. 가이우스 칼리굴라 황제는 무모한 방식으로 자신의 운명을 시험했다. 그는 신으로 여겨지기를 원했으며 자신을 그렇게 부르라고 지시했다. 가이우스는 최고 실력자들마저 제압했으며 마침내 그의 신성모독 정책은 유대지역에까지 미쳤다. 185. 그는 페트로니우스가 이끄는 군대를 예루살렘으로 보내 성전에 자신의 조상(彫像)을 세우라고 명했다. 유대인들이 이를 받아들이지 않을 경우, 항거하는 자 모두를 살해하고 나머지 유대인들을 전부 노예로 팔아버리라고 명을 내렸다. 그러나 하나님은 이 명령이 실현되도록 내버려두지 않으셨다. 186. 페트로니우스는 세 개의 군단을 이끌고 유대 땅으로 진군했으며 많은

117) 《유대 고대사》 18.252에 의하면, 안티파스는 갈리아 지방의 리용으로 추방되었다(39년).

시리아 용병대도 안디옥을 출발해서 유대를 향했다.[118] 187. 유대인들은 전쟁이 일어난다는 소문을 믿지 않았다. 간혹 믿는 자들도 있었지만 어떻게 대응해야 할지 막막해 할 뿐이었다. 그러나 어느새 로마 군대가 프톨레메스에 당도하자 유대인 모두는 공포에 휩싸였다.

2.188. 프톨레메스는 대평원 어귀에 있는 갈릴리 해안지역에 건설된 도시이다. 사방이 산으로 둘러싸여 있고, 동쪽으로는 약 60 스타디온 거리에 갈릴리 산악지대가 놓여 있으며, 남쪽으로 약 120 스타디온 거리에는 갈멜 산이 있다.[119] 또한 북쪽으로, 그 지역사람들이 '두로의 사다리'라고 부르는 가장 높은 산까지는 100 스타디온 거리만큼 떨어져 있다. 189. 이 도시로부터 2 스타디온 정도 거리에는 벨레우스라고 불리는 아주 작은 하천이 흐르고 있는데, 그 강둑에 멤논의 기념비가 세워져 있고 바로 그 근처에 직경 100 규빗[120] 가량의 매우 신기한 장소가 있다. 190. 이곳은 둥글게 움푹 패어 있었으며 유리모래로 이루어진 곳이다. 수많은 배들이 이곳에 와서 이 유리모래를 퍼가는데, 팬 웅덩이는 다시 채워지곤 한다. 마치 주문이라도 한 듯이 바람이 외부의 보통 모래를 싣고 와서 이 웅덩이를 채우면, 그 모래들은 곧장 유리모래로 바뀌는 것이다. 191. 이보다 더 놀라운 사실은, 이 웅덩이 밖으로 흘러나간 유리모래는 다시 보통 모래로 변한다는 것이다. 이 장소의 특징은 이와 같았다.

---

118) 《유대 고대사》 18.262에 의하면, 페트로니우스가 인솔했던 것은 두 개의 군단이었다.

119) 《유대 전쟁사》 3.35 참조.

120) 헬라어로는 '페케'(πῆχυς의 복수). 팔꿈치에서 중지(中指) 끝에 이르는 길이를 표시하는 단위로, 대략 45센티미터 정도라고 볼 수 있다.

3. 192. 유대인들은 아내와 자녀들을 모두 데리고 프톨레메스 평원에 모여, 자신들의 목숨보다도 중요한 조상의 율법을 지키게 해 달라고 페트로니우스에게 끈질기게 간청했다. 페트로니우스는 수많은 유대인이 모여 있는 모습을 보았으며, 이들의 간청에 못 이겨 한 발 양보하여, 황제의 상들과 군대를 프톨레메스에 남겨두기로 하고, 193. 갈릴리로 가서 유대인 지도자들과 백성들을 티베리아로 불러모았다. 그곳에서 그는 로마제국의 힘에 대해서, 그리고 황제의 위협적 태도에 대해 설명하고 유대인의 요구가 헛되다는 것을 납득시키고자 했다. 194. 다른 모든 속국들이 그들의 도시에 황제의 조상(彫像)을 다른 신상들과 함께 세웠는데 오직 유대인만 거부했으며, 이것은 반역행위나 마찬가지이며 황제 모독죄와 연관된다고 페트로니우스는 설명했다.

4. 195. 유대인들은 페트로니우스에게 율법과 조상들로부터 전해내려온 관습들에 대해 설명하고, 신의 형상을 만드는 것, 더욱이 인간의 형상을 세우는 것은 유대 율법에 금지되어 있으며, 이는 성전 안에만 국한된 것이 아니라 유대 땅 모든 장소에 해당된다고 호소했다. 페트로니우스는 이렇게 대답했다. “하지만 나 역시 내 주인의 법을 지켜야 한다. 내가 내 주인의 법을 어기고 너희에게 관용을 베푼다면 나는 결국 죽음을 자초하게 될 것이다. 너희와 전쟁을 치르게 될 자는 내가 아니라 나를 보내신 분이다. 너희들처럼 나도 명령을 따르는 자에 불과하다.” 196. 그러자 모든 백성들이 소리치기 시작했다. “우리는 율법을 위해 모든 것을 감수할 각오가 되어 있습니다.” 페트로니우스는 그들이 외치는 소리를 잠잠하게 하고 이렇게 물었다. “그렇다면 황제와 전쟁을 시작할 셈인가?” 197. 유대인들이 대답했다. “우리는 황제와 로마인들을 위해 하루에 두 번씩 제물을 바치고 있습니다.[121] 하지

121) 아우구스투스 황제 이래로 예루살렘 성전은 이러한 제사를 드려왔다. 《아피온 반박문》 2. 77 참조.

만 황제가 형상들을 꼭 세우겠다고 고집한다면, 먼저 유대민족 전체를 제물로 삼아야 할 것입니다. 우리는 아내와 자식들까지 포함해서 모두 죽을 각오가 되어 있습니다." 198. 그러자 페트로니우스는 누구도 흉내 내지 못할 유대인들의 신앙심과 결사적 태도를 보고 놀라움과 동정심을 동시에 느꼈다. 결국 그들은 아무런 성과도 없이 서로 헤어졌다.

5.199. 그후 페트로니우스는 며칠 동안 많은 유력자들과 면담하고 백성들과도 공개적 회합을 열었다. 이런 자리들을 통해 그는 유대인들에게 경고도 하고 조언도 했지만 대개는 로마의 힘과 가이우스의 분노와 자신의 어쩔 수 없는 처지를 설명하면서 유대인들을 위협했다. 200. 그러나 유대인들은 설득될 기미를 보이지 않았고 땅은 파종을 못할 위험에 처했다. 마침 파종시기인데도 온 백성이 벌써 50일[122] 동안이나 아무 일도 하지 않고 페트로니우스에게 몰려와 있었기 때문이었다. 그래서 그는 마지막으로 다시 한번 유대인들을 불러모아 이렇게 말했다. 201. "차라리 내가 위험을 감수하겠다. 내가 신의 도움으로 황제를 설득할 수 있다면 너희들과 함께 내 목숨도 구하게 되어 기뻐하게 될 것이고, 그러지 못해서 황제의 분노를 산다면 수많은 사람들을 위해 내 목숨을 내어놓을 각오가 되어 있다." 유대인들이 그를 위해 한없이 축복을 빌어주는 가운데 그는 백성들을 해산시켰으며, 군대를 이끌고 프톨레메스를 떠나 안디옥으로 돌아갔다. 202. 안디옥에서 그는 즉시 황제에게 자신의 유대 원정 경과와 유대인들의 간청에 대해 보고하는 서신을 보냈다. 이 서신에서 그는, 주민들뿐 아니라 유대 땅까지 잃게 되지 않으려면 유대인들이 율법을 지키도록 해주어야 하며, 황제의 명령을 철회해야 한다고 권고했다. 203. 가이우스는 이 서신에 대해 매우 냉혹한 답변을 보내어, 자신의 명령을 그토록 소극적으

122) 《유대 고대사》 18.272에 의하면 40일.

로 수행한 페트로니우스를 사형에 처하겠다고 위협했다. 그러나 이 답장을 전달하는 자들은 겨울 태풍 때문에 석 달 동안 바다에서 선상에 발이 묶여 지내야 했고, 반면 가이우스의 죽음 소식을 가져온 자들은 순탄한 여행 끝에 일찍 도착했다. 그래서 페트로니우스는 자신의 죽음을 명한 서신보다 황제의 죽음을 알리는 서신을 27일이나 먼저 받게 되었던 것이다.[123]

제 11 장 클라우디우스 황제 즉위와 아그립바 1세의 통치 및 사망

1. 204. 3년 8개월[124]의 통치 만에 가이우스 황제가 암살당하고 난 후, 클라우디우스가 군부에 의해 권좌에 오르게 되었다.[125] 205. 그러나 원로원은 충성심을 보이던 세 개의 군단을 집정관 센티우스 사투르니누스와 폼포니우스 세쿤두스에게 맡기고 나서 카피톨에 모여 클라우디우스를 반대하는 결의를 다졌다. 그 이유는 이전의 가이우스 황제가 잔혹했다는 것이었다. 원로원은 예전의 방식대로 로마제국을 귀족통치로 할 것인지, 아니면 통치자로 적합한 인물을 투표로 결정할 것인지를 논의했다.

---

123) 《유대 고대사》 18권은 페트로니우스 일화를 자세하게 보도하고 있다. 칼리굴라는 페트로니우스에게 자결할 것을 명령했다. 또한 아그립바가 칼리굴라와 유대인 사이에서 중요한 중재역할을 했다.

124) 《유대 고대사》 19.201 역시 칼리굴라의 통치기간이 3년 8개월이라고 보도한다. 그러나 실제로 그의 통치기간은 37년 3월부터 41년 1월 24일까지로 3년 10개월 동안이었다.

125) 칼리굴라 살해사건은 《유대 고대사》 19장에서 상세하게 묘사되며, 클라우디우스 등극과 관련된 아그립바의 역할은 《유대 전쟁사》에서 더 강조된다.

2. 206. 그때 마침 아그립바는 로마에 있었다. 원로원이 조언을 구하고자 아그립바를 초청했기 때문이며, 클라우디우스 쪽 역시 같은 이유로 아그립바를 필요로 했다. 즉, 아그립바는 양쪽 모두에게 필요한 존재였다. 아그립바는 클라우디우스가 이미 황제로서의 권력을 쥐고 있음을 간파하고 먼저 그를 찾아갔다. 207. 그러자 클라우디우스는 아그립바를 원로원에 보내어 자신의 입장을 전달하도록 했다. 우선 클라우디우스는 군인들이 자신을 강제로 옹립한 일에 대해서는 거부의사를 밝혔다. 그러나 그들의 열의를 무시하는 것 역시 옳지 않다고 했다. 또 통치자로 부름을 받는 것에는 위험이 따르기 때문에 현재 자기의 상황이 유리한 것만은 아니라고 말했다. 208. 덧붙여 그는 권력을 사용함에 있어 국가를 위한 선군(善君)이 될지언정 독재자가 되지는 않을 것이라고 했다. 그는 황제라는 칭호를 받은 것에 만족할 것이며, 국가에 관련된 모든 결정을 백성들에게 위임할 것이라고 말했다. 또 만일 자기의 성품이 본래 부드럽지 않다고 해도, 가이우스의 죽음은 온화한 통치의 중요성을 일깨워준 커다란 교훈이 되었다고 했다.

3. 209. 아그립바는 이 말을 원로원에 전달했다. 이에 대해 원로원은 군대를 믿고 있으며 또한 자신들의 결의가 현명하다고 생각하므로, 순순히 굴복하는 일은 결코 없을 것이라고 답변했다. 이 대답을 들은 클라우디우스는 다시 한번 아그립바를 보내 이렇게 전했다. "나는 나를 적극적으로 지지해주는 분들을 결코 배신하지 않을 것이다. 하지만 나를 철저히 반대하는 자들이 있다면, 물론 이는 결코 바라는 상황이 아니지만, 어쩔 수 없이 그들과 전쟁을 치를 수밖에 없을 것이다. 210. 그렇게 된다면 도시 바깥에 싸움터가 될 만한 곳을 정해야 할 것이다. 원로원의 사악한 자들 때문에 이 신성한 조상들의 도시가 동족에 대한 살상으로 더럽혀지는 것은 옳지 않기 때문이다." 아그립바는 클라우디우스의 이러한 답변을 듣고 가서 원로원에게 전달했다.

4.211. 이러한 와중에 원로원을 지지했던 한 군인이 칼을 뽑아들며 이렇게 소리쳤다. “동지들이여, 우리의 형제를 죽여서 무엇하겠는가? 클라우디우스 편에 있는 우리 혈족을 공격해서 무슨 득이 있겠는가? 지금 우리는 한 주인[126]을 가지게 되었으며, 그에게는 흠잡을 만한 것이 아무것도 없다. 이렇게 정당한 일들을 거역해서 우리가 무기를 들고 맞설 수 있는가?” 212. 말을 마친 그 군인은 원로원 가운데를 지나서 밖으로 나가버렸고, 그의 동료 군인들도 모두 그를 따라 나갔다. 군인들이 빠져나가자마자 귀족들은 곧바로 두려움에 빠졌다. 그 상황에서 살아남을 수 있는 다른 방법이 전혀 없었기 때문에, 그들은 클라우디우스에게 가려고 나선 군인들의 뒤를 따라 서둘러 바깥으로 나갔다. 213. 그런데 성벽 앞에서 칼을 뽑아든 군인들이 무리를 지어 그들을 향해 달려오고 있었다. 이 군인들은 행운을 잡으려고 혈안이 되어 있었던 것이다.[127] 만일 아그립바가 서둘러서 당시의 위급한 상황을 클라우디우스에게 알리지 않았다면, 다시 말해 클라우디우스가 군인들의 그와 같은 과잉충성에 대해 알지 못했다면, 원로원들 중 앞부분에 서 있던 자들은 심각한 위험에 처했을 것이다. 아그립바는 클라우디우스에게, 만약 귀족들의 피를 보려고 혈안이 된 군인들의 충동을 저지하지 않으면 황무지를 다스리는 지배자처럼 될 것이라고 충고했다. 즉, 그렇게 하지 않으면 클라우디우스의 통치를 찬란하게 빛나도록 해줄 수 있는 사람 전부를 잃게 된다는 것이었다.

5.214. 이 말을 듣고 클라우디우스는 흥분한 군인들을 곧바로 진정시켰으며, 원로원 의원들을 진영 안으로 불러들여 따뜻하게 환대했다. 그리고 나서 곧이어 그는 신에게 감사의 제물을 바치기 위해 그들과

126) 즉, 클라우디우스.

127) 황제가 될 것이 확실한 클라우디우스에게 충성심을 과시하여 출세해보겠다는 의도를 의미함.

함께 밖으로 나갔다. 215. 그후 그는 아그립바에게 그의 조부 헤롯이 다스리던 모든 지역을 하사하고, 덧붙여 아우구스투스가 헤롯에게 주었던[128] 트라코니티스와 아우라니티스도 다스리게 하였으며, 또한 뤼사니아라고 불리던 영토도 주었다.[129] 216. 클라우디우스는 아그립바에게 수여한 내용을 백성들에게 공표했고, 관리들을 시켜 이러한 하사 내용을 동판에 새겨 카피톨에 보관하라고 명령했다. 217. 또 그는 아그립바의 형제이면서 아그립바의 사위이기도 한 헤롯[130]에게 칼키스 왕국을 하사했다. 이 헤롯은 베레니케의 남편이었다.

6.218. 이렇게 거대한 영토를 소유하게 된 아그립바는 얼마 지나지 않아 상당한 부를 축적했는데, 그는 이 재산을 헛되이 낭비하지 않았다. 아그립바는 예루살렘을 에워싸는 성벽공사를 시작했다.[131] 만일 이 성벽이 완공되었다면 나중에 로마인들이 예루살렘을 포위했을 때 도저히 함락할 수 없었을 것이다. 219. 그러나 3년 동안 왕으로 통치하던 아그립바는 성벽이 높이 쌓여지기도 전에 가이사랴에서 죽고 말았다.[132] 또 아그립바는 그 이전에는 3년 동안 분봉왕국을 다스렸

---

128) 《유대 전쟁사》 1.398 참조.

129) 뤼사니아 영토에 대한 아그립바의 지배권은 이미 칼리굴라가 하사한 것이었으며, 따라서 클라우디우스는 이 지역에 대한 아그립바의 통치권을 재확인해준 셈이었다.

130) 《유대 전쟁사》 2.221에 따르면 이 헤롯은 헤롯 왕의 손녀이며 올림피아의 딸이었던 마리암메와 결혼했고, 그후 자기 조카인 베레니케와 결혼했다.

131) 북쪽을 경계하기 위해 세워진 예루살렘의 세 번째 성벽공사였다. 《유대 전쟁사》 5.151 이하; 《유대 고대사》 19.326 참조.

132) 마치 아그립바의 죽음 때문에 성벽공사가 중단된 것처럼 보이지만, 아마도 그의 죽음 이전에 공사가 중지되었을 것이다. 《유대 고대사》 19.326~327에 의하면, 시리아 총독 비비우스 마르수스가 아그립바의 성벽 건축공사 사실을 로마에 보고했으며, 황제는 아그립바가 반란을 기도한다고 의심했을 것이다. 이 아그립바 1세의 갑작스런 죽음에 관해서는, 《유대 고대사》

다.[133] 220. 아그립바는 아내 키프로스[134]를 통해 낳은 3명의 딸 베레니케, 마리암메, 드루실라[135]와 외아들 아그립바 2세[136]를 남겼다. 이 외아들 아그립바 2세는 아직 너무 어렸기 때문에,[137] 클라우디우스는 아그립바가 다스리던 왕국을 속주로 재편하여, 이곳을 관할하는 총독으로 쿠스피우스 파두스를 파견했고, 그 다음에는 티베리우스 알렉산더를 총독으로 보냈다.[138] 이 두 총독은 유대인의 전통적 관습을 존중했기 때문에 백성들을 평화롭게 다스릴 수 있었다. 221. 그 후 칼키스의 왕 헤롯도 죽었다. 그는 자기 조카딸 베레니케와 결혼하여 두 아들 베르니키아누스와 히르카누스를, 그리고 그 이전 부인이었던 마리암메에게서 낳은 아리스토불루스를 남겼다. 아그립바의 또 한 형제인 아리스토불루스는 평민으로[139] 살다가 요타페라는 딸 하나를 남기고 죽었다.[140] 222. 앞서 언급한 바와 같이 이 세 형제는 헤롯 왕의 아들 아리스토불루스의 자식이다. 서로 형제간이었던 아리스토불루스

19.343~350; 사도행전 12:19~23을 보라.

133) 헤롯 왕 사후 팔레스타인은 넷으로 분할되어 세 명의 분봉왕들(아르켈라우스, 안티파스, 빌립)에 의해 통치되었다. 아그립바 1세는 이 분봉왕들의 영토를 차례로 넘겨받았고, 공식적인 '왕'의 칭호를 부여받아 다스린 것은 클라우디우스 황제의 통치가 시작된 41년부터 44년까지이다.

134) 키프로스는 헤롯 왕의 조카 파사엘과 헤롯 왕의 딸 살람프시오스 사이에서 태어났다(《유대 고대사》 18.130~131).

135) 드루실라는 유대 총독 안토니우스 펠릭스와 결혼했다(《유대 고대사》 20.142; 사도행전 24:24.)

136) 헬라어 본문에는 '아그립바'로 되어 있으나, 아버지 아그립바와 구별하기 위해 아그립바 2세로 부른다.

137) 당시 아그립바 2세는 17세였다(《유대 고대사》 19.354).

138) 파두스의 재임기간은 44~46년이었으며(《유대 고대사》 19.363 이하), 알렉산더의 재임기간은 46~48년이었다(《유대 고대사》 20.100 이하).

139) 또는 '평범하게'(ἰδιώτης) 살았다는 번역도 가능하다.

140) 요타페는 에메사의 공주였던 어머니의 이름을 따른 것이다(《유대 고대사》 18.135).

와 알렉산더는 마리암메가 헤롯 왕에게 낳아준 자식이었으나 아버지 헤롯에게 살해당했다. 알렉산더의 후손들은 대(大) 아르메니아 지역을 다스리게 되었다.

제 12 장 쿠마누스와 펠릭스 총독 당시 발생한 사건들, 네로의 즉위

1. 223. 칼키스의 통치자 헤롯이 죽자,[141] 클라우디우스는 아그립바의 아들 아그립바 2세에게 삼촌인 칼키스의 헤롯의 지역을 넘겨주었다. 그리고 나머지 지역은 알렉산더의 후임 쿠마누스 총독이 다스리게 했다. 쿠마누스 총독 통치기에 유대인들의 폭동과 유혈사태가 또다시 발생했다. 224. 무교절을 지내기 위해 많은 무리가 예루살렘에 모여들었다. 로마군은 성전 회랑의 지붕에 대기하고 있었는데, 이는 유대인의 절기 때마다 운집한 군중을 감시하기 위해서 중무장 상태를 유지하여 폭동을 방지하기 위해서였다. 그런데 군인 가운데 하나가 자기 겉옷을 들어올리고 등을 숙여 유대인들을 향해 엉덩이를 드러내는 모욕적인 행동을 하며, 이런 짓에 걸맞게 큰 소리를 질러댔다. 225. 그러자 온 무리가 크게 분개하며 쿠마누스에게 그 군인을 처벌하라고 소리쳤다. 자제력을 잃은 몇몇 젊은이들과, 군중들 가운데 본래 저항적 기질을 타고난 일부 사람들은 싸울 태세를 취하고 돌을 집어들어 로마 군인들에게 던져댔다. 226. 쿠마누스는 온 백성이 자기를 공격할지도 모른다는 두려움 때문에 중무장한 군인들을 더 많이 파병했다. 군인들이 회랑으로 물밀듯이 밀려들어오자 유대인들은 커다란 공포에 휩싸였다. 그래서 그들은 발길을 돌려 성전을 벗어나 도시 쪽으로 달아나려

141) 칼키스의 헤롯은 48년에 사망했다(《유대 고대사》 20.104).

고 했다. 227. 출구 쪽으로 한꺼번에 사람들이 몰려들면서 서로 밟히며 밟으며 짓눌리는 바람에 3만 명[142] 이상이 죽고 말았다. 그래서 이 축제일은 온 백성과 모든 가정의 슬픔의 날이 되었다.

2. 228. 이러한 사건이 있고 난 후, 강도떼가 또다른 폭동을 일으켰다. 강도떼는 벳호론[143] 근처의 길에서 황제의 노예 스테파누스라는 자를 습격하여 그의 짐을 빼앗은 것이다. 229. 쿠마누스는 부하들에게 강도들을 추격해서 체포하지 못한 점을 질책하면서, 그들을 보내 그 주변마을들에 사는 주민들[144]을 붙잡아 자기 앞에 끌어오라고 명령했다. 이런 상황 중에 로마병사 하나가 어떤 마을에서 거룩한 율법서를 발견했는데, 그는 이 책을 찢어서 불 속에 집어던져버렸다.[145] 230. 그러자 유대인들은 마치 마을 전체가 불타버린 것처럼 흥분했다. 그리고 그들은 신앙적 열정으로 무장하고, 모든 사람이 서로에게 이 사실을 급히 알려 한 곳에 결집해서, 함께 가이사랴에 있는 쿠마누스에게로 갔다. 그들은 쿠마누스에게 하나님과 율법을 모독한 그 자를 처벌하지 않으면 안 된다고 강력하게 요청했다. 231. 무리의 요청을 들어주지 않으면 조용해지지 않을 것을 알고 쿠마누스는 그 병사를 끌고 오라고 명했다. 총독은 그를 유대인 고발자들의 눈앞에서 처형했고, 그러자 유대인들은 물러갔다.

---

142) 반면 《유대 고대사》 20.112는 이때 사망한 사람의 숫자를 2만 명으로 보도한다.

143) 벳호론은 예루살렘에서 가이사랴 방향에 있었다. 《유대 전쟁사》 2.546~547 참조.

144) 《유대 고대사》 20.114에 의하면, 이들은 '지도층 인물들'이었다.

145) 이러한 행동은 토라를 철저히 준수한 젤롯당에 대한 거부감의 표현이었을 것이다. 본문에 나타난 '강도떼'라는 표현은 젤롯당과 관련이 있을 것이다.

3.232. 또한 갈릴리와 사마리아 사람들 사이에서 충돌이 발생했다. 사마리아의 넓은 평야지대에 있는 마을 게마 근처에서, 절기를 지내기 위해 예루살렘으로 가던 많은 유대인 가운데 갈릴리 출신의 한 사람이 살해당했다.[146] 233. 그러자 수많은 갈릴리인들이 들고 일어나 사마리아와 전쟁을 벌이려고 했다. 갈릴리인들 가운데 유력한 인사들이 급히 쿠마누스에게로 가서 돌이킬 수 없는 사태가 벌어지기 전에 갈릴리로 와서 살해사건을 저지른 범인들을 처벌할 것을 강하게 요구했다. 또 그렇게 해야만 전쟁이 벌어지지 않고 무리가 해산될 수 있다고 말했다. 그러나 쿠마누스는 당시 처리해야 할 다른 일들을 더 중요하게 생각했기 때문에 그들의 간곡한 요청을 무시하고 돌려보냈다.[147]

4.234. 이 살해소식이 예루살렘에 알려지자 백성들은 동요했다. 이들은 축제현장을 떠나 지휘관도 없이 사마리아를 향해 길을 떠났다. 백성의 지도자들이 만류했지만 그들은 말을 듣지 않았다. 235. 그들 중 강도들과 선동가들을 이끌던 자는 디내우스의 아들 엘르아살과 알렉산더였다.[148] 그들은 아크라바테네 접경지대에서 나이를 불문하고 사람들을 죽이고 마을들을 불살랐다.

5.236. 이때 쿠마누스는 심각한 상황에 처한 이들을 돕기 위해서 세바스테인들이라고 불리는 기병들[149]을 이끌고 가이사랴를 떠나 이곳에 도착했다.[150] 그는 엘르아살을 따르던 많은 자들을 체포했는데,

146) 《유대 고대사》 20.118; 누가복음 9:52 이하 참조.

147) 《유대 고대사》 20.119에 의하면, 쿠마누스는 사마리아인들로부터 뇌물을 받았다.

148) 《유대 고대사》 20권에는 엘르아살만이 언급된다.

149) 사마리아 출신의 기병대에 관해서는 《유대 전쟁사》 2.52, 63을 참조하라.

150) 《유대 고대사》 20.122에 의하면, 쿠마누스는 이밖에도 네 개의 부대를 더 동원했다.

체포된 자의 수보다 죽음을 당한 사람의 수가 더 많았다. 237. 사마리아 사람들과 싸우기 위해서 급히 달려온 무리 앞에 예루살렘의 지도층 인사들이 도착했다. 이 지도자들은 베옷을 걸쳐입고 머리에 재를 뿌린 채로 와서 백성들에게 다시 돌아가줄 것을 간청했다. 이들은 사마리아 사람들에게 행한 보복 때문에 로마가 예루살렘을 공격하는 일은 없을 것이라고 설득하였다. 그들은 희생된 갈릴리 사람 하나에 대한 복수 때문에 이 모든 것이 초토화될 위험에 처해 있다고 경고했다. 238. 이와 같은 말에 설득된 유대인들은 자진해서 해산했다. 그러나 많은 자들이 강도들의 활동에 동참하게 되었는데, 이는 그러한 강도질을 아주 쉽게 할 수 있는 것처럼 보였기 때문이다. 그래서 모든 마을에서 강도들의 습격사건이 빈번하게 발생했으며 아주 대담한 자들은 노골적으로 폭동을 일으키기도 했다. 239. 한편 사마리아의 지도층 인사들 역시 시리아 총독 움니디우스 쿠아드라투스를 만나러 두로에 도착하여 그들의 마을을 황폐하게 만든 자들을 처벌하라고 강하게 요청했다. 240. 그러나 다른 한편, 유대인 지도층 인사들과 아나누스의 아들인 대제사장 요나단[151] 도 찾아와서 살인행위를 저지른 사마리아인들이야말로 폭동의 원인 제공자라고 비난했다. 또한 그들은 살인자들에 대한 처벌 요청을 묵살한 쿠마누스는 사태가 악화된 상황을 책임져야 한다고 주장했다.

6. 241. 쿠아드라투스는 양측 모두를 위로하고, 자신이 그 지역에 직접 가서 모든 것을 면밀하게 조사하겠다고 답했다. 그는 가이사랴에 가서 쿠마누스가 잡아들인 유대인 모두를 십자가에 처형했다. 242.

---

151) 아나누스(안나스, 요한복음 18:13)의 아들 요나단은 대제사장 집단의 일원이었지만 대제사장직을 직접 맡지는 않았다. 대제사장직에 있던 자는 사실 아나니아였다(《유대 고대사》 20.103). 이후 요나단은 시카리파의 첫 희생자가 된다(《유대 전쟁사》 2.256).

그는 그곳을 떠나 룻다로 가서 다시금 사마리아 사람들의 말을 들어보았다. 그리고 싸움에 가담했던 18명의 유대인을 참수형에 처했다.[152] 243. 그는 두 명의 또다른 유대인 지도층 인사와 대제사장 요나단과 아나니아, 그 아들 아나누스[153] 및 몇몇 상류층의 유대인들, 그리고 사마리아의 지도층 인사들을 황제에게 보냈다. 244. 또한 그는 쿠마누스와 천부장 켈레르에게 로마로 가서 그동안 벌어진 상황들을 상세하게 보고하라고 명령했다. 이렇게 일을 종결한 뒤, 그는 룻다를 떠나 예루살렘에 가서 백성들이 평화로운 상태로 무교절을 지내고 있음을 확인하고 안디옥으로 돌아왔다.[154]

7. 245. 로마에서 황제는 쿠마누스와 사마리아인들의 보고를 들었다. 이때 아그립바 2세가 함께 있었는데, 그는 적극적으로 유대인 편을 들었다.[155] 한편 로마의 상류층 가운데 많은 이들은 쿠마누스를 옹호했다. 황제는 사마리아 사람들의 유죄를 인정하고 그 중 중요한 위치에 있는 세 사람을 처형하라고 명령했으며 쿠마누스를 추방 조치했다. 246. 그리고 황제는 켈레르를 결박하여 예루살렘으로 송환시켜 고통을 당하도록 유대인들에게 넘겨주었다. 켈레르는 예루살렘 도시에서 끌려다니다가 참수되었다.

---

152) 반면 《유대 고대사》 20. 130은 처형된 자가 5명이라고 보도한다.

153) 《유대 고대사》 20. 130에 의하면, 아나누스는 '성전 대장'이었다. 《유대 고대사》 기록에는 요나단의 이름이 빠져 있다.

154) 사건의 시작이 유월절 기간이기 때문에, 이 사건은 1년 동안 지속되었다고 볼 수 있다(51~52년).

155) 아그립바 2세는 황제의 아내 아그립피나와의 친분을 토대로 영향력을 행사할 수 있었다(《유대 고대사》 20. 135).

8. 247. 그후 황제는 팔라스의 형제인 펠릭스를 유대와 사마리아와 베레아를 담당하는 총독으로 파견했다.[156] 황제는 그때까지 칼키스를 통치하던 아그립바 2세에게 새로운 영토를 선사했다. 즉, 황제는 과거 빌립이 다스렸던 트라코니티스, 바타네아, 가울라니티스 지역을 그에게 주고, 게다가 뤼사니아 왕국과 과거 바루스의 영토도 덧붙여 주었다.[157] 248. 클라우디우스는 13년 8개월 20일 동안 황제로 군림하고 사망했다.[158] 그의 후계자는 네로였다. 249. 클라우디우스에게는 첫 번째 부인 멧살리나를 통해 낳은 혈육의 아들 브리탄니쿠스가 있었지만, 입양된 아들 네로가 클라우디우스의 아내 아그립피나의 계략에 의해 향후 로마제국의 권력을 승계했으며, 네로는 클라우디우스의 딸 옥타비아와 결혼했다. 또한 클라우디우스는 안토니아에게서 페티나라는 딸을 낳았다.

제 13 장 네로 즉위 이후 유대 및 가이사랴에서 발생한 사건들

1. 250. 네로가 자행한 모든 일들, 즉 순리를 역행한 행위와 재물에 대한 탐욕과 운명의 힘을 기만하려고 자기 형제와 아내와 어머니를 살해한 행위들, 그리고 이러한 그의 잔혹함에 덧붙여 로마제국의 인재들을 희생시킨 일들, 251. 그래서 결국은 그의 이런 실패들이 무대와 극

---

156) 52~60년에 유대 총독을 맡은 안토니우스 펠릭스는 그 형제 팔라스와 마찬가지로 클라우디우스 황제의 모친 안토니아에 의해 자유민이 된 노예 출신이었다. 그는 아그립바 2세의 누이 드루실라의 남편이었다(《사도행전》 24~26장 참조).

157) 이 바루스는 《요세푸스 자서전》 48 이하에 언급된 아그립바 2세의 관료였던 것같다.

158) 《유대 고대사》 20.148에 의하면, 클라우디우스의 통치기간은 41년 1월 24일부터 54년 10월 14일까지였다.

장에서 우스갯거리로 되어버리게 만들었던 사건들과 관련된 모든 일을 누구나 알고 있는 것으로 간주하여 생략하고자 한다. 그 대신 그의 통치기간 동안 유대지역에서 발생한 일들만을 언급하기로 한다.

2.252. 네로는 헤롯의 아들 아리스토불루스[159]에게 소(小)아르메니아 지역에 대한 통치권을 넘겨주었다. 그리고 아그립바 2세의 영토에 4개의 도시를 관할지구로 추가해주었는데, 이는 아빌라, 베레아에 있는 율리아, 타리케아, 갈릴리에 있는 티베리아였다. 그리고 유대지역의 총독으로 펠릭스를 임명했다.[160] 253. 펠릭스는 20년 동안 유대지역을 시끄럽게 했던 강도떼의 두목 엘르아살[161]과 그의 많은 패거리들을 생포하여 로마로 압송했다. 그는 많은 강도들을 십자가형에 처했고, 이들과 결탁했던 것으로 밝혀진 주민들 가운데 무수히 많은 자들도 처형했다.

3.254. 나라는 좀처럼 조용해지지 않았다. 왜냐하면 예루살렘에 시카리파라는 새로운 강도단이 등장했기 때문이다.[162] 그들은 환한 대낮에 도시 한가운데에서 살인을 일삼는 자들이었다. 255. 특히 그들은 축제일에 무리 가운데 섞여 있다가 옷 속에 숨겨둔 칼로 상대방을 찔러 살해했다. 적이 쓰러지면 살인자들은 군중 사이로 숨어들어가 무리의 일부인 것처럼 행세했다. 이런 뻔뻔한 행위가 도처에서 자행되었

159) 칼키스의 통치자 헤롯의 아들을 말한다(《유대 전쟁사》 2.221).

160) 《유대 전쟁사》 2.247에서 클라우디우스가 파견했던 펠릭스를 총독으로 재임명했다.

161) 젤롯당의 지도자였던 엘르아살에 관해서는 《유대 전쟁사》 2.235를 참조하라.

162) 시카리파라는 명칭은, 이들이 몸에 지니고 다닌 짧고 구부러진 칼(*sica*)에서 유래했다(《유대 고대사》 20.186). 또한 사도행전 21:38; 《유대 전쟁사》 7.253~274; 《유대 고대사》 20.160~166을 참조하라.

으므로 이들이 발각되기는 쉽지 않았다. 256. 시카리파의 첫 번째 희생자는 대제사장 요나단이었다. 그 이후 거의 매일 많은 사람이 살해되었다. 그러나 그러한 살인사건보다 더 심각한 것은 모든 사람이 시시때때로 전쟁상황과 같은 죽음의 공포를 겪고 있었다는 사실이다. 257. 사람들은 멀리서부터 의심스러운 상대방을 경계했으며 심지어 친구라 하더라도 가까이 다가오면 의심을 했다. 이러한 의심과 각별한 주의에도 불구하고 살해 음모자들이 워낙 재빠르게 행동하고 민첩하게 몸을 숨겼기 때문에 살해사건은 계속해서 발생했다.

4. 258. 또다른 사악한 집단들이 등장했다. 이들은 무기를 들고 있지는 않았으나 살인을 일삼는 자보다도 더 악독한 마음을 먹고 예루살렘의 평화를 파괴하려는 사람들이었다. 259. 그들은 사기꾼이자 거짓말쟁이였으며, 하나님의 계시를 받았다고 속여서 소요와 폭동을 선동하기를 일삼았다. 마침내 그들은 백성을 광야로 이끌고 가서,[163] 거기서 하나님이 이스라엘 백성의 독립을 선포하시는 표적을 보여줄 것이라고 말했다. 260. 펠릭스는 이를 반란의 첫 조짐으로 파악하고 기병대와 중무장한 군인들을 보내어 수많은 사람들을 죽였다.

5. 261. 유대인들에게 이보다 더 심각한 피해를 몰고 온 자는 이집트 출신의 한 거짓 예언자였다. 이 자는 속임수를 사용하여 기적을 행했고 자기를 예언자라고 말했다. 속임수에 넘어간 3만 명의 사람이 그의 주위에 모여들었다.[164] 262. 그는 사람들을 이끌고 광야를 돌아

163) '광야로 나간다'는 의미는 출애굽의 모세와 같이 유대인의 해방을 약속하는 표적을 보여주는 것으로, 유대인들의 전통적 신앙관을 반영하고 있다. 마태복음 23:24~28 등을 참조하라.

164) 폭동을 일으키고 '4천 명'의 자객(시카리인)을 이끌고 광야로 나간 그 이집트 사람이라고 보도하는 사도행전 21:38의 기록과 대조를 이룬다.

올리브 산이라고 불리는 곳으로 갔다. 그는 자기와 동행한 무장한 자들의 도움을 받아 무력으로 예루살렘에 쳐들어가서 로마 주둔군을 습격하고, 자신은 백성 위에 군림하는 주권자가 될 것이라고 외쳤다. 263. 펠릭스는 로마병사들을 동원해 이 자를 공격했다. 온 유대 백성도 로마에 맞서 방어에 힘을 쏟았다. 그 결과 그 이집트인을 포함한 소수의 사람들은 도주할 수 있었으나, 그의 추종자 대다수는 죽거나 체포되었다. 나머지 사람들은 각자의 집으로 돌아가 피신했다.

6.264. 이 사태가 진정되자, 마치 병든 몸에 염증이 도지듯 또다른 지역에서도 소동이 일어났다. 마술사들과 강도들이 결탁하여 많은 사람을 현혹해 반란을 일으키도록 부추기고 독립을 위해 싸울 것을 종용했다. 그리고 로마의 지배에 계속해서 복종하는 자들은 죽음을 당할 것이라고 위협했으며, 자발적으로 종노릇을 하려는 사람이 있다면 그러한 자도 강제로 해방시켜야 한다고 주장했다. 265. 이들은 서로 나뉘어서 마을들로 다니며 상류층이 사는 집들을 약탈하고 그들을 살해했으며 마을에 불을 질렀다. 유대의 모든 지역이 이들의 광기로 가득 찼다. 나날이 전쟁은 지속되었다.

7.266. 가이사랴에서는 또다른 형태의 소란이 발생했다.[165] 가이사랴에 거주하는 유대인들이 그곳에 사는 시리아 출신 주민들에 맞서 들고일어났던 것이다. 유대인들은 가이사랴 도시가 자기들의 소유며 이는 그 도시를 건설한 자는 유대인, 즉 헤롯 왕이기 때문이라고 주장했다. 한편 시리아인들은 가이사랴가 유대인에 의해 세워진 것은 인정하지만 그 도시에 대한 소유권은 헬라인에게 있다고 주장했다. 만일 헤롯이 그 도시를 유대인들을 위한 도시로 건설했다면, 이곳에 사람의

---

165) 사도행전을 참조하면, 이 사건이 발생한 시점과 바울이 예루살렘에서 체포되어 가이사랴로 압송될 시점이 서로 일치했을 가능성이 있다(59~60년).

형상들이나 신전들을 세우지 않았을 것이기 때문이라는 것이다.[166] 267. 이러한 공방이 오가다가 얼마 지나지 않아 무기를 동원한 싸움으로 발전하였다. 흥분한 양측 사람들은 피를 흘리며 매일 싸웠다. 유대인 장로들도 자기편의 폭도들을 자제시킬 수 없었고, 헬라인들도 유대인에게 굴복하는 것은 수치스러운 일이라고 여겼다. 268. 유대인들이 더 재산도 많고 체격조건도 좋아서 유리했던 반면, 헬라인들은 군인들의 지원을 받을 수 있다는 점에서 유리했다. 가이사랴에 주둔한 로마 부대는 대부분 시리아에서 선발된 자들로 구성되어 있었기 때문에, 동족 출신이라는 이유로 언제든지 헬라인들을 도와줄 태세였다. 269. 관리들은 소란을 진정시키기 위해 애썼다. 그들은 싸움의 주동자들을 계속해서 잡아들여 태형에 처하고 투옥했다. 그러나 체포된 자들에게 가해지는 고통이 다른 사람들을 진정시키거나 혹은 두렵게 만들었던 것이 아니었다. 오히려 그들을 자극하여 더 심한 폭동을 야기했다. 270. 한번은 유대인들이 승리를 거두었는데, 이때 펠릭스가 광장으로 가서 위협적 어조로 유대인들에게 철수하라고 명령했으나 유대인들은 이 말에 순종하지 않았다. 그러자 펠릭스는 공격을 명했고, 군인들은 많은 유대인들을 살해하고 재산을 약탈했다. 그럼에도 불구하고 싸움이 계속되자 펠릭스는 양측의 지도자들을 선발하여 네로에게 사절단으로 가서 그곳에서 각자의 권리를 주장하라고 했다.

---

166) 가이사랴는 팔레스틴 최대의 항구도시로 경제중심지였을 뿐만이 아니라 가장 이국적인 도시로, 아우구스투스를 기념하는 거대한 신전이 있었으며 로마 총독의 관저가 이곳에 있었다. 《유대 고대사》 20. 173을 참조하라.

제 14 장 플로루스 총독의 학정과 전쟁의 불씨가 된 가이사랴 분쟁

1. 271. 펠릭스의 뒤를 이은 베스도 총독은 여러 지방에서 벌어지고 있는 큰 소란들을 해결하려고 전력을 다했다. 그는 많은 강도들을 체포하여 그 중 대다수를 처형했다. 272. 베스도의 후임 알비누스의 통치방식은 아주 달랐다.[167] 알비누스가 저지르지 않은 악행은 찾기 힘들 정도였다. 273. 알비누스는 공적 업무를 수행하면서 백성의 재산을 빼앗고 강탈했으며, 또한 무거운 세금으로 온 백성을 괴롭혔다. 그뿐만이 아니라 강도질을 하다가 관청과 그 이전 총독들에게 붙잡혀 투옥된 자들로부터 뇌물을 받고 그들을 집으로 돌려보냈다. 그래서 돈을 바치지 않은 죄수들만 감옥에 남아 있게 되었다. 274. 이 당시 예루살렘에서 반란을 일으키는 모든 자들의 행동 또한 점점 대담해져갔다. 그 중 지도적 위치에 있던 자들은 알비누스를 매수했다. 그래서 알비누스는 그들이 위협적이지 않을 정도의 소란을 일으키는 것은 허용해 주었다. 그러나 평화로운 상황을 싫어했던 군중은 알비누스의 보호 아래 있던 그 자들과 결탁했다. 275. 이 각각의 집단들은 각자의 패거리와 함께 몰려다니며 군중 사이에서 마치 자신이 강도떼의 두목이나 독재자라도 되는 것처럼 행동했다. 무기를 든 자들은 선량한 사람들을 약탈했다. 276. 약탈당한 자들은 불만을 토로할 수도 없었고, 오히려 입을 다물고 있어야 했다. 또 아직 피해를 입지 않은 사람들도 그와 같은 일을 당할까 봐 두려워서 사형에 처해져야 마땅한 그 자들에게 아부할 수밖에 없었다. 의사표현의 자유가 완전히 사라졌으며 독재적

167) 베스도 총독이 갑자기 사망하자(《유대 고대사》 20. 200) 알비누스가 파견되었다.

억압이 끝없이 행해졌다. 이때부터 장차 닥칠 예루살렘 멸망의 씨앗이 뿌려지고 있었던 것이다.

2. 277. 알비누스는 그와 같은 인물이었다. 그러나 그의 후임 게시우스 플로루스에 비하면 알비누스는 매우 덕망 있는 사람으로 보일 것이다.[168] 알비누스의 악행은 적어도 비밀리에, 그리고 불안과 염려 속에 이루어졌지만, 게시우스는 노골적으로 백성들을 학대했으며 마치 방금 사형집행인으로 임명된 사람처럼 어떠한 약탈과 폭력의 기회도 놓치지 않으려고 했다. 278. 그는 동정심에 관해서는 가장 잔혹한 자였고, 수치심에 관해서는 가장 뻔뻔한 자였다. 누구도 그가 했던 것만큼 진실을 왜곡한 자는 없었으며, 그 누구도 그가 행한 범죄만큼의 범행방법을 생각해낼 수 없었다. 그는 한 사람을 수탈하는 것 정도는 대수롭지 않게 여겼고, 온 도시를 약탈하고 수많은 백성을 살해한 자였다. 그는 약탈품의 일부를 자기에게 바칠 수 있으면 누구든지 강도질을 해도 좋다고 공개적으로 선포하지만 않았을 뿐이다. 279. 이와 같은 그의 탐욕 때문에 모든 도시들이 황폐해졌고, 많은 사람들은 조상의 전통에 따라 살아오던 고향을 떠나 이방땅으로 이주하게 되었다.

3. 280. 시리아 총독 케스티우스 갈루스가 시리아에 머무는 동안에는, 유대인들이 플로루스를 고발하기 위해 갈루스에게 사절단을 보낼 엄두를 내기 어려웠다. 그러던 중 갈루스가 무교절 직전에 예루살렘을 방문하자 3백만 명 이상의 군중이 모여들어 그에게 간청했다. 그들은 백성들이 처한 곤경을 불쌍하게 여겨 달라고 외치며, 나라를 황폐하게 만든 플로루스를 비난하는 목소리를 높였다. 281. 그러나 케스티우스 옆에 있던 플로루스는 이 소리를 듣고 비웃었다. 케스티우스는 흥분한

168) 요세푸스는 유대 총독 14명 가운데 플로루스를 최악의 인물로 평가한다.

군중을 진정시키고 나서 앞으로는 플로루스가 그들을 보다 자비롭게 통치하도록 조치를 취하겠다고 약속한 후에 안디옥으로 돌아갔다. 282. 플로루스는 케스티우스를 가이사랴까지 배웅하면서 실제상황을 숨기며 그를 속였다. 이미 플로루스는 유대민족과의 전쟁을 예상하고 있었다. 왜냐하면 오직 전쟁을 통해서만 자기 자신의 범죄들을 은폐할 수 있으리라고 기대했기 때문이다. 283. 그의 속셈은 이러했다. 만일 평화가 유지되면 유대인들은 언젠가는 자신을 고발하려고 황제에게 갈 것이므로, 유대인들의 반란을 유도하려고 했다. 전쟁과 같은 중대한 혼란사태의 발생은 자기의 실책보다 훨씬 더 심각한 일이기 때문에 자기 과오가 숨겨질 것이라고 생각했다. 그래서 플로루스는 백성들의 고통을 날마다 가중시켜 폭동사태를 조장하려고 했다.

4.284. 그러는 동안 가이사랴의 헬라인들은 네로의 법정에서 그 도시에 대한 자신들의 통치권을 주장하는 재판에서 승리를 거두고,[169] 이 결정에 관한 인증서를 받아가지고 돌아왔다. 하지만 네로 통치 12년, 즉 아그립바 2세 통치 17년이 되는 해 아르테미시우스 월에 전쟁이 발발하고 말았다.[170] 285. 전쟁의 발단이 된 사건은 전쟁의 결과로 빚어진 엄청난 참상에 비하면 거의 아무것도 아니었다. 가이사랴에 유대인 회당이 하나 있었는데, 이 회당에 바로 인접한 땅의 소유자는 가이사랴에 거주하던 한 헬라인이었다. 유대인들은 그 땅을 매입하려고 수 차례나 애를 썼으며 그 땅의 실제가치보다 몇 배나 되는 가격을 제시했다. 286. 하지만 땅소유주는 유대인들의 청을 들어주지 않았고 오히려 비웃기라도 하듯이 그 자리에 작업장을 만들어버렸다. 그 결과 유대인들은 협소한 길을 통해 매우 불편하게 통행할 수밖에 없게 되었

169) 《유대 전쟁사》 2.270 참조.

170) 66년 5월. 요세푸스가 《유대 전쟁사》의 기록에서 사용한 달(月) 이름은 마케도니아 달력에 의한 것이다.

다. 처음에는 흥분한 몇 사람의 청년들이 달려와서 공사를 방해했다. 287. 그러나 플로루스가 유대인들의 불법적 시도를 금지시키자, 세리 요한을 포함한 유대인 지도층 인사들이 은 8 달란트를 들고 플로루스를 찾아가 공사를 중단시켜 달라고 설득했다. 288. 돈에 욕심이 생긴 플로루스는 모든 일을 원하는 대로 해주겠다고 약속했다. 그러나 그는 돈을 챙기고 나서 즉시 가이사랴를 떠나 세바스테로 갔다. 그리고 그는 마치 유대인들이 직접 그 문제에 대해 싸울 수 있는 허가증을 수여하는 것과도 같이, 마음대로 소요를 일으킬 수 있도록 해주었다.

5. 289. 다음날은 안식일이어서 유대인들이 회당에 모여들었다. 그때 가이사랴 주민 중에 싸움걸기를 좋아하는 어떤 사람이 회당입구 쪽에 항아리를 엎어 세워놓고 그 위에 새를 제물로 바치기 시작했다.[171] 이를 본 유대인들은 몹시 분노했다. 왜냐하면 그런 행위는 그들의 율법을 모욕하고 그 지역을 더럽히는 것이었기 때문이다. 290. 유대인 가운데 이성적이고 온순한 편이었던 사람들은 빨리 통치권자에게 달려가 도움을 청해야 한다고 생각했지만, 폭력을 좋아하는 혈기왕성한 젊은이들은 분노에 가득 차 싸움을 벌이려고 했다. 이미 가이사랴인들은 소요가 발생되도록 계략을 짜놓았던 것이다. 즉, 그와 같은 제사의 행동을 한 사람은 계획에 따라 가이사랴인들이 미리 보낸 자였다. 이렇게 해서 순식간에 무력충돌이 발생하게 되었다. 291. 기병대 사령관 유쿤두스가 이를 중재하는 임무를 맡아 개입했다. 그는 항아리를 빼앗고 소란을 진정시키려고 애썼다. 그러나 흥분한 가이사랴인들을 막을 수 없었다. 그래서 유대인들은 율법책을 모아서 나르바타로[172] 물러갔다. 이곳은 유대인 마을로 가이사랴에서 60 스타디온 떨

171) 율법에 의하면, 나병에 걸린 사람은 항아리를 엎어놓고 그 위에서 새를 죽여 제사를 드려야 했다(레위기 14:4~5). 즉, 이 가이사랴 사람의 행위는 유대인들을 나병환자 취급하여 경멸하는 행동이었다.

어져 있었다. 292. 요한이 이끄는 12명의 유대인 지도자들은 세바스테로 가서 플로루스에게 이 상황에 대해 하소연하고 도움을 요청했다. 그러면서 그들은 그에게 뇌물로 바쳤던 은 8 달란트를 조심스럽게 상기시켰다. 그러나 플로루스는 율법 두루마리를 가이사랴에서 가지고 나갔다는 죄목을 씌워 오히려 이들을 체포해 투옥했다.

6.293. 이 일로 예루살렘 주민은 분개했지만 아직은 분노를 억제하고 있었다. 그런데 플로루스는, 황제가 돈이 필요하다는 이유를 내세워 병사들을 성전 금고로 보내서 17 달란트를 가져오게 했으며,[173] 플로루스는 이렇게 전쟁발발의 원인을 제공했다. 294. 그러자 즉시 군중이 모여들어 큰 소리로 황제의 이름을 부르면서 플로루스의 학정으로부터 자신들을 해방시켜 달라고 외치며 성전으로 달려갔다. 295. 소요를 일으킨 자들 가운데 어떤 사람들은 고함을 지르며 플로루스를 향해 아주 심한 욕설을 퍼부었으며 궁핍하고 불쌍한 플로루스를 위해 동전 한 푼을 동냥해 달라고 구걸하며 바구니를 들고 돌아다녔다. 그러나 이러한 정황들은 플로루스의 탐욕심을 억제하기보다는, 오히려 그를 더욱 분노하게 만들었다. 296. 그는 우선 전쟁의 불씨를 없애려고 노력하거나, 자기 때문에 일어난 문제의 원인들을 제거하기 위해 가이사랴로 가는 대신, 무기를 동원하여 로마군 기병 및 보병부대를 이끌고 예루살렘으로 진격하여 위협과 협박으로 예루살렘을 약탈하여 이 사태를 해결하고자 했다.

7.297. 그러나 유대인들은 플로루스에 대한 보복을 주장했던 사실을 무마하려고 그를 정중하게 영접하면서 환호성을 지르며 플로루스 총독

---

172) 《유대 전쟁사》 2.7 참조.

173) 아마도 유대인들이 납부할 세금이 연체되었기 때문일 것이다. 《유대 전쟁사》 2.403 참조.

의 군대를 마중 나갔다. 298. 하지만 플로루스는 50명의 기병과 함께 백부장 카피토를 먼저 보내서 이렇게 통보했다. "꺼져버려라! 내 앞에서 정중한 척 나를 속이려 하지 마라! 너희는 그토록 야비한 방식으로 나를 모욕하지 않았느냐? 299. 너희가 그렇게 용감하고 솔직한 자들이라면 지금 이 순간에도 나를 조롱해야 옳을 것이다. 너희들이 독립을 원한다면 입으로만 말하지 말고 무기를 들어서 보여주어야 할 것이다." 300. 이 말을 들은 무리는 몹시 두려워했다. 카피토의 기병들이 무리 가운데로 달려들어오자 유대인들은 도망하여 흩어졌다. 플로루스를 환영하거나 로마군인들에게 복종한다는 증거를 보일 겨를도 없이 말이다. 그들은 집으로 돌아가 공포와 절망 가운데 그날 밤을 보내야 했다.

8. 301. 그날 플로루스는 왕궁으로 올라갔다. 그리고 다음날 그는 왕궁 앞에 재판정을 만들고 자리에 앉았다. 대제사장들과 예루살렘의 지도적 인물들과 고위층 인사들이 와서 재판정 앞에 섰다. 302. 플로루스는 이들에게 자기를 모욕한 자들을 끌어오라고 명령했다. 만일 범인들을 데려오지 않으면, 그들이 직접 복수를 당하게 될 것이라고 했다. 그러자 그들은 이렇게 말했다. "유대인은 평화로운 백성입니다. 그들이 무례한 말을 했던 일은 너그럽게 용서해주시기 바랍니다. 303. 이렇게 많은 군중 가운데 만용을 부린 몇몇 사람과 미성숙한 젊은이들이 있을 수 있다는 사실은 이상한 일이 아닐 것입니다. 또 이 중에서 잘못을 저지른 자를 색출해내기는 어렵습니다. 그 자들은 잘못을 뉘우쳤으며, 또 두려워서 자기의 범행을 부인할 것입니다. 304. 만일 당신이 백성의 평화를 유지하기 원하시면, 그리고 로마인들에게 예루살렘을 안전하게 보호하라고 명하시기를 원하신다면, 소수의 죄인들 때문에 그렇게 많은 선량한 백성들을 혼란에 빠뜨리는 것보다는 다수의 무고한 사람들을 위해서 몇 안 되는 반역자들을 용서하시는 편이 더 좋을 것입니다."

9.305. 이 말을 듣고 플로루스는 더욱 분노하여 병사들에게 상부도시라고 불리는 곳을 약탈하고 눈에 띄는 자 모두를 죽이라고 소리쳤다. 노략질에 혈안이 된 로마병사들은 공격명령을 받고 파견된 곳만이 아니라 모든 가옥 안으로 뛰어들어가 주민들을 학살했다. 306. 좁은 골목길로 도망친 사람들은 붙잡혀서 살해당했다. 그리고 모든 형태의 약탈방법이 동원되었다. 체포된 많은 사람들이 플로루스 앞에 떼지어 끌려가 채찍질을 당하고 십자가에 처형되었다. 307. 이 날 처형된 사람 숫자는 부녀자와 아이들을 합하여 모두 약 3천 6백 명이었으며 갓난아이들도 예외가 아니었다. 308. 이전과 비교할 수 없을 만큼 로마인들의 심각한 잔혹성 때문에 상황은 더욱 악화되었다. 왜냐하면 당시 플로루스는 유대인 태생 로마 기사계급 출신 사람들을 채찍질 절차도 거치지 않은 채 십자가에 못박았기 때문인데,[174] 유대인 태생이라고 하더라도 명예로운 로마 시민이 된 사람에게 이러한 일을 행한 사람은 플로루스 이전에는 아무도 없었다.

제 15 장 플로루스 총독의 전쟁유발 음모

1.309. 그 당시 아그립바 2세는 네로의 신임을 받아 이집트 통치자로 파견된 알렉산더[175]를 축하하기 위해 알렉산드리아에 가 있었다. 310. 한편 예루살렘에 있던 그의 여동생 베레니케는 로마군인들의 잔혹한 행위를 생생하게 목격하며 마음의 고통을 겪고 있었다. 그래서 그녀의 기병대와 경호부대를 수차례 플로루스에게 보내어 학살을 중지

174) 극형인 십자가 형벌을 실행하기 전에 먼저 채찍질을 하는 것이 처형방식이었다.

175) 유대 지방의 총독을 지냈으며(《유대 전쟁사》 2.220), 베레니케의 매부였던 (《유대 고대사》 19.276~277) 티베리우스 알렉산더.

해 달라고 간청했다. 311. 그러나 플로루스는 희생된 자들의 숫자에 신경을 쓰지도, 그녀의 청원에 귀 기울이지도 않았으며 오로지 약탈을 통해 생기는 수입에만 관심을 두고 있었기 때문에, 그녀의 요청은 완전히 무시되었다. 312. 로마군인들의 잔인한 포악성은 베레니케마저 위협했다. 그들은 베레니케의 눈앞에서 포로들을 고문하고 살해했을 뿐 아니라, 그녀가 서둘러 왕궁으로 피신하지 않았다면 그녀마저도 죽음을 당할 뻔했다. 베레니케는 군인들이 습격해올지도 모른다는 공포 때문에 자기 경호부대와 함께 밤을 지새웠다. 그녀가 예루살렘에 온 이유는 하나님께 드린 서원을 이행하기 위해서였다. 313. 이 서원 관습에 의하면, 병이나 위급한 상황에 처해서 하나님께 서원을 한 사람은 누구나, 공식적 서원 제사를 드리기 전 30일 동안 술을 멀리하고 머리카락을 잘라야 했다.[176] 314. 베레니케는 당시 이러한 서원을 이행하고 있었기 때문에 맨발로 플로루스의 법정에 찾아가 청원했다. 이때 그녀는 아주 소홀한 대우를 받았을 뿐 아니라 목숨까지도 위험에 처했던 것이다.

2. 315. 이는 아르테미시우스 월 제 6일에 발생한 일이다.[177] 그 다음날 군중들은 깊은 슬픔에 잠긴 채 상부도시에 모여 비통한 소리로 살해된 자들을 애도했고, 그러다가 목소리를 높여 플로루스에 대한 저주를 퍼부었다. 316. 그러자 유대인 지도자들이 당혹해 하면서, 대제사장들과 함께 자기 옷을 찢으며 백성들 앞으로 다가가 각 사람 앞에 엎드려 그러한 행동을 중단하라고 간절히 요청하고, 지금까지의 불행에 더하여 더 엄청난 결과를 초래할 수 있는 만행이 자행되지 않도록 플로루스를 자극하지 말라고 당부했다. 317. 그들의 말에 군중은 즉

176) 나실인의 서약에 관해서는 사도행전 21:23~26을 참조하라.

177) 66년 6월 3일.

각 순종했다. 이것은 한편으로는 간청하고 있는 자들에 대한 존경심 때문이었고, 또다른 한편으로는 앞으로 플로루스가 그들에게 더 이상의 공격을 하지 않게 하려는 목적 때문이었다.

3.318. 플로루스는 소요사태가 잠잠해진 것을 보고 분개하여, 다시금 폭동의 불을 지피고자 대제사장들과 유대인 지도자들을 소환했다. 플로루스는 그들에게, 유대 백성이 더 이상의 반란을 포기한다는 것을 보여줄 유일한 증거로, 가이사랴에서 진군해오는 로마군을 환영하러 나와야 한다고 요구했다. 당시 두 개의 부대가 예루살렘을 향해 진군 중이었던 것이다. 319. 이 일을 놓고 우리가[178] 모여서 논의하는 동안 플로루스는 행군 중인 두 개 부대의 백부장들에게 전갈을 보내어, 부하들에게 유대인들의 환영인사에 일절 답하지 말며, 유대인들이 총독에 대해 부정적 말을 하면 즉시 그들을 공격하라는 명령을 하달했다. 320. 한편 대제사장들은 성전에 무리를 모아놓고, 로마군대를 마중하러 가서 그들을 성의껏 환영해야 하고, 그래야만 심각한 불행을 막을 수 있다고 설득했다. 그러나 반란을 주장하는 이들은 이 제안을 거부했고, 다수의 백성들 역시 보다 더 과격한 분파 쪽을 지지했다.

4.321. 그때 모든 제사장들과 하나님을 섬기는 자들이[179] 거룩한 제기(祭器)들과 전통에 따라 예배드릴 때 사용되는 예복을 꺼내왔으며, 또한 악기 연주자들과 찬양대원들도 자신들의 악기들을 가지고 나왔다. 그들은 백성들 앞에 엎드려 이 성스러운 물건들을 보존하게 해달라며, 로마인들이 성전 보물창고를 약탈해가는 일이 없도록 그들을 자극하지 말아 달라고 호소했다. 322. 백성들은 대제사장들이 머리에

---

178) 갑자기 일인칭 복수주어로 바뀐 것은, 이 대표단에 요세푸스도 포함되어 있었음을 암시한다.

179) 레위인을 가리킨다고 볼 수 있다.

재를 뿌리고 옷을 찢어 가슴을 훤히 드러내보이는 것을 바라보았다. 대제사장들은 지도층 사람들의 이름을 일일이 부르면서 애원했으며, 또한 전체 백성에게도 이렇게 호소했다. "예루살렘을 멸망시키려고 벼르는 로마군에게 여러분의 아주 사소한 실수 하나로 이 조상의 도시를 넘겨주는 일은 없어야 합니다. 323. 유대인이 로마군인들에게 환영인사를 한다고 해서 그들에게 무슨 유익이 있겠습니까? 우리 유대인들이 예루살렘 앞에 나가서 그들을 맞아들이기를 거부한다고 해서 우리가 이미 당한 불행에 대해 무슨 보상이라도 되겠습니까? 324. 하지만 우리 관습에 따라서, 이곳을 향해 오고 있는 로마군인들을 마중 나가 환영하면 플로루스는 전쟁의 구실을 잃게 될 것이고 여러분은 조상의 도시를 수호하게 될 것이며, 그외의 다른 어떤 고통도 겪지 않게 될 것입니다. 그러나 소수의 과격한 자들에게 휘말리게 되면 그것은 끔찍한 실수의 징표가 될 것입니다. 그러므로 훨씬 더 많은 수를 차지하고 있는 여러분이 그 소수를 강제로라도 굴복시켜서 그들의 입장을 철회하도록 해야만 합니다."

5. 325. 이와 같은 말로 그들은 무리를 진정시켰다. 그들은 반란을 지지하던 자들을 위협하고 비난하여 잠잠하게 만들었다. 결국 유대인들은 질서정연하게 조용히 로마군대를 환영하러 나갔다. 로마군이 아주 가까이 다가오자 유대 백성은 환영의 인사를 보냈다. 그러나 로마군이 아무런 응답을 하지 않자 반란을 지지하는 쪽에서 플로루스를 모욕하는 소리를 질러댔다. 326. 이것은 이미 로마군 사이에 약속된 공격의 신호나 마찬가지였다. 순식간에 로마군인들은 유대인을 에워싸고 곤봉으로 내리쳤으며 기병들은 도망치는 유대인들을 쫓아가서 말발굽으로 짓밟았다. 많은 유대인들이 로마인의 공격을 받아 쓰러졌고 서로 얽혀 넘어진 자도 많았다. 327. 가장 처참한 광경은 예루살렘 입구의 성문 쪽에서 벌어졌다. 누구나 서로 앞 다투어 성안으로 먼저 들어

가려고 하다 보니 피신할 수 있는 시간이 자꾸만 지체되었다. 넘어진 사람들의 운명은 끔찍했다. 이들의 몸은 도망치는 군중의 발에 밟히고 짓이겨져서 신원을 확인할 수 없을 지경이 되어 가족들이 장례를 치를 수조차 없었다. 328. 로마군인들은 군중을 예루살렘[180] 안으로 몰아넣고 눈에 보이는 대로 내리쳤다. 로마군은 군중을 벳새다로 불리는 곳으로 몰아붙여 강제로 물러나게 했으며 성전과 안토니아 망대를 점령하고자 했다. 이러한 계략을 성공시키기 위해 플로루스도 왕궁에서 자신의 부대를 차출하여 안토니아 망대를 점령하려고 시도했다. 329. 그러나 플로루스의 계획은 실패하게 되었다. 백성들이 갑자기 돌아서서 반격했기 때문이다. 일부는 편을 나누어 지붕으로 올라가 로마군에게 화살을 쏘아댔다. 위에서 날아오는 공격에 압박을 당하고, 좁은 길을 막고 서 있는 무리 사이를 뚫고 나가는 것이 역부족이라고 판단한 로마군은 왕궁 근처의 진영으로 철수했다.

6.330. 반란군은 플로루스가 공격을 재개해서 안토니아 망대를 통해 강제로 성전을 점령하게 될까 봐 두려워했다. 그래서 그들은 곧바로 성전과 안토니아 망대를 연결하고 있는 회랑으로 올라가 그 회랑을 부수어버렸다. 331. 이 조치 때문에 하나님의 보물을 약탈하려고 안토니아 망대를 손에 넣으려 했던 플로루스의 야욕은 무산되었다. 회랑이 무너져버리자 플로루스는 공격을 중단했다. 그는 대제사장들과 의회를 불러, 예루살렘을 떠나겠으며 그들이 원하는 한 개의 부대만을 예루살렘에 남겨두도록 하겠다고 말했다. 332. 이들은 플로루스가 단 한 개의 부대만을 주둔시킨다면, 그들의 안전을 완벽하게 보장할 수 있을 것이며, 더 이상의 반란이 일어나지 않도록 하겠다고 약속했다. 하지만 예루살렘에 주둔하게 될 로마부대는 이 싸움에 개입하지 않았

---

180) '신도시'로 불리는 곳으로 예루살렘 최북단지역. 《유대 전쟁사》 5.151 이하 참조.

던 군대이어야 한다고 말했다. 유대인들과 싸웠던 부대가 남는다면 이들로부터 받았던 고통으로 인해 백성들이 괴로워할 것이기 때문이라는 것이다. 플로루스는 이들의 요구에 따라 군대를 교체하고[181] 나머지 부대를 이끌고 가이사랴로 돌아왔다.

제 16 장 전쟁을 막기 위한 아그립바 2세의 연설

1. 333. 플로루스는 전쟁을 일으킬 구실을 만들기 위해 또다른 시도를 했다. 그는 케스티우스에게 편지를 보내, 싸움이 시작된 책임을 유대인들에게 뒤집어씌우는 거짓보고를 올렸다. 또한 플로루스는 폭력사태 때문에 고통받은 것은 유대인이었음에도 불구하고 오히려 유대인이 폭력을 행사했다고 거짓말했다. 예루살렘 지도자들도 잠자코 있지는 않았다. 그들은 케스티우스에게 서신을 보내 플로루스가 예루살렘을 적대시하여 저지른 범죄를 고발했으며, 또한 베레니케 역시 그러한 편지를 보냈다. 334. 케스티우스는 양측의 내용을 다 읽고 나서 관료들과 함께 이 문제에 관해 논의했다. 그들은 케스티우스가 부대를 이끌고 직접 예루살렘에 가서, 만일 폭동이 일어난 것이 사실이라면 그에 대한 징벌을 내려야 할 것이지만, 만일 유대인들이 로마에 대한 충성심을 유지하고 있다는 것이 밝혀지면 그 신의를 확고히 다져주어야 한다고 조언했다. 케스티우스는 사건경과에 대해 조사하고 유대인들의 성향에 관한 믿을 만한 보고를 받아보기 위해, 자기 동료 가운데 한 사람을 미리 파견하는 것이 좋겠다고 생각했다. 335. 그래서 그는 네아폴리타누스라는 천부장을 파견했다. 네아폴리타누스는 알렉산드

---

181) 상부도시를 약탈하였던 것은 플로루스의 직속부대였으며(《유대 전쟁사》 2. 296), 가이사랴로부터 이제 막 도착한 두 개의 부대 중에 하나를 예루살렘에 주둔하게 했다.

리아에서 돌아오던 아그립바[182] 왕을 얌니아에서 만나, 케스티우스가 자기를 보낸 사실과 그 이유에 대하여 아그립바에게 설명했다.

2.336. 아그립바 왕을 환영하기 위해 유대인 대제사장들과 지도자들 및 의회가 모였다. 그들은 왕에게 경의를 표하고 나서, 그들에게 일어난 그동안의 사건들에 대해 몹시 분노하면서 플로루스의 잔혹함을 낱낱이 알렸다. 337. 이 보고를 듣고 아그립바는 매우 노여워했다. 그런데 아그립바는 오히려 유대인들에게 화를 냈는데 이는 로마에 대한 유대인들의 보복행위를 차단하기 위해 의도된 행동이었다. 사실 그는 유대인들을 동정했고 그들이 부당하게 고발당했음을 알고 있었다. 338. 이 자리에 모인 사람들은 특별히 선출된 자들이었고, 자신들의 재산을 잃게 될까 봐 평화를 원했기 때문에, 그들은 왕의 꾸지람이 깊은 의도를 지니고 있음을 알아차렸다. 예루살렘 시민들은 아그립바와 네아폴리타누스를 맞이하기 위해 60 스타디온 떨어진 거리까지 달려왔다. 339. 남편을 잃어버린 과부들이 슬피 울며 앞서 달려나왔고, 과부들의 울음소리에 백성들도 마침내 애통해 하며 소리를 지르면서 아그립바에게 도와달라고 간청했다. 그들은 또 자신들이 플로루스에게 얼마나 심한 고통을 당했는지 네아폴리타누스에게 소리 높여 알렸다. 그리고 예루살렘으로 들어가면서 황폐해진 광장과 무너져내린 집들을 보여주었다. 340. 유대인들은 아그립바의 중재를 통해 네아폴리타누스가 오직 한 사람의 수행원만을 대동한 채 실로암[183]까지 시찰하도록 그를 설득했다. 이것은 유대인들이 자신들을 대적해서 무지막지한 잔혹성을 보인 플로루스만을 반대할 뿐, 그외의 다른 모든 로마군인들에게는 복종한다는 것을 네아폴리타누스에게 보여주기 위한 것이었다.

---

182) 아그립바 2세.

183) 예루살렘 동남쪽 끝에 위치한 실로암 연못.

그는 예루살렘 도시를 면밀하게 시찰하면서 주민들이 선량하다는 인상을 받았으며, 그후 성전으로 올라왔다. 341. 그는 백성들을 불러모아 로마에 대한 그들의 충성심을 칭송하고 앞으로도 계속 평화를 유지해 달라고 당부했다. 그리고 자신의 출입이 허용된 성소 옆에서[184] 하나님에게 경의를 표한 후에 케스티우스에게로 돌아갔다.

3.342. 그러자 이제 유대 백성들은, 네로에게 사절단을 보내어 플로루스를 고발하라고 아그립바 왕과 대제사장들에게 요구했다. 백성들은 자신들에게 반란혐의를 뒤집어씌운 이런 유혈사태에 대해 이대로 조용히 넘어갈 수는 없다고 주장했다. 즉, 자신들 쪽에서 먼저 혐의를 불식시키고 이번 사태의 진짜 책임자를 고발하지 않으면, 유대인들이 먼저 무기를 들고 봉기했다는 의심을 받게 되기 때문이었다. 343. 사절단 파견이 이루어지지 않을 경우 유대인들이 조용히 있지 않을 것임은 분명했다. 아그립바는 플로루스를 고발하는 일에 동참하기를 매우 부담스럽게 여겼지만, 다른 한편으로는 유대인들을 전쟁의 화염 속에 방치하고 싶지도 않았다. 344. 그래서 그는 경기장[185] 안에 군중을 불러모으고, 여동생 베레니케와 함께 하스몬 왕궁에서, 모두가 그의 모습을 볼 수 있는 곳에 섰다. 상부도시 가장자리에 위치한 하스몬 왕궁은 경기장 위쪽에 있었고 성전과 경기장은 다리로 연결되어 있었다. 아그립바는 다음과 같이 연설을 했다.

4.345. "만일 너희 모두가 로마를 상대로 전쟁을 벌이려고 작정한다면, 그리고 만일 너희가 평화를 지키려는 가장 정결하고 가장 정직한

---

184) 성전 경내는 안과 밖으로 구분되어서 이방인이 안쪽으로 들어가는 것은 금지되어 있었다(《유대 전쟁사》 5.193 이하 참조).

185) '크쉬토스'(ξυτός) 라고 불린 이곳은 헬라의 식민지 시대에 대제사장이었던 야손에 의해 건설된 것으로 추정된다(마카비2서 4:9).

사람들의 생각을 따르기를 거부한다면, 나는 너희에게 오려고 하지도 않았을 것이고, 또한 충고도 하고 싶지 않았을 것이다. 너희가 악행을 도모하려고 한마음이 되어 있다면 현명한 방법을 알려주는 것은 헛수고가 될 것이기 때문이다. 346. 그러나 아직 경륜이 없어 전쟁의 공포를 알지 못하는 젊은이들과, 독립에 대한 헛된 희망을 가진 자들과, 폭동을 이용해서 약자들을 약탈하려는 탐욕스런 자들이 너희 중에 더러 있기 때문에, 너희에게 도움이 될 만한 조언을 해주어야 하겠다고 생각해서 이렇게 너희 모두를 여기에 모이게 했다. 이는 올바른 자들이 자기 생각을 바꾸거나 선량한 자들이 소수의 악한 자들 때문에 고통당하는 일이 결코 있어서는 안 되기 때문이다. 347. 나의 조언을 달갑게 듣지 않을 자들도 있겠지만, 내가 말하는 중에 소란을 일으키지 말라! 로마에 반역을 꾀하려는 헛된 망상을 퍼뜨리는 자들은, 나의 훈계에도 불구하고 생각을 바꾸지 않을 수도 있다. 그러나 너희 모두가 조용히 들어주지 않는다면 내 말을 열심히 듣고자 하는 자들에게는 방해가 된다. 348. 나는 총독들의 무자비한 공격186) 때문에 많은 사람이 애통하는 노래와 자유를 갈망하는 노래를 부르고 있음을 알고 있다. 그러나 나는 너희가 어떤 자들이며 너희가 싸우려고 하는 그 상대방이 어떤 자인지를 생각해보기 전에 우선 너희가 혼동하고 있는 것을 밝혀주고자 한다. 349. 너희에게 불의를 행하는 자들에게 그저 복수만 하려고 든다면 너희가 원하는 자유가 도대체 무슨 가치가 있겠는가? 또한 너희가 로마에 예속된 상태를 참지 못하여 로마의 지배자들을 고발하는 것이라면 그것은 소용없는 짓이다. 왜냐하면 너희를 지배하는 자가 아무리 훌륭한들 예속된 수치스러운 상황은 똑같기 때문이다. 350. 너희가 전쟁을 일으키려는 동기가 얼마나 하찮은 것인지 하나씩 잘 헤아려 보라. 통치자들을 고발하는 일부터 우선 잘 생각해야

---

186) 플로루스를 포함한 지금까지의 많은 총독들이 행한 탄압 모두를 시사한다.

할 것이다. 권력자들로부터 이득을 취할 궁리를 해야지 그들의 분노를 부추겨서는 안 된다. 351. 너희가 소소한 잘못들을 부풀려서 지나칠 정도로 비난하면 그들은 모욕감을 느낄 것이고, 지금까지 조심스럽게 자제하던 태도가 돌변해서 너희를 무자비하게 멸망시켜 불행을 안겨주려 들 것이다. 이런 손실을 사전에 방지하는 길은 인내심을 갖고 참는 것뿐이다. 불의를 당한 자들이 잠자코 참고 있으면 오히려 불의를 행한 자들이 당황하게 되는 법이다. 352. 로마의 관료들이 정말 그렇게 잔혹하다고 해도, 그렇다고 해서 로마인 모두와 황제 자신이 너희에게 불의를 행한 것은 아니다. 그런데 너희는 이들 모두에게 대적해서 전쟁을 일으키려 하고 있다. 저들이 저지른 악행이 있다고 해도 그것은 황제의 명령에 의한 것도 아니며, 서쪽에 있는 사람들이 동쪽에 있는 사람들을 볼 수도 없다. 여기서 일어난 일이 저편에 재빠르게 알려지기는 어렵다. 353. 단지 한 사람 때문에 다수를 대적하여 전쟁을 도모하고, 사소한 이유 때문에 그토록 강력한 상대와 전쟁을 하려는 것은 무모하다. 더욱이 너희는 전쟁으로 인해 우리가 받게 될 비난에 대해서도 알지 못하고 있다. 354. 또한 우리가 고발한 것들이 신속하게 바로잡힐 수도 있다. 총독 한 사람이 그 자리에 영원히 머무는 것도 아니며 보다 더 나은 인물들이 후임자로 오게 될 것이다. 그러나 일단 전쟁이 시작되면 대량의 희생자 없이 쉽게 전쟁이 중단되지는 않을 것이며 그 전쟁은 오랫동안 지속될 것이다. 355. 또한 지금은 자유를 열망할 때가 아니다. 그렇게 하고 싶었다면 자유를 빼앗기기 전에 먼저 전쟁을 벌였어야 했다. 예속상황은 힘겨운 것이므로 애당초 그것을 거부하는 싸움을 했다면 정당했을 것이다. 356. 그러나 일단 굴복한 후 나중에 상황을 뒤바꾸려고 하는 자는 반항적인 종일 뿐이지 자유를 사랑하는 자는 아니다. 로마인을 몰아내기 위해 너희가 온갖 노력을 기울였어야 할 진정한 기회는 폼페이우스가 이 나라에 쳐들어왔던 당시였다. 357. 그러나 경제적, 육체적, 정신적 측면 모두에서 지금의 우리보다 더 우월했던 우리 조상들과 왕들은 소규모였던 폼페이우스의 군대에 맞서 싸우려고 하지 않았다. 그런데 로마에 대한 충성을 계속하기로 한 너희가, 과거에 그와 같은 충성을 처음으로 약속했던 조상들보다 모든 면에서 더욱 열악한 상황에 있는 너희가, 로마군 전체에 맞서 저항하려는 것인가? 358. 아테네 사람들을 기억하라! 과거 독립을 쟁취하려던 헬라인들의 도시는 결국 불타버리고 말았다! 오만했던 아하수에로[187]가 결국 배 한 척을 타고 도주하게 만들었던 것이 바로 아테네인들이다. 아하수에로는 그의 전함부대가 항해하기에 바다가 협소해서, 육로와 해로를 모두 이용해 쳐들어왔으며 군대를 이끌고 유럽 전역에까지 진출했던 자였다. 이렇게 막강했던 아시아인들을 작은 살라미스 섬 부근에서 물리쳤던 이 아테네 사람들이 지금은 로마에 예속되어 있다. 한때 헬라의 중심지였던 그 아테네 도시는 이탈리아의 명령에 순종하며 살아가고 있다. 359. 테르모필레와 플라테아의 지배를 받았고, 그후 아시아를 탐험했던 아게실라오스 왕의 지배를 받았던 라케데모니아[188] 사람들도 지금은 로마를 주인으로 섬기고 있다. 360. 빌립[189]과 알렉산더를 위해 세계제패의 씨앗을 뿌려준 운명의 여신을 지금도 여전히 꿈꾸는 마케도니아 사람들을 보라! 이들도 변화된 운명을 받아들였고, 이제 그들의 경배대상은 운명의 여신에서 로마로 바뀌게 되었다. 361. 자유를 열망했던 수많은 민족들이 로마에 굴복했다. 오직 너희만이 세계 지배자 로마를 섬기는 것을 못마땅하게 여기고 있다. 너희가 가진 군대와 무기는 어떠한가? 로마의 바다를 빼앗을 수 있는 함대가 너희에게 있는가? 전쟁비용으로 지출할 수 있는 충분한 재정이 어디 있는가? 362. 너희들이 시작할 전쟁의 상대가 이집트나 아라비아라고 여기는가? 너희는 로마가 얼마나 강력한지 전혀

187) 크세르크세스.

188) 스파르타.

189) 알렉산더 대왕의 부친.

모르고 있는 것인가? 또 너희 자신이 얼마나 약한지를 가늠할 줄도 모르는가? 온 세상에서 로마의 세력을 이길 수 있는 자는 아무도 없다. 반면 유대인의 군대는 이웃민족들에게 얼마나 많은 패배를 당해왔는가? 363. 로마는 이보다 더욱더 많은 것을 차지하기 원했다. 로마인들은 동쪽으로는 유프라테스, 북쪽으로는 이스트로스,[190] 남쪽으로는 사람이 살 수 없는 사막으로 뒤덮인 리비아, 그리고 서쪽으로는 가디라에 이르는 영토에도 만족하지 않았다. 그들은 대양을 건너 새로운 세계를 찾아 무기를 들고 나섰으며 지금까지 미지의 곳이던 브레타니아[191]에 이르기까지 진출했다. 364. 자, 어떠하냐? 너희가 갈리아 사람들보다 더 부유한가? 게르만 사람들보다 더 강한가? 헬라인들보다 더 지혜로운가? 너희는 세상에 있는 모든 백성들의 숫자보다도 더 많은 인구를 지녔는가? 너희를 로마에 대항하도록 만든 근거가 무엇인가? 365. '예속되어 살아가는 것이 힘겹다'고 말할 수도 있을 것이다. 태양 아래 존재하는 모든 민족, 그리고 넓은 영토를 지니고 있으면서 지혜가 충만한 헬라인들조차 로마의 파스케[192] 앞에 고개를 숙이고 있다. 자유를 얻으려는 열망에 있어서 너희보다 더 합당한 이유를 가진 마케도니아 사람들도 마찬가지 상황에 있다. 366. 아시아에 있는 500개 도시들의 상황은 어떤가? 그곳에는 로마 주둔군이 전혀 없어도 단 한 사람의 총독과 파스케 앞에 복종하고 있지 않은가?[193] 헤니오키 사람들, 콜키아인들,[194] 타우리아 민족,[195] 보스포루스 주민들, 그리

---

190) 도나우 강.

191) 오늘날의 영국.

192) 직역하면 '여섯 개의 막대기 묶음'(*fasce*)이 된다. 이는 로마의 통치권과 결속의 상징으로, 막대기 다발 가운데에 도끼를 끼워넣고 끈으로 묶어서 들 수 있게 만들어놓은 것이다. 이 말에서 파시즘이란 용어가 비롯되었다.

193) 아시아는 한 사람의 총독이 통치한 원로원 관할지역이었다.

194) 흑해 동부와 남동부 연안지역.

195) 크리미아 반도지역에 거주.

고 본도와 메오티스 바다[196]에 사는 민족들까지 언급할 필요는 없을 것 같다. 367. 이 지역들에서 본토 출신 사람이 통치한 적은 한 번도 없었다. 현재 그들은 3천 명의 로마병사에게 복종하고 있으며 아직까지 전함이 출격해본 적이 없는 조용한 평화의 바다를 40척의 군함이 지켜내고 있다. 368. 비튀니아인들과 갑파도키아인들, 그리고 팜필론 족속, 뤼키아인들, 그리고 길리기아인들이 얼마나 독립운동을 하고 싶어했겠는가? 그러나 이들은 군중을 이용해 폭력을 행사하지 않고 오히려 로마에 성실하게 세금을 바치고 있다. 걸어서 5일 걸리는 너비와 7일 걸리는 길이나 되는 영토를 지닌 트라키아인들은 너희의 땅보다 거칠고 험준한 땅을 갖고 있으며, 게다가 침입자들이 함부로 접근하기 어려울 만큼 추운 지역에 살고 있지만 불과 2천 명도 안 되는 로마군대의 지배에 복종하고 있지 않은가?[197] 369. 달마티아에서 이스트로스 지역까지 뻗어 있는 그 이웃의 일뤼리아 사람들도 단 두 개의 로마군대[198]에 복종하고 있지 않는가? 이들은 이 두 개의 로마군대의 도움을 받아 다키아인들을 물리칠 수 있었다. 370. 자유를 얻기 위해 그토록 오랫동안 빈번히 저항하고, 저항이 실패할 때마다 또다시 기회를 노려 힘을 모으곤 했던 달마티아인들도 지금은 단 하나의 로마군대의 통제 아래에서 조용히 지내고 있지 않은가? 371. 반란을 시도할 수 있는 좋은 조건을 가진 민족을 꼽는다면 바로 갈리아 사람들일 것이다. 그들은 동쪽으로는 알프스 산맥, 북쪽으로는 라인 강, 남쪽으로는 피레네 산맥, 서쪽으로는 바다로 둘러싸인 천연적 요새를 갖고 있다. 372. 이와 같이 자연적 요새를 갖추고 있고, 305개의 부족들로 구성된 엄청난 수의 인구가 살고 있으며 부(富)를 뒷받침하는 비옥한 영토

---

196) 흑해 북쪽의 아조프 해.

197) 모에시아에 주둔한 두 개의 로마 군단으로부터 차출된 군인들을 의미한다. 트라키아인들은 기원 46년에 점령되었다.

198) 이는 모에시아에 주둔한 두 개의 부대를 의미한다.

를 소유한 데다, 그들의 상품이 온 세계에서 교역되고 있지만, 그들의 부는 로마인들에게 완전히 넘어갔으며 그들도 자신들의 왕국이 로마의 지배를 받는 것을 인정하고 있다. 373. 결코 비겁하거나 수치심이 없어서 그들이 인내하고 있는 것이 아니다. 그들은 자유를 위해 80년 동안이나 싸웠지만,[199] 로마인들의 힘 앞에 굴복하고 말았던 것이다. 이들을 굴복시킨 것은 바로 로마인들의 전쟁 운이었으며 이것이 무기보다도 더 큰 힘을 발휘했다. 많은 도시를 가진 그들이지만 이렇게 1천 200명에 불과한 로마군의 지배를 받고 있다. 374. 이베리아 사람들도 땅에서 나는 황금만으로는 자유를 위한 투쟁에서 승리할 수 없었다. 또한 바다를 통해서든 육로를 통해서든, 로마에서 매우 멀리 떨어져 있다는 사실도 그들에게 도움이 될 수 없었다. 루시타니아와 칸타브리아 사람들의 용맹함과, 또 그곳 주민들조차 두려워하는 거친 파도가 일렁이는 바다에 둘러싸여 있다는 조건도 로마를 막기에는 역부족이었다. 375. 로마인들은 무기를 들고 헤라클레스의 기둥[200]을 넘어 구름 덮인 피레네 산맥을 따라 진군하여 이베리아인들을 제압했다. 이렇게 멀리 떨어진 곳에 사는 용맹한 족속들이 지금은 단 한 개의 로마 군대의 지배를 받고 있다. 376. 너희 중에 수많은 게르만인들에 대해 들어본 자가 없는가? 그들의 체력과 거대한 체격을 본 적이 있을 것이다. 그런데 이 게르만인들은 여러 곳에서 로마인에게 붙잡혀 포로로 잡혀왔다. 377. 광활한 지역에 살고 있는 게르만인들의 체력보다 더 강한 것은 그 의지와 죽음을 두려워하지 않는 강인한 정신력이다. 그들은 가장 사나운 맹수보다도 더 난폭한 자들이다. 하지만 그들의 난폭성은 라인 강의 경계를 넘어서지 못했고, 결국 그들은 8개의 로마군대에 의해 정복되었으며 로마인들은 이들 가운데 일부를 포로로 잡아

---

199) 기원전 125년부터 케사르와의 전쟁에 이르기까지 약 75년 동안 전쟁이 이어졌다.

200) 대서양과 지중해의 좁은 관문. 오늘날의 지브롤터 해협.

노예로 삼았고, 나머지 다수의 백성들은 살아남으려고 도망쳤다. 378. 너희는 예루살렘 성벽을 그토록 의지하고 있지만 브레타니아인의 성벽을 보라! 우리보다 더 넓은 영토를 가진 그들은 바다로 둘러싸인 섬에 살고 있다. 그러나 로마인들은 배를 타고 건너가 그들을 굴복시켰으며 단지 4개의 로마 부대가 그 커다란 섬을 지배하고 있다. 379. 전쟁을 일삼던 파르티아인들에 대해서는 더 이상의 설명조차 필요 없을 것이다. 그들은 수많은 민족들을 지배해왔고 강력한 군사력을 보유하고 있지만 로마에 인질을 보내왔다. 동방의 귀족이 평화를 보장받기 위해 볼모로 건너와 이탈리아에서 종노릇을 하게 된 것이다.[201] 380. 태양 아래 있는 거의 모든 민족이 로마군대 앞에 이렇게 복종할 수밖에 없었는데 유독 너희만이 로마에 맞서 전쟁을 벌이려고 하는가? 위대한 한니발에 대해서, 그리고 페니키아 출신 귀족의 후예라는 긍지를 가져온 카르타고 사람들의 운명이 어떻게 되었는지에 대해서 생각해 보라. 그들은 스키피오의 강력한 군대에 의해 파멸당하지 않았는가? 381. 라케데모니아인들의 후손인 구레네 사람들, 물도 없는 사막 지역에서도 살았던 마르마리데 사람들, 이름만 들어도 두려움을 갖게 되는 쉬르테스 사람들, 그리고 나사몬 사람들과 마우리아 사람들 및 수많은 백성들을 거느린 누미디아 사람들, 이 모두가 로마의 위력을 막을 수 없었다. 382. 로마인들은 헤아릴 수 없이 많은 인구가 살고 있는 제3의 지대[202]까지도 완전히 복속시켰다. 이 지역은, 한편으로는 아틀란티스 대양과 헤라클레스의 기둥까지 뻗어 있으며, 다른 한편으로는 무수한 에디오피아 사람들의 땅에서부터 홍해에까지 다다른다. 383. 이들은 로마 인구가 8개월 동안 소비할 수 있는 식량을 매년 바

---

201) 아르메니아의 왕이자 파르티아 왕의 형제였던 티디라테스 1세는 63년 네로에게 충성을 맹세하면서 자기 딸을 로마에 인질로 남겨두었다. 타키투스, 《연대기》 15.29~30 참조.

202) 아프리카를 말함.

치고 있을 뿐만 아니라 모든 종류의 세금을 내고 있으며 지배자 로마의 필요에 따라 기꺼이 공물을 바치고 있지만, 너희처럼 이런 상황을 굴욕으로 여기지는 않는다. 그리고 이들을 다스리고 있는 것은 겨우 한 개의 로마 부대에 불과하다. 384. 로마인들의 힘에 대한 증거를 멀리서 찾을 필요도 없이 바로 근방에 있는 이집트가 명백한 증거가 될 것이다. 385. 이집트 땅은 에디오피아로부터 풍요로운 아라비아까지 뻗어 있으며, 이곳은 인도로 이어지는 항구와도 같은 곳이다. 인두세를 계산해보면 이집트의 인구는 알렉산드리아를 제외하고도 750만 명에 이른다. 수많은 인구와 부와 거대한 영토가 있기 때문에 알렉산드리아를 중심으로 반란이 일어날 법도 하지만 이집트인들은 로마의 지배를 수치스럽게 여기지 않는다. 386. 알렉산드리아 도시는 그 길이가 30 스타디온이고 너비가 10 스타디온 이상이며, 주민들이 로마에 바치는 한 달 세금은 너희가 바치는 1년치 세금보다도 많고 또 세금으로 납부하는 돈 이외에도 넉 달 분량의 곡식을 바치고 있다. 또한 이 도시는 사막으로 둘러싸여 있어 외부에서 접근하기가 어려우며 그 주변은 항구도 없는 바다와 강과 습지대로 이루어져 있다. 387. 그러나 이러한 조건 가운데 그 어느 것도 로마와 로마의 힘을 능가하지 못함이 입증되었다. 두 개의 로마 부대가 알렉산드리아에서 이집트인들의 자존심을 제압하고 있으면서, 동시에 마케도니아의 귀족들도 통제하고 있다. 388. 너희들은 사람도 살지 않는 사막에서 동지들을 모아 이 전쟁을 하려는가? 세상에서 사람이 사는 곳은 모두 로마인의 것이지 않은가? 유프라테스 강 너머의 아디아베네에 있는 우리 동족들이 우리를 도와주러올 것이라고 기대하는가?[203] 389. 하지만 그들은 합당한

---

203) 이 원정군에 대한 기대에 관해서는《유대 전쟁사》1.5를 참조하라. '동족들'이라는 단어가 사용되지만, 사실상 '개종자들'이란 표현이 더 적절한 것으로 보인다. 클라우디우스 통치기에 아디아베네 왕가는 유대교로 개종했기 때문이다(《유대 고대사》20.17 이하). 이들 중 왕족 출신의 일부가 유

이유 없이는 그런 전쟁에 휘말리지 않을 것이며, 만일 그들이 어리석게도 전쟁참여를 결정한다고 해도 파르티아인들이 그것을 허용하지 않을 것이다. 왜냐하면 파르티아인들은 로마와의 정전협정이 유지되기를 원하며, 만일 파르티아의 지배 아래 있는 자가 로마에 맞서 전쟁을 하려고 하면 로마와의 조약위반으로 간주될 것이기 때문이다. 390. 그러므로 남아 있는 것은 하나님의 도움을 바라는 것뿐이다. 그러나 이 부분에서도 로마인이 더 유리하다. 왜냐하면 그렇게 광대한 로마제국이 형성된 것은 하나님의 도움 없이는 불가능했을 것이기 때문이다.[204] 391. 잘 생각해보라! 너희가 아무리 수월한 적과 싸움을 한다고 해도 전쟁을 치르면서 종교적 계율들을 엄격히 준행하기는 매우 어려울 것이다. 너희는 분명히 하나님을 저버리게 될 것이다. 왜냐하면 계명을 준수함으로써 하나님이 너희 편에 서주실 것이라는 희망을 가질 수 있음에도 불구하고 바로 그 계명을 어쩔 수 없이 위반해야 하는 상황에 처하게 될 것이기 때문이다. 392. 너희가 안식일 법을 지켜서 안식일에는 어떤 일도 하지 않는다면, 만약 안식일에 적이 쳐들어올 경우 너희는 쉽게 패하고 말 것이다. 누구도 일하면 안 되는 안식일에 공격해온 폼페이우스가 예루살렘 성을 손쉽게 점령했던 우리 조상들의 경험을 기억해보라.[205] 394. 전쟁을 통해 조상의 율법을 위반하게 된다면, 도대체 무엇 때문에 너희가 전쟁을 하려는 것인지 나는 알 수가 없다. 너희는 조상의 율법 가운데 단 하나라도 어기지 않으려는 열정을 갖고 있지 않던가? 하나님을 섬겨야 하는 의무를 스스로 저버린 채, 어떻게 하나님의 도우심을 바랄 것인가? 전쟁을 감행하려고 할 때는 대개 하나님의 도우심이나 인간의 도움 중 어느 하나라도 기대할 수밖에 없다. 그런데 이런 양 측면의 도움이 완전히 전혀 불가능하다

대-로마 전쟁에 참가했다(《유대 전쟁사》 2.520; 6.356).

204) 《유대 전쟁사》 1.390; 3.293 참조.

205) 《유대 전쟁사》 1.146; 《유대 고대사》 14.63 이하 참조.

는 것이 확실함에도 불구하고 전쟁을 도모하는 자는 오직 확실한 패배만을 경험할 것이다. 395. 너희 손으로 너희 여인들과 자식들을 직접 죽이거나 더 나아가 이 아름다운 조상의 도시를 불태울 수도 있을 것이다. 그러나 그와 같은 어리석은 행동은 기껏해야 적에게 패배 당하는 굴욕감을 경감시켜줄 뿐이다. 396. 친구들이여! 그러므로 장차 폭풍이 다가올 것을 예견한다면 배를 항구에 정박시키는 것이 옳은 일이지, 사나운 바다 한가운데로 배를 몰고 가서 기어이 파멸을 맞는 것은 옳지 않다. 불행을 예상하지 못한 채 파멸 당한 자들은 동정받을 수 있겠지만, 멸망할 것을 뻔히 알면서도 달려드는 자는 불행과 치욕을 모두 당하게 될 것이다. 397. 전쟁 도중에 로마사람들이 평화협정을 제안하거나 그들이 전쟁에서 승리를 거두고 난 뒤에 너희에게 관대하게 대할 것이라고 생각할 사람은 아무도 없다. 오히려 로마인들은 다른 민족들에게 끔찍한 본보기를 보여주기 위해 거룩한 이 도시를 불사르고 너희 백성 모두를 멸절시키고 말 것이다. 만일 여기서 살아남는 사람이 있다 해도 피난 갈 장소를 찾지 못할 것이다. 온 세상이 로마를 지배자로 인정하고 있기 때문이며, 로마의 보복공격이 두려워서 피난민을 받아들이지도 않을 것이기 때문이다. 398. 또 이곳의 유대인들만 위험에 빠지게 되는 것이 아니라, 이 세상 모든 민족 가운데 유대인이 살고 있기 때문에,[206] 결국 유대지역 밖의 도시들에 거주하는 유대인 모두가 위험에 처할 것이다. 399. 너희가 전쟁을 시작하면 적들은 모든 유대인을 학살할 것이다. 소수의 무책임한 행동의 결과로 모든 도시에서 유대인이 피를 흘리게 된다는 것이다. 전쟁을 유발한 소수에게만 이런 끔찍한 비극이 벌어진다면 그나마 이해할 수 있을 것이다. 그러나 생각해보라! 만일 전쟁을 시작한 당사자가 아닌 선량한 자들에게까지 무기가 겨누어진다면 이 얼마나 끔찍한 일인가! 400.

---

206) 《아피온 반박문》 2. 282 참조.

그러므로 너희의 여인들과 자녀들을 위해서만이 아니라 너희의 예루살렘과 성전에 대한 애정으로 성역을 보호하고, 너희 스스로를 위해 성전을 보존하라! 로마인들이 어떤 식으로라도 관용을 베풀 것이라는 기대는 전혀 불가능하다. 과거 그들이 이곳을 손에 넣고 나서도 파괴하지 않고 보존해준 사실을 너희가 전혀 고마워하지 않았다고 생각할 것이기 때문이다.[207] 401. 너희의 성소와 하나님의 거룩한 천사들과 우리 모두의 거룩한 도시가, 내가 너희를 보호하기 위해 모든 노력을 다했다는 사실에 대한 증인이 될 것이다. 너희가 올바른 결정을 내린다면 너희는 나와 함께 평화롭게 살아가게 될 것이다. 그러나 너희가 분노의 감정에 휩싸여버린다면 나를 제외한 너희 모두는 심각한 위험에 빠지게 될 것이다."

5.402. 연설이 끝나갈 무렵 아그립바는 그의 여동생 베레니케와 함께 눈물을 흘렸고 그의 눈물은 백성들을 진정시킬 수 있었다. 그들은 아그립바에게, 자신들은 로마에 맞서 싸우려는 것이 아니라 오직 자신들에게 수많은 고통을 준 플로루스와 싸우려는 것이라고 소리쳤다. 403. 그러자 아그립바 왕은 이렇게 대답했다. "너희가 행한 일들은 이미 로마와 전쟁을 벌이는 것과 다름이 없다. 너희는 황제에게 세금을 바치지 않았으며 또 안토니아의 회랑을 무너뜨려버렸기 때문이다. 404. 폭동의 책임을 면할 수 있는 길은 회랑을 다시 짓고 황제에게 세금을 바치는 것이다. 안토니아 성은 플로루스의 것이 아니며 또한 너희가 내는 세금도 플로루스를 위한 것이 아니다."

---

207) 기원전 63년 폼페이우스의 예루살렘 정복 당시를 말함.

제 17 장 유대인 저항군의 전쟁 시작

1. 405. 군중은 아그립바의 말에 설득되어 왕과 베레니케와 함께 성전으로 올라가 회랑을 다시 짓기 시작했다. 백성의 지도자들과 의회원들은 여러 마을로 흩어져 로마에 바칠 세금을 모아, 그동안 밀린 세액 40 달란트를 금방 모을 수 있었다. 406. 이렇게 아그립바는 끔찍한 전쟁의 위험을 잠시 동안이나마 저지할 수 있었다. 아그립바는, 황제가 플로루스를 대신할 후임자를 찾기 전까지는 플로루스에게 복종해야 한다고 군중을 설득했다. 그러자 백성들은 매우 격분하면서 아그립바 왕을 비난했다. 그들은 아그립바에게 전령을 보내 예루살렘을 떠나라고 요구했으며 심지어 폭도들 가운데 일부는 그에게 돌을 던져대기까지 했다. 407. 아그립바 왕은 폭도들의 분노가 더 이상 진정될 수 없다는 것을 알았으며, 또한 자신에 대한 모욕 때문에 몹시 화가 났다. 아그립바는 유대인 지도자들과 권력자들을 가이사랴에 있던 플로루스에게 보내, 이 사람들 가운데 유대지역을 담당할 세금징수 담당자들을 임명해 달라고 요청하고[208] 자기의 통치지역으로 떠났다.

2. 408. 그리고 이때 무슨 수를 써서라도 전쟁을 일으키려고 하던 유대인들이 함께 모여 마사다[209]라고 불리는 요새로 쳐들어갔다. 그들은 이곳을 급습하여 차지하고 로마 경비병들을 죽였으며 그곳에 자기편 소속의 군인들을 배치했다. 409. 이와 동시에 대제사장 아나니

---

208) 앞서 《유대 전쟁사》 2. 405에서 예루살렘과 그 근방에서 모은 세금을 거부하고 다시 세금을 징수하려는 목적으로 해석할 수 있다.

209) 사해 남서쪽에 헤롯 왕이 건설한 요새도시로, '마사다'는 '요새'라는 뜻이다. 예루살렘 파멸 이후 유대 반란군은 이곳에서 저항하다가 73년 점령되었다.

아의 아들로 당시 제사를 주관하던 자들을 감독하던[210] 용감한 젊은 이 엘르아살은 이방인으로부터 어떠한 예물이나 희생제물도 받지 말라고 명령했다. 로마와의 전쟁 시작의 원인은 바로 이것이었다. 즉, 그의 조치는 로마와[211] 황제를 위한 제사[212]를 거부하는 것이었기 때문이다. 410. 그런데 많은 대제사장들과 유명한 인사들은 통치자들을 위하는 이 관습[213]을 거부하지 말라고 요청했지만 대다수는 이 말에 설득되지 않았다. 왜냐하면 가장 적극적으로 반란을 고집했던 자들 대다수가 엘르아살을 지휘관으로 지지하면서 서로 결속되어 있었기 때문이다.

3.411. 더 이상 돌이킬 수 없는 상황이 되자, 권력자들과 대제사장들 및 저명한 바리새인들은 모임을 갖고 총체적 상황에 대해 의논했다. 이들은 폭도들과 마지막 대화를 시도해보기로 결의하고 성전 안에서 볼 때 동쪽에 위치한 동문(銅門)[214] 앞으로 백성들을 불러모았다. 412. 먼저 이들은 폭동을 시도하려는 행동에 대해 지적하며, 그런 방식은 조국을 전쟁으로 몰아넣게 될 뿐이라고 질책했다. 그들은 또한 폭도들이 내세우는 구실이 모순적임을 지적하면서 이렇게 말했다. "과거 우리 조상들도 성전을 장식하면서 이방인의 도움을 받았으며, 이방인이 바친 봉헌물을 받아들였다. 413. 그들은 이방인이 제물을 바치는

210) 성전 수비대장(사도행전 4:1) 또는 대제사장 다음 서열의 성전 관리인을 의미한다.

211) 본문을 직역하면 '그들(즉, 로마인들)을 위한'이 되지만 내용상 로마제국을 위한 제사를 뜻한다.

212) 아우구스투스 황제가 제정한 것으로 매일 두 차례 희생제물을 바쳐야 했다(《유대 전쟁사》 2.197; 《아피온 반박문》 2.77 참조).

213) 통치자들을 위해 제사를 드리는 관습.

214) 고린도에서 생산된 청동으로 만들어진 문이며(《유대 전쟁사》 5.201), '여인들의 뜰' 동편에 있었을 것이다.

것을 방해한 적도 없었으며 만일 그런 일이 있었다면 매우 불경스러운 행동으로 여겨졌을 것이다. 그뿐만이 아니라 이방인의 봉헌물들은 성소 주위에 전시되어 쉽게 볼 수 있으며 오랫동안 잘 보존되도록 하고 있다. 414. 그런데 너희는 지금 로마군대에 도전하여 그들과 전쟁을 하려고 애쓰고 있다. 또한 너희는 생소한 예배규정을 들고 나와 혼란을 부추기고 있다. 이렇게 너희는 이 도시를 위험에 빠뜨리고 있으며, 만일 오직 우리 유대인들만 이방인의 예배와 기도를 금지한다면 예루살렘은 불경한 도시라는 악평을 듣게 될 것이다. 415. 만일 어떤 한 사람에게 이같은 규정이 적용된다면, 너희는 율법을 비인간적으로 적용하는 행위라고 분개할 것이다. 그런데 바로 지금 너희가 로마인들과 황제를 그런 식으로 소외시키면서 율법을 무시하는 것이다. 416. 지금 너희가 황제와 로마제국을 위해 드리는 희생제사를 거부하고, 또한 너희 스스로를 위해 드리는 희생제사도 거부하며 예루살렘에서 로마의 법에 위반되는 일을 범하는 것은 걱정스러운 일이 아닐 수 없다. 그러므로 너희는 조속히 이성을 찾아서 다시 희생제사를 드릴 수 있도록 하고, 또 로마인들에 대한 너희의 모욕적 행동이 로마에 알려지기 전에[215] 시정될 수 있도록 해야 할 것이다."

4.417. 그들이 이렇게 말하던 중, 조상의 전통에 해박한 대제사장들이 나서서 유대인의 모든 조상은 이방인의 희생제사를 용인해왔다고 설명했다. 그러나 반란을 도모하던 자들 중 이 말을 귀담아듣는 사람은 아무도 없었으며 제사를 담당한 제사장들조차 전쟁을 준비하느라 전혀 모습을 드러내지 않고 있었다. 418. 백성의 지도자들은 자신들의 힘으로는 반란시도를 저지하기 어렵다는 것을 깨달았다. 또 전쟁이 발발하면 로마인들이 우선적으로 자신들에게 위협을 가할 것임을 알고,

215) 직역하면 '그 모욕을 당한 자의 귀에 들어가기 전에'.

선동자로 의심받지 않으려고 두 개의 사절단을 파견했다. 그들은 아나누스의 아들 시몬이 이끄는 사절단을 플로루스에게 보냈고, 아그립바 왕의 친척인 사울, 안티파스, 코스토바로스 등의[216] 귀족이 포함된 또 다른 사절단을 아그립바 왕에게 보냈다. 419. 유대인 지도자들은 이 두 사절단을 통해, 나중에 폭동을 진압하기가 더 어려워지기 전에 군대를 이끌고 예루살렘으로 올라와서 반란을 미리 진압해 달라고 요구했다. 420. 이것은 플로루스가 고대했던 매우 기쁜 소식이었다. 전쟁이 발발하기를 간절히 원하던 플로루스였기에 그는 사절단에게 아무런 답변도 주지 않았다. 421. 아그립바는 반란을 일으키려는 자들과 그 전쟁의 적수인 로마인들 양쪽 모두에 대해서 걱정했다. 그는 로마인들에게는 유대인들을 그들의 예속민으로 보호해줄 것을, 또 유대인들에게는 성소와 예루살렘 도시를 보존해줄 것을 요청했다. 또한 아그립바는 폭동사태가 자신에게도 아무런 유익이 되지 않음을 알고 있었다. 그래서 그는 유대 백성을 돕기 위해 기병대장 다리우스의 지휘 아래 아우라니티스와 바타네아와 트라코니티스 출신의 기병 2천 명을 보냈으며, 또한 야키무스의 아들 빌립을[217] 사령관으로 파견했다.

5.422. 이렇게 해서 유대인 지도자들과 대제사장들과 평화를 사랑하는 온 백성들은 새로운 용기를 얻어 상부도시를 차지하게 되었고, 폭도들은 성전 하부지대를 강화했다. 423. 돌과 창이 쉴 새 없이 날아다녔으며 양측 모두 끊임없이 화살을 쏘아댔다. 때를 지어 몰려나와 서로 육박전을 벌이기도 했는데 폭도들이 대담성을 앞세운 반면, 아그립바 왕의 병사들은 전술적 측면에서 우수했다. 424. 아그립바 왕의 군대는 성전을 탈환하고 성전을 더럽힌 자들을 몰아내는 것을 최우선

---

216) 사울과 코스토바로스 형제에 관해서는 《유대 전쟁사》 2.556 참조.

217) 《유대 전쟁사》 2.556; 《요세푸스 자서전》 46 이하 참조.

목표로 삼았다. 반면 엘르아살과 반란자들은 그들이 이미 차지한 하부 지역만이 아니라 상부도시도 빼앗으려고 했다. 7일 동안 양측 모두 많은 피해를 보면서 싸웠지만 어느 한 쪽도 자기가 차지한 지역을 포기하려고 하지 않았다.

6.425 그 다음날은 나무를 나르는 축제일이었다.[218] 이 축제 때는 제단의 불길이 꺼지지 않고 계속 타오르게 하기 위해 모든 사람이 제단으로 나무를 날라오는 풍습이 있었다. 그런데 반란군은 적들[219]이 이 제의행사에 참가하는 것을 봉쇄했다. 또한 옷 속에 칼을 숨기고 다니는 강도들이라고 해서 시카리파로 불린 자들 가운데 다수가 이들 편에 합류하여 한층 더 심하게 공격했다. 426. 군사규모로나 전쟁의지면에서나 열세에 있던 아그립바 왕의 군대는 적들의 압박을 이기지 못하고 상부도시에서 퇴각할 수밖에 없었다. 그러자 반란군은 대제사장 아나니아의 집과 아그립바와 베레니케의 궁전으로[220] 달려가 궁전을 불태웠다. 427. 그후 그들은 공문서 보관소에 불을 질러 채권자들의 서류를 없애버렸다. 이것은 채무의 상환을 불가능하게 만드는 일이었으며 부자들에게 빚을 진 곤란한 상황에 처한 가난한 자들과 같은 많은 채무자들을 자신들의 편으로 만들기 위한 행위였다. 서류보관을 담당하던 자들이 도망쳤기 때문에 그들은 손쉽게 그곳에 불을 지를 수 있었다. 428. 그들은 예루살렘에서 격전의 중심지를 파괴한 후 적들을 향해 진격했고 이때 유대인 지도자들과 대제사장들은 몸을 숨겼다. 어떤 이들은 지하로 숨어들었고, 429. 또 어떤 이들은 아그립바의 추종자들과 함께 높은 곳에 있는 성으로 피신했는데[221] 이 중에는 대제

218) 레위기 6:12~13 참조.

219) 상부도시에 있던 자들을 가리킴.

220) 《유대 고대사》 20.189~190 참조.

221) 헤롯 왕궁은 상부도시의 가장 높은 곳에 있었다(《유대 전쟁사》 5.176 이하).

사장 아나니아와 그의 형제 에제키아와 아그립바에게 파견되었던 사절단이 포함되어 있었다. 이들이 몸을 피하자 곧바로 성문이 닫혔다. 반란군은 승리를 거두고 불을 지른 일에 만족하며 휴식을 취했다.

7. 430. 반란군은 그 다음날인 루스 월 15일[222]에 안토니아 성을 공격했다. 이틀 동안의 포위공격으로 이들은 이 요새를 빼앗고 그곳에 불을 질렀다. 그후 그들은 아그립바 왕의 사람들이 피신해 있는 왕궁을 공격하기 시작했다. 431. 그들은 4개의 소부대로 나뉘어 성벽으로 밀려들었다. 성안에 있던 수비대는 이들의 엄청난 숫자 때문에 제대로 반격할 엄두조차 내지 못했다. 이들은 흉벽과 망대에 서서 화살을 쏟아부었으며 그 결과 강도들 중 많은 수가 성벽 아래에서 죽음을 당했다. 432. 밤낮으로 전쟁이 이어졌다. 반란군은 포위된 사람들의 식량이 곧 떨어질 것이라고 생각했으며, 반면 포위된 사람들은 공격해오는 반란군이 곧 지치게 되리라고 기대했다.

8. 433. 당시 므나엠이라는 자가 있었는데, 그는 퀴리니우스 통치시절 유대인들이 하나님 외에 로마인들을 섬기는 것을 질책했던 '갈릴리 사람'이라고 불리던 유다의 아들이었다.[223] 그는 가까운 동료들과 함께 마사다로 가서 434. 헤롯 왕의 무기고를 습격하고, 자신을 따르던 자들뿐만 아니라 다른 강도들에게도 무기를 지급하여 자신의 호위대로 만들었다. 그는 마치 왕처럼 예루살렘으로 올라와서 반란군의 지도자가 되었으며 예루살렘 요새를 지휘했다. 435. 그러나 그들에게는 공격을 위한 장비가 부족했다. 적진에서 날아오는 공격에 대한 아무런 방어장치 없이 성벽을 무너뜨리는 것은 불가능했다. 그래서 그들은 성

---

222) 9월 3일.

223) 《유대 전쟁사》 2. 118 참조.

가까이에 있는 기둥 근처까지 가서 땅굴을 판 후, 나무를 지고 들어가 불을 지르고 나왔다. 436. 버팀목 쪽에 불이 붙자 순식간에 성이 무너져내렸다. 그러자 성 안쪽에 세워진 또 하나의 벽이 나타났다. 반란군이 땅굴을 파고 들어갔을 때, 망대가 흔들렸기 때문에 방어하던 자들은 또 하나의 망대를 세운 것이다. 437. 이런 예기치 못한 상황에 직면하자 승리를 확신하던 반란군은 당황했다. 그러나 포위된 자들은 므나엠과 반란군의 지도자들에게 사람을 보내 항복의사를 전했다. 아그립바 왕의 부대와 유대인들만이 성을 빠져나와 투항할 수 있었다. 438. 성안에 남아 있던 로마병사들은 난감해졌다. 수많은 무리를 상대로 전투를 계속할 수도 없었고 자신들의 목숨을 보장해 달라고 간청하는 것도 수치스러운 일이었기 때문이다. 게다가 만일 반란군이 살려준다고 약속한다 해도 믿을 수가 없었다. 439. 그래서 로마군은 빼앗기기 쉬운 진영을 포기하고 힙포쿠스, 파사엘, 마리암메 등 왕궁의 망대로[224] 피신했다. 440. 므나엠의 부하들은 로마군이 떠나버린 진영을 습격하여 도망가지 못하고 남아 있던 자들과, 또 도망치다가 붙잡힌 자들을 모두 살해했다. 또한 로마인들이 남기고 간 것들을 약탈하고 그곳에 불을 질렀다. 이는 고르피에우스 월[225] 6일[226]에 일어난 사건이었다.

9.441. 그 다음날 왕궁 수로에 숨어 있던 대제사장 아나니아가 그의 형제 에제키아와 함께 강도들에게 살해되었다.[227] 반란군은 망대들을 장악하고 철저히 감시하여 단 한 사람의 로마군도 도망치지 못하게 했다. 442. 므나엠은 확고한 권력자의 자리를 차지하게 되었다. 그

---

224) 《유대 전쟁사》 5.163~171 참조.

225) 히브리력의 엘룰 월(8~9월)에 해당한다.

226) 9월 24일.

227) 궁정 뜰에 있던 수로에 관해서는 《유대 전쟁사》 5.181을 보라.

는 대제사장 아나니아를 죽인 일에 우쭐해져서 더욱 난폭하게 굴었으며 자신과 권력다툼을 할 만한 상대가 없다는 생각에 누구도 말릴 수 없는 독재자가 되었다. 443. 그러나 엘르아살파 사람들이 므나엠에 반기를 들고일어났다. 이들은 다음과 같이 주장했다. 즉, 자기들은 자유를 열망하는 마음으로 로마인들에게 저항하는데, 평범한 한 사람, 그것도 강압적 지배자에게 백성을 넘겨줄 수는 없다는 것이다. 또한 므나엠이 폭력을 행하지 않았다고 해도 자신들보다도 훨씬 비천한 출신인 그에게는 권력을 넘겨줄 수 없다고 했다. 만일 누군가 한 사람이 전권을 손에 쥐어야만 한다면, 이 자가 아닌 다른 사람이어야 한다고 그들은 주장했다. 444. 그들은 성전에서 므나엠을 공격하기로 계획했다. 므나엠은 기도를 드리기 위해 왕의 의복을 입고 우쭐대며 나왔는데, 그의 뒤에는 무기를 든 열렬한[228] 그의 추종자 무리가 따르고 있었다. 445. 엘르아살파의 사람들이 므나엠을 공격하자 나머지 군중도 분노가 폭발하여 그 현자(賢者)를 향해 돌을 던져대기 시작했다. 백성들은 므나엠이 살해되면 이 폭동이 완전히 끝나게 될 줄로 알았던 것이다. 446. 므나엠의 호위병들은 잠시 동안 저항하다가 온 백성이 자신들을 향해 달려드는 것을 보고는 안간힘을 쓰며 달아났다. 무리는 그들을 공격해서 살해했으며 숨어 있는 자들을 찾아다녔다. 447. 몰래 마사다로 피신한 소수의 사람들만이 살아남았는데 이 중에는 므나엠의 친척인 야이루스의 아들 엘르아살도 있었다. 이 사람은 나중에 마사다의 지휘관이 되었다.[229] 448. 므나엠 자신도 이른바 '오벨'이라는 곳[230]으로 도주하여 비겁하게 숨어 있었지만 결국 생포되어 대중 앞에 공개되었으며, 혹독한 고문을 받은 끝에 죽임을 당했다. 또한 므

---

228) 본문에는 젤롯파(열심당)를 연상시키는 어휘가 사용되고 있다('투스 젤로타스', τοὺς ζηλωτάς).

229) 《유대 전쟁사》 7.275 이하 참조.

230) 성전 광장 남쪽의 언덕. 열왕기하 27:3; 33:14 참조.

나엠을 따르던 폭도들과 그 독재자를 도왔던 자들 중 가장 악독한 인물인 압살롬도 살해되었다.

10. 449. 이미 언급한 바와 같이[231] 백성들이 이 일에 가담한 이유는 폭동으로 야기된 상황이 정리되기를 원했기 때문이다. 그러나 엘르아살파는 전쟁을 끝내려 하지 않았다. 므나엠을 죽인 그들은 오히려 겁 없이 전쟁을 계속했다. 450. 많은 백성들은 로마군 포위를 그만 중지하라고 여러 번 요청했다. 그러나 그들은 더욱 거세게 로마군을 공격했다. 결국 로마군 지휘관 메틸리우스는 더 이상 버틸 수 없다고 판단하여, 엘르아살파 사람들에게 전령을 보내어 자신들의 목숨을 보장해 달라고 요청했으며 무기와 다른 모든 소유물들을 포기하겠다고 말했다. 451. 로마군을 포위하고 있던 자들은 이 요청을 흔쾌히 수락했다. 그들은 니코메데스의 아들 고리온, 사독의 아들 아나니아, 요나단의 아들 유다를 로마군에게 보내어 그들의 안전을 보장하고 서로 맹세를 주고받았다. 452. 그러자 메틸리우스는 군사들에게 무기를 내려놓으라고 명했다. 폭도들은 로마군이 무기를 들고 있을 때에는 공격하지 않았으며 약속을 어기려는 기미도 전혀 보이질 않았다. 그러나 로마군이 약속대로 방패와 칼을 내려놓고 안심하며 철수하려고 하자, 453. 엘르아살파 사람들은 로마병사들을 둘러싸고 그들이 미처 방어하거나 살려달라고 애원할 틈도 없이 죽여버리고 말았다. 로마군인들은 조약을 지키고 서로 주고받은 맹세를 지키라고 소리치기만 할 뿐이었다. 454. 메틸리우스를 제외한 모든 로마군인들이 무참하게 살해되었다. 메틸리우스만이 유일하게 살아남을 수 있었던 것은, 오직 그만이 유대인들에게 자비를 구했으며 또 할례를 받아 유대인이 되겠다고 약속했기 때문이었다. 이 일은 로마의 입장에서는 경미한 손실에 불과한 것

231) 《유대 전쟁사》 2. 445 참조.

이었다. 엄청난 규모의 로마군대 중에 극히 소수의 전사자만이 발생한 것이기 때문이다. 반면 유대인들에게 이 사건은 멸망의 전조가 되었다. 455. 유대인들은 이제 돌이킬 수 없는 전쟁의 구실을 만들어주었으며, 예루살렘이 심각한 죄악으로 더럽혀졌기 때문에 만의 하나 로마의 보복을 피할 수 있다 해도 필연적으로 그 일에 대한 하나님의 심판을 받을 수밖에 없다고 생각했다. 유대인들은 깊은 절망에 빠졌으며 온 예루살렘이 슬픔에 젖어 있었다. 또한 모든 선량한 사람들도 폭도들의 잘못 때문에 시련을 겪을 수밖에 없음을 알고 두려워했다. 456. 게다가 이 사건은 율법적으로 허용된 일조차 해서는 안 되는 날, 즉 거룩한 예배를 드려야 하는 안식일에 발생했다.

제 18 장　곳곳에서 발생한 유대인 학살

1. 457. 같은 날 같은 시간에 가이사랴 주민들은 그들과 함께 살고 있던 유대인들을 살해했다. 이는 하나님의 섭리에 따라 발생한 일로, 불과 한 시간 안에 2만 명이나 학살되었다. 도망친 자들은 플로루스에게 붙잡혀 배 만드는 곳으로 압송되었고, 결국 가이사랴에는 단 한 명의 유대인도 남아 있지 않았다. 458. 가이사랴의 학살소식이 전해지자 모든 백성은 크게 분노했다. 그들은 여러 지역으로 흩어져, 시리아에 있는 마을들과 그 근방의 도시들, 즉 필라델피아, 에스본, 거라사, 펠라, 스키토폴리스 등을 약탈했다. 459. 그후 가다라, 힙포, 가울라니티스 지역을 습격하여 그 중 몇몇 지역을 파괴하고 또 어떤 곳에는 불을 질렀다. 그들은 두로 지역의 카다사, 프톨레메스, 가바를 거쳐 마침내 가이사랴로 향했다. 460. 그들은 세바스테와 안테돈과 가자도 약탈했다. 그들은 이 도시들의 권역에 속한 많은 마을들을 약탈했으며,

그들이 체포하고 살해한 사람의 수는 셀 수 없을 정도로 많았다.

2.461. 시리아 사람들에게 살해된 유대인 또한 수없이 많았다. 시리아인들은 자기들의 도시들에서 붙잡힌 모든 유대인들을 죽였는데, 이것은 예전처럼 유대인에 대한 증오심 때문만이 아니라 자신들이 겪는 위협에서 벗어나고자 하는 행위였다. 462. 온 시리아는 공포에 휩싸였다. 모든 도시마다 두 개의 진영이 양분되어서 각 진영은 살아남기 위해 상대방을 공격할 수밖에 없었다. 463. 낮에도 유혈참상이 벌어졌고 밤에는 더욱 심각한 공포가 엄습했다. 즉, 시리아인들은 유대인을 제거했다고 여겼지만, 각 도시에서 유대인처럼 살고 있는 자들[232] 때문에 고민했다. 시리아인들은 시리아와 유대인 양쪽 사이에 걸쳐 있던 이 의심스러운 자들을 죽이지는 않았지만 이들이 유대인들과 결탁되어 있을까 봐 두려워했으며 이들이야말로 진짜 적일 수 있다고 생각했다. 464. 예전에는 아주 선하게 살던 사람들마저도 물질에 대한 욕심에 눈이 어두워져, 대적자들을 살해하는 자들에게 동조했다. 그들은 살해된 자들의 소유와 재산을 아무런 수치심도 없이 약탈하여 자기 집으로 가져갔다. 이렇게 그들은 살육행위를 통해 재산을 빼앗았으며, 마치 제일 많은 적을 죽인 자가 다른 사람보다 우월하게 여겨지듯이 가장 많이 약탈한 자가 최고로 여겨질 정도였다. 465. 시체들이 매장되지도 않은 채 도시마다 넘쳐났다. 노인들과 아이들의 시체가 뒤엉켜 있었고, 여자들의 시체는 벌거벗겨진 채로 나뒹굴었다. 시리아 속주 전체가 끔찍한 참상으로 가득 차 있었다. 그들은 지금까지 발생한 참혹한 일들보다도 앞으로 계속될 혼란을 더 두려워했다.

232) 갈라디아서 2:14에도 나오는 이 어휘는 '유다이존타스'(ἰουδαΐζοντας)로, 직역하면 '유대화된 사람들'이다. 이들이 이방인 개종자인지 아니면 '하나님을 경외하는 이방인'인지는 의견이 분분하다.

3.466. 유대인들은 지금까지 오직 이방인만을 상대로 싸웠다. 그런데 유대인들이 스키토폴리스[233] 사람들을 침략했을 때, 그곳의 유대인들 역시 자신들의 적임을 알게 되었다. 그곳 유대인들은 자신들의 안전을 위해 스키토폴리스인들 편에 서서 자기 동족을 경멸하며 대항했던 것이다.[234] 467. 그러나 스키토폴리스 유대인들의 과장된 행동 역시 가식적인 것일 수 있다는 의심을 받았다. 즉, 스키토폴리스인들은, 유대인들이 동족에 대한 공격을 감행한 것을 무마하려고 밤을 틈타 자신들을 습격할 위험이 크다고 여겼던 것이다. 그래서 스키토폴리스의 이방인들은 유대인들이 자신들과 동맹하기를 원하고, 또 그 신실성을 증명하려면, 가족을 데리고 인근 숲 속에 들어가 살아야 한다고 요구했다. 468. 유대인들은 아무런 의심 없이 이들의 요구에 따랐다. 스키토폴리스인들은 의혹을 받지 않으려고 이틀 동안 유대인들을 조용히 내버려두었다. 그러나 사흘째 밤에 그들은 유대인들이 경계도 없이 잠에 빠져 있는 것을 확인하고는 1만 3천 명의 유대인을 죽이고 모든 소유를 약탈했다.[235]

4.469. 널리 알려진 사울이라는 자의 아들 시몬이 겪은 불행한 운명에 관해서 언급할 필요가 있을 것 같다. 그는 체력과 용맹 면에서 특출한 인재였으나 이 모든 재능을 동족에게 해악을 주는 수단으로 사용했다. 470. 그는 스키토폴리스로 쳐들어오는 유대인들에 맞서 매일 전투를 치르면서 그들을 죽였다. 그는 침입하는 모든 유대인들을 여러 차례 물리쳤으며, 혼자만의 힘으로도 그들을 물리치기에 충분했다.

---

233) 구약성서에 언급된 '벳산'으로 요단 강의 서쪽에 있는 데가볼리 도시 중 하나였던 스구도볼리.

234) 스키토폴리스 내부의 주민과 유대인 사이의 관계에 관해서는 마카비2서 12:20~31 참조.

235) 《요세푸스 자서전》 26 참조.

471. 이렇게 동족을 살해한 그의 행위가 징벌을 받는 것은 당연했다. 스키토폴리스 사람들이 숲에서 유대인들을 포위하고 공격하자, 그는 칼을 빼들고 있긴 했지만 대적하고 있는 스키토폴리스인들에게 달려들어 공격하지는 않았다. 적의 수가 너무 많았기 때문이었다. 그는 매우 분노하여 큰소리로 외쳤다. 472. "스키토폴리스 사람들아, 이제야 내가 받을 필연적 징벌을 받게 되었구나. 이는 내가 너희 편에 서서 너희와 결속하여 내 동족들을 살해했기 때문이다. 자기 동족에게 극악한 잘못을 저지른 자가 이방인들로부터 배신을 당하는 것은 지극히 당연한 일이다. 그러므로 저주받아 마땅한 우리는 스스로 목숨을 버릴 것이다. 적들의 손에 죽임을 당하는 일은 있을 수 없다. 473. 이는 내가 지은 죄에 대한 마땅한 징벌이며 또한 나의 용기를 증명할 수 있는 길이기도 하다. 왜냐하면 원수 가운데 나를 쓰러뜨리고 나서 나의 주검을 놓고 자기가 죽였노라고 자랑할 수 있는 자는 아무도 없을 것이기 때문이다." 474. 이 말을 마치고, 시몬은 애절한 마음과 분노가 함께 담긴 눈길로 자기 가족을 바라보았다. 그의 가족은 아내와 자녀들, 그리고 노부모였다. 475. 먼저 그는 자기 아버지의 흰 머리카락을 잡아 칼로 아버지를 찌르고 이어서 어머니도 찔러 죽였다. 그의 부모는 아무런 저항도 하지 않았다. 곧이어 그의 아내와 자식들은 시몬의 칼을 향해 거의 뛰어들다시피 했는데, 이는 모두 적에게 죽임을 당하지 않기 위해서였다. 476. 이렇게 자기 가족을 모두 죽인 후 시몬은 자신의 모습이 잘 보일 수 있도록 가족의 시체더미 위에 올라섰다. 그는 모든 사람이 볼 수 있게 오른손을 완전히 뻗어서 칼로 자기 몸을 깊숙이 찔러 죽음을 맞이했다. 이 젊은이의 육체적 힘과 정신적 각오는 놀라웠으나, 그것을 이방인을 위해 사용했으므로 그런 비참한 결과가 뒤따를 수밖에 없었던 것이다.

5. 477. 스키토폴리스의 학살사건으로부터 시작하여 나머지 다른 도시들에 거주하는 유대인들에게도 핍박이 이어졌다. 아스글론 주민들은 2천 5백 명의 유대인을, 프톨레메스 사람들은 2천 명의 유대인을 살해했으며 또한 많은 유대인들을 감금했다. 478. 두로 사람들도 많은 유대인을 죽이거나 투옥하고 철저히 감시했다. 마찬가지로 힙포와 가다라의 주민들도 저항하는 유대인들을 죽이고 두려움에 떠는 자들을 감금시켰다. 시리아의 다른 도시들에서도 유대인에 대한 증오, 혹은 두려움 때문에 이와 같은 일들이 벌어졌다. 479. 오직 안디옥, 시돈, 아파메아[236] 사람들은 자신들의 지역에 사는 소수파인 유대인들에게 해를 입히지 않았으며, 유대인들을 죽이거나 감금하지도 못하게 했다. 그 이유는 자신들의 수가 압도적으로 많았기 때문에 유대인들이 반란을 일으킬까 봐 두려워할 필요가 없었기 때문이다. 그러나 아마도 더 중요한 이유는 전혀 소란을 일으킬 것 같지 않아 보이는 유대인들에 대한 동정심 때문이었을 것이라고 볼 수 있다. 480. 또한 거라사[237] 사람들도 그 지역 유대인들에게 아무런 해를 입히지 않았으며, 그 도시를 떠나고자 하는 유대인들을 국경지역까지 데려다주었다.

6. 481. 아그립바의 왕국에서도 유대인에 대한 습격사건들이 발생했다. 아그립바는 안디옥의 케스티우스 갈루스에게로 가면서 소에무스 왕[238]의 친척이며 자기 친구인 노아루스[239]에게 국정을 책임지도록 했다. 482. 이때 바타네아에서 70명의 사람들이 찾아왔는데, 이들은

---

236) 안디옥 남부 오론테스 강가에 있었다.

237) 데가볼리 남동쪽에 있었다.

238) 《유대 전쟁사》 2. 501에 의하면, 로마와 그밖의 다른 곳으로 사절단을 파견한 에메사 왕을 말한다.

239) 《유대 전쟁사》 2. 247; 《요세푸스 자서전》 38 이하에 언급된 바루스와 동일 인물일 가능성이 높다.

아그립바 왕의 거주민들 가운데 혈통과 지혜 면에서 가장 뛰어난 자들이었다. 그들은 노아루스에게 만일 자신들의 지역에서 폭동이 발생할 경우를 대비해서 폭도들을 진압하는 데 동원할 수 있는 한 개의 부대를 달라고 요구했다. 483. 그러자 노아루스는 왕실부대에 명을 내려 한밤중에 이 파견단 전원을 살해했다. 이 만행은 아그립바의 승인 없이 벌어진 일이었다. 노아루스는 한없는 탐욕 때문에 자기 동족들에게 그와 같은 참혹한 일을 저질렀으며 이로 인해 아그립바 왕국에 심각한 타격을 입히게 되었다. 아그립바에게 이런 일들이 알려지기 전까지 그는 잔혹한 방식으로 동족에게 악행을 저질렀다. 하지만 아그립바는 소에무스 왕과의 관계 때문에 노아루스를 죽이지 않고 해임시켰다. 484. 반란군은 여리고 위쪽에 있는 키프로스[240]라는 이름의 성을 점령하여 그곳을 지키던 자들을 죽이고 성을 무너뜨렸다. 485. 같은 시기에 마케루스의 수많은 유대인들이 로마군에게 마케루스 요새를 자신들에게 넘겨주고 떠나라고 요구했다. 486. 로마군은 유대인들이 무력을 사용해 쳐들어올까 봐 두려워서 안전한 철수를 보장하라는 조건을 내세웠다. 마케루스 주민들을 지배하고 그곳을 주둔지로 삼던 로마군은 이에 대한 확약을 받은 직후 요새를 떠났다.

7. 487. 그런가 하면 알렉산드리아에 거주하는 유대인과 원주민 사이에서 끊임없는 갈등이 발생했다.[241] 그 갈등은, 알렉산더 왕이 이집트와 전쟁을 벌일 때 유대인들이 자발적으로 그를 도와준 일에 대한 보

---

240) 헤롯 왕이 자기 모친의 이름을 붙여 건설한 도시(《유대 전쟁사》 1.417).

241) 이러한 갈등은 유대인 디아스포라 공동체가 정치·경제적 특권을 더욱 많이 향유해감에 따라 토착민들과 유대인들 사이에서 발생한 불가피한 마찰이었는데, 계속되는 요세푸스의 이 기록은 당시 알렉산드리아에서 안디옥까지 파급되었던 이러한 갈등의 양상과 그로 인해 유대인 공동체에 가해진 로마의 제재정책인 이른바 '칼리굴라의 위기' 양상을 설명해주고 있다.

답으로 유대인들에게 알렉산드리아에 거주하면서 헬라인과 동등한 권리를 누리도록 보장했던 역사에서부터 기인한다. 488. 유대인들에게 주어졌던 이 특권은 알렉산더 후계자들의 통치기간에도 계속 유지되었다. 알렉산더의 뒤를 이은 자들은, 심지어 유대인들만의 특별 거주구역까지 주었는데,[242] 이것은 유대인들이 정결법을 지켜 가능한 한 이방인과의 접촉을 피하며 살 수 있도록 배려해주기 위함이었다. 게다가 그들은 유대인들이 마케도니아인이라고 불릴 수 있도록 허용했다. 로마가 이집트를 점령했을 때에도 초대 황제나 그의 후계자들 중 그 누구도 알렉산더 이후 유대인에게 부여되어온 특권을 제한하려 하지 않았다. 489. 그럼에도 불구하고 유대인들은 끊임없이 헬라인들과 충돌했다. 이집트 총독이 날마다 많은 유대인과 헬라인을 체포했음에도 불구하고 폭동은 점점 더 거세졌다. 490. 어떤 곳에서 소동이 발생하면 또 다른 곳에서도 소요의 불길이 거세게 일어났다. 한번은 알렉산드리아 주민들이 네로에게 사절단을 파견하기 위해 한 곳에 모였는데 이때 헬라인과 함께 많은 유대인 백성이 극장 안으로 밀려들어왔다. 491. 헬라인들은 유대인들을 보자, 곧바로 그들을 향해 큰소리로 "원수요, 정탐꾼!"이라고 외치면서 달려들어 폭행했다. 그들은 도망가는 유대인들을 여기저기서 공격했으며 그 중 세 사람을 붙잡아 산 채로 불에 태워 죽이려고 끌고 갔다. 492. 그러자 모든 유대인들이 들고일어나 보복하려고 했다. 유대인들은 헬라인들에게 돌을 던지다가 횃불을 들고 극장 안으로 밀고 들어가, 그곳에 모인 마지막 한 사람까지도 불에 태워 죽이겠다고 위협했다. 알렉산드리아의 총독인 티베리우스 알렉산더[243]가 유대인들의 분노를 진정시키지 않았다면 실제로 그런 일이 자행되었을 것이다. 493. 티베리우스 알렉산더는 유대인들을 진정시키기 위

242) 알렉산더 대왕이 유대인에게 허용한 특별 거주구역에 대한 언급은 《아피온 반박문》 2.35에도 나온다.

243) 이집트 전체를 통치한 총독이었다. 《유대 전쟁사》 2.220; 4.616 참조.

해 무력을 사용하지 않았고, 최고 지도층의 시민들을 보내어 스스로 자제해줄 것과 로마군을 자극하지 말아줄 것을 권고했다. 그러나 폭도들은 그의 권고를 비웃으며 그를 모욕했다.

8. 494. 총독은 강력한 무력조치 없이는 폭도들이 잠잠해지지 않을 것이라고 판단했다. 그래서 그는 알렉산드리아에 주둔한 두 개의 로마 부대와, 폭동을 진압하기 위해 방금 리비아에서 도착한 2천 명의 군인을 출동시켜 유대인들을 공격하게 했다.[244] 그는 군인들에게 무기를 무제한 사용할 수 있는 권리와 함께 유대인 재산에 대한 약탈과 가옥에 대한 방화를 허용했다. 495. 로마군은 유대인 거주지였던 이른바 델타[245] 지역으로 쳐들어가서 자신들이 받은 명령을 수행했다. 로마군도 어느 정도 피해를 입었다. 유대인들은 서로 힘을 모아 버티며, 중무장한 사람들을 전투에 내보내 오랫동안 저항했기 때문이었다. 그러나 이렇게 저항하던 유대인들은 일단 전열이 흔들리기 시작하자 쉽게 붕괴되고 말았다. 496. 결국 유대인들은 온갖 방식으로 죽임을 당했다. 어떤 사람들은 들판으로 달아났고 또 어떤 사람들은 집 안으로 피신했다. 로마인들은 유대인들의 집에 쉴 새 없이 불을 질러댔고 재산을 약탈했다. 로마군은 어린아이를 보호하거나 노인을 배려하지도 않았다. 497. 로마군은 나이에 상관없이 유대인을 살해했고, 그 결과 도시 전체가 피로 물들었다. 5만 구의 시체가 쌓였으며, 만약 유대인들이 자비를 베풀어 달라고 애원하지 않았으면 단 한 명도 살아남지 못하고 몰살당했을 것이다. 알렉산더 총독은 유대인들을 동정하여 로마군을 철수시켰다. 498. 총독의 명령에 복종해야 했던 로마군은 즉

244) 《유대 전쟁사》 2.387 참조.

245) 알렉산드리아의 다섯 지역은 헬라어 알파벳의 첫 다섯 글자(알파, 베타, 감마, 델타, 엡실론)를 따라 명명되었다. 필로에 의하면, 이 중 두 지역에 유대인들이 거주했다.

각적으로 살해행위를 중지했지만, 증오심으로 가득 차 있던 알렉산드리아 주민들의 살해행위를 중단시키기에는 역부족이었다.

9.499. 알렉산드리아의 유대인들에게 일어난 유혈사태의 전모는 이러했다. 한편 이렇게 유대인들에 대한 적대적 공격이 도처에서 발생하게 되자 케스티우스[246]도 가만히 있을 수 없었다. 500. 그는 제12군단 전체를 이끌고 안디옥에서 출격했다. 또한 그는 그외 나머지 군대들에서도[247] 각각 2천 명씩을 선발하고 6개의 보병부대와 4개의 기병대를 모았으며, 안티오쿠스[248] 왕이 보낸 2천 명의 기병과 3천 명의 보병, 그리고 많은 궁수들로 구성된 원군도 이끌고 갔다. 501. 아그립바가 보낸 보병도 비슷한 규모였으며 기병의 수는 2천 명이 조금 못 되었다. 또한 소에무스 왕이 보낸 4천 명의 원군도 케스티우스를 따랐는데 그 중 3분의 1은 기병이었고 나머지는 대부분 궁수들이었다. 이들 군대를 이끌고 케스티우스는 프톨레메스로 진군했다. 502. 여러 다른 도시들에서도 많은 지원병이 몰려들었는데 이들은 전문적 군인들에 비해 전쟁경험이 부족하기는 했지만 전투의지와 유대인에 대한 증오심은 군사훈련의 부족함을 대신할 수 있을 정도였다. 아그립바 자신도 케스티우스의 길을 안내하고 그를 돕기 위해 동행했다. 503. 케스티우스는 군대의 일부를 이끌고 갈릴리의 요새도시 중 하나인 '남자들의 도시'라고 불린 가불[249]로 진격했다. 이곳은 유대지역과 프톨레메스 지역의 경계에 위치해 있었다. 504. 주민들이 이미 산으로 피신한 뒤였기 때문에 도시는 텅 비어 있었다. 그러나 도시에는 온갖 재물이

---

246) 시리아의 총독. 《유대 전쟁사》 2.280 등을 참조하라.

247) 아우구스투스 황제 이래로 시리아에는 네 개의 군단이 주둔하고 있었다.

248) 안티오쿠스 4세는 38년부터 72년까지 콤마게네의 왕으로 있었다(《유대 전쟁사》 7.219 이하).

249) 《요세푸스 자서전》 213; 열왕기상 9:10~14 참조.

그대로 남아 있었다. 케스티우스는 군인들에게 약탈을 허용했고 도시를 불태웠다. 불에 탄 도시에는 두로, 시돈, 베뤼투스 등에서 볼 수 있을 법한 매우 아름다운 집들이 세워져 있었다. 505. 케스티우스는 온 지역을 휩쓸고 다니며 닥치는 대로 모든 것을 약탈했으며 주변의 마을들도 불태우고 난 후 프톨레메스로 돌아왔다. 506. 시리아인들 중 특히 베뤼투스 출신들은 약탈하느라 정신이 없었다. 케스티우스가 철수했다는 소식을 듣고 유대인들은 새롭게 용기를 얻어서 남아 있던 이 자들을 급습했다. 이 공격으로 유대인들은 약 2천 명을 죽였다.

10. 507. 케스티우스는 프톨레메스에서 가이사랴로 이동했다. 그는 일부 병력을 욥바로 파견하면서 그곳을 급습하여 장악하라고 명했다. 그러나 만일 그곳 사람들이 공격을 미리 알아차리면 케스티우스가 다른 부대를 이끌고 갈 때까지 대기하라고 했다. 508. 먼저 파견된 군인들은 해로와 육로를 이용해 재빨리 욥바에 도착하여 힘들이지 않고 양면공격을 펼쳐 그곳을 점령했다. 욥바 주민들은 싸울 준비조차 하지 못했으며 달아날 수도 없었다. 쳐들어온 로마군은 주민들을 모두 죽이고 도시를 약탈하며 불을 질렀다. 509. 살해된 사람의 수는 8천 4백 명이나 되었다. 또한 케스티우스는 가이사랴와 인접한 소왕국 나르바타[250]에도 많은 수의 기병을 보내어 그곳을 초토화시켰다. 그들은 수많은 주민들을 살해했으며 마을들을 철저히 약탈하고 불을 질렀다.

11. 510. 케스티우스는 제 12군단의 지휘관 케센니우스 갈루스를 갈릴리로 보내면서 그곳 주민의 규모에 충분한 한 개 부대를 주었다. 511. 갈릴리에서 가장 튼튼한 요새인 셉포리스는 갈루스를 평화롭게 맞이했고 이런 현명한 행동으로 인해 나머지 다른 도시들도 평화를 유

250) 《유대 전쟁사》 2. 291 참조.

지할 수 있었다. 그런데 폭도들과 강도들은 갈릴리의 가장 중심부에 있는 산으로 전부 달아났다. 셉포리스 맞은편에 위치한 이 산은 아사몬이라고 불렸다. 512. 갈루스는 군대를 이끌고 이들을 공격하러 출격했다. 하지만 폭도들은 더 높은 곳에 있었기 때문에 공격해오는 로마군을 수월하게 막을 수 있었고, 2백 명의 로마군을 살상했다. 그러나 로마군이 우회 이동하여 그들보다 더 높은 위치를 점하게 되자 그들은 곧바로 패하고 말았다. 무기가 허술했던 폭도들은 중무장한 로마군과의 근접전투에서 살아남기 힘들었으며 기병대 때문에 도망치기도 어려웠다. 폭도들 중 극소수만이 험준한 지역으로 피신할 수 있었고, 2천 명 이상이 죽임을 당했다.

제 19 장 케스티우스 총독의 예루살렘 진격 실패

1. 513. 갈루스는 갈릴리에서 어떤 저항도 일어나지 않을 것이라고 생각해서 군대를 이끌고 가이사랴로 귀환했다. 그런데 케스티우스는 자신의 전군을 동원하여 안티파트리스[251]로 진군했다. 그는 아벡[252]이라는 망대에 아주 많은 유대인 군대가 모여 있다는 소식을 듣고 이들을 공격하기 위해 한 개의 부대를 파견했다. 514. 그러나 전투가 벌어지기도 전에 유대인들은 로마군에 대한 공포심을 느끼고 달아나버리고 말았다. 로마군은 그곳에 도착하여 비어 있는 진영으로 들어가 주변마을들을 불태웠다. 515. 이후 케스티우스는 안티파트리스에서 룻다로 진군했다. 룻다의 주민들은 장막절 행사에 참가하려고 모두 예루살렘으로 가버린 터라 도시는 텅 비어 있었다. 516. 단지 50명 정도의

251) 욥바 북동쪽의 샤론 평원에 위치했다.

252) 아벡이라는 지명을 가진 여러 곳 중에 샤론 평원에 위치한 아벡을 가리킨다(여호수아 12:18).

사람만이 남아 있었는데 케스티우스의 군대는 그들을 모두 죽이고 룻다를 불살랐다. 그는 계속 진군하여 벳호론까지 올라가 예루살렘에서 50 스타디온 떨어져 있는 가바오[253] 라는 곳에 진을 쳤다.

2. 517. 유대인들은 수도 예루살렘에서 곧 전쟁이 벌어질 것을 예감하여 절기행사를 중단하고 서둘러 무장했다. 유대인들은 자신들의 수가 매우 많다는 점에 크게 의지하면서 아무런 전략도 없이 고함을 지르면서 전쟁에 나섰다. 그들은 그날이 제 7일인 안식일이라는 것도 전혀 염두에 두지 않았다.[254] 518. 종교적 규범도 어길 정도로 전쟁의지가 강력했기 때문에 유대인들은 전투에서 우세했다. 그들은 이와 같은 기세로 로마인들을 공격했으며 로마군의 대오를 무너뜨리고 중심을 향해 달려들어 적들을 살상했다. 519. 만약 주위를 돌아다니면서 도와준 기병대와 아직 전멸되지 않은 보병대의 도움이 없었다면 케스티우스와 그의 전군은 심각한 위험에 처했을 것이다. 로마군은 515명이 사망했는데 그 중 4백 명은 보병이었고 나머지는 기병이었다. 반면 죽은 유대인의 수는 22명에 불과했다. 520. 유대인들 가운데 가장 용맹했던 사람은 아디아베네의 왕 모노바주스[255] 의 친척인 모노바주스와 케네데우스, 그리고 베레아 출신 니게르와 바벨론 출신 실라였다. 실라는 이전에 아그립바의 군대를 돕고 있다가 유대인 군대로 넘어온 자였다. 521. 이 전투에서 로마군을 격퇴시킨 후 유대인들은 다시 예루살렘으로 귀환했다. 그런데 기오라의 아들 시몬[256] 은 유대군의 뒤쪽에 있다

253) 기브온. 《유대 고대사》 7. 283에 의하면 그 거리는 불과 40 스타디온이다. 벳호론에 관해서는 《유대 전쟁사》 2. 547을 보라.

254) 장막절 주간에 해당된다.

255) 그의 형제였던 이자테스의 뒤를 이어 왕이 된 직후 모노바주스 왕은 이자테스와 그의 모친 헬레나와 함께 유대교로 개종했다. 《유대 전쟁사》 2. 388 참조.

가 벳호론으로 내려가려고 철수하던 로마인들을 습격했다. 시몬은 많은 로마 군사를 공격하고 상당량의 물자를 빼앗아 예루살렘으로 가져왔다. 522. 케스티우스가 그곳에서 사흘간 지체하는 동안 유대인들은 높은 지대를 점령한 채 로마군이 움직이는 경로를 감시했다. 로마군이 행군을 시작하면 유대인들이 가만히 있지 않을 것은 분명했다.

3. 523. 아그립바는 무수히 많은 유대인 적들이 산악지역을 장악한 상황에서 로마군의 전황이 불리함을 알고 협상을 시도했다. 아그립바는 유대인 모두를 설득해서 전쟁을 끝내도록 하거나 아니면 전쟁에 반대하는 자들의 지지를 얻어내고자 했다. 524. 그래서 아그립바는 자기 주변사람들 중에 유대인들에게 가장 널리 알려진 보르키우스와 푀부스를 파견하여 이들을 통해 유대인들이 케스티우스와 협정을 맺을 수 있도록 권했다. 또한 로마군이 무기를 내려놓고 스스로 물러서면 안전하게 퇴각하도록 약속하기를 원했다. 525. 그러나 폭도들은 아무런 징벌을 가하지 않겠다는 아그립바의 말에 유대 백성들이 현혹되지 않을까 두려워했다. 결국 그들은 사절단을 죽이자는 쪽으로 의견을 모았다. 526. 그래서 푀부스는 말 한마디도 꺼내지 못한 채 살해당했다. 반면 보르키우스는 상처를 입은 채 도망칠 수 있었다. 폭도들은 이 일에 대해 불만을 제기하는 사람들을 돌과 몽둥이로 위협해서 예루살렘 안으로 쫓아버렸다.

4. 527. 케스티우스는 유대인들 가운데 혼란이 발생하기 시작하자 이를 공격하기에 좋은 기회로 여겨 전군을 동원하여 공격에 나섰으며 도주하는 자들을 예루살렘까지 추격했다. 528. 케스티우스는 예루살렘에서 7 스타디온 떨어진 '스코푸스'[257]에 진을 쳤다. 그는 사흘 동안

256) 거라사 출신의 시몬 바 기오라는 급진적 젤롯당원으로 예루살렘 포위 당시 지휘관으로 활약한다. 《유대 전쟁사》 4.503 참조.

아무런 공격도 시도하지 않았는데, 이는 유대인들이 혹시 항복하지 않을까라고 생각해서였다. 케스티우스는 많은 수의 군인들을 주변마을들로 보내 식량을 조달하도록 시켰다. 넷째 날인 휘페르베르타이오스월 30일,[258] 케스티우스는 군대를 정렬하여 예루살렘으로 쳐들어갔다. 529. 유대인 백성들은 반란자들의 강압적 지배를 받고 있었다. 그러나 반란자들은 잘 정렬된 로마군을 보자 겁을 먹고 예루살렘 외곽지역에서 도망쳐 도시와 성전 안쪽으로 후퇴했다.[259] 530. 케스티우스는 '신도시'라고 불리는 이른바 벳새다와 '목재 시장'으로 불리는 지역으로 쳐들어가 불을 질렀다. 그리고 그는 상부도시로 이동하여 왕궁 맞은편에 진을 쳤다. 531. 만약 이 시점에서 케스티우스가 성벽 안의 도시 내부로 강제로 진입해 들어가기로 결정했다면 예루살렘 전체를 금방 장악할 수 있었을 것이고 전쟁은 종결되었을 것이다. 하지만 플로루스에게 매수된 지휘관 튀란니우스 프리스쿠스와 대부분의 기병대 장교들은 이런 케스티우스의 시도를 저지했다. 532. 바로 이 이유 때문에 전쟁은 그토록 오랫동안 끝나지 못했고 유대인들은 돌이킬 수 없을 만큼 온갖 큰 재앙을 겪게 되었던 것이다.

5. 533. 이때 요나단[260]의 아들 아나누스가 설득한 많은 수의 유대인 지도자들이 케스티우스에게 와서 성문을 열어주겠으니 성안으로 들어오라고 간청했다. 534. 그러나 케스티우스는 화가 나 있기도 했고,

---

257) 도시 전체를 조망할 수 있는 예루살렘 북서쪽의 언덕으로, '전망대'라는 뜻의 '스코푸스'라는 이름은 이러한 이유에서 비롯되었다. 《유대 고대사》 9. 329에 의하면, 이곳은 샤페인으로도 불렸다.

258) 11월 17일.

259) 이들이 포기했던 이 성벽은 아그립바 1세가 건설 도중에 중단한 세 번째 성벽이었다(《유대 전쟁사》 2. 218).

260) 대제사장 요나단은 시카리파에 의해 희생된 최초의 인물이었다(《유대 전쟁사》 2. 256).

한편으로는 믿을 수 없어서 이 제의를 거절했다. 그가 이렇게 지체하는 동안 유대인 반란군은 아나누스파 사람들의 배신을 알아차렸다. 그들이 성벽에서 돌을 던져대자 이들은 집으로 돌아갈 수밖에 없었다. 반란군은 조를 편성하여 망대 위에서 성벽으로 다가오는 모든 자들에게 화살을 퍼부었다. 535. 로마군은 닷새 동안 여러 방향에서 공격을 시도했지만 아무런 성과가 없었다. 엿새째 날이 되자 케스티우스는 대규모의 병력과 궁수부대를 선발해서 성전 북쪽의 성벽을 공격했다. 536. 유대인들은 회랑 기둥 위에서 방어하며 성벽으로 돌진해오는 로마군을 몇 차례 격퇴하기도 했다. 그러나 무수히 날아오는 화살공격 때문에 유대인들은 결국 후퇴할 수밖에 없었다. 537. 로마군의 제일 앞줄의 병사들은 방패를 들어 가장자리 부분을 성벽에 갖다대고 그 뒷줄에 선 병사들은 방패를 자기 앞줄과 연결하는 방식으로 방패를 계속 이어나갔다. 이렇게 로마군이 이른바 '거북이 모양'의 밀집대형을 유지하자 위에서 날아오는 화살들은 튕겨나갔다. 이런 식으로 로마군은 아무런 피해를 입지 않고 성벽 아래를 파들어가면서 동시에 성전 문에 불을 지를 준비를 했다.

6. 538. 폭도들은 공포에 떨었다. 예루살렘 점령이 임박했다고 생각한 많은 사람들은 서둘러 달아났다. 이런 상황 때문에 백성들은 새로운 용기를 얻었다.[261] 그래서 그들은 폭도들이 허둥지둥 도망가자 재빨리 성문으로 달려가 성문을 열어주고 케스티우스를 은인처럼 맞아들였다. 539. 만일 케스티우스가 조금만 더 오랫동안 예루살렘 안에서 진을 치고 공격을 지속했더라면 도시를 금방 손에 넣을 수 있었을 것이다. 하지만 내 생각으로는, 그 사악한 자들로 인해 하나님은 이미 성소를 떠나버리셨으며 전쟁이 끝나지 못하도록 하셨다고 볼 수 있다.

---

261) 요세푸스는 계속해서 폭도들과 일반백성들을 구별한다. 즉, 전쟁의 책임은 일반백성에게 있지 않고 일부 폭도들에게 있음을 강조하고자 한다.

7.540. 포위된 자들의 절망이나 백성들의 생각을 알지 못했던 케스티우스는 갑자기 병사들을 소집했다. 케스티우스는 어떠한 반격을 당한 것도 아닌데 이해할 수 없게도 희망을 접고 예루살렘에서 군대를 철수시켰다. 541. 예기치 못했던 로마군의 철수로 강도들은 또다시 용기를 얻었다. 그들은 로마군 후미를 공격해서 많은 수의 기병과 보병을 살해했다. 542. 당시 케스티우스는 스코푸스에 진을 치고 하룻밤을 보낸 후 다음날 행군을 재개했는데, 이 사이 반란군의 숫자가 더욱 늘어나게 되었다. 이들은 군대행렬의 후미를 거듭 공격했다. 또한 로마군이 행군하는 길을 우회해서 달려들어 행렬의 양 측면에서 화살을 쏘아대며 공격했다. 543. 후미에 있는 로마군인들은 유대인들의 수가 무수히 많다고 여겨 공격하는 방향으로 돌아서서 방어할 용기조차 내지 못했다. 또 측면에서 공격하는 자들을 막을 수도 없었는데, 이는 로마군이 중무장을 하고 있어서 움직임이 둔했기 때문이며, 다른 한편으로는 대오가 흐트러지지 않을까 걱정했기 때문이었다. 반면 유대인들의 가벼운 차림새는 기습공격에 아주 유리했다. 결국 로마인들은 적에게 상당히 큰 피해를 입은 반면, 유대인들은 아무런 피해를 입지 않았다. 544. 행렬 전체에 걸쳐서 공격을 받았기 때문에, 로마군 병사들이 쓰러지면서 로마군 대열도 흐트러졌다. 많은 수의 로마군이 죽었는데, 이 와중에 제 7군단의 지휘관 프리스쿠스와 천부장 롱기누스, 기병대 지휘관 유쿤두스[262] 도 사망했다. 로마군은 많은 물자를 빼앗겼으며, 고생 끝에 이전의 진지였던 가바오에 간신히 도착했다. 545. 그곳에 이틀 동안 머물면서 케스티우스는 어떻게 해야 할지 몰라 곤혹스러워했다. 셋째 날, 그는 유대인 적들이 더욱 많아졌음을 목격했다. 그는 주변이 온통 유대인들로 가득 차 있는 것을 보고, 더 지체

262) 아마도 가이사랴의 기병대장이었던 유쿤두스와 동일인물일 것이다(《유대전쟁사》 2.291).

하다가는 점점 더 많은 적들과 맞서게 될 수밖에 없으리라는 것을 깨달았다.

8. 546. 케스티우스는 신속한 철수를 위해 군대의 이동을 지체시키는 모든 것을 포기하라고 명령했다. 로마군은 노새와 나귀들을 죽였으며, 무기와 전쟁장비 운반용 짐승 이외의 모든 짐승들을 죽였다. 이는 로마군의 급박한 상황 때문에 행해진 조치이긴 했지만 그 물자들이 유대인들 손에 넘어가 로마군을 공격하는 데 이용되지 않도록 하려는 이유가 더 컸다. 이렇게 케스티우스의 군대는 벳호론으로 이동했다. 547. 유대인들은 개활지에서 공격하는 경우가 드물었다. 로마군이 내리막길에 모두 밀집되어 있을 때 유대인 부대의 일부가 나타나 로마군의 앞길을 미리 봉쇄했다. 다른 유대인들은 로마군 후미를 좁은 골짜기 아래로 몰아붙였다. 그리고 유대인 주력부대는 길옆의 가파른 경사면에 서서 양 측면에서 로마군을 향해 화살공격을 퍼부었다. 548. 로마군 보병들은 전혀 반격할 수 없었다. 기병대는 훨씬 더 큰 위험에 처해 있었다. 기병들은 화살공격이 쏟아지면 이동을 계속할 수 없을 뿐만 아니라 적을 공격하기 위해 가파른 경사를 타고 올라갈 수도 없었기 때문이다. 549. 다른 한편 절벽과 골짜기들도 위험한 요소였다. 자칫 잘못 발을 디디면 추락할 수밖에 없었기 때문에 로마군은 도망칠 수도 없었고 방어할 생각조차 할 수 없었다. 군인들은 넋을 잃고 고통스러운 비명을 지르며 절망감에 휩싸여 통곡했다. 유대인들은 마치 로마인들에게 화답하는 것처럼 고함을 지르고 기쁨과 동시에 복수의 감정이 가득 실린 소리를 질러댔다. 550. 밤이 되어 어둠을 틈타 벳호론으로 도망갈 수 있었기에 망정이지, 케스티우스의 전군은 포로가 될 뻔했다. 그러나 유대인들은 벳호론을 둘러싼 전 지역을 점령하고 로마인들이 이동할 순간을 감시하고 있었다.

9.551. 케스티우스는 공개적 행군이 더 이상 불가능하다고 판단하여 몰래 달아날 생각을 했다. 그는 가장 용맹한 병사 약 4백 명을 뽑아 이들을 성벽 위에 세워놓고 진영 안에서 일상적 경계구호를 외치라고 했다. 유대인들로 하여금 로마군 전부가 아직 진지 내에 있다고 여기게 하려는 의도였다. 그리고 케스티우스는 나머지 병사들을 이끌고 30 스타디온 거리를 몰래 이동했다. 552. 다음날 아침이 밝아오자 유대인들은 로마군 진영이 비어 있다는 것을 알게 되었다. 유대인들은 자신들을 속이기 위해 남아 있던 4백 명의 로마병사에게 달려들어 순식간에 모두를 죽이고 케스티우스를 추격하기 시작했다. 553. 하지만 케스티우스는 밤을 틈타 이미 멀리 달아난 상태였고 날이 밝자 더욱 속력을 내어 도망갔다. 다급해진 로마 군사들은 공성장비와 투석장비, 그리고 그밖의 다른 전쟁장비 대부분을 버려둔 채 퇴각했다. 유대인들은 이 장비들을 접수했으며 나중에 이 장비들을 버리고 달아난 로마인들과 싸울 때 이 무기들을 사용했다. 554. 유대인들은 안티파트리스까지 로마인들을 추격했다. 그러나 로마군을 따라잡을 수 없게 되자 유대인들은 다시 돌아와서 전쟁장비들을 챙기고 주검이 되어버린 로마인들을 약탈하고는 승리의 노래를 부르며 서둘러 수도 예루살렘으로 돌아갔다. 555. 유대인의 피해는 미미했다. 반면 로마인들과 그 동맹군은 5천 3백 명의 보병, 480명의 기병이 죽임을 당하는 피해를 입었다. 이는 네로 재위 12년 디우스 월 제 8일에 발생한 사건이었다.[263)]

---

263) 그러나 네로가 54년 10월 13일에 즉위했기 때문에 벳호론 전투가 발생한 해는 네로 13년이다. 사본상의 문제, 또는 요세푸스의 오기(誤記)로 볼 수 있다. 66년 11월 25일.

제 20 장 유대인들의 전쟁지휘관 선발, 갈릴리 지휘관으로 파견된 요세푸스

1. 556. 케스티우스의 패배 이후 많은 유대인 지도층 인사들은 마치 침몰하는 배에서 빠져나와 헤엄쳐 살길을 찾듯이 예루살렘을 떠났다. 코스토바로스와 사울[264] 형제는 아그립바 왕의 군대사령관 야키무스의 아들 빌립과 함께 예루살렘을 빠져나와 케스티우스에게로 갔다. 557. 그런데 이들과 함께 왕궁에 갇혀 있던 안티파스는 피신을 거부하다가 결국 반란군에게 죽음을 당했는데 이에 관해서는 나중에 언급하겠다.[265] 558. 케스티우스는 사울과 자기 친구들을 아가야에 있는 네로에게 보내 그가 처한 위급한 상황에 대한 대책을 논의해 달라고 부탁했다. 또 그는 전쟁책임을 플로루스에게 떠넘기려고 했다. 즉, 케스티우스는 자신에게 닥쳐올 위협을 회피하기 위해 네로의 분노가 플로루스에게 향하기를 희망했던 것이다.

2. 559. 이때 로마인들의 패배소식을 접하게 된 다마스쿠스 사람들은 그곳에 거주하는 유대인들을 서둘러 살해하기로 했다. 560. 다마스쿠스 사람들은 자신들의 음모가 손쉽게 성공할 것이라고 믿었다. 왜냐하면 얼마 전 그들은 여러 가지 의혹을 받던 유대인들을 공공경기장 안에 가두어두었기 때문이었다. 그런데 다마스쿠스 사람들이 정작 두려워했던 것은 바로 자신들의 아내였다. 그들의 아내들은 거의 대부분 유대교 신앙을 받아들이고 있었기 때문이다. 이런 이유로 인해 다마스쿠스 사람들은 자신들의 계획을 각자의 아내에게 철저히 비밀로 했다.

---

264) 《유대 전쟁사》 2. 418 참조.

265) 《유대 전쟁사》 4. 140 참조.

561. 결국 그들은 무기도 없이 좁은 장소에 모여 있던 유대인 1만 5백 명을 살해했다.[266] 그들은 아무런 죄책감 없이 유대인 모두를 단 한 시간 만에 몰살시켰다.

3. 562. 케스티우스를 추격하다가 예루살렘으로 돌아온 유대인들은 여전히 로마군을 지지하는 사람들을 강제로, 혹은 설득을 통해서 자기들 편으로 만들었다. 그리고 성전 광장에서 회의를 소집하고 전쟁을 이끌 더 많은 지휘관들을 선출했다. 563. 고리온의 아들 요셉과 대제사장 아나누스 2세[267]는 예루살렘을 총괄하는 최고 책임자로 선출되었는데 그들의 가장 중요한 임무는 예루살렘 성벽을 재건하는 일이었다.[268] 564. 백성들은 시몬의 아들 엘르아살이 공식적 책임자가 되는 것을 원하지 않았다. 이는 그가 로마군에게서 빼앗은 약탈품과, 케스티우스의 전쟁자금 및 국가재정의 대부분을 소유하고 있었지만 폭군 같은 인물로 알려져 있었기 때문이며, 게다가 그의 주변에 있던 젤롯당 사람들 역시 마치 중무장한 호위병처럼 보였기 때문이었다. 565. 그러나 얼마 지나지 않아 점차 재원이 고갈되어가자 백성들은 결국 엘르아살의 술책에 현혹되어 그를 예루살렘의 최고 지도자로 인정하고 그에게 복종하게 되었다.

4. 566. 유대인들은 대제사장 가문 출신 삽파의 아들 예수와, 대제사장 네우스의 아들 엘르아살을 이두매의 지휘관으로 임명했다. 그 이

---

266) 《유대 전쟁사》 7.368에 의하면 만 8천 명.

267) 대제사장직을 역임한 이 사람은 아버지 아나누스와의 구별을 위해 아나누스 2세라고 부른다. 사두개파였던 아나누스 2세는 아그립바 2세에 의해 대제사장으로 임명되었으나 예수의 형제 야고보를 불법적으로 처형한 잘못으로 3개월 만에 대제사장직을 박탈당했다(《유대 고대사》 20.197 이하).

268) 과거 아그립바 1세가 시작한 세 번째 성벽 건축을 말한다. 《유대 전쟁사》 1.218; 5.152 이하 참조.

전까지 이두매의 지휘관이었던 자는 요단의 베레아 출신이라서 '베레아 사람'이라는[269] 별명을 가진 니게르였는데, 그는 위에 언급된 새로운 지휘관들에게 종속된 책임자가 되었다. 567. 그밖의 다른 지역들에 대해서도 동일한 조치가 취해졌다. 여리고에는 시몬의 아들 요셉이, 벨아에는 므낫세가, 탐나 지역에는 엣세네파의 요한이 책임자로 각각 임명되었으며, 룻다, 욥바, 엠마오도 요한에게 할당되었다. 568. 아나니아의 아들 요한은 고프나와 아크라바테네 지역의 책임자가 되었고 두 개의 갈릴리 지역[270]을 맡게 된 자는 맛티아스의 아들 요세푸스였다.[271] 그 지역의 가장 막강한 요새도시 가말라 역시 요세푸스가 관할하게 되었다.

5. 569. 지휘관들은 각자의 열정과 방식에 따라 자신에게 맡겨진 지역을 다스렸다. 그 중 갈릴리에 도착한 요세푸스는 갈릴리 주민의 호의를 얻는 일이 가장 중요하다고 생각했다. 혹시 다른 부분에서 잘못한다고 해도 이것만큼은 매우 중요한 일이라고 그는 생각했다. 570. 또한 가장 영향력 있는 자들을 찾아 통치에 참여시키면 갈릴리 백성들은 자기 고향에서 잘 알려진 사람들의 지휘를 받는다고 여길 것이라 생각했다. 그래서 그는 백성들 중에 가장 사려 깊은 70명의 장로를 선발해 전체 갈릴리를 통치하는 최고기구로 삼았다.[272] 571. 또 요세푸스는 각 도시마다 7명의 재판관을 세워 일상적 일들을 처리하게 했으며 요세푸스 자신과 70명의 장로는 살인과 같은 중요한 사건을 처리하는 책임을 맡았다.

---

269) 《유대 전쟁사》 2.520 참조.

270) 북부 갈릴리와 남부 갈릴리.

271) 저자인 요세푸스가 여기서 처음 등장한다.

272) 《요세푸스 자서전》 79 참조.

6. 572. 요세푸스는 이렇게 갈릴리 주민 사이의 법적 관계들을 정비한 후에 외적인 안전을 구축하기 위한 조치를 취했다. 573. 그는 로마가 제일 먼저 갈릴리를 공격할 것임을 예견하고 성벽을 구축할 필요가 있는 지역들, 즉 요타파타, 베르사베, 셀라메, 카파렉코, 야파, 시고프, 그리고 이타뷔리온이라고 불린 산,[273] 타리케아, 티베리아 등에 성벽을 쌓았다. 또한 그는 겐네사렛 호숫가[274]의 이른바 하부 갈릴리에 있는 동굴 주변과, 악카바론이라고 불린 상부 갈릴리의 암반지대와 셉프, 얌니트, 메로에도 성을 쌓았다. 574. 또 셀류키아, 소가네, 가말라 등 가울라니티스 지역도 강화했다.[275] 셉포리스 주민들만은 성벽재건을 스스로 할 수 있도록 위임받았다. 이것은 셉포리스 주민들이 재정적으로 여유가 있었으며 또 전쟁을 대비해야 한다는 자발적 의식을 지니고 있었기 때문이다. 575. 기스칼라에서도 요세푸스의 명령에 따라 레위의 아들 요한이 자비를 들여 성벽을 구축했다.[276] 그외의 다른 모든 곳의 성벽 건축은 요세푸스의 직접적 뒷받침과 관리하에 이루어졌다. 576. 또한 요세푸스는 갈릴리에서 10만 명의 젊은이들을 모아 군대를 조직했다. 모든 군인들이 지닌 무기는 다 오래된 것이었다.

7. 577. 요세푸스는 로마의 강한 군사력이 무엇보다도 훈련과 무기를 다루는 기술에서 비롯된다는 것을 알고 있었다.[277] 그는 이에 상응하는 군사교육을 포기할 수밖에 없었는데, 왜냐하면 그러한 것들은 오직 실제적 경험을 통해서만 습득 가능한 것이기 때문이다. 하지만 요

273) 다볼 산.

274) 갈릴리 호수.

275) 《요세푸스 자서전》 187~188 참조.

276) 반면 《요세푸스 자서전》 45. 189에 의하면, 요한은 요세푸스의 적수였으며 요세푸스의 허락도 없이 기스칼라에 성벽을 쌓았다.

277) 《유대 전쟁사》 3. 70~109 참조.

세푸스는 많은 지휘관의 명령에 엄격하게 복종하는 것이 가장 중요하다고 생각해서 군대를 로마군 방식대로 편성하여 많은 수의 지휘관들을 임명했다. 578. 그는 군대를 다양한 규모로 나누어서, 각각 열 명, 백 명, 천 명의 병사를 지휘하는 자들을 세웠다. 또한 이보다 더 큰 규모의 군대에 대한 통수권을 지닌 사령관들도 임명했다. 579. 요세푸스는 군인들에게 암호를 주고받는 법, 나팔소리에 맞추어 공격 또는 후퇴하는 법, 양 측면의 부대가 돌파공격 혹은 선회공격을 하는 법, 전투 중 자기가 유리한 상황에 있을 때 위험에 처한 군사를 도와주는 방법, 다같이 위기의 상황에 처했을 때 그것을 극복하는 방법 등에 대해서 가르쳤다. 580. 요세푸스는 그들에게 정신적 인내력과 강인한 체력의 중요성을 거듭 강조했다. 그는 이렇게 로마와의 전쟁에 대비했다. 그리고 그는 그들에게 로마군대의 강한 전력에 대해 상세하게 가르쳤다. 유대인들이 싸워야 할 대상은 강한 체력과 담대한 정신력으로 거의 세상 전부를 지배하는 사람들이었던 것이다. 581. 요세푸스는 전쟁이 시작되기 전에 전사로서의 자질을 시험할 것이라고 말했다. 즉, 도적질, 강도질, 약탈, 동족에 대한 기만, 자기 이익을 위해 방법을 가리지 않고 아주 가까운 친족에게 해를 입히는 등 그들이 익숙하게 저질러온 악행들을 포기했는지의 여부를 요세푸스는 확인하고자 했다. 582. 모든 전사는 선량한 마음을 지니고 있어야 가장 성공적으로 전쟁을 수행할 수 있기 때문이다. 그와 반대로 전사들이 부정한 마음을 품고 있으면, 이들의 적수는 실제 싸움의 대상인 적군만이 아니며 하나님 또한 그들의 적이 될 것이기 때문이다.

8.583. 이렇게 요세푸스는 군사들에게 여러 차례에 걸쳐 훈계했다. 그는 잘 훈련된 보병 6만과 기병 350명으로 이루어진 군대를 편성했다. 이와 함께 4천 5백 명의 용병을 군대에 포함시켰는데 이들은 요세푸스의 가장 큰 신뢰를 받은 자들이었다. 또한 그는 자신을 호위하기

위해 선발된 6백 명을 고정 배치했다. 584. 용병들을 제외한 나머지 군대를 위한 물자공급은 각 도시에서 맡아 문제없이 이루어졌다. 각 도시에서 징집된 인원 가운데 절반은 군대로 보내고 나머지 절반은 군대를 위한 물자보급을 담당하도록 각자의 도시에 남게 했다. 이렇게 해서 어떤 사람은 무기를 들고 또 어떤 사람은 일을 하도록 분담되었다. 군역에 종사하는 자들은 자신을 위한 물자조달 역할을 맡은 사람들의 안전을 지켜주며 이러한 방식으로 서로가 보완적 역할을 했다.

제 21 장 요세푸스와 기스칼라의 요한의 대립

1. 585. 이렇게 요세푸스가 갈릴리 지역을 통치하는 동안 기스칼라에서 반항적인 한 인물이 등장했는데, 그는 레위의 아들 요한이라는 자였다. 그는 그 누구보다도 위선적이고 교활하기로 정평이 난 매우 악독한 인물이었다. 가난한 젊은 시절을 보내고 궁핍하게 살아가는 동안에는 그는 악한 본성을 드러낼 수 없었다. 586. 타고난 거짓말쟁이였던 그는 거짓말로 남을 속여 믿게 만드는 데 능통한 자였다. 그는 위선을 덕목으로 삼았으며 가까운 친구들도 예외 없이 속임수의 대상으로 삼았다. 587. 그는 호의적인 사람인 것처럼 보이려고 했지만 자기 목적을 달성하기 위해 살인도 서슴지 않았다. 그는 점점 더 큰 목적을 이루려고 했으며 자신의 기대를 실현하기 위해 가장 악한 범행들을 이용했다. 요한은 처음에는 혼자서 강도질을 하다가 나중에는 범행을 함께 도모할 동지들을 모았다. 초기에는 그 수가 적었지만 요한의 성공이 거듭됨에 따라 그 수는 자꾸 늘어났다. 588. 이 과정에서 요한은 빈약한 자들은 받아들이지 않고 신체가 튼튼하고 용맹하며 전투경험이 많은 자들을 뽑았다. 마침내 그의 주변에는 4백 명의 패거리가 모이게

되었다. 이들 대부분은 두로와 그 주변지역 마을들에서 탈출한 자들이었다. 589. 요한은 이들과 함께 갈릴리 지역에서 강도질을 했다. 임박한 전쟁 때문에 이미 고도의 긴장상태에 놓여 있었던 갈릴리 민중은 요한의 강도질로 더욱 무거운 고통을 당하게 되었다.

2.590. 요한은 전쟁지휘관이나 혹은 그 이상의 책임을 맡고 싶었지만 궁핍한 재정적 여건이 그것을 허락하지 않았다. 그러던 중 요한은, 요세푸스가 자신의 능력에 관심을 갖고 있음을 알고 요세푸스를 설득하여 자기 고향 기스칼라의 성벽재건 사업을 맡게 되었다. 이 사업을 통해 요한은 부자들로부터 많은 돈을 받아내어 부를 축적했다. 591. 게다가 요한은 또 하나의 아주 간교한 술책을 꾸몄는데, 그것은 시리아의 유대인들에게 공급하는 기름을 국경까지 운반할 수 있는 허가를 받아낸 일이었다. 시리아의 유대인 모두는 유대 본국에서 운송된 기름만을 사용하고 있었다.[278] 592. 요한은 4 아테네 드라크마에 해당하는 두로 화폐로 네 항아리[279] 분량의 기름을 사서 같은 가격으로 항아리 절반 양의 기름을 되팔았다.[280] 갈릴리는 기름이 많이 생산되는 곳이었는데 특히 당시에는 수확량이 더 좋았다. 기름이 부족한 지역에 기름을 공급할 수 있는 유일한 사람이었던 요한은 엄청난 돈을 벌어들였다. 그러나 얼마 후 이 돈은 그를 부유하게 만들어준 사람[281]에게 저항하기 위한 자금으로 사용되었다. 593. 요한은 요세푸스를 제거하

278) 《요세푸스 자서전》 71 이하에 의하면, 요한은 요세푸스의 동료들로부터 북부 갈릴리에 비축된 식량을 판매할 수 있는 허가와 기스칼라의 성벽을 보수해도 좋다는 허락도 받았다.

279) 암포라.

280) 반면 《요세푸스 자서전》 74에 의하면, 이방땅에서 생산된 기름을 사용할 수 없었던 것은 '시리아의 모든 유대인'들이 아니라, 가이사랴 빌립보에 거주하는 유대인들이었다.

281) 즉, 요세푸스.

면 갈릴리 전역에 대한 통치권을 갖게 될 수 있다고 생각했다. 그래서 요한은 자기가 데리고 있는 강도들에게 아주 심한 약탈행위를 하라고 지시했다. 이러한 지시를 통해 백성들로 하여금 더 큰 소요를 일으키도록 만들고자 했다. 그렇게 되면 이 사태를 해결하기 위해 갈릴리 지휘관인 요세푸스가 달려올 것이고, 이때 그를 어떤 수단을 통해서라도 살해하려는 것이 요한의 의도였다. 그렇지 않고 요세푸스가 그런 사태를 무시해버릴 경우에는 백성들이 그를 증오하게 될 것이라는 계산이었다. 594. 게다가 요한은 오래 전부터 요세푸스가 동족을 배신해서 유대인의 상황을 로마인들에게 누설하고 있다는 소문을 퍼뜨리고 있었다. 요한은 이와 유사한 여러 가지 많은 음모를 통해서 요세푸스를 제거하려고 애썼다.

3. 595. 그 무렵 대평원[282]에 배치된 전초부대 소속인 다바릿타[283] 마을 청년 몇 명이 아그립바와 베레니케의 관리인 프톨레메우스[284]를 습격하여 그가 가지고 있던 짐을 모두 약탈했다. 그 짐에는 수많은 값진 의복들과 상당수의 은잔, 그리고 600개의 금화가 있었다. 596. 강탈한 물건들을 비밀리에 처분할 수 없었기 때문에 그들은 이것을 타리케아에 있던 요세푸스에게 전부 가지고 왔다. 597. 그러나 요세푸스는 왕실사람들을 습격한 행동을 비난했으며, 그 물건을 원주인에게 신속히 돌려주려고 타리케아의 최고 유력인사인 안네우스에게 모두 넘겨주었다. 598. 그런데 이런 조치 때문에 요세푸스는 커다란 위험에 빠지게 되었다. 물건을 강탈했던 자들이 요세푸스에 대해 매우 분개했던 것이다. 이들은 강탈한 물건을 조금도 나눠받지 못했다는 사실에 이미 분노하고 있었는데, 게다가 요세푸스가 자신들의 수고의 결과인 노획

---

282) 에스드라엘론 평원.

283) 다볼 산 서쪽 경사면에 위치한 곳. 여호수아 19:12 참조.

284) 《요세푸스 자서전》 126에는 '프톨레메우스의 아내'로 기록되어 있다.

품을 왕족, 즉 아그립바와 베레니케에게 그냥 돌려주려 한다는 사실을 알았다. 그래서 늦은 밤에 그들은 서둘러 마을로 돌아가 만나는 사람 모두에게 요세푸스가 배신자라고 말했다. 또한 그들은 근방의 여러 도시에도 이러한 소문을 유포하며 돌아다닌 끝에 다음날 아침 대략 10만 명의 무장한 무리가 요세푸스를 처단하기 위해 몰려들었다. 599. 이들은 타리케아의 경기장에 모여 소리 높이 분노의 함성을 질러댔는데 어떤 자들은 요세푸스를 돌로 쳐야한다고 외치고 또다른 사람들은 그를 화형에 처해야 한다고 소리쳤다. 요한과 함께 당시 티베리아의 통치자였던 삽피아의 아들 예수도 군중의 분노를 더욱 부채질했다. 600. 이 성난 무리의 소란에 놀란 요세푸스의 친구들과 호위병들은 단 4명만 제외하고 모두 도망쳤다. 자고 있던 요세푸스는 무리가 그의 집에 불을 지르려고 하는 순간에 잠에서 깨어났다. 601. 그의 곁에 남았던 4명이 도망칠 것을 권했으나 요세푸스는 자신이 버림받은 사실에 대해서나 성난 무리에 대해서도 놀라지 않았다. 그는 오히려 옷을 찢고 머리에 재를 뿌리고 등 뒤로 손을 돌린 채 자신의 칼을 목에 걸고 군중 앞에 나섰다. 602. 이 광경을 보고 무리 중 요세푸스를 잘 아는 사람들과 특히 타리케아 주민들은 그에게 공감했다. 하지만 요세푸스에게 불만을 갖고 있었던 마을사람들과 그 주변지역에서 온 자들은 요세푸스를 비난하며 그들의 공동소유인 재물을 당장 내놓을 것과 그의 배신행위에 대해 자백할 것을 요구했다. 603. 그들은 요세푸스의 모습을 보고 그가 자신들이 제기한 혐의를 일체 부정하지 않을 것이며, 이렇게 동정심을 살 만한 일련의 행위를 보여주는 이유는 오직 용서를 빌기 위해서라고 짐작했던 것이다. 604. 그러나 요세푸스가 이런 비참한 모습을 보여준 것은 일종의 교란작전으로, 그의 속셈은 자신을 공격하기 위해 모여든 군중 사이에서 분열을 일으키려는 것이었다. 그는 무리의 분노를 산 이유에 대해 모든 것을 고백하겠다고 약속하고 발언할 기회를 얻어 이렇게 말했다. 605. "나는 이 재물들을 아그립바에게 보내거나 내 재산으로 착복할 생각을 전혀 하지 않았다. 너희의 적을 내 친구로 삼을 생각은 결코 없을 뿐더러 공동체에 손해를 입히는 것이 내게 유익이 될 리 없기 때문이다. 606. 타리케아 사람들아, 내가 보기에 너희의 도시는 특별히 방어력을 보강할 필요가 있으며 성벽을 쌓기 위해서는 많은 돈이 필요하다. 나는 티베리아와 다른 도시주민들이 이 재물을 탐내는 것을 알고 타리케아에 성벽을 쌓는 데 사용하기 위해 몰래 빼돌려두었던 것이다. 607. 내 행동이 너희의 마음에 들지 않는다면 내가 넘겨받은 재물을 모두 가져와서 아무나 가져가도록 내놓겠다. 내가 너희에게 잘못한 것이라면 좋은 의도로 행한 나를 그저 벌해주기를 바란다!"

4. 608. 이 말을 들은 타리케아 주민들은 기쁨의 함성으로 요세푸스에게 화답했으나 티베리아 사람들과 그외의 다른 지역에서 온 자들은 그를 비난하고 위협했다. 무리는 요세푸스를 내버려두고 두 편으로 갈라져 서로 싸우기 시작했다. 요세푸스는 약 4만 명의 타리케아 사람들이 자신의 편임을 믿고 더욱더 용기백배하여 말하기 시작했다. 609. 그는 그들의 경솔함을 강하게 책망하고 현재 자신이 맡고 있는 재물을 타리케아의 안전을 강화하기 위해 사용할 것이며 또한 다른 도시들의 안전을 위해서도 사용할 것이라고 약속했다. 그들이 공동의 적에 대항해 함께 싸우는 한, 그리고 그 싸움에 필요한 자금을 조달하는 요세푸스에게 비난의 화살을 돌리지 않는 한, 투쟁에 필요한 자금이 고갈되는 일은 없을 것이라고도 주장했다.

5. 610. 나머지 무리 중 이 말에 설득된 자들은 불만스러워했지만 철수했다. 그러나 그외 2천 명[285]의 무장한 무리는 요세푸스를 공격했

285) 《요세푸스 자서전》 145에는 600명으로 기록되어 있다.

다. 요세푸스가 집으로 겨우 들어가자마자 그들은 요세푸스의 집을 포위해 위협했다. 611. 요세푸스는 두 번째 책략으로 그들에게 대응했다. 그는 일단 지붕 위로 올라가서 손짓을 하며 무리를 조용하게 만들었다. 그리고는 그들이 너무 소란스럽게 외쳐대고 있기 때문에 원하는 바가 무엇인지 도무지 알아들을 수 없으니, 대표 몇 명을 보내 자신과 차분하게 협상하면 그들의 요구를 모두 들어주겠다고 말했다. 612. 이 말을 듣고 지도자들과 유력인사 몇 명이 그의 집으로 들어갔다. 그러자 요세푸스는 이들을 집안 깊숙한 곳으로 끌고 가서 문을 잠근 채 만신창이가 될 때까지 마구 매질을 했다. 그동안 요세푸스의 집을 에워싸고 있던 군중은 자신들이 원하는 것에 관한 담판을 짓느라 대표들과 요세푸스의 대화가 길어지고 있다고 생각했다. 613. 그런데 갑자기 요세푸스가 문을 열고 피투성이가 된 대표들을 집 밖으로 내던지자 그를 위협하던 무리는 너무 놀라서 모두 무기를 버리고 도망쳐버렸다.

6.614. 이 사건으로 인해 요한의 시기심이 더욱 커졌고, 그는 요세푸스를 음해하기 위한 두 번째 계획을 세웠다. 요한은 병이 든 척하며 요세푸스에게 편지를 보내 티베리아의 온천에서 휴양하게 해 달라고 부탁했다. 615. 요세푸스는 그의 속셈을 알아채지 못하고 티베리아의 수장들에게 편지를 보내 요한을 환대하고 모든 편의를 제공하라고 명했다. 그러자 요한은 이를 악용하여 티베리아에 머문 지 이틀만에 자신의 원래 목적을 이행하기 시작했다. 그는 어떤 사람에게는 거짓말을 하고 어떤 사람에게는 뇌물을 주며 요세푸스를 배반하도록 부추겼다. 616. 그런데 요세푸스의 명을 받아 티베리아에서 일어나는 일들을 감시하던 실라가 이 사실을 알게 되었고 그는 즉각 요세푸스에게 편지를 보내 이 위급한 사태에 대해 보고했다. 이 편지를 받자마자 요세푸스는 밤새 행군하여 다음날 새벽에 티베리아에 도착했다. 617. 요한은 요세푸스가 티베리아에 입성한 것이 자신 때문이라고 추측했으나, 다

른 사람들이 그를 맞으러 나갈 때 동료 중 한 사람을 자기 대신 내보냈다. 요한은 병이 들어 몸을 일으킬 수 없을 정도로 아파서 요세푸스를 맞으러 나올 수 없다고 핑계댔다. 618. 요세푸스가 티베리아 주민들을 경기장에 모아놓고 자신이 받은 서신의 내용에 대해 대화를 나누고 있을 때, 요한은 무장한 자객들을 보내 요세푸스를 죽이려고 했다. 619. 칼을 뽑아든 자객을 본 사람들이 비명을 질렀고 그 소리에 요세푸스가 뒤돌아보자 이미 칼이 그의 목에 거의 닿아 있었다. 6 규빗 높이의 연단에서 연설하던 요세푸스는 뛰어내려 호숫가로 달려갔다. 그리고 그곳에 있던 배로 뛰어들어 두 명의 호위병과 함께 호수 한가운데로 도망쳤다.

7. 620. 요세푸스의 병사들은 즉시 무장하고 반역자들을 응징하고자 했다.[286] 그러나 요세푸스는 소수의 시기심 때문에 민란이 일어나게 되어 도시 전체를 헛되이 희생시키게 될 것을 꺼려했다. 그래서 요세푸스는 병사들에게 전령을 보내 그들 자신의 안전만을 지킬 것과 아무도 죽이지 말고 배신자들을 처단하지도 말 것을 명했다. 621. 병사들은 요세푸스의 명령에 복종하여 차분히 대처했지만 티베리아 인근지역 주민들은 반역사건과 그 주모자에 대해 알게 되자 요한에게 위협을 가하려고 모여들었다. 그러나 요한은 재빨리 자신의 고향 기스칼라로 피신했다. 622. 한편 여러 도시에서 모여든 수천 명의 무장한 갈릴리 사람들이 요세푸스에게로 몰려와 민족의 적인 요한을 응징하기 위해 여기 모였다고 외쳤다. 그들은 요한과 함께 그를 받아들인 그의 고향도시까지 모두 불태우려고 했다. 623. 그러나 요세푸스는 호의를 높이

---

286) 요세푸스와 기스칼라의 요한의 갈등은 양자의 본질적 차이점에 근거하고 있다고 볼 수 있다. 요세푸스가 예루살렘의 제사장적, 신정주의적 입장을 대변했다면, 요한은 카리스마적 인물에 기반을 둔 젤롯당의 입장을 대표한다(《유대 전쟁사》 1. 169의 주를 보라).

평가한다고 말하면서 그들의 흥분을 가라앉혔으며, 또한 살육보다는 현명한 방식으로 적에게 승리해야 한다고 말했다. 624. 그는 각 도시에서 요한의 반역에 가담한 자들의 명단을 입수했으며 해당 도시의 주민들 역시 기꺼이 명단을 제공했다. 그후 전령들을 보내 앞으로 닷새 안에 요한과의 연대를 포기하지 않으면 재산을 몰수하고 집과 가솔들까지 모두 불태워버리겠다고 공표했다. 625. 그 즉시 요한의 추종자 3천 명이 요세푸스에게로 와서 자진하여 무장을 해제했고 요한은 나머지 약 2천 명의 시리아 난민[287]과 함께 철수하여 공개된 장소를 벗어나 또다시 은밀한 곳에서 음모를 꾸몄다. 626. 그는 비밀리에 예루살렘으로 전령을 보내 요세푸스의 과다한 전력을 빌미로 그를 중상모략했다.[288] 그는 요세푸스가 이전의 그 누구도 갖지 못했던 강한 무력을 갖고 있기 때문에 이 점이 큰 화근이 될 것이라고 주장했다. 627. 그런 중상모략을 미리 예상하던 백성들은 전혀 동요하지 않았지만 요세푸스를 시기했던 지도층 인사들과 일부 고위관리들은 요한에게 몰래 돈을 보내 반역에 필요한 용병을 사 모으도록 조력했다. 628. 그들은 또한 요세푸스의 군대지휘권을 박탈하기로 결정했지만 물론 이런 결정만으로 충분하다고 생각하지는 않았다. 그래서 2천 5백 명의 무장병사들과 언변이 뛰어난 유력인사 4명, 즉 노미쿠스의 아들 요아자르, 사독의 아들 아나니아, 요나단의 아들 시몬과 유다를 파견하여 요세푸스에게 호의적인 민심을 돌이키고자 했다. 만약 요세푸스가 순순히 지휘권을 포기하면 스스로를 변호할 기회를 줄 것이며, 그렇지 않고 무력으로 자신의 지위를 지키고자 한다면 적으로 간주할 것이라고 그들은 말했다. 629. 예루살렘에 있던 요세푸스의 동료들이 군대가 파견되었

287) 이는 사실상 '두로 출신 난민들'을 가리킨다고 볼 수 있다. 《유대 전쟁사》 2.588; 《요세푸스 자서전》 372 참조.

288) 요세푸스에 대한 요한의 비난에 관해서는 《요세푸스 자서전》 368~372에 상세하게 기록되어 있다.

다는 사실을 그에게 알렸지만 그의 대적자들이 비밀리에 결정을 내렸기 때문에 그 이유에 대해서는 알려줄 수 없었다. 요세푸스가 아무런 조처를 미리 취하지 못했기 때문에 이 군대가 다가오자 셉포리스, 가바라, 기스칼라, 티베리아 등 4개의 도시가 즉시 적들에게 넘어갔다. 630. 그러나 요세푸스는 전쟁을 하지 않고도 이 도시들을 금방 되찾을 수 있었으며, 대화를 통해 4명의 지도자들과 정예부대를 설득하여 제압한 후 다시 예루살렘으로 돌려보냈다. 631. 그러나 예루살렘 백성들은 이들에 대해 매우 분노했다. 신속히 달아나지 않았다면 이들은 자신들을 파견한 지도자들과 함께 살해되고 말았을 것이다.

8. 632. 그때부터 요한은 요세푸스가 두려워 기스칼라 성안에서 숨어 지냈다. 그러나 며칠 후 티베리아 사람들은 다시 반역을 시도했다. 그들은 아그립바 왕에게 지원을 요청했던 것이다. 633. 그러나 예정된 날짜에 아그립바는 오지 않았고, 그 대신 로마 기병대가 나타났다. 그러자 티베리아 사람들은 요세푸스가 티베리아에 입성할 권리를 박탈한다고 공개적으로 선포했다. 634. 티베리아 사람들의 반역사실은 타리케아에 있던 요세푸스에게 즉시 보고되었으나, 마침 그때 병사들은 생필품을 구하기 위해 모두 나가고 없었다. 요세푸스는 혼자서 반역자들을 물리치러 나갈 수도 없고 그렇다고 해서 그저 가만히 제자리를 지키고 있을 수도 없어 난감해 했다. 무엇보다도 자신이 주저하는 동안 아그립바 왕실사람들이 먼저 티베리아 성을 차지하게 될까 봐 걱정이었다. 다음날도 안식일 규정을 지켜야 했기 때문에 아무런 조처를 취할 수 없는 상황이었기 때문이다. 635. 그래서 그는 반역자들을 교란시킬 전략을 짜냈다. 우선 자신의 계획이 누설되지 않도록 타리케아 성문을 봉쇄한 후 각각 4명 이하의 병사들을 태운 230척의 배를 호수에 집결시켜 티베리아를 향해 전속력으로 배를 몰아갔다. 636. 티베리아에서 육안으로 뚜렷이 알아보기 어려울 정도로 멀찍이 다다른 거리에서 배들을 멈추게

하고, 요세푸스 자신은 단지 7명의 무장한 호위병을 거느린 채 티베리아 사람들이 육안으로 알아볼 수 있을 만한 거리까지 가까이 다가갔다. 그리고 거의 텅 비다시피 한 나머지 배들은 멀리 호수에 남아 있게 했다. 637. 요세푸스에게 반대하며 그때까지도 그를 욕하던 대적자들은 성벽 위에서 이 모습을 내려다보고는 모든 배에 병사들이 가득하다고 여기며 크게 놀라 무기를 버리고 도망쳤다. 그리고 올리브 나뭇가지로 항복신호를 보내며 용서를 구했다.

9.638. 요세푸스는 그들을 무섭게 위협하며 강력하게 비난했다. "너희는 로마에 대항하는 전쟁을 일으켜놓고는 이제는 내란으로 힘을 소진하여 적이 제일 반길 만한 일을 하고 있지 않은가? 게다가 너희의 안전을 보장해주는 보호자를 없애려고 시도하더니 몰염치하게도 너희를 위해 성벽을 세워준 사람을 성안으로 들어오지 못하게 막기까지 했다. 그러나 이 모든 잘못에도 불구하고 너희가 스스로 용서를 구한다면 들어줄 것이며, 너희 티베리아 성의 안전을 보장해주겠다." 639. 그의 말이 끝나자 즉시 10명의 티베리아 지도자들이 성벽에서 내려왔고 요세푸스는 이들을 배에 오르게 한 후 호수 안쪽으로 멀리 데리고 갔다. 그리고 그에게 복종한다는 증거로 다시 50명의 유력한 인사들을 내놓을 것을 요구했다. 640. 이렇게 매번 새로운 구실을 대며 협상을 빌미삼아 계속 사람들을 끌어냈다. 641. 그리고 배가 가득 찰 때마다 배를 모는 자들에게 곧장 타리케아로 가서 그들을 감옥에 가두라고 명령했다. 요세푸스는 이런 방식으로 마침내 티베리아의 유력인사 6백명과 2천여 명의 주민들을 배에 태워 타리케아로 끌고 왔다.

10.642. 티베리아에서 끌려온 자들은 클레이투스라는 자가 반역의 주동자라고 소리치면서 이 자를 처형하는 것으로 화를 풀어 달라고 요세푸스에게 부탁했다. 그러나 살인을 원치 않았던 요세푸스는 호위병

중 하나인 레위에게 배에서 내려 클레이투스의 양손을 잘라오라고 명했다. 643. 그러나 그는 단신으로 수많은 적들에게 다가가는 것을 두려워하며 거부했다. 요세푸스는 격분하여 직접 처벌을 단행하러 배에서 뛰어내리려 했다. 그러자 이것을 본 클레이투스는 호숫가에 서서 한 손만은 남겨 달라고 애원했다. 644. 요세푸스는 그가 자신의 손으로 한 손을 베는 것을 조건삼아 이를 허락했다. 그러자 클레이투스는 오른손으로 칼을 들어 자기 왼손을 잘라냈다. 이렇게 해서 사람들은 요세푸스에게 커다란 두려움을 갖게 되었다. 645. 이렇게 요세푸스는 텅 빈 배들과 7명의 호위병만으로 티베리아 주민들을 제압하고 성을 되찾았다. 그러나 며칠 후 그는 티베리아 사람들이 셉포리스 주민들과 함께 다시 반역을 꾀한다는 것을 알게 되었고 이번에는 자신의 병사들에게 티베리아에 대한 약탈을 허락했다. 646. 물론 그후에 모든 약탈품을 거두어들여 주민들에게 되돌려주었다. 그리고 셉포리스에서도 이와 동일하게 대처했다. 그는 주민들을 제압한 후에 약탈을 통해 경고를 주고, 재물을 다시 돌려줌으로써 호의를 얻고자 했었던 것이다.

제 22 장 예루살렘의 전쟁준비

1. 647. 이렇게 갈릴리의 소요가 진정되었으며 내란이 종식되자 로마와의 전쟁준비가 재개되었다. 648. 예루살렘에서는 대제사장 아나누스와 친로마파에 속하지 않은 유력인사들이 성벽을 수리하고 다량의 전쟁무기들도 준비했다. 649. 도시 곳곳에서 창과 전투장비들이 제련되었다. 수많은 젊은이들이 모여 체계적으로 훈련을 받았으며 도시 전체가 시끄럽게 북적댔다. 그러나 온건파에 속하는 자들은 깊은 상심에 빠졌으며 많은 사람들이 임박한 재난을 예상하고 매우 침울해 했다. 650. 여러 징조들이 나타났는데,[289] 평화를 사랑하는 자들은 이를 불

길한 징조로 여겼지만, 전쟁을 열망하는 자들은 자신들에게 유리한 징조로 여기며 좋아했다. 예루살렘의 상황은 로마군이 진격해오기도 전에 파멸해가는 것처럼 보였다. 651. 물론 아나누스 2세[290]는 전쟁준비를 중단하고 주동자들과 이른바 젤롯당으로 불리는 자들의 광기를 조금이나마 누그러뜨리려 했다. 그러나 그는 결국 폭력에 굴복하고 말았으며 그가 어떤 종말을 맞게 되었는지는 나중에 볼 것이다.[291]

2.652. 아크라바테네[292] 지역에서는 기오라의 아들 시몬[293]이 수많은 폭도들을 이끌고 노골적으로 약탈을 자행했다. 그는 부유한 집들을 약탈할 뿐 아니라 몸에 상처를 입히는 행동도 일삼았으며 장차 폭군이 될 징후를 이미 보여주고 있었다. 653. 아나누스 2세와 백성의 지도자들이 그를 저지하기 위해 군대를 보내자 시몬은 자기 패거리와 함께 마사다에 있는 강도떼에게로 피신했고 아나누스 2세와 다른 대적자들이 죽을 때까지 그곳에 머물렀다. 그전에 시몬은 이두매를 약탈했다. 654. 시몬의 대량살상과 끝없는 강도행각 때문에 이두매 지도자들은 군대를 모아 마을 수비대를 조직했다. 당시 이두매의 상황은 이러했다.

289) 《유대 전쟁사》 6.288~315 참조.
290) 《유대 전쟁사》 2.563의 주를 보라.
291) 《유대 전쟁사》 4.315 이하 참조.
292) 《유대 전쟁사》 2.235, 568 참조.
293) 《유대 전쟁사》 2.521 참조.

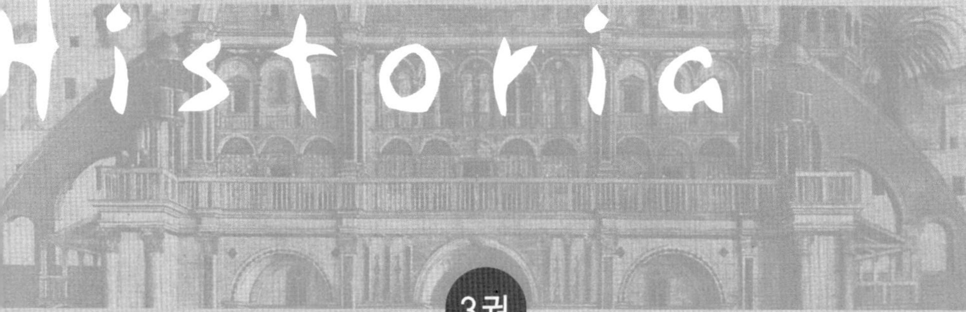

Historia Ioudaikou Polemou Pros Romaious

3권

베스파시아누스의 갈릴리 진격과 요타파타의 함락

제 1 장 총사령관으로 파견된 베스파시아누스 총독

1.1. 유대에서의 패전소식을 들은 네로는 심한 충격과 두려움을 느꼈지만, 겉으로는 이를 무시하듯이 분노심에 가득 찬 모습을 보였다. 2. 네로는 이 사태가 적들이 용맹해서가 아니라 로마군 지휘관들이 태만해서 발생한 것이라고 주장했다. 네로는 자신이 패전을 전혀 대수롭지 않게 여기고 불행한 모든 일들에 대해 초연해 있다는 인상을 주는 것이 황제로서의 체면에 부합한다고 여겼던 것이다. 그러나 그의 의기소침한 모습은 그의 내면적 동요를 드러냈다.

2.3. 네로는 혼란에 빠진 동방지역에 누구를 보내어 반역을 꾀한 유대인들을 처벌할 것이며, 또 주변 민족들이 유대민족의 영향을 받아 동요하는 것을 어떻게 방지할 것인지를 고민했다. 4. 그러던 중 네로는 베스파시아누스가 이 임무에 가장 적합하며 전쟁의 막중한 책임을 완수할 만한 인물이라고 판단했다. 베스파시아누스는 젊은 나이에 군

인이 되어 전쟁터에서 나이를 먹어온 자로, 예전에 서방을 침략한 게르만인들을 제압하고 그때까지 거의 알려지지 않았던 브레타니아인들을 무력으로 점령하여 로마제국에 복속시킨 바 있었다. 5. 이렇게 베스파시아누스는 네로의 부왕[1] 클라우디우스가 땀 한 방울 흘리지 않고 승리를 거머쥐게 해주었던 것이다.[2]

3.6. 네로는 베스파시아누스의 풍부한 연륜과 경험에 기대하며 좋은 결과를 예상했다.[3] 또한 베스파시아누스의 현명한 지략에 따라 전투에서 능력을 발휘할 그의 젊은 아들들[4]이 있다는 사실도 네로가 그를 신뢰하는 요인이 되었다. 하나님은 이 모든 과정을 예정하신 것 같다. 7. 네로는 시급한 비상사태인 만큼 온갖 칭찬과 호의를 아낌없이 쏟아부으며 베스파시아누스에게 시리아 군대의 총지휘권을 넘겼다. 8. 아가야 지방에 머물고 있던 베스파시아누스는 네로를 만나기 위해 아들 티투스를 알렉산드리아로 보내어 제 15군단을 인솔해오라고 명했다. 그리고 베스파시아누스 자신은 헬레스폰투스 해협을 건너 육로로 시리아에 도착했다. 그곳에서 그는 로마 병력과 인근지역 왕들이 보낸 수많은 원군을 집결시켰다.

---

1) 클라우디우스 황제는 네로를 양자로 삼았다(《유대 전쟁사》 2.249).

2) 클라우디우스는 게르만인들과의 전쟁에 베스파시아누스를 파견했고 43년에는 브레타니아로 보내어 승리를 거두었다.

3) 그는 기원 9년 생으로 이때 나이 57세였다.

4) 티투스와 도미티아누스.

제 2 장 유대인들의 아스글론 공격 실패와 프톨레메스로 진군한 베스파시아누스

1. 9. 케스티우스에게 승리한 유대인들은 기대하지 않았던 성공에 고무되어 더욱더 전의를 불태우고 있었다. 그리고 동시에 자신들의 무운(武運)[5]에 도취되어 전쟁을 더 확대하고자 했다. 모든 정예병력이 즉시 집결하여 아스글론[6]을 향해 진격했다. 10. 이 도시는 예루살렘에서 520 스타디온 거리에 있는 오래된 성으로 오래 전부터 유대인들에게 적대적이었기 때문에 첫 번째 공격대상이 되었던 것이다.[7] 11. 뛰어난 체력과 지략을 지닌 세 명의 지휘관인 베레아 사람 니게르, 바벨론 사람 실라,[8] 그리고 엣세네파의 요한이 공격을 지휘했다. 12. 아스글론 성은 매우 튼튼한 요새였지만 수비대가 거의 없었으며 병력이라고는 안토니우스 수하에 있는 일개 보병대와 기병대뿐이었다.

2. 13. 유대인들은 매우 빠른 속도로 진격하여 마치 바로 인접한 장소로 이동한 것처럼 금방 아스글론 성에 도착했다. 14. 그러나 안토니우스는 유대인들의 임박한 공격을 이미 알고 있어서 미리 기병대의 출격준비를 끝내놓았기 때문에 유대인 적병의 많은 수와 높은 사기 앞에서도 전혀 당황하지 않았다. 그는 유대인들의 첫 공격을 강력하게 방

---

5) 요세푸스는 로마 독자들의 이해를 돕기 위해 인간의 계획과 능력을 초월하는 '운명'을 의미하는 '튀케'(τύχη)라는 말을 자주 사용한다. 《유대 전쟁사》 2. 360; 3. 354 참조.

6) 아스글론은 블레셋의 5대 도시 중 하나였다.

7) 유대인들이 아스글론 도시를 수탈한 것에 관해서는 《유대 전쟁사》 2. 460 이하를 보라.

8) 《유대 전쟁사》 2. 520 참조.

어했고 성벽으로 돌진하는 적들을 막아냈다. 15. 유대인들은 가볍게 격퇴되었다. 그도 그럴 것이, 전투경험이 부족한 민병들이 숙련된 로마병사들을 상대로, 유대 보병들이 로마 기병대를 상대로, 무질서한 유대인 무리가 완벽한 전열을 갖춘 로마 전투부대를 상대로, 대충 잡히는 대로 손에 무기를 들고 있는 상태로 완전 무장한 로마병사들을 상대로 싸우는 형세였기 때문이다. 전략도 없이 열정만을 앞세워 싸우는 유대인들이 지휘관의 신호에 따라 완벽하게 군기가 잡혀 일사불란하게 전투에 임하는 군대를 상대하기는 벅찬 상황이었던 것이다. 16. 결국 제일 앞 대열이 무너지자 유대인들은 로마 기병대에 쫓겨 달아났고 성벽으로 몰려가 뒤엉켜 싸우는 꼴이 되었다. 이런 상황 끝에 유대인의 전체 부대가 기병대에 몰려 평지로 쫓겨 달아났다. 넓게 트인 평지에서의 전투는 기병대에게 전적으로 유리하여 유대인들은 대패할 수밖에 없었다. 17. 기병대는 도주하는 유대인들을 따라잡아 말머리를 돌려서 무리지어 도망치는 부대 위를 뛰어넘어 흩어놓고 셀 수 없이 많은 유대인들을 살해했다. 또다른 기병들은 도주하는 유대인들을 원하는 방향으로 몰아놓고 창을 던져 손쉽게 쓰러뜨렸다. 18. 유대인들은 수적으로 많았음에도 불구하고 이런 곤경에서 벗어날 길이 없었다. 반면 로마병사들은 적은 수에도 불구하고 유대인들의 수효를 충분히 능가하는 자신들의 전투력을 믿고 있었다. 19. 순식간에 패배당한 것을 수치스럽게 여기며 유대인들은 패배에 굴하지 않고 전투의 극적 반전을 바라면서 끈질긴 열의를 갖고 싸웠지만 로마병사들은 지치지 않고 승리에 박차를 가했다. 전투는 저녁때까지 계속되었고 두 지휘관 요한과 실라를 포함한 1만 명의 유대인이 전사했다. 20. 나머지 사람은 대부분 부상을 당했으며 이들은 유일하게 살아남은 지휘관 니게르와 함께 이두매의 시골마을 카알리스로 도망쳤다. 21. 반면 이 전투를 통해 로마군에서는 극소수의 부상자만 발생했다.

3.22. 이와 같은 심각한 패전에도 불구하고 유대인들의 용기는 전혀 수그러들지 않았고, 이 재난은 오히려 그들의 전의를 더욱 부채질했다. 발에 걸리는 시체들에도 아랑곳하지 않고 그들은 예전에 승리했던 일만 생각하면서 두 번째 재난을 향해 대책 없이 치달았던 것이다. 23. 부상 당한 유대인들은 상처를 회복할 시간조차 갖지 않은 채, 더 많은 수를 모아 전체 군대가 적개심을 더욱 불태우며 아스글론을 향해 진격했다. 24. 그러나 경험부족과 전투능력 부족 때문에 앞서 경험한 재난을 되풀이할 수밖에 없었다. 25. 안토니우스가 행군로 앞에 복병을 미리 대기시켜놓은 사실을 전혀 눈치채지 못한 유대인들은 덫에 걸려들고 말았다. 이들은 미처 전열을 가다듬지도 못한 상태에서 로마 기병대에 포위되어 8천 명 이상이 희생되었다. 나머지는 모두 도망쳤는데 이들 가운데 니게르는 도망치는 중에도 많은 전과를 올리며 뛰어난 용맹성을 입증했다. 유대인들은 적에게 바싹 추격을 받으면서 벨세덱이라는 마을에 있는 튼튼한 망대 안으로 도망쳐 들어갔다. 26. 안토니우스의 병사들은 이 난공불락의 망대를 상대로 힘을 허비하고 싶지 않았고, 한편으로는 용맹한 전사인 적군 지휘관이 생존해 있는 것도 원하지 않았기 때문에 성벽에 불을 질렀다. 27. 망대가 화염에 휩싸이자 로마군은 퇴각했고 니게르도 죽었을 것이라고 여기며 안심했다. 하지만 니게르는 망대를 빠져나와 요새의 깊숙한 곳에 있는 동굴 속으로 뛰어들어가 목숨을 구했다. 사흘 뒤 동료들이 크게 애통해 하며 시신을 매장하기 위해 그를 찾던 중, 니게르는 큰소리를 질러 자신이 살아있음을 알렸다. 28. 예상을 깨고 그가 나타나자 유대인들은 큰 기쁨에 휩싸여 앞으로의 전투에서 그들을 지휘하게 하려고 하나님이 니게르를 구해주셨다고 믿었다.[9]

---

9) 니게르는 후에 예루살렘이 포위되었을 때 젤롯당에게 살해된다. 《유대 전쟁사》 4.359 참조.

4. 29. 베스파시아누스는 자기의 군대를 이끌고 안디옥을 출발했다. 시리아의 수도 안디옥은 로마가 지배한 지역 중에서 세 번째로 큰 규모와 풍족함을 자랑하는 곳이었다.[10] 그곳에서 그와 그의 부대를 기다리던 아그립바 왕과 합류하여 프톨레메스를 향해 서둘러 행군했다. 30. 갈릴리 지역에서 유일하게 로마군에게 우호적 태도를 갖고 있던 셉포리스 주민들이 베스파시아누스를 맞이하기 위해 프톨레메스로 달려왔다. 31. 로마군의 막강한 힘을 잘 알고 있던 그들은 자신들의 안전을 위해, 베스파시아누스가 도착하기 전에 이미 케센니우스 갈루스와 협정을 맺고 한 개의 로마 부대가 주둔하도록 허용하고 있었다. 32. 그들은 정중하게 베스파시아누스를 환영하고 그에게 기꺼이 협조할 것을 약속했다. 33. 베스파시아누스는 흥분한 유대인들이 습격해 올 경우에 대비하여 안전을 위해 충분한 수의 기병과 보병을 배치시켰다. 34. 실제로 셉포리스가 적의 손에 넘어가면 앞으로의 전쟁에 적지 않은 위협이 될 수 있었던 것이다. 셉포리스는 갈릴리에서 가장 큰 도시로 천연의 요새지역이었기 때문에 전 지역을 수비하기에 매우 적합한 곳이었다.

제 3 장 갈릴리, 사마리아, 유대지역에 대한 묘사

1. 35. 갈릴리는 이른바 상부지역과 하부지역으로 나뉘어 있었고 페니키아와 시리아에 둘러싸여 있었다. 서쪽 경계에는 프톨레메스 지역과 함께, 한때 갈릴리에 속했다가 지금은 두로에 속하게 된 갈멜 산악지대가 놓여 있었다. 36. 갈멜에는 가바[11]라는 도시가 있었는데 헤롯

---

10) 시리아의 안디옥은 로마제국에서 로마, 알렉산드리아 다음으로 큰 도시였다.

11) 《유대 전쟁사》 2. 459; 《유대 고대사》 15. 294; 《요세푸스 자서전》 115 참조.

왕에게 해고된 기병들이 그곳에 정착해 살고 있었기 때문에 '기병 도시'라고 불렸다. 37. 남쪽으로는 사마리아와 스키토폴리스 지역으로부터 요단 강까지, 동쪽으로는 힙포, 가다라, 가울라니티스가 경계를 이루었으며, 아그립바 왕의 통치구역도 그곳에서부터 시작되었다. 38. 갈릴리의 북쪽경계는 두로 및 두로가 속한 지역까지 뻗어 있었다. 하부 갈릴리라고 불리는 지역은 티베리아에서 시작되어 프톨레메스 해안 근처의 가불에 이어져 있었는데, 39. 그 가로[12] 면적은 대평원에 위치한 크살롯[13] 마을에서부터 베르사베까지 다다랐다. 이 베르사베에서부터 상부 갈릴리 지역이 시작되어 두로 지역과 경계를 이루고 있는 바카 마을까지 포함하였다. 40. 세로 면적은 요단 강 근처에 있는 마을 텔라에서 메롯까지 이르렀다.

2.41. 이렇게 협소한 갈릴리 지역은 수많은 이방민족들에게 둘러싸여 있음에도 불구하고 지금까지 모든 적의 침공을 물리칠 수 있었다. 42. 이는 갈릴리 사람들의 천성이 호전적이고 항상 많은 인구를 유지하고 있기 때문이었다. 어떤 남자든지 두려움이 없었으며 남자 인구가 부족한 적도 없었기 때문에 갈릴리 지역이 위협을 당하는 일은 없었다. 43. 게다가 전 지역이 비옥하고 가축도 풍부했으며 온갖 종류의 나무들이 자라고 있어서 토지경작에 전혀 흥미가 없는 자들이라도 의욕적으로 유실수를 재배했다. 주민 모두가 토지를 경작했기 때문에 버려진 땅은 전혀 없었으며, 수많은 도시가 세워져 있었고 비옥한 토양 때문에 마을마다 소출이 풍부해서 제일 작은 마을의 주민수도 1만 5천명 이상이었다.

---

12) 동서로 이어진 지대를 '가로', 남북으로 이어진 지대를 '세로'로 부르고 있다.
13) 《요세푸스 자서전》 277에서 크살롯은 남쪽 국경지방으로 언급된다. 이곳은 다볼 산 측면에 위치했으며, 구약성서에는 기슬롯-다볼이라고 기록되어 있다.

3.44. 갈릴리의 면적은 베레아보다 작았지만 전 지역이 비옥하여 버려지는 땅 없이 모두 경작지로 활용되었기 때문에 경제적으로 매우 풍족했다. 반면 상당히 넓은 면적을 차지하던 베레아는 대부분 좋은 과실을 맺기에 불충분한 척박한 땅이어서 거주민이 적고 버려진 땅이 많았다. 45. 하지만 그 중 토양이 좋은 지역에서는 많은 종류의 유실수가 재배되었고 평야지대에서는 올리브나무, 포도나무, 종려나무 등 다양한 나무들이 자라고 있었다. 산에서 흘러내려오는 물이 이 고장의 수원(水源)이었는데, 이 수원이 여름 가뭄에 말라버려도 끊임없이 솟아나는 다른 샘들이 있어서 충분한 물이 공급되고 있었다. 46. 베레아의 세로 면적은 마케루스에서 펠라까지 다다랐고, 가로 면적은 필라델피아에서 요단까지 포괄했다. 47. 북쪽경계는 방금 언급한 펠라였고, 서쪽경계는 요단, 남쪽으로는 모압 지역, 동쪽으로는 아라비아와 세보니티스, 필라델피아와 거라사 지역이 경계를 이루고 있었다.

4.48. 갈릴리와 유대 사이에 놓여 있던 사마리아 지방은 대평원에 있는 기네아[14] 마을에서부터 시작되어, 아크라바테네 소국(小國)[15]까지 이어졌다. 자연적 특성상 사마리아 지역은 유대지역과 크게 다르지 않았다. 49. 사마리아와 유대지역 모두에는 산이 많았지만, 경작지로 적합한 평야도 있었고 기후가 온화해서 삼림이 우거지고 야생 유실수와 경작 유실수의 소출이 풍부했다. 사막지대가 없고 대부분 비가 충분히 내리는 땅이었기 때문이다. 50. 흐르는 물은 매우 맛이 좋았고 가축에게 좋은 먹이가 될 만한 목초가 풍부해서 다른 지역보다 많은 양의 젖을 생산할 수 있었다. 그런데 이 두 지역이 비옥했고 좋은 환경을 갖추었다는 가장 확실한 증거는 무엇보다도 높은 인구밀도였다.

---

14) 《유대 전쟁사》 2.232에 의하면, 게마.
15) '토파르키아'(τοπαρχία).

5. 51. 사마리아와 유대의 경계지역에는 유대의 북쪽 끝에 위치한 보르케우스라고 불리는 아누앗 마을이 있었다. 유대지역을 세로 길이로 측정하면, 남쪽 끝에는 아라비아 지역과 경계를 이루는 마을이 있었는데 그곳 주민들은 이 마을을 야르단이라고 불렀다. 유대지역의 가로 면적은 요단 강에서 욥바까지 뻗어 있었다. 52. 예루살렘은 유대의 중앙에 위치했기 때문에 종종 '땅의 중심'이라고 불렸다.[16] 53. 또한 유대지역의 해안선은 프톨레메스까지 계속 이어져 있어서 바다로 접근하기 용이한 장점도 갖추고 있었다. 54. 유대는 11개 구역으로 나뉘어 있었는데,[17] 그 중 왕도(王都) 예루살렘은 마치 몸의 상부에 있는 머리처럼 나머지 모든 구역 위에 군림하는 최고의 도시였다. 예루살렘 외의 나머지 지역은 각각 다음과 같은 행정구역으로 분할되었다. 55. 예루살렘에 이어 두 번째 가는 도시는 고프나였으며 그 다음은 아크라베테네, 담나, 룻다, 엠마오, 펠레, 그리고 이두매, 엔게디, 헤로디움, 여리고 순이었다. 56. 또 주변지역에 있는 도시 얌니아와 욥바가 있었고, 아그립바 왕의 영지에 속한 가말라 지역과 가울라니티스, 바타네아, 트라코니티스도 언급할 수 있다. 57. 아그립바 왕의 영토는 가로 방향으로는 레바논 언덕에서 시작되어 티베리아 호수까지 이르고, 세로 방향으로는 아르파라고 불리는 마을에서부터 율리아[18]까지 뻗어 있었다. 율리아에는 유대인과 시리아 사람이 섞여 살고 있었다.

---

16) '중심'은 헬라어로 배꼽을 뜻하는 '옴팔로스'(ὀμφαλός)의 의역이다. 엄밀히 말하면 예루살렘의 위치는 유대지역 중심이 아니지만 예루살렘을 세계의 중심으로 묘사하고 있는 에스겔 38:12; 희년서 8:19 등에 언급된 말과 유사한 표현방식으로 이해될 수 있다. 예를 들어 헬라인들은 델피를 세계의 중심으로 생각했다.

17) 유대인이 분깃(κληρουχία)이라고 부르는 이 명칭은 지리적 의미가 강했지만, 로마가 명명한 행정구역(τοπαρχία)이라는 어휘는 통치와 징세를 위한 것이었다.

18) 갈릴리 호수 위에 있던 벳새다 율리아를 말한다. 《유대 전쟁사》 2.168 참조.

58. 지금까지 유대와 그 주변지역에 대해 아주 간략하게 살펴보았다.

제 4 장 로마군의 셉포리스 공격과 티투스의 합류

1.59. 베스파시아누스가 셉포리스 주민을 보호하기 위해 파견한 부대는 플라키두스 사령관이 지휘하는 1천 명의 기병과 6천 명의 보병으로 이루어져 있었다.[19] 그들은 우선 대평원에 진을 친 후에 둘로 나뉘어 보병대는 도시를 보호하기 위해 도시 내부로 들어가고 기병대는 멀리 떨어진 진지에 남아 야영했다. 60. 모든 기병대와 보병대가 주변지역을 휩쓸고 다니며 수시로 습격하여 요세푸스와 그의 부하들에게 큰 피해를 입혔다. 성안에서 요세푸스와 부하들이 머물고 있는 동안 로마군은 성문 앞에서 약탈을 일삼았고 유대인 중에 용기 있게 성밖으로 싸우러 나온 자들을 성안으로 물리쳤다. 61. 요세푸스는 셉포리스가 갈릴리 주민들을 배반하기 전에 로마군 손에 쉽게 넘어가지 않게 하기 위해 이 셉포리스 성을 난공불락의 요새로 만들었던 장본인이었다. 그랬던 그 자신이 이제 그 성을 무너뜨리고자 공격을 감행했다.[20] 하지만 공격은 실패했고 요세푸스는 셉포리스 주민들을 무력으로 제압하거나 말로 설득하기는 역부족임을 인정했다. 62. 요세푸스의 이러한 공격은 오히려 로마군을 자극해 주변지역에 대한 로마군의 공격을 더 부추겼을 뿐이었다. 요세푸스의 공격에 분노한 로마군은 밤낮으로 쉬지 않고 갈릴리인들의 경작지를 초토화시키고, 주민들의 재산을 약탈하고, 전투가 가능한 사람들을 모두 살해했으며, 약한 사람들은 모두 노예로 삼았다. 63. 갈릴리 전 지역에서 방화와 살인이 자행되었다. 재

---

19) 《유대 전쟁사》 3.33 이하 참조.

20) 《요세푸스 자서전》 395 이하 참조.

난과 불행을 모면한 곳은 없었다. 유일한 피난처는 요세푸스가 요새화한 도시들뿐이었다.

2.64. 티투스는 아가야에서 알렉산드리아까지 보통 겨울 항해에 소요되는 시간보다 더 빨리 도착했고 그곳에서 자신에게 맡겨진 병력을 넘겨받아 행군을 서둘러 짧은 시간 안에 프톨레메스에 도착했다. 65. 여기서 그는 뛰어난 능력으로 이름 높은 제 5군단과 제 10군단을 거느리고 온 부친 베스파시아누스를 만나 자신이 이끌고 온 제 15군단을 합류시켰다. 66. 이 군단들은 18개의 보병대로 편성되었고[21] 그외에도 가이사랴에서 온 5개 보병대와 하나의 기병대와 또한 시리아에서 온 다섯 기병부대도 합류했다. 67. 10개의 보병대는 1천 명의 보병으로, 나머지 13개 보병대는 600명의 보병과 120명의 기병으로 구성되어 있었다. 왕들도 상당수의 원군을 파병했다. 68. 안티오쿠스,[22] 아그립바 2세, 소에무스[23] 왕이 각각 2천 명의 보병 궁수들과 1천 명의 기병을 보냈고, 아라비아의 말코스[24]는 1천 명의 기병과 5천 명의 보병을 보냈는데 그 대부분이 궁수들이었다. 69. 왕들이 파병한 원군을 포함해서 기병과 보병 전체 병력은 약 6만 명에 달했으며 이는 군대에 딸린 엄청난 수의 노예들을 제외한 숫자였다. 이 노예들도 모두 함께 군사훈련을 받았기 때문에 사실상 병력에 포함시켜야 할 것이다. 이들은 평시에는 자기 주인의 군사훈련을 도왔고 전시에는 주인들과 함께 위험을 감수했기 때문에 자기 주인 못지 않게 전투경험과 능력이 뛰어난 자들이었다.

---

21) 한 군단은 10개의 보병대로 이루어져 있었으며 한 보병대는 약 600명의 병사로 구성되었다.

22) 콤마게네의 왕 안티오쿠스 4세. 《유대 전쟁사》 2.500 이하 참조.

23) 에메사의 왕 소에무스. 《유대 전쟁사》 2.500 이하 참조.

24) 《유대 전쟁사》 1.276, 440에 언급된 말코스의 후계자일 것이다.

제5장 로마군대에 대한 설명

1.70. 로마인들이 노예들을 일상생활에서 부릴 뿐 아니라 전쟁시에도 유용하게 활용한다는 것만 보아도 앞일을 준비하는 그들의 영리함에 감탄하게 된다. 71. 더 나아가 로마의 군사조직 전체를 살펴보면 이 강력한 제국이 우연히 성립된 것이 아니라 로마인들이 그만한 능력을 소유하고 있기 때문임을 알 수 있을 것이다. 72. 그들은 전쟁이 일어난 후에야 군사훈련을 시작하는 사람들이 아니며 평소에 느긋하게 지내고 있다가 위기가 닥친 후에야 손을 쓰는 자들도 아니다. 오히려 그들은 마치 무기와 함께 성장한 사람인 양 쉬지 않고 훈련에 임하며 위기상황에 처할 때까지 가만히 기다리지도 않는다. 73. 그들의 군사훈련은 실전에 버금갈 만큼 격렬하며 모든 병사들은 항상 실제 전쟁에 임하듯이 최선을 다해 훈련에 매진한다. 74. 그들이 수월하게 실전에 임할 수 있는 것은 바로 이런 이유 때문이다. 혼란에 빠져 전열이 흐트러지거나 공포를 느껴 당황하는 법도 없으며 결코 긴장을 늦추지 않는다. 그 결과 그들만큼 훈련을 받지 못한 적들을 확실히 격퇴시켜 승리를 이어간다. 75. 그들의 훈련은 무혈전투이며 그들의 전투는 유혈훈련이라고 말해도 틀리지 않다. 76. 적이 어떤 기습공격을 한다고 해도 로마군을 쉽게 제압할 수는 없다. 적의 영토에서 싸울 때에도 로마군은 안전한 진영을 구축한 후에야 전투에 임한다.[25] 77. 로마군 진영은 임의적으로 혹은 불규칙적으로 구축되거나 계획 없이 무질서하게 만들어지는 것이 아니라 먼저 땅을 평평하게 고르고 정방형으로 질서정연하게 세워진다. 78. 이를 위해 필요한 건축장비를 갖춘 많은 기술자들이 군대와 동행한다.

---

25) 《유대 전쟁사》 3.426 참조.

2.79. 진영 내부는 열을 맞추어 세워진 막사들로 구획이 나뉜다. 외부에서 보면 하나의 방벽 같은 모양이지만 그 사이사이에는 규칙적 간격으로 망대가 세워져 있다. 80. 망대와 망대 사이에 있는 방벽 위에는 속사포와 평지용 투척기 및 대형 투석기 등 온갖 종류의 투척기가 즉각 사용될 수 있도록 만반의 준비를 갖추고 있다.[26] 81. 이 진영 방벽의 각 면에는 4개의 출입구가 있는데 짐을 실은 가축들이 쉽게 드나들고 출격용 통로로도 이용될 수 있도록 아주 넓게 만들어진다. 82. 진영 내부를 가로질러 규칙적으로 정렬된 통행로가 만들어져 있고 진영 중앙에 지휘관들의 막사가 모여 있으며 그 한가운데 총지휘관의 막사가 마치 신전처럼 위치하고 있다. 83. 진영 전체의 모습을 보면 마치 허허벌판 위에 광장, 기술자들의 구역, 분쟁을 조정하는 지휘관들과 사령관들의 재판정을 갖춘 하나의 도시가 갑자기 출현한 것 같은 인상을 준다. 84. 많은 수의 유능한 병사들이 열심히 일한 결과, 진영 장벽과 그 내부의 모든 것들이 순식간에 땅에서 솟아오르듯이 완성된다. 또한 위급한 상황에는 진영 외부에 깊이와 넓이가 각각 4 규빗이 되는 호(壕)를 파기도 한다.

3.85. 진영 구축을 다 마친 후 병사들은 각 부대별 막사 안에서 조용히 질서를 지키며 지낸다. 모든 병사들의 진영 내부생활은 철저한 규율 속에 정확하게 이루어진다. 땔감을 나르고 음식과 물을 조달하는 일도 각각의 역할을 분담하여 이루어진다. 86. 저녁식사나 아침식사도 각자 아무 때나 할 수 없으며, 나팔소리 신호에 따라 취침과 불침번 교대, 잠에서 깨는 생활을 하고, 명령 없이 할 수 있는 일은 아무것도 없다. 87. 아침마다 모든 병사들은 백부장 앞에 모여 조례를 하고, 백부장들은 천부장에게, 천부장들은 더 높은 지휘관에게 아침인사를 올린다.

---

26) 속사포와 평지용 투척기는 화살을, 대형 투석기는 돌을 발사하는 장치였다.

88. 총사령관은 그 아래 직속 지휘관에게 그날의 암호와 명령들을 하달하며 이들은 이것을 휘하의 부하들에게 차례차례 전달한다. 이런 질서정연한 모습은 전투현장에서도 그대로 이어져, 공격방향으로 재빠르게 진격하고 퇴각할 때도 명령에 따라 일사불란하게 움직인다.

4. 89. 진영을 해체할 때는 나팔소리로 알린다. 신호를 듣자마자 모든 병사들은 즉시 막사를 철거하고 출발준비를 한다. 90. 두 번째 신호가 울리면 모두가 준비를 마친다. 병사들은 나귀와 그외 다른 가축들 위에 짐을 싣고 마치 운동선수처럼 출발선에 도열한다. 출발 직전 이들은 진영에 불을 지른다. 이는 나중에 로마군이 같은 장소에 다시 진을 칠 경우 쉽게 진영을 구축하기 위해서이며, 또한 다른 적들이 이 진영을 사용하지 못하도록 하기 위해서이다. 91. 세 번째 나팔소리는 출발신호이며 어떤 이유에서든지 아직 출발준비를 끝내지 못한 자들은 서두르라는 신호이기도 하다. 단 한 명도 대오에서 뒤처지면 안 되기 때문이다. 92. 총사령관 오른쪽에 서 있는 전령관이 병사들에게 세 번에 걸쳐서 전투준비가 되었는지 로마어로 묻는다. 이 질문에 병사들은 세 번 똑같이 힘차고 커다란 고함으로 준비되었다고 대답한다. 때때로 그들은 질문이 채 끝나기도 전에 큰소리로 대답하며 전투에 대한 열정에 사로잡혀 오른손을 치켜들고 함성을 지른다.

5. 93. 병사들은 진군을 시작하여 조용하고 질서정연하게 움직인다. 전투에 임할 때처럼 단 한 사람도 대오에서 이탈하지 않는다. 모든 보병은 흉배와 투구로 몸을 보호하고 양쪽에 대검과 단검으로 무장한다. 94. 보병은 왼쪽에 장검을 오른쪽에는 한 뼘 길이의 단검을 차고 있다. 95. 총사령관 경호대로 선발된 보병들은 창과 원형방패를 들고 있으며 나머지 일반 경비병들은 짧은 창[27]과 긴 방패, 그리고 그밖에도 톱, 바구니, 곡괭이, 가죽끈과 갈고리, 쇠사슬 및 3일분의 식량을 지

참한다. 이렇게 보병 한 사람의 짐은 노새 한 마리에 실을 만큼의 분량과 맞먹는다. 96. 한편 기병들은 오른쪽에 큰 칼을 차고, 손에는 긴 창을 들었으며 말 옆구리에 비스듬히 방패를 걸고 바로 던질 수 있는 끝이 넓은 3개 이상의 단창이 보관된 통을 차고 있다. 97. 기병들도 보병처럼 모두 투구와 흉배를 착용한다. 총사령관을 호위하는 정예기병들도 일반기병들과 똑같은 무기로 무장한다. 제일 앞서 행군하는 선봉부대는 매번 제비를 뽑아서 결정한다.

6.98. 이상은 로마군의 행군 및 진영 규칙과 다양한 주요무기에 관한 설명이었다. 로마군은 작전구상 없이 즉흥적으로 전투에 임하는 법이 없으며 반드시 신중한 생각을 거친 후에 전투를 시작하고, 일단 올바른 판단이라고 여긴 결정은 철저히 실행에 옮긴다. 99. 그렇기 때문에 실패가 드물며 간혹 실수를 하더라도 곧바로 회복할 수 있는 것이다. 100. 따라서 그들은 신중한 작전에도 불구하고 패배하더라도 이 패배를 우연한 행운으로 얻은 승리보다 더 값진 것이라고 여긴다. 우연한 성공은 부주의한 태도로 이어질 수 있으나 신중한 작전은 설사 실패할지라도 유익한 교훈이 되어 같은 실패를 되풀이하지 않도록 조심하게 해주기 때문이다. 101. 또한 우연히 얻은 성공에서 배울 것은 아무것도 없지만 신중한 작전에도 불구하고 실패한다면 적어도 미리 충분히 계획했다는 사실만으로도 위안이 될 수 있는 것이다.

7.102. 로마군은 군사훈련을 통해 신체만 단련한 것이 아니라 정신무장도 강화한다. 공포심도 이러한 군사훈련에 일조한다. 103. 로마의 군법은 탈영자만 사형에 처하는 것이 아니라 아주 사소한 태만도 사형으로 다스린다. 군법보다 더 무서운 것은 지휘관들이다. 이 뛰어

---

27) 던질 수 있는 투창(*pilum*).

난 지휘관에게 제대로 경의를 표해야만 처벌로 희생되는 가혹한 운명을 피할 수 있다. 104. 이렇게 지휘관들에게 철저히 순종하기 때문에 로마군은 평상시에도 질서정연함을 유지할 수 있으며 전시에는 한 몸처럼 일사불란하게 전투를 수행할 수 있는 것이다. 105. 이와 같이 로마군의 대열은 견고하며 대열이동은 한 치의 오차 없이 이루어지고, 병사들은 명령소리에 신경을 집중시킨 채 시선을 전투신호에 고정시키고 양손은 즉시 명령을 수행할 준비를 갖추고 있다. 106. 그렇기 때문에 명령이 떨어지면 그들은 즉각 행동할 수 있고, 곤란한 상황에 빠지는 법이 없다. 일단 전투가 시작되면 그들보다 더 강하고 더 많은 수의 적이나, 싸우기 힘든 지형이나, 심지어 운명의 힘조차도 그들을 이기지 못한다. 107. 승리에 대한 그들의 의지가 운명을 능가하기 때문이다. 이렇게 철저한 전략으로 전쟁에 임하며 그 전략에 따라 전투를 수행하는 빈틈없는 군대를 보유한 민족이 동쪽으로는 유프라테스까지, 서쪽으로는 대서양까지, 남쪽으로는 리비아의 가장 비옥한 지대까지, 그리고 북쪽으로는 도나우 강과 라인 강까지 국경을 확장하게 된 것이 과연 이상한 일이겠는가? 오히려 그들에게 이 정도의 영토는 아직도 협소할 뿐이라고 말할 수 있을 것이다.

8.108. 이 모든 내용은 로마군을 찬양하기 위해서가 아니라 정복당한 자들을 위로하기 위함이며 반란을 꾀하는 자들에게는 경고를 주기 위해서이다.[28] 109. 교양 있는 독자들 가운데 아직 로마군대의 체계에 대해 잘 모르던 사람들에게는 이 내용이 유익한 정보가 될 것이다. 이제 다시 본론으로 돌아가겠다.

---

28) 가령 파르티아인들과 바벨론 지역 유대인들의 반란시도를 미연에 방지하려는 의도가 내포되어 있다. 《유대 전쟁사》 2.388 이하 참조.

제 6 장 베스파시아누스의 갈릴리 도착

1.110. 베스파시아누스가 아들 티투스와 함께 프톨레메스에 머물며 전열을 가다듬는 동안 플라키두스가 갈릴리를 약탈했다.[29] 그는 도망칠 힘조차 없는 약자들이 대부분인 갈릴리 주민을 무수히 살해했다. 111. 전투능력이 있는 자들은 이미 모두 요세푸스가 요새화한 도시들로 피신했다는 것을 알게 된 플라키두스는 그 요새도시들 중 가장 견고한 요타파타 성으로 향했다. 기습적으로 공격하면 요타파타를 쉽게 무너뜨릴 수 있다고 생각했던 것이다. 그는 요타파타를 함락시켜 상관들로부터 인정받기를 원했으며 가장 강력한 도시를 무너뜨리면 나머지 도시들도 겁에 질려 항복할 것이므로 앞으로의 전투가 수월해지리라고 기대했다. 112. 당연하게도 플라키두스의 기대는 크게 빗나갔다. 요타파타 주민들이 그의 공격을 미리 알아차리고 성문 앞에서 대기하고 있었기 때문이다. 많은 수의 유대인이 로마군을 기습했다. 로마군은 이런 공격을 전혀 예상하지 못했던 반면 뜨거운 전투의지로 무장한 요타파타의 유대인 병사들은 위험에 처한 고향과 처자식을 지켜야겠다는 결의로 가득 차 있었기 때문에 로마군을 즉시 격퇴할 수 있었다. 113. 요타파타 주민들에게 부상을 입은 로마병사는 많았지만 죽음을 당한 병사는 7명에 불과했다. 이는 로마군이 크게 당황하지 않고 침착하게 후퇴했으며 가벼운 부상을 입었지만 필사적으로 목숨을 지켰기 때문이다. 그리고 제대로 무장하지 않았던 유대인들은 중무장한 로마군과 근접전투를 감행하지 못하고 먼 거리에서 화살만 쏘아댔기 때문이기도 했다. 114. 유대인 중에서는 세 명이 전사했고 소수의 부상자도 발생했다. 플라키두스는 이 도시를 공격하기에는 역부족임을 깨닫고 퇴각했다.

---

29) 《유대 전쟁사》 3.59~69 참조.

2. 115. 이제 베스파시아누스가 직접 갈릴리 공격에 나섰다. 그는 로마군의 전형적 진군대열을 갖추어 군대를 이끌고 프톨레메스를 떠났다. 116. 그는 가볍게 무장한 원군 부대와 궁수들을 선두에 세웠다. 이는 적의 기습에 재빠르게 대응하고 적의 잠복 가능성이 있는 숲을 정탐하게 하기 위해서였다. 그 뒤로는 보병과 기병으로 이루어진 중무장한 일개 부대가 뒤따라갔다. 117. 그 뒤로 백인부대(百人夫隊)에서 10명씩 차출된 병사들이 각자의 짐과 진영 구축을 위한 계측장비들을 지고 따라갔다. 118. 그 뒤를 공병부대가 따라갔는데 이들은 험한 지형 때문에 병사들에게 피로가 쌓이지 않도록 울퉁불퉁한 길을 고르게 하고 심하게 구부러진 길을 똑바르게 다지며 진로를 방해하는 덤불을 베는 일을 맡았다. 119. 그 뒤에는 베스파시아누스의 지시에 따라 그의 짐과 부하들의 짐을 실은 일행이 따라갔고 이 물자를 보호하기 위해 많은 기병들이 뒤를 이었다. 120. 그리고 그 뒤에 베스파시아누스가 정예보병과 기병 및 창병으로 구성된 한 개 부대의 호위를 받으며 진군했다. 그 다음에는 각각 120명의 기병들로 구성된 기병대 군단들이 뒤를 이었다. 121. 그 뒤로 무거운 야영장비와 그밖의 전투장비들을 실은 노새들이 따랐고, 122. 이어서 군단 사령관들과 보병 지휘관들이 다른 천부장들과 함께 정예부대의 호위를 받으며 행군했다. 123. 그 뒤로는 독수리가 그려진 군기를 앞세우고 각 군단이 행군했다. 새 중의 왕이며 가장 강한 존재로 여겨진 독수리가 로마군의 상징이었다. 독수리는 로마의 지배권을 표시하는 상징이자, 어떤 적을 만나도 승리한다는 징표로 이해되었다. 124. 이 신성한 군기의 뒤를 이어 나팔수들이, 그리고 그 뒤로는 전투부대가 빈틈없이 6열 종대를 이루어 행군했다. 각 종대의 뒤로는 관례대로 백부장 한 명이 행군대열을 점검하며 뒤따랐다. 125. 보병들 뒤에는 각 부대에 속한 노예들이 병사들의 짐을 노새와 그밖의 짐 싣는 가축 위에 싣고 뒤따라갔다. 126. 전체 군대의 마지막에는 용병부대가 따라갔고 그 뒤에는 후미의 안전을 책임지는 보병, 중무장 부대,

많은 기병들이 뒤를 따르고 있었다.

3. 127. 베스파시아누스는 이 군대행렬을 이끌고 갈릴리 경계지역에 도착하여, 전투의욕에 불타는 병사들을 진정시키면서 진영을 구축했다. 이렇게 그가 일단 진영을 구축한 이유는 적에게 공포감을 주어서 생각을 돌이키고 마음을 바꿀 시간을 주기 위해서였다. 이와 함께 베스파시아누스는 적의 요새를 포위 공격할 계획도 세웠다. 128. 실제로 로마군대가 출현하자 주민들 가운데 마음을 바꿔 저항을 포기한 자들도 많았으며 모든 주민은 커다란 공포를 느꼈다. 129. 요세푸스를 중심으로 모인 유대인 부대는 셉포리스에서 멀지 않은 도시 가리스[30]에 진을 치고 있다가 전쟁이 임박했다는 소식을 듣자마자 겁에 질려 뿔뿔이 흩어지고 말았다. 전투 직전 상황도 아니었고 로마군이 공격조차 하지 않았는데도 유대인들은 적과 대면도 하기 전에 도망치고 말았던 것이다. 130. 소수의 부대와 함께 남아 있던 요세푸스에게는 적에 대항할 만한 충분한 병력이 없었다. 그는 유대인들이 이미 사기를 잃었기 때문에 로마군이 신변을 보장하면 대다수는 기꺼이 항복할 것임을 알고 있었다. 131. 요세푸스 자신도 총체적 전황에 대해 매우 불안한 느낌을 갖고 있었기 때문에 가능한 한 위험을 피하고 싶어서 남아 있는 부하들을 이끌고 티베리아로 피신했다.

---

30) 가리스는 셉포리스에서 동쪽으로 20 스타디온 거리에 있었으며, 《요세푸스 자서전》 395에서는 도시가 아니라 '마을'로 언급된다.

제 7 장 베스파시아누스와 요세푸스의 요타파타 전투

1. 132. 베스파시아누스는 단 한 번의 공격으로 가바라를 수월하게 함락했다. 전투 가능한 남자들은 이미 모두 도시를 떠난 후였기 때문이었다. 133. 그는 도시로 들어서서 성인 남자들을 모두 살해하라고 지시했다. 로마군은 유대인들에 대한 증오와 케스티우스가 당한 모욕적 패배에 대한 원한 때문에 노소(老少)를 가리지 않고 살육했다. 134. 베스파시아누스는 가바라 성뿐만 아니라 그 주변의 마을들과 부락들을 모두 불태우게 했다. 대부분의 마을은 이미 텅 비어 있었고 남아 있던 사람들은 노예로 팔려갔다.

2. 135. 안전을 위해 요세푸스가 티베리아로 피신하자 티베리아 도시는 공포에 휩싸여 경악했다. 티베리아 주민들은 요세푸스가 전황을 역전시킬 희망을 완전히 포기하지 않았으면 결코 도망치지 않았을 것이라고 생각했던 것이다. 136. 그래서 그들은 요세푸스의 의견에 철저히 공감했다. 요세푸스는 유대인의 운명이 파국을 향해 가고 있음을 예견했고, 유대인이 살아남을 수 있는 유일한 길은 지금까지의 행동을 완전히 돌이키는 것뿐이라고 생각했다. 137. 요세푸스 자신은 로마의 용서를 기대할 수도 있었지만 조국을 배반하고 적으로부터 요행을 바라면서 자신에게 맡겨진 군지휘권을 수치스럽게 만드는 것보다는 죽기를 간절히 원했다. 138. 결국 그는 예루살렘의 지도자들에게 상황을 있는 그대로 알리는 편지를 써보내기로 결정했다. 요세푸스는 적군의 병력을 과장해서 티베리아 주민들을 겁에 질리게 만들거나 반대로 축소 보도함으로써 이미 생각을 돌이켰을지도 모르는 책임자들을 재차 자극하는 일이 없도록 정확하게 진술했다. 139. 요세푸스는 예루살렘

지도자들에게, 만일 로마와의 화평을 원하면 즉각 알려줄 것이며, 전쟁을 계속하기로 결정한다면 로마군에 대항할 수 있는 병력을 보내 달라고 요청했다. 140. 그는 급히 예루살렘으로 전령을 보내 편지를 전달하게 했다.

3. 141. 베스파시아누스는 요타파타를 점령하기로 결심했다. 많은 수의 적들이 요타파타로 피신했고, 이 사실로 미루어 생각하니 이 도시가 반란군의 중요한 거점일 것이라고 생각했던 것이다. 그는 우선 보병대와 기병대를 보내 돌투성이의 산길을 고르게 했다. 돌투성이 길 때문에 걸어가기가 어려웠으며, 더욱이 말을 타고는 도저히 움직일 수 없었던 것이다. 142. 이 작업은 나흘 만에 완료되어 로마군 앞에는 넓은 행군로가 펼쳐졌다. 닷새째 되는 날인 아르테미시우스 월 21일[31]에 요세푸스가 서둘러 티베리아를 나와서 요타파타로 입성하자 침체되었던 유대인들의 사기는 회복되었다. 143. 그런데 어떤 변절자가 베스파시아누스에게 가서 요세푸스가 요타파타에 도착했다는 반가운 소식을 전하며[32] 이 도시를 점령하여 요세푸스를 생포할 수 있다면 유대인 전체를 손에 넣는 것과 다름없다고 하면서 요타파타 공격을 재촉했다. 144. 베스파시아누스는 이 소식을 행운의 선물로 여겼고 적진에서 가장 영리한 자[33]가 제 발로 함정 안으로 걸어들어온 것은 신의 섭리라고 믿었다. 그는 즉시 플라키두스를 포함하여 용맹하고 지략이 뛰어난 십부장(十夫長) 에부티우스[34]에게 1천 명의 기병을 맡겨 요세

31) 67년 6월 8일. 이 날짜 보도는 요타파타 성이 47일간 포위되었다가 파네무스 월 첫날에 정복되었다는 《유대 전쟁사》 3. 316, 339와 비교하면 정확하다고 보기 어렵다.

32) 헬라어로는 '유앙겔리조'(εὐαγγελίζω)이며 기독교 문서들에서 이 단어는 '복음을 전하다'라는 의미로 발전했다.

33) 즉, 요세푸스.

34) 에부티우스는 아그립바 2세의 부하로 전쟁 초기에 요세푸스와 만난 적이 있

푸스가 몰래 빠져나가지 못하도록 요타파타를 포위하라고 명했다.

4. 145. 다음날 베스파시아누스는 직접 전군을 이끌고 선발부대를 뒤따라 당일 저녁 무렵 요타파타 성 앞에 도착했다. 146. 그는 성에서 7 스타디온 떨어진 북쪽 언덕 위에 진을 쳤다. 일부러 적군에게 잘 보이는 위치에 진을 치고 겁을 주려는 속셈이었다. 147. 그의 의도는 어느 정도 적중해서 유대인들은 아무도 감히 성밖으로 나올 엄두를 내지 못했다. 148. 꼬박 하루를 쉬지 않고 행군해온 로마군은 즉시 성을 공격하지 않고, 대신 성 외곽을 이중으로 포위하며 그 외부에 기병대를 포진시켜 삼중 포위작전으로 유대인들의 출입을 완전히 봉쇄했다. 149. 그러나 오히려 이런 삼엄한 포위망은 빠져나갈 가능성을 포기한 유대인들의 용기를 극대화시켰다. 전쟁에서 위기만큼 사기를 북돋는 일은 없기 때문이다.

5. 150. 다음날 공격이 개시되었다. 성밖에 머물러 있던 유대인들은 로마군 맞은편에 진을 치고 최우선적으로 성벽을 강력히 방어했다.[35)]151. 그러나 베스파시아누스는 화살과 투석기 및 온갖 투석무기로 무장한 병사들을 시켜 유대인 성벽 수비대를 포위하게 한 후 투석무기를 무차별적으로 쏟아붓게 하고, 동시에 올라가기 쉬운 곳을 찾아내 직접 보병대를 이끌고 가파른 성벽을 기어오르기 시작했다. 요타파타의 운명이 위태로움을 알고 두려움을 느낀 요세푸스는 수하의 유대인 병사들을 모두 이끌고 공격에 나섰다. 152. 그들은 로마군을 향해 맹렬히

었다(《요세푸스 자서전》 114 이하). 따라서 요세푸스를 알고 있었기 때문에 그에게 이러한 명령이 주어졌다고 볼 수 있다.

35) 유대인들이 요타파타 성밖에 진을 쳤다는 보도는 아무도 성밖으로 나올 엄두를 내지 못했다는 《유대 전쟁사》 3. 147의 진술과 상충된다. 이 단락 이후에는 성밖에 유대인 진영이 있었다는 언급이 나오지 않는다.

진격하여 적을 성밖으로 몰아내며 자신들의 힘과 용기를 증명하듯 숱한 전과를 올렸다. 153. 물론 적에게 피해를 준 것만큼 유대인들도 피해를 입었다. 유대인들이 탈출구 없는 절망에 힘입어서 용맹해진 것처럼 로마군도 수치를 당하지 않으려고 필사적이었기 때문이다. 로마군이 경험과 힘으로 무장한 강력한 전사들이었다면, 유대인들은 분노에서 비롯된 무모한 용기로 무장하고 있었다. 154. 전투는 하루 종일 계속되었고 한밤중이 되어서야 양측은 물러섰다. 부상을 입은 로마군은 매우 많았고 13명이 사망했다. 유대인 중에서는 17명이 전사하고 6백명이 부상을 입었다.

6. 155. 다음날 새로운 전투가 시작되자 유대인들은 온몸을 내던져 로마군에 대항했다. 유대인들은 전날의 예상치 않은 성공적 방어에 자신감을 얻어서 더욱 힘차게 싸웠다. 로마군도 사력을 다해 싸웠다. 156. 단번에 승리하지 못한 것은 패배나 다름없다고 여긴 로마군 역시 수치심을 느끼며 분노를 불태웠던 것이다. 157. 로마군은 닷새 동안 쉬지 않고 공격했고 요타파타의 유대인들과 성벽 수비대도 그만큼 쉼없이 방어와 반격에 나섰다. 유대인들은 로마군 병력을 두려워하지 않았고 로마인들도 성을 함락시키기 어렵다고 해서 단념할 기미를 전혀 보이지 않았다.

7. 158. 요타파타는 사방이 거의 깎아지른 듯한 가파른 언덕 위에 세워져 있어서 바닥을 내려다보면 현기증이 날 정도로 끝없이 깊은 골짜기가 세 면을 에워싸고 있었다. 이곳에 접근할 수 있는 방법은 오직 비탈진 북쪽 산자락을 통해서였다. 159. 성 주위에 성벽을 세울 때 요세푸스는 이 북쪽 산을 적군이 점령하지 못하도록 성벽으로 에워쌌다. 160. 요타파타 성은 주변의 산으로 둘러싸인 채 가려져 있어서 산 위로 올라가야 간신히 알아볼 수 있었다. 이렇게 요타파타는 요새도시로

서 매우 탁월한 조건을 갖추고 있었다.

8. 161. 베스파시아누스는 지형적 악조건을 극복하고 유대인들의 맹렬한 전투의욕을 분쇄하기 위해 총력을 기울였다. 그는 더 철저한 포위공격을 단행하기 위해 수하의 지휘관을 모두 모아 공격을 위한 전략회의를 열었다. 162. 회의 결과 접근가능한 성벽 주위에 방벽을 쌓기로 하고 전군을 동원하여 나무를 베어오게 했다. 병사들은 성 주변의 산을 모두 벌목한 후에 목재와 함께 엄청난 양의 돌을 쌓아올렸다. 163. 성벽 위에서 날아오는 화살과 돌을 막기 위해 절벽 위에 방어막을 설치하고 그 밑에서 방벽 건축작업을 했다. 164. 나머지 병사들은 근처의 언덕을 허물어 건축현장으로 흙을 계속 퍼날랐다. 이렇게 세 가지 작업을 분담해서 하는 동안 아무도 게으름을 부릴 수 없었다. 165. 이 작업과정 동안 유대인들은 성벽 위에서 로마군의 방어막을 향해 온갖 종류의 투척무기들을 쏟아부었다. 비록 이 무기들이 방어막을 뚫지는 못했으나 커다란 소음을 일으켜 작업을 방해했다.

9. 166. 이제 베스파시아누스는 성 주변에 총 160개의 투척무기들을 둘러세우고 성벽 수비대를 향해 발사하라고 명했다. 167. 투창기에서는 창이, 투석기에서는 1 달란트 무게의 바윗돌이, 그리고 셀 수 없이 많은 불화살이 동시에 발사되었다. 유대인들은 성벽에서 물러날 수밖에 없었으며 로마군의 공격 사정거리 바깥으로 피해야만 했다. 168. 아라비아 궁수들과 투창부대와 투석부대도 동시에 전면적 사격공격에 가담했다. 169. 성벽에서의 공격이 불가능하게 된 유대인들도 가만히 있지는 않았다. 그들은 소규모의 유격대를 만들어 아래로 내려보냈다. 이들은 몰래 급습하는 작전을 펼쳐서 방어막을 부수고, 방벽을 쌓는 로마병사들을 공격하면서 방벽을 무너뜨렸으며 목재더미에 불을 질렀다. 170. 결국 베스파시아누스는 방벽 사이의 간격이 너무 멀어서 유

대인들의 각개공격을 허용하고 있다는 것을 알고서, 방어막을 하나로 잇고 부대 사이의 연결을 강화시켜 유대인의 기습공격을 차단했다.

10. 171. 방벽은 점점 높아져 이제 거의 성벽 높이만큼 올라갔다. 요세푸스는 이에 대한 대책을 세우지 못하면 요타파타가 심각한 위험에 처하게 될 것임을 알고 석공들을 소집하여 성벽을 더 높이 증축하게 했다. 172. 그러나 석공들이 수많은 돌과 창이 날아오는 공격에 노출된 채 축조작업을 할 수 없다고 말하자 요세푸스는 이들을 보호하기 위한 장치를 고안해냈다. 173. 요세푸스는 먼저 성벽에 말뚝을 박아 기둥들을 세운 후 그 위에 막 벗겨낸 소가죽을 넓게 씌우라고 지시했다. 그러자 탄력 때문에 투석기에서 날아오는 돌들은 튕겨져나갔고, 그외의 무기들은 미끄러져 빗나가게 되었으며, 소가죽의 습기 때문에 불화살도 꺼져버렸다. 174. 유대인들은 이 방호장막 밑에서 밤낮으로 작업을 계속할 수 있었다. 그 결과 성벽은 20 규빗 높게 증축되었고 그 위에 여러 개의 망대와 단단한 흉벽(胸壁)도 축조되었다. 175. 이렇게 되자 성을 손아귀에 넣을 줄 알았던 로마군은 크게 낙담했으며 요세푸스의 지략과 유대인 주민들의 끈질긴 저항에 당혹스러워했다.

11. 176. 베스파시아누스는 이러한 지능적 작전과 요타파타 주민들의 방어의지가 확고한 것을 보고 화가 치밀었다. 177. 성벽 증축으로 더욱 용기를 얻은 유대인들은 로마군에 대한 공격을 재개했고 로마 진영을 매일 습격했다. 닥치는 대로 약탈을 일삼는 자들도 있었고 진영에 불을 지르기도 했다. 178. 결국 베스파시아누스는 전투중지 명령을 내리고 오랫동안 도시를 봉쇄하여 유대인들을 굶주리게 만들어 성을 점령하기로 결심했다. 179. 베스파시아누스는 굶주림에 몰린 유대인들이 절망에 빠져 항복하든 마지막 사람까지 끝까지 저항하든 결국 그들은 굶어죽게 될 것이라고 생각했다. 180. 또한 그는 어느 정도 시

간 간격을 두고 적이 지칠 때까지 기다린 후 공격을 재개하면 보다 수월하게 승리할 수 있으리라고 믿었다. 그래서 그는 도시의 모든 출입구를 철저히 봉쇄하라고 명령했다.

12. 181. 요타파타에는 소금을 제외한 생필품과 식량이 넉넉했으나 유독 식수가 부족했다. 성안에 샘이 없어서 주민들은 빗물에 의존했다. 하지만 여름철에 이 지역에 비가 내리는 일은 극히 드물었다. 182. 하필 이런 계절에 적에게 포위된 주민들은 갈증으로 죽게 되리라는 생각에 매우 의기소침해져 마치 벌써 물이 바닥나기라도 한 것처럼 크게 동요했다. 183. 요세푸스는 성안에 생필품이 충분히 준비되어 있고 주민들의 방어의지도 확고하다는 것을 알고 있었다. 로마군의 기대와는 반대로 요세푸스는 포위상태가 되도록 오래 지속되기를 원했기 때문에 처음부터 주민들에게 제한된 양만큼만 식수를 배급했다. 184. 그러나 유대인에게는 이와 같은 배급이 실제의 식수 부족보다 더 견디기 힘들게 느껴졌고, 마음대로 물을 이용할 수 없다는 사실이 갈증의 고통을 더욱 증폭시켜서, 마치 이미 극도의 기갈상태에 이른 것처럼 지쳐버리고 말았다. 이 상황을 로마군에게 숨길 수는 없었다. 185. 성내부를 내려다볼 수 있는 높은 위치에 있었던 로마군은, 주민들이 물배급을 받기 위해 한 장소에 모이는 장면을 성벽 너머로 지켜보았다. 로마군은 이 물배급장소로 무기를 투척해서 많은 수의 유대인을 살해했다.

13. 186. 베스파시아누스는 이제 머지않아 비축된 물이 바닥나면 지쳐버린 주민들은 희망을 포기하고 어쩔 수 없이 성을 넘길 수밖에 없을 것이라고 기대했다. 187. 그러나 요세푸스는 베스파시아누스의 이런 기대를 철저히 무너뜨리기로 작정했다. 그는 많은 양의 의복을 물에 적셔서 흉벽 위에 내걸어 성벽 전체를 따라 갑자기 물이 넘쳐흐르

게 만들었다. 188. 식수조차 부족할 것이라고 생각했던 로마군은 유대인들이 이렇게 물을 낭비하는 모습을 보고 크게 당황했다. 베스파시아누스 역시 식량과 식수가 부족한 상황으로만 몰아가서는 성을 점령하기 어렵겠다고 생각하여 다시 공격체제로 돌입했다. 189. 이것은 유대인들이 간절히 바라던 일이었다. 비록 절망적 상황에 처해 도시의 몰락을 목전에 두고 있어도, 굶주림과 갈증으로 죽기보다는 싸우다가 죽기를 원했던 것이다.

14. 190. 이러한 전략 외에 요세푸스는 충분한 생필품을 확보하기 위해 또다른 전략을 강구했다. 191. 그는 적의 경계가 소홀한 서쪽 계곡의 험준한 협곡을 통해 전령을 보내서 외부의 유대인들과 서신을 주고받았으며, 이런 방법을 이용해 도시에 부족한 많은 생필품을 보급할 수 있었다. 192. 그는 밤중에 적의 보초에게 발견될 경우 개처럼 보이도록 하기 위해서 전령들에게 털가죽을 뒤집어쓰고 기어다니도록 지시했다. 그러나 적의 보초병들은 결국 이 작전을 눈치챘고 협곡은 봉쇄되었다.

15. 193. 요세푸스는 요타파타가 로마군에 맞서 더 이상 저항하기 힘들다고 판단하고, 도시에 남아 있다가는 목숨이 위험하게 될 것이라는 생각에 유력인사들과 함께 도피할 궁리를 하였다. 이를 알아차린 주민들이 몰려와 오직 요세푸스만 의지하고 있는 자신들을 버리지 말아 달라고 애원했다. 194. 그가 성에 남아 있는 한 모두가 그를 믿고 기꺼이 싸울 것이기 때문에 요타파타 성을 지킬 희망이 있으며, 만약 적에게 체포된다고 해도 요세푸스와 함께 있다는 사실로 위로를 받게 될 것이라고 말했다. 195. 그들은 또한 적 앞에서 도망치거나 동료들을 버리는 것은 바다가 잠잠할 때 배에 올라탔다가 폭풍이 몰아친다고 배에서 뛰어내리는 것과 같이 불명예스러운 일이라고 요세푸스를 다그

쳤다. 196. 그들은 요세푸스가 도피하면 투쟁할 의지를 가졌던 자들은 적에게 대항할 의욕을 완전히 상실하게 될 것이며 이로 인해 결국 요타파타 성이 멸망할 것이라고 호소했다.

16. 197. 요세푸스는 자신의 안전을 위해 도망치려던 사실을 숨기고 주민들을 위해 도시를 떠나고자 한다고 둘러댔다. 198. "내가 성에 남는다고 해도 너희의 안전에 크게 도움이 되지 못할 것이다. 그리고 만약 도시가 적에게 함락되면 너희와 함께 무의미한 죽음을 당하게 될 것이다. 그러나 내가 포위망을 뚫고 나가면 외부에서 너희를 구출할 방법이 훨씬 많이 생길 것이다. 199. 즉, 되도록 신속하게 갈릴리 마을사람들을 결집시켜 로마군의 공격을 다른 쪽으로 유도하면 로마군은 요타파타에서 물러가게 될 것이다. 200. 하지만 내가 이곳에 남아 있으면 나를 생포하는 데 혈안이 된 로마군의 포위공격만 가중될 뿐 더 이상 너희에게는 도움이 될 수 없을 것이다. 반면 내가 이 성을 빠져나가면 로마군의 공격은 훨씬 누그러질 것이다." 201. 그러나 이런 요세푸스의 주장은 그를 둘러싼 무리를 납득시키지 못하고 오히려 흥분만 가중시켰다. 아이들과 노인들, 그리고 젖먹이를 안은 부녀자들까지 그의 발 앞에 엎드려 애원했다. 202. 모든 사람들이 에워싸고 요세푸스에게 매달린 채 그들 곁에 남아 운명을 함께해 달라고 소리쳤다.[36] 그들은 요세푸스 혼자 살아남는 것을 시기해서가 아니라 자신들의 안전을 위해서 이렇게 행동한 것이라고 나는 생각한다. 즉, 요세푸스가 자신들 곁에 남아 있는 한 결코 불행한 일이 일어나지 않을 것이라고 믿었던 것이다.

---

36) 《요세푸스 자서전》 210 이하에도 이와 유사한 장면이 묘사되어 있다.

17. 203. 요세푸스는 이들의 말에 승복하는 것이 낫다고 생각했다. 만약 요세푸스가 자기 주장을 굽히지 않을 경우, 주민들은 간청하는 정도를 넘어서 요세푸스를 강제로 감금시킬 것임을 알아차렸기 때문이다. 또한 그토록 애원하는 주민들에 대한 연민의 감정 때문에, 도망치려던 요세푸스의 마음은 크게 흔들렸다. 204. 결국 그는 절망감으로 무장하고 그 도시에 함께 남기로 마음먹었다. 요세푸스는 이렇게 말했다.[37] "이제야말로 전투를 시작할 때가 되었다. 더 이상 구원의 희망이 남아 있지 않기 때문이다. 명예를 위해, 그리고 후세에 기억될 영웅적 투쟁을 위해 생명을 바치는 것은 훌륭한 일이다." 205. 이 말과 함께 그는 가장 용맹한 자들과 함께 로마군에 대한 공격을 감행했다. 그는 적의 보초들을 분산시키며 로마 진영으로 쳐들어가서 작업 중인 병사들을 방어하는 가죽 보호막을 찢고 진영에 불을 질렀다. 206. 이런 방식으로 요세푸스는 둘째 날, 셋째 날 계속해서 밤낮을 가리지 않고 지칠 줄 모르고 싸웠다.

18. 207. 요세푸스의 공격 때문에 로마군은 무척 시달렸다. 유대인 앞에서 도망치기는 수치스러웠고 후퇴하는 유대인들을 추격할 때에는 무거운 무장 때문에 재빨리 움직일 수도 없었다. 반면 유대인들은 계속해서 로마군을 급습하여 피해를 입히고는 적이 반격해오기 전에 재빨리 도시 안으로 도망칠 수 있었다. 208. 그래서 베스파시아누스는 중무장한 부하들에게 유대인의 습격에 대응하지 말고 피신할 것이며 죽을 각오로 덤벼드는 자들과는 교전하지 말 것을 명했다. 209. "전쟁에서 절망보다 더 강한 적은 없다. 유대인들이 더 이상 습격할 대상을 찾지 못하면 마치 장작 없는 불꽃이 꺼지듯이 그들의 전의도 사라지게 될 것이다. 210. 안전하고 확실한 승리를 향해 나아가는 것도 로마군의 명예를

---

37) 《유대 전쟁사》 3. 153 참조.

지키는 일이다. 우리는 사소한 위기에서 벗어나기 위해서 전쟁하는 것이 아니라 우리의 전력을 강화하기 위해 이 전쟁을 수행하기 때문이다." 211. 베스파시아누스는 이제 주로 아라비아 궁수들과 시리아인 투창부대와 투석부대에게 유대인 공격을 일임했으며 수많은 투척무기들도 쉴 새 없이 투입했다. 212. 이 투척공격으로 많은 피해를 입은 유대인들은 물러서야 했음에도 불구하고 먼 거리에서 무기를 쏘아대는 로마군 병사들에게 바싹 다가가 공격하고 그들을 크게 위협했다. 이것은 유대인들이 자기 몸과 목숨을 돌보지 않고 싸웠기에 가능한 일이었다. 이렇게 양측 군대는 기진맥진해져서 철수했다.

19. 213. 시간이 지체되고 잦은 습격을 당하게 되자 총사령관 베스파시아누스는 오히려 입장이 역전되어 로마군이 포위된 듯한 느낌을 받았다. 그래서 그는 방벽이 마침내 성벽 높이에 이를 만큼 쌓아지자 파벽기(破壁器)를 동원하기로 결정했다. 214. 이 파벽기는 배의 돛대처럼 아주 긴 기둥에 끝부분이 숫양의 머리 모양으로 만들어진 묵직한 쇠를 박아넣은 기구였다. 파벽기라는 말은 숫양이라는 어휘를 그대로 이용한 것이다.[38] 215. 기둥 중간지점은 양쪽이 튼튼한 말뚝으로 지지되고 있는 또 하나의 기둥과 연결되어 있었는데 그 묶인 부분은 마치 저울의 중심처럼 밧줄로 고정되어 있었다. 216. 여러 명의 병사들이 이 기둥을 붙잡고 뒤로 잡아당긴 다음 힘껏 앞으로 밀면서 놓으면 기둥 앞의 쇠머리 부분이 벽에 부딪혀 충격을 가했다. 217. 이 파벽기로 단번에 파괴할 수는 없다고 해도 여러 번 반복해서 충격을 가하면 아무리 튼튼한 망대나 넓은 벽이라도 결국 무너뜨릴 수 있었다. 218. 장기간의 포위공격으로 인한 손실과 유대인들의 줄기찬 습격에 지친 베스파시아누스는 성벽을 파괴해서라도 요타파타 성을 빨리 점령하고

38) '파벽기'에 해당하는 헬라어 '크리오스'(κριός)는 '숫양'을 가리키는 말이다.

싫어했기 때문에 결국 이 파벽기까지 동원했던 것이다. 219. 성벽 위에서 방벽 축조작업을 방해하는 유대인들을 섬멸하기 위해 로마군은 파벽기와 투척무기들을 성 앞으로 가까이 접근시켜 공격을 개시했다. 220. 동시에 궁수들과 투석부대도 공격에 가담했다. 이 공격 때문에 유대인 수비대가 성벽에 더 이상 가까이 접근하지 못하자 다른 로마군 병사들은 장비를 보호하고 장비를 보다 용이하게 사용하기 위해 버드나무로 짠 덮개 위에 털가죽을 씌운 보호막을 갖춘 파벽기를 끌어왔다. 221. 이 파벽기로 내리치자 단번에 성벽이 흔들리기 시작했고 주민들은 도시가 이미 점령되기라도 한 듯이 비명을 질러댔다.

20. 222. 공격이 성벽의 한 지점에 집중적으로 가해져 성벽이 곧 무너질 것 같다고 판단한 요세푸스는 파벽기의 위력을 잠시라도 무디게 만들 방책을 세웠다. 223. 그는 공격이 집중되는 지점에 왕겨를 가득 채운 자루들을 늘어뜨려 파벽기의 공격지점을 다른 곳으로 분산시켜 충격을 완화시켜보려고 했다. 224. 이 방법으로 로마군의 공격을 장시간 지연시킬 수 있었다. 로마군의 파벽기가 타격을 가하는 지점마다 유대인들이 좇아다니며 위에서 이 왕겨 자루들을 늘어뜨려 성벽의 손상을 막았기 때문이다. 225. 그러자 로마군은 긴 장대 끝에 갈고리를 달아 왕겨 자루의 끈을 잘라버리는 방법을 사용했다. 226. 이렇게 방어수단이 제거되어 파벽기의 위력이 되살아나자 새로 증축한 성벽마저 위태롭게 되었으며, 요세푸스의 병사들은 이제 최후의 방어수단으로 불을 지르기로 했다. 227. 유대인들은 마른나무를 닥치는 대로 주워 모아서 세 부대로 나뉘어 로마군을 습격한 후 적의 전투장비들과 파벽기 보호장비 및 공성장비들에 불을 질렀다. 228. 로마군은 유대인들의 대담한 공격에 크게 당황했고 진화노력에도 불구하고 빠른 속도로 화염에 휩싸이는 장비들을 미처 구해낼 수 없었다. 역청과 수지, 유황을 바른 마른 나뭇가지들은 순식간에 불에 타서 사방으로 화염이 번져

갔고 로마군이 심혈을 기울여 제작한 무기들은 한 시간 만에 모두 불타버렸다.

21. 229. 이러한 상황이 전개되는 동안 칭송받을 정도로 명성을 날린 한 유대인이 있었는데, 그는 갈릴리 사바 출신이며 사메우스의 아들인 엘르아살이었다. 230. 그는 커다란 바윗돌을 들어 성벽 아래로 던져서 파벽기의 머리부분을 파괴한 후 아래로 뛰어내려 침착하게 적진 한가운데를 뚫고 파벽기에 매달렸던 쇳덩이를 성벽 위로 끌고 올라왔다. 231. 그러는 동안 그는 적의 집중공격에 무방비 상태로 노출되어 있었기 때문에 다섯 대의 화살이 그의 몸을 관통했다. 232. 그럼에도 불구하고 그는 기어올라가서 성벽 위에 우뚝 섰다. 모두가 그의 용맹함을 지켜보았지만, 부상을 입은 그는 고통을 이기지 못하고 파벽기 쇠머리를 끌어안은 채 곧바로 성벽 아래로 추락했다. 233. 그 다음으로 특출하게 용맹했던 사람은 갈릴리 루마 마을 출신인 네티라스와 빌립 형제였다. 이들은 로마의 제 10군단 병사들을 습격하여 순식간에 전열을 흐트러뜨리고 자신들을 향해 덤벼드는 모든 적들이 혼비백산하여 도망가게 만들었다.

22. 234. 이 용맹한 자들의 뒤를 따라 요세푸스와 나머지 유대인들도 횃불을 손에 들고 제 5군단과 제 10군단을 재차 습격했으며 로마병사들이 도망치자 그들은 전투장비와 보호막 및 공성장비들에 불을 질렀다. 그러자 다른 군단들은 재빠르게 장비와 모든 목재를 흙으로 덮어 가려놓았다. 235. 이 습격에도 불구하고 저녁 무렵이 되자 로마군은 다시 파벽기를 복구시킬 수 있었고 이전의 공격으로 이미 금이 가기 시작한 지점을 목표로 성벽공격을 재개했다. 236. 이때 유대인 수비대 중 한 명이 성벽 위에서 화살을 쏘아 베스파시아누스의 발바닥에 명중시켰다. 워낙 먼 거리에서 날아왔기 때문에 화살의 위력이 크지

않아 상처는 가벼웠지만 이 사태로 로마군은 크게 동요했다. 237. 옆에 있던 자들은 베스파시아누스가 피를 흘리는 모습을 보고 심한 충격을 받았고 이 소식은 로마군 전체에 퍼졌다. 많은 병사들이 전투위치를 이탈했고 두려움과 충격에 휩싸여 베스파시아누스에게 몰려들었다. 238. 누구보다도 특히 그의 아들 티투스가 크게 걱정하며 아버지 곁으로 왔다. 그래서 한편으로는 총사령관에 대한 애정 때문에, 다른 한편으로는 아들 티투스가 심각하게 걱정하는 모습 때문에 온 부대가 크게 동요했다. 239. 그러나 베스파시아누스는 아들의 염려와 병사들의 혼란을 간단히 불식시켰다. 그는 고통을 참고 자신의 건재함을 재빠르게 모든 병사들에게 보여주었다. 그 결과 로마군의 사기는 다시 고양되고 유대인들에 대한 전투의욕을 더욱 불태웠다. 이제 모든 병사들이 총사령관을 위해 복수하고자 위험을 무릅쓰고 앞 다투어 전선에 뛰어들었고 고함을 지르며 서로를 격려하면서 성벽으로 돌진했다.

23. 240. 요세푸스의 부하들은 투척기와 투석기의 공격을 받아 함께 쓰러지면서도 성벽에서 물러서지 않았고, 오히려 버드나무로 짠 보호막 밑에서 파벽기를 조종하고 있는 로마군을 향해 횃불과 쇳덩이와 돌멩이를 던지며 공격했다. 241. 그러나 이 공격은 거의 효과를 거두지 못했고 유대인 사상자의 수는 계속해서 늘어갔다. 242. 로마군은 보호장비 밑에 숨어 있었던 반면 유대인들은 적 앞에 몸을 노출시킨 채 싸워야 했기 때문이다. 유대인들이 들고 있는 횃불이 시야를 대낮처럼 밝게 해주었기 때문에 로마군은 공격목표를 쉽게 식별할 수 있었다. 반면 유대인들은 멀리 있는 투척무기들을 알아볼 수 없어서 날아오는 무기를 피할 수 없었다. 243. 투석기에서 쏟아지듯 날아오는 바윗돌들이 흉벽을 부수고 망대 모서리를 무너뜨리는 동안 속사포와 투척장비는 수많은 사람들을 살상하며 엄청난 위력을 발휘했다. 244. 그렇게 크고 무거운 돌에 맞아 팔다리가 모두 부러지는 고통을 이겨낼 만

큼 강한 군대는 어디에도 없을 것이다. 245. 이 투척장비들의 위력이 어느 정도였는지는 그날 밤에 일어난 일련의 사건들을 언급하면 상상할 수 있을 것이다. 요세푸스 가까이 있던 한 사람이 성벽 위에서 투석기에서 날아온 돌에 맞아 목이 떨어져나갔는데 그 머리가 3 스타디온 밖으로 튕겨 날아가버렸다. 246. 동이 트고 나서 집 밖으로 나오던 한 임산부가 배에 돌을 맞았는데 자궁 밖으로 튀어나온 태아가 반 스타디온 밖으로 튕겨져 날아갔다.[39] 이처럼 투석기의 위력은 무시무시했다. 247. 더 무서운 것은 이 장비에서 발생되는 무시무시한 소음과 날아오는 무기들의 붕붕거리는 소리였다. 248. 성벽에서 추락하는 자들의 둔탁한 충돌음이 계속해서 들려왔고, 집 안에서 들려오는 여인들의 비명소리가 밖에서 죽어가는 자들의 신음소리와 뒤섞여 참혹하게 울려퍼졌다. 249. 전장(戰場) 주변의 성벽 전체가 피로 물들었으며 쌓여 있는 시체들을 밟고서 성벽 위로 쉽게 올라갈 수 있을 정도였다. 250. 성 주변의 산에서 울려퍼지는 메아리가 이 비참한 소음을 더욱 끔찍하게 증폭시키고 있었다. 이 날 밤중에 눈으로 목격하고 귀로 들었던 것보다 더 참혹한 일은 없을 것이다. 251. 요타파타의 수많은 유대인들은 용맹하게 싸우다 죽어갔고 또 수많은 사람들이 부상을 입었다. 날이 밝을 때까지 싸우는 동안 마침내 성벽은 파성무기에 의해 무너지고 말았다. 252. 그러나 로마군이 성벽에 진입용 다리를 놓으려 하자 모든 유대인들은 온몸과 무기를 총동원하여 겹겹이 틈새를 막아 새로운 벽을 구축하며 싸웠다.

24. 253. 밤새 싸우다 지친 병사들이 잠깐 동안 휴식을 취한 후 동틀 무렵이 되자 베스파시아누스는 전군을 소집하여 최후의 결전에 나

---

39) 요타파타 성 주위는 절벽으로 되어 있어서 성밖으로 튕겨나갈 경우 이 정도로 멀리 날아갈 수 있었을 것이다. 따라서 이는 단순한 과장이 아닐 것이다. 《유대 전쟁사》 3. 158~160을 참조하라.

셨다. 254. 베스파시아누스는 파손된 성벽 틈새를 막으려고 하는 유대인 수비군을 물리치기 위해 가장 용맹한 기병들을 말에서 내리게 하여 이들을 세 개의 분대로 편성해 파손된 성벽 맞은편에 정렬시켰다. 그들은 갑옷으로 온몸을 철저히 보호하고 성 진입로가 놓이는 즉시 최선발대로 돌격해 들어갈 수 있도록 창끝을 앞으로 겨눈 채 대기하고 있었다. 255. 그들 바로 뒤에는 최정예 보병부대를 세웠고, 성이 점령될 때 밖으로 도망쳐 빠져나가려는 자들을 잡기 위해 성벽 주위의 언덕에 나머지 기병대를 모두 분산 배치시켰다. 256. 보병대 뒤에는 만반의 준비를 갖춘 궁수들과 투창부대 및 포수(砲手)들을 배치시켰다. 그리고 다른 병사들에게는 사다리를 이동시켜서 아직 파손되지 않은 성벽에 걸치라고 명했다. 257. 유대인들은 사다리를 타고 올라오는 로마군의 공격을 방어하려고 무너진 성벽에서 물러서게 될 것이며, 남아 있는 유대인들은 쏟아지는 창 공격에 밀려 로마군 앞에서 도망치게 될 것이라고 예측했던 것이다.

25.258. 이 계획을 알아차린 요세푸스는 지친 사람들과 노인들을 아직 파손되지 않은 안전한 성벽에 대피시키고 무너진 성벽 틈에는 전투능력이 출중한 자들을 배치시켰다. 그리고 그 앞에는 요세푸스 자신을 포함하여 제비뽑기로 선발된 6명을 앞세워 최전선에서 적의 공격에 저항하게 했다. 259. 그는 로마군의 함성에 부하들이 위축되지 않게 하기 위해 귀를 막게 하고 쏟아지듯이 날아오는 엄청난 양의 창과 화살을 피해 방패를 위로 받쳐들어 몸을 가린 채 무릎으로 기어다니게 했으며 궁수들의 화살통이 빌 때까지 잠시 뒤로 물러가 있도록 지시했다. 260. 요세푸스는 진입용 다리가 놓이자마자 곧바로 돌진하여 로마군이 진입로에서 물러설 때까지 싸우라고 명했다. 이제는 더 이상 고향도시를 지키기 위해서가 아니라 이미 함락된 그 도시를 위해 복수하고자 하는 마음으로 싸워야 할 때였다. 261. 유대인 모두는 적들이

노인들을 살육하고 아이들과 부녀자들을 무자비하게 살해하는 모습을 눈앞에 그려야 했다. 그렇게 함으로써 장차 일어날 참혹한 만행에 대한 분노심을 끌어모아 흉악한 적군의 목을 칠 수 있을 것이기 때문이었다.

26.262. 이런 식으로 요세푸스는 부하들을 두 개의 부대로 나누어 배치해놓았다. 그런데 전투에 가담하지 않은 부녀자들과 아이들이 도시가 삼중으로 포위되어 있다는 사실을 결국 알아차렸다. 앞서 로마군이 세워두었던 보초병들도 앞으로 벌어질 전투에 참여시키기 위해 그대로 두었기 때문에 삼중으로 포위된 상황이었던 것이다. 게다가 무너진 성벽 앞에는 적들이 칼을 빼어들고 서 있었으며, 그 뒤편 언덕 위에도 적의 무기들이 번쩍거리고 있고 아라비아 궁수들은 화살을 쏠 만반의 준비를 갖춘 채 버티고 있었다. 이 광경을 바라본 부녀자들과 아이들은 마치 도시가 이미 함락되기라도 한 것처럼, 그리고 재난의 위협이 이미 닥치기라도 한 듯이 대성통곡했다. 263. 그러자 아내들의 울음소리 때문에 남편의 사기가 저하되지 않게 하기 위해 요세푸스는 여인들에게 집 안에 들어가 조용히 있으라고 엄중하게 명했다. 264. 그러고 나서 그는 무너진 성벽 중 자신이 맡은 지점으로 갔다. 그는 사다리가 성벽 어느 곳에 놓여지든지 개의치 않고 숨죽인 채 화살공격에 대비했다.

27.265. 갑자기 모든 군단의 나팔수들이 동시에 나팔을 불기 시작하자 모든 로마병사들이 우레와 같은 진격의 함성을 질렀고 신호에 따라 사방에서 햇빛을 가릴 만큼 많은 화살을 쏘아대기 시작했다. 266. 요세푸스의 부하들은 그의 지시를 기억하여 적의 함성소리를 듣지 않으려고 모두 귀를 막고 화살을 피하기 위해 몸을 가렸다. 267. 적의 진입용 다리가 놓여지자마자, 미처 유대인들이 발을 디디기도 전에 로

마군이 돌진했다. 268. 유대인들은 성벽 높이까지 쳐들어온 로마군에 맞서 싸우면서 대단한 힘과 정신력을 확실하게 발휘했다. 그들은 이 마지막 결사항쟁에서 자신들만큼 위험한 상황에 처하지 않은 적들에게 결코 패배하고 싶지 않았기 때문에 사력을 다해 용감하게 싸웠다. 269. 유대인들은 적에게 죽음을 당하거나 적을 죽이기 전까지는 로마군 앞에서 결코 물러서지 않았다. 270. 그러나 계속되는 전투 끝에 유대인들은 지치고 말았다. 최전선에서 싸우는 전사들을 쉬게 해줄 교체 병력이 없었기 때문이다. 반면 로마군은 지친 병사들을 대신할 새로운 부대를 끊임없이 투입했고 유대인들에게 밀려서 추락하는 병사들을 대신하여 새로운 병사들이 연이어 성벽을 기어올랐다. 이들은 함성을 지르며 서로 사기를 북돋으면서 위로 쳐든 방패 아래 몸을 보호하고 서로 몸을 바싹 붙여 철통 같은 대형을 형성한 채[40] 한 몸같이 견고한 전열을 이루어 유대인들을 향해 돌진해왔다. 이런 식으로 로마군은 성벽 꼭대기까지 거의 올라오고 있었다.

28. 271. 이같이 위험한 상황에 직면한 요세푸스는 효과적인 타개책을 마련해야만 했다. 절망적 상황이 묘안을 불러내고 위기가 훌륭한 조언자가 되기도 하는 법이다. 272. 그는 로마군의 방패 위로 끓는 기름을 쏟아부으라고 명령했다. 마치 이 명령을 미리 예상하기라도 했듯이 즉시 온 사방에서 대량의 끓는 기름이 로마군을 향해 쏟아부어졌고 심지어 불타듯 뜨거운 기름 그릇까지 통째로 내던져졌다. 273. 이 기름공격으로 로마병사들은 심한 화상을 입고 전열이 심하게 흔들렸고, 끔찍한 고통에 놀란 로마병사들은 성벽 아래로 떨어졌다. 274. 끓는 기름은 금세 갑옷 안으로 스며들어 머리부터 발끝까지 온몸에 흘러내리며 마치 화염처럼 살을 불태웠다. 기름은 빨리 뜨거워지면서도 아주

---

40) 《유대 전쟁사》 2. 537 참조.

서서히 식는 법이다. 275. 갑옷과 투구에 몸이 구속된 병사들은 살을 태우는 끓는 기름에서 벗어날 방법이 없어서 극심한 고통을 이기지 못하고 높은 성벽에서 뛰어내리고 다리 밑으로 추락했다. 도망치기 위해 아군 쪽으로 돌아선 자들은 오히려 자기 동료들에 의해 앞쪽으로 떠밀려 올라가서 유대인들에게 살해되었다.

29.276. 유대인들이 지략 면에서 이렇게 뛰어났지만 전략 면에서 뛰어났던 로마군은 유대인들의 공격에 저항하며 물러서지 않았다. 기름을 뒤집어쓴 동료들의 극심한 고통을 목도하면서도 로마병사들은 유대인들을 향해 오히려 더 치열하게 돌진했으며 앞에 있는 동료가 진격에 방해가 되면 그를 있는 힘껏 밀쳐 떨어뜨리기도 했다. 277. 유대인들은 로마군의 돌진을 막기 위해 두 번째 책략을 사용했다. 로마군의 진입로에 갓 삶은 뜨거운 호로파(胡蘆巴)[41] 콩을 뿌려 로마병사들이 미끄러져 넘어지게 했던 것이다. 278. 이 전술 때문에 로마군은 몸을 가누지 못해 앞으로 나아가지도 뒤로 물러서지도 못한 채 성벽 사다리 아래로 거꾸로 떨어져 여러 사람의 발에 짓밟히거나 방벽 위로 추락해 유대인들이 던진 창에 찔려죽었다. 279. 이렇게 유대인들은 로마군을 밀어 떨어뜨리고 접전에서 벗어나 마음껏 창과 화살을 쏠 수 있었다. 280. 이 공격으로 많은 사상자가 발생하자 베스파시아누스는 저녁 무렵 공격을 중단하고 군대를 철수시켰다. 281. 상당수의 로마군 병사들이 전사했고 부상을 입은 사람의 수는 더 많았다. 요타파타의 유대인 쪽에서는 6명이 전사하고 3백 명 이상이 부상을 입어 후송되었다. 282. 이 전투는 다에시우스 월 20일[42]에 있었다.

41) 콩과의 식물.

42) 67년 7월 8일.

30. 283. 베스파시아누스는 우선 패배 당한 병사들을 위로하려 했지만 말보다 행동을 원하는 병사들의 열정적 전투의욕을 보고는, 284. 방벽을 더 높이 쌓고 50피트 높이의 망대 3개를 세우라고 명령했다. 그리고 이 망대 주위에 철판을 덧대어 그 무게로 견고하게 중심을 잡게 하고 불에 타지 않도록 처리했다. 285. 이 망대들을 방벽 위에 세운 후 투창수와 궁수들을 배치하고 가벼운 투석기들과 제일 힘 좋은 투석수들을 그곳으로 보냈다. 286. 그들은 높은 망대 위에 있었기 때문에 흉벽에 가려져 적의 눈을 피할 수 있었고, 한편 성벽 위에 있는 적을 훤히 내려다볼 수 있어서 투척공격에 유리했다. 287. 이제 높은 곳에서 쏟아져내리는 무기의 공격을 받게 된 유대인들은 더 이상 몸을 피할 수 없었으며 적군이 눈에 보이지 않았기 때문에 반격을 가하기도 어려웠다. 망대의 높이 때문에 손으로 화살을 쏘아도 그곳까지 날려보낼 수 없었으며, 망대에 철판이 덧입혀져 있어서 불을 지를 수도 없었다. 유대인들은 이러한 상황을 깨닫고 성벽에서 물러나 로마군의 공격에 저항했다. 288. 비록 매일 사상자가 늘어가고 적군에게 결정적 타격을 입히지 못하는 와중에도 요타파타에 포위된 유대인들은 여전히 저항을 멈추지 않았다. 유대인들은 로마군에 대항하기 위해서 오직 목숨을 내걸고 싸울 뿐이었다.

31. 289. 이 무렵 베스파시아누스는 제 10군단의 지휘관 트라야누스[43]를 1천 명의 기병 및 2천 명의 보병과 함께 요타파타 인근도시인 야파[44]로 보냈다. 요타파타의 수비대가 뜻밖에 오랫동안 저항하는 모습에 고무되어 야파 성 또한 반란을 꾀했기 때문이었다. 290. 트라야누스는 야파가 자연적으로 요새지형을 갖춘 데다가 이중의 벽으로 둘

43) 트라야누스 황제(98~117년)의 아버지.

44) 구약성서에 '야비아'로 언급되며(여호수아 19:12) 요타파타에서 남쪽으로 약 15킬로미터 지점에 있었다.

러싸여 있어서 점령하기 쉽지 않다고 여겼다. 그는 전의를 불태우며 성밖으로 싸우러 나온 주민들에 맞서 전투를 개시했다. 그러나 막상 전투가 시작되자 야파 주민들은 오래 버티지 못하고 곧 도망치기 시작했다. 291. 로마군은 도망치는 유대인들을 추격하여 첫 번째 성벽까지 몰아붙였다. 292. 그러나 이들이 두 번째 성벽을 향해 도망치자 성안의 주민들은 이들을 추격해온 로마군이 성안으로 진입하는 것을 막기 위해 성문을 닫아버렸다. 293. 로마군의 편을 들어 갈릴리인들에게 재난을 안겨준 것은 분명히 하나님의 뜻이었을 것이다.[45] 이 도시에서 전투능력을 갖춘 사람 모두가 동료 주민들에 의해 성문 진입이 차단된 채 적의 손에 잔인하게 살해되고 말았다. 294. 이들은 성문 앞으로 몰려가 성문지기들의 이름을 외쳐 부르며 문을 열어주기를 간청했으며 그러는 동안 적의 손에 의한 살육은 계속되었다. 295. 첫 번째 성벽으로 가는 길은 로마군에 의해 막혀 있었고 두 번째 성벽은 동료 주민들에 의해 차단되어 296. 수많은 사람들이 두 개의 벽 사이에 갇힌 채 동료의 칼이나 자신의 무기에 찔려죽거나 저항할 의지조차 없이 무기력하게 로마군에 의해 죽어갔다. 그들은 적에 대한 공포 못지 않게 동료들의 배신에 충격을 받아 싸울 의욕을 잃었던 것이다. 297. 이들은 로마군이 아니라 동포들을 저주하면서 죽어갔다. 이 날 죽음을 당한 사람의 수는 1만 2천 명이나 되었다. 298. 트라야누스는 이 도시에 싸울 수 있는 자들이 전혀 남아 있지 않을 것이며 만일 소수가 남아 있다 해도 겁에 질려 아무런 저항을 못하리라고 판단했다. 그래서 그는 이 야파 성을 점령한 공로를 베스파시아누스에게 넘겨주고자 그에게 전령을 파송하여 베스파시아누스의 아들 티투스를 보내 승리를 완수해줄 것을 요청했다. 299. 아무리 낙관적인 상황이라 해도 다소 어려움이 따를 수 있다고 판단한 베스파시아누스는 아들에게 5백 명의

45) 《유대 전쟁사》 1.390; 2.390 참조.

기병과 1천 명의 보병으로 구성된 원군을 딸려보냈다. 300. 티투스는 야파에 재빨리 도착해서 공격태세를 갖추고 군대를 정렬시킨 후 트라야누스에게 왼쪽 측면을 맡기고 자신은 오른쪽 지휘를 맡아 도시로 진격해 들어갔다. 301. 로마군이 성벽 곳곳에 사다리를 걸치고 올라오자 갈릴리인들은 잠깐 동안은 방어를 했지만 곧 성벽에서 물러나 도망쳤으며 302. 티투스의 부하들은 이들을 성안으로 몰아넣고 순식간에 성을 장악했다. 그러나 성 안쪽으로 몰린 유대인들도 필사적 저항에 나섰다. 303. 전투능력이 있는 성인 남자들은 비좁은 골목 안에서 로마군을 공격했고 집 안에 있던 여자들은 병사들을 향해 닥치는 대로 온갖 종류의 물건을 집어던졌다. 304. 저항은 여섯 시간 동안 계속되었으나 결국 전투력을 갖춘 사람들이 모두 살해되자 나머지 주민들은 노소를 불문하고 집 안팎에서 학살당했다. 남자는 단 한 명도 살아남지 못했고 아이들과 부녀자들은 노예가 되었다. 305. 이 날 이 도시에서 1만 5천 명이 살해되고 2,130명이 포로가 되었다. 306. 갈릴리인들이 겪은 이 재난은 다에시우스 월 25일[46]에 발생했다.

32. 307. 사마리아 주민들도 재난을 면할 수 없었다. 사마리아인들은 그들의 성산(聖山)인 그리심 산에 모여 있었다. 그들은 조용히 그곳에 모여 있었을 뿐이지만 그 모임 자체가 전쟁준비의 성격을 띠고 있었다. 308. 그들은 이웃도시들이 참혹한 일을 겪는 것을 보고도 아무런 사리판단을 못했으며, 승승장구하는 로마군에 비해 자신들이 얼마나 약한지를 제대로 가늠하지도 못했고 그저 들뜬 마음으로 저항의 기회를 노리고 있었다.[47] 309. 베스파시아누스는 그런 움직임을 미리 간파하고 이들의 기대를 꺾어버리기로 했다. 로마군이 사마리아 전체

---

46) 67년 7월 13일.

47) 이와 같은 요세푸스의 반(反)-사마리아적 입장은 특히 《유대 고대사》 9. 290~291에 잘 드러나 있다.

에 두루 주둔하고는 있었지만 대규모 폭동이 일어날 경우 위험할 수도 있다고 판단했기 때문이었다. 310. 그래서 그는 제5군단 사령관 케레알리우스[48]에게 6백 명의 기병과 3천 명의 보병을 주어 사마리아로 파병했다. 311. 그는 수많은 적들이 지키고 있는 산 위로 올라가 싸우는 것은 위험하다고 여겨 산 아래를 빙 둘러 포위한 후 적의 움직임을 종일 지켜보기로 했다. 312. 불운하게도 사마리아 백성들은 식수가 부족한 상태였으며, 마침 여름이어서 심한 더위에 시달렸고, 식량도 부족한 상황이었다. 313. 바로 당일에 몇몇 사람이 탈수증세로 사망했고, 다른 많은 사람들은 이런 식으로 최후를 맞느니 노예가 되는 편이 더 낫다고 생각하며 로마군에게 투항했다. 314. 이 사실을 알게 된 케레알리우스는 남아 있는 자들 역시 고통으로 인해 사기가 꺾여 있다고 판단하고 군대를 이끌고 산 위로 올라가 적을 포위했다. 그는 무기를 버리고 투항하면 목숨을 살려주겠다고 제안하며 우선 협상을 시도했다. 315. 그러나 협상은 실패했고, 그러자 케레알리우스는 공격을 개시하여 1만 1,600명을 모두 죽였다. 이는 다에시우스 월 27일[49]에 발생한 일이었으며 사마리아인들의 운명은 이렇게 끝이 났다.

33.316. 요타파타의 유대인 수비대는 곧 다가올 참혹한 파국에 맞서 꿋꿋이 버티고 있었다. 그러는 동안 47일째가 되자 로마군이 쌓은 방벽이 성벽 높이를 넘기 시작했다. 317. 바로 그날 유대인 한 사람이 성밖으로 도망쳐 베스파시아누스에게 달려갔다. 그는 성안에 소수의 약한 자들만 남아 있으며, 318. 계속된 경계근무와 전투에 지쳐 더 이상 공격을 막아낼 수 없는 상태이므로 전략을 짜서 공격하면 점령할 수 있을 것이라고 밀고했다. 319. 그는 마지막 불침번을 맡은 병사들

---

48) 《유대 전쟁사》 4.552 이하; 6.131, 237; 7.163 참조.

49) 67년 7월 15일.

은 잠에 빠져 있을 것이라고 말했다. 그들은 피로에 지쳐 있어서 휴식을 취하고 싶은 마음이 간절할 것이기 때문이라고 했다. 또 그들이 새벽잠에 취해 있을 바로 그 시점이 공격하기 좋은 때라고 알려주었다. 320. 베스파시아누스는 이 도망자를 의심했는데, 이는 유대인들이 상호신뢰감이 깊고 단결력 있는 사람들이며 또한 형벌을 두려워하지 않는다는 점을 잘 알고 있기 때문이었다. 321. 이전에 요타파타에서 붙잡혀온 포로 한 명은 온갖 학대와 고문도 견뎌냈고 심지어 불고문을 당하면서도 성안의 상황에 대해 단 한마디도 누설하지 않았고, 십자가에 매달려 고통스럽게 죽어가면서도 웃음을 잃지 않았던 것이다. 322. 그러나 이 도망자의 말은 그럴듯해서 믿어볼 만한 여지가 있었고 만일 다른 속셈이 있다 해도 큰 위험은 없으리라고 여겨, 베스파시아누스는 도망자를 가두어두고 전군에게 출정준비를 갖추도록 명했다.

34. 323. 로마군은 도망쳐온 밀고자가 알려준 시간에 맞추어 소리 없이 성벽으로 다가갔다. 324. 티투스가 군단 사령관 도미티우스 사비누스와 제 15군단에 소속된 소수의 병사들과 함께 선발대로 가장 먼저 성벽 위로 올라갔다. 325. 이들이 불침번들을 살해하고 성안으로 진격하자 섹스투스 칼바리우스와 플라키두스가 부하들을 이끌고 뒤따랐다. 326. 요새 상부가 점령되고 이미 적들이 도시 중심부 곳곳에 침투해 들어왔는데도 성안의 주민들은 한낮이 되도록 이 사실을 알아차리지 못했다. 327. 대부분의 사람들이 지쳐 잠들어 있었고 깨어 있던 자들도 그날 마침 성안에 뒤덮인 짙은 안개 때문에 아무것도 깨닫지 못했던 것이다. 328. 이들은 로마군 전체가 성안에 침투한 후에야 잠에서 깨어나 심각한 사태가 벌어졌음을 알았고 죽음의 칼날에 직면해서야 비로소 성이 점령되었다는 사실을 깨달았다. 329. 로마군은 요타파타를 포위 공격하면서 겪은 많은 고생에 대한 기억 때문에 일말의 망설임이나 자비도 없이 주민들을 성벽 꼭대기로 몰아붙여 떨어뜨려

죽였다. 330. 저항할 힘이 있는 자들도 지형적 어려움 때문에 반격이 불가능한 상황이었다. 즉, 유대인들은 비좁은 골목 안으로 떠밀려서 가파른 절벽 아래로 밀려 떨어졌기 때문이다. 331. 이 절망적 상황에서 요세푸스가 선발했던 부하들을 포함한 많은 사람들이 자결을 선택했다. 이들은 단 한 명의 로마군도 죽일 수 없는 상황임을 깨닫고 적의 손에 죽임을 당하기 전에 도시의 외곽 경계지역에 모여 스스로 목숨을 끊었다.

35. 332. 성이 점령된 사실을 제일 먼저 알아차린 자들은 북쪽 망대 중 하나로 피신해서 한동안 저항했다. 수많은 적들에게 포위된 유대인들은 협상을 청하기에는 너무 늦었음을 알고 용기를 내어 결국 모두 기꺼이 죽음을 택했다. 333. 단 한 명의 예외만 없었다면 로마군은 이 마지막 공격에서 피 한 방울 흘리지 않고 승리했다고 자부할 수 있었을 것이다. 로마군 백부장 안토니우스가 유대인의 계략에 빠져 목숨을 잃었던 것이다. 334. 동굴로 피신한 유대인 중 하나가 안토니우스에게 목숨을 구해 달라며 굴 밖으로 올라가게 오른손을 내밀어 도와 달라고 했다. 335. 안토니우스가 경솔하게도 손을 내밀며 다가가자 그 유대인은 밑에서 창을 들어올려 그의 아랫배를 찔러 죽였던 것이다.

36. 336. 이 날 로마인들은 눈에 보이는 대로 많은 사람들을 살해했다. 다음날 로마군은 도피처를 수색하여 지하와 동굴에 숨어 있던 자들을 찾아냈으며 노인이라도 봐주지 않았다. 이들 가운데 어린아이들과 여자들은 예외로 했다. 로마군은 모두 합하여 1,200명을 포로로 잡아갔다. 337. 요타파타가 점령될 당시와 그 이전의 전투를 통해서 죽은 자들의 수는 모두 4만 명에 달했다.[50] 338. 베스파시아누스는 요타

50) 요세푸스가 베스파시아누스의 공격을 방어한 기간은 66년 겨울부터 67년 여름까지였다.

파타 성을 파괴하고 모든 망대를 불태우라고 명령했다. 339. 이렇게 요타파타는 네로 재위 13년 파네무스 월 첫날[51]에 정복되었다.[52]

제 8 장 요세푸스의 항복과 베스파시아누스에 대한 황제 등극 예언

1. 340. 로마군은 요세푸스를 수색하기 시작했다. 그에 대해 울분이 쌓여 있기도 했고 그를 체포하는 것이 전쟁을 끝내는 데 결정적 도움이 되리라고 생각한 총사령관 베스파시아누스는 그를 반드시 잡으려고 했다. 로마군은 시체들을 확인했고, 숨어 있다가 생포된 자들 틈에 요세푸스가 있는지 조사했다. 341. 그러나 다행히도 요세푸스는 도시가 점령될 때 빠져나가 깊숙한 땅굴 속으로 숨어들었다. 이 땅굴은 위에서는 보이지 않는 넓은 동굴로 연결되어 있었다. 342. 그는 이곳에서 상당 기간 동안 버틸 수 있는 비상식량을 구비하고 숨어 있던 40명의 유력인사들을 만났다. 343. 적들이 사방을 점거하고 있었기 때문에 낮에는 굴속에 숨어 있다가 밤이 되면 요세푸스는 굴밖으로 올라가 빠져나갈 길을 찾으며 보초들의 동향을 살폈다. 그러나 요세푸스는 자기를 찾느라 혈안이 되어 경비가 삼엄했기 때문에 발각되지 않고 몰래 탈출하는 것이 불가능함을 알고 다시 굴속으로 내려왔다. 344. 그는 굴에서 이틀을 더 보냈으나 사흘째 되던 날, 이 굴에서 지내다가 적에게 생포된 한 여인이 요세푸스의 위치를 적에게 누설하고 말았다. 베스파시아누스는 즉시 군단 사령관 파울리누스와 갈리카누스, 둘을 보내 요세푸스를 굴에서 올라오도록 설득해서 안전하게 생포하도록 지시했다.

51) 본문에는 '초승달이 뜨는 날'.
52) 67년 7월 20일.

2. 345. 이들은 즉시 굴 앞으로 가서 요세푸스에게 해를 입히지 않을 테니 투항하라고 설득했다. 그러나 요세푸스는 믿지 않았다. 346. 요세푸스는 로마군에게 많은 피해를 입혔기 때문에 그에 상응하는 심한 처벌을 받을 것이라고 예상했던 것이다. 따라서 그는 관대한 처분을 내릴 것이라는 말을 의심할 수밖에 없었다. 요세푸스는 그들이 자신을 처형하기 위해 왔다고만 생각했다. 그러자 베스파시아누스는 세 번째 사령관을 보냈는데, 그는 요세푸스와 오랜 친분이 있는 니카노르[53]라는 인물이었다. 347. 니카노르는 요세푸스에게 다가가서 말하기를, 로마군은 단 한 번 체포된 자에 대해서는 본래 관대하며 로마군 지도자들이 요세푸스를 증오하기보다는 그의 용맹함에 탄복하고 있다고 했다. 348. 또한 니카노르는, 자진해서 투항하지 않고 체포되면 처벌을 받겠지만 총사령관인 베스파시아누스는 요세푸스를 처벌할 의도를 갖고 있지 않으며 이런 훌륭한 인재를 살려두기 원한다고 전했다. 349. 덧붙여서, 만약 베스파시아누스가 그를 함정에 빠뜨리려고 한다면, 이렇게 요세푸스의 친구인 자신을 보내어 아름다운 우정을 배신하는 추악한 죄악을 행하지는 않을 것이라고 역설했다. 또한 자기 스스로도 사랑하는 친구를 속이라는 명령은 받아들이지 않았을 것이라고도 말했다.

3. 350. 니카노르의 설득에도 불구하고 요세푸스가 마음을 정하지 못하자 분노한 로마병사들이 몰려와 굴에 불을 지르려고 했다. 그러나 베스파시아누스는 요세푸스를 반드시 생포하고 싶어서 병사들을 저지했다. 351. 니카노르는 거듭해서 간절하게 설득했으며 굴 바깥에서는 수많은 적들이 위협하는 소리가 들려왔다. 이때 요세푸스는 간밤의 꿈

---

53) 티투스의 친구로 《유대 전쟁사》 5. 261에 의하면, 후에 니카노르는 예루살렘 포위공격 당시 요세푸스를 대동하여 반란군과 협상하는 과정에서 부상을 당했다. 그는 아그립바 2세의 부하로 있다가 요세푸스와 친분을 맺게 되었을 것이다.

을 떠올렸다. 하나님은 꿈속에서 그에게 유대인에게 닥쳐올 재난과 로마 황제들의 운명을 보여주셨던 것이다. 352. 요세푸스는 해몽에 능하고 의미가 불명확한 하나님의 말씀을 해석하는 데 뛰어난 자였다.[54] 그는 제사장 가문 출신의 제사장이었고 거룩한 책에 기록된 예언들을 잘 알고 있었기 때문이다.[55] 353. 그는 이 말씀들을 기억하고 하나님의 비밀에 대해 숙고하면서 최근에 꿈에서 보았던 두려운 장면들을 떠올리며 마음속으로 몰래 이런 기도를 드렸다. 354. "주님이 창조하신 유대 백성이 무릎 꿇고 굴복하며, 모든 운명이 로마인들에게 넘겨지는 것이 주님의 뜻이라면, 그리고 앞날을 계시하시기 위해 제 영혼을 택하신 것이라면 로마군에게 몸을 맡겨 생명을 보전하겠습니다. 이러한 나의 선택이 배신자로서가 아닌 주의 종으로서의 선택이라는 것을 주님이 증거해주십시오."

4. 355. 이 기도를 마친 후 요세푸스는 니카노르에게 투항하려고 했다. 그러나 함께 피신해 있던 유대인들은 요세푸스가 로마군의 설득에 넘어가려는 기색을 알아차리고 그를 에워싸며 소리쳤다. 356. "아, 조상의 율법이 크게 개탄하고 유대인에게 죽음을 두려워하지 않는 심장을 만들어주신 하나님이 눈을 가리시겠구나. 357. 노예 신세가 되더라도 햇빛을 보고 싶을 만큼 그토록 생명이 아깝다는 말인가? 자신이 누구인지 벌써 잊어버렸다니! 그대가 얼마나 많은 사람들에게 자유를 위해 목숨을 내놓으라고 설득했소? 358. 그대가 용맹하다는 것도, 그

---

54) 구약 시대의 요셉과 이름이 같은 요세푸스는 이 장면에서 요셉과 같은 인물로 이해되기를 원했을 수 있다. 요세푸스의 해몽능력에 대해서는《유대 전쟁사》3. 40 이하를 보라. 또한《유대 전쟁사》1. 69, 78; 2. 113, 159;《유대 고대사》15. 373 등을 참조하라.

55) 해몽을 성서 예언에 대한 이해능력과 연결하는 것은 엣세네파 사상과 비교할 만하다.《유대 전쟁사》2. 113, 142, 159 참조.

대가 현명하다는 것도 헛된 거짓이었소! 사력을 다해 저항했던 적에게 목숨을 구걸하는 것이, 그리고 살려준다는 말에 넘어가 적에게 손을 내미는 것이 과연 용맹하고 현명한 자가 할 짓이란 말이오? 359. 행운을 거머쥔 로마군 때문에 당신 자신을 망각했다 할지라도 우리는 조상의 명예를 지켜야겠소. 무기와 칼을 줄 테니 유대인의 지휘관답게 스스로 목숨을 끊지 않는다면 배신자로 간주하고 우리 손으로 당신을 죽이겠소!" 360. 이 말과 함께 그들은 칼을 뽑아들고 요세푸스가 로마군에게 투항하려고 하면 죽이겠다고 위협했다.

5.361. 요세푸스는 동료 유대인들의 공격이 두려웠고, 또 자신에게 맡겨진 계시를 전하기 전에 죽는다면 하나님이 부과하신 사명을 저버리게 되는 것이라고 생각했다. 이러한 위기상황에 처한 요세푸스는 철학적 논증을 펼치기 시작했다. 362. "동지들이여, 왜 그토록 자멸을 원하는가! 분리될 수 없을 정도로 서로 긴밀하게 결합되어 있는 우리의 육체와 영혼을 굳이 갈라놓아야 하겠는가? 363. 내가 변했다고 하지만 과연 그러한지는 로마인들이 잘 알 것이다. 전쟁에서 죽는 것은 명예로운 일이지만 그것은 어디까지나 전쟁의 법칙에 따른 경우, 즉 승자의 손에 죽는 경우일 뿐이다. 364. 내가 로마군의 칼날 앞에서 도망치고자 했다면 내 칼로, 내 손으로 죽어야 마땅할 것이다. 그러나 로마인들이 적의 생명을 살려주고 싶어한다면, 우리 자신도 목숨을 지키지 못할 이유가 있겠는가? 저들과 싸워서 피하고자 했던 것이 죽음인데 이제 우리 스스로가 자신을 죽이려는 것은 어리석은 일이다. 365. '자유를 위해 싸우다 죽는 것은 명예롭다'는 말에 나도 동의하지만 그것은 어디까지나 전쟁 중에, 우리를 죽이고자 하는 자들의 손에 죽는 경우를 뜻할 뿐이다. 그러나 지금 저들은 우리와 전투를 벌이는 상황도 아니고, 우리를 죽이기를 원하지도 않는다. 죽어야 할 상황에서 죽음을 피하려고 하는 자는 비겁하지만 죽을 필요가 없는 상황에서

죽고자 하는 자도 비겁하다. 366. 우리가 로마인들에게 항복하지 않는 것은 무엇을 두려워하기 때문인가? 367. 바로 죽음이 아닌가? 적에게 당할지도 모르는 불확실한 죽음을 두려워하면서 우리 스스로 확실한 죽음을 택해야 하겠는가? '아니, 우리가 두려워하는 것은 죽음이 아니라 노예가 되는 것이다!'라고 누군가는 말할 것이다. 그러나 확실한 것은 지금 우리는 진정으로 자유로운 상태라는 것이다! 368. 자결하는 것이 영웅다운 행동이라고 주장하는 자도 있을 것이다. 그러나 이것은 옳지 않다.[56] 오히려 그것은 날씨가 나빠졌다고 해서 폭풍이 오기도 전에 선장이 미리 배를 포기하고 침몰시키는 경우와도 같이 비겁하고 비난받아 마땅한 일이다. 369. 더 나아가, 스스로 목숨을 끊는 것은 모든 생명체의 본성에 어긋나는 일이며, 심지어 우리 창조주이신 하나님께 반역하는 불경한 행위가 된다. 370. 스스로 죽을 계획을 세우거나 자살하는 동물은 없다. 생존은 모든 생명에게 주어진 가장 강력한 자연법칙이기 때문이다. 그렇기 때문에 우리는 우리의 생명을 취하려는 자를 적으로 간주하고 몰래 살인을 저지른 자를 처벌하는 것이다. 371. 아니면 너희는 하나님이 선물로 주신 생명을 버려도 하나님의 분노가 없으리라고 믿는가? 우리의 생명은 하나님이 주신 것이기에 이 생명의 종말은 오직 그 분께 맡겨야 하는 것이다. 372. 우리 모두는 썩어갈 물질로 만들어진 필멸의 육신을 갖고 있지만 우리의 영혼은 불멸하며 하나님의 일부로서 우리 몸 안에 깃들어 있다. 다른 사람이 맡긴 물건을 파괴하거나 함부로 다루는 자는 무책임하고 신의 없는 자

---

56) 하스몬 왕조 시대에는 하나님을 알지 못하는 이방인 손에 죽느니 자결을 택하는 행동이 영광스럽게 여겨졌다(마카비2서 14:41~46). 특히 젤롯파는 자결을 최상의 저항수단이자 마지막 희생제사로 여겼다(《유대 전쟁사》 7.333 참조). 따라서 이하의 본문은 요세푸스의 반(反)-젤롯 입장을 시사한다고도 볼 수 있다. 《유대 전쟁사》 1.271; 4.79~80; 《유대 고대사》 14.429~430 참조.

로 여겨지는데, 하물며 하나님이 맡기신 것을 자신의 몸에서 내버릴 정도로 하나님을 모욕하는 자가 심판을 면하리라 믿을 수 있겠는가?[57] 373. 사악한 주인을 떠나 도망친 노예라고 해도 벌을 받는 법이다. 그런데 우리 스스로가 가장 선한 주인이신 하나님으로부터 달아난다면 어찌 불경스러운 일이 아니겠는가? 374. 자연의 법에 따라 생을 마치고, 생명을 주신 하나님의 뜻에 따라 그 받은 것을 온전히 되돌려드리는 자들이 영원한 명예를 얻으며 그 가문과 족속이 영원히 존속한다는 것을 너희는 모르는가? 이들의 영혼은 순결하고 순종적인 상태를 유지한 채 하늘의 거룩한 처소를 얻어 그곳에 머물다가 세월이 흐른 후 거룩한 몸으로 다시 태어나게 된다. 375. 그러나 자신의 광폭한 손으로 스스로 목숨을 버린 사람의 영혼은 하데스[58]의 가장 음침한 곳으로 내려가게 되며 아버지 하나님은 그 오만한 자들의 후손에게도 벌을 내리신다. 376. 이처럼 하나님은 자살을 증오하신다. 율법을 전해준 가장 지혜로운 모세[59] 또한 자살을 중죄로 여겼다. 377. 우리 유대인들은 적의 시신조차 매장해주는 것을 의무로 삼고 있지만 자살한 사람의 시체는 해가 질 때까지 매장하지 않은 채 밖에 버려두도록 율법은 명시하고 있다.[60] 378. 다른 민족 중에는 자신의 몸을 그토록 적대적으로 취급한 데 대한 처분으로, 자살한 자의 시신에서 오른손을 잘라내도록 명령하는 경우도 있다. 이는 육신과 영혼의 분리가 시신에서 손을 잘라내는 것으로 흡사하게 표현될 수 있기 때문이다.[61] 379.

57) 《아피온 반박문》 2.218 참조.

58) 구약성서에는 '스올', 신약성서에는 '하데스'로 표현된 이 개념은 지옥, 지하세계, 죽음 등 다양한 의미로 이해될 수 있다. 《유대 전쟁사》 2.165 참조.

59) 헬라어로는 '율법 수여자'를 가리키는 '노모테테스'(νομοθέτης)로 되어 있으나 의미상 모세를 가리킨다고 볼 수 있다. 《유대 전쟁사》 2.145 참조.

60) 사실상 모세오경은 자살문제를 다루지 않는다. 요세푸스가 어떤 전승을 근거로 이런 진술을 하고 있는지는 모호하다.

61) 이는 아테네 사람들의 관습이었다. 《아피온 반박문》 1.50 참조.

동지들이여, 이제 올바른 행동을 해야 한다. 우리가 겪은 인간적 불행에 더하여 우리 창조주 하나님께 죄를 범하는 일은 없어야 한다. 380. 우리에게 목숨을 구할 기회가 주어진 지금, 이 기회를 받아들이기로 하자! 전쟁을 통해 우리가 용맹하다는 사실을 너무도 잘 알고 있는 로마인들이 제안한 기회를 받아들이는 것은 결코 수치스러운 일이 아니다. 우리가 죽어야 할 운명이라면 승자의 손에 목숨을 넘기는 것이 마땅할 것이다. 381. 나는 배신자가 되기 위해 적의 사령관에게 나 자신을 넘기려는 것이 아니다. 만약 그렇다면 나는 목숨을 구하기 위해 적에게로 도망치는 자들보다 더 비겁한 사람일 것이다. 그러나 나는 오히려 내 자신이 파멸되기 위해 적에게로 가려는 것이다. 382. 나는 차라리 로마군의 계략에 속아 희생되기를 바라고 있다. 내가 그들의 약속에도 불구하고 죽임을 당한다면 그런 기만적 술책 때문에 그들의 승리에는 오점이 남을 것이니, 나는 그것을 위안 삼아 죽어갈 것이다."

6. 383. 이렇게 요세푸스는 동료들의 자살을 막고자 거듭 설득했다. 384. 그러나 절망에 빠진 동료들은 그의 말에 귀를 기울이지 않았다. 그들은 이미 죽기로 결심했던 것이다. 그래서 그들은 요세푸스에게 화를 내며 칼을 빼어들고 그를 치려고 사방에서 덤벼들었다. 그들은 요세푸스를 비겁한 자라고 욕하면서 즉시 그를 죽일 태세였다. 385. 요세푸스는 어떤 사람에게는 그 이름을 불러 그의 공격을 저지했고, 또 어떤 자에게는 총사령관다운 눈빛과 엄한 책망을 통해, 또 어떤 자에게는 그의 오른손을 붙잡아서, 또 어떤 사람에게는 간청하여 무기를 버리게 함으로써, 마치 먹이를 둘러싼 짐승처럼 자신에게 다가오는 자들의 칼을 떨어뜨리게 했다. 이렇게 요세푸스는 여러 가지 방법으로 그들의 살의를 진정시키며 위기상황을 모면했다. 386. 이런 극도의 위협적 분위기 속에서도 그들은 총사령관에 대한 존경심을 잃지 않았기에 그들의 오른손은 마비되고, 칼은 빗나갔으며, 스스로 칼을 내려

놓는 자가 많았다.

7.387. 이처럼 어려운 상황 속에서도 요세푸스는 한 가지 작전을 생각해냈다. 하나님의 보호를 믿은 그는 목숨을 걸고 이렇게 말했다. 388. "죽음이 불가피한 일이라면 우리가 어떤 식으로 서로에게 죽음을 베풀 것인지 제비를 뽑아 결정하기로 하자. 389. 제비를 뽑은 자는 옆 사람의 손에 죽임을 당하는 것이다. 이렇게 운명에 따라 차례대로 죽는다면 자기 손으로 목숨을 끊지 않아도 될 것이다. 그렇게 하면 다른 모든 사람이 죽은 후에 누군가가 마음을 돌이켜 살아남는 불공평한 일은 없을 것이다." 이러한 요세푸스의 말은 공감을 얻었다. 그는 사람들을 설득하고 자신도 제비뽑기에 동참했다. 390. 제비를 뽑은 자는 규칙대로 옆 사람의 칼에 목숨을 잃게 되었기 때문에 총사령관인 요세푸스 자신도 곧바로 죽을 수 있는 상황이었다. 그들은 요세푸스와 함께 죽는 것이 목숨을 부지하는 것보다 낫다고 믿었던 것이다. 391. 그런데 요세푸스는 마지막 한 사람과 함께 살아남게 되었다. 이는 우연일 수도 있지만 하나님의 섭리였다고 말할 수 있을 것이다. 그는 마지막 제비를 뽑아 죽게 되는 것도 싫었고 또한 끝까지 살아남아 자기 손에 동족의 피를 묻히기도 원하지 않았다. 그래서 그는 나머지 한 사람에게 목숨을 살려주겠다고 신의를 걸고 설득했다.

8.392. 이렇게 요세푸스는 로마군과의 전쟁 가운데에서, 그리고 동료들과의 분쟁 가운데에서 살아남았다. 니카노르는 요세푸스를 베스파시아누스에게 데리고 갔다. 393. 그를 보려고 모든 로마군이 몰려들었고 베스파시아누스 주위에 몰려든 무리는 모두 목소리를 높여 외쳐댔다. 그의 체포를 기뻐하는 자, 그를 위협하는 자, 그를 가까이에서 보려고 하는 자들이 서로 밀쳐가며 몰려들었다. 394. 멀리 떨어져 있는 자들은 요세푸스를 죽여야 한다고 소리쳤으나 가까이에 있는 자

들은 요세푸스의 업적을 기억하면서 그렇게 갑자기 그의 운명이 뒤바뀐 사실에 혼란을 느꼈다. 395. 장교들 중에서 예전에는 그에게 분노했던 자들도 막상 그를 눈앞에서 보고 관용을 베풀지 않으려는 자가 없었다. 396. 다른 누구보다도 특히 티투스는 재난의 와중에도 인내심을 보인 요세푸스에게 감명을 받고 그의 젊음을 아까워했다.[62] 전사였던 요세푸스가 이제 적의 손에 붙잡힌 신세가 된 것을 보며 티투스는 거대한 운명의 힘에 대해, 그리고 아무것도 예측할 수 없는 전쟁과 인간사의 급격한 변화에 대해 생각했다. 397. 그때 함께 있던 대부분의 다른 로마병사들도 티투스와 비슷한 감정을 갖게 되어 요세푸스를 동정하게 되었다. 티투스는 아버지 베스파시아누스에게 요세푸스를 살려달라고 탄원했다. 398. 그러나 베스파시아누스는 그를 즉시 네로 황제에게 보내고자 했으며 엄중히 감시하라고 명했다.

9. 399. 이러한 상황을 전해들은 요세푸스는 베스파시아누스에게 단독면담을 요청했다. 베스파시아누스는 이 청을 들어주어, 자기 아들 티투스와 두 명의 친구들만 남기고 모두 내보냈다. 그러자 요세푸스는 이렇게 말했다. 400. "베스파시아누스여, 당신은 나 요세푸스를 단지 전쟁포로로 붙잡아 손아귀에 넣었다고만 여기고 있습니다. 그러나 나는 앞으로 일어날 놀라운 사건들에 대해 알려드리려고 당신 앞에 왔습니다. 만약 하나님이 나를 이곳으로 보내시지 않았다면, 나는 유대인의 율법이 명하는 대로 군사령관다운 최후를 맞았을 것입니다. 401. 나를 네로에게 보낼 작정입니까? 왜 그렇게 하려는 것입니까? 당신이 황제로 즉위할 때까지 네로의 후계자들이 계속 지배자로 남아 있게 될까요? 베스파시아누스여, 당신이 황제이자 유일한 통치자가 될 것이며 당신의 이 아들 또한 그렇게 될 것입니다. 402. 이제 저를 좀더 단단

62) 요세푸스는 37년 생이며 이때 나이는 30세였다. 《요세푸스 자서전》 5.

히 결박해서 당신 곁에 남겨두십시오. 황제여, 당신은 내 주인이 되실 뿐만 아니라 온 땅과 바다와 모든 민족 위에 군림하는 자가 될 것입니다. 그러나 제가 감히 하나님을 희롱하는 것이라면 저를 형벌에 처할 수 있도록 더욱 엄중히 감시하시길 바랍니다." 403. 베스파시아누스는 요세푸스의 말을 금방 믿으려고는 하지 않았다. 요세푸스가 목숨을 건지려고 잔꾀를 부린다고 생각해서였다. 404. 그러나 서서히 그의 마음은 요세푸스를 신뢰하는 쪽으로 기울어지기 시작했다. 하나님이 이미 그에게 왕좌 등극에 대한 생각을 불어넣었고, 다른 징조들을 통해서 앞으로의 지배권에 대해 예언했기 때문이었다.[63] 405. 게다가 요세푸스가 다른 일들에 대해서도 정확히 예언했었다는 사실 때문에 베스파시아누스는 그의 말을 더욱 믿게 되었다. 베스파시아누스와 은밀한 대화를 나눌 수 있는 친구 중 한 사람은, 요세푸스가 요타파타 주민들에게 요타파타의 함락을 예언했는지, 그리고 포로가 될 자기 운명에 대한 예언을 했는지 의아하다고 말하면서, 만약 그런 예언을 한 적이 없다면 요세푸스의 말은 단지 위기상황에서 목숨을 건져보려는 얄팍한 수작에 불과하다고 했다. 406. 그러자 요세푸스는 실제로 자신이 이미 요타파타 주민들에게 47일 후에 적의 손에 점령될 것이며 자기가 로마군에게 생포될 것임을 예언했다고 대답했다. 407. 베스파시아누스는 포로들에게 이 사실을 은밀하게 확인하여 요세푸스가 진실을 말했다는 것을 알게 되었으며, 결국 자신에 관한 예언을 더욱 굳게 믿게 되었다. 408. 물론 요세푸스를 결박에서 풀어주고 감시를 약화한 것은 아니었지만, 베스파시아누스는 그에게 의복과 귀중품을 수여하고 계속해서 그를 따뜻하고 정중하게 대우했다. 이런 특별한 조처는 티투스의 배려에 의한 것이었다.

63) 《유대 전쟁사》 6.312~313 참조. 또한 《유대 전쟁사》 6.313의 주를 보라.

제 9 장 로마군의 욥바, 티베리아 점령

1. 409. 파네무스 월 넷째 날[64]에 베스파시아누스는 군대를 이끌고 프톨레메스로 진군하여 거기서 바다에 인접한 가이사랴로 들어갔다. 가이사랴는 유대지역에서 제일 큰 도시 중 하나로, 주민 대부분이 헬라인이었다. 410. 가이사랴 주민들은 로마군대와 총사령관 베스파시아누스를 따뜻하게, 그리고 열광적으로 환영했다. 이곳 주민들은 로마인에게 호감을 갖고 있었던 반면, 유대인에 대해서는 강한 적대감을 지니고 있었다.[65] 이들은 크게 소리를 지르며 요세푸스를 처형하라고 요구했다. 411. 베스파시아누스는 무리의 무분별한 요구를 말없이 묵살했다. 412. 그는 가이사랴가 겨울 숙영지로 적절하다고 판단해서 두 개의 군단[66]을 그곳에 주둔시켰고, 가이사랴의 부담을 줄여주기 위해 제 15군단은 스키토폴리스로 보냈다. 413. 이 도시는 평지에 있고 바다에 면해 있기 때문에 여름에는 숨막히게 더웠지만 그 대신 겨울에는 기후가 온화해서 지내기에 좋은 곳이었다.

2. 414. 그 사이 반란이 일어난 도시들에서 쫓겨나온 유대인들과 파괴된 마을들에서 도망쳐나온 자들이 적지 않은 무리를 이루어 함께 모였다. 이들은 전에 케스티우스에 의해 초토화되었던 욥바를 재건하고 이곳을 전초기지로 삼으려고 계획했다.[67] 415. 하지만 유대인들은 로

64) 7월 23일.

65) 《유대 전쟁사》 2.284 이하 참조.

66) 제 5군단과 제 10군단. 《유대 전쟁사》 3.65 참조.

67) 《유대 전쟁사》 2.507 이하에 의하면, 욥바는 케스티우스에 의해 파괴되었다. 이곳은 하스몬 가문 시몬의 통치 이래로 유대민족이 소유한 중요한 항구도시였다. 마카비1서 12:33~34 참조.

마군 때문에 이 도시를 장악하는 것이 어렵다고 생각하여 바다로 나가기로 결정했다. 416. 이들은 많은 수의 해적선을 건조하여 시리아, 페니키아, 그리고 이집트를 연결하는 항로에서 노략질을 일삼아 이 부근의 무역항로를 마비시켰다. 417. 이들의 움직임에 대해 보고를 받은 베스파시아누스는 보병대와 기병대를 욥바로 보내 야간 기습공격을 단행하게 했지만 도시는 텅 비어 있었다. 418. 습격을 미리 알아차린 주민들은 로마군에 저항하기를 포기하고 배를 타고 도망쳐, 사정거리 밖에서 밤을 보냈던 것이다.

3.419. 본래 욥바에는 지형적 특성상 배를 댈 수가 없었다. 바다에 면한 해변이 깎아지른듯 가파르고 나머지는 직선으로 뻗어 있었기 때문이다. 420. 양 끝부분만 안쪽으로 구부러져 들어가 있는데 그곳마저도 가파른 절벽과 바다 쪽으로 돌출된 암초들로 이루어져 있었다. 그리고 이곳에는 오래된 전설과 관련된 안드로메다의 사슬 흔적이 있었다.[68] 421. 북풍이 해안으로 곧장 불어닥쳐와 해안절벽에 거센 파도를 일으키기 때문에 넓은 바다 위보다 배가 정박하기에 더 위험한 장소였다. 422. 동틀 무렵 바로 그곳에서 뱃사람들이 '검은 북풍'이라고 부르는 강한 폭풍이 불어올 때 욥바에서 도망쳐나온 자들은 험한 파도 속에 있었다. 423. 선박 중 일부는 서로 부딪혀 파손되고 다른 배들은 절벽에 부딪혀 좌초되었다. 가파른 절벽과 그곳에서 기다리는 적들을 두려워한 많은 자들이 광풍에 맞서 바다로 달아나려고 애썼으나 망대처럼 높은 파도가 그들을 삼켜버렸다. 424. 그곳에 머무는 한 도망칠 길도 목숨을 부지할 길도 없었다. 위력적인 폭풍이 그들을 바다 밖으로 몰아낸 반면, 로마군은 그들을 도시 밖으로 몰아댔던 것이다. 배들끼리 부딪혀 무시무시한 굉음을 내며 부서지자 커다란 탄식의

68) 헬라 신화에 나오는 에디오피아 왕 케페우스의 딸 안드로메다가 바위에 사슬로 묶여 있던 흔적이 이곳에 남아 있다고 여겨졌다.

비명이 들려왔다. 425. 많은 사람들이 파도에 휩쓸려 죽거나 배와 함께 침몰하여 최후를 맞았으며, 물에 빠져죽는 것보다 칼에 죽는 편이 덜 고통스러우리라고 여겨 먼저 칼로 자결하는 자들도 있었다. 426. 대부분은 파도에 휩쓸려 절벽에 부딪혀 산산조각 났고, 이렇게 해서 바다는 피로 물들고 해안은 시체로 넘쳐났다. 살아서 해변으로 올라간 자들도 그곳에 기다리던 로마군 손에 살해당했다. 427. 바다에서 밀려온 시체는 4천 2백 구에 달했다. 이렇게 로마군은 전투도 벌이지 않고 욥바를 함락시켰다.

4. 428. 이렇게 욥바는 단시일 내에 로마군에게 점령당한 두 번째 도시가 되었다.[69] 429. 베스파시아누스는 이곳에 다시 해적들이 운집할 수 없도록 성채에 군사기지를 세우고 기병들과 약간의 보병들을 그곳에 남겨두었다. 430. 보병들이 기지에 머물며 경계를 서는 동안 기병들이 맡은 임무는 주변지역을 약탈하고 욥바 지역의 마을들과 작은 도시들을 파괴하는 것이었다. 431. 이들은 명령에 따라 이 지역을 휩쓸며 매일 밤낮으로 약탈하여 모조리 폐허로 만들어버렸다.

5. 432. 요타파타 점령 소문이 예루살렘에 전해지자 대부분의 사람들이 처음에는 그 소식을 믿지 않았다. 믿을 수 없을 정도로 엄청난 재난인 데다가 그 일을 보고할 만한 목격자가 없었기 때문이었다. 433. 소식을 전할 사람이 단 한 명도 생존하지 못했고, 흔히 나쁜 소식이 그렇듯이 요타파타 함락에 관한 소문은 조금씩 자연스럽게 퍼져나갔던 것이다. 434. 진실은 아주 서서히 이곳에서 저곳으로 옮겨져 결국 모든 사람들의 의심을 불식시키게 되었다. 물론 사실이 아닌 일들도 실제 일어났던 사건들에 덧붙여 전해졌다. 그래서 요세푸스도 도

69) 《유대 전쟁사》 2. 507 참조.

시가 함락될 때 목숨을 잃었다고 알려졌다. 435. 이 소식으로 인해 예루살렘 전체가 슬픔에 휩싸였다. 모든 집과 가족은 친족의 죽음에 비통해 했고, 모든 사람들이 총사령관 요세푸스가 죽었다고 생각하여 애도했다. 436. 동료의 죽음을 슬퍼하는 자도 있었고 친척의 죽음을 슬퍼하는 자도 있었으며 친구의 죽음을 슬퍼하는 사람도 있었다. 437. 하지만 모든 사람은 한마음으로 요세푸스의 죽음을 슬퍼했으며 30일간 곡하는 소리가 끊이지 않았다. 많은 이들은 피리 부는 자들을 고용해서 반주에 맞춰 곡을 했다.[70]

6. 438. 그러나 시간이 흐르면서 점차 진실이 드러나기 시작했고 요타파타 함락에 관련된 구체적 사실들이 알려져 요세푸스의 사망소문이 거짓임이 드러났다. 그가 살아 있으며 로마군의 포로가 되어 적의 총사령관에게 다른 전쟁포로보다 좋은 대우를 받고 있다는 사실이 알려지자, 그가 죽었다고 생각하고 슬퍼하던 애정의 정도를 넘어서는 더 극렬한 분노가 살아남은 그를 향해 퍼부어졌다. 439. 그를 비겁한 자라고 비난하는 사람도 있었고 그를 배신자로 비난하는 사람도 있었다. 예루살렘 전체가 그에 대해 격앙하고 그를 저주했다. 440. 요세푸스의 투항소식은 재난과 패배로 인한 분노에 불을 지른 셈이었다. 이성적 인간이라면 재난을 교훈삼아 안전을 도모하고 같은 잘못을 반복하지 않도록 조심해야 마땅할 텐데 이들은 그저 새로운 위기를 향해 돌진할 뿐이었다. 그렇게 하나의 재난이 끝남과 동시에 다음 재난이 꼬리를 물고 이어졌던 것이다. 441. 그들은 로마군과 함께 요세푸스에게도 복수를 다짐하며 더욱더 적의를 불태웠다. 442. 예루살렘 주민들은 이렇게 극도의 혼란에 빠져 있었다.

---

70) 마태복음 9:23 참조.

7. 443. 베스파시아누스는 아그립바 왕의 영토를 시찰하고자 했다. 그러자 아그립바 왕은 총사령관 베스파시아누스와 그의 전 군대를 호화로운 자기 집으로 초대했다.[71] 아그립바는 로마군의 도움으로 불안정한 자신의 왕위를 견고히 하려는 속셈도 갖고 있었다. 베스파시아누스는 해변도시 가이사랴를 떠나 가이사랴 빌립보[72]로 갔다. 444. 이곳에서 군대가 20일간의 휴식을 취하는 동안 그는 화려한 주연을 즐기며 승리를 선사한 신에게 감사의 제사를 바쳤다. 445. 그러나 아그립바 영지에 속한 티베리아가 반란을 도모하고 있고, 또다른 도시 타리케아에서는 이미 폭동이 일어났다는 소식을 듣고서 베스파시아누스는 새로운 전투를 시작할 때가 되었다고 생각했다. 그는 어디에서든 유대인들이 반란을 일으키는 즉시 제압하겠다고 마음먹었다. 또한 자신을 극진히 대접한 아그립바 왕에 대한 보답으로 그가 통치하는 도시에서 발생한 폭동을 진압해주고자 하는 마음도 있었다. 446. 그는 아들 티투스를 가이사랴로 보내어 그곳에서 군대를 이끌고 데가볼리로, 그리고 티베리아에서 가까운 대도시인 스키토폴리스로 진군하게 했다. 447. 베스파시아누스 자신도 이곳으로 이동하여 아들과 합류했고 세 개의 군단을 이끌고 티베리아에서 30 스타디온 거리에 있는 센나브리스[73]라는 곳으로 가서 반란군의 눈에 잘 띄는 위치에 진을 쳤다. 448. 베스파시아누스는 십부장 발레리아누스에게 50명의 기병을 주어 티베리아 주민들에게 평화협상을 제안하라고 명했다. 주민들은 평화를 원하지만 그들을 억압하고 전쟁을 강요하는 일당이 있다는 정보를

---

71) 《유대 전쟁사》 3. 446 참조.

72) 헤롯 왕의 아들 분봉왕 빌립이 건설한 도시로(《유대 전쟁사》 2. 168), 아그립바 2세는 이 도시를 확장했다(《유대 전쟁사》 3. 514). 2세기 이후 이 도시는 가이사랴 파니아스로 불렸다(《유대 고대사》 18. 28).

73) 타리케아 근방에 있었으며 겐네사렛 호수의 남서쪽에 위치했고 티베리아 도시에서 8킬로미터 떨어진 곳.

들었기 때문이다. 449. 발레리아누스는 티베리아 성벽 가까이 다가가서 말에서 내린 후 전초전을 시작한다는 인상을 주지 않기 위해 호위 기병대들도 뒤로 물러나게 했다. 그러나 그가 협상을 위한 말을 꺼내기도 전에 반란군 중에서 가장 전투능력이 뛰어난 자들이 중무장을 하고 돌진해왔다. 450. 그 중 선두에 선 자는 강도떼 전체를 이끄는 우두머리 투파의 아들 예수였다.[74] 451. 발레리아누스는 싸워서 이길 자신이 있었지만 총사령관의 명령을 거역할 수 없다고 생각했고, 또 만반의 전투준비를 갖춘 다수의 적에 맞서 소수의 병사들만으로 갑작스런 전투를 벌이는 것은 위험하다고 판단했다. 452. 결국 그는 전혀 예상 못한 유대인들의 공격에 당황하여 도망쳤고 다른 5명의 기병들도 말을 버려두고 그대로 도망쳤다. 예수 일당은 이 군마들을 잔꾀를 써서 뺏은 것이 아니라 마치 전투를 통해 갈취한 전리품처럼 끌고 성안으로 들어갔다.

8. 453. 이 일로 인해 티베리아 주민 중 장로들과 존경을 받는 자들은 두려워하며 로마 진영으로 도망쳐왔다. 454. 그들은 아그립바 왕의 도움을 통해 베스파시아누스를 만나 그 앞에 엎드렸다. 그들은 선처를 부탁하며 자신들을 보호해 달라고 간청하며 소수의 광분한 자들 때문에 티베리아 도시 전체를 몰살하지는 말아 달라고 애원했다. 455. 또한 이제까지 늘 로마에 우호적이었던 티베리아 백성을 용서해줄 것과 폭동을 주도한 자들만 처벌하기를 빌었으며 이들의 계속된 감시만 없었으면 오래 전에 로마군과 협상했을 것이라고 말했다. 456. 군마를 빼앗긴 일 때문에 베스파시아누스는 도시 전체에 대해 분노하고 있었지만 결국 이들의 간청을 들어주기로 했다. 아그립바가 이 도시에 대해 많은 걱정을 하고 있다는 점을 알았기 때문이었다. 457. 이렇게 티

---

74) 《유대 전쟁사》 2. 599; 《요세푸스 자서전》 66. 134 참조.

베리아 성의 원로들이 주민들의 안전에 대한 약속을 얻어내자 예수의 일당은 티베리아에 머무는 것이 안전하지 않다고 여겨 타리케아로 도망쳤다. 458. 다음날 베스파시아누스는 몇 명의 기병들과 함께 트라야누스를 도시 상부의 언덕 위로 보내 주민 전체가 화평을 원하고 있는지 동향을 살펴보게 했다. 459. 베스파시아누스는 보호를 요청한 도시 대표들의 말이 사실임을 확인하고 군대를 이끌고 성으로 향했다. 주민들은 성문을 열어 베스파시아누스에게 찬사를 보내고 그의 승리를 기원하며 그를 자신들의 구원자이자 은인이라며 환영했다.[75] 460. 군대가 진입하기에 성문이 너무 비좁았기 때문에 베스파시아누스는 남쪽 성벽 일부를 허물어 입구를 확장하여 군대의 진입을 수월하게 했다. 461. 그는 또한 아그립바 왕에 대한 배려로 이 도시에서는 어떤 형태의 약탈과 폭력도 금지했으며 주민들이 앞으로 충성을 바칠 것이라고 보장한 아그립바를 믿고 성벽도 보존시켰다. 이렇게 베스파시아누스는 반란사태로 몹시 불안했던 티베리아 도시를 다시금 그의 통제 아래 두었다.

제 10 장 타리케아와 겐네사렛을 점령한 로마군

1. 462. 베스파시아누스는 다시 진군을 계속하여 티베리아와 타리케아의 중간지점에 진을 쳤다. 그는 이곳에서의 전쟁이 상당 기간 소요될 것으로 예상하고 진영을 아주 견고하게 구축했다. 463. 왜냐하면 타리케아는 강력한 요새도시이자 지역주민들이 겐네사렛이라고 부르는 호수에 접해 있어서 방어에 유리한 입지를 갖춘 곳이었으며 반란군

75) 베스파시아누스를 이렇게 구원자요 은인으로 칭송하는 또다른 예는《유대전쟁사》7.71을 참조하라.

전체가 여기에 집결해 있었기 때문이었다. 464. 타리케아도 티베리아처럼 산기슭에 세워진 도시로, 요세푸스가 호수에 맞닿아 있는 부분을 포함한 도시의 모든 면에 견고한 성벽을 쌓아올렸던 곳이다. 물론 그 성벽은 티베리아만큼 견고하지는 않았다. 465. 티베리아 성벽은 반란 초기에 요세푸스가 직접 많은 자금과 많은 힘을 들여 축조했던 반면 타리케아는 그 나머지 자금만으로 건설되었기 때문이다.[76] 466. 그런데 타리케아 주민들은 육지에서의 저항이 실패할 경우 바다로 도망칠 수 있도록 호수에 수많은 배를 대기시켜두고 있었다. 그리고 필요할 경우 해전에 임할 수 있는 만반의 준비도 해놓았다. 467. 로마군이 사방을 포위하고 방벽을 쌓아올렸지만 예수와 그 부하들은 많은 수의 적군 앞에서 동요하지 않았으며 적의 막강한 전열에도 두려워하지 않았다. 468. 초반에 그들은 방벽을 쌓고 있는 로마군을 습격해 작업을 방해하고 방벽 일부를 무너뜨리기도 했다. 그들은 중무장한 로마군이 돌격해오면 배로 달아났기 때문에 단 한 명의 사상자도 발생하지 않았다. 469. 로마군이 추격해서 적을 모두 배가 있는 쪽으로 몰아가자 그들은 배를 타고 호수로 달아나, 로마군의 사정거리 바로 앞에 닻을 내리고 육지에 있는 적과 맞서 싸울 수 있도록 배들을 바싹 붙여 전투대열로 늘어섰다. 470. 한편 베스파시아누스는 타리케아 성 앞 평지에 엄청난 수의 유대인 무리가 군집해 있다는 보고를 받고 6백 명의 기병과 함께 아들 티투스를 보내 그들과 맞서게 했다.

2.471. 티투스는 적의 수가 엄청나게 많다는 사실을 깨닫고 아버지에게 원군을 요청하는 전갈을 보냈다. 기병대 대부분은 원군이 도착하기 전에 공격에 나설 태세였으나 일부는 유대인의 많은 숫자에 내심

76) 이 본문은《요세푸스 자서전》156에서 티베리아 주민들이 요세푸스에게 성벽건설을 재촉하면서 타리케아가 이미 요새화되었다는 것을 들었다는 말과는 상충된다.

위축되었다. 이를 알아차린 티투스는 모든 병사에게 잘 들릴 수 있는 곳에 서서 연설을 시작했다. 472. "로마인들이여! 로마인이라는 바로 이 이름에서 너희의 근본을 기억하고 적과 비교조차 할 수 없는 우리 자신이 누구인지를 깨닫기 바란다. 473. 지금까지 이 세상의 그 누구도 우리의 손에서 벗어나지 못했다. 오직 유대인들만이, 그들 입장에서 좋게 말해주자면, 패배를 당했음에도 불구하고 아직까지 우리에게 승복하지 않고 있다. 유대인들은 그 모든 재난에도 굴하지 않고 여전히 꿋꿋이 버티고 있는데, 항상 승리를 거머쥐는 우리가 위축되어 있다면 이는 수치스러운 일일 것이다. 474. 나는 너희의 얼굴에서 투지와 긍지를 읽을 수 있어서 기쁘다. 그러나 적들의 숫자가 많아서 당황하는 자가 있을까 걱정스럽다. 475. 혹시라도 그런 자가 있다면 자기 자신이 누구인지, 그리고 자신이 맞서 싸워야 할 적이 누구인지를 다시 한번 생각해보기 바란다. 우리의 적 유대인들은 무모하고 죽음을 두려워하지 않는 자들이지만 군기가 잡혀 있지 않고 전투경험도 없는, 군대라고 말하기 힘든 오합지졸에 불과하다. 여기서 우리가 쌓아온 경험과 훈련에 대해 더 언급할 필요가 있겠는가? 우리가 평상시에 무술을 연마해온 것은 전시에 적들의 수를 헤아릴 필요가 없게 하기 위해서였다. 476. 훈련도 받지 않은 적과 동일한 규모로 싸운다면 평소에 끊임없이 군사훈련을 해온 것이 무슨 소용이 있겠는가? 477. 잘 생각해보라. 우리는 완전무장을 갖춘 상태에서 허술하게 무장한 적과 싸우고, 기병들로 보병들을 상대하고, 훌륭한 지휘관을 따라, 지휘관도 없이 우왕좌왕하는 무리를 상대하여 싸우려는 것이다. 우리가 가진 이런 장점들은 우리의 힘을 대폭 상승시키겠지만, 반면에 적군은 앞서 언급한 약점들 때문에 비록 숫자가 많다고 해도 제힘을 발휘하지 못할 것이다. 478. 게다가 실제로 전쟁의 승패를 좌우하는 것은 병력의 숫자가 아니다. 그 병력이 아무리 뛰어난 군사들로 이루어져 있다고 해도 말이다. 반면 전쟁의 승패는 아무리 적은 숫자라고 해도 용기를 갖고 있는지의 여부로 결정되는 것이다. 소수의 정예부대는 교전할 때 더 기민하게 움직일 수 있고 서로 보조를 맞추며 방어하기 쉽지만, 부대원의 수가 너무 많으면 전투 중에 적보다 아군에 의해 부상을 입기 쉽다. 479. 유대인들은 무모할 정도의 저돌성과 필사적이고 열정적인 전투의욕을 지니고 있지만 이는 운이 좋은 상황에서나 통할 뿐 약간의 실수만으로도 무너지기 십상이다. 그러나 우리는 용맹하며 규율을 갖추고 있으며 게다가 뛰어난 지략까지 겸비하고 있어, 운이 좋은 상황에서는 최대한의 능력을 발휘해왔고 불운한 상황에서도 결코 무너지지 않는 군대이다. 480. 게다가 우리는 유대인들보다 더 높은 가치를 위해 싸우고 있다. 자유와 자기 조국을 수호하려고 싸우는 유대인들과 달리 우리는 명예를 목표로, 세계정복이라는 과제를 목표로, 그리고 마치 유대인들이 우리와 대등한 적이라도 되는 듯한 인상을 완전히 불식시키려는 목표로 싸우고 있기 때문이다. 이보다 더 가치 있는 이유가 어디 있겠는가? 481. 한 가지 더 주목해야 할 것은, 우리에게는 회복 불가능한 패배를 당할까 두려워할 이유가 없다는 것이다. 우리를 도와줄 수많은 원군이 바로 가까이에 있기 때문이다. 그러나 내 아버지가 보낸 원군이 도착하기를 기다려서 운 좋게 주어지게 될 승리를 그들과 함께 나누기보다는 우리 스스로 이 싸움에서 이겨 더 빛나는 승리를 쟁취하도록 하자. 482. 바로 지금이야말로 내 아버지와 나 스스로와 내 부하들인 너희 모두를 시험할 때라고 생각한다. 내 아버지가 거두어온 승리가 과연 가치 있는 것인지, 내가 그의 아들로서 손색이 없는지, 그리고 너희가 나의 진정한 병사들인지 입증할 기회가 왔다. 내 아버지에게 승리는 당연한 일이 되어왔지만, 만약 너희가 나를 도와주지 않는다면 나는 감히 다시 아버지를 볼 면목이 없을 것이다. 483. 게다가 너희들의 지휘관인 내가 혼자 위험에 처하게 되면 이는 너희의 수치가 되지 않겠는가? 분명히 말하건대 내가 선두에 서서 적진 안으로 뛰어들 것이다. 484. 그러니 나를 따르지 않고 뒤처지는 자가 없도록 하라! 그리고 나의 돌격이 신의 가호를 받으리라는 것을 믿고 우리 승리가 단순히 성벽 밖에서의 작은 승리에 그치는 것이 아니라 더 큰 승리로 이어지리라는 것을 미리 확실하게 명심하기 바란다."

3. 485. 티투스의 연설이 끝나자 병사들은 열광하며 전의를 불태웠다. 전투를 시작하기 전 트라야누스가 4백 명의 기병을 이끌고 도착하자 병사들은 오히려 승리의 공적을 그들과 함께 나누게 되었다고 불평했다. 486. 한편 베스파시아누스는 안토니우스 실로와 2천 명의 궁수를 보내, 도시 맞은편에 있는 언덕을 점령하고 성벽 위에 있는 유대인들을 공격하라고 명했다. 487. 이 명령에 따라 궁수부대가 성벽 위의 적들을 견제하여 이들이 성밖의 유대인들을 효과적으로 돕지 못하게 막는 동안 티투스는 선두에서 말을 몰아 적진을 향해 돌진했다. 그리고 로마병사들은 유대인이 장악하고 있던 평지 전체를 뒤덮을 만큼 넓게 횡대를 형성하고 함성을 지르며 티투스의 뒤를 따랐다. 이렇게 넓게 횡대를 이루어 진격하자 그들의 수는 실제보다 훨씬 많아 보였다. 488. 유대인들은 로마군의 사기와 일사불란한 전열에 당황했지만 한동안 로마군의 공격을 방어하며 버텨냈다. 그러나 유대인들은 결국 창에 찔리고 기병들의 기세에 밀려 쓰러져 말발굽에 짓밟혔다. 전장 전체가 시체로 뒤덮이게 되자 결국 유대인들은 사방으로 흩어져 489. 각자 성안으로 도망치기 시작했다. 490. 티투스는 도망치는 자들을 바싹 추격해 죽이고, 몰려 있는 무리를 뚫고 지나가며 죽이고, 적을 추월하여 앞에서 뒤로 돌아 창으로 찔러 죽이고, 서로 뒤엉켜 쓰러지는 자들 위로 말을 몰아 말발굽으로 짓밟아 죽였다. 491. 그는 모든 방법을 동원하여 성벽으로 향하는 퇴로를 막아 적들을 다시 평원 쪽으로 몰아갔으나, 수적으로 우세했던 유대인들은 모두 합세하여 로마군의 저지를 뚫고 도망쳐 결국 성안으로 들어갈 수 있었다.

4. 492. 또다른 난관이 성안으로 도망쳐 들어간 유대인들을 기다리고 있었으니 그것은 바로 내분이었다. 자기 재산과 생명을 지키고 싶었던 도시주민들은 처음부터 전쟁이 일어나는 것을 막아야 한다고 생각했었는데, 이 첫 패배를 보고 목소리를 높이기 시작했다. 493. 그러나 외부인 출신의 수많은 사람들은 오히려 더욱 전쟁을 부추길 뿐이었다. 소수를 제외한 대부분의 사람들이 양쪽으로 갈라져 서로 고함을 지르고 격렬하게 싸우다가 급기야 서로를 향해 무기를 들이대는 상황까지 왔다. 494. 성벽 바로 가까이에 서 있던 티투스는 성안에서 일어나는 이 소동을 알아차리고 이렇게 외쳤다. "이제 때가 왔다, 나의 병사들이여! 신이 우리에게 유대인들을 넘겨주려고 한다면 주저할 이유가 있겠는가? 눈앞의 승리를 차지하자! 495. 반란자들의 저 고함소리가 들리지 않는가? 우리 손을 벗어나 도망친 자들이 이제는 자기들끼리 서로 싸우고 있다. 지금 서두르면 성을 손에 넣을 수 있다. 지금은 재빠른 행동과 긴장감과 결단력이 모두 필요한 시점이다. 모든 큰 승리에는 위험부담이 따르기 때문이다. 496. 적들이 전시상황임을 깨달아 내부분열을 중단하고 다시 힘을 모으기 전에, 그리고 우리의 원군이 도착해서 적들과 대등한 숫자가 되기 전에 우리의 힘으로 지금 바로 성을 점령하자."

5. 497. 티투스는 이 말을 마치고 곧장 말 위로 뛰어올라 선두에 서서 호수를 가로질러 성안으로 진격해 들어갔다. 다른 병사들도 그의 뒤를 따랐다. 498. 이런 갑작스런 공격 때문에 성벽 위에 있던 유대인들은 크게 놀라서 단 한 명도 감히 로마군에 맞서거나 로마군의 성내 진입을 막으려는 자가 없었다. 그들은 각자가 맡은 임무를 버리고 모두 도망쳤다. 499. 예수의 남은 추종자들은 육지 쪽으로 도망쳤고 다른 자들은 호수로 내려갔지만 곧장 적의 손에 떨어져 살해당했다. 배에 올라타는 도중 죽임을 당한 자들도 있었고 이미 출발한 배를 쫓아

가려다 살해당한 자들도 있었다. 500. 성안에서는 대대적인 살육이 벌어졌다. 미처 도망치지 못한 외지인들이 로마군에 저항해 전투를 벌이는 와중에, 저항하지 않던 원주민들도 죽음을 당했다. 원주민들은 로마군의 자비를 기대했고 올바른 이성을 갖고 전쟁에 반대했기 때문에 전혀 로마군에게 저항하지 않았던 것이다. 501. 마침내 티투스는 선동자들을 모두 제거한 후에 도시 원주민들을 동정하여 살인을 중단시켰다. 502. 호수로 도망쳤던 자들은 성이 점령당한 것을 보고 적을 피해 최대한 멀리 도망쳤다.

6.503. 티투스는 기병 한 명을 아버지 베스파시아누스에게 보내 승전을 알리는 기쁜 소식을 전하게 했다.[77] 504. 당연히 베스파시아누스는 아들의 용맹함과 그가 올린 승전에 대해 크게 기뻐했다. 이 승리를 통해 전쟁의 가장 결정적 국면에 행운의 서광이 비쳤다고 생각했기 때문이었다. 그는 몸소 타리케아 성으로 가서 성문을 굳게 잠그고 아무도 몰래 빠져나가지 못하도록 지키게 하고 탈출을 시도하는 자는 죽이라고 명령했다. 505. 다음날 그는 도망친 자들을 추격하기 위해 호수로 내려가서 뗏목을 만들라고 지시했다. 이곳에는 목재가 풍부하고 기술자도 많았기 때문에 빠른 시간 안에 뗏목을 만들 수 있었다.

7.506. 겐네사렛 호수의 이름은 호수에 면한 지역에서 따온 것이다. 호수의 폭은 40 스타디온, 길이는 140 스타디온 정도로[78] 길다란 형태의 호수로 물맛이 달아 식수로 적합했다. 507. 이 호수의 물은 두터운 침전물이 있는 늪지대의 물보다 맑고 깨끗했는데 이는 호수 전체

---

77) 헬라어로 '유앙겔리조'(εὐαγγελίζω). 《유대 전쟁사》 3.143의 주를 보라.

78) 요세푸스의 이 보도에 의하면 호수 폭이 7.4킬로미터, 길이가 25.9킬로미터로 환산된다. 그런데 오늘날 측정한 호수의 폭은 12킬로미터, 길이는 21킬로미터이다.

를 빙 둘러 자갈이나 모래로 이루어진 둑이 형성되어 있기 때문이다. 퍼올린 물은 항상 적당한 수온을 유지하고 있으며 강물이나 샘물보다 부드럽고 시원하다. 넓은 호수의 물이 이렇다는 것은 상상하기 어려울 정도였다. 508. 호수 물을 떠서 공기 중에 놔두면 눈처럼 차가워지는데 이는 이곳 주민들에게 익히 알려진 현상이다. 이 호수에 서식하는 물고기들은 그 맛과 모양이 다른 곳에 사는 물고기들과 구별된다. 509. 호수 한가운데는 요단 강이 가로지르고 있다. 요단 강의 발원지는 파니아스[79] 인 것처럼 보이지만 실제로는 이른바 피알라 호수라는 곳에서 솟아나온 물이 보이지 않게 지하수로를 통과하여 이곳으로 흘러오는 것이다.[80] 510. 피알라 호수는 트라코니티스로 들어가는 대로(大路) 옆에 있으며 가이사랴에서 120 스타디온 떨어져 있었다. 511. 피알라[81] 라는 이름은 호수 둘레가 접시처럼 둥근 형태여서 붙여졌으며 항상 일정한 수위를 유지하여 더 내려가지도 흘러넘치지도 않는다. 512. 오랫동안 이곳이 요단 강의 발원지라는 것을 아무도 몰랐지만 트라코니티스의 분봉왕 빌립이 최초로 그 사실을 입증해냈다. 513. 빌립은 왕겨를 피알라에 던져넣게 했는데 그 전까지 요단 강의 수원으로 알려졌던 파니아스에서 그 왕겨가 떠올랐던 것이다. 514. 파니아스는 아름다운 자연경관을 가진 곳인데 아그립바 왕이 전 재산을 쏟아부어 지은 호화로운 왕실 건축물들 때문에 더욱 화려한 경관을 지니고 있었다.[82] 515. 이 파니아스에 있는 동굴에서[83] 요단 강의 물흐름이 보이기 시작해서 세메코니티스 호수[84]의 늪과 지류로 흘러들어간 후 120

79) 《유대 전쟁사》 1.404 이하; 2.168 참조.

80) 요단강 발원지에 관해서는 《유대 전쟁사》 1.404~406을 참조하라.

81) 헬라어로 '접시'를 의미함.

82) 《유대 전쟁사》 3.443 참조.

83) 《유대 전쟁사》 1.405 참조.

84) 여호수아 11:5에 언급된 '메롬의 물가'로 추정된다. 《유대 전쟁사》 4.476 이

스타디온 더 흘러내려가 율리아 도시 아래를 지나[85] 겐네사렛 호수 한가운데를 통과하여 사막지대를 지나는 먼 여정 끝에 아스팔티티스 호수[86] 까지 다다른다.

8. 516. 겐네사렛 호수 주위에는 겐네사렛이라는 같은 이름을 가진, 뛰어난 자연경관을 갖춘 아름다운 지역이 펼쳐져 있다.[87] 이곳은 비옥한 토지 덕분에 온갖 종류의 식물들이 자라기 때문에 주민들은 모든 종류의 작물을 재배하고 있다. 기후도 다양한 종류의 작물이 자라기에 적합한 조건을 갖추고 있다. 517. 다른 모든 식물에 비해 특히 서늘한 기온을 필요로 하는 호두나무도 이곳에서 대량으로 재배된다. 그 옆에는 정반대로 높은 기온에서 잘 자라는 종려나무들이 서 있고 바로 근처에는 온화한 기후를 좋아하는 무화과와 올리브나무까지 자란다. 518. 서로 다른 여러 작물들을 한곳에 모아놓고 서로 경쟁을 벌이게 하는 자연의 내기 광경을 보는 듯하다. 그리고 이 지역을 차지하기 위해 사계절이 서로 우아한 다툼을 벌이고 있는 듯이 보인다고도 말할 수 있을 것이다. 이곳의 토지는 함께 재배할 수 있다고 생각조차 못할 다양한 과실을 맺게 할 뿐 아니라 잘 익은 열매가 오랫동안 열릴 수 있게 해준다. 519. 그 중 가장 장기간 과실을 재배할 수 있는 것은 10달 동안 끊임없이 열매를 딸 수 있는 포도와 무화과로, 나머지 과일들도 일년 내내 끊이지 않고 먹을 수 있다. 이 지역이 이처럼 비옥한 것은 온화한 기후조건 외에도 주민들이 가버나움이라고 부르는 매우 확실한 수원을 통해 풍부한 물이 공급되고 있기 때문이다. 520. 어떤 사람들은 이 샘이 나일 강의 지류라고 주장하는데 그 이유는 알렉산드리

하 참조.

85) 《유대 전쟁사》 2.168 참조.

86) 사해.

87) 겐네사렛 호수 북서쪽에 있는 겐네사렛 평원을 말한다.

아 호수에 서식하는 까마귀 물고기[88]와 유사한 어종이 이곳에서 발견되기 때문이다. 521. 이 지역은 겐네사렛 호수를 따라 약 30 스타디온 길이와 20 스타디온 폭으로 이어져 있다. 이상으로 이 지역에 대한 설명을 마치겠다.

9.522. 뗏목이 완성되자 베스파시아누스는 호수로 도망친 적들을 상대하기에 충분한 규모의 부대를 뗏목에 태워 호수로 진격시켰다. 호수 위에서 로마군에게 쫓겨 한곳으로 집결한 유대인들은 로마군이 사방으로 포진한 육지로 도망칠 수도 없었고 그들과 대등하게 해전을 벌일 수도 없었다. 523. 유대인들의 배는 크기가 작고 약탈용으로만 적합했기 때문에 로마군의 뗏목을 상대하기에는 역부족이었기 때문이다. 게다가 유대인들은 각 배에 적은 수의 사람만 타고 있어서 많은 로마 병사들이 타고 있는 뗏목 근처로 접근하기를 두려워했다. 524. 그러나 그들은 일정한 간격을 유지한 채 뗏목 주위를 맴돌다가 가끔씩 가까이 접근하기도 했다. 또한 유대인들은 먼 거리에서 로마군에게 돌을 던지고 배를 가까이 부딪치기도 하며 근접전을 시도했다. 525. 그러나 이 모든 시도가 유대인들에게 불리한 결과를 초래했다. 로마군은 갑옷으로 중무장하고 있었기 때문에 유대인들이 던진 돌은 갑옷에 부딪혀 소리만 낼 뿐이었으며, 이는 결국 로마군의 사정거리에 들어간 것에 불과했다. 유대인들은 무모하게 적에게 가까이 다가가 아무런 공격도 시도하지 못한 채 격침되어 배와 함께 침몰했다. 526. 로마군은 적진을 뚫고 지나가려는 유대인들의 배에 가까이 접근해 수많은 유대인을 창으로 찔러 죽였고, 또 배 안으로 뛰어들어가 칼로 베어죽이기도 했다. 그리고 뗏목으로 배를 에워싸서 배에 타고 있는 자들을 배와 함께 포획했다. 527. 물에 빠진 자가 수면 위로 머리를 내밀면 바로

---

88) 메기처럼 비늘이 없는 물고기로 '클라리아스 라케라'(*clarias lacera*)라는 학명으로 불린다. 유대인에게는 식용으로 금지되어 있었다.

화살을 쏘아 죽이거나 뗏목으로 부딪혀 죽였다. 물에 빠져 어쩔 수 없이 적의 배로 기어오르는 자들은 머리나 손이 잘려졌다. 528. 이렇게 온갖 방식으로 수많은 유대인들이 호수 곳곳에서 죽어갔고 끝까지 살아남은 자들은 배가 포위된 채로 호수 기슭으로 내몰려서 도망쳤다. 529. 그러나 배가 기슭에 닿기도 전에 많은 수의 유대인이 상륙 도중 창에 찔려죽었고, 육지로 올라온 자들도 그곳에 대기 중이던 로마군에 의해 살해당했다. 단 한 명도 살아남지 못했기 때문에 호수는 피로 물들고 시체가 넘쳐났다. 530. 그후 며칠 동안이나 이 지역에서는 악취가 가득한 끔찍한 모습이 계속되었다. 호수 기슭은 파괴된 배의 파편과 물에 불은 시체로 뒤덮였고 여름 무더위 속에 시체 썩는 냄새가 진동해서 이런 재난을 당한 유대인들만 비참함을 느꼈던 것이 아니라 이 참상을 만들어낸 로마군도 지독히 끔찍스러워했다. 531. 이 호수 전투의 결과 이미 성안에서 죽임을 당한 자들을 포함해서 6천 7백 명이 목숨을 잃었다.

10. 532. 전투가 종결된 후 베스파시아누스는 타리케아에서 재판을 열어 주민들 가운데에서 외지로부터 들어와 전쟁을 주도한 사람들을 선별해서, 이들을 살려줄 것인지의 여부를 고위급 지휘관들에게 물었다. 533. 지휘관들은 이들을 풀어주는 것은 위험하다고 생각했다. 이들에게는 편안히 쉴 수 있는 고향이 없기 때문에 만약 자유의 몸이 되면 다른 성으로 또다시 잠입해 들어가 그곳에서 전쟁을 부추기기 쉽다는 이유였다. 534. 베스파시아누스도 이들을 살려두면 다시 도망쳐서 살려준 로마군에게 오히려 화가 될 것이라고 생각하여 용서할 가치가 없다고 판단했다. 다만 그는 어떤 방법으로 이들을 제거할 수 있을지에 대해 좀더 숙고했다. 535. 이들을 곧바로 처형하면, 자신들이 받아들여준 유대인들이 대량 학살되는 것을 보고 원주민들이 분노하여 다시 무기를 들 가능성도 있었기 때문이다. 또한 베스파시아누스가 살려

주겠다고 약속했기 때문에 이 자들을 죽일 수도 없는 노릇이었다. 536. 그러나 그의 동료들은 유대인들에게 고상한 배려를 해줄 필요는 없으며, 실효성과 명분이 상충될 때는 실효성을 택하는 것이 낫다고 충고하며 그의 마음을 돌리게 했다. 537. 결국 외부에서 들어온 유대인들은 애매모호한 조건과 함께 해방되었는데, 즉 티베리아로 향하는 길만 이용해야 한다는 명령을 받았다. 538. 자신들이 원하는 대로 되었다고 믿은 이 유대인들은 아무런 의심 없이 기쁘게 자기 물건들을 짊어지고 당당한 자세로 지시된 길로 떠났다. 그런데 로마군은 티베리아로 가는 길을 모두 지켜 막아서서 아무도 다른 길로 빠져나가지 못하게 한 후 이들을 포위하다시피 하여 티베리아 안으로 들어가게 했다. 539. 뒤따라온 베스파시아누스는 이들 모두를 경기장 안으로 몰아넣어 노인과 거동이 불편한 자들을 모두 죽이라고 명령했다. 이때 죽은 사람의 수는 1,200명에 달했다. 540. 젊은이들 중에서 가장 힘이 좋은 6천 명을 뽑아 이스트무스에 있는 네로 황제에게 보냈고, 아그립바에게 보낸 자들을 제외한 나머지 3만 4백 명은 노예로 팔아넘겼다. 541. 아그립바의 영토에서 도망친 포로들은 다시 아그립바 왕에게 돌려주었는데 아그립바도 이들을 팔아넘겨 버렸다. 542. 나머지 무리는 주로 트라코니티스, 가울라니티스, 힙포, 그리고 가다라 출신이었으며 대부분 폭동을 선동한 자들과 도망친 노예들, 그리고 전쟁 시작 전에 지은 죄가 있어서 목숨을 걸고 전쟁에 매달렸던 자들이었다. 이들이 붙잡힌 날은 고르피에우스 월 8일[89]이었다.

89) 67년 9월 26일.

Historia Ioudaikou Polemou Pros Romaious

유대 전쟁사 헬라어 원본

Φλαυίου Ἰωσήπου ἱστορία Ἰουδαϊκοῦ πολέμου πρὸς Ῥωμαίους

제 1 권
βιβλίον α'

[1.1] Ἐπειδὴ τὸν Ἰουδαίων πρὸς Ῥωμαίους πόλεμον συστάντα μέγιστον οὐ μόνον τῶν καθ' ἡμᾶς, σχεδὸν δὲ καὶ ὧν ἀκοῇ παρειλήφαμεν ἢ πόλεων πρὸς πόλεις ἢ ἐθνῶν ἔθνεσι συρραγέντων, οἱ μὲν οὐ παρατυχόντες τοῖς πράγμασιν, ἀλλ' ἀκοῇ συλλέγοντες εἰκαῖα καὶ ἀσύμφωνα διηγήματα σοφιστικῶς ἀναγράφουσιν, [2] οἱ παραγενόμενοι δὲ ἢ κολακείᾳ τῇ πρὸς Ῥωμαίους ἢ μίσει τῷ πρὸς Ἰουδαίους καταψεύδονται τῶν πραγμάτων, περιέχει δὲ αὐτοῖς ὅπου μὲν κατηγορίαν ὅπου δὲ ἐγκώμιον τὰ συγγράμματα, τὸ δ' ἀκριβὲς τῆς ἱστορίας οὐδαμοῦ, [3] προυθέμην ἐγὼ τοῖς κατὰ τὴν Ῥωμαίων ἡγεμονίαν Ἑλλάδι γλώσσῃ μεταβαλὼν ἃ τοῖς ἄνω βαρβάροις τῇ πατρίῳ συντάξας ἀνέπεμψα πρότερον ἀφηγήσασθαι Ἰώσηπος Ματθίου παῖς ἐξ Ἱεροσολύμων ἱερεύς, αὐτός τε Ῥωμαίους πολεμήσας τὰ πρῶτα καὶ τοῖς ὕστερον παρατυχὼν ἐξ ἀνάγκης:

[2.4] γενομένου γάρ, ὡς ἔφην, μεγίστου τοῦδε τοῦ κινήματος ἐν Ῥωμαίοις μὲν ἐνόσει τὰ οἰκεῖα, Ἰουδαίων δὲ τὸ νεωτερίζον τότε τεταραγμένοις ἐπανέστη τοῖς καιροῖς ἀκμάζον κατά τε χεῖρα καὶ χρήμασιν, ὡς δι' ὑπερβολὴν θορύβων τοῖς μὲν ἐν ἐλπίδι κτήσεως τοῖς δ' ἐν ἀφαιρέσεως δέει γίνεσθαι τὰ πρὸς τὴν ἀνατολήν, [5] ἐπειδὴ Ἰουδαῖοι μὲν ἅπαν τὸ ὑπὲρ Εὐφράτην ὁμόφυλον συνεπαρθήσεσθαι σφίσιν ἤλπισαν, Ῥωμαίους δὲ οἵ τε γείτονες Γαλάται παρεκίνουν καὶ τὸ Κελτικὸν οὐκ ἠρέμει, μεστὰ δ' ἦν πάντα θορύβων μετὰ Νέρωνα, καὶ πολλοὺς μὲν βασιλειᾶν ὁ καιρὸς ἀνέπειθεν, τὰ στρατιωτικὰ δὲ ἤρα μεταβολῆς ἐλπίδι λημμάτων: [6] ἄτοπον ἡγησάμενος περιιδεῖν πλαζομένην ἐπὶ τηλικούτοις πράγμασι τὴν ἀλήθειαν, καὶ Πάρθους μὲν καὶ Βαβυλωνίους Ἀράβων τε τοὺς πορρωτάτω καὶ τὸ ὑπὲρ Εὐφράτην ὁμόφυλον ἡμῖν Ἀδιαβηνούς τε γνῶναι διὰ τῆς ἐμῆς ἐπιμελείας ἀκριβῶς, ὅθεν τε ἤρξατο καὶ δι' ὅσων ἐχώρησεν παθῶν ὁ πόλεμος καὶ ὅπως κατέστρεψεν, ἀγνοεῖν δὲ Ἕλληνας ταῦτα καὶ Ῥωμαίων τοὺς μὴ ἐπιστρατευσαμένους, ἐντυγχάνοντας ἢ κολακείαις ἢ πλάσμασι.

[3.7] Καίτοι γε ἱστορίας αὐτὰς ἐπιγράφειν τολμῶσιν, ἐν αἷς πρὸς τῷ μηδὲν ὑγιὲς δηλοῦν καὶ τοῦ σκοποῦ δοκοῦσιν ἔμοιγε διαμαρτάνειν. βούλονται μὲν γὰρ μεγάλους τοὺς Ῥωμαίους ἀποδεικνύειν, καταβάλλουσιν δὲ ἀεὶ τὰ Ἰουδαίων καὶ ταπεινοῦσιν: [8] οὐχ ὁρῶ δέ, πῶς ἂν εἶναι μεγάλοι δοκοῖεν οἱ μικροὺς νενικηκότες: καὶ οὔτε τὸ μῆκος αἰδοῦνται τοῦ πολέμου οὔτε τὸ πλῆθος τῆς Ῥωμαίων καμούσης στρατιᾶς οὔτε τὸ μέγεθος τῶν στρατηγῶν, οἳ πολλὰ περὶ τοῖς Ἱεροσολύμοις ἱδρώσαντες οἶμαι ταπεινουμένου τοῦ κατορθώματος αὐτοῖς ἀδοξοῦσιν.

[4.9] Οὐ μὴν ἐγὼ τοῖς ἐπαίρουσι τὰ Ῥωμαίων ἀντιφιλονεικῶν αὔξειν τὰ τῶν ὁμοφύλων διέγνων, ἀλλὰ τὰ μὲν ἔργα μετ' ἀκριβείας ἀμφοτέρων διέξειμι, τοὺς δ' ἐπὶ τοῖς πράγμασι λόγους ἀνατίθημι τῇ διαθέσει καὶ τοῖς ἐμαυτοῦ πάθεσι διδοὺς ἐπολοφύρεσθαι ταῖς τῆς πατρίδος συμφοραῖς. [10] ὅτι γὰρ αὐτὴν στάσις οἰκεία καθεῖλεν, καὶ τὰς Ῥωμαίων χεῖρας ἀκούσας καὶ τὸ πῦρ ἐπὶ τὸν ναὸν εἵλκυσαν οἱ Ἰουδαίων τύραννοι, μάρτυς αὐτὸς ὁ πορθήσας Καῖσαρ Τίτος, ἐν παντὶ τῷ πολέμῳ τὸν μὲν δῆμον ἐλεήσας ὑπὸ τῶν στασιαστῶν φρουρούμενον, πολλάκις δὲ ἑκὼν τὴν ἅλωσιν τῆς πόλεως ὑπερτιθέμενος καὶ διδοὺς τῇ πολιορκίᾳ χρόνον εἰς μετάνοιαν τῶν αἰτίων. [11] εἰ δή τις ὅσα πρὸς τοὺς τυράννους ἢ τὸ λῃστρικὸν αὐτῶν κατηγορικῶς λέγοιμεν ἢ τοῖς δυστυχήμασι τῆς πατρίδος ἐπιστένοντες συκοφαντοίη, διδότω παρὰ τὸν τῆς ἱστορίας νόμον συγγνώμην τῷ πάθει: πόλιν μὲν γὰρ δὴ τῶν ὑπὸ Ῥωμαίοις πασῶν τὴν ἡμετέραν ἐπὶ πλεῖστόν τε εὐδαιμονίας συνέβη προελθεῖν καὶ πρὸς ἔσχατον συμφορῶν αὖθις καταπεσεῖν: [12] τὰ γοῦν πάντων ἀπ' αἰῶνος ἀτυχήματα πρὸς τὰ Ἰουδαίων ἡττῆσθαι δοκῶ κατὰ σύγκρισιν: καὶ τούτων αἴτιος οὐδεὶς ἀλλόφυλος, ὥστε ἀμήχανον ἦν ὀδυρμῶν ἐπικρατεῖν. εἰ δέ τις οἴκτου σκληρότερος εἴη δικαστής, τὰ μὲν πράγματα τῇ ἱστορίᾳ προσκρινέτω, τὰς δ' ὀλοφύρσεις τῷ γράφοντι.

[5.13] Καίτοι γε ἐπιτιμήσαιμ' ἂν αὐτὸς δικαίως τοῖς Ἑλλήνων λογίοις, οἳ τηλικούτων κατ' αὐτοὺς πραγμάτων γεγενημένων, ἃ κατὰ σύγκρισιν ἐλαχίστους ἀποδείκνυσι τοὺς πάλαι πολέμους, τούτων μὲν κάθηνται κριταὶ τοῖς φιλοτιμουμένοις ἐπηρεάζοντες, ὧν εἰ καὶ τῷ λόγῳ πλεονεκτοῦσι, λείπονται τῇ προαιρέσει: αὐτοὶ δὲ τὰ Ἀσσυρίων καὶ Μήδων συγγράφουσιν ὥσπερ ἧττον καλῶς ὑπὸ τῶν ἀρχαίων συγγραφέων ἀπηγγελμένα. [14] καίτοι τοσούτῳ τῆς ἐκείνων ἡττῶνται δυνάμεως ἐν τῷ γράφειν, ὅσῳ καὶ τῆς γνώμης: τὰ γὰρ κατ' αὐτοὺς ἐσπούδαζον ἕκαστοι γράφειν, ὅπου καὶ τὸ παρατυχεῖν τοῖς πράγμασιν ἐποίει τὴν ἀπαγγελίαν ἐναργῆ καὶ τὸ ψεύδεσθαι παρ' εἰδόσιν αἰσχρὸν ἦν. [15] τό γε μὴν μνήμῃ τὰ προϊστορηθέντα διδόναι καὶ τὰ τῶν ἰδίων χρόνων τοῖς μετ' αὐτὸν συνιστάνειν ἐπαίνου καὶ μαρτυρίας ἄξιον: φιλόπονος δὲ οὐχ ὁ μεταποιῶν οἰκονομίαν καὶ τάξιν ἀλλοτρίαν, ἀλλ' ὁ μετὰ τοῦ καινὰ λέγειν καὶ τὸ σῶμα τῆς ἱστορίας κατασκευάζων ἴδιον. [16] κἀγὼ μὲν ἀναλώμασι καὶ πόνοις μεγίστοις ἀλλόφυλος ὢν Ἕλλησί τε καὶ Ῥωμαίοις τὴν μνήμην τῶν κατορθωμάτων ἀνατίθημι: τοῖς δὲ γνησίοις πρὸς μὲν τὰ λήμματα καὶ τὰς δίκας κέχηνεν εὐθέως τὸ στόμα καὶ γλῶσσα λέλυται, πρὸς δὲ τὴν ἱστορίαν, ἔνθα χρὴ τἀληθῆ λέγειν καὶ μετὰ πολλοῦ πόνου τὰ πράγματα συλλέγειν, πεφίμωνται παρέντες τοῖς ἀσθενεστέροις καὶ μηδὲ γινώσκουσι τὰς πράξεις τῶν ἡγεμόνων γράφειν. τιμάσθω δὴ παρ' ἡμῖν τὸ τῆς ἱστορίας ἀληθές, ἐπεὶ παρ' Ἕλλησιν ἠμέληται.

[6.17] Ἀρχαιολογεῖν μὲν δὴ τὰ Ἰουδαίων, τίνες τε ὄντες καὶ ὅπως ἀπανέστησαν Αἰγυπτίων, χώραν τε ὅσην ἐπῆλθον ἀλώμενοι καὶ πόσα ἑξῆς κατέλαβον καὶ ὅπως μετανέστησαν, νῦν τε ἄκαιρον ᾠήθην εἶναι καὶ ἄλλως περιττόν, ἐπειδήπερ καὶ Ἰουδαίων πολλοὶ πρὸ ἐμοῦ τὰ τῶν προγόνων συνετάξαντο μετ' ἀκριβείας καί τινες Ἑλλήνων ἐκεῖνα τῇ πατρίῳ φωνῇ μεταβαλόντες οὐ πολὺ τῆς ἀληθείας διήμαρτον. [18] ὅπου δ' οἵ τε τούτων συγγραφεῖς ἐπαύσαντο καὶ οἱ ἡμέτεροι προφῆται, τὴν ἀρχὴν ἐκεῖθεν ποιήσομαι τῆς συντάξεως: τούτων δὲ τὰ μὲν τοῦ κατ' ἐμαυτὸν πολέμου διεξοδικώτερον καὶ μεθ' ὅσης ἂν ἐξεργασίας δύνωμαι δίειμι, τὰ δὲ προγενέστερα τῆς ἐμῆς ἡλικίας ἐπιδραμῶ συντόμως,

[7.19] ὡς Ἀντίοχος ὁ κληθεὶς Ἐπιφανὴς ἑλὼν κατὰ κράτος Ἱεροσόλυμα καὶ κατασχὼν ἔτεσι τρισὶ καὶ μησὶν ἓξ ὑπὸ τῶν Ἀσαμωναίου παίδων ἐκβάλλεται τῆς χώρας, ἔπειθ' ὡς οἱ τούτων ἔγγονοι περὶ τῆς βασιλείας διαστασιάσαντες εἵλκυσαν εἰς τὰ πράγματα Ῥωμαίους καὶ Πομπήιον. καὶ ὡς Ἡρώδης ὁ Ἀντιπάτρου κατέλυσε τὴν δυναστείαν αὐτῶν ἐπαγαγὼν Σόσσιον, [20] ὅπως τε ὁ λαὸς μετὰ τὴν Ἡρώδου τελευτὴν κατεστασίασεν Αὐγούστου μὲν Ῥωμαίων ἡγεμονεύοντος, Κυιντιλίου δὲ Οὐάρου κατὰ τὴν χώραν ὄντος, καὶ ὡς ἔτει δωδεκάτῳ τῆς Νέρωνος ἀρχῆς ὁ πόλεμος ἀνερράγη τά τε συμβάντα κατὰ Κέστιον καὶ ὅσα κατὰ τὰς πρώτας ὁρμὰς ἐπῆλθον οἱ Ἰουδαῖοι τοῖς ὅπλοις,

[8.21] ὅπως τε τὰς περιοίκους ἐτειχίσαντο, καὶ ὡς Νέρων ἐπὶ τοῖς Κεστίου πταίσμασι δείσας περὶ τῶν ὅλων Οὐεσπασιανὸν ἐφίστησι τῷ πολέμῳ, καὶ ὡς οὗτος μετὰ τοῦ πρεσβυτέρου τῶν παίδων εἰς τὴν Ἰουδαίων χώραν ἐνέβαλεν ὅσῃ τε χρώμενος Ῥωμαίων στρατιᾷ καὶ ὅσοι σύμμαχοι ἐκόπησαν εἰς ὅλην τὴν Γαλιλαίαν, καὶ ὡς τῶν πόλεων αὐτῆς ἃς μὲν ὁλοσχερῶς καὶ κατὰ κράτος ἃς δὲ δι' ὁμολογίας ἔλαβεν: [22] ἔνθα δὴ καὶ τὰ περὶ τῆς Ῥωμαίων ἐν πολέμοις εὐταξίας καὶ τὴν ἄσκησιν τῶν ταγμάτων, τῆς τε Γαλιλαίας ἑκατέρας τὰ διαστήματα καὶ τὴν φύσιν καὶ τοὺς τῆς Ἰουδαίας ὅρους, ἔτι τε τῆς χώρας τὴν ἰδιότητα, λίμνας τε καὶ πηγὰς τὰς ἐν αὐτῇ, καὶ τὰ περὶ ἑκάστην πόλιν τῶν ἁλισκομένων πάθη μετὰ ἀκριβείας, ὡς εἶδον ἢ ἔπαθον, δίειμι. οὐδὲ γὰρ τῶν ἐμαυτοῦ τι συμφορῶν ἀποκρύψομαι μέλλων γε πρὸς εἰδότας ἐρεῖν.

[9.23] Ἔπειθ' ὡς ἤδη καμνόντων Ἰουδαίοις τῶν πραγμάτων θνήσκει μὲν Νέρων, Οὐεσπασιανὸς δὲ ἐπὶ Ἱεροσολύμων ὡρμημένος ὑπὸ τῆς ἡγεμονίας ἀνθέλκεται: τά τε γενόμενα περὶ ταύτης αὐτῷ σημεῖα καὶ τὰς ἐπὶ Ῥώμης μεταβολάς, [24] καὶ ὡς αὐτὸς ὑπὸ τῶν στρατιωτῶν ἄκων αὐτοκράτωρ ἀποδείκνυται, καὶ ἀποχωρήσαντος ἐπὶ διοικήσει τῶν ὅλων εἰς τὴν Αἴγυπτον ἐστασιάσθη τὰ τῶν Ἰουδαίων, ὅπως τε ἐπανέστησαν αὐτοῖς οἱ τύραννοι, καὶ τὰς τούτων πρὸς ἀλλήλους διαφοράς.

[10.25] Καὶ ὡς ἄρας ἀπὸ τῆς Αἰγύπτου Τίτος δεύτερον εἰς τὴν χώραν ἐνέβαλεν, ὅπως τε τὰς δυνάμεις καὶ ὅπου συνήγαγε καὶ ὁπόσας, καὶ ὅπως ἐκ τῆς στάσεως ἡ πόλις διέκειτο παρόντος αὐτοῦ, προσβολάς τε ὅσας ἐποιήσατο καὶ ὁπόσα χώματα, περιβόλους τε τῶν τριῶν τειχῶν καὶ τὰ μέτρα τούτων, τήν τε τῆς πόλεως ὀχυρότητα καὶ τοῦ ἱεροῦ καὶ τοῦ ναοῦ τὴν διάθεσιν,
[26] ἔτι δὲ τούτων καὶ τοῦ βωμοῦ τὰ μέτρα πάντα μετ' ἀκριβείας, ἔθη τε ἑορτῶν ἔνια καὶ τὰς ἑπτὰ ἁγνείας καὶ τὰς τῶν ἱερέων λειτουργίας, ἔτι δὲ τὰς ἐσθῆτας τῶν ἱερέων καὶ τοῦ ἀρχιερέως, καὶ οἷον ἦν τοῦ ναοῦ τὸ ἅγιον, οὐδὲν οὔτε ἀποκρυπτόμενος οὔτε προστιθεὶς τοῖς πεφωραμένοις.

[11.27] Ἔπειτα διέξειμι τήν τε τῶν τυράννων πρὸς τοὺς ὁμοφύλους ὠμότητα καὶ τὴν Ῥωμαίων φειδὼ πρὸς τοὺς ἀλλοφύλους, καὶ ὁσάκις Τίτος σῶσαι τὴν πόλιν καὶ τὸν ναὸν ἐπιθυμῶν ἐπὶ δεξιὰς τοὺς στασιάζοντας προυκαλέσατο, διακρινῶ δὲ τὰ πάθη τοῦ δήμου καὶ τὰς συμφορὰς ὅσα τε ὑπὸ τοῦ πολέμου καὶ ὅσα ὑπὸ τῆς στάσεως καὶ ὅσα ὑπὸ τοῦ λιμοῦ κακωθέντες ἑάλωσαν.
[28] παραλείψω δὲ οὐδὲ τὰς τῶν αὐτομόλων ἀτυχίας οὐδὲ τὰς τῶν αἰχμαλώτων κολάσεις, ὅπως τε ὁ ναὸς ἄκοντος ἐνεπρήσθη Καίσαρος καὶ ὅσα τῶν ἱερῶν κειμηλίων ἐκ τοῦ πυρὸς ἡρπάγη τήν τε τῆς ὅλης πόλεως ἅλωσιν καὶ τὰ πρὸ ταύτης σημεῖα καὶ τέρατα καὶ τὴν

αἰχμαλωσίαν τῶν τυράννων τῶν τε ἀνδραποδισθέντων τὸ πλῆθος καὶ εἰς ἣν ἕκαστοι τύχην διενεμήθησαν: [29] καὶ ὡς Ῥωμαῖοι μὲν ἐπεξῆλθον τὰ λείψανα τοῦ πολέμου καὶ τὰ ἐρύματα τῶν χωρίων καθεῖλον, Τίτος δὲ πᾶσαν ἐπελθὼν τὴν χώραν κατεστήσατο, τήν τε ὑποστροφὴν αὐτοῦ τὴν εἰς Ἰταλίαν καὶ τὸν θρίαμβον.

[12.30] Ταῦτα πάντα περιλαβὼν ἐν ἑπτὰ βιβλίοις καὶ μηδεμίαν τοῖς ἐπισταμένοις τὰ πράγματα καὶ παρατυχοῦσι τῷ πολέμῳ καταλιπὼν ἢ μέμψεως ἀφορμὴν ἢ κατηγορίας, τοῖς γε τὴν ἀλήθειαν ἀγαπῶσιν, ἀλλὰ μὴ πρὸς ἡδονὴν ἀνέγραψα. ποιήσομαι δὲ ταύτην τῆς ἐξηγήσεως ἀρχήν, ἣν καὶ τῶν κεφαλαίων ἐποιησάμην.

[1.31] Στάσεως τοῖς δυνατοῖς Ἰουδαίων ἐμπεσούσης καθ' ὃν καιρὸν Ἀντίοχος ὁ κληθεὶς Ἐπιφανὴς διεφέρετο περὶ ὅλης Συρίας πρὸς Πτολεμαῖον τὸν ἕκτον, ἡ φιλοτιμία δ' ἦν αὐτοῖς περὶ δυναστείας ἑκάστου τῶν ἐν ἀξιώματι μὴ φέροντος τοῖς ὁμοίοις ὑποτετάχθαι, Ὀνίας μὲν εἷς τῶν ἀρχιερέων ἐπικρατήσας ἐξέβαλε τῆς πόλεως τοὺς Τωβία υἱούς. [32] οἱ δὲ καταφυγόντες πρὸς Ἀντίοχον ἱκέτευσαν αὐτοῖς ἡγεμόσι χρώμενον εἰς τὴν Ἰουδαίαν ἐμβαλεῖν. πείθεται δ' ὁ βασιλεὺς ὡρμημένος πάλαι, καὶ μετὰ πλείστης δυνάμεως αὐτὸς ὁρμήσας τήν τε πόλιν αἱρεῖ κατὰ κράτος καὶ πολὺ πλῆθος τῶν Πτολεμαίῳ προσεχόντων ἀναιρεῖ, ταῖς τε ἁρπαγαῖς ἀνέδην ἐπαφιεὶς τοὺς στρατιώτας αὐτὸς καὶ τὸν ναὸν ἐσύλησε καὶ τὸν ἐνδελεχισμὸν τῶν καθ' ἡμέραν ἐναγισμῶν ἔπαυσεν ἐπ' ἔτη τρία καὶ μῆνας ἕξ. [33] ὁ δ' ἀρχιερεὺς Ὀνίας πρὸς Πτολεμαῖον διαφυγὼν καὶ παρ' αὐτοῦ λαβὼν τόπον ἐν τῷ Ἡλιοπολίτῃ νομῷ πολίχνην τε τοῖς Ἱεροσολύμοις ἀπεικασμένην καὶ ναὸν ἔκτισεν ὅμοιον: περὶ ὧν αὖθις κατὰ χώραν δηλώσομεν.

[2.34] Ἀντιόχῳ γε μὴν οὔτε τὸ παρ' ἐλπίδα κρατῆσαι τῆς πόλεως οὔτε αἱ ἁρπαγαὶ καὶ ὁ τοσοῦτος φόνος ἤρκεσεν, ὑπὸ δὲ ἀκρασίας παθῶν καὶ κατὰ μνήμην ὧν παρὰ τὴν πολιορκίαν ἔπαθεν ἠνάγκαζεν Ἰουδαίους καταλύσαντας τὰ πάτρια βρέφη τε αὐτῶν φυλάττειν ἀπερίτμητα καὶ σῦς ἐπιθύειν τῷ βωμῷ: [35] πρὸς ἃ ἅπαντες μὲν ἠπείθουν, ἐσφάττοντο δὲ οἱ δοκιμώτατοι. καὶ Βακχίδης ὁ πεμφθεὶς ὑπὸ Ἀντιόχου φρούραρχος, τῇ φυσικῇ προσλαβὼν ὠμότητι τὰ ἀσεβῆ παραγγέλματα παρανομίας οὐδεμίαν κατέλιπεν ὑπερβολὴν καὶ κατ' ἄνδρα τοὺς ἀξιολόγους αἰκιζόμενος καὶ κοινῇ καθ' ἡμέραν ἐνδεικνύμενος ὄψιν ἁλώσεως τῇ πόλει, μέχρι ταῖς ὑπερβολαῖς τῶν ἀδικημάτων τοὺς πάσχοντας εἰς ἀμύνης τόλμαν ἠρέθισε.

[3.36] Ματθίας γοῦν υἱὸς Ἀσαμωναίου τῶν ἱερέων εἷς ἀπὸ κώμης Μωδεεὶν ὄνομα, συνασπίσας μετὰ χειρὸς οἰκείας, πέντε γὰρ υἱεῖς ἦσαν αὐτῷ, κοπίσιν ἀναιρεῖ τὸν Βακχίδην. καὶ παραχρῆμα μὲν δείσας τὸ πλῆθος τῶν φρουρῶν εἰς τὰ ὄρη καταφεύγει:
[37] προσγενομένων δὲ ἀπὸ τοῦ δήμου πολλῶν ἀναθαρσήσας κάτεισι καὶ συμβαλὼν μάχῃ νικᾷ τε τοὺς Ἀντιόχου στρατηγοὺς καὶ τῆς Ἰουδαίας ἐξελαύνει. παρελθὼν δὲ ἀπὸ τῆς εὐπραγίας εἰς δυναστείαν καὶ διὰ τὴν ἀπαλλαγὴν τῶν ἀλλοφύλων ἄρξας τῶν σφετέρων ἑκόντων, τελευτᾷ Ἰούδᾳ τῷ πρεσβυτάτῳ τῶν παίδων καταλιπὼν τὴν ἀρχήν.

[4.38] Ὁ δέ, οὐ γὰρ ἠρεμήσειν Ἀντίοχον ὑπελάμβανε, τάς τε ἐπιχωρίους συγκροτεῖ δυνάμεις, καὶ πρὸς Ῥωμαίους πρῶτος ἐποιήσατο φιλίαν, καὶ τὸν Ἐπιφανῆ πάλιν εἰς τὴν χώραν ἐμβάλλοντα μετὰ καρτερᾶς πληγῆς ἀνέστειλεν. [39] ἀπὸ δὲ θερμοῦ τοῦ κατορθώματος ὥρμησεν ἐπὶ τὴν ἐν τῇ πόλει φρουράν, οὔπω γὰρ ἐκκέκοπτο, καὶ ἐκβαλὼν ἀπὸ τῆς ἄνω πόλεως συνωθεῖ τοὺς στρατιώτας εἰς τὴν κάτω: τοῦτο δὲ τοῦ ἄστεος τὸ μέρος Ἄκρα κέκληται: κυριεύσας δὲ τοῦ ἱεροῦ τόν τε χῶρον ἐκάθηρε πάντα καὶ περιετείχισε καὶ τὰ πρὸς τὰς λειτουργίας σκεύη καινὰ κατασκευάσας εἰς τὸν ναὸν εἰσήνεγκεν ὡς τῶν προτέρων μεμιαμμένων, βωμόν τε ᾠκοδόμησεν ἕτερον καὶ τῶν ἐναγισμῶν ἤρξατο. [40] λαμβανούσης δὲ ἄρτι τὸ ἱερὸν κατάστημα τῆς πόλεως τελευτᾷ μὲν Ἀντίοχος, κληρονόμος δὲ τῆς βασιλείας αὐτοῦ καὶ τῆς πρὸς Ἰουδαίους ἀπεχθείας ὁ υἱὸς Ἀντίοχος γίνεται.

[5.41] Συναγαγὼν γοῦν πεζῶν μὲν μυριάδας πέντε, ἱππεῖς δὲ πεντακισχιλίους, ἐλέφαντας δὲ ὀγδοήκοντα ἐμβάλλει διὰ τῆς Ἰουδαίας εἰς τὴν ὀρεινήν. Βηθσουρὸν μὲν οὖν πολίχνην αἱρεῖ, κατὰ δὲ τόπον, ὃς καλεῖται Βεθζαχαρία στενῆς οὔσης τῆς παρόδου Ἰούδας ὑπαντᾷ μετὰ τῆς δυνάμεως. [42] πρὶν δὲ συνάψαι τὰς φάλαγγας Ἐλεάζαρος ὁ ἀδελφὸς αὐτοῦ προϊδὼν τὸν ὑψηλότατον τῶν ἐλεφάντων πύργῳ τε μεγάλῳ καὶ περιχρύσοις προτειχίσμασι κεκοσμημένον, ὑπολαβὼν ἐπ' αὐτοῦ τὸν Ἀντίοχον εἶναι, τῶν τε ἰδίων ἐκτρέχει πολὺ καὶ διακόψας τὸ στῖφος τῶν πολεμίων ἐπὶ τὸν ἐλέφαντα διήνυσεν. [43] ἐφικέσθαι μὲν οὖν τοῦ δοκοῦντος εἶναι βασιλέως οὐχ οἷός τε ἦν διὰ τὸ ὕψος, ὁ δὲ τὸ θηρίον ὑπὸ τὴν γαστέρα πλήξας ἐπικατέσεισεν ἑαυτῷ καὶ συντριβεὶς ἐτελεύτησεν, μηδὲν πλέον δράσας τοῦ τοῖς μεγάλοις ἐπιβαλέσθαι θέμενος εὐκλείας ἐν δευτέρῳ τὸ ζῆν. [44] ὅ γε μὴν κυβερνῶν τὸν ἐλέφαντα ἰδιώτης ἦν: κἂν εἰ συνέβη δὲ εἶναι τὸν Ἀντίοχον, οὐδὲν πλέον ἤνυσεν ὁ τολμήσας τοῦ δοκεῖν ἐπ' ἐλπίδι μόνῃ λαμπροῦ κατορθώματος ἑλέσθαι τὸν θάνατον. [45] γίνεται δὲ καὶ κληδὼν τἀδελφῷ τῆς ὅλης παρατάξεως: καρτερῶς μὲν γὰρ οἱ Ἰουδαῖοι καὶ μέχρι πολλοῦ διηγωνίσαντο, πλήθει δὲ ὑπερέχοντες οἱ βασιλικοὶ καὶ δεξιᾷ χρησάμενοι τύχῃ κρατοῦσι, καὶ πολλῶν ἀναιρεθέντων τοὺς λοιποὺς ἔχων Ἰούδας εἰς τὴν Γοφνιτικὴν τοπαρχίαν φεύγει.
[46] Ἀντίοχος δὲ παρελθὼν εἰς Ἱεροσόλυμα καὶ καθίσας ὀλίγας ἡμέρας ἐν αὐτῇ κατὰ σπάνιν τῶν ἐπιτηδείων ἀπανίσταται, καταλιπὼν μὲν φρουρὰν ὅσην ἀποχρήσειν ὑπελάμβανε, τὴν δὲ λοιπὴν δύναμιν ἀπαγαγὼν χειμεριοῦσαν εἰς τὴν Συρίαν.

[6.47] Πρὸς δὲ τὴν ὑποχώρησιν τοῦ βασιλέως Ἰούδας οὐκ ἠρέμει, προσγενομένων δ' ἐκ τοῦ ἔθνους πολλῶν καὶ τοὺς διασωθέντας ἐκ τῆς μάχης ἐπισυγκροτήσας κατὰ κώμην Ἀκέδασαν συμβάλλει τοῖς Ἀντιόχου στρατηγοῖς, καὶ φανεὶς ἄριστος κατὰ τὴν μάχην πολλούς τε τῶν πολεμίων ἀποκτείνας ἀναιρεῖται καὶ μεθ' ἡμέρας ὀλίγας ὁ ἀδελφὸς αὐτοῦ Ἰωάννης ἐπιβουλευθεὶς ὑπὸ τῶν τὰ Ἀντιόχου φρονούντων τελευτᾷ.

[1.48] Διαδεξάμενος δὲ τοῦτον ὁ ἀδελφὸς Ἰωνάθης τά τε ἄλλα πρὸς τοὺς ἐπιχωρίους διὰ φυλακῆς ἦγεν ἑαυτὸν καὶ τῇ πρὸς Ῥωμαίους φιλίᾳ τὴν ἀρχὴν ἐκρατύνατο πρός τε τὸν Ἀντιόχου παῖδα διαλλαγὰς ἐποιήσατο. οὐ μήν τι τούτων ἤρκεσεν αὐτῷ πρὸς ἀσφάλειαν:
[49] Τρύφων γὰρ ὁ τύραννος, ἐπίτροπος μὲν ὢν τοῦ Ἀντιόχου παιδὸς ἐπιβουλεύων δ' αὐτῷ καὶ πρόσθεν, ἀποσκευάζεσθαι τοὺς φίλους αὐτοῦ πειρώμενος ἥκοντα τὸν Ἰωνάθην σὺν ὀλίγοις εἰς Πτολεμαΐδα πρὸς Ἀντίοχον δόλῳ συλλαμβάνει καὶ δήσας ἐπὶ Ἰουδαίαν στρατεύει: εἶτ' ἀπελαθεὶς ὑπὸ τοῦ Σίμωνος, ὃς ἦν ἀδελφὸς τοῦ Ἰωνάθου, καὶ πρὸς τὴν ἧτταν ὠργισμένος κτείνει τὸν Ἰωνάθην.

[2.50] Σίμων δὲ γενναίως ἀφηγούμενος τῶν πραγμάτων αἱρεῖ μὲν Γάζαρά τε καὶ Ἰόππην καὶ Ἰάμνειαν τῶν προσοίκων, κατέσκαψε δὲ καὶ τὴν ἄκραν τῶν φρουρῶν κρατήσας. αὖθις δὲ γίνεται καὶ Ἀντιόχῳ σύμμαχος κατὰ Τρύφωνος, ὃν ἐν Δώροις πρὸ τῆς ἐπὶ Μήδους στρατείας ἐπολιόρκει. [51] ἀλλ' οὐκ ἐξεδυσώπησεν τὴν τοῦ βασιλέως πλεονεξίαν Τρύφωνα συνεξελών: μετ' οὐ πολὺ γὰρ Ἀντίοχος Κενδεβαῖον τὸν αὐτοῦ στρατηγὸν μετὰ δυνάμεως δῃώσοντα τὴν Ἰουδαίαν ἔπεμψεν καὶ καταδουλωσόμενον Σίμωνα.
[52] ὁ δὲ καίτοι γε γηραλέος ὢν νεανικώτερον ἀφηγήσατο τοῦ πολέμου: τοὺς μέντοι γε υἱεῖς αὐτοῦ μετὰ τῶν ἐρρωμενεστάτων προεκπέμπει, αὐτὸς δὲ μοῖραν τῆς δυνάμεως ἀναλαβὼν ἐπῄει κατ' ἄλλο μέρος. [53] πολλοὺς δὲ πολλαχοῦ κἀν τοῖς ὄρεσι προλοχίσας πάσαις κρατεῖ ταῖς ἐπιβολαῖς καὶ νικήσας λαμπρῶς ἀρχιερεὺς ἀποδείκνυται καὶ τῆς Μακεδόνων ἐπικρατείας μετὰ ἑκατὸν καὶ ἑβδομήκοντα ἔτη Ἰουδαίους ἀπαλλάττει.

[3.54] Θνήσκει δὲ καὶ αὐτὸς ἐπιβουλευθεὶς ἐν συμποσίῳ ὑπὸ Πτολεμαίου τοῦ γαμβροῦ, ὃς αὐτοῦ τήν τε γυναῖκα καὶ τοὺς δύο παῖδας ἐγκαθείρξας ἐπὶ τὸν τρίτον Ἰωάννην, ὃς καὶ Ὑρκανὸς ἐκαλεῖτο, τοὺς ἀναιρήσοντας ἔπεμψεν. [55] προγνοὺς δὲ τὴν ἔφοδον ὁ νεανίσκος παραγενέσθαι εἰς τὴν πόλιν ἠπείγετο, πλεῖστον τῷ λαῷ πεποιθὼς κατά τε μνήμην τῶν πατρῴων κατορθωμάτων καὶ μῖσος τῆς Πτολεμαίου παρανομίας. ὥρμησε δὲ καὶ Πτολεμαῖος εἰσελθεῖν καθ' ἑτέραν πύλην, ἐξεκρούσθη γε μὴν ὑπὸ τοῦ δήμου ταχέως δεδεγμένων ἤδη τὸν Ὑρκανόν. [56] καὶ ὁ μὲν παραχρῆμα ἀνεχώρησεν εἴς τι τῶν ὑπὲρ Ἱεριχοῦντος ἐρυμάτων, ὃ Δαγὼν καλεῖται: κομισάμενος δὲ τὴν πατρῴαν ἀρχιερωσύνην Ὑρκανὸς καὶ θύσας τῷ θεῷ μετὰ τάχους ἐπὶ Πτολεμαῖον ὥρμησεν βοηθήσων τῇ μητρὶ καὶ τοῖς ἀδελφοῖς, καὶ προσβαλὼν τῷ φρουρίῳ τὰ μὲν ἄλλα κρείττων ἦν,

[4.57] ἡττᾶτο δὲ δικαίου πάθους: ὁ γὰρ Πτολεμαῖος ὁπότε καταπονοῖτο, τήν τε μητέρα καὶ τοὺς ἀδελφοὺς αὐτοῦ προάγων ἐπὶ τοῦ τείχους εἰς εὐσύνοπτον ᾐκίζετο καὶ κατακρημνιεῖν, εἰ μὴ θᾶττον ἀπανασταίη, διηπείλει. [58] πρὸς ἃ τὸν μὲν Ὑρκανὸν ὀργῆς πλείων οἶκτος εἰσῄει καὶ δέος, ἡ δὲ μήτηρ οὐδὲν οὔτε πρὸς τὰς αἰκίας οὔτε πρὸς τὸν ἀπειλούμενον αὐτῇ θάνατον ἐνδιδοῦσα χεῖρας ὤρεγε καὶ κατηντιβόλει τὸν παῖδα μήτι πρὸς τὴν αὐτῆς ὕβριν ἐπικλασθέντα φείσασθαι τοῦ δυσσεβοῦς, ὡς αὐτῇ γε κρείττονα τὸν ἐκ Πτολεμαίου θάνατον ἀθανασίας εἶναι δόντος δίκας ἐφ' οἷς εἰς τὸν οἶκον αὐτῶν παρηνόμησεν. [59] ὁ δὲ Ἰωάννης ὁπότε μὲν ἐνθυμηθείη τὸ παράστημα τῆς μητρὸς καὶ κατακούσειε τῆς ἱκεσίας, ὥρμητο προσβάλλειν, ἐπειδὰν δὲ κατίδοι τυπτομένην τε καὶ σπαραττομένην, ἐθηλύνετο καὶ τοῦ πάθους ὅλος ἦν. [60] τριβομένης δὲ διὰ ταῦτα τῆς πολιορκίας ἐπέστη τὸ ἀργὸν ἔτος, ὃ κατὰ ἑπταετίαν ἀργεῖται παρὰ Ἰουδαίοις ὁμοίως ταῖς ἑβδομάσιν ἡμέραις. κὰν τούτῳ Πτολεμαῖος ἀνεθεὶς τῆς πολιορκίας ἀναιρεῖ τοὺς ἀδελφοὺς Ἰωάννου σὺν τῇ μητρὶ καὶ φεύγει πρὸς Ζήνωνα τὸν ἐπικληθέντα Κοτυλᾶν: Φιλαδελφείας δ' ἦν τύραννος.

[5.61] Ἀντίοχος δὲ κατ' ὀργὴν ὧν ὑπὸ Σίμωνος ἔπαθεν, στρατεύσας εἰς τὴν Ἰουδαίαν ἐπολιόρκει τὸν Ὑρκανὸν προσκαθεζόμενος τοῖς Ἱεροσολύμοις. ὁ δὲ τὸν Δαυίδου τάφον ἀνοίξας, ὃς δὴ πλουσιώτατος βασιλέων ἐγένετο, καὶ ὑφελόμενος ὑπὲρ τρισχίλια τάλαντα χρημάτων τόν τε Ἀντίοχον ἀνίστησι τῆς πολιορκίας πείσας τριακοσίοις ταλάντοις καὶ δὴ καὶ ξενοτροφεῖν πρῶτος Ἰουδαίων ἐκ τῆς περιουσίας ἤρξατο.

[6.62] Αὖθίς γε μὴν Ἀντίοχος ἐπὶ Μήδους στρατεύσας καιρὸν ἀμύνης αὐτῷ παρεῖχεν: εὐθέως γὰρ ὥρμησεν ἐπὶ τὰς ἐν Συρίᾳ πόλεις, κενάς, ὅπερ ἦν, ὑπολαμβάνων τῶν μαχιμωτέρων εὑρήσειν. [63] Μεδάβην μὲν οὖν καὶ Σαμαγὰν ἅμα ταῖς πλησίον, ἔτι δὲ Σίκιμα καὶ Ἀργαρίζειν αὐτὸς αἱρεῖ, πρὸς αἷς τὸ Χουθαίων γένος, οἳ περιῴκουν τὸ εἰκασθὲν τῷ ἐν Ἱεροσολύμοις ἱερῷ. αἱρεῖ δὲ καὶ τῆς Ἰδουμαίας ἄλλας τε οὐκ ὀλίγας καὶ Ἀδωρεὸν καὶ Μάρισαν.

[7.64] Προελθὼν δὲ καὶ μέχρι Σαμαρείας, ἔνθα νῦν ἐστιν Σεβαστὴ πόλις ὑπὸ Ἡρῴδου κτισθεῖσα τοῦ βασιλέως, καὶ πάντοθεν αὐτὴν ἀποτειχίσας τοὺς υἱεῖς ἐπέστησε τῇ πολιορκίᾳ Ἀριστόβουλον καὶ Ἀντίγονον: ὧν οὐδὲν ἀνιέντων λιμοῦ μὲν εἰς τοσοῦτον προῆλθον οἱ κατὰ τὴν πόλιν, ὡς ἅψασθαι καὶ τῶν ἀηθεστάτων.
[65] ἐπικαλοῦνται δὲ βοηθὸν Ἀντίοχον τὸν ἐπικληθέντα Ἀσπένδιον: κἀκεῖνος ἑτοίμως ὑπακούσας ὑπὸ τῶν περὶ Ἀριστόβουλον ἡττᾶται. καὶ ὁ μὲν μέχρι Σκυθοπόλεως διωχθεὶς ὑπὸ τῶν ἀδελφῶν ἐκφεύγει, οἱ δὲ ἐπὶ τοὺς Σαμαρεῖς ὑποστρέψαντες τό τε πλῆθος πάλιν εἰς τὸ τεῖχος συγκλείουσιν καὶ τὴν πόλιν ἑλόντες αὐτήν τε κατασκάπτουσιν καὶ τοὺς ἐνοικοῦντας ἐξηνδραποδίσαντο. [66] προχωρούντων δὲ τῶν κατορθωμάτων τὴν ὁρμὴν οὐ κατέψυξαν, ἀλλὰ προελθόντες ἅμα τῇ δυνάμει μέχρι τῆς Σκυθοπόλεως ταύτην τε κατέδραμον καὶ τὴν ἐντὸς Καρμήλου τοῦ ὄρους χώραν ἅπασαν κατενείμαντο.

[8.67] Πρὸς δὲ τὰς εὐπραγίας αὐτοῦ τε Ἰωάννου καὶ τῶν παίδων φθόνος ἐγείρει στάσιν τῶν ἐπιχωρίων, καὶ πολλοὶ κατ' αὐτῶν συνελθόντες οὐκ ἠρέμουν, μέχρι καὶ πρὸς φανερὸν πόλεμον ἐκριπισθέντες ἡττῶνται. [68] τὸ λοιπὸν δ' ἐπιβιοὺς ἐν εὐδαιμονίᾳ Ἰωάννης καὶ τὰ κατὰ τὴν ἀρχὴν κάλλιστα διοικήσας ἐν τρισὶν ὅλοις καὶ τριάκοντα ἔτεσιν ἐπὶ πέντε υἱοῖς τελευτᾷ, μακαριστὸς ὄντως καὶ κατὰ μηδὲν ἐάσας ἐφ' ἑαυτῷ μεμφθῆναι τὴν τύχην. τρία γοῦν τὰ κρατιστεύοντα μόνος εἶχεν, τήν τε ἀρχὴν τοῦ ἔθνους καὶ τὴν ἀρχιερωσύνην καὶ προφητείαν: [69] ὡμίλει γὰρ αὐτῷ τὸ δαιμόνιον ὡς μηδὲν τῶν μελλόντων ἀγνοεῖν, ὅς γε καὶ περὶ δύο τῶν πρεσβυτέρων υἱῶν ὅτι μὴ διαμενοῦσι κύριοι τῶν πραγμάτων προεῖδέν τε καὶ προεφήτευσεν: ὧν τὴν καταστροφὴν ἄξιον ἀφηγήσασθαι, παρ' ὅσον τῆς πατρῴας εὐδαιμονίας ἀπέκλιναν.

[1.70] Μετὰ γὰρ τὴν τοῦ πατρὸς τελευτὴν ὁ πρεσβύτερος αὐτῶν Ἀριστόβουλος τὴν ἀρχὴν εἰς βασιλείαν μετατιθεὶς περιτίθεται μὲν διάδημα πρῶτος μετὰ τετρακοσιοστὸν καὶ ἑβδομηκοστὸν πρῶτον ἔτος, πρὸς δὲ μῆνας τρεῖς, ἐξ οὗ κατῆλθεν ὁ λαὸς εἰς τὴν χώραν ἀπαλλαγεὶς τῆς ἐν Βαβυλῶνι δουλείας: [71] τῶν δὲ ἀδελφῶν τὸν μὲν μεθ' ἑαυτὸν Ἀντίγονον, ἐδόκει γὰρ ἀγαπᾶν, ἦγεν ἰσοτίμως, τοὺς δ' ἄλλους εἵργνυσι δήσας. δεσμεῖ δὲ καὶ τὴν μητέρα διενεχθεῖσαν περὶ τῆς ἐξουσίας, ταύτην γὰρ κυρίαν τῶν ὅλων ὁ Ἰωάννης ἀπολελοίπει, καὶ μέχρι τοσαύτης ὠμότητος προῆλθεν, ὥστε καὶ λιμῷ διαφθεῖραι δεδεμένην.

[2.72] Περιέρχεται δὲ αὐτῶν ἡ τίσις εἰς τὸν ἀδελφὸν Ἀντίγονον, ὃν ἠγάπα τε καὶ τῆς βασιλείας κοινωνὸν εἶχεν: κτείνει γὰρ καὶ τοῦτον ἐκ διαβολῶν, ἃς οἱ πονηροὶ τῶν κατὰ τὸ βασίλειον ἐνεσκευάσαντο. τὰ μὲν δὴ πρῶτα διηπίστει τοῖς λεγομένοις ὁ Ἀριστόβουλος ἅτε δὴ καὶ τὸν ἀδελφὸν ἀγαπῶν καὶ διδοὺς φθόνῳ τὰ πολλὰ τῶν λογοποιουμένων. [73] ὡς δ' ὁ Ἀντίγονος λαμπρὸς ἀπὸ στρατείας ἦλθεν εἰς τὴν ἑορτήν, ἐν ᾗ σκηνοποιεῖσθαι πάτριον τῷ θεῷ, συνέβη μὲν κατ' ἐκείνας τὰς ἡμέρας νόσῳ χρήσασθαι τὸν Ἀριστόβουλον, τὸν δὲ Ἀντίγονον ἐπὶ τέλει τῆς ἑορτῆς ἀναβάντα μετὰ τῶν περὶ αὐτὸν ὁπλιτῶν ὡς ἐνῆν μάλιστα κεκοσμημένον προσκυνῆσαι τὸ πλέον ὑπὲρ τοῦ ἀδελφοῦ. [74] κἀν τούτῳ προσιόντες οἱ πονηροὶ τῷ βασιλεῖ τήν τε πομπὴν τῶν ὁπλιτῶν ἐδήλουν καὶ τὸ παράστημα τοῦ Ἀντιγόνου μεῖζον ἢ κατ' ἰδιώτην, ὅτι τε παρείη μετὰ μεγίστου συντάγματος ἀναιρήσων αὐτόν: οὐ γὰρ ἀνέχεσθαι τιμὴν μόνον ἐκ βασιλείας ἔχων, παρὸν αὐτὴν κατασχεῖν.

[3.75] Τούτοις κατὰ μικρὸν ἄκων ἐπίστευσεν ὁ Ἀριστόβουλος, καὶ προνοῶν τοῦ μήθ' ὑποπτεύων φανερὸς γενέσθαι καὶ προησφαλίσθαι πρὸς τὸ ἄδηλον καθίστησι μὲν τοὺς σωματοφύλακας ἔν τινι τῶν ὑπογαίων ἀλαμπεῖ, κατέκειτο δ' ἐν τῇ βάρει πρότερον αὖθις δ' Ἀντωνίᾳ μετονομασθείσῃ, προστάξας ἀνόπλου μὲν ἀπέχεσθαι, κτείνειν δὲ τὸν Ἀντίγονον, εἰ μετὰ τῶν ὅπλων προσίοι, καὶ πρὸς αὐτὸν ἔπεμψεν τοὺς προεροῦντας ἄνοπλον ἐλθεῖν. [76] πρὸς τοῦτο πάνυ πανούργως ἡ βασίλισσα συντάσσεται μετὰ τῶν ἐπιβούλων: τοὺς γὰρ πεμφθέντας πείθουσιν τὰ μὲν παρὰ τοῦ βασιλέως σιωπῆσαι, λέγειν δὲ πρὸς τὸν Ἀντίγονον ὡς ὁ ἀδελφὸς ἀκούσας ὅπλα τε αὐτῷ παρεσκευακέναι κάλλιστα καὶ πολεμικὸν κόσμον ἐν τῇ Γαλιλαίᾳ διὰ μὲν τὴν ἀσθένειαν αὐτὸς ἐπιδεῖν ἕκαστα κωλυθείη, νῦν δ' ἐπεὶ καὶ χωρίζεσθαι μέλλοις, θεάσαιτ' ἂν ἥδιστά σε ἐν τοῖς ὅπλοις.

[4.77] Ταῦτα ἀκούσας ὁ Ἀντίγονος, ἐνῆγεν δ' ἡ τοῦ ἀδελφοῦ διάθεσις μηδὲν ὑποπτεύειν πονηρόν, ἐχώρει μετὰ τῶν ὅπλων ὡς πρὸς ἐπίδειξιν. γενόμενος δὲ κατὰ τὴν σκοτεινὴν πάροδον, Στράτωνος ἐκαλεῖτο πύργος, ὑπὸ τῶν σωματοφυλάκων ἀναιρεῖται, βέβαιον ἀποδείξας ὅτι πᾶσαν εὔνοιαν καὶ φύσιν κόπτει διαβολὴ καὶ οὐδὲν οὕτως τῶν ἀγαθῶν παθῶν ἰσχυρόν, ὃ τῷ φθόνῳ μέχρι παντὸς ἀντέχει.

[5.78] Θαυμάσαι δ' ἄν τις ἐν τούτῳ καὶ Ἰούδαν, Ἐσσαῖος ἦν γένος οὐκ ἔστιν ὅτε πταίσας ἢ ψευσθεὶς ἐν τοῖς προαπαγγέλμασιν, ὃς ἐπειδὴ καὶ τότε τὸν Ἀντίγονον ἐθεάσατο παριόντα διὰ τοῦ ἱεροῦ, πρὸς τοὺς γνωρίμους ἀνέκραγεν, ἦσαν δ' οὐκ ὀλίγοι παρεδρεύοντες αὐτῷ τῶν μανθανόντων, [79] “παπαί, νῦν ἐμοὶ καλόν, ἔφη, τὸ θανεῖν, ὅτε μου προτέθνηκεν ἡ ἀλήθεια καί τι τῶν ὑπ' ἐμοῦ προρρηθέντων διέψευσται: ζῇ γὰρ Ἀντίγονος ουτοσὶ σήμερον ὀφείλων ἀνῃρῆσθαι. χωρίον δὲ αὐτῷ πρὸς σφαγὴν Στράτωνος πύργος εἵμαρτο: καὶ τοῦτο μὲν ἀπὸ ἑξακοσίων ἐντεῦθεν σταδίων ἐστίν, ὧραι δὲ τῆς ἡμέρας ἤδη τέσσαρες: [80] ὁ δὴ χρόνος ἐκκρούει τὸ μάντευμα." ταῦτα εἰπὼν σκυθρωπὸς ἐπὶ συννοίας ὁ γέρων διεκαρτέρει, καὶ μετ' ὀλίγον ἀνῃρημένος Ἀντίγονος ἠγγέλλετο κατὰ τὸ ὑπόγαιον χωρίον, ὃ δὴ καὶ αὐτὸ Στράτωνος ἐκαλεῖτο πύργος ὁμωνυμοῦν τῇ παραλίῳ Καισαρείᾳ. τοῦτο γοῦν τὸν μάντιν διετάραξεν.

[6.81] Ἀριστοβούλῳ γε μὴν εὐθὺς ἡ περὶ τοῦ μύσους μεταμέλεια νόσον ἐνσκήπτει καὶ πρὸς ἔννοιαν τοῦ φόνου τὴν ψυχὴν ἔχων ἀεὶ τεταραγμένην συνετήκετο, μέχρι τῶν σπλάγχνων ὑπ' ἀκράτου τῆς λύπης σπαραττομένων ἄθρουν αἷμα ἀναβάλλει. [82] τοῦτό τις τῶν ἐν τῇ θεραπείᾳ παίδων ἐκφέρων δαιμονίῳ προνοίᾳ σφάλλεται καθ' ὃν τόπον Ἀντίγονος ἔσφακτο καὶ φαινομένοις ἔτι τοῖς ἀπὸ τοῦ φόνου σπίλοις τὸ αἷμα τοῦ κτείναντος ἐπέχεεν. ἤρθη δ' εὐθὺς οἰμωγὴ τῶν θεασαμένων ὥσπερ ἐπίτηδες τοῦ παιδὸς ἐκεῖ ἐπικατασπείσαντος τὸ αἷμα. [83] τῆς δὲ βοῆς ἀκούσας ὁ βασιλεὺς τὴν αἰτίαν ἐπυνθάνετο καὶ μηδενὸς τολμῶντος εἰπεῖν μᾶλλον ἐνέκειτο μαθεῖν ἐθέλων: τέλος δὲ ἀπειλοῦντι καὶ βιαζομένῳ τἀληθὲς εἶπον. ὁ δὲ τοὺς ὀφθαλμοὺς ἐμπίπλησι δακρύων καὶ στενάξας ὅσον ἦν αὐτῷ δύναμις εἶπεν: [84] "οὐκ ἄρα θεοῦ μέγαν ὀφθαλμὸν ἐπ' ἔργοις ἀθεμίτοις λήσειν ἔμελλον, ἀλλά με ταχεῖα μέτεισι δίκη φόνου συγγενοῦς. μέχρι τοῦ μοι, σῶμα ἀναιδέστατον, τὴν ἀδελφῷ καὶ μητρὶ κατάκριτον ψυχὴν καθέξεις; μέχρι τοῦ δ' αὐτοῖς ἐπισπείσω κατὰ μέρος τοὐμὸν αἷμα; λαβέτωσαν ἀθρόον τοῦτο, καὶ μηκέτι ταῖς ἐκ τῶν ἐμῶν σπλάγχνων χοαῖς ἐπειρωνευέσθω τὸ δαιμόνιον." ταῦτα εἰπὼν εὐθέως τελευτᾷ βασιλεύσας οὐ πλεῖον ἐνιαυτοῦ.

[1.85] Λύσασα δ' ἡ γυνὴ τοὺς ἀδελφοὺς αὐτοῦ βασιλέα καθίστησιν Ἀλέξανδρον τὸν καὶ καθ' ἡλικίαν καὶ μετριότητι προύχειν δοκοῦντα. ὁ δὲ παρελθὼν εἰς τὴν ἐξουσίαν τὸν ἕτερον μὲν τῶν ἀδελφῶν βασιλειῶντα κτείνει, τὸν δὲ καταλιμπανόμενον ἀγαπῶντα τὸ ζῆν δίχα πραγμάτων εἶχεν.

[2.86] Γίνεται δ' αὐτῷ καὶ πρὸς τὸν Λάθουρον ἐπικληθέντα Πτολεμαῖον συμβολὴ πόλιν Ἀσωχὶν ᾑρηκότα, καὶ πολλοὺς μὲν ἀνεῖλεν τῶν πολεμίων, ἡ δὲ νίκη πρὸς Πτολεμαῖον ἔρρεψεν. ἐπεὶ δ' ὑπὸ τῆς μητρὸς Κλεοπάτρας διωχθεὶς εἰς Αἴγυπτον ἀνεχώρησεν, Ἀλέξανδρος Γαδάρων τε πολιορκίᾳ κρατεῖ καὶ Ἀμαθοῦντος, ὃ δὴ μέγιστον μὲν ἦν ἔρυμα τῶν ὑπὲρ Ἰορδάνην, τὰ τιμιώτατα δὲ τῶν Θεοδώρου τοῦ Ζήνωνος κτημάτων ἦν ἐν αὐτῷ. [87] ἐπελθὼν δ' ἐξαίφνης ὁ Θεόδωρος τά τε σφέτερα καὶ τὴν τοῦ βασιλέως ἀποσκευὴν αἱρεῖ, τῶν δ' Ἰουδαίων εἰς μυρίους κτείνει. γίνεται δ' ἐπάνω τῆς πληγῆς Ἀλέξανδρος καὶ τραπόμενος εἰς τὴν παράλιον αἱρεῖ Γάζαν τε καὶ Ῥάφειαν καὶ Ἀνθηδόνα τὴν αὖθις ὑπὸ Ἡρώδου τοῦ βασιλέως Ἀγριππιάδα ἐπικληθεῖσαν.

[3.88] Ἐξανδραποδισαμένῳ δὲ ταύτας ἐπανίσταται τὸ Ἰουδαϊκὸν ἐν ἑορτῇ: μάλιστα γὰρ ἐν ταῖς εὐωχίαις αὐτῶν στάσις ἅπτεται. καὶ δοκεῖ μὴ ἂν κρείττων γενέσθαι τῆς ἐπιβουλῆς, εἰ μὴ τὸ ξενικὸν αὐτῷ παρεβοήθει: Πισίδαι καὶ Κίλικες ἦσαν: Σύρους γὰρ οὐκ ἐδέχετο μισθοφόρους διὰ τὴν ἔμφυτον αὐτῶν πρὸς τὸ ἔθνος ἀπέχθειαν. [89] κτείνας δὲ τῶν ἐπαναστάντων ὑπὲρ ἑξακισχιλίους Ἀραβίας ἥπτετο καὶ ταύτης ἑλὼν Γαλααδίτας καὶ Μωαβίτας φόρον τε αὐτοῖς ἐπιτάξας ἀνέστρεψεν ἐπὶ Ἀμαθοῦν. Θεοδώρου δὲ πρὸς τὰς εὐπραγίας αὐτὸν καταπλαγέντος ἔρημον λαβὼν τὸ φρούριον κατέσκαψεν.

[4.90] Ἔπειτα συμβαλὼν Ὀβαίδᾳ τῷ Ἀράβων βασιλεῖ προλοχίσαντι κατὰ τὴν Γαυλάνην ἐνέδρας αὐτῷ γενομένης πᾶσαν ἀποβάλλει τὴν στρατιὰν συνωσθεῖσαν κατὰ βαθείας φάραγγος καὶ πλήθει καμήλων συντριβεῖσαν. διαφυγὼν δ' αὐτὸς εἰς Ἱεροσόλυμα τῷ μεγέθει τῆς συμφορᾶς πάλαι μισοῦν τὸ ἔθνος ἠρέθισεν εἰς ἐπανάστασιν.
[91] γίνεται δὲ καὶ τότε κρείττων καὶ μάχαις ἐπαλλήλοις οὐκ ἔλαττον πεντακισμυρίων Ἰουδαίων ἀνεῖλεν ἐν ἓξ ἔτεσιν: οὐ μὴν

εὐφραίνετό γε ταῖς νίκαις τὴν ἑαυτοῦ βασιλείαν ἀναλίσκων: ὅθεν παυσάμενος τῶν ὅπλων λόγοις ἐπεχείρει διαλύεσθαι πρὸς τοὺς ὑποτεταγμένους. [92] οἱ δὲ μᾶλλον ἐμίσουν τὴν μετάνοιαν αὐτοῦ καὶ τοῦ τρόπου τὸ ἀνώμαλον, πυνθανομένῳ τε τὸ αἴτιον, τί ἂν ποιήσας καταστείλειεν αὐτούς, ἀποθανών, ἔλεγον: νεκρῷ γὰρ ἂν διαλλαγῆναι μόλις τῷ τοσαῦτα δράσαντι. ἅμα δὲ καὶ τὸν Ἄκαιρον ἐπικληθέντα Δημήτριον ἐπεκαλοῦντο. ῥᾳδίως δὲ ὑπακούσαντος κατ' ἐλπίδα μειζόνων καὶ μετὰ στρατιᾶς ἥκοντος συνέμισγον οἱ Ἰουδαῖοι τοῖς συμμάχοις περὶ Σίκιμα.

[5.93] Δέχεται δ' ἑκατέρους Ἀλέξανδρος ἱππεῦσι μὲν χιλίοις, μισθοφόροις δὲ πεζοῖς ὀκτακισχιλίοις: παρῆν δὲ αὐτῷ καὶ τὸ εὐνοοῦν Ἰουδαϊκὸν εἰς μυρίους. τῶν δ' ἐναντίων ἱππεῖς μὲν ἦσαν τρισχίλιοι, πεζῶν δὲ μύριοι τετρακισχίλιοι. καὶ πρὶν εἰς χεῖρας ἐλθεῖν διακηρύσσοντες οἱ βασιλεῖς ἐπειρῶντο τῶν παρ' ἀλλήλοις ἀποστάσεων, Δημήτριος μὲν τοὺς Ἀλεξάνδρου μισθοφόρους, Ἀλέξανδρος δὲ τοὺς ἅμα Δημητρίῳ Ἰουδαίους μεταπείσειν ἐλπίσας. [94] ὡς δ' οὔτε Ἰουδαῖοι θυμῶν οὔτε οἱ Ἕλληνες ἐπαύσαντο πίστεως, διεκρίνοντο ἤδη τοῖς ὅπλοις συμπεσόντες. [95] κρατεῖ δὲ τῇ μάχῃ Δημήτριος καίτοι πολλὰ τῶν Ἀλεξάνδρου μισθοφόρων καὶ ψυχῆς ἔργα καὶ χειρὸς ἐπιδειξαμένων. χωρεῖ δὲ τὸ τέλος τῆς παρατάξεως παρὰ δόξαν ἀμφοτέροις: οὔτε γὰρ Δημητρίῳ παρέμειναν νικῶντι οἱ καλέσαντες, καὶ κατὰ οἶκτον τῆς μεταβολῆς Ἀλεξάνδρῳ προσεχώρησαν εἰς τὰ ὄρη καταφυγόντι Ἰουδαίων ἑξακισχίλιοι. ταύτην τὴν ῥοπὴν οὐκ ἤνεγκεν Δημήτριος, ἀλλ' ὑπολαβὼν ἤδη μὲν ἀξιόμαχον εἶναι πάλιν Ἀλέξανδρον, μεταρρεῖν δὲ καὶ πᾶν τὸ ἔθνος εἰς αὐτόν, ἀνεχώρησεν.

[6.96] Οὐ μὴν τό γε λοιπὸν πλῆθος ὑποχωρησάντων τῶν συμμάχων κατέθεντο τὰς διαφοράς, συνεχὴς δὲ πρὸς Ἀλέξανδρον ἦν αὐτοῖς ὁ πόλεμος, μέχρι πλείστους ἀποκτείνας τοὺς λοιποὺς ἀπήλασεν εἰς Βεμέσελιν πόλιν καὶ ταύτην καταστρεψάμενος αἰχμαλώτους ἀνήγαγεν εἰς Ἱεροσόλυμα. [97] προύκοψεν δὲ αὐτῷ δι' ὑπερβολὴν ὀργῆς εἰς ἀσέβειαν τὸ τῆς ὠμότητος: τῶν γὰρ ληφθέντων ὀκτακοσίους ἀνασταυρώσας ἐν μέσῃ τῇ πόλει γυναῖκάς τε καὶ τέκνα αὐτῶν ἀπέσφαξεν ταῖς ὄψεσι: καὶ ταῦτα πίνων καὶ συγκατακείμενος ταῖς παλλακίσιν ἀφεώρα. [98] τοσαύτη δὲ κατάπληξις ἔσχεν τὸν δῆμον, ὥστε τῶν ἀντιστασιαστῶν κατὰ τὴν ἐπιοῦσαν νύκτα φυγεῖν ὀκτακισχιλίους ἔξω Ἰουδαίας ὅλης, οἷς ὅρος τῆς φυγῆς ὁ Ἀλεξάνδρου θάνατος κατέστη. τοιούτοις ἔργοις ὀψὲ καὶ μόλις ἡσυχίαν τῇ βασιλείᾳ πορίσας ἀνεπαύσατο τῶν ὅπλων.

[7.99] Γίνεται δὲ πάλιν ἀρχὴ θορύβων Ἀντίοχος ὁ καὶ Διόνυσος ἐπικληθείς, Δημητρίου μὲν ἀδελφὸς ὤν, τελευταῖος δὲ τῶν ἀπὸ Σελεύκου: τοῦτον γὰρ δείσας στρατεύεσθαι ἐπὶ τοὺς Ἄραβας ὡρμημένον τὸ μὲν μεταξὺ τῆς ὑπὲρ Ἀντιπατρίδος παρωρείου καὶ τῶν Ἰόππης αἰγιαλῶν διαταφρεύει φάραγγι βαθείᾳ, πρὸ δὲ τῆς τάφρου τεῖχος ἤγειρεν ὑψηλὸν καὶ ξυλίνους πύργους ἐτεκτήνατο τὰς εὐμαρεῖς ἐμβολὰς ἀποφράττων. [100] οὐ μὴν εἶρξαί γε τὸν Ἀντίοχον ἴσχυσεν: ἐμπρήσας γὰρ τοὺς πύργους καὶ τὴν τάφρον χώσας διήλαυνε μετὰ τῆς δυνάμεως. θέμενος δὲ ἐν δευτέρῳ τὴν πρὸς τὸν κωλύσαντα ἄμυναν εὐθὺς ἐπὶ τοὺς Ἄραβας ᾔει. [101] τῶν δὲ ὁ βασιλεὺς ἀναχωρῶν εἰς τὰ χρησιμώτερα τῆς χώρας πρὸς τὴν μάχην, ἔπειτα τὴν ἵππον ἐξαίφνης ἐπιστρέψας, μυρία δ' ἦν τὸν ἀριθμόν, ἀτάκτοις ἐπιπίπτει τοῖς περὶ τὸν Ἀντίοχον. καρτερᾶς δὲ μάχης γενομένης ἕως μὲν περιῆν Ἀντίοχος ἀντεῖχεν ἡ δύναμις αὐτοῦ καίπερ ἀνέδην ὑπὸ τῶν Ἀράβων φονευόμενοι: [102] πεσόντος δέ, καὶ γὰρ προεκινδύνευεν ἀεὶ τοῖς ἡττωμένοις παραβοηθῶν, ἐγκλίνουσιν πάντες, καὶ τὸ μὲν πλεῖστον αὐτῶν ἐπί τε τῆς παρατάξεως κἀν τῇ φυγῇ διαφθείρεται, τοὺς δὲ λοιποὺς καταφυγόντας εἰς Κανὰ κώμην σπάνει τῶν ἐπιτηδείων ἀναλωθῆναι συνέβη πλὴν ὀλίγων ἅπαντας.

[8.103] Ἐκ τούτου Δαμασκηνοὶ διὰ τὸ πρὸς Πτολεμαῖον τὸν Μενναίου μῖσος Ἀρέταν ἐπάγονται καὶ καθιστῶσιν κοίλης Συρίας βασιλέα. στρατεύεται δ' οὗτος ἐπὶ τὴν Ἰουδαίαν καὶ μάχῃ νικήσας

Ἀλέξανδρον κατὰ συνθήκας ἀνεχώρησεν. [104] Ἀλέξανδρος δὲ Πέλλαν ἑλὼν ἐπὶ Γέρασαν ᾔει πάλιν τῶν Θεοδώρου κτημάτων γλιχόμενος, καὶ τρισὶ τοὺς φρουροὺς περιβόλοις ἀποτειχίσας διὰ μάχης τὸ χωρίον παραλαμβάνει. [105] καταστρέφεται δὲ καὶ Γαυλάνην καὶ Σελεύκειαν καὶ τὴν Ἀντιόχου φάραγγα καλουμένην, πρὸς οἷς Γάμαλα φρούριον καρτερὸν ἑλών, τὸν ἄρχοντα Δημήτριον ἐν αὐτῷ παραλύσας ἐκ πολλῶν ἐγκλημάτων ἐπάνεισιν εἰς Ἰουδαίαν, τρία πληρώσας ἔτη τῆς στρατείας. ἀσμένως δ' ὑπὸ τοῦ ἔθνους ἐδέχθη διὰ τὴν εὐπραγίαν, καὶ λαμβάνει τὴν ἀνάπαυσιν τοῦ πολεμεῖν ἀρχὴν νόσου. [106] τεταρταίαις δὲ περιόδοις πυρετῶν ἐνοχλούμενος ᾠήθη διακρούσεσθαι τὴν νόσον πάλιν ἁψάμενος πραγμάτων. διὸ δὴ στρατείαις ἀκαίροις ἑαυτὸν ἐπιδιδοὺς καὶ βιαζόμενος παρὰ δύναμιν τὸ σῶμα πρὸς τὰς ἐνεργείας ἀπήλλαξεν. τελευτᾷ γοῦν ἐν μέσοις τοῖς θορύβοις στρεφόμενος βασιλεύσας ἑπτὰ πρὸς τοῖς εἴκοσιν ἔτη.

[1.107] Καταλείπει δὲ τὴν βασιλείαν Ἀλεξάνδρᾳ τῇ γυναικὶ πεπεισμένος ταύτῃ μάλιστ' ἂν ὑπακοῦσαι τοὺς Ἰουδαίους, ἐπειδὴ τῆς ὠμότητος αὐτοῦ μακρὰν ἀποδέουσα καὶ ταῖς παρανομίαις ἀνθισταμένη τὸν δῆμον εἰς εὔνοιαν προσηγάγετο. [108] καὶ οὐ διήμαρτεν τῆς ἐλπίδος: ἐκράτησεν γὰρ τῆς ἀρχῆς τὸ γύναιον διὰ δόξαν εὐσεβείας: ἠκρίβου γὰρ δὴ μάλιστα τοῦ νόμου τὰ πάτρια καὶ τοὺς πλημμελοῦντας εἰς τοὺς ἱεροὺς νόμους ἐξ ἀρχῆς προεβάλλετο. [109] δύο δ' αὐτῇ παίδων ὄντων ἐξ Ἀλεξάνδρου τὸν μὲν πρεσβύτερον Ὑρκανὸν διά τε τὴν ἡλικίαν ἀποδείκνυσιν ἀρχιερέα καὶ ἄλλως ὄντα νωθέστερον ἢ ὥστε ἐνοχλεῖν περὶ τῶν ὅλων, τὸν δὲ νεώτερον Ἀριστόβουλον διὰ θερμότητα κατεῖχεν ἰδιώτην.

[2.110] Παραφύονται δὲ αὐτῆς εἰς τὴν ἐξουσίαν Φαρισαῖοι, σύνταγμά τι Ἰουδαίων δοκοῦν εὐσεβέστερον εἶναι τῶν ἄλλων καὶ τοὺς νόμους ἀκριβέστερον ἀφηγεῖσθαι. [111] τούτοις περισσὸν δή τι προσεῖχεν ἡ Ἀλεξάνδρα σεσοβημένη περὶ τὸ θεῖον. οἱ δὲ τὴν ἁπλότητα τῆς ἀνθρώπου κατὰ μικρὸν ὑπιόντες ἤδη καὶ διοικηταὶ

τῶν ὅλων ἐγίνοντο διώκειν τε καὶ κατάγειν οὓς ἐθέλοιεν, λύειν τε καὶ δεσμεῖν. καθόλου δὲ αἱ μὲν ἀπολαύσεις τῶν βασιλείων ἐκείνων ἦσαν, τὰ δ' ἀναλώματα καὶ αἱ δυσχέρειαι τῆς Ἀλεξάνδρας.
[112] δεινὴ δ' ἦν τὰ μείζω διοικεῖν, δύναμίν τε ἀεὶ συγκροτοῦσα διπλασίονα κατέστησεν καὶ ξενικὴν συνήγαγεν οὐκ ὀλίγην, ὡς μὴ μόνον κρατύνεσθαι τὸ οἰκεῖον ἔθνος, φοβερὰν δὲ καὶ τοῖς ἔξωθεν εἶναι δυνάσταις. ἐκράτει δὲ τῶν μὲν ἄλλων αὐτή, Φαρισαῖοι δ' αὐτῆς.

[3.113] Διογένην γοῦν τινα τῶν ἐπισήμων φίλον Ἀλεξάνδρῳ γεγενημένον κτείνουσιν αὐτοὶ σύμβουλον ἐγκαλοῦντες γεγονέναι περὶ τῶν ἀνασταυρωθέντων ὑπὸ τοῦ βασιλέως ὀκτακοσίων. ἐνῆγον δὲ τὴν Ἀλεξάνδραν εἰς τὸ καὶ τοὺς ἄλλους διαχειρίσασθαι τῶν παροξυνάντων ἐπ' ἐκείνους τὸν Ἀλέξανδρον: ἐνδιδούσης δ' ὑπὸ δεισιδαιμονίας ἀνῄρουν οὓς ἐθέλοιεν αὐτοί. [114] προσφεύγουσι δὲ Ἀριστοβούλῳ τῶν κινδυνευόντων οἱ προύχειν δοκοῦντες, κἀκεῖνος πείθει τὴν μητέρα φείσασθαι μὲν διὰ τὸ ἀξίωμα τῶν ἀνδρῶν, ἐκπέμψαι δ' αὐτούς, εἰ μὴ καθαροὺς ὑπείληφεν, ἐκ τῆς πόλεως. οἱ μὲν οὖν δοθείσης ἀδείας ἐσκεδάσθησαν ἀνὰ τὴν χώραν:
[115] Ἀλεξάνδρα δὲ ἐκπέμψασα ἐπὶ Δαμασκὸν στρατιάν, πρόφασις δ' ἦν Πτολεμαῖος ἀεὶ θλίβων τὴν πόλιν, ταύτην μὲν ὑπεδέξατο μηθὲν ἀξιόλογον ἐργασαμένην. [116] Τιγράνην δὲ τὸν Ἀρμενίων βασιλέα προσκαθεζόμενον Πτολεμαΐδι καὶ πολιορκοῦντα Κλεοπάτραν συνθήκαις καὶ δώροις ὑπηγάγετο. φθάνει δ' ἐκεῖνος ἀπαναστὰς διὰ τὰς οἴκοι ταραχὰς ἐμβεβληκότος εἰς τὴν Ἀρμενίαν Λευκόλλου.

[4.117] Κἀν τούτῳ νοσούσης Ἀλεξάνδρας ὁ νεώτερος τῶν παίδων Ἀριστόβουλος τὸν καιρὸν ἁρπάσας μετὰ τῶν οἰκετῶν, εἶχεν δὲ πολλοὺς καὶ πάντας εὔνους διὰ τὴν θερμότητα, κρατεῖ μὲν τῶν ἐρυμάτων ἁπάντων, τοῖς δ' ἐκ τούτων χρήμασιν μισθοφόρους ἀθροίσας ἑαυτὸν ἀποδείκνυσι βασιλέα. [118] πρὸς ταῦτα ὀδυρόμενον τὸν Ὑρκανὸν ἡ μήτηρ οἰκτείρασα τήν τε γυναῖκα καὶ τοὺς παῖδας Ἀριστοβούλου καθείργνυσιν εἰς τὴν Ἀντωνίαν: φρούριον δ' ἦν τῷ βορείῳ κλίματι τοῦ ἱεροῦ προσκείμενον, πάλαι μέν, ὡς ἔφην, βᾶρις ὀνομαζόμενον, αὖθις δὲ ταύτης τυχὸν τῆς προσηγορίας ἐπικρατήσαντος Ἀντωνίου, καθάπερ ἀπό τε τοῦ Σεβαστοῦ καὶ Ἀγρίππα Σεβαστὴ καὶ Ἀγριππιὰς πόλεις ἐπωνομάσθησαν. [119] πρὶν δὲ ἐπεξελθεῖν Ἀλεξάνδρα τὸν Ἀριστόβουλον τῆς τἀδελφοῦ καταλύσεως τελευτᾷ διοικήσασα τὴν ἀρχὴν ἔτεσιν ἐννέα.

[1.120] Καὶ κληρονόμος μὲν ἦν τῶν ὅλων Ὑρκανός, ᾧ καὶ ζῶσα τὴν βασιλείαν ἐνεχείρισεν, δυνάμει δὲ καὶ φρονήματι προεῖχεν ὁ Ἀριστόβουλος. γενομένης δὲ αὐτοῖς περὶ τῶν ὅλων συμβολῆς περὶ Ἱεριχοῦντα καταλιπόντες οἱ πολλοὶ τὸν Ὑρκανὸν μεταβαίνουσιν πρὸς τὸν Ἀριστόβουλον. [121] ὁ δὲ μετὰ τῶν συμμεινάντων φθάνει συμφυγὼν ἐπὶ τὴν Ἀντωνίαν καὶ κυριεύσας τῶν πρὸς σωτηρίαν ὁμήρων: ταῦτα δ' ἦν ἡ Ἀριστοβούλου γυνὴ μετὰ τῶν τέκνων. ἀμέλει πρὶν ἀνηκέστου πάθους διελύθησαν, ὥστε βασιλεύειν μὲν Ἀριστόβουλον, Ὑρκανὸν δὲ ἐκστάντα τῆς ἄλλης ἀπολαύειν τιμῆς ὥσπερ ἀδελφὸν βασιλέως. [122] ἐπὶ τούτοις διαλλαγέντες ἐν τῷ ἱερῷ καὶ τοῦ λαοῦ περιεστῶτος φιλοφρόνως ἀλλήλους ἀσπασάμενοι διήμειψαν τὰς οἰκίας: Ἀριστόβουλος μὲν γὰρ εἰς τὰ βασίλεια, Ὑρκανὸς δὲ ἀνεχώρησεν εἰς τὴν Ἀριστοβούλου οἰκίαν.

[2.123] Δέος δὲ τοῖς τε ἄλλοις τῶν Ἀριστοβούλου διαφόρων ἐμπίπτει παρ' ἐλπίδα κρατήσαντος καὶ μάλιστα Ἀντιπάτρῳ πάλαι διαμισουμένῳ. γένος δ' ἦν Ἰδουμαῖος προγόνων τε ἕνεκα καὶ πλούτου καὶ τῆς ἄλλης ἰσχύος πρωτεύων τοῦ ἔθνους. [124] οὗτος ἅμα καὶ τὸν Ὑρκανὸν Ἀρέτᾳ προσφυγόντα τῷ βασιλεῖ τῆς Ἀραβίας ἀνακτήσασθαι τὴν βασιλείαν ἔπειθεν καὶ τὸν Ἀρέταν δέξασθαί τε τὸν Ὑρκανὸν καὶ καταγαγεῖν ἐπὶ τὴν ἀρχήν, πολλὰ μὲν τὸν Ἀριστόβουλον εἰς τὸ ἦθος διαβάλλων, πολλὰ δ' ἐπαινῶν τὸν Ὑρκανὸν [παρῄνει δέξασθαι], καὶ ὡς πρέπον εἴη τὸν οὕτω λαμπρᾶς προεστῶτα βασιλείας ὑπερέχειν χεῖρα τῷ ἀδικουμένῳ: ἀδικεῖσθαι δὲ τὸν Ὑρκανὸν στερηθέντα τῆς κατὰ τὸ πρεσβεῖον αὐτῷ προσηκούσης ἀρχῆς. [125] προκατασκευάσας δὲ ἀμφοτέρους, νύκτωρ ἀναλαβὼν τὸν Ὑρκανὸν ἀπὸ τῆς πόλεως ἀποδιδράσκει καὶ συντόνῳ φυγῇ χρώμενος εἰς τὴν καλουμένην Πέτραν διασώζεται: βασίλειον αὕτη τῆς Ἀραβίας ἐστίν. [126] ἔνθα τῷ Ἀρέτᾳ τὸν Ὑρκανὸν ἐγχειρίσας καὶ πολλὰ μὲν καθομιλήσας, πολλοῖς δὲ δώροις ὑπελθὼν δοῦναι δύναμιν αὐτῷ πείθει τὴν κατάξουσαν αὐτόν: ἦν δ' αὕτη πεζῶν τε καὶ ἱππέων πέντε μυριάδες, πρὸς ἣν οὐκ ἀντέσχεν Ἀριστόβουλος, ἀλλ' ἐν τῇ πρώτῃ συμβολῇ λειφθεὶς εἰς Ἱεροσόλυμα συνελαύνεται. [127] κἂν ἔφθη κατὰ κράτος ληφθείς, εἰ μὴ Σκαῦρος ὁ Ῥωμαίων στρατηγὸς ἐπαναστὰς αὐτῶν τοῖς καιροῖς ἔλυσε τὴν πολιορκίαν: ὃς ἐπέμφθη μὲν εἰς Συρίαν ἀπὸ Ἀρμενίας ὑπὸ Πομπηίου Μάγνου πολεμοῦντος πρὸς Τιγράνην, παραγενόμενος δὲ εἰς Δαμασκὸν ἑαλωκυῖαν προσφάτως ὑπὸ Μετέλλου καὶ Λολλίου καὶ τούτους μεταστήσας, ἐπειδὴ τὰ κατὰ τὴν Ἰουδαίαν ἐπύθετο, καθάπερ ἐφ' ἕρμαιον ἠπείχθη.

[3.128] Παρελθόντος γοῦν εἰς τὴν χώραν πρέσβεις εὐθέως ἧκον παρὰ τῶν ἀδελφῶν ἑκατέρου δεομένου βοηθεῖν αὐτῷ. γίνεται δ' ἐπίπροσθεν τοῦ δικαίου τὰ παρὰ Ἀριστοβούλου τριακόσια τάλαντα: τοσοῦτον γὰρ λαβὼν Σκαῦρος ἐπικηρυκεύεται πρός τε Ὑρκανὸν καὶ τοὺς Ἄραβας ἀπειλῶν Ῥωμαίους καὶ Πομπήιον, εἰ μὴ λύσειαν τὴν πολιορκίαν. [129] ἀνεχώρει δὲ ἐκ τῆς Ἰουδαίας εἰς Φιλαδέλφειαν Ἀρέτας καταπλαγείς, καὶ πάλιν εἰς Δαμασκὸν Σκαῦρος.
[130] Ἀριστοβούλῳ δ' οὐκ ἀπέχρησεν τὸ μὴ ἁλῶναι, πᾶσαν δὲ τὴν δύναμιν ἐπισυλλέξας εἵπετο τοῖς πολεμίοις καὶ περὶ τὸν καλούμενον Παπυρῶνα συμβαλὼν αὐτοῖς ὑπὲρ ἑξακισχιλίους κτείνει, μεθ' ὧν καὶ τὸν ἀδελφὸν τὸν Ἀντιπάτρου Φαλλίωνα.

[4.131] Ὑρκανὸς δὲ καὶ Ἀντίπατρος τῶν Ἀράβων ἀφαιρεθέντες μετέφερον ἐπὶ τοὺς ἐναντίους τὴν ἐλπίδα, καὶ ἐπειδὴ Πομπήιος ἐπιὼν τὴν Συρίαν εἰς Δαμασκὸν ἧκεν, ἐπ' αὐτὸν καταφεύγουσιν καὶ δίχα δωρεῶν αἷς καὶ πρὸς τὸν Ἀρέταν δικαιολογίαις χρώμενοι κατηντιβόλουν μισῆσαι μὲν τὴν Ἀριστοβούλου βίαν, κατάγειν δὲ ἐπὶ τὴν βασιλείαν τὸν καὶ τρόπῳ καὶ καθ' ἡλικίαν προσήκοντα.

[132] οὐ μὴν οὐδ' Ἀριστόβουλος ὑστέρει πεποιθὼς τῇ Σκαύρου δωροδοκίᾳ παρῆν τε καὶ αὐτὸς ὡς οἷόν τε βασιλικώτατα κεκοσμηκὼς ἑαυτόν. ἀδοξήσας δὲ πρὸς τὰς θεραπείας καὶ μὴ φέρων δουλεύειν ταῖς χρείαις ταπεινότερον τοῦ σχήματος ἀπὸ διὸς ἡλίου πόλεως χωρίζεται.

[5.133] Πρὸς ταῦτ' ἀγανακτήσας Πομπήιος πολλὰ καὶ τῶν περὶ Ὑρκανὸν ἱκετευόντων ὥρμησεν ἐπ' Ἀριστόβουλον, ἀναλαβὼν τήν τε Ῥωμαϊκὴν δύναμιν καὶ πολλοὺς ἐκ τῆς Συρίας συμμάχους.
[134] ἐπεὶ δὲ παρελαύνων Πέλλαν καὶ Σκυθόπολιν ἧκεν εἰς Κορέας, ὅθεν ἡ Ἰουδαίων ἄρχεται χώρα κατὰ τὴν μεσόγειον ἀνιόντων, ἀκούσας συμπεφευγέναι τὸν Ἀριστόβουλον εἰς Ἀλεξάνδρειον, τοῦτο δ' ἐστὶν φρούριον τῶν πάνυ φιλοτίμως ἐξησκημένων ὑπὲρ ὄρους ὑψηλοῦ κείμενον, πέμψας καταβαίνειν αὐτὸν ἐκέλευσεν.
[135] τῷ δ' ἦν μὲν ὁρμὴ καλουμένῳ δεσποτικώτερον διακινδυνεύειν μᾶλλον ἢ ὑπακοῦσαι, καθεώρα δὲ τὸ πλῆθος ὀρρωδοῦν, καὶ παρῄνουν οἱ φίλοι σκέπτεσθαι τὴν Ῥωμαίων ἰσχὺν οὖσαν ἀνυπόστατον. οἷς πεισθεὶς κάτεισιν πρὸς Πομπήιον καὶ πολλὰ περὶ τοῦ δικαίως ἄρχειν ἀπολογηθεὶς ὑπέστρεψεν εἰς τὸ ἔρυμα.
[136] πάλιν τε τἀδελφοῦ προκαλουμένου καταβὰς καὶ διαλεχθεὶς περὶ τῶν δικαίων ἄπεισιν μὴ κωλύοντος τοῦ Πομπηίου. μέσος δ' ἦν ἐλπίδος καὶ δέους, καὶ κατῄει μὲν ὡς δυσωπήσων Πομπήιον πάντ' ἐπιτρέπειν αὐτῷ, πάλιν δὲ ἀνέβαινεν εἰς τὴν ἄκραν, ὡς μὴ προκαταλύειν δόξειεν αὑτόν. [137] ἐπεὶ μέντοι Πομπήιος ἐξίστασθαί τε τῶν φρουρίων ἐκέλευεν αὐτῷ καὶ παράγγελμα τῶν φρουράρχων ἐχόντων μόναις πειθαρχεῖν ταῖς αὐτογράφοις ἐπιστολαῖς, ἠνάγκαζεν αὐτὸν ἑκάστοις γράφειν ἐκχωρεῖν, ποιεῖ μὲν τὰ προσταχθέντα, ἀγανακτήσας δὲ ἀνεχώρησεν εἰς Ἱεροσόλυμα καὶ παρεσκευάζετο πολεμεῖν πρὸς Πομπήιον.

[6.138] Ὁ δέ, οὐ γὰρ ἐδίδου χρόνον ταῖς παρασκευαῖς, εὐθέως εἵπετο, καὶ προσεπέρρωσεν τὴν ὁρμὴν ὁ Μιθριδάτου θάνατος ἀγγελθεὶς αὐτῷ περὶ Ἱεριχοῦντα, ἔνθα τῆς Ἰουδαίας τὸ πιότατον φοίνικά τε πάμπολυν καὶ βάλσαμον τρέφει. τοῦτο λίθοις ὀξέσιν ἐπιτέμνοντες τὰ πρέμνα συνάγουσιν κατὰ τὰς τομὰς ἐκδακρῦον. [139] καὶ στρατοπεδευσάμενος ἐν τῷ χωρίῳ μίαν ἑσπέραν ἕωθεν ἠπείγετο πρὸς τὰ Ἱεροσόλυμα. καταπλαγεὶς δὲ τὴν ἔφοδον Ἀριστόβουλος ἱκέτης ἀπαντᾷ χρημάτων τε ὑποσχέσει καὶ τῷ μετὰ τῆς πόλεως ἐπιτρέπειν καὶ ἑαυτὸν χαλεπαίνοντα καταστέλλει τὸν Πομπήιον. [140] οὐ μήν τι τῶν ὡμολογημένων ἐγένετο: τὸν γὰρ ἐπὶ τὴν κομιδὴν τῶν χρημάτων ἐκπεμφθέντα Γαβίνιον οἱ τὰ Ἀριστοβούλου φρονοῦντες οὐδὲ τῇ πόλει δέχονται.

[1.141] Πρὸς ταῦτα ἀγανακτήσας Πομπήιος Ἀριστόβουλον μὲν ἐφρούρει, πρὸς δὲ τὴν πόλιν ἐλθὼν περιεσκόπει ὅπως δεῖ προσβαλεῖν, τήν τε ὀχυρότητα τῶν τειχῶν δυσμεταχείριστον ὁρῶν καὶ τὴν πρὸ τούτων φάραγγα φοβερὰν τό τε ἱερὸν ἐντὸς τῆς φάραγγος ὀχυρώτατα τετειχισμένον, ὥστε τοῦ ἄστεος ἁλισκομένου δευτέραν εἶναι καταφυγὴν τοῦτο τοῖς πολεμίοις.

[2.142] Διαποροῦντος δ' ἐπὶ πολὺν χρόνον στάσις τοῖς ἔνδον ἐμπίπτει, τῶν μὲν Ἀριστοβούλου πολεμεῖν ἀξιούντων καὶ ῥύεσθαι τὸν βασιλέα, τῶν δὲ τὰ Ὑρκανοῦ φρονούντων ἀνοίγειν Πομπηίῳ τὰς πύλας: πολλοὺς δὲ τούτους ἐποίει τὸ δέος ἀφορῶντας εἰς τὴν τῶν Ῥωμαίων εὐταξίαν. [143] ἡττώμενον δὲ τὸ Ἀριστοβούλου μέρος εἰς τὸ ἱερὸν ἀνεχώρησεν καὶ τὴν συνάπτουσαν ἀπ' αὐτοῦ τῇ πόλει γέφυραν ἀποκόψαντες ἀντισχεῖν εἰς ἔσχατον παρεσκευάζοντο. τῶν δὲ ἑτέρων δεχομένων Ῥωμαίους τῇ πόλει καὶ τὰ βασίλεια παραδιδόντων ἐπὶ μὲν ταῦτα Πομπήιος ἕνα τῶν ὑφ' ἑαυτῷ στρατηγῶν Πείσωνα εἰσπέμπει μετὰ στρατιᾶς: [144] ὃς διαλαβὼν φρουραῖς τὴν πόλιν, ἐπειδὴ τῶν εἰς τὸ ἱερὸν καταφυγόντων οὐδένα λόγοις ἔπειθεν συμβῆναι, τὰ πέριξ εἰς προσβολὰς εὐτρέπιζεν ἔχων τοὺς περὶ τὸν Ὑρκανὸν εἴς τε τὰς ἐπινοίας καὶ τὰς ὑπηρεσίας προθύμους.

[3.145] Αὐτὸς δὲ κατὰ τὸ προσάρκτιον κλίμα τήν τε τάφρον ἔχου καὶ τὴν φάραγγα πᾶσαν ὕλην συμφορούσης τῆς δυνάμεως. χαλεπὸν δ' ἦν τὸ ἀναπληροῦν διὰ βάθος ἄπειρον καὶ τῶν Ἰουδαίων πάντα τρόπον εἰργόντων ἄνωθεν, [146] κἂν ἀτέλεστος ἔμεινεν τοῖς Ῥωμαίοις ὁ πόνος, εἰ μὴ τὰς ἑβδομάδας ἐπιτηρῶν ὁ Πομπήιος, ἐν αἷς παντὸς ἔργου διὰ τὴν θρησκείαν χεῖρας ἀπίσχουσιν Ἰουδαῖοι, τὸ χῶμα ὕψου τῆς κατὰ χεῖρα συμβολῆς εἴργων τοὺς στρατιώτας: ὑπὲρ μόνου γὰρ τοῦ σώματος ἀμύνονται τοῖς σαββάτοις. [147] ἤδη δὲ ἀναπεπληρωμένης τῆς φάραγγος πύργους ὑψηλοὺς ἐπιστήσας τῷ χώματι καὶ προσαγαγὼν τὰς ἐκ Τύρου κομισθείσας μηχανὰς ἐπειρᾶτο τοῦ τείχους: ἀνέστελλον δὲ αἱ πετροβόλοι τοὺς καθύπερθεν κωλύοντας. ἀντεῖχον δ' ἐπὶ πλεῖον οἱ κατὰ τοῦτο τὸ μέρος πύργοι μεγέθει τε καὶ κάλλει διαφέροντες.

[4.148] Ἔνθα δὴ πολλὰ τῶν Ῥωμαίων κακοπαθούντων ὁ Πομπήιος τά τε ἄλλα τῆς καρτερίας τοὺς Ἰουδαίους ἀπεθαύμαζεν καὶ μάλιστα τοῦ μηδὲν παραλῦσαι: τῆς θρησκείας ἐν μέσοις τοῖς βέλεσιν ἀνειλημένους: ὥσπερ γὰρ εἰρήνης βαθείας κατεχούσης τὴν πόλιν αἵ τε θυσίαι καθ' ἡμέραν καὶ οἱ ἐναγισμοὶ καὶ πᾶσα θεραπεία κατὰ τἀκριβὲς ἐξετελεῖτο τῷ θεῷ, καὶ οὐδὲ κατ' αὐτὴν τὴν ἅλωσιν περὶ τῷ βωμῷ φονευόμενοι τῶν καθ' ἡμέραν νομίμων εἰς τὴν θρησκείαν ἀπέστησαν. [149] τρίτῳ γὰρ μηνὶ τῆς πολιορκίας μόλις ἕνα τῶν πύργων καταρρίψαντες εἰσέπιπτον εἰς τὸ ἱερόν. ὁ δὲ πρῶτος ὑπερβῆναι τολμήσας τὸ τεῖχος Σύλλα παῖς ἦν Φαῦστος Κορνήλιος καὶ μετ' αὐτὸν ἑκατοντάρχαι δύο Φούριος καὶ Φάβιος. εἵπετο δὲ ἑκάστῳ τὸ ἴδιον στῖφος, καὶ περισχόντες πανταχοῦ τὸ ἱερὸν ἔκτεινον οὓς μὲν τῷ ναῷ προσφεύγοντας, οὓς δὲ ἀμυνομένους πρὸς ὀλίγον.

[5.150] Ἔνθα πολλοὶ τῶν ἱερέων ξιφήρεις τοὺς πολεμίους ἐπιόντας βλέποντες ἀθορύβως ἐπὶ τῆς θρησκείας ἔμειναν, σπένδοντες δὲ ἀπεσφάττοντο καὶ θυμιῶντες καὶ τῆς πρὸς τὸ θεῖον θεραπείας ἐν δευτέρῳ τὴν σωτηρίαν τιθέμενοι. πλεῖστοι δ' ὑπὸ τῶν ὁμοφύλων ἀντιστασιαστῶν ἀνῃροῦντο καὶ κατὰ τῶν κρημνῶν ἔρριπτον ἑαυτοὺς ἄπειροι: καὶ τὰ περὶ τὸ τεῖχος δ' ἔνιοι μανιῶντες ἐν ταῖς ἀμηχανίαις ὑπέπρησαν καὶ συγκατεφλέγοντο. [151] Ἰουδαίων μὲν οὖν ἀνῃρέθησαν μύριοι καὶ δισχίλιοι, Ῥωμαίων δὲ ὀλίγοι μὲν πάνυ νεκροί, τραυματίαι δ' ἐγένοντο πλείους.

[6.152] Οὐδὲν δὲ οὕτως ἐν ταῖς τότε συμφοραῖς καθήψατο τοῦ ἔθνους ὡς τὸ τέως ἀόρατον ἅγιον ἐκκαλυφθὲν ὑπὸ τῶν ἀλλοφύλων: παρελθὼν γοῦν σὺν τοῖς περὶ αὐτὸν ὁ Πομπήιος εἰς τὸν ναόν, ἔνθα μόνῳ θεμιτὸν ἦν παριέναι τῷ ἀρχιερεῖ, τὰ ἔνδον ἐθεάσατο, λυχνίαν τε καὶ λύχνους καὶ τράπεζαν καὶ σπονδεῖα καὶ θυμιατήρια, ὁλόχρυσα πάντα, πλῆθός τε ἀρωμάτων σεσωρευμένον καὶ τῶν ἱερῶν χρημάτων εἰς τάλαντα δισχίλια. [153] οὔτε δὲ τούτων οὔτε ἄλλου τινὸς τῶν ἱερῶν κειμηλίων ἥψατο, ἀλλὰ καὶ μετὰ μίαν τῆς ἁλώσεως ἡμέραν καθᾶραι τὸ ἱερὸν τοῖς νεωκόροις προσέταξεν καὶ τὰς ἐξ ἔθους ἐπιτελεῖν θυσίας. αὖθις δ' ἀποδείξας Ὑρκανὸν ἀρχιερέα τά τε ἄλλα προθυμότατον ἑαυτὸν ἐν τῇ πολιορκίᾳ παρασχόντα καὶ διότι τὸ κατὰ τὴν χώραν πλῆθος ἀπέστησεν Ἀριστοβούλῳ συμπολεμεῖν ὡρμημένον, ἐκ τούτων, ὅπερ ἦν προσῆκον ἀγαθῷ στρατηγῷ, τὸν λαὸν εὐνοίᾳ πλέον ἢ δέει προσηγάγετο. [154] ἐν δὲ τοῖς αἰχμαλώτοις ἐλήφθη καὶ ὁ Ἀριστοβούλου πενθερός, ὁ δ' αὐτὸς ἦν καὶ θεῖος αὐτῷ. καὶ τοὺς αἰτιωτάτους μὲν τοῦ πολέμου πελέκει κολάζει, Φαῦστον δὲ καὶ τοὺς μετ' αὐτοῦ γενναίως ἀγωνισαμένους λαμπροῖς ἀριστείοις δωρησάμενος τῇ τε χώρᾳ καὶ τοῖς Ἱεροσολύμοις ἐπιτάσσει φόρον.

[7.155] Ἀφελόμενος δὲ τοῦ ἔθνους καὶ τὰς ἐν κοίλῃ Συρίᾳ πόλεις, ἃς εἷλον, ὑπέταξεν τῷ κατ' ἐκεῖνο Ῥωμαίων στρατηγῷ κατατεταγμένῳ καὶ μόνοις αὐτοὺς τοῖς ἰδίοις ὅροις περιέκλεισεν. ἀνακτίζει δὲ καὶ Γάδαρα ὑπὸ Ἰουδαίων κατεστραμμένην Γαδαρεῖ τινὶ τῶν ἰδίων ἀπελευθέρων Δημητρίῳ χαριζόμενος. [156] ἠλευθέρωσεν δὲ ἀπ' αὐτῶν καὶ τὰς ἐν τῇ μεσογείᾳ πόλεις, ὅσας μὴ φθάσαντες κατέσκαψαν, Ἵππον Σκυθόπολίν τε καὶ Πέλλαν καὶ Σαμάρειαν καὶ Ἰάμνειαν καὶ Μάρισαν Ἄζωτόν τε καὶ Ἀρέθουσαν, ὁμοίως δὲ καὶ τὰς παραλίους Γάζαν Ἰόππην Δῶρα καὶ τὴν πάλαι μὲν Στράτωνος πύργον καλουμένην, ὕστερον δὲ μετακτισθεῖσάν τε ὑφ' Ἡρώδου βασιλέως λαμπροτάτοις κατασκευάσμασιν καὶ μετονομασθεῖσαν Καισάρειαν. [157] ἃς πάσας τοῖς γνησίοις ἀποδοὺς πολίταις κατέταξεν εἰς τὴν Συριακὴν ἐπαρχίαν. παραδοὺς δὲ ταύτην τε καὶ τὴν Ἰουδαίαν καὶ τὰ μέχρις Αἰγύπτου καὶ Εὐφράτου Σκαύρῳ διέπειν καὶ δύο τῶν ταγμάτων, αὐτὸς διὰ Κιλικίας εἰς Ῥώμην ἠπείγετο τὸν Ἀριστόβουλον ἄγων μετὰ τῆς γενεᾶς αἰχμάλωτον. [158] δύο δ' ἦσαν αὐτῷ θυγατέρες καὶ δύο υἱεῖς, ὧν ὁ ἕτερος μὲν Ἀλέξανδρος ἐκ τῆς ὁδοῦ διαδιδράσκει, σὺν δὲ ταῖς ἀδελφαῖς ὁ νεώτερος Ἀντίγονος εἰς Ῥώμην ἐκομίζετο.

[1.159] Κἀν τούτῳ Σκαῦρος εἰς τὴν Ἀραβίαν ἐμβαλὼν τῆς μὲν Πέτρας εἴργετο ταῖς δυσχωρίαις, ἐπόρθει δὲ τὰ πέριξ πολλὰ κἀν τούτῳ κακοπαθῶν: ἐλίμωττεν γὰρ ἡ στρατιά. καὶ πρὸς τοῦτο Ὑρκανὸς ἐπεβοήθει διὰ Ἀντιπάτου τὰ ἐπιτήδεια πέμπων. ὃν καὶ καθίησι Σκαῦρος ὄντα συνήθη πρὸς Ἀρέταν, ὅπως ἐπὶ χρήμασιν διαλύσαιτο τὸν πόλεμον. πείθεται δὲ ὁ Ἄραψ τριακόσια δοῦναι τάλαντα, κἀπὶ τούτοις Σκαῦρος ἐξῆγεν τῆς Ἀραβίας τὴν δύναμιν.

[2.160] Ὁ δ' ἀποδρὰς τῶν Ἀριστοβούλου παίδων Πομπήιον Ἀλέξανδρος χρόνῳ συναγαγὼν χεῖρα συχνὴν βαρὺς ἦν Ὑρκανῷ καὶ τὴν Ἰουδαίαν κατέτρεχεν, ἐδόκει τε ἂν καταλῦσαι ταχέως αὐτόν, ὅς γε ἤδη καὶ τὸ καταρριφθὲν ὑπὸ Πομπηίου τεῖχος ἐν Ἱεροσολύμοις ἀνακτίζειν ἐθάρρει προσελθών, εἰ μὴ Γαβίνιος εἰς Συρίαν πεμφθεὶς Σκαύρῳ διάδοχος τά τε ἄλλα γενναῖον ἀπέδειξεν ἑαυτὸν ἐν πολλοῖς καὶ ἐπ' Ἀλέξανδρον ὥρμησεν. [161] ὁ δὲ δείσας πρὸς τὴν ἔφοδον δύναμίν τε πλείω συνέλεγεν, ὡς γενέσθαι μυρίους μὲν ὁπλίτας χιλίους δὲ καὶ πεντακοσίους ἱππεῖς, καὶ τὰ ἐπιτήδεια τῶν χωρίων ἐτείχιζε Ἀλεξάνδρειόν τε καὶ Ὑρκάνειον καὶ Μαχαιροῦντα πρὸς τοῖς Ἀραβίοις ὄρεσιν.

[3.162] Γαβίνιος δὲ μετὰ μέρους τῆς στρατιᾶς Μᾶρκον Ἀντώνιον προπέμψας αὐτὸς εἵπετο τὴν ὅλην ἔχων δύναμιν. οἱ δὲ περὶ τὸν Ἀντίπατρον ἐπίλεκτοι καὶ τὸ ἄλλο τάγμα τῶν Ἰουδαίων, ὧν Μάλιχος ἦρχεν καὶ Πειθόλαος, συμμίξαντες τοῖς περὶ Μᾶρκον Ἀντώνιον ἡγεμόσιν ὑπήντων Ἀλεξάνδρῳ. καὶ μετ' οὐ πολὺ παρῆν ἅμα τῇ φάλαγγι Γαβίνιος. [163] ἑνουμένην δὲ τὴν τῶν πολεμίων δύναμιν οὐχ ὑπομείνας Ἀλέξανδρος ἀνεχώρει καὶ πλησίον ἤδη Ἱεροσολύμων γενόμενος ἀναγκάζεται συμβαλεῖν καὶ κατὰ τὴν μάχην ἑξακισχιλίους ἀποβαλών, ὧν τρισχίλιοι μὲν ἔπεσον τρισχίλιοι δὲ ἐζωγρήθησαν, φεύγει σὺν τοῖς καταλειφθεῖσιν εἰς Ἀλεξάνδρειον.

[4.164] Γαβίνιος δὲ πρὸς τὸ Ἀλεξάνδρειον ἐλθὼν ἐπειδὴ πολλοὺς εὗρεν ἐστρατοπεδευμένους, ἐπειρᾶτο συγγνώμης ὑποσχέσει περὶ τῶν ἡμαρτημένων πρὸ μάχης αὐτοὺς προσαγαγέσθαι: μηδὲν δὲ μέτριον φρονούντων ἀποκτείνας πολλοὺς τοὺς λοιποὺς ἀπέκλεισεν εἰς τὸ ἔρυμα. [165] κατὰ ταύτην ἀριστεύει τὴν μάχην ὁ ἡγεμὼν Μᾶρκος Ἀντώνιος, πανταχοῦ μὲν γενναῖος ἀεὶ φανείς, οὐδαμοῦ δ' οὕτως. Γαβίνιος δὲ τοὺς ἐξαιρήσοντας τὸ φρούριον καταλιπὼν αὐτὸς ἐπῄει τὰς μὲν ἀπορθήτους πόλεις καθιστάμενος, τὰς δὲ κατεστραμμένας ἀνακτίζων. [166] συνεπολίσθησαν γοῦν τούτου κελεύσαντος Σκυθόπολίς τε καὶ Σαμάρεια καὶ Ἀνθηδὼν καὶ Ἀπολλωνία καὶ Ἰάμνεια καὶ Ῥάφεια Μάρισά τε καὶ Ἀδώρεος καὶ Γάβαλα καὶ Ἄζωτος καὶ ἄλλαι πολλαί, τῶν οἰκητόρων ἀσμένως ἐφ' ἑκάστην συνθεόντων.

[5.167] Μετὰ δὲ τὴν τούτων ἐπιμέλειαν ἐπανελθὼν πρὸς τὸ Ἀλεξάνδρειον ἐπέρρωσεν τὴν πολιορκίαν, ὥστε Ἀλέξανδρος ἀπογνοὺς περὶ τῶν ὅλων ἐπικηρυκεύεται πρὸς αὐτόν, συγγνωσθῆναί τε τῶν ἡμαρτημένων δεόμενος καὶ τὰ συλληφθέντα φρούρια παραδιδοὺς Ὑρκάνειον καὶ Μαχαιροῦντα: αὖθις δὲ καὶ τὸ Ἀλεξάνδρειον ἐνεχείρισεν. [168] ἃ πάντα Γαβίνιος ἐναγούσης τῆς Ἀλεξάνδρου μητρὸς κατέστρεψεν, ὡς μὴ πάλιν ὁρμητήριον γένοιτο δευτέρου πολέμου: παρῆν δὲ μειλισσομένη τὸν Γαβίνιον κατὰ δέος τῶν ἐπὶ τῆς Ῥώμης αἰχμαλώτων, τοῦ τε ἀνδρὸς καὶ τῶν ἄλλων τέκνων. [169] μετὰ δὲ ταῦτα εἰς Ἱεροσόλυμα Γαβίνιος Ὑρκανὸν καταγαγὼν καὶ τὴν τοῦ ἱεροῦ παραδοὺς κηδεμονίαν αὐτῷ καθίστατο τὴν ἄλλην πολιτείαν ἐπὶ προστασίᾳ τῶν ἀρίστων. [170] διεῖλεν δὲ πᾶν τὸ ἔθνος εἰς πέντε συνόδους, τὸ μὲν Ἱεροσολύμοις προστάξας, τὸ δὲ Γαδάροις, οἱ δὲ ἵνα συντελῶσιν εἰς Ἀμαθοῦντα, τὸ δὲ τέταρτον εἰς Ἱεριχοῦντα κεκλήρωτο, καὶ τῷ πέμπτῳ Σέπφωρις ἀπεδείχθη πόλις τῆς Γαλιλαίας. ἀσμένως δὲ τῆς ἐξ ἑνὸς ἐπικρατείας ἐλευθερωθέντες τὸ λοιπὸν ἀριστοκρατίᾳ διῳκοῦντο.

[6.171] Μετ' οὐ πολύ γε μὴν αὐτοῖς ἀρχὴ γίνεται θορύβων Ἀριστόβουλος ἀποδρὰς ἐκ Ῥώμης, ὃς αὖθις πολλοὺς Ἰουδαίων ἐπισυνίστη, τοὺς μὲν ἐπιθυμοῦντας μεταβολῆς, τοὺς δὲ ἀγαπῶντας αὐτὸν πάλαι. καὶ τὸ μὲν πρῶτον καταλαβόμενος τὸ Ἀλεξάνδρειον ἀνατειχίζειν ἐπειρᾶτο: ὡς δὲ Γαβίνιος ὑπὸ Σισέννᾳ καὶ Ἀντωνίῳ καὶ Σερουιανῷ στρατιὰν ἔπεμψεν ἐπ' αὐτόν. γνοὺς ἀνεχώρει ἐπὶ Μαχαιροῦντος. [172] καὶ τὸν μὲν ἄχρηστον ὄχλον ἀπεφορτίσατο, μόνους δὲ ἐπήγετο τοὺς ὡπλισμένους ὄντας εἰς ὀκτακισχιλίους, ἐν οἷς καὶ Πειθόλαος ἦν ὁ ἐξ Ἱεροσολύμων ὑποστράτηγος αὐτομολήσας μετὰ χιλίων. Ῥωμαῖοι δ' ἐπηκολούθουν, καὶ γενομένης συμβολῆς μέχρι πολλοῦ μὲν οἱ περὶ τὸν Ἀριστόβουλον διεκαρτέρουν γενναίως ἀγωνιζόμενοι, τέλος δὲ βιασθέντες ὑπὸ τῶν Ῥωμαίων πίπτουσι μὲν πεντακισχίλιοι, περὶ δὲ δισχιλίους ἀνέφυγον εἴς τινα λόφον, οἱ δὲ λοιποὶ χίλιοι σὺν Ἀριστοβούλῳ διακόψαντες τὴν φάλαγγα τῶν Ῥωμαίων εἰς Μαχαιροῦντα συνελαύνονται. [173] ἔνθα δὴ τὴν πρώτην ἑσπέραν ὁ βασιλεὺς τοῖς ἐρειπίοις ἐναυλισάμενος ἐν ἐλπίσι μὲν ἦν ἄλλην συναθροίσειν δύναμιν ἀνοχὴν τοῦ πολέμου διδόντος καὶ τὸ φρούριον κακῶς ὠχύρου: προσπεσόντων δὲ Ῥωμαίων ἐπὶ δύο ἡμέρας ἀντισχὼν ὑπὲρ δύναμιν ἁλίσκεται καὶ μετ' Ἀντιγόνου τοῦ παιδός, ὃς ἀπὸ Ῥώμης αὐτῷ συναπέδρα, δεσμώτης ἐπὶ Γαβίνιον ἀνήχθη καὶ ἀπὸ Γαβινίου πάλιν εἰς Ῥώμην. [174] τοῦτον μὲν οὖν ἡ σύγκλητος εἷρξεν, τὰ τέκνα δ' αὐτοῦ διῆγεν εἰς Ἰουδαίαν Γαβινίου δι' ἐπιστολῶν δηλώσαντος τῇ Ἀριστοβούλου γυναικὶ τοῦτο ἀντὶ τῆς παραδόσεως τῶν ἐρυμάτων ὡμολογηκέναι.

[7.175] Γαβινίῳ δ' ἐπὶ Πάρθους ὡρμημένῳ στρατεύειν γίνεται Πτολεμαῖος ἐμπόδιον: ὃς ὑποστρέψας ἀπ' Εὐφράτου κατῆγεν εἰς Αἴγυπτον ἐπιτηδείοις εἰς ἅπαντα χρώμενος κατὰ τὴν στρατείαν Ὑρκανῷ καὶ Ἀντιπάτρῳ: καὶ γὰρ χρήματα καὶ ὅπλα καὶ σῖτον καὶ ἐπικούρους Ἀντίπατρος προσῆγεν, καὶ τοὺς ταύτῃ Ἰουδαίους φρουροῦντας τὰς κατὰ τὸ Πηλούσιον ἐμβολὰς παρεῖναι Γαβίνιον ἔπεισεν. [176] τῆς δ' ἄλλης Συρίας πρὸς τὸν Γαβινίου χωρισμὸν κινηθείσης καὶ Ἰουδαίους πάλιν ἀπέστησεν Ἀλέξανδρος ὁ Ἀριστοβούλου, μεγίστην δὲ συγκροτήσας δύναμιν ὥρμητο πάντας τοὺς κατὰ τὴν χώραν Ῥωμαίους ἀνελεῖν. [177] πρὸς ὃ Γαβίνιος δείσας, ἤδη δὲ παρῆν ἀπ' Αἰγύπτου τοῖς τῇδε θορύβοις ἠπειγμένος, ἐπὶ τινὰς μὲν τῶν ἀφεστώτων Ἀντίπατρον προπέμψας μετέπεισεν, συνέμενον δὲ Ἀλεξάνδρῳ τρεῖς μυριάδες, κἀκεῖνος ὥρμητο πολεμεῖν. οὕτως ἔξεισιν πρὸς μάχην. ὑπήντων δὲ οἱ Ἰουδαῖοι, καὶ συμβαλόντων περὶ τὸ Ἰταβύριον ὄρος μύριοι μὲν ἀναιροῦνται, τὸ δὲ λοιπὸν πλῆθος ἐσκεδάσθη φυγῇ. [178] καὶ Γαβίνιος ἐλθὼν εἰς Ἱεροσόλυμα πρὸς τὸ Ἀντιπάτρου βούλημα κατεστήσατο τὴν πολιτείαν. ἔνθεν ὁρμήσας Ναβαταίων τε μάχῃ κρατεῖ καὶ Μιθριδάτην καὶ Ὀρσάνην φυγόντας ἐκ Πάρθων κρύφα μὲν ἀπέπεμψεν, παρὰ δὲ τοῖς στρατιώταις ἔλεγεν ἀποδρᾶναι.

[8.179] Κἀν τούτῳ Κράσσος αὐτῷ διάδοχος ἐλθὼν παραλαμβάνει Συρίαν. οὗτος εἰς τὴν ἐπὶ Πάρθους στρατείαν τόν τε ἄλλον τοῦ ἐν Ἱεροσολύμοις ναοῦ χρυσὸν πάντα περιεῖλεν καὶ τὰ δισχίλια τάλαντα ἦρεν, ὧν ἀπέσχετο Πομπήιος. διαβὰς δὲ τὸν Εὐφράτην αὐτός τε ἀπώλετο καὶ ὁ στρατὸς αὐτοῦ, περὶ ὧν οὐ νῦν καιρὸς λέγειν.

[9.180] Πάρθους δὲ μετὰ τὸν Κράσσον ἐπιδιαβαίνειν εἰς Συρίαν ὡρμημένους ἀνέκοπτεν Κάσσιος εἰς τὴν ἐπαρχίαν διαφυγών. περιποιησάμενος δὲ αὐτὴν ἐπὶ Ἰουδαίους ἠπείγετο, καὶ Ταριχέας μὲν ἑλὼν εἰς τρεῖς μυριάδας Ἰουδαίων ἀνδραποδίζεται, κτείνει δὲ καὶ Πειθόλαον τοὺς Ἀριστοβούλου στασιαστὰς ἐπισυνιστάντα: τοῦ φόνου δὲ ἦν σύμβουλος Ἀντίπατρος. [181] τούτῳ γήμαντι γυναῖκα τῶν ἐπισήμων ἐξ Ἀραβίας Κύπρον τοὔνομα τέσσαρες μὲν υἱεῖς γίνονται, Φασάηλος καὶ ὁ βασιλεὺς αὖθις Ἡρώδης, πρὸς οἷς Ἰώσηπος καὶ Φερώρας καὶ Σαλώμη θυγάτηρ. ἐξῳκειωμένος δὲ τοὺς πανταχοῦ δυνατοὺς φιλίαις τε καὶ ξενίαις μάλιστα προσηγάγετο τὸν Ἀράβων βασιλέα διὰ τὴν ἐπιγαμβρίαν, κἀπειδὴ τὸν πρὸς τὸν Ἀριστόβουλον ἀνείλετο πόλεμον, ἐκείνῳ παρακαταθήκην ἔπεμψεν τὰ τέκνα. [182] Κάσσιος δὲ κατὰ συνθήκας ἡσυχάζειν Ἀλέξανδρον ἀναγκάσας ἐπὶ τὸν Εὐφράτην ὑπέστρεψεν Πάρθους διαβαίνειν ἀνείρξων, περὶ ὧν ἐν ἑτέροις ἐροῦμεν.

[1.183] Καῖσαρ δὲ Πομπηίου καὶ τῆς συγκλήτου φυγόντων ὑπὲρ τὸν Ἰόνιον Ῥώμης καὶ τῶν ὅλων κρατήσας ἀνίησι μὲν τῶν δεσμῶν τὸν Ἀριστόβουλον, παραδοὺς δ' αὐτῷ δύο τάγματα κατὰ τάχος ἔπεμψεν εἰς Συρίαν, ταύτην τε ῥᾳδίως ἐλπίσας καὶ τὰ περὶ τὴν Ἰουδαίαν δι' αὐτοῦ προσάξεσθαι. [184] φθάνει δ' ὁ φθόνος καὶ τὴν Ἀριστοβούλου προθυμίαν καὶ τὰς Καίσαρος ἐλπίδας: φαρμάκῳ γοῦν ἀναιρεθεὶς ὑπὸ τῶν τὰ Πομπηίου φρονούντων μέχρι πολλοῦ μὲν οὐδὲ ταφῆς ἐν τῇ πατρῴᾳ χώρᾳ μετεῖχεν, ἔκειτο δὲ μέλιτι συντηρούμενος ὁ νεκρὸς αὐτοῦ, ἕως ὑπ' Ἀντωνίου Ἰουδαίοις ἐπέμφθη τοῖς βασιλικοῖς μνημείοις ἐνταφησόμενος.

[2.185] Ἀναιρεῖται δὲ καὶ ὁ υἱὸς αὐτοῦ Ἀλέξανδρος πελέκει ὑπὸ Σκιπίωνος ἐν Ἀντιοχείᾳ Πομπηίου τοῦτ' ἐπιστείλαντος καὶ γενομένης κατηγορίας πρὸ τοῦ βήματος ὧν Ῥωμαίους ἔβλαψεν. τοὺς δ' ἀδελφοὺς αὐτοῦ Πτολεμαῖος ὁ Μενναίου παραλαβών, ὃς ἐκράτει τῆς ὑπὸ τῷ Λιβάνῳ Χαλκίδος, Φιλιππίωνα τὸν υἱὸν ἐπ' αὐτοὺς εἰς Ἀσκάλωνα πέμπει. [186] κἀκεῖνος ἀποσπάσας τῆς Ἀριστοβούλου γυναικὸς Ἀντίγονον καὶ τὰς ἀδελφὰς αὐτοῦ πρὸς τὸν πατέρα ἀνήγαγεν. ἁλοὺς δ' ἔρωτι γαμεῖ τὴν ἑτέραν καὶ μετὰ ταῦτα ὑπὸ τοῦ πατρὸς δι' αὐτὴν κτείνεται: γαμεῖ γὰρ Πτολεμαῖος τὴν Ἀλεξάνδραν ἀνελὼν τὸν υἱὸν καὶ διὰ τὸν γάμον κηδεμονικώτερος αὐτὸς ἦν πρὸς τοὺς ἀδελφούς.

[3.187] Ἀντίπατρος δὲ μετὰ τὴν Πομπηίου τελευτὴν μεταβὰς ἐθεράπευεν Καίσαρα, κἀπειδὴ Μιθριδάτης ὁ Περγαμηνὸς μεθ' ἧς ἦγεν ἐπ' Αἴγυπτον δυνάμεως εἰργόμενος τῶν κατὰ τὸ Πηλούσιον ἐμβολῶν ἐν Ἀσκάλωνι κατείχετο, τούς τε Ἄραβας ξένος ὢν ἔπεισεν ἐπικουρῆσαι καὶ αὐτὸς ἧκεν ἄγων Ἰουδαίων εἰς τρισχιλίους ὁπλίτας. [188] παρώρμησεν δὲ καὶ τοὺς ἐν Συρίᾳ δυνατοὺς ἐπὶ τὴν βοήθειαν τόν τε ἔποικον τοῦ Λιβάνου Πτολεμαῖον καὶ Ἰάμβλιχον, δι' οὓς αἱ ταύτῃ πόλεις ἑτοίμως συνεφήψαντο τοῦ πολέμου. [189] καὶ θαρρῶν ἤδη Μιθριδάτης τῇ προσγενομένῃ δι' Ἀντίπατρον ἰσχύι πρὸς τὸ Πηλούσιον ἐξελαύνει κωλυόμενός τε διελθεῖν ἐπολιόρκει τὴν πόλιν. γίνεται δὲ κἀν τῇ προσβολῇ διασημότατος Ἀντίπατρος: τὸ γὰρ κατ' αὐτὸν μέρος τοῦ τείχους διαρρήξας πρῶτος εἰσεπήδησεν εἰς τὴν πόλιν μετὰ τῶν σὺν αὐτῷ.

[4.190] Καὶ τὸ Πηλούσιον μὲν ἑάλω, πρόσω δ' αὐτὸν ἰόντα εἶργον αὖθις οἱ τὴν Ὀνίου προσαγορευομένην χώραν κατέχοντες: ἦσαν δὲ Ἰουδαῖοι Αἰγύπτιοι. τούτους Ἀντίπατρος οὐ μόνον μὴ κωλύειν ἔπεισεν, ἀλλὰ καὶ τὰ ἐπιτήδεια τῇ δυνάμει παρασχεῖν: ὅθεν οὐδὲ οἱ κατὰ Μέμφιν ἔτι εἰς χεῖρας ἦλθον, ἑκούσιοι δὲ προσέθεντο Μιθριδάτῃ. [191] κἀκεῖνος ἤδη τὸ Δέλτα περιελθὼν συνέβαλλεν τοῖς λοιποῖς Αἰγυπτίοις εἰς μάχην κατὰ χῶρον, ὃς Ἰουδαίων στρατόπεδον καλεῖται. κινδυνεύοντα δ' αὐτὸν ἐν τῇ παρατάξει σὺν ὅλῳ τῷ δεξιῷ κέρατι ῥύεται περιελθὼν Ἀντίπατρος παρὰ τὸν αἰγιαλὸν τοῦ ποταμοῦ: [192] τῶν γὰρ καθ' ἑαυτὸν ἐκράτει τὸ λαιὸν ἔχων κέρας: ἔπειτα προσπεσὼν τοῖς διώκουσι Μιθριδάτην ἀπέκτεινεν πολλοὺς καὶ μέχρι τοσούτου τοὺς καταλειπομένους ἐδίωξεν ὡς καὶ τὸ στρατόπεδον αὐτῶν ἑλεῖν. ὀγδοήκοντα δὲ μόνους τῶν ἰδίων ἀπέβαλεν, καὶ Μιθριδάτης ἐν τῇ τροπῇ περὶ ὀκτακοσίους. σωθεὶς δ' αὐτὸς παρ' ἐλπίδα μάρτυς ἀβάσκανος γίνεται πρὸς Καίσαρα τῶν Ἀντιπάτρου κατορθωμάτων.

[5.193] Ὁ δὲ τότε μὲν τὸν ἄνδρα τοῖς ἐπαίνοις καὶ ταῖς ἐλπίσιν εἰς τοὺς ὑπὲρ αὐτοῦ κινδύνους ἐπέρρωσεν, ἐν οἷς πᾶσιν παραβολώτατος ἀγωνιστὴς γενόμενος καὶ πολλὰ τρωθεὶς ἐφ' ὅλου σχεδὸν τοῦ σώματος εἶχεν τὰ σημεῖα τῆς ἀρετῆς. [194] αὖθις δὲ καταστησάμενος τὰ κατὰ τὴν Αἴγυπτον ὡς ἐπανῆκεν εἰς Συρίαν, πολιτείᾳ τε αὐτὸν τῇ Ῥωμαίων ἐδωρήσατο καὶ ἀτελείᾳ τῆς τε ἄλλης τιμῆς καὶ φιλοφρονήσεως ἕνεκεν ζηλωτὸν ἐποίησεν καὶ τὴν ἀρχιερωσύνην δὲ δι' αὐτὸν ἐπεκύρωσεν Ὑρκανῷ.

[1.195] Κατ' αὐτὸ δὲ καὶ Ἀντίγονος ὁ Ἀριστοβούλου πρὸς τὸν Καίσαρα παρὼν γίνεται παραδόξως Ἀντιπάτρῳ μείζονος προκοπῆς αἴτιος: δέον γὰρ ἀποδύρεσθαι περὶ τοῦ πατρὸς πεφαρμάχθαι δοκοῦντος ἐκ τῶν πρὸς Πομπήιον διαφορῶν καὶ περὶ τἀδελφοῦ τὴν Σκιπίωνος ὠμότητα μέμφεσθαι καὶ μηδὲν εἰς τὸν ἔλεον παραμῖξαι φθονερὸν πάθος, ὁ δὲ ἐπὶ τούτοις Ὑρκανοῦ καὶ Ἀντιπάτρου κατηγόρει παρελθών, [196] ὡς παρανομώτατα μὲν αὐτὸν μετὰ τῶν ἀδελφῶν πάσης ἀπελαύνοιεν τῆς πατρίου γῆς, πολλὰ δ' εἰς τὸ ἔθνος αὐτοὶ διὰ κόρον ἐξυβρίζοιεν, καὶ ὅτι τὴν εἰς Αἴγυπτον συμμαχίαν οὐκ ἐπ' εὐνοίᾳ αὐτῷ πέμψειαν, ἀλλὰ κατὰ δέος τῶν πάλαι διαφορῶν καὶ τὴν πρὸς τὸν Πομπήιον φιλίαν ἀποσκευαζόμενοι.

[2.197] Πρὸς ταῦτα ὁ Ἀντίπατρος ἀπορρίψας τὴν ἐσθῆτα τὸ πλῆθος ἐπεδείκνυεν τῶν τραυμάτων, καὶ περὶ μὲν τῆς εἰς Καίσαρα εὐνοίας οὐκ ἔφη λόγου δεῖν αὐτῷ: κεκραγέναι γὰρ τὸ σῶμα σιωπῶντος: [198] Ἀντιγόνου δὲ θαυμάζειν τὴν τόλμαν, εἰ πολεμίου Ῥωμαίων υἱὸς ὢν καὶ Ῥωμαίων δραπέτου καὶ τὸ νεωτεροποιὸς εἶναι καὶ στασιώδης αὐτὸς πατρῷον ἔχων, παρὰ τῷ Ῥωμαίων ἡγεμόνι κατηγορεῖν ἐπικεχείρηκεν ἑτέρων καὶ πειρᾶται τυχεῖν ἀγαθοῦ τινος, δέον ἀγαπᾶν ὅτι ζῇ: καὶ γὰρ νῦν ἐφίεσθαι πραγμάτων οὐ τοσοῦτον δι' ἀπορίαν, ἀλλ' ἵνα Ἰουδαίους διαστασιάσῃ παρελθὼν καὶ χρήσηται κατὰ τῶν δόντων ταῖς ἀφορμαῖς.

[3.199] Τούτων Καῖσαρ ἀκούσας Ὑρκανὸν μὲν ἀξιώτερον τῆς ἀρχιερωσύνης ἀπεφήνατο, Ἀντιπάτρῳ δὲ δυναστείας αἵρεσιν ἔδωκεν. ὁ δ' ἐπὶ τῷ τιμήσαντι τὸ μέτρον τῆς τιμῆς θέμενος πάσης ἐπίτροπος Ἰουδαίας ἀποδείκνυται καὶ προσεπιτυγχάνει τὰ τείχη τῆς πατρίδος ἀνακτίσαι κατεστραμμένα. [200] τὰς μὲν δὴ τιμὰς ταύτας Καῖσαρ ἐπέστελλεν ἐν τῷ Καπετωλίῳ χαραχθῆναι τῆς τε αὐτοῦ δικαιοσύνης σημεῖον καὶ τῆς τἀνδρὸς ἐσομένας ἀρετῆς.

[4.201] Ἀντίπατρος δὲ Καίσαρα προπέμψας ἐκ τῆς Συρίας εἰς Ἰουδαίαν ὑπέστρεψεν. καὶ πρῶτον μὲν τὸ τεῖχος ἀνεδείματο τῆς πατρίδος ὑπὸ Πομπηίου κατεστραμμένον καὶ τοὺς ἀνὰ τὴν χώραν θορύβους ἐπιὼν κατέστελλεν, ἀπειλητὴς ἅμα καὶ σύμβουλος ὢν ἑκάστοις, ὅτι τὰ μὲν Ὑρκανοῦ φρονοῦντες ἐν ὄλβῳ καὶ καθ' ἡσυχίαν βιώσονται τῶν τε ἰδίων κτημάτων καὶ κοινῆς εἰρήνης ἀπολαύοντες: [202] εἰ δὲ πείθοιντο ταῖς ψυχραῖς ἐλπίσιν τῶν νεωτερίζειν ἐπὶ κέρδεσιν οἰκείοις ἐθελόντων, ὡς αὐτόν τε πειράσουσιν ἀντὶ κηδεμόνος δεσπότην καὶ Ὑρκανὸν ἀντὶ βασιλέως τύραννον, Ῥωμαίους γε μὴν καὶ Καίσαρα πολεμίους ἀνθ' ἡγεμόνων καὶ φίλων: οὐ γὰρ ἀνέξεσθαι μετακινούμενον ἐκ τῆς ἀρχῆς ὃν αὐτοὶ κατέστησαν. [203] ἅμα δὲ ταῦτα λέγων καὶ δι' αὑτοῦ καθίστατο τὴν χώραν ὁρῶν τὸν Ὑρκανὸν νωθῆ τε καὶ βασιλείας ἀτονώτερον. Φασάηλον μὲν δὴ τῶν παίδων τὸν πρεσβύτατον Ἱεροσολύμων καὶ τῶν πέριξ στρατηγὸν καθίστησιν, τὸν δὲ μετ' αὐτὸν Ἡρώδην ἐπὶ τοῖς ἴσοις ἔστειλεν εἰς Γαλιλαίαν κομιδῇ νέον.

[5.204] Ὁ δὲ ὢν φύσει δραστήριος ὕλην εὐθέως εὑρίσκει τῷ φρονήματι. καταλαβὼν οὖν Ἐζεκίαν τὸν ἀρχιληστὴν τὰ προσεχῆ τῇ Συρίᾳ κατατρέχοντα μετὰ μεγίστου στίφους αὐτόν τε συλλαβὼν ἀποκτείνει καὶ πολλοὺς τῶν λῃστῶν. [205] ὃ δὴ μάλιστα τοῖς Σύροις ἡγεῖτο κεχαρισμένον: ὑμνεῖτο γοῦν ἀνά τε τὰς κώμας καὶ ἐν ταῖς πόλεσιν Ἡρώδης ὡς εἰρήνην αὐτοῖς καὶ τὰς κτήσεις ἀνασεσωκώς. γίνεται δ' ἐκ τούτου καὶ Σέξτῳ Καίσαρι γνώριμος ὄντι συγγενεῖ τοῦ μεγάλου Καίσαρος καὶ διοικοῦντι τὴν Συρίαν.

[206] πρὸς δὲ τὸν ἀδελφὸν εὐδοκιμοῦντα καὶ Φασάηλος ἐφιλοτιμεῖτο τὴν ἀγαθὴν ἔριν τοὺς ἐν τοῖς Ἱεροσολύμοις εὐνουστέρους καθιστάμενος καὶ δι' αὑτοῦ μὲν ἔχων τὴν πόλιν μηδὲν δὲ ἀπειροκάλως εἰς τὴν ἐξουσίαν ἐξυβρίζων. [207] ἐντεῦθεν Ἀντιπάτρῳ θεραπεία τε ἦν ἐκ τοῦ ἔθνους βασιλικὴ καὶ τιμαὶ παρὰ πάντων ὡς δεσπότῃ τῶν ὅλων: οὐ μὴν αὐτὸς τῆς πρὸς Ὑρκανὸν εὐνοίας ἢ πίστεώς τι μετεκίνησεν.

[6.208] Ἀμήχανον δ' ἐν εὐπραγίαις φθόνον διαφυγεῖν: Ὑρκανὸς γοῦν ἤδη μὲν καὶ καθ' ἑαυτὸν ἡσυχῇ πρὸς τὸ κλέος τῶν νεανίσκων ἐδάκνετο, μάλιστα δὲ ἐλύπει τὰ Ἡρώδου κατορθώματα καὶ κήρυκες ἐπάλληλοι τῆς καθ' ἕκαστον εὐδοξίας προστρέχοντες πολλοὶ [δὲ] τῶν ἐν τοῖς βασιλείοις βασκάνων ἠρέθιζον, οἷς ἢ τὸ τῶν παίδων ἢ τὸ Ἀντιπάτρου σωφρονικὸν προσίστατο, [209] λέγοντες ὡς Ἀντιπάτρῳ καὶ τοῖς υἱοῖς αὐτοῦ παραχωρήσας τῶν πραγμάτων καθέζοιτο τοὔνομα μόνον βασιλέως ἔχων ἔρημον ἐξουσίας. καὶ μέχρι τοῦ πλανηθήσεται καθ' ἑαυτοῦ βασιλεῖς ἐπιτρέφων; οὐδὲ γὰρ εἰρωνεύεσθαι τὴν ἐπιτροπὴν αὐτοὺς ἔτι, φανεροὺς δὲ εἶναι δεσπότας παρωσαμένους ἐκεῖνον, εἴ γε μήτε ἐντολὰς δόντος μήτε ἐπιστείλαντος αὐτοῦ τοσούτους παρὰ τὸν τῶν Ἰουδαίων νόμον ἀνῄρηκεν Ἡρώδης: ὅν, εἰ μὴ βασιλεύς ἐστιν ἀλλ' ἔτι ἰδιώτης, δεῖν ἐπὶ δίκην ἥκειν ἀποδώσοντα λόγον αὐτῷ τε καὶ τοῖς πατρίοις νόμοις, οἳ κτείνειν ἀκρίτους οὐκ ἐφιᾶσιν.

[7.210] Τούτοις κατὰ μικρὸν Ὑρκανὸς ἐξεκαίετο καὶ τὴν ὀργὴν τελευταῖον ἐκρήξας ἐκάλει κριθησόμενον τὸν Ἡρώδην. ὁ δὲ καὶ τοῦ πατρὸς παραινοῦντος καὶ τῶν πραγμάτων διδόντων παρρησίαν ἀνῄει φρουραῖς διαλαβὼν πρότερον τὴν Γαλιλαίαν. ᾔει δὲ μετὰ καρτεροῦ στίφους, ὡς μήτε καταλύειν δόξειεν Ὑρκανὸν λαμπρὰν ἄγων δύναμιν μήτε γυμνὸς ἐμπέσοι τῷ φθόνῳ. [211] Σέξτος δὲ Καῖσαρ δείσας περὶ τῷ νεανίᾳ, μή τι παρὰ τοῖς ἐχθροῖς ἀποληφθεὶς πάθῃ, πέμπει πρὸς Ὑρκανὸν τοὺς παραγγελοῦντας διαρρήδην ἀπολύειν Ἡρώδην τῆς φονικῆς δίκης. ὁ δὲ καὶ ἄλλως ὡρμημένος, ἠγάπα γὰρ

Ἡρώδην, ἀποψηφίζεται.

[8.212] Καὶ ὃς ὑπολαμβάνων ἄκοντος τοῦ βασιλέως διαφυγεῖν εἰς Δαμασκὸν ἀνεχώρησεν πρὸς Σέξτον παρασκευαζόμενος οὐδὲ αὖθις ὑπακοῦσαι καλοῦντι. καὶ πάλιν οἱ πονηροὶ παρώξυνον τὸν Ὑρκανὸν κατ' ὀργήν τε οἴχεσθαι τὸν Ἡρώδην λέγοντες καὶ παρεσκευασμένον κατ' αὐτοῦ: πιστεύων δ' ὁ βασιλεὺς οὐκ εἶχεν ὅ τι χρὴ δρᾶν. [213] ὡς ἑώρα μείζονα τὸν διάφορον. ἐπεὶ δὲ ὑπὸ Σέξτου Καίσαρος στρατηγὸς ἀνεδείχθη κοίλης Συρίας καὶ Σαμαρείας οὐ μόνον τε κατ' εὔνοιαν τὴν ἐκ τοῦ ἔθνους ἀλλὰ καὶ δυνάμει φοβερὸς ἦν. εἰς ἔσχατον δέους κατέπεσεν Ὑρκανός, ὅσον οὔπω προσδοκῶν ἐπ' αὐτὸν ὁρμήσειν μετὰ στρατιᾶς.

[9.214] Καὶ οὐ διήμαρτεν τῆς οἰήσεως: ὁ γὰρ Ἡρώδης κατ' ὀργὴν τῆς περὶ τὴν δίκην ἀπειλῆς στρατιὰν ἀθροίσας ἐπὶ Ἱεροσολύμων ἦγεν καταλύσων τὸν Ὑρκανόν. κἂν ἔφθη τοῦτο ποιήσας, εἰ μὴ προεξελθόντες ὅ τε πατὴρ καὶ ὁ ἀδελφὸς ἔκλασαν αὐτοῦ τὴν ὁρμὴν παρακαλοῦντες καὶ αὐτὸν ἀπειλῇ καὶ ἀνατάσει μόνῃ μετρῆσαι τὴν ἄμυναν, φείσασθαι δὲ τοῦ βασιλέως, ὑφ' οὗ μέχρι τοσαύτης δυνάμεως προῆλθεν: δεῖν τε, εἰ κληθεὶς ἐπὶ δίκην παρώξυνται, καὶ περὶ τῆς ἀφέσεως εὐχαριστεῖν καὶ μὴ πρὸς μὲν τὸ σκυθρωπὸν ἀπαντᾶν, περὶ δὲ τῆς σωτηρίας ἀχάριστον εἶναι. [215] εἰ δὲ δὴ λογιστέον εἴη καὶ πολέμου ῥοπὰς βραβεύεσθαι θεῷ, πλέον εἶναι τῆς στρατείας τὸ ἄδικον. διὸ δὴ καὶ περὶ τῆς νίκης οὐ χρὴ κατὰ πᾶν εὔελπιν εἶναι, μέλλοντά γε συμβαλεῖν βασιλεῖ καὶ συντρόφῳ καὶ πολλάκις μὲν εὐεργέτῃ, χαλεπῷ δὲ οὐδέποτε, πλὴν ὅσον πονηροῖς συμβούλοις χρώμενος ἐπισείσειεν αὐτῷ σκιὰν ἀδικήματος. πείθεται τούτοις Ἡρώδης ὑπολαβὼν εἰς τὰς ἐλπίδας αὔταρκες εἶναι καὶ τὸ τὴν ἰσχὺν ἐπιδείξασθαι τῷ ἔθνει.

[10.216] Κἀν τούτῳ γίνεται περὶ Ἀπάμειαν ταραχὴ Ῥωμαίων καὶ πόλεμος ἐμφύλιος, Καικιλίου μὲν Βάσσου διὰ τὴν εἰς Πομπήιον εὔνοιαν δολοφονήσαντος Σέξτον Καίσαρα καὶ τὴν ἐκείνου δύναμιν παραλαβόντος, τῶν δ' ἄλλων Καίσαρος στρατηγῶν ἐπὶ τιμωρίᾳ τοῦ φόνου μετὰ δυνάμεως συνελθόντων. [217] οἷς καὶ διὰ τὸν ἀνῃρημένον καὶ διὰ τὸν περιόντα Καίσαρα φίλους ὄντας ἀμφοτέρους ὁ Ἀντίπατρος διὰ τῶν παίδων ἔπεμψεν συμμαχίαν. μηκυνομένου δὲ τοῦ πολέμου Μοῦρκος μὲν ἀπὸ τῆς Ἰταλίας Σέξτου παραγίνεται διάδοχος,

[1.218] συνίσταται δὲ Ῥωμαίοις κατὰ τοῦτον τὸν καιρὸν ὁ μέγας πόλεμος Κασσίου καὶ Βρούτου κτεινάντων δόλῳ Καίσαρα κατασχόντα τὴν ἀρχὴν ἐπ' ἔτη τρία καὶ μῆνας ἑπτά. μεγίστου δ' ἐπὶ τῷ φόνῳ γενομένου κινήματος καὶ διαστασιασθέντων τῶν δυνατῶν ἕκαστος ἐλπίσιν οἰκείαις ἐχώρει πρὸς ὃ συμφέρειν ὑπελάμβανεν, καὶ δὴ καὶ Κάσσιος εἰς Συρίαν καταληψόμενος τὰς περὶ Ἀπάμειαν δυνάμεις. [219] ἔνθα Βάσσῳ τε Μοῦρκον καὶ τὰ διεστῶτα τάγματα διαλλάξας ἐλευθεροῖ μὲν Ἀπάμειαν τῆς πολιορκίας, ἡγούμενος δ' αὐτὸς τῆς στρατιᾶς ἐπῄει φορολογῶν τὰς πόλεις καὶ παρὰ δύναμιν τὰς εἰσπράξεις ποιούμενος.

[2.220] Κελευσθὲν δὲ καὶ Ἰουδαίοις εἰσενεγκεῖν ἑπτακόσια τάλαντα δείσας Ἀντίπατρος τὴν ἀπειλὴν τοῦ Κασσίου τοῖς τε υἱοῖς διεῖλεν εἰσπράττειν τὰ χρήματα καί τισιν ἄλλοις τῶν ἐπιτηδείων κατὰ τάχος, ἐν οἷς καὶ Μαλίχῳ τινὶ τῶν διαφόρων: οὕτως ἤπειγεν ἡ ἀνάγκη. [221] πρῶτος δ' ἀπεμειλίξατο Κάσσιον Ἡρώδης τὴν ἑαυτοῦ μοῖραν ἐκ τῆς Γαλιλαίας κομίσας ἑκατὸν τάλαντα καὶ διὰ τοῦτο ἐν τοῖς μάλιστα φίλος ἦν. τοὺς δὲ λοιποὺς εἰς βραδυτῆτα κακίσας αὐταῖς ἐθυμοῦτο ταῖς πόλεσιν. [222] Γόφνα γοῦν καὶ Ἀμμαοῦν καὶ δύο ἑτέρας τῶν ταπεινοτέρων ἐξανδραποδισάμενος ἐχώρει μὲν ὡς καὶ Μάλιχον ἀναιρήσων, ὅτι μὴ σπεύσας εἰσέπραξεν, ἐπέσχεν δὲ τὴν τούτου καὶ τὴν τῶν ἄλλων πόλεων ἀπώλειαν Ἀντίπατρος ταχέως ἑκατὸν ταλάντοις θεραπεύσας Κάσσιον.

[3.223] Οὐ μὴν Μάλιχος ἀναχωρήσαντος Κασσίου τῆς χάριτος ἀπεμνημόνευσεν Ἀντιπάτρῳ, κατὰ δὲ τοῦ πολλάκις σωτῆρος ἐπιβουλὴν ἐνεσκευάζετο σπεύδων ἀνελεῖν τὸν ἐμπόδιον αὐτοῦ τοῖς ἀδικήμασιν Ἀντίπατρος δὲ τήν τε ἰσχὺν καὶ τὸ πανοῦργον τἀνδρὸς ὑποδείσας διαβαίνει τὸν Ἰορδάνην στρατὸν ἀθροίσων εἰς τὴν τῆς ἐπιβουλῆς ἄμυναν. [224] φωραθεὶς δὲ Μάλιχος ἀναιδείᾳ τῶν Ἀντιπάτρου παίδων περιγίνεται: τόν τε γὰρ Ἱεροσολύμων φρουρὸν Φασάηλον καὶ Ἡρώδην πεπιστευμένον τὰ ὅπλα πολλαῖς ἀπολογίαις καὶ ὅρκοις ἐκγοητεύσας διαλλακτὰς αὐτῷ πρὸς τὸν πατέρα πείθει γίνεσθαι. πάλιν γοῦν ὑπ' Ἀντιπάτρου σώζεται πείσαντος Μοῦρκον τὸν τότε στρατηγοῦντα Συρίας, ὃς ὥρμητο κτεῖναι Μάλιχον ἐφ' οἷς ἐνεωτέρισεν.

[4.225] Συστάντος δὲ τοῦ πρὸς Κάσσιον καὶ Βροῦτον πολέμου Καίσαρί τε τῷ νέῳ καὶ Ἀντωνίῳ Κάσσιος καὶ Μοῦρκος στρατιὰν ἀθροίσαντες ἐκ τῆς Συρίας, ἐπειδὴ μέγα μέρος εἰς τὰς χρείας Ἡρώδης ἔδοξε, τότε μὲν αὐτὸν Συρίας ἁπάσης ἐπιμελητὴν καθιστᾶσιν δύναμιν πεζήν τε καὶ ἱππικὴν δόντες, μετὰ δὲ τὴν τοῦ πολέμου κατάλυσιν ἀποδείξειν Κάσσιος ὑπέσχετο καὶ Ἰουδαίας βασιλέα. [226] συνέβη δ' Ἀντιπάτρῳ τήν τε ἰσχὺν τοῦ παιδὸς καὶ τὴν ἐλπίδα αἰτίαν ἀπωλείας γενέσθαι: ταῦτα γὰρ δείσας ὁ Μάλιχος διαφθείρει τινὰ τῶν βασιλικῶν οἰνοχόων χρήμασιν δοῦναι φάρμακον Ἀντιπάτρῳ. καὶ ὁ μὲν ἀγώνισμα τῆς Μαλίχου παρανομίας γενόμενος μετὰ τὸ συμπόσιον θνήσκει τά τε ἄλλα δραστήριος ἀνὴρ ἐν ἀφηγήσει πραγμάτων καὶ τὴν ἀρχὴν ἀνακτησάμενός τε Ὑρκανῷ καὶ διαφυλάξας:

[5.227] Μάλιχος δὲ καθ' ὑπόνοιαν τῆς φαρμακείας ὀργιζόμενον τὸ πλῆθος ἀρνούμενος ἔπειθεν καὶ δυνατώτερον ἑαυτὸν κατεσκεύαζεν ὁπλίτας συγκροτῶν: οὐ γὰρ ἠρεμήσειν Ἡρώδην ὑπελάμβανεν, ὃς δὴ καὶ παρῆν αὐτίκα στρατὸν ἄγων ἐπὶ τιμωρίᾳ τοῦ πατρός.
[228] Φασαήλου δὲ τἀδελφοῦ συμβουλεύσαντος αὐτῷ μὴ φανερῶς τὸν ἄνδρα μετιέναι, διαστασιάσειν γὰρ τὸ πλῆθος, τότε μὲν ἀπολογούμενόν τε προσίεται τὸν Μάλιχον καὶ τῆς ὑπονοίας ἀπολύειν ὡμολόγει, λαμπρὰν δὲ πομπὴν ἐπὶ τῷ πατρὶ κηδείας

ἐτέλεσεν.

[6.229] Τραπεὶς δ' ἐπὶ Σαμάρειαν στάσει τεταραγμένην κατεστήσατο τὴν πόλιν: ἔπειτα καθ' ἑορτὴν ὑπέστρεφεν εἰς Ἱεροσόλυμα τοὺς ὁπλίτας ἄγων. καὶ πέμπων Ὑρκανός, ἐνῆγεν γὰρ δεδοικὼς τὴν ἔφοδον Μάλιχος, ἐκώλυεν τοὺς ἀλλοφύλους εἰσαγαγεῖν ἐφ' ἁγνεύοντας τοὺς ἐπιχωρίους. ὁ δὲ τῆς προφάσεως καταφρονήσας καὶ τοῦ προστάσσοντος εἰσέρχεται διὰ νυκτός. [230] καὶ πάλιν Μάλιχος προσιὼν ἔκλαιεν Ἀντίπατρον: ἀνθυπεκρίνετο δὲ μόλις Ἡρώδης τὸν θυμὸν ἐπέχων καὶ Κασσίῳ δι' ἐπιστολῶν τὴν τοῦ πατρὸς ἀναίρεσιν ἀπωδύρετο μισοῦντι καὶ ἄλλως Μάλιχον. ὁ δ' αὐτῷ μετιέναι τὸν φονέα τοῦ πατρὸς ἀντεπιστείλας καὶ τοῖς ὑφ' ἑαυτὸν χιλιάρχοις λάθρα προσέταξεν Ἡρώδῃ βοηθεῖν εἰς πρᾶξιν δικαίαν.

[7.231] Καὶ ἐπειδὴ Λαοδίκειαν ἑλόντος αὐτοῦ συνῇσαν οἱ πανταχόθεν δυνατοὶ δωρεάς τε καὶ στεφάνους φέροντες, Ἡρώδης μὲν τοῦτον τῇ τιμωρίᾳ τὸν καιρὸν ἀφώρισεν, Μάλιχος δὲ ὑποπτεύσας, ὡς ἐν Τύρῳ γίνεται, τόν τε υἱὸν ὁμηρεύοντα παρὰ τοῖς Τυρίοις ὑπεξαγαγεῖν ἔγνω λάθρα καὶ αὐτὸς εἰς τὴν Ἰουδαίαν ἀποδρᾶναι παρεσκευάζετο: [232] παρώξυνεν δ' αὐτὸν ἡ τῆς σωτηρίας ἀπόγνωσις ἐνθυμεῖσθαι καὶ μείζονα: τό τε γὰρ ἔθνος ἐπαναστήσειν Ῥωμαίοις ἤλπισεν Κασσίου τῷ πρὸς Ἀντώνιον πολέμῳ περισπωμένου καὶ βασιλεύσειν αὐτὸς Ὑρκανὸν καταλύσας εὐμαρῶς.

[8.233] Ἐπεγέλα δ' ἄρα τὸ χρεὼν αὐτοῦ ταῖς ἐλπίσιν. ὁ γοῦν Ἡρώδης προϊδόμενος αὐτοῦ τὴν ὁρμὴν τόν τε Ὑρκανὸν κἀκεῖνον ἐπὶ δεῖπνον ἐκάλει, παρεστῶτας ἔπειτα τῶν οἰκετῶν τινας πρὸς αὐτὸν εἰσέπεμψεν ὡς ἐπὶ τὴν τοῦ δείπνου παρασκευήν, τῷ δὲ ὄντι προειπεῖν τοῖς χιλιάρχοις ἐξελθεῖν ἐπὶ τὴν ἐνέδραν. [234] κἀκεῖνοι τῶν Κασσίου προσταγμάτων ἀναμνησθέντες ἐπὶ τὸν πρὸ τῆς πόλεως αἰγιαλὸν ἐξῄεσαν ξιφήρεις, ἔνθα περιστάντες τὸν Μάλιχον πολλοῖς τραύμασιν ἀναιροῦσιν. Ὑρκανὸς δὲ παραχρῆμα μὲν λυθεὶς ὑπ' ἐκπλήξεως ἔπεσεν, μόλις δὲ ἀνενεγκὼν Ἡρώδην διηρώτα, τίς ὁ κτείνας εἴη Μάλιχον. [235] ἀποκριναμένου δέ τινος τῶν χιλιάρχων "τὸ Κασσίου πρόσταγμα", "Κάσσιος ἄρα, ἔφη, κἀμὲ καὶ τὴν πατρίδα μου σῴζει τὸν ἀμφοτέρων ἐπίβουλον ἀνελών." εἴτε δὲ φρονῶν Ὑρκανὸς οὕτως εἴθ' ὑπὸ δέους ὁμόσε τῇ πράξει χωρῶν εἶπεν, ἄδηλον ἦν. ἀλλὰ γὰρ Μάλιχον μὲν οὕτως Ἡρώδης μετῆλθεν.

[1.236] Κασσίου δὲ ἀναχωρήσαντος ἐκ Συρίας πάλιν στάσις ἐν Ἱεροσολύμοις γίνεται Ἕλικος μετὰ στρατιᾶς ἐπαναστάντος Φασαήλῳ καὶ κατὰ τὴν ὑπὲρ Μαλίχου τιμωρίαν ἀμύνεσθαι θέλοντος Ἡρώδην εἰς τὸν ἀδελφόν. Ἡρώδης δὲ ἔτυχεν μὲν ὢν παρὰ Φαβίῳ τῷ στρατηγῷ κατὰ Δαμασκόν, ὡρμημένος δὲ βοηθεῖν ὑπὸ νόσου κατείχετο. [237] κἀν τούτῳ Φασάηλος καθ' ἑαυτὸν Ἕλικος περιγενόμενος Ὑρκανὸν ὠνείδιζεν εἰς ἀχαριστίαν ὧν τε Ἕλικι συμπράξειεν, καὶ ὅτι περιορῴη τὸν ἀδελφὸν τὸν Μαλίχου τὰ φρούρια καταλαμβάνοντα: πολλὰ γὰρ δὴ κατείληπτο, καὶ τὸ πάντων ὀχυρώτατον Μασάδαν.

[2.238] Οὐ μὴν αὐτῷ τι πρὸς τὴν Ἡρώδου βίαν ἤρκεσεν, ὃς ἀναρρωσθεὶς τά τε ἄλλα παραλαμβάνει κἀκεῖνον ἐκ τῆς Μασάδας ἱκέτην ἀφῆκεν. ἐξήλασεν δὲ καὶ ἐκ τῆς Γαλιλαίας Μαρίωνα τὸν Τυρίων τύραννον ἤδη τρία κατεσχηκότα τῶν ἐρυμάτων, τοὺς δὲ ληφθέντας Τυρίους ἔσωσεν μὲν πάντας, ἦσαν δ' οὓς καὶ δωρησάμενος ἀπέπεμψεν εὔνοιαν ἑαυτῷ παρὰ τῆς πόλεως καὶ τῷ τυράννῳ μῖσος παρασκευαζόμενος. [239] ὁ δὲ Μαρίων ἠξίωτο μὲν τῆς τυραννίδος ὑπὸ Κασσίου τυραννίσιν πᾶσαν διαλαβόντος τὴν Συρίαν, κατὰ δὲ τὸ πρὸς Ἡρώδην ἔχθος συγκατήγαγεν Ἀντίγονον τὸν Ἀριστοβούλου, καὶ τὸ πλέον διὰ Φάβιον, ὃν Ἀντίγονος χρήμασιν προσποιησάμενος βοηθὸν εἶχεν τῆς καθόδου: χορηγὸς δ' ἦν ἁπάντων ὁ κηδεστὴς Πτολεμαῖος Ἀντιγόνῳ.

[3.240] Πρὸς οὓς Ἡρώδης ἀντιπαραταξάμενος ἐπὶ τῶν ἐμβολῶν τῆς Ἰουδαίας κρατεῖ τῇ μάχῃ καὶ τὸν Ἀντίγονον ἐξελάσας ὑπέστρεψεν εἰς Ἱεροσόλυμα πᾶσιν ἀγαπητὸς ὢν ἐπὶ τῷ κατορθώματι: καὶ γὰρ οἱ μὴ προσέχοντες πάλαι τότε ᾠκείωντο διὰ τὴν πρὸς Ὑρκανὸν ἐπιγαμίαν αὐτῷ. [241] πρότερον μὲν γὰρ ἦκτο γυναῖκα τῶν ἐπιχωρίων οὐκ ἄσημον, Δωρὶς ἐκαλεῖτο, ἐξ ἧς ἐγέννησεν Ἀντίπατρον, τότε δὲ γήμας τὴν Ἀλεξάνδρου τοῦ Ἀριστοβούλου θυγατέρα, θυγατριδῆν δὲ Ὑρκανοῦ Μαριάμην οἰκεῖος τῷ βασιλεῖ γίνεται.

[4.242] Ἐπεὶ δὲ Κάσσιον περὶ Φιλίππους ἀνελόντες ἀνεχώρησαν εἰς μὲν Ἰταλίαν Καῖσαρ ἐπὶ δὲ τῆς Ἀσίας Ἀντώνιος, πρεσβευομένων τῶν ἄλλων πόλεων πρὸς Ἀντώνιον εἰς Βιθυνίαν ἧκον καὶ Ἰουδαίων οἱ δυνατοὶ κατηγοροῦντες Φασαήλου καὶ Ἡρώδου, βίᾳ μὲν αὐτοὺς κρατεῖν τῶν πραγμάτων, ὄνομα δὲ μόνον περιεῖναι Ὑρκανῷ τίμιον. πρὸς ἃ παρὼν Ἡρώδης καὶ τεθεραπευκὼς οὐκ ὀλίγοις Ἀντώνιον χρήμασιν οὕτως διέθηκεν, ὡς μηδὲ λόγου τῶν ἐχθρῶν ἀνασχέσθαι.

[5.243] καὶ τότε μὲν οὕτως διελύθησαν, αὖθις δὲ οἱ ἐν τέλει Ἰουδαίων ἑκατὸν ἄνδρες ἧκον εἰς τὴν πρὸς Ἀντιόχειαν Δάφνην ἐπ' Ἀντώνιον ἤδη τῷ Κλεοπάτρας ἔρωτι δεδουλωμένον: οἳ προστησάμενοι τοὺς ἀξιώματι καὶ λόγῳ σφῶν δυνατωτάτους κατηγόρουν τῶν ἀδελφῶν. ὑπήντα δὲ Μεσσάλας ἀπολογούμενος συμπαρεστῶτος Ὑρκανοῦ διὰ τὸ κῆδος. [244] καὶ Ἀντώνιος ἀκούσας ἑκατέρων Ὑρκανοῦ διεπυνθάνετο τοὺς ἐπιτηδειοτέρους ὄντας ἄρχειν: τοῦ δὲ τοὺς περὶ τὸν Ἡρώδην προκρίνοντος, ἡσθείς, ἦν γὰρ δὴ καὶ ξένος αὐτοῖς πατρῷος δεχθεὶς ὑπ' Ἀντιπάτρου φιλοφρόνως ὅτε εἰς τὴν Ἰουδαίαν σὺν Γαβινίῳ παρέβαλλεν, τετράρχας ἀποδείκνυσιν τοὺς ἀδελφοὺς πᾶσαν διοικεῖν τὴν Ἰουδαίαν ἐπιτρέπων.

[6.245] Προσαγανακτούντων δὲ τῶν πρέσβεων πεντεκαίδεκα μὲν συλλαβὼν εἵργνυσιν, οὓς καὶ ἀνελεῖν ὥρμησεν, τοὺς δὲ λοιποὺς μεθ' ὕβρεως ἀπήλασεν. πρὸς ὃ μείζων ἐν τοῖς Ἱεροσολύμοις γίνεται ταραχή: χιλίους γοῦν πάλιν ἔπεμψαν πρέσβεις εἰς Τύρον, ἔνθα διέτριβεν Ἀντώνιος ἐπὶ Ἱεροσολύμων ὡρμημένος. ἐπὶ τούτους κεκραγότας ἐκπέμπει τὸν ἄρχοντα τῶν Τυρίων κολάζειν προστάξας οὓς ἂν λάβῃ, συγκατασκευάζειν δὲ τὴν ἀρχὴν τοῖς ὑπ' αὐτοῦ κατασταθεῖσιν τετράρχαις.

[7.246] Πρὸ δὲ τούτου πολλὰ παρῄνει προελθὼν ἐπὶ τὸν αἰγιαλὸν Ἡρώδης σὺν Ὑρκανῷ μήθ' ἑαυτοῖς ἀπωλείας αἰτίους μήτε τῇ πατρίδι πολέμου γίνεσθαι φιλονεικοῦντας ἀκρίτως. τῶν δὲ ἔτι μᾶλλον ἀγανακτούντων Ἀντώνιος ἐκπέμψας ὁπλίτας πολλοὺς μὲν ἀπέκτεινεν, πολλοὺς δὲ ἔτρωσεν: ὧν οἵ τε πεσόντες ταφῆς καὶ οἱ τραυματίαι θεραπείας ἠξιώθησαν ὑπὸ Ὑρκανοῦ. [247] οὐ μὴν οἱ διαφυγόντες ἠρέμουν, ἀλλὰ τὰ κατὰ τὴν πόλιν συνταράσσοντες παρώξυναν Ἀντώνιον ὥστε καὶ τοὺς δεσμώτας ἀποκτεῖναι.

[1.248] Μετὰ δὲ ἔτη δύο Βαζαφράνου τοῦ Πάρθων σατράπου σὺν Πακόρῳ τῷ βασιλέως υἱῷ Συρίαν κατασχόντος Λυσανίας ἀναδεδεγμένος ἤδη τὴν ἀρχὴν τοῦ πατρὸς τελευτήσαντος, Πτολεμαῖος δ' ἦν οὗτος ὁ Μενναίου, πείθει τὸν σατράπην ὑποσχέσει χιλίων ταλάντων καὶ πεντακοσίων γυναικῶν καταγαγεῖν ἐπὶ τὰ βασίλεια τὸν Ἀντίγονον, καταλῦσαι δὲ τὸν Ὑρκανόν. [249] τούτοις ὑπαχθεὶς Πάκορος αὐτὸς μὲν ᾔει κατὰ τὴν παράλιον, Βαζαφράνην δὲ διὰ τῆς μεσογείου προσέταξεν ἐμβαλεῖν. τῶν δ' ἐπιθαλαττίων Τύριοι Πάκορον οὐκ ἐδέξαντο καίτοι Πτολεμαιῶν καὶ Σιδωνίων δεδεγμένων. ὁ δ' οἰνοχόῳ τινὶ τῶν βασιλικῶν ὁμωνύμῳ μοῖραν τῆς ἵππου παραδοὺς προεμβαλεῖν ἐκέλευσεν εἰς τὴν Ἰουδαίαν κατασκεψόμενόν τε τὰ τῶν πολεμίων καὶ πρὸς ἃ δέοι βοηθήσοντα Ἀντιγόνῳ.

[2.250] Τῶν δὲ ληζομένων τὸν Κάρμηλον πολλοὶ Ἰουδαῖοι συνδραμόντες πρὸς Ἀντίγονον προθύμους ἑαυτοὺς ἐπὶ τὴν εἰσβολὴν παρεῖχον. ὁ δὲ αὐτοὺς ἐπὶ τὸν καλούμενον Δρυμὸν προέπεμψεν τὸ χωρίον καταλαβεῖν: ἐν ᾧ γενομένης συμβολῆς ὠσάμενοι τοὺς πολεμίους καὶ διώξαντες ἐπὶ Ἱεροσολύμων ἔθεον γενόμενοί τε πλείους μέχρι τῶν βασιλείων προῆλθον. [251] Ὑρκανοῦ δὲ καὶ

Φασαήλου δεξαμένων αὐτοὺς καρτερῷ στίφει μάχη κατὰ τὴν ἀγορὰν συρρήγνυται, καθ' ἣν τρεψάμενοι τοὺς πολεμίους οἱ περὶ Ἡρώδην κατακλείουσιν εἰς τὸ ἱερὸν καὶ φρουροὺς αὐτῶν ἄνδρας ἑξήκοντα ταῖς πλησίον οἰκίαις ἐγκατέστησαν. [252] τούτους μὲν ὁ στασιάζων πρὸς τοὺς ἀδελφοὺς λαὸς ἐπελθὼν ἐμπίπρησιν, Ἡρώδης δὲ τοῦ δήμου πολλοὺς κατ' ὀργὴν τῶν ἀπολωλότων ἀναιρεῖ συμβαλών, καὶ καθ' ἡμέραν ἐπεκθεόντων ἀλλήλοις κατὰ λόχους φόνος ἦν ἀδιάλειπτος.

[3.253] Ἐνστάσης δ' ἑορτῆς, ἣ πεντηκοστὴ καλεῖται, τά τε περὶ τὸ ἱερὸν πάντα καὶ ἡ πόλις ὅλη πλήθους τῶν ἀπὸ τῆς χώρας ἀναπίμπλαται τὸ πλέον ὁπλιτῶν. καὶ Φασάηλος μὲν τὸ τεῖχος, Ἡρώδης δ' οὐ μετὰ πολλῶν ἐφρούρει τὰ βασίλεια: καὶ τοῖς πολεμίοις ἐπεκδραμὼν ἀσυντάκτοις κατὰ τὸ προάστειον πλείστους μὲν ἀναιρεῖ, τρέπεται δὲ πάντας καὶ τοὺς μὲν εἰς τὴν πόλιν, τοὺς δὲ εἰς τὸ ἱερόν, τοὺς δὲ εἰς τὸ ἔξω χαράκωμα ἐγκλείει.
[254] κἀν τούτῳ διαλλακτὴν μὲν Ἀντίγονος παρακαλεῖ Πάκορον εἰσαφεῖναι, Φασάηλος δὲ πεισθεὶς τῇ τε πόλει καὶ ξενίᾳ τὸν Πάρθον εἰσδέχεται μετὰ πεντακοσίων ἱππέων, προφάσει μὲν ἥκοντα τοῦ παῦσαι τὴν στάσιν. [255] τὸ δὲ ἀληθὲς Ἀντιγόνῳ βοηθόν. τὸν γοῦν Φασάηλον ἐνεδρεύων ἀνέπεισεν πρὸς Βαζαφράνην πρεσβεύσασθαι περὶ καταλύσεως, καίτοι γε πολλὰ ἀποτρέποντος Ἡρώδου καὶ παραινοῦντος ἀναιρεῖν τὸν ἐπίβουλον, ἀλλὰ μὴ ταῖς ἐπιβουλαῖς ἑαυτὸν ἐκδιδόναι, φύσει γὰρ ἀπίστους εἶναι τοὺς βαρβάρους, ἔξεισιν Ὑρκανὸν παραλαβών, καὶ Πάκορος, ὡς ἧττον ὑποπτεύοιτο, καταλιπὼν παρ' Ἡρώδῃ τινὰς τῶν καλουμένων Ἐλευθέρων ἱππέων τοῖς λοιποῖς προέπεμψεν Φασάηλον.

[4.256] Ὡς δ' ἐγένοντο κατὰ τὴν Γαλιλαίαν, τοὺς μὲν ἐπιχωρίους ἀφεστῶτας κἀν τοῖς ὅπλοις ὄντας καταλαμβάνουσιν, τῷ σατράπῃ δὲ ἐνετύγχανον πανούργῳ σφόδρα καὶ ταῖς φιλοφρονήσεσιν τὴν ἐπιβουλὴν καλύπτοντι: δῶρα γοῦν δοὺς αὐτοῖς ἔπειτα ἀναχωροῦντας ἐλόχα. [257] τοῖς δ' αἴσθησις γίνεται τῆς ἐπιβουλῆς καταχθεῖσιν εἰς τι τῶν παραθαλασσίων χωρίων, ὃ καλεῖται Ἐκδίππων: ἐκεῖ γὰρ τήν τε ὑπόσχεσιν τῶν χιλίων ἤκουσαν ταλάντων καὶ ὡς Ἀντίγονος τὰς πλείστας τῶν παρ' αὐτοῖς γυναικῶν ἐν ταῖς πεντακοσίαις καθοσιώσειεν Πάρθοις, [258] ὅτι τε προλοχίζοιντο μὲν αὐτοῖς αἱ νύκτες ὑπὸ τῶν βαρβάρων ἀεί, πάλαι δ' ἂν καὶ συνελήφθησαν, εἰ μὴ περιέμενον ἐν Ἱεροσολύμοις Ἡρώδην πρότερον λαβεῖν, ὡς μὴ προπυθόμενος τὰ κατ' αὐτοὺς φυλάξαιτο. ταῦτ' οὐκέτι λόγος ἦν μόνον, ἀλλὰ καὶ φυλακὰς ἤδη πόρρωθεν ἑαυτῶν ἔβλεπον.

[5.259] Οὐ μὴν Φασάηλος καίτοι πολλὰ παραινοῦντος Ὀφελλίου φεύγειν, πέπυστο γὰρ οὗτος παρὰ Σαραμάλλα τοῦ πλουσιωτάτου τότε Σύρων τὴν σύνταξιν τῆς ἐπιβουλῆς ὅλην, καταλιπεῖν Ὑρκανὸν ὑπέμεινεν, ἀλλὰ τῷ σατράπῃ προσελθὼν ἄντικρυς ὠνείδιζεν τὴν ἐπιβουλὴν καὶ μάλισθ' ὅτι γένοιτο τοιοῦτος χρημάτων ἕνεκεν: πλείω γε μὴν αὐτὸς ὑπὲρ σωτηρίας δώσειν ὧν Ἀντίγονος ὑπὲρ βασιλείας ὑπέσχετο. [260] πρὸς ταῦτα πανούργως ὁ Πάρθος ἀπολογίαις τε καὶ ὅρκοις ἀποσκευασάμενος τὴν ὑποψίαν ᾤχετο πρὸς Πάκορον. εὐθέως δὲ τῶν καταλειφθέντων Πάρθων οἷς προσετέτακτο Φασάηλόν τε καὶ Ὑρκανὸν συνελάμβανον τά τε ἄλλα πρὸς τὴν ἐπιορκίαν καὶ τὸ ἄπιστον αὐτοῖς καταρωμένους.

[6.261] Ἐν δὲ τούτῳ καὶ τὸν Ἡρώδην ὁ πεμφθεὶς οἰνοχόος ἐπεβούλευε συλλαβεῖν ἔξω τοῦ τείχους ἀπατήσας προελθεῖν, ὥσπερ ἐντολὰς εἶχεν. ὁ δὲ ἀπ' ἀρχῆς ὑποπτεύων τοὺς βαρβάρους καὶ τότε πεπυσμένος εἰς τοὺς πολεμίους ἐμπεπτωκέναι τὰ μηνύοντα τὴν ἐπιβουλὴν αὐτῷ γράμματα, προελθεῖν οὐκ ἠβούλετο καίτοι μάλα ἀξιοπίστως τοῦ Πακόρου φάσκοντος δεῖν αὐτὸν ὑπαντῆσαι τοῖς τὰς ἐπιστολὰς κομίζουσιν: οὔτε γὰρ ἑαλωκέναι τοῖς πολεμίοις αὐτὰς καὶ περιέχειν οὐκ ἐπιβουλήν, ἀλλ' ὁπόσα διεπράξατο Φασάηλος.
[262] ἔτυχεν δὲ παρ' ἄλλων προακηκοὼς τὸν ἀδελφὸν συνειλημμένον, καὶ προσῄει Ὑρκανοῦ θυγάτηρ Μαριάμμη, συνετωτάτη γυναικῶν, καταντιβολοῦσα μὴ προϊέναι μηδ' ἐμπιστεύειν ἑαυτὸν ἤδη φανερῶς ἐπιχειροῦσι τοῖς βαρβάροις.

[7.263] Ἔτι δὲ τῶν περὶ Πάκορον σκεπτομένων, πῶς ἂν κρύφα τὴν ἐπιβουλὴν ἀπαρτίσειαν, οὐ γὰρ ἐκ φανεροῦ οἷόν τε ἦν ἀνδρὸς οὕτω δυνατοῦ περιγενέσθαι, προλαβὼν Ἡρώδης μετὰ τῶν οἰκειοτάτων προσώπων νύκτωρ ἐπὶ Ἰδουμαίας ἐχώρει λάθρα τῶν πολεμίων. [264] αἰσθόμενοι δ' οἱ Πάρθοι κατεδίωκον. κἀκεῖνος τὴν μὲν μητέρα καὶ τοὺς ἀδελφοὺς καὶ τὴν καθωμολογημένην παῖδα μετὰ τῆς μητρὸς καὶ τοῦ νεωτάτου τῶν ἀδελφῶν προστάξας ὁδεύειν αὐτὸς ἀσφαλῶς μετὰ τῶν θεραπόντων ἀνέκοπτε τοὺς βαρβάρους: καὶ πολλοὺς κατὰ πᾶσαν προσβολὴν ἀποκτείνας εἰς Μασάδαν τὸ φρούριον ἠπείγετο.

[8.265] Βαρυτέρους δὲ κατὰ τὴν φυγὴν Πάρθων Ἰουδαίους ἐπείρασεν, ἐνοχλήσαντας μὲν διηνεκῶς, ἀπὸ δὲ ἑξήκοντα τῆς πόλεως σταδίων καὶ παραταξαμένους ἐπιεικῶς πολὺν χρόνον. ἔνθα κρατήσας Ἡρώδης καὶ πολλοὺς αὐτῶν ἀποκτείνας αὖθις εἰς μνήμην τοῦ κατορθώματος ἔκτισεν τὸ χωρίον καὶ βασιλείοις πολυτελεστάτοις ἐκόσμησεν καὶ ἀκρόπολιν ὀχυρωτάτην ἀνεδείματο Ἡρώδειόν τε ἐκάλεσεν ἀπὸ ἑαυτοῦ. [266] τηνικαῦτά γε μὴν φεύγοντι καθ' ἡμέραν αὐτῷ προσεγίνοντο πολλοί, καὶ κατὰ Ῥῆσαν γενομένῳ τῆς Ἰδουμαίας Ἰώσηπος ἀδελφὸς ὑπαντήσας συνεβούλευεν τοὺς πολλοὺς τῶν ἑπομένων ἀποφορτίσασθαι: μὴ γὰρ ἂν τοσοῦτον ὄχλον δέξασθαι τὴν Μασάδαν. [267] ἦσαν δὲ ὑπὲρ τοὺς ἐννακισχιλίους. πεισθεὶς Ἡρώδης τοὺς μὲν βαρυτέρους τῆς χρείας διαφῆκεν ἀνὰ τὴν Ἰδουμαίαν δοὺς ἐφόδια, μετὰ δὲ τῶν ἀναγκαιοτάτων τοὺς ἀλκιμωτάτους κατασχὼν εἰς τὸ φρούριον διασώζεται. καταλιπὼν δὲ ἐνταῦθα ταῖς γυναιξὶν ὀκτακοσίους φύλακας καὶ διαρκῆ τὰ ἐπιτήδεια πρὸς πολιορκίαν αὐτὸς εἰς τὴν Ἀραβικὴν Πέτραν ἠπείγετο.

[9.268] Πάρθοι δ' ἐν Ἱεροσολύμοις ἐφ' ἁρπαγὴν τραπόμενοι τῶν φυγόντων εἰς τὰς οἰκίας εἰσέπιπτον καὶ τὸ βασίλειον ἀπεχόμενοι μόνων τῶν Ὑρκανοῦ χρημάτων: ἦν δ' οὐ πλείω τριακοσίων ταλάντων. ἐπετύγχανον δὲ καὶ τῶν ἄλλων οὐχ ὅσοις ἤλπισαν: ὁ γὰρ Ἡρώδης ἐκ πολλοῦ τὴν ἀπιστίαν τῶν βαρβάρων ὑφορώμενος εἰς τὴν Ἰδουμαίαν τὰ λαμπρότατα τῶν κειμηλίων προανεσκεύαστο, καὶ τῶν αὐτῷ προσεχόντων ὁμοίως ἕκαστος. [269] Πάρθοι δὲ μετὰ τὰς ἁρπαγὰς ἐπὶ τοσοῦτον ὕβρεως ἐχώρησαν ὡς ἐμπλῆσαι μὲν ἀκηρύκτου πολέμου τὴν χώραν ἅπασαν, ἀνάστατον δὲ ποιῆσαι τὴν Μαρισαίων πόλιν, μὴ μόνον δὲ καταστῆσαι βασιλέα Ἀντίγονον, ἀλλὰ καὶ παραδοῦναι αὐτῷ Φασάηλόν τε καὶ Ὑρκανὸν δεσμώτας αἰκίσασθαι. [270] ὁ δὲ Ὑρκανοῦ μὲν προσπεσὼν αὐτὸς τὰ ὦτα λωβᾶται τοῖς ὀδοῦσιν, ὡς μηδὲ αὖθις ἐν μεταβολῇ ποτε δύναιτο τὴν ἀρχιερωσύνην ἀπολαβεῖν: δεῖ γὰρ ὁλοκλήρους ἀρχιερᾶσθαι:

[10.271] τῆς Φασαήλου δὲ ἀρετῆς ὑστερίζει φθάσαντος πέτρᾳ προσρῆξαι τὴν κεφαλήν, ὡς καὶ σιδήρου καὶ χειρῶν εἴργετο. κἀκεῖνος μὲν Ἡρώδου γνήσιον ἑαυτὸν ἀποδείξας ἀδελφὸν καὶ Ὑρκανὸν ἀγεννέστατον, ἀνδρειότατα θνήσκει ποιησάμενος τὴν καταστροφὴν τοῖς κατὰ τὸν βίον ἔργοις πρέπουσαν: [272] κατέχει δὲ καὶ ἄλλος λόγος, ὡς ἀνενέγκαι μὲν ἐκ τῆς τότε πληγῆς, πεμφθεὶς δὲ ἰατρὸς ὑπ' Ἀντιγόνου θεραπεῦσαι δῆθεν αὐτὸν ἐμπλήσειεν τὸ τραῦμα δηλητηρίων φαρμάκων καὶ διαφθείρειεν αὐτόν. ὁπότερον δ' ἂν ἀληθὲς ᾖ, τὴν ἀρχὴν ἔχει λαμπράν. φασὶν γοῦν αὐτὸν καὶ πρὶν ἐκπνεῦσαι πυθόμενον παρὰ γυναίου τινὸς ὡς Ἡρώδης διαπεφεύγοι, “νῦν, εἰπεῖν, εὔθυμος ἄπειμι τὸν μετελευσόμενον τοὺς ἐχθροὺς καταλιπὼν ζῶντα.”

[11.273] Ὁ μὲν οὖν οὕτως τελευτᾷ. Πάρθοι δὲ καίτοι διημαρτηκότες ὧν μάλιστα ἐπεθύμουν γυναικῶν καθιστᾶσιν μὲν ἐν Ἱεροσολύμοις Ἀντιγόνῳ τὰ πράγματα, δεσμώτην δ' Ὑρκανὸν ἀνάγουσιν εἰς τὴν Παρθυηνήν.

[1.274] Ἡρώδης δὲ συντονώτερον ἤλαυνεν εἰς τὴν Ἀραβίαν ὡς ἔτι τἀδελφοῦ ζῶντος ἐπειγόμενος χρήματα παρὰ τοῦ βασιλέως λαβεῖν, οἷς μόνοις πείσειν ὑπὲρ Φασαήλου τὴν τῶν βαρβάρων ἤλπιζεν πλεονεξίαν. ἐλογίζετο γάρ, εἰ τῆς πατρῴας φιλίας ἀμνημονέστερος ὁ Ἄραψ γένοιτο καὶ τοῦ δοῦναι δωρεὰν μικρολογώτερος, δανείσασθαι παρ' αὐτοῦ τὰ λύτρα ῥύσιον θεὶς τὸν τοῦ λυτρουμένου παῖδα: [275] καὶ γὰρ ἐπήγετο τὸν ἀδελφιδοῦν ὄντα ἐτῶν ἑπτά: τάλαντα δ' ἦν ἕτοιμος τριακόσια δοῦναι προστησάμενος Τυρίους παρακαλοῦντας. τὸ χρεὼν δ' ἄρα τὴν αὐτοῦ σπουδὴν ἐφθάκει καὶ Φασαήλου τεθνηκότος εἰς κενὸν Ἡρώδης φιλάδελφος ἦν: οὐ μὴν οὐδὲ παρὰ Ἄραψιν εὑρίσκει φιλίαν οὖσαν. [276] ὁ γοῦν βασιλεὺς αὐτῶν Μάλχος προπέμψας ἐκ τῆς χώρας κατὰ τάχος προσέτασσεν ἀναστρέφειν, προφάσει μὲν χρώμενος Πάρθοις, ἐπικηρυκεύσασθαι γὰρ αὐτοὺς ἐκβαλεῖν Ἡρώδην τῆς Ἀραβίας, τῷ δὲ ὄντι κατασχεῖν προαιρούμενος τὰ παρ' Ἀντιπάτρου χρέα καὶ μηδὲν εἰς τὰς ἐκείνου δωρεὰς ἀντιπαρασχεῖν χρῄζουσιν τοῖς τέκνοις δυσωπεῖσθαι. συμβούλοις δ' ἐχρῆτο τῆς ἀναιδείας τοῖς ὁμοίως ἀποστερεῖν τὰς Ἀντιπάτρου παρακαταθήκας θέλουσιν: ἦσαν δὲ τῶν περὶ αὐτὸν οἱ δυνατώτατοι.

[2.277] Ἡρώδης μὲν δὴ πολεμίους τοὺς Ἄραβας εὑρὼν δι' ἃ φιλτάτους ἤλπισεν καὶ τοῖς ἀγγέλοις ἀποκρινάμενος ὡς ὑπηγόρευε τὸ πάθος ὑπέστρεψεν ἐπ' Αἰγύπτου. καὶ τὴν μὲν πρώτην ἑσπέραν κατά τι τῶν ἐπιχωρίων ἱερὸν αὐλίζεται τοὺς ὑπολειφθέντας ἀναλαβών, τῇ δ' ἑξῆς εἰς Ῥινοκούρουρα προελθόντι τὰ περὶ τὴν τἀδελφοῦ τελευτὴν ἀπαγγέλλεται. [278] προσλαβὼν δὲ πένθους ὅσον ἀπεθήκατο φροντίδων ᾔει προσωτέρω. καὶ δὴ βραδέως ὁ Ἄραψ μετανοήσας ἔπεμψεν διὰ τάχους τοὺς ἀνακαλέσοντας τὸν ὑβρισμένον. ἔφθανεν δὲ καὶ τούτους Ἡρώδης εἰς Πηλούσιον ἀφικόμενος, ἔνθα τῆς παρόδου μὴ τυγχάνων ὑπὸ τῶν ἐφορμούντων τοῖς ἡγεμόσιν ἐντυγχάνει: κἀκεῖνοι τήν τε φήμην καὶ τὸ ἀξίωμα τἀνδρὸς αἰδεσθέντες προπέμπουσιν αὐτὸν εἰς Ἀλεξάνδρειαν. [279] ὁ δὲ παρελθὼν εἰς τὴν πόλιν ἐδέχθη μὲν λαμπρῶς ὑπὸ Κλεοπάτρας στρατηγὸν ἐλπιζούσης ἕξειν εἰς ἃ παρεσκευάζετο: διακρουσάμενος δὲ τὰς παρακλήσεις τῆς βασιλίδος καὶ μήτε τὴν ἀκμὴν τοῦ χειμῶνος ὑποδείσας μήτε τοὺς κατὰ τὴν Ἰταλίαν θορύβους ἐπὶ Ῥώμης ἔπλει.

[3.280] Κινδυνεύσας δὲ περὶ Παμφυλίαν καὶ τοῦ φόρτου τὸ πλεῖον ἐκβαλὼν μόλις εἰς Ῥόδον διασώζεται σφόδρα τῷ πρὸς Κάσσιον πολέμῳ τετρυχωμένην, δεχθεὶς ὑπὸ Πτολεμαίου καὶ Σαπφινίου τῶν φίλων. καίπερ δὲ ὢν ἐν ἀπορίᾳ χρημάτων ναυπηγεῖται τριήρη μεγίστην, [281] ἐν ᾗ μετὰ τῶν φίλων εἰς Βρεντέσιον καταπλεύσας κἀκεῖθεν εἰς Ῥώμην ἐπειχθεὶς πρώτῳ διὰ τὴν πατρῴαν φιλίαν ἐνετύγχανεν Ἀντωνίῳ καὶ τάς τε αὐτοῦ καὶ τοῦ γένους συμφορὰς ἐκδιηγεῖτο, ὅτι τε τοὺς οἰκειοτάτους ἐν φρουρίῳ καταλιπὼν πολιορκουμένους διὰ χειμῶνος πλεύσειεν ἐπ' αὐτὸν ἱκέτης.

[4.282] Ἀντωνίου δὲ ἥπτετο πρὸς τὴν μεταβολὴν οἶκτος, καὶ κατὰ μνήμην μὲν τῆς Ἀντιπάτρου ξενίας, τὸ δὲ ὅλον καὶ διὰ τὴν τοῦ παρόντος ἀρετὴν ἔγνω καὶ τότε βασιλέα καθιστᾶν Ἰουδαίων ὃν πρότερον αὐτὸς ἐποίησεν τετράρχην. ἐνῆγεν δὲ οὐκ ἔλαττον τῆς εἰς Ἡρώδην φιλοτιμίας ἡ πρὸς Ἀντίγονον διαφορά: τοῦτον γὰρ δὴ στασιώδη τε καὶ Ῥωμαίων ἐχθρὸν ὑπελάμβανεν. [283] Καίσαρα μὲν οὖν εἶχεν ἑτοιμότερον αὐτοῦ τὰς Ἀντιπάτρου στρατείας ἀνανεούμενον, ἃς κατ' Αἴγυπτον αὐτοῦ τῷ πατρὶ συνδιήνεγκεν, τήν τε ξενίαν καὶ τὴν ἐν ἅπασιν εὔνοιαν, ὁρῶντά γε μὴν καὶ τὸ Ἡρώδου δραστήριον: [284] συνήγαγεν δὲ τὴν βουλήν, ἐν ᾗ Μεσσάλας καὶ μετ' αὐτὸν Ἀτρατῖνος παραστησάμενοι τὸν Ἡρώδην τάς τε πατρῴας εὐεργεσίας καὶ τὴν αὐτοῦ πρὸς Ῥωμαίους εὔνοιαν διεξῄεσαν, ἀποδεικνύντες ἅμα καὶ πολέμιον τὸν Ἀντίγονον οὐ μόνον ἐξ ὧν διηνέχθη τάχιον, ἀλλ' ὅτι καὶ τότε διὰ Πάρθων λάβοι τὴν ἀρχὴν Ῥωμαίους ὑπεριδών. τῆς δὲ συγκλήτου πρὸς ταῦτα κεκινημένης ὡς παρελθὼν Ἀντώνιος καὶ πρὸς τὸν κατὰ Πάρθων πόλεμον βασιλεύειν Ἡρώδην συμφέρειν ἔλεγεν, ἐπιψηφίζονται πάντες. [285] λυθείσης δὲ τῆς βουλῆς Ἀντώνιος μὲν καὶ Καῖσαρ μέσον ἔχοντες Ἡρώδην ἐξῄεσαν, προῆγον δὲ σὺν ταῖς ἄλλαις ἀρχαῖς οἱ ὕπατοι θύσοντές τε καὶ τὸ δόγμα ἀναθήσοντες εἰς τὸ Καπετώλιον. τὴν δὲ πρώτην Ἡρώδῃ τῆς βασιλείας ἡμέραν Ἀντώνιος εἱστία.

[1.286] Παρὰ δὲ τὸν χρόνον τοῦτον Ἀντίγονος ἐπολιόρκει τοὺς ἐν Μασάδᾳ, τοῖς μὲν ἄλλοις ἐπιτηδείοις διαρκουμένους, σπανίζοντας δὲ ὕδατος: διὸ καὶ Ἰώσηπος ἀδελφὸς Ἡρώδου σὺν διακοσίοις τῶν οἰκείων δρασμὸν ἐβουλεύετο εἰς Ἄραβας ἀκηκοὼς τῶν εἰς Ἡρώδην ἁμαρτημάτων Μάλχῳ μεταμέλειν. [287] κἂν ἔφθη καταλιπὼν τὸ φρούριον, εἰ μὴ περὶ τὴν νύκτα τῆς ἐξόδου συνέβη πλεῖστον ὗσαι: τῶν γὰρ ἐκδοχείων ὕδατος ἀναπλησθέντων οὐκέτ' ἔχρῃζεν φυγῆς, ἀλλ' ἐπεξῄεσαν ἤδη τοῖς περὶ τὸν Ἀντίγονον καὶ τὰ μὲν φανερῶς συμπλεκόμενοι, τὰ δὲ λοχῶντες συχνοὺς διέφθειρον. οὐ μὴν ἐν ἅπασιν εὐστόχουν, ἔστιν δ' ὅπου καὶ αὐτοὶ πταίοντες ἀνέστρεφον.

[2.288] Κἀν τούτῳ Βεντίδιος ὁ Ῥωμαίων στρατηγὸς πεμφθεὶς ἐκ Συρίας Πάρθους ἀνείργειν μετ' ἐκείνους εἰς Ἰουδαίαν παρέβαλεν λόγῳ μὲν ὡς βοηθήσων τοῖς περὶ Ἰώσηπον, ἔργῳ δ' Ἀντίγονον ἀργυριούμενος. [289] ἔγγιστα γοῦν Ἱεροσολύμων αὐλισάμενος ὡς ἐνεπλήσθη χρημάτων, αὐτὸς μὲν ἀνεχώρει μετὰ τῆς πλείστης δυνάμεως, Σίλωνα δὲ σὺν μέρει καταλέλοιπεν, ὡς μὴ κατάφωρον τὸ λῆμμα ποιήσειεν πάντας ἀπαναστήσας. Ἀντίγονος δὲ πάλιν ἐλπίζων Πάρθους ἐπαμυνεῖν καὶ Σίλωνα τέως ἐθεράπευεν, ὡς μηδὲν ἐνοχλοίη πρὸ τῆς ἐλπίδος.

[3.290] Ἤδη δὲ Ἡρώδης καταπεπλευκὼς ἀπὸ τῆς Ἰταλίας εἰς Πτολεμαΐδα καὶ συναγηοχὼς δύναμιν οὐκ ὀλίγην ξένων τε καὶ ὁμοφύλων ἤλαυνεν διὰ τῆς Γαλιλαίας ἐπ' Ἀντίγονον συλλαμβανόντων Βεντιδίου καὶ Σίλωνος, οὓς Δέλλιος ὑπ' Ἀντωνίου πεμφθεὶς Ἡρώδην συγκαταγαγεῖν ἔπεισεν. [291] ἐτύγχανεν δὲ Βεντίδιος μὲν ἐν ταῖς πόλεσιν τὰς διὰ Πάρθους ταραχὰς καθιστάμενος, Σίλων δὲ ἐν Ἰουδαίᾳ χρήμασιν ὑπ' Ἀντιγόνου διεφθαρμένος. οὐ μὴν Ἡρώδης ἰσχύος ἠπόρει, προϊόντι δ' αὐτῷ καθ' ἡμέραν ηὔξεῖτο τὰ τῆς δυνάμεως, καὶ πλὴν ὀλίγων πᾶσα ἡ Γαλιλαία προσέθετο. [292] προύκειτο μὲν οὖν τὸ ἀναγκαιότατον ἀγώνισμα Μασάδα καὶ τὸ ῥύσασθαι πρῶτον τοὺς οἰκείους ἐκ τῆς πολιορκίας, γίνεται δ' ἐμπόδιον Ἰόππη: ταύτην γὰρ ἐχρῆν πολεμίαν οὖσαν ἐξελεῖν πρότερον, ὡς μὴ χωροῦντος ἐπὶ Ἱεροσολύμων κατὰ νώτου τι τοῖς ἐχθροῖς ἔρυμα καταλείποιτο. συνῆπτεν δὲ καὶ Σίλων ἀσμένως τῆς ἀπαναστάσεως πρόφασιν εὑρών, ᾧ προσέκειντο Ἰουδαῖοι διώκοντες. ἐπὶ τούτους Ἡρώδης ἐκδραμὼν μετ' ὀλίγου στίφους τρέπεται ταχέως καὶ Σίλωνα διασώζει κακῶς ἀμυνόμενον.

[4.293] Ἔπειτα Ἰόππην ἑλὼν πρὸς τὴν Μασάδα ῥυσόμενος τοὺς οἰκείους ἠπείγετο. καὶ τῶν ἐπιχωρίων οὓς μὲν πατρῴα φιλία προσῆγεν, οὓς δὲ τὸ αὐτοῦ κλέος, οὓς δὲ τῆς ἐξ ἀμφοῖν εὐεργεσίας ἀμοιβή, πλείστους γε μὴν ἐλπὶς ὡς ἐκ βασιλέως βεβαίου, δυσκίνητός τε ἤδη δύναμις ἤθροιστο. [294] προϊόντα δ' Ἀντίγονος ἐνήδρευεν τὰ ἐπιτήδεια τῶν παρόδων προλοχίζων, ἐν οἷς οὐδὲν ἢ μικρὰ τοὺς πολεμίους ἔβλαπτεν. Ἡρώδης δὲ τοὺς ἐκ Μασάδας οἰκείους παραλαβὼν ῥᾳδίως καὶ Ῥῆσαν τὸ φρούριον ᾔει πρὸς τὰ Ἱεροσόλυμα: συνῆπτε δ' αὐτῷ τὸ μετὰ Σίλωνος στρατιωτικὸν καὶ πολλοὶ τῶν ἐκ τῆς πόλεως τὴν ἰσχὺν καταπλαγέντες.

[5.295] Στρατοπεδευσαμένους δὲ κατὰ τὸ πρὸς δύσιν κλίμα τοῦ ἄστεος οἱ ταύτῃ φύλακες ἐτόξευόν τε καὶ ἐξηκόντιζον αὐτούς, ἄλλοι δὲ κατὰ στῖφος ἐκθέοντες ἀπεπειρῶντο τῶν προτεταγμένων. Ἡρώδης δὲ τὸ μὲν πρῶτον κηρύσσειν περὶ τὸ τεῖχος ἐκέλευεν ὡς ἐπ' ἀγαθῷ τε παρείη τοῦ δήμου καὶ ἐπὶ σωτηρίᾳ τῆς πόλεως, μηδὲν μηδὲ τοὺς φανεροὺς ἐχθροὺς ἀμυνούμενος, δώσων δὲ καὶ τοῖς διαφορωτάτοις ἀμνηστίαν. [296] ἐπεὶ δὲ ἀντιπαρηγοροῦντες οἱ περὶ τὸν Ἀντίγονον οὔτε κατακούειν τῶν κηρυγμάτων εἴων τινὰς οὔτε μεταβάλλεσθαι, τὸ λοιπὸν ἀμύνεσθαι τοὺς ἀπὸ τοῦ τείχους ἐπέτρεπεν τοῖς σφετέροις: οἱ δὲ ταχέως ἅπαντας ἀπὸ τῶν πύργων ἐτρέψαντο τοῖς βέλεσιν.

[6.297] Ἔνθα δὴ καὶ Σίλων ἀπεκαλύψατο τὴν δωροδοκίαν: ἐπισκευασάμενος γὰρ πολλοὺς τῶν στρατιωτῶν σπάνιν ἐπιτηδείων ἀναβοᾶν καὶ χρήματα εἰς τροφὰς ἀπαιτεῖν ἀπάγειν τε σφᾶς χειμεριοῦντας εἰς τοὺς ἰδίους τόπους, ἐπειδὴ τὰ περὶ τὴν πόλιν ἦν ἔρημα πάντα τῶν περὶ Ἀντίγονον προανεσκευασμένων, ἐκίνει τε τὸ στρατόπεδον καὶ ἀναχωρεῖν ἐπειρᾶτο. [298] Ἡρώδης δ' ἐντυγχάνων τοῖς τε ὑπὸ τὸν Σίλωνα ἡγεμόσιν καὶ κατὰ πλῆθος τοῖς στρατιώταις ἐδεῖτο μὴ καταλιπεῖν αὐτὸν ὑπό τε Καίσαρος καὶ Ἀντωνίου καὶ τῆς συγκλήτου προπεμφθέντα: λύσειν γὰρ αὐθημερὸν αὐτῶν τὰς ἀπορίας. [299] καὶ μετὰ τὴν δέησιν [εὐθέως] ὁρμήσας αὐτὸς εἰς τὴν χώραν τοσαύτην αὐτοῖς ἐπιτηδείων ἀφθονίαν ἐκόμισεν, ὡς πάσας ἀποκόψαι τὰς Σίλωνος προφάσεις, εἴς τε τὰς ἑξῆς ἡμέρας μὴ διαλιπεῖν τὴν χορηγίαν προνοούμενος ἐπέστελλεν τοῖς περὶ Σαμάρειαν, ᾠκείωτο δ' ἡ πόλις αὐτῷ, σῖτον καὶ οἶνον καὶ ἔλαιον καὶ βοσκήματα κατάγειν εἰς Ἱεριχοῦντα. [300] ταῦτ' ἀκούσας Ἀντίγονος διέπεμψεν περὶ τὴν χώραν εἴργειν καὶ λοχᾶν τοὺς σιτηγοὺς κελεύων. οἱ δ' ὑπήκουον, καὶ πολὺ πλῆθος ὁπλιτῶν ὑπὲρ τὴν Ἱεριχοῦντα συνηθροίσθη: διεκαθέζοντο δὲ ἐπὶ τῶν ὀρῶν παραφυλάσσοντες τοὺς τὰ ἐπιτήδεια ἐκκομίζοντας. [301] οὐ μὴν Ἡρώδης ἠρέμει, δέκα δὲ σπείρας ἀναλαβών, ὧν πέντε μὲν Ῥωμαίων πέντε δὲ Ἰουδαίων ἦσαν ἔχουσαι καὶ μισθοφόρους μιγάδας πρὸς οἷς ὀλίγους τῶν ἱππέων, ἐπὶ τὴν Ἱεριχοῦντα παραγίνεται, καὶ τὴν μὲν πόλιν καταλελειμμένην εὑρίσκει, πεντακοσίους δὲ τὰ ἄκρα κατειληφότας σὺν γυναιξὶν καὶ γενεαῖς. [302] αὐτοὺς μὲν οὖν ἀπολύει λαβών, Ῥωμαῖοι δ' εἰσπεσόντες τὸ λοιπὸν ἄστυ διήρπασαν πλήρεις καταλαμβάνοντες τὰς οἰκίας παντοίων κειμηλίων. Ἱεριχοῦντος μὲν οὖν φρουρὰν ὁ βασιλεὺς καταλιπὼν ὑπέστρεψεν καὶ χειμεριοῦσαν τὴν Ῥωμαίων στρατιὰν εἰς τὰς προσκεχωρηκυίας διαφῆκεν Ἰδουμαίαν καὶ Γαλιλαίαν καὶ Σαμάρειαν. ἐπέτυχεν δὲ καὶ Ἀντίγονος παρὰ τῆς Σίλωνος δωροδοκίας ὑποδέξασθαι τοῦ στρατοῦ μοῖραν ἐν Λύδδοις θεραπεύων Ἀντώνιον.

[1.303] Καὶ Ῥωμαῖοι μὲν ἐν ἀφθόνοις διῆγον ἀνειμένοι τῶν ὅπλων, Ἡρώδης δ' οὐκ ἠρέμει, ἀλλὰ τὴν μὲν Ἰδουμαίαν δισχιλίοις πεζοῖς καὶ τετρακοσίοις ἱππεῦσιν διαλαμβάνει πέμψας τὸν ἀδελφὸν Ἰώσηπον, ὡς μή τι νεωτερισθείη πρὸς Ἀντίγονον αὐτὸς δὲ τὴν μητέρα καὶ ὅσους ἐκ Μασάδας οἰκείους ἐξήγαγεν μεταγαγὼν εἰς Σαμάρειαν καὶ καταστησάμενος ἀσφαλῶς ᾔει τὰ λοιπὰ τῆς Γαλιλαίας καταστρεψόμενος καὶ τὰς Ἀντιγόνου φρουρὰς ἐξελάσων.

[2.304] Πρὸς δὲ τὴν Σέπφωριν ἐν νιφετῷ σφοδροτάτῳ διανύσας ἀκονιτὶ παραλαμβάνει τὴν πόλιν πρὸ τῆς ἐφόδου τῶν φυλάκων ἐκφυγόντων. ἔνθα τοὺς ἑπομένους ὑπὸ τοῦ χειμῶνος κακωθέντας ἀναλαβών, πολλὴ δ' ἦν ἀφθονία τῶν ἐπιτηδείων, ἐπὶ τοὺς ἐν τοῖς σπηλαίοις ὥρμητο λῃστάς, οἳ πολλὴν τῆς χώρας κατατρέχοντες οὐκ ἐλάττω κακὰ πολέμου διετίθεσαν τοὺς ἐπιχωρίους. [305] προπέμψας δὲ πεζῶν τρία τέλη καὶ μίαν ἴλην ἱππέων πρὸς Ἄρβηλα κώμην αὐτὸς μετὰ τεσσαράκοντα ἡμέρας ἐπῆλθεν μετὰ τῆς λοιπῆς δυνάμεως. οὐ μὴν πρὸς τὴν ἔφοδον ἔδεισαν οἱ πολέμιοι, μετὰ δὲ τῶν ὅπλων ἀπήντων ἐμπειρίαν μὲν πολεμικὴν ἔχοντες, τὸ δὲ θράσος λῃστρικόν. [306] συμβαλόντες γοῦν τῷ σφετέρῳ δεξιῷ τὸ εὐώνυμον κέρας τῶν Ἡρώδου τρέπονται. περιελθὼν δὲ ταχέως Ἡρώδης ἐκ τοῦ καθ' ἑαυτὸν δεξιοῦ προσεβοήθει καὶ τὸ μὲν οἰκεῖον ἐπέστρεφεν ἐκ τῆς φυγῆς, τοῖς δὲ διώκουσιν ἐμπίπτων ἀνέκοπτεν τὴν ὁρμὴν μέχρι τὰς κατὰ στόμα προσβολὰς μὴ φέροντες ἐξέκλιναν.

[3.307] Ὁ δὲ ἕως Ἰορδάνου κτείνων εἵπετο καὶ πολὺ μὲν αὐτῶν μέρος διέφθειρεν, οἱ λοιποὶ δ' ὑπὲρ τὸν ποταμὸν ἐσκεδάσθησαν, ὥστε τὴν Γαλιλαίαν ἐκκεκαθάρθαι φόβων, πλὴν καθόσον οἱ τοῖς σπηλαίοις ἐμφωλεύοντες ὑπελείποντο: κἀπὶ τούτοις ἔδει διατριβῆς. [308] διὸ δὴ πρῶτον τοῖς στρατιώταις τὰς ἐκ τῶν πεπονημένων ἐπικαρπίας ἀπεδίδου διανέμων ἑκάστῳ δραχμὰς ἑκατὸν πεντήκοντα ἀργυρίου καὶ τοῖς ἡγεμόσιν πολυπλασίονα διέπεμψεν εἰς οὓς ἐχειμέριζον σταθμούς. Φερώρᾳ δὲ τῷ νεωτάτῳ τῶν ἀδελφῶν ἐπέστελλεν τῆς τε ἀγορᾶς αὐτοῖς ποιεῖσθαι πρόνοιαν καὶ τειχίζειν Ἀλεξάνδρειον. κἀκεῖνος ἀμφοτέρων ἐπεμελήθη.

[4.309] Ἐν δὲ τούτῳ περὶ μὲν Ἀθήνας διῆγεν Ἀντώνιος, Βεντίδιος δὲ ἐπὶ τὸν πρὸς Πάρθους πόλεμον Σίλωνά τε καὶ Ἡρώδην μετεπέμπετο καταστήσασθαι πρότερον ἐπιστέλλων τὰ περὶ Ἰουδαίαν. Ἡρώδης δὲ ἀσμένως Σίλωνα πρὸς Βεντίδιον ἀπολύσας αὐτὸς ἐπὶ τοὺς ἐν τοῖς σπηλαίοις ἐστράτευσεν. [310] τὰ δὲ σπήλαια ταῦτα πρὸς ἀποκρήμνοις ὄρεσιν ἦν οὐδαμόθεν προσιτά, πλαγίας δὲ ἀνόδους μόνον ἔχοντα στενοτάτας. ἡ δὲ κατὰ μέτωπον αὐτῶν πέτρα κατέτεινεν εἰς βαθυτάτας φάραγγας ὄρθιος ἐπιρρέπουσα ταῖς χαράδραις, ὥστε τὸν βασιλέα μέχρι πολλοῦ μὲν ἀπορεῖν πρὸς τὸ ἀμήχανον τοῦ τόπου, τελευταῖον δ' ἐπινοίᾳ χρήσασθαι σφαλερωτάτῃ. [311] τοὺς γοῦν ἀλκίμους καθιμῶν ἐν λάρναξιν ἐνίει τοῖς στομίοις, οἱ δὲ ἀπέσφαττόν τε αὐτοὺς σὺν γενεαῖς καὶ πῦρ ἐνίεσαν τοῖς ἀμυνομένοις. βουληθεὶς δὲ ἐξ αὐτῶν καὶ περισῶσαί τινας Ἡρώδης ἐκήρυξεν ἀναχωρεῖν πρὸς αὐτόν. τῶν δὲ ἐθελουσίως μὲν οὐδεὶς προσέθετο, καὶ τῶν βιαζομένων δὲ πολλοὶ τῆς αἰχμαλωσίας προείλοντο θάνατον. [312] ἔνθα καὶ τῶν γηραιῶν τις ἑπτὰ παίδων πατὴρ μετὰ τῆς μητρὸς δεομένους τοὺς παῖδας ἐπιτρέψαι σφίσιν ἐξελθεῖν ἐπὶ δεξιᾷ κτείνει τρόπῳ τοιῷδε: καθ' ἕνα προϊέναι κελεύσας αὐτὸς ἵστατο ἐπὶ τὸ στόμιον καὶ τὸν ἀεὶ προϊόντα τῶν υἱῶν ἀπέσφαττεν. ἐξ ἀπόπτου δὲ Ἡρώδης ἐπιβλέπων τῷ τε πάθει συνείχετο καὶ τῷ πρεσβύτῃ δεξιὰν ὤρεγεν φείσασθαι τῶν τέκνων παρακαλῶν. [313] ὁ δὲ πρὸς οὐδὲν ἐνδοὺς τῶν λεγομένων ἀλλὰ καὶ προσονειδίσας τὸν Ἡρώδην εἰς ταπεινότητα ἐπὶ τοῖς παισὶν ἀναιρεῖ καὶ τὴν γυναῖκα καὶ καταβαλὼν κατὰ τοῦ κρημνοῦ τοὺς νεκροὺς τελευταῖον ἑαυτὸν ἔρριψεν.

[5.314] Χειροῦται μὲν οὕτως τὰ σπήλαια καὶ τοὺς ἐν αὐτοῖς Ἡρώδης: καταλιπὼν δὲ τοῦ στρατοῦ μοῖραν ὅσην ἀποχρήσειν ὑπελάμβανεν πρὸς τὰς ἐπαναστάσεις καὶ Θολεμαῖον ἐπ' αὐτῆς ἐπὶ Σαμαρείας ὑπέστρεφεν, ὁπλίτας μὲν τρισχιλίους ἱππεῖς δ' ἄγων ἑξακοσίους ἐπ' Ἀντίγονον. [315] ἔνθα πρὸς τὴν ἀποχώρησιν αὐτοῦ λαβόντες ἄδειαν οἷς ἔθος ἦν θορυβεῖν τὴν Γαλιλαίαν κτείνουσιν μὲν Θολεμαῖον τὸν στρατηγὸν ἀδοκήτως προσπεσόντες, ἐπόρθουν δὲ τὴν χώραν ποιούμενοι τὰς ἀναφυγὰς εἰς τὰ ἕλη καὶ τὰ δυσερεύνητα τῶν χωρίων. [316] πυθόμενος δὲ Ἡρώδης τὴν ἐπανάστασιν διὰ τάχους ἐπεβοήθει καὶ πολὺ μὲν αὐτῶν πλῆθος διαφθείρει, τὰ φρούρια δὲ πάντα πολιορκίαις ἐξελὼν ἐπιτίμιον τῆς μεταβολῆς εἰσεπράξατο παρὰ τῶν πόλεων ἑκατὸν τάλαντα.

[6.317] Ἤδη δὲ Πάρθων μὲν ἐξεληλαμένων, ἀνῃρημένου δὲ Πακόρου Βεντίδιος ἐπιστείλαντος Ἀντωνίου πέμπει συμμάχους Ἡρώδῃ κατ' Ἀντιγόνου χιλίους ἱππεῖς καὶ δύο τάγματα. τούτων δὲ τὸν στρατηγὸν Μαχαιρᾶν Ἀντίγονος ἱκέτευσεν δι' ἐπιστολῶν ἑαυτῷ βοηθὸν ἀφικέσθαι πολλά τε περὶ τῆς Ἡρώδου βίας ἀποδυρόμενος καὶ χρήματα δώσειν ὑπισχνούμενος. [318] ὁ δέ, οὐ γὰρ κατεφρόνει τοῦ πέμψαντος ἄλλως τε καὶ πλείον' Ἡρώδου διδόντος, εἰς μὲν τὴν προδοσίαν οὐχ ὑπήκουσεν, ὑποκρινόμενος δὲ φιλίαν κατάσκοπος ᾔει τῶν Ἀντιγόνου πραγμάτων Ἡρώδῃ μὴ πεισθεὶς ἀποτρέποντι. [319] προαισθόμενος δ' αὐτοῦ τὴν διάνοιαν Ἀντίγονος τήν τε πόλιν ἀπέκλεισεν καὶ ἀπὸ τῶν τειχῶν ὡς πολέμιον ἠμύνατο, μέχρις αἰδούμενος Μαχαιρᾶς εἰς Ἀμμαοῦντα πρὸς Ἡρώδην ἀναχωρεῖ καὶ πρὸς τὴν διαμαρτίαν θυμούμενος ὅσοις ἐπετύγχανεν Ἰουδαίοις ἀνῄρει, μηδεμίαν τῶν Ἡρωδείων φειδὼ ποιούμενος, ἀλλ' ὡς Ἀντιγονείοις χρώμενος ἅπασιν.

[7.320] Ἐφ' οἷς χαλεπήνας Ἡρώδης ὥρμησεν μὲν ἀμύνασθαι Μαχαιρᾶν ὡς πολέμιον, κρατήσας δὲ τῆς ὀργῆς ἤλαυνεν πρὸς Ἀντώνιον κατηγορήσων τῆς Μαχαιρᾶ παρανομίας. ὁ δ' ἐν διαλογισμῷ τῶν ἡμαρτημένων γενόμενος ταχέως μεταδιώκει τε τὸν βασιλέα καὶ πολλὰ δεηθεὶς ἑαυτῷ διαλλάττει. [321] οὐ μὴν Ἡρώδης ἐπαύσατο τῆς πρὸς Ἀντώνιον ὁρμῆς: ἀκηκοὼς δ' αὐτὸν μετὰ πολλῆς δυνάμεως προσπολεμοῦντα Σαμοσάτοις, πόλις δ' ἐστὶν Εὐφράτου πλησίον καρτερά, θᾶττον ἠπείγετο τὸν καιρὸν ἐπιτήδειον ὁρῶν πρός τε ἐπίδειξιν ἀνδρείας καὶ τοῦ μᾶλλον ἀρέσασθαι τὸν Ἀντώνιον. [322] γίνεται γοῦν ἐπελθὼν τέλος αὐτοῖς τῆς πολιορκίας, πολλοὺς μὲν τῶν βαρβάρων ἀποκτείνας, πολλὴν δὲ ἀποτεμόμενος λείαν, ὥστε τὸν μὲν Ἀντώνιον θαυμάζοντα καὶ πάλαι τῆς ἀρετῆς αὐτὸν τότε μᾶλλον οὕτως ἔχειν καὶ προσθεῖναι πολὺ ταῖς τε ἄλλαις τιμαῖς αὐτοῦ καὶ ταῖς εἰς τὴν βασιλείαν ἐλπίσιν, Ἀντίοχον δὲ τὸν βασιλέα ἀναγκασθῆναι παραδοῦναι τὰ Σαμόσατα.

[1.323] Κἀν τούτῳ θραύεται τὰ κατὰ τὴν Ἰουδαίαν Ἡρώδου πράγματα. κατελελοίπει μὲν γὰρ Ἰώσηπον τὸν ἀδελφὸν ἐπὶ τῶν ὅλων παραγγείλας μηδὲν μέχρι τῆς ὑποστροφῆς αὐτοῦ παρακινεῖν πρὸς Ἀντίγονον: οὐ γὰρ δὴ βέβαιον εἶναι Μαχαιρῶν σύμμαχον ἐξ ὧν ἔδρασεν. ὁ δὲ ὡς ἤκουσεν ὄντα πορρωτάτω τὸν ἀδελφόν, ἀμελήσας τῶν παραγγελμάτων ἐπὶ Ἱεριχοῦντος ἐχώρει μετὰ πέντε σπειρῶν, ἃς συνέπεμψεν Μαχαιρᾶς: ᾔει δὲ τὸν σῖτον ἁρπάσων ἐν ἀκμῇ τοῦ θέρους. [324] ἐπιθεμένων δὲ ἐν τοῖς ὄρεσιν καὶ ταῖς δυσχωρίαις τῶν ἐναντίων αὐτός τε θνήσκει μάλα γενναῖος ἐν τῇ μάχῃ φανείς, καὶ τὸ Ῥωμαϊκὸν πᾶν διαφθείρεται: νεοσύλλεκτοι γὰρ ἦσαν ἐκ τῆς Συρίας αἱ σπεῖραι, καὶ οὐδὲν αὐταῖς ἐνεκέκρατο τῶν πάλαι στρατιωτῶν καλουμένων ἐπαμύνειν τοῖς ἀπείροις πολέμου δυνάμενον.

[2.325] Ἀντιγόνῳ δὲ οὐκ ἀπέχρησεν ἡ νίκη, προῆλθεν δὲ εἰς τοσοῦτον ὀργῆς, ὥστε καὶ νεκρὸν αἰκίσασθαι τὸν Ἰώσηπον: κρατήσας γοῦν τῶν σωμάτων ἀποτέμνει τὴν κεφαλὴν αὐτοῦ, καίτοι πεντήκοντα τάλαντα λύτρον αὐτῆς Φερώρα τἀδελφοῦ διδόντος. [326] τὰ δὲ τῆς Γαλιλαίας μετὰ τὴν Ἀντιγόνου νίκην ἐνεωτερίσθη εἰς τοσοῦτον, ὥστε τοὺς τὰ Ἡρώδου φρονοῦντας τῶν δυνατῶν προαγαγόντες εἰς τὴν λίμνην κατέδυσαν οἱ προσέχοντες Ἀντιγόνῳ. μετεβάλλετο δὲ πολλὰ καὶ τῆς Ἰδουμαίας, ἔνθα Μαχαιρᾶς ἀνετείχιζέν τι τῶν ἐρυμάτων, Γιτθὰ καλεῖται. [327] τούτων δὲ οὔπω πέπυστο Ἡρώδης: μετὰ γὰρ τὴν Σαμοσάτων ἅλωσιν Ἀντώνιος μὲν καταστήσας ἐπὶ τῆς Συρίας Σόσσιον καὶ προστάξας Ἡρώδῃ βοηθεῖν ἐπ' Ἀντίγονον αὐτὸς εἰς Αἴγυπτον ἀνεχώρησεν, Σόσσιος δὲ δύο μὲν τάγματα προαπέστειλεν εἰς Ἰουδαίαν Ἡρώδῃ συμμαχῶν, αὐτὸς δὲ μετὰ τῆς λοιπῆς δυνάμεως ἠκολούθει σχεδόν.

[3.328] Ὄντι δ' Ἡρώδῃ κατὰ τὴν πρὸς Ἀντιόχειαν Δάφνην ὄνειροι σαφεῖς τὸν τἀδελφοῦ θάνατον προσημαίνουσιν, καὶ μετὰ ταραχῆς ἐκθορόντι τῆς κοίτης εἰσῄεσαν ἄγγελοι τῆς συμφορᾶς. ὁ δὲ ὀλίγον μὲν προσοιμώξας τῷ πάθει, τὸ πλεῖον δὲ τοῦ πένθους ὑπερθέμενος ἐπὶ τοὺς ἐχθροὺς ἠπείγετο ποιούμενος τὴν πορείαν ὑπὲρ δύναμιν. [329] καὶ διανύσας ἐπὶ τὸν Λίβανον ὀκτακοσίους μὲν τῶν περὶ τὸ ὄρος προσλαμβάνει συμμάχους, Ῥωμαίων δὲ ἓν τάγμα ταύτῃ συνῆψεν. μεθ' ὧν οὐ περιμείνας ἡμέραν εἰς τὴν Γαλιλαίαν ἐνέβαλεν τούς τε πολεμίους ὑπαντιάσαντας εἰς ὃ καταλελοίπεσαν χωρίον τρέπεται. [330] καὶ προσέβαλλεν μὲν συνεχῶς τῷ φρουρίῳ, πρὶν δὲ ἑλεῖν χειμῶνι βιασθεὶς χαλεπωτάτῳ ταῖς πλησίον ἐνστρατοπεδεύεται κώμαις. ἐπεὶ δ' αὐτῷ μετ' ὀλίγας ἡμέρας καὶ τὸ δεύτερον παρὰ Ἀντωνίου τάγμα συνέμιξεν, δείσαντες τὴν ἰσχὺν οἱ πολέμιοι διὰ νυκτὸς ἐξέλιπον τὸ ἔρυμα.

[4.331] Καὶ τὸ λοιπὸν διὰ Ἱεριχοῦντος ᾔει σπεύδων ᾗ τάχιστα τοὺς τἀδελφοῦ φονεῖς μετελθεῖν: ἔνθα καὶ δαιμόνιόν τι αὐτῷ συμβαίνει τέρας, ἐξ οὗ παρ' ἐλπίδα σωθεὶς ἀνδρὸς θεοφιλεστάτου δόξαν ἀπηνέγκατο: πολλοὶ μὲν γὰρ αὐτῷ τῶν ἐν τέλει συνειστιάθησαν κατ' ἐκείνην τὴν ἑσπέραν, διαλυθέντος δὲ τοῦ συμποσίου μετὰ τὸ πάντας ἐξελθεῖν ὁ οἶκος εὐθέως συνέπεσεν. [332] τοῦτο καὶ κινδύνων καὶ σωτηρίας κοινὸν ἐπὶ τῷ μέλλοντι πολέμῳ κρίνας εἶναι σημεῖον ὑπὸ τὴν ἕω διεκίνει τὴν στρατιάν. καὶ τῶν ἐναντίων εἰς ἑξακισχιλίους ἀπὸ τῶν ὀρῶν κατατρέχοντες ἀπεπειρῶντο τῶν προτεταγμένων, κατὰ χεῖρα μὲν συμπλέκεσθαι τοῖς Ῥωμαίοις οὐ σφόδρα θαρροῦντες, πόρρωθεν δὲ χερμάσιν καὶ παλτοῖς ἔβαλλον, ὥστε συχνοὺς κατατιτρώσκειν. ἐν ᾧ καὶ αὐτὸς Ἡρώδης παρελαύνων παλτῷ κατὰ τὴν πλευρὰν ἀκοντίζεται.

[5.333] Βουλόμενος δὲ Ἀντίγονος μὴ μόνον τόλμῃ τῶν σφετέρων ἀλλὰ καὶ πλήθει περιεῖναι δοκεῖν, Πάππον τινὰ τῶν ἑταίρων μετὰ στρατιᾶς ἐπὶ Σαμάρειαν περιπέμπει. [334] τούτῳ μὲν οὖν ἦν Μαχαιρᾶς ἀγώνισμα, Ἡρώδης δὲ τὴν πολεμίαν καταδραμὼν πέντε μὲν πολίχνας καταστρέφεται, δισχιλίους δὲ τῶν ἐν αὐταῖς διαφθείρει καὶ τὰς οἰκίας ἐμπρήσας ὑπέστρεψεν ἐπὶ τὸ στρατόπεδον: ηὔλιστο δὲ περὶ τὴν καλουμένην Κανᾶ κώμην.

[6.335] Προσεγίνετο δ' αὐτῷ καθ' ἡμέραν πολὺ πλῆθος Ἰουδαίων ἔκ τε αὐτῆς Ἱεριχοῦντος καὶ ἐκ τῆς ἄλλης χώρας, οἱ μὲν διὰ μῖσος τὸ πρὸς Ἀντίγονον, οἱ δὲ ἐπὶ τοῖς αὐτοῦ κατορθώμασιν κεκινημένοι: τούς γε μὴν πολλοὺς ἐνῆγεν ἐπιθυμία μεταβολῆς ἄλογος. καὶ ὁ μὲν ἠπείγετο συμβαλεῖν, οἱ δὲ περὶ Πάππον οὔτε πρὸς τὸ πλῆθος οὔτε πρὸς τὴν ὁρμὴν ὑποδείσαντες αὐτοῦ προθύμως ἀντεπεξῆλθον. [336] γενομένης δὲ τῆς παρατάξεως τὰ μὲν ἄλλα μέρη πρὸς ὀλίγον ἀντέσχεν, Ἡρώδης δὲ κατὰ μνήμην τοῦ φονευθέντος ἀδελφοῦ παραβαλλόμενος, ὡς ἂν τίσαιτο τοὺς αἰτίους τοῦ φόνου, ταχέως τῶν καθ' ἑαυτὸν ἐκράτει καὶ μετ' ἐκείνους ἐπὶ τὸ συνεστὸς ἀεὶ τρεπόμενος ἅπαντας διώκει. [337] φόνος δ' ἦν πολύς, τῶν μὲν εἰς τὴν κώμην συνεξωθουμένων ἐξ ἧς ὥρμηντο, τοῦ δὲ προσκειμένου τοῖς ὑστάτοις καὶ κτείνοντος ἀπείρους. συνεισπίπτει δὲ τοῖς πολεμίοις εἴσω, καὶ πᾶσα μὲν ὁπλιτῶν οἰκία νένακτο, τὰ τέγη δ' ἦν ὕπερθεν ἀμυνομένων κατάπλεα. [338] κἀπειδὴ περιῆν τῶν ἔξωθεν, τὰς οἰκήσεις σπαράττων εἷλκεν τοὺς ἔνδοθεν. καὶ τοῖς μὲν πολλοῖς ἐπικατασείων τοὺς ὀρόφους ἀθρόους ἀνῄρει, τοὺς ὑποφεύγοντας δὲ τῶν ἐρειπίων οἱ στρατιῶται ξιφήρεις ἀνεδέχοντο, καὶ τοσοῦτον ἐσωρεύθη νεκρῶν πλῆθος, ὥστε τὰς ὁδοὺς ἀποφραγῆναι τοῖς κρατοῦσιν. [339] ταύτην τὴν πληγὴν οὐκ ἤνεγκαν οἱ πολέμιοι: τὸ γοῦν ἐπισυλλεγόμενον αὐτῶν πλῆθος ὡς ἐθεάσατο τοὺς ἀνὰ τὴν κώμην διεφθαρμένους, εἰς φυγὴν διεσκεδάσθη, κἂν εὐθέως τῇ νίκῃ τεθαρρηκὼς Ἡρώδης ἐπὶ Ἱεροσολύμων ἤλασεν, εἰ μὴ χειμῶνι διεκωλύθη σφοδροτάτῳ. τοῦτ' ἐμπόδιον ἐκείνῳ τε παντελοῦς κατορθώματος καὶ ἥττης Ἀντιγόνῳ κατέστη βουλευομένῳ καταλιπεῖν ἤδη τὴν πόλιν.

[7.340] Ἡρώδης δὲ πρὸς ἑσπέραν [ἤδη] τοὺς φίλους κεκμηκότας ἐπὶ θεραπείᾳ τοῦ σώματος διαφεὶς καὶ αὐτὸς ὡς ἦν ἔτι θερμὸς ἐκ τῶν ὅπλων λουσόμενος ᾔει στρατιωτικώτερον: εἷς γοῦν αὐτῷ παῖς εἵπετο. καὶ πρὶν εἰς τὸ βαλανεῖον εἰσελθεῖν ἐναντίον αὐτοῦ τις ἐκτρέχει τῶν πολεμίων ξιφήρης, ἔπειτα δεύτερος καὶ τρίτος, ἑξῆς δὲ πλείους. [341] οὗτοι καταπεφεύγεσαν μὲν ἐκ τῆς παρατάξεως εἰς τὸ βαλανεῖον ὡπλισμένοι, τέως δ' ὑποπεπτηχότες καὶ διαλανθάνοντες ὡς ἐθεάσαντο τὸν βασιλέα, λυθέντες ὑπ' ἐκπλήξεως αὐτὸν μὲν παρέτρεχον γυμνὸν ὄντα τρέμοντες, ἐπὶ δὲ τὰς ἐξόδους ἐχώρουν. τῶν μὲν οὖν ἄλλων οὐδεὶς παρῆν κατὰ τύχην ὁ συλληψόμενος τοὺς ἄνδρας, Ἡρώδῃ δ' ἀπέχρη τὸ μηδὲν παθεῖν, ὥστε διαφεύγουσιν πάντες.

[8.342] Τῇ δ' ὑστεραίᾳ Πάππον μὲν τὸν Ἀντιγόνου στρατηγὸν καρατομήσας, ἀνῄρητο δ' ἐπὶ τῆς παρατάξεως, πέμπει τὴν κεφαλὴν Φερώρᾳ τἀδελφῷ ποινὴν τοῦ φονευθέντος αὐτῶν ἀδελφοῦ: καὶ γὰρ οὗτος ἦν ὁ τὸν Ἰώσηπον ἀνελών. [343] λωφήσαντος δὲ τοῦ χειμῶνος ἤλαυνεν ἐπὶ Ἱεροσολύμων καὶ μέχρι τοῦ τείχους ἀγαγὼν τὴν δύναμιν, συνήγετο δ' αὐτῷ τρίτον ἔτος ἐξ οὗ βασιλεὺς ἐν Ῥώμῃ ἀπεδέδεικτο, πρὸ τοῦ ἱεροῦ στρατοπεδεύεται: ταύτῃ γὰρ ἦν ἐπίμαχον, καθ' ὃ καὶ πρὶν εἷλεν Πομπήιος τὴν πόλιν.
[344] διελὼν δὲ εἰς ἔργα τὴν στρατιὰν καὶ τεμὼν τὰ προάστεια τρία μὲν ἐγείρειν χώματα καὶ πύργους ἐποικοδομεῖν αὐτοῖς κελεύει, καταλιπὼν δὲ τοὺς ἀνυτικωτάτους τῶν ἑταίρων ἐπὶ τῶν ἔργων αὐτὸς εἰς Σαμάρειαν ᾔει τὴν Ἀλεξάνδρου τοῦ Ἀριστοβούλου μετιὼν θυγατέρα καθωμολογημένην ὡς ἔφαμεν αὐτῷ καὶ πάρεργον ποιούμενος τῆς πολιορκίας τὸν γάμον: ἤδη γὰρ ὑπερηφάνει τοὺς πολεμίους.

[9.345] Γήμας δὲ ὑπέστρεψεν ἐπὶ Ἱεροσολύμων μετὰ μείζονος δυνάμεως: συνῆπτε δ' αὐτῷ καὶ Σόσσιος μετὰ πλείστης στρατιᾶς ἱππέων τε καὶ πεζῶν, ἣν προεκπέμψας διὰ τῆς μεσογείου τὴν πορείαν αὐτὸς διὰ Φοινίκης ἐποιήσατο. [346] συναθροισθείσης δὲ τῆς ὅλης δυνάμεως εἰς ἕνδεκα μὲν τέλη πεζῶν, ἱππεῖς δὲ ἑξακισχιλίους δίχα τῶν ἀπὸ Συρίας συμμάχων, οἳ μέρος οὐκ ὀλίγον ἦσαν, καταστρατοπεδεύονται τοῦ βορείου τείχους πλησίον, αὐτὸς μὲν πεποιθὼς τοῖς τῆς συγκλήτου δόγμασιν, δι' ὧν βασιλεὺς ἀπεδέδεικτο, Σόσσιος δὲ Ἀντωνίῳ τῷ πέμψαντι τὴν ὑπ' αὐτῷ στρατιὰν Ἡρώδῃ σύμμαχον.

[1.347] Τῶν δ' ἀνὰ τὴν πόλιν Ἰουδαίων τὸ πλῆθος ποικίλως ἐτετάρακτο: καὶ γὰρ περὶ τὸν ναὸν ἀθροιζόμενον τὸ ἀσθενέστερον ἐδαιμονία καὶ πολλὰ θειωδέστερον πρὸς τοὺς καιροὺς ἐλογοποίει, καὶ τῶν τολμηροτέρων κατὰ στῖφος ἦσαν λῃστεῖαι πολύτροποι, μάλιστα τὰ περὶ τὴν πόλιν ἁρπαζόντων ἐπιτήδεια καὶ μήτε ἵπποις μήτε ἀνδράσιν ὑπολειπομένων τροφήν. [348] τοῦ γε μὴν μαχίμου τὸ εὐτακτότερον ἐτέτακτο πρὸς ἄμυναν τῆς πολιορκίας τούς τε χωννύντας εἶργον ἀπὸ τοῦ τείχους καὶ τοῖς ὀργάνοις ἀντιμηχανώμενον ἀεί τι κώλυμα καινότερον: ἐν οὐδενὶ δ' οὕτως ὡς ἐν ταῖς μεταλλείαις περιῆσαν τῶν πολεμίων.

[2.349] Τῷ δὲ βασιλεῖ πρὸς μὲν τὰς λῃστείας ἀντεπενοήθησαν λόχοι δι' ὧν ἀνέστελλεν τὰς διεκδρομάς, πρὸς δὲ τὴν τῶν ἐπιτηδείων ἀπορίαν αἱ πόρρωθεν συγκομιδαί, τῶν δὲ μαχομένων περιῆν τῇ Ῥωμαίων ἐμπειρίᾳ καίτοι τόλμης οὐδεμίαν καταλιπόντων ὑπερβολήν: [350] φανερῶς μέν γε συνερρήγνυντο τοῖς Ῥωμαίοις ἐπὶ προύπτῳ τῷ θανεῖν, διὰ δὲ τῶν ὑπονόμων ἐν μέσοις αὐτοῖς ἐξαπίνης ἐφαίνοντο, καὶ πρὶν κατασεισθῆναί τι τοῦ τείχους ἕτερον ἀντωχύρουν: καθόλου τε οὔτε χερσὶν οὔτ' ἐπινοίαις ἔκαμνον εἰς ἔσχατον ἀντισχεῖν διεγνωκότες. [351] ἀμέλει τηλικαύτης δυνάμεως περικαθεζομένης πέντε μησὶν διήνεγκαν τὴν πολιορκίαν, ἕως τῶν Ἡρώδου τινὲς ἐπιλέκτων ἐπιβῆναι τοῦ τείχους θαρσήσαντες εἰσπίπτουσιν εἰς τὴν πόλιν, ἐφ' οἷς ἑκατοντάρχαι Σοσσίου. πρῶτα δὲ τὰ περὶ τὸ ἱερὸν ἡλίσκετο, καὶ τῆς δυνάμεως ἐπεισχυθείσης πανταχοῦ φόνος ἦν μυρίος, τῶν μὲν Ῥωμαίων τῇ τριβῇ τῆς πολιορκίας διωργισμένων, τοῦ δὲ περὶ Ἡρώδην Ἰουδαϊκοῦ μηδὲν ὑπολιπέσθαι σπουδάζοντος ἀντίπαλον. [352] ἐσφάττοντο δὲ παμπληθεῖς ἔν τε τοῖς στενωποῖς καὶ κατὰ τὰς οἰκίας συνωθούμενοι καὶ τῷ ναῷ προσφεύγοντες: ἦν τε οὔτε νηπίων οὔτε γήρως ἔλεος οὔτε ἀσθενείας γυναικῶν, ἀλλὰ καίτοι περιπέμποντος τοῦ βασιλέως καὶ φείδεσθαι παρακαλοῦντος οὐδεὶς ἐκράτησεν τῆς δεξιᾶς, ἀλλ' ὥσπερ μεμηνότες πᾶσαν ἡλικίαν ἐπεξῄεσαν. [353] ἔνθα καὶ Ἀντίγονος μήτε τῆς πάλαι μήτε τῆς τότε τύχης ἔννοιαν λαβὼν κάτεισιν μὲν ἀπὸ τῆς βάρεως, προσπίπτει δὲ τοῖς Σοσσίου ποσίν. κἀκεῖνος μηδὲν αὐτὸν οἰκτείρας πρὸς τὴν μεταβολὴν ἐπεγέλασέν τε ἀκρατῶς καὶ Ἀντιγόνην ἐκάλεσεν: οὐ μὴν ὡς γυναῖκά γε καὶ φρουρᾶς ἐλεύθερον ἀφῆκεν, ἀλλ' ὁ μὲν δεθεὶς ἐφυλάττετο.

[3.354] Πρόνοια δ' ἦν Ἡρώδῃ κρατοῦντι τῶν πολεμίων τότε κρατῆσαι καὶ τῶν ἀλλοφύλων συμμάχων: ὥρμητο γὰρ τὸ ξενικὸν πλῆθος ἐπὶ θέαν τοῦ τε ἱεροῦ καὶ τῶν κατὰ τὸν ναὸν ἁγίων. ὁ δὲ βασιλεὺς τοὺς μὲν παρακαλῶν τοῖς δ' ἀπειλούμενος ἔστιν δ' οὓς καὶ τοῖς ὅπλοις ἀνέστειλεν, ἥττης χαλεπωτέραν τὴν νίκην ὑπολαμβάνων, εἴ τι τῶν ἀθεάτων παρ' αὐτῶν ὀφθείη. [355] διεκώλυσεν δὲ ἤδη καὶ τὰς κατὰ τὴν πόλιν ἁρπαγάς, πολλὰ διατεινόμενος πρὸς Σόσσιον, εἰ χρημάτων τε καὶ ἀνδρῶν τὴν πόλιν Ῥωμαῖοι κενώσαντες καταλείψουσιν αὐτὸν ἐρημίας βασιλέα, καὶ ὡς ἐπὶ τοσούτων πολιτῶν φόνῳ βραχὺ καὶ τὴν τῆς οἰκουμένης ἡγεμονίαν ἀντάλλαγμα κρίνοι. [356] τοῦ δὲ ἀντὶ τῆς πολιορκίας τὰς ἁρπαγὰς δικαίως τοῖς στρατιώταις ἐπιτρέπειν φαμένου, αὐτὸς ἔφη διανεμεῖν ἐκ τῶν ἰδίων χρημάτων τοὺς μισθοὺς ἑκάστοις. οὕτως τε τὴν λοιπὴν ἐξωνησάμενος πατρίδα τὰς ὑποσχέσεις ἐπλήρωσεν: λαμπρῶς μὲν γὰρ ἕκαστον στρατιώτην, ἀναλόγως δὲ τοὺς ἡγεμόνας, βασιλικώτατα δὲ αὐτὸν ἐδωρήσατο Σόσσιον, ὡς μηδένα χρημάτων ἀπελθεῖν δεόμενον. [357] Σόσσιος δὲ χρυσοῦν ἀναθεὶς τῷ θεῷ στέφανον ἀνέζευξεν ἀπὸ Ἱεροσολύμων ἄγων δεσμώτην Ἀντίγονον Ἀντωνίῳ. τοῦτον μὲν οὖν φιλοψυχήσαντα μέχρις ἐσχάτου διὰ ψυχρᾶς ἐλπίδος ἄξιος τῆς ἀγεννείας πέλεκυς ἐκδέχεται.

[4.358] βασιλεὺς δὲ Ἡρώδης διακρίνας τὸ κατὰ τὴν πόλιν πλῆθος τοὺς μὲν τὰ αὐτοῦ φρονήσαντας εὐνουστέρους ταῖς τιμαῖς καθίστατο, τοὺς δ' Ἀντιγονείους ἀνῄρει. καὶ κατὰ σπάνιν ἤδη χρημάτων ὅσον εἶχεν κόσμον κατανομιστεύσας Ἀντωνίῳ καὶ τοῖς περὶ αὐτὸν ἀνέπεμψεν. [359] οὐ μὴν εἰς ἅπαν ἐξωνήσατο τὸ μηδὲν παθεῖν: ἤδη γὰρ Ἀντώνιος τῷ Κλεοπάτρας ἔρωτι διεφθαρμένος ἥττων ἦν ἐν πᾶσιν τῆς ἐπιθυμίας, Κλεοπάτρα δὲ διεξελθοῦσα τὴν γενεὰν τὴν ἑαυτῆς ὡς μηδένα τῶν ἀφ' αἵματος ὑπολείπεσθαι, [360] τὸ λοιπὸν ἐπὶ τοὺς ἔξωθεν ἐφόνα, καὶ τοὺς ἐν τέλει Σύρων διαβάλλουσα πρὸς τὸν Ἀντώνιον ἀναιρεῖν ἔπειθεν ὡς ἂν τῶν κτήσεων ἑκάστου ῥᾳδίως γινομένη δεσπότις, ἔτι δὲ ἐκτείνουσα τὴν πλεονεξίαν ἐπὶ Ἰουδαίους καὶ Ἄραβας ὑπειργάζετο τοὺς ἑκατέρων βασιλεῖς Ἡρώδην καὶ Μάλχον ἀναιρεθῆναι.

[5.361] Ἐν μέρει γοῦν τῶν προσταγμάτων ἐπινήψας Ἀντώνιος τὸ κτεῖναι μὲν ἄνδρας ἀγαθοὺς καὶ βασιλεῖς τηλικούτους ἀνόσιον ἡγήσατο, τὸ δὲ τούτων ἔγγιον φίλους διεκρούσατο, πολλὰ δὲ τῆς χώρας αὐτῶν ἀποτεμόμενος καὶ δὴ καὶ τὸν ἐν Ἱεριχοῦντι φοινικῶνα, ἐν ᾧ γεννᾶται τὸ βάλσαμον, δίδωσιν αὐτῇ πόλεις τε πλὴν Τύρου καὶ Σιδῶνος τὰς ἐντὸς Ἐλευθέρου ποταμοῦ πάσας.
[362] ὧν γενομένη κυρία καὶ προπέμψασα μέχρις Εὐφράτου τὸν Ἀντώνιον ἐπιστρατεύοντα Πάρθοις ἦλθεν εἰς Ἰουδαίαν δι' Ἀπαμείας καὶ Δαμασκοῦ. κἀνταῦθα μεγάλαις μὲν αὐτῆς τὴν δυσμένειαν δωρεαῖς Ἡρώδης ἐκμειλίσσεται, μισθοῦται δὲ καὶ τὰ τῆς βασιλείας ἀπορραγέντα χωρία διακοσίων ταλάντων εἰς ἕκαστον ἐνιαυτόν, προπέμπει δ' αὐτὴν μέχρι Πηλουσίου πάσῃ θεραπείᾳ καταχρώμενος. [363] καὶ μετ' οὐ πολὺ παρῆν ἐκ Πάρθων Ἀντώνιος ἄγων αἰχμάλωτον Ἀρταβάζην τὸν Τιγράνου παῖδα δῶρον Κλεοπάτρᾳ: μετὰ γὰρ τῶν χρημάτων καὶ τῆς λείας ἁπάσης ὁ Πάρθος εὐθὺς ἐχαρίσθη.

[1.364] Τοῦ δ' Ἀκτιακοῦ πολέμου συνερρωγότος παρεσκεύαστο μὲν Ἡρώδης Ἀντωνίῳ συνεξορμᾶν ἤδη τῶν τε ἄλλων τῶν κατὰ Ἰουδαίαν ἀπηλλαγμένος θορύβων καὶ κεκρατηκὼς Ὑρκανίας, ὃ δὴ χωρίον ἡ Ἀντιγόνου κατεῖχεν ἀδελφή. [365] διεκλείσθη γε μὴν πανούργως ὑπὸ τῆς Κλεοπάτρας συμμετασχεῖν τῶν κινδύνων Ἀντωνίῳ: τοῖς γὰρ βασιλεῦσιν, ὡς ἔφαμεν, ἐπιβουλεύουσα πείθει τὸν Ἀντώνιον Ἡρώδῃ διαπιστεῦσαι τὸν πρὸς Ἄραβας πόλεμον, ἵν' ἢ κρατήσαντος Ἀραβίας ἢ κρατηθέντος Ἰουδαίας γένηται δεσπότις καὶ θατέρῳ τῶν δυναστῶν καταλύσῃ τὸν ἕτερον.

[2.366] Ἔρρεψεν μέντοι καθ' Ἡρώδην τὸ βούλευμα: πρῶτον μὲν γὰρ ῥύσια κατὰ τῶν πολεμίων ἄγων καὶ πολὺ συγκροτήσας ἱππικὸν ἐπαφίησιν αὐτοῖς περὶ Διόσπολιν ἐκράτησέν τε καίτοι καρτερῶς ἀντιπαραταξαμένων. πρὸς δὲ τὴν ἧτταν μέγα γίνεται κίνημα τῶν Ἀράβων, καὶ συναθροισθέντες εἰς Κάναθα τῆς κοίλης Συρίας ἄπειροι τὸ πλῆθος τοὺς Ἰουδαίους ἔμενον. [367] ἔνθα μετὰ τῆς δυνάμεως Ἡρώδης ἐπελθὼν ἐπειρᾶτο προμηθέστερον ἀφηγεῖσθαι τοῦ πολέμου καὶ στρατόπεδον ἐκέλευε τειχίζειν. οὐ μὴν ὑπήκουσεν τὸ πλῆθος, ἀλλὰ τῇ προτέρᾳ νίκῃ τεθαρρηκότες ὥρμησαν ἐπὶ τοὺς Ἄραβας καὶ πρὸς μὲν τὴν πρώτην ἐμβολὴν τραπέντας ἐδίωκον, ἐπιβουλεύεται δὲ Ἡρώδης ἐν τῇ διώξει τοὺς ἐκ τῶν Κανάθων ἐπιχωρίους ἀνέντος Ἀθηνίωνος, ὃς ἦν αὐτῷ τῶν Κλεοπάτρας στρατηγῶν αἰεὶ διάφορος: [368] πρὸς γὰρ τὴν τούτων ἐπίθεσιν ἀναθαρρήσαντες οἱ Ἄραβες ἐπιστρέφονται καὶ συνάψαντες τὸ πλῆθος περὶ πετρώδη καὶ δύσβατα χωρία τοὺς Ἡρώδου τρέπονται πλεῖστόν τε αὐτῶν φόνον εἰργάσαντο. οἱ δὲ διασωθέντες ἐκ τῆς μάχης εἰς Ὄρμιζα καταφεύγουσιν, ὅπου καὶ τὸ στρατόπεδον αὐτῶν περισχόντες αὔτανδρον εἷλον οἱ Ἄραβες.

[3.369] Μετ' οὐ πολὺ δὲ τῆς συμφορᾶς βοήθειαν ἄγων Ἡρώδης παρῆν τῆς χρείας ὑστέραν. ταύτης τῆς πληγῆς αἴτιον αὐτῷ τὸ τῶν ταξιάρχων ἀπειθὲς κατέστη: μὴ γὰρ ἐξαπιναίου τῆς συμβολῆς γενομένης οὐδ' ἂν Ἀθηνίων εὗρεν καιρὸν ἐπιβουλῆς. ἐτιμωρήσατο μέντοι τοὺς Ἄραβας αὖθις ἀεὶ τὴν χώραν κατατρέχων, ὡς ἀνακαλέσασθαι τὴν μίαν αὐτοῖς νίκην πολλάκις. [370] ἀμυνομένῳ δὲ τοὺς ἐχθροὺς ἐπιπίπτει συμφορὰ δαιμόνιος ἄλλη, κατ' ἔτος μὲν τῆς βασιλείας ἕβδομον, ἀκμάζοντος δὲ τοῦ Ἀκτίου πολέμου.

ἀρχομένου γὰρ ἔαρος ἡ γῆ σεισθεῖσα βοσκημάτων μὲν ἄπειρον πλῆθος ἀνθρώπων δὲ τρεῖς διέφθειρεν μυριάδας, τὸ δὲ στρατιωτικὸν ἔμεινεν ἀβλαβές: ὕπαιθρον γὰρ ηὐλίζετο. [371] κἀν τούτῳ τοὺς Ἄραβας ἐπὶ μεῖζον θράσος ἦρεν ἡ φήμη προσλογοποιοῦσα τοῖς σκυθρωποῖς ἀεί τι χαλεπώτερον: ὡς γοῦν ἁπάσης Ἰουδαίας κατερριμμένης οἰηθέντες ἐρήμου τῆς χώρας κρατήσειν ὥρμησαν εἰς αὐτὴν προθυσάμενοι τοὺς πρέσβεις, οἳ παρὰ Ἰουδαίων ἔτυχον ἥκοντες πρὸς αὐτούς. [372] πρὸς δὲ τὴν ἐμβολὴν καταπλαγὲν τὸ πλῆθος καὶ μεγέθει συμφορῶν ἐπαλλήλων ἔκλυτον συναγαγὼν Ἡρώδης ἐπειρᾶτο παρορμᾶν ἐπὶ τὴν ἄμυναν λέγων τοιάδε:

[4.373] "Παραλογώτατά μοι δοκεῖ τὸ παρὸν ὑμῶν καθάπτεσθαι δέος: πρὸς μέν γε τὰς δαιμονίους πληγὰς ἀθυμεῖν εἰκὸς ἦν, τὸ δ' αὐτὸ καὶ πρὸς ἀνθρωπίνην ἔφοδον πάσχειν ἀνάνδρων. ἐγὼ γὰρ τοσοῦτον ἀποδέω κατεπτηχέναι τοὺς πολεμίους μετὰ τὸν σεισμόν, ὥσθ' ὑπολαμβάνειν τὸν θεὸν Ἄραψιν δέλεαρ τοῦτο καθεικέναι τοῦ δοῦναι δίκας ἡμῖν: οὐ γὰρ τοσοῦτον ὅπλοις ἢ χερσὶν πεποιθότες ὅσον ταῖς αὐτομάτοις ἡμῶν συμφοραῖς ἧκον: σφαλερὰ δ' ἐλπὶς οὐκ ἐξ οἰκείας ἰσχύος ἀλλ' ἐξ ἀλλοτρίας ἠρτημένη κακοπραγίας. [374] οὔτε δὲ τὸ δυστυχεῖν οὔτε τοὐναντίον ἐν ἀνθρώποις βέβαιον, ἀλλ' ἔστιν ἰδεῖν ἐπαμειβομένην εἰς ἑκάτερα τὴν τύχην. καὶ τοῦτο μάθοιτ' ἂν ἐξ οἰκείων ὑποδειγμάτων: τῇ γοῦν προτέρᾳ μάχῃ κρατούντων ἐκράτησαν ἡμῶν οἱ πολέμιοι, καὶ κατὰ τὸ εἰκὸς νῦν ἁλώσονται κρατήσειν δοκοῦντες: τὸ μὲν γὰρ ἄγαν πεποιθὸς ἀφύλακτον, οἱ φόβοι δὲ διδάσκουσιν προμήθειαν: ὥστε ἔμοιγε κἀκ τοῦ δεδοικότος ὑμῶν παρίσταται θαρρεῖν. [375] ὅτε γὰρ ἐθρασύνεσθε πέρα τοῦ δέοντος καὶ κατὰ τῶν ἐχθρῶν παρὰ τὴν ἐμὴν γνώμην ἐξωρμήσατε, καιρὸν ἔσχεν ἡ Ἀθηνίωνος ἐνέδρα: νυνὶ δὲ ὁ ὄκνος ὑμῶν καὶ τὸ δοκοῦν ἄθυμον ἀσφάλειαν ἐμοὶ νίκης ἐγγυᾶται. [376] χρὴ μέντοι γε μέχρι τοῦ μέλλειν οὕτως ἔχειν, ἐν δὲ τοῖς ἔργοις ἐγεῖραι τὰ φρονήματα καὶ πεῖσαι τοὺς ἀσεβεστάτους, ὡς οὔτ' ἀνθρώπειόν τι κακὸν οὔτε δαιμόνιον ταπεινώσει ποτὲ τὴν Ἰουδαίων ἀνδραγαθίαν, ἐφ' ὅσον τὰς ψυχὰς ἔχουσιν, οὐδὲ περιόψεταί τις Ἄραβα τῶν ἑαυτοῦ ἀγαθῶν δεσπότην γενόμενον, ὃν παρ' ὀλίγον πολλάκις αἰχμάλωτον ἔλαβεν. [377] μηδ' ὑμᾶς ταρασσέτω τὰ τῶν ἀψύχων κινήματα μηδ' ὑπολαμβάνετε τὸν σεισμὸν ἑτέρας συμφορᾶς τέρας γεγονέναι: φυσικὰ γὰρ τὰ τῶν στοιχείων πάθη καὶ οὐδὲν ἀνθρώποις πλέον ἢ τὴν ἐν ἑαυτοῖς βλάβην ἐπιφέρεται: λοιμοῦ μὲν γὰρ καὶ λιμοῦ καὶ τῶν χθονίων βρασμῶν προγένοιτ' ἄν τι σημεῖον βραχύτερον, αὐτὰ δὲ ταῦτα περιγραφὴν ἔχει τὸ μέγεθος: ἐπεὶ τί δύναται μεῖζον ἡμᾶς τοῦ σεισμοῦ βλάψαι καὶ κρατήσας ὁ πόλεμος; [378] τέρας μέντοι μέγιστον ἁλώσεως γέγονεν τοῖς ἐχθροῖς οὐκ αὐτομάτως οὐδὲ διὰ χειρὸς ἀλλοτρίας, οἳ πρέσβεις ἡμετέρους παρὰ τὸν πάντων ἀνθρώπων νόμον ὠμῶς ἀπέκτειναν καὶ τοιαῦτα τῷ θεῷ θύματα περὶ τοῦ πολέμου κατέστεψαν. ἀλλ' οὐ διαφεύξονται τὸν μέγαν ὀφθαλμὸν αὐτοῦ καὶ τὴν ἀνίκητον δεξιάν, δώσουσιν δ' ἡμῖν αὐτίκα δίκας, ἂν τοῦ πατρίου φρονήματος ἤδη σπάσαντες τιμωροὶ τῶν παρεσπονδημένων ἀναστῶμεν. [379] ἴτω τις οὐχ ὑπὲρ γυναικὸς οὐδ' ὑπὲρ τέκνων οὐδ' ὑπὲρ κινδυνευούσης πατρίδος, ἀλλ' ὑπὲρ τῶν πρέσβεων ἀμυνόμενος: ἐκεῖνοι στρατηγήσουσιν τοῦ πολέμου τῶν ζώντων ἄμεινον. προκινδυνεύσω δὲ κἀγὼ χρώμενος ὑμῖν πειθηνίοις: εὖ γὰρ ἴστε τὴν ἑαυτῶν ἀνδρείαν ἀνυπόστατον, ἐὰν μὴ προπετείᾳ τινὶ βλαβῆτε."

[5.380] Τούτοις παρακροτήσας τὸν στρατὸν ὡς ἑώρα προθύμους, ἔθυεν τῷ θεῷ καὶ μετὰ τὴν θυσίαν διέβαινεν τὸν Ἰορδάνην ποταμὸν μετὰ τῆς δυνάμεως. στρατοπεδευσάμενος δὲ περὶ Φιλαδέλφειαν ἐγγὺς τῶν πολεμίων περὶ τοῦ μεταξὺ φρουρίου πρὸς αὐτοὺς ἠκροβολίζετο βουλόμενος ἐν τάχει συμβαλεῖν: ἔτυχον γὰρ κἀκεῖνοί τινας προπεπομφότες τοὺς καταληψομένους τὸ ἔρυμα.
[381] τούτους μὲν οὖν ἀπεκρούσαντο ταχέως οἱ πεμφθέντες ὑπὸ τοῦ βασιλέως καὶ τὸν λόφον κατέσχον, αὐτὸς δὲ καθ' ἡμέραν προάγων τὴν δύναμιν εἰς μάχην παρετάσσετο καὶ προεκαλεῖτο τοὺς Ἄραβας. ὡς δ' οὐδεὶς ἐπεξῄει, δεινὴ γάρ τις αὐτοὺς κατάπληξις εἶχε καὶ πρὸ

τοῦ πλήθους ὁ στρατηγὸς Ἔλθεμος αὖος ἦν τῷ δέει, προσελθὼν ἐσπάραττεν αὐτῶν τὸ χαράκωμα. [382] κἀν τούτῳ συναναγκασθέντες ἐξίασιν ἐπὶ τὴν μάχην ἄτακτοι καὶ πεφυρμένοι τοῖς ἱππεῦσιν οἱ πεζοί. πλήθει μὲν οὖν τῶν Ἰουδαίων περιῆσαν, ἐλείποντο δὲ ταῖς προθυμίαις καίτοι διὰ τὴν ἀπόγνωσιν τῆς νίκης ὄντες καὶ αὐτοὶ παράβολοι.

[6.383] Διὸ μέχρι μὲν ἀντεῖχον οὐ πολὺς ἦν αὐτῶν φόνος, ὡς δ' ὑπέδειξαν τὰ νῶτα, πολλοὶ μὲν ὑπὸ τῶν Ἰουδαίων πολλοὶ δὲ ὑπὸ σφῶν αὐτῶν συμπατούμενοι διεφθείροντο: πεντακισχίλιοι γοῦν ἔπεσον ἐν τῇ τροπῇ, τὸ δὲ λοιπὸν πλῆθος ἔφθη συνωσθὲν εἰς τὸ χαράκωμα. τούτους περισχὼν ἐπολιόρκει, καὶ μέλλοντας ἁλώσεσθαι τοῖς ὅπλοις προκατήπειγεν ἡ δίψα τῶν ὑδάτων ἐπιλειπόντων. [384] ὑπερηφάνει δὲ πρεσβευομένους ὁ βασιλεὺς καὶ λύτρα διδόντων πεντακόσια τάλαντα μᾶλλον ἐνέκειτο. τοῦ δὲ δίψους ἐκκαίοντος ἐξιόντες κατὰ πλῆθος ἐνεχείριζον σφᾶς αὐτοὺς τοῖς Ἰουδαίοις ἑκόντες, ὡς πέντε μὲν ἡμέραις τετρακισχιλίους δεθῆναι, τῇ δ' ἕκτῃ τὸ λειπόμενον πλῆθος ὑπ' ἀπογνώσεως ἐξελθεῖν ἐπὶ μάχην: οἷς συμβαλὼν Ἡρώδης πάλιν εἰς ἑπτακισχιλίους κτείνει. [385] τηλικαύτῃ πληγῇ τὴν Ἀραβίαν ἀμυνάμενος καὶ σβέσας τῶν ἀνδρῶν τὰ φρονήματα προύκοψεν ὥστε καὶ προστάτης ὑπὸ τοῦ ἔθνους αἱρεθῆναι.

[1.386] Μεταλαμβάνει δὲ αὐτὸν εὐθέως ἡ περὶ τῶν ὅλων πραγμάτων φροντὶς διὰ τὴν πρὸς Ἀντώνιον φιλίαν Καίσαρος περὶ Ἄκτιον νενικηκότος. παρεῖχεν μέντοι δέους πλέον ἢ ἔπασχεν: οὔπω γὰρ ἑαλωκέναι Καῖσαρ Ἀντώνιον ἔκρινεν Ἡρώδου συμμένοντος. [387] ὅ γε μὴν βασιλεὺς ὁμόσε χωρῆσαι τῷ κινδύνῳ διέγνω, καὶ πλεύσας εἰς Ῥόδον, ἔνθα διέτριβεν Καῖσαρ, πρόσεισιν αὐτῷ δίχα διαδήματος, τὴν μὲν ἐσθῆτα καὶ τὸ σχῆμα ἰδιώτης, τὸ δὲ φρόνημα βασιλεύς: μηδὲν γοῦν τῆς ἀληθείας ὑποστειλάμενος ἄντικρυς εἶπεν: [388] "ἐγώ, Καῖσαρ, ὑπὸ Ἀντωνίου βασιλεὺς γενόμενος ἐν πᾶσιν ὁμολογῶ γεγονέναι χρήσιμος Ἀντωνίῳ. καὶ οὐδὲ τοῦτ' ἂν ὑποστειλαίμην εἰπεῖν, ὅτι πάντως ἄν με μετὰ τῶν ὅπλων ἐπείρασας εὐχάριστον, εἰ μὴ διεκώλυσαν Ἄραβες. καὶ συμμαχίαν μέντοι γε αὐτῷ κατὰ τὸ δυνατὸν καὶ σίτου πολλὰς ἔπεμψα μυριάδας, ἀλλ' οὐδὲ μετὰ τὴν ἐν Ἀκτίῳ πληγὴν κατέλιπον τὸν εὐεργέτην, [389] ἐγενόμην δὲ σύμβουλος ἄριστος, ὡς οὐκέτι χρήσιμος ἤμην σύμμαχος, μίαν εἶναι λέγων τῶν πταισθέντων διόρθωσιν τὸν Κλεοπάτρας θάνατον: ἣν ἀνελόντι καὶ χρήματα καὶ τείχη πρὸς ἀσφάλειαν καὶ στρατιὰν καὶ ἐμαυτὸν ὑπισχνούμην κοινωνὸν τοῦ πρὸς σὲ πολέμου. [390] τοῦ δ' ἄρα τὰς ἀκοὰς ἀπέφραξαν οἱ Κλεοπάτρας ἵμεροι καὶ θεὸς ὁ σοὶ τὸ κρατεῖν χαριζόμενος. συνήττημαι δ' Ἀντωνίῳ καὶ τέθεικα μετὰ τῆς ἐκείνου τύχης τὸ διάδημα. πρὸς σὲ δὲ ἦλθον ἔχων τὴν ἀρετὴν τῆς σωτηρίας ἐλπίδα καὶ προλαβὼν ἐξετασθήσεσθαι, ποταπὸς φίλος, οὐ τίνος, ἐγενόμην."

[2.391] Πρὸς ταῦτα Καῖσαρ "ἀλλὰ σώζου γε, ἔφη, καὶ βασίλευε νῦν βεβαιότερον: ἄξιος γὰρ εἶ πολλῶν ἄρχειν οὕτω φιλίας προϊστάμενος. πειρῶ δὲ καὶ τοῖς εὐτυχεστέροις διαμένειν πιστός, ὡς ἔγωγε λαμπροτάτας ὑπὲρ τοῦ σοῦ φρονήματος ἐλπίδας ἔχω. καλῶς μέντοι γε ἐποίησεν Ἀντώνιος Κλεοπάτρᾳ πεισθεὶς μᾶλλον ἢ σοί: καὶ γὰρ σὲ κεκερδήκαμεν ἐκ τῆς ἀνοίας αὐτοῦ. [392] κατάρχεις δ', ὡς ἔοικεν, εὐποιίας δι' ὧν μοι γράφει καὶ Βεντίδιος συμμαχίαν σε πεπομφέναι πρὸς τοὺς μονομάχους αὐτῷ. νῦν μὲν οὖν δόγματι τὸ βέβαιόν σοι τῆς βασιλείας ἐξαγγέλλω. πειράσομαι δὲ καὶ αὖθις ἀγαθόν τί σε ποιεῖν, ὡς μὴ ζητοίης Ἀντώνιον."

[3.393] Τούτοις φιλοφρονησάμενος τὸν βασιλέα καὶ περιθεὶς αὐτῷ τὸ διάδημα δόγματι διεσήμαινεν τὴν δωρεάν, ἐν ᾧ πολλὰ μεγαλοφρόνως εἰς ἔπαινον τἀνδρὸς ἐφθέγξατο. ὁ δὲ δώροις ἐπιμειλιξάμενος αὐτὸν ἐξῃτεῖτό τινα τῶν Ἀντωνίου φίλων Ἀλεξᾶν ἱκέτην γενόμενον: ἐνίκα δὲ ἡ Καίσαρος ὀργὴ πολλὰ καὶ χαλεπὰ μεμφομένου τὸν ἐξαιτούμενον οἷς διεκρούσατο τὴν δέησιν. [394] μετὰ δὲ ταῦτα πορευόμενον ἐπ' Αἴγυπτον διὰ Συρίας Καίσαρα παντὶ τῷ βασιλικῷ πλούτῳ δεξάμενος Ἡρώδης τότε πρῶτον καὶ συνιππάσατο ποιουμένου περὶ Πτολεμαΐδα τῆς δυνάμεως ἐξέτασιν εἱστίασέν τε σὺν ἅπασιν τοῖς φίλοις: μεθ' οὓς καὶ τῇ λοιπῇ στρατιᾷ πρὸς εὐωχίαν πάντα διέδωκεν. [395] προυνόησεν δὲ καὶ διὰ τῆς ἀνύδρου πορευομένοις μέχρι Πηλουσίου παρασχεῖν ὕδωρ ἄφθονον ἐπανιοῦσί τε ὁμοίως, οὐδὲ ἔστιν ὅ τι τῶν ἐπιτηδείων ἐνεδέησεν τῇ δυνάμει. δόξα γοῦν αὐτῷ τε Καίσαρι καὶ τοῖς στρατιώταις παρέστη πολλῷ βραχυτέραν περιεῖναι Ἡρώδῃ βασιλείαν πρὸς ἃ παρέσχεν. [396] διὰ τοῦτο, ὡς ἧκεν εἰς Αἴγυπτον ἤδη Κλεοπάτρας καὶ Ἀντωνίου τεθνεώτων, οὐ μόνον αὐτοῦ ταῖς ἄλλαις τιμαῖς, ἀλλὰ καὶ τῇ βασιλείᾳ προσέθηκεν τήν τε ὑπὸ Κλεοπάτρας ἀποτμηθεῖσαν χώραν καὶ ἔξωθεν Γάδαρα καὶ Ἵππον καὶ Σαμάρειαν, πρὸς δὲ τούτοις τῶν παραλίων Γάζαν καὶ Ἀνθηδόνα καὶ Ἰόππην καὶ Στράτωνος πύργον: [397] ἐδωρήσατο δ' αὐτῷ καὶ πρὸς φυλακὴν τοῦ σώματος τετρακοσίους Γαλάτας, οἳ πρότερον ἐδορυφόρουν Κλεοπάτραν. οὐδὲν δὲ οὕτως ἐνῆγεν αὐτὸν εἰς τὰς δωρεὰς ὡς τὸ μεγαλόφρον τοῦ λαμβάνοντος.

[4.398] Μετὰ δὲ τὴν πρώτην ἀκτιάδα προστίθησιν αὐτοῦ τῇ βασιλείᾳ τόν τε Τράχωνα καλούμενον καὶ τὴν προσεχῆ Βαταναίαν τε καὶ τὴν Αὐρανῖτιν χώραν ἐξ αἰτίας τοιᾶσδε: Ζηνόδωρος ὁ τὸν Λυσανίου μεμισθωμένος οἶκον οὐ διέλειπεν ἐπαφεὶς τοὺς ἐκ τοῦ Τράχωνος λῃστὰς Δαμασκηνοῖς. οἱ δ' ἐπὶ Οὐάρρωνα τὸν ἡγεμόνα τῆς Συρίας καταφυγόντες ἐδεήθησαν δηλῶσαι τὴν συμφορὰν αὐτῶν Καίσαρι: Καῖσαρ δὲ γνοὺς ἀντεπέστελλεν ἐξαιρεθῆναι τὸ λῃστήριον. [399] στρατεύσας οὖν Οὐάρρων καθαίρει τε τῶν ἀνδρῶν τὴν γῆν καὶ ἀφαιρεῖται Ζηνόδωρον: ἣν ὕστερον Καῖσαρ, ὡς μὴ γένοιτο πάλιν ὁρμητήριον τοῖς λῃσταῖς ἐπὶ τὴν Δαμασκόν, Ἡρώδῃ δίδωσιν. κατέστησεν δὲ αὐτὸν καὶ Συρίας ὅλης ἐπίτροπον ἔτι δεκάτῳ πάλιν ἐλθὼν εἰς τὴν ἐπαρχίαν, ὡς μηδὲν ἐξεῖναι δίχα τῆς ἐκείνου συμβουλίας τοῖς ἐπιτρόποις διοικεῖν. [400] ἐπεὶ δὲ ἐτελεύτα Ζηνόδωρος, προσένειμεν αὐτῷ καὶ τὴν μεταξὺ Τράχωνος καὶ τῆς Γαλιλαίας γῆν ἅπασαν. ὃ δὲ τούτων Ἡρώδῃ μεῖζον ἦν, ὑπὸ μὲν

Καίσαρος ἐφιλεῖτο μετ' Ἀγρίππαν, ὑπ' Ἀγρίππα δὲ μετὰ Καίσαρα. ἔνθεν ἐπὶ πλεῖστον μὲν εὐδαιμονίας προύκοψεν, εἰς μεῖζον δ' ἐξήρθη φρόνημα καὶ τὸ πλέον τῆς μεγαλονοίας ἐπέτεινεν εἰς εὐσέβειαν.

[1.401] Πεντεκαιδεκάτῳ γοῦν ἔτει τῆς βασιλείας αὐτόν τε τὸν ναὸν ἐπεσκεύασεν καὶ περὶ αὐτὸν ἀνετειχίσατο χώραν τῆς οὔσης διπλασίονα, ἀμέτροις μὲν χρησάμενος τοῖς ἀναλώμασιν ἀνυπερβλήτῳ δὲ τῇ πολυτελείᾳ. τεκμήριον δὲ ἦσαν αἱ μεγάλαι στοαὶ περὶ τὸ ἱερὸν καὶ τὸ βόρειον ἐπ' αὐτῷ φρούριον: ἃς μὲν γὰρ ἀνῳκοδόμησεν ἐκ θεμελίων, ὃ δ' ἐπισκευάσας πλούτῳ δαψιλεῖ κατ' οὐδὲν τῶν βασιλείων ἔλαττον Ἀντωνίαν ἐκάλεσεν εἰς τὴν Ἀντωνίου τιμήν. [402] τό γε μὴν ἑαυτοῦ βασίλειον κατὰ τὴν ἄνω δειμάμενος πόλιν δύο τοὺς μεγίστους καὶ περικαλλεστάτους οἴκους, οἷς οὐδὲ ναός πῃ συνεκρίνετο, προσηγόρευσεν ἀπὸ τῶν φίλων τὸν μὲν Καισάρειον τὸν δὲ Ἀγρίππειον.

[2.403] Ἀλλὰ γὰρ οὐκ οἴκοις μόνον αὐτῶν τὴν μνήμην καὶ τὰς ἐπικλήσεις περιέγραψεν, διέβη δὲ εἰς ὅλας πόλεις αὐτῷ τὸ φιλότιμον. ἐν μέν γε τῇ Σαμαρείτιδι πόλιν καλλίστῳ περιβόλῳ τειχισάμενος ἐπὶ σταδίους εἴκοσι καὶ καταγαγὼν ἑξακισχιλίους εἰς αὐτὴν οἰκήτορας, γῆν δὲ τούτοις προσνείμας λιπαρωτάτην καὶ ἐν μέσῳ τῷ κτίσματι ναόν τε ἐνιδρυσάμενος μέγιστον καὶ περὶ αὐτὸν τέμενος ἀποδείξας τῷ Καίσαρι τριῶν ἡμισταδίων, τὸ ἄστυ Σεβαστὴν ἐκάλεσεν: ἐξαίρετον δὲ τοῖς ἐν αὐτῷ παρέσχεν εὐνομίαν.

[3.404] Ἐπὶ τούτοις δωρησαμένου τοῦ Καίσαρος αὐτὸν ἑτέρας προσθέσει χώρας, ὁ δὲ κἀνταῦθα ναὸν αὐτῷ λευκῆς μαρμάρου καθιδρύσατο παρὰ τὰς Ἰορδάνου πηγάς: καλεῖται δὲ Πάνειον ὁ τόπος: [405] ἔνθα κορυφὴ μέν τις ὄρους εἰς ἄπειρον ὕψος ἀνατείνεται, παρὰ δὲ τὴν ὑπόρειον λαγόνα συνηρεφὲς ἄντρον ὑπανοίγει, δι' οὗ βαραθρώδης κρημνὸς εἰς ἀμέτρητον ἀπορρῶγα βαθύνεται πλήθει τε ὕδατος ἀσαλεύτου καὶ τοῖς καθιμῶσίν τι πρὸς ἔρευναν γῆς οὐδὲν μῆκος ἐξαρκεῖ. [406] τοῦ δὲ ἄντρου κατὰ τὰς ἔξωθεν ῥίζας ἀνατέλλουσιν αἱ πηγαί: καὶ γένεσις μέν, ὡς ἔνιοι δοκοῦσιν, ἔνθεν Ἰορδάνου, τὸ δ' ἀκριβὲς ἐν τοῖς ἑξῆς δηλώσομεν. [4.407] Ὁ δὲ βασιλεὺς καὶ ἐν Ἱεριχοῖ μεταξὺ Κύπρου τοῦ φρουρίου καὶ τῶν προτέρων βασιλείων ἄλλα κατασκευάσας ἀμείνω καὶ χρησιμώτερα πρὸς τὰς ἐπιδημίας ἀπὸ τῶν αὐτῶν ὠνόμασεν φίλων. καθόλου δὲ οὐκ ἔστιν εἰπεῖν ὅντινα τῆς βασιλείας ἐπιτήδειον τόπον τῆς πρὸς Καίσαρα τιμῆς γυμνὸν εἴασεν. ἐπεὶ δὲ τὴν ἰδίαν χώραν ἐπλήρωσεν ναῶν, εἰς τὴν ἐπαρχίαν αὐτοῦ τὰς τιμὰς ὑπερεξέχεεν καὶ πολλαῖς πόλεσιν ἐνιδρύσατο Καισάρεια.

[5.408] Κατιδὼν δὲ κἀν τοῖς παραλίοις πόλιν ἤδη μὲν κάμνουσαν, Στράτωνος ἐκαλεῖτο πύργος, διὰ δὲ εὐφυίαν τοῦ χωρίου δέξασθαι δυναμένην τὸ φιλότιμον αὐτοῦ, πᾶσαν ἀνέκτισεν λευκῷ λίθῳ καὶ λαμπροτάτοις ἐκόσμησεν βασιλείοις, ἐν ᾗ μάλιστα τὸ φύσει μεγαλόνουν ἐπεδείξατο. [409] μεταξὺ γὰρ Δώρων καὶ Ἰόππης, ὧν ἡ πόλις μέση κεῖται, πᾶσαν εἶναι συμβέβηκεν τὴν παράλιον ἀλίμενον, ὡς πάντα τὸν τὴν Φοινίκην ἐπ' Αἰγύπτου παραπλέοντα σαλεύειν ἐν πελάγει διὰ τὴν ἐκ λιβὸς ἀπειλήν, ᾧ καὶ μετρίως ἐπαυρίζοντι τηλικοῦτον ἐπεγείρεται κῦμα πρὸς ταῖς πέτραις, ὥστε τὴν ὑποστροφὴν τοῦ κύματος ἐπὶ πλεῖστον ἐξαγριοῦν τὴν θάλασσαν. [410] ἀλλ' ὁ βασιλεὺς τοῖς ἀναλώμασιν καὶ τῇ φιλοτιμίᾳ νικήσας τὴν φύσιν μείζονα μὲν τοῦ Πειραιῶς λιμένα κατεσκεύασεν, ἐν δὲ τοῖς μυχοῖς αὐτοῦ βαθεῖς ὅρμους ἑτέρους.

[6.411] Καθάπαν δ' ἔχων ἀντιπράσσοντα τὸν τόπον ἐφιλονείκησεν πρὸς τὴν δυσχέρειαν, ὡς τὴν μὲν ὀχυρότητα τῆς δομήσεως δυσάλωτον εἶναι τῇ θαλάσσῃ, τὸ δὲ κάλλος ὡς ἐπὶ μηδενὶ δυσκόλῳ κεκοσμῆσθαι: συμμετρησάμενος γὰρ ὅσον εἰρήκαμεν τῷ λιμένι μέγεθος καθίει λίθους ἐπ' ὀργυιὰς εἴκοσιν εἰς τὸ πέλαγος, ὧν ἦσαν οἱ πλεῖστοι μῆκος ποδῶν πεντήκοντα, βάθος ἐννέα, εὖρος δέκα, τινὲς δὲ καὶ μείζους. [412] ἐπεὶ δὲ ἀνεπληρώθη τὸ ὕφαλον, οὕτως ἤδη τὸ ὑπερέχον τοῦ πελάγους τεῖχος ἐπὶ διακοσίους πόδας ηὐρύνετο: ὧν οἱ μὲν ἑκατὸν προδεδόμηντο πρὸς τὴν ἀνακοπὴν τοῦ κύματος, προκυμία γοῦν ἐκλήθη, τὸ δὲ λοιπὸν ὑπόκειται τῷ περιθέοντι λιθίνῳ τείχει. τοῦτο δὲ πύργοις τε διείληπται μεγίστοις, ὧν ὁ προύχων καὶ περικαλλέστατος ἀπὸ τοῦ Καίσαρος προγόνου Δρούσιον κέκληται,

[7.413] ψαλίδες τε πυκναὶ πρὸς καταγωγὴν τῶν ἐνορμιζομένων καὶ τὸ πρὸ αὐτῶν πᾶν κύκλῳ νάγμα τοῖς ἀποβαίνουσιν πλατὺς περίπατος. ὁ δ' εἴσπλους βόρειος, αἰθριώτατος γὰρ ἀνέμων τῷ τόπῳ βορέας: καὶ ἐπὶ τοῦ στόματος κολοσσοὶ τρεῖς ἑκατέρωθεν ὑπεστηριγμένοι κίοσιν, ὧν τοὺς μὲν ἐκ λαιᾶς χειρὸς εἰσπλεόντων πύργος ναστὸς ἀνέχει, τοὺς δὲ ἐκ δεξιοῦ δύο ὀρθοὶ λίθοι συνεζευγμένοι τοῦ κατὰ θάτερον χεῖλος πύργου μείζονες.
[414] προσεχεῖς δ' οἰκίαι τῷ λιμένι λευκοῦ καὶ αὗται λίθου, καὶ κατατείνοντες ἐπ' αὐτὸν οἱ στενωποὶ τοῦ ἄστεος πρὸς ἓν διάστημα μεμετρημένοι. καὶ τοῦ στόματος ἀντικρὺ ναὸς Καίσαρος ἐπὶ γηλόφου κάλλει καὶ μεγέθει διάφορος: ἐν δ' αὐτῷ κολοσσὸς Καίσαρος οὐκ ἀποδέων τοῦ Ὀλυμπίασιν Διός, ᾧ καὶ προσείκασται, Ῥώμης δὲ ἴσος Ἥρᾳ τῇ κατ' Ἄργος. ἀνέθηκεν δὲ τῇ μὲν ἐπαρχίᾳ τὴν πόλιν, τοῖς ταύτῃ δὲ πλοϊζομένοις τὸν λιμένα, Καίσαρι δὲ τὴν τιμὴν τοῦ κτίσματος: Καισάρειαν γοῦν ὠνόμασεν αὐτήν.

[8.415] Τά γε μὴν λοιπὰ τῶν ἔργων, ἀμφιθέατρον καὶ θέατρον καὶ ἀγοράς, ἄξια τῆς προσηγορίας ἐνιδρύσατο. καὶ πενταετηρικοὺς ἀγῶνας καταστησάμενος ὁμοίως ἐκάλεσεν ἀπὸ τοῦ Καίσαρος, πρῶτος αὐτὸς ἆθλα μέγιστα προθεὶς ἐπὶ τῆς ἑκατοστῆς ἐνενηκοστῆς δευτέρας ὀλυμπιάδος, ἐν οἷς οὐ μόνον οἱ νικῶντες, ἀλλὰ καὶ οἱ μετ' αὐτοὺς καὶ οἱ τρίτοι τοῦ βασιλικοῦ πλούτου μετελάμβανον.
[416] ἀνακτίσας δὲ καὶ Ἀνθηδόνα τὴν παράλιον καταρριφθεῖσαν ἐν πολέμῳ Ἀγρίππειον προσηγόρευσε: τοῦ δ' αὐτοῦ φίλου δι' ὑπερβολὴν εὐνοίας καὶ ἐπὶ τῆς πύλης ἐχάραξεν τὸ ὄνομα, ἣν αὐτὸς ἐν τῷ ναῷ κατεσκεύασεν.

[9.417] Φιλοπάτωρ γε μήν, εἰ καί τις ἕτερος: καὶ γὰρ τῷ πατρὶ μνημεῖον κατέθηκεν πόλιν, ἣν ἐν τῷ καλλίστῳ τῆς βασιλείας πεδίῳ κτίσας ποταμοῖς τε καὶ δένδρεσιν πλουσίαν ὠνόμασεν Ἀντιπατρίδα, καὶ τὸ ὑπὲρ Ἱεριχοῦντος φρούριον ὀχυρότητι καὶ κάλλει διάφορον τειχίσας ἀνέθηκεν τῇ μητρὶ προσειπὼν Κύπρον. [418] Φασαήλῳ δὲ τἀδελφῷ τὸν ἐν Ἱεροσολύμοις ὁμώνυμον πύργον, οὗ τό τε σχῆμα καὶ τὴν ἐν τῷ μεγέθει πολυτέλειαν διὰ τῶν ἑξῆς δηλώσομεν. καὶ πόλιν ἄλλην κτίσας κατὰ τὸν ἀπὸ Ἱεριχοῦς ἰόντων αὐλῶνα πρὸς βορέαν Φασαηλίδα ὠνόμασεν.

[10.419] Παραδοὺς δ' αἰῶνι τούς τε οἰκείους καὶ φίλους οὐδὲ τῆς ἑαυτοῦ μνήμης ἠμέλησεν, ἀλλὰ φρούριον μὲν ἐπιτειχίσας τῷ πρὸς Ἀραβίαν ὄρει προσηγόρευσεν Ἡρώδειον ἀφ' ἑαυτοῦ, τὸν δὲ μαστοειδῆ κολωνὸν ὄντα χειροποίητον ἑξήκοντα σταδίων ἄπωθεν Ἱεροσολύμων ἐκάλεσεν μὲν ὁμοίως, ἐξήσκησεν δὲ φιλοτιμότερον. [420] στρογγύλοις μὲν γὰρ τὴν ἄκραν πύργοις περιέσχεν, ἐπλήρωσεν δὲ τὸν περίβολον βασιλείοις πολυτελεστάτοις, ὡς μὴ μόνον τὴν ἔνδον τῶν οἰκημάτων ὄψιν εἶναι λαμπράν, ἀλλὰ καὶ τοῖς ἔξωθεν τοίχοις καὶ θριγκοῖς καὶ στέγαις περικεχύσθαι τὸν πλοῦτον δαψιλῆ: πόρρωθεν δὲ μεγίστοις ἀναλώμασιν ὑδάτων πλῆθος εἰσήγαγεν καὶ βαθμοῖς διακοσίοις λευκοτάτης μαρμάρου τὴν ἄνοδον διέλαβεν: ἦν γὰρ δὴ τὸ γήλοφον ἐπιεικῶς ὑψηλὸν καὶ πᾶν χειροποίητον. [421] κατεσκεύασεν δὲ καὶ περὶ τὰς ῥίζας ἄλλα βασίλεια τήν τε ἀποσκευὴν καὶ τοὺς φίλους δέξασθαι δυνάμενα, ὥστε τῷ μὲν πάντα ἔχειν πόλιν εἶναι δοκεῖν τὸ ἔρυμα, τῇ περιγραφῇ δὲ βασίλειον.

[11.422] Τοσαῦτα συγκτίσας πλείσταις καὶ τῶν ἔξω πόλεων τὸ μεγαλόψυχον ἐπεδείξατο. Τριπόλει μὲν γὰρ καὶ Δαμασκῷ καὶ Πτολεμαΐδι γυμνάσια, Βύβλῳ δὲ τεῖχος, ἐξέδρας τε καὶ στοὰς καὶ ναοὺς καὶ ἀγορὰς Βηρυτῷ κατασκευάσας καὶ Τύρῳ, Σιδῶνί γε μὴν καὶ Δαμασκῷ θέατρα, Λαοδικεῦσι δὲ τοῖς παραλίοις ὑδάτων εἰσαγωγήν, Ἀσκαλωνίταις δὲ βαλανεῖα καὶ κρήνας πολυτελεῖς, πρὸς δὲ περίστυλα θαυμαστὰ τήν τε ἐργασίαν καὶ τὸ μέγεθος: εἰσὶ δ' οἷς ἄλση καὶ λειμῶνας ἀνέθηκεν. [423] πολλαὶ δὲ πόλεις ὥσπερ κοινωνοὶ τῆς βασιλείας καὶ χώραν ἔλαβον παρ' αὐτοῦ: γυμνασιαρχίαις δ' ἄλλας ἐπετησίοις τε καὶ διηνεκέσιν ἐδωρήσατο προσόδους κατατάξας, ὥσπερ Κῴοις, ἵνα μηδέποτε ἐκλείπῃ τὸ γέρας. [424] σῖτόν γε μὴν πᾶσιν ἐχορήγησεν τοῖς δεομένοις, καὶ τῇ Ῥόδῳ χρήματα μὲν εἰς ναυτικοῦ κατασκευὴν παρέσχεν πολλαχοῦ καὶ πολλάκις, ἐμπρησθὲν δὲ τὸ Πύθιον ἰδίοις ἀναλώμασιν ἄμεινον ἀνεδείματο. [425] καὶ τί δεῖ λέγειν τὰς εἰς Λυκίους ἢ Σαμίους δωρεὰς ἢ τὴν δι' ὅλης τῆς Ἰωνίας ἐν οἷς ἐδεήθησαν ἕκαστοι δαψίλειαν; ἀλλ' Ἀθηναῖοι καὶ Λακεδαιμόνιοι Νικοπολῖταί τε καὶ τὸ κατὰ Μυσίαν Πέργαμον οὐ τῶν Ἡρώδου γέμουσιν ἀναθημάτων; τὴν δ' Ἀντιοχέων τῶν ἐν Συρίᾳ πλατεῖαν οὐ φευκτὴν οὖσαν ὑπὸ βορβόρου κατέστρωσέν τε σταδίων εἴκοσι τὸ μῆκος οὖσαν ξεστῇ μαρμάρῳ καὶ πρὸς τὰς τῶν ὑετῶν ἀποφυγὰς ἐκόσμησεν ἰσομήκει στοᾷ.

[12.426] Ταῦτα μὲν ἄν τις εἴποι ἴδια τῶν εὖ παθόντων δήμων ἑκάστου, τὸ δὲ Ἠλείοις χαρισθὲν οὐ μόνον κοινὸν τῆς Ἑλλάδος ἀλλ' ὅλης τῆς οἰκουμένης δῶρον, εἰς ἣν ἡ δόξα τῶν Ὀλυμπίασιν ἀγώνων διικνεῖται. [427] τούτους γὰρ δὴ καταλυομένους ἀπορίᾳ χρημάτων ὁρῶν καὶ τὸ μόνον λείψανον τῆς ἀρχαίας Ἑλλάδος ὑπορρέον, οὐ μόνον ἀγωνοθέτης ἧς ἐπέτυχεν πενταετηρίδος εἰς Ῥώμην παραπλέων ἐγένετο, ἀλλὰ καὶ πρὸς τὸ διηνεκὲς πόρους χρημάτων ἀπέδειξεν, ὡς μηδέποτε ἀγωνοθετοῦσαν αὐτοῦ τὴν μνήμην ἀπολιπεῖν. [428] ἀνήνυτον ἂν εἴη χρεῶν διαλύσεις ἢ φόρων ἐπεξιέναι, καθάπερ Φασηλίταις καὶ Βαλανεώταις καὶ τοῖς περὶ τὴν Κιλικίαν πολιχνίοις τὰς ἐτησίους εἰσφορὰς ἐπεξεκούφισεν. πλεῖστόν γε μὴν αὐτοῦ τῆς μεγαλονοίας ἔθραυσεν ὁ φόβος, ὡς μὴ δόξειεν ἐπίφθονος ἤ τι θηρᾶσθαι μεῖζον εὐεργετῶν τὰς πόλεις πλέον τῶν ἐχόντων.

[13.429] Ἐχρήσατο δὲ καὶ σώματι πρὸς τὴν ψυχὴν ἀναλόγῳ, κυνηγέτης μὲν ἄριστος ἀεὶ γενόμενος, ἐν ᾧ μάλιστα δι' ἐμπειρίαν ἱππικῆς ἐπετύγχανεν: μιᾷ γοῦν ἡμέρᾳ ποτὲ τεσσαράκοντα θηρίων ἐκράτησεν: ἔστι δὲ καὶ συοτρόφος μὲν ἡ χώρα, τὸ πλέον δ' ἐλάφων καὶ ὀνάγρων εὔπορος: πολεμιστὴς δ' ἀνυπόστατος. [430] πολλοὶ γοῦν κἀν ταῖς γυμνασίαις αὐτὸν κατεπλάγησαν ἀκοντιστήν τε ἰθυβολώτατον καὶ τοξότην εὐστοχώτατον ἰδόντες. πρὸς δὲ τοῖς ψυχικοῖς καὶ τοῖς σωματικοῖς προτερήμασιν ἐχρήσατο καὶ δεξιᾷ τύχῃ: καὶ γὰρ σπάνιον ἔπταισεν ἐν πολέμῳ, καὶ τῶν πταισμάτων οὐκ αὐτὸς αἴτιος, ἀλλ' ἢ προδοσίᾳ τινῶν ἢ προπετείᾳ στρατιωτῶν ἐγένετο.

[1.431] Τάς γε μὴν ὑπαίθρους εὐπραγίας ἡ τύχη τοῖς κατ' οἶκον ἀνιαροῖς ἐνεμέσησεν, καὶ κακοδαιμονεῖν ἐκ γυναικὸς ἤρξατο περὶ ἣν μάλιστα ἐσπούδασεν. [432] ἐπειδὴ γὰρ εἰς τὴν ἀρχὴν παρῆλθεν, ἀποπεμψάμενος ἣν ἰδιώτης ἧκτο γαμετήν, γένος ἦν ἐξ Ἱεροσολύμων Δωρὶς ὄνομα, γαμεῖ Μαριάμμην τὴν Ἀλεξάνδρου τοῦ Ἀριστοβούλου θυγατέρα, δι' ἣν αὐτῷ στασιασθῆναι συνέβη τὸν οἶκον καὶ τάχιον μέν, μάλιστα δὲ μετὰ τὴν ἐκ Ῥώμης ἄφιξιν. [433] πρῶτον μὲν γὰρ τὸν ἐκ τῆς Δωρίδος υἱὸν Ἀντίπατρον διὰ τοὺς ἐκ Μαριάμμης ἐφυγάδευσεν τῆς πόλεως μόναις ταῖς ἑορταῖς ἀφεὶς κατιέναι: ἔπειτα τὸν πάππον τῆς γυναικὸς Ὑρκανὸν ἐκ Πάρθων πρὸς αὐτὸν ἐλθόντα δι' ὑπόνοιαν ἐπιβουλῆς ἀνεῖλεν, ὃν ᾐχμαλωτίσατο μὲν Βαζαφράνης καταδραμὼν Συρίαν, ἐξῃτήσαντο δὲ κατὰ οἶκτον οἱ ὑπὲρ Εὐφράτην ὁμοεθνεῖς. [434] καὶ εἴ γε τούτοις ἐπείσθη παραινοῦσιν μὴ διαβῆναι πρὸς Ἡρώδην, οὐκ ἂν παραπώλετο: δέλεαρ δ' αὐτῷ θανάτου τῆς υἱωνῆς ὁ γάμος κατέστη: τούτῳ γὰρ πεποιθὼς καὶ περισσόν τι τῆς πατρίδος ἐφιέμενος ἧκεν. παρώξυνεν δὲ Ἡρώδην οὐκ αὐτὸς ἀντιποιούμενος βασιλείας, ἀλλ' ἐπεὶ τὸ βασιλεύειν ἐπέβαλλεν αὐτῷ.

[2.435] Τῶν δὲ ἐκ Μαριάμμης πέντε τέκνων γενομένων δύο μὲν θυγατέρες, τρεῖς δ' ἦσαν υἱεῖς. καὶ τούτων ὁ νεώτατος μὲν ἐν Ῥώμῃ παιδευόμενος τελευτᾷ, δύο δὲ τοὺς πρεσβυτάτους βασιλικῶς ἦγεν διά τε τὴν μητρῴαν εὐγένειαν καὶ ὅτι βασιλεύοντι γεγόνεισαν αὐτῷ. [436] τὸ δὲ τούτων ἰσχυρότερον ὁ Μαριάμμης ἔρως συνήργει καθ' ἡμέραν ἐκκαίων Ἡρώδην λαβρότερος, ὡς μηδενὸς τῶν διὰ τὴν στεργομένην λυπηρῶν αἰσθάνεσθαι: τοσοῦτον γὰρ ἦν μῖσος εἰς αὐτὸν τῆς Μαριάμμης, ὅσος ἐκείνου πρὸς αὐτὴν ἔρως. [437] ἔχουσα δὲ τὴν μὲν ἀπέχθειαν ἐκ τῶν πραγμάτων εὔλογον, τὴν δὲ παρρησίαν ἐκ τοῦ φιλεῖσθαι, φανερῶς ὠνείδιζεν αὐτῷ τὰ κατὰ τὸν πάππον Ὑρκανὸν καὶ τὸν ἀδελφὸν Ἰωνάθην: οὐδὲ γὰρ τούτου καίπερ ὄντος παιδὸς ἐφείσατο, δοὺς μὲν αὐτῷ τὴν ἀρχιερωσύνην ἑπτακαιδεκαέτει, μετὰ δὲ τὴν τιμὴν κτείνας εὐθέως, ἐπειδὴ τὴν ἱερὰν ἐσθῆτα λαβόντι καὶ τῷ βωμῷ προσελθόντι καθ' ἑορτὴν ἄθρουν ἐπεδάκρυσεν τὸ πλῆθος. πέμπεται μὲν οὖν ὁ παῖς διὰ νυκτὸς εἰς Ἱεριχοῦντα, ἐκεῖ δὲ κατ' ἐντολὴν ὑπὸ τῶν Γαλατῶν βαπτιζόμενος ἐν κολυμβήθρᾳ τελευτᾷ.

[3.438] Διὰ ταῦθ' Ἡρώδην μὲν ὠνείδιζεν ἡ Μαριάμμη, καὶ τὴν ἀδελφὴν αὐτοῦ καὶ τὴν μητέρα δειναῖς ἐξύβριζεν λοιδορίαις. ἀλλ' ὁ μὲν πεφίμωτο τοῖς ἱμέροις, δεινὴ δὲ τὰς γυναῖκας ἀγανάκτησις εἰσῄει, καὶ πρὸς ὃ μάλιστα κινήσειν τὸν Ἡρώδην ἔμελλον, εἰς μοιχείαν διέβαλλον αὐτήν, [439] ἄλλα τε πολλὰ πρὸς τὸ πιθανὸν ἐνσκευαζόμεναι καὶ κατηγοροῦσαι διότι τὴν εἰκόνα τὴν ἑαυτῆς πέμψειεν εἰς Αἴγυπτον Ἀντωνίῳ καὶ δι' ὑπερβολὴν ἀσελγείας ἀποῦσαν δείξειεν ἑαυτὴν ἀνθρώπῳ γυναικομανοῦντι καὶ βιάζεσθαι δυναμένῳ. [440] τοῦθ' ὥσπερ σκηπτὸς ἐμπεσὼν ἐτάραξεν Ἡρώδην, μάλιστα μὲν διὰ τὸν ἔρωτα ζηλοτύπως ἔχοντα, λογιζόμενον δὲ καὶ τὴν Κλεοπάτρας δεινότητα, δι' ἣν Λυσανίας τε ὁ βασιλεὺς ἀνῄρητο καὶ Μάλχος ὁ Ἄραψ: οὐ γὰρ ἀφαιρέσει γαμετῆς ἐμέτρει τὸν κίνδυνον, ἀλλὰ θανάτῳ.

[4.441] Μέλλων οὖν ἀποδημήσειν Ἰωσήπῳ τῷ ἀνδρὶ Σαλώμης τῆς ἀδελφῆς αὐτοῦ, πιστὸς δὲ ἦν καὶ διὰ τὸ κῆδος εὔνους, παρατίθεται τὴν γυναῖκα, κρύφα δοὺς ἐντολὰς ἀναιρεῖν αὐτήν, εἰ κἀκεῖνον Ἀντώνιος. ὁ δὲ Ἰώσηπος, οὔτι κακοήθως, ἀλλὰ τὸν ἔρωτα τοῦ βασιλέως παραστῆσαι τῇ γυναικὶ βουλόμενος, ὡς οὐδὲ ἀποθανὼν αὐτῆς ὑπομένοι διαζευχθῆναι, τὸ ἀπόρρητον ἐκφαίνει. [442] κἀκείνη πρὸς ἐπανήκοντα τὸν Ἡρώδην πολλά τε περὶ τοῦ πρὸς αὐτὴν συμπαθοῦς ἐν ταῖς ὁμιλίαις ἐπομνύμενον, ὡς οὐδ' ἐρασθείη ποτὲ γυναικὸς ἄλλης, "πάνυ γοῦν, εἶπεν, ταῖς πρὸς τὸν Ἰώσηπον ἐντολαῖς ἐπεδείξω τὸν πρὸς ἡμᾶς ἔρωτα κτεῖναί με προστάξας."

[5.443] Ἔκφρων εὐθέως ἀκούσας τὸ ἀπόρρητον ἦν, καὶ οὐκ ἄν ποτε τὸν Ἰώσηπον ἐξαγγεῖλαι τὴν ἐντολὴν φάμενος εἰ μὴ διαφθείρειεν αὐτήν, ἐνεθουσία τῷ πάθει καὶ τῆς κοίτης ἐξαλλόμενος ἀνέδην ἐν τοῖς βασιλείοις ἀνειλεῖτο. καὶ τοῦτον Σαλώμη ἡ ἀδελφὴ τὸν καιρὸν εἰς τὰς διαβολὰς ἁρπάσασα τὴν εἰς τὸν Ἰώσηπον ἐπεβεβαίωσεν ὑποψίαν. ὁ δ' ὑπ' ἀκράτου ζηλοτυπίας ἐκμανεὶς παραχρῆμα κτείνειν προσέταξεν ἀμφοτέρους. [444] μετάνοια δ' εὐθέως εἵπετο τῷ πάθει, καὶ τοῦ θυμοῦ πεσόντος ὁ ἔρως πάλιν ἀνεζωπυρεῖτο. τοσαύτη δ' ἦν φλεγμονὴ τῆς ἐπιθυμίας ὡς μηδὲ τεθνάναι δοκεῖν αὐτήν, ὑπὸ δὲ κακώσεως ὡς ζώσῃ προσλαλεῖν, μέχρι τῷ χρόνῳ διδαχθεὶς τὸ πένθος ἀνάλογον τὴν λύπην ἔσχεν τῇ πρὸς περιοῦσαν διαθέσει.

[1.445] Κληρονομοῦσι δὲ τῆς μητρῴας οἱ παῖδες ὀργῆς καὶ τοῦ μύσους ἔννοιαν λαμβάνοντες ὡς πολέμιον ὑφεώρων τὸν πατέρα, καὶ τὸ πρότερον μὲν ἐπὶ Ῥώμης παιδευόμενοι, πλέον δ' ὡς εἰς Ἰουδαίαν ὑπέστρεψαν: συνηνδροῦτο δ' αὐτῶν ταῖς ἡλικίαις ἡ διάθεσις. [446] καὶ ἐπειδὴ γάμων ἔχοντες ὥραν ὁ μὲν τῆς τηθίδος Σαλώμης, ἣ τῆς μητρὸς αὐτῶν κατηγόρησεν, ὁ δ' ἔγημεν Ἀρχελάου τοῦ Καππαδόκων βασιλέως θυγατέρα, προσελάμβανον ἤδη τῷ μίσει καὶ παρρησίαν. [447] ἐκ δὲ τοῦ θράσους αὐτῶν ἀφορμὰς οἱ διαβάλλοντες ἐλάμβανον, καὶ φανερώτερον ἤδη τῷ βασιλεῖ διελέγοντό τινες ὡς ἐπιβουλεύοιτο μὲν ὑπ' ἀμφοτέρων τῶν υἱῶν, ὁ δὲ Ἀρχελάῳ κηδεύσας καὶ φυγὴν παρασκευάζοιτο τῷ πενθερῷ πεποιθώς, ἵν' ἐπὶ Καίσαρος αὐτοῦ κατηγορήσειεν. [448] ἀναπλησθεὶς δὲ τῶν διαβολῶν Ἡρώδης ὥσπερ ἐπιτείχισμα τοῖς υἱοῖς κατάγει τὸν ἐκ τῆς Δωρίδος Ἀντίπατρον καὶ πάντα τρόπον προτιμᾶν ἄρχεται.

[2.449] Τοῖς δ' ἀφόρητος ἦν ἡ μεταβολή, καὶ τὸν ἐξ ἰδιώτιδος μητρὸς ὁρῶντες προκόπτοντα διὰ τὴν ἑαυτῶν εὐγένειαν οὐκ ἐκράτουν τῆς ἀγανακτήσεως, ἐφ' ἑκάστου δὲ τῶν ἀνιαρῶν τὴν ὀργὴν ἐξέφαινον, [450] ὥσθ' οἱ μὲν καθ' ἡμέραν προσίσταντο μᾶλλον, ὁ δ' Ἀντίπατρος ἤδη καὶ δι' αὑτὸν ἐσπουδάζετο, δεινότατος μὲν ὢν ἐν ταῖς πρὸς τὸν πατέρα κολακείαις, διαβολὰς δὲ κατὰ τῶν ἀδελφῶν ποικίλας ἐνσκευαζόμενος καὶ τὰ μὲν αὐτὸς λογοποιῶν, τὰ δὲ τοὺς ἐπιτηδείους φημίζειν καθιείς, μέχρι παντάπασιν τοὺς ἀδελφοὺς ἀπέρρηξεν τῆς βασιλικῆς ἐλπίδος: [451] καὶ γὰρ ἐν ταῖς διαθήκαις καὶ φανερῶς αὐτὸς ἦν ἤδη διάδοχος: ὡς βασιλεὺς γοῦν ἐπέμφθη καὶ πρὸς Καίσαρα τῷ τε κόσμῳ καὶ ταῖς ἄλλαις θεραπείαις πλὴν διαδήματος χρώμενος. χρόνῳ δ' ἐξίσχυσεν εἰσαγαγεῖν ἐπὶ τὴν Μαριάμμης κοίτην τὴν μητέρα. δυσὶ δ' ὅπλοις κατὰ τῶν ἀδελφῶν χρώμενος, κολακείᾳ καὶ διαβολῇ, τὸν βασιλέα καὶ περὶ θανάτου τῶν υἱῶν ὑπειργάσατο.

[3.452] Τὸν γοῦν Ἀλέξανδρον σύρας μέχρι Ῥώμης ὁ πατὴρ τῆς ἐφ' ἑαυτῷ φαρμακείας ἔκρινεν ἐπὶ Καίσαρος. ὁ δ' εὑρὼν μόλις ὀλοφυρμοῦ παρρησίαν καὶ δικαστὴν ἐμπειρότατον Ἀντιπάτρου καὶ Ἡρώδου φρονιμώτερον, τὰ μὲν ἁμαρτήματα τοῦ πατρὸς αἰδημόνως ὑπεστείλατο, τὰς δ' αὐτοῦ διαβολὰς ἰσχυρῶς ἀπελύσατο.
[453] καθαρὸν δὲ καὶ τὸν ἀδελφὸν ἀποδείξας κοινωνοῦντα τῶν κινδύνων, οὕτως ἤδη τό τε Ἀντιπάτρου πανοῦργον καὶ τὴν αὐτῶν ἀτιμίαν ἀπωδύρετο. συνήργει δ' αὐτῷ μετὰ καθαροῦ τοῦ συνειδότος ἡ περὶ λόγους ἰσχύς: ἦν γὰρ δὴ δεινότατος εἰπεῖν. [454] καὶ τὸ τελευταῖον φάμενος ὡς τῷ πατρὶ κτείνειν αὐτοὺς ἔστιν † ἡδὺ καὶ προτίθεται τὸ ἔγκλημα, προήγαγεν μὲν εἰς δάκρυα πάντας, τὸν δὲ Καίσαρα διέθηκεν οὕτως ὡς ἀπογνῶναι μὲν αὐτῶν τὰ κατηγορημένα, διαλλάξαι δὲ Ἡρώδην εὐθέως. αἱ διαλλαγαὶ δ' ἐπὶ τούτοις ἦσαν, ὥστε ἐκείνους μὲν τῷ πατρὶ πάντα πειθαρχεῖν, τὸν δὲ τὴν βασιλείαν καταλιπεῖν ᾧ βούλεται.

[4.455] Μετὰ ταῦτα δ' ἀπὸ Ῥώμης ὑπέστρεφεν ὁ βασιλεύς, τῶν μὲν ἐγκλημάτων ἀφιέναι τοὺς υἱοὺς δοκῶν, τῆς δ' ὑπονοίας οὐκ ἀπηλλαγμένος: παρηκολούθει γὰρ Ἀντίπατρος ἡ τοῦ μίσους ὑπόθεσις. ἀλλ' εἴς γε τὸ φανερὸν τὴν ἀπέχθειαν οὐκ ἐξέφερεν τὸν διαλλακτὴν αἰδούμενος. [456] ὡς δὲ τὴν Κιλικίαν παραπλέων κατῆρεν εἰς Ἐλεοῦσαν, ἑστιᾷ μὲν αὐτὸν φιλοφρόνως Ἀρχέλαος ὑπὲρ τῆς τοῦ γαμβροῦ σωτηρίας εὐχαριστῶν καὶ ταῖς διαλλαγαῖς ἐφηδόμενος, ὡς ἂν καὶ τάχιον γεγραφὼς τοῖς ἐπὶ Ῥώμης φίλοις συλλαμβάνεσθαι περὶ τὴν δίκην Ἀλεξάνδρῳ: προπέμπει δὲ μέχρι Ζεφυρίου δῶρα δοὺς μέχρι τριάκοντα ταλάντων.

[5.457] Ὡς δ' εἰς Ἱεροσόλυμα Ἡρώδης ἀφικνεῖται, συναγαγὼν τὸν λαὸν καὶ τοὺς τρεῖς υἱοὺς παραστησάμενος ἀπελογεῖτο περὶ τῆς ἀποδημίας, καὶ πολλὰ μὲν εὐχαρίστει τῷ θεῷ, πολλὰ δὲ Καίσαρι καταστησαμένῳ τὸν οἶκον αὐτοῦ τεταραγμένον καὶ μεῖζόν τι τοῖς υἱοῖς βασιλείας παρασχόντι τὴν ὁμόνοιαν, [458] ἣν αὐτός, ἔφη, συναρμόσω μᾶλλον: ὁ μὲν γὰρ ἐμὲ κύριον τῆς ἀρχῆς καὶ δικαστὴν διαδόχου κατέστησεν, ἐγὼ δὲ μετὰ τοῦ συμφέροντος ἐμαυτῷ κἀκεῖνον ἀμείβομαι. τούσδε τοὺς τρεῖς παῖδας ἀποδείκνυμι βασιλεῖς, καὶ τῆς γνώμης πρῶτον τὸν θεὸν σύμψηφον, ἔπειτα καὶ ὑμᾶς παρακαλῶ γενέσθαι. τῷ μὲν γὰρ ἡλικία, τοῖς δ' εὐγένεια τὴν διαδοχὴν προξενεῖ, τό γε μὴν μέγεθος τῆς βασιλείας ἀρκεῖ καὶ πλείοσιν. [459] οὓς δὲ Καῖσαρ μὲν ἥνωσεν, καθίστησιν δὲ πατήρ, ὑμεῖς τηρήσατε μήτε ἀδίκους μήτε ἀνωμάλους τὰς τιμὰς διδόντες, ἑκάστῳ δὲ κατὰ τὸ πρεσβεῖον: οὐ γὰρ τοσοῦτον εὐφρανεῖ τις τὸν παρ' ἡλικίαν θεραπευόμενον, ὅσον ὀδυνήσει τὸν ἀτιμούμενον. [460] οὕς γε μὴν ἑκάστῳ συνεῖναι δεήσει συγγενεῖς καὶ φίλους, ἐγὼ διανεμῶ καὶ τῆς ὁμονοίας ἐγγυητὰς ἐκείνους καταστήσομαι, σαφῶς ἐπιστάμενος ὅτι τὰς στάσεις καὶ τὰς φιλονεικίας γεννῶσιν αἱ τῶν συνδιατριβόντων κακοήθειαι, κἂν ὦσιν οὗτοι χρηστοί, τηροῦσιν τὰς στοργάς. [461] ἀξιῶ δ' οὐ μόνον τούτους ἀλλὰ καὶ τοὺς ἐν τῇ στρατιᾷ μου ταξιάρχους ἐν ἐμοὶ μόνον τὰς ἐλπίδας ἔχειν ἐπὶ τοῦ

παρόντος: οὐ γὰρ βασιλείαν, ἀλλὰ τιμὴν βασιλείας τοῖς υἱοῖς παραδίδωμι, καὶ τῶν μὲν ἡδέων ὡς ἄρχοντες ἀπολαύσουσιν, τὸ βάρος δὲ τῶν πραγμάτων ἐμόν ἐστιν, κἂν μὴ θέλω.
[462] σκεπτέσθω δ' ἕκαστος τήν τε ἡλικίαν μου καὶ τὴν ἀγωγὴν τοῦ βίου καὶ τὴν εὐσέβειαν: οὔτε γὰρ οὕτως εἰμὶ γέρων ὥστ' ἂν ἀπελπισθῆναι ταχέως, οὔτε εἰς τρυφὴν ἐκδιαιτώμενος, ἣ καὶ νέους ἐπιτέμνεται: τὸ δὲ θεῖον οὕτως τεθεραπεύκαμεν ὥστ' ἂν ἐπὶ μήκιστον βίου προελθεῖν. [463] ὁ δὴ τοὺς ἐμοὺς παῖδας θεραπεύων ἐπὶ τῇ ἐμῇ καταλύσει δώσει μοι καὶ περὶ ἐκείνων δίκας: οὐ γὰρ ἐγὼ φθονῶν τοῖς ἐξ ἐμοῦ γεγενημένοις ἀνακόπτω τὴν εἰς αὐτοὺς φιλοτιμίαν, ἐπιστάμενος δὲ τοῖς νέοις γίνεσθαι τὰς σπουδὰς θράσους ἐφόδιον. [464] εἴ γε μὴν ἕκαστος ἐνθυμηθείη τῶν προσιόντων, ὅτι χρηστὸς μὲν ὢν παρ' ἐμοῦ λήψεται τὴν ἀμοιβήν, στασιάζων δὲ καὶ παρὰ τῷ θεραπευομένῳ τὸ κακόηθες ἀνόνητον ἕξει, πάντας οἶμαι τὰ ἐμὰ φρονήσειν, τουτέστιν τὰ τῶν ἐμῶν υἱῶν: καὶ γὰρ τούτοις συμφέρει κρατεῖν ἐμὲ κἀμοὶ τούτους ὁμονοεῖν. [465] ὑμεῖς δέ, ὦ παῖδες ἀγαθοί, πρῶτον μὲν ἐνθυμούμενοι τὴν ἱερὰν φύσιν, ἧς καὶ παρὰ θηρίοις αἱ στοργαὶ μένουσιν, ἔπειτα τὸν ποιησάμενον ἡμῶν τὰς διαλλαγὰς Καίσαρα, τρίτον ἐμὲ τὸν ἐν οἷς ἔξεστιν ἐπιτάσσειν παρακαλοῦντα, μείνατε ἀδελφοί. δίδωμι δὲ ὑμῖν ἐσθῆτα ἤδη καὶ θεραπείαν βασιλικήν: ἐπεύχομαι δὲ καὶ τῷ θεῷ τηρῆσαι τὴν ἐμὴν κρίσιν, [466] ἂν ὁμονοῆτε." ταῦτ' εἰπὼν καὶ φιλοφρόνως ἕκαστον τῶν υἱῶν κατασπασάμενος διέλυσεν τὸ πλῆθος, τοὺς μὲν συνευχομένους τοῖς εἰρημένοις, ὅσοι δ' ἐπεθύμουν μεταβολῆς, μηδ' ἀκηκοέναι προσποιουμένους.

[1.467] Συναπῄει δὲ τοῖς ἀδελφοῖς ἡ στάσις, καὶ χείρους τὰς ἐπ' ἀλλήλοις ὑπονοίας ἔχοντες ἀπηλλάγησαν, Ἀλέξανδρος μὲν καὶ Ἀριστόβουλος ὀδυνώμενοι κεκυρωμένου Ἀντιπάτρῳ τοῦ πρεσβείου, Ἀντίπατρος δὲ καὶ τοῦ δευτερεύειν νεμεσῶν τοῖς ἀδελφοῖς.
[468] ἀλλ' ὁ μὲν ποικιλώτατος ὢν τὸ ἦθος ἐχεμυθεῖν τε ᾔδει καὶ πολλῷ τῷ πανούργῳ τὸ πρὸς αὐτοὺς ἐκάλυπτε μῖσος, τοῖς δὲ δι'

εὐγένειαν πᾶν τὸ νοηθὲν ἦν ἐπὶ γλώσσης: καὶ παροξύνοντες μὲν ἐνέκειντο πολλοί, πλείους δὲ τῶν φίλων παρεδύοντο κατάσκοποι. [469] πᾶν δὲ τὸ παρ' Ἀλεξάνδρῳ λαληθὲν εὐθέως ἦν παρ' Ἀντιπάτρῳ, καὶ μετὰ προσθήκης μετέβαινεν ἀπὸ Ἀντιπάτρου πρὸς Ἡρώδην: οὔτε γὰρ ἁπλῶς φθεγξάμενος ὁ νεανίας ἀνυπεύθυνος ἦν, ἀλλὰ εἰς διαβολὴν τὸ ῥηθὲν ἐστρέφετο, καὶ μετρίως παρρησιασαμένου μέγιστα τοῖς ἐλαχίστοις προσεπλάττετο. [470] καθίει δ' Ἀντίπατρος ἀεὶ τοὺς ἐρεθίσοντας, ὅπως αὐτῷ τὸ ψεῦδος ἔχοι τὰς ἀφορμὰς ἀληθεῖς: καὶ τῶν φημιζομένων ἕν τι διελεγχθὲν ἅπασιν πίστιν ἐπετίθει. καὶ τῶν μὲν αὐτοῦ φίλων ἢ φύσει στεγανώτατος ἦν ἕκαστος ἢ κατεσκευάζετο δωρεαῖς ὡς μηδὲν ἐκφέρεσθαι τῶν ἀπορρήτων, καὶ τὸν Ἀντιπάτρου βίον οὐκ ἂν ἥμαρτέν τις εἰπὼν κακίας μυστήριον: τοὺς δὲ Ἀλεξάνδρῳ συνόντας χρήμασιν διαφθείρων ἢ κολακείαις ὑπιὼν ἐς πάντα κατειργάσατο καὶ πεποιήκει προδότας καὶ τῶν πραττομένων ἢ λαλουμένων φῶρας. [471] πάντα δὲ περιεσκεμμένως δραματουργῶν τὰς πρὸς Ἡρώδην ὁδοὺς ταῖς διαβολαῖς ἐποιεῖτο τεχνικωτάτας, αὐτὸς μὲν ἀδελφοῦ προσωπεῖον ἐπικείμενος, καθιεὶς δὲ μηνυτὰς ἑτέρους. κἀπειδὰν ἀπαγγελθείη τι κατ' Ἀλεξάνδρου, παρελθὼν ὑπεκρίνετο καὶ διασύρειν τὸ ῥηθὲν ἀρξάμενος ἔπειτα κατεσκεύαζεν ἡσυχῆ καὶ πρὸς ἀγανάκτησιν ἐξεκαλεῖτο τὸν βασιλέα. [472] πάντα δὲ εἰς ἐπιβουλὴν ἀνήγετο καὶ τὸ δοκεῖν τῇ σφαγῇ τοῦ πατρὸς ἐφεδρεύειν Ἀλέξανδρον: οὐδὲν γὰρ οὕτως πίστιν ἐχορήγει ταῖς διαβολαῖς, ὡς ἀπολογούμενος Ἀντίπατρος ὑπὲρ αὐτοῦ.

[2.473] Τούτοις Ἡρώδης ἐξαγριούμενος ὅσον ὑφῄρει καθ' ἡμέραν τῆς πρὸς τὰ μειράκια στοργῆς, τοσοῦτον Ἀντιπάτρῳ προσετίθει. συναπέκλιναν δὲ καὶ τῶν κατὰ τὸ βασίλειον οἱ μὲν ἑκόντες οἱ δ' ἐξ ἐπιτάγματος, ὥσπερ Πτολεμαῖος ὁ τιμιώτατος τῶν φίλων, οἵ τε ἀδελφοὶ τοῦ βασιλέως καὶ πᾶσα ἡ γενεά: πάντα γὰρ Ἀντίπατρος ἦν, καὶ τὰ πικρότατον Ἀλεξάνδρῳ, πάντα ἦν ἡ Ἀντιπάτρου μήτηρ, σύμβουλος κατ' αὐτῶν μητρυιᾶς χαλεπωτέρα καὶ πλεῖόν τι προγόνων μισοῦσα τοὺς ἐκ βασιλίδος. [474] πάντες μὲν οὖν ἐπὶ ταῖς ἐλπίσιν ἐθεράπευον Ἀντίπατρον ἤδη, συναφίστα δ' ἕκαστον τὰ τοῦ βασιλέως προστάγματα, παραγγείλαντος τοῖς τιμιωτάτοις μήτε προσιέναι μήτε προσέχειν τοῖς περὶ Ἀλέξανδρον. φοβερὸς δ' ἦν οὐ μόνον τοῖς ἐκ τῆς βασιλείας, ἀλλὰ καὶ τοῖς ἔξωθεν φίλοις: οὐδενὶ γὰρ βασιλέων Καῖσαρ τοσαύτην ἔδωκεν ἐξουσίαν, ὥστε τὸν ἀπ' αὐτοῦ φυγόντα καὶ μὴ προσηκούσης πόλεως ἐξαγαγεῖν. [475] τὰ δὲ μειράκια τὰς μὲν διαβολὰς ἠγνόει, παρὸ καὶ μᾶλλον ἀφυλάκτως ἐνέπιπτον αὐταῖς: οὐδὲν γὰρ ὁ πατὴρ φανερῶς ἀπεμέμφετο: συνίει δὲ κατὰ μικρὸν ἀπὸ τοῦ ψύγματος καὶ πρὸς τὸ λυποῦν μᾶλλον ἐτραχύνετο. διέθηκεν δὲ πρὸς αὐτὰ καὶ τὸν θεῖον Φερώραν Ἀντίπατρος ἐχθρωδῶς καὶ τὴν τηθίδα Σαλώμην, ὡς ἂν † γαμετὴν οὖσαν, καθομιλῶν ἀεὶ καὶ παροξύνων. [476] συνήργει δὲ καὶ πρὸς τὴν ταύτης ἀπέχθειαν ἡ Ἀλεξάνδρου γυνὴ Γλαφύρα γενεαλογοῦσα τὴν ἑαυτῆς εὐγένειαν, καὶ ὡς πασῶν τῶν κατὰ τὸ βασίλειον εἴη δεσπότις, κατὰ πατέρα μὲν ἀπὸ Τημένου, κατὰ μητέρα δὲ ἀπὸ Δαρείου τοῦ Ὑστάσπεως οὖσα. [477] πολλὰ δὲ ὠνείδιζεν εἰς ἀγένειαν τήν τε ἀδελφὴν τὴν Ἡρώδου καὶ τὰς γυναῖκας, ὧν ἑκάστη δι' εὐμορφίαν οὐκ ἀπὸ γένους ᾑρέθη. πολλαὶ δ' ἦσαν, ὡς ἂν ἐφειμένου τε πατρίως Ἰουδαίοις γαμεῖν πλείους καὶ τοῦ βασιλέως ἡδομένου πλείοσιν, αἳ πᾶσαι διὰ τὸ μεγάλαυχον τὸ Γλαφύρας καὶ τὰς λοιδορίας ἐμίσουν Ἀλέξανδρον.

[3.478] Τὴν δὲ δὴ Σαλώμην καίτοι πενθερὰν οὖσαν αὐτὸς Ἀριστόβουλος ἑαυτῷ διεστασίασεν ὠργισμένην καὶ πρόσθεν ἐπὶ ταῖς ἐκ Γλαφύρας βλασφημίαις: ὠνείδιζεν γὰρ τῇ γυναικὶ συνεχῶς τὴν ταπεινότητα, καὶ ὡς αὐτὸς μὲν ἰδιῶτιν, ὁ δ' ἀδελφὸς αὐτοῦ Ἀλέξανδρος γήμαι βασιλίδα. [479] τοῦτο κλαίουσα τῇ Σαλώμῃ διήγγειλεν ἡ θυγάτηρ, προσετίθει δ' ὅτι καὶ τῶν ἄλλων ἀδελφῶν τὰς μὲν μητέρας ἀπειλοῖεν οἱ περὶ Ἀλέξανδρον, ἐπειδὰν παραλάβωσιν τὴν βασιλείαν, ἱστουργοὺς ἅμα ταῖς δούλαις ποιήσειν, αὐτοὺς δὲ κωμῶν γραμματεῖς, ἐπισκώπτοντες ὡς πεπαιδευμένους ἐπιμελῶς. πρὸς ἃ τὴν ὀργὴν οὐ κατασχοῦσα Σαλώμη πάντα διήγγειλεν

Ἡρώδῃ: σφόδρα δ' ἦν ἀξιόπιστος κατὰ γαμβροῦ λέγουσα. [480] καί τις ἑτέρα διαβολὴ συνέδραμεν ἡ τὸν θυμὸν ὑπεκκαύσασα τοῦ βασιλέως: ἤκουσεν γὰρ αὐτοὺς ἀνακαλεῖσθαι μὲν συνεχῶς τὴν μητέρα καὶ κατοιμώζειν ἐπαρωμένους αὐτῷ, πολλάκις δ' αὐτοῦ διαδιδόντος τῶν Μαριάμμης ἐσθήτων τινὰ ταῖς μεταγενεστέραις γυναιξὶν ἀπειλεῖν, ὡς ἀντὶ τῶν βασιλικῶν ἐν τάχει περιθήσουσιν αὐταῖς ἐκ τριχῶν πεποιημένας.

[4.481] Διὰ ταῦτα καίτοι τὸ φρόνημα τῶν νεανίσκων ὑποδείσας, ὅμως οὐκ ἀπέκοπτε τὴν ἐλπίδα τῆς διορθώσεως, ἀλλὰ προσκαλεσάμενος αὐτούς, καὶ γὰρ εἰς Ῥώμην ἐκπλεύσειν ἔμελλεν, βραχέα μὲν ἠπείλησεν ὡς βασιλεύς, τὰ πολλὰ δὲ ἐνουθέτησεν ὡς πατήρ, καὶ φιλεῖν τοὺς ἀδελφοὺς παρεκάλει διδοὺς τῶν προημαρτημένων ἄφεσιν, εἰ πρὸς τὸ μέλλον ἀμείνους γένοιντο. [482] οἱ δὲ τὰς μὲν διαβολὰς ἀπεσκευάζοντο ψευδεῖς εἶναι λέγοντες, πιστώσεσθαι δὲ τὴν ἀπολογίαν τοῖς ἔργοις ἔφασκον: δεῖν μέντοι κἀκεῖνον ἀποφράττειν τὰς λογοποιίας τῷ μὴ πιστεύειν ῥᾳδίως: οὐ γὰρ ἐπιλείψειν τοὺς καταψευσομένους αὐτῶν, ἕως ἂν ὁ πειθόμενος ᾖ.

[5.483] Τούτοις ὡς πατέρα πείσαντες ταχέως τὸν μὲν ἐν χερσὶν φόβον διεκρούσαντο, τὴν δ' εἰς τὰ μέλλοντα λύπην προσέλαβον: ἔγνωσαν γὰρ τήν τε Σαλώμην ἐχθρὰν καὶ τὸν θεῖον Φερώραν: ἦσαν δὲ βαρεῖς [μὲν] ἀμφότεροι καὶ χαλεποί, Φερώρας δὲ μείζων, ὃς πάσης μὲν ἐκοινώνει τῆς βασιλείας πλὴν διαδήματος, προσόδους δὲ ἰδίας εἶχεν ἑκατὸν τάλαντα, τὴν δὲ πέραν Ἰορδάνου πᾶσαν ἐκαρποῦτο χώραν λαβὼν παρὰ τἀδελφοῦ δῶρον, ὃς αὐτὸν ἐποίησεν καὶ τετράρχην αἰτησάμενος παρὰ Καίσαρος, βασιλικῶν τε γάμων ἠξίωσεν συνοικίσας ἀδελφὴν τῆς ἰδίας γυναικός: μετὰ δὲ τὴν ἐκείνης τελευτὴν καθωσίωσε τὴν πρεσβυτάτην τῶν ἑαυτοῦ θυγατέρων ἐπὶ προικὶ τριακοσίοις ταλάντοις. [484] ἀλλ' ἀπέδρα Φερώρας τὸν βασιλικὸν γάμον πρὸς ἔρωτα δούλης, ἐφ' ᾧ χαλεπήνας Ἡρώδης τὴν μὲν θυγατέρα τῷ πρὸς Πάρθων ὕστερον ἀναιρεθέντι συνέζευξεν ἀδελφιδῷ: Φερώρᾳ δὲ μετ' οὐ πολὺ τὴν ὀργὴν ἀνίει διδοὺς συγγνώμην τῇ νόσῳ.

[6.485] Διεβάλλετο δὲ καὶ πάλαι μὲν ἔτι ζώσης τῆς βασιλίδος ἐπιβουλεύειν αὐτῷ φαρμάκοις, τότε δὲ πλεῖστοι μηνυταὶ προσήεσαν, ὡς καίπερ φιλαδελφότατον ὄντα τὸν Ἡρώδην εἰς πίστιν ὑπαχθῆναι τῶν λεγομένων καὶ δέος. πολλοὺς δὲ τῶν ἐν ὑπονοίᾳ βασανίσας τελευταῖον ἦλθεν ἐπὶ τοὺς Φερώρου φίλους. [486] ὧν ἐπιβουλὴν μὲν ἄντικρυς ὡμολόγησεν οὐδείς, ὅτι δὲ τὴν ἐρωμένην ἁρπασάμενος εἰς Πάρθους ἀποδρᾶναι παρεσκευάζετο, συμμέτοχοι δὲ τοῦ σκέμματος αὐτῷ καὶ τῆς φυγῆς Κοστόβαρος ὁ Σαλώμης ἀνήρ, ᾧ συνῴκισεν αὐτὴν ὁ βασιλεὺς ἐπὶ μοιχείᾳ τοῦ προτέρου διαφθαρέντος. [487] ἦν δ' ἐλευθέρα διαβολῆς οὐδὲ Σαλώμη: καὶ γὰρ αὐτῆς Φερώρας ἀδελφὸς κατηγόρει συνθήκας περὶ γάμου πρὸς Συλλαῖον τὸν Ὀβαίδα τοῦ Ἀράβων βασιλέως ἐπίτροπον, ὃς ἦν ἐχθρότατος Ἡρώδῃ. διελεγχθεῖσα δὲ καὶ τοῦτο καὶ πάνθ' ὅσα Φερώρας ἐνεκάλει, συγγινώσκεται: καὶ αὐτὸν δὲ Φερώραν ὁ βασιλεὺς ἀπέλυσεν τῶν ἐγκλημάτων.

[7.488] Μετέβαινεν δὲ ἐπ' Ἀλέξανδρον ὁ χειμὼν τῆς οἰκίας καὶ περὶ τὴν ἐκείνου κεφαλὴν ὅλος ἀπηρείσατο. τρεῖς ἦσαν εὐνοῦχοι τιμιώτατοι τῷ βασιλεῖ, καὶ δῆλον ἐξ ὧν ἐλειτούργουν: τῷ μὲν γὰρ οἰνοχοεῖν προσετέτακτο, τῷ δὲ δεῖπνον προσφέρειν, ὁ δ' αὐτὸν κατεκοίμιζέν τε καὶ συγκατεκλίνετο. [489] τούτους εἰς τὰ παιδικὰ δώροις μεγάλοις ὑπηγάγετο ὁ Ἀλέξανδρος. μηνυθὲν δὲ τῷ βασιλεῖ διηλέγχοντο βασάνοις, καὶ τὴν μὲν συνουσίαν εὐθέως ὡμολόγουν, ἐξέφερον δὲ καὶ τὰς εἰς αὐτὴν ὑποσχέσεις, ὃν τρόπον ἀπατηθεῖεν ὑπὸ Ἀλεξάνδρου λέγοντος, [490] ὡς οὐκ ἐν Ἡρώδῃ δέοι τὰς ἐλπίδας ἔχειν ἀναιδεῖ γέροντι καὶ βαπτομένῳ τὰς κόμας, εἰ μὴ διὰ τοῦτ' αὐτὸν οἴονται καὶ νέον, αὐτῷ δὲ προσέχειν, ὃς καὶ παρὰ ἄκοντος διαδέξεται τὴν βασιλείαν οὐκ εἰς μακράν τε τοὺς μὲν ἐχθροὺς ἀμυνεῖται, τοὺς φίλους δ' εὐδαίμονας ποιήσει καὶ μακαρίους, πρὸ πάντων δὲ αὐτούς: [491] εἶναι δὲ καὶ θεραπείαν τῶν δυνατῶν περὶ τὸν Ἀλέξανδρον λαθραίαν, τούς τε ἡγεμόνας τοῦ στρατιωτικοῦ καὶ τοὺς ταξιάρχους κρύφα πρὸς αὐτὸν συνιέναι.

[8.492] Ταῦτα τὸν Ἡρώδην οὕτως ἐξεφόβησεν, ὡς μηδὲ παραχρῆμα τολμῆσαι τὰς μηνύσεις ἐκφέρειν, ἀλλὰ κατασκόπους ὑποπέμπων νύκτωρ καὶ μεθ' ἡμέραν ἕκαστα τῶν πραττομένων ἢ λεγομένων διηρεύνα καὶ τοὺς ἐν ταῖς ὑποψίαις εὐθέως ἀνῄρει. [493] δεινῆς δὲ ἀνομίας ἐνεπλήσθη τὸ βασίλειον: κατὰ γὰρ ἔχθραν ἢ μῖσος ἴδιον ἕκαστος ἔπλασσεν τὰς διαβολάς, καὶ πολλοὶ πρὸς τοὺς διαφόρους φονῶντι τῷ βασιλικῷ θυμῷ κατεχρῶντο. καὶ τὸ μὲν ψεῦδος εἶχεν παραχρῆμα πίστιν, αἱ κολάσεις δὲ τῶν διαβολῶν ἦσαν ὠκύτεραι. κατηγορεῖτο γοῦν τις ἄρτι κατηγορήσας, καὶ τῷ πρὸς αὐτοῦ διελεγχθέντι συναπήγετο: τὰς γὰρ ἐξετάσεις τοῦ βασιλέως ὁ περὶ τῆς ψυχῆς κίνδυνος ἐπετέμνετο. [494] προύβη δ' εἰς τοσοῦτον πικρίας, ὡς μηδὲ τῶν ἀκαταιτιάτων τινὶ προσβλέπειν ἡμέρως, εἶναι δὲ καὶ τοῖς φίλοις ἀπηνέστατος: πολλοῖς γοῦν αὐτῶν ἀπεῖπεν τὸ βασίλειον, καὶ πρὸς οὓς οὐκ εἶχεν χειρὸς ἐξουσίαν τῷ λόγῳ χαλεπὸς ἦν. [495] συνεπέβη δὲ Ἀντίπατρος ἐν ταῖς συμφοραῖς Ἀλεξάνδρῳ καὶ στῖφος ποιήσας τῶν συγγενῶν οὐκ ἔστιν ἥντινα διαβολὴν παρέλιπεν. προήχθη γέ τοι πρὸς τοσοῦτον δέος ὁ βασιλεὺς ὑπὸ τῆς τερατείας αὐτοῦ καὶ τῶν συνταγμάτων, ὡς ἐφεστάναι δοκεῖν αὐτῷ τὸν Ἀλέξανδρον ξιφήρη. [496] συλλαβὼν οὖν αὐτὸν ἐξαπίνης ἔδησεν καὶ πρὸς βάσανον ἐχώρει τῶν φίλων αὐτοῦ. σιγῶντες δὲ ἀπέθνησκον πολλοὶ καὶ μηδὲν ὑπὲρ τὸ συνειδὸς εἰπόντες: οἱ δ' ὑπὸ τῶν ἀλγηδόνων ψεύσασθαι βιασθέντες ἔλεγον, ὡς ἐπιβουλεύοι τε αὐτῷ μετὰ Ἀριστοβούλου τοῦ ἀδελφοῦ καὶ παραφυλάττει κυνηγοῦντα κτείνας εἰς Ῥώμην ἀποδρᾶναι. [497] τούτοις καίπερ οὐ πιθανοῖς οὖσιν ἀλλ' ὑπὸ τῆς ἀνάγκης ἐσχεδιασμένοις ὁ βασιλεὺς ἐπίστευσεν ἡδέως, παραμυθίαν λαμβάνων τοῦ δῆσαι τὸν υἱὸν τὸ μὴ δοκεῖν ἀδίκως.

[1.498] Ὁ δ' Ἀλέξανδρος ἐπεὶ τὸν πατέρα μεταπείθειν ἀμήχανον ἑώρα, τοῖς δεινοῖς ὁμόσε χωρεῖν διέγνω, καὶ τέσσαρας κατὰ τῶν ἐχθρῶν βίβλους συνταξάμενος προσωμολόγει μὲν τὴν ἐπιβουλήν, κοινωνοὺς δ' ἀπεδείκνυεν τοὺς πλείστους αὐτῶν, πρὸ δὲ πάντων Φερώραν καὶ Σαλώμην: ταύτην γὰρ δὴ καὶ μιγῆναί ποτε αὐτῷ μὴ θέλοντι νύκτωρ εἰσβιασαμένην. [499] αἵ τε οὖν βίβλοι παρῆσαν εἰς χεῖρας Ἡρώδῃ πολλὰ καὶ δεινὰ κατὰ τῶν δυνατωτάτων βοῶσαι, καὶ διὰ τάχους εἰς Ἰουδαίαν Ἀρχέλαος ἀφικνεῖται περὶ τῷ γαμβρῷ καὶ τῇ θυγατρὶ δείσας. γίνεται δὲ βοηθὸς αὐτοῖς μάλα προμηθὴς καὶ τέχνῃ τὴν τοῦ βασιλέως ἀπειλὴν διεκρούσατο. [500] συμβαλὼν γὰρ εὐθέως αὐτῷ "ποῦ ποτέ ἐστιν ὁ ἀλιτήριός μου γαμβρός, ἐβόα, ποῦ δὲ τὴν πατροκτόνον ὄψομαι κεφαλήν, ἣν ταῖς ἐμαυτοῦ χερσὶν διασπαράξω; προσθήσω δὲ καὶ τὴν θυγατέρα μου τῷ καλῷ νυμφίῳ: καὶ γὰρ εἰ μὴ κεκοινώνηκεν τοῦ σκέμματος, ὅτι τοιούτου γυνὴ γέγονεν, μεμίανται. [501] θαυμάζω δὲ καὶ σὲ τὸν ἐπιβουλευθέντα τῆς ἀνεξικακίας, εἰ ζῇ μέχρι νῦν Ἀλέξανδρος: ἐγὼ γὰρ ἠπειγόμην ἀπὸ Καππαδοκίας ὡς τὸν μὲν εὑρήσων πάλαι δεδωκότα δίκας, μετὰ δὲ σοῦ περὶ τῆς θυγατρὸς ἐξετάσων, ἣν ἐκείνῳ γε πρὸς τὸ σὸν ἀξίωμα βλέπων ἐνεγγύησα. νῦν δὲ περὶ ἀμφοῖν ἡμῖν βουλευτέον, κἂν ᾖς πατὴρ λίαν ἢ τοῦ κολάζειν υἱὸν ἀτονώτερος ἐπίβουλον, ἀμείψωμεν τὰς δεξιὰς καὶ γενώμεθα τῆς ἀλλήλων ὀργῆς διάδοχοι."

[2.502] Τούτοις περικομπήσας καίπερ παρατεταγμένον Ἡρώδην ὑπάγεται: δίδωσι γοῦν αὐτῷ τὰς συνταχθείσας ὑπ' Ἀλεξάνδρου βίβλους ἀναγνῶναι καὶ καθ' ἕκαστον ἐφιστὰς κεφάλαιον συνεσκέπτετο. λαμβάνει δ' Ἀρχέλαος ἀφορμὴν τοῦ στρατηγήματος καὶ κατὰ μικρὸν εἰς τοὺς ἐγγεγραμμένους καὶ Φερώραν μετήγαγεν τὰς αἰτίας. [503] ὡς δ' ἑώρα πιστεύοντα τὸν βασιλέα, "σκεπτέον, ἔφη, μή ποτε τὸ μειράκιον ὑπὸ τοσούτων εἴη πονηρῶν ἐπιβουλευόμενον, οὐχ ὑπὸ τοῦ μειρακίου σύ: καὶ γὰρ οὐχ ὁρᾶν αἰτίαν, ἐξ ἧς ἂν εἰς τηλικοῦτον μύσος προέπεσεν, ἀπολαύων μὲν ἤδη βασιλείας, ἐλπίζων δὲ καὶ διαδοχήν, εἰ μή τινες ἦσαν ἀναπείθοντες καὶ τὸ τῆς ἡλικίας εὔκολον ἐπὶ κακῷ μεταχειριζόμενοι. διὰ γὰρ τῶν τοιούτων ἐξαπατᾶσθαι μὲν οὐκ ἐφήβους μόνον ἀλλὰ καὶ γέροντας, οἴκους δὲ λαμπροτάτους καὶ βασιλείας ὅλας ἀνατρέπεσθαι."

[3.504] Συνήνει τοῖς λεγομένοις Ἡρώδης, καὶ τὴν μὲν πρὸς Ἀλέξανδρον ὀργὴν ἐπανίει πρὸς ὀλίγον, πρὸς δὲ Φερώραν παρωξύνετο: τῶν γὰρ τεσσάρων βίβλων οὗτος ἦν ὑπόθεσις. ὃς κατιδὼν τό τε τοῦ βασιλέως ὀξύρροπον καὶ τὴν Ἀρχελάου φιλίαν παρ' αὐτῷ πάντων κρατοῦσαν, ὡς οὐκ ἐνῆν εὐσχήμονι σωτηρία, τὴν δι' ἀναιδείας ἐπορίζετο: καταλείψας γοῦν Ἀλέξανδρον προσέφυγεν Ἀρχελάῳ. [505] κἀκεῖνος οὐχ ὁρᾶν ἔφη, πῶς ἂν αὐτὸν ἐξαιτήσαιτο τοσούτοις ἐνεχόμενον ἐγκλήμασιν, ἐξ ὧν σαφῶς ἀποδείκνυται τοῦ βασιλέως ἐπίβουλος καὶ τῶν παρόντων τῷ μειρακίῳ κακῶν αἴτιος γεγονώς, εἰ μὴ βούλεται τὸ πανοῦργον καὶ τὰς ἀρνήσεις ἀφεὶς προσομολογῆσαι μὲν τὰ κατηγορημένα, συγγνώμην δ' αἰτήσασθαι παρὰ τἀδελφοῦ καὶ φιλοῦντος: εἰς γὰρ τοῦτο πάντα τρόπον αὐτὸς συνεργήσειν.

[4.506] Πείθεται Φερώρας, καὶ κατασκευάσας ἑαυτόν, ὡς ἂν οἰκτρότατος φανείη, μελαίνῃ τε ἐσθῆτι καὶ δακρύοις προσπίπτει τοῖς Ἡρώδου ποσίν, ὡς πολλάκις ἔτυχεν συγγνώμης αἰτούμενος καὶ μιαρὸν μὲν ἑαυτὸν ὁμολογῶν, δεδρακέναι γὰρ πάντα, ὅσα κατηγοροῖτο, παρακοπὴν δὲ φρενῶν καὶ μανίαν ὀδυρόμενος, ἧς αἴτιον εἶναι τὸν ἔρωτα τῆς γυναικὸς ἔλεγεν. [507] παραστήσας δὴ κατήγορον καὶ μάρτυν ἑαυτοῦ Φερώραν Ἀρχέλαος οὕτως ἤδη παρῃτεῖτο καὶ τὴν Ἡρώδου κατέστελλεν ὀργὴν χρώμενος οἰκείοις ὑποδείγμασιν: καὶ γὰρ αὐτὸς πολλῷ χαλεπώτερα πάσχων ὑπὸ τἀδελφοῦ τῆς ἀμύνης ἐπίπροσθεν τίθεσθαι τὸ τῆς φύσεως δίκαιον: ἐν γὰρ ταῖς βασιλείαις ὥσπερ ἐν μεγάλοις σώμασιν ἀεί τι μέρος φλεγμαίνειν ὑπὸ τοῦ βάρους, ὅπερ ἀποκόπτειν μὲν οὐ χρῆναι, θεραπεύειν δὲ πρᾳότερον.

[5.508] Πολλὰ τοιαῦτα λέγων Ἡρώδην μὲν ἐπὶ Φερώρᾳ μειλίσσεται, διέμενε δ' αὐτὸς ἀγανακτῶν πρὸς Ἀλέξανδρον καὶ τὴν θυγατέρα διαζεύξας ἀπάξειν ἔφασκεν, ἕως περιέστησεν Ἡρώδην ἀντιπαρακαλεῖν ὑπὲρ τοῦ μειρακίου καὶ πάλιν αὐτῷ μνηστεύεσθαι τὴν θυγατέρα. σφόδρα δὲ ἀξιοπίστως Ἀρχέλαος ᾧ βούλεται συνοικίζειν αὐτὴν ἐπέτρεπεν πλὴν Ἀλεξάνδρου: περὶ πλείστου γὰρ ποιεῖσθαι τηρεῖν πρὸς αὐτὸν τὰ τῆς ἐπιγαμίας δίκαια. [509] φαμένου δὲ τοῦ βασιλέως δῶρον ἕξειν παρ' αὐτοῦ τὸν υἱόν, εἰ μὴ λύσειεν τὸν γάμον, ὄντων μὲν αὐτοῖς ἤδη καὶ τέκνων, στεργομένης δ' οὕτως ὑπὸ τοῦ μειρακίου τῆς γυναικός, ἣν παραμένουσαν μὲν ἔσεσθαι δυσώπημα τῶν ἁμαρτημάτων, ἀπορραγεῖσαν δὲ αἰτίαν τῆς εἰς ἅπαντα ἀπογνώσεως: μαλακωτέρας γὰρ γίνεσθαι τὰς τόλμας πάθεσιν οἰκείοις περισπωμένας: [510] κατανεύει μόλις Ἀρχέλαος διαλλάσσεταί τε καὶ διαλλάσσει τῷ νεανίσκῳ τὸν πατέρα: δεῖν μέντοι πάντως ἔφη πέμπειν αὐτὸν εἰς Ῥώμην Καίσαρι διαλεξόμενον: γεγραφέναι γὰρ αὐτὸς ἐκείνῳ περὶ πάντων.

[6.511] Τὸ μὲν οὖν Ἀρχελάου στρατήγημα, δι' οὗ τὸν γαμβρὸν ἐρρύσατο, πέρας εἶχεν, μετὰ δὲ τὰς διαλλαγὰς ἐν εὐωχίαις καὶ φιλοφρονήσεσιν διῆγον. ἀπιόντα δ' αὐτὸν Ἡρώδης δωρεῖται ταλάντων ἑβδομήκοντα δώροις θρόνῳ τε χρυσῷ διαλίθῳ καὶ εὐνούχοις καὶ παλλακίδι, ἥτις ἐκαλεῖτο Παννυχίς, τῶν τε φίλων ἐτίμησεν κατ' ἀξίαν ἕκαστον. [512] ὁμοίως τε καὶ οἱ συγγενεῖς προστάξαντος τοῦ βασιλέως πάντες Ἀρχελάῳ δῶρα λαμπρὰ ἔδοσαν, προεπέμφθη τε ὑπό τε Ἡρώδου καὶ τῶν δυνατῶν ἕως Ἀντιοχείας.

[1.513] Μετ' οὐ πολὺ δὲ εἰς τὴν Ἰουδαίαν παρέβαλεν ἀνὴρ πολὺ τῶν Ἀρχελάου στρατηγημάτων δυνατώτερος, ὃς οὐ μόνον τὰς ὑπ' ἐκείνου πολιτευθείσας Ἀλεξάνδρῳ διαλλαγὰς ἀνέτρεψεν, ἀλλὰ καὶ ἀπωλείας αἴτιος αὐτῷ κατέστη. γένος ἦν Λάκων, Εὐρυκλῆς τοὔνομα, πόθῳ χρημάτων εἰς τὴν βασιλείαν εἰσφθαρείς: οὐ γὰρ ἀντεῖχεν ἔτι ἡ Ἑλλὰς αὐτοῦ τῇ πολυτελείᾳ. [514] λαμπρὰ δ' Ἡρώδῃ δῶρα προσενεγκὼν δέλεαρ ὧν ἐθηρᾶτο καὶ παραχρῆμα πολλαπλασίω λαβὼν οὐδὲν ἡγεῖτο τὴν καθαρὰν δόσιν, εἰ μὴ δι' αἵματος ἐμπορεύσεται τὴν βασιλείαν. [515] περιέρχεται γοῦν τὸν βασιλέα κολακείᾳ καὶ δεινότητι λόγων καὶ περὶ αὐτοῦ ψευδέσιν ἐγκωμίοις. ταχέως δὲ συνιδὼν τὸν Ἡρώδου τρόπον καὶ πάντα λέγων τε καὶ πράττων τὰ πρὸς ἡδονὴν αὐτῷ φίλος ἐν τοῖς πρώτοις γίνεται: καὶ γὰρ ὁ βασιλεὺς διὰ τὴν πατρίδα καὶ πάντες οἱ περὶ αὐτὸν ἡδέως προετίμων τὸν Σπαρτιάτην.

[2.516] Ὁ δ' ἐπεὶ τὰ σαθρὰ τῆς οἰκίας κατέμαθεν, τάς τε τῶν ἀδελφῶν διαφορὰς καὶ ὅπως διέκειτο πρὸς ἕκαστον ὁ πατήρ, Ἀντιπάτρου μὲν ξενίᾳ προκατείληπτο, φιλίᾳ δὲ Ἀλέξανδρον ὑποκρίνεται ψευσάμενος ἑταῖρον ἑαυτὸν εἶναι καὶ Ἀρχελάου πάλαι: διὸ δὴ καὶ ταχέως ὡς δεδοκιμασμένος ἐδέχθη, συνίστησιν δ' αὐτὸν εὐθέως καὶ Ἀριστοβούλῳ τῷ ἀδελφῷ. [517] πάντων δ' ἀποπειραθεὶς τῶν προσώπων ἄλλον ἄλλως ὑπῄει, γίνεται δὲ προηγουμένως μισθωτὸς Ἀντιπάτρου καὶ προδότης Ἀλεξάνδρου, τῷ μὲν ὀνειδίζων, εἰ πρεσβύτατος ὢν περιόψεται τοὺς ἐφεδρεύοντας αὐτοῦ ταῖς ἐλπίσιν, Ἀλεξάνδρῳ δέ, εἰ γεγενημένος ἐκ βασιλίδος καὶ βασιλίδι συνοικῶν ἐάσει διαδέχεσθαι τὴν ἀρχὴν τὸν ἐξ ἰδιώτιδος, καὶ ταῦτα μεγίστην ἀφορμὴν ἔχων Ἀρχέλαον. [518] ἦν δὲ πιστὸς τῷ μειρακίῳ σύμβουλος τὴν Ἀρχελάου φιλίαν πλασάμενος: διὸ μηδὲν ὑποστελλόμενος Ἀλέξανδρος τά τε κατ' Ἀντίπατρον ἀπωδύρετο πρὸς αὐτὸν καὶ ὡς Ἡρώδης αὐτῶν τὴν μητέρα κτείνας οὐ παράδοξον εἰ καὶ αὐτοὺς ἀφαιρεῖται τὴν ἐκείνης βασιλείαν: ἐφ' οἷς ὁ Εὐρυκλῆς οἰκτείρειν τε καὶ συναλγεῖν ὑπεκρίνετο. [519] τὰ δ' αὐτὰ καὶ τὸν Ἀριστόβουλον εἰπεῖν δελεάσας καὶ ταῖς κατὰ τοῦ πατρὸς μέμψεσιν ἐνδησάμενος ἀμφοτέρους ᾤχετο φέρων Ἀντιπάτρῳ τὰ ἀπόρρητα: προσεπιψεύδεται δ' ἐπιβουλὴν ὡς ἐνεδρευόντων αὐτὸν τῶν ἀδελφῶν καὶ μόνον οὐκ ἐπιφερόντων ἤδη τὰ ξίφη. λαβὼν δ' ἐπὶ τούτοις χρημάτων πλῆθος ἐπαινέτης ἦν Ἀντιπάτρου καὶ πρὸς τὸν πατέρα. [520] τὸ δὲ τελευταῖον ἐργολαβήσας τὸν Ἀριστοβούλου καὶ Ἀλεξάνδρου θάνατον κατήγορος αὐτῶν ἐπὶ τοῦ πατρὸς γίνεται καὶ προσελθὼν ἀντιδιδόναι τὸ ζῆν ἔφασκεν Ἡρώδῃ τῶν εἰς αὐτὸν εὐεργεσιῶν καὶ τὸ φῶς ἀμοιβὴν τῆς ξενίας ἀντιπαρέχειν: πάλαι γὰρ ἐπ' αὐτὸν ἠκονῆσθαι ξίφος καὶ τὴν Ἀλεξάνδρου τετονῶσθαι δεξιάν, ἐμποδὼν δ' αὐτὸς γεγονέναι τῷ τάχει συνεργεῖν ὑποκριθείς: [521] φάναι γὰρ τὸν Ἀλέξανδρον, ὡς οὐκ ἀγαπᾷ βασιλεύσας αὐτὸς Ἡρώδης ἐν ἀλλοτρίοις καὶ μετὰ τὸν τῆς μητρὸς αὐτῶν φόνον τὴν ἐκείνης ἀρχὴν σπαθήσας, ἀλλ' ἔτι καὶ νόθον εἰσάγεται διάδοχον Ἀντιπάτρῳ τῷ φθόρῳ τὴν παππῴαν αὐτῶν βασιλείαν προτείνων. τιμωρήσειν γε μὴν αὐτὸς τοῖς Ὑρκανοῦ καὶ τοῖς Μαριάμμης δαίμοσιν: οὐδὲ γὰρ πρέπειν αὐτὸν διαδέξασθαι παρὰ τοιούτου πατρὸς τὴν ἀρχὴν δίχα φόνου. [522] πολλὰ δ' εἶναι τὰ παροξύνοντα καθ' ἡμέραν, ὥστε μηδὲ λαλιᾶς τινα τρόπον ἀσυκοφάντητον καταλελεῖφθαι: περὶ μὲν γὰρ εὐγενείας ἑτέρων μνείας γενομένης αὐτὸς ἀλόγως ὑβρίζεσθαι, τοῦ πατρὸς λέγοντος "ὁ μόνος εὐγενὴς Ἀλέξανδρος καὶ τὸν πατέρα δι' ἀγένειαν ἀδοξῶν": κατὰ δὲ τὰς θήρας προσκρούειν μὲν σιωπῶν, ἐπαινέσας δὲ προσακούειν εἴρων. [523] πανταχοῦ δ' ἀμείλικτον εὑρίσκειν τὸν πατέρα καὶ μόνῳ φιλόστοργον Ἀντιπάτρῳ, δι' ὃν ἡδέως καὶ τεθνήξεσθαι μὴ κρατήσας τῆς ἐπιβουλῆς. κτείναντι δὲ εἶναι σωτηρίας ἀφορμὴν πρῶτον μὲν Ἀρχέλαον ὄντα κηδεστήν, πρὸς ὃν διαφεύξεσθαι ῥᾳδίως, ἔπειτα Καίσαρα μέχρι νῦν ἀγνοοῦντα τὸν Ἡρώδου τρόπον: [524] οὐ γὰρ ὡς πρότερον αὐτῷ παραστήσεσθαι πεφρικὼς τὸν ἐφεστῶτα πατέρα οὐδὲ φθέγξεσθαι περὶ τῶν ἑαυτοῦ μόνον ἐγκλημάτων, ἀλλὰ πρῶτον μὲν κηρύξειν τὰς τοῦ ἔθνους συμφορὰς καὶ τοὺς μέχρι ψυχῆς φορολογουμένους, ἔπειτ' εἰς οἵας τρυφὰς καὶ πράξεις τὰ δι' αἵματος πορισθέντα χρήματα ἀνηλώθη, τούς τε ἐξ ἡμῶν πλουτήσαντας οἵοι, καὶ τὰς θεραπευθείσας πόλεις ἐπὶ τίσιν. [525] ζητήσειν δὲ καὶ τὸν πάππον ἐκεῖ καὶ τὴν μητέρα καὶ τὰ τῆς βασιλείας μύση πάντα κηρύξειν, ἐφ' οἷς οὐ κριθήσεσθαι πατροκτόνος.

[3.526] Τοιαῦτα κατ' Ἀλεξάνδρου τερατευσάμενος Εὐρυκλῆς ἐπῄνει πολλὰ τὸν Ἀντίπατρον, ὡς ἄρα μόνος τε εἴη φιλοπάτωρ καὶ διὰ τοῦτο μέχρι νῦν τῆς ἐπιβουλῆς ἐμπόδιος. μήπω δὲ καλῶς ἐπὶ τοῖς πρώτοις ὁ βασιλεὺς κατεσταλμένος εἰς ἀνήκεστον ὀργὴν ἐξαγριοῦται. [527] καὶ πάλιν λαβὼν καιρὸν Ἀντίπατρος ἑτέρους κατὰ τῶν ἀδελφῶν ὑπέπεμπεν κατηγόρους λέγειν, ὅτι Ἰουκούνδῳ καὶ Τυράννῳ λάθρα διαλέγοιντο τοῖς ἱππάρχοις μέν ποτε τοῦ βασιλέως γενομένοις, τότε δ' ἔκ τινων προσκρουσμάτων ἀποπεπτωκόσι τῆς τάξεως. ἐφ' οἷς Ἡρώδης ὑπεραγανακτήσας εὐθέως ἐβασάνισεν τοὺς ἄνδρας. [528] ἀλλ' οἱ μὲν οὐδὲν τῶν διαβληθέντων ὡμολόγουν, προεκομίσθη δέ τις πρὸς τὸν Ἀλεξανδρείου φρούραρχον ἐπιστολὴ παρὰ Ἀλεξάνδρου παρακαλοῦντος, ἵνα αὐτὸν δέξηται τῷ φρουρίῳ μετὰ Ἀριστοβούλου τοῦ ἀδελφοῦ κτείναντα τὸν πατέρα, καὶ παράσχῃ τοῖς ὅπλοις χρήσασθαι καὶ ταῖς ἄλλαις ἀφορμαῖς. [529] ταύτην Ἀλέξανδρος μὲν ἔλεγεν τέχνασμα εἶναι Διοφάντου: γραμματεὺς δ' ἦν ὁ Διόφαντος τοῦ βασιλέως, τολμηρὸς ἀνὴρ καὶ δεινὸς μιμήσασθαι πάσης χειρὸς γράμματα: πολλὰ γοῦν παραχαράξας τελευταῖον ἐπὶ τούτῳ [καὶ] κτείνεται. βασανίσας δὲ τὸν φρούραρχον Ἡρώδης οὐδὲν ἤκουσεν οὐδὲ παρ' ἐκείνου τῶν διαβεβλημένων.

[4.530] Ἀλλὰ καίτοι τοὺς ἐλέγχους εὑρίσκων ἀσθενεῖς τοὺς υἱοὺς ἐκέλευσεν τηρεῖν, ἔτι μέντοι λελυμένους, τὸν δὲ λυμεῶνα τῆς οἰκίας καὶ δραματουργὸν ὅλου τοῦ μύσους Εὐρυκλέα σωτῆρα καὶ εὐεργέτην καλῶν πεντήκοντα δωρεῖται ταλάντοις. ὁ δὲ τὴν ἀκριβῆ φήμην φθάσας εἰς Καππαδοκίαν ἀργυρίζεται καὶ παρὰ Ἀρχελάου, τολμήσας εἰπεῖν ὅτι καὶ διαλλάξειεν Ἡρώδην Ἀλεξάνδρῳ.
[531] διάρας δ' εἰς τὴν Ἑλλάδα τοῖς ἐκ κακῶν κτηθεῖσιν εἰς ὅμοια κατεχρήσατο: δὶς γοῦν ἐπὶ Καίσαρος κατηγορηθεὶς ἐπὶ τῷ στάσεως ἐμπλῆσαι τὴν Ἀχαΐαν καὶ περιδύειν τὰς πόλεις φυγαδεύεται. κἀκεῖνον μὲν οὕτως ἡ Ἀλεξάνδρου καὶ Ἀριστοβούλου ποινὴ περιῆλθεν.

[5.532] Ἄξιον δὲ ἀντιθεῖναι τὸν Κῷον Εὐάρεστον τῷ Σπαρτιάτῃ: καὶ γὰρ οὗτος ὢν ἐν τοῖς μάλιστα φίλοις Ἀλεξάνδρῳ καὶ κατὰ τὸν αὐτὸν Εὐρυκλεῖ καιρὸν ἐπιδημήσας πυνθανομένῳ τῷ βασιλεῖ περὶ ὧν ἐκεῖνος διέβαλλεν ὅρκοις τὸ μηδὲν ἀκηκοέναι τῶν μειρακίων ἐπιστώσατο. [533] οὐ μὴν ὤνησέν γέ τι τοὺς ἀθλίους: μόνων γὰρ ἦν τῶν κακῶν ἀκροατὴς ἑτοιμότατος Ἡρώδης καὶ κεχαρισμένος αὐτῷ πᾶς ὁ συμπιστεύων καὶ συναγανακτῶν.

[1.534] Παρώξυνεν δ' αὐτοῦ καὶ Σαλώμη τὴν ἐπὶ τοῖς τέκνοις ὠμότητα: ταύτην γὰρ συνδήσασθαι τοῖς κινδύνοις ὁ Ἀριστόβουλος θέλων οὖσαν ἑκυρὰν καὶ τηθίδα, διαπέμπεται σώζειν ἑαυτὴν παραινῶν: παρεσκευάσθαι γὰρ βασιλέα κτείνειν αὐτὴν διαβληθεῖσαν ἐφ' οἷς καὶ πρότερον, ὅτι Συλλαίῳ τῷ Ἄραβι γήμασθαι σπουδάζουσα λάθρα τὰ τοῦ βασιλέως ἀπόρρητα διαγγέλλοι πρὸς αὐτὸν ἐχθρὸν ὄντα. [535] τοῦτο δ' ὥσπερ τελευταία θύελλα χειμαζομένους τοὺς νεανίσκους ἐπεβάπτισεν: ἡ γὰρ Σαλώμη δραμοῦσα πρὸς βασιλέα τὴν παραίνεσιν ἐμήνυσεν. κἀκεῖνος οὐκέτι καρτερήσας δεσμεῖ μὲν ἀμφοτέρους τοὺς υἱεῖς καὶ διεχώρισεν ἀπ' ἀλλήλων, πέμπει δὲ πρὸς Καίσαρα διὰ τάχους Οὐολούμνιόν τε τὸν στρατοπεδάρχην καὶ τῶν φίλων Ὄλυμπον ἐγγράφους τὰς μηνύσεις φέροντας. [536] οἱ δ' ὡς εἰς Ῥώμην πλεύσαντες ἀπέδοσαν τὰ ἀπὸ τοῦ βασιλέως γράμματα, σφόδρα μὲν ἠχθέσθη Καῖσαρ ἐπὶ τοῖς νεανίσκοις, οὐ μὴν ᾤετο δεῖν ἀφελέσθαι τὸν πατέρα τὴν περὶ τῶν υἱῶν ἐξουσίαν.
[537] ἀντιγράφει γοῦν κύριον μὲν αὐτὸν καθιστάς, εὖ μέντοι ποιήσειν λέγων, εἰ μετὰ κοινοῦ συνεδρίου τῶν τε ἰδίων συγγενῶν καὶ τῶν κατὰ τὴν ἐπαρχίαν ἡγεμόνων ἐξετάσειεν τὴν ἐπιβουλήν: κἂν μὲν ἐνέχωνται, κτείνειν, ἐὰν δὲ μόνον ὦσιν δρασμὸν βεβουλευμένοι, κολάζειν μετριώτερον.

[2.538] Τούτοις Ἡρώδης πείθεται, καὶ παραγενόμενος εἰς Βηρυτόν, ἔνθα προσέταξεν Καῖσαρ, συνῆγε τὸ δικαστήριον. προκαθίζουσίν τε οἱ ἡγεμόνες γραφὲν αὐτοῖς ὑπὸ Καίσαρος, Σατορνῖνός τε καὶ οἱ περὶ Πεδάνιον πρέσβεις, σὺν οἷς [καὶ] Οὐολούμνιος ἐπίτροπος, ἔπειθ' οἱ τοῦ βασιλέως συγγενεῖς καὶ φίλοι, Σαλώμη τε καὶ Φερώρας, μεθ' οὓς οἱ πάσης Συρίας ἄριστοι πλὴν Ἀρχελάου τοῦ βασιλέως: τοῦτον γὰρ ὄντα κηδεστὴν Ἀλεξάνδρου δι' ὑποψίας εἶχεν Ἡρώδης.
[539] τούς γε μὴν υἱοὺς οὐ προήγαγεν εἰς τὴν δίκην μάλα

προμηθῶς: ᾔδει γάρ, ὅτι καὶ μόνον ὀφθέντες ἐλεηθήσονται πάντως: εἰ δὲ δὴ καὶ λόγου μεταλάβοιεν, ῥᾳδίως Ἀλέξανδρον ἀπολύσεσθαι τὰς αἰτίας. ἀλλ' οἱ μὲν ἐν Πλατάνῃ κώμῃ Σιδωνίων ἐφρουροῦντο.

[3.540] Καταστὰς δ' ὁ βασιλεὺς ὡς πρὸς παρόντας διετείνετο κατηγόρει τε τὴν μὲν ἐπιβουλὴν ἀσθενῶς ὡς ἂν ἀπορούμενος εἰς αὐτὴν ἐλέγχων, λοιδορίας δὲ καὶ σκώμματα καὶ ὕβρεις καὶ πλημμελείας μυρίας εἰς αὐτόν, ἃ καὶ θανάτου χαλεπώτερα τοῖς συνέδροις ἀπέφηνεν. ἔπειτα μηδενὸς ἀντιλέγοντος ἐποικτισάμενος, ὡς αὐτὸς ἁλίσκοιτο καὶ νικῶν νίκην πικρὰν κατὰ τῶν τέκνων, ἐπηρώτα τὴν γνώμην ἑκάστου. [541] καὶ πρῶτος Σατορνῖνος ἀπεφήνατο κατακρίνειν μὲν τῶν νεανίσκων, ἀλλ' οὐ θάνατον: οὐ γὰρ εἶναι θεμιτὸν αὐτῷ τριῶν παρεστώτων τέκνων ἑτέρου τέκνοις ἀπώλειαν ἐπιψηφίσασθαι. σύμψηφοι δ' αὐτῷ καὶ οἱ δύο πρεσβευταὶ γίνονται, καὶ τούτοις ἕτεροί τινες ἠκολούθησαν. [542] Οὐολούμνιος δὲ τῆς σκυθρωπῆς ἀποφάσεως ἤρξατο, καὶ μετ' αὐτὸν πάντες θάνατον κατακρίνουσιν τῶν μειρακίων, οἱ μὲν κολακεύοντες, οἱ δὲ μισοῦντες Ἡρώδην καὶ οὐδεὶς δι' ἀγανάκτησιν. [543] ἔνθα δὴ μετέωρος ἥ τε Συρία πᾶσα καὶ τὸ Ἰουδαϊκὸν ἦν ἐκδεχομένων τὸ τέλος τοῦ δράματος: οὐδεὶς μέντοι ὑπελάμβανεν ἔσεσθαι μέχρι τεκνοκτονίας ὠμὸν Ἡρώδην. ὁ δὲ σύρας τοὺς υἱοὺς εἰς Τύρον κἀκεῖθεν διαπλεύσας εἰς Καισάρειαν τρόπον ἀναιρέσεως τοῖς μειρακίοις ἐσκέπτετο.

[4.544] Παλαιὸς δέ τις τοῦ βασιλέως στρατιώτης, ὄνομα Τίρων, ἔχων υἱὸν σφόδρα συνήθη καὶ φίλον Ἀλεξάνδρῳ καὶ αὐτὸς ἠγαπηκὼς ἰδίᾳ τὰ μειράκια, δι' ὑπερβολὴν ἀγανακτήσεως ἔκφρων ἐγίνετο, καὶ τὸ μὲν πρῶτον ἐβόα περιιὼν πεπατῆσθαι τὸ δίκαιον, ἀπολωλέναι τὴν ἀλήθειαν, συγκεχύσθαι τὴν φύσιν, ἀνομίας γέμειν τὸν βίον, καὶ πάνθ' ὅσα μὴ φειδομένῳ τοῦ ζῆν ὑπηγόρευε τὸ πάθος.
[545] τέλος δὲ καὶ τῷ βασιλεῖ τολμήσας προσελθεῖν "ἀλλ' ἐμοὶ μέν, ἔφη, κακοδαιμονέστατος εἶναι δοκεῖς, ὅστις κατὰ τῶν φιλτάτων πείθῃ τοῖς πονηροτάτοις, εἴ γε Φερώρα καὶ Σαλώμης καταγνοὺς

πολλάκις θάνατον πιστεύεις τούτοις κατὰ τῶν τέκνων, οἵ σε τῶν γνησίων περικόπτοντες διαδόχων ἐπ' Ἀντιπάτρῳ καταλείπουσι μόνῳ, τὸν ἑαυτοῖς εὐμεταχείριστον αἱρούμενοι βασιλέα. [546] σκέψαι μέντοι γε, μή ποτε κἀκείνῳ γένηται μῖσος ἐν τοῖς στρατιώταις ὁ τῶν ἀδελφῶν θάνατος: οὐ γὰρ ἔστιν ὅστις οὐκ ἐλεεῖ τὰ μειράκια, τῶν δὲ ἡγεμόνων καὶ φανερῶς ἀγανακτοῦσιν πολλοί." ταῦθ' ἅμα λέγων ὠνόμαζεν τοὺς ἀγανακτοῦντας. ὁ δὲ βασιλεὺς εὐθέως ἐκείνους τε καὶ αὐτὸν καὶ τὸν υἱὸν αὐτοῦ συνελάμβανεν.

[5.547] Ἐφ' ᾧ τῶν ἐκ τῆς αὐλῆς τις κουρέων, Τρύφων ὄνομα, προεκπηδήσας ἔκ τινος θεοβλαβείας ἑαυτοῦ μηνυτὴς γίνεται. "κἀμὲ γάρ, ἔφη, Τίρων οὗτος ἀνέπειθεν, ὅταν θεραπεύω τῷ ξυρῷ σε διαχειρίσασθαι, μεγάλας τέ μοι παρ' Ἀλεξάνδρου δωρεὰς ὑπισχνεῖτο." [548] ταῦτ' ἀκούσας Ἡρώδης τόν τε Τίρωνα σὺν τῷ παιδὶ καὶ τὸν κουρέα βασάνοις διήλεγχεν, καὶ τῶν μὲν ἀρνουμένων, τοῦ δὲ μηδὲν πλέον λέγοντος, στρεβλοῦν ἐκέλευσεν τὸν Τίρωνα σφοδρότερον. [549] ὁ δ' υἱὸς οἰκτείρας ὑπέσχετο τῷ βασιλεῖ πάντα μηνύσειν, εἰ χαρίσαιτο τὸν πατέρα αὐτῷ. κἀκείνου δόντος εἶπεν, ὡς ὁ πατὴρ αὐτοῦ πεισθεὶς Ἀλεξάνδρῳ θελήσειεν αὐτὸν ἀνελεῖν. τοῦθ' οἱ μὲν εἰς ἀπαλλαγὴν τῆς τοῦ πατρὸς αἰκίας πεπλάσθαι, τινὲς δὲ ἀληθὲς ἔλεγον.

[6.550] Ἡρώδης γε μὴν ἐν ἐκκλησίᾳ τῶν τε ἡγεμόνων καὶ Τίρωνος κατηγορήσας τὸν λαὸν ἐπ' αὐτοὺς ἐστρατολόγησεν: αὐτόθι γοῦν ἀναιροῦνται μετὰ τοῦ κουρέως ξύλοις βαλλόμενοι καὶ λίθοις. [551] πέμψας δὲ καὶ τοὺς υἱεῖς εἰς Σεβαστὴν οὖσαν οὐ πόρρω τῆς Καισαρείας προσέταξεν ἀποπνῖξαι. καὶ τελεσθέντος αὐτῷ ταχέως τοῦ προστάγματος τοὺς νεκροὺς εἰς Ἀλεξάνδρειον ἐκέλευσεν ἀνακομισθῆναι τὸ φρούριον συνταφησομένους Ἀλεξάνδρῳ τῷ μητροπάτορι. τὸ μὲν οὖν Ἀλεξάνδρου καὶ Ἀριστοβούλου τέλος τοιοῦτον.

[1.552] Ἀντιπάτρῳ δὲ ἀδήριτον ἔχοντι τὴν διαδοχὴν μῖσος μὲν ἀφόρητον ἐκ τοῦ ἔθνους ἐπεγείρεται πάντων ἐπισταμένων, ὅτι τὰς διαβολὰς τοῖς ἀδελφοῖς πάσας ἐπισυντάξειεν οὗτος, ὑποικούρει δὲ καὶ δέος οὐ μέτριον αὐξανομένην ὁρῶντι τὴν τῶν ἀνῃρημένων γενεάν: ἦσαν γὰρ Ἀλεξάνδρῳ μὲν ἐκ Γλαφύρας υἱεῖς δύο Τιγράνης καὶ Ἀλέξανδρος, Ἀριστοβούλῳ δ' ἐκ Βερνίκης τῆς Σαλώμης Ἡρώδης μὲν καὶ Ἀγρίππας καὶ Ἀριστόβουλος υἱοί, θυγατέρες δὲ Ἡρωδιὰς καὶ Μαριάμμη. [553] τὴν μὲν οὖν Γλαφύραν μετὰ τῆς προικὸς Ἡρώδης ἀπέπεμψεν εἰς Καππαδοκίαν, ὡς ἀνεῖλεν Ἀλέξανδρον, τὴν Ἀριστοβούλου δὲ Βερνίκην συνῴκισεν θείῳ πρὸς μητρὸς Ἀντιπάτρου: τὴν γὰρ Σαλώμην οὖσαν διάφορον ἐξοικειούμενος ὁ Ἀντίπατρος τοῦτον ἐπραγματεύσατο τὸν γάμον. [554] περιῄει δὲ καὶ τὸν Φερώραν δώροις τε καὶ ταῖς ἄλλαις θεραπείαις καὶ τοὺς Καίσαρος φίλους οὐκ ὀλίγα πέμπων ἐπὶ Ῥώμης χρήματα. οἵ γε μὴν περὶ Σατορνῖνον ἐν Συρίᾳ πάντες ἐνεπλήσθησαν τῶν ἀπ' αὐτοῦ δωρεῶν. ἐμισεῖτο δὲ διδοὺς πλεῖον, ὡς ἂν οὐκ ἐκ τοῦ μεγαλοψύχου χαριζόμενος ἀλλ' ἀναλίσκων κατὰ δέος. [555] συνέβαινεν δὲ τοὺς μὲν λαμβάνοντας οὐδὲν μᾶλλον εὔνους γίνεσθαι, χαλεπωτέρους δ' ἐχθροὺς οἷς μὴ διδοίη. λαμπροτέρας δὲ καθ' ἡμέραν ἐποιεῖτο τὰς διαδόσεις ὁρῶν τὸν βασιλέα παρ' ἃς αὐτὸς ἐλπίδας εἶχεν ἐπιμελούμενον τῶν ὀρφανῶν καὶ τὴν ἐπὶ τοῖς ἀνῃρημένοις μετάνοιαν ἐμφαίνοντα δι' ὧν ἠλέει τοὺς ἐξ ἐκείνων.

[2.556] Συναγαγὼν γάρ ποτε Ἡρώδης συγγενεῖς τε καὶ φίλους παραστησάμενός τε τὰ παιδία καὶ δακρύων ἐμπλήσας τοὺς ὀφθαλμοὺς εἶπεν: "ἐμὲ τοὺς μὲν τούτων πατέρας δαίμων σκυθρωπὸς ἀφείλετο, ταῦτα δέ μοι μετὰ τῆς φύσεως συνίστησιν ἔλεος ὀρφανίας. πειρῶμαι δ', εἰ καὶ πατὴρ ἐγενόμην ἀτυχέστατος, πάππος γοῦν γενέσθαι κηδεμονικώτερος καὶ μετ' ἐμὲ ἡγεμόνας αὐτοῖς ἀπολιπεῖν τοὺς ἐμοὶ φιλτάτους. [557] ἐγγυῶ δὲ τὴν μὲν σήν, ὦ Φερώρα, θυγατέρα τῷ πρεσβυτέρῳ τῶν ἀδελφῶν Ἀλεξάνδρου παίδων, ἵνα ᾖς αὐτῷ κηδεμὼν ἀναγκαῖος, τῷ δὲ σῷ παιδί, Ἀντίπατρε, τὴν

Ἀριστοβούλου θυγατέρα: γένοιο γὰρ ἂν οὕτω πατὴρ τῆς ὀρφανῆς. καὶ τὴν ἀδελφὴν αὐτῆς ὁ ἐμὸς Ἡρώδης λήψεται πρὸς μητρὸς ὢν ἀρχιερέως πάππου. [558] τὰ μὲν οὖν ἐμὰ ταύτην ἐχέτω τὴν κρίσιν, ἣν διακόψῃ μηδεὶς τῶν ἐμὲ φιλούντων: ἐπεύχομαι δὲ καὶ τῷ θεῷ συναρμόσαι τοὺς γάμους ἐπὶ συμφέροντι τῆς ἐμῆς βασιλείας καὶ τῶν ἐμῶν ἐκγόνων τά τε παιδία ταυτὶ γαληνοτέροις ἐπιδεῖν ὄμμασιν ἢ τοὺς πατέρας αὐτῶν."

[3.559] [ἐπειδὴ] ταῦτα εἰπὼν ἀπεδάκρυσέν τε καὶ τῶν παίδων συνήρμοσεν τὰς δεξιάς, ἔπειτα κατασπασάμενος ἕκαστον φιλοφρόνως διέλυσεν τὸ συνέδριον. ἐπαχνώθη δ' εὐθὺς Ἀντίπατρος καὶ δῆλος ἦν ἅπασιν ὀδυνώμενος: ὑπελάμβανεν γὰρ εἶναι παρὰ τῷ πατρὶ τὴν τῶν ὀρφανῶν τιμὴν ἑαυτοῦ κατάλυσιν αὖθίς τε κινδυνεύσειν περὶ τῶν ὅλων, εἰ πρὸς Ἀρχελάῳ καὶ Φερώραν ὄντα τετράρχην βοηθὸν ἔχοιεν οἱ Ἀλεξάνδρου παῖδες. [560] συνελογίζετο δὲ τὸ ἑαυτοῦ μῖσος καὶ τὸν τῶν ὀρφανῶν ἔλεον ἐκ τοῦ ἔθνους, ὅση τε σπουδὴ ζώντων καὶ ὅση μνήμη παρὰ Ἰουδαίοις τῶν δι' αὐτὸν ἀπολωλότων ἦν ἀδελφῶν. ἔγνω δὴ πάντα τρόπον διακόπτειν τὰς ἐγγύας.

[4.561] Καὶ τὸ μὲν ὑπιέναι πανούργως ἔδεισε τὸν πατέρα χαλεπὸν ὄντα καὶ πρὸς τὰς ὑποψίας κινούμενον ὀξέως, ἐτόλμησεν δὲ προσελθὼν ἱκετεύειν ἄντικρυς μὴ στερίσκειν αὐτὸν ἧς ἠξίωσεν τιμῆς, μηδὲ αὐτῷ μὲν ὄνομα βασιλείας, δύναμιν δὲ ὑπάρχειν ἄλλοις: οὐ γὰρ κρατήσειν τῶν πραγμάτων, εἰ πρὸς Ἀρχελάῳ πάππῳ καὶ Φερώραν κηδεστὴν ὁ Ἀλεξάνδρου παῖς προσλάβοι.
[562] κατηντιβόλει δὲ πολλῆς οὔσης γενεᾶς κατὰ τὸ βασίλειον μεταθεῖναι τοὺς γάμους: ἦσαν γὰρ τῷ βασιλεῖ γυναῖκες μὲν ἐννέα, τέκνα δὲ ἐκ τούτων ἑπτά, αὐτὸς μὲν Ἀντίπατρος ἐκ Δωρίδος, Ἡρώδης δ' ἐκ Μαριάμμης τῆς τοῦ ἀρχιερέως θυγατρός, Ἀντίπας δὲ καὶ Ἀρχέλαος ἐκ Μαλθάκης τῆς Σαμαρείτιδος, καὶ θυγάτηρ Ὀλυμπιάς, ἣν ὁ ἀδελφιδοῦς αὐτοῦ Ἰώσηπος εἶχεν, ἐκ δὲ τῆς Ἱεροσολυμίτιδος Κλεοπάτρας Ἡρώδης καὶ Φίλιππος, ἐκ δὲ Παλλάδος Φασάηλος. [563] ἐγένοντο δ' αὐτῷ καὶ ἄλλαι θυγατέρες Ῥωξάνη τε

καὶ Σαλώμη, ἡ μὲν ἐκ Φαίδρας, ἡ δὲ ἐξ Ἐλπίδος. δύο δ' εἶχεν ἀτέκνους, ἀνεψιάν τε καὶ ἀδελφιδῆν. χωρὶς δὲ τούτων δύο ἀδελφὰς Ἀλεξάνδρου καὶ Ἀριστοβούλου τὰς ἐκ Μαριάμμης. οὔσης δὲ πολυπροσώπου τῆς γενεᾶς ὁ Ἀντίπατρος ἐδεῖτο μετατεθῆναι τοὺς γάμους.

[5.564] Χαλεπῶς δ' ὁ βασιλεὺς ἠγανάκτησεν καταμαθὼν αὐτοῦ τὸ πρὸς τοὺς ὀρφανοὺς ἦθος, ἔννοιά τε αὐτῷ παρέστη περὶ τῶν ἀνῃρημένων, μή ποτε κἀκεῖνοι γένοιντο τῶν Ἀντιπάτρου διαβολῶν ἀγώνισμα. [565] τότε μὲν οὖν πολλὰ πρὸς ὀργὴν ἀποκρινάμενος ἀπελαύνει τὸν Ἀντίπατρον, αὖθις δὲ ὑπαχθεὶς αὐτοῦ ταῖς κολακείαις μεθηρμόσατο, καὶ αὐτῷ μὲν τὴν Ἀριστοβούλου συνῴκισεν θυγατέρα, τὸν δὲ υἱὸν αὐτοῦ τῇ Φερώρα θυγατρί.

[6.566] Καταμάθοι δ' ἄν τις, ὅσον ἴσχυσεν ἐν τούτοις κολακεύων Ἀντίπατρος, ἐκ τοῦ Σαλώμην ἐν ὁμοίοις ἀποτυχεῖν. ταύτην γὰρ δὴ καίπερ οὖσαν ἀδελφὴν καὶ πολλὰ διὰ Λιουίας τῆς γυναικὸς Καίσαρος ἱκετεύουσαν γαμηθῆναι τῷ Ἄραβι Συλλαίῳ, διωμόσατο μὲν ἐχθροτάτην ἕξειν, εἰ μὴ παύσαιτο τῆς σπουδῆς, τὸ δὲ τελευταῖον ἄκουσαν Ἀλεξᾷ τινι τῶν φίλων συνῴκισεν καὶ τῶν θυγατέρων αὐτῆς τὴν μὲν τῷ Ἀλεξᾶ παιδί, τὴν δ' ἑτέραν τῷ πρὸς μητρὸς Ἀντιπάτρου θείῳ. τῶν δ' ἐκ Μαριάμμης θυγατέρων ἡ μὲν ἀδελφῆς υἱὸν Ἀντίπατρον εἶχεν, ἡ δὲ ἀδελφοῦ Φασάηλον.

[1.567] Διακόψας δὲ τὰς τῶν ὀρφανῶν ἐλπίδας ὁ Ἀντίπατρος καὶ πρὸς τὸ συμφέρον αὐτῷ τὰς ἐπιγαμίας ποιησάμενος ὡς ἐπὶ βεβαίοις μὲν ὥρμει ταῖς ἐλπίσιν, προσλαβὼν δὲ τῇ κακίᾳ τὸ πεποιθὸς ἀφόρητος ἦν: τὸ γὰρ παρ' ἑκάστῳ μῖσος ἀποσκευάσασθαι μὴ δυνάμενος ἐκ τοῦ φοβερὸς εἶναι τὴν ἀσφάλειαν ἐπορίζετο. [568] συνήργει δὲ καὶ Φερώρας ὡς ἂν ἤδη καὶ βασιλεῖ βεβαίῳ. γίνεται δὲ καὶ γυναικῶν σύνταγμα κατὰ τὴν αὐλήν, ὃ νεωτέρους ἐκίνησεν θορύβους: ἡ γὰρ Φερώρα γυνὴ μετὰ τῆς μητρὸς καὶ τῆς ἀδελφῆς προσλαβοῦσα καὶ τὴν Ἀντιπάτρου μητέρα πολλὰ μὲν

ἠσέλγαινεν κατὰ τὸ βασίλειον, ἐτόλμησεν δὲ καὶ τοῦ βασιλέως ὑβρίσαι δύο θυγατέρας, δι' ἃ δὴ μάλιστα ταύτην ἐκεῖνος προβέβλητο: μισούμεναί γε μὴν ὑπ' αὐτοῦ τῶν ἄλλων ἐπεκράτουν.
[569] μόνη δὲ τῆς ὁμονοίας αὐτῶν ἀντίπαλος ἦν Σαλώμη καὶ βασιλεῖ διέβαλλεν τὴν σύνοδον ὡς οὐκ ἐπ' ἀγαθῷ τῶν αὐτοῦ πραγμάτων εἴη. γνοῦσαι δ' ἐκεῖναι τὴν διαβολὴν καὶ ὡς ἀγανακτήσειεν Ἡρώδης, τῆς μὲν φανερᾶς συνόδου καὶ τῶν φιλοφρονήσεων ἐπαύσαντο, τοὐναντίον δ' ὑπεκρίνοντο καὶ διαφέρεσθαι πρὸς ἀλλήλας ἀκούοντος βασιλέως: αἷς συνυπεκρίνετο καὶ Ἀντίπατρος ἐν τῷ φανερῷ προσκρούων Φερώρᾳ.
[570] συνουσίαι δὲ ἦσαν αὐτῶν λάθρα καὶ κῶμοι νυκτερινοί, τήν τε ὁμόνοιαν ἡ παρατήρησις ἐπέτεινεν. ἠγνόει δὲ οὐδὲν Σαλώμη τῶν πραττομένων καὶ πάντα Ἡρώδῃ διήγγελλεν.

[2.571] Ἐξεκαίετο δ' ἐκεῖνος εἰς ὀργὴν καὶ μάλιστα ἐπὶ τὴν Φερώρου γυναῖκα: ταύτην γὰρ πλέον ἡ Σαλώμη διέβαλλεν. ἀθροίσας οὖν συνέδριον τῶν τε φίλων καὶ συγγενῶν ἄλλα τε πολλὰ τῆς ἀνθρώπου κατηγόρει καὶ τὴν εἰς τὰς ἑαυτοῦ θυγατέρας ὕβριν, ὅτι τε Φαρισαίοις μὲν χορηγήσειεν μισθοὺς κατ' αὐτοῦ καὶ τὸν ἀδελφὸν αὐτῷ κατασκευάσειεν πολέμιον ἐνδησαμένη φαρμάκοις.
[572] τελευταῖον δ' εἰς Φερώραν ἀπέστρεφεν τὸν λόγον, δυοῖν θάτερον ἑλέσθαι λέγων, ἢ ἑαυτὸν ἀδελφὸν ἢ τὴν γυναῖκα. τοῦ δὲ θᾶττον ἀπολείψειν τὸ ζῆν ἢ τὴν γυναῖκα φήσαντος, οὐκ ἔχων ὅ τι χρὴ δρᾶν μετέβαινεν ἐπ' Ἀντίπατρον, ᾧ παρήγγειλεν μήτε τῇ Φερώρα γυναικὶ μήτε αὐτῷ μήτ' ἄλλῳ τινὶ τῶν ἐκείνης διαλέγεσθαι. ὁ δὲ φανερῶς μὲν οὐ μετέβαινεν τὸ πρόσταγμα, λάθρα δὲ διενυκτέρευεν σὺν ἐκείνοις. [573] καὶ δεδοικὼς τὴν ἐπιτηροῦσαν Σαλώμην πραγματεύεται διὰ τῶν ἐπὶ τῆς Ἰταλίας φίλων τὴν εἰς Ῥώμην ἀποδημίαν αὐτῷ: γραψάντων γὰρ ἐκείνων δεῖν Ἀντίπατρον διὰ χρόνου πεμφθῆναι πρὸς Καίσαρα, ὁ δὲ οὔ τι μελλήσας ἐξέπεμψεν θεραπείαν τε λαμπρὰν καὶ πλεῖστα δοὺς χρήματα τήν τε διαθήκην κομίζειν, ἐν ᾗ βασιλεὺς μὲν Ἀντίπατρος ἐγέγραπτο,

Ἀντιπάτρου δὲ Ἡρώδης διάδοχος ὁ ἐκ Μαριάμμης τῆς τοῦ ἀρχιερέως θυγατρὸς γεγονώς.

[3.574] Ἔπλευσεν δὲ καὶ Συλλαῖος ὁ Ἄραψ ἐπὶ Ῥώμης, ἠμεληκὼς μὲν τῶν Καίσαρος προσταγμάτων, ἀνταγωνιούμενος δὲ πρὸς Ἀντίπατρον περὶ ὧν δεδίκαστο Νικολάῳ τάχιον. οὐ μικρὸς δ' αὐτῷ καὶ πρὸς Ἀρέταν ἦν ἀγὼν τὸν ἑαυτοῦ βασιλέα: τούτου γὰρ ἄλλους τε φίλους ἀνῃρήκει καὶ Σόαιμον τῶν ἐν Πέτρᾳ δυνατωτάτων. [575] πείσας δὲ πολλοῖς χρήμασιν Φάβατον τὸν Καίσαρος διοικητὴν ἐχρῆτο βοηθῷ καὶ καθ' Ἡρώδου. πλείονα δὲ δοὺς Ἡρώδης ἀφίστησίν τε ἀπὸ Συλλαίου Φάβατον καὶ δι' αὐτοῦ τὰ κελευσθέντα ὑπὸ Καίσαρος εἰσέπραττεν. ὁ δὲ μηδὲν ἀποδοὺς ἔτι καὶ κατηγόρει Φαβάτου παρὰ Καίσαρι, διοικητὴν εἶναι λέγων οὐ τῶν ἐκείνῳ, τῶν δὲ Ἡρώδῃ συμφερόντων. [576] ἐφ' οἷς ὀργισθεὶς Φάβατος, ἦν δ' ἔτι παρὰ Ἡρώδῃ μάλιστα τιμώμενος, γίνεται προδότης Συλλαίου τῶν ἀπορρήτων τῷ τε βασιλεῖ φησιν, ὅτι Συλλαῖος διαφθείρειεν αὐτοῦ τὸν σωματοφύλακα Κόρινθον χρήμασιν, ὃν δεῖ φυλάττεσθαι. πείθεται δ' ὁ βασιλεύς: καὶ γὰρ τέθραπτο μὲν ὁ Κόρινθος ἐν τῇ βασιλείᾳ, γένος δ' ἦν Ἄραψ. [577] συλλαμβάνει δ' εὐθέως οὐκ αὐτὸν μόνον ἀλλὰ καὶ δύο ἑτέρους Ἄραβας εὑρὼν παρ' αὐτῷ, τὸν μὲν φίλον Συλλαίου τὸν δὲ φύλαρχον. οἱ δὲ βασανιζόμενοι πεῖσαι Κόρινθον ὡμολόγησαν ἐπὶ πολλοῖς χρήμασιν Ἡρώδην ἀνελεῖν. οὗτοι μὲν οὖν ἀνακριθέντες καὶ παρὰ Σατορνίνῳ τῷ διέποντι τὴν Συρίαν ἀνεπέμφθησαν εἰς Ῥώμην.

[4.578] Ἡρώδης δὲ οὐκ ἀνίει Φερώραν βιαζόμενος ἀπαλλαγῆναι τῆς γυναικὸς οὐδ' ἐπενόει μηχανὴν δι' ἧς ἂν τιμωρήσαιτο τὴν ἄνθρωπον πολλὰς τοῦ μίσους ἔχων αἰτίας, ἕως ὑπεραγανακτήσας σὺν αὐτῇ καὶ τὸν ἀδελφὸν ἐκβάλλει. [579] Φερώρας δὲ ἀγαπήσας τὴν ὕβριν ἀπαλλάσσεται μὲν εἰς τὴν ἑαυτοῦ τετραρχίαν ὀμόσας ὅρον ἕξειν ἕνα τῆς φυγῆς τὸν Ἡρώδου θάνατον καὶ μηδέποτε πρὸς ζῶντα ὑποστρέψειν, ἐπανῆλθεν δὲ οὐδὲ πρὸς νοσοῦντα τὸν ἀδελφὸν καίτοι λιπαρῶς μεταπεμπόμενον: ἐβούλετο γὰρ αὐτῷ τινας ἐντολὰς καταλείψειν ὡς τεθνηξόμενος. [580] ἀλλ' ὁ μὲν παρ' ἐλπίδα σῴζεται, μετ' οὐ πολὺ δὲ νοσεῖ Φερώρας, εὑρίσκετο δὲ Ἡρώδης μετριώτερος: καὶ γὰρ ἥκει πρὸς αὐτὸν καὶ συμπαθῶς ἐθεράπευεν. οὐ μὴν ὑπερίσχυσεν τοῦ πάθους: μετὰ γὰρ ἡμέρας ὀλίγας ἀποθνήσκει Φερώρας. [581] ὃν καίπερ ἀγαπήσας Ἡρώδης μέχρι τελευταίας ἡμέρας ὅμως καὶ αὐτὸν ἀνελεῖν ἐφημίσθη φαρμάκῳ. τόν γε μὴν νεκρὸν εἰς Ἱεροσόλυμα κομίσας πένθος τε μέγιστον ὅλῳ τῷ ἔθνει κατήγγειλεν καὶ κηδείας ἠξίωσεν λαμπροτάτης. ἕνα μὲν δὴ τῶν Ἀλεξάνδρου καὶ Ἀριστοβούλου φονέων τοιοῦτον περιέρχεται τέλος.

[1.582] Μετέβαινεν δ' ἐπὶ τὸν αὐθέντην Ἀντίπατρον ἡ ποινὴ τὸν Φερώρα θάνατον ἀρχὴν λαβοῦσα. τῶν τούτου γάρ τινες ἀπελευθέρων κατηφεῖς τῷ βασιλεῖ προσελθόντες τὸν ἀδελφὸν αὐτοῦ διεφθάρθαι φαρμάκοις ἔλεγον: προσενεγκεῖν μὲν γὰρ αὐτῷ τι τὴν γυναῖκα τῶν οὐ συνήθως ἐσκευασμένων, φαγόντα δ' εὐθέως εἰς τὴν νόσον καταπεσεῖν. [583] ἀγηοχέναι τε πρὸ δυοῖν ἡμερῶν τὴν μητέρα αὐτῆς καὶ τὴν ἀδελφὴν γύναιον ἐκ τῆς Ἀραβίας φαρμάκων ἔμπειρον, ὅπως φίλτρον σκευάσῃ τῷ Φερώρᾳ, δεδωκέναι δὲ ἀντὶ τούτου θανάσιμον Συλλαίου πραγματευσαμένου: τούτῳ γὰρ ἦν γνώριμον.

[2.584] Πληγεὶς οὖν ὁ βασιλεὺς ὑποψίαις πλείοσιν θεραπαίνας τε καί τινας τῶν ἐλευθέρων ἐβασάνιζεν. ἐβόα δέ τις ἐν ταῖς ἀλγηδόσιν "θεὸς ὁ γῆν καὶ οὐρανὸν διέπων μετέλθοι τὴν τούτων ἡμῖν τῶν κακῶν αἰτίαν, τὴν Ἀντιπάτρου μητέρα." ταύτης τῆς ἀρχῆς ὁ βασιλεὺς λαβόμενος ἐπεξῄει πρόσω τὴν ἀλήθειαν. [585] ἡ δὲ γυνὴ τήν τε φιλίαν τῆς Ἀντιπάτρου μητρὸς πρὸς Φερώραν καὶ τὰς ἐκείνου γυναῖκας ἐδήλου καὶ τὰς λαθραίας αὐτῶν συνόδους, ὅτι τε Φερώρας καὶ Ἀντίπατρος σὺν ἐκείναις πίνοιεν ὑποστρέφοντες ἀπὸ τοῦ βασιλέως δι' ὅλης νυκτὸς μηδένα μήτε οἰκέτην μήτε θεράπαιναν ἐῶντες παρατυγχάνειν. μία δὴ τῶν ἐλευθέρων ταῦτα μηνύει.

[3.586] Τὰς δὲ δούλας χωρὶς ἑκάστην Ἡρώδης ἐβασάνιζεν. ἐρρήθη δὲ παρὰ πάσαις τὰ προειρημένα σύμφωνα, καὶ διότι κατὰ συνθήκην Ἀντίπατρος μὲν εἰς Ῥώμην, Φερώρας δ' ὑποχωρήσειεν εἰς τὴν Περαίαν: πολλάκις γὰρ αὐτοὺς διαλαλεῖν, ὡς μετ' Ἀλέξανδρον καὶ Ἀριστόβουλον ἐπ' αὐτοὺς Ἡρώδης μεταβήσεται καὶ τὰς ἑαυτῶν γυναῖκας. οὐ γὰρ φείσεσθαι μετὰ Μαριάμμην καὶ τοὺς ἐξ ἐκείνης ἑτέρου τινός, ὥστε ἄμεινον εἶναι φεύγειν ὡς πορρωτάτω τοῦ θηρίου. [587] πολλάκις δὲ ἀποδυρόμενον πρὸς τὴν μητέρα τὸν Ἀντίπατρον εἰπεῖν, ὡς αὐτὸς μὲν εἴη πολιὸς ἤδη, νεάζοι δὲ καθ' ἡμέραν ὁ πατήρ, φθάσαι δ' ἂν τάχα καὶ τελευτήσας πρὶν ἄρξασθαι βασιλείας ἀληθοῦς. εἰ δὲ καί ποτε ἐκεῖνος τελευτήσειεν: πότε δ' ἂν γένοιτο τοῦτο; παντάπασιν αὐτῷ τὴν ἀπόλαυσιν τῆς διαδοχῆς γίνεσθαι σύντομον. [588] ὑποβλαστάνειν δὲ τὰς τῆς ὕδρας κεφαλάς, τοὺς Ἀριστοβούλου καὶ Ἀλεξάνδρου παῖδας. ἀφῃρῆσθαι δ' αὐτὸν ὑπὸ τοῦ πατρὸς καὶ τὴν ἐπὶ τέκνοις ἐλπίδα: διάδοχον γὰρ οὐ τῶν αὐτοῦ τινα παίδων μετὰ τὴν τελευτήν, ἀλλὰ τὸν ἐκ Μαριάμμης Ἡρώδην γεγραφέναι. καὶ κατὰ τοῦτό γε παντάπασιν παραγηρᾶν οἰόμενον αὐτοῦ καὶ διαθήκας μενεῖν κυρίας: αὐτὸν γὰρ προνοήσειν μηδένα τῆς γενεᾶς ἀπολιπεῖν. [589] ὄντα γε μὴν τῶν πώποτε πατέρων μισοτεκνότατον Ἡρώδην πολὺ μᾶλλον εἶναι μισάδελφον: δοῦναι γοῦν αὐτῷ πρῴην ἑκατὸν τάλαντα ἐπὶ τῷ μὴ διαλέγεσθαι Φερώρᾳ. τοῦ δὲ εἰπόντος "τί γὰρ αὐτὸν ἐβλάπτομεν;" ἀποκρίνασθαι τὸν Ἀντίπατρον "εἴθε πάντα ἡμᾶς ἀφελόμενος γυμνοὺς ἐάσειεν ζῶντας. ἀλλ' ἀμήχανον ἐκφυγεῖν οὕτω φονικὸν θηρίον, παρ' ᾧ μηδὲ φιλεῖν τινας ἔξεστι φανερῶς. λάθρα γοῦν νῦν ἀλλήλοις σύνεσμεν, ἐξέσται δὲ φανερῶς, ἐὰν σχῶμέν ποτε ἀνδρῶν φρόνημα καὶ χεῖρας."

[4.590] Ταῦτ' ἔλεγον αἱ βασανιζόμεναι, καὶ ὅτι Φερώρας βουλεύσαιτο φυγεῖν μετ' αὐτῶν εἰς Πέτραν. ἐπίστευσεν δ' Ἡρώδης πᾶσιν τοῖς λεγομένοις ἐκ τῶν ἑκατὸν ταλάντων: μόνῳ γὰρ Ἀντιπάτρῳ διειλεκτο περὶ αὐτῶν. ἀποσκήπτει δ' εἰς πρώτην ὁ θυμὸς Δωρίδα τὴν Ἀντιπάτρου μητέρα: καὶ γυμνώσας αὐτὴν παντὸς οὗ δεδώρητο κόσμου, πολλῶν δ' ἦν ταλάντων, ἐκβάλλει δεύτερον. [591] τὰς δὲ Φερώρου γυναῖκας ἀπὸ τῶν βασάνων ἐτημέλει διηλλαγμένος. ἐπτόητο δὲ τῷ φόβῳ καὶ πρὸς πᾶσαν ὑπόνοιαν ἐξερριπίζετο πολλούς τε τῶν οὐκ αἰτίων εἷλκεν εἰς βασάνους δεδοικώς, μή τινα τῶν αἰτίων παραλίπῃ.

[5.592] Κἀν τούτῳ τρέπεται πρὸς τὸν Σαμαρείτην Ἀντίπατρον, ὃς ἦν ἐπίτροπος Ἀντιπάτρου. βασανίζων δὲ αὐτὸν ἤκουσεν ὅτι μετεπέμψατο μὲν Ἀντίπατρος ἐξ Αἰγύπτου δηλητήριον φάρμακον ἐπ' αὐτὸν διά τινος τῶν ἑταίρων Ἀντιφίλου, λάβοι δὲ παρ' ἐκείνου Θευδίων ὁ θεῖος Ἀντιπάτρου καὶ παραδοίη Φερώρᾳ: τούτῳ γὰρ ἐντείλασθαι τὸν Ἀντίπατρον Ἡρώδην ἀνελεῖν ἕως αὐτός ἐστιν ἐν Ῥώμῃ τῆς ὑπονοίας κεχωρισμένος: Φερώραν δὲ τῇ γυναικὶ παραθέσθαι τὸ φάρμακον. [593] ταύτην ὁ βασιλεὺς μεταπεμψάμενος αὐτίκα τὸ ληφθὲν ἐκέλευσεν κομίζειν. ἡ δ' ἔξεισι μὲν ὡς κομιοῦσα, ῥίπτει δ' ἑαυτὴν ἀπὸ τοῦ τέγους τόν τε ἔλεγχον καὶ τὴν ἐκ τοῦ βασιλέως αἰκίαν φθάνουσα: προνοίᾳ δ', ὡς ἔοικεν, θεοῦ μετιόντος Ἀντίπατρον οὐκ ἐπὶ κεφαλὴν ἀλλ' ἐπὶ θάτερα πεσοῦσα διασῴζεται. [594] κομισθεῖσαν δ' αὐτὴν ὁ βασιλεὺς ἀνακτησάμενος, κεκάρωτο γὰρ ἀπὸ τοῦ πτώματος, ἠρώτα δι' ἣν αἰτίαν ῥίψειεν ἑαυτήν, εἰ μὲν εἴποι τἀληθές, ἀφήσειν πάσης τιμωρίας ἐπομνύμενος, εἰ δ' ὑποστείλαιτο, δαπανήσειν αὐτῆς ἐν βασάνοις τὸ σῶμα καὶ μηδὲ τάφῳ καταλείψειν.

[6.595] Πρὸς ταῦθ' ἡ γυνὴ μικρὸν διαλιποῦσα "καὶ τί γάρ, εἶπεν, ἔτι φείδομαι τῶν ἀπορρήτων Φερώρα τεθνεῶτος ἢ σῴζουσα τὸν ἀπολέσαντα πάντας ἡμᾶς Ἀντίπατρον; ἄκουε, βασιλεῦ, καὶ μετὰ σοῦ θεὸς ὁ μάρτυς ἐμοὶ τῆς ἀληθείας πλανηθῆναι μὴ δυνάμενος: [596] ὅτε ἀποθνήσκοντι Φερώρᾳ παρεκαθέζου δεδακρυμένος, τότε με προσκαλεσάμενος ἐκεῖνος "ἦ πολύ γε, ἔφη, ὦ γύναι, τῆς εἰς ἐμαυτὸν διανοίας τοῦ ἀδελφοῦ διήμαρτον, τὸν οὕτως στέργοντα μισήσας καὶ κτεῖναι βουλευσάμενος τὸν οὕτως ἐπ' ἐμοὶ μηδὲ τεθνεῶτί πω συγχεόμενον. ἀλλ' ἐγὼ μὲν ἀπέχω τῆς ἀσεβείας τὸ ἐπιτίμιον, σὺ δ' ὃ φυλάσσεις κατ' αὐτοῦ φάρμακον ὑπ' Ἀντιπάτρου καταλειφθὲν ἡμῖν φέρε καὶ βλέποντός μου ταχέως ἀφάνισον, ἵνα μὴ καὶ καθ' [597] ᾄδου φέροιμι τὸν ἀλάστορα." καὶ κελεύσαντος ἐκόμισα καὶ πλεῖστον μὲν εἰς τὸ πῦρ ὁρῶντος αὐτοῦ κατεκένωσα, βραχὺ δὲ ἐμαυτῇ πρὸς τὰ ἄδηλα καὶ τὸν ἐκ σοῦ φόβον ἐτήρησα."

[7.598] Ταῦτ' εἰποῦσα προκομίζει τὴν πυξίδα παντάπασιν ἔχουσαν τοῦ φαρμάκου βραχύ. βασιλεὺς δ' ἐπὶ τὴν μητέρα τὴν Ἀντιφίλου καὶ τὸν ἀδελφὸν τὰς βασάνους μετέφερεν, κἀκεῖνοι τὸν Ἀντίφιλον κομίσαι τε ἀπ' Αἰγύπτου τὴν πυξίδα ὡμολόγουν καὶ λαβεῖν παρ' ἀδελφοῦ τὸ φάρμακον ἔφασκον ἰατρεύοντος ἐν Ἀλεξανδρείᾳ. [599] περιιόντες δὲ οἱ Ἀλεξάνδρου καὶ Ἀριστοβούλου δαίμονες ἅπαν τὸ βασίλειον ἐρευνηταί τε καὶ μηνυταὶ τῶν ἀδήλων ἐγίνοντο τούς τε πορρωτάτω τῆς ὑποψίας ὄντας ἔσυρον εἰς τοὺς ἐλέγχους. εὑρίσκεται γοῦν καὶ ἡ τοῦ ἀρχιερέως θυγάτηρ Μαριάμμη τῆς ἐπιβουλῆς συνίστωρ: [600] βασανιζόμενοι γὰρ τοῦτ' ἀπέδειξαν αὐτῆς οἱ ἀδελφοί. βασιλεὺς δὲ τῆς μητρῴας τόλμης καὶ τὸν υἱὸν ἠμύνατο: τὸν γοῦν ἐξ αὐτῆς Ἡρώδην ὄντα διάδοχον Ἀντιπάτρου τῆς διαθήκης ἐξήλειψεν.

[1.601] Ἐπὶ τούτοις καὶ Βάθυλλος εἰς τοὺς ἐλέγχους συνέδραμεν, ἡ τελευταία πίστις τῶν Ἀντιπάτρῳ βεβουλευμένων: ἦν μὲν γὰρ ἀπελεύθερος αὐτοῦ, κομίζων δ' ἧκεν ἄλλο δηλητήριον ἰοὺς ἀσπίδων καὶ χυλοὺς ἑτέρων ἑρπετῶν, ἵνα εἰ τὸ πρῶτον ἀσθενήσει φάρμακον, τούτῳ Φερώρας μετὰ τῆς γυναικὸς ὁπλίσαιτο κατὰ τοῦ βασιλέως. [602] πάρεργον δὲ τῆς ἐπὶ τὸν πατέρα τόλμης ἐκόμιζεν τὰς κατὰ τῶν ἀδελφῶν ἐσκευωρημένας ἐπιστολὰς ὑπ' Ἀντιπάτρου: ἦσαν γὰρ Ἀρχέλαος καὶ Φίλιππος βασιλέως παῖδες ἐπὶ Ῥώμης παιδευόμενοι μειράκιά τε ἤδη καὶ φρονήματος μεστοί. [603] τούτους ἐπανακύπτοντας αὐτοῦ ταῖς ἐλπίσιν ἀποσκευάσασθαι σπεύδων Ἀντίπατρος ἃς μὲν πλάττεται κατ' αὐτῶν ἐπιστολὰς ἐξ ὀνόματος τῶν ἐπὶ Ῥώμης φίλων, οὓς δὲ ἔπειθεν γράψαι διαφθείρας χρήμασιν, ὡς πολλὰ μὲν βλασφημοῖεν τὸν πατέρα, φανερῶς δὲ Ἀλέξανδρον καὶ

Ἀριστόβουλον ὀδύροιντο, πρὸς δὲ τὴν μετάκλησιν ἀγανακτοῖεν: ἤδη δ' αὐτοὺς ὁ πατὴρ μετεπέμπετο, καὶ τοῦτο ἦν τὸ μάλιστα ταράσσον Ἀντίπατρον.

[2.604] Ἔτι δὲ καὶ πρὸ τῆς ἀποδημίας ἐν Ἰουδαίᾳ μένων τοιαύτας κατ' αὐτῶν ἐπὶ Ῥώμης ἠγόραζεν ἐπιστολὰς προσιών τε ὡς ἀνύποπτος εἴη τῷ πατρὶ περὶ τῶν ἀδελφῶν ἀπελογεῖτο, τὰ μὲν ψευδῆ λέγων εἶναι τῶν γραφομένων, ἃ δὲ νεότητος ἁμαρτήματα. [605] τηνικαῦτά γε μὴν τοῖς γράφουσιν κατὰ τῶν ἀδελφῶν πλεῖστα δοὺς χρήματα συμφύρειν ἐπειρᾶτο τὸν ἔλεγχον, ἐσθῆτάς τε πολυτελεῖς καὶ στρωμνὰς ποικίλας ἐκπώματά τε ἀργυρᾶ καὶ χρυσᾶ συνωνούμενος ἄλλα τε πολλὰ τῶν κειμηλίων, ἵνα τῷ πλήθει τῆς εἰς ταῦτα δαπάνης τοὺς εἰς ἐκεῖνα μισθοὺς ἐγκαταγράψῃ: διακόσια γοῦν ἀναλώματος ἀνήνεγκεν τάλαντα, καὶ τούτων μεγίστη πρόφασις ἦν ἡ πρὸς Συλλαῖον δίκη. [606] πάντων δ' αὐτοῦ τότε καὶ τῶν βραχυτέρων ἐν τῷ μείζονι κακῷ διακαλυφθέντων, ὅθ' αἱ μὲν βάσανοι πᾶσαι τὴν πατροκτονίαν, αἱ δ' ἐπιστολαὶ δευτέρας ἀδελφοκτονίας κεκράγεσαν, ὅμως οὐδεὶς τῶν εἰς Ῥώμην ἀφικνουμένων ἀπήγγειλεν αὐτῷ τὰς ἐν Ἰουδαίᾳ τύχας καίτοι μεταξὺ τῶν ἐλέγχων καὶ τῆς ἐπανόδου διελθόντων ἑπτὰ μηνῶν: τοσοῦτον πρὸς αὐτὸν ἐκ πάντων μῖσος ἦν. [607] τάχα καὶ τοὺς ἀπαγγέλλειν προῃρημένους οἱ τῶν ἀνῃρημένων δαίμονες ἀδελφῶν ἐφίμουν: γράφει γοῦν ἀπὸ Ῥώμης ἄφιξιν ἑαυτοῦ ταχεῖαν εὐαγγελιζόμενος, καὶ ὡς ὑπὸ Καίσαρος μετὰ τιμῆς ἀπολυθείη.

[3.608] Ὁ βασιλεὺς δὲ εἰς χεῖρας λαβεῖν σπεύδων τὸν ἐπίβουλον καὶ δεδοικὼς μή ποτε προγνοὺς φυλάξηται, δι' ἐπιστολῆς ἀνθυπεκρίνετο τά τε ἄλλα φιλοφρονούμενος καὶ σπεύδειν παρακαλῶν: θήσεσθαι γὰρ αὐτοῦ καὶ τὰς πρὸς τὴν μητέρα μέμψεις ἐπειχθέντος: οὐ γὰρ ἠγνόει τὴν ἐκβολὴν τῆς μητρὸς Ἀντίπατρος. [609] πρότερον μὲν οὖν εἰλήφει τὴν περὶ τῆς Φερώρα τελευτῆς ἐπιστολὴν ἐν Τάραντι καὶ μέγιστον ἐποιήσατο πένθος, ὅ τινες ὡς ἐπὶ θείῳ καθύμνουν, ἦν δ', ὡς ἔοικεν, ἐπὶ διαμαρτίᾳ τῆς ἐπιβουλῆς ἡ σύγχυσις καὶ οὐ Φερώραν κλαίοντος, ἀλλὰ τὸν ὑπηρέτην: ἤδη δὲ καὶ φόβος ἐπῄει τις αὐτὸν τῶν τετελεσμένων, μή ποτε φωραθείη τὸ φάρμακον. [610] τότε δ' ἐν Κιλικίᾳ λαβὼν ἣν προειρήκαμεν παρὰ τοῦ πατρὸς ἐπιστολὴν παραχρῆμα μὲν ἔσπευδεν, ὡς δὲ εἰς Κελένδεριν κατέπλει, λαμβάνει τις αὐτὸν ἔννοια τῶν περὶ τὴν μητέρα κακῶν προμαντευομένης ἤδη καὶ καθ' ἑαυτὴν τῆς ψυχῆς. [611] οἱ μὲν οὖν προμηθέστεροι τῶν φίλων συνεβούλευον μὴ πρότερον ἐμπίπτειν τῷ πατρὶ πρὶν πυθέσθαι σαφῶς δι' ἃς αἰτίας ἐξέβαλεν αὐτοῦ τὴν μητέρα: δεδιέναι γάρ, μή ποτε προσθήκη γένοιτο τῶν κατ' ἐκείνης διαβολῶν. [612] οἱ δὲ ἀσκεπτότεροι καὶ τὴν πατρίδα σπεύδοντες ἰδεῖν μᾶλλον ἢ τὸ συμφέρον Ἀντιπάτρῳ σκοποῦντες, ἐπείγεσθαι παρῄνουν καὶ μὴ τῇ μελλήσει παρασχεῖν τῷ πατρὶ μὲν ὑποψίαν φαύλην, τοῖς διαβάλλουσι δὲ ἀφορμήν: καὶ γὰρ νῦν, εἴ τι κεκίνηται κατ' αὐτοῦ, παρὰ τὴν ἀπουσίαν γέγονεν: μηδὲ γὰρ ἂν τολμῆσαι παρόντος: ἄτοπον δ' εἶναι δι' ἀδήλους ὑποψίας προδήλων ἀγαθῶν στερίσκεσθαι, καὶ μὴ θᾶττον ἀποδοῦναι μὲν ἑαυτὸν τῷ πατρί, κομίσασθαι δὲ τὴν βασιλείαν ἐπ' αὐτῷ μόνῳ σαλεύουσαν. [613] πείθεται τούτοις, ἐνῆγεν γὰρ τὸ δαιμόνιον, καὶ διαπεράσας εἰς τὸν Σεβαστὸν λιμένα τῆς Καισαρείας κατάγεται.

[4.614] Παρυπήντησεν δ' αὐτῷ παρὰ δόξαν ἐρημία πολλὴ πάντων ἐκτρεπομένων καὶ μηδενὸς προσιέναι τολμῶντος: ἐμισεῖτο μὲν γὰρ ἐπίσης, καὶ τότε φανῆναι τὸ μῖσος ἔσχεν παρρησίαν, πολλοὺς δὲ ὁ ἐκ τοῦ βασιλέως φόβος ἀπέστρεψεν, ἐπειδὴ πᾶσα πόλις ἤδη τῆς κατ' Ἀντιπάτρου φήμης πεπλήρωτο καὶ μόνος ἠγνόει τὰ κατ' αὐτὸν Ἀντίπατρος: οὔτε δὲ προεπέμφθη λαμπρότερόν τις ἐκείνου πλέοντος ἐπὶ Ῥώμης οὔτε ἀτιμότερον ὑπεδέχθη. [615] ὁ δὲ ἤδη μὲν ἐνενόει τὰς οἴκοι συμφοράς, ἔτι δὲ ἐκ πανουργίας ὑπεκρύπτετο καὶ τῷ δέει τεθνηκὼς ἔνδοθεν σοβαρὸς εἶναι τὸ πρόσωπον ἐβιάζετο.
[616] φυγὴ δ' οὐκέτι ἦν οὐδ' ἐκ τῶν περιεχόντων ἀνάδυσις, καὶ σαφὲς μὲν οὐδὲ ἐκεῖ τι τῶν οἴκοθεν ἀπηγγέλλετο διὰ τὴν ἐκ τοῦ βασιλέως ἀπειλήν, ὑπελείπετο δὲ ἐλπὶς ἱλαρωτέρα, τάχα μὲν μηδὲν

πεφωρᾶσθαι, τάχα δ', εἴ τι καὶ πεφώραται, διασκευάσειν ἀναιδείᾳ καὶ δόλοις, ἅπερ ἦν αὐτῷ μόνα τὰ τῆς σωτηρίας ἐφόδια.

[5.617] Φραξάμενος οὖν αὐτοῖς ἧκεν εἰς τὸ βασίλειον δίχα τῶν φίλων: οὗτοι γὰρ ὑβρισθέντες ἐπὶ τοῦ πρώτου πυλῶνος εἴρχθησαν: ἔτυχεν δ' ἔνδον ὢν Οὔαρος ὁ τῆς Συρίας ἡγεμών. ὁ δὲ εἴσεισι πρὸς τὸν πατέρα καὶ τῇ τόλμῃ παρακροτήσας ἑαυτὸν ἤγγιζεν ὡς ἀσπασόμενος. [618] κἀκεῖνος τὰς χεῖρας προβαλὼν καὶ τὴν κεφαλὴν παρακλίνας, "ἔστιν, ἐξεβόησεν, καὶ τοῦτο πατροκτόνου τὸ περιπλέκεσθαί μοι θέλειν ἐν τηλικαύταις αἰτίαις ὄντα. φθείρου, δυσσεβεστάτη κεφαλή, μηδέ μου ψαύσῃς πρὶν ἀποσκευάσασθαι τὰ ἐγκλήματα. δίδωμι δέ σοι δικαστήριον καὶ δικαστὴν εὐκαίρως ἥκοντα Οὔαρον. ἴθι καὶ σκέπτου τὴν ἀπολογίαν εἰς αὔριον: παρέχω γάρ σου καιρὸν [619] τοῖς πανουργεύμασιν." πρὸς ταῦτα μηδὲν ὑπ' ἐκπλήξεως ἀποκρίνασθαι δυνηθεὶς αὐτὸς ὑπέστρεψεν, παραγενόμεναι δὲ πρὸς αὐτὸν ἐκδιηγήσαντο πάντας τοὺς ἐλέγχους ἥ τε μήτηρ καὶ ἡ γυνή. καὶ τότε μὲν ἀνανήψας ἐν σκέψει τῆς ἀπολογίας ἦν.

[1.620] Τῇ δ' ἐπιούσῃ συνέδριον μὲν ὁ βασιλεὺς ἀθροίζει τῶν συγγενῶν καὶ φίλων, εἰσκαλεῖ δὲ καὶ τοὺς Ἀντιπάτρου φίλους. προκαθέζεται δὲ αὐτὸς ἅμα Οὐάρῳ καὶ τοὺς μηνυτὰς πάντας ἐκέλευσεν εἰσαγαγεῖν, ἐν οἷς εἰσήχθησαν καὶ τῆς Ἀντιπάτρου μητρὸς οἰκέται τινὲς οὐ πρὸ πολλοῦ συνειλημμένοι, κομίζοντες γράμματα παρ' αὐτῆς πρὸς τὸν υἱὸν τοιάδε: "ἐπεὶ πεφώραται πάντα ἐκεῖνα τῷ πατρί σου, μὴ παραγίνου πρὸς αὐτόν, ἂν μή τινα πορίσῃ παρὰ τοῦ Καίσαρος [621] δύναμιν." τούτων σὺν τοῖς ἄλλοις εἰσηγμένων Ἀντίπατρος εἰσέρχεται καὶ πεσὼν πρηνὴς πρὸ τῶν ποδῶν τοῦ πατρός, "ἱκετεύω, πάτερ, ἔφη, μηδέν μου προκατεγνωκέναι, παρασχεῖν δέ μοι τὰς ἀκοὰς ἀκεραίους εἰς τὴν ἀπολογίαν: ἀποδείξω γὰρ ἐμαυτὸν καθαρόν, ἂν σὺ θέλῃς."

[2.622] Ὁ δ' αὐτῷ σιγᾶν ἐγκραγὼν πρὸς τὸν Οὔαρον εἶπεν: "ἀλλ' ὅτι μὲν καὶ σύ, Οὔαρε, καὶ πᾶς δικαστὴς ὅσιος Ἀντίπατρον ἐξώλη κρινεῖ, πέπεισμαι. δέδοικα δέ, μὴ κἀμοῦ μισήσῃς τὴν τύχην κἀμὲ κρίνῃς πάσης ἄξιον συμφορᾶς τοιούτους υἱοὺς γεγεννηκότα. χρὴ δέ με διὰ τοῦτο ἐλεεῖσθαι πλέον, ὅτι πρὸς οὕτω μιαροὺς καὶ φιλοστοργότατος πατὴρ ἐγενόμην. [623] τοὺς μὲν γὰρ προτέρους βασιλείας τε ἔτι νέους ἀξιώσας καὶ πρὸς τοῖς ἐν Ῥώμῃ τροφείοις φίλους Καίσαρος, ζηλωτοὺς δὲ ποιήσας βασιλεῦσιν ἑτέροις, εὗρον ἐπιβούλους, οἳ τεθνήκασι τὸ πλέον Ἀντιπάτρῳ: νέῳ γὰρ ὄντι καὶ διαδόχῳ τούτῳ μάλιστα τὴν ἀσφάλειαν ἐποριζόμην. [624] τὸ δὲ μιαρὸν τοῦτο θηρίον τῆς ἐμῆς ὑπερεμπλησθὲν ἀνεξικακίας ἤνεγκεν κατ' ἐμοῦ τὸν κόρον: ἔδοξα γὰρ αὐτῷ πολὺν ζῆν χρόνον, καὶ τὸ ἐμὸν γῆρας ἐβαρύνθη βασιλεύς τε οὐχ ὑπέμεινεν εἰ μὴ διὰ πατροκτονίας γενέσθαι, δίκαια γοῦν βουλευσάμενος, ὅτι καταγαγὼν αὐτὸν ἀπὸ τῆς χώρας ἀπερριμμένον καὶ παρωσάμενος τοὺς ἐκ βασιλίδος μοι γεγενημένους ἀπέδειξα τῆς ἀρχῆς διάδοχον.

[625] ἐξομολογοῦμαί σοι, Οὔαρε, τὴν ἐμαυτοῦ φρενοβλάβειαν: ἐγὼ τοὺς υἱοὺς ἐκείνους κατ' ἐμαυτοῦ παρώξυνα δικαίας αὐτῶν ἀποκόψας ἐλπίδας δι' Ἀντίπατρον. καὶ τί μὲν ἐκείνους εὐεργέτησα τηλικοῦτον, ἡλίκον τοῦτον; ᾧ γε ζῶν μὲν ὀλίγου δεῖν παρεχώρησα τῆς ἐξουσίας, φανερῶς δὲ ταῖς διαθήκαις ἐνέγραψα τῆς ἀρχῆς διάδοχον καὶ πρόσοδον μὲν ἰδίᾳ πεντήκοντα ταλάντων ἔνειμα, τῶν δ' ἐμῶν ἐχορήγησα χρημάτων ἀνέδην, πλέοντι δὲ νῦν εἰς Ῥώμην ἔδωκα τριακόσια τάλαντα, Καίσαρι δ' ἐξ ὅλης τῆς γενεᾶς μόνον ὡς σωτῆρα τοῦ πατρὸς παρεθέμην. [626] τί δ' ἐκεῖνοι τοιοῦτον ἠσέβησαν, οἷον Ἀντίπατρος; ἢ τίς ἔλεγχος ἠνέχθη κατ' αὐτῶν, ἡλίκος ἀποδείκνυσιν τοῦτον ἐπίβουλον; [627] ἀλλὰ φθέγγεσθαί τι τετόλμηκεν ὁ πατροκτόνος καὶ πάλιν δόλοις τὴν ἀλήθειαν ἐπικαλύψειν ἐλπίζει. Οὔαρε, σοὶ φυλακτέον: ἐγὼ γὰρ οἶδα τὸ θηρίον καὶ προορῶμαι τὴν μέλλουσαν ἀξιοπιστίαν καὶ τὸν ἐπίπλαστον ὀλοφυρμόν: οὗτός ἐστιν ὁ παραινῶν ἐμοί ποτε φυλάττεσθαι ζῶντα Ἀλέξανδρον καὶ μὴ πᾶσιν πιστεύειν τὸ σῶμα: οὗτος ὁ μέχρι τῆς κοίτης εἰσάγων καὶ μή μέ τις ἐνεδρεύοι περιβλέπων: οὗτος ὁ ταμίας τῶν ὕπνων καὶ χορηγὸς τῆς ἀμεριμνίας, ὁ παραμυθούμενος τὴν ἐπὶ

τοῖς ἀνῃρημένοις λύπην καὶ διακρίνων τὴν τῶν ζώντων εὔνοιαν ἀδελφῶν, ὁ ὑπερασπιστὴς ὁ ἐμός, ὁ σωματοφύλαξ. [628] ὅταν ἀναμνησθῶ, Οὔαρε, τὸ πανοῦργον ἐν ἑκάστῳ καὶ τὴν ὑπόκρισιν, ἀπιστία με τοῦ ζῆν εἰσέρχεται καὶ θαυμάζω, πῶς βαρὺν οὕτως ἐπίβουλον διέφυγον. ἀλλ' ἐπεὶ δαίμων τις ἐξερημοῖ τὸν ἐμὸν οἶκον καί μοι τοὺς φιλτάτους ἐπανίστησιν ἀεί, κλαύσομαι μὲν ἐγὼ τὴν ἄδικον εἱμαρμένην καὶ κατ' ἐμαυτὸν στενάξω τὴν ἐρημίαν, διαφεύξεται δ' οὐδεὶς διψήσας τοὐμὸν αἷμα, κἂν διὰ πάντων μου τῶν τέκνων ὁ ἔλεγχος ἔλθῃ."

[3.629] Τοιαῦτα λέγων αὐτὸς μὲν ὑπὸ συγχύσεως ἐνεκόπη, Νικολάῳ δ' ἑνὶ τῶν φίλων λέγειν τὰς ἀποδείξεις ἔνευσεν. μεταξὺ δ' ὁ Ἀντίπατρος ἐπάρας τὴν κεφαλήν, ἔμενεν γὰρ δὴ βεβλημένος πρὸ τῶν ποδῶν τοῦ πατρός, ἐκβοᾷ: [630] "σύ, πάτερ, ὑπὲρ ἐμοῦ πεποίηκας τὴν ἀπολογίαν: πῶς γὰρ ἐγὼ πατροκτόνος, ὃν ὁμολογεῖς φύλακα διὰ παντὸς ἐσχηκέναι; τερατείαν δέ μου καὶ ὑπόκρισιν λέγεις τὴν εὐσέβειαν. πῶς ὁ πανοῦργος ἐν τοῖς ἄλλοις οὕτως ἄφρων ἐγενόμην, ὡς μὴ νοεῖν, ὅτι λαθεῖν οὐδ' ἀνθρώπους ῥᾴδιον τηλικοῦτον μύσος ἐνσκευαζόμενον, τὸν δ' ἀπ' οὐρανοῦ δικαστὴν ἀμήχανον, ὃς ἐφορᾷ πάντα καὶ πανταχοῦ πάρεστιν; [631] ἢ τὸ τῶν ἀδελφῶν τέλος ἠγνόουν, οὓς ὁ θεὸς οὕτως μετῆλθε τῆς εἰς σὲ κακοβουλίας; τί δέ με καὶ παρώξυνεν κατὰ σοῦ; βασιλείας ἐλπίς; ἀλλ' ἐβασίλευον. ὑπόνοια μίσους; οὐ γὰρ ἐστεργόμην; φόβος ἐκ σοῦ τις ἄλλος: ἀλλὰ μὴν σὲ τηρῶν ἑτέροις φοβερὸς ἤμην. ἔνδεια χρημάτων; [632] καὶ τίνι μᾶλλον ἐξῆν ἀναλίσκειν; εἰ γὰρ ἐξωλέστατος πάντων ἀνθρώπων ἐγενόμην καὶ θηρίου ψυχὴν εἶχον ἀνημέρου, πάτερ, οὐκ ἂν ταῖς σαῖς εὐεργεσίαις ἐνικήθην, ὃν κατήγαγες μέν, ὡς ἔφης αὐτός, προέκρινας δὲ τοσούτων τέκνων, ἀπέδειξας δὲ ζῶν βασιλέα, δι' ὑπερβολὴν δὲ τῶν ἄλλων ἀγαθῶν ἐποίησας ἐπίφθονον; [633] ὢ τάλας ἐγὼ τῆς πικρᾶς ἀποδημίας, ὡς πολὺν ἔδωκα καιρὸν τῷ φθόνῳ καὶ μακρὰν τοῖς ἐπιβουλεύουσι διωρίαν. σοὶ δέ, πάτερ, καὶ τοῖς σοῖς ἀγῶσιν ἀπεδήμουν, ἵνα μὴ

Συλλαῖος τοῦ σοῦ γήρως καταφρονήσῃ. Ῥώμη μοι μάρτυς τῆς εὐσεβείας καὶ ὁ τῆς οἰκουμένης προστάτης Καῖσαρ, ὁ φιλοπάτορα πολλάκις με εἰπών. λάβε, πάτερ, τὰ παρ' αὐτοῦ γράμματα. ταῦτα τῶν ἐνθάδε διαβολῶν πιστότερα, ταῦτα ἀπολογία μοι μόνη, τούτοις τῆς εἰς σὲ φιλοστοργίας τεκμηρίοις χρῶμαι. [634] μέμνησο δὲ ὡς οὐχ ἑκὼν ἔπλεον ἐπιστάμενος τὴν ἐμφωλεύουσαν τῇ βασιλείᾳ κατ' ἐμοῦ δυσμένειαν. σὺ δέ με, πάτερ, ἄκων ἀπώλεσας, ἀναγκάσας καιρὸν διαβολῆς δοῦναι τῷ φθόνῳ. πάρειμι δὲ ἐπὶ τοὺς ἐλέγχους, πάρειμι διὰ γῆς καὶ θαλάσσης οὐδὲν οὐδαμοῦ παθὼν ὁ πατροκτόνος. [635] ἀλλὰ μήπω με τούτῳ φίλει τῷ τεκμηρίῳ: κατέγνωσμαι γὰρ καὶ παρὰ θεῷ καὶ παρὰ σοί, πάτερ. κατεγνωσμένος δὲ δέομαι μὴ ταῖς ἄλλων βασάνοις πιστεύειν, ἀλλὰ κατ' ἐμοῦ φερέσθω τὸ πῦρ, ὁδευέτω διὰ τῶν ἐμῶν σπλάγχνων τὰ ὄργανα, μὴ φειδέσθω ὀλοφυρμὸς τοῦ μιαροῦ σώματος: εἰ γὰρ εἰμὶ πατροκτόνος, [636] οὐκ ὀφείλω θνήσκειν ἀβασάνιστος." τοιαῦτα μετ' ὀλοφυρμοῦ καὶ δακρύων ἐκβοῶν τούς τε ἄλλους ἅπαντας καὶ τὸν Οὔαρον εἰς οἶκτον προυκαλέσατο, μόνον δὲ ὁ θυμὸς Ἡρώδην ἄδακρυν διεκράτει τοὺς ἐλέγχους ἀληθεῖς ἐπιστάμενον.

[4.637] Ἐν τούτῳ Νικόλαος τοῦ βασιλέως κελεύσαντος πολλὰ πρὸς τὸ πανοῦργον τὸ Ἀντιπάτρου προειπὼν καὶ τὸν ἐπ' αὐτῷ διαχέας ἔλεον, ἔπειτα πικρὰν κατηγορίαν κατετείνατο, πάντα μὲν τὰ κατὰ τὴν βασιλείαν κακουργήματα περιτιθεὶς αὐτῷ, μάλιστα δὲ τὴν ἀναίρεσιν τῶν ἀδελφῶν, ἀποδεικνὺς ταῖς ἐκείνου διαβολαῖς ἀπολωλότας. ἐπιβουλεύειν δὲ αὐτὸν ἔλεγεν καὶ τοῖς περιοῦσιν ὡς ἐφέδροις τῆς διαδοχῆς: τὸν γὰρ παρασκευάσαντα πατρὶ φάρμακον ἦ πού γ' ἂν ἀδελφῶν ἀποσχέσθαι. [638] προελθὼν δ' ἐπὶ τὸν ἔλεγχον τῆς φαρμακείας τάς τε μηνύσεις [ἑξῆς] ἐπεδείκνυεν καὶ περὶ Φερώρα κατεσχετλίαζεν, ὅτι κἀκεῖνον Ἀντίπατρος ποιήσειεν ἀδελφοκτόνον καὶ τοὺς φιλτάτους τῷ βασιλεῖ διαφθείρας ὅλον τοῦ μύσους ἀναπλήσειεν τὸν οἶκον, ἄλλα τε πολλὰ πρὸς τούτοις εἰπὼν καὶ ἀποδείξας καταπαύει τὸν λόγον.

[5.639] Οὔαρος δὲ ἀπολογεῖσθαι κελεύσας τὸν Ἀντίπατρον, ὡς οὐδὲν πλέον εἰπὼν ἢ "θεός ἐστίν μοι τοῦ μηδὲν ἀδικεῖν μάρτυς" ἔκειτο σιγῶν, αἰτήσας τὸ φάρμακον δίδωσί τινι τῶν ἐπὶ θανάτῳ κατακρίτων δεσμώτῃ πιεῖν. [640] τοῦ δὲ παραχρῆμα τελευτήσαντος ὁ μὲν ἀπορρήτους ποιήσας τὰς πρὸς Ἡρώδην ὁμιλίας καὶ τὰ περὶ τὸ συνέδριον Καίσαρι γράψας μετὰ μίαν ἡμέραν χωρίζεται. δεσμεῖ δὲ ὁ βασιλεὺς Ἀντίπατρον καὶ πρὸς Καίσαρα τοὺς δηλώσοντας τὴν συμφορὰν ἐξέπεμψεν.

[6.641] Μετὰ δὲ ταῦτα καὶ κατὰ Σαλώμης ἐπίβουλος Ἀντίπατρος εὑρίσκεται: τῶν γὰρ Ἀντιφίλου τις οἰκετῶν ἧκεν ἐπιστολὰς κομίζων ἀπὸ Ῥώμης παρὰ Λιουίας θεραπαινίδος Ἀκμῆς τοὔνομα. καὶ παρὰ μὲν ταύτης ἐπέσταλτο βασιλεῖ τὰς παρὰ Σαλώμης ἐπιστολὰς ἐν τοῖς Λιουίας εὑρηκέναι γράμμασιν, πεπομφέναι δὲ αὐτῷ λάθρα δι' εὔνοιαν. [642] αἱ δὲ τῆς Σαλώμης λοιδορίας τε τοῦ βασιλέως περιεῖχον πικροτάτας καὶ κατηγορίαν μεγίστην. ταύτας δὲ πλάσας Ἀντίπατρος καὶ τὴν Ἀκμὴν διαφθείρας ἔπεισεν Ἡρώδῃ πέμψαι. [643] διηλέγχθη δὲ ἐκ τῆς πρὸς αὐτὸν ἐπιστολῆς: καὶ γὰρ ἐκείνῳ τὸ γύναιον ἔγραψεν: "ὡς ἐβουλήθης, ἔγραψά σου τῷ πατρὶ καὶ τὰς ἐπιστολὰς ἐκείνας ἔπεμψα πεπεισμένη τὸν βασιλέα μὴ φείσεσθαι τῆς ἀδελφῆς, ὅταν ἀναγνῷ. καλῶς δὲ ποιήσεις, ἐπειδὰν ἀπαρτισθῇ πάντα, μνημονεύσας ὧν ὑπέσχου."

[7.644] Ταύτης φωραθείσης τῆς ἐπιστολῆς καὶ τῶν κατὰ Σαλώμης ἐνσκευασθεισῶν ἔννοια μὲν ἐμπίπτει τῷ βασιλεῖ τάχα καὶ κατ' Ἀλεξάνδρου πλασθῆναι γράμματα, περιαλγὴς δ' ἦν ὑπὸ τοῦ πάθους ὡς παρ' ὀλίγον καὶ τὴν ἀδελφὴν ἀποκτείνας δι' Ἀντίπατρον: [645] οὐκέτι οὖν ἀνεβάλλετο λαβεῖν τιμωρίαν ὑπὲρ ἁπάντων. ὡρμημένος δ' ἐπὶ τὸν Ἀντίπατρον ἐπεσχέθη νόσῳ χαλεπῇ: περὶ μέντοι τῆς Ἀκμῆς καὶ τῶν κατὰ Σαλώμης ἐσκευωρημένων ἐπέστειλεν Καίσαρι. [646] τήν τε διαθήκην αἰτήσας μετέγραφεν, καὶ βασιλέα μὲν ἀπεδείκνυεν Ἀντίπαν ἀμελῶν τῶν πρεσβυτάτων Ἀρχελάου καὶ Φιλίππου: διαβεβλήκει γὰρ καὶ τούτους Ἀντίπατρος:

Καίσαρι δὲ σὺν τοῖς διὰ χρημάτων δώροις χίλια τάλαντα, τῇ δὲ γυναικὶ καὶ τέκνοις αὐτοῦ καὶ φίλοις καὶ ἀπελευθέροις περὶ πεντακόσια, ἀπένειμεν δὲ καὶ τοῖς ἄλλοις ἅπασιν τῆς τε χώρας οὐκ ὀλίγα καὶ τῶν χρημάτων: λαμπροτάταις δὲ δωρεαῖς ἐτίμα Σαλώμην τὴν ἀδελφήν. ἐν μὲν οὖν ταῖς διαθήκαις ταῦτα διωρθώσατο.

[1.647] Προήει δ' αὐτῷ πρὸς τὸ χαλεπώτερον ἡ νόσος ἅτε δὴ τῶν ἀρρωστημάτων ἐν γήρᾳ καὶ ἀθυμίᾳ ἐπιπεσόντων: ἦν μὲν γὰρ ἤδη σχεδὸν ἐτῶν ἑβδομήκοντα, τεταπείνωτο δὲ τὴν ψυχὴν ταῖς περὶ τῶν τέκνων συμφοραῖς, ὡς μηδ' ἐν ὑγιείᾳ τι τῶν ἡδέων προσίεσθαι. τῆς νόσου δ' ἦν ἐπίτασις ζῶν Ἀντίπατρος, ὃν οὐκ ἐν παρέργῳ, ῥαΐσας δὲ προῄρητο ἀνελεῖν.

[2.648] Γίνεται δ' ἐν ταῖς συμφοραῖς αὐτῷ καὶ δημοτική τις ἐπανάστασις. δύο ἦσαν σοφισταὶ κατὰ τὴν πόλιν μάλιστα δοκοῦντες ἀκριβοῦν τὰ πάτρια καὶ διὰ τοῦτο ἐν παντὶ τῷ ἔθνει μεγίστης ἠξιωμένοι δόξης, Ἰούδας τε υἱὸς Σεπφεραίου καὶ Ματθίας ἕτερος Μαργάλου. [649] τούτοις οὐκ ὀλίγοι προσήεσαν τῶν νέων ἐξηγουμένοις τοὺς νόμους, καὶ συνεῖχον ὁσημέραι τῶν ἡβώντων στρατόπεδον. οἳ τότε τὸν βασιλέα πυνθανόμενοι ταῖς ἀθυμίαις ὑπορρέοντα καὶ τῇ νόσῳ λόγον καθίεσαν εἰς τοὺς γνωρίμους, ὡς ἄρα καιρὸς ἐπιτηδειότατος εἴη τιμωρεῖν ἤδη τῷ θεῷ καὶ τὰ κατασκευασθέντα παρὰ τοὺς πατρίους νόμους ἔργα κατασπᾶν. [650] ἀθέμιτον γὰρ εἶναι κατὰ τὸν ναὸν ἢ εἰκόνας ἢ προτομάς ἢ ζῴου τινὸς ἐπώνυμον ἔργον εἶναι: κατεσκευάκει δ' ὁ βασιλεὺς ὑπὲρ τὴν μεγάλην πύλην ἀετὸν χρυσοῦν: ὃν δὴ τότε παρῄνουν ἐκκόπτειν οἱ σοφισταί, καλὸν εἶναι λέγοντες, εἰ καί τις γένοιτο κίνδυνος, ὑπὲρ τοῦ πατρίου νόμου θνήσκειν: τοῖς γὰρ οὕτω τελευτῶσιν ἀθάνατόν τε τὴν ψυχὴν καὶ τὴν ἐν ἀγαθοῖς αἴσθησιν αἰώνιον παραμένειν, τοὺς δὲ ἀγενεῖς καὶ τῆς ἑαυτῶν σοφίας ἀπείρους ἀγνοοῦντας φιλοψυχεῖν καὶ πρὸ τοῦ δι' ἀρετῆς τὸν ἐκ νόσου θάνατον αἱρεῖσθαι.

[3.651] Ἅμα δὲ τοῖς ἐκείνων λόγοις διεφημίσθη καὶ θνήσκειν ὁ βασιλεύς, ὥστε θαρραλεώτερον ἥπτοντο τῆς ἐπιχειρήσεως οἱ νέοι. μέσης γοῦν ἡμέρας καὶ πολλῶν κατὰ τὸ ἱερὸν ἀναστρεφομένων σχοίνοις παχείαις καθιμήσαντες σφᾶς αὐτοὺς ἀπὸ τοῦ τέγους τὸν χρυσοῦν ἀετὸν ἐξέκοπτον πελέκεσιν. [652] ἠγγέλθη δ' εὐθέως τῷ βασιλέως στρατηγῷ, κἀκεῖνος μετὰ χειρὸς οὐκ ὀλίγης ἀναδραμὼν περὶ τεσσαράκοντα νεανίας συλλαμβάνει καὶ κατήγαγεν πρὸς βασιλέα. [653] πυνθανομένῳ δ' αὐτῷ πρῶτον, εἰ τολμήσειαν τὸν χρυσοῦν ἀετὸν ἐκκόπτειν, ὡμολόγουν. ἔπειτα, τίνος κελεύσαντος, ἀπεκρίναντο τοῦ πατρίου νόμου. τί δ' οὕτως γεγήθασιν διερωτήσαντος, ἀναιρεῖσθαι μέλλοντες ἔλεγον, ὅτι πλειόνων ἀγαθῶν ἀπολαύσουσιν μετὰ τὴν τελευτήν.

[4.654] Ἐπὶ τούτοις ὁ βασιλεὺς δι' ὑπερβολὴν ὀργῆς κρείττων τῆς νόσου γενόμενος πρόεισιν εἰς ἐκκλησίαν, καὶ πολλὰ τῶν ἀνδρῶν κατηγορήσας ὡς ἱεροσύλων καὶ προφάσει τοῦ νόμου πειραζόντων τι μεῖζον ἠξίου κολάζειν ὡς ἀσεβεῖς. [655] ὁ δὲ δῆμος δείσας μὴ διὰ πολλῶν ὁ ἔλεγχος ἔλθῃ, παρεκάλει πρῶτον μὲν τοὺς ὑποθεμένους τὴν πρᾶξιν, ἔπειτα τοὺς ἐν αὐτῇ συλληφθέντας κολάσαντα τοῖς λοιποῖς τὴν ὀργὴν ἀφιέναι. πείθεται μόλις ὁ βασιλεύς, καὶ τοὺς μὲν καθιμήσαντας ἑαυτοὺς ἅμα τοῖς σοφισταῖς κατέκαυσε ζῶντας, τοὺς λοιποὺς δὲ τῶν συλληφθέντων παρέδωκεν τοῖς ὑπηρέταις ἀνελεῖν.

[5.656] Ἔνθεν αὐτοῦ τὸ σῶμα πᾶν ἡ νόσος διαλαβοῦσα ποικίλοις πάθεσιν ἐμερίζετο: πυρετὸς μὲν γὰρ ἦν οὐ λάβρος, κνησμὸς δὲ ἀφόρητος τῆς ἐπιφανείας ὅλης καὶ κόλου συνεχεῖς ἀλγηδόνες περί τε τοὺς πόδας ὥσπερ ὑδρωπιῶντος οἰδήματα τοῦ τε ἤτρου φλεγμονὴ καὶ δὴ αἰδοίου σηπεδὼν σκώληκας γεννῶσα, πρὸς τούτοις ὀρθόπνοια καὶ δύσπνοια καὶ σπασμοὶ πάντων τῶν μελῶν, ὥστε τοὺς ἐπιθειάζοντας ποινὴν εἶναι τῶν σοφιστῶν τὰ νοσήματα λέγειν. [657] ὁ δὲ παλαίων τοσούτοις πάθεσιν ὅμως τοῦ ζῆν ἀντείχετο σωτηρίαν τε ἤλπιζεν καὶ θεραπείας ἐπενόει: διαβὰς γοῦν τὸν Ἰορδάνην τοῖς κατὰ Καλλιρρόην ἐχρῆτο θερμοῖς: ταῦτα δ' ἔξεισι μὲν εἰς τὴν Ἀσφαλτῖτιν λίμνην, ὑπὸ γλυκύτητος δ' ἐστὶ καὶ πότιμα. δόξαν δὲ ἐνταῦθα τοῖς ἰατροῖς ἐλαίῳ θερμῷ πᾶν ἀναθάλψαι τὸ σῶμα χαλασθὲν εἰς πλήρη πύελον ἐκλύει καὶ τοὺς ὀφθαλμοὺς ὡς τεθνεὼς ἀνέστρεψεν. [658] θορύβου δὲ τῶν θεραπευόντων γενομένου πρὸς μὲν τὴν φωνὴν ἀνήνεγκεν, εἰς δὲ τὸ λοιπὸν ἀπογνοὺς τὴν σωτηρίαν τοῖς τε στρατιώταις ἀνὰ πεντήκοντα δραχμὰς ἐκέλευσεν διανεῖμαι καὶ πολλὰ χρήματα τοῖς ἡγεμόσι καὶ τοῖς φίλοις.

[6.659] Αὐτὸς δὲ ὑποστρέφων εἰς Ἱεριχοῦντα παραγίνεται μελαγχολῶν ἤδη, καὶ μόνον οὐκ ἀπειλῶν αὐτῷ τῷ θανάτῳ προέκοπτεν εἰς ἐπιβολὴν ἀθεμίτου πράξεως: τοὺς γὰρ ἀφ' ἑκάστης κώμης ἐπισήμους ἄνδρας ἐξ ὅλης Ἰουδαίας συναγαγὼν εἰς τὸν καλούμενον ἱππόδρομον ἐκέλευσεν συγκλεῖσαι.
[660] προσκαλεσάμενος δὲ Σαλώμην τὴν ἀδελφὴν καὶ τὸν ἄνδρα ταύτης Ἀλεξᾶν "οἶδα, ἔφη, Ἰουδαίους τὸν ἐμὸν ἑορτάσοντας θάνατον, δύναμαι δὲ πενθεῖσθαι δι' ἑτέρων καὶ λαμπρὸν ἐπιτάφιον ἔχειν, ἂν ὑμεῖς θελήσητε ταῖς ἐμαῖς ἐντολαῖς ὑπουργῆσαι. τούσδε τοὺς φρουρουμένους ἄνδρας ἐπειδὰν ἐκπνεύσω τάχιστα κτείνατε περιστήσαντες τοὺς στρατιώτας, ἵνα πᾶσα Ἰουδαία καὶ πᾶς οἶκος ἄκων ἐπ' ἐμοὶ δακρύσῃ."

[7.661] Ταῦτα ἐνετέλλετο, καὶ παρὰ τῶν ἐν Ῥώμῃ πρέσβεων ἧκον ἐπιστολαί, δι' ὧν Ἀκμὴ μὲν ἀνῃρημένη κελεύσαντος Καίσαρος ἐδηλοῦτο, θανάτῳ δ' Ἀντίπατρος κατάκριτος: ἔγραφόν γε μὴν ὡς, εἰ καὶ φυγαδεύειν αὐτὸν ἐθελήσειεν ὁ πατήρ, ἐπιτρέποι Καῖσαρ.
[662] ὁ δὲ βραχὺ μὲν πρὸς τὴν εὐθυμίαν ἀνήνεγκεν, αὖθις δέ, καὶ γὰρ ἐνδείᾳ τροφῆς καὶ βηχὶ σπασμώδει διετείνετο, τῶν ἀλγηδόνων ἡσσηθεὶς φθάσαι τὴν εἱμαρμένην ἐπεβάλλετο. λαβὼν δὲ μῆλον ᾔτησεν καὶ μαχαίριον, εἰώθει γὰρ ἀποτέμνων ἐσθίειν, ἔπειτα περιαθρήσας μή τις ὁ κωλύων εἴη, ἐπῆρεν τὴν δεξιὰν ὡς πλήξων ἑαυτόν. προσδραμὼν δὲ ἐκώλυσεν Ἀχίαβος ὁ ἀνεψιὸς αὐτοῦ τὴν χεῖρα κατασχών. [663] οἰμωγὴ δ' εὐθέως ἤρθη μεγίστη κατὰ τὸ βασίλειον ὡς οἰχομένου βασιλέως, καὶ ταχέως ἀκούσας Ἀντίπατρος

ἀναθαρρεῖ τε καὶ γεγηθὼς τοὺς φύλακας ἱκέτευεν ἐπὶ χρήμασιν ἐξαφεῖναι λύσαντας αὐτόν. ὁ δὲ ἡγεμὼν οὐ μόνον ἐκώλυσεν, ἀλλὰ καὶ βασιλεῖ δραμὼν ἀνήγγειλεν τὴν ἐπιβουλήν. [664] ἀνέκραγεν δ' ἐκεῖνος ἰσχυρότερον τῆς νόσου καὶ παραχρῆμα πέμψας τοὺς δορυφόρους ἀποκτείνει τὸν Ἀντίπατρον. θάψαι δὲ τὸν νεκρὸν αὐτοῦ προστάξας ἐν Ὑρκανίᾳ πάλιν τὰς διαθήκας ἐπανορθοῦται, καὶ διάδοχον μὲν Ἀρχέλαον τὸν πρεσβύτατον υἱὸν ἀδελφὸν δὲ Ἀντιπάτρου γράφει, τετράρχην δὲ Ἀντίπαν.

[8.665] Μετὰ δὲ τὴν ἀναίρεσιν τοῦ παιδὸς ἐπιβιοὺς πέντε ἡμέρας τελευτᾷ, βασιλεύσας ἀφ' οὗ μὲν ἀποκτείνας Ἀντίγονον ἐκράτησεν τῶν πραγμάτων ἔτη τέσσαρα καὶ τριάκοντα, ἀφ' οὗ δὲ ὑπὸ Ῥωμαίων ἀπεδείχθη βασιλεὺς ἑπτὰ καὶ τριάκοντα, καὶ κατὰ μὲν τὰ ἄλλα πάντα τύχῃ δεξιᾷ χρησάμενος, εἰ καί τις ἄλλος, ὅστις κατεκτήσατο βασιλείαν ἰδιώτης ὢν καὶ τοσούτῳ χρόνῳ φυλάξας ἰδίοις τέκνοις κατέλιπεν, ἐν δὲ τοῖς κατ' οἶκον ἀτυχέστατος. [666] πρὶν δὲ γνῶναι τὴν τελευτὴν αὐτοῦ τὸ στρατιωτικὸν προελθοῦσα μετὰ τἀνδρὸς ἡ Σαλώμη διαφῆκεν τοὺς δεσμώτας, οὓς κτείνειν ὁ βασιλεὺς ἐνετείλατο, μεταπεισθῆναι τὸν βασιλέα λέγουσα καὶ πάλιν ἀναπέμπειν ἕκαστον εἰς τὰ ἴδια. τούτων δ' οἰχομένων ἐδήλουν ἤδη τοῖς στρατιώταις καὶ συνῆγον αὐτοὺς εἰς ἐκκλησίαν μετὰ τοῦ λοιποῦ πλήθους ἐν τῷ κατὰ Ἱεριχοῦντα ἀμφιθεάτρῳ. [667] ἔνθα παρελθὼν Πτολεμαῖος ὁ καὶ τὸν σημαντῆρα δακτύλιον παρὰ τοῦ βασιλέως πεπιστευμένος τόν τε βασιλέα κατευδαιμονίζει καὶ τὸ πλῆθος παρακαλεῖ καὶ τὴν ἀπολειφθεῖσαν τοῖς στρατιώταις ἀνεγίνωσκεν ἐπιστολήν, ἐν ᾗ πολλὰ περὶ τῆς εἰς τὸν διάδοχον εὐνοίας παρεκάλει. [668] μετὰ δὲ τὴν ἐπιστολὴν λύσας τὰς ἐπιδιαθήκας ἀνεγίνωσκεν, ἐν αἷς Φίλιππος μὲν τοῦ Τράχωνος καὶ τῶν γειτνιώντων χωρίων κληρονόμος, τετράρχης δ', ὡς προείπαμεν, Ἀντίπας, βασιλεὺς δ' Ἀρχέλαος ἀπεδείκνυτο. [669] τούτῳ δὲ τόν τε δακτύλιον τὸν ἑαυτοῦ Καίσαρι φέρειν ἐνετέλλετο καὶ τὰς διοικήσεις τῆς βασιλείας σεσημασμένας: κύριον γὰρ ἁπάντων ὧν διατάξειεν καὶ βεβαιωτὴν τῶν διαθηκῶν εἶναι Καίσαρα: τά γε μὴν λοιπὰ κατὰ τὰς προτέρας διαθήκας φυλάττειν.

[9.670] Βοὴ δ' εὐθὺς ἐγένετο τῶν Ἀρχελάῳ συνηδομένων, καὶ κατὰ στῖφος οἱ στρατιῶται μετὰ τοῦ πλήθους προσιόντες ὑπισχνοῦντο μὲν τὴν ἑαυτῶν εὔνοιαν, συνηύχοντο δὲ καὶ τὴν παρὰ τοῦ θεοῦ, καὶ μετὰ ταῦτα πρὸς ταφὴν ἐτρέποντο τοῦ βασιλέως. [671] παρέλιπεν δ' οὐδὲν Ἀρχέλαος εἰς πολυτέλειαν, ἀλλὰ πάντα τὸν βασιλικὸν κόσμον προήνεγκεν συμπομπεύσοντα τῷ νεκρῷ: κλίνη μὲν γὰρ ὁλόχρυσος ἦν διάλιθος, στρωμνὴ δὲ ἁλουργὶς ποικίλη, τὸ σῶμα δ' ἐπ' αὐτῆς πορφύρᾳ κεκαλυμμένον, καὶ διάδημα μὲν ἐπέκειτο τῇ κεφαλῇ, στέφανος δ' ὑπὲρ αὐτοῦ χρυσοῦς, τὸ δὲ σκῆπτρον παρὰ τὴν δεξιάν. [672] καὶ περὶ τὴν κλίνην οἵ τε υἱεῖς καὶ τὸ πλῆθος τῶν συγγενῶν, ἐφ' οἷς οἱ δορυφόροι καὶ τὸ Θρᾴκιον στῖφος Γερμανοί τε καὶ Γαλάται διεσκευασμένοι πάντες ὡς εἰς πόλεμον. [673] προῆγεν δ' ἡ λοιπὴ δύναμις ὡπλισμένη τοῖς ἡγεμόσιν καὶ ταξιάρχοις ἀκολουθοῦντες ἐν κόσμῳ, πεντακόσιοι δὲ ἐπ' αὐτοῖς τῶν οἰκετῶν καὶ ἀπελευθέρων ἀρωματοφόροι. σταδίους δ' ἐκομίσθη τὸ σῶμα ἑβδομήκοντα εἰς Ἡρώδειον, ὅπου κατὰ τὰς ἐντολὰς ἐτάφη. καὶ τὰ μὲν περὶ Ἡρώδην τοιοῦτον ἔσχεν πέρας.

제 2 권
λόγος β'

[1.1] Ἀρχελάῳ δὲ νέων ἦρξε θορύβων ἡ τῆς ἐπὶ Ῥώμην ἀποδημίας ἀνάγκη. πενθήσας γὰρ ἡμέρας ἑπτὰ τὸν πατέρα καὶ τὴν ἐπιτάφιον ἑστίασιν πολυτελῆ τῷ πλήθει παρασχών: ἔθος δὲ τοῦτο παρὰ Ἰουδαίοις πολλοῖς πενίας αἴτιον διὰ τὸ πλῆθος ἑστιᾶν οὐκ ἄνευ ἀνάγκης: εἰ γὰρ παραλείποι τις, οὐχ ὅσιος: μεταλαμβάνει μὲν ἐσθῆτα λευκήν, πρόεισι δὲ εἰς τὸ ἱερόν, ἔνθα ποικίλαις αὐτὸν εὐφημίαις ὁ λαὸς ἐκδέχεται. [2] κἀκεῖνος τὸ πλῆθος ἀφ' ὑψηλοῦ βήματος καὶ χρυσοῦ θρόνου δεξιωσάμενος τῆς τε σπουδῆς, ἣν ἐνεδείξαντο περὶ τὴν κηδείαν τοῦ πατρός, εὐχαριστεῖ καὶ τῆς πρὸς αὐτὸν θεραπείας ὡς πρὸς βέβαιον ἤδη βασιλέα: φείδεσθαί γε μὴν οὐ μόνον ἔφη τῆς ἐξουσίας ἐπὶ τοῦ παρόντος, ἀλλὰ καὶ τῶν ὀνομάτων, ἕως ἂν αὐτῷ Καῖσαρ ἐπικυρώσῃ τὴν διαδοχήν, ὁ καὶ κατὰ τὰς διαθήκας τῶν ὅλων δεσπότης: [3] οὐδὲ γὰρ ἐν Ἱεριχοῦντι τῆς στρατιᾶς τὸ διάδημα περιαπτούσης αὐτῷ δεδέχθαι: τοῦ μέντοι προθύμου καὶ τῆς εὐνοίας ὥσπερ τοῖς στρατιώταις οὕτω καὶ τῷ δήμῳ πλήρεις ἀποδώσειν τὰς ἀμοιβάς, ὁπόταν ὑπὸ τῶν κρατούντων βασιλεὺς ἀποδειχθῇ βέβαιος: σπουδάσειν γὰρ ἐν πᾶσιν πρὸς αὐτοὺς φανῆναι τοῦ πατρὸς ἀμείνων.

[2.4] Ἐπὶ τούτοις ἡδόμενον τὸ πλῆθος εὐθέως ἀπεπειρᾶτο τῆς διανοίας αὐτοῦ μεγάλοις αἰτήμασιν: οἱ μὲν γὰρ ἐβόων ἐπικουφίζειν τὰς εἰσφοράς, οἱ δὲ ἀναιρεῖν τὰ τέλη, τινὲς δὲ ἀπολύειν τοὺς δεσμώτας. ἐπένευσε δ' ἑτοίμως ἅπασι θεραπεύων τὸ πλῆθος.
[5] ἔπειτα θύσας ἐν εὐωχίᾳ μετὰ τῶν φίλων ἦν. ἔνθα δὴ περὶ δείλην ἀθροισθέντες οὐκ ὀλίγοι τῶν νεωτερίζειν προῃρημένων ἤρξαντο ἰδίου πένθους, ὅτε τὸ κοινὸν ἐπὶ τῷ βασιλεῖ πέπαυτο, κατολοφυρόμενοι τοὺς κολασθέντας ὑπὸ Ἡρώδου διὰ τὸν ἐκκοπέντα χρυσοῦν ἀετὸν τῆς πύλης τοῦ ναοῦ. [6] ἦν δὲ τὸ πένθος οὐχ ὑπεσταλμένον, ἀλλ' οἰμωγαὶ διαπρύσιοι καὶ θρῆνος ἐγκέλευστος κοπετοί τε περιηχοῦντες ὅλην τὴν πόλιν ὡς ἂν ἐπ' ἀνδράσιν, οὓς

ἔφασκον ὑπὲρ τῶν πατρίων νόμων καὶ τοῦ ναοῦ πυρὶ παραπολέσθαι. [7] τιμωρεῖν δ' αὐτοῖς ἀνεβόων ἐκ τῶν ὑφ' Ἡρώδου τετιμημένων χρῆναι καὶ πρῶτον τὸν ὑπ' ἐκείνου κατασταθέντα παύειν ἀρχιερέα: προσήκειν γὰρ αὐτοῖς εὐσεβέστερον αἱρεῖσθαι καὶ καθαρώτερον.

[3.8] Πρὸς ἃ παρωξύνετο μὲν Ἀρχέλαος, ἐπεῖχε δὲ τὴν ἄμυναν ὑπὸ τῆς περὶ τὴν ἔξοδον ἐπείξεως, δεδοικὼς μή ποτε τὸ πλῆθος ἐκπολεμώσας κατασχεθείη τῷ κινήματι. διὸ πειθοῖ μᾶλλον ἢ βίᾳ καταστέλλειν ἐπειρᾶτο τοὺς νεωτερίζοντας καὶ τὸν στρατηγὸν ὑποπέμψας παύσασθαι παρεκάλει. [9] τοῦτον εἰς τὸ ἱερὸν παρελθόντα πρὶν φθέγξασθαί τι λίθοις ἀπήλαυνον οἱ στασιασταὶ καὶ τοὺς μετ' αὐτοῦ ἐπὶ σωφρονισμῷ προσιόντας, ἐνίει δὲ πολλοὺς ὁ Ἀρχέλαος, καὶ πάντα πρὸς ὀργὴν ἀπεκρίναντο δῆλοί τε ἦσαν οὐκ ἠρεμήσοντες εἰ πλήθους ἐπιλάβοιντο. [10] καὶ δὴ τῆς τῶν ἀζύμων ἐνστάσης ἑορτῆς, ἣ πάσχα παρὰ Ἰουδαίοις καλεῖται πολύ τι θυμάτων πλῆθος ἐκδεχομένη, κάτεισι μὲν ἐκ τῆς χώρας λαὸς ἄπειρος ἐπὶ τὴν θρησκείαν, οἱ δὲ τοὺς σοφιστὰς πενθοῦντες ἐν τῷ ἱερῷ συνειστήκεσαν τροφὴν τῇ στάσει ποριζόμενοι. [11] πρὸς ὃ δείσας Ἀρχέλαος πρὶν δι' ὅλου τοῦ πλήθους διαδραμεῖν τὴν νόσον ὑποπέμπει μετὰ σπείρας χιλίαρχον προστάξας βίᾳ τοὺς ἐξάρχοντας τῆς στάσεως κατασχεῖν. πρὸς οὓς τὸ πλῆθος ἅπαν παροξύνεται καὶ τοὺς μὲν πολλοὺς τῆς σπείρας βάλλοντες λίθοις διέφθειρον, ὁ δὲ χιλίαρχος ἐκφεύγει τραυματίας μόλις. [12] ἔπειθ' οἱ μὲν ὡς μηδενὸς δεινοῦ γεγονότος ἐτρέποντο πρὸς θυσίαν: οὐ μὴν Ἀρχελάῳ δίχα φόνου καθεκτὸν ἔτι τὸ πλῆθος ἐφαίνετο, τὴν δὲ στρατιὰν ἐπαφίησιν αὐτοῖς ὅλην, τοὺς μὲν πεζοὺς διὰ τῆς πόλεως ἀθρόους, τοὺς δὲ ἱππεῖς ἀνὰ τὸ πεδίον: [13] οἳ θύουσιν ἑκάστοις ἐξαίφνης προσπεσόντες διαφθείρουσι μὲν περὶ τρισχιλίους, τὸ δὲ λοιπὸν πλῆθος εἰς τὰ πλησίον ὄρη διεσκέδασαν. εἵποντο δὲ Ἀρχελάου κήρυκες κελεύοντες ἕκαστον ἀναχωρεῖν ἐπ' οἴκου, καὶ πάντες ᾤχοντο τὴν ἑορτὴν ἀπολιπόντες.

[1.14] Αὐτὸς δὲ μετὰ τῆς μητρὸς καὶ τῶν φίλων Ποπλᾶ καὶ Πτολεμαίου καὶ Νικολάου κατῄει πρὸς θάλασσαν καταλιπὼν ἐπίτροπόν τε τῶν βασιλείων καὶ κηδεμόνα τῶν οἰκείων Φίλιππον. [15] συνεξῄει δ' ἅμα τοῖς τέκνοις Σαλώμη καὶ τοῦ βασιλέως ἀδελφιδοῖ τε καὶ γαμβροί, τῷ μὲν δοκεῖν συναγωνιούμενοι περὶ τῆς διαδοχῆς Ἀρχελάῳ, τὸ δ' ἀληθὲς κατηγορήσοντες περὶ τῶν κατὰ τὸ ἱερὸν παρανομηθέντων.

[2.16] Συναντᾷ δ' αὐτοῖς κατὰ τὴν Καισάρειαν Σαβῖνος ὁ τῆς Συρίας ἐπίτροπος εἰς Ἰουδαίαν ἀνιὼν ἐπὶ φυλακῇ τῶν Ἡρώδου χρημάτων. τοῦτον ἐπέσχεν προσωτέρω χωρεῖν ἐπελθὼν Οὔαρος, ὃν διὰ Πτολεμαίου πολλὰ δεηθεὶς Ἀρχέλαος μετεπέμψατο. [17] τότε μὲν οὖν Σαβῖνος Οὐάρῳ χαριζόμενος οὔτ' ἐπὶ τὰς ἄκρας ἔσπευσεν οὔτε τὰ ταμιεῖα τῶν πατρῴων χρημάτων ἀπέκλεισεν Ἀρχελάῳ, μέχρι δὲ τῆς Καίσαρος διαγνώσεως ἠρεμήσειν ὑπέσχετο καὶ διέτριβεν ἐπὶ τῆς Καισαρείας. [18] ὡς δὲ τῶν ἐμποδιζόντων ὁ μὲν εἰς Ἀντιόχειαν ἀπῆρεν, Ἀρχέλαος δὲ εἰς Ῥώμην ἀνήχθη, διὰ τάχους ἐπὶ Ἱεροσολύμων ὁρμήσας παραλαμβάνει τὰ βασίλεια καὶ μεταπεμπόμενος τούς τε φρουράρχους καὶ διοικητὰς ἐπειρᾶτο διερευνᾶν τοὺς τῶν χρημάτων ἀναλογισμοὺς τάς τε ἄκρας παραλαμβάνειν. [19] οὐ μὴν οἱ φύλακες τῶν Ἀρχελάου κατημέλουν ἐντολῶν, ἔμενον δὲ φρουροῦντες ἕκαστα καὶ τὴν φρουρὰν ἀνατιθέντες Καίσαρι μᾶλλον ἢ Ἀρχελάῳ.

[3.20] Κἀν τούτῳ πάλιν Ἀντίπας ἀμφισβητῶν περὶ τῆς βασιλείας ἐπέξεισιν ἀξιῶν τῆς ἐπιδιαθήκης κυριωτέραν εἶναι τὴν διαθήκην, ἐν ᾗ βασιλεὺς αὐτὸς ἐγέγραπτο. συλλήψεσθαι δ' αὐτῷ προϋπέσχετο Σαλώμη καὶ πολλοὶ τῶν σὺν Ἀρχελάῳ πλεόντων συγγενῶν. [21] ἐπήγετο δὲ τὴν μητέρα καὶ τὸν ἀδελφὸν Νικολάου Πτολεμαῖον ῥοπὴν εἶναι δοκοῦντα διὰ τὴν παρὰ Ἡρώδῃ πίστιν: γεγόνει γὰρ δὴ τῶν φίλων ἐκείνου τιμιώτατος: πλεῖστον μέντοι πεποίθει διὰ δεινότητα λόγων Εἰρηναίῳ τῷ ῥήτορι, διὸ καὶ τοὺς νουθετοῦντας εἴκειν Ἀρχελάῳ κατὰ τὸ πρεσβεῖον καὶ τὰς ἐπιδιαθήκας διεκρούσατο. [22] μεθίστατο δὲ ἐν Ῥώμῃ πάντων πρὸς αὐτὸν ἡ σπουδὴ τῶν συγγενῶν, οἷς διὰ μίσους ἦν Ἀρχέλαος, καὶ προηγουμένως ἕκαστος αὐτονομίας ἐπεθύμει στρατηγῷ Ῥωμαίων διοικουμένης, εἰ δὲ τοῦτο διαμαρτάνοι, βασιλεύειν Ἀντίπαν ἤθελεν.

[4.23] Συνήργει δ' αὐτοῖς εἰς τοῦτο καὶ Σαβῖνος δι' ἐπιστολῶν κατηγορήσας μὲν Ἀρχελάου παρὰ Καίσαρι, πολλὰ δ' ἐπαινέσας Ἀντίπαν. [24] συντάξαντες δὲ τὰ ἐγκλήματα οἱ περὶ Σαλώμην ἐνεχείρισαν Καίσαρι, καὶ μετὰ τούτους Ἀρχέλαος τά τε κεφάλαια τῶν ἑαυτοῦ δικαίων γράψας καὶ τὸν δακτύλιον τοῦ πατρὸς καὶ τοὺς λόγους εἰσπέμπει διὰ Πτολεμαίου. [25] προσκεψάμενος δὲ ὁ Καῖσαρ τὰ παρ' ἀμφοῖν κατ' ἰδίαν τό τε μέγεθος τῆς βασιλείας καὶ τὸ πλῆθος τῆς προσόδου, πρὸς οἷς τὸν ἀριθμὸν τῆς Ἡρώδου γενεᾶς, προαναγνοὺς δὲ καὶ τὰ παρὰ Οὐάρου καὶ Σαβίνου περὶ τούτων ἐπεσταλμένα, συνέδριον μὲν ἀθροίζει τῶν ἐν τέλει Ῥωμαίων, ἐν ᾧ καὶ τὸν ἐξ Ἀγρίππα καὶ Ἰουλίας τῆς θυγατρὸς θετὸν παῖδα Γάιον πρώτως ἐκάθισεν, ἀποδίδωσι δὲ λόγον αὐτοῖς.

[5.26] Ἔνθα καταστὰς ὁ Σαλώμης υἱὸς Ἀντίπατρος, ἦν δὲ τῶν ἐναντιουμένων Ἀρχελάῳ δεινότατος εἰπεῖν, κατηγόρει φάσκων τοῖς μὲν λόγοις ἀμφισβητεῖν ἄρτι βασιλείας Ἀρχέλαον, τοῖς δ' ἔργοις πάλαι γεγονέναι βασιλέα, κατειρωνεύεσθαι δὲ νῦν τῶν Καίσαρος ἀκοῶν, [27] ὃν δικαστὴν τῆς διαδοχῆς οὐ περιέμεινεν, εἴ γε μετὰ τὴν Ἡρώδου τελευτὴν ἐγκαθέτους μὲν ὑποπέμψας τοὺς περιθήσοντας αὐτῷ τὸ διάδημα, προκαθίσας δ' ἐπὶ τοῦ θρόνου καὶ χρηματίσας βασιλεὺς τάξεις τε τῆς στρατιᾶς ἀμείψας καὶ προκοπὰς χαρισάμενος, [28] ἔτι δὲ τῷ δήμῳ πάντα κατανεύσας ὅσων ὡς παρὰ βασιλέως τυχεῖν ἠξίουν καὶ τοὺς ἐπὶ μεγίσταις αἰτίαις παρὰ τοῦ πατρὸς δεδεμένους λύσας, νῦν ἥκει παρὰ τοῦ δεσπότου σκιὰν αἰτησόμενος βασιλείας, ἧς ἥρπασεν ἑαυτῷ τὸ σῶμα, καὶ ποιῶν οὐ τῶν πραγμάτων ἀλλὰ τῶν ὀνομάτων κύριον Καίσαρα.
[29] προσωνείδιζεν δ' ὡς καὶ τὸ πένθος κατειρωνεύσατο τοῦ πατρός, μεθ' ἡμέραν μὲν ἐπισχηματίζων τὸ πρόσωπον εἰς λύπην, νύκτωρ δὲ

μέχρις κώμων μεθυσκόμενος, ἐν ᾧ καὶ τὴν ταραχὴν τοῦ πλήθους ἐκ τῆς ἐπὶ τούτοις ἀγανακτήσεως ἔλεγεν γεγονέναι. [30] καὶ τὸν ἀγῶνα τοῦ λόγου παντὸς ἐναπηρείσατο τῷ πλήθει τῶν περὶ τὸν ναὸν φονευθέντων, οὓς ἐληλυθέναι μὲν ἐφ' ἑορτήν, παρὰ δὲ ταῖς ἰδίαις θυσίαις ὠμῶς ἀπεσφάχθαι: καὶ τοσοῦτον ἐν τῷ ἱερῷ σεσωρεῦσθαι νεκρῶν πλῆθος, ὅσον οὐδ' ἂν ἀλλόφυλος ἐσώρευσεν πόλεμος ἐπελθὼν ἀκήρυκτος. [31] ταύτην μέντοι τὴν ὠμότητα προσκεψάμενον αὐτοῦ καὶ τὸν πατέρα μηδ' ἐλπίδος αὐτόν ποτε ἀξιῶσαι βασιλικῆς ἢ ὅτε χεῖρον τὴν ψυχὴν κάμνων τοῦ σώματος ἀκρατὴς ἦν ὑγιαίνοντος λογισμοῦ καὶ οὐδ' ὃν ἔγραφεν ἐν ταῖς ἐπιδιαθήκαις ᾔδει διάδοχον, καὶ ταῦτα μηδὲν τὸν ἐν ταῖς διαθήκαις μέμψασθαι δυνάμενος, ἃς ἔγραψεν ὑγιαίνων μὲν τὸ σῶμα, καθαρὰν δὲ τὴν ψυχὴν ἔχων πάθους παντός. [32] εἰ μέντοι καὶ κυριωτέραν τὴν τοῦ κάμνοντος κρίσιν τιθείη τις, ἀποκεχειροτονῆσθαι βασιλείας Ἀρχέλαον ὑφ' ἑαυτοῦ τοῖς εἰς αὐτὴν παρανομηθεῖσιν: ποταπὸν γὰρ ἂν γενέσθαι λαβόντα τὴν ἀρχὴν παρὰ Καίσαρος τὸν πρὶν λαβεῖν τοσούτους ἀνῃρηκότα;

[6.33] Πολλὰ τοιαῦτα διεξελθὼν Ἀντίπατρος καὶ τοὺς πλείστους τῶν συγγενῶν παραστησάμενος ἐφ' ἑκάστῳ τῶν κατηγορημένων μάρτυρας καταπαύει τὸν λόγον. [34] ἀνίσταται δὲ Νικόλαος ὑπὲρ Ἀρχελάου, καὶ τὸν μὲν ἐν τῷ ἱερῷ φόνον ἀναγκαῖον ἀπέφηνεν: πολεμίους γὰρ γεγονέναι τοὺς ἀνῃρημένους οὐ τῆς βασιλείας μόνον ἀλλὰ καὶ τοῦ δικάζοντος αὐτὴν Καίσαρος. [35] τῶν δ' ἄλλων ἐγκλημάτων συμβούλους ἀπεδείκνυεν αὐτοὺς τοὺς κατηγόρους γεγονέναι. τήν γε μὴν ἐπιδιαθήκην ἠξίου διὰ τοῦτο μάλιστα εἶναι κυρίαν, ὅτι βεβαιωτὴν ἐν αὐτῇ Καίσαρα καθίστατο τοῦ διαδόχου: [36] ὁ γὰρ σωφρονῶν ὥστε τῷ δεσπότῃ τῶν ὅλων παραχωρεῖν τῆς ἐξουσίας οὐ δή που περὶ κληρονόμου κρίσιν ἐσφάλλετο, σωφρονῶν δ' ᾑρεῖτο καὶ τὸν καθιστάμενον ὁ γινώσκων τὸν καθιστάντα.

[7.37] Διεξελθόντος δὲ πάντα καὶ Νικολάου παρελθὼν Ἀρχέλαος προπίπτει τῶν Καίσαρος γονάτων ἡσυχῇ. κἀκεῖνος αὐτὸν μάλα φιλοφρόνως ἀναστήσας ἐνέφηνεν μὲν ὡς ἄξιος εἴη τῆς πατρῴας διαδοχῆς, οὐ μήν τι βέβαιον ἀπεφήνατο. [38] διαλύσας δὲ τοὺς συνέδρους ἐκείνης τῆς ἡμέρας καθ' ἑαυτὸν περὶ ὧν διήκουσεν ἐσκέπτετο, εἴτε χρὴ τῶν ἐν ταῖς διαθήκαις καταστῆσαί τινα διάδοχον, εἴτε καὶ πάσῃ τῇ γενεᾷ διανεῖμαι τὴν ἀρχήν: ἐδόκει γὰρ ἐπικουρίας τὸ πλῆθος τῶν προσώπων χρῄζειν.

[1.39] Πρὶν δὲ ὁρίσαι τι περὶ τούτων Καίσαρα τελευτᾷ μὲν ἡ Ἀρχελάου μήτηρ Μαλθακὴ νοσήσασα, παρὰ Οὐάρου δ' ἐκομίσθησαν ἐκ Συρίας ἐπιστολαὶ περὶ τῆς Ἰουδαίων ἀποστάσεως,
[40] ἣν προϊδόμενος ὁ Οὔαρος, ἀνέβη γὰρ μετὰ τὸν Ἀρχελάου πλοῦν εἰς Ἱεροσόλυμα τοὺς παρακινοῦντας καθέξων, ἐπειδὴ πρόδηλον ἦν τὸ πλῆθος οὐκ ἠρεμῆσον, ἓν τῶν τριῶν ἀπὸ Συρίας ταγμάτων, ὅπερ ἄγων ἧκεν, ἐν τῇ πόλει καταλείπει. [41] καὶ αὐτὸς μὲν ὑπέστρεψεν εἰς Ἀντιόχειαν, ἐπελθὼν δὲ ὁ Σαβῖνος ἀφορμὴν αὐτοῖς παρέσχεν νεωτεροποιίας: τούς τε γὰρ φρουροὺς παραδιδόναι τὰς ἄκρας ἐβιάζετο καὶ πικρῶς τὰ βασιλικὰ χρήματα διηρεύνα, πεποιθὼς οὐ μόνον τοῖς ὑπὸ Οὐάρου καταλειφθεῖσι στρατιώταις, ἀλλὰ καὶ πλήθει δούλων ἰδίων, οὓς ἅπαντας ὁπλίσας ὑπηρέταις ἐχρῆτο τῆς πλεονεξίας. [42] ἐνστάσης δὲ τῆς πεντηκοστῆς, οὕτω καλοῦσίν τινα ἑορτὴν Ἰουδαῖοι παρ' ἑπτὰ γινομένην ἑβδομάδας καὶ τὸν ἀριθμὸν τῶν ἡμερῶν προσηγορίαν ἔχουσαν, οὐχ ἡ συνήθης θρησκεία συνήγαγεν τὸν δῆμον, ἀλλ' ἡ ἀγανάκτησις.
[43] συνέδραμεν γοῦν πλῆθος ἄπειρον ἔκ τε τῆς Γαλιλαίας καὶ ἐκ τῆς Ἰδουμαίας Ἱεριχοῦντός τε καὶ τῆς ὑπὲρ Ἰορδάνην Περαίας, ὑπερεῖχεν δὲ πλήθει καὶ προθυμίαις ἀνδρῶν ὁ γνήσιος ἐξ αὐτῆς Ἰουδαίας λαός. [44] διανείμαντες δὲ σφᾶς αὐτοὺς εἰς τρία μέρη τριχῇ στρατοπεδεύονται, πρός τε τῷ βορείῳ τοῦ ἱεροῦ κλίματι καὶ πρὸς τῷ μεσημβρινῷ κατὰ τὸν ἱππόδρομον, ἡ δὲ τρίτη μοῖρα πρὸς τοῖς βασιλείοις κατὰ δύσιν. περικαθεζόμενοι δὲ πανταχόθεν τοὺς Ῥωμαίους ἐπολιόρκουν.

[2.45] Ὁ δὲ Σαβῖνος πρός τε τὸ πλῆθος αὐτῶν ὑποδείσας καὶ τὰ φρονήματα συνεχεῖς μὲν ἀγγέλους ἔπεμπεν πρὸς Οὔαρον ἐπαμύνειν ἐν τάχει δεόμενος ὡς εἰ βραδύνοι κατακοπησομένου τοῦ τάγματος: [46] αὐτὸς δὲ ἐπὶ τὸν ὑψηλότατον τοῦ φρουρίου πύργον ἀναβάς, ὃς ἐκαλεῖτο Φασάηλος ἐπώνυμον ἔχων ἀδελφὸν Ἡρώδου διαφθαρέντα ὑπὸ Πάρθων, ἐντεῦθεν κατέσειεν τοῖς ἐν τῷ τάγματι στρατιώταις ἐπιχειρεῖν τοῖς πολεμίοις: δι' ἔκπληξιν γὰρ οὐδ' εἰς τοὺς σφετέρους καταβαίνειν ἐθάρρει. [47] παραπεισθέντες δὲ οἱ στρατιῶται προπηδῶσιν εἰς τὸ ἱερὸν καὶ μάχην καρτερὰν τοῖς Ἰουδαίοις συνάπτουσιν, ἐν ᾗ μέχρι μὲν οὐδεὶς καθύπερθεν ἐπήμυνεν περιῆσαν ἐμπειρίᾳ πολέμου τῶν ἀπείρων: [48] ἐπεὶ δὲ πολλοὶ Ἰουδαίων ἀναβάντες ἐπὶ τὰς στοὰς κατὰ κεφαλῆς αὐτῶν ἠφίεσαν τὰ βέλη, συνετρίβοντο πολλοὶ καὶ οὔτε τοὺς ἄνωθεν βάλλοντας ἀμύνεσθαι ῥᾴδιον ἦν οὔτε τοὺς συστάδην μαχομένους ὑπομένειν.

[3.49] Καταπονούμενοι μὲν πρὸς ἀμφοτέρων ὑποπιμπρᾶσιν τὰς στοάς, ἔργα θαυμάσια μεγέθους τε καὶ πολυτελείας ἕνεκεν: οἱ δ' ἐπ' αὐτῶν ἐξαίφνης ὑπὸ τῆς φλογὸς περισχεθέντες πολλοὶ μὲν ἐν αὐτῇ διεφθάρησαν, πολλοὶ δὲ ὑπὸ τῶν πολεμίων πηδῶντες εἰς αὐτούς, τινὲς δ' εἰς τοὐπίσω κατὰ τοῦ τείχους ἐκρημνίζοντο, ἔνιοι δ' ὑπ' ἀμηχανίας τοῖς ἰδίοις ξίφεσιν τὸ πῦρ ἔφθανον: [50] ὅσοι δὲ καθερπύσαντες ἀπὸ τῶν τειχῶν ἦξαν εἰς τοὺς Ῥωμαίους εὐμεταχείριστοι διὰ τὴν ἔκπληξιν ἦσαν. καὶ τῶν μὲν ἀπολωλότων, τῶν δ' ὑπὸ τοῦ δέους σκεδασθέντων ἐρήμῳ τῷ τοῦ θεοῦ θησαυρῷ προσπεσόντες οἱ στρατιῶται περὶ τετρακόσια τάλαντα διήρπασαν, ὧν ὅσα μὴ διεκλάπη Σαβῖνος ἤθροισεν.

[4.51] Ἰουδαίους δὲ ἥ τε τῶν ἔργων καὶ ἀνδρῶν φθορὰ πολὺ πλείους καὶ μαχιμωτέρους ἐπισυνέστησεν Ῥωμαίοις καὶ περισχόντες τὰ βασίλεια πάντας ἠπείλουν διαφθείρειν, εἰ μὴ θᾶττον ἀπίοιεν: ὑπισχνοῦντο γὰρ ἄδειαν τῷ Σαβίνῳ βουλομένῳ μετὰ τοῦ τάγματος ἐξιέναι. [52] συνελάμβανον δ' αὐτοῖς οἱ πλείους τῶν βασιλικῶν αὐτομολήσαντες. τὸ μέντοι πολεμικώτατον μέρος, Σεβαστηνοὶ τρισχίλιοι Ῥοῦφός τε καὶ Γρᾶτος ἐπὶ τούτοις, ὁ μὲν τοὺς πεζοὺς τῶν βασιλικῶν ὑπ' αὐτὸν ἔχων, Ῥοῦφος δὲ τοὺς ἱππεῖς, ὧν ἑκάτερος καὶ χωρὶς ὑπηκόου δυνάμεως δι' ἀλκὴν καὶ σύνεσιν πολέμου ῥοπή, προσέθεντο Ῥωμαίοις. [53] Ἰουδαῖοι μὲν οὖν ἐνέκειντο τῇ πολιορκίᾳ τῶν τειχῶν ἅμα πειρώμενοι τοῦ φρουρίου καὶ τοῖς περὶ τὸν Σαβῖνον ἐμβοῶντες ἀπιέναι μηδ' ἐμποδὼν αὐτοῖς γενέσθαι διὰ χρόνου πολλοῦ κομιζομένοις τὴν πάτριον αὐτονομίαν. [54] Σαβίνῳ δ' ἀγαπητὸν μὲν ἦν ὑπεξελθεῖν, ἠπίστει δὲ ταῖς ὑποσχέσεσιν καὶ τὸ πρᾷον αὐτῶν δέλεαρ εἰς ἐνέδραν ὑπώπτευεν: ἅμα δὲ καὶ τὴν ἀπὸ Οὐάρου βοήθειαν ἐλπίζων διέτριβεν τὴν πολιορκίαν.

[1.55] Ἐν δὲ τούτῳ καὶ τὰ κατὰ τὴν χώραν πολλαχόθεν ἐταράσσετο, καὶ συχνοὺς βασιλειᾶν ὁ καιρὸς ἀνέπειθεν. κατὰ μέν γε τὴν Ἰδουμαίαν δισχίλιοι τῶν ὑπὸ Ἡρώδῃ πάλαι στρατευσαμένων συστάντες ἔνοπλοι διεμάχοντο τοῖς βασιλικοῖς, οἷς Ἀχίαβος ἀνεψιὸς βασιλέως ἀπὸ τῶν ἐρυμνοτάτων χωρίων ἐπολέμει ὑποφεύγων τὴν ἐν τοῖς πεδίοις συμπλοκήν: [56] ἐν δὲ Σεπφώρει τῆς Γαλιλαίας Ἰούδας υἱὸς Ἐζεκία τοῦ κατατρέχοντός ποτε τὴν χώραν ἀρχιληστοῦ καὶ χειρωθέντος ὑφ' Ἡρώδου βασιλέως συστήσας πλῆθος οὐκ ὀλίγον ἀναρρήγνυσιν τὰς βασιλικὰς ὁπλοθήκας καὶ τοὺς περὶ αὐτὸν ὁπλίσας τοῖς τὴν δυναστείαν ζηλοῦσιν ἐπεχείρει.

[2.57] Κατὰ δὲ τὴν Περαίαν Σίμων τις τῶν βασιλικῶν δούλων εὐμορφίᾳ σώματος καὶ μεγέθει πεποιθὼς περιτίθησιν μὲν ἑαυτῷ διάδημα, περιιὼν δὲ μεθ' ὧν συνήθροισεν λῃστῶν τά τε ἐν Ἱεριχοῖ βασίλεια καταπίμπρησιν καὶ πολλὰς ἑτέρας τῶν πολυτελῶν ἐπαύλεις, ἁρπαγὰς ῥᾳδίως ἐκ τοῦ πυρὸς αὐτῷ ποριζόμενος. [58] κἂν ἔφθη πᾶσαν οἴκησιν εὐπρεπῆ καταφλέξας, εἰ μὴ Γρᾶτος ὁ τῶν βασιλικῶν πεζῶν ἡγεμὼν τούς τε Τραχωνίτας τοξότας καὶ τὸ μαχιμώτατον τῶν Σεβαστηνῶν ἀναλαβὼν ὑπαντιάζει τὸν ἄνδρα. [59] τῶν μὲν οὖν Περαίων συχνοὶ διεφθάρησαν ἐν τῇ μάχῃ, τὸν Σίμωνα δ' αὐτὸν ἀναφεύγοντα δι' ὀρθίου φάραγγος ὁ Γρᾶτος ὑποτέμνεται καὶ φεύγοντος ἐκ πλαγίου τὸν αὐχένα πλήξας ἀπέρραξε. κατεφλέγη δὲ καὶ τὰ πλησίον Ἰορδάνου βασίλεια κατὰ βηθαραμινενθα συστάντων ἑτέρων τινῶν ἐκ τῆς Περαίας.

[3.60] Τότε καὶ ποιμήν τις ἀντιποιηθῆναι βασιλείας ἐτόλμησεν: Ἀθρογγαῖος ἐκαλεῖτο, προυξένει δ' αὐτῷ τὴν ἐλπίδα σώματος ἰσχὺς καὶ ψυχὴ θανάτου καταφρονοῦσα, πρὸς δὲ τούτοις ἀδελφοὶ τέσσαρες ὅμοιοι. [61] τούτων ἑκάστῳ λόχον ὑποζεύξας ἔνοπλον ὥσπερ στρατηγοῖς ἐχρῆτο καὶ σατράπαις ἐπὶ τὰς καταδρομάς, αὐτὸς δὲ καθάπερ βασιλεὺς τῶν σεμνοτέρων ἥπτετο πραγμάτων.
[62] τότε μὲν οὖν ἑαυτῷ περιτίθησιν διάδημα, διέμεινεν δ' ὕστερον οὐκ ὀλίγον χρόνον τὴν χώραν κατατρέχων σὺν τοῖς ἀδελφοῖς: καὶ τὸ κτείνειν αὐτοῖς προηγούμενον ἦν Ῥωμαίους τε καὶ τοὺς βασιλικούς, διέφευγεν δὲ οὐδὲ Ἰουδαίων εἴ τις εἰς χεῖρας ἔλθοι φέρων κέρδος.
[63] ἐτόλμησαν δέ ποτε Ῥωμαίων λόχον ἄθρουν περισχεῖν κατ' Ἀμμαοῦντα: σῖτα δ' οὗτοι καὶ ὅπλα διεκόμιζον τῷ τάγματι. τὸν μὲν οὖν ἑκατοντάρχην αὐτῶν Ἄρειον καὶ τεσσαράκοντα τοὺς γενναιοτάτους κατηκόντισαν, οἱ δὲ λοιποὶ κινδυνεύοντες ταὐτὸ παθεῖν Γράτου σὺν τοῖς Σεβαστηνοῖς ἐπιβοηθήσαντος ἐξέφυγον.
[64] πολλὰ τοιαῦτα τοὺς ἐπιχωρίους καὶ τοὺς ἀλλοφύλους παρ' ὅλον τὸν πόλεμον ἐργασάμενοι μετὰ χρόνον οἱ μὲν τρεῖς ἐχειρώθησαν, ὑπ' Ἀρχελάου μὲν ὁ πρεσβύτατος, οἱ δ' ἑξῆς δύο Γράτῳ καὶ Πτολεμαίῳ περιπεσόντες: ὁ δὲ τέταρτος Ἀρχελάῳ προσεχώρησεν κατὰ δεξιάν. [65] τοῦτο μὲν δὴ τὸ τέλος ὕστερον αὐτοὺς ἐξεδέχετο, τότε δὲ ληστρικοῦ πολέμου τὴν Ἰουδαίαν πᾶσαν ἐνεπίμπλασαν.

[1.66] Οὐάρῳ δὲ δεξαμένῳ τὰ παρὰ Σαβίνου καὶ τῶν ἡγεμόνων γράμματα δεῖσαί τε περὶ τοῦ τάγματος ὅλου παρέστη καὶ σπεύδειν ἐπὶ τὴν βοήθειαν. [67] ἀναλαβὼν δὴ τὰ λοιπὰ δύο τάγματα καὶ τὰς σὺν αὐτοῖς τέσσαρας ἴλας ἱππέων ἐπὶ Πτολεμαΐδος ᾔει, προστάξας ἐκεῖ καὶ τοὺς παρὰ τῶν βασιλέων καὶ δυναστῶν ἐπικούρους συνελθεῖν: προσέλαβεν δὲ καὶ παρὰ Βηρυτίων διερχόμενος τὴν πόλιν χιλίους καὶ πεντακοσίους ὁπλίτας. [68] ἐπεὶ δ' εἰς τὴν Πτολεμαΐδα τό τε ἄλλο συμμαχικὸν πλῆθος αὐτῷ παρῆν καὶ κατὰ τὸ πρὸς Ἡρώδην

ἔχθος Ἀρέτας ὁ Ἄραψ οὐκ ὀλίγην ἄγων δύναμιν ἱππικήν τε καὶ πεζικήν, μέρος τῆς στρατιᾶς εὐθέως ἔπεμπεν εἰς τὴν Γαλιλαίαν γειτνιῶσαν τῇ Πτολεμαΐδι καὶ Γάιον ἡγεμόνα τῶν αὐτοῦ φίλων, ὃς τούς τε ὑπαντιάσαντας τρέπεται καὶ Σέπφωριν πόλιν ἑλὼν αὐτὴν μὲν ἐμπίπρησι, τοὺς δ' ἐνοικοῦντας ἀνδραποδίζεται. [69] μετὰ δὲ τῆς ὅλης δυνάμεως αὐτὸς Οὔαρος εἰς Σαμάρειαν ἐλάσας τῆς μὲν πόλεως ἀπέσχετο μηδὲν ἐν τοῖς τῶν ἄλλων θορύβοις παρακεκινηκυῖαν εὑρών, αὐλίζεται δὲ περί τινα κώμην Ἀροῦν καλουμένην: κτῆμα δὲ ἦν Πτολεμαίου καὶ διὰ τοῦτο ὑπὸ τῶν Ἀράβων διηρπάσθη μηνιόντων καὶ τοῖς Ἡρώδου φίλοις.
[70] ἔνθεν εἰς Σαπφὼ πρόεισιν κώμην ἑτέραν ἐρυμνήν, ἣν ὁμοίως διήρπασαν τάς τε προσόρους πάσας ὅσαις ἐπετύγχανον. πυρὸς δὲ καὶ φόνου πεπλήρωτο πάντα καὶ πρὸς τὰς ἁρπαγὰς τῶν Ἀράβων οὐδὲν ἀντεῖχεν. [71] κατεφλέγη δὲ καὶ Ἀμμαοῦς φυγόντων τῶν οἰκητόρων, Οὐάρου δι' ὀργὴν τῶν περὶ Ἄρειον ἀποσφαγέντων κελεύσαντος.

[2.72] Ἐνθένδε εἰς Ἱεροσόλυμα προελθὼν ὀφθείς τε μόνον μετὰ τῆς δυνάμεως τὰ στρατόπεδα τῶν Ἰουδαίων διεσκέδασεν. καὶ οἱ μὲν ᾤχοντο φυγόντες ἀνὰ τὴν χώραν: [73] δεξάμενοι δὲ αὐτὸν οἱ κατὰ τὴν πόλιν ἀπεσκευάζοντο τὰς αἰτίας τῆς ἀποστάσεως, αὐτοὶ μὲν οὐδὲν παρακινῆσαι λέγοντες, διὰ δὲ τὴν ἑορτὴν ἀναγκαίως δεξάμενοι τὸ πλῆθος συμπολιορκηθῆναι μᾶλλον Ῥωμαίοις ἢ συμπολεμῆσαι τοῖς ἀποστᾶσιν. [74] προϋπηντήκεισαν δὲ αὐτῷ Ἰώσηπος ὁ ἀνεψιὸς Ἀρχελάου καὶ σὺν Γράτῳ Ῥοῦφος, ἄγοντες ἅμα τῷ βασιλικῷ στρατῷ καὶ τοὺς Σεβαστηνούς, οἵ τε ἀπὸ τοῦ Ῥωμαϊκοῦ τάγματος τὸν συνήθη τρόπον κεκοσμημένοι: Σαβῖνος μὲν γὰρ οὐδ' εἰς ὄψιν ὑπομείνας ἐλθεῖν Οὐάρῳ προεξῆλθεν τῆς πόλεως ἐπὶ θάλασσαν. [75] Οὔαρος δὲ κατὰ μοῖραν τῆς στρατιᾶς ἐπὶ τοὺς αἰτίους τοῦ κινήματος ἔπεμψεν περὶ τὴν χώραν, καὶ πολλῶν ἀγομένων τοὺς μὲν ἧττον θορυβώδεις φανέντας ἐφρούρει, τοὺς δὲ αἰτιωτάτους ἀνεσταύρωσεν περὶ δισχιλίους.

[3.76] Ἠγγέλθη δ' αὐτῷ κατὰ τὴν Ἰδουμαίαν ἔτι συμμένειν μυρίους ὁπλίτας. ὁ δὲ τοὺς μὲν Ἄραβας εὑρὼν οὐ συμμάχων ἦθος ἔχοντας, ἀλλ' ἰδίῳ πάθει στρατευομένους καὶ πέρα τῆς ἑαυτοῦ προαιρέσεως τὴν χώραν κακοῦντας ἔχθει τῷ πρὸς Ἡρώδην ἀποπέμπεται, μετὰ δὲ τῶν ἰδίων ταγμάτων ἐπὶ τοὺς ἀφεστῶτας ἠπείγετο. [77] κἀκεῖνοι πρὶν εἰς χεῖρας ἐλθεῖν Ἀχιάβου συμβουλεύσαντος σφᾶς αὐτοὺς παρέδοσαν, Οὔαρος δὲ τῷ πλήθει μὲν ἠφίει τὰς αἰτίας, τοὺς δὲ ἡγεμόνας ἐξετασθησομένους ἔπεμπεν ἐπὶ Καίσαρα. [78] Καῖσαρ δὲ τοῖς μὲν ἄλλοις συνέγνω, τινὰς δὲ τῶν τοῦ βασιλέως συγγενῶν, ἦσαν γὰρ ἐν αὐτοῖς ἔνιοι προσήκοντες Ἡρώδῃ κατὰ γένος, κολάσαι προσέταξεν, ὅτι κατ' οἰκείου βασιλέως ἐστρατεύσαντο. [79] Οὔαρος μὲν οὖν τοῦτον τὸν τρόπον καταστησάμενος τὰ ἐν Ἱεροσολύμοις καὶ φρουρὰν καταλιπὼν τὸ καὶ πρότερον τάγμα εἰς Ἀντιόχειαν ἐπάνεισιν.

[1.80] Ἀρχελάῳ δ' ἐπὶ Ῥώμης πάλιν ἄλλη συνίσταται δίκη πρὸς Ἰουδαίους, οἳ πρὸ τῆς ἀποστάσεως ἐπιτρέψαντος Οὐάρου πρέσβεις ἐξεληλύθεσαν περὶ τῆς τοῦ ἔθνους αὐτονομίας: ἦσαν δὲ πεντήκοντα μὲν οἱ παρόντες, συμπαρίσταντο δὲ αὐτοῖς τῶν ἐπὶ Ῥώμης Ἰουδαίων ὑπὲρ ὀκτακισχιλίους. [81] ἀθροίσαντος δὲ Καίσαρος συνέδριον τῶν ἐν τέλει Ῥωμαίων καὶ τῶν φίλων ἐν τῷ κατὰ τὸ Παλάτιον Ἀπόλλωνος ἱερῷ, κτίσμα δ' ἦν ἴδιον αὐτοῦ θαυμασίῳ πολυτελείᾳ κεκοσμημένον, μετὰ μὲν τῶν πρεσβευτῶν τὸ Ἰουδαϊκὸν πλῆθος ἔστη, [82] σὺν δὲ τοῖς φίλοις ἄντικρυς Ἀρχέλαος, τῶν δὲ τούτου συγγενῶν οἱ φίλοι παρ' οὐδετέροις, συμπαρίστασθαι μὲν Ἀρχελάῳ διὰ μῖσος καὶ φθόνον οὐχ ὑπομένοντες, ὀφθῆναι δὲ μετὰ τῶν κατηγόρων ὑπὸ Καίσαρος αἰδούμενοι. [83] τούτοις παρῆν καὶ Φίλιππος ἀδελφὸς Ἀρχελάου, προπεμφθεὶς κατ' εὔνοιαν ὑπὸ Οὐάρου δυοῖν ἕνεκα, Ἀρχελάῳ τε συναγωνίσασθαι, κἂν διανέμῃ τὸν Ἡρώδου Καῖσαρ οἶκον πᾶσι τοῖς ἐγγόνοις, κλήρου τινὸς ἀξιωθῆναι.

[2.84] Ἐπιτραπὲν δὲ λέγειν τοῖς κατηγόροις τὰς Ἡρώδου παρανομίας πρῶτον διεξῄεσαν, οὐ βασιλέα λέγοντες ἀλλὰ τῶν πώποτε τυραννησάντων ὠμότατον ἐνηνοχέναι τύραννον: πλείστων γοῦν ἀνῃρημένων ὑπ' αὐτοῦ τοιαῦτα πεπονθέναι τοὺς καταλειφθέντας, ὥστε μακαρίζεσθαι τοὺς ἀπολωλότας: [85] βεβασανικέναι γὰρ οὐ μόνον τὰ σώματα τῶν ὑποτεταγμένων ἀλλὰ καὶ τὰς πόλεις: τὰς μὲν γὰρ ἰδίας λελωβῆσθαι, τὰς δὲ τῶν ἀλλοφύλων κεκοσμηκέναι καὶ τὸ τῆς Ἰουδαίας αἷμα κεχαρίσθαι τοῖς ἔξωθεν δήμοις. [86] ἀντὶ δὲ τῆς παλαιᾶς εὐδαιμονίας καὶ τῶν πατρίων νόμων πενίας τὸ ἔθνος καὶ παρανομίας ἐσχάτης πεπληρωκέναι, καθόλου δὲ πλείους ὑπομεμενηκέναι τὰς ἐξ Ἡρώδου συμφορὰς ἐν ὀλίγοις ἔτεσιν Ἰουδαίους ὧν ἐν παντὶ τῷ χρόνῳ μετὰ τὴν ἐκ Βαβυλῶνος ἀναχώρησιν ἔπαθον οἱ πρόγονοι Ξέρξου βασιλεύοντος ἀπαναστάντες. [87] εἰς τοσοῦτον μέντοι μετριότητος καὶ τοῦ δυστυχεῖν ἔθους προελθεῖν, ὥστε ὑπομεῖναι τῆς πικρᾶς δουλείας καὶ διαδοχὴν αὐθαίρετον: [88] Ἀρχέλαον γοῦν τὸν τηλικούτου τυράννου παῖδα μετὰ τὴν τοῦ πατρὸς τελευτὴν βασιλέα τε προσειπεῖν ἑτοίμως καὶ συμπενθῆσαι τὸν Ἡρώδου θάνατον αὐτῷ καὶ συνεύξασθαι περὶ τῆς διαδοχῆς. [89] τὸν δ' ὥσπερ ἀγωνιάσαντα, μὴ νόθος υἱὸς εἶναι δόξειεν Ἡρώδου, προοιμιάσασθαι τὴν βασιλείαν τρισχιλίων πολιτῶν φόνῳ, καὶ τοσαῦτα μὲν παρεστακέναι θύματα περὶ τῆς ἀρχῆς τῷ θεῷ, τοσούτοις δ' ἐμπεπληκέναι νεκροῖς τὸ ἱερὸν ἐν ἑορτῇ.

[90] τοὺς μέντοι περιλειφθέντας ἐκ τοσούτων κακῶν εἰκότως ἐπεστράφθαι ποτὲ ἤδη πρὸς τὰς συμφορὰς καὶ πολέμου νόμῳ τὰς πληγὰς ἐθέλειν κατὰ πρόσωπον δέχεσθαι, δεῖσθαι δὲ Ῥωμαίων ἐλεῆσαι τά τε τῆς Ἰουδαίας λείψανα καὶ μὴ τὸ περισσὸν αὐτῆς ὑπορρῖψαι τοῖς ὠμῶς σπαράττουσιν, [91] συνάψαντας δὲ τῇ Συρίᾳ τὴν χώραν αὐτῶν διοικεῖν ἐπ' ἰδίοις ἡγεμόσιν: ἐπιδείξεσθαι γάρ, ὡς οἱ νῦν στασιώδεις διαβαλλόμενοι καὶ πολεμικοὶ φέρειν οἴδασιν μετρίους ἡγεμόνας. [92] Ἰουδαῖοι μὲν οὖν ἐκ τῆς κατηγορίας κατέληξαν εἰς τοιαύτην ἀξίωσιν, ἀναστὰς δὲ Νικόλαος ἀπελύσατο μὲν τὰς εἰς τοὺς βασιλεῖς αἰτίας, κατηγόρει δὲ τοῦ ἔθνους τό τε δύσαρκτον καὶ τὸ δυσπειθὲς φύσει πρὸς τοὺς βασιλεῖς. συνδιέβαλλε δὲ καὶ τοὺς Ἀρχελάου συγγενεῖς, ὅσοι πρὸς τοὺς κατηγόρους

ἀφεστήκεσαν.

[3.93] Τότε μὲν οὖν Καῖσαρ ἀκούσας ἑκατέρων διέλυσε τὸ συνέδριον, μετὰ δ' ἡμέρας ὀλίγας τὸ μὲν ἥμισυ τῆς βασιλείας Ἀρχελάῳ δίδωσιν ἐθνάρχην προσειπών, ὑποσχόμενος δὲ καὶ βασιλέα ποιήσειν, [94] εἰ ἄξιον ἑαυτὸν παράσχοι, τὸ δὲ λοιπὸν ἥμισυ διελὼν εἰς δύο τετραρχίας δυσὶν ἑτέροις παισὶν Ἡρώδου δίδωσιν, τὴν μὲν Φιλίππῳ, τὴν δὲ Ἀντίπᾳ τῷ πρὸς Ἀρχέλαον ἀμφισβητοῦντι περὶ τῆς βασιλείας. [95] ἐγένετο δὲ ὑπὸ τούτῳ μὲν ἥ τε Περαία καὶ Γαλιλαία, πρόσοδος διακόσια τάλαντα, Βατανέα δὲ καὶ Τράχων Αὐρανῖτίς τε καὶ μέρη τινὰ τοῦ Ζήνωνος οἴκου τὰ περὶ ἰννάνω, πρόσοδον ἔχοντα ταλάντων ἑκατόν, ὑπὸ Φιλίππῳ τέτακτο.
[96] τῆς Ἀρχελάου δ' ἐθναρχίας Ἰδουμαία τε καὶ Ἰουδαία πᾶσα καὶ Σαμαρεῖτις ἦν κεκουφισμένη τετάρτῳ μέρει τῶν φόρων εἰς τιμὴν τοῦ μὴ μετὰ τῶν ἄλλων ἀποστῆναι. [97] πόλεις δ' ὑπηκόους παρέλαβεν Στράτωνος πύργον καὶ Σεβαστὴν καὶ Ἰόππην καὶ Ἱεροσόλυμα: τὰς γὰρ Ἑλληνίδας Γάζαν καὶ Γάδαρα καὶ Ἵππον ἀποτεμόμενος τῆς βασιλείας προσέθηκεν Συρίᾳ. πρόσοδος ἦν τῆς Ἀρχελάῳ δοθείσης χώρας τετρακοσίων ταλάντων. [98] Σαλώμη δὲ πρὸς οἷς ὁ βασιλεὺς ἐν ταῖς διαθήκαις κατέλιπεν Ἰαμνείας τε καὶ Ἀζώτου καὶ Φασαηλίδος ἀποδείκνυται δεσπότις, χαρίζεται δ' αὐτῇ Καῖσαρ καὶ τὰ ἐν Ἀσκάλωνι βασίλεια: συνήγετο δ' ἐκ πάντων ἑξήκοντα προσόδου τάλαντα: τὸν δὲ οἶκον αὐτῆς ὑπὸ τὴν Ἀρχελάου τοπαρχίαν ἔταξεν.
[99] τῆς δ' ἄλλης Ἡρώδου γενεᾶς ἕκαστος τὸ καταλειφθὲν ἐν ταῖς διαθήκαις ἐκομίζετο. δυσὶ δ' αὐτοῦ θυγατράσι παρθένοις Καῖσαρ ἔξωθεν χαρίζεται πεντήκοντα μυριάδας ἀργυρίου καὶ συνῴκισεν αὐτὰς τοῖς Φερώρα παισίν. [100] μετὰ δὲ τὸν οἶκον ἐπιδιένειμεν αὐτοῖς τὴν ἑαυτῷ καταλειφθεῖσαν ὑφ' Ἡρώδου δωρεὰν οὖσαν χιλίων ταλάντων, εὐτελῆ τινα τῶν κειμηλίων εἰς τὴν τοῦ κατοιχομένου τιμὴν ἐξελόμενος.

[1.101] Κἀν τούτῳ νεανίας τις Ἰουδαῖος μὲν τὸ γένος, τραφεὶς δὲ ἐν Σιδῶνι παρά τῳ τῶν Ῥωμαίων ἀπελευθέρῳ, δι' ὁμοιότητα μορφῆς ψευδόμενος ἑαυτὸν Ἀλέξανδρον τὸν ἀναιρεθέντα ὑφ' Ἡρώδου κατ' ἐλπίδα τοῦ λήσειν ἧκεν εἰς Ῥώμην. [102] συνεργὸς δ' ἦν τις ὁμόφυλος αὐτῷ πάντα τὰ κατὰ τὴν βασιλείαν ἐπιστάμενος, ὑφ' οὗ διδαχθεὶς ἔλεγεν, ὡς οἱ πεμφθέντες ἐπὶ τὴν ἀναίρεσιν αὐτοῦ τε καὶ Ἀριστοβούλου δι' οἶκτον ἐκκλέψειαν αὐτοὺς ὁμοίων ὑποβολῇ σωμάτων. [103] τούτοις γοῦν τοὺς ἐν Κρήτῃ Ἰουδαίους ἐξαπατήσας καὶ λαμπρῶς ἐφοδιασθεὶς διέπλευσεν εἰς Μῆλον: ἔνθα συναγείρας πολλῷ πλέον δι' ὑπερβολὴν ἀξιοπιστίας ἀνέπεισεν καὶ τοὺς ἰδιοξένους εἰς Ῥώμην αὐτῷ συνεκπλεῦσαι. [104] καταχθεὶς δὲ εἰς Δικαιάρχειαν δῶρά τε παμπληθῆ παρὰ τῶν ἐκεῖ Ἰουδαίων λαμβάνει καὶ καθάπερ βασιλεὺς ὑπὸ τῶν πατρῴων προεπέμφθη φίλων. προεληλύθει δ' εἰς τοσοῦτον πίστεως τὸ τῆς μορφῆς ὅμοιον, ὥστε τοὺς ἑωρακότας Ἀλέξανδρον καὶ σαφῶς ἐπισταμένους διόμνυσθαι τοῦτον εἶναι. [105] τό γε μὴν Ἰουδαϊκὸν ἐν τῇ Ῥώμῃ ἅπαν ἐξεχύθη πρὸς τὴν θέαν αὐτοῦ, καὶ πλῆθος ἄπειρον ἦν περὶ τοὺς στενωπούς, δι' ὧν ἐκομίζετο: καὶ γὰρ προῆλθον εἰς τοσοῦτον φρενοβλαβείας οἱ Μήλιοι, ὥστε φορείῳ τε αὐτὸν κομίζειν καὶ θεραπείαν βασιλικὴν ἰδίοις παρασχεῖν ἀναλώμασιν.

[2.106] Καῖσαρ δὲ γινώσκων [ἀκριβῶς] τοὺς Ἀλεξάνδρου χαρακτῆρας, κατηγόρητο γὰρ ὑφ' Ἡρώδου παρ' αὐτῷ, συνεώρα μὲν καὶ πρὶν ἰδεῖν τὸν ἄνθρωπον τὴν τῆς ὁμοιότητος ἀπάτην, διδοὺς δέ τι καὶ πίστεως ταῖς ἱλαρωτέραις ἐλπίσιν Κέλαδόν τινα πέμπει τῶν σαφῶς ἐπισταμένων Ἀλέξανδρον, κελεύσας ἀγαγεῖν αὐτῷ τὸν νεανίσκον. [107] ὁ δὲ ὡς εἶδεν, ἐτεκμήρατο μὲν τάχιστα καὶ τὰς διαφορὰς τοῦ προσώπου τό τε ὅλον σῶμα σκληρότερόν τε καὶ δουλοφανὲς καταμαθὼν ἐνόησεν πᾶν τὸ σύνταγμα, [108] πάνυ δὲ αὐτὸν παρώξυνεν ἡ τόλμα τῶν παρ' αὐτοῦ λεγομένων: τοῖς γὰρ πυνθανομένοις περὶ Ἀριστοβούλου σώζεσθαι μὲν κἀκεῖνον ἔλεγεν, ἀπολελεῖφθαι δὲ ἐπίτηδες ἐν Κύπρῳ τὰς ἐπιβουλὰς φυλασσόμενον: ἧττον γὰρ ἐπιχειρεῖσθαι διεζευγμένους. [109] ἀπολαβόμενος οὖν αὐτὸν κατ' ἰδίαν “μισθόν, ἔφη, παρὰ Καίσαρος ἔχεις τὸ ζῆν τοῦ μηνῦσαι τὸν ἀναπείσαντά σε πλανᾶσθαι τηλικαῦτα." κἀκεῖνος αὐτῷ δηλώσειν εἰπὼν ἕπεται πρὸς Καίσαρα καὶ τὸν Ἰουδαῖον ἐνδείκνυται καταχρησάμενον αὐτοῦ τῇ ὁμοιότητι πρὸς ἐργασίαν: τοσαῦτα γὰρ εἰληφέναι δῶρα καθ' ἑκάστην πόλιν ὅσα ζῶν Ἀλέξανδρος οὐκ ἔλαβεν. [110] γελάσας δὲ Καῖσαρ ἐπὶ τούτοις τὸν μὲν ψευδαλέξανδρον δι' εὐεξίαν σώματος ἐγκατέταξεν τοῖς ἐρέταις, τὸν ἀναπείσαντα δὲ ἐκέλευσεν ἀναιρεθῆναι: Μηλίοις δ' ἤρκεσεν ἐπιτίμιον τῆς ἀνοίας τὰ ἀναλώματα.

[3.111] Παραλαβὼν δὲ τὴν ἐθναρχίαν Ἀρχέλαος καὶ κατὰ μνήμην τῶν πάλαι διαφορῶν οὐ μόνον Ἰουδαίοις ἀλλὰ καὶ Σαμαρεῦσι χρησάμενος ὠμῶς, πρεσβευσαμένων ἑκατέρων κατ' αὐτοῦ πρὸς Καίσαρα ἔτει τῆς ἀρχῆς ἐνάτῳ φυγαδεύεται μὲν αὐτὸς εἰς Βίενναν πόλιν τῆς Γαλλίας, ἡ οὐσία δ' αὐτοῦ τοῖς Καίσαρος θησαυροῖς ἐγκατατάσσεται. [112] πρὶν κληθῆναι δ' αὐτὸν ὑπὸ τοῦ Καίσαρος ὄναρ ἰδεῖν φασιν τοιόνδε: ἔδοξεν ὁρᾶν στάχυς ἐννέα πλήρεις καὶ μεγάλους ὑπὸ βοῶν καταβιβρωσκομένους. μεταπεμψάμενος δὲ τοὺς μάντεις καὶ τῶν Χαλδαίων τινὰς ἐπυνθάνετο, τί σημαίνειν δοκοῖεν. [113] ἄλλων δ' ἄλλως ἐξηγουμένων Σίμων τις Ἐσσαῖος τὸ γένος ἔφη τοὺς μὲν στάχυς ἐνιαυτοὺς νομίζειν, βόας δὲ μεταβολὴν πραγμάτων διὰ τὸ τὴν χώραν ἀροτριῶντας ἀλλάσσειν: ὥστε βασιλεύσειν μὲν αὐτὸν τὸν τῶν ἀσταχύων ἀριθμόν, ἐν ποικίλαις δὲ πραγμάτων μεταβολαῖς γενόμενον τελευτήσειν. ταῦτα ἀκούσας Ἀρχέλαος μετὰ πέντε ἡμέρας ἐπὶ τὴν δίκην ἐκλήθη.

[4.114] Ἄξιον δὲ μνήμης ἡγησάμην καὶ τὸ τῆς γυναικὸς αὐτοῦ Γλαφύρας ὄναρ, ἥπερ ἦν θυγάτηρ μὲν Ἀρχελάου τοῦ Καππαδόκων βασιλέως, γυνὴ δὲ Ἀλεξάνδρου γεγονυῖα τὸ πρῶτον, ὃς ἦν ἀδελφὸς Ἀρχελάου περὶ οὗ διέξιμεν, υἱὸς δὲ Ἡρώδου τοῦ βασιλέως, ὑφ' οὗ καὶ ἀνῃρέθη, καθάπερ δεδηλώκαμεν. [115] μετὰ δὲ τὸν ἐκείνου θάνατον συνῴκησεν Ἰόβᾳ τῷ βασιλεύοντι Λιβύης, οὗ τελευτήσαντος ἐπανελθοῦσαν αὐτὴν καὶ χηρεύουσαν παρὰ τῷ πατρὶ θεασάμενος ὁ ἐθνάρχης Ἀρχέλαος ἐπὶ τοσοῦτον ἔρωτος ἦλθεν, ὥστε παραχρῆμα τὴν συνοικοῦσαν αὐτῷ Μαριάμμην ἀποπεμψάμενος ἐκείνην ἀγαγέσθαι. [116] παραγενομένη τοίνυν εἰς Ἰουδαίαν μετ' ὀλίγον τῆς ἀφίξεως χρόνον ἔδοξεν ἐπιστάντα τὸν Ἀλέξανδρον αὐτῇ λέγειν "ἀπέχρη μὲν ὁ κατὰ Λιβύην σοι γάμος, σὺ δὲ οὐκ ἀρκεσθεῖσα τούτῳ πάλιν ἐπὶ τὴν ἐμὴν ἀνακάμπτεις ἑστίαν, τρίτον ἄνδρα καὶ ταῦτα τὸν ἀδελφόν, ὦ τολμηρά, τὸν ἐμὸν ᾑρημένη. πλὴν οὐ περιόψομαι τὴν ὕβριν, ἀπολήψομαι δέ σε καὶ μὴ θέλουσαν." τοῦτο διηγησαμένη τὸ ὄναρ μόλις δύο ἡμέρας ἐβίω.

[1.117] Τῆς δὲ Ἀρχελάου χώρας εἰς ἐπαρχίαν περιγραφείσης ἐπίτροπος τῆς ἱππικῆς παρὰ Ῥωμαίοις τάξεως Κωπώνιος πέμπεται μέχρι τοῦ κτείνειν λαβὼν παρὰ Καίσαρος ἐξουσίαν. [118] ἐπὶ τούτου τις ἀνὴρ Γαλιλαῖος Ἰούδας ὄνομα εἰς ἀπόστασιν ἐνῆγε τοὺς ἐπιχωρίους κακίζων, εἰ φόρον τε Ῥωμαίοις τελεῖν ὑπομενοῦσιν καὶ μετὰ τὸν θεὸν οἴσουσι θνητοὺς δεσπότας. ἦν δ' οὗτος σοφιστὴς ἰδίας αἱρέσεως οὐδὲν τοῖς ἄλλοις προσεοικώς.

[2.119] Τρία γὰρ παρὰ Ἰουδαίοις εἴδη φιλοσοφεῖται, καὶ τοῦ μὲν αἱρετισταὶ Φαρισαῖοι, τοῦ δὲ Σαδδουκαῖοι, τρίτον δέ, ὃ δὴ καὶ δοκεῖ σεμνότητα ἀσκεῖν, Ἐσσηνοὶ καλοῦνται, Ἰουδαῖοι μὲν γένος ὄντες, φιλάλληλοι δὲ καὶ τῶν ἄλλων πλέον. [120] οὗτοι τὰς μὲν ἡδονὰς ὡς κακίαν ἀποστρέφονται, τὴν δὲ ἐγκράτειαν καὶ τὸ μὴ τοῖς πάθεσιν ὑποπίπτειν ἀρετὴν ὑπολαμβάνουσιν. καὶ γάμου μὲν παρ' αὐτοῖς ὑπεροψία, τοὺς δ' ἀλλοτρίους παῖδας ἐκλαμβάνοντες ἁπαλοὺς ἔτι πρὸς τὰ μαθήματα συγγενεῖς ἡγοῦνται καὶ τοῖς ἤθεσιν αὐτῶν ἐντυποῦσι, [121] τὸν μὲν γάμον καὶ τὴν ἐξ αὐτοῦ διαδοχὴν οὐκ ἀναιροῦντες, τὰς δὲ τῶν γυναικῶν ἀσελγείας φυλαττόμενοι καὶ μηδεμίαν τηρεῖν πεπεισμένοι τὴν πρὸς ἕνα πίστιν.

[3.122] Καταφρονηταὶ δὲ πλούτου, καὶ θαυμάσιον αὐτοῖς τὸ κοινωνικόν, οὐδὲ ἔστιν εὑρεῖν κτήσει τινὰ παρ' αὐτοῖς ὑπερέχοντα: νόμος γὰρ τοὺς εἰς τὴν αἵρεσιν εἰσιόντας δημεύειν τῷ τάγματι τὴν οὐσίαν, ὥστε ἐν ἅπασιν μήτε πενίας ταπεινότητα φαίνεσθαι μήθ' ὑπεροχὴν πλούτου, τῶν δ' ἑκάστου κτημάτων ἀναμεμιγμένων μίαν ὥσπερ ἀδελφοῖς ἅπασιν οὐσίαν εἶναι. [123] κηλῖδα δ' ὑπολαμβάνουσι τὸ ἔλαιον, κἂν ἀλειφθῇ τις ἄκων, σμήχεται τὸ σῶμα: τὸ γὰρ αὐχμεῖν ἐν καλῷ τίθενται λευχειμονεῖν τε διαπαντός. χειροτονητοὶ δ' οἱ τῶν κοινῶν ἐπιμεληταὶ καὶ ἀδιαίρετοι πρὸς ἁπάντων εἰς τὰς χρείας ἕκαστοι.

[4.124] Μία δ' οὐκ ἔστιν αὐτῶν πόλις ἀλλ' ἐν ἑκάστῃ μετοικοῦσιν πολλοί. καὶ τοῖς ἑτέρωθεν ἥκουσιν αἱρετισταῖς πάντ' ἀναπέπταται τὰ παρ' αὐτοῖς ὁμοίως ὥσπερ ἴδια, καὶ πρὸς οὓς οὐ πρότερον εἶδον εἰσίασιν ὡς συνηθεστάτους: [125] διὸ καὶ ποιοῦνται τὰς ἀποδημίας οὐδὲν μὲν ὅλως ἐπικομιζόμενοι, διὰ δὲ τοὺς λῃστὰς ἔνοπλοι. κηδεμὼν δ' ἐν ἑκάστῃ πόλει τοῦ τάγματος ἐξαιρέτως τῶν ξένων ἀποδείκνυται ταμιεύων ἐσθῆτα καὶ τὰ ἐπιτήδεια. [126] καταστολὴ δὲ καὶ σχῆμα σώματος ὅμοιον τοῖς μετὰ φόβου παιδαγωγουμένοις παισίν. οὔτε δὲ ἐσθῆτας οὔτε ὑποδήματα ἀμείβουσι πρὶν διαρραγῆναι τὸ πρότερον παντάπασιν ἢ δαπανηθῆναι τῷ χρόνῳ. [127] οὐδὲν δ' ἐν ἀλλήλοις οὔτ' ἀγοράζουσιν οὔτε πωλοῦσιν, ἀλλὰ τῷ χρῄζοντι διδοὺς ἕκαστος τὰ παρ' αὐτῷ τὸ παρ' ἐκείνου χρήσιμον ἀντικομίζεται: καὶ χωρὶς δὲ τῆς ἀντιδόσεως ἀκώλυτος ἡ μετάληψις αὐτοῖς παρ' ὧν ἂν θέλωσιν.

[5.128] Πρός γε μὴν τὸ θεῖον εὐσεβεῖς ἰδίως: πρὶν γὰρ ἀνασχεῖν τὸν ἥλιον οὐδὲν φθέγγονται τῶν βεβήλων, πατρίους δέ τινας εἰς αὐτὸν εὐχὰς ὥσπερ ἱκετεύοντες ἀνατεῖλαι. [129] καὶ μετὰ ταῦτα πρὸς ἃς ἕκαστοι τέχνας ἴσασιν ὑπὸ τῶν ἐπιμελητῶν διαφίενται, καὶ μέχρι πέμπτης ὥρας ἐργασάμενοι συντόνως πάλιν εἰς ἓν συναθροίζονται χωρίον, ζωσάμενοί τε σκεπάσμασιν λινοῖς οὕτως ἀπολούονται τὸ σῶμα ψυχροῖς ὕδασιν, καὶ μετὰ ταύτην τὴν ἁγνείαν εἰς ἴδιον οἴκημα συνίασιν, ἔνθα μηδενὶ τῶν ἑτεροδόξων ἐπιτέτραπται παρελθεῖν: αὐτοί τε καθαροὶ καθάπερ εἰς ἅγιόν τι τέμενος παραγίνονται τὸ δειπνητήριον. [130] καὶ καθισάντων μεθ' ἡσυχίας ὁ μὲν σιτοποιὸς ἐν τάξει παρατίθησι τοὺς ἄρτους, ὁ δὲ μάγειρος ἓν ἀγγεῖον ἐξ ἑνὸς ἐδέσματος ἑκάστῳ παρατίθησιν. [131] προκατεύχεται δ' ὁ ἱερεὺς τῆς τροφῆς, καὶ γεύσασθαί τινα πρὶν τῆς εὐχῆς ἀθέμιτον: ἀριστοποιησάμενος δ' ἐπεύχεται πάλιν: ἀρχόμενοί τε καὶ παυόμενοι γεραίρουσι θεὸν ὡς χορηγὸν τῆς ζωῆς. ἔπειθ' ὡς ἱερὰς καταθέμενοι τὰς ἐσθῆτας πάλιν ἐπ' ἔργα μέχρι δείλης τρέπονται. [132] δειπνοῦσι δ' ὁμοίως ὑποστρέψαντες συγκαθεζομένων τῶν ξένων, εἰ τύχοιεν αὐτοῖς παρόντες. οὔτε δὲ κραυγή ποτε τὸν οἶκον οὔτε θόρυβος μιαίνει, τὰς δὲ λαλιὰς ἐν τάξει παραχωροῦσιν ἀλλήλοις. [133] καὶ τοῖς ἔξωθεν ὡς μυστήριόν τι φρικτὸν ἡ τῶν ἔνδον σιωπὴ καταφαίνεται, τούτου δ' αἴτιον ἡ διηνεκὴς νῆψις καὶ τὸ μετρεῖσθαι παρ' αὐτοῖς τροφὴν καὶ ποτὸν μέχρι κόρου.

[6.134] Τῶν μὲν οὖν ἄλλων οὐκ ἔστιν ὅ τι μὴ τῶν ἐπιμελητῶν προσταξάντων ἐνεργοῦσι, δύο δὲ ταῦτα παρ' αὐτοῖς αὐτεξούσια, ἐπικουρία καὶ ἔλεος: βοηθεῖν τε γὰρ τοῖς ἀξίοις, ὁπόταν δέωνται, καὶ καθ' ἑαυτοὺς ἐφίεται καὶ τροφὰς ἀπορουμένοις ὀρέγειν. τὰς δὲ εἰς τοὺς συγγενεῖς μεταδόσεις οὐκ ἔξεστι ποιεῖσθαι δίχα τῶν ἐπιτρόπων. [135] ὀργῆς ταμίαι δίκαιοι, θυμοῦ καθεκτικοί, πίστεως προστάται, εἰρήνης ὑπουργοί. καὶ πᾶν μὲν τὸ ῥηθὲν ὑπ' αὐτῶν ἰσχυρότερον ὅρκου, τὸ δὲ ὀμνύειν αὐτοῖς περιίσταται χεῖρον τῆς ἐπιορκίας ὑπολαμβάνοντες: ἤδη γὰρ κατεγνῶσθαί φασιν τὸν ἀπιστούμενον δίχα θεοῦ. [136] σπουδάζουσι δ' ἐκτόπως περὶ τὰ τῶν παλαιῶν συντάγματα μάλιστα τὰ πρὸς ὠφέλειαν ψυχῆς καὶ σώματος ἐκλέγοντες: ἔνθεν αὐτοῖς πρὸς θεραπείαν παθῶν ῥίζαι τε ἀλεξητήριον καὶ λίθων ἰδιότητες ἀνερευνῶνται.

[7.137] Τοῖς δὲ ζηλοῦσιν τὴν αἵρεσιν αὐτῶν οὐκ εὐθὺς ἡ πάροδος, ἀλλ' ἐπὶ ἐνιαυτὸν ἔξω μένοντι τὴν αὐτὴν ὑποτίθενται δίαιταν ἀξινάριόν τε καὶ τὸ προειρημένον περίζωμα καὶ λευκὴν ἐσθῆτα δόντες. [138] ἐπειδὰν δὲ τούτῳ τῷ χρόνῳ πεῖραν ἐγκρατείας δῷ, πρόσεισιν μὲν ἔγγιον τῇ διαίτῃ καὶ καθαρωτέρων τῶν πρὸς ἁγνείαν ὑδάτων μεταλαμβάνει, παραλαμβάνεται δὲ εἰς τὰς συμβιώσεις οὐδέπω. μετὰ γὰρ τὴν τῆς καρτερίας ἐπίδειξιν δυσὶν ἄλλοις ἔτεσιν τὸ ἦθος δοκιμάζεται καὶ φανεὶς ἄξιος οὕτως εἰς τὸν ὅμιλον ἐγκρίνεται. [139] πρὶν δὲ τῆς κοινῆς ἅψασθαι τροφῆς ὅρκους αὐτοῖς ὄμνυσι φρικώδεις, πρῶτον μὲν εὐσεβήσειν τὸ θεῖον, ἔπειτα τὰ πρὸς ἀνθρώπους δίκαια φυλάξειν καὶ μήτε κατὰ γνώμην βλάψειν τινὰ μήτε ἐξ ἐπιτάγματος, μισήσειν δ' ἀεὶ τοὺς ἀδίκους καὶ συναγωνιεῖσθαι τοῖς δικαίοις: [140] τὸ πιστὸν ἀεὶ πᾶσιν παρέξειν, μάλιστα δὲ τοῖς κρατοῦσιν: οὐ γὰρ δίχα θεοῦ περιγενέσθαι τινὶ τὸ ἄρχειν: κἂν αὐτὸς ἄρχῃ, μηδέποτε ἐξυβρίσειν εἰς τὴν ἐξουσίαν μηδ' ἐσθῆτί τινι ἢ πλείονι κόσμῳ τοὺς ὑποτεταγμένους ὑπερλαμπρύνεσθαι. [141] τὴν ἀλήθειαν ἀγαπᾶν ἀεὶ καὶ τοὺς ψευδομένους προβάλλεσθαι: χεῖρας κλοπῆς καὶ ψυχὴν ἀνοσίου κέρδους καθαρὰν φυλάξειν καὶ μήτε κρύψειν τι τοὺς αἱρετιστὰς μήθ' ἑτέροις αὐτῶν τι μηνύσειν, κἂν μέχρι θανάτου τις βιάζηται. [142] πρὸς τούτοις ὄμνυσιν μηδενὶ μὲν μεταδοῦναι τῶν δογμάτων ἑτέρως ἢ ὡς αὐτὸς μετέλαβεν, ἀφέξεσθαι δὲ λῃστείας καὶ συντηρήσειν ὁμοίως τά τε τῆς αἱρέσεως αὐτῶν βιβλία καὶ τὰ τῶν ἀγγέλων ὀνόματα. τοιούτοις μὲν ὅρκοις τοὺς προσιόντας ἐξασφαλίζονται.

[8.143] Τοὺς δ' ἐπ' ἀξιοχρέοις ἁμαρτήμασιν ἁλόντας ἐκβάλλουσι τοῦ τάγματος. ὁ δ' ἐκκριθεὶς οἰκτίστῳ πολλάκις μόρῳ διαφθείρεται: τοῖς γὰρ ὅρκοις καὶ τοῖς ἔθεσιν ἐνδεδεμένος οὐδὲ τῆς παρὰ τοῖς ἄλλοις τροφῆς δύναται μεταλαμβάνειν, ποηφαγῶν δὲ καὶ λιμῷ τὸ σῶμα τηκόμενος διαφθείρεται. [144] διὸ δὴ πολλοὺς ἐλεήσαντες ἐν ταῖς ἐσχάταις ἀναπνοαῖς ἀνέλαβον, ἱκανὴν ἐπὶ τοῖς ἁμαρτήμασιν αὐτῶν τὴν μέχρι θανάτου βάσανον ἡγούμενοι.

[9.145] Περὶ δὲ τὰς κρίσεις ἀκριβέστατοι καὶ δίκαιοι, καὶ δικάζουσι μὲν οὐκ ἐλάττους τῶν ἑκατὸν συνελθόντες, τὸ δ' ὁρισθὲν ὑπ' αὐτῶν ἀκίνητον. σέβας δὲ μέγα παρ' αὐτοῖς μετὰ τὸν θεὸν τοὔνομα τοῦ νομοθέτου, κἂν βλασφημήσῃ τις εἰς τοῦτον κολάζεται θανάτῳ. [146] τοῖς δὲ πρεσβυτέροις ὑπακούουσιν καὶ τοῖς πλείοσιν ἐν καλῷ: δέκα γοῦν συγκαθεζομένων οὐκ ἂν λαλήσειέν τις ἀκόντων τῶν

ἐννέα. [147] καὶ τὸ πτύσαι δὲ εἰς μέσους ἢ τὸ δεξιὸν μέρος φυλάσσονται καὶ ταῖς ἑβδομάσιν ἔργων ἐφάπτεσθαι διαφορώτατα Ἰουδαίων ἁπάντων: οὐ μόνον γὰρ τροφὰς ἑαυτοῖς πρὸ μιᾶς ἡμέρας παρασκευάζουσιν, ὡς μὴ πῦρ ἐναύοιεν ἐκείνην τὴν ἡμέραν, ἀλλ' οὐδὲ σκεῦός τι μετακινῆσαι θαρροῦσιν οὐδὲ ἀποπατεῖν.
[148] ταῖς δ' ἄλλαις ἡμέραις βόθρον ὀρύσσοντες βάθος ποδιαῖον τῇ σκαλίδι, τοιοῦτον γάρ ἐστιν τὸ διδόμενον ὑπ' αὐτῶν ἀξινίδιον τοῖς νεοσυστάτοις, καὶ περικαλύψαντες θοιμάτιον, ὡς μὴ τὰς αὐγὰς ὑβρίζοιεν τοῦ θεοῦ, θακεύουσιν εἰς αὐτόν. [149] ἔπειτα τὴν ἀνορυχθεῖσαν γῆν ἐφέλκουσιν εἰς τὸν βόθρον: καὶ τοῦτο ποιοῦσι τοὺς ἐρημοτέρους τόπους ἐκλεγόμενοι. καίπερ δὴ φυσικῆς οὔσης τῆς τῶν λυμάτων ἐκκρίσεως ἀπολούεσθαι μετ' αὐτὴν καθάπερ μεμιασμένοις ἔθιμον.

[10.150] Διῄρηνται δὲ κατὰ χρόνον τῆς ἀσκήσεως εἰς μοίρας τέσσαρας, καὶ τοσοῦτον οἱ μεταγενέστεροι τῶν προγενεστέρων ἐλαττοῦνται, ὥστ' εἰ ψαύσειαν αὐτῶν, ἐκείνους ἀπολούεσθαι καθάπερ ἀλλοφύλῳ συμφυρέντας. [151] καὶ μακρόβιοι μέν, ὡς τοὺς πολλοὺς ὑπὲρ ἑκατὸν παρατείνειν ἔτη, διὰ τὴν ἁπλότητα τῆς διαίτης ἔμοιγε δοκεῖν καὶ τὴν εὐταξίαν, καταφρονηταὶ δὲ τῶν δεινῶν, καὶ τὰς μὲν ἀλγηδόνας νικῶντες τοῖς φρονήμασιν, τὸν δὲ θάνατον, εἰ μετ' εὐκλείας πρόσεισι, νομίζοντες ἀθανασίας ἀμείνονα.
[152] διήλεγξεν δὲ αὐτῶν ἐν ἅπασιν τὰς ψυχὰς ὁ πρὸς Ῥωμαίους πόλεμος, ἐν ᾧ στρεβλούμενοί τε καὶ λυγιζόμενοι καιόμενοί τε καὶ κλώμενοι καὶ διὰ πάντων ὁδεύοντες τῶν βασανιστηρίων ὀργάνων, ἵν' ἢ βλασφημήσωσιν τὸν νομοθέτην ἢ φάγωσίν τι τῶν ἀσυνήθων, οὐδέτερον ὑπέμειναν παθεῖν, ἀλλ' οὐδὲ κολακεῦσαί ποτε τοὺς αἰκιζομένους ἢ δακρῦσαι. [153] μειδιῶντες δὲ ἐν ταῖς ἀλγηδόσιν καὶ κατειρωνευόμενοι τῶν τὰς βασάνους προσφερόντων εὔθυμοι τὰς ψυχὰς ἠφίεσαν ὡς πάλιν κομιούμενοι.

[11.154] Καὶ γὰρ ἔρρωται παρ' αὐτοῖς ἥδε ἡ δόξα, φθαρτὰ μὲν εἶναι τὰ σώματα καὶ τὴν ὕλην οὐ μόνιμον αὐτῶν, τὰς δὲ ψυχὰς

ἀθανάτους ἀεὶ διαμένειν, καὶ συμπλέκεσθαι μὲν ἐκ τοῦ λεπτοτάτου φοιτώσας αἰθέρος ὥσπερ εἱρκταῖς τοῖς σώμασιν ἴυγγί τινι φυσικῇ κατασπωμένας, [155] ἐπειδὰν δὲ ἀνεθῶσι τῶν κατὰ σάρκα δεσμῶν, οἷα δὴ μακρᾶς δουλείας ἀπηλλαγμένας τότε χαίρειν καὶ μετεώρους φέρεσθαι. καὶ ταῖς μὲν ἀγαθαῖς ὁμοδοξοῦντες παισὶν Ἑλλήνων ἀποφαίνονται τὴν ὑπὲρ ὠκεανὸν δίαιταν ἀποκεῖσθαι καὶ χῶρον οὔτε ὄμβροις οὔτε νιφετοῖς οὔτε καύμασι βαρυνόμενον, ἀλλ' ὃν ἐξ ὠκεανοῦ πραῢς ἀεὶ ζέφυρος ἐπιπνέων ἀναψύχει: ταῖς δὲ φαύλαις ζοφώδη καὶ χειμέριον ἀφορίζονται μυχὸν γέμοντα τιμωριῶν ἀδιαλείπτων. [156] δοκοῦσι δέ μοι κατὰ τὴν αὐτὴν ἔννοιαν Ἕλληνες τοῖς τε ἀνδρείοις αὐτῶν, οὓς ἥρωας καὶ ἡμιθέους καλοῦσιν, τὰς μακάρων νήσους ἀνατεθεικέναι, ταῖς δὲ τῶν πονηρῶν ψυχαῖς καθ' ᾅδου τὸν ἀσεβῶν χῶρον, ἔνθα καὶ κολαζομένους τινὰς μυθολογοῦσιν, Σισύφους καὶ Ταντάλους Ἰξίονάς τε καὶ Τιτυούς, πρῶτον μὲν ἀιδίους ὑφιστάμενοι τὰς ψυχάς, ἔπειτα εἰς προτροπὴν ἀρετῆς καὶ κακίας ἀποτροπήν. [157] τούς τε γὰρ ἀγαθοὺς γίνεσθαι κατὰ τὸν βίον ἀμείνους ἐλπίδι τιμῆς καὶ μετὰ τὴν τελευτήν, τῶν τε κακῶν ἐμποδίζεσθαι τὰς ὁρμὰς δέει προσδοκώντων, εἰ καὶ λάθοιεν ἐν τῷ ζῆν, μετὰ τὴν διάλυσιν ἀθάνατον τιμωρίαν ὑφέξειν.
[158] ταῦτα μὲν οὖν Ἐσσηνοὶ περὶ ψυχῆς θεολογοῦσιν ἄφυκτον δέλεαρ τοῖς ἅπαξ γευσαμένοις τῆς σοφίας αὐτῶν καθιέντες.

[12.159] Εἰσὶν δ' ἐν αὐτοῖς οἳ καὶ τὰ μέλλοντα προγινώσκειν ὑπισχνοῦνται, βίβλοις ἱεραῖς καὶ διαφόροις ἁγνείαις καὶ προφητῶν ἀποφθέγμασιν ἐμπαιδοτριβούμενοι: σπάνιον δ' εἴ ποτε ἐν ταῖς προαγορεύσεσιν ἀστοχοῦσιν.

[13.160] Ἔστιν δὲ καὶ ἕτερον Ἐσσηνῶν τάγμα, δίαιταν μὲν καὶ ἔθη καὶ νόμιμα τοῖς ἄλλοις ὁμοφρονοῦν, διεστὼς δὲ τῇ κατὰ γάμον δόξῃ: μέγιστον γὰρ ἀποκόπτειν οἴονται τοῦ βίου μέρος, τὴν διαδοχήν, τοὺς μὴ γαμοῦντας, μᾶλλον δέ, εἰ πάντες τὸ αὐτὸ φρονήσειαν, ἐκλιπεῖν ἂν τὸ γένος τάχιστα. [161] δοκιμάζοντες μέντοι τριετίᾳ τὰς γαμετάς, ἐπειδὰν τρὶς καθαρθῶσιν εἰς πεῖραν τοῦ δύνασθαι τίκτειν, οὕτως ἄγονται. ταῖς δ' ἐγκύμοσιν οὐχ ὁμιλοῦσιν, ἐνδεικνύμενοι τὸ μὴ δι' ἡδονὴν ἀλλὰ τέκνων χρείαν γαμεῖν. λουτρὰ δὲ ταῖς γυναιξὶν ἀμπεχομέναις ἐνδύματα, καθάπερ τοῖς ἀνδράσιν ἐν περιζώματι. τοιαῦτα μὲν ἔθη τοῦδε τοῦ τάγματος.

[14.162] Δύο δὲ τῶν προτέρων Φαρισαῖοι μὲν οἱ μετὰ ἀκριβείας δοκοῦντες ἐξηγεῖσθαι τὰ νόμιμα καὶ τὴν πρώτην ἀπάγοντες αἵρεσιν εἱμαρμένῃ τε καὶ θεῷ προσάπτουσι πάντα, [163] καὶ τὸ μὲν πράττειν τὰ δίκαια καὶ μὴ κατὰ τὸ πλεῖστον ἐπὶ τοῖς ἀνθρώποις κεῖσθαι, βοηθεῖν δὲ εἰς ἕκαστον καὶ τὴν εἱμαρμένην: ψυχήν τε πᾶσαν μὲν ἄφθαρτον, μεταβαίνειν δὲ εἰς ἕτερον σῶμα τὴν τῶν ἀγαθῶν μόνην, τὰς δὲ τῶν φαύλων ἀιδίῳ τιμωρίᾳ κολάζεσθαι. [164] Σαδδουκαῖοι δέ, τὸ δεύτερον τάγμα, τὴν μὲν εἱμαρμένην παντάπασιν ἀναιροῦσιν καὶ τὸν θεὸν ἔξω τοῦ δρᾶν τι κακὸν ἢ ἐφορᾶν τίθενται: [165] φασὶν δ' ἐπ' ἀνθρώπων ἐκλογῇ τό τε καλὸν καὶ τὸ κακὸν προκεῖσθαι καὶ κατὰ γνώμην ἑκάστου τούτων ἑκατέρῳ προσιέναι. ψυχῆς τε τὴν διαμονὴν καὶ τὰς καθ' ᾅδου τιμωρίας καὶ τιμὰς ἀναιροῦσιν. [166] καὶ Φαρισαῖοι μὲν φιλάλληλοί τε καὶ τὴν εἰς τὸ κοινὸν ὁμόνοιαν ἀσκοῦντες, Σαδδουκαίων δὲ καὶ πρὸς ἀλλήλους τὸ ἦθος ἀγριώτερον αἵ τε ἐπιμιξίαι πρὸς τοὺς ὁμοίους ἀπηνεῖς ὡς πρὸς ἀλλοτρίους. τοιαῦτα μὲν περὶ τῶν ἐν Ἰουδαίοις φιλοσοφούντων εἶχον εἰπεῖν.

[1.167] Τῆς Ἀρχελάου δ' ἐθναρχίας μεταπεσούσης εἰς ἐπαρχίαν οἱ λοιποί, Φίλιππος καὶ Ἡρώδης ὁ κληθεὶς Ἀντίπας, διῴκουν τὰς ἑαυτῶν τετραρχίας: Σαλώμη γὰρ τελευτῶσα Ἰουλίᾳ τῇ τοῦ Σεβαστοῦ γυναικὶ τήν τε αὐτῆς τοπαρχίαν καὶ Ἰάμνειαν καὶ τοὺς ἐν Φασαηλίδι φοινικῶνας κατέλιπεν. [168] μεταβάσης δὲ εἰς Τιβέριον τὸν Ἰουλίας υἱὸν τῆς Ῥωμαίων ἡγεμονίας μετὰ τὴν Αὐγούστου τελευτήν, ἀφηγησαμένου τῶν πραγμάτων ἔτεσιν ἑπτὰ καὶ πεντήκοντα πρὸς δὲ μησὶν ἓξ καὶ ἡμέραις δύο, διαμείναντες ἐν ταῖς τετραρχίαις ὅ τε Ἡρώδης καὶ ὁ Φίλιππος, ὁ μὲν πρὸς ταῖς τοῦ Ἰορδάνου πηγαῖς ἐν Πανεάδι πόλιν κτίζει Καισάρειαν κἀν τῇ κάτω Γαυλανιτικῇ

Ἰουλιάδα, Ἡρώδης δ' ἐν μὲν τῇ Γαλιλαίᾳ Τιβεριάδα, ἐν δὲ τῇ Περαίᾳ φερώνυμον Ἰουλίας.

[2.169] Πεμφθεὶς δὲ εἰς Ἰουδαίαν ἐπίτροπος ὑπὸ Τιβερίου Πιλᾶτος νύκτωρ κεκαλυμμένας εἰς Ἱεροσόλυμα εἰσκομίζει τὰς Καίσαρος εἰκόνας, αἳ σημαῖαι καλοῦνται. [170] τοῦτο μεθ' ἡμέραν μεγίστην ταραχὴν ἤγειρεν Ἰουδαίοις: οἵ τε γὰρ ἐγγὺς πρὸς τὴν ὄψιν ἐξεπλάγησαν ὡς πεπατημένων αὐτοῖς τῶν νόμων, οὐδὲν γὰρ ἀξιοῦσιν ἐν τῇ πόλει δείκηλον τίθεσθαι, καὶ πρὸς τὴν ἀγανάκτησιν τῶν κατὰ τὴν πόλιν ἄθρους ὁ ἐκ τῆς χώρας λαὸς συνέρρευσεν. [171] ὁρμήσαντες δὲ πρὸς Πιλᾶτον εἰς Καισάρειαν ἱκέτευον ἐξενεγκεῖν ἐξ Ἱεροσολύμων τὰς σημαίας καὶ τηρεῖν αὐτοῖς τὰ πάτρια. Πιλάτου δὲ ἀρνουμένου περὶ τὴν οἰκίαν πρηνεῖς καταπεσόντες ἐπὶ πέντε ἡμέρας καὶ νύκτας ἴσας ἀκίνητοι διεκαρτέρουν.

[3.172] Τῇ δ' ἑξῆς ὁ Πιλᾶτος καθίσας ἐπὶ βήματος ἐν τῷ μεγάλῳ σταδίῳ καὶ προσκαλεσάμενος τὸ πλῆθος ὡς ἀποκρίνασθαι δῆθεν αὐτοῖς θέλων, δίδωσιν τοῖς στρατιώταις σημεῖον ἐκ συντάγματος κυκλώσασθαι τοὺς Ἰουδαίους ἐν τοῖς ὅπλοις. [173] περιστάσης δὲ τριστιχεὶ τῆς φάλαγγος Ἰουδαῖοι μὲν ἀχανεῖς ἦσαν πρὸς τὸ ἀδόκητον τῆς ὄψεως, Πιλᾶτος δὲ κατακόψειν εἰπὼν αὐτούς, εἰ μὴ προσδέξαιντο τὰς Καίσαρος εἰκόνας, γυμνοῦν τὰ ξίφη τοῖς στρατιώταις ἔνευσεν. [174] οἱ δὲ Ἰουδαῖοι καθάπερ ἐκ συνθήματος ἀθρόοι καταπεσόντες καὶ τοὺς αὐχένας παρακλίναντες ἑτοίμους ἀναιρεῖν σφᾶς ἐβόων μᾶλλον ἢ τὸν νόμον παραβῆναι. ὑπερθαυμάσας δὲ ὁ Πιλᾶτος τὸ τῆς δεισιδαιμονίας ἄκρατον ἐκκομίσαι μὲν αὐτίκα τὰς σημαίας Ἱεροσολύμων κελεύει.

[4.175] Μετὰ δὲ ταῦτα ταραχὴν ἑτέραν ἐκίνει τὸν ἱερὸν θησαυρόν, καλεῖται δὲ κορβωνᾶς, εἰς καταγωγὴν ὑδάτων ἐξαναλίσκων: κατῆγεν δὲ ἀπὸ τετρακοσίων σταδίων. πρὸς τοῦτο τοῦ πλήθους ἀγανάκτησις ἦν, καὶ τοῦ Πιλάτου παρόντος εἰς Ἱεροσόλυμα περιστάντες τὸ βῆμα κατεβόων. [176] ὁ δέ, προῄδει γὰρ αὐτῶν τὴν ταραχήν, τῷ πλήθει τοὺς στρατιώτας ἐνόπλους ἐσθῆσιν ἰδιωτικαῖς κεκαλυμμένους ἐγκαταμίξας καὶ ξίφει μὲν χρήσασθαι κωλύσας, ξύλοις δὲ παίειν τοὺς κεκραγότας ἐγκελευσάμενος σύνθημα δίδωσιν ἀπὸ τοῦ βήματος. [177] τυπτόμενοι δὲ οἱ Ἰουδαῖοι πολλοὶ μὲν ὑπὸ τῶν πληγῶν, πολλοὶ δὲ ὑπὸ σφῶν αὐτῶν ἐν τῇ φυγῇ καταπατηθέντες ἀπώλοντο. πρὸς δὲ τὴν συμφορὰν τῶν ἀνῃρημένων καταπλαγὲν τὸ πλῆθος ἐσιώπησεν.

[5.178] Κἀν τούτῳ κατήγορος Ἡρώδου τοῦ τετραρχοῦντος Ἀγρίππας υἱὸς Ἀριστοβούλου, ὃν ὁ πατὴρ Ἡρώδης ἀπέκτεινεν, παραγίνεται πρὸς Τιβέριον. τοῦ δὲ μὴ προσδεξαμένου τὴν κατηγορίαν μένων ἐπὶ Ῥώμης τούς τε ἄλλους τῶν γνωρίμων ἐθεράπευεν καὶ μάλιστα τὸν Γερμανικοῦ παῖδα Γάιον ἰδιώτην ἔτι ὄντα. [179] καὶ δή ποτε ἑστιῶν αὐτὸν τά τε ἄλλα ποικίλως ἐφιλοφρονεῖτο καὶ τελευταῖον τὰς χεῖρας ἀνατείνας φανερῶς ηὔξατο θᾶττον αὐτὸν θεάσασθαι τῶν ὅλων δεσπότην ἀποθανόντος Τιβερίου. [180] τοῦτό τις τῶν οἰκετῶν αὐτοῦ διαγγέλλει τῷ Τιβερίῳ, καὶ ὃς ἀγανακτήσας εἵργνυσιν τὸν Ἀγρίππαν καὶ μετ' αἰκίας εἶχεν αὐτὸν ἐπὶ μῆνας ἓξ ἐν δεσμωτηρίῳ, μέχρις αὐτὸς ἐτελεύτησεν ἡγεμονεύσας ἔτη δύο πρὸς τοῖς εἴκοσι καὶ τρεῖς ἡμέρας ἐπὶ μησὶν ἕξ.

[6.181] Ἀποδειχθεὶς δὲ Γάιος Καῖσαρ ἀνίησίν τε τῶν δεσμῶν τὸν Ἀγρίππαν καὶ τῆς Φιλίππου τετραρχίας, θνήσκει γὰρ οὗτος, καθίστησι βασιλέα. παραγενόμενος δὲ εἰς τὴν ἀρχὴν Ἀγρίππας φθόνῳ τὰς Ἡρώδου τοῦ τετράρχου διήγειρεν ἐπιθυμίας. [182] ἐνῆγε δὲ μάλιστα τοῦτον εἰς ἐλπίδα βασιλείας Ἡρωδιὰς ἡ γυνὴ κατονειδίζουσα τὴν ἀργίαν καὶ φαμένη παρὰ τὸ μὴ βούλεσθαι πλεῖν ἐπὶ Καίσαρα στερίσκεσθαι μείζονος ἀρχῆς: ὅπου μὲν γὰρ Ἀγρίππαν ἐξ ἰδιώτου βασιλέα πεποίηκεν, ἦπου γ' ἂν ἐκεῖνον διστάσειεν ἐκ τετράρχου; τούτοις ἀναπεισθεὶς Ἡρώδης ἧκεν πρὸς Γάιον,
[183] ὑφ' οὗ τῆς πλεονεξίας ἐπιτιμᾶται φυγῇ εἰς Γαλλίαν: ἠκολούθησεν γὰρ αὐτῷ κατήγορος Ἀγρίππας, ᾧ καὶ τὴν τετραρχίαν

τὴν ἐκείνου προσέθηκεν Γάιος. καὶ Ἡρώδης μὲν ἐν Γαλλίᾳ συμφυγούσης αὐτῷ καὶ τῆς γυναικὸς τελευτᾷ.

[1.184] Γάιος δὲ Καῖσαρ ἐπὶ τοσοῦτον ἐξύβρισεν εἰς τὴν τύχην, ὥστε θεὸν ἑαυτὸν καὶ δοκεῖν βούλεσθαι καὶ καλεῖσθαι τῶν τε εὐγενεστάτων ἀνδρῶν ἀκροτομῆσαι τὴν πατρίδα, ἐκτεῖναι δὲ τὴν ἀσέβειαν καὶ ἐπὶ Ἰουδαίαν. [185] Πετρώνιον μὲν οὖν μετὰ στρατιᾶς ἐπὶ Ἱεροσολύμων ἔπεμψεν ἐγκαθιδρύσοντα τῷ ναῷ τοὺς ἀνδριάντας αὐτοῦ, προστάξας, εἰ μὴ δέχοιντο Ἰουδαῖοι, τούς τε κωλύοντας ἀνελεῖν καὶ πᾶν τὸ λοιπὸν ἔθνος ἐξανδραποδίσασθαι. [186] θεῷ δ' ἄρα τῶν προσταγμάτων ἔμελεν. καὶ Πετρώνιος μὲν σὺν τρισὶ τάγμασι καὶ πολλοῖς ἐκ τῆς Συρίας συμμάχοις εἰς τὴν Ἰουδαίαν ἤλαυνεν ἐκ τῆς Ἀντιοχείας, [187] Ἰουδαίων δὲ οἱ μὲν ἠπίστουν ἐπὶ ταῖς τοῦ πολέμου φήμαις, οἱ δὲ πιστεύοντες ἦσαν ἐν ἀμηχάνῳ πρὸς τὴν ἄμυναν: ταχὺ δ' ἐχώρει διὰ πάντων τὸ δέος ἤδη παρούσης εἰς Πτολεμαΐδα τῆς στρατιᾶς.

[2.188] Πόλις δ' ἐστὶν αὕτη τῆς Γαλιλαίας παράλιος κατὰ τὸ μέγα πεδίον ἐκτισμένη, περιέχεται δὲ ὄρεσιν ἐκ μὲν τοῦ πρὸς ἀνατολὴν κλίματος ἀπὸ σταδίων ἑξήκοντα τῷ τῆς Γαλιλαίας, ἀπὸ δὲ τοῦ μεσημβρινοῦ τῷ Καρμήλῳ διέχοντι σταδίους ἑκατὸν εἴκοσι, τῷ δ' ὑψηλοτάτῳ κατ' ἄρκτον, ὃ καλοῦσιν κλίμακα Τυρίων οἱ ἐπιχώριοι: [189] καὶ τοῦτο δὲ σταδίους ἀφέστηκεν ἑκατόν. τοῦ δ' ἄστεος ὅσον ἀπὸ δύο σταδίων ὁ καλούμενος Βήλεος ποταμὸς παραρρεῖ παντάπασιν ὀλίγος, παρ' ᾧ τὸ Μέμνονος μνημεῖόν ἐστιν ἔχον ἐγγὺς αὐτοῦ τόπον ἑκατονταπήχη θαύματος ἄξιον: [190] κυκλοτερὴς μὲν γάρ ἐστιν καὶ κοῖλος, ἀναδίδωσιν δὲ τὴν ὑελίνην ψάμμον, ἣν ὅταν ἐκκενώσῃ πολλὰ πλοῖα προσσχόντα, πάλιν ἀντιπληροῦται τὸ χωρίον, κατασυρόντων μὲν ὥσπερ ἐπίτηδες τότε τῶν ἀνέμων εἰς αὐτὸ τὴν ἔξωθεν ἀργὴν ψάμμον, τοῦ δὲ μετάλλου πᾶσαν εὐθέως μεταβάλλοντος εἰς ὕελον. [191] θαυμασιώτερον δὲ τούτου μοι δοκεῖ τὸ τὴν ὑπερχυθεῖσαν ὕελον ἐκ τοῦ τόπου πάλιν ψάμμον γίνεσθαι εἰκαίαν. τὸ μὲν οὖν χωρίον τοῦτο τοιαύτην εἴληχεν φύσιν.

[3.192] Ἰουδαῖοι δὲ μετὰ γυναικῶν καὶ τέκνων ἀθροισθέντες εἰς τὸ πεδίον τὸ πρὸς Πτολεμαΐδι καθικέτευον τὸν Πετρώνιον ὑπὲρ τῶν πατρίων νόμων πρῶτον, ἔπειτα ὑπὲρ αὑτῶν. ὁ δὲ πρός τε τὸ πλῆθος καὶ τὰς δεήσεις ἐνδοὺς τοὺς μὲν ἀνδριάντας καὶ τὰς στρατιὰς ἐν Πτολεμαΐδι λείπει, [193] προελθὼν δὲ εἰς τὴν Γαλιλαίαν καὶ συγκαλέσας τό τε πλῆθος καὶ τοὺς γνωρίμους πάντας εἰς Τιβεριάδα τήν τε Ῥωμαίων διεξῄει δύναμιν καὶ τὰς Καίσαρος ἀπειλάς, ἔτι δὲ τὴν ἀξίωσιν ἀπέφαινεν ἀγνώμονα: [194] πάντων γὰρ τῶν ὑποτεταγμένων ἐθνῶν κατὰ πόλιν συγκαθιδρυκότων τοῖς ἄλλοις θεοῖς καὶ τὰς Καίσαρος εἰκόνας τὸ μόνους ἐκείνους ἀντιτάσσεσθαι πρὸς τοῦτο σχεδὸν ἀφισταμένων εἶναι καὶ μεθ' ὕβρεως.

[4.195] Τῶν δὲ τὸν νόμον καὶ τὸ πάτριον ἔθος προτεινομένων καὶ ὡς οὐδὲ θεοῦ τι δείκηλον, οὐχ ὅπως ἀνδρός, οὐ κατὰ τὸν ναὸν μόνον ἀλλ' οὐδὲ ἐν εἰκαίῳ τινὶ τόπῳ τῆς χώρας θέσθαι θεμιτὸν εἴη, ὑπολαβὼν ὁ Πετρώνιος "ἀλλὰ μὴν καὶ ἐμοὶ φυλακτέος ὁ τοὐμοῦ δεσπότου νόμος", ἔφη: "παραβὰς γὰρ αὐτὸν καὶ φεισάμενος ὑμῶν ἀπολοῦμαι δικαίως. πολεμήσει δ' ὑμᾶς ὁ πέμψας με καὶ οὐκ ἐγώ: [196] καὶ γὰρ αὐτός, ὥσπερ ὑμεῖς, ἐπιτάσσομαι." πρὸς ταῦτα τὸ πλῆθος πάντ' ἐβόα πρὸ τοῦ νόμου πάσχειν ἑτοίμως ἔχειν. καταστείλας δ' αὐτῶν ὁ Πετρώνιος τὴν βοήν, "πολεμήσετε, εἶπεν, ἄρα [197] Καίσαρι;" καὶ Ἰουδαῖοι περὶ μὲν Καίσαρος καὶ τοῦ δήμου τῶν Ῥωμαίων δὶς τῆς ἡμέρας θύειν ἔφασαν, εἰ δὲ βούλεται τὰς εἰκόνας ἐγκαθιδρύειν, πρότερον αὐτὸν δεῖν ἅπαν τὸ Ἰουδαίων ἔθνος προθύσασθαι: παρέχειν δὲ σφᾶς αὐτοὺς ἑτοίμους εἰς τὴν σφαγὴν ἅμα τέκνοις καὶ γυναιξίν. [198] ἐπὶ τούτοις θαῦμα καὶ οἶκτος εἰσῄει τὸν Πετρώνιον τῆς τε ἀνυπερβλήτου θρησκείας τῶν ἀνδρῶν καὶ τοῦ πρὸς θάνατον ἑτοίμου παραστήματος. καὶ τότε μὲν ἄπρακτοι διελύθησαν.

[5.199] Ταῖς δ' ἑξῆς ἀθρόους τε τοὺς δυνατοὺς κατ' ἰδίαν καὶ τὸ πλῆθος ἐν κοινῷ συλλέγων ποτὲ μὲν παρεκάλει, ποτὲ δὲ συνεβούλευεν, τὸ πλέον μέντοι διηπείλει τήν τε Ῥωμαίων ἐπανατεινόμενος ἰσχὺν καὶ τοὺς Γαΐου θυμοὺς τήν τε ἰδίαν πρὸς τούτοις ἀνάγκην. [200] πρὸς δὲ μηδεμίαν πεῖραν ἐνδιδόντων ὡς ἑώρα καὶ τὴν χώραν κινδυνεύουσαν ἄσπορον μεῖναι, κατὰ γὰρ ὥραν σπόρου πεντήκοντα ἡμέρας ἀργὰ προσδιέτριβεν αὐτῷ τὰ πλήθη, τελευταῖον ἀθροίσας αὐτοὺς καὶ "παρακινδυνευτέον ἐμοὶ μᾶλλον, [201] εἰπών, ἢ γὰρ τοῦ θεοῦ συνεργοῦντος πείσας Καίσαρα σωθήσομαι μεθ' ὑμῶν ἡδέως ἢ παροξυνθέντος ὑπὲρ τοσούτων ἑτοίμως ἐπιδώσω τὴν ἐμαυτοῦ ψυχήν", διαφῆκεν τὸ πλῆθος πολλὰ κατευχομένων αὐτῷ, καὶ παραλαβὼν τὴν στρατιὰν ἐκ τῆς Πτολεμαΐδος ὑπέστρεψεν εἰς τὴν Ἀντιόχειαν. [202] ἔνθεν εὐθέως ἐπέστελλεν Καίσαρι τήν τε ἐμβολὴν τὴν εἰς Ἰουδαίαν ἑαυτοῦ καὶ τὰς ἱκεσίας τοῦ ἔθνους, ὅτι τε, εἰ μὴ βούλεται πρὸς τοῖς ἀνδράσιν καὶ τὴν χώραν ἀπολέσαι, δέοι φυλάττειν τε αὐτοὺς τὸν νόμον καὶ παριέναι τὸ πρόσταγμα. [203] ταύταις ταῖς ἐπιστολαῖς οὐ σφόδρα μετρίως ἀντέγραψεν ὁ Γάιος, ἀπειλῶν Πετρωνίῳ θάνατον, ὅτι τῶν προσταγμάτων αὐτοῦ βραδὺς ὑπηρέτης ἐγίνετο. ἀλλὰ τοὺς μὲν τούτων γραμματοφόρους συνέβη χειμασθῆναι τρεῖς μῆνας ἐν τῇ θαλάσσῃ, τὸν δὲ Γαΐου θάνατον ἄλλοι καταγγέλλοντες εὐπλόουν. ἔφθη γοῦν τὰς περὶ τούτων Πετρώνιος λαβὼν ἐπιστολὰς ἑπτὰ καὶ εἴκοσιν ἡμέραις ἢ τὰς καθ' ἑαυτοῦ.

[1.204] Γαΐου δὲ ἡγεμονεύσαντος ἔτη τρία καὶ μῆνας ὀκτὼ καὶ δολοφονηθέντος ἁρπάζεται μὲν ὑπὸ τῶν ἐν Ῥώμῃ στρατευμάτων [εἰς τὴν ἀρχὴν] Κλαύδιος, [205] ἡ δὲ σύγκλητος ἐξηγουμένων τῶν ὑπάτων Σεντίου Σατορνίνου καὶ Πομπωνίου Σεκούνδου τρισὶν ταῖς συμμενούσαις σπείραις ἐπιτρέψασα φυλάττειν τὴν πόλιν εἰς τὸ Καπετώλιον ἠθροίσθη καὶ διὰ τὴν ὠμότητα τὴν Γαΐου Κλαυδίῳ πολεμεῖν ἐψηφίζετο: καταστήσεσθαι γὰρ δι' ἀριστοκρατίας, ὥσπερ οὖν πάλαι διῳκεῖτο, τὴν ἀρχὴν ἢ κρινεῖν ψήφῳ τὸν ἄξιον τῆς ἡγεμονίας.

[2.206] Συνέβη τηνικαῦτα πρὸς ἐπιδημοῦντα τὸν Ἀγρίππαν τήν τε σύγκλητον καλοῦσαν εἰς συμβουλίαν πέμψαι καὶ Κλαύδιον ἐκ τῆς παρεμβολῆς, ὅπως πρὸς ἃ δέοι χρήσιμος αὐτοῖς γένοιτο. κἀκεῖνος συνιδὼν τὸν ἤδη τῇ δυνάμει Καίσαρα πρὸς Κλαύδιον ἄπεισιν. [207] ὁ δ' αὐτὸν πρεσβευτὴν πρὸς τὴν σύγκλητον ἀναπέμπει δηλοῦντα τὴν ἑαυτοῦ προαίρεσιν, ὅτι πρῶτον μὲν ἄκων ὑπὸ τῶν στρατιωτῶν ἁρπαγείη, καὶ οὔτε τὴν ἐκείνων σπουδὴν ἐγκαταλιπεῖν δίκαιον οὔτε ἀσφαλὲς τὴν ἑαυτοῦ τύχην κρίνοι: καὶ γὰρ τὸ τυχεῖν τῆς ἡγεμονικῆς κλήσεως ἐπικίνδυνον εἶναι: [208] ἔπειθ' ὅτι διοικήσει τὴν ἀρχὴν ὥσπερ ἀγαθὸς προστάτης, οὐχ ὡς τύραννος: ἀρκεῖσθαι γὰρ τῇ τιμῇ τῆς προσηγορίας, τὴν δ' ἐφ' ἑκάστῳ τῶν πραγμάτων βουλὴν πᾶσιν ἀποδώσειν. καὶ γὰρ εἰ μὴ φύσει μέτριος ἦν, ἱκανὸν ὑπόδειγμα σωφροσύνης αὐτῷ προκεῖσθαι τὸν Γαΐου θάνατον.

[3.209] Ταῦτ' ἀπήγγειλεν Ἀγρίππας. ἡ δὲ βουλὴ ἀπεκρίνατο καὶ στρατῷ καὶ γνώμαις ἀγαθαῖς πεποιθυῖα δουλείαν ἑκούσιον οὐχ ὑπομενεῖν. καὶ Κλαύδιος ὡς ἤκουσεν τὰ παρὰ τῆς βουλῆς, πάλιν ἔπεμψεν τὸν Ἀγρίππαν ἀπαγγελοῦντα αὐτοῖς ὅτι προδοῦναι μὲν τοὺς εἰς αὐτὸν ὁμονοήσαντας οὐχ ὑπομένοι, πολεμήσειν δ' ἄκων πρὸς οὓς ἥκιστα βούλοιτο. [210] δεῖν μέντοι προαποδειχθῆναι τῷ πολέμῳ χωρίον ἔξω τῆς πόλεως: οὐ γὰρ ὅσιον διὰ τὴν αὐτῶν κακοβουλίαν ὁμοφύλῳ φόνῳ μιαίνεσθαι τὰ τεμένη τῆς πατρίδος. ὁ μὲν οὖν ἀκούσας ταῦτα τοῖς βουλευταῖς ἀπήγγειλεν.

[4.211] Μεταξὺ δὲ τῶν μετὰ τῆς συγκλήτου στρατιωτῶν τις σπασάμενος τὸ ξίφος "ἄνδρες, ἐβόησεν, συστρατιῶται, τί παθόντες ἀδελφοκτονεῖν βουλόμεθα καὶ κατὰ τῶν μετὰ Κλαυδίου συγγενῶν ὁρμᾶν, ἔχοντες μὲν αὐτοκράτορα μηδὲν μεμφθῆναι δυνάμενον, τοσαῦτα δὲ [212] τὰ δίκαια πρὸς οὓς μετὰ τῶν ὅπλων χωρεῖν μέλλομεν;" ταῦτα εἰπὼν διὰ μέσης ὥρμησεν τῆς βουλῆς πάντας τοὺς συστρατιώτας ἐφελκόμενος. οἱ δ' εὐπατρίδαι παραχρῆμα μὲν πρὸς τὴν ἀπόλειψιν περιδεῶς ἔσχον, αὖθις δ' ὡς ἀποστροφὴ σωτήριος οὐ κατεφαίνετο, τὴν τῶν στρατιωτῶν ὁδὸν ἠπείγοντο πρὸς Κλαύδιον. [213] ὑπήντων δ' αὐτοῖς πρὸ τοῦ τείχους γυμνοῖς τοῖς ξίφεσιν οἱ σφοδρότερον κολακεύοντες τὴν τύχην: κἂν συνέβη κινδυνεῦσαι τοὺς προάγοντας πρὶν γνῶναι τὴν ὁρμὴν τῶν στρατιωτῶν Κλαύδιον, εἰ μὴ προσδραμὼν Ἀγρίππας αὐτῷ τὸ κινδύνευμα τῆς πράξεως ἐδήλωσεν, ὅτι τε εἰ μὴ κατάσχοι τὴν ὁρμὴν τῶν ἐπὶ τοὺς εὐπατρίδας λελυσσηκότων, ἀπολέσας δι' οὓς τὸ κρατεῖν ἐστι περίοπτον ἐρημίας ἔσοιτο βασιλεύς.

[5.214] Ταῦτ' ἀκούσας Κλαύδιος κατέσχεν τὰς ὁρμὰς τοῦ στρατιωτικοῦ προσδέχεταί τε τὴν σύγκλητον εἰς τὸ στρατόπεδον καὶ φιλοφρονησάμενος ἐξῄει σὺν αὐτοῖς αὐτίκα θύσων τῷ θεῷ τὰ περὶ τῆς ἡγεμονίας χαριστήρια. [215] καὶ τὸν Ἀγρίππαν εὐθέως ἐδωρεῖτο τῇ πατρῴᾳ βασιλείᾳ πάσῃ προστιθεὶς ἔξωθεν καὶ τὰς ὑπ' Αὐγούστου δοθείσας Ἡρώδῃ Τραχωνῖτιν καὶ Αὐρανῖτιν, χωρὶς δὲ τούτων ἑτέραν βασιλείαν τὴν Λυσανίου καλουμένην. [216] καὶ τῷ μὲν δήμῳ διατάγματι τὴν δωρεὰν ἐδήλου, τοῖς ἄρχουσιν δὲ προσέταξεν ἐγχαράξαντας δέλτοις χαλκαῖς τὴν δόσιν εἰς τὸ Καπετώλιον ἀναθεῖναι: [217] δωρεῖται δ' αὐτοῦ καὶ τὸν ἀδελφὸν Ἡρώδην, ὁ δ' αὐτὸς καὶ γαμβρὸς ἦν Βερνίκῃ συνοικῶν, βασιλείᾳ τῇ Χαλκίδι.

[6.218] Ταχέως δ' ὡς ἂν ἐκ τοσαύτης ἀρχῆς πλοῦτος Ἀγρίππᾳ προσέρρει, καὶ τοῖς χρήμασιν αὐτὸς οὐκ εἰς μακρὰν κατεχρήσατο: τηλικοῦτον γὰρ τοῖς Ἱεροσολύμοις περιβαλεῖν ἤρξατο τεῖχος, ἡλίκον ἂν τελεσθὲν ἀνήνυτον Ῥωμαίοις ἐποίησεν τὴν πολιορκίαν.
[219] ἀλλ' ἔφθη πρὶν ὑψῶσαι τὸ ἔργον τελευτήσας ἐν Καισαρείᾳ, βεβασιλευκὼς μὲν ἔτη τρία, πρότερον δὲ τῶν τετραρχιῶν τρισὶν ἑτέροις ἔτεσιν ἀφηγησάμενος. [220] καταλείπει δὲ τρεῖς μὲν θυγατέρας ἐκ Κύπρου γεγενημένας, Βερνίκην καὶ Μαριάμμην καὶ Δρουσίλλαν, υἱὸν δὲ ἐκ τῆς αὐτῆς Ἀγρίππαν. οὗ παντάπασιν ὄντος νηπίου πάλιν τὰς βασιλείας Κλαύδιος ἐπαρχίαν ποιήσας ἐπίτροπον πέμπει Κούσπιον Φᾶδον, ἔπειτα Τιβέριον Ἀλέξανδρον, οἳ μηδὲν παρακινοῦντες τῶν ἐπιχωρίων ἐθῶν ἐν εἰρήνῃ τὸ ἔθνος διεφύλαξαν. [221] μετὰ ταῦτα καὶ ὁ βασιλεύων τῆς Χαλκίδος Ἡρώδης τελευτᾷ, καταλιπὼν ἐκ μὲν τῆς ἀδελφιδῆς Βερνίκης δύο παῖδας Βερνικιανόν

τε καὶ Ὑρκανόν, ἐκ δὲ τῆς προτέρας Μαριάμμης Ἀριστόβουλον. τεθνήκει δ' αὐτῷ καὶ ἕτερος ἀδελφὸς Ἀριστόβουλος ἰδιώτης καταλιπὼν Ἰωτάπην θυγατέρα. [222] οὗτοι μὲν οὖν ἦσαν, ὡς προεῖπον, Ἀριστοβούλου τοῦ Ἡρώδου παῖδες, Ἀριστόβουλος δὲ καὶ Ἀλέξανδρος ἐκ Μαριάμμης Ἡρώδῃ γεγόνεισαν υἱεῖς, οὓς ὁ πατὴρ ἀνεῖλεν: ἡ δὲ Ἀλεξάνδρου γενεὰ τῆς μεγάλης Ἀρμενίας ἐβασίλευσεν.

[1.223] Μετὰ δὲ τὴν Ἡρώδου τελευτήν, ὃς ἦρχε τῆς Χαλκίδος, καθίστησιν Κλαύδιος εἰς τὴν βασιλείαν τοῦ θείου τὸν Ἀγρίππαν υἱὸν Ἀγρίππα: τῆς δ' ἄλλης ἐπαρχίας διαδέχεται τὴν ἐπιτροπὴν ἀπὸ Ἀλεξάνδρου Κουμανός, ἐφ' οὗ θόρυβοί τε ἤρξαντο καὶ φθορὰ πάλιν Ἰουδαίων ἐγένετο. [224] συνεληλυθότος γὰρ τοῦ πλήθους ἐπὶ τὴν ἑορτὴν τῶν ἀζύμων εἰς Ἱεροσόλυμα καὶ τῆς Ῥωμαϊκῆς σπείρας ὑπὲρ τὴν τοῦ ἱεροῦ στοὰν ἐφεστώσης, ἔνοπλοι δ' ἀεὶ τὰς ἑορτὰς παραφυλάττουσιν, ὡς μή τι νεωτερίζοι τὸ πλῆθος ἠθροισμένον, εἷς τις τῶν στρατιωτῶν ἀνασυράμενος τὴν ἐσθῆτα καὶ κατακύψας ἀσχημόνως προσαπέστρεψεν τοῖς Ἰουδαίοις τὴν ἕδραν καὶ τῷ σχήματι φωνὴν ὁμοίαν ἐπεφθέγξατο. [225] πρὸς τοῦτο ἅπαν μὲν τὸ πλῆθος ἠγανάκτησεν, καὶ κατεβόων τοῦ Κουμανοῦ κολάζειν τὸν στρατιώτην, οἱ δὲ ἧττον νήφοντες τῶν νέων καὶ τὸ φύσει στασιῶδες ἐκ τοῦ ἔθνους ἐχώρουν ἐπὶ μάχην λίθους τε ἁρπάσαντες ἐπὶ τοὺς στρατιώτας ἔβαλλον. [226] καὶ Κουμανὸς δείσας μὴ τοῦ λαοῦ παντὸς ἐπ' αὐτὸν ὁρμὴ γένοιτο, πλείους ὁπλίτας μεταπέμπεται. τῶν δὲ ταῖς στοαῖς ἐπιχεομένων φόβος ἐμπίπτει τοῖς Ἰουδαίοις ἀκατάσχετος, καὶ τραπέντες ἐκ τοῦ ἱεροῦ διέφευγον εἰς τὴν πόλιν. [227] τοσαύτη δὲ περὶ τὰς ἐξόδους βία συνωθουμένων ἐγένετο, ὥστε πατηθέντας ὑπ' ἀλλήλων καὶ συντριβέντας ὑπὲρ τρισμυρίους ἀποθανεῖν, γενέσθαι δὲ τὴν ἑορτὴν πένθος μὲν ὅλῳ τῷ ἔθνει θρῆνον δὲ καθ' ἑκάστην οἰκίαν.

[2.228] Μετελάμβανεν δὲ ταύτην τὴν συμφορὰν ἄλλος ληστρικὸς θόρυβος. κατὰ γὰρ τὴν Βαιθωρὼ δημοσίαν ὁδὸν Στεφάνου τινὸς δούλου Καίσαρος ἀποσκευὴν κομιζομένην διήρπασαν λῃσταὶ προσπεσόντες. [229] Κουμανὸς δὲ περιπέμψας τοὺς ἐκ τῶν πλησίον κωμῶν δεσμώτας ἐκέλευσεν ἀνάγεσθαι πρὸς αὐτόν, ἐπικαλῶν ὅτι μὴ διώξαντες τοὺς λῃστὰς συλλάβοιεν. ἔνθα τῶν στρατιωτῶν τις εὑρὼν ἔν τινι κώμῃ τὸν ἱερὸν νόμον διέρρηξέν τε τὸ βιβλίον καὶ εἰς πῦρ κατέβαλεν. [230] Ἰουδαῖοι δὲ ὡς ὅλης αὐτοῖς τῆς χώρας καταφλεγείσης συνεχύθησαν, καὶ καθάπερ ὀργάνῳ τινὶ τῇ δεισιδαιμονίᾳ συνελκόμενοι πρὸς ἓν κήρυγμα πάντες εἰς Καισάρειαν ἐπὶ Κουμανὸν συνέδραμον ἱκετεύοντες τὸν οὕτως εἰς τὸν θεὸν καὶ τὸν νόμον αὐτῶν ἐξυβρίσαντα μὴ περιιδεῖν ἀτιμώρητον. [231] ὁ δέ, οὐ γὰρ ἠρέμει τὸ πλῆθος, εἰ μὴ τύχοι παραμυθίας, ἠξίου τε προάγειν τὸν στρατιώτην καὶ διὰ μέσων τῶν αἰτιωμένων ἀπαχθῆναι τὴν ἐπὶ θανάτῳ κελεύει. καὶ Ἰουδαῖοι μὲν ἀνεχώρουν.

[3.232] Αὖθις δὲ Γαλιλαίων καὶ Σαμαρέων γίνεται συμβολή. κατὰ γὰρ Γήμαν καλουμένην κώμην, ἥτις ἐν τῷ μεγάλῳ πεδίῳ κεῖται τῆς Σαμαρείτιδος, πολλῶν ἀναβαινόντων Ἰουδαίων ἐπὶ τὴν ἑορτὴν ἀναιρεῖταί τις Γαλιλαῖος. [233] πρὸς τοῦτο πλεῖστοι μὲν ἐκ τῆς Γαλιλαίας συνέδραμον ὡς πολεμήσοντες τοῖς Σαμαρεῦσιν, οἱ γνώριμοι δ' αὐτῶν ἐλθόντες πρὸς Κουμανὸν ἠντιβόλουν πρὶν ἀνηκέστου πάθους εἰς τὴν Γαλιλαίαν διαβάντα τιμωρήσασθαι τοὺς αἰτίους τοῦ φόνου: μόνως γὰρ ἂν οὕτως διαλυθῆναι πρὸ πολέμου τὸ πλῆθος. Κουμανὸς μὲν οὖν ἐν δευτέρῳ τὰς ἐκείνων ἱκεσίας τῶν ἐν χειρὶ πραγμάτων θέμενος ἀπράκτους ἀπέπεμψεν τοὺς ἱκέτας.

[4.234] Ἀγγελθὲν δὲ εἰς Ἱεροσόλυμα τὸ πάθος τοῦ πεφονευμένου τὰ πλήθη συνετάραξεν καὶ τῆς ἑορτῆς ἀφέμενοι πρὸς τὴν Σαμάρειαν ἐξώρμων ἀστρατήγητοι καὶ μηδενὶ τῶν ἀρχόντων κατέχοντι πειθόμενοι. [235] τοῦ λῃστρικοῦ δ' αὐτῶν καὶ στασιώδους Δειναίου τις υἱὸς Ἐλεάζαρος καὶ Ἀλέξανδρος ἐξῆρχον, οἳ τοῖς ὁμόροις τῆς Ἀκραβατηνῆς τοπαρχίας προσπεσόντες αὐτούς τε ἀνῄρουν μηδεμιᾶς ἡλικίας φειδὼ ποιούμενοι καὶ τὰς κώμας ἐνεπίμπρασαν.

[5.236] Κουμανὸς δὲ ἀναλαβὼν ἀπὸ τῆς Καισαρείας μίαν ἴλην ἱππέων καλουμένην Σεβαστηνῶν ἐξεβοήθει τοῖς πορθουμένοις καὶ τῶν περὶ τὸν Ἐλεάζαρον πολλοὺς μὲν συνέλαβεν, πλείστους δ' ἀπέκτεινεν. [237] πρὸς δὲ τὸ λοιπὸν πλῆθος τῶν πολεμεῖν τοῖς Σαμαρεῦσιν ὡρμημένων οἱ ἄρχοντες τῶν Ἱεροσολύμων ἐκδραμόντες σάκκους ἀμπεχόμενοι καὶ τέφραν τῶν κεφαλῶν καταχέοντες ἱκέτευον ἀναχωρεῖν καὶ μὴ διὰ τὴν εἰς Σαμαρεῖς ἄμυναν ἐπὶ Ἱεροσόλυμα Ῥωμαίους παροξύνειν, ἐλεῆσαί τε τὴν πατρίδα καὶ τὸν ναὸν τέκνα τε καὶ γυναῖκας ἰδίας, ἃ πάντα κινδυνεύειν δι' ἑνὸς ἐκδικίαν Γαλιλαίου παραπολέσθαι. [238] τούτοις πεισθέντες Ἰουδαῖοι διελύθησαν. ἐτράποντο δὲ πολλοὶ πρὸς λῃστείαν διὰ τὴν ἄδειαν, καὶ κατὰ πᾶσαν τὴν χώραν ἁρπαγαί τε ἦσαν καὶ τῶν θρασυτέρων ἐπαναστάσεις. [239] καὶ τῶν Σαμαρέων οἱ δυνατοὶ πρὸς Οὐμμίδιον Κουαδρᾶτον, ὃς ἦν ἡγεμὼν τῆς Συρίας, εἰς Τύρον παραγενόμενοι δίκην τινὰ παρὰ τῶν πορθησάντων τὴν χώραν ἠξίουν λαβεῖν. [240] παρόντες δὲ καὶ οἱ γνώριμοι τῶν Ἰουδαίων καὶ ὁ ἀρχιερεὺς Ἰωνάθης υἱὸς Ἀνάνου κατάρξαι μὲν ἔλεγον τῆς ταραχῆς Σαμαρέας διὰ τὸν φόνον, αἴτιον δὲ τῶν ἀποβεβηκότων Κουμανὸν γεγονέναι μὴ θελήσαντα τοὺς αὐθέντας τοῦ σφαγέντος ἐπεξελθεῖν.

[6.241] Κουαδρᾶτος δὲ τότε μὲν ἑκατέρους ὑπερτίθεται φήσας, ἐπειδὰν εἰς τοὺς τόπους παραγένηται, διερευνήσειν ἕκαστα, αὖθις δὲ παρελθὼν εἰς Καισάρειαν τοὺς ὑπὸ Κουμανοῦ ζωγρηθέντας ἀνεσταύρωσεν πάντας. [242] ἐκεῖθεν εἰς Λύδδα παραγενόμενος πάλιν διήκουσεν τῶν Σαμαρέων, καὶ μεταπεμψάμενος ὀκτωκαίδεκα τῶν Ἰουδαίων, οὓς ἐπέπυστο μετεσχηκέναι τῆς μάχης, πελέκει διεχειρίσατο: [243] δύο δ' ἑτέρους τῶν δυνατωτάτων καὶ τοὺς ἀρχιερεῖς Ἰωνάθην καὶ Ἀνανίαν τόν τε τούτου παῖδα Ἄνανον καί τινας ἄλλους Ἰουδαίων γνωρίμους ἀνέπεμψεν ἐπὶ Καίσαρα, ὁμοίως δὲ καὶ Σαμαρέων τοὺς ἐπιφανεστάτους. [244] παρήγγειλεν δὲ καὶ Κουμανῷ καὶ Κέλερι τῷ χιλιάρχῳ πλεῖν ἐπὶ Ῥώμης δώσοντας Κλαυδίῳ λόγον ὑπὲρ τῶν γεγενημένων. ταῦτα διαπραξάμενος ἀπὸ

Λύδδων ἀνέβαινεν εἰς Ἱεροσόλυμα, καὶ καταλαβὼν τὸ πλῆθος ἄγον τὴν τῶν ἀζύμων ἑορτὴν ἀθορύβως εἰς Ἀντιόχειαν ἐπανῄει.

[7.245] Κατὰ δὲ τὴν Ῥώμην Καῖσαρ ἀκούσας Κουμανοῦ καὶ Σαμαρέων, παρῆν δὲ καὶ Ἀγρίππας ἐκθύμως ὑπεραγωνιζόμενος Ἰουδαίων ἐπειδὴ καὶ Κουμανῷ πολλοὶ τῶν δυνατῶν παρίσταντο, Σαμαρέων μὲν καταγνοὺς τρεῖς ἀνελεῖν προσέταξεν τοὺς δυνατωτάτους, Κουμανὸν δὲ ἐφυγάδευσεν. [246] Κέλερα δὲ δεσμώτην ἀναπέμψας εἰς Ἱεροσόλυμα παραδοθῆναι Ἰουδαίοις πρὸς αἰκίαν ἐκέλευσεν καὶ περισυρέντα τὴν πόλιν οὕτω τὴν κεφαλὴν ἀποκοπῆναι.

[8.247] Μετὰ ταῦτα Ἰουδαίας μὲν ἐπίτροπον Φήλικα τὸν Πάλλαντος ἀδελφὸν ἐκπέμπει τῆς τε Σαμαρείας καὶ Γαλιλαίας καὶ Περαίας, ἐκ δὲ τῆς Χαλκίδος Ἀγρίππαν εἰς μείζονα βασιλείαν μετατίθησιν, δοὺς αὐτῷ τήν τε Φιλίππου γενομένην ἐπαρχίαν, αὕτη δ' ἦν Τραχωνῖτις καὶ Βατανέα καὶ Γαυλανῖτις, προσέθηκεν δὲ τήν τε Λυσανίου βασιλείαν καὶ τὴν Οὐάρου γενομένην τετραρχίαν. [248] αὐτὸς δὲ διοικήσας τὴν ἡγεμονίαν ἔτεσι τρισκαίδεκα, πρὸς δὲ μησὶν ὀκτὼ καὶ εἴκοσιν ἡμέραις τελευτᾷ καταλιπὼν Νέρωνα τῆς ἀρχῆς διάδοχον, [249] ὃν ταῖς Ἀγριππίνης τῆς γυναικὸς ἀπάταις ἐπὶ κληρονομίᾳ τῆς ἀρχῆς εἰσεποιήσατο καίπερ υἱὸν ἔχων γνήσιον Βρεττανικὸν ἐκ Μεσσαλίνης τῆς προτέρας γυναικὸς καὶ Ὀκταουίαν θυγατέρα τὴν ὑπ' αὐτοῦ ζευχθεῖσαν Νέρωνι: γεγόνει δ' αὐτῷ καὶ ἐκ Παιτίνης Ἀντωνία.

[1.250] Ὅσα μὲν οὖν Νέρων δι' ὑπερβολὴν εὐδαιμονίας τε καὶ πλούτου παραφρονήσας ἐξύβρισεν εἰς τὴν τύχην, ἢ τίνα τρόπον τόν τε ἀδελφὸν καὶ τὴν γυναῖκα καὶ τὴν μητέρα διεξῆλθεν, ἀφ' ὧν ἐπὶ τοὺς εὐγενεστάτους μετήνεγκεν τὴν ὠμότητα, [251] καὶ ὡς τελευταῖον ὑπὸ φρενοβλαβείας ἐξώκειλεν εἰς σκηνὴν καὶ θέατρον, ἐπειδὴ δι' ὄχλου πᾶσίν ἐστιν, παραλείψω, τρέψομαι δὲ ἐπὶ τὰ Ἰουδαίοις κατ' αὐτὸν γενόμενα.

[2.252] Τὴν μὲν οὖν μικρὰν Ἀρμενίαν δίδωσιν βασιλεύειν Ἀριστοβούλῳ τῷ Ἡρώδου, τῇ δ' Ἀγρίππα βασιλείᾳ τέσσαρας πόλεις προστίθησιν σὺν ταῖς τοπαρχίαις, Ἄβελα μὲν καὶ Ἰουλιάδα κατὰ τὴν Περαίαν, Ταριχέας δὲ καὶ Τιβεριάδα τῆς Γαλιλαίας, εἰς δὲ τὴν λοιπὴν Ἰουδαίαν Φήλικα κατέστησεν ἐπίτροπον. [253] οὗτος τόν τε ἀρχιλῃστὴν Ἐλεάζαρον ἔτεσιν εἴκοσι τὴν χώραν λῃσάμενον καὶ πολλοὺς τῶν σὺν αὐτῷ ζωγρήσας ἀνέπεμψεν εἰς Ῥώμην: τῶν δ' ἀνασταυρωθέντων ὑπ' αὐτοῦ λῃστῶν καὶ τῶν ἐπὶ κοινωνίᾳ φωραθέντων δημοτῶν οὓς ἐκόλασεν, ἄπειρόν τι πλῆθος ἦν.

[3.254] Καθαρθείσης δὲ τῆς χώρας ἕτερον εἶδος λῃστῶν ἐν Ἱεροσολύμοις ἐπεφύετο, οἱ καλούμενοι σικάριοι, μεθ' ἡμέραν καὶ ἐν μέσῃ τῇ πόλει φονεύοντες ἀνθρώπους, [255] μάλιστα [δὲ] ἐν ταῖς ἑορταῖς μισγόμενοι τῷ πλήθει καὶ ταῖς ἐσθῆσιν ὑποκρύπτοντες μικρὰ ξιφίδια, τούτοις ἔνυττον τοὺς διαφόρους, ἔπειτα πεσόντων μέρος ἐγίνοντο τῶν ἐπαγανακτούντων οἱ πεφονευκότες, διὸ καὶ παντάπασιν ὑπὸ ἀξιοπιστίας ἦσαν ἀνεύρετοι. [256] πρῶτος μὲν οὖν ὑπ' αὐτῶν Ἰωνάθης ὁ ἀρχιερεὺς ἀποσφάττεται, μετὰ δ' αὐτὸν καθ' ἡμέραν ἀνῃροῦντο πολλοί: καὶ τῶν συμφορῶν ὁ φόβος ἦν χαλεπώτερος, ἑκάστου καθάπερ ἐν πολέμῳ καθ' ὥραν τὸν θάνατον προσδεχομένου. [257] προεσκοποῦντο δὲ πόρρωθεν τοὺς διαφόρους, καὶ οὐδὲ τοῖς φίλοις προσιοῦσιν πίστις ἦν, ἐν μέσαις δὲ ταῖς ὑπονοίαις καὶ ταῖς φυλακαῖς ἀνῃροῦντο: τοσοῦτον τῶν ἐπιβουλευόντων τὸ τάχος ἦν καὶ τοῦ λαθεῖν ἡ τέχνη.

[4.258] Συνέστη δὲ πρὸς τούτοις στῖφος ἕτερον πονηρῶν χειρὶ μὲν καθαρώτερον, ταῖς γνώμαις δὲ ἀσεβέστερον, ὅπερ οὐδὲν ἧττον τῶν σφαγέων τὴν εὐδαιμονίαν τῆς πόλεως ἐλυμήνατο. [259] πλάνοι γὰρ ἄνθρωποι καὶ ἀπατεῶνες προσχήματι θειασμοῦ νεωτερισμοὺς καὶ μεταβολὰς πραγματευόμενοι δαιμονᾶν τὸ πλῆθος ἔπειθον καὶ προῆγον εἰς τὴν ἐρημίαν ὡς ἐκεῖ τοῦ θεοῦ δείξοντος αὐτοῖς σημεῖα ἐλευθερίας. [260] ἐπὶ τούτοις Φῆλιξ, ἐδόκει γὰρ ἀποστάσεως εἶναι καταβολή, πέμψας ἱππεῖς καὶ πεζοὺς ὁπλίτας πολὺ πλῆθος διέφθειρεν.

[5.261] Μείζονι δὲ τούτου πληγῇ Ἰουδαίους ἐκάκωσεν ὁ Αἰγύπτιος ψευδοπροφήτης: παραγενόμενος γὰρ εἰς τὴν χώραν ἄνθρωπος γόης καὶ προφήτου πίστιν ἐπιθεὶς ἑαυτῷ περὶ τρισμυρίους μὲν ἀθροίζει τῶν ἠπατημένων, [262] περιαγαγὼν δὲ αὐτοὺς ἐκ τῆς ἐρημίας εἰς τὸ ἐλαιῶν καλούμενον ὄρος ἐκεῖθεν οἷός τε ἦν εἰς Ἱεροσόλυμα παρελθεῖν βιάζεσθαι καὶ κρατήσας τῆς τε Ῥωμαϊκῆς φρουρᾶς καὶ τοῦ δήμου τυραννεῖν χρώμενος τοῖς συνεισπεσοῦσιν δορυφόροις. [263] φθάνει δ' αὐτοῦ τὴν ὁρμὴν Φῆλιξ ὑπαντήσας μετὰ τῶν Ῥωμαϊκῶν ὁπλιτῶν, καὶ πᾶς ὁ δῆμος συνεφήψατο τῆς ἀμύνης, ὥστε συμβολῆς γενομένης τὸν μὲν Αἰγύπτιον φυγεῖν μετ' ὀλίγων, διαφθαρῆναι δὲ καὶ ζωγρηθῆναι πλείστους τῶν σὺν αὐτῷ, τὸ δὲ λοιπὸν πλῆθος σκεδασθὲν ἐπὶ τὴν ἑαυτῶν ἕκαστον διαλαθεῖν.

[6.264] Κατεσταλμένων δὲ καὶ τούτων ὥσπερ ἐν νοσοῦντι σώματι πάλιν ἕτερον μέρος ἐφλέγμαινεν. οἱ γὰρ γόητες καὶ λῃστρικοὶ συναχθέντες πολλοὺς εἰς ἀπόστασιν ἐνῆγον καὶ πρὸς ἐλευθερίαν παρεκρότουν θάνατον ἐπιτιμῶντες τοῖς πειθαρχοῦσιν τῇ Ῥωμαίων ἡγεμονίᾳ καὶ πρὸς βίαν ἀφαιρήσεσθαι λέγοντες τοὺς ἑκουσίως δουλεύειν προαιρουμένους. [265] μεριζόμενοι δὲ εἰς τὴν χώραν κατὰ λόχους διήρπαζόν τε τὰς τῶν δυνατῶν οἰκίας καὶ αὐτοὺς ἀνῄρουν καὶ τὰς κώμας ἐνεπίμπρασαν, ὥστε τῆς ἀπονοίας αὐτῶν πᾶσαν τὴν Ἰουδαίαν ἀναπίμπλασθαι. καὶ οὗτος μὲν ὁ πόλεμος καθ' ἡμέραν ἀνερριπίζετο.

[7.266] Ἑτέρα δὲ ταραχὴ συνίσταται περὶ Καισάρειαν τῶν ἀναμεμιγμένων Ἰουδαίων πρὸς τοὺς ἐν αὐτῇ Σύρους στασιασάντων. οἱ μὲν γὰρ ἠξίουν σφετέραν εἶναι τὴν πόλιν Ἰουδαῖον γεγονέναι τὸν κτίστην αὐτῆς λέγοντες: ἦν δὲ Ἡρώδης ὁ βασιλεύς: οἱ δὲ ἕτεροι τὸν οἰκιστὴν μὲν προσωμολόγουν Ἰουδαῖον, αὐτὴν μέντοι γε τὴν πόλιν Ἑλλήνων ἔφασαν: οὐ γὰρ ἂν ἀνδριάντας καὶ ναοὺς ἐγκαθιδρῦσαι Ἰουδαίοις αὐτὴν ἀνατιθέντα. [267] διὰ ταῦτα δὲ ἠμφισβήτουν ἑκάτεροι: προῄει δ' αὐτοῖς τὸ φιλόνεικον εἰς ὅπλα καὶ καθ' ἡμέραν οἱ θρασύτεροι παρ' ἀμφοῖν προεπήδων ἐπὶ μάχην: οὔτε γὰρ Ἰουδαίων οἱ γεραιοὶ τοὺς ἰδίους στασιαστὰς κατέχειν οἷοί τε ἦσαν καὶ τοῖς Ἕλλησιν αἶσχος ἐδόκει Ἰουδαίων ἐλαττοῦσθαι. [268] προεῖχον δ' οἱ μὲν πλούτῳ καὶ σωμάτων ἀλκῇ, τὸ δὲ Ἑλληνικὸν τῇ παρὰ τῶν στρατιωτῶν ἀμύνῃ: τὸ γὰρ πλέον Ῥωμαίοις τῆς ἐκεῖ δυνάμεως ἐκ Συρίας ἦν κατειλεγμένον καὶ καθάπερ συγγενεῖς ἦσαν πρὸς τὰς βοηθείας ἕτοιμοι. [269] τοῖς γε μὴν ἐπάρχοις φροντὶς ἦν ἀναστέλλειν τὴν ταραχὴν καὶ τοὺς μαχιμωτέρους ἀεὶ συλλαμβάνοντες ἐκόλαζον μάστιξι καὶ δεσμοῖς. οὐ μὴν τὰ πάθη τῶν συλλαμβανομένων ἐνεποίει τοῖς καταλειπομένοις ἀνακοπὴν ἢ δέος, ἀλλ' ἔτι μᾶλλον παρωξύνοντο πρὸς τὴν στάσιν. [270] νικῶντας δέ ποτε τοὺς Ἰουδαίους προελθὼν εἰς τὴν ἀγορὰν ὁ Φῆλιξ μετ' ἀπειλῆς ἐκέλευσεν ἀναχωρεῖν. τῶν δὲ μὴ πειθομένων ἐπιπέμψας τοὺς στρατιώτας ἀναιρεῖ συχνούς, ὧν διαρπαγῆναι συνέβη καὶ τὰς οὐσίας. μενούσης δὲ τῆς στάσεως ἐπιλέξας ἑκατέρωθεν τοὺς γνωρίμους ἔπεμψεν πρέσβεις ἐπὶ Νέρωνα διαλεξομένους περὶ τῶν δικαίων.

[1.271] Διαδεξάμενος δὲ παρὰ τούτου τὴν ἐπιτροπὴν ὁ Φῆστος τὸ μάλιστα λυμαινόμενον τὴν χώραν ἐπεξῄει: τῶν γοῦν λῃστῶν συνέλαβέν τε πλείστους καὶ διέφθειρεν οὐκ ὀλίγους. [272] ἀλλ' οὐχ ὁ μετὰ Φῆστον Ἀλβῖνος τὸν αὐτὸν τρόπον ἐξηγήσατο τῶν πραγμάτων, οὐκ ἔστιν δὲ ἥντινα κακουργίας ἰδέαν παρέλειπεν. [273] οὐ μόνον γοῦν ἐν τοῖς πολιτικοῖς πράγμασιν ἔκλεπτεν καὶ διήρπαζεν τὰς ἑκάστων οὐσίας, οὐδὲ τὸ πᾶν ἔθνος ἐβάρει ταῖς εἰσφοραῖς, ἀλλὰ καὶ τοὺς ἐπὶ λῃστείᾳ δεδεμένους ὑπὸ τῆς παρ' ἑκάστοις βουλῆς ἢ τῶν προτέρων ἐπιτρόπων ἀπελύτρου τοῖς συγγενέσιν, καὶ μόνος ὁ μὴ δοὺς τοῖς δεσμωτηρίοις ὡς πονηρὸς ἐγκατελείπετο. [274] τηνικαῦτα καὶ τῶν νεωτερίζειν βουλομένων ἐν Ἱεροσολύμοις ἐθάρσησαν αἱ τόλμαι, καὶ χρήμασιν μὲν οἱ δυνατοὶ τὸν Ἀλβῖνον προσελάμβανον ὥστε τοῦ στασιάζειν αὐτοῖς παρέχειν ἄδειαν, τοῦ δημοτικοῦ δὲ τὸ μὴ χαῖρον ἡσυχίᾳ πρὸς τοὺς Ἀλβίνου κοινωνοὺς ἀπέκλινεν. [275] ἕκαστος δὲ τῶν πονηρῶν ἴδιον στῖφος ὑπεζωσμένος αὐτὸς μὲν ὥσπερ ἀρχιληστὴς ἢ τύραννος προανεῖχεν ἐκ τοῦ λόχου, τοῖς δορυφοροῦσι δὲ πρὸς ἁρπαγὰς τῶν μετρίων κατεχρῆτο. [276] συνέβαινεν δὲ τοὺς μὲν ἀφῃρημένους ὑπὲρ ὧν ἀγανακτεῖν ἐχρῆν σιωπᾶν, τοὺς ἄπληγας δὲ δέει τοῦ μὴ τὰ αὐτὰ παθεῖν καὶ κολακεύειν τὸν ἄξιον κολάσεως. καθόλου δὲ ἡ μὲν παρρησία πάντων περικέκοπτο, τυραννὶς δ' ἦν διὰ πλειόνων, καὶ τὰ σπέρματα τῆς μελλούσης ἁλώσεως ἔκτοτε τῇ πόλει κατεβάλλετο.

[2.277] Τοιοῦτον δ' ὄντα τὸν Ἀλβῖνον ἀπέδειξεν ὁ μετ' αὐτὸν ἐλθὼν Γέσσιος Φλῶρος ἀγαθώτατον κατὰ σύγκρισιν. ὁ μέν γε λάθρα τὰ πολλὰ καὶ μεθ' ὑποστολῆς ἐκακούργησεν, Γέσσιος δὲ τὰς εἰς τὸ ἔθνος παρανομίας ἐπόμπευσεν καὶ ὥσπερ ἐπὶ τιμωρίᾳ κατακρίτων πεμφθεὶς δήμιος οὔτε ἁρπαγῆς τινα τρόπον οὔτε αἰκίας παρέλιπεν. [278] ἦν δὲ ἐν μὲν τοῖς ἐλεεινοῖς ὠμότατος, ἐν δὲ τοῖς αἰσχροῖς ἀναιδέστατος. οὔτε δὲ πλείω τις ἀπιστίαν τῆς ἀληθείας κατέχεεν οὔτε ἐν τῷ πανουργεῖν δολιωτέρας ὁδοὺς ἐπενόησεν. ᾧ τὸ μὲν κατ' ἄνδρα κερδαίνειν μικρὸν ἐδόκει, πόλεις δ' ὅλας ἐξεδίδυσκε καὶ δήμους ἀθρόους ἐλυμαίνετο καὶ μόνον οὐκ ἐκήρυξεν ἀνὰ τὴν χώραν πᾶσιν ἐξεῖναι ληστεύειν ἐφ' ᾧ μέρος αὐτὸς λήψεται τῶν λαφύρων. [279] διὰ γοῦν τὴν ἐκείνου πλεονεξίαν πάσας ἐρημωθῆναι συνέβη τὰς πόλεις καὶ πολλοὺς τῶν πατρίων ἠθῶν ἐξαναστάντας φυγεῖν εἰς τὰς ἀλλοφύλους ἐπαρχίας.

[3.280] Μέχρι μὲν οὖν ἐν Συρίᾳ Κέστιος Γάλλος ἦν διέπων τὴν ἐπαρχίαν, οὐδὲ πρεσβεύσασθαί τις πρὸς αὐτὸν ἐτόλμησεν κατὰ τοῦ Φλώρου: παραγενόμενον δὲ εἰς Ἱεροσόλυμα τῆς τῶν ἀζύμων ἑορτῆς ἐνεστώσης περιστὰς ὁ δῆμος οὐκ ἐλάττους τριακοσίων μυριάδων ἱκέτευον ἐλεῆσαι τὰς τοῦ ἔθνους συμφορὰς καὶ τὸν λυμεῶνα τῆς χώρας Φλῶρον ἐκεκράγεσαν: [281] ὁ δὲ παρὼν καὶ τῷ Κεστίῳ παρεστὼς διεχλεύαζεν τὰς φωνάς. ὅ γε μὴν Κέστιος τὴν ὁρμὴν τοῦ πλήθους καταστείλας καὶ δοὺς ἔμφασιν ὡς πρὸς τὸ μέλλον αὐτοῖς τὸν Φλῶρον κατασκευάσειεν μετριώτερον, ὑπέστρεφεν εἰς Ἀντιόχειαν.

[282] προέπεμπε δὲ αὐτὸν μέχρι Καισαρείας Φλῶρος ἐξαπατῶν καὶ πόλεμον ἤδη τῷ ἔθνει σκοπούμενος, ᾧ μόνῳ συγκρύψειν τὰς ἑαυτοῦ παρανομίας ὑπελάμβανεν: [283] εἰρήνης μὲν γὰρ οὔσης κατηγόρους ἕξειν ἐπὶ Καίσαρος Ἰουδαίους προσεδόκα, πραγματευσάμενος δὲ ἀπόστασιν αὐτῶν τῷ μείζονι κακῷ περισπάσειν τὸν ἔλεγχον ἀπὸ τῶν μετριωτέρων. ὁ μὲν οὖν, ὡς ἂν ἀπορραγείη τὸ ἔθνος, καθ' ἡμέραν ἐπέτεινεν αὐτοῖς τὰς συμφοράς.

[4.284] Ἐν δὲ τούτῳ καὶ οἱ Καισαρέων Ἕλληνες νικήσαντες παρὰ Νέρωνι τῆς πόλεως ἄρχειν τὰ τῆς κρίσεως ἐκόμισαν γράμματα, καὶ προσελάμβανεν τὴν ἀρχὴν ὁ πόλεμος δωδεκάτῳ μὲν ἔτει τῆς Νέρωνος ἡγεμονίας, ἑπτακαιδεκάτῳ δὲ τῆς Ἀγρίππα βασιλείας, Ἀρτεμισίου μηνός. [285] πρὸς δὲ τὸ μέγεθος τῶν ἐξ αὐτοῦ συμφορῶν οὐκ ἀξίαν ἔσχεν πρόφασιν: οἱ γὰρ ἐν Καισαρείᾳ Ἰουδαῖοι, συναγωγὴν ἔχοντες παρὰ χωρίον, οὗ δεσπότης ἦν τις Ἕλλην Καισαρεύς, πολλάκις μὲν κτήσασθαι τὸν τόπον ἐσπούδασαν τιμὴν πολλαπλασίονα τῆς ἀξίας διδόντες: [286] ὡς δ' ὑπερορῶν τὰς δεήσεις πρὸς ἐπήρειαν ἔτι καὶ παρῳκοδόμει τὸ χωρίον ἐκεῖνος ἐργαστήρια κατασκευαζόμενος στενήν τε καὶ παντάπασιν βιαίαν πάροδον ἀπέλειπεν αὐτοῖς, τὸ μὲν πρῶτον οἱ θερμότεροι τῶν νέων προπηδῶντες οἰκοδομεῖν ἐκώλυον. [287] ὡς δὲ τούτους εἶργεν τῆς βίας Φλῶρος, ἀμηχανοῦντες οἱ δυνατοὶ τῶν Ἰουδαίων, σὺν οἷς Ἰωάννης ὁ τελώνης. πείθουσι τὸν Φλῶρον ἀργυρίου ταλάντοις ὀκτὼ διακωλῦσαι τὸ ἔργον. [288] ὁ δὲ πρὸς μόνον τὸ λαβεῖν ὑποσχόμενος πάντα συμπράξειν, λαβὼν ἔξεισιν τῆς Καισαρείας εἰς Σεβαστὴν καὶ καταλείπει τὴν στάσιν αὐτεξούσιον, ὥσπερ ἄδειαν πεπρακὼς Ἰουδαίοις τοῦ μάχεσθαι.

[5.289] Τῆς δ' ἐπιούσης ἡμέρας ἑβδομάδος οὔσης τῶν Ἰουδαίων εἰς τὴν συναγωγὴν συναθροισθέντων στασιαστής τις Καισαρεὺς γάστραν καταστρέψας καὶ παρὰ τὴν εἴσοδον αὐτῶν θέμενος ἐπέθυεν ὄρνεις. τοῦτο τοὺς Ἰουδαίους ἀνηκέστως παρώξυνεν ὡς ὑβρισμένων μὲν αὐτοῖς τῶν νόμων, μεμιασμένου δὲ τοῦ χωρίου. [290] τὸ μὲν οὖν εὐσταθὲς καὶ πρᾷον ἐπὶ τοὺς ἡγεμόνας ἀναφεύγειν ᾤετο χρῆναι, τὸ στασιῶδες δὲ καὶ ἐν νεότητι φλεγμαῖνον ἐξεκαίετο πρὸς μάχην. παρεσκευασμένοι δὲ είστήκεσαν οἱ τῶν Καισαρέων στασιασταί, τὸν γὰρ ἐπιθύσοντα προπεπόμφεσαν ἐκ συντάγματος, καὶ ταχέως ἐγένετο συμβολή. [291] προσελθὼν δὲ Ἰούκουνδος ὁ διακωλύειν τεταγμένος ἱππάρχης τήν τε γάστραν αἴρει καὶ καταπαύειν ἐπειρᾶτο τὴν στάσιν. ἡττωμένου δ' αὐτοῦ τῆς τῶν Καισαρέων βίας Ἰουδαῖοι τοὺς νόμους ἁρπάσαντες ἀνεχώρησαν εἰς Νάρβατα: χώρα τις αὐτῶν οὕτω καλεῖται σταδίους ἑξήκοντα διέχουσα τῆς Καισαρείας: [292] οἱ δὲ περὶ τὸν Ἰωάννην δυνατοὶ δώδεκα πρὸς Φλῶρον ἐλθόντες εἰς Σεβαστὴν ἀπωδύροντο περὶ τῶν πεπραγμένων καὶ βοηθεῖν ἱκέτευον, αἰδημόνως ὑπομιμνήσκοντες τῶν ὀκτὼ ταλάντων. ὁ δὲ καὶ συλλαβὼν ἔδησεν τοὺς ἄνδρας αἰτιώμενος ὑπὲρ τοῦ τοὺς νόμους ἐξενεγκεῖν τῆς Καισαρείας.

[6.293] Πρὸς τοῦτο τῶν ἐν Ἱεροσολύμοις ἀγανάκτησις ἦν, ἔτι μέντοι τοὺς θυμοὺς κατεῖχον. ὁ δὲ Φλῶρος ὥσπερ ἠργολαβηκὼς ἐκριπίζειν τὸν πόλεμον, πέμψας εἰς τὸν ἱερὸν θησαυρὸν ἐξαιρεῖ δεκαεπτὰ τάλαντα σκηψάμενος εἰς τὰς Καίσαρος χρείας. [294] σύγχυσις δ' εὐθέως εἶχεν τὸν δῆμον, καὶ συνδραμόντες εἰς τὸ ἱερὸν βοαῖς διαπρυσίοις τὸ Καίσαρος ἀνεκάλουν ὄνομα καὶ τῆς Φλώρου τυραννίδος ἐλευθεροῦν σφᾶς ἱκέτευον. [295] ἔνιοι δὲ τῶν στασιαστῶν λοιδορίας αἰσχίστους εἰς τὸν Φλῶρον ἐκεκράγεσαν καὶ κανοῦν περιφέροντες ἀπῄτουν αὐτῷ κέρματα καθάπερ ἀκλήρῳ καὶ ταλαιπώρῳ. τούτοις οὐκ ἀνετράπη τὴν φιλαργυρίαν, ἀλλ' ἐπὶ τὸ μᾶλλον χρηματίσασθαι παρωργίσθη. [296] δέον γοῦν εἰς Καισάρειαν ἐλθόντα σβέσαι τὸ τοῦ πολέμου πῦρ ἐκεῖθεν ἀρχόμενον καὶ τῆς ταραχῆς ἀνελεῖν τὰς αἰτίας, ἐφ' ᾧ καὶ μισθὸν ἔλαβεν, ὁ δὲ μετὰ στρατιᾶς ἱππικῆς τε καὶ πεζικῆς ἐπὶ Ἱεροσολύμων ὥρμησεν, ἵνα τοῖς

Ῥωμαίων ὅπλοις ἐΡγάσηται καὶ τῷ δέει καὶ ταῖς ἀπειλαῖς περιδύσῃ τὴν πόλιν.

[7.297] Ὁ δὲ δῆμος προδυσωπῆσαι τὴν ὁρμὴν αὐτοῦ βουλόμενος ὑπαντᾷ τοῖς στρατιώταις μετ' εὐφημίας καὶ τὸν Φλῶρον θεραπευτικῶς ἐκδέχεσθαι παρεσκευάσατο. [298] κἀκεῖνος προπέμψας σὺν ἱππεῦσιν πεντήκοντα Καπίτωνα ἑκατοντάρχην ἀναχωρεῖν αὐτοὺς ἐκέλευσεν καὶ μὴ πρὸς ὃν οὕτως ἐλοιδόρησαν αἰσχρῶς εἰρωνεύεσθαι τὰς νῦν φιλοφρονήσεις: [299] δεῖν γὰρ αὐτούς, εἴπερ γενναῖοί εἰσιν καὶ παρρησιασταί, σκώπτειν μὲν αὐτὸν καὶ παρόντα, φαίνεσθαι δὲ μὴ μόνον ἐν τοῖς λόγοις, ἀλλὰ κἀν τοῖς ὅπλοις φιλελευθέρους. [300] τούτοις καταπλαγὲν τὸ πλῆθος, ἅμα καὶ τῶν περὶ Καπίτωνα ἱππέων εἰς μέσον φερομένων, διεσκεδάσθη πρὶν ἀσπάσασθαι τὸν Φλῶρον ἢ τοῖς στρατιώταις φανερὸν ποιῆσαι τὸ πειθήνιον. ἀναχωρήσαντες δὲ εἰς τὰς οἰκίας μετὰ δέους καὶ ταπεινότητος ἐνυκτέρευσαν.

[8.301] Φλῶρος δὲ τότε μὲν ἐν τοῖς βασιλείοις αὐλίζεται, τῇ δ' ὑστεραίᾳ βῆμα πρὸ αὐτῶν θέμενος καθέζεται, καὶ προσελθόντες οἵ τε ἀρχιερεῖς καὶ δυνατοὶ τό τε γνωριμώτατον τῆς πόλεως παρέστησαν τῷ βήματι. [302] τούτοις ὁ Φλῶρος ἐκέλευσεν τοὺς λοιδορήσαντας αὐτὸν ἐκδοῦναι, φάμενος αὐτοὺς ἀπολαύσειν τῆς ἀμύνης, εἰ μὴ προάγοιεν τοὺς αἰτίους. οἱ δὲ τὸν μὲν δῆμον ἀπέφηναν εἰρηνικὰ φρονοῦντα, τοῖς δὲ παραφθεγξαμένοις ᾐτοῦντο συγγνώμην: [303] ἐν γὰρ τοσούτῳ πλήθει θαυμαστὸν μὲν οὐδὲν εἶναί τινας θρασυτέρους καὶ δι' ἡλικίαν ἄφρονας, ἀμήχανον δὲ τῶν ἡμαρτηκότων τὴν διάκρισιν ἑκάστου μετανοοῦντος καὶ δι' ἃ δέδρακεν ἀρνουμένου. [304] δεῖν μέντοι γε ἐκεῖνον, εἰ προνοεῖ τῆς κατὰ τὸ ἔθνος εἰρήνης καὶ βούλεται Ῥωμαίοις περισώζειν τὴν πόλιν, μᾶλλον διὰ τοὺς πολλοὺς ἀκαταιτιάτους συγγνῶναι καὶ τοῖς ὀλίγοις πλημμελήσασιν ἢ δι' ὀλίγους πονηροὺς ταράξαι δῆμον ἀγαθὸν τοσοῦτον.

[9.305] Πρὸς ταῦτα μᾶλλον παροξυνθεὶς ἐμβοᾷ τοῖς στρατιώταις διαρπάζειν τὴν ἄνω καλουμένην ἀγορὰν καὶ κτείνειν τοὺς ἐντυγχάνοντας. οἱ δ' ἐπιθυμίᾳ κέρδους προσλαβόντες ἡγεμονικὴν παρακέλευσιν οὐ μόνον ἐφ' ὃν ἐπέμφθησαν τόπον ἥρπαζον, ἀλλ' εἰς πάσας ἐμπηδῶντες τὰς οἰκίας ἔσφαζον τοὺς οἰκήτορας. [306] φυγὴ δ' ἦν ἐκ τῶν στενωπῶν καὶ φόνος τῶν καταλαμβανομένων, τρόπος τε ἁρπαγῆς οὐδεὶς παρελείπετο, καὶ πολλοὺς τῶν μετρίων συλλαβόντες ἐπὶ τὸν Φλῶρον ἀνῆγον: οὓς μάστιξιν προαικισάμενος ἀνεσταύρωσεν. [307] ὁ δὲ σύμπας τῶν ἐκείνης ἀπολομένων τῆς ἡμέρας ἀριθμὸς σὺν γυναιξὶν καὶ τέκνοις, οὐδὲ γὰρ νηπίων ἀπέσχοντο, περὶ τριάκοντα καὶ ἑξακοσίους συνήχθη. [308] βαρυτέραν τε ἐποίει τὴν συμφορὰν τὸ καινὸν τῆς Ῥωμαίων ὠμότητος: ὃ γὰρ μηδεὶς πρότερον τότε Φλῶρος ἐτόλμησεν, ἄνδρας ἱππικοῦ τάγματος μαστιγῶσαί τε πρὸ τοῦ βήματος καὶ σταυρῷ προσηλῶσαι, ὧν εἰ καὶ τὸ γένος Ἰουδαίων ἀλλὰ γοῦν τὸ ἀξίωμα Ῥωμαϊκὸν ἦν.

[1.309] Κατὰ τοῦτον τὸν καιρὸν ὁ μὲν βασιλεὺς Ἀγρίππας ἔτυχεν εἰς τὴν Ἀλεξάνδρειαν πεπορευμένος, ὅπως Ἀλεξάνδρῳ συνησθείη πεπιστευμένῳ τὴν Αἴγυπτον ὑπὸ Νέρωνος καὶ πεμφθέντι διέπειν. [310] τὴν ἀδελφὴν δὲ αὐτοῦ Βερνίκην παροῦσαν ἐν Ἱεροσολύμοις καὶ τὴν παρανομίαν τῶν στρατιωτῶν θεωμένην δεινὸν εἰσῄει πάθος, καὶ πολλάκις τούς τε ἱππάρχους ἑαυτῆς καὶ σωματοφύλακας πέμπουσα πρὸς Φλῶρον ἐδέετο παύσασθαι τοῦ φόνου. [311] καὶ ὁ μὲν οὔτε εἰς τὸ πλῆθος τῶν ἀναιρουμένων οὔτε εἰς τὴν εὐγένειαν τῆς παρακαλούσης, ἀλλ' εἰς μόνον τὸ λυσιτελὲς τὸ ἐκ τῶν ἁρπαγῶν ἀποβλέπων παρήκουσεν. [312] ἡ δ' ὁρμὴ τῶν στρατιωτῶν ἐλύσσησεν καὶ κατὰ τῆς βασιλίδος: οὐ μόνον γοῦν ἐν ὄμμασιν αὐτῆς ᾐκίζοντο τοὺς ἁλισκομένους καὶ διέφθειρον, ἀλλὰ κἂν αὐτὴν ἀνεῖλον, εἰ μὴ καταφυγεῖν εἰς τὴν βασιλικὴν αὐλὴν ἔφθη, κἀκεῖ διενυκτέρευσεν μετὰ φυλακῆς δεδοικυῖα τὴν τῶν στρατιωτῶν ἔφοδον. [313] ἐπεδήμει δ' ἐν τοῖς Ἱεροσολύμοις εὐχὴν ἐκτελοῦσα τῷ θεῷ: τοὺς γὰρ ἢ νόσῳ καταπονουμένους ἤ τισιν ἄλλαις ἀνάγκαις ἔθος εὔχεσθαι πρὸ τριάκοντα ἡμερῶν ἧς ἀποδώσειν μέλλοιεν θυσίας οἴνου τε ἀφέξεσθαι καὶ ξυρήσεσθαι τὰς κόμας. [314] ἃ δὴ καὶ τότε τελοῦσα Βερνίκη γυμνόπους τε πρὸ τοῦ βήματος ἱκέτευε τὸν Φλῶρον καὶ πρὸς τῷ μὴ τυχεῖν αἰδοῦς αὐτὴν τὸν περὶ τοῦ ζῆν κίνδυνον ἐπείρασεν.

[2.315] Ταῦτα μὲν οὖν ἑξκαιδεκάτῃ μηνὸς Ἀρτεμισίου συνηνέχθη, τῇ δ' ἐπιούσῃ τὸ μὲν πλῆθος ὑπερπαθῆσαν εἰς τὴν ἄνω συνέρρευσεν ἀγορὰν καὶ βοαῖς ἐξαισίοις περὶ τῶν ἀπολωλότων ἀνωδύρετο: τὸ πλέον δὲ ἦσαν εἰς τὸν Φλῶρον ἐπίφθονοι φωναί. [316] πρὸς ὃ δείσαντες οἱ δυνατοὶ σὺν τοῖς ἀρχιερεῦσιν τὰς ἐσθῆτας περιερρήξαντο καὶ προσπίπτοντες ἕκαστος ἐδέοντο παύσασθαι καὶ μὴ πρὸς οἷς πεπόνθασιν εἰς ἀνήκεστόν τι τὸν Φλῶρον ἐρεθίζειν. [317] ἐπείσθη δὲ τὸ πλῆθος ταχέως αἰδοῖ τε τῶν παρακαλούντων καὶ κατ' ἐλπίδα τοῦ μηδὲν ἔτι τὸν Φλῶρον εἰς αὐτοὺς παρανομήσειν.

[3.318] Ὁ δὲ σβεσθείσης τῆς ταραχῆς ἤχθετο καὶ πάλιν αὐτὴν ἀνάψαι πραγματευόμενος τούς τε ἀρχιερεῖς σὺν τοῖς γνωρίμοις μεταπέμπεται καὶ μόνον ἔφη τεκμήριον ἔσεσθαι τοῦ μηδὲν ἔτι τὸν δῆμον νεωτερίσειν, εἰ προελθόντες ὑπαντήσουσιν τοῖς ἀπὸ Καισαρείας ἀνιοῦσιν στρατιώταις: παρεγίνοντο δὲ δύο σπεῖραι. [319] τῶν δ' ἔτι συγκαλούντων τὸ πλῆθος προπέμψας διεδήλου τοῖς τῶν σπειρῶν ἑκατοντάρχοις, ὅπως παραγγείλωσιν τοῖς ὑφ' ἑαυτοὺς μήτε ἀντασπάσασθαι τοὺς Ἰουδαίους κἂν τι κατ' αὐτοῦ φθέγξωνται, χρήσασθαι τοῖς ὅπλοις. [320] οἱ δ' ἀρχιερεῖς εἰς τὸ ἱερὸν τὴν πληθὺν συναγαγόντες ὑπαντᾶν τοῖς Ῥωμαίοις παρεκάλουν καὶ πρὸ ἀνηκέστου πάθους τὰς σπείρας δεξιοῦσθαι. τούτοις τὸ στασιῶδες ἠπείθει, καὶ διὰ τοὺς ἀπολωλότας τὸ πλῆθος ἔρρεπεν πρὸς τοὺς θρασυτέρους.

[4.321] Ἔνθα δὴ πᾶς μὲν ἱερεὺς πᾶς δ' ὑπηρέτης τοῦ θεοῦ τὰ ἅγια σκεύη προκομίσαντες καὶ τὸν κόσμον, ἐν ᾧ λειτουργεῖν ἔθος ἦν αὐτοῖς, ἀναλαβόντες κιθαρισταί τε καὶ ὑμνῳδοὶ μετὰ τῶν ὀργάνων προσέπιπτον καὶ κατηντιβόλουν φυλάξαι τὸν ἱερὸν κόσμον αὐτοῖς καὶ μὴ πρὸς ἁρπαγὴν τῶν θείων κειμηλίων Ῥωμαίους ἐρεθίσαι. [322] τοὺς δ' ἀρχιερεῖς αὐτοὺς ἦν ἰδεῖν καταμωμένους μὲν τὴν κεφαλὴν κόνει, γυμνοὺς δὲ τὰ στέρνα τῶν ἐσθήτων διερρηγμένων. ὀνομαστὶ δ' ἕκαστον τῶν γνωρίμων καὶ κοινῇ τὸ πλῆθος ἱκέτευον μὴ δι' ἐλαχίστης πλημμελείας προδοῦναι τὴν πατρίδα τοῖς ἐπιθυμοῦσιν πορθῆσαι: [323] τίνα γὰρ ἢ τοῖς στρατιώταις φέρειν ὠφέλειαν τὸν ἀπὸ Ἰουδαίων ἀσπασμὸν ἢ διόρθωσιν αὐτοῖς τῶν συμβεβηκότων τὸ μὴ νῦν προελθεῖν; [324] εἰ δὲ δὴ δεξιώσαιντο τοὺς προσιόντας ὡς ἔθος, Φλώρῳ μὲν ἀποκοπήσεσθαι τὴν ἀφορμὴν τοῦ πολέμου, κερδήσειν δ' αὐτοὺς τὴν πατρίδα καὶ τὸ μηδὲν παθεῖν πλέον. ἄλλως τε καὶ τὸ πείθεσθαι στασιάζουσιν ὀλίγοις, δέον αὐτοὺς δῆμον ὄντας τοσοῦτον συναναγκάζειν κἀκείνους συνευγνωμονεῖν, δεινῆς ἀκρασίας εἶναι.

[5.325] Τούτοις μειλισσόμενοι τὸ πλῆθος ἅμα καὶ τῶν στασιαστῶν οὓς μὲν ἀπειλαῖς οὓς δὲ αἰδοῖ κατέστειλαν. ἔπειτα ἐξηγούμενοι μεθ' ἡσυχίας τε καὶ κόσμου τοῖς στρατιώταις ὑπήντων καὶ πλησίον γενομένους ἠσπάσαντο: τῶν δὲ μηδὲν ἀποκριναμένων οἱ στασιασταὶ Φλώρου κατεβόων. [326] τοῦτο ἦν σύνθημα κατ' αὐτῶν δεδομένον: αὐτίκα γοῦν οἱ στρατιῶται περισχόντες αὐτοὺς ἔπαιον ξύλοις, καὶ φεύγοντας οἱ ἱππεῖς καταδιώκοντες συνεπάτουν. ἔπιπτον δὲ πολλοὶ μὲν ὑπὸ Ῥωμαίων τυπτόμενοι, πλείους δ' ὑπ' ἀλλήλων βιαζόμενοι. [327] δεινὸς δὲ περὶ τὰς πύλας ὠθισμὸς ἦν, καὶ φθάνειν ἑκάστου σπεύδοντος βραδυτέρα μὲν ἡ φυγὴ πᾶσιν ἐγίνετο, τῶν δὲ σφαλέντων ἀπώλεια δεινή: πνιγόμενοι γὰρ καὶ κλώμενοι πλήθει τῶν ἐπιβαινόντων ἠφανίζοντο, καὶ οὐδὲ πρὸς ταφήν τις γνώριμος τοῖς ἰδίοις κατελείπετο. [328] συνέπιπτον δὲ καὶ στρατιῶται παίοντες ἀνέδην τοὺς καταλαμβανομένους καὶ διὰ τῆς Βεθεζὰ καλουμένης ἀνεώθουν τὸ πλῆθος βιαζόμενοι παρελθεῖν καὶ κρατῆσαι τοῦ τε ἱεροῦ καὶ τῆς Ἀντωνίας: ὧν καὶ Φλῶρος ἐφιέμενος ἐξῆγε τῆς βασιλικῆς αὐλῆς τοὺς σὺν αὐτῷ καὶ πρὸς τὸ φρούριον ἐλθεῖν ἠγωνίζετο. [329] διήμαρτέν γε μὴν τῆς ἐπιβολῆς: ὁ γὰρ δῆμος ἄντικρυς ἐπιστραφεὶς εἶργεν τῆς ὁρμῆς, καὶ διαστάντες ἐπὶ τῶν τεγῶν τοὺς Ῥωμαίους ἔβαλλον. καταπονούμενοι δὲ τοῖς ὕπερθεν βέλεσιν καὶ διακόψαι τὸ τοὺς στενωποὺς ἐμφράξαν πλῆθος ἀσθενήσαντες ἀνεχώρουν εἰς τὸ πρὸς τοῖς βασιλείοις στρατόπεδον.

[6.330] Οἱ δὲ στασιασταὶ δείσαντες μὴ πάλιν ἐπελθὼν ὁ Φλῶρος κρατήσῃ τοῦ ἱεροῦ διὰ τῆς Ἀντωνίας, ἀναβάντες εὐθέως τὰς συνεχεῖς στοὰς τοῦ ἱεροῦ πρὸς τὴν Ἀντωνίαν διέκοψαν. [331] τοῦτ' ἔψυξεν τὴν Φλώρου πλεονεξίαν: τῶν γὰρ τοῦ θεοῦ θησαυρῶν ἐφιέμενος καὶ διὰ τοῦτο παρελθεῖν ἐπιθυμῶν εἰς τὴν Ἀντωνίαν, ὡς ἀπερράγησαν αἱ στοαί, τὴν ὁρμὴν ἀνετράπη, καὶ μεταπεμψάμενος τούς τε ἀρχιερεῖς καὶ τὴν βουλὴν αὐτὸς μὲν ἐξιέναι τῆς πόλεως ἔφη, φρουρὰν δ' ἐγκαταλείψειν αὐτοῖς ὅσην ἂν ἀξιώσωσιν. [332] τῶν δὲ πάντα περὶ ἀσφαλείας καὶ τοῦ μηδὲν νεωτερίσειν ὑποσχομένων, εἰ μίαν αὐτοῖς καταλείποι σπεῖραν, μὴ μέντοι τὴν μαχεσαμένην: πρὸς γὰρ ταύτην ἀπεχθῶς δι' ἃ πέπονθεν ἔχειν τὸ πλῆθος: ἀλλάξας τὴν σπεῖραν, ὡς ἠξίουν, μετὰ τῆς λοιπῆς δυνάμεως ὑπέστρεψεν εἰς Καισάρειαν.

[1.333] Ἑτέραν δὲ ἐπιβολὴν τῷ πολέμῳ ποριζόμενος ἐπέστελλεν Κεστίῳ Ἰουδαίων ἀπόστασιν καταψευδόμενος τήν τε ἀρχὴν τῆς μάχης περιθεὶς αὐτοῖς καὶ δρᾶσαι λέγων ἐκείνους ἃ πεπόνθεσαν. οὐ μὴν οὐδ' οἱ τῶν Ἱεροσολύμων ἄρχοντες ἐσίγησαν, ἀλλ' αὐτοί τε καὶ Βερνίκη τῷ Κεστίῳ περὶ ὧν Φλῶρος εἰς τὴν πόλιν παρηνόμησεν ἔγραφον. [334] ὁ δὲ τὰ παρ' ἀμφοῖν ἀναγνοὺς μετὰ τῶν ἡγεμόνων ἐβουλεύετο. τοῖς μὲν οὖν αὐτὸν ἐδόκει Κέστιον μετὰ στρατιᾶς ἀναβαίνειν ἢ τιμωρησόμενον τὴν ἀπόστασιν, εἰ γέγονεν, ἢ βεβαιοτέρους καταστήσοντα Ἰουδαίους καὶ συμμένοντας, αὐτῷ δὲ προπέμψαι τῶν ἑταίρων τὸν κατασκεψόμενον τὰ πράγματα καὶ τὰ φρονήματα τῶν Ἰουδαίων πιστῶς ἀναγγελοῦντα. [335] πέμπει δή τινα τῶν χιλιάρχων Νεαπολιτανόν, ὃς ἀπὸ τῆς Ἀλεξανδρείας ὑποστρέφοντι περιτυχὼν Ἀγρίππᾳ τῷ βασιλεῖ κατὰ Ἰάμνειαν τόν τε πέμψαντα καὶ τὰς αἰτίας ἐδήλωσεν.

[2.336] Ἔνθα καὶ Ἰουδαίων οἵ τε ἀρχιερεῖς ἅμα τοῖς δυνατοῖς καὶ ἡ βουλὴ παρῆν δεξιουμένη τὸν βασιλέα. μετὰ δὲ τὴν εἰς ἐκεῖνον θεραπείαν ἀπωδύροντο τὰς ἑαυτῶν συμφορὰς καὶ τὴν Φλώρου διεξῄεσαν ὠμότητα. [337] πρὸς ἣν ἠγανάκτει μὲν Ἀγρίππας, στρατηγικῶς δὲ τὴν ὀργὴν εἰς οὓς ἠλέει Ἰουδαίους μετέφερεν, ταπεινοῦν αὐτῶν βουλόμενος τὰ φρονήματα καὶ τῷ μὴ δοκεῖν ἀδίκως τι παθεῖν τῆς ἀμύνης ἀποτρέπων. [338] οἱ μὲν οὖν, ὡς ἂν ὄντες ἔκκριτοι καὶ διὰ τὰς ἑαυτῶν κτήσεις ἐπιθυμοῦντες εἰρήνης, συνίεσαν εὐνοϊκὴν τὴν ἐπίπληξιν τοῦ βασιλέως: ὁ δὲ δῆμος ἐκ τῶν Ἱεροσολύμων ἐπὶ ἑξήκοντα προελθὼν σταδίους ἐδεξιοῦτο τὸν Ἀγρίππαν καὶ τὸν Νεαπολιτανόν. [339] ἐκώκυον δὲ καὶ τῶν ἀπεσφαγμένων αἱ γυναῖκες προεκθέουσαι, καὶ πρὸς τὴν τούτων οἰμωγὴν ὁ δῆμος εἰς ὀλοφυρμοὺς τραπόμενος ἐπικουρεῖν τὸν Ἀγρίππαν ἱκέτευεν, τοῦ τε Νεαπολιτανοῦ κατεβόων ὅσα πάθοιεν ὑπὸ Φλώρου καὶ παρελθοῦσιν εἰς τὴν πόλιν τήν τε ἀγορὰν ἠρημωμένην ἐπεδείκνυσαν καὶ πεπορθημένας τὰς οἰκίας. [340] ἔπειτα δι' Ἀγρίππα πείθουσι τὸν Νεαπολιτανὸν σὺν ἑνὶ θεράποντι περιελθεῖν μέχρι τοῦ Σιλωᾶ τὴν πόλιν, ἵνα γνῷ Ἰουδαίους τοῖς μὲν ἄλλοις Ῥωμαίοις ἅπασιν εἴκοντας, μόνῳ δ' ἀπεχθανομένους Φλώρῳ δι' ὑπερβολὴν τῆς εἰς αὐτοὺς ὠμότητος. ὁ δὲ ὡς διοδεύσας πεῖραν ἱκανὴν ἔλαβεν τῆς πραότητος αὐτῶν, εἰς τὸ ἱερὸν ἀναβαίνει. [341] ἔνθα συγκαλέσας τὸ πλῆθος, καὶ πολλὰ μὲν εἰς πίστιν αὐτοὺς τὴν πρὸς Ῥωμαίους ἐπαινέσας, πολλὰ δὲ εἰς τὸ τηρεῖν τὴν εἰρήνην προτρεψάμενος καὶ τοῦ θεοῦ προσκυνήσας ὅθεν ἐξῆν τὰ ἅγια πρὸς Κέστιον ἐπανῄει.

[3.342] Τὸ δὲ πλῆθος τῶν Ἰουδαίων ἐπί τε τὸν βασιλέα καὶ τοὺς ἀρχιερεῖς τραπόμενον πέμπειν κατὰ Φλώρου πρέσβεις ἠξίου πρὸς Νέρωνα καὶ μὴ σιωπῶντας ἐπὶ τοσούτῳ φόνῳ καταλιπεῖν ἑαυτοῖς ὑπόνοιαν ἀποστάσεως: δόξειν γὰρ αὐτοὶ κατάρξαι τῶν ὅπλων, εἰ μὴ φθάσαντες ἐνδείξαιντο τὸν κατάρξαντα: [343] φανεροὶ δ' ἦσαν οὐκ ἠρεμήσοντες, εἰ τὴν πρεσβείαν τις ἀποκωλύει. Ἀγρίππᾳ δὲ τὸ μὲν χειροτονεῖν Φλώρου κατηγόρους ἐπίφθονον, τὸ περιιδεῖν δὲ Ἰουδαίους εἰς πόλεμον ἐκριπισθέντας οὐδὲ αὐτῷ λυσιτελὲς κατεφαίνετο. [344] προσκαλεσάμενος δὲ εἰς τὸν ξυστὸν τὸ πλῆθος καὶ παραστησάμενος ἐν περιόπτῳ τὴν ἀδελφὴν Βερνίκην ἐπὶ τῆς Ἀσαμωναίων οἰκίας, αὕτη γὰρ ἦν ἐπάνω τοῦ ξυστοῦ πρὸς τὸ πέραν τῆς ἄνω πόλεως, καὶ γέφυρα τῷ ξυστῷ τὸ ἱερὸν συνῆπτεν, Ἀγρίππας ἔλεξεν τοιάδε.

[4.345] "Εἰ μὲν ἑώρων πάντας ὑμᾶς πολεμεῖν Ῥωμαίοις ὡρμημένους καὶ μὴ τοῦ δήμου τὸ καθαρώτατον καὶ εἰλικρινέστατον εἰρήνην ἄγειν προῃρημένους, οὔτ' ἂν παρῆλθον εἰς ὑμᾶς οὔτε συμβουλεύειν ἐθάρρησα: περισσὸς γὰρ ὑπὲρ τοῦ τὰ δέοντα ποιεῖν πᾶς λόγος, ὅταν ᾖ τῶν ἀκουόντων πάντων [ἡ] πρὸς τὸ χεῖρον ὁμόνοια. [346] ἐπεὶ δὲ τινὰς μὲν ἡλικία τῶν ἐν πολέμῳ κακῶν ἄπειρος, τινὰς δὲ ἐλπὶς ἀλόγιστος ἐλευθερίας, ἐνίους δὲ πλεονεξία τις παροξύνει καὶ τὸ παρὰ τῶν ἀσθενεστέρων, ἐὰν τὰ πράγματα συγχυθῇ, κέρδος, ὅπως αὐτοί τε σωφρονισθέντες μεταβάλωνται καὶ μὴ τῆς ἐνίων κακοβουλίας οἱ ἀγαθοὶ παραπολαύσωσιν, ᾠήθην δεῖν ἐπὶ τὸ αὐτὸ πάντας ὑμᾶς συναγαγὼν εἰπεῖν ἃ νομίζω συμφέρειν. [347] θορυβήσῃ δέ μοι μηδείς, ἐὰν μὴ τὰ πρὸς ἡδονὴν ἀκούῃ: τοῖς μὲν γὰρ ἀνηκέστως ἐπὶ τὴν ἀπόστασιν ὡρμημένοις ἔνεστι καὶ μετὰ τὴν ἐμὴν παραίνεσιν ταῦτα φρονεῖν, ἐμοὶ δὲ διαπίπτει καὶ πρὸς τοὺς ἀκούειν ἐθέλοντας ὁ λόγος, ἐὰν μὴ παρὰ πάντων ἡσυχία γένηται.
[348] οἶδα μὲν οὖν ὅτι πολλοὶ τὰς ἐκ τῶν ἐπιτρόπων ὕβρεις καὶ τὰ τῆς ἐλευθερίας ἐγκώμια τραγῳδοῦσιν, ἐγὼ δὲ πρὶν ἐξετάζειν τίνες ὄντες καὶ τίσιν ἐπιχειρεῖτε πολεμεῖν, πρῶτον διαζεύξω τὴν συμπλοκὴν τῶν προφάσεων. [349] εἰ μὲν γὰρ ἀμύνεσθε τοὺς ἀδικοῦντας, τί σεμνύνετε τὴν ἐλευθερίαν; εἰ δὲ τὸ δουλεύειν ἀφόρητον ἡγεῖσθε, περισσὴ πρὸς τοὺς ἡγεμόνας ἡ μέμψις: καὶ γὰρ ἐκείνων μετριαζόντων αἰσχρὸν ὁμοίως τὸ δουλεύειν. [350] σκοπεῖτε δὲ καὶ καθ' ἕκαστον τούτων ὡς ἔστιν μικρὰ τοῦ πολεμεῖν ἡ

ὑπόθεσις, καὶ πρῶτά γε τὰ τῶν ἐπιτρόπων ἐγκλήματα: θεραπεύειν γάρ, οὐκ ἐρεθίζειν χρὴ τὰς ἐξουσίας: [351] ὅταν δὲ τῶν μικρῶν ἁμαρτημάτων τοὺς ἐξονειδισμοὺς ποιῆσθε μεγάλους, καθ' ἑαυτῶν τοὺς ὀνειδιζομένους ἀπελέγχετε, καὶ παρέντες τὸ λάθρα καὶ μετ' αἰδοῦς ὑμᾶς βλάπτειν πορθοῦσι φανερῶς. οὐδὲν δὲ οὕτως τὰς πληγὰς ὡς τὸ φέρειν ἀναστέλλει, καὶ τὸ τῶν ἀδικουμένων ἡσύχιον τοῖς ἀδικοῦσι γίνεται διατροπή. [352] φέρε δ' εἶναι τοὺς Ῥωμαίων ὑπηρέτας ἀνηκέστως χαλεπούς: οὔπω Ῥωμαῖοι πάντες ἀδικοῦσιν ὑμᾶς οὐδὲ Καῖσαρ, πρὸς οὓς αἱρεῖσθε τὸν πόλεμον: οὐδὲ γὰρ ἐξ ἐντολῆς ἥκει τις πονηρὸς ἀπ' ἐκείνων, οὐδέ γε τοὺς ὑπὸ τὴν ἀνατολὴν οἱ ἀφ' ἑσπέρας ἐπιβλέπουσιν: ἀλλ' οὐδὲ ἀκούειν ταχέως τὰ ἐντεῦθεν ἐκεῖ ῥᾴδιον. [353] ἄτοπον δὲ καὶ δι' ἕνα πολλοῖς καὶ διὰ μικρὰς αἰτίας τηλικούτοις καὶ μηδὲ γινώσκουσιν ἃ μεμφόμεθα πολεμεῖν. [354] καὶ τῶν μὲν ἡμετέρων ἐγκλημάτων ταχεῖα γένοιτ' ἂν διόρθωσις: οὔτε γὰρ ὁ αὐτὸς ἐπίτροπος μένει διὰ παντός, καὶ τοὺς διαδεξομένους εἰκὸς ἐλεύσεσθαι μετριωτέρους: κινηθέντα δ' ἅπαξ τὸν πόλεμον οὔτε ἀποθέσθαι ῥᾴδιον δίχα συμφορῶν οὔτε βαστάζειν. [355] ἀλλὰ μὴν τό γε νῦν ἐλευθερίας ἐπιθυμεῖν ἄωρον, δέον ὑπὲρ τοῦ μηδὲ ἀποβαλεῖν αὐτὴν ἀγωνίζεσθαι πρότερον: ἡ γὰρ πεῖρα τῆς δουλείας χαλεπή, καὶ περὶ τοῦ μηδ' ἄρξασθαι ταύτης ὁ ἀγὼν δίκαιος. [356] ὁ δ' ἅπαξ χειρωθείς, ἔπειτα ἀφιστάμενος, αὐθάδης δοῦλός ἐστιν, οὐ φιλελεύθερος. τότε τοιγαροῦν ἐχρῆν πάνθ' ὑπὲρ τοῦ μὴ δέξασθαι Ῥωμαίους ποιεῖν, ὅτε ἐπέβαινεν τῆς χώρας Πομπήιος. [357] ἀλλ' οἱ μὲν ἡμέτεροι πρόγονοι καὶ οἱ βασιλεῖς αὐτῶν καὶ χρήμασιν καὶ σώμασιν καὶ ψυχαῖς ἄμεινον ὑμῶν πολλῷ διακείμενοι πρὸς μοῖραν ὀλίγην τῆς Ῥωμαίων δυνάμεως οὐκ ἀντέσχον: ὑμεῖς δὲ οἱ τὸ μὲν ὑπακούειν ἐκ διαδοχῆς παρειληφότες, τοῖς πράγμασιν δὲ τῶν πρώτων ὑπακουσάντων τοσοῦτον ἐλαττούμενοι, πρὸς ὅλην ἀνθίστασθε τὴν Ῥωμαίων ἡγεμονίαν; [358] καὶ Ἀθηναῖοι μὲν οἱ περὶ τῆς τῶν Ἑλλήνων ἐλευθερίας παραδόντες ποτὲ καὶ πυρὶ τὴν πόλιν, οἱ τὸν ὑπερήφανον Ξέρξην διὰ γῆς πλεύσαντα καὶ διὰ θαλάσσης ὁδεύσαντα καὶ μὴ χωρούμενον μὲν τοῖς πελάγεσιν, πλατυτέραν δὲ τῆς Εὐρώπης τὴν στρατιὰν ἄγοντα, οἷα δραπέτην ἐπὶ μιᾶς νηὸς διώξαντες, περὶ δὲ τῇ μικρᾷ Σαλαμῖνι τὴν τοσαύτην Ἀσίαν κλάσαντες νῦν δουλεύουσιν Ῥωμαίοις, καὶ τὴν ἡγεμονίδα τῆς Ἑλλάδος πόλιν διοικεῖ τὰ ἀπὸ τῆς Ἰταλίας προστάγματα. [359] Λακεδαιμόνιοι δὲ μετὰ Θερμοπύλας καὶ Πλαταιὰς καὶ τὸν ἐρευνήσαντα τὴν Ἀσίαν Ἀγησίλαον ἀγαπῶσιν τοὺς αὐτοὺς δεσπότας, [360] καὶ Μακεδόνες ἔτι φανταζόμενοι Φίλιππον καὶ τὴν σὺν Ἀλεξάνδρῳ παρασπείρουσαν αὐτοῖς τὴν τῆς οἰκουμένης ἡγεμονίαν ὁρῶντες, φέρουσιν τὴν τοσαύτην μεταβολὴν καὶ πρὸς οὓς μεταβέβηκεν ἡ τύχη προσκυνοῦσιν. [361] ἄλλα τε ἔθνη μυρία πλείονος γέμοντα πρὸς ἐλευθερίαν παρρησίας εἴκει: μόνοι δ' ὑμεῖς ἀδοξεῖτε δουλεύειν οἷς ὑποτέτακται τὰ πάντα. ποίᾳ στρατιᾷ ποίοις πεποιθότες ὅπλοις; ποῦ μὲν ὁ στόλος ὑμῖν διαληψόμενος τὰς Ῥωμαίων θαλάσσας; ποῦ δ' οἱ ταῖς ἐπιβολαῖς ἐξαρκέσοντες θησαυροί; [362] πρὸς Αἰγυπτίους ἄρα καὶ πρὸς Ἄραβας οἴεσθε κινεῖν τὸν πόλεμον; οὐ περισκέψεσθε τὴν Ῥωμαίων ἡγεμονίαν; οὐ μετρήσετε τὴν ἑαυτῶν ἀσθένειαν; οὐ τὰ μὲν ἡμέτερα καὶ τῶν προσοίκων ἐθνῶν ἡττήθη πολλάκις, ἡ δὲ ἐκείνων ἰσχὺς διὰ τῆς οἰκουμένης ἀνίκητος; [363] μᾶλλον δὲ καὶ ταύτης ἐζήτησάν τι πλέον: οὐ γὰρ ἐξήρκεσεν αὐτοῖς ὅλος Εὐφράτης ὑπὸ τὴν ἀνατολὴν οὐδὲ τῶν προσαρκτίων ὁ Ἴστρος ἥ τε μεσημβρινὴ μέχρι τῶν ἀοικήτων ἐρευνηθεῖσα Λιβύη καὶ Γάδειρα πρὸς ἑσπέραν, ἀλλ' ὑπὲρ ὠκεανὸν ἑτέραν ἐζήτησαν οἰκουμένην καὶ μέχρι τῶν ἀνιστορήτων πρότερον Βρεττανῶν διήνεγκαν τὰ ὅπλα. [364] τί οὖν; ὑμεῖς πλουσιώτεροι Γαλατῶν, ἰσχυρότεροι Γερμανῶν, Ἑλλήνων συνετώτεροι, πλείους τῶν κατὰ τὴν οἰκουμένην ἐστὲ πάντων; τί τὸ πεποιθὸς ὑμᾶς κατὰ Ῥωμαίων ἐπαίρει; χαλεπὸν τὸ δουλεύειν, ἐρεῖ τις. [365] πόσῳ μᾶλλον Ἕλλησιν, οἳ τῶν ὑφ' ἡλίῳ πάντων προύχοντες εὐγενείᾳ καὶ τοσαύτην νεμόμενοι χώραν ἓξ Ῥωμαίων ὑπείκουσιν ῥάβδοις, τοσαύταις δὲ καὶ Μακεδόνες οἱ δικαιότερον ὑμῶν ὀφείλοντες ἐλευθερίας ἀντιποιεῖσθαι. [366] τί δ' αἱ πεντακόσιαι τῆς Ἀσίας πόλεις; οὐ δίχα φρουρᾶς ἕνα προσκυνοῦσιν ἡγεμόνα καὶ τὰς ὑπατικὰς ῥάβδους; τί χρὴ λέγειν Ἡνιόχους τε καὶ Κόλχους καὶ τὸ τῶν Ταύρων φῦλον, Βοσπορανούς τε καὶ τὰ περίοικα τοῦ Πόντου καὶ τῆς Μαιώτιδος ἔθνη; [367] παρ' οἷς πρὶν μὲν οὐδ' οἰκεῖος ἐγιγνώσκετο δεσπότης, νῦν δὲ τρισχιλίοις ὁπλίταις ὑποτάσσεται, καὶ τεσσαράκοντα ναῦς μακραὶ τὴν πρὶν ἄπλωτον καὶ ἀγρίαν εἰρηνεύουσι θάλασσαν. [368] πόσα Βιθυνία καὶ Καππαδοκία καὶ τὸ Παμφύλιον ἔθνος Λύκιοί τε καὶ Κίλικες ὑπὲρ ἐλευθερίας ἔχοντες εἰπεῖν χωρὶς ὅπλων φορολογοῦνται; τί δαί; Θρᾷκες οἱ πέντε μὲν εὖρος ἑπτὰ δὲ μῆκος ἡμερῶν χώραν διειληφότες, τραχυτέραν τε καὶ πολλῷ τῆς ὑμετέρας ὀχυρωτέραν καὶ βαθεῖ κρυμῷ τοὺς ἐπιστρατεύσοντας ἀνακόπτουσαν, οὐχὶ δισχιλίοις Ῥωμαίων ὑπακούουσιν φρουροῖς; [369] οἱ δ' ἀπὸ τούτων Ἰλλυριοὶ τὴν μέχρι Δαλματίας ἀποτεμνομένην Ἴστρῳ κατοικοῦντες, οὐ δυσὶν μόνοις τάγμασιν ὑπείκουσιν, μεθ' ὧν αὐτοὶ τὰς Δακῶν ἀνακόπτουσιν ὁρμάς; [370] οἱ δὲ τοσαυτάκις πρὸς ἐλευθερίαν ἀναχαιτίσαντες Δαλμάται καὶ πρὸς τὸ μόνον ἀεὶ χειρωθέντες τότε συλλεξάμενοι τὴν ἰσχὺν πάλιν ἀποστῆναι, νῦν οὐχ ὑφ' ἑνὶ τάγματι Ῥωμαίων ἡσυχίαν ἄγουσιν; [371] ἀλλὰ μὴν εἴ γέ τινας εἰς ἀπόστασιν ὤφειλον ἀφορμαὶ μεγάλαι παροξύνειν, μάλιστα Γαλάτας ἐχρῆν τοὺς οὕτως ὑπὸ τῆς φύσεως τετειχισμένους, ἐξ ἀνατολῆς μὲν ταῖς Ἄλπεσιν πρὸς ἄρκτῳ δὲ Ῥήνῳ ποταμῷ, μεσημβρινοῖς δὲ τοῖς Πυρηναίοις ὄρεσιν, ὠκεανῷ δὲ πρὸς δυσμῶν. [372] ἀλλὰ καίτοι τηλικαῦτα μὲν ἕρκη περιβεβλημένοι, πέντε δὲ καὶ τριακοσίοις πληθύοντες ἔθνεσιν, τὰς δὲ πηγάς, ὡς ἄν τις εἴποι, τῆς εὐδαιμονίας ἐπιχωρίους ἔχοντες καὶ τοῖς ἀγαθοῖς σχεδὸν ὅλην ἐπικλύζοντες τὴν οἰκουμένην, ἀνέχονται Ῥωμαίων πρόσοδος ὄντες καὶ ταμιευόμενοι παρ' αὐτῶν τὴν οἰκείαν εὐδαιμονίαν. [373] καὶ τοῦθ' ὑπομένουσιν οὐ διὰ φρονημάτων μαλακίαν οὐδὲ δι' ἀγένειαν, οἵ γε διήνεγκαν ὀγδοήκοντα ἔτη πόλεμον ὑπὲρ τῆς ἐλευθερίας, ἀλλὰ μετὰ τῆς δυνάμεως Ῥωμαίων καὶ τὴν τύχην καταπλαγέντες, ἥτις αὐτοῖς κατορθοῖ πλείονα τῶν ὅπλων. τοιγαροῦν ὑπὸ χιλίοις καὶ διακοσίοις στρατιώταις δουλεύουσιν, ὧν ὀλίγου δεῖν πλείους ἔχουσι πόλεις. [374] οὐδὲ

Ἴβηρσιν ὁ γεωργούμενος χρυσὸς εἰς τὸν ὑπὲρ τῆς ἐλευθερίας ἐξήρκεσεν πόλεμον οὐδὲ τὸ τοσοῦτον ἀπὸ Ῥωμαίων γῆς καὶ θαλάσσης διάστημα φῦλά τε Λουσιτανῶν καὶ Καντάβρων ἀρειμάνια οὐδὲ γείτων ὠκεανὸς φοβερὰν καὶ τοῖς ἐπιχωρίοις ἄμπωτιν ἐπάγων, [375] ἀλλ' ὑπὲρ τὰς Ἡρακλείους στήλας ἐκτείναντες τὰ ὅπλα καὶ διὰ νεφῶν ὁδεύσαντες τὰ Πυρηναῖα ὄρη καὶ τούτους ἐδουλώσαντο Ῥωμαῖοι: φρουρὰ δ' ἤρκεσεν τῶν οὕτως δυσμάχων καὶ τοσοῦτον ἀπῳκισμένων ἓν τάγμα. [376] τίς ὑμῶν οὐκ ἀκοῇ παρείληφεν τὸ Γερμανῶν πλῆθος; ἀλκὴν μὲν γὰρ καὶ μεγέθη σωμάτων εἴδετε δήπου πολλάκις, ἐπεὶ πανταχοῦ Ῥωμαῖοι τοὺς τούτων αἰχμαλώτους ἔχουσιν. [377] ἀλλ' οὗτοι γῆν μὲν ἄπειρον νεμόμενοι, μείζω δὲ τῶν σωμάτων ἔχοντες τὰ φρονήματα καὶ τὴν μὲν ψυχὴν θανάτου καταφρονοῦσαν, τοὺς δὲ θυμοὺς τῶν ἀγριωτάτων θηρίων σφοδροτέρους, Ῥῆνον τῆς ὁρμῆς ὅρον ἔχουσιν καὶ Ῥωμαίων ὀκτὼ τάγμασιν δαμαζόμενοι δουλεύουσιν μὲν ἁλόντες, τὸ δ' ὅλον αὐτῶν ἔθνος φυγῇ διασώζεται. [378] σκέψασθε δὲ καὶ τὸ Βρεττανῶν τεῖχος οἱ τοῖς Ἱεροσολύμων τείχεσιν πεποιθότες: καὶ γὰρ ἐκείνους περιβεβλημένους ὠκεανὸν καὶ τῆς καθ' ἡμᾶς οἰκουμένης οὐκ ἐλάσσονα νῆσον οἰκοῦντας πλεύσαντες ἐδουλώσαντο Ῥωμαῖοι, τέσσαρα δὲ τάγματα τὴν τοσαύτην νῆσον φυλάσσει. [379] καὶ τί δεῖ πολλὰ λέγειν, ὅπου καὶ Πάρθοι, τὸ πολεμικώτατον φῦλον, τοσούτων ἄρχοντες ἐθνῶν καὶ τηλικαύτην περιβεβλημένοι δύναμιν ὁμήρους πέμπουσιν Ῥωμαίοις, καὶ ἔστιν ἐπὶ τῆς Ἰταλίας ἰδεῖν ἐν εἰρήνης προφάσει δουλεύουσαν τὴν ἀπὸ τῆς ἀνατολῆς εὐγένειαν.

[380] πάντων δὴ σχεδὸν τῶν ὑφ' ἡλίῳ τὰ Ῥωμαίων ὅπλα προσκυνούντων ὑμεῖς μόνοι πολεμήσετε μηδὲ τὸ Καρχηδονίων τέλος σκοποῦντες, οἳ τὸν μέγαν αὐχοῦντες Ἀννίβαν καὶ τὴν ἀπὸ Φοινίκων εὐγένειαν ὑπὸ τὴν Σκιπίωνος δεξιὰν ἔπεσον; [381] οὔτε δὲ Κυρηναῖοι, τὸ Λακώνων γένος, οὔτε Μαρμαρίδαι, τὸ μέχρι τῆς διψάδος ἐκτεταμένον φῦλον, οὔθ' αἱ φοβεραὶ καὶ τοῖς ἀκούουσιν Σύρτεις Νασαμῶνές τε καὶ Μαῦροι καὶ τὸ Νομάδων ἄπειρον πλῆθος τὰς Ῥωμαίων ἀνέκοψαν ἀρετάς. [382] τὴν δὲ τρίτην τῆς οἰκουμένης

μοῖραν, ἧς οὐδὲ ἐξαριθμήσασθαι τὰ ἔθνη ῥᾴδιον, ὁριζομένην Ἀτλαντικῷ τε πελάγει καὶ στήλαις Ἡρακλείοις καὶ μέχρι τῆς Ἐρυθρᾶς θαλάσσης τοὺς ἀπείρους νέμουσαν Αἰθίοπας ἐχειρώσαντο μὲν ὅλην, [383] χωρὶς δὲ τῶν ἐτησίων καρπῶν, οἳ μησὶν ὀκτὼ τὸ κατὰ τὴν Ῥώμην πλῆθος τρέφουσιν, καὶ ἔξωθεν παντοίως φορολογοῦνται καὶ ταῖς χρείαις τῆς ἡγεμονίας παρέχουσιν ἑτοίμους τὰς εἰσφοράς, οὐδὲν τῶν ἐπιταγμάτων ὥσπερ ὑμεῖς ὕβριν ἡγούμενοι καίπερ ἑνὸς τάγματος αὐτοῖς παραμένοντος. [384] καὶ τί δεῖ πόρρωθεν ὑμῖν τὴν Ῥωμαίων ὑποδεικνύναι δύναμιν παρὸν ἐξ Αἰγύπτου τῆς γειτνιώσης, [385] ἥτις ἐκτεινομένη μέχρις Αἰθιόπων καὶ τῆς εὐδαίμονος Ἀραβίας ὅρμος τε οὖσα τῆς Ἰνδικῆς, πεντήκοντα πρὸς ταῖς ἑπτακοσίαις ἔχουσα μυριάδας ἀνθρώπων δίχα τῶν Ἀλεξάνδρειαν κατοικούντων, ὡς ἔνεστιν ἐκ τῆς καθ' ἑκάστην κεφαλὴν εἰσφορᾶς τεκμήρασθαι, τὴν Ῥωμαίων ἡγεμονίαν οὐκ ἀδοξεῖ, καίτοι πηλίκον ἀποστάσεως κέντρον ἔχουσα τὴν Ἀλεξάνδρειαν πλήθους τε ἀνδρῶν ἕνεκα καὶ πλούτου πρὸς δὲ μεγέθους: [386] μῆκος μέν γε αὐτῆς τριάκοντα σταδίων, εὖρος δ' οὐκ ἔλαττον δέκα, τοῦ δὲ ἐνιαυσιαίου παρ' ὑμῶν φόρου καθ' ἕνα μῆνα πλέον Ῥωμαίοις παρέχει καὶ τῶν χρημάτων ἔξωθεν τῇ Ῥώμῃ σῖτον μηνῶν τεσσάρων: τετείχισται δὲ πάντοθεν ἢ δυσβάτοις ἐρημίαις ἢ θαλάσσαις ἀλιμένοις ἢ ποταμοῖς ἢ ἕλεσιν.

[387] ἀλλ' οὐδὲν τούτων ἰσχυρότερον εὑρέθη τῆς Ῥωμαίων τύχης, δύο δ' ἐγκαθήμενα τῇ πόλει τάγματα τὴν βαθεῖαν Αἴγυπτον ἅμα τῇ Μακεδόνων εὐγενείᾳ χαλινοῖ. [388] τίνας οὖν ἐπὶ τὸν πόλεμον ἐκ τῆς ἀοικήτου παραλήψεσθε συμμάχους; οἱ μὲν γὰρ ἐπὶ τῆς οἰκουμένης πάντες εἰσὶν Ῥωμαῖοι, εἰ μή τις ὑπὲρ Εὐφράτην ἐκτείνει τὰς ἐλπίδας καὶ τοὺς ἐκ τῆς Ἀδιαβηνῆς ὁμοφύλους οἴεται προσαμυνεῖν, [389] οἱ δ' οὔτε δι' αἰτίαν ἄλογον τηλικούτῳ πολέμῳ συνεμπλέξουσιν ἑαυτούς, οὔτε βουλευσαμένοις κακῶς ὁ Πάρθος ἐπιτρέψει: πρόνοια γὰρ αὐτῷ τῆς πρὸς Ῥωμαίους ἐκεχειρίας, καὶ παραβαίνειν οἰήσεται τὰς σπονδάς, ἄν τις τῶν ὑπ' αὐτὸν ἐπὶ Ῥωμαίους ἴῃ. [390] λοιπὸν οὖν ἐπὶ τὴν τοῦ θεοῦ συμμαχίαν

καταφευκτέον. ἀλλὰ καὶ τοῦτο παρὰ Ῥωμαίοις τέτακται: δίχα γὰρ θεοῦ συστῆναι τηλικαύτην ἡγεμονίαν ἀδύνατον. [391] σκέψασθε δ' ὡς ὑμῖν τὸ τῆς θρησκείας ἄκρατον, εἰ καὶ πρὸς εὐχειρώτους πολεμοίητε, δυσδιοίκητον, καὶ δι' ἃ μᾶλλον τὸν θεὸν ἐλπίζετε σύμμαχον, ταῦτ' ἀναγκαζόμενοι παραβαίνειν ἀποστρέψετε. [392] τηροῦντές γε μὴν τὰ τῶν ἑβδομάδων ἔθη καὶ πρὸς μηδεμίαν πρᾶξιν κινούμενοι ῥᾳδίως ἁλώσεσθε, καθάπερ οἱ πρόγονοι Πομπηίῳ ταύτας μάλιστα τὰς ἡμέρας ἐνεργοὺς ποιησαμένῳ τῆς πολιορκίας, ἐν αἷς ἤργουν οἱ πολιορκούμενοι: [393] παραβαίνοντες δὲ ἐν τῷ πολέμῳ τὸν πάτριον νόμον οὐκ οἶδ' ὑπὲρ ὅτου λοιπὸν ποιήσεσθε τὸν ἀγῶνα: σπουδὴ γὰρ ὑμῖν μία τὸ μὴ τῶν πατρίων τι καταλῦσαι. [394] πῶς δὲ ἐπικαλέσεσθε τὸ θεῖον πρὸς τὴν ἄμυναν οἱ παραβάντες ἑκουσίως τὴν εἰς αὐτὸ θεραπείαν; ἐπαναιροῦνται δὲ ἕκαστοι πόλεμον ἢ θείᾳ πεποιθότες ἢ ἀνθρωπίνῃ βοηθείᾳ: ὅταν δὲ τὴν παρ' ἀμφοῖν τὸ εἰκὸς ἀποκόπτῃ, φανερὰν ἅλωσιν οἱ πολεμοῦντες αἱροῦνται. [395] τί δὴ κωλύει ταῖς ἑαυτῶν χερσὶν διαχρήσασθαι τέκνα καὶ γυναῖκας καὶ τὴν περικαλλεστάτην πατρίδα ταύτην καταφλέξαι; μανέντες γὰρ οὕτως τό γε τῆς ἥττης ὄνειδος κερδήσετε. καλόν, [396] ὦ φίλοι, καλόν, ἕως ἔτι ἐν ὅρμῳ τὸ σκάφος προσκέπτεσθαι τὸν μέλλοντα χειμῶνα μηδ' εἰς μέσας τὰς θυέλλας ἀπολουμένους ἀναχθῆναι: τοῖς μὲν γὰρ ἐξ ἀδήλων ἐπιπεσοῦσιν δεινοῖς τὸ γοῦν ἐλεεῖσθαι περίεστιν, ὁ δ' εἰς πρόδηλον ἀπώλειαν ὁρμήσας καὶ προσονειδίζεται. [397] πλὴν εἰ μή τις ὑπολαμβάνει κατὰ συνθήκας πολεμήσειν καὶ Ῥωμαίους κρατήσαντας ὑμῶν μετριάσειν, ἀλλ' οὐκ εἰς ὑπόδειγμα τῶν ἄλλων ἐθνῶν καταφλέξειν μὲν τὴν ἱερὰν πόλιν, ἀναιρήσειν δὲ πᾶν ὑμῶν τὸ φῦλον: οὐδὲ γὰρ περιλειφθέντες φυγῆς εὑρήσετε τόπον ἁπάντων ἐχόντων Ῥωμαίους δεσπότας ἢ δεδοικότων σχεῖν. [398] ὁ δὲ κίνδυνος οὐ τῶν ἐνθάδε μόνον, ἀλλὰ καὶ τῶν κατὰ τὰς ἄλλας κατοικούντων πόλεις: οὐ γὰρ ἔστιν ἐπὶ τῆς οἰκουμένης δῆμος ὁ μὴ μοῖραν ἡμετέραν ἔχων. [399] οὓς ἅπαντας πολεμησάντων ὑμῶν κατασφάξουσιν οἱ διάφοροι, καὶ δι' ὀλίγων ἀνδρῶν κακοβουλίαν πᾶσα πλησθήσεται πόλις Ἰουδαϊκοῦ φόνου. καὶ συγγνώμη μὲν τοῖς τοῦτο πράξασιν: ἂν δὲ μὴ πραχθῇ, λογίσασθε, πῶς πρὸς οὕτω φιλανθρώπους ὅπλα κινεῖν ἀνόσιον. [400] εἰσελθέτω δ' οἶκτος ὑμᾶς εἰ καὶ μὴ τέκνων καὶ γυναικῶν, ἀλλὰ τῆς γε μητροπόλεως ταύτης καὶ τῶν ἱερῶν περιβόλων. φείσασθε τοῦ ἱεροῦ καὶ τὸν ναὸν ἑαυτοῖς μετὰ τῶν ἁγίων τηρήσατε: ἀφέξονται γὰρ οὐκέτι Ῥωμαῖοι τούτων κρατήσαντες, ὧν φεισάμενοι πρότερον ἠχαρίστηνται. [401] μαρτύρομαι δὲ ἐγὼ μὲν ὑμῶν τὰ ἅγια καὶ τοὺς ἱεροὺς ἀγγέλους τοῦ θεοῦ καὶ πατρίδα τὴν κοινήν, ὡς οὐδὲν τῶν σωτηρίων ὑμῖν καθυφηκάμην, ὑμεῖς δὲ βουλευσάμενοι μὲν τὰ δέοντα κοινὴν σὺν ἐμοὶ τὴν εἰρήνην ἕξετε, προαχθέντες δὲ τοῖς θυμοῖς χωρὶς ἐμοῦ κινδυνεύσετε."

[5.402] Τοσαῦτα εἰπὼν ἐπεδάκρυσέν τε μετὰ τῆς ἀδελφῆς καὶ πολὺ τῆς ὁρμῆς αὐτῶν ἔπαυσεν τοῖς δακρύοις. ἀνεβόων δὲ οὐ Ῥωμαίοις, ἀλλὰ Φλώρῳ δι' ἃ πεπόνθασιν πολεμεῖν. [403] πρὸς τοῦτο βασιλεὺς Ἀγρίππας "ἀλλὰ τὰ ἔργα, ἔφη, Ῥωμαίοις ἤδη πολεμούντων ἐστίν: οὔτε γὰρ Καίσαρι δεδώκατε τὸν φόρον καὶ τὰς στοὰς ἀπεκόψατε τῆς Ἀντωνίας. [404] ἀποσκευάσαισθε δ' ἂν τὴν αἰτίαν τῆς ἀποστάσεως, εἰ ταύτας τε συνάψετε πάλιν καὶ τελέσετε τὴν εἰσφοράν: οὐ γὰρ δή γε Φλώρου τὸ φρούριόν ἐστιν ἢ Φλώρῳ τὰ χρήματα δώσετε."

[1.405] Τούτοις ὁ δῆμος ἐπείθετο, καὶ μετὰ τοῦ βασιλέως τῆς τε Βερνίκης ἀναβάντες εἰς τὸ ἱερὸν κατήρξαντο τῆς τῶν στοῶν δομήσεως, εἰς δὲ τὰς κώμας οἵ τε ἄρχοντες καὶ βουλευταὶ μερισθέντες τοὺς φόρους συνέλεγον. ταχέως δὲ τὰ τεσσαράκοντα τάλαντα, τοσοῦτον γὰρ ἔλειπεν, ἠθροίσθη. [406] καὶ τοῦ μὲν πολέμου τότε οὕτω τὴν ἀπειλὴν κατεῖχεν Ἀγρίππας, αὖθις δὲ ἐπειρᾶτο πείθειν τὸ πλῆθος ὑπακούειν Φλώρῳ, μέχρις ἀντ' αὐτοῦ πέμψει Καῖσαρ διάδοχον: πρὸς ὃ παροξυνθέντες ἐβλασφήμουν εἰς τὸν βασιλέα καὶ τῆς πόλεως αὐτὸν ἐξεκήρυσσον, ἐτόλμων δέ τινες τῶν στασιαστῶν καὶ λίθους ἐπ' αὐτὸν βάλλειν. [407] ὁ δὲ βασιλεὺς ἰδὼν τὴν ὁρμὴν ἤδη τῶν νεωτεριζόντων ἀκατάσχετον καὶ χαλεπήνας ἐφ' οἷς προπεπηλάκισται, τοὺς μὲν ἄρχοντας αὐτῶν ἅμα τοῖς δυνατοῖς ἔπεμπε πρὸς Φλῶρον εἰς Καισάρειαν, ἵν' ἐκεῖνος ἐξ αὐτῶν ἀποδείξῃ τοὺς τὴν χώραν φορολογήσοντας, αὐτὸς δὲ ἀνεχώρησεν εἰς τὴν βασιλείαν.

[2.408] Κἀν τούτῳ τινὲς τῶν μάλιστα κινούντων τὸν πόλεμον συνελθόντες ὥρμησαν ἐπὶ φρούριόν τι καλούμενον Μασάδαν, καὶ καταλαβόντες αὐτὸ λάθρα τοὺς μὲν Ῥωμαίων φρουροὺς ἀπέσφαξαν, ἑτέρους δ' ἐγκατέστησαν ἰδίους. [409] ἅμα δὲ καὶ κατὰ τὸ ἱερὸν Ἐλεάζαρος υἱὸς Ἀνανία τοῦ ἀρχιερέως, νεανίας θρασύτατος, στρατηγῶν τότε τοὺς κατὰ τὴν λατρείαν λειτουργοῦντας ἀναπείθει μηδενὸς ἀλλοτρίου δῶρον ἢ θυσίαν προσδέχεσθαι. τοῦτο δ' ἦν τοῦ πρὸς Ῥωμαίους πολέμου καταβολή: τὴν γὰρ ὑπὲρ τούτων θυσίαν Καίσαρος ἀπέρριψαν. [410] καὶ πολλὰ τῶν τε ἀρχιερέων καὶ τῶν γνωρίμων παρακαλούντων μὴ παραλιπεῖν τὸ ὑπὲρ τῶν ἡγεμόνων ἔθος οὐκ ἐνέδοσαν, πολὺ μὲν καὶ τῷ σφετέρῳ πλήθει πεποιθότες, καὶ γὰρ τὸ ἀκμαιότατον τῶν νεωτεριζόντων συνήργει, μάλιστα δ' ἀφορῶντες εἰς τὸν Ἐλεάζαρον στρατηγοῦντα.

[3.411] Συνελθόντες γοῦν οἱ δυνατοὶ τοῖς ἀρχιερεῦσιν εἰς ταὐτὸ καὶ τοῖς τῶν Φαρισαίων γνωρίμοις ὡς ἐπ' ἀνηκέστοις ἤδη συμφοραῖς ἐβουλεύοντο περὶ τῶν ὅλων: καὶ δόξαν ἀποπειραθῆναι τῶν στασιαστῶν λόγοις πρὸ τῆς χαλκῆς πύλης ἀθροίζουσι τὸν δῆμον, ἥτις ἦν τοῦ ἔνδον ἱεροῦ τετραμμένη πρὸς ἀνατολὰς ἡλίου.
[412] καὶ πρῶτον αὐτῶν πολλὰ πρὸς τὴν τόλμαν τῆς ἀποστάσεως χαλεπήναντες καὶ τὸ τηλικοῦτον ἐπισείειν τῇ πατρίδι πόλεμον, ἔπειτα τὸ τῆς προφάσεως ἄλογον διήλεγχον, φάμενοι τοὺς μὲν προγόνους αὐτῶν κεκοσμηκέναι τὸν ναὸν ἐκ τῶν ἀλλοφύλων τὸ πλέον ἀεὶ προσδεχομένους τὰς ἀπὸ τῶν ἔξωθεν ἐθνῶν δωρεάς, [413] καὶ οὐ μόνον οὐ διακεκωλυκέναι θυσίας τινῶν, τοῦτο μὲν γὰρ ἀσεβέστατον, ἀλλὰ καὶ τὰ βλεπόμενα καὶ τὰ παραμένοντα τοσοῦτον χρόνον ἀναθήματα περὶ τῷ ἱερῷ καθιδρυκέναι. [414] αὐτοὺς δὲ νῦν ἐρεθίζοντας τὰ Ῥωμαίων ὅπλα καὶ μνηστευομένους τὸν ἀπ' ἐκείνων

πόλεμον καινοτομεῖν θρησκείαν ξένην καὶ μετὰ τοῦ κινδύνου καταψηφίσασθαι τῆς πόλεως ἀσέβειαν, εἰ παρὰ μόνοις Ἰουδαίοις οὔτε θύσει τις ἀλλότριος οὔτε προσκυνήσει. [415] κἂν μὲν ἐπὶ ἰδιώτου τις ἑνὸς τοῦτον εἰσφέρῃ τὸν νόμον, ἀγανακτεῖν ὡς ὁριζομένης ἀπανθρωπίας, περιορᾶν δ' ὅτε Ῥωμαῖοι καὶ ὁ Καῖσαρ ἔκσπονδος γίνεται. [416] δεδοικέναι μέντοι, μὴ τὰς ὑπὲρ ἐκείνων ἀπορρίψαντες θυσίας κωλυθῶσι θύειν καὶ τὰς ὑπὲρ ἑαυτῶν γένηταί τε ἔκσπονδος τῆς ἡγεμονίας ἡ πόλις, εἰ μὴ ταχέως σωφρονήσαντες ἀποδώσουσιν τὰς θυσίας καὶ πρὶν ἐξελθεῖν ἐφ' οὓς ὑβρίκασιν τὴν φήμην διορθώσονται τὴν ὕβριν.

[4.417] Ἅμα ταῦτα λέγοντες παρῆγον τοὺς ἐμπείρους τῶν πατρίων ἱερεῖς ἀφηγουμένους, ὅτι πάντες οἱ πρόγονοι τὰς παρὰ τῶν ἀλλογενῶν θυσίας ἀπεδέχοντο. προσεῖχεν δὲ οὐδεὶς τῶν νεωτεριζόντων, ἀλλ' οὐδὲ προσίεσαν οἱ λῃστρικοὶ καὶ τὴν τοῦ πολέμου καταβολὴν ἐνσκευαζόμενοι. [418] συνιδόντες οὖν οἱ δυνατοὶ τήν τε στάσιν ἤδη δυσκαθαίρετον ὑπ' αὐτῶν οὖσαν καὶ τὸν ἀπὸ Ῥωμαίων κίνδυνον ἐπὶ πρώτους αὐτοὺς ἀφιξόμενον ἀπεσκευάζοντο τὰς αἰτίας, καὶ πρέσβεις οὓς μὲν πρὸς Φλῶρον ἔπεμπον, ὧν ἦρχεν υἱὸς Ἀνανίου Σίμων, οὓς δὲ πρὸς Ἀγρίππαν, ἐν οἷς ἦσαν ἐπίσημοι Σαῦλός τε καὶ Ἀντίπας καὶ Κοστόβαρος προσήκοντες τῷ βασιλεῖ κατὰ γένος. [419] ἐδέοντο δὲ ἀμφοτέρων ἀναβῆναι μετὰ δυνάμεως εἰς τὴν πόλιν καὶ πρὶν γενέσθαι δυσκαθαίρετον ἐπικόψαι τὴν στάσιν. [420] Φλώρῳ μὲν οὖν δεινὸν εὐαγγέλιον ἦν, καὶ προῃρημένος ἐξάπτειν τὸν πόλεμον οὐδὲν ἀπεκρίνατο τοῖς πρεσβευταῖς:
[421] Ἀγρίππας δὲ κηδόμενος ἐπίσης τῶν τε ἀφισταμένων καὶ πρὸς οὓς ὁ πόλεμος ἠγείρετο, βουλόμενός τε Ῥωμαίοις μὲν Ἰουδαίους σώζεσθαι, Ἰουδαίοις δὲ τὸ ἱερὸν καὶ τὴν μητρόπολιν, ἀλλ' οὐδ' ἑαυτῷ λυσιτελήσειν τὴν ταραχὴν ἐπιστάμενος, ἔπεμπεν τοὺς ἐπαμυνοῦντας τῷ δήμῳ δισχιλίους ἱππεῖς, Αὐρανίτας τε καὶ Βαταναίους καὶ Τραχωνίτας, ὑπὸ Δαρείῳ μὲν ἱππάρχῃ, στρατηγῷ δὲ τῷ Ἰακίμου Φιλίππῳ.

[5.422] Τούτοις θαρσήσαντες οἱ δυνατοὶ σὺν τοῖς ἀρχιερεῦσιν καὶ πᾶν ὅσον τοῦ πλήθους εἰρήνην ἠγάπα τὴν ἄνω καταλαμβάνονται πόλιν: τῆς κάτω γὰρ τὸ στασιάζον ἐκράτει καὶ τοῦ ἱεροῦ. [423] χερμάσιν μὲν οὖν καὶ τοῖς ἑκηβόλοις ἀδιαλείπτως ἐχρῶντο, καὶ συνεχεῖς ἦσαν βελῶν ἀφέσεις ἐξ ἑκατέρων τῶν κλιμάτων: ἔστιν δ' ὅτε καὶ κατὰ λόχους ἐκτρέχοντες συστάδην ἐμάχοντο, τόλμαις μὲν οἱ στασιασταὶ προέχοντες, ἐμπειρίᾳ δὲ οἱ βασιλικοί. [424] καὶ τούτοις μὲν ἦν ἀγὼν τοῦ ἱεροῦ κρατῆσαι μάλιστα καὶ τοὺς μιαίνοντας τὸν ναὸν ἐξελάσαι, τοῖς δὲ περὶ τὸν Ἐλεάζαρον στασιασταῖς πρὸς οἷς ἔσχον καὶ τὴν ἄνω πόλιν προσλαβεῖν. ἑπτὰ μὲν οὖν ἡμέραις συχνὸς ἀμφοτέρων φόνος ἐγίνετο, καὶ οὐδέτεροι τοῦ καταληφθέντος μέρους εἶκον.

[6.425] Τῇ δ' ἑξῆς τῆς τῶν ξυλοφορίων ἑορτῆς οὔσης, ἐν ᾗ πᾶσιν ἔθος ἦν ὕλην τῷ βωμῷ προσφέρειν, ὅπως μήποτε τροφὴ τῷ πυρὶ λείποι, διαμένει γὰρ ἄσβεστον ἀεί, τοὺς μὲν διαφόρους τῆς θρησκείας ἐξέκλεισαν, τῷ δ' ἀσθενεῖ λαῷ συνεισρυέντας πολλοὺς τῶν σικαρίων, οὕτως γὰρ ἐκάλουν τοὺς λῃστὰς ἔχοντας ὑπὸ τοῖς κόλποις ξίφη, προσλαβόντες θαρραλεώτερον ἥπτοντο τῆς ἐπιχειρήσεως. [426] ἡττῶντο δ' οἱ βασιλικοὶ πλήθει τε καὶ τόλμῃ, καὶ βιασαμένοις εἶκον ἐκ τῆς ἄνω πόλεως. οἱ δὲ ἐπιπεσόντες τήν τε Ἀνανίου τοῦ ἀρχιερέως οἰκίαν καὶ τὰ Ἀγρίππα καὶ Βερνίκης ὑποπιμπρᾶσιν βασίλεια: [427] μεθ' ἃ τὸ πῦρ ἐπὶ τὰ ἀρχεῖα ἔφερον ἀφανίσαι σπεύδοντες τὰ συμβόλαια τῶν δεδανεικότων καὶ τὰς εἰσπράξεις ἀποκόψαι τῶν χρεῶν, ὅπως αὐτοί τε πλῆθος προσλάβωσιν τῶν ὠφεληθέντων καὶ μετ' ἀδείας τοῖς εὐπόροις ἐπαναστήσωσι τοὺς ἀπόρους. φυγόντων δὲ τῶν πρὸς τῷ γραμματοφυλακείῳ τὸ πῦρ ἐνίεσαν. [428] ἐπεὶ δὲ τὰ νεῦρα τῆς πόλεως καταφλέξαντες ἐπὶ τοὺς ἐχθροὺς ἐχώρουν, ἔνθα δὴ τῶν δυνατῶν καὶ τῶν ἀρχιερέων οἱ μὲν εἰς τοὺς ὑπονόμους καταδύντες διελάνθανον, [429] οἱ δὲ σὺν τοῖς βασιλικοῖς εἰς τὴν ἀνωτέρω καταφυγόντες αὐλὴν ταχέως ἀπέκλεισαν τὰς θύρας, σὺν οἷς Ἀνανίας ὁ ἀρχιερεὺς Ἐζεκίας τε ὁ ἀδελφὸς αὐτοῦ καὶ οἱ πρεσβεύσαντες πρὸς Ἀγρίππαν ἦσαν. τότε μὲν οὖν τῇ νίκῃ καὶ τοῖς ἐμπρησθεῖσιν ἀρκεσθέντες ἀνεπαύσαντο.

[7.430] Τῇ δ' ἑξῆς, πεντεκαιδεκάτη δ' ἦν Λώου μηνός, ὥρμησαν ἐπὶ τὴν Ἀντωνίαν καὶ τοὺς ἐν αὐτῇ φρουροὺς δυσὶν ἡμέραις πολιορκήσαντες αὐτούς τε εἷλον καὶ κατέσφαξαν καὶ τὸ φρούριον ἐνέπρησαν. [431] ἔπειτα μετέβαινον εἰς τὴν αὐλήν, εἰς ἣν οἱ βασιλικοὶ κατέφυγον, καὶ διανείμαντες σφᾶς αὐτοὺς εἰς τέσσαρα μέρη τῶν τειχῶν ἐπειρῶντο. τῶν δ' ἔνδον πρὸς ἐκδρομὴν μὲν οὐδεὶς ἐθάρρει διὰ τὸ πλῆθος τῶν ἐφεστώτων, διιστάμενοι δὲ ἐπὶ τὰ θωράκια καὶ τοὺς πύργους ἔβαλλον τοὺς προσιόντας, καὶ συχνοὶ τῶν λῃστῶν ὑπὸ τοῖς τείχεσιν ἔπιπτον. [432] οὔτε δὲ νυκτὸς οὔτε ἡμέρας διέλειπεν ἡ συμβολὴ τῶν μὲν στασιαστῶν ἀπαγορεύσειν τοὺς ἔνδον οἰομένων ἐνδείᾳ τροφῆς, τῶν δ' ἔνδοθεν καμάτῳ τοὺς πολιορκοῦντας.

[8.433] Κἀν τούτῳ Μανάημός τις, υἱὸς Ἰούδα τοῦ καλουμένου Γαλιλαίου, σοφιστὴς δεινότατος, ὁ καὶ ἐπὶ Κυρινίου ποτὲ Ἰουδαίους ὀνειδίσας ὅτι Ῥωμαίοις ὑπετάσσοντο μετὰ τὸν θεόν, ἀναλαβὼν τοὺς γνωρίμους ἀνεχώρησεν εἰς Μασάδαν, [434] ἔνθα τὴν Ἡρώδου τοῦ βασιλέως ὁπλοθήκην ἀναρρήξας καὶ πρὸς τοῖς δημόταις ἑτέρους λῃστὰς καθοπλίσας τούτοις τε χρώμενος δορυφόροις, οἷα δὴ βασιλεὺς ἐπάνεισιν εἰς Ἱεροσόλυμα καὶ γενόμενος ἡγεμὼν τῆς στάσεως διέτασσεν τὴν πολιορκίαν. [435] ἀπορία δ' ἦν ὀργάνων, καὶ φανερῶς ὑπορύττειν τὸ τεῖχος οὐχ οἷόν τε ἦν ἄνωθεν βαλλομένους: ὑπόνομον δὴ πόρρωθεν ἐφ' ἕνα τῶν πύργων ὑπορύξαντες ἀνεκρήμνισαν αὐτόν, ἔπειτα τὴν ἀνέχουσαν ὕλην ἐμπρήσαντες ἐξῆλθον. [436] ὑποκαέντων δὲ τῶν στηριγμάτων ὁ μὲν πύργος ἐξαίφνης κατασείεται, τεῖχος δ' ἕτερον ἔνδοθεν ἀνῳκοδομημένον διεφάνη: τὴν γὰρ ἐπιβουλὴν αὐτῶν προαισθόμενοι, τάχα καὶ τοῦ πύργου κινηθέντος ὡς ὑπωρύττετο, δεύτερον ἑαυτοῖς ἔρυμα κατεσκεύασαν. [437] πρὸς ὃ τῶν ἀδοκήτως ἰδόντων καὶ κρατεῖν ἤδη πεπεισμένων κατάπληξις ἦν. οἱ δὲ ἔνδοθεν πρός τε τὸν Μανάημον καὶ τοὺς ἐξάρχοντας τῆς στάσεως ἔπεμπον ἀξιοῦντες ἐξελθεῖν ὑπόσπονδοι, καὶ δοθὲν μόνοις τοῖς βασιλικοῖς καὶ τοῖς ἐπιχωρίοις οἱ μὲν ἐξῄεσαν. [438] ἀθυμία δὲ τοὺς Ῥωμαίους καταλειφθέντας μόνους ὑπέλαβεν: οὔτε γὰρ βιάσασθαι τοσοῦτον πλῆθος ἐδύναντο καὶ τὸ δεξιὰς αἰτεῖν ὄνειδος ὑπελάμβανον, πρὸς τῷ μηδὲ πιστεύειν εἰ διδοῖτο. [439] καταλιπόντες δὴ τὸ στρατόπεδον ὡς εὐάλωτον ἐπὶ τοὺς βασιλικοὺς ἀνέφυγον πύργους, τόν τε Ἱππικὸν καλούμενον καὶ Φασάηλον καὶ Μαριάμμην. [440] οἱ δὲ περὶ τὸν Μανάημον εἰσπεσόντες ὅθεν οἱ στρατιῶται διέφυγον ὅσους τε αὐτῶν κατελάμβανον μὴ φθάσαντας ἐκδραμεῖν διέφθειραν, καὶ τὰς ἀποσκευὰς διαρπάσαντες ἐνέπρησαν τὸ στρατόπεδον. ταῦτα μὲν οὖν ἕκτῃ Γορπιαίου μηνὸς ἐπράχθη.

[9.441] Κατὰ δὲ τὴν ἐπιοῦσαν ὅ τε ἀρχιερεὺς Ἀνανίας περὶ τὸν τῆς βασιλικῆς αὐλῆς εὔριπον διαλανθάνων ἁλίσκεται καὶ πρὸς τῶν λῃστῶν ἀναιρεῖται σὺν Ἐζεκίᾳ τῷ ἀδελφῷ, καὶ τοὺς πύργους περισχόντες οἱ στασιασταὶ παρεφύλαττον, μή τις τῶν στρατιωτῶν διαφύγοι. [442] τὸν δὲ Μανάημον ἥ τε τῶν ὀχυρῶν καταστροφὴ χωρίων καὶ ὁ τοῦ ἀρχιερέως Ἀνανίου θάνατος ἐτύφωσεν εἰς ὠμότητα καὶ μηδένα νομίζων ἔχειν ἐπὶ τοῖς πράγμασιν ἀντίπαλον ἀφόρητος ἦν τύραννος. [443] ἐπανίστανται δὲ οἱ περὶ τὸν Ἐλεάζαρον αὐτῷ, καὶ λόγον ἀλλήλοις δόντες, ὡς οὐ χρὴ Ῥωμαίων ἀποστάντας δι' ἐλευθερίας πόθον καταπροέσθαι ταύτην οἰκείῳ δήμῳ καὶ δεσπότην φέρειν, εἰ καὶ μηδὲν πράττοι βίαιον, ἀλλ' οὖν ἑαυτῶν ταπεινότερον: εἰ γὰρ καὶ δέοι τινὰ τῶν ὅλων ἀφηγεῖσθαι, παντὶ μᾶλλον ἢ ἐκείνῳ προσήκειν, συντίθενται καὶ κατὰ τὸ ἱερὸν ἐπεχείρουν αὐτῷ: [444] σοβαρὸς γὰρ ἀναβεβήκει προσκυνήσων ἐσθῆτί τε βασιλικῇ κεκοσμημένος καὶ τοὺς ζηλωτὰς ἐνόπλους ἐφελκόμενος. [445] ὡς δ' οἱ περὶ τὸν Ἐλεάζαρον ἐπ' αὐτὸν ὥρμησαν, ὅ τε λοιπὸς δῆμος ἐπὶ τὰς ὀργὰς λίθους ἁρπάσαντες τὸν σοφιστὴν ἔβαλλον, οἰόμενοι τούτου καταλυθέντος διατρέψειν ὅλην τὴν στάσιν, [446] πρὸς ὀλίγον οἱ περὶ τὸν Μανάημον ἀντισχόντες ὡς εἶδον πᾶν ἐπ' αὐτοὺς τὸ πλῆθος ὁρμῆσαν, ἔφυγον ὅπη τις ἴσχυσεν, καὶ φόνος μὲν ἦν τῶν καταληφθέντων, ἔρευνα δὲ τῶν ἀποκρυπτομένων. [447] καὶ διεσώθησαν ὀλίγοι λάθρα διαδράντες εἰς Μασάδαν, σὺν οἷς Ἐλεάζαρος υἱὸς Ἰαείρου, προσήκων τῷ Μαναήμῳ κατὰ γένος, ὃς ὕστερον ἐτυράννησεν τῆς Μασάδας. [448] αὐτόν τε τὸν Μανάημον εἰς τὸν καλούμενον Ὀφλᾶν συμφυγόντα κἀκεῖ ταπεινῶς ὑπολανθάνοντα ζωγρήσαντες εἰς τὸ φανερὸν ἐξείλκυσαν καὶ πολλαῖς αἰκισάμενοι βασάνοις ἀνεῖλον, ὁμοίως δὲ καὶ τοὺς ὑπ' αὐτὸν ἡγεμόνας τόν τε ἐπισημότατον τῆς τυραννίδος ὑπηρέτην Ἀψάλωμον.

[10.449] Ὁ μὲν οὖν δῆμος, ὡς ἔφην, εἰς ταῦτα συνήργησεν ἐλπίζων τινὰ τῆς ὅλης στάσεως διόρθωσιν: οἱ δ' οὐ καταλῦσαι τὸν πόλεμον σπεύδοντες, ἀλλ' ἀδεέστερον πολεμεῖν Μανάημον ἀνῃρήκεσαν. [450] ἀμέλει πολλὰ τοῦ δήμου τοῖς στρατιώταις ἀνεῖναι τὴν πολιορκίαν παρακαλοῦντος, οἱ δὲ προσέκειντο χαλεπώτερον, μέχρι μηκέτι ἀντέχοντες οἱ περὶ τὸν Μετίλιον, οὗτος γὰρ ἦν τῶν Ῥωμαίων ἔπαρχος, διαπέμπονται πρὸς τοὺς περὶ τὸν Ἐλεάζαρον ἐξαιτούμενοι μόνας τὰς ψυχὰς ὑποσπόνδους, τὰ δ' ὅπλα καὶ τὴν λοιπὴν κτῆσιν παραδώσειν λέγοντες. [451] οἱ δὲ καὶ τὴν ἱκεσίαν ἁρπάσαντες ἀνέπεμψαν πρὸς αὐτοὺς Γωρίονά τε Νικομήδους υἱὸν καὶ Ἀνανίαν Σαδούκι καὶ Ἰούδαν Ἰωνάθου δεξιάν τε καὶ ὅρκους δώσοντας. ὧν γενομένων κατῆγεν τοὺς στρατιώτας ὁ Μετίλιος. [452] οἱ δὲ μέχρι μὲν ἦσαν ἐν τοῖς ὅπλοις, οὔτ' ἐπεχείρει τις τῶν στασιαστῶν αὐτοῖς οὔτ' ἐνέφαινεν ἐπιβουλήν: ὡς δὲ κατὰ τὰς συνθήκας ἅπαντες ἀπέθεντο τοὺς θυρεοὺς καὶ τὰ ξίφη καὶ μηδὲν ἔτι ὑποπτεύοντες ἀνεχώρουν, [453] ὥρμησαν ἐπ' αὐτοὺς οἱ περὶ τὸν Ἐλεάζαρον καὶ περισχόντες ἀνῄρουν οὔτε ἀμυνομένους οὔτε ἱκετεύοντας, μόνας δὲ τὰς συνθήκας καὶ τοὺς ὅρκους ἀναβοῶντας. [454] οἱ μὲν οὖν οὕτως ὠμῶς ἀπεσφάγησαν ἅπαντες πλὴν Μετιλίου, τοῦτον γὰρ ἱκετεύσαντα καὶ μέχρι περιτομῆς ἰουδαΐσειν ὑποσχόμενον διέσωσαν μόνον, τὸ δὲ πάθος Ῥωμαίοις μὲν ἦν κοῦφον, ἐκ γὰρ ἀπλέτου δυνάμεως ἀπαναλώθησαν ὀλίγοι, Ἰουδαίων δὲ προοίμιον ἁλώσεως ἔδοξεν. [455] καὶ κατιδόντες ἀνηκέστους μὲν ἤδη τὰς αἰτίας τοῦ πολέμου, τὴν δὲ πόλιν τηλικούτῳ μιάσματι πεφυρμένην, ἐξ οὗ δαιμόνιόν τι μήνιμα προσδοκᾶν εἰκὸς ἦν, εἰ καὶ μὴ τὴν ἐκ Ῥωμαίων ἄμυναν, ἐπένθουν δημοσίᾳ, καὶ πλήρης μὲν κατηφείας ἦν ἡ πόλις, ἕκαστος δὲ τῶν μετρίων ὡς αὐτὸς ὑπὲρ τῶν στασιαστῶν δίκας δώσων τετάρακτο. [456] καὶ γὰρ δὴ σαββάτῳ συνέβη πραχθῆναι τὸν φόνον, ἐν ᾧ διὰ τὴν θρησκείαν καὶ τῶν ὁσίων ἔργων ἔχουσιν ἐκεχειρίαν.

[1.457] Τῆς δ' αὐτῆς ἡμέρας καὶ ὥρας ὥσπερ ἐκ δαιμονίου προνοίας ἀνῄρουν Καισαρεῖς τοὺς παρ' ἑαυτοῖς Ἰουδαίους, ὡς ὑπὸ μίαν ὥραν ἀποσφαγῆναι μὲν ὑπὲρ δισμυρίους, κενωθῆναι δὲ πᾶσαν Ἰουδαίων τὴν Καισάρειαν: καὶ γὰρ τοὺς διαφεύγοντας ὁ Φλῶρος συλλαβὼν κατῆγεν δεσμώτας εἰς τὰ νεώρια. [458] πρὸς δὲ τὴν ἐκ τῆς Καισαρείας πληγὴν ὅλον τὸ ἔθνος ἐξαγριοῦται, καὶ διαμερισθέντες τάς τε κώμας τῶν Σύρων καὶ τὰς προσεχούσας ἐπόρθουν πόλεις, Φιλαδέλφειάν τε καὶ Ἐσεβωνῖτιν καὶ Γέρασα καὶ Πέλλαν καὶ Σκυθόπολιν. [459] ἔπειτα Γαδάροις καὶ Ἵππῳ καὶ τῇ Γαυλανίτιδι προσπεσόντες τὰ μὲν καταστρεψάμενοι, τὰ δ' ὑποπρήσαντες ἐχώρουν ἐπὶ Κάδασα τὴν Τυρίων καὶ Πτολεμαΐδα Γάβαν τε καὶ Καισάρειαν. [460] ἀντέσχον δὲ οὔτε Σεβαστὴ ταῖς ὁρμαῖς αὐτῶν οὔτε Ἀσκάλων, ἀλλ' ἐπὶ ταύταις πυρποληθείσαις Ἀνθηδόνα καὶ Γάζαν κατέσκαπτον. πολλαὶ δὲ καθ' ἑκάστην τούτων τῶν πόλεων ἀνηρπάζοντο κῶμαι, καὶ τῶν ἁλισκομένων ἀνδρῶν φόνος ἦν ἄπειρος.

[2.461] Οὐ μὴν οἱ Σύροι τῶν Ἰουδαίων ἔλαττον πλῆθος ἀνῄρουν, ἀλλὰ καὶ αὐτοὶ τοὺς ἐν ταῖς πόλεσιν λαμβανομένους ἀπέσφαττον οὐ μόνον κατὰ μῖσος, ὡς πρότερον, ἀλλ' ἤδη καὶ τὸν ἐφ' ἑαυτοῖς κίνδυνον φθάνοντες. [462] δεινὴ δὲ ὅλην τὴν Συρίαν ἐπεῖχεν ταραχή, καὶ πᾶσα πόλις εἰς δύο διῄρητο στρατόπεδα, σωτηρία δὲ τοῖς ἑτέροις ἦν τὸ τοὺς ἑτέρους φθάσαι. [463] καὶ τὰς μὲν ἡμέρας ἐν αἵματι διῆγον, τὰς δὲ νύκτας δέει χαλεπωτέρας: καὶ γὰρ ἀπεσκευάσθαι τοὺς Ἰουδαίους δοκοῦντες ἕκαστοι τοὺς ἰουδαΐζοντας εἶχον ἐν ὑποψίᾳ, καὶ τὸ παρ' ἑκάστοις ἀμφίβολον οὔτε ἀνελεῖν τις προχείρως ὑπέμενεν καὶ μεμιγμένον ὡς βεβαίως ἀλλόφυλον ἐφοβεῖτο. [464] προεκαλεῖτο δὲ ἐπὶ τὰς σφαγὰς τῶν διαφόρων καὶ τοὺς πάλαι πρᾳοτάτους πάνυ δοκοῦντας ἡ πλεονεξία: τὰς γὰρ οὐσίας τῶν ἀναιρεθέντων ἀδεῶς διήρπαζον καὶ καθάπερ ἐκ παρατάξεως τὰ σκῦλα τῶν ἀνῃρημένων εἰς τοὺς σφετέρους οἴκους μετέφερον, ἔνδοξός τε ἦν ὁ πλεῖστα κερδάνας ὡς κατισχύσας πλειόνων. [465] ἦν δὲ ἰδεῖν τὰς πόλεις μεστὰς ἀτάφων σωμάτων καὶ νεκροὺς ἅμα νηπίοις γέροντας ἐρριμμένους γύναιά τε μηδὲ τῆς ἐπ' αἰδοῖ σκέπης μετειληφότα, καὶ πᾶσαν μὲν τὴν ἐπαρχίαν μεστὴν ἀδιηγήτων συμφορῶν, μείζονα δὲ τῶν ἑκάστοτε τολμωμένων τὴν ἐπὶ τοῖς ἀπειλουμένοις ἀνάτασιν.

[3.466] Μέχρι μὲν δὴ τούτων Ἰουδαίοις πρὸς τὸ ἀλλόφυλον ἦσαν προσβολαί, κατατρέχοντες δὲ εἰς Σκυθόπολιν τοὺς παρ' ἐκείνοις Ἰουδαίους ἐπείρασαν πολεμίους: ταξάμενοι γὰρ μετὰ τῶν Σκυθοπολιτῶν καὶ τῆς ἑαυτῶν ἀσφαλείας ἐν δευτέρῳ θέμενοι τὴν συγγένειαν ὁμόσε τοῖς ὁμοφύλοις ἐχώρουν. ὑπωπτεύθη δ' αὐτῶν καὶ τὸ λίαν πρόθυμον: [467] οἱ γοῦν Σκυθοπολῖται δείσαντες μὴ νύκτωρ ἐπιχειρήσωσι τῇ πόλει καὶ μετὰ μεγάλης αὐτῶν συμφορᾶς τοῖς οἰκείοις ἀπολογήσωνται περὶ τῆς ἀποστάσεως, ἐκέλευον αὐτούς, εἰ βούλονται τὴν ὁμόνοιαν βεβαιῶσαι καὶ τὸ πρὸς τοὺς ἀλλοεθνεῖς πιστὸν ἐπιδείξασθαι, μεταβαίνειν ἅμα ταῖς γενεαῖς εἰς τὸ ἄλσος. [468] τῶν δὲ ποιησάντων τὸ προσταχθὲν χωρὶς ὑποψίας. δύο μὲν ἡμέρας ἠρέμησαν οἱ Σκυθοπολῖται τὴν πίστιν αὐτῶν δελεάζοντες, τῇ δὲ τρίτῃ νυκτὶ παρατηρήσαντες τοὺς μὲν ἀφυλάκτους οὓς δὲ κοιμωμένους ἅπαντας ἀπέσφαξαν ὄντας τὸν ἀριθμὸν ὑπὲρ μυρίους καὶ τρισχιλίους, τὰς δὲ κτήσεις διήρπασαν ἁπάντων.

[4.469] Ἄξιον δ' ἀφηγήσασθαι καὶ τὸ Σίμωνος πάθος, ὃς υἱὸς μὲν ἦν Σαούλου τινὸς τῶν οὐκ ἀσήμων, ῥώμῃ δὲ σώματος καὶ τόλμῃ διαφέρων ἐπὶ κακῷ τῶν ὁμοφύλων ἀμφοτέροις κατεχρήσατο: [470] προϊὼν γοῦν ὁσημέραι πολλοὺς μὲν ἀνῄρει τῶν πρὸς τῇ Σκυθοπόλει Ἰουδαίων, τρεπόμενος δὲ πολλάκις αὐτοὺς ἅπαντας μόνος ἦν ῥοπὴ τῆς παρατάξεως. [471] περιέρχεται δ' αὐτὸν ἀξία ποινὴ τοῦ συγγενικοῦ φόνου: ἐπεὶ γὰρ περισχόντες οἱ Σκυθοπολῖται κατηκόντιζον αὐτοὺς ἀνὰ τὸ ἄλσος, σπασάμενος τὸ ξίφος ἐπ' οὐδένα μὲν ὥρμησεν τῶν πολεμίων, καὶ γὰρ ἑώρα τὸ πλῆθος ἀνήνυτον, ἀναβοήσας δὲ μάλα ἐκπαθῶς "ἄξιά γε ὧν ἔδρασα πάσχω, [472] Σκυθοπολῖται, καθ' ὑμῶν, οἳ τοσούτῳ φόνῳ συγγενῶν τὴν πρὸς αὐτοὺς εὔνοιαν ἐπιστωσάμεθα. τοιγαροῦν οἷς ἄπιστον μὲν εὐλόγως εὕρηται τὸ ἀλλόφυλον, ἠσέβηται δὲ [εἰς ἔσχατα] τὸ οἰκεῖον, θνήσκωμεν ὡς ἐναγεῖς χερσὶν ἰδίαις: οὐ γὰρ πρέπον ἐν ταῖς τῶν πολεμίων. [473] τὸ αὐτὸ δ' ἂν εἴη μοι καὶ ποινὴ τοῦ μιάσματος ἀξία καὶ πρὸς ἀνδρείαν ἔπαινος, ἵνα μηδεὶς τῶν ἐχθρῶν τὴν ἐμὴν αὐχήσῃ σφαγὴν μηδ' ἐπαλαζονεύσηται πεσόντι." [474] ταῦτα εἰπὼν ἐλεοῦσιν ἅμα καὶ τεθυμωμένοις ὄμμασιν περισκέπτεται τὴν ἑαυτοῦ γενεάν: ἦν δ' αὐτῷ καὶ γυνὴ καὶ τέκνα καὶ γηραιοὶ γονεῖς. [475] ὁ δὲ πρῶτον μὲν τὸν πατέρα τῆς πολιᾶς ἐπισπασάμενος διελαύνει τῷ ξίφει, μεθ' ὃν οὐκ ἄκουσαν τὴν μητέρα κἀπὶ τούτοις τήν τε γυναῖκα καὶ τὰ τέκνα, μόνον οὐχ ὑπαπαντῶντος ἑκάστου τῷ ξίφει καὶ σπεύδοντος φθάσαι τοὺς πολεμίους. [476] ὁ δὲ διελθὼν πᾶσαν τὴν γενεὰν καὶ περίοπτος ἐπιστὰς τοῖς σώμασιν τήν τε δεξιὰν ἀνατείνας, ὡς μηδένα λαθεῖν, ὅλον εἰς τὴν ἑαυτοῦ σφαγὴν ἐβάπτισεν τὸ ξίφος, ἄξιος μὲν ἐλέους νεανίας δι' ἀλκὴν σώματος καὶ ψυχῆς παράστημα, τῆς δὲ πρὸς ἀλλοφύλους πίστεως ἕνεκεν ἀκολούθοις πάθεσι χρησάμενος.

[5.477] Πρὸς δὲ τὴν ἐν Σκυθοπόλει φθορὰν αἱ λοιπαὶ πόλεις ἐπανίσταντο τοῖς καθ' ἑαυτὴν Ἰουδαίοις ἑκάστη, καὶ πεντακοσίους μὲν ἐπὶ δισχιλίοις Ἀσκαλωνῖται, Πτολεμαεῖς δὲ δισχιλίους ἀνεῖλον ἔδησάν τ' οὐκ ὀλίγους. [478] καὶ Τύριοι συχνοὺς μὲν διεχειρίσαντο, πλείστους δ' αὐτῶν δεσμώτας ἐφρούρουν, Ἱππηνοί τε καὶ Γαδαρεῖς ὁμοίως τοὺς μὲν θρασυτέρους ἀπεσκευάσαντο, τοὺς δὲ φοβεροὺς διὰ φυλακῆς εἶχον, αἵ τε λοιπαὶ πόλεις τῆς Συρίας, ὅπως ἑκάστη πρὸς τὸ Ἰουδαϊκὸν ἢ μίσους ἢ δέους εἶχον. [479] μόνοι δὲ Ἀντιοχεῖς καὶ Σιδώνιοι καὶ Ἀπαμεῖς ἐφείσαντο τῶν μετοικούντων καὶ οὔτε ἀνελεῖν τινας Ἰουδαίων ὑπέμειναν οὔτε δῆσαι, τάχα μὲν καὶ διὰ τὸ σφέτερον πλῆθος ὑπερορῶντες αὐτῶν πρὸς τὰ κινήματα, τὸ πλέον δὲ ἔμοιγε δοκεῖν οἴκτῳ πρὸς οὓς οὐδὲν ἑώρων νεωτερίζοντας. [480] Γερασηνοί τε οὔτε εἰς τοὺς ἐμμείναντας ἐπλημμέλησαν καὶ τοὺς ἐξελθεῖν ἐθελήσαντας προέπεμψαν μέχρι τῶν ὅρων.

[6.481] Συνέστη δὲ καὶ κατὰ τὴν Ἀγρίππα βασιλείαν ἐπιβουλὴ κατὰ Ἰουδαίων. αὐτὸς γὰρ ἐπεπόρευτο πρὸς Κέστιον Γάλλον εἰς Ἀντιόχειαν, καταλέλειπτο δὲ διοικεῖν τὰ πράγματα τούτου τῶν ἑταίρων τις τοὔνομα Νόαρος, Σοαίμῳ τῷ βασιλεῖ προσήκων κατὰ γένος. [482] ἧκον δ' ἐκ τῆς Βαταναίας ἑβδομήκοντα τὸν ἀριθμὸν ἄνδρες οἱ κατὰ γένος καὶ σύνεσιν τῶν πολιτῶν δοκιμώτατοι στρατιὰν αἰτοῦντες, ἵν' εἴ τι γένοιτο κίνημα καὶ περὶ σφᾶς, ἔχοιεν ἀξιόχρεω φυλακὴν κωλύειν τοὺς ἐπανισταμένους. [483] τούτους ὁ Νόαρος ἐκπέμψας νύκτωρ τῶν βασιλικῶν τινας ὁπλιτῶν ἅπαντας ἀναιρεῖ, τολμήσας μὲν τοὔργον δίχα τῆς Ἀγρίππα γνώμης, διὰ δὲ φιλαργυρίαν ἄμετρον εἰς τοὺς ὁμοφύλους ἑλόμενος ἀσεβεῖν τὴν βασιλείαν διέφθειρεν: διετέλει τε ὠμῶς εἰς τὸ ἔθνος παρανομῶν, μέχρι πυθόμενος Ἀγρίππας ἀνελεῖν μὲν αὐτὸν ᾐδέσθη διὰ Σόαιμον, ἔπαυσεν δὲ τῆς ἐπιτροπῆς. [484] οἱ δὲ στασιασταὶ καταλαβόμενοί τι φρούριον, ὃ καλεῖται μὲν Κύπρος, καθύπερθεν δ' ἦν Ἱεριχοῦντος, τοὺς μὲν φρουροὺς ἀπέσφαξαν, τὰ δ' ἐρύματα κατέρριψαν εἰς γῆν. [485] κατὰ δὲ τὰς αὐτὰς ἡμέρας καὶ τῶν ἐν Μαχαιροῦντι Ἰουδαίων τὸ πλῆθος ἔπειθεν τοὺς φρουροῦντας Ῥωμαίους ἐκλείπειν τὸ φρούριον καὶ παραδιδόναι σφίσιν. [486] οἱ δὲ τὴν ἐκ βίας ἀφαίρεσιν εὐλαβηθέντες συντίθενται πρὸς αὐτοὺς ἐκχωρήσειν ὑπόσπονδοι, καὶ λαβόντες τὰ πιστὰ παραδιδόασι τὸ φρούριον, ὅπερ φυλακῇ κρατυνάμενοι κατεῖχον οἱ Μαχαιρῖται.

[7.487] Κατὰ δὲ τὴν Ἀλεξάνδρειαν ἀεὶ μὲν ἦν στάσις πρὸς τὸ Ἰουδαϊκὸν τοῖς ἐπιχωρίοις ἀφ' οὗ χρησάμενος προθυμοτάτοις κατὰ τῶν Αἰγυπτίων Ἰουδαίοις Ἀλέξανδρος γέρας τῆς συμμαχίας ἔδωκεν τὸ μετοικεῖν κατὰ τὴν πόλιν ἐξ ἴσου † μοίρας πρὸς τοὺς Ἕλληνας. [488] διέμεινεν δ' αὐτοῖς ἡ τιμὴ καὶ παρὰ τῶν διαδόχων, οἳ καὶ τόπον ἴδιον αὐτοῖς ἀφώρισαν, ὅπως καθαρωτέραν ἔχοιεν τὴν δίαιταν ἧττον ἐπιμισγομένων τῶν ἀλλοφύλων, καὶ χρηματίζειν ἐπέτρεψαν Μακεδόνας, ἐπεί τε Ῥωμαῖοι κατεκτήσαντο τὴν Αἴγυπτον, οὔτε Καῖσαρ ὁ πρῶτος οὔτε τῶν μετ' αὐτόν τις ὑπέμεινεν τὰς ἀπ' Ἀλεξάνδρου τιμὰς Ἰουδαίων ἐλαττῶσαι. [489] συμβολαὶ δ' ἦσαν αὐτῶν ἀδιάλειπτοι πρὸς τοὺς Ἕλληνας, καὶ τῶν ἡγεμόνων πολλοὺς ὁσημέραι παρ' ἀμφοῖν κολαζόντων ἡ στάσις μᾶλλον παρωξύνετο. [490] τότε δ' ὡς καὶ παρὰ τοῖς ἄλλοις ἐτετάρακτο, μᾶλλον ἐξήφθη τὰ παρ' ἐκείνοις. καὶ δὴ τῶν Ἀλεξανδρέων ἐκκλησιαζόντων περὶ ἧς ἔμελλον ἐκπέμπειν πρεσβείας ἐπὶ Νέρωνα συνερρύησαν μὲν εἰς τὸ ἀμφιθέατρον ἅμα τοῖς Ἕλλησιν συχνοὶ Ἰουδαίων, [491] κατιδόντες δὲ αὐτοὺς οἱ διάφοροι παραχρῆμα ἀνεβόων πολεμίους καὶ κατασκόπους λέγοντες: ἔπειτα ἀναπηδήσαντες ἐπέβαλλον τὰς χεῖρας αὐτοῖς. οἱ μὲν οὖν λοιποὶ φεύγοντες διεσπάρησαν, τρεῖς δὲ ἄνδρας συλλαβόντες ἔσυρον ὡς ζῶντας καταφλέξοντες. [492] ἤρθη δὲ πᾶν τὸ Ἰουδαϊκὸν ἐπὶ τὴν ἄμυναν, καὶ τὸ μὲν πρῶτον λίθοις τοὺς Ἕλληνας ἔβαλλον, αὖθις δὲ λαμπάδας ἁρπασάμενοι πρὸς τὸ ἀμφιθέατρον ὥρμησαν ἀπειλοῦντες ἐν αὐτῷ καταφλέξειν τὸν δῆμον αὔτανδρον. κἂν ἔφθησαν τοῦτο δράσαντες, εἰ μὴ τοὺς θυμοὺς αὐτῶν ἀνέκοψεν Τιβέριος Ἀλέξανδρος ὁ τῆς πόλεως ἡγεμών. [493] οὐ μὴν οὗτός γε ἀπὸ τῶν ὅπλων ἤρξατο σωφρονίζειν, ἀλλ' ὑποπέμψας τοὺς γνωρίμους αὐτοῖς παύσασθαι παρεκάλει καὶ μὴ καθ' ἑαυτῶν ἐρεθίζειν τὸ Ῥωμαίων στράτευμα. καταχλευάζοντες δὲ τῆς παρακλήσεως οἱ στασιώδεις ἐβλασφήμουν τὸν Τιβέριον.

[8.494] Κἀκεῖνος συνιδὼν ὡς χωρὶς μεγάλης συμφορᾶς οὐκ ἂν παύσαιντο νεωτερίζοντες, ἐπαφίησιν αὐτοῖς τὰ κατὰ τὴν πόλιν Ῥωμαίων δύο τάγματα καὶ σὺν αὐτοῖς δισχιλίους στρατιώτας κατὰ τύχην παρόντας εἰς τὸν Ἰουδαίων ὄλεθρον ἐκ Λιβύης: ἐπέτρεψεν δὲ οὐ μόνον ἀναιρεῖν, ἀλλὰ καὶ τὰς κτήσεις αὐτῶν διαρπάζειν καὶ τὰς οἰκίας καταφλέγειν. [495] οἱ δ' ὁρμήσαντες εἰς τὸ καλούμενον Δέλτα, συνῴκιστο γὰρ ἐκεῖ τὸ Ἰουδαϊκόν, ἐτέλουν τὰς ἐντολάς, οὐ μὴν ἀναιμωτί: συστραφέντες γὰρ οἱ Ἰουδαῖοι καὶ τοὺς ἄμεινον ὡπλισμένους ἑαυτῶν προταξάμενοι μέχρι πλείστου μὲν ἀντέσχον, ἅπαξ δ' ἐγκλίναντες ἀνέδην διεφθείροντο. [496] καὶ παντοῖος ἦν αὐτῶν ὄλεθρος, τῶν μὲν ἐν τῷ πεδίῳ καταλαμβανομένων, τῶν δ' εἰς τὰς οἰκίας συνωθουμένων. ὑπεπίμπρασαν δὲ καὶ ταύτας οἱ Ῥωμαῖοι προδιαρπάζοντες τὰ ἔνδον, καὶ οὔτε νηπίων ἔλεος αὐτοὺς οὔτε αἰδὼς εἰσῄει γερόντων, [497] ἀλλὰ διὰ πάσης ἡλικίας ἐχώρουν κτείνοντες, ὡς ἐπικλυσθῆναι μὲν αἵματι πάντα τὸν χῶρον, πέντε δὲ μυριάδες ἐσωρεύθησαν νεκρῶν, περιελείφθη δ' ἂν οὐδὲ τὸ λοιπόν, εἰ μὴ πρὸς ἱκετηρίας ἐτράποντο. κατοικτείρας δ' αὐτοὺς Ἀλέξανδρος ἀναχωρεῖν τοὺς Ῥωμαίους ἐκέλευσεν. [498] οἱ μὲν οὖν ἐξ ἔθους τὸ πειθήνιον ἔχοντες ἅμα νεύματι τοῦ φονεύειν ἐπαύσαντο, τὸ δημοτικὸν δὲ τῶν Ἀλεξανδρέων δι' ὑπερβολὴν μίσους δυσανάκλητον ἦν καὶ μόλις ἀπεσπᾶτο τῶν σωμάτων.

[9.499] Τοιοῦτον μὲν τὸ κατὰ τὴν Ἀλεξάνδρειαν πάθος συνηνέχθη: Κεστίῳ δὲ οὐκέτι ἠρεμεῖν ἐδόκει πανταχοῦ τῶν Ἰουδαίων ἐκπεπολεμωμένων. [500] ἀναλαβὼν δὲ ἀπὸ τῆς Ἀντιοχείας τὸ μὲν δωδέκατον τάγμα πλῆρες, ἀπὸ δὲ τῶν λοιπῶν ἀνὰ δισχιλίους ἐπιλέκτους, πεζῶν τε ἓξ σπείρας καὶ τέσσαρας ἴλας ἱππέων, πρὸς αἷς τὰς παρὰ τῶν βασιλέων συμμαχίας, Ἀντιόχου μὲν δισχιλίους ἱππεῖς καὶ πεζοὺς τρισχιλίους τοξότας πάντας, Ἀγρίππα δὲ πεζοὺς μὲν τοὺς ἴσους ἱππεῖς δὲ δισχιλίων ἐλάττους, [501] εἵπετο δὲ καὶ Σόαιμος μετὰ τετρακισχιλίων, ὧν ἦσαν ἱππεῖς ἡ τρίτη μοῖρα καὶ τὸ πλέον τοξόται, προῆλθεν εἰς Πτολεμαΐδα. [502] πλεῖστοι δὲ κἀκ τῶν πόλεων ἐπίκουροι συνελέγησαν, ἐμπειρίᾳ μὲν ἡττώμενοι τῶν στρατιωτῶν, ταῖς δὲ προθυμίαις καὶ τῷ κατὰ Ἰουδαίων μίσει τὸ λεῖπον ἐν ταῖς ἐπιστήμαις ἀντιπληροῦντες. παρῆν δὲ καὶ αὐτὸς Ἀγρίππας Κεστίῳ τῆς τε ὁδοῦ καὶ τῶν συμφερόντων ἐξηγούμενος. [503] ἀναλαβὼν δὲ μέρος τῆς δυνάμεως Κέστιος ὥρμησεν ἐπὶ πόλιν καρτερὰν τῆς Γαλιλαίας Χαβουλών, ἣ καλεῖται ἀνδρῶν, διορίζει δὲ ἀπὸ τοῦ ἔθνους τὴν Πτολεμαΐδα. [504] καὶ καταλαβὼν αὐτὴν ἔρημον μὲν ἀνδρῶν, ἀναπεφεύγει γὰρ τὸ πλῆθος εἰς τὰ ὄρη, πλήρη δὲ παντοίων κτημάτων, τὰ μὲν ἐφῆκεν τοῖς στρατιώταις διαρπάζειν, τὸ δὲ ἄστυ καίτοι θαυμάσας τοῦ κάλλους ἔχον τὰς οἰκίας ὁμοίως ταῖς ἐν Τύρῳ καὶ Σιδῶνι καὶ Βηρυτῷ δεδομημένας, ἐνέπρησεν. [505] ἔπειτα τὴν χώραν καταδραμὼν καὶ διαρπάσας μὲν πᾶν τὸ προσπῖπτον καταφλέξας δὲ τὰς πέριξ κώμας ὑπέστρεψεν εἰς τὴν Πτολεμαΐδα. [506] πρὸς δὲ ταῖς ἁρπαγαῖς ἔτι τῶν Σύρων ὄντων καὶ τὸ πλέον Βηρυτίων ἀναθαρσήσαντες οἱ Ἰουδαῖοι, καὶ γὰρ ἀποκεχωρηκότα συνίεσαν Κέστιον, τοῖς ἀπολειφθεῖσιν ἀδοκήτως ἐπέπεσον καὶ περὶ δισχιλίους αὐτῶν διέφθειραν.

[10.507] Ὁ δὲ Κέστιος ἀναζεύξας ἀπὸ τῆς Πτολεμαΐδος αὐτὸς μὲν εἰς Καισάρειαν ἀφικνεῖται, μοῖραν δὲ τῆς στρατιᾶς προέπεμψεν εἰς Ἰόππην, προστάξας, εἰ μὲν καταλαβέσθαι δυνηθεῖεν τὴν πόλιν, φρουρεῖν, εἰ δὲ προαίσθοιντο τὴν ἔφοδον, περιμένειν αὐτόν τε καὶ τὴν ἄλλην δύναμιν. [508] τῶν δὲ οἱ μὲν κατὰ θάλασσαν οἱ δὲ κατὰ γῆν ἐπειχθέντες ἀμφοτέρωθεν αἱροῦσιν τὴν πόλιν ῥᾳδίως: καὶ μηδὲ φυγεῖν φθασάντων τῶν οἰκητόρων, οὐχ ὅπως παρασκευάσασθαι πρὸς μάχην, ἐμπεσόντες ἅπαντας ἀνεῖλον σὺν ταῖς γενεαῖς καὶ τὴν πόλιν διαρπάσαντες ἐνέπρησαν: [509] ὁ δὲ ἀριθμὸς τῶν φονευθέντων τετρακόσιοι πρὸς ὀκτακισχιλίοις. ὁμοίως δὲ καὶ εἰς τὴν ὅμορον τῆς Καισαρείας Ναρβατηνὴν τοπαρχίαν ἔπεμψεν συχνοὺς τῶν ἱππέων, οἳ τήν τε γῆν ἔτεμον καὶ πολὺ πλῆθος διέφθειραν τῶν ἐπιχωρίων τάς τε κτήσεις διήρπασαν καὶ τὰς κώμας κατέφλεξαν.

[11.510] Εἰς δὲ τὴν Γαλιλαίαν ἀπέστειλεν Καισέννιον Γάλλον ἡγεμόνα τοῦ δωδεκάτου τάγματος παραδοὺς δύναμιν ὅσην ἀρκέσειν πρὸς τὸ ἔθνος ὑπελάμβανεν. [511] τοῦτον ἡ καρτερωτάτη τῆς Γαλιλαίας πόλις Σέπφωρις μετ' εὐφημίας δέχεται, καὶ πρὸς τὴν ταύτης εὐβουλίαν αἱ λοιπαὶ πόλεις ἠρέμουν. τὸ δὲ στασιῶδες καὶ λῃστρικὸν πᾶν ἔφυγεν εἰς τὸ μεσαίτατον τῆς Γαλιλαίας ὄρος, ὃ κεῖται μὲν ἀντικρὺ τῆς Σεπφώρεως, καλεῖται δὲ Ἀσαμών. τούτοις ὁ Γάλλος ἐπῆγε τὴν δύναμιν. [512] οἱ δὲ ἕως μὲν ἦσαν ὑπερδέξιοι, ῥᾳδίως τοὺς Ῥωμαίους ἠμύναντο προσιόντας καὶ πρὸς διακοσίους αὐτῶν ἀνεῖλον, περιελθόντων δὲ καὶ γενομένων ἐν τοῖς ὑψηλοτέροις ἡττῶντο ταχέως, καὶ οὔτε γυμνῆτες ὁπλίτας συστάδην ἔφερον οὔτε ἐν τῇ τροπῇ τοὺς ἱππεῖς ἐξέφευγον, ὥστε ὀλίγους μὲν ἐν ταῖς δυσχωρίαις διαλαθεῖν, ἀναιρεθῆναι δὲ ὑπὲρ δισχιλίους.

[1.513] Γάλλος μὲν οὖν ὡς οὐδὲν ἔτι ἑώρα κατὰ τὴν Γαλιλαίαν νεωτεριζόμενον, ὑπέστρεφεν μετὰ τῆς στρατιᾶς εἰς Καισάρειαν: Κέστιος δὲ μετὰ πάσης τῆς δυνάμεως ἀναζεύξας ἐνέβαλεν εἰς Ἀντιπατρίδα, καὶ πυθόμενος ἔν τινι πύργῳ Ἀφεκοῦ καλουμένῳ συνηθροῖσθαι Ἰουδαίων δύναμιν οὐκ ὀλίγην προέπεμπεν τοὺς συμβαλοῦντας. [514] οἱ δὲ πρὶν εἰς χεῖρας ἐλθεῖν δέει τοὺς Ἰουδαίους διεσκέδασαν, ἐπελθόντες δὲ ἔρημον τὸ στρατόπεδον καὶ τὰς πέριξ κώμας ἐνέπρησαν. [515] ἀπὸ δὲ τῆς Ἀντιπατρίδος Κέστιος εἰς Λύδδα προελθὼν κενὴν ἀνδρῶν τὴν πόλιν καταλαμβάνει: διὰ γὰρ τὴν τῆς σκηνοπηγίας ἑορτὴν ἀναβεβήκει πᾶν τὸ πλῆθος εἰς Ἱεροσόλυμα. [516] πεντήκοντα δὲ τῶν παραφανέντων διαφθείρας καὶ τὸ ἄστυ κατακαύσας ἐχώρει πρόσω, καὶ διὰ Βαιθώρων ἀναβὰς στρατοπεδεύεται κατά τινα χῶρον Γαβαὼ καλούμενον, ἀπέχοντα τῶν Ἱεροσολύμων πεντήκοντα σταδίους.

[2.517] Οἱ δὲ Ἰουδαῖοι κατιδόντες ἤδη πλησιάζοντα τῇ μητροπόλει τὸν πόλεμον, ἀφέμενοι τὴν ἑορτὴν ἐχώρουν ἐπὶ τὰ ὅπλα, καὶ μέγα τῷ πλήθει θαρροῦντες ἄτακτοι μετὰ κραυγῆς ἐξεπήδων ἐπὶ τὴν μάχην μηδὲ τῆς ἀργῆς ἑβδομάδος ἔννοιαν λαβόντες: ἦν γὰρ δὴ τὸ

μάλιστα παρ' αὐτοῖς θρησκευόμενον σάββατον. [518] ὁ δ' ἐκσείσας αὐτοὺς τῆς εὐσεβείας θυμὸς ἐποίησεν πλεονεκτῆσαι καὶ κατὰ τὴν μάχην: μετὰ τοσαύτης γοῦν ὁρμῆς τοῖς Ῥωμαίοις προσέπεσον, ὡς διαρρῆξαι τὰς τάξεις αὐτῶν καὶ διὰ μέσων χωρεῖν ἀναιροῦντας. [519] εἰ δὲ μὴ τῷ χαλασθέντι τῆς φάλαγγος οἵ τε ἱππεῖς ἐκπεριελθόντες ἐπήμυναν καὶ τοῦ πεζοῦ τὸ μὴ σφόδρα κάμνον, κἂν ἐκινδύνευσεν ὅλῃ τῇ δυνάμει Κέστιος. ἀπέθανον δὲ Ῥωμαίων πεντακόσιοι δεκαπέντε: τούτων ἦσαν οἱ τετρακόσιοι πεζοί, τὸ δὲ λοιπὸν ἱππεῖς: τῶν δὲ Ἰουδαίων δύο πρὸς τοῖς εἴκοσι.
[520] γενναιότατοι δ' αὐτῶν ἔδοξαν οἱ Μονοβάζου τοῦ τῆς Ἀδιαβηνῆς βασιλέως συγγενεῖς, Μονόβαζός τε καὶ Κενεδαῖος, μεθ' οὓς ὁ Περαίτης Νίγερ καὶ Σίλας ὁ Βαβυλώνιος αὐτομολήσας εἰς τοὺς Ἰουδαίους ἀπ' Ἀγρίππα τοῦ βασιλέως: [521] ἐστρατεύετο γὰρ παρ' αὐτῷ. κατὰ πρόσωπον μὲν οὖν ἀνακοπέντες Ἰουδαῖοι πρὸς τὴν πόλιν ὑπέστρεφον, κατόπιν δὲ τοῖς Ῥωμαίοις ἐπὶ τὴν Βεθώραν ἀνιοῦσιν προσπεσὼν ὁ τοῦ Γιώρα Σίμων πολὺ τῆς οὐραγίας ἐσπάραξεν καὶ συχνὰ τῶν σκευοφόρων ἀποσπάσας ἤγαγεν εἰς τὴν πόλιν. [522] μένοντος δὲ τοῦ Κεστίου κατὰ χώραν τρισὶν ἡμέραις οἱ Ἰουδαῖοι τὰ μετέωρα κατειληφότες ἐπετήρουν τὰς παρόδους δῆλοί τε ἦσαν οὐκ ἠρεμήσοντες ἀρξαμένων τῶν Ῥωμαίων ὁδεύειν.

[3.523] Ἔνθα δὴ κατιδὼν Ἀγρίππας οὐδὲ τὰ Ῥωμαίων ἀκίνδυνα πλήθους ἀπείρου πολεμίων τὰ ὄρη περισχόντος ἔκρινεν ἀποπειραθῆναι τῶν Ἰουδαίων λόγοις: ἢ γὰρ πάντας πείσειν καταθέσθαι τὸν πόλεμον ἢ τῶν ἐναντιωθέντων ἀποστήσειν τὸ μὴ συμφρονοῦν. [524] ἔπεμψεν οὖν τῶν παρ' ἑαυτῷ τοὺς μάλιστα γνωρίμους ἐκείνοις Βόρκιόν τε καὶ Φοῖβον, δεξιάς τε παρὰ Κεστίου καὶ συγγνώμην παρὰ Ῥωμαίοις ἀσφαλῆ περὶ τῶν ἡμαρτημένων ὑπισχνούμενος, εἰ τὰ ὅπλα ῥίψαντες πρὸς αὐτοὺς μεταβάλοιντο. [525] δείσαντες δὲ οἱ στασιασταὶ μὴ πᾶν τὸ πλῆθος ἀδείας ἐλπίδι πρὸς τὸν Ἀγρίππαν μεταβάληται, τοὺς ἀπ' αὐτοῦ πρεσβεύοντας ὥρμησαν ἀνελεῖν. [526] καὶ πρὶν ἢ φθέγξασθαι τὸν μὲν Φοῖβον διέφθειραν, ὁ δὲ Βόρκιος τρωθεὶς ἔφθη διαφυγεῖν: τοῦ δήμου δὲ τοὺς ἀγανακτήσαντας λίθοις καὶ ξύλοις παίοντες εἰς τὸ ἄστυ συνήλασαν.

[4.527] Κέστιος δὲ τὴν πρὸς ἀλλήλους αὐτῶν ταραχὴν εὔκαιρον ἰδὼν εἰς ἐπίθεσιν ἅπασαν ἐπῆγεν τὴν δύναμιν καὶ τραπέντας μέχρι Ἱεροσολύμων κατεδίωξεν. [528] στρατοπεδευσάμενος δὲ ἐπὶ τοῦ καλουμένου Σκοποῦ, διέχει δ' οὗτος ἑπτὰ τῆς πόλεως σταδίους, τρισὶ μὲν ἡμέραις οὐκ ἐπεχείρει τῇ πόλει τάχα τι παρὰ τῶν ἔνδον ἐνδοθήσεσθαι προσδοκῶν, εἰς δὲ τὰς πέριξ κώμας ἐφ' ἁρπαγὴν σίτου πολλοὺς διαφῆκεν τῶν στρατιωτῶν: τῇ τετάρτῃ δέ, ἥτις ἦν τριακὰς Ὑπερβερεταίου μηνός, διατάξας τὴν στρατιὰν εἰσῆγεν εἰς τὴν πόλιν. [529] ὁ μὲν οὖν δῆμος ὑπὸ τοῖς στασιασταῖς ἔμφρουρος ἦν, οἱ δὲ στασιασταὶ τὴν εὐταξίαν τῶν Ῥωμαίων καταπλαγέντες τῶν μὲν ἔξω τῆς πόλεως μερῶν εἶκον, εἰς δὲ τὴν ἐνδοτέρω καὶ τὸ ἱερὸν ἀνεχώρουν. [530] Κέστιος δὲ παρελθὼν ὑποπίμπρησιν τήν τε Βεθεζὰν προσαγορευομένην καὶ τὴν Καινόπολιν καὶ τὸ καλούμενον Δοκῶν ἀγοράν, ἔπειτα πρὸς τὴν ἄνω πόλιν ἐλθὼν ἀντικρὺ τῆς βασιλικῆς αὐλῆς ἐστρατοπεδεύετο. [531] κἂν εἴπερ ἠθέλησεν κατ' αὐτὴν ἐκείνην τὴν ὥραν ἐντὸς τῶν τειχέων βιάσασθαι, παραυτίκα τὴν πόλιν ἔσχεν καὶ τὸν πόλεμον συνέβη καταλελύσθαι: ἀλλὰ γὰρ ὅ τε στρατοπεδάρχης Τυράννιος Πρῖσκος καὶ τῶν ἱππάρχων οἱ πλεῖστοι χρήμασιν ὑπὸ Φλώρου δεκασθέντες ἀπέστρεψαν αὐτὸν τῆς ἐπιχειρήσεως. [532] καὶ παρὰ τὴν αἰτίαν ταύτην ὅ τε πόλεμος ἐπὶ τοσοῦτον μῆκος προὔβη καὶ ἀνηκέστων Ἰουδαίους συμφορῶν ἀναπλησθῆναι συνέπεσεν.

[5.533] Ἐν δὲ τούτῳ πολλοὶ τῶν γνωρίμων δημοτῶν Ἀνάνῳ τῷ Ἰωνάθου παιδὶ πεισθέντες ἐκάλουν τὸν Κέστιον ὡς ἀνοίξοντες αὐτῷ τὰς πύλας. [534] ὁ δὲ καὶ πρὸς ὀργὴν ὑπεριδὼν καὶ μὴ πάνυ πιστεύσας διεμέλλησεν, ἕως οἱ στασιασταὶ τὴν προδοσίαν αἰσθόμενοι τοὺς μὲν περὶ τὸν Ἄνανον ἀπὸ τοῦ τείχους κατέβαλον καὶ λίθοις παίοντες συνήλασαν εἰς τὰς οἰκίας, αὐτοὶ δὲ διαστάντες ἀπὸ τῶν πύργων τοὺς ἀποπειρωμένους τοῦ τείχους ἔβαλλον. [535] πέντε μὲν οὖν ἡμέραις πάντοθεν ἐπιχειροῦσιν τοῖς Ῥωμαίοις ἀμήχανος ἦν ἡ προσβολή, τῇ δ' ἐπιούσῃ ἀναλαβὼν ὁ Κέστιος τῶν τε ἐπιλέκτων συχνοὺς καὶ τοὺς τοξότας κατὰ τὸ προσάρκτιον ἐπεχείρει κλίμα τῷ ἱερῷ. [536] Ἰουδαῖοι δὲ ἀπὸ τῆς στοᾶς εἶργον, καὶ πολλάκις μὲν ἀπεκρούσαντο τοὺς τῷ τείχει προσελθόντας, τέλος δὲ τῷ πλήθει τῶν βελῶν ἀνακοπέντες ὑπεχώρησαν. [537] τῶν δὲ Ῥωμαίων οἱ πρῶτοι τοὺς θυρεοὺς ἐξερείσαντες εἰς τὸ τεῖχος καὶ κατὰ τούτων οἱ κατόπιν ἄλλους οἵ τε ἑξῆς ὁμοίως τὴν καλουμένην παρ' αὐτοῖς χελώνην ἐφράξαντο, καθ' ἧς τὰ βέλη φερόμενα περιωλίσθανεν ἄπρακτα, μηδὲν δὲ οἱ στρατιῶται κακούμενοι τὸ τεῖχος ὑπέσυρον καὶ τοῦ ἱεροῦ τὴν πύλην ὑποπιμπράναι παρεσκευάζοντο.

[6.538] Δεινὴ δὲ τοὺς στασιαστὰς ἔκπληξις κατέλαβεν: ἤδη δὲ πολλοὶ διεδίδρασκον ἀπὸ τῆς πόλεως ὡς ἁλωσομένης αὐτίκα. τὸν δὲ δῆμον ἐπὶ τούτοις συνέβαινεν θαρρεῖν, καὶ καθὸ παρείκοιεν οἱ πονηροί, προσῄεσαν αὐτοὶ τὰς πύλας ἀνοίξοντες καὶ δεξόμενοι τὸν Κέστιον ὡς εὐεργέτην. [539] ὃς εἰ βραχὺ τῇ πολιορκίᾳ προσελιπάρησεν, κἂν εὐθέως τὴν πόλιν παρέλαβεν: ἀλλ' οἶμαι διὰ τοὺς πονηροὺς ἀπεστραμμένος ὁ θεὸς ἤδη καὶ τὰ ἅγια τέλος λαβεῖν ἐπ' ἐκείνης τῆς ἡμέρας ἐκώλυσεν τὸν πόλεμον.

[7.540] Ὁ γοῦν Κέστιος οὔτε τὴν τῶν πολιορκουμένων ἀπόγνωσιν οὔτε τοῦ δήμου τὸ φρόνημα συνιδὼν ἐξαίφνης ἀνεκάλεσεν τοὺς στρατιώτας καὶ καταγνοὺς ἐπ' οὐδεμιᾷ πληγῇ τῶν ἐλπίδων παραλογώτατα ἀπὸ τῆς πόλεως ἀνέζευξεν. [541] πρὸς δὲ τὴν ἀδόκητον αὐτοῦ τροπὴν ἀναθαρσήσαντες οἱ λῃσταὶ κατὰ τῶν ὑστάτων ἐπεξέδραμον καὶ συχνοὺς τῶν ἱππέων καὶ πεζῶν διέφθειραν. [542] τότε μὲν οὖν ἐν τῷ κατὰ τὸν Σκοπὸν αὐλίζεται στρατοπέδῳ Κέστιος, τῇ δ' ἐπιούσῃ προσωτέρω χωριζόμενος μᾶλλον ἐξεκαλέσατο τοὺς πολεμίους, καὶ τοὺς ὑστάτους αὐτῶν προσκείμενοι διέφθειρον καὶ καθ' ἑκάτερον τῆς ὁδοῦ περιιόντες ἠκόντιζον εἰς πλαγίους. [543] οὔτε δὲ ἐπιστραφῆναι πρὸς τοὺς κατόπιν τιτρώσκοντας ἐθάρρουν οἱ τελευταῖοι ἄπειρόν τι πλῆθος οἰόμενοι διώκειν καὶ τοὺς κατὰ πλευρὸν ἐγκειμένους ἀναστέλλειν οὐχ ὑπέμενον, αὐτοὶ μὲν ὄντες βαρεῖς καὶ δεδοικότες τὴν τάξιν διασπᾶν, τοὺς δὲ Ἰουδαίους ὁρῶντες κούφους καὶ πρὸς τὰς ἐπιδρομὰς εὐκόλους: ὥστε συνέβαινεν αὐτοῖς πολλὰ κακοῦσθαι μηδὲν ἀντιβλάπτουσιν τοὺς ἐχθρούς. [544] παρ' ὅλην δὲ τὴν ὁδὸν παιόμενοι καὶ τῆς φάλαγγος ἐκσειόμενοι κατέπιπτον, μέχρι πολλῶν διαφθαρέντων, ἐν οἷς ἦν Πρῖσκος μὲν στρατάρχης τάγματος ἕκτου, Λογγῖνος δὲ χιλίαρχος, ἔπαρχος δὲ ἴλης Αἰμίλιος Ἰούκουνδος ὄνομα, μόλις εἰς Γαβαὼν κατήντησαν ἐπὶ τὸ πρότερον στρατόπεδον, τὰ πολλὰ καὶ τῶν σκευῶν ἀποβαλόντες. [545] ἔνθα δύο μὲν ἡμέρας ἐπέμεινεν ὁ Κέστιος ἀμηχανῶν, ὅ τι χρὴ ποιεῖν, τῇ τρίτῃ δὲ πολλῷ πλείους τοὺς πολεμίους θεασάμενος καὶ πάντα τὰ κύκλῳ μεστὰ Ἰουδαίων ἔγνω καθ' ἑαυτοῦ τε βραδύνας κἂν ἔτι μείνῃ πλείοσιν χρησόμενος ἐχθροῖς.

[8.546] Ἵνα δὲ συντονωτέρᾳ χρήσαιτο φυγῇ, τὰ τὴν στρατιὰν ἀνθέλκοντα περικόπτειν προσέταξεν. διαφθαρέντων δὲ τῶν τε ὀρέων καὶ τῶν ὄνων ἔτι δὲ καὶ τῶν ὑποζυγίων πλὴν ὅσα βέλη παρεκόμιζεν καὶ μηχανάς, τούτων γὰρ διὰ τὴν χρείαν περιείχοντο καὶ μάλιστα δεδοικότες, μὴ Ἰουδαίοις κατ' αὐτῶν ἁλῷ, προῆγε τὴν δύναμιν ἐπὶ Βεθώρων. [547] οἱ δὲ Ἰουδαῖοι κατὰ μὲν τὰς εὐρυχωρίας ἧττον ἐπέκειντο, συνειληθέντων δὲ εἰς τὰ στενὰ καὶ τὴν κατάβασιν οἱ μὲν φθάσαντες εἶργον αὐτοὺς τῆς ἐξόδου, ἄλλοι δὲ τοὺς ὑστάτους κατεώθουν εἰς τὴν φάραγγα, τὸ δὲ πᾶν πλῆθος παρεκταθὲν ὑπὲρ τὸν αὐχένα τῆς ὁδοῦ κατεκάλυπτε τὴν φάλαγγα τοῖς βέλεσιν.
[548] ἔνθα καὶ τῶν πεζῶν ἀμηχανούντων προσαμύνειν ἑαυτοῖς ἐπισφαλέστερος τοῖς ἱππεῦσιν ὁ κίνδυνος ἦν: οὔτε γὰρ ἐν τάξει κατὰ τῆς ὁδοῦ βαδίζειν ἐδύναντο βαλλόμενοι, καὶ τὸ πρόσαντες ἐπὶ τοὺς πολεμίους ἱππάσιμον οὐκ ἦν: [549] τὸ δὲ ἐπὶ θάτερα κρημνοὶ καὶ φάραγγες, εἰς οὓς ἀποσφαλέντες κατεφθείροντο, καὶ οὔτε φυγῆς τις τόπον οὔτε ἀμύνης εἶχεν ἐπίνοιαν, ἀλλ' ὑπ' ἀμηχανίας ἐπ'

οἰμωγὴν ἐτράποντο καὶ τοὺς ἐν ἀπογνώσεσιν ὀδυρμούς: ἀντήχει δ' αὐτοῖς τὸ παρὰ Ἰουδαίων ἐγκέλευσμα καὶ κραυγὴ χαιρόντων ἅμα καὶ τεθυμωμένων. [550] ὀλίγου δὲ δεῖν πᾶσαν ἀνήρπασαν τὴν ἅμα Κεστίῳ δύναμιν, εἰ μὴ νὺξ ἐπέλαβεν, ἐν ᾗ Ῥωμαῖοι μὲν εἰς τὴν Βεθώραν κατέφυγον, Ἰουδαῖοι δὲ πάντα τὰ κύκλῳ περισχόντες ἐφρούρουν αὐτῶν τὴν ἔξοδον.

[9.551] Ἔνθα δὴ Κέστιος τὴν φανερὰν ὁδὸν ἀπογνοὺς δρασμὸν ἐβουλεύετο καὶ διακρίνας τοὺς εὐψυχοτάτους στρατιώτας ὡσεὶ τετρακοσίους ἐπέστησεν τῶν δωμάτων, προστάξας ἀναβοᾶν τὰ σημεῖα τῶν ἐν τοῖς στρατοπέδοις φυλάκων, ὅπως Ἰουδαῖοι πᾶσαν οἴωνται τὴν δύναμιν κατὰ χώραν μένειν: αὐτὸς δὲ τοὺς λοιποὺς ἀναλαβὼν ἡσυχῇ τριάκοντα πρόεισιν σταδίους. [552] ἕωθεν δὲ Ἰουδαῖοι κατιδόντες ἔρημον τὴν ἔπαυλιν αὐτῶν ἐπὶ τοὺς ἐξαπατήσαντας τετρακοσίους ἔδραμον, κἀκείνους μὲν ταχέως κατηκόντισαν, ἐδίωκον δὲ τὸν Κέστιον. [553] ὁ δὲ τῆς τε νυκτὸς οὐκ ὀλίγον προειλήφει καὶ συντονώτερον ἔφευγεν μεθ' ἡμέραν, ὥστε τοὺς στρατιώτας ὑπ' ἐκπλήξεως καὶ δέους τάς τε ἑλεπόλεις καὶ τοὺς ὀξυβελεῖς καὶ τὰ πολλὰ τῶν ἄλλων ὀργάνων καταλιπεῖν, ἃ τότε Ἰουδαῖοι λαβόντες αὖθις ἐχρήσαντο κατὰ τῶν ἀφέντων.
[554] προῆλθον δὲ τοὺς Ῥωμαίους διώκοντες μέχρι Ἀντιπατρίδος. ἔπειθ' ὡς οὐ κατελάμβανον, ὑποστρέφοντες τάς τε μηχανὰς ᾖρον καὶ τοὺς νεκροὺς ἐσύλων τήν τε ἀπολειφθεῖσαν λείαν συνῆγον καὶ μετὰ παιάνων εἰς τὴν μητρόπολιν ἐπαλινδρόμουν, [555] αὐτοὶ μὲν ὀλίγους ἀποβεβλημένοι παντάπασιν, τῶν δὲ Ῥωμαίων καὶ τῶν συμμάχων πεζοὺς μὲν πεντακισχιλίους καὶ τριακοσίους ἀνῃρηκότες, ἱππεῖς δὲ ὀγδοήκοντα καὶ τετρακοσίους. τάδε μὲν οὖν ἐπράχθη Δίου μηνὸς ὀγδόῃ δωδεκάτῳ τῆς Νέρωνος ἡγεμονίας ἔτει.

[1.556] Μετὰ δὲ τὴν Κεστίου συμφορὰν πολλοὶ τῶν ἐπιφανῶν Ἰουδαίων ὥσπερ βαπτιζομένης νηὸς ἀπενήχοντο τῆς πόλεως. Κοστόβαρος γοῦν καὶ Σάουλος ἀδελφοὶ σὺν Φιλίππῳ τῷ Ἰακίμου, στρατοπεδάρχης δ' ἦν οὗτος Ἀγρίππα τοῦ βασιλέως, διαδράντες ἐκ τῆς πόλεως ᾤχοντο πρὸς Κέστιον: [557] ὁ δὲ σὺν τούτοις κατὰ τὴν βασιλικὴν αὐλὴν πολιορκηθεὶς Ἀντίπας ὑπεριδὼν τὴν φυγὴν αὖθις ὡς ὑπὸ τῶν στασιαστῶν διεφθάρη δηλώσομεν. [558] Κέστιος δὲ τοὺς περὶ Σάουλον ἀξιώσαντας ἀνέπεμψεν εἰς Ἀχαΐαν πρὸς Νέρωνα τήν τε αὐτῶν δηλώσοντας ἀνάγκην καὶ τὰς αἰτίας τοῦ πολέμου τρέψοντας εἰς Φλῶρον: τὴν γὰρ ἐπ' ἐκεῖνον ὀργὴν κουφίσειν καὶ τοὺς ἑαυτοῦ κινδύνους ἤλπισεν.

[2.559] Κἀν τούτῳ Δαμασκηνοὶ τὴν τῶν Ῥωμαίων φθορὰν πυθόμενοι τοὺς παρ' ἑαυτοῖς Ἰουδαίους ἀνελεῖν ἐσπούδασαν. [560] καὶ καθὸ μὲν εἶχον αὐτοὺς ἐν τῷ γυμνασίῳ συνηθροισμένους πάλαι διὰ τὰς ὑποψίας τοῦτο πραγματευσάμενοι, ῥᾴστην τὴν ἐπιχείρησιν ἐδόκουν: ἐδεδοίκεισαν δὲ τὰς ἑαυτῶν γυναῖκας ἁπάσας πλὴν ὀλίγων ὑπηγμένας τῇ Ἰουδαϊκῇ θρησκείᾳ: [561] διὸ μέγιστος αὐτοῖς ἀγὼν ἐγένετο λαθεῖν ἐκείνας. τοὺς δὲ Ἰουδαίους ὡς ἂν ἐν στενῷ χωρίῳ τὸν ἀριθμὸν μυρίους καὶ πεντακοσίους πάντας ἀνόπλους ἐπελθόντες ὑπὸ μίαν ὥραν ἀδεῶς ἀπέσφαξαν.

[3.562] Οἱ δὲ διώξαντες τὸν Κέστιον ὡς ὑπέστρεψαν εἰς Ἱεροσόλυμα, τοὺς μὲν βίᾳ τῶν ἔτι ῥωμαϊζόντων τοὺς δὲ πειθοῖ προσήγοντο, καὶ συναθροισθέντες εἰς τὸ ἱερὸν στρατηγοὺς ἀπεδείκνυσαν τοῦ πολέμου πλείονας. [563] ᾑρέθη δὲ Ἰώσηπός τε υἱὸς Γωρίονος καὶ ὁ ἀρχιερεὺς Ἄνανος τῶν τε κατὰ τὴν πόλιν ἁπάντων αὐτοκράτορες καὶ μάλιστα τὰ τείχη τῆς πόλεως ἀνεγείρειν: [564] τὸν γὰρ τοῦ Σίμωνος υἱὸν Ἐλεάζαρον καίπερ ὑφ' ἑαυτῷ πεποιημένον τὴν Ῥωμαίων λείαν καὶ τὰ ἁρπαγέντα Κεστίου χρήματα, πρὸς οἷς πολλὰ τῶν δημοσίων θησαυρῶν, ὅμως οὐκ ἐπέστησαν ταῖς χρείαις αὐτόν τε τυραννικὸν ὁρῶντες καὶ τοὺς ὑπ' αὐτῷ ζηλωτὰς δορυφόρων ἔθεσι χρωμένους. [565] κατ' ὀλίγον γε μὴν ἥ τε χρεία τῶν χρημάτων καὶ γοητεύων Ἐλεάζαρος ἐκπεριῆλθε τὸν δῆμον ὥστε αὐτῷ πειθαρχεῖν περὶ τῶν ὅλων.

[4.566] Εἰς δὲ τὴν Ἰδουμαίαν ἑτέρους ἐπελέξαντο στρατηγοὺς Ἰησοῦν υἱὸν Σαπφᾶ τῶν ἀρχιερέων ἕνα καὶ Ἐλεάζαρον ἀρχιερέως υἱὸν Νέου: τῷ δ' ἄρχοντι τότε τῆς Ἰδουμαίας Νίγερι, γένος δ' ἦν ἐκ τῆς περὶ Ἰορδάνην Περαίας, διὸ καὶ Περαΐτης ἐκαλεῖτο, προσέταξαν ὑποτάσσεσθαι τοῖς στρατηγοῖς. [567] ἠμέλουν δὲ οὐδὲ τῆς ἄλλης χώρας, ἀλλ' εἰς μὲν Ἱεριχοῦν Ἰώσηπος ὁ Σίμωνος, εἰς δὲ τὴν Περαίαν Μανασσῆς, Θαμνᾶ δὲ τοπαρχίας Ἰωάννης ὁ Ἐσσαῖος στρατηγήσων ἐπέμφθη: προσκεκλήρωτο δ' αὐτῷ Λύδδα καὶ Ἰόππη καὶ Ἀμμαοῦς. [568] τῆς δὲ Γοφνιτικῆς καὶ Ἀκραβεττηνῆς ὁ Ἀνανίου Ἰωάννης ἡγεμὼν ἀποδείκνυται καὶ τῆς Γαλιλαίας ἑκατέρας Ἰώσηπος Ματθίου: προσώριστο δὲ τῇ τούτου στρατηγίᾳ καὶ Γάμαλα τῶν ταύτῃ πόλεων ὀχυρωτάτη.

[5.569] Τῶν μὲν οὖν ἄλλων στρατηγῶν ἕκαστος ὡς εἶχεν προθυμίας ἢ συνέσεως διῴκει τὰ πεπιστευμένα: Ἰώσηπος δὲ εἰς τὴν Γαλιλαίαν ἐλθὼν πρῶτον ἐφρόντισεν τῆς εἰς ἑαυτὸν εὐνοίας τῶν ἐπιχωρίων, εἰδὼς ὅτι ταύτῃ πλεῖστα κατορθώσει, κἂν τἆλλα διαμαρτάνῃ. [570] συνιδὼν δὲ ὅτι τοὺς μὲν δυνατοὺς οἰκειώσεται μεταδιδοὺς τῆς ἐξουσίας αὐτοῖς, τὸ δὲ πᾶν πλῆθος εἰ δι' ἐπιχωρίων καὶ συνήθων τὰ πολλὰ προστάσσοι, τῶν μὲν γηραιῶν ἑβδομήκοντα τοὺς σωφρονεστάτους ἐπιλέξας ἐκ τοῦ ἔθνους κατέστησεν ἄρχοντας ὅλης τῆς Γαλιλαίας, [571] ἑπτὰ δὲ ἐν ἑκάστῃ πόλει δικαστὰς τῶν εὐτελεστέρων διαφόρων: τὰ γὰρ μείζω πράγματα καὶ τὰς φονικὰς δίκας ἐφ' ἑαυτὸν ἀναπέμπειν ἐκέλευσεν καὶ τοὺς ἑβδομήκοντα.

[6.572] Καταστησάμενος δὲ τὰ πρὸς ἀλλήλους νόμιμα τῶν κατὰ πόλιν ἐπὶ τὴν ἔξωθεν αὐτῶν ἀσφάλειαν ἐχώρει. [573] καὶ γινώσκων Ῥωμαίους προεμβαλοῦντας εἰς τὴν Γαλιλαίαν τὰ ἐπιτήδεια τῶν χωρίων ἐτείχιζεν, Ἰωτάπατα μὲν καὶ Βηρσαβὲ καὶ Σελάμην, ἔτι δὲ Καφαρεκχὼ καὶ Ἰαφὰ καὶ Σιγὼφ τό τε Ἰταβύριον καλούμενον ὄρος καὶ Ταριχέας καὶ Τιβεριάδα, πρὸς δὲ τούτοις τὰ περὶ Γεννησὰρ τὴν λίμνην σπήλαια κατὰ τὴν κάτω καλουμένην Γαλιλαίαν ἐτειχίσατο, τῆς δὲ ἄνω Γαλιλαίας τήν τε προσαγορευομένην Ἀκχαβάρων πέτραν

καὶ Σὲπφ καὶ Ἰαμνεὶθ καὶ Μηρώ. [574] κατὰ δὲ τὴν Γαυλανιτικὴν Σελεύκειάν τε καὶ Σωγαναίαν καὶ Γάμαλαν ὠχύρωσεν: μόνοις δὲ Σεπφωρίταις ἐφῆκε καθ' ἑαυτοὺς τεῖχος ἀναδείμασθαι χρημάτων τε εὐπόρους ὁρῶν ὄντας καὶ προθύμους ἐπὶ τὸν πόλεμον δίχα προστάγματος. [575] ὁμοίως δὲ καὶ Γίσχαλα Ἰωάννης ὁ Ληΐου καθ' ἑαυτὸν ἐτείχιζεν Ἰωσήπου κελεύσαντος: τοῖς δ' ἄλλοις ἐρύμασιν ἅπασιν αὐτὸς συμπονῶν ἅμα καὶ προστάσσων παρῆν.
[576] κατέλεξεν δὲ καὶ δύναμιν ἐκ τῆς Γαλιλαίας ὑπὲρ δέκα μυριάδας νέων ἀνδρῶν, οὓς πάντας ἔκ τε τῶν συλλεγομένων παλαιῶν ὅπλων ἐγκατασκευαζόμενος ὥπλιζεν.

[7.577] Ἔπειτα συνιδὼν ἀήττητον τὴν Ῥωμαίων ἰσχὺν γεγενημένην εὐπειθείᾳ μάλιστα καὶ μελέτῃ τῶν ὅπλων, τὴν μὲν διδασκαλίαν ἀπέγνω τῇ χρείᾳ διωκομένην, τὸ δ' εὐπειθὲς ὁρῶν περιγινόμενον ἐκ τοῦ πλήθους τῶν ἡγεμόνων ῥωμαϊκώτερον ἔτεμνεν τὴν στρατιὰν καὶ πλείους καθίστατο ταξιάρχους. [578] στρατιωτῶν τε γὰρ ἀπεδείκνυεν διαφοράς, καὶ τούτους μὲν ὑπέτασσεν δεκαδάρχαις καὶ ἑκατοντάρχαις ἔπειτα χιλιάρχοις, κἀπὶ τούτοις ἡγεμόνας ταγμάτων ἁδροτέρων ἀφηγουμένους. [579] ἐδίδασκεν δὲ σημείων παραδόσεις καὶ σάλπιγγος προκλήσεις τε καὶ ἀνακλήσεις προσβολάς τε κεράτων καὶ περιαγωγάς, καὶ πῶς δεῖ πρὸς μὲν τὸ κάμνον ἐπιστρέφειν ἐκ τοῦ περιόντος, ἐν δὲ τῷ πονοῦντι συμπαθεῖν. [580] ὅσα τε εἰς παράστασιν ψυχῆς ἢ καρτερίαν συνετέλει σώματος ἀφηγεῖτο: μάλιστα δ' αὐτοὺς ἤσκει πρὸς τὸν πόλεμον παρ' ἕκαστα τὴν Ῥωμαίων εὐταξίαν διηγούμενος, καὶ ὡς πολεμήσουσιν πρὸς ἄνδρας, οἳ δι' ἀλκὴν σώματος καὶ ψυχῆς παράστημα πάσης ὀλίγου δεῖν τῆς οἰκουμένης κρατοῦσιν. [581] ἔφη δὲ πεῖραν αὐτῶν λήψεσθαι τῆς κατὰ τὸν πόλεμον πειθαρχίας καὶ πρὸ παρατάξεως, εἰ τῶν συνήθων ἀδικημάτων ἀπόσχοιντο, κλοπῆς τε καὶ ληστείας καὶ ἁρπαγῆς τοῦ τε ἐξαπατᾶν τὸ ὁμόφυλον τοῦ τε κέρδος οἰκεῖον ἡγεῖσθαι τὴν βλάβην τῶν συνηθεστάτων: [582] διοικεῖσθαι γὰρ κάλλιστα τοὺς πολέμους παρ' οἷς ἂν ἀγαθὸν τὸ συνειδὸς ἔχωσιν πάντες οἱ στρατευόμενοι, τοὺς δὲ οἴκοθεν φαύλους οὐ μόνον τοῖς ἐπιοῦσιν ἐχθροῖς ἀλλὰ καὶ τῷ θεῷ χρῆσθαι πολεμίῳ.

[8.583] Πολλὰ τοιαῦτα παραινῶν διετέλει. καὶ τὸ μὲν ἕτοιμον εἰς παράταξιν αὐτῷ συνεκεκρότητο πεζῶν μὲν ἓξ μυριάδες, ἱππεῖς δὲ πεντήκοντα καὶ τριακόσιοι, χωρὶς δὲ τούτων οἷς ἐπεποίθει μάλιστα μισθοφόροι περὶ τετρακισχιλίους καὶ πεντακοσίους: ἐπιλέκτους δὲ περὶ αὐτὸν εἶχεν ἑξακοσίους φύλακας τοῦ σώματος. [584] ἔτρεφον δὲ πλὴν τῶν μισθοφόρων τὴν ἄλλην στρατιὰν αἱ πόλεις ῥᾳδίως: τῶν γὰρ καταλεγέντων ἑκάστη τοὺς ἡμίσεις ἐπὶ τὴν στρατιὰν ἐκπέμπουσα τοὺς λοιποὺς ἐπὶ συμπορισμὸν αὐτοῖς τῶν ἐπιτηδείων κατεῖχον, ὡς τοὺς μὲν εἰς ὅπλα, τοὺς δὲ εἰς ἐργασίαν διῃρῆσθαι, καὶ τοῖς τὰ σῖτα πέμπουσιν ἀντιχορηγεῖσθαι παρὰ τῶν ὁπλιτῶν τὴν ἀσφάλειαν.

[1.585] Διοικοῦντι δ' οὕτως τῷ Ἰωσήπῳ τὰ κατὰ τὴν Γαλιλαίαν παρανίσταταί τις ἐπίβουλος ἀνὴρ ἀπὸ Γισχάλων, υἱὸς Ληΐου, Ἰωάννης ὄνομα, πανουργότατος μὲν καὶ δολιώτατος τῶν ἐπισήμων ἐν τοῖσδε τοῖς πονηρεύμασιν ἁπάντων, πένης δὲ τὰ πρῶτα καὶ μέχρι πολλοῦ κώλυμα σχὼν τῆς κακίας τὴν ἀπορίαν, [586] ἕτοιμος μὲν ψεύσασθαι, δεινὸς δ' ἐπιθεῖναι πίστιν τοῖς ἐψευσμένοις, ἀρετὴν ἡγούμενος τὴν ἀπάτην καὶ ταύτῃ κατὰ τῶν φιλτάτων χρώμενος, ὑποκριτὴς φιλανθρωπίας καὶ δι' ἐλπίδα κέρδους φονικώτατος, [587] ἀεὶ μὲν ἐπιθυμήσας μεγάλων, τρέφων δὲ τὰς ἐλπίδας ἐκ τῶν ταπεινῶν κακουργημάτων: λῃστὴς γὰρ ἦν μονότροπος, ἔπειτα καὶ συνοδίαν εὗρεν τῆς τόλμης τὸ μὲν πρῶτον ὀλίγην, προκόπτων δ' ἀεὶ πλείονα. [588] φροντὶς δ' ἦν αὐτῷ μηδένα προσλαμβάνειν εὐάλωτον, ἀλλὰ τοὺς εὐεξίᾳ σώματος καὶ ψυχῆς παραστήματι καὶ πολέμων ἐμπειρίᾳ διαφέροντας ἐξελέγετο, μέχρι καὶ τετρακοσίων ἀνδρῶν στῖφος συνεκρότησεν, οἳ τὸ πλέον ἐκ τῆς Τυρίων χώρας καὶ τῶν ἐν αὐτῇ κωμῶν φυγάδες ἦσαν: [589] δι' ὧν πᾶσαν ἐλῄζετο τὴν Γαλιλαίαν καὶ μετεώρους ὄντας ἐπὶ τῷ μέλλοντι πολέμῳ τοὺς πολλοὺς ἐσπάρασσεν.

[2.590] Ἤδη δ' αὐτὸν στρατηγιῶντα καὶ μειζόνων ἐφιέμενον ἔνδεια χρημάτων κατεῖχεν. ἐπεὶ δὲ τὸν Ἰώσηπον ὁρῶν αὐτοῦ [σφόδρα] χαίροντα τῷ δραστηρίῳ πείθει πρῶτον μὲν αὐτῷ πιστεῦσαι τὸ τεῖχος ἀνοικοδομῆσαι τῆς πατρίδος, ἐν ᾧ πολλὰ παρὰ τῶν πλουσίων ἐκέρδανεν: [591] ἔπειτα συνθεὶς σκηνὴν πανουργοτάτην, ὡς ἄρα φυλάττοιντο πάντες οἱ κατὰ τὴν Συρίαν Ἰουδαῖοι ἐλαίῳ χρῆσθαι μὴ δι' ὁμοφύλων ἐγκεχειρισμένῳ, πέμπειν αὐτοῖς ἐπὶ τὴν μεθορίαν ἐξῃτήσατο. [592] συνωνούμενος δὲ τοῦ Τυρίου νομίσματος, ὃ τέσσαρας Ἀττικὰς δύναται, τέσσαρας ἀμφορεῖς, τῆς αὐτῆς ἐπίπρασκεν τιμῆς ἡμιαμφόριον. οὔσης δὲ τῆς Γαλιλαίας ἐλαιοφόρου μάλιστα καὶ τότε εὐφορηκυίας, εἰς σπανίζοντας εἰσπέμπων πολὺ καὶ μόνος ἄπειρόν τι πλῆθος συνῆγεν χρημάτων, οἷς εὐθέως ἐχρῆτο κατὰ τοῦ τὴν ἐργασίαν παρασχόντος. [593] καὶ ὑπολαβών, εἰ καταλύσειεν τὸν Ἰώσηπον, αὐτὸς ἡγήσεσθαι τῆς Γαλιλαίας, τοῖς μὲν ὑφ' ἑαυτὸν λῃσταῖς προσέταξεν εὐτονώτερον ἐγχειρεῖν ταῖς ἁρπαγαῖς, ὅπως πολλῶν νεωτεριζομένων κατὰ τὴν χώραν ἢ διαχρήσαιτό που τὸν στρατηγὸν ἐκβοηθοῦντα λοχήσας ἢ περιορῶντα τοὺς λῃστὰς διαβάλλοι πρὸς τοὺς ἐπιχωρίους. [594] ἔπειτα διεφήμιζεν πόρρωθεν, ὡς ἄρα προδιδοίη τὰ πράγματα Ῥωμαίοις Ἰώσηπος, καὶ πολλὰ τοιαῦτα πρὸς κατάλυσιν τἀνδρὸς ἐπραγματεύετο.

[3.595] Καθ' ὃν καιρὸν ἀπὸ Δεβαρίθθων κώμης νεανίσκοι τινὲς τῶν ἐν τῷ μεγάλῳ πεδίῳ καθεζομένων φυλάκων ἐνεδρεύσαντες Πτολεμαῖον τὸν Ἀγρίππα καὶ Βερνίκης ἐπίτροπον ἀφείλοντο πᾶσαν ὅσην ἦγεν ἀποσκευήν, ἐν ᾗ πολυτελεῖς τε ἐσθῆτες οὐκ ὀλίγαι καὶ πλῆθος ἐκπωμάτων ἀργυρῶν χρυσοῖ τε ἦσαν ἑξακόσιοι.
[596] μὴ δυνάμενοι δὲ διαθέσθαι κρύφα τὴν ἁρπαγὴν πάντα πρὸς Ἰώσηπον εἰς Ταριχέας ἐκόμισαν. [597] ὁ δὲ μεμψάμενος αὐτῶν τὸ πρὸς τοὺς βασιλικοὺς βίαιον τίθησιν τὰ κομισθέντα παρὰ τῷ δυνατωτάτῳ τῶν Ταριχεατῶν Ἀνναίῳ, πέμψαι κατὰ καιρὸν τοῖς δεσπόταις προαιρούμενος: ὃ δὴ μέγιστον αὐτῷ κίνδυνον ἐπήγαγεν.

[598] οἱ γὰρ ἁρπάσαντες ἅμα μὲν ἐπὶ τῷ μηδεμιᾶς τυχεῖν μερίδος ἐκ τῶν κεκομισμένων ἀγανακτοῦντες, ἅμα δὲ καὶ προσκεψάμενοι τοῦ Ἰωσήπου τὴν διάνοιαν, ὅτι μέλλοι τὸν πόνον αὐτῶν τοῖς βασιλεῦσιν χαρίζεσθαι. νύκτωρ εἰς τὰς κώμας διέδραμον καὶ πᾶσιν ἐνεδείκνυντο τὸν Ἰώσηπον ὡς προδότην: ἐνέπλησαν δὲ καὶ τὰς πλησίον πόλεις ταραχῆς, ὥστε ὑπὸ τὴν ἕω δέκα μυριάδας ὁπλιτῶν ἐπ' αὐτὸν συνδραμεῖν. [599] καὶ τὸ μὲν πλῆθος ἐν τῷ κατὰ Ταριχέας ἱπποδρόμῳ συνηθροισμένον πολλὰ πρὸς ὀργὴν ἀνεβόα καὶ καταλεύειν οἱ δὲ καίειν τὸν προδότην ἐκεκράγεσαν: παρώξυνεν δὲ τοὺς πολλοὺς ὁ Ἰωάννης καὶ σὺν αὐτῷ Ἰησοῦς τις υἱὸς Σαπφία, τότε ἄρχων τῆς Τιβεριάδος. [600] οἱ μὲν οὖν φίλοι καὶ σωματοφύλακες τοῦ Ἰωσήπου καταπλαγέντες τὴν ὁρμὴν τοῦ πλήθους ἔφυγον πλὴν τεσσάρων πάντες, αὐτὸς δὲ κοιμώμενος ἤδη προσφερομένου τοῦ πυρὸς διανίσταται, [601] καὶ παραινούντων φεύγειν τῶν τεσσάρων, οἳ παρέμειναν, οὔτε πρὸς τὴν καθ' ἑαυτὸν ἐρημίαν οὔτε πρὸς τὸ πλῆθος τῶν ἐφεστώτων καταπλαγεὶς προπηδᾷ, περιρρηξάμενος μὲν τὴν ἐσθῆτα, καταπασάμενος δὲ τῆς κεφαλῆς κόνιν, ἀποστρέψας δὲ ὀπίσω τὰς χεῖρας καὶ τὸ ἴδιον ξίφος ἐπιδήσας τῷ τένοντι. [602] πρὸς ταῦτα τῶν μὲν οἰκείως ἐχόντων, καὶ μάλιστα τῶν Ταριχεατῶν, οἶκτος ἦν, οἱ δ' ἀπὸ τῆς χώρας καὶ τῶν πλησίον ὅσοις ἐδόκει φορτικὸς ἐβλασφήμουν, προφέρειν τε τὰ κοινὰ χρήματα θᾶττον ἐκέλευον καὶ τὰς προδοτικὰς συνθήκας ἐξομολογεῖσθαι: [603] προειλήφεσαν γὰρ ἐκ τοῦ σχήματος οὐδὲν αὐτὸν ἀρνήσεσθαι τῶν ὑπονοηθέντων, ἀλλ' ἐπὶ συγγνώμης πορισμῷ πάντα πεποιηκέναι τὰ πρὸς τὸν ἔλεον. [604] τῷ δ' ἦν ἡ ταπείνωσις προπαρασκευὴ στρατηγήματος, καὶ τεχνιτεύων τοὺς ἀγανακτοῦντας κατ' αὐτοῦ κατ' ἀλλήλων στασιάσαι, ἐφ' οἷς ὠργίζοντο πάνθ' ὁμολογήσων, [605] ἔπειτα δοθὲν αὐτῷ λέγειν, "ἐγὼ ταῦτα, ἔφη, τὰ χρήματα οὔτε ἀναπέμπειν Ἀγρίππᾳ προηρούμην οὔτε κερδαίνειν αὐτός: μὴ γὰρ ἡγησαίμην ποτὲ ἢ φίλον τὸν ὑμῖν διάφορον ἢ κέρδος τὸ φέρον τῷ κοινῷ βλάβην. [606] ὁρῶν δέ, ὦ Ταριχεᾶται, μάλιστα τὴν ὑμετέραν πόλιν ἀσφαλείας δεομένην καὶ πρὸς κατασκευὴν τείχους χρῄζουσαν

ἀργυρίου, δεδοικὼς δὲ τὸν Τιβεριέων δῆμον καὶ τὰς ἄλλας πόλεις ἐφεδρευούσας τοῖς ἡρπαγμένοις, κατασχεῖν ἡσυχῇ τὰ χρήματα προειλόμην, ἵνα ὑμῖν περιβάλωμαι τεῖχος. [607] εἰ μὴ δοκεῖ, προφέρω τὰ κεκομισμένα καὶ παρέχω διαρπάζειν: εἰ μὴ καλῶς ὑμῖν ἐβουλευσάμην, κολάζετε τὸν εὐεργέτην."

[4.608] Ἐπὶ τούτοις οἱ Ταριχεῶται μὲν αὐτὸν ἀνευφήμουν, οἱ δ' ἀπὸ τῆς Τιβεριάδος σὺν τοῖς ἄλλοις ἐκάκιζον καὶ διηπείλουν: καταλιπόντες δ' ἑκάτεροι τὸν Ἰώσηπον ἀλλήλοις διεφέροντο. κἀκεῖνος θαρρῶν ἤδη τοῖς ᾠκειωμένοις, ἦσαν δὲ εἰς τετρακισμυρίους Ταριχεᾶται, παντὶ τῷ πλήθει παρρησιαστικώτερον ὡμίλει. [609] καὶ πολλὰ τὴν προπέτειαν αὐτῶν κατονειδίσας ἐκ μὲν τῶν παρόντων Ταριχέας ἔφη τειχίσειν, ἀσφαλιεῖσθαι δὲ ὁμοίως καὶ τὰς ἄλλας πόλεις: οὐ γὰρ ἀπορήσειν χρημάτων, ἐὰν ὁμονοῶσιν ἐφ' οὓς δεῖ πορίζειν καὶ μὴ παροξύνωνται κατὰ τοῦ πορίζοντος.

[5.610] Ἔνθα δὴ τὸ μὲν ἄλλο πλῆθος τῶν ἠπατημένων ἀνεχώρει καίτοι διωργισμένον, δισχίλιοι δ' ἐπ' αὐτὸν ὥρμησαν ἔνοπλοι, καὶ φθάσαντος εἰς τὸ δωμάτιον παρελθεῖν ἀπειλοῦντες ἐφεστήκεσαν. [611] ἐπὶ τούτοις Ἰώσηπος ἀπάτῃ δευτέρᾳ χρῆται: ἀναβὰς γὰρ ἐπὶ τὸ τέγος καὶ τῇ δεξιᾷ καταστείλας τὸν θόρυβον αὐτῶν ἀγνοεῖν ἔφη τίνων ἀξιοῦσιν τυχεῖν: οὐ γὰρ κατακούειν διὰ τὴν τῆς βοῆς σύγχυσιν: ὅσα δ' ἂν κελεύσωσιν πάντα ποιήσειν, εἰ τοὺς διαλεξομένους ἡσυχῇ πέμψειαν εἴσω πρὸς αὐτόν. [612] ταῦτα ἀκούσαντες οἱ γνώριμοι σὺν τοῖς ἄρχουσιν εἰσῄεσαν. ὁ δὲ σύρας αὐτοὺς εἰς τὸ μυχαίτατον τῆς οἰκίας καὶ τὴν αὔλειον ἀποκλείσας ἐμαστίγωσεν, μέχρι πάντων τὰ σπλάγχνα γυμνῶσαι: περιειστήκει δὲ τέως τὸ πλῆθος δικαιολογεῖσθαι μακρότερα τοὺς εἰσελθόντας οἰόμενον. [613] ὁ δὲ τὰς θύρας ἐξαπίνης ἀνοίξας ᾑμαγμένους ἐξαφῆκεν τοὺς ἄνδρας καὶ τοσαύτην τοῖς ἀπειλοῦσιν ἐνειργάσατο κατάπληξιν, ὥστε ῥίψαντας τὰ ὅπλα φεύγειν.

[6.614] Πρὸς ταῦτα Ἰωάννης ἐπέτεινεν τὸν φθόνον καὶ δευτέραν ἤρτυσεν ἐπιβουλὴν κατὰ τοῦ Ἰωσήπου. σκηψάμενος δὴ νόσον ἱκέτευσεν δι' ἐπιστολῆς τὸν Ἰώσηπον ἐπιτρέψαι πρὸς θεραπείαν αὐτῷ χρήσασθαι τοῖς ἐν Τιβεριάδι θερμοῖς ὕδασιν. [615] ὁ δέ, οὔπω γὰρ ὑπώπτευεν τὸν ἐπίβουλον, γράφει τοῖς κατὰ τὴν πόλιν ὑπάρχοις ξενίαν τε καὶ τὰ ἐπιτήδεια Ἰωάννῃ παρασχεῖν. ὧν ἀπολαύσας μετὰ δύο ἡμέρας ἐφ' ὃ παρῆν διεπράττετο, καὶ τοὺς μὲν ἀπάταις τοὺς δὲ χρήμασι διαφθείρων ἀνέπειθεν ἀποστῆναι Ἰωσήπου. [616] καὶ γνοὺς ταῦτα Σίλας ὁ φυλάσσειν τὴν πόλιν ὑπὸ Ἰωσήπου καθεσταμένος γράφει τὰ περὶ τὴν ἐπιβουλὴν αὐτῷ κατὰ τάχος. ὁ δὲ Ἰώσηπος ὡς ἔλαβεν τὴν ἐπιστολήν, νυκτὸς ὁδεύσας συντόνως ἑωθινὸς παρῆν πρὸς τὴν Τιβεριάδα. [617] καὶ τὸ μὲν ἄλλο πλῆθος αὐτῷ ὑπήντα, Ἰωάννης δὲ καίτοι τὴν παρουσίαν ὑποπτεύσας ἐπ' αὐτὸν ὅμως πέμψας τινὰ τῶν γνωρίμων ὑπεκρίνατο τὴν ἀσθένειαν καὶ κλινήρης ὢν ὑστερῆσαι τῆς θεραπείας ἔλεγεν. [618] ὡς δὲ εἰς τὸ στάδιον τοὺς Τιβεριεῖς ἀθροίσας ὁ Ἰώσηπος ἐπειρᾶτο διαλέγεσθαι περὶ τῶν ἐπεσταλμένων, ὑποπέμψας ὁπλίτας προσέταξεν αὐτὸν ἀνελεῖν. [619] τούτους τὰ ξίφη γυμνοῦντας ὁ δῆμος προϊδὼν ἀνεβόησεν: πρὸς δὲ τὴν κραυγὴν ὁ Ἰώσηπος ἐπιστραφεὶς καὶ θεασάμενος ἐπὶ τῆς σφαγῆς ἤδη τὸν σίδηρον ἀπεπήδησεν εἰς τὸν αἰγιαλόν: είστήκει δὲ δημηγορῶν ἐπὶ βουνοῦ τινος ἑξαπήχους τὸ ὕψος: καὶ παρορμοῦντος ἐπιπηδήσας σκάφους σὺν δυσὶν σωματοφύλαξιν εἰς μέσην τὴν λίμνην ἀνέφυγεν.

[7.620] Οἱ στρατιῶται δ' αὐτοῦ ταχέως ἁρπάσαντες τὰ ὅπλα κατὰ τῶν ἐπιβούλων ἐχώρουν. ἔνθα δείσας ὁ Ἰώσηπος, μὴ πολέμου κινηθέντος ἐμφυλίου δι' ὀλίγων φθόνον παραναλώσῃ τὴν πόλιν, πέμπει τοῖς σφετέροις ἄγγελον μόνης προνοεῖν τῆς ἑαυτῶν ἀσφαλείας, μήτε δὲ κτείνειν τινὰ μήτ' ἀπελέγχειν τῶν αἰτίων. [621] καὶ οἱ μὲν τῷ παραγγέλματι πεισθέντες ἠρέμησαν, οἱ δ' ἀνὰ τὴν πέριξ χώραν πυθόμενοι τήν τε ἐπιβουλὴν καὶ τὸν συσκευάσαντα συνηθροίζοντο κατὰ Ἰωάννου: φθάνει δ' ἐκεῖνος εἰς Γίσχαλα φυγὼν τὴν πατρίδα. [622] συνέρρεον δὲ πρὸς τὸν Ἰώσηπον οἱ Γαλιλαῖοι κατὰ πόλεις, καὶ πολλαὶ μυριάδες ὁπλιτῶν γενόμεναι παρεῖναι σφᾶς ἐπὶ τὸν Ἰωάννην τὸν κοινὸν ἐπίβουλον ἐβόων: συγκαταφλέξειν γὰρ αὐτῷ καὶ τὴν ὑποδεξαμένην πατρίδα. [623] ὁ δὲ ἀποδέχεσθαι μὲν αὐτῶν ἔφασκεν τὴν εὔνοιαν, ἀνεῖργεν δὲ τὴν ὁρμήν, χειρώσασθαι συνέσει τοὺς ἐχθροὺς μᾶλλον ἢ κτεῖναι προαιρούμενος.

[624] ἐκλαβὼν δὲ τοὺς ἀφ' ἑκάστης πόλεως Ἰωάννῃ συναφεστῶτας κατ' ὄνομα, προθύμως δὲ ἐνεδείκνυντο τοὺς σφετέρους οἱ δημόται, καὶ διὰ κηρύκων ἀπειλήσας ἐντὸς ἡμέρας πέμπτης τῶν μὴ καταλιπόντων Ἰωάννην τάς τε οὐσίας διαρπάσειν καὶ τὰς οἰκίας ἅμα ταῖς γενεαῖς καταφλέξειν, [625] τρισχιλίους μὲν ἀπέστησεν εὐθέως, οἳ παραγενόμενοι τὰ ὅπλα παρὰ τοῖς ποσὶν ἔρριψαν αὐτοῦ, σὺν δὲ τοῖς καταλειφθεῖσιν, ἦσαν δ' ὅσον εἰς δισχιλίους Σύρων φυγάδες, ἀνέστελλεν Ἰωάννης πάλιν ἐπὶ τὰς λαθραίους ἐπιβουλὰς ἐκ τῶν φανερωτέρων. [626] κρύφα γοῦν ἔπεμπεν ἀγγέλους εἰς Ἱεροσόλυμα διαβάλλων τὸν Ἰώσηπον ἐπὶ τῷ μεγέθει τῆς δυνάμεως, φάσκων ὅσον οὐδέπω τύραννον ἐλεύσεσθαι τῆς μητροπόλεως, εἰ μὴ προκαταληφθείη. [627] ταῦθ' ὁ μὲν δῆμος προειδὼς οὐ προσεῖχεν, οἱ δυνατοὶ δὲ κατὰ φθόνον καὶ τῶν ἀρχόντων τινὲς λάθρα τῷ Ἰωάννῃ χρήματα πρὸς συλλογὴν μισθοφόρων ἔπεμψαν, ὅπως πολεμῇ πρὸς Ἰώσηπον: ἐψηφίσαντο δὲ καθ' ἑαυτοὺς καὶ μετακαλεῖν αὐτὸν ἀπὸ τῆς στρατηγίας. [628] οὐ μὴν ἠξίουν ἀποχρήσειν τὸ δόγμα: δισχιλίους δὲ καὶ πεντακοσίους ὁπλίτας καὶ τέσσαρας τῶν ἐπιφανῶν ἄνδρας ἔστειλαν, τόν τε τοῦ Νομικοῦ Ἰώεσδρον καὶ Ἀνανίαν Σαδούκι καὶ Σίμωνα καὶ Ἰούδην Ἰωνάθου, πάντας εἰπεῖν δυνατωτάτους, ἵν' οὗτοι τὴν πρὸς τὸν Ἰώσηπον εὔνοιαν ἀποστρέψωσιν, κἂν μὲν ἑκὼν παραγένηται, λόγον ὑποσχεῖν ἐᾶν αὐτόν, εἰ δὲ βιάζοιτο μένειν, ὡς πολεμίῳ χρῆσθαι. [629] Ἰωσήπῳ δὲ παραγίνεσθαι μὲν στρατιὰν ἐπεστάλκεσαν οἱ φίλοι, τὴν δ' αἰτίαν οὐ προεδήλουν ἅτε δὴ λάθρα τῶν ἐχθρῶν βεβουλευμένων. διὸ καὶ μὴ προφυλαξαμένου τέσσαρες πόλεις εὐθέως πρὸς τοὺς διαφόρους ἀπέστησαν ἐλθόντας, Σέπφωρίς τε καὶ Γάβαρα καὶ Γίσχαλα καὶ

Τιβεριάς. [630] ταχέως δὲ καὶ ταύτας προσηγάγετο δίχα τῶν ὅπλων καὶ χειρωσάμενος στρατηγήμασιν τοὺς τέσσαρας ἡγεμόνας τῶν τε ὁπλιτῶν τοὺς δυνατωτάτους ἀνέπεμψεν εἰς Ἱεροσόλυμα. [631] πρὸς οὓς ὁ δῆμος οὐ μετρίως ἠγανάκτησεν καὶ σὺν αὐτοῖς ὥρμησεν τοὺς προπέμψαντας ἀνελεῖν, εἰ μὴ φθάσαντες ἀπέδρασαν.

[8.632] Ἰωάννην δὲ λοιπὸν ἐντὸς τοῦ Γισχάλων τείχους ὁ παρὰ Ἰωσήπου φόβος ἐφρούρει. καὶ μετ' ὀλίγας ἡμέρας πάλιν ἀπέστη Τιβεριὰς ἐπικαλεσαμένων τῶν ἔνδον Ἀγρίππαν τὸν βασιλέα. [633] καὶ τοῦ μὲν μὴ καταντήσαντος ἐφ' ἣν συντέτακτο προθεσμίαν, Ῥωμαϊκῶν δ' ὀλίγων ἱππέων κατ' ἐκείνην τὴν ἡμέραν παραφανέντων, τὸν Ἰώσηπον ἐξεκήρυσσον. [634] τῶν δ' ἠγγέλη μὲν εἰς Ταριχέας ἡ ἀπόστασις εὐθέως, ἐκπεπομφὼς δὲ πάντας τοὺς στρατιώτας ἐπὶ σίτου συλλογὴν οὔτε μόνος ἐξορμᾶν ἐπὶ τοὺς ἀποστάντας οὔτε μένειν ὑπέμενεν, δεδοικὼς μὴ βραδύναντος αὐτοῦ φθάσωσιν οἱ βασιλικοὶ παρελθεῖν εἰς τὴν πόλιν: οὐδὲ γὰρ τὴν ἐπιοῦσαν ἡμέραν ἐνεργὸν ἕξειν ἔμελλεν ἐπέχοντος σαββάτου. [635] δόλῳ δὴ περιελθεῖν ἐπενόει τοὺς ἀποστάντας. καὶ τὰς μὲν πύλας τῶν Ταριχεῶν ἀποκλεῖσαι κελεύσας, ὡς μὴ προεξαγγείλειέ τις τὸ σκέμμα τοῖς ἐπιχειρουμένοις, τὰ δ' ἐπὶ τῆς λίμνης σκάφη πάντα συναθροίσας, τριάκοντα δ' εὑρέθησαν καὶ τριακόσια, καὶ ναῦται τεσσάρων οὐ πλείους ἦσαν ἐν ἑκάστῳ, διὰ τάχους ἐλαύνει πρὸς τὴν Τιβεριάδα. [636] καὶ τοσοῦτον ἀποσχὼν τῆς πόλεως ἐξ ὅσου συνιδεῖν οὐ ῥᾴδιον ἦν κενὰς τὰς ἁλιάδας μετεώρους σαλεύειν ἐκέλευσεν, αὐτὸς δὲ μόνους ἑπτὰ τῶν σωματοφυλάκων ἀνόπλους ἔχων ἔγγιον ὀφθῆναι προσῄει. [637] θεασάμενοι δ' αὐτὸν ἀπὸ τῶν τειχῶν ἔτι βλασφημοῦντες οἱ διάφοροι καὶ διὰ τὴν ἔκπληξιν πάντα τὰ σκάφη γέμειν ὁπλιτῶν νομίσαντες ἔρριψαν τὰ ὅπλα καὶ κατασείοντες ἱκετηρίας ἐδέοντο φείσασθαι τῆς πόλεως.

[9.638] Ὁ δὲ Ἰώσηπος πολλὰ διαπειλησάμενος αὐτοῖς καὶ κατονειδίσας, εἰ πρῶτον μὲν ἀράμενοι τὸν πρὸς Ῥωμαίους πόλεμον εἰς στάσεις ἐμφυλίους προαναλίσκουσιν τὴν ἰσχὺν καὶ τὰ εὐκταιότατα δρῶσιν τοῖς ἐχθροῖς, ἔπειτα τὸν κηδεμόνα τῆς ἀσφαλείας αὐτῶν ἀναρπάσαι σπεύδουσιν καὶ κλείειν οὐκ αἰδοῦνται τὴν πόλιν αὐτῷ τῷ τειχίσαντι, προσδέχεσθαι τοὺς ἀπολογησομένους ἔφασκεν καὶ δι' ὧν βεβαιώσεται τὴν πόλιν. [639] κατέβαινον δ' εὐθέως δέκα τῶν Τιβεριέων οἱ δυνατώτατοι: καὶ τοὺς μὲν ἀναλαβὼν μιᾷ τῶν ἁλιάδων ἀνήγαγεν πορρωτέρω, πεντήκοντα δ' ἑτέρους τῆς βουλῆς τοὺς μάλιστα γνωρίμους κελεύει προελθεῖν ὡς καὶ παρ' ἐκείνων πίστιν τινὰ βουλόμενος λαβεῖν. [640] ἔπειτα καινοτέρας σκήψεις ἐπινοῶν ἄλλους ἐπ' ἄλλοις ὡς ἐπὶ συνθήκαις προυκαλεῖτο. [641] τοῖς δὲ κυβερνήταις ἐκέλευσεν τῶν πληρουμένων διὰ τάχους εἰς Ταριχέας ἀναπλεῖν καὶ συγκλείειν τοὺς ἄνδρας εἰς τὸ δεσμωτήριον, μέχρι πᾶσαν μὲν τὴν βουλὴν οὖσαν ἑξακοσίων, περὶ δὲ δισχιλίους τῶν ἀπὸ τοῦ δήμου συλλαβὼν ἀνήγαγεν σκάφεσιν εἰς Ταριχέας.

[10.642] Βοώντων δὲ τῶν λοιπῶν αἴτιον εἶναι μάλιστα τῆς ἀποστάσεως Κλεῖτόν τινα καὶ παρακαλούντων εἰς ἐκεῖνον ἀπερείδεσθαι τὴν ὀργήν, ὁ Ἰώσηπος ἀνελεῖν μὲν οὐδένα προῄρητο, Ληουὶν δέ τινα τῶν ἑαυτοῦ φυλάκων ἐκέλευσεν ἐξελθεῖν, ἵνα ἀποκόψῃ τὰς χεῖρας τοῦ Κλείτου. [643] δείσας δὲ ἐκεῖνος εἰς ἐχθρῶν στῖφος ἀποβήσεσθαι μόνος οὐκ ἔφη. σχετλιάζοντα δὲ τὸν Ἰώσηπον ἐπὶ τοῦ σκάφους ὁ Κλεῖτος ὁρῶν καὶ προθυμούμενον αὐτὸν ἐπιπηδᾶν ἐπὶ τὴν τιμωρίαν ἱκέτευεν ἀπὸ τῆς ἀκτῆς τὴν ἑτέραν τῶν χειρῶν καταλιπεῖν. [644] κἀκείνου κατανεύσαντος ἐφ' ᾧ τὴν ἑτέραν αὐτὸς ἀποκόψειεν ἑαυτοῦ, σπασάμενος τῇ δεξιᾷ τὸ ξίφος ἀπέκοψεν τὴν λαιάν: εἰς τοσοῦτον δέους ὑπὸ τοῦ Ἰωσήπου προήχθη. [645] τότε μὲν δὴ κενοῖς σκάφεσιν καὶ δορυφόροις ἑπτὰ τὸν δῆμον αἰχμαλωτισάμενος πάλιν Τιβεριάδα προσηγάγετο, μετὰ δ' ἡμέρας ὀλίγας Σεπφωρίταις συναποστᾶσαν εὑρὼν ἐπέτρεψεν διαρπάσαι τοῖς στρατιώταις. [646] συναγαγὼν μέντοι πάντα τοῖς δημόταις ἔδωκεν τοῖς τε κατὰ Σέπφωριν ὁμοίως: καὶ γὰρ ἐκείνους χειρωσάμενος νουθετῆσαι διὰ τῆς ἁρπαγῆς ἠθέλησεν, τῇ δ' ἀποδόσει τῶν χρημάτων πάλιν εἰς εὔνοιαν προσηγάγετο.

[1.647] Τὰ μὲν οὖν κατὰ Γαλιλαίαν ἐπέπαυτο κινήματα, καὶ τῶν ἐμφυλίων παυσάμενοι θορύβων ἐπὶ τὰς πρὸς Ῥωμαίους ἐτράποντο παρασκευάς: [648] ἐν δὲ τοῖς Ἱεροσολύμοις Ἄνανός τε ὁ ἀρχιερεὺς καὶ τῶν δυνατῶν ὅσοι μὴ τὰ Ῥωμαίων ἐφρόνουν τό τε τεῖχος ἐπεσκεύαζον καὶ πολλὰ τῶν πολεμιστηρίων ὀργάνων. [649] καὶ διὰ πάσης μὲν τῆς πόλεως ἐχαλκεύετο βέλη καὶ πανοπλία, πρὸς ἀτάκτοις δὲ γυμνασίαις τὸ τῶν νέων πλῆθος ἦν, καὶ μεστὰ πάντα θορύβου, δεινὴ δὲ κατήφεια τῶν μετρίων, καὶ πολλοὶ τὰς μελλούσας προορώμενοι συμφορὰς ἀπωλοφύροντο. [650] θειασμοί τε τοῖς εἰρήνην ἀγαπῶσιν δύσφημοι, τοῖς δὲ τὸν πόλεμον ἐξάψασιν ἐσχεδιάζοντο πρὸς ἡδονήν, καὶ τὸ κατάστημα τῆς πόλεως πρὶν ἐπελθεῖν Ῥωμαίους ἦν οἷον ἀπολουμένης. [651] Ἀνάνῳ γε μὴν φροντὶς ἦν κατὰ μικρὸν ἀφισταμένῳ τῶν εἰς τὸν πόλεμον παρασκευῶν κάμψαι πρὸς τὸ συμφέρον τούς τε στασιαστὰς καὶ τὴν τῶν κληθέντων ζηλωτῶν ἀφροσύνην, ἡττήθη δὲ τῆς βίας, κἀν τοῖς ἑξῆς οἵου τέλους ἔτυχεν δηλώσομεν.

[2.652] Κατὰ δὲ τὴν Ἀκραβετηνὴν τοπαρχίαν ὁ Γιώρα Σίμων πολλοὺς τῶν νεωτεριζόντων συστησάμενος ἐφ' ἁρπαγὰς ἐτράπετο καὶ οὐ μόνον τὰς οἰκίας ἐσπάρασσεν τῶν πλουσίων, ἀλλὰ καὶ τὰ σώματα κατῃκίζετο δῆλός τε ἦν ἤδη πόρρωθεν ἀρχόμενος τυραννεῖν. [653] πεμφθείσης δ' ἐπ' αὐτὸν ὑπ' Ἀνάνου καὶ τῶν ἀρχόντων στρατιᾶς πρὸς τοὺς ἐν Μασάδᾳ λῃστὰς μεθ' ὧν εἶχεν κατέφυγεν, κἀκεῖ μέχρι τῆς Ἀνάνου καὶ τῆς τῶν ἄλλων ἐχθρῶν ἀναιρέσεως μένων συνελῄζετο τὴν Ἰδουμαίαν: [654] ὥστε τοὺς ἄρχοντας τοῦ ἔθνους διὰ τὸ πλῆθος τῶν φονευομένων καὶ τὰς συνεχεῖς ἁρπαγὰς στρατιὰν ἀθροίσαντας ἐμφρούρους τὰς κώμας ἔχειν. καὶ τὰ μὲν κατὰ τὴν Ἰδουμαίαν ἐν τούτοις ἦν.

제 3 권
βιβλίον γ'

[1.1] Νέρωνι δ' ὡς ἠγγέλη τὰ κατὰ τὴν Ἰουδαίαν πταίσματα, λεληθυῖα μὲν ὡς εἰκὸς ἔκπληξις ἐμπίπτει καὶ δέος, φανερῶς δὲ ὑπερηφάνει καὶ προσωργίζετο, [2] στρατηγῶν μὲν ῥᾳστώνῃ μᾶλλον ἢ ταῖς τῶν πολεμίων ἀρεταῖς γεγονέναι τὰ συμβάντα λέγων, πρέπειν δ' ἡγούμενος ἑαυτῷ διὰ τὸν ὄγκον τῆς ἡγεμονίας κατασοβαρεύεσθαι τῶν σκυθρωπῶν καὶ δοκεῖν δεινοῦ παντὸς ἐπάνω τὴν ψυχὴν ἔχειν.

[2.3] διηλέγχετό γε μὴν ὁ τῆς ψυχῆς θόρυβος ὑπὸ τῶν φροντίδων σκεπτομένου τίνι πιστεύσει κινουμένην τὴν ἀνατολήν, ὃς τιμωρήσεται μὲν τὴν τῶν Ἰουδαίων ἐπανάστασιν, προκαταλήψεται δ' αὐτοῖς ἤδη καὶ τὰ πέριξ ἔθνη συννοσοῦντα. [4] μόνον εὑρίσκει Οὐεσπασιανὸν ταῖς χρείαις ἀναλογοῦντα καὶ τηλικούτου πολέμου μέγεθος ἀναδέξασθαι δυνάμενον, ἄνδρα ταῖς ἀπὸ νεότητος στρατείαις ἐγγεγηρακότα καὶ προειρηνεύσαντα μὲν πάλαι Ῥωμαίοις τὴν ἑσπέραν ὑπὸ Γερμανῶν ταρασσομένην, προσκτησάμενον δὲ τοῖς ὅπλοις Βρεττανίαν τέως λανθάνουσαν, [5] ὅθεν αὐτοῦ καὶ τῷ πατρὶ Κλαυδίῳ παρέσχε χωρὶς ἱδρῶτος ἰδίου θρίαμβον καταγαγεῖν.

[3.6] Ταῦτά τε δὴ προκληδονιζόμενος καὶ σταθερὰν μετ' ἐμπειρίας τὴν ἡλικίαν ὁρῶν, μέγα δὲ πίστεως αὐτοῦ τοὺς υἱοὺς ὅμηρον καὶ τὰς τούτων ἀκμὰς χεῖρα τῆς πατρῴας συνέσεως, τάχα τι καὶ περὶ τῶν ὅλων ἤδη τοῦ θεοῦ προοικονομουμένου, [7] πέμπει τὸν ἄνδρα ληψόμενον τὴν ἡγεμονίαν τῶν ἐπὶ Συρίας στρατευμάτων, πολλὰ πρὸς τὸ ἐπεῖγον οἷα κελεύουσιν αἱ ἀνάγκαι μειλιξάμενός τε καὶ προθεραπεύσας. [8] ὁ δ' ἀπὸ τῆς Ἀχαΐας, ἔνθα συνῆν τῷ Νέρωνι, τὸν μὲν υἱὸν Τίτον ἀπέστειλεν ἐπ' Ἀλεξανδρείας τὸ πέμπτον καὶ δέκατον ἐκεῖθεν ἀναστήσοντα τάγμα, περάσας δ' αὐτὸς τὸν Ἑλλήσποντον πεζὸς εἰς Συρίαν ἀφικνεῖται κἀκεῖ τάς τε Ῥωμαϊκὰς δυνάμεις συνήγαγε καὶ συχνοὺς παρὰ τῶν γειτνιώντων βασιλέων συμμάχους.

[1.9] Ἰουδαῖοι δὲ μετὰ τὴν Κεστίου πληγὴν ἐπηρμένοι ταῖς ἀδοκήτοις εὐπραγίαις ἀκρατεῖς ἦσαν ὁρμῆς καὶ ὥσπερ ἐκριπιζόμενοι τῇ τύχῃ προσωτέρω τὸν πόλεμον ἐξῆγον: πᾶν γοῦν εὐθέως ὅσον ἦν μαχιμώτατον αὐτοῖς ἀθροισθέντες ὥρμησαν ἐπ' Ἀσκάλωνα. [10] πόλις ἐστὶν ἀρχαία τῶν Ἱεροσολύμων εἴκοσι πρὸς τοῖς πεντακοσίοις ἀπέχουσα σταδίους ἀεὶ διὰ μίσους Ἰουδαίοις γεγενημένη, διὸ καὶ τότε ταῖς πρώταις ὁρμαῖς ἐγγίων ἔδοξεν. [11] ἐξηγοῦντο δὲ τῆς καταδρομῆς τρεῖς ἄνδρες ἀλκήν τε κορυφαῖοι καὶ συνέσει, Νίγερ τε ὁ Περαΐτης καὶ ὁ Βαβυλώνιος Σίλας, πρὸς οἷς Ἰωάννης ὁ Ἐσσαῖος. [12] ἡ δὲ Ἀσκάλων ἐτετείχιστο μὲν καρτερῶς, βοηθείας δὲ ἦν σχεδὸν ἔρημος: ἐφρουρεῖτο γὰρ ὑπό τε σπείρας πεζῶν καὶ ὑπὸ μιᾶς ἴλης ἱππέων, ἧς ἐπῆρχεν Ἀντώνιος.

[2.13] Οἱ μὲν οὖν πολὺ ταῖς ὁρμαῖς συντονώτερον ὁδεύσαντες ὡς ἐγγύθεν ὡρμημένοι καὶ δὴ παρῆσαν: [14] ὁ δὲ Ἀντώνιος, οὐ γὰρ ἠγνόει μέλλουσαν ἔτι τὴν ἔφοδον αὐτῶν, προεξήγαγε τοὺς ἱππεῖς καὶ οὐδὲν οὔτε πρὸς τὸ πλῆθος οὔτε τὴν τόλμαν ὑποδείσας τῶν πολεμίων καρτερῶς τὰς πρώτας ὁρμὰς ἀνεδέξατο καὶ τοὺς ἐπὶ τὸ τεῖχος ὠθουμένους ἀνέστειλεν. [15] οἱ δὲ πρὸς ἐμπείρους πολέμων ἄπειροι καὶ πεζοὶ πρὸς ἱππεῖς, ἀσύντακτοί τε πρὸς ἡνωμένους καὶ πρὸς ὁπλίτας ἐξηρτυμένους εἰκαιότερον ὡπλισμένοι, θυμῷ τε πλέον ἢ βουλῇ στρατηγούμενοι πρὸς εὐπειθεῖς καὶ νεύματι πάντα πράττοντας ἀντιτασσόμενοι πονοῦσιν ῥᾳδίως: [16] ὡς γὰρ αὐτῶν ἅπαξ ἤδη συνεταράχθησαν αἱ πρῶται φάλαγγες, ὑπὸ τῆς ἵππου τρέπονται, καὶ τοῖς κατόπιν αὐτῶν ἐπὶ τὸ τεῖχος βιαζομένοις περιπίπτοντες ἀλλήλων ἦσαν πολέμιοι, μέχρι πάντες ταῖς τῶν ἱππέων ἐμβολαῖς εἴξαντες ἐσκεδάσθησαν ἀνὰ πᾶν τὸ πεδίον: τὸ δὲ ἦν πολὺ καὶ πᾶν ἱππάσιμον. [17] ὃ δὴ καὶ τοῖς Ῥωμαίοις συνεργῆσαν πλεῖστον εἰργάσατο τῶν Ἰουδαίων φόνον: τούς τε γὰρ φεύγοντας αὐτῶν φθάνοντες ἐπέστρεφον καὶ τῶν ὑπὸ τοῦ δρόμου συνειλουμένων διεκπαίοντες ἀπείρους ἀνῄρουν, ἄλλοι δὲ ἄλλους ὅπῃ τρέποιντο κυκλούμενοι καὶ περιελαύνοντες κατηκόντιζον ῥᾳδίως.

[18] καὶ τοῖς μὲν Ἰουδαίοις τὸ ἴδιον πλῆθος ἐρημία παρὰ τὰς ἀμηχανίας κατεφαίνετο, Ῥωμαῖοι δὲ ἐν ταῖς εὐπραγίαις καίπερ ὄντες ὀλίγοι τῷ πολέμῳ καὶ περισσεύειν σφᾶς αὐτοὺς ὑπελάμβανον. [19] καὶ τῶν μὲν προσφιλονεικούντων τοῖς πταίσμασιν αἰδοῖ τε φυγῆς ταχείας καὶ μεταβολῆς ἐλπίδι, τῶν δὲ μὴ κοπιώντων ἐν οἷς εὐτύχουν, παρέτεινεν ἡ μάχη μέχρι δείλης, ἕως ἀνηρέθησαν μὲν μύριοι τῶν Ἰουδαίων τὸν ἀριθμὸν ἄνδρες καὶ δύο τῶν ἡγεμόνων, Ἰωάννης τε καὶ Σίλας: [20] οἱ λοιποὶ δὲ τραυματίαι τὸ πλέον σὺν τῷ περιλειπομένῳ τῶν ἡγεμόνων Νίγερι τῆς Ἰδουμαίας εἰς πολίχνην τινά, Χάαλλις καλεῖται, συνέφυγον. [21] ὀλίγοι δέ τινες καὶ τῶν Ῥωμαίων ἐπὶ τῆσδε τῆς παρατάξεως ἐτρώθησαν.

[3.22] Οὐ μὴν οἱ Ἰουδαῖοι τηλικαύτῃ συμφορᾷ κατεστάλησαν τὰ φρονήματα, μᾶλλον δ' αὐτῶν τὸ πάθος ἤγειρε τὰς τόλμας, ὑπερορῶντές τε τοὺς ἐν ποσὶ νεκροὺς ἐδελεάζοντο τοῖς προτέροις κατορθώμασιν ἐπὶ πληγὴν δευτέραν. [23] διαλιπόντες γοῦν οὐδ' ὅσον ἰάσασθαι τὰ τραύματα καὶ τὴν δύναμιν πᾶσαν ἐπισυλλέξαντες ὀργιλώτερον καὶ πολλῷ πλείους ἐπαλινδρόμουν ἐπὶ τὴν Ἀσκάλωνα. [24] παρείπετο δ' αὐτοῖς μετά τε τῆς ἀπειρίας καὶ τῶν ἄλλων πρὸς πόλεμον ἐλασσωμάτων ἡ προτέρα τύχη: [25] τοῦ γὰρ Ἀντωνίου τὰς παρόδους προλοχίσαντος ἀδόκητοι ταῖς ἐνέδραις ἐμπεσόντες καὶ ὑπὸ τῶν ἱππέων πρὶν εἰς μάχην συντάξασθαι κυκλωθέντες, πάλιν πίπτουσι μὲν ὑπὲρ ὀκτακισχιλίους, οἱ λοιποὶ δὲ πάντες ἔφυγον, σὺν οἷς καὶ Νίγερ, πολλὰ κατὰ τὴν φυγὴν εὐτολμίας ἐπιδειξάμενος ἔργα, συνελαύνονταί τε προσκειμένων τῶν πολεμίων εἴς τινα πύργον ὀχυρὸν κώμης Βελζεδὲκ καλουμένης. [26] οἱ δὲ περὶ τὸν Ἀντώνιον ὡς μήτε τρίβοιντο περὶ τὸν πύργον ὄντα δυσάλωτον μήτε ζῶντα τὸν ἡγεμόνα καὶ γενναιότατον τῶν πολεμίων περιίδοιεν, ὑποπιμπρᾶσι τὸ τεῖχος. [27] φλεγομένου δὲ τοῦ πύργου Ῥωμαῖοι μὲν ἀναχωροῦσι γεγηθότες ὡς διεφθαρμένου καὶ Νίγερος, ὁ δὲ εἰς τὸ μυχαίτατον τοῦ φρουρίου σπήλαιον καταπηδήσας ἐκ τοῦ πύργου διασώζεται, καὶ μεθ' ἡμέρας τρεῖς τοῖς μετ' ὀλοφυρμοῦ πρὸς κηδείαν αὐτὸν ἐρευνῶσιν ὑποφθέγγεται. [28] προελθὼν δὲ χαρᾶς ἀνελπίστου πάντας ἐπλήρωσεν Ἰουδαίους ὡς προνοίᾳ θεοῦ σωθεὶς αὐτοῖς στρατηγὸς εἰς τὰ μέλλοντα.

[4.29] Οὐεσπασιανὸς δὲ τὰς δυνάμεις ἀναλαβὼν ἐκ τῆς Ἀντιοχείας, ἣ μητρόπολίς ἐστι τῆς Συρίας, μεγέθους τε ἕνεκα καὶ τῆς ἄλλης εὐδαιμονίας τρίτον ἀδηρίτως ἐπὶ τῆς ὑπὸ Ῥωμαίοις οἰκουμένης ἔχουσα τόπον, ἔνθα μετὰ πάσης τῆς ἰδίας ἰσχύος ἐκδεχόμενον αὐτοῦ τὴν ἄφιξιν καὶ Ἀγρίππαν τὸν βασιλέα κατειλήφει, ἐπὶ Πτολεμαΐδος ἠπείγετο. [30] καὶ κατὰ ταύτην ὑπαντῶσιν αὐτῷ τὴν πόλιν οἱ τῆς Γαλιλαίας Σέπφωριν νεμόμενοι πόλιν, μόνοι τῶν τῇδε εἰρηνικὰ φρονοῦντες: [31] οἳ καὶ τῆς ἑαυτῶν σωτηρίας καὶ τῆς Ῥωμαίων ἰσχύος οὐκ ἀπρονόητοι πρὶν ἀφικέσθαι Οὐεσπασιανὸν Καισεννίῳ Γάλλῳ πίστεις τε ἔδοσαν καὶ δεξιὰς ἔλαβον καὶ παρεδέξαντο φρουράν. [32] τότε γε μὴν φιλοφρόνως ἐκδεξάμενοι τὸν ἡγεμόνα προθύμως σφᾶς αὐτοὺς ὑπέσχοντο κατὰ τῶν ὁμοφύλων συμμάχους: [33] οἷς ὁ στρατηγὸς ἀξιώσασι τέως πρὸς ἀσφάλειαν ἱππεῖς τε καὶ πεζοὺς παραδίδωσιν ὅσους ἀνθέξειν ταῖς καταδρομαῖς, εἴ τι Ἰουδαῖοι παρακινοῖεν, ὑπελάμβανον: [34] καὶ γὰρ οὐ μικρὸν ἐδόκει τὸ κινδύνευμα πρὸς τὸν μέλλοντα πόλεμον ἀφαιρεθῆναι τὴν Σέπφωριν, μεγίστην μὲν οὖσαν τῆς Γαλιλαίας πόλιν, ἐρυμνοτάτῳ δ' ἐπιτετειχισμένην χωρίῳ καὶ φρουρὰν ὅλου τοῦ ἔθνους ἐσομένην.

[1.35] Δύο δ' οὔσας τὰς Γαλιλαίας, τήν τε ἄνω καὶ τὴν κάτω προσαγορευομένην, περιίσχει μὲν ἡ Φοινίκη τε καὶ Συρία, διορίζει δὲ ἀπὸ μὲν δύσεως ἡλίου Πτολεμαὶς τοῖς τῆς χώρας τέρμασι καὶ Κάρμηλος, τὸ πάλαι μὲν Γαλιλαίων, νῦν δὲ Τυρίων ὄρος:
[36] ᾧ προσίσχει Γαβαά, πόλις ἱππέων, οὕτω προσαγορευομένη διὰ τὸ τοὺς ὑφ' Ἡρώδου βασιλέως ἀπολυομένους ἱππεῖς ἐν αὐτῇ κατοικεῖν: [37] ἀπὸ δὲ μεσημβρίας Σαμαρεῖτίς τε καὶ Σκυθόπολις μέχρι τῶν Ἰορδάνου ναμάτων. πρὸς ἕω δὲ Ἱππηνῇ τε καὶ Γαδάροις ἀποτέμνεται καὶ τῇ Γαυλωνίτιδι: ταύτῃ καὶ τῆς Ἀγρίππα βασιλείας ὅροι. [38] τὰ προσάρκτια δ' αὐτῆς Τύρῳ τε καὶ τῇ Τυρίων χώρᾳ

περατοῦται. καὶ τῆς μὲν κάτω καλουμένης Γαλιλαίας ἀπὸ Τιβεριάδος μέχρι Χαβουλών, ἧς ἐν τοῖς παραλίοις Πτολεμαῒς γείτων, τὸ μῆκος ἐκτείνεται. [39] πλατύνεται δ' ἀπὸ τῆς ἐν τῷ μεγάλῳ πεδίῳ κειμένης κώμης, Ἐξαλὼθ καλεῖται, μέχρι Βηρσάβης, ἣ καὶ τῆς ἄνω Γαλιλαίας εἰς εὖρος ἀρχὴ μέχρι Βακὰ κώμης: αὕτη δὲ τὴν Τυρίων γῆν ὁρίζει. [40] μηκύνεται δὲ μέχρι Μηρὼθ ἀπὸ Θελλᾶ κώμης Ἰορδάνου γείτονος.

[2.41] Τηλικαῦται δ' οὖσαι τὸ μέγεθος καὶ τοσούτοις ἔθνεσιν ἀλλοφύλοις κεκυκλωμέναι πρὸς πᾶσαν ἀεὶ πολέμου πεῖραν ἀντέσχον: [42] μάχιμοί τε γὰρ ἐκ νηπίων καὶ πολλοὶ Γαλιλαῖοι πάντοτε, καὶ οὔτε δειλία ποτὲ τοὺς ἄνδρας οὔτε λιπανδρία τὴν χώραν κατέσχεν, ἐπειδὴ πίων τε πᾶσα καὶ εὔβοτος καὶ δένδρεσι παντοίοις κατάφυτος, ὡς ὑπὸ τῆς εὐπετείας προκαλέσασθαι καὶ τὸν ἥκιστα γῆς φιλόπονον. [43] προσησκήθη γοῦν ὑπὸ τῶν οἰκητόρων πᾶσα, καὶ μέρος αὐτῆς ἀργὸν οὐδέν, ἀλλὰ καὶ πόλεις πυκναὶ καὶ τὸ τῶν κωμῶν πλῆθος πανταχοῦ πολυάνθρωπον διὰ τὴν εὐθηνίαν, ὡς τὴν ἐλαχίστην ὑπὲρ πεντακισχιλίους πρὸς τοῖς μυρίοις ἔχειν οἰκήτορας.

[3.44] Καθόλου δέ, εἰ καὶ τῷ μεγέθει τις ἐλαττώσειε τῆς Περαίας τὴν Γαλιλαίαν, προέλοιτο δ' ἂν τῇ δυνάμει: ἡ μὲν γὰρ ἐνεργὸς ὅλη καὶ συνεχὴς ἐστιν καρποφόρος, ἡ Περαία δὲ πολὺ μὲν μείζων, ἔρημος δὲ καὶ τραχεῖα τὸ πλέον πρός τε καρπῶν ἡμέρων αὔξησιν ἀγριωτέρα, [45] τό γε μὴν μαλθακὸν αὐτῆς καὶ πάμφορον, καὶ τὰ πεδία δένδρεσι ποικίλοις κατάφυτα τὸ πλεῖστόν τε ἐλαίαν [τε] καὶ ἄμπελον καὶ φοινικῶνας ἤσκηται, διαρδομένη χειμάρροις τε τοῖς ἀπὸ τῶν ὀρῶν καὶ πηγαῖς ἀεννάοις ἅλις, εἴ ποτ' ἐκεῖνοι σειρίῳ φθίνοιεν. [46] μῆκος μὲν [οὖν] αὐτῆς ἀπὸ Μαχαιροῦντος εἰς Πέλλαν, εὖρος δ' ἀπὸ Φιλαδελφείας μέχρι Ἰορδάνου. [47] καὶ Πέλλῃ μέν, ἣν προειρήκαμεν, τὰ πρὸς ἄρκτον ὁρίζεται, πρὸς ἑσπέραν δὲ Ἰορδάνῃ: μεσημβρινὸν δ' αὐτῆς πέρας ἡ Μωαβῖτις, καὶ πρὸς ἀνατολὴν Ἀραβίᾳ τε καὶ Σιλωνίτιδι, πρὸς δὲ Φιλαδελφηνῇ καὶ Γεράσοις ἀποτέμνεται.

[4.48] Ἡ δὲ Σαμαρεῖτις χώρα μέση μὲν τῆς Γαλιλαίας ἐστὶ καὶ τῆς Ἰουδαίας: ἀρχομένη γὰρ ἀπὸ τῆς ἐν τῷ πεδίῳ κειμένης Γηνεὼς ὄνομα κώμης ἐπιλήγει τῆς Ἀκραβετηνῶν τοπαρχίας: φύσιν δὲ τῆς Ἰουδαίας κατ' οὐδὲν διάφορος. [49] ἀμφότεραι γὰρ ὀρειναὶ καὶ πεδιάδες, εἴς τε γεωργίαν μαλθακαὶ καὶ πολύφοροι κατάδενδροί τε καὶ ὀπώρας ὀρεινῆς καὶ ἡμέρου μεσταί, παρ' ὅσον οὐδαμοῦ φύσει διψάδες, ὕονται δὲ τὸ πλέον: [50] γλυκὺ δὲ νᾶμα πᾶν διαφόρως ἐν αὐταῖς, καὶ διὰ πλῆθος πόας ἀγαθῆς τὰ κτήνη πλέον ἢ παρ' ἄλλοις γαλακτοφόρα. μέγιστόν γε μὴν τεκμήριον ἀρετῆς καὶ εὐθηνίας τὸ πληθύειν ἀνδρῶν ἑκατέραν.

[5.51] Μεθόριος δ' αὐτῶν ἡ Ἀνουάθου Βόρκαιος προσαγορευομένη κώμη: πέρας αὕτη τῆς Ἰουδαίας τὰ πρὸς βορέαν, τὰ νότια δ' αὐτῆς ἐπὶ μῆκος μετρουμένης ὁρίζει προσκυροῦσα τοῖς Ἀράβων ὅροις κώμη, καλοῦσι δ' αὐτὴν Ἰορδὰν οἱ τῇδε Ἰουδαῖοι. εὗρός γε μὴν ἀπὸ Ἰορδάνου ποταμοῦ μέχρις Ἰόππης ἀναπέπταται. [52] μεσαιτάτη δ' αὐτῆς πόλις τὰ Ἱεροσόλυμα κεῖται, παρ' ὃ καί τινες οὐκ ἀσκόπως ὀμφαλὸν τὸ ἄστυ τῆς χώρας ἐκάλεσαν. [53] ἀφῄρηται δ' οὐδὲ τῶν ἐκ θαλάσσης τερπνῶν ἡ Ἰουδαία τοῖς παραλίοις κατατείνουσα μέχρι Πτολεμαΐδος. [54] μερίζεται δ' εἰς ἕνδεκα κληρουχίας, ὧν ἄρχει μὲν βασίλειον τὰ Ἱεροσόλυμα προανίσχουσα τῆς περιοίκου πάσης ὥσπερ ἡ κεφαλὴ σώματος: αἱ λοιπαὶ δὲ μετ' αὐτὴν διῄρηνται τὰς τοπαρχίας. [55] Γοφνὰ δευτέρα καὶ μετὰ ταύτην Ἀκραβετά, Θαμνὰ πρὸς ταύταις καὶ Λύδδα, Ἀμμαοῦς καὶ Πέλλη καὶ Ἰδουμαία καὶ Ἐνγαδδαὶ καὶ Ἡρώδειον καὶ Ἱεριχοῦς, [56] μεθ' ἃς Ἰάμνεια καὶ Ἰόππη τῶν περιοίκων ἀφηγοῦνται, κἀπὶ ταύταις ἥ τε Γαμαλιτικὴ καὶ Γαυλανῖτις Βαταναία τε καὶ Τραχωνῖτις, αἳ καὶ τῆς Ἀγρίππα βασιλείας εἰσὶ μοῖραι. [57] ἀρχομένη δὲ ἀπὸ Λιβάνου ὄρους καὶ τῶν Ἰορδάνου πηγῶν ἡ χώρα μέχρι τῆς πρὸς Τιβεριάδα λίμνης εὐρύνεται, ἀπὸ δὲ κώμης καλουμένης Ἀρφᾶς μέχρις Ἰουλιάδος ἐκτείνεται τὸ μῆκος. οἰκοῦσι δ' αὐτὴν μιγάδες Ἰουδαῖοί τε καὶ

Σύροι. [58] τὰ μὲν δὴ περὶ τῆς Ἰουδαίων τε καὶ πέριξ χώρας ὡς ἐνῆν μάλιστα συντόμως ἀπηγγέλκαμεν.

[1.59] Ἡ δ' ὑπὸ Οὐεσπασιανοῦ πεμφθεῖσα Σεπφωρίταις βοήθεια, χίλιοι μὲν ἱππεῖς ἑξακισχίλιοι δὲ πεζοί, Πλακίδου χιλιαρχοῦντος αὐτῶν ἐν τῷ μεγάλῳ πεδίῳ στρατοπεδευσάμενοι διαιροῦνται, καὶ τὸ μὲν πεζὸν ἐν τῇ πόλει πρὸς φυλακὴν αὐτῆς, τὸ δ' ἱππικὸν ἐπὶ τῆς παρεμβολῆς αὐλίζεται. [60] προϊόντες δὲ ἑκατέρωθεν συνεχῶς καὶ τὰ πέριξ τῆς χώρας κατατρέχοντες μεγάλα τοὺς περὶ τὸν Ἰώσηπον ἐκάκουν ἀτρεμοῦντα τάς τε πόλεις ἔξωθεν ληζόμενοι καὶ προθέοντας ὁπότε θαρρήσειαν ἀνακόπτοντες. [61] ὥρμησέ γε μὴν Ἰώσηπος ἐπὶ τὴν πόλιν αἱρήσειν ἐλπίσας, ἣν αὐτὸς πρὶν ἀποστῆναι Γαλιλαίων ἐτείχισεν ὡς καὶ Ῥωμαίοις δυσάλωτον εἶναι: διὸ καὶ τῆς ἐλπίδος ἀφήμαρτεν τοῦ τε βιάζεσθαι καὶ τοῦ μεταπείθειν Σεπφωρίτας ἀσθενέστερος εὑρεθείς. [62] παρώξυνεν δὲ μᾶλλον τὸν πόλεμον ἐπὶ τὴν χώραν, καὶ οὔτε νύκτωρ οὔτε μεθ' ἡμέραν ὀργῇ τῆς ἐπιβολῆς οἱ Ῥωμαῖοι διέλιπον δῃοῦντες αὐτῶν τὰ πεδία καὶ διαρπάζοντες τὰ ἐπὶ τῆς χώρας κτήματα, καὶ κτείνοντες μὲν ἀεὶ τὸ μάχιμον, ἀνδραποδιζόμενοι δὲ τοὺς ἀσθενεῖς. [63] πυρὶ δὲ ἡ Γαλιλαία καὶ αἵματι πεπλήρωτο πᾶσα πάθους τε οὐδενὸς ἢ συμφορᾶς ἀπείρατος ἦν: μία γὰρ καταφυγὴ διωκομένοις αἱ ὑπὸ τοῦ Ἰωσήπου τειχισθεῖσαι πόλεις ἦσαν.

[2.64] Ὁ δὲ Τίτος περαιωθεὶς ἀπὸ τῆς Ἀχαΐας εἰς τὴν Ἀλεξάνδρειαν ὠκύτερον ἢ κατὰ χειμῶνος ὥραν, παραλαμβάνει μὲν ἐφ' ἣν ἔσταλτο δύναμιν, συντόνῳ δὲ χρώμενος πορείᾳ διὰ τάχους εἰς Πτολεμαΐδα ἀφικνεῖται. [65] κἀκεῖ καταλαβὼν τὸν πατέρα δυσὶ τοῖς ἅμα αὐτῷ τάγμασιν, ἦν δὲ τὰ ἐπισημότατα τὸ πέμπτον καὶ τὸ δέκατον, ζεύγνυσι τὸ ἀχθὲν ὑπ' αὐτοῦ πεντεκαιδέκατον. [66] τούτοις εἵποντο ὀκτωκαίδεκα σπεῖραι: προσεγένοντο δὲ καὶ ἀπὸ Καισαρείας πέντε καὶ ἱππέων ἴλη μία, πέντε δ' ἕτεραι τῶν ἀπὸ Συρίας ἱππέων.
[67] τῶν δὲ σπειρῶν αἱ δέκα μὲν εἶχον ἀνὰ χιλίους πεζούς, αἱ δὲ λοιπαὶ δεκατρεῖς ἀνὰ ἑξακοσίους μὲν πεζούς, ἱππεῖς δὲ ἑκατὸν

εἴκοσιν. συχνὸν δὲ καὶ παρὰ τῶν βασιλέων συνήχθη συμμαχικόν, [68] Ἀντιόχου μὲν καὶ Ἀγρίππα καὶ Σοαίμου παρασχομένων ἀνὰ δισχιλίους πεζοὺς τοξότας καὶ χιλίους ἱππεῖς, τοῦ δὲ Ἄραβος Μάλχου χιλίους πέμψαντος ἱππεῖς ἐπὶ πεζοῖς πεντακισχιλίοις, ὧν τὸ πλέον ἦσαν τοξόται, [69] ὡς τὴν πᾶσαν δύναμιν συνεξαριθμουμένων τῶν βασιλικῶν ἱππέας τε καὶ πεζοὺς εἰς ἓξ ἀθροίζεσθαι μυριάδας δίχα θεραπόντων, οἳ παμπληθεῖς μὲν εἵποντο, διὰ δὲ συνάσκησιν πολεμικὴν οὐκ ἂν ἀποτάσσοιντο τοῦ μαχίμου, κατὰ μὲν εἰρήνην ἐν ταῖς μελέταις τῶν δεσποτῶν ἀεὶ στρεφόμενοι, συγκινδυνεύοντες δ' ἐν πολέμοις, ὡς μήτ' ἐμπειρίᾳ μήτ' ἀλκῇ τινος πλὴν τῶν δεσποτῶν ἐλαττοῦσθαι.

[1.70] Κἀν τούτῳ μὲν οὖν θαυμάσαι τις ἂν Ῥωμαίων τὸ προμηθὲς κατασκευαζομένων ἑαυτοῖς τὸ οἰκετικὸν οὐ μόνον εἰς τὰς τοῦ βίου διακονίας ἀλλὰ καὶ πρὸς τοὺς πολέμους χρήσιμον. [71] εἰ δέ τις αὐτῶν καὶ εἰς τὴν ἄλλην σύνταξιν τῆς στρατιᾶς ἀπίδοι, γνώσεται τὴν τοσήνδε ἡγεμονίαν αὐτοὺς ἀρετῆς κτῆμα ἔχοντας, οὐ δῶρον τύχης. [72] οὐ γὰρ αὐτοῖς ἀρχὴ τῶν ὅπλων πόλεμος, οὐδ' ἐπὶ μόνας τὰς χρείας τὼ χεῖρε κινοῦσιν ἐν εἰρήνῃ προηργηκότες, ἀλλ' ὥσπερ συμπεφυκότες τοῖς ὅπλοις οὐδέποτε τῆς ἀσκήσεως λαμβάνουσιν ἐκεχειρίαν οὐδὲ ἀναμένουσιν τοὺς καιρούς. [73] αἱ μελέται δ' αὐτοῖς οὐδὲν τῆς κατὰ ἀλήθειαν εὐτονίας ἀποδέουσιν, ἀλλ' ἕκαστος ὁσημέραι στρατιώτης πάσῃ προθυμίᾳ καθάπερ ἐν πολέμῳ γυμνάζεται. [74] διὸ κουφότατα τὰς μάχας διαφέρουσιν: οὔτε γὰρ ἀταξία διασκίδνησιν αὐτοὺς ἀπὸ τῆς ἐν ἔθει συντάξεως οὔτε δέος ἐξίστησιν οὔτε δαπανᾷ πόνος, ἕπεται δὲ τὸ κρατεῖν ἀεὶ κατὰ τῶν οὐχ ὁμοίων βέβαιον. [75] καὶ οὐκ ἂν ἁμάρτοι τις εἰπὼν τὰς μὲν μελέτας αὐτῶν χωρὶς αἵματος παρατάξεις, τὰς παρατάξεις δὲ μεθ' αἵματος μελέτας. [76] οὐδὲ γὰρ ἐξ ἐπιδρομῆς εὐάλωτοι πολεμίοις: ὅπῃ δ' ἂν ἐμβάλωσιν εἰς ἐχθρῶν γῆν, οὐ πρὶν ἅπτονται μάχης ἢ τειχίσαι στρατόπεδον. [77] τὸ δὲ οὐκ εἰκαῖον οὐδὲ ἀνώμαλον ἐγείρουσιν οὐδὲ πάντες ἢ ἀτάκτως διαλαβόντες, ἀλλ' εἰ μὲν ἀνώμαλος ὢν τύχοι χῶρος, ἐξομαλίζεται: διαμετρεῖται δὲ παρεμβολὴ τετράγωνος αὐτοῖς. [78] καὶ τεκτόνων πλῆθος ἕπεται τῶν τε πρὸς τὴν δόμησιν ἐργαλείων.

[2.79] Καὶ τὸ μὲν ἔνδον εἰς σκηνὰς διαλαμβάνουσιν, ἔξωθεν δ' ὁ κύκλος τείχους ὄψιν ἐπίχει πύργοις ἐξ ἴσου διαστήματος κεκοσμημένος. [80] ἐπὶ δὲ τῶν μεταπυργίων τούς τε ὀξυβελεῖς καὶ καταπέλτας καὶ λιθοβόλα καὶ πᾶν ἀφετήριον ὄργανον τιθέασιν, πάντα πρὸς τὰς βολὰς ἕτοιμα. [81] πύλαι δὲ ἐνοικοδομοῦνται τέσσαρες καθ' ἕκαστον τοῦ περιβόλου κλίμα, πρός τε εἰσόδους τῶν ὑποζυγίων εὐμαρεῖς καὶ πρὸς τὰς ἐκδρομὰς αὐτῶν, εἰ κατεπείγοι, πλατεῖαι. [82] ῥυμοτομοῦσι δ' εὐδιαθέτως εἴσω τὸ στρατόπεδον, καὶ μέσας μὲν τὰς τῶν ἡγεμόνων σκηνὰς τίθενται, μεσαίτατον δὲ τούτων τὸ στρατήγιον ναῷ παραπλήσιον: [83] ὥσπερ δὲ ἐν σχεδίῳ πόλις καὶ ἀγορά τις ἀποδείκνυται καὶ χειροτέχναις χωρίον θῶκοί τε λοχαγοῖς καὶ ταξιάρχοις, ὅπῃ δικάζοιεν, εἴ τινες διαφέροιντο.
[84] τειχίζεται δὲ ὁ περίβολος καὶ τὰ ἐν αὐτῷ πάντα θᾶττον ἐπινοίας πλήθει καὶ ἐπιστήμῃ τῶν πονούντων: εἰ δ' ἐπείγοι, καὶ τάφρος ἔξωθεν περιβάλλεται βάθος τετράπηχυς καὶ εὖρος ἴση.

[3.85] Φραξάμενοι δ' αὐλίζονται κατὰ συντάξεις ἕκαστοι μεθ' ἡσυχίας τε καὶ κόσμου. πάντα δ' αὐτοῖς καὶ τὰ ἄλλα μετ' εὐταξίας ἀνύεται καὶ ἀσφαλείας, ξυλεία τε καὶ ἐπισιτισμός, εἰ δέοιντο, καὶ ὑδρεία κατὰ συντάξεις ἑκάστοις. [86] οὐδὲ γὰρ δεῖπνον ἢ ἄριστον ὁπότε θελήσειαν αὐτεξούσιον ἑκάστῳ, πᾶσιν δ' ὁμοῦ, τούς τε ὕπνους αὐτοῖς καὶ τὰς φυλακὰς καὶ τὰς ἐξεγέρσεις σάλπιγγες προσημαίνουσιν, οὐδ' ἔστιν ὅ τι γίνεται δίχα παραγγέλματος.
[87] ὑπὸ δὲ τὴν ἕω τὸ στρατιωτικὸν μὲν ἐπὶ τοὺς ἑκατοντάρχας ἕκαστοι, πρὸς δὲ τοὺς χιλιάρχους οὗτοι συνίασιν ἀσπασόμενοι, μεθ' ὧν πρὸς τὸν ἡγεμόνα τῶν ὅλων οἱ ταξίαρχοι πάντες.
[88] ὁ δ' αὐτοῖς τό τε ἐξ ἔθους σημεῖον καὶ τἄλλα παραγγέλματα δίδωσιν διαφέρειν εἰς τοὺς ὑποτεταγμένους: ὃ δὴ κἀπὶ παρατάξεως πράττοντες ἐπιστρέφονταί τε ταχέως, ἵνα δέοι, καὶ πρὸς τὰς ἐφόδους

αὐτοῖς καὶ πρὸς τὰς ἀνακλήσεις ὑποχωροῦσιν ἀθρόοι.

[4.89] Ἐξιέναι δὲ τοῦ στρατοπέδου δέον ὑποσημαίνει μὲν ἡ σάλπιγξ, ἠρεμεῖ δ' οὐδείς, ἀλλ' ἅμα νεύματι τὰς μὲν σκηνὰς ἀναιροῦσιν, πάντα δ' ἐξαρτύονται πρὸς τὴν ἔξοδον. [90] καὶ πάλιν αἱ σάλπιγγες ὑποσημαίνουσιν παρεσκευάσθαι. οἱ δ' ἐν τάχει τοῖς τε ὀρεῦσιν καὶ τοῖς ὑποζυγίοις ἐπιθέντες τὴν ἀποσκευὴν ἑστᾶσιν ὥσπερ ἐφ' ὕσπληγος ἐξορμᾶν ἕτοιμοι, ὑποπιμπρᾶσίν τε ἤδη τὴν παρεμβολὴν ὡς αὐτοῖς μὲν ὂν ῥᾴδιον ἐκεῖ πάλιν τειχίσασθαι, μὴ γένοιτο δ' ἐκεῖνό ποτε τοῖς πολεμίοις χρήσιμον. [91] καὶ τρίτον δ' ὅμως αἱ σάλπιγγες προσημαίνουσιν τὴν ἔξοδον ἐπισπέρχουσαι τοὺς δι' αἰτίαν τινὰ βραδύναντας, ὡς μή τις ἀπολειφθείη τάξεως. [92] ὅ τε κῆρυξ δεξιὸς τῷ πολεμάρχῳ παραστάς, εἰ πρὸς πόλεμόν εἰσιν ἕτοιμοι, τῇ πατρίῳ γλώσσῃ τρὶς ἀναπυνθάνεται. κἀκεῖνοι τοσαυτάκις ἀντιβοῶσιν μέγα τι καὶ πρόθυμον ἕτοιμοι λέγοντες εἶναι, φθάνουσιν δὲ τὸν ἐπερωτῶντα, καί τινος ἀρηΐου πνεύματος ὑποπιμπλάμενοι τῇ βοῇ συνεξαίρουσιν τὰς δεξιάς.

[5.93] Ἔπειτα προϊόντες ὁδεύουσιν ἡσυχῇ καὶ μετὰ κόσμου πάντες, ὥσπερ ἐν πολέμῳ τὴν ἰδίαν τάξιν ἕκαστος φυλάσσων, οἱ μὲν πεζοὶ θώραξιν πεφραγμένοι καὶ κράνεσιν καὶ μαχαιροφοροῦντες ἀμφοτέρωθεν. [94] μακρότερον δ' αὐτῶν τὸ λαιὸν ξίφος πολλῷ: τὸ γὰρ κατὰ τὸ δεξιὸν σπιθαμῆς οὐ πλέον ἔχει τὸ μῆκος. [95] φέρουσι δ' οἱ μὲν περὶ τὸν στρατηγὸν ἐπίλεκτοι πεζοὶ λόγχην καὶ ἀσπίδα, ἡ δὲ λοιπὴ φάλαγξ ξυστόν τε καὶ θυρεὸν ἐπιμήκη, πρὸς οἷς πρίονα καὶ κόφινον ἄμην τε καὶ πέλεκυν, πρὸς δὲ ἱμάντα καὶ δρέπανον καὶ ἅλυσιν, ἡμερῶν τε τριῶν ἐφόδιον: ὡς ὀλίγον ἀποδεῖν τῶν ἀχθοφορούντων ὀρέων τὸν πεζόν. [96] τοῖς δὲ ἱππεῦσιν μάχαιρα μὲν ἐκ δεξιῶν μακρὰ καὶ κοντὸς ἐπιμήκης ἐν χειρί, θυρεὸς δὲ παρὰ πλευρὸν ἵππου πλάγιος, καὶ κατὰ γωρυτοῦ παρήρτηνται τρεῖς ἢ πλείους ἄκοντες, πλατεῖς μὲν αἰχμάς, οὐκ ἀποδέοντες δὲ δοράτων μέγεθος: [97] κράνη δὲ καὶ θώρακες ὁμοίως τοῖς πεζοῖς ἅπασιν. οὐδενὶ δὲ ὅπλων διαλλάττουσιν οἱ περὶ τὸν στρατηγὸν ἔκκριτοι τῶν ἐν ταῖς ἴλαις ἱππέων. κλήρῳ δὲ τῶν ταγμάτων ἀεὶ τὸ λαχὸν ἡγεῖται.

[6.98] Τοιαῦται μὲν οὖν αἱ Ῥωμαίων πορεῖαί τε καὶ καταλύσεις, πρὸς δὲ ὅπλων διαφοραί, οὐδὲν δὲ ἀπροβούλευτον ἐν ταῖς μάχαις οὐδὲ αὐτοσχέδιον, ἀλλὰ γνώμη μὲν ἀεὶ παντὸς ἔργου προάγει, τοῖς δοχθεῖσι δὲ ἕπεται τὰ ἔργα: [99] παρ' ὃ καὶ σφάλλονται μὲν ἥκιστα, κἂν πταίσωσι δέ, ῥᾳδίως ἀναλαμβάνουσι τὰ σφάλματα.
[100] ἡγοῦνταί τε τῶν ἀπὸ τύχης ἐπιτευγμάτων ἀμείνους τὰς ἐπὶ τοῖς προβουλευθεῖσιν διαμαρτίας, ὡς τοῦ μὲν αὐτομάτου καλοῦ δελεάζοντος εἰς ἀπρομήθειαν, τῆς σκέψεως δέ, κἂν ἀτυχήσῃ ποτέ, πρὸς τὸ μὴ αὖθις καλὴν ἐχούσης μελέτην: [101] καὶ τῶν μὲν αὐτομάτων ἀγαθῶν οὐ τὸν λαβόντα αἴτιον εἶναι, τῶν δὲ παρὰ γνώμην προσπεσόντων σκυθρωπῶν παραμυθίαν τό γε προσηκόντως βεβουλεῦσθαι.

[7.102] Παρασκευάζουσι μὲν οὖν ἐν ταῖς μελέταις τῶν ὅπλων οὐ τὰ σώματα μόνον ἀλλὰ καὶ τὰς ψυχὰς ἀλκίμους, προσασκοῦνται δὲ καὶ τῷ φόβῳ. [103] οἵ τε γὰρ νόμοι παρ' αὐτοῖς οὐ λιποταξίου μόνον ἀλλὰ καὶ ῥᾳστώνης ὀλίγης θανατικοὶ οἵ τε στρατηγοὶ τῶν νόμων φοβερώτεροι: ταῖς γὰρ πρὸς τοὺς ἀγαθοὺς τιμαῖς ῥύονται τὸ δοκεῖν ὠμοὶ πρὸς τοὺς κολαζομένους. [104] τοσοῦτον δ' αὐτῶν τὸ πρὸς τοὺς ἡγεμόνας πειθήνιον, ὡς ἔν τε εἰρήνῃ κόσμον εἶναι καὶ ἐπὶ παρατάξεως ἓν σῶμα τὴν ὅλην στρατιάν. [105] οὕτως αὐτῶν ἀσφαλεῖς μὲν αἱ τάξεις, εὔστροφοι δ' εἰσὶν αἱ περιαγωγαί, ὀξεῖαι δ' ἀκοαὶ μὲν παραγγέλμασιν, ὄψεις δὲ σημείοις, ἔργοις δὲ χεῖρες.
[106] ὅθεν δρᾶσαι μὲν ἀεὶ ταχεῖς, βραδύτατοι δὲ παθεῖν εἰσιν, οὐδ' ἔστιν ὅπου σταθέντες ἢ πλήθους ἡσσήθησαν ἢ στρατηγημάτων ἢ δυσχωρίας, ἀλλ' οὐδὲ τύχης: καὶ γὰρ ταύτης αὐτοῖς τὸ κρατεῖν βεβαιότερον. [107] οἷς οὖν βουλὴ μὲν ἄρχει παρατάξεως, ἕπεται δὲ τοῖς βεβουλευμένοις στρατὸς οὕτω δραστήριος, τί θαυμαστόν, εἰ πρὸς ἕω μὲν Εὐφράτης, ὠκεανὸς δὲ πρὸς ἑσπέραν, μεσημβρινὸν δὲ Λιβύης τὸ πιότατον καὶ πρὸς ἄρκτον Ἴστρος τε καὶ Ῥῆνος τῆς ἡγεμονίας ὅροι; δεόντως γὰρ ἄν τις εἴποι τὸ κτῆμα τῶν κτησαμένων

ἔλασσον.

[8.108] Ταῦτα μὲν οὖν διεξῆλθον οὐ Ῥωμαίους ἐπαινέσαι προαιρούμενος τοσοῦτον, ὅσον εἴς τε παραμυθίαν τῶν κεχειρωμένων καὶ εἰς ἀποτροπὴν τῶν νεωτεριζόντων: [109] εἴη δ' ἂν τοῖς ἀγνοοῦσιν τῶν φιλοκαλούντων καὶ πρὸς ἐμπειρίας ἡ ἀγωγὴ τῆς Ῥωμαίων στρατιᾶς. ἐπάνειμι δ' ὅθεν ἐπὶ ταῦτ' ἐξέβην.

[1.110] Οὐεσπασιανὸς μὲν ἅμα τῷ παιδὶ Τίτῳ διατρίβων τέως ἐν τῇ Πτολεμαΐδι συνέτασσεν τὰς δυνάμεις, ὁ δὲ τὴν Γαλιλαίαν κατατρέχων Πλάκιδος ἐπεὶ πολὺ μὲν πλῆθος ἀνῃρήκει τῶν καταλαμβανομένων, τοῦτο δ' ἦν τὸ ἀσθενέστερον Γαλιλαίων καὶ ταῖς φυγαῖς ἐναποκάμνον, [111] ὁρῶν δὲ συμφεῦγον ἀεὶ τὸ μάχιμον εἰς τὰς ὑπὸ τοῦ Ἰωσήπου τειχισθείσας πόλεις ὥρμησεν ἐπὶ τὴν ὀχυρωτάτην αὐτῶν Ἰωταπάταν, οἰόμενος ἐξ ἐφόδου μὲν αἱρήσειν ῥᾳδίως, μέγα δὲ κλέος αὑτῷ παρὰ τοῖς ἡγεμόσιν κἀκείνοις ὄφελος εἰς τὰ λοιπὰ παρέξειν: προσχωρήσειν γὰρ δέει τὰς ἄλλας πόλεις τῆς καρτερωτάτης ἐχομένης. [112] πολύ γε μὴν διήμαρτεν τῆς ἐλπίδος: ἐπιόντα γὰρ αὐτὸν οἱ Ἰωταπατηνοὶ προαισθόμενοι πρὸ τῆς πόλεως ἐκδέχονται, καὶ τοῖς Ῥωμαίοις συρραγέντες ἀδοκήτοις πολλοὶ καὶ πρὸς μάχην ἕτοιμοι πρόθυμοί τε ὡς ἂν ὑπὲρ κινδυνευούσης πατρίδος καὶ γυναικῶν καὶ τέκνων, τρέπονται ταχέως.
[113] καὶ πολλοὺς μὲν τιτρώσκουσι τῶν Ῥωμαίων, ἑπτὰ δὲ ἀναιροῦσιν διὰ τὸ μήτε ἄτακτον αὐτῶν τὴν ὑποχώρησιν γενέσθαι καὶ τὰς πληγὰς ἐπιπολαίους πεφραγμένων πάντοθεν τῶν σωμάτων, τούς τε Ἰουδαίους πόρρωθεν βάλλειν πλέον ἢ συμπλέκεσθαι θαρρεῖν γυμνῆτας ὁπλίταις. [114] ἔπεσον δὲ καὶ τῶν Ἰουδαίων τρεῖς ἄνδρες καὶ ἐτρώθησαν ὀλίγοι. Πλάκιδος μὲν οὖν τῆς ἐπὶ τὴν πόλιν ὁρμῆς ἀτονώτερος εὑρεθεὶς φεύγει.

[2.115] Οὐεσπασιανὸς δὲ ὡρμημένος αὐτὸς ἐμβαλεῖν εἰς τὴν Γαλιλαίαν ἐξελαύνει τῆς Πτολεμαΐδος διατάξας τὴν στρατιὰν ὁδεύειν καθὰ Ῥωμαίοις ἔθος. [116] τοὺς μέν γε ψιλοὺς τῶν ἐπικούρων καὶ τοξότας προάγειν ἐκέλευσεν, ὡς ἀνακόπτοιεν τὰς ἐξαπιναίους τῶν πολεμίων ἐπιδρομὰς καὶ διερευνῷεν τὰς ὑπόπτους καὶ λοχᾶσθαι δυναμένας ὕλας, οἷς εἵπετο καὶ Ῥωμαίων ὁπλιτικὴ μοῖρα πεζοί τε καὶ ἱππεῖς. [117] τούτοις ἀφ' ἑκάστης ἑκατονταρχίας ἠκολούθουν δέκα τήν τε ἑαυτῶν σκευὴν καὶ τὰ μέτρα τῆς παρεμβολῆς φέροντες, [118] καὶ μετ' αὐτοὺς ὁδοποιοί, τά τε σκολιὰ τῆς λεωφόρου κατευθύνειν καὶ χθαμαλοῦν τὰ δύσβατα καὶ τὰς ἐμποδίους ὕλας προανακόπτειν, ὡς μὴ ταλαιπωροῖτο δυσποροῦν τὸ στράτευμα. [119] κατόπιν δὲ τούτων τάς τε ἰδίας καὶ τὰς τῶν ὑπ' αὐτὸν ἡγεμόνων ἔταξεν ἀποσκευὰς καὶ συχνοὺς ἐπὶ τούτοις πρὸς ἀσφάλειαν τῶν ἱππέων. [120] μεθ' οὓς αὐτὸς ἐξήλαυνεν τούς τε ἐπιλέκτους τῶν πεζῶν καὶ ἱππέων καὶ τοὺς λογχοφόρους ἔχων. εἵπετο δ' αὐτῷ τὸ ἴδιον τοῦ τάγματος ἱππικόν: ἴδιοι γὰρ ἑκάστου τάγματος εἴκοσι πρὸς τοῖς ἑκατὸν ἱππεῖς. [121] τούτοις δ' ἠκολούθουν οἱ τὰς ἑλεπόλεις φέροντες ὀρεῖς καὶ τὰ λοιπὰ μηχανήματα. [122] μετὰ τούτους ἡγεμόνες τε καὶ σπειρῶν ἔπαρχοι σὺν χιλιάρχοις, ἐπιλέκτους περὶ σφᾶς στρατιώτας ἔχοντες: [123] ἔπειτα αἱ σημαῖαι περιίσχουσαι τὸν ἀετόν, ὃς παντὸς ἄρχει Ῥωμαίοις τάγματος, βασιλεύς τε οἰωνῶν ἁπάντων καὶ ἀλκιμώτατος ὤν: ὃ δὴ καὶ τῆς ἡγεμονίας τεκμήριον αὐτοῖς καὶ κληδών, ἐφ' οὓς ἂν ἴωσιν, τοῦ κρατήσειν δοκεῖ. [124] τοῖς δὲ ἱεροῖς ἠκολούθουν οἱ σαλπιγκταί, καὶ κατόπιν αὐτῶν ἡ φάλαγξ τὸ στῖφος εἰς ἓξ πλατύνασα. τούτοις παρείπετό τις ἑκατόνταρχος ἐξ ἔθους τὴν τάξιν ἐπισκοπούμενος. [125] τὸ δ' οἰκετικὸν ἑκάστου τάγματος ἅπαν τοῖς πεζοῖς εἵπετο, τὰς ἀποσκευὰς τῶν στρατιωτῶν ἐπὶ τοῖς ὀρεῦσιν καὶ τοῖς ὑποζυγίοις ἄγοντες: [126] κατόπιν δὲ πάντων [τῶν ταγμάτων] ὁ μίσθιος ὄχλος, οἷς οὐραγοὶ πρὸς ἀσφάλειαν ἠκολούθουν πεζοί τε καὶ ὁπλῖται καὶ τῶν ἱππέων συχνοί.

[3.127] Οὕτως ὁδεύσας Οὐεσπασιανὸς μετὰ τῆς δυνάμεως εἰς τοὺς ὅρους ἀφικνεῖται τῆς Γαλιλαίας, ἔνθα καταστρατοπεδευσάμενος ὡρμημένους εἰς πόλεμον τοὺς στρατιώτας κατεῖχεν, ἐπιδεικνύμενος τὴν στρατιὰν εἰς κατάπληξιν τοῖς πολεμίοις καὶ μετανοίας καιρὸν διδούς, εἰ πρὸ μάχης μεταβάλοιντο: ἅμα δὲ καὶ πρὸς πολιορκίαν τῶν ἐρυμάτων ἐξηρτύετο. [128] μετάνοιαν μὲν οὖν τῆς ἀποστάσεως ὀφθεὶς ὁ στρατηγὸς πολλοῖς ἐνειργάσατο, κατάπληξιν δὲ πᾶσιν: [129] οἱ μὲν γὰρ περὶ τὸν Ἰώσηπον ἐστρατοπεδευκότες οὐκ ἄπωθεν τῆς Σεπφώρεως παρὰ πόλιν Γαρὶν καλουμένην ἐπεὶ πλησιάζοντα τὸν πόλεμον ἤκουσαν ὅσον τε οὔπω τοὺς Ῥωμαίους συμμίξοντας σφίσιν, οὐ μόνον πρὸ μάχης, ἀλλὰ καὶ πρὶν ἰδεῖν τοὺς ἐχθροὺς διασκίδνανται φυγῇ. [130] καταλείπεται δ' ὁ Ἰώσηπος μετ' ὀλίγων, καὶ κατιδὼν ὡς οὔτε δέχεσθαι τοὺς πολεμίους ἀρκετὴν ἔχει δύναμιν καὶ πεπτώκοι τὰ φρονήματα τῶν Ἰουδαίων ἄσμενοί τ' ἄν, εἰ πιστεύοιντο, χωροῖεν οἱ πλείους ἐπὶ σπονδάς, ἐδεδίει μὲν ἤδη περὶ παντὸς τοῦ πολέμου, [131] τότε δ' ὡς πορρωτάτω χωρίζεσθαι τῶν κινδύνων ἔκρινεν. ἀναλαβὼν δὲ τοὺς συμμείναντας εἰς Τιβεριάδα καταφεύγει.

[1.132] Οὐεσπασιανὸς δὲ τῇ πόλει τῶν Γαδάρων ἐπελθὼν αἱρεῖ τε κατὰ πρώτην ἔφοδον αὐτὴν μαχίμου πλήθους ἔρημον καταλαβών, [133] καὶ παρελθὼν εἴσω πάντας ἡβηδὸν ἀναιρεῖ μηδεμιᾶς τῶν Ῥωμαίων ἡλικίας ἔλεον ποιουμένων μίσει πρὸς τὸ ἔθνος καὶ μνήμῃ τῆς κατὰ τὸν Κέστιον αὐτῶν παρανομίας. [134] ἐμπίμπρησιν δὲ οὐ μόνον αὐτὴν τὴν πόλιν, ἀλλὰ καὶ τὰς πέριξ κώμας πάσας τε καὶ πολίχνας, ἃς μὲν παντελῶς ἐκλελειμμένας, ἔστιν δ' ἃς αὐτὸς ἐξανδραποδιζόμενος.

[2.135] Ὁ δ' Ἰώσηπος ἣν πρὸς ἀσφάλειαν εἵλετο πόλιν αὐτὸς ἐνέπλησεν δέους καταφυγών. οἱ δὲ ἀπὸ τῆς Τιβεριάδος οὐκ ἄν, εἰ μὴ πρὸς τὸ πᾶν ἀπεγνώκει τὸν πόλεμον, τραπῆναί ποτε αὐτὸν ᾤοντο. [136] καὶ κατὰ τοῦτό γε οὐ διημάρτανον αὐτοῦ τῆς γνώμης: ἑώρα μὲν γάρ, ποῖ ῥέψει τὰ Ἰουδαίων τέλους, καὶ μίαν αὐτῶν ᾔδει σωτηρίαν, εἰ μεταβάλοιντο. [137] αὐτὸς δὲ καίπερ συγγνωσθήσεσθαι παρὰ Ῥωμαίοις προσδοκῶν, ὅμως τεθνάναι μᾶλλον εἵλετο πολλάκις ἢ καταπροδοὺς τὴν πατρίδα καὶ τὴν ἐμπιστευθεῖσαν αὐτῷ στρατηγίαν ὑβρίσας εὐτυχεῖν παρ' οἷς πολεμήσων ἐπέμφθη. [138] γράφειν οὖν τοῖς ἐν τέλει τῶν Ἱεροσολύμων διέγνω μετὰ ἀκριβείας τὰ πράγματα, ὡς μήτ' ἐπὶ μεῖζον ἐξάρας τὴν τῶν πολεμίων ἰσχὺν αὖθις εἰς δειλίαν κακίζοιτο μήτε ἐνδεέστερον ἀπαγγείλας κἂν μετανοήσαντας ἴσως θρασύνοιεν, [139] ἵνα τε ἢ σπονδὰς αἱρούμενοι ταχέως ἀντιγράψωσιν ἢ πολεμεῖν ἐγνωκότες πρὸς Ῥωμαίους ἀξιόμαχον αὐτῷ πέμψωσι δύναμιν. [140] ὁ μὲν οὖν ταῦτ' ἐπιστείλας πέμπει διὰ τάχους ἐπὶ Ἱεροσολύμων τοὺς τὰ γράμματα κομίζοντας.

[3.141] Οὐεσπασιανὸς δὲ ὡρμημένος ἐξαιρεῖν τὴν Ἰωταπάταν, πέπυστο γὰρ εἰς αὐτὴν πλείστους τῶν πολεμίων συμπεφευγέναι καὶ ἄλλως ὁρμητήριον ἰσχυρὸν οὖσαν αὐτῶν, πέμπει πεζούς τε καὶ ἱππεῖς τοὺς προεξομαλιοῦντας τὴν ὁδὸν ὀρεινὴν ὑπάρχουσαν καὶ πετρώδη, δύσβατον δὲ καὶ πεζοῖς, ἱππεῦσιν δ' ἀμήχανον. [142] οἱ μὲν οὖν τέσσαρσιν ἡμέραις ἐξειργάσαντο καὶ πλατεῖαν ἤνοιξαν τῇ στρατιᾷ λεωφόρον: τῇ πέμπτῃ δ' ὁ Ἰώσηπος, αὕτη δ' ἦν Ἀρτεμισίου μηνὸς μία καὶ εἰκάς, φθάνει παρελθὼν εἰς τὴν Ἰωταπάταν ἐκ τῆς Τιβεριάδος καὶ πεπτωκότα τοῖς Ἰουδαίοις ἐγείρει τὰ φρονήματα. [143] Οὐεσπασιανῷ δέ τις εὐαγγελίζεται τὴν μετάβασιν τοῦ ἀνδρὸς αὐτόμολος καὶ κατήπειγεν ἐπὶ τὴν πόλιν ὡς μετ' ἐκείνης αἱρήσοντα πᾶσαν Ἰουδαίαν, εἰ λάβοι τὸν Ἰώσηπον ὑποχείριον. [144] ὁ δ' ἁρπάσας ὥσπερ μέγιστον εὐτύχημα τὴν ἀγγελίαν, καὶ προνοίᾳ θεοῦ τὸν συνετώτατον εἶναι δοκοῦντα τῶν πολεμίων οἰόμενος εἰς εἱρκτὴν αὐθαίρετον παρελθεῖν, εὐθέως μὲν σὺν χιλίοις ἱππεῦσιν πέμπει Πλάκιδον καὶ δεκαδάρχην Αἰβούτιον, ἄνδρα τῶν ἐπισήμων κατὰ χεῖρα καὶ σύνεσιν, περικατασχεῖν κελεύσας τὴν πόλιν, ὡς μὴ λάθοι διαδρὰς ὁ Ἰώσηπος.

[4.145] Αὐτὸς δὲ μετὰ μίαν ἡμέραν ἀναλαβὼν πᾶσαν τὴν δύναμιν εἵπετο καὶ μέχρι δείλης ὁδεύσας πρὸς τὴν Ἰωταπάταν ἀφικνεῖται. [146] ἀναλαβὼν δὲ τὴν στρατιὰν εἰς τὸ προσάρκτιον αὐτῆς μέρος ἔν τινι λόφῳ στρατοπεδεύεται διέχοντι σταδίους ἑπτὰ τῆς πόλεως, πειρώμενος ὡς μάλιστα τοῖς πολεμίοις εὐσύνοπτος εἶναι πρὸς ἔκπληξιν: [147] ἣ καὶ παραχρῆμα τοσαύτη τοὺς Ἰουδαίους κατέσχεν, ὡς μηδένα τοῦ τείχους τολμῆσαι προελθεῖν. [148] Ῥωμαῖοι δ' εὐθὺς μὲν ἀπώκνησαν προσβαλεῖν δι' ὅλης ὡδευκότες ἡμέρας, διπλῇ δὲ τῇ φάλαγγι κυκλοῦνται τὴν πόλιν καὶ τρίτην ἔξωθεν περιιστᾶσιν τὴν ἵππον, πάσας ἀποφράσσοντες αὐτοῖς τὰς ἐξόδους. [149] τοῦτ' ἐν ἀπογνώσει σωτηρίας παρώξυνε τοὺς Ἰουδαίους πρὸς τόλμαν: οὐδὲν γὰρ ἀνάγκης ἐν πολέμῳ μαχιμώτερον.

[5.150] Γενομένης δὲ μεθ' ἡμέραν προσβολῆς τὸ μὲν πρῶτον Ἰουδαῖοι κατὰ χώραν μένοντες ἀντεῖχον ἀντικρὺ τῶν Ῥωμαίων ἐστρατοπεδευκότες πρὸ τοῦ τείχους: [151] ὡς δὲ Οὐεσπασιανὸς τούτοις μὲν τοὺς τοξότας καὶ σφενδονήτας καὶ πᾶν τὸ τῶν ἑκηβόλων πλῆθος ἐπιστήσας ἐπέτρεψεν βάλλειν, αὐτὸς δὲ μετὰ τῶν πεζῶν εἰς τὸ πρόσαντες ἀνώθει καθ' ὃ τὸ τεῖχος ἦν εὐάλωτον, δείσας ὁ Ἰώσηπος περὶ τῇ πόλει προπηδᾷ καὶ σὺν αὐτῷ πᾶν τὸ τῶν Ἰουδαίων πλῆθος. [152] συμπεσόντες δὲ τοῖς Ῥωμαίοις ἀθρόοι τοῦ μὲν τείχους ἀνέστειλαν αὐτούς, πολλὰ δ' ἐπεδείκνυντο χειρῶν ἔργα καὶ τόλμης. [153] οὐκ ἔλασσόν γε μὴν ὧν ἔδρων ἀντέπασχον: ὅσον γὰρ αὐτοὺς ἡ τῆς σωτηρίας ἀπόγνωσις, τοσοῦτο τοὺς Ῥωμαίους αἰδὼς παρεκρότει, καὶ τοὺς μὲν ἐμπειρία μετ' ἀλκῆς, τοὺς δὲ θράσος ὥπλιζε τῷ θυμῷ στρατηγουμένους. [154] παραταξάμενοι δὲ δι' ὅλης ἡμέρας νυκτὶ διαλύονται, τρώσαντες μὲν πλείστους Ῥωμαίων, δεκατρεῖς δ' ἀνελόντες: αὐτῶν δ' ἔπεσον μὲν δεκαεπτά, τραυματίαι δ' ἐγένοντο ἑξακόσιοι.

[6.155] Τῇ δ' ὑστεραίᾳ πάλιν προσβάλλουσι τοῖς Ῥωμαίοις ἐπεξελθόντες καὶ πολὺ καρτερώτερον ἀντιπαρετάξαντο, θαρραλεώτεροι μὲν ἐκ τοῦ παρὰ λόγον ἀντισχεῖν τῇ προτέρᾳ γεγενημένοι, χρώμενοι δὲ καὶ τοῖς Ῥωμαίοις μαχιμωτέροις: [156] ὑπὸ γὰρ αἰδοῦς εἰς ὀργὴν ἐξεκαίοντο τὸ μὴ ταχέως νικᾶν ἧτταν ἡγούμενοι. [157] καὶ μέχρι πέμπτης ἡμέρας προσβολαὶ μὲν ἐγίνοντο τῶν Ῥωμαίων ἀδιάλειπτοι, ἐκδρομαὶ δὲ τῶν Ἰωταπατηνῶν καὶ τειχομαχίαι καρτερώτεραι, καὶ οὔτε Ἰουδαῖοι τὴν τῶν πολεμίων ἰσχὺν κατωρρώδουν οὔτε Ῥωμαῖοι πρὸς τὸ τῆς πόλεως δυσάλωτον ἀπέκαμνον.

[7.158] Ἔστιν δ' Ἰωταπάτα πλὴν ὀλίγου πᾶσα κρημνός, ἐκ μὲν τῶν ἄλλων μερῶν πάντοθεν φάραγξιν ἀπείροις ἀπότομος, ὡς τῶν κατιδεῖν πειρωμένων τὰς ὄψεις προεξασθενεῖν τοῦ βάθους, ἀπὸ βορέου δὲ προσιτὴ μόνον, καθ' ὃ λήγοντι τῷ ὄρει πλαγίῳ προσέκτισται. [159] καὶ τοῦτο δ' ὁ Ἰώσηπος ἐμπεριειλήφει τειχίζων τὴν πόλιν, ὡς ἀκατάληπτον εἶναι πολεμίοις τὴν ὑπὲρ αὐτῆς ἀκρώρειαν. [160] κυκλόθεν δ' ἄλλοις ὄρεσιν καλυπτομένη, πρὶν εἰσαφίκοιτό τις εἰς αὐτήν, παντελῶς ἀόρατος ἦν. εἶχε μὲν οὖν οὕτως ὀχυρότητος Ἰωταπάτη:

[8.161] Οὐεσπασιανὸς δὲ τῇ τε φύσει τοῦ χωρίου καὶ ταῖς τόλμαις τῶν Ἰουδαίων ἀντιφιλονεικῶν ἔγνω καρτερώτερον ἅπτεσθαι τῆς πολιορκίας, καὶ προσκαλεσάμενος τοὺς ὑπ' αὐτὸν ἡγεμόνας ἐβουλεύετο περὶ τῆς προσβολῆς. [162] δόξαν δὲ χῶσαι τὸ προσιτὸν τοῦ τείχους ἐπὶ συγκομιδὴν ὕλης ἐκπέμπει πᾶν τὸ στράτευμα, καὶ κοπέντων τῶν περὶ τὴν πόλιν ὀρῶν συναλισθείσης τε ἅμα τοῖς ξύλοις ἀπείρου χερμάδος, [163] οἱ μὲν πρὸς ἀλεωρὰν τῶν ὕπερθεν ἀφιεμένων βελῶν γέρρα διατείναντες ὑπὲρ χαρακωμάτων ἔχουν ὑπ' αὐτοῖς οὐδὲν ἢ μικρὰ βλαπτόμενοι ταῖς ἀπὸ τοῦ τείχους βολαῖς: [164] οἱ δὲ τοὺς πλησίον ὄχθους ἀνασπῶντες γῆν αὐτοῖς ἀδιαλείπτως ἔφερον, καὶ τριχῇ διῃρημένων ἀργὸς ἦν οὐδείς. [165] οἱ δὲ Ἰουδαῖοι πέτρας τε μεγάλας ἀπὸ τῶν τειχῶν τοῖς σκεπάσμασιν αὐτῶν ἐπηφίεσαν καὶ πᾶν εἶδος βελῶν: ἦν δὲ καὶ μὴ διικνουμένων πολὺς ὁ ψόφος καὶ φοβερὸς ἐμπόδιον τοῖς ἐργαζομένοις.

[9.166] Οὐεσπασιανὸς δὲ ἐν κύκλῳ τὰς ἀφετηρίους μηχανὰς ἐπιστήσας, τὰ πάντα δ' ἦν ἑκατὸν ἑξήκοντα ὄργανα, βάλλειν ἐκέλευσεν τοὺς ἐπὶ τοῦ τείχους. [167] ὁμοῦ δὲ οἵ τε καταπέλται τὰς λόγχας ἀνερροίζουν καὶ ταλαντιαῖοι λίθοι μέγεθος ἐκ τῶν πετροβόλων ἐβάλλοντο πῦρ τε καὶ πλῆθος ἀθρόων οἰστῶν, ἅπερ οὐ μόνον τὸ τεῖχος ἀνεπίβατον τοῖς Ἰουδαίοις ἐποίησεν, ἀλλὰ καὶ τὴν ἐντὸς ὅσης ἐφικνεῖτο χώρας: [168] καὶ γὰρ καὶ τὸ τῶν Ἀράβων τοξοτῶν πλῆθος ἀκοντισταί τε καὶ σφενδονῆται πάντες ἅμα τοῖς μηχανήμασιν ἔβαλλον. [169] οὐ μὴν εἰργόμενοι τῆς καθύπερθεν ἀμύνης ἠρέμουν: ἐκτρέχοντες γὰρ λῃστρικώτερον κατὰ λόχους περιέσπων τε τῶν ἐργαζομένων τὰς σκέπας καὶ τοὺς γυμνουμένους ἔπαιον, καὶ καθ' ὃ παρείκοιεν ἐκεῖνοι διερρίπτουν τε τὸ χῶμα καὶ τὰ χαρακώματα σὺν τοῖς γέρροις ἐνεπίμπρασαν, [170] μέχρι συνεὶς Οὐεσπασιανὸς τὴν διαίρεσιν τῶν ἔργων αἰτίαν εἶναι τῆς βλάβης, τὰ γὰρ διαστήματα τοῖς Ἰουδαίοις προσβολῆς παρεῖχεν τόπον, ἑνοῖ τὰ σκεπάσματα, καὶ συναφθείσης ἅμα αὐτοῖς τῆς δυνάμεως ἀνείρχθησαν αἱ τῶν Ἰουδαίων παραδύσεις.

[10.171] Ἐγειρομένου δὲ τοῦ χώματος ἤδη καὶ ταῖς ἐπάλξεσιν ὅσον οὔπω πλησιάζοντος δεινὸν ὁ Ἰώσηπος νομίσας, εἰ μηδὲν ἀντιμηχανήσαιτο τῇ πόλει σωτήριον, συναθροίζει τέκτονας καὶ τὸ τεῖχος ἐκέλευσεν ὑψοῦν. [172] τῶν δ' ἀδύνατον εἶναι φαμένων οἰκοδομεῖν τοσούτοις βέλεσι βαλλομένους, σκέπην αὐτοῖς ἐπινοεῖ τοιάνδε: [173] δρυφάκτους πήξασθαι κελεύσας ἐμπετάσαι τε βύρσας νεοδόρους βοῶν, ὡς ἀναδέχοιντο μὲν τοὺς ἀπὸ τῶν πετροβόλων λίθους κολπούμεναι, περιολισθάνοι δὲ ἀπ' αὐτῶν καὶ τὰ λοιπὰ βέλη καὶ τὸ πῦρ ὑπὸ τῆς ἰκμάδος εἴργοιτο, προανίστησιν τῶν τεκτόνων. [174] ὑφ' οἷς ἀσφαλῶς ἐργαζόμενοι δι' ἡμέρας τε καὶ νυκτὸς τὸ τεῖχος ἤγειραν εἰς εἴκοσι πήχεις τὸ ὕψος, καὶ συχνοὺς μὲν πύργους ἐνῳκοδόμησαν αὐτῷ, καρτερὰν δὲ ἔπαλξιν ἐφηρμόσαντο.
[175] τοῦτο τοῖς Ῥωμαίοις ἤδη τῆς πόλεως ἐντὸς οἰομένοις εἶναι πολλὴν ἐποίησεν ἀθυμίαν, καὶ πρός τε τὴν ἐπίνοιαν τοῦ Ἰωσήπου καὶ τὸ παράστημα τῶν ἐπὶ τῆς πόλεως κατεπλάγησαν.

[11.176] Οὐεσπασιανὸς δὲ καὶ πρὸς τὸ πανοῦργον τοῦ στρατηγήματος καὶ πρὸς τὰς τόλμας παρωξύνετο τῶν Ἰωταπατηνῶν:

[177] πάλιν γὰρ ἀναθαρσήσαντες ἐπὶ τῷ τειχισμῷ τοῖς Ῥωμαίοις ἐπεξέθεον, καὶ καθ' ἡμέραν ἐγίνοντο συμπλοκαὶ κατὰ λόχους ἐπίνοιά τε ληστρικὴ πᾶσα καὶ τῶν προστυχόντων ἁρπαγαὶ καὶ τῶν ἄλλων ἔργων πυρπολήσεις, [178] ἕως Οὐεσπασιανὸς ἀναπαύσας τὴν στρατιὰν μάχης διέγνω προσκαθεζόμενος σπάνει τῶν ἐπιτηδείων αἱρεῖν τὴν πόλιν: [179] ἢ γὰρ ἀναγκαζομένους ταῖς ἀπορίαις ἱκετεύσειν αὐτὸν ἢ μέχρι παντὸς ἀπαυθαδισαμένους διαφθαρήσεσθαι λιμῷ. [180] πολύ τε ῥᾴοσιν αὐτοῖς ἠξίου χρήσεσθαι κατὰ τὴν μάχην, εἰ διαλιπὼν αὖθις ἐκτετρυχωμένοις ἐπιπέσοι. φρουρεῖν δὴ πάσας αὐτῶν ἐκέλευσεν τὰς ἐξόδους.

[12.181] Τοῖς δὲ σίτου μὲν πλῆθος ἦν ἔνδον καὶ τῶν ἄλλων πλὴν ἁλὸς ἁπάντων, ἔνδεια δὲ ὕδατος ὡς ἂν πηγῆς μὲν οὐκ οὔσης κατὰ τὴν πόλιν, τῷ δ' ὀμβρίῳ διαρκουμένων τῶν ἐν αὐτῇ: σπάνιον δ' εἴ ποτε τὸ κλίμα θέρους ὕεται. [182] καὶ κατὰ ταύτην τὴν ὥραν πολιορκουμένων ἀθυμία δεινὴ πρὸς τὴν τοῦ δίψους ἐπίνοιαν ἦν, ἀσχαλλόντων ἤδη ὡς καθάπαν ἐπιλελοιπότος ὕδατος: [183] ὁ γὰρ Ἰώσηπος τήν τε πόλιν ὁρῶν τῶν ἄλλων ἐπιτηδείων εὔπορον καὶ τὰ φρονήματα γενναῖα τῶν ἀνδρῶν, βουλόμενός τε παρ' ἐλπίδα τοῖς Ῥωμαίοις ἐκτεῖναι τὴν πολιορκίαν, μέτρῳ τὸ ποτὸν αὐτοῖς διένειμεν εὐθέως. [184] οἱ δὲ τὸ ταμιεύεσθαι χαλεπώτερον ἐνδείας ὑπελάμβανον, καὶ τὸ μὴ αὐτεξούσιον αὐτῶν πλέον ἐκίνει τὴν ὄρεξιν, καὶ καθάπερ εἰς ἔσχατον ἤδη δίψους προήκοντες ἀπέκαμνον. διακείμενοι δὲ οὕτως οὐκ ἐλάνθανον τοὺς Ῥωμαίους: [185] ἀπὸ γὰρ τοῦ κατάντους ἑώρων αὐτοὺς ὑπὲρ τὸ τεῖχος ἐφ' ἕνα συρρέοντας τόπον καὶ μετρουμένους τὸ ὕδωρ, ἐφ' ὃν καὶ τοῖς ὀξυβελέσιν ἐξικνούμενοι πολλοὺς ἀνῄρουν.

[13.186] Καὶ Οὐεσπασιανὸς μὲν οὐκ εἰς μακρὰν τῶν ἐκδοχείων κενωθέντων ἤλπιζεν ὑπὸ τῆς ἀνάγκης αὐτῷ παραδοθήσεσθαι τὴν πόλιν: [187] ὁ δὲ Ἰώσηπος κλάσαι τὴν ἐλπίδα ταύτην αὐτῷ προαιρούμενος ἐμβρέξαι κελεύει πλείστους τὰ ἱμάτια καὶ κατακρεμάσαι περὶ τὰς ἐπάλξεις, ὥστε περιρρεῖσθαι πᾶν ἐξαπίνης τὸ τεῖχος. [188] πρὸς τοῦτ' ἀθυμία τῶν Ῥωμαίων καὶ κατάπληξις ἦν θεασαμένων εἰς χλεύην τοσοῦτον παραναλίσκοντας ὕδατος οὓς οὐδὲ ποτὸν ἔχειν ὑπελάμβανον, ὥστε καὶ τὸν στρατηγὸν ἀπογνόντα τὴν δι' ἐνδείας ἅλωσιν τρέπεσθαι πάλιν πρὸς ὅπλα καὶ βίαν. [189] ὃ δὴ τοῖς Ἰουδαίοις δι' ἐπιθυμίας ἦν: ἀπεγνωκότες γὰρ ἑαυτοὺς καὶ τὴν πόλιν πρὸ λιμοῦ καὶ δίψης τὸν ἐν πολέμῳ θάνατον ᾑροῦντο.

[14.190] Ὁ μέντοι γε Ἰώσηπος πρὸς τῷδε τῷ στρατηγήματι καὶ ἕτερον ἐπενόησεν εἰς περιουσίαν αὐτῷ: [191] διά τινος χαράδρας δυσβάτου καὶ διὰ τοῦθ' ὑπὸ τῶν φυλάκων ἀμελουμένης κατὰ τὰ πρὸς δύσιν μέρη τῆς φάραγγος ἐκπέμπων τινὰς γράμματά τε πρὸς οὓς ἠβούλετο τῶν ἔξω Ἰουδαίων διεπέμψατο καὶ παρ' αὐτῶν ἐλάμβανεν, παντός τε ἐπιτηδείου τῶν ἀνὰ τὴν πόλιν ἐπιλελοιπότων εὐπόρησεν, [192] ἕρπειν τὰ πολλὰ παρὰ τὰς φυλακὰς κελεύσας τοῖς ἐξιοῦσιν καὶ τὰ νῶτα καλύπτειν νάκεσιν, ὡς εἰ καὶ κατίδοι τις αὐτοὺς νύκτωρ, φαντασίαν παρέχοιεν κυνῶν, μέχρι συναισθόμενοι τὴν ἐπίνοιαν οἱ φρουροὶ περιίσχουσιν τὴν χαράδραν.

[15.193] Καὶ τόθ' ὁ Ἰώσηπος μὲν τὴν πόλιν οὐκ εἰς μακρὰν ὁρῶν ἀνθέξειν, ἐν ἀπόρῳ δὲ τὴν ἑαυτῶν σωτηρίαν εἰ μένοι, δρασμὸν ἅμα τοῖς δυνατοῖς ἐβουλεύετο. συναισθόμενοι δὲ τὸ πλῆθος καὶ περιχυθὲν αὐτῷ κατηντιβόλουν μὴ σφᾶς περιιδεῖν ἐπ' αὐτῷ μόνῳ κειμένους: [194] εἶναι γὰρ τῇ πόλει καὶ σωτηρίας μὲν ἐλπὶς παραμένων, παντὸς ἀγωνισομένου δι' αὐτὸν προθύμως, κἂν ἁλῶσιν δέ, παραμυθίαν. [195] πρέπειν δ' αὐτῷ μήτε φυγεῖν τοὺς ἐχθροὺς μήτ' ἐγκαταλιπεῖν τοὺς φίλους μήτ' ἀποπηδᾶν ὥσπερ χειμαζομένης νεώς, εἰς ἣν ἐν γαλήνῃ παρῆλθεν: [196] ἐπιβαπτίσειν γὰρ αὐτοῖς τὴν πόλιν μηδενὸς ἔτι τοῖς πολεμίοις τολμῶντος ἀνθίστασθαι δι' ὃν ἂν θαρσοῖεν οἰχομένου.

[16.197] Ὁ δὲ Ἰώσηπος τὸ κατ' αὐτὸν ἀσφαλὲς ὑποστελλόμενος ὑπὲρ αὐτῶν ἔφασκεν ποιεῖσθαι τὴν ἔξοδον: [198] μένων μὲν γὰρ οὔτ' ἂν ὠφελῆσαί τι μέγα σωζομένους, κἂν ἁλίσκωνται, συναπολεῖσθαι περιττῶς, ἐκδὺς δὲ τῆς πολιορκίας ἔξωθεν αὐτοὺς ὠφελήσειν μέγιστα: [199] τούς τε γὰρ ἐκ τῆς χώρας Γαλιλαίους συναθροίσειν ᾗ τάχος καὶ Ῥωμαίους ἑτέρῳ πολέμῳ τῆς πόλεως αὐτῶν ἀντιπερισπάσειν. [200] οὐχ ὁρᾶν δέ, τί παρακαθεζόμενος αὐτοῖς χρήσιμος εἴη νῦν, πλὴν εἰ μὴ Ῥωμαίους παροξύνων μᾶλλον ἐπὶ τὴν πολιορκίαν, οὓς περὶ πλείστου ποιεῖσθαι λαβεῖν αὐτόν: εἰ δ' ἐκδράντα πύθοιντο, πολὺ τῆς ἐπὶ τὴν πόλιν ὁρμῆς ἀνήσειν. [201] οὐκ ἔπειθεν δὲ τούτοις, ἀλλὰ μᾶλλον ἐξέκαυσεν τὸ πλῆθος αὐτοῦ περιέχεσθαι: παιδία γοῦν καὶ γέροντες καὶ γύναια μετὰ νηπίων ὀδυρόμενα προσέπιπτον αὐτῷ καὶ τοῖς ποσὶν ἐμπλεκόμενοι πάντες εἴχοντο, [202] καὶ μετὰ κωκυτῶν κοινωνὸν σφίσι τῆς τύχης μένειν ἱκέτευον, οὐ φθόνῳ τῆς ἐκείνου σωτηρίας, ἔμοιγε δοκεῖν, ἀλλ' ἐλπίδι τῆς ἑαυτῶν: οὐδὲν γὰρ ἠξίουν πείσεσθαι δεινὸν Ἰωσήπου μένοντος.

[17.203] Ὁ δὲ πειθομένῳ μὲν ἱκετηρίαν ταῦτα νομίσας, βιαζομένῳ δὲ φρουράν, πολὺ δ' αὐτοῦ τῆς εἰς τὴν ἀπόλειψιν ὁρμῆς καὶ ὁ τῶν ὀδυρομένων ἔκλασεν οἶκτος, [204] μένειν τε ἔγνω, καὶ τὴν κοινὴν τῆς πόλεως ἀπόγνωσιν ὁπλισάμενος, "νῦν καιρός, εἰπών, ἄρχεσθαι μάχης, ὅτ' ἐλπὶς οὐκ ἔστι σωτηρίας: καλὸν εὔκλειαν ἀντικαταλλαξάμενον τοῦ βίου καὶ δράσαντά τι γενναῖον εἰς μνήμην ὀψιγενῶν πεσεῖν", ἐπ' ἔργα τρέπεται. [205] καὶ προελθὼν μετὰ τῶν μαχιμωτάτων διεσκίδνα τε τοὺς φρουροὺς καὶ μέχρι τοῦ στρατοπέδου τῶν Ῥωμαίων κατέτρεχεν, καὶ τὰς μὲν ἐπὶ τῶν χωμάτων δέρρεις, αἷς ὑπεσκήνουν, διέσπα, τοῖς δὲ ἔργοις ἐνέβαλλεν πῦρ. [206] τῇ τε ἑξῆς ὁμοίως καὶ τῇ τρίτῃ καὶ ἐπὶ συχνὰς ἡμέρας καὶ νύκτας πολεμῶν οὐκ ἔκαμνεν.

[18.207] Οὐεσπασιανὸς δὲ τῶν [τε] Ῥωμαίων κακουμένων ταῖς ἐκδρομαῖς, τρέπεσθαί τε γὰρ ὑπὸ Ἰουδαίων ᾐδοῦντο καὶ τραπέντων ἐπιδιώκειν βάρει τῶν ὅπλων ἦσαν βραδεῖς, οἵ τε Ἰουδαῖοι πρίν τι παθεῖν ἀεὶ δρῶντες ἀνέφευγον εἰς τὴν πόλιν, [208] τοῖς μὲν ὁπλίταις τὰς ὁρμὰς αὐτῶν ἐκκλίνειν ἐκέλευσεν καὶ μὴ συμπλέκεσθαι θανατῶσιν ἀνθρώποις: [209] οὐδὲν γὰρ ἀλκιμώτερον εἶναι τῆς ἀπογνώσεως, περισβέννυσθαι δὲ αὐτῶν τὰς ὁρμὰς σκοπῶν ἀπορουμένας ὥσπερ ὕλης τὸ πῦρ: [210] προσήκειν γε μὴν καὶ Ῥωμαίοις μετὰ ἀσφαλείας καὶ τὸ νικᾶν, ὡς ἂν οὐκ ἐξ ἀνάγκης πολεμοῦσιν, ἀλλὰ προσκτωμένοις. [211] τοῖς δὲ τῶν Ἀράβων τοξόταις καὶ τοῖς ἀπὸ τῆς Συρίας σφενδονήταις καὶ λιθοβόλοις τὰ πολλὰ τοὺς Ἰουδαίους ἀνέστελλεν: ἠρέμει δὲ οὐδὲ τῶν ἀφετηρίων ὀργάνων τὸ πλῆθος. [212] οἱ δὲ τούτοις μὲν εἶκον κακούμενοι, τῶν δὲ πόρρω βαλλομένων ἐνδοτέρω γινόμενοι προσέκειντο τοῖς Ῥωμαίοις χαλεποὶ καὶ ψυχῆς καὶ σώματος ἀφειδοῦντες ἐμάχοντο, ἐκ διαδοχῆς ἑκάτεροι τὸ κεκμηκὸς ἑαυτῶν ἀναλαμβάνοντες.

[19.213] Οὐεσπασιανὸς δὲ ἡγούμενος τῷ μήκει τοῦ χρόνου καὶ ταῖς ἐκδρομαῖς ἀντιπολιορκεῖσθαι, τῶν χωμάτων ἤδη τοῖς τείχεσι πελαζόντων προσάγειν ἔγνω τὸν κριόν. [214] ὁ δ' ἐστὶν ὑπερμεγέθης δοκὸς ἱστῷ νηὸς παραπλήσιος: ἐστόμωται δὲ παχεῖ σιδήρῳ κατ' ἄκρον εἰς κριοῦ προτομήν, ἀφ' οὗ καὶ καλεῖται, τετυπωμένῳ.
[215] καταιωρεῖται δὲ κάλοις μέσος ὥσπερ ἀπὸ πλάστιγγος ἑτέρας δοκοῦ, σταυροῖς ἑκατέρωθεν ἑδραίοις ὑπεστηριγμένης.
[216] ἀνωθούμενος δὲ ὑπὸ πλήθους ἀνδρῶν εἰς τὸ κατόπιν, τῶν αὐτῶν ἀθρόως πάλιν εἰς τοὔμπροσθεν ἐπιβρισάντων τύπτει τὰ τείχη τῷ προανέχοντι σιδήρῳ. [217] καὶ οὐδεὶς οὕτως καρτερὸς πύργος ἢ περίβολος πλατύς, ὃς κἂν τὰς πρώτας πληγὰς ἐνέγκῃ κατίσχυσεν τῆς ἐπιμονῆς. [218] ἐπὶ ταύτην τὴν πεῖραν ὁ στρατηγὸς τῶν Ῥωμαίων μετέβαινεν βίᾳ τὴν πόλιν ἑλεῖν σπεύδων, ὡς τὸ προσκαθέζεσθαι βλαβερὸν ἦν Ἰουδαίων οὐκ ἠρεμούντων.
[219] οἱ μὲν οὖν τούς τε καταπέλτας καὶ τὰ λοιπὰ τῶν ἀφετηρίων, ὡς ἐξικνοῖτο τῶν ἐπὶ τοῦ τείχους κωλύειν πειρωμένων, ἔγγιον προσαγαγόντες ἔβαλλον: ὁμοίως δὲ συνήγγιζον οἱ τοξόται καὶ σφενδονῆται. [220] διὰ δὲ ταῦτα μηδενὸς τῶν περιβόλων ἐπιβῆναι τολμῶντος προσῆγον ἕτεροι τὸν κριὸν γέρροις τε διηνεκέσι καὶ

καθύπερθεν πεφραγμένον δέρρει πρός τε αὐτῶν καὶ τοῦ μηχανήματος ἀσφάλειαν. [221] καὶ κατὰ τὴν πρώτην πληγὴν διεσείσθη μὲν τὸ τεῖχος, κραυγὴ δὲ μεγίστη παρὰ τῶν ἔνδον ἤρθη καθάπερ ἑαλωκότων ἤδη.

[20.222] Πολλάκις δὲ εἰς τὸν αὐτὸν παίοντας τόπον ὁ Ἰώσηπος ὁρῶν ὅσον οὔπω καταρριφθησόμενον τὸ τεῖχος, σοφίζεται κατ' ὀλίγον τὴν βίαν τοῦ μηχανήματος. [223] σάκκους ἀχύρων πληρώσαντας ἐκέλευσεν καθιμᾶν καθ' ὃ φερόμενον ἀεὶ τὸν κριὸν ὁρῷεν, ὡς πλάζοιτό τε ἡ ἐμβολή, καὶ δεχόμενοι τὰς πληγὰς ἐκκενοῖεν τῇ χαυνότητι. [224] τοῦτο πλείστην διατριβὴν παρέσχεν τοῖς Ῥωμαίοις, καθ' ὃ μὲν τρέποιεν τὴν μηχανὴν ἀντιπαραγόντων τοὺς σάκκους τῶν ὕπερθεν, ὑποβαλλόντων δὲ ταῖς ἐμβολαῖς, ὡς μηδὲν κατ' ἀντιτυπίαν βλάπτεσθαι τὸ τεῖχος:
[225] ἕως ἀντεπινοήσαντες κοντοὺς οἱ Ῥωμαῖοι μακροὺς καὶ δρέπανα δήσαντες ἐπ' ἄκρων τοὺς σάκους ἀπέτεμνον.
[226] ἐνεργοῦς δὲ οὕτω τῆς ἑλεπόλεως γενομένης καὶ τοῦ τείχους, νεοπαγὲς γὰρ ἦν, ἐνδιδόντος ἤδη, τὸ λοιπὸν ἐπὶ τὴν ἐκ πυρὸς ἄμυναν οἱ περὶ τὸν Ἰώσηπον ὥρμησαν. [227] ἁψάμενοι δὲ ὅσον αὔης εἶχον ὕλης τριχόθεν ἐπεκθέουσιν, καὶ τά τε μηχανήματα καὶ τὰ γέρρα καὶ τὰ χώματα τῶν Ῥωμαίων ὑπεπίμπρασαν. [228] οἱ δὲ κακῶς ἐπεβοήθουν πρός τε τὴν τόλμαν αὐτῶν καταπεπληγότες καὶ ὑπὸ τῆς φλογὸς τὰς ἀμύνας φθανόμενοι: ξηρᾶς γὰρ ὕλης, πρὸς δὲ ἀσφάλτου τε καὶ πίσσης, ἔτι δὲ θείου διίπτατο τὸ πῦρ ἐπινοίας τάχιον, καὶ τὰ πολλῷ καμάτῳ πεπονημένα τοῖς Ῥωμαίοις ἐπὶ μιᾶς ὥρας ἐνέμετο.

[21.229] Ἔνθα καὶ ἀνήρ τις ἐξεφάνη Ἰουδαίων λόγου καὶ μνήμης ἄξιος: Σαμίου μὲν παῖς ἦν, Ἐλεάζαρος δὲ ἐκαλεῖτο, Σαβὰ δὲ πατρὶς αὐτῷ τῆς Γαλιλαίας: [230] ὑπερμεγέθη δὲ πέτραν ἀράμενος ἀφίησιν ἀπὸ τοῦ τείχους ἐπὶ τὴν ἑλέπολιν μετὰ τοσαύτης βίας, ὥστε ἀπορρῆξαι τὴν κεφαλὴν τοῦ μηχανήματος, ἣν καὶ καταπηδήσας ἐκ μέσων αἴρεται τῶν πολεμίων καὶ μετὰ πολλῆς ἀδείας ἐπὶ τὸ τεῖχος ἔφερεν. [231] σκοπὸς δὲ πᾶσιν τοῖς ἐχθροῖς γενόμενος καὶ γυμνῷ τῷ σώματι τὰς πληγὰς δεξάμενος πέντε μὲν διαπείρεται βέλεσιν, [232] πρὸς οὐδὲν δὲ τούτων ἐπιστραφείς, ὅτε τὸ τεῖχος ἀνέβη καὶ περίοπτος πᾶσιν τῆς εὐτολμίας ἔστη, τότε ἰλυσπώμενος ὑπὸ τῶν τραυμάτων μετὰ τοῦ κριοῦ κατέπεσεν. [233] ἄριστοι μετ' αὐτὸν ἐφάνησαν ἀδελφοὶ δύο Νετείρας καὶ Φίλιππος, ἀπὸ Ῥούμας κώμης, Γαλιλαῖοι καὶ αὐτοί, οἳ προπηδῶσι μὲν εἰς τοὺς ἀπὸ τοῦ δεκάτου τάγματος, τοσούτῳ δὲ ῥοίζῳ καὶ βίᾳ τοῖς Ῥωμαίοις συνέπεσον, ὡς διαρρῆξαί τε τὰς τάξεις καὶ τρέψασθαι καθ' οὓς ἐφορμήσειαν ἅπαντας.

[22.234] Μετὰ τούτους ὅ τε Ἰώσηπος καὶ τὸ λοιπὸν πλῆθος ἀράμενοι πῦρ πάλιν τὰ μηχανήματα καὶ τὰς ὑποδύσεις ἅμα τοῖς ἔργοις ὑφῆψαν τοῦ τε πέμπτου καὶ τοῦ δεκάτου τραπέντος τάγματος, οἱ λοιποὶ δὲ φθάσαντες καὶ τὰ ὄργανα καὶ πᾶσαν ὕλην κατέχωσαν. [235] περὶ δὲ δείλην πάλιν ἀναστήσαντες προσῆγον τὸν κριὸν ᾗ προπεπονήκει τυπτόμενον τὸ τεῖχος. [236] ἔνθα τις τῶν ἀμυνομένων ἀπ' αὐτοῦ βάλλει τὸν Οὐεσπασιανὸν βέλει κατὰ τὸν ταρσὸν τοῦ ποδὸς καὶ τιτρώσκει μὲν ἐπιπολαίως προεκλύσαντος τὸ βληθὲν τοῦ διαστήματος, μέγιστον δὲ θόρυβον ἐνεποίησεν τοῖς Ῥωμαίοις: [237] πρὸς γὰρ τὸ αἷμα ταραχθέντων τῶν πλησίον φήμη διὰ παντὸς ἐπῄει τοῦ στρατοῦ, καὶ τῆς πολιορκίας οἱ πλείους ἀφέμενοι μετ' ἐκπλήξεως καὶ δέους ἐπὶ τὸν στρατηγὸν συνέθεον. [238] πρὸ δὲ πάντων Τίτος δείσας περὶ τῷ πατρὶ παρῆν, ὡς τὸ πλῆθος καὶ τῇ πρὸς τὸν ἡγούμενον εὐνοίᾳ καὶ τῇ τοῦ παιδὸς ἀγωνίᾳ συγχυθῆναι. ῥᾷστα μέντοι τόν τε υἱὸν ὁ πατὴρ δεδιότα καὶ τὴν στρατιὰν ἔπαυσεν τοῦ θορύβου: [239] τῶν γὰρ ἀλγηδόνων ἐπάνω γενόμενος καὶ πᾶσιν τοῖς ἐπτοημένοις δι' αὐτὸν ὀφθῆναι σπουδάσας χαλεπώτερον Ἰουδαίοις ἐπῆρεν τὸν πόλεμον: ἕκαστος γὰρ ὡς τιμωρὸς τοῦ στρατηγοῦ προκινδυνεύειν ἤθελεν, καὶ βοῇ παρακροτοῦντες ἀλλήλους ἐπὶ τὸ τεῖχος ὥρμων.

[23.240] Οἱ δὲ περὶ τὸν Ἰώσηπον καίπερ ἐπ' ἀλλήλοις πίπτοντες ὑπὸ τῶν καταπελτικῶν καὶ τῶν πετροβόλων, ὅμως οὐκ ἀπετρέποντο τοῦ τείχους, ἀλλὰ πυρὶ καὶ σιδήρῳ καὶ πέτροις τοὺς ἐπὶ τὰ γέρρα τὸν κριὸν ἐπιβρίθοντας ἔβαλλον. [241] καὶ ἤνυον μὲν οὐδὲν ἢ μικρόν, αὐτοὶ δὲ ἀδιαλείπτως ἔπιπτον ὑπὸ μὴ βλεπομένων καθορώμενοι: [242] αὐτοί τε γὰρ ὑπὸ τῆς σφετέρας περιλαμπόμενοι φλογὸς σκοπὸς ἦσαν τοῖς πολεμίοις εὐσύνοπτος ὥσπερ ἐν ἡμέρᾳ, καὶ τῶν ὀργάνων πόρρωθεν μὴ βλεπομένων δυσφύλακτον ἦν τὸ βαλλόμενον. [243] ἥ τε οὖν τῶν ὀξυβελῶν καὶ καταπελτῶν βία πολλοὺς ἅμα διήλαυνεν, καὶ τῶν ὑπὸ τῆς μηχανῆς ἀφιεμένων πετρῶν ὁ ῥοῖζος ἐπάλξεις τε ἀπέσυρεν καὶ γωνίας ἀπέθρυπτε πύργων. [244] ἀνδρῶν μὲν γὰρ † οὕτως ἰσχυρὸν στῖφος, ὃ μὴ μέχρις ἐσχάτης στρώννυται φάλαγγος βίᾳ τε καὶ μεγέθει τοῦ λίθου. [245] μάθοι δ' ἄν τις τὴν τοῦ μηχανήματος ἀλκὴν ἐκ τῶν ἐπὶ τῆσδε τῆς νυκτὸς γενομένων: πληγείς γάρ τις ἀπ' αὐτοῦ τῶν περὶ τὸν Ἰώσηπον ἑστώτων ἀνὰ τὸ τεῖχος ἀπαράσσεται τὴν κεφαλὴν ὑπὸ τῆς πέτρας, καὶ τὸ κρανίον ἀπὸ τριῶν ἐσφενδονήθη σταδίων. [246] γυναικός τε μεθ' ἡμέραν ἐγκύμονος πληγείσης τὴν γαστέρα, προῄει δὲ νέον ἐξ οἰκίας, ἐξέσεισεν ἐφ' ἡμιστάδιον τὸ βρέφος: τοσαύτη ἦν ἡ τοῦ λιθοβόλου βία. [247] τῶν οὖν ὀργάνων φοβερώτερος ὁ ῥοῖζος, τῶν δὲ βαλλομένων ἦν [ὁ] ψόφος. [248] ἐπάλληλοι δὲ ἐκτύπουν οἱ νεκροὶ κατὰ τοῦ τείχους ῥιπτόμενοι, καὶ δεινὴ μὲν ἔνδοθεν κραυγὴ γυναικῶν ἠγείρετο, συνήχουν δ' ἔξωθεν οἰμωγαὶ φονευομένων. [249] αἵματι δ' ἐρρεῖτο πᾶς ὁ πρὸ τῆς μάχης περίβολος, καὶ προσβατὸν ὑπὸ πτωμάτων τὸ τεῖχος ἐγίνετο. [250] φοβερωτέραν δὲ ἐποίουν τὴν βοὴν περιηχοῦντα τὰ ὄρη, καὶ οὐδὲν ἐπ' ἐκείνης τῆς νυκτὸς οὔτε εἰς ἀκοῆς οὔτε εἰς ὄψεως κατάπληξιν ἀπελείπετο. [251] πλεῖστοι μέν γε τῶν ἐπὶ τῆς Ἰωταπάτης ἀγωνιζόμενοι γενναίως ἔπεσον, πλεῖστοι δ' ἐγένοντο τραυματίαι, καὶ μόλις περὶ τὴν ἑωθινὴν φυλακὴν ἐνδίδωσι τοῖς μηχανήμασι τὸ τεῖχος ἀδιαλείπτως τυπτόμενον: [252] οἱ δὲ φραξάμενοι τοῖς σώμασι καὶ τοῖς ὅπλοις τὸ καταρριφθὲν ἀντωχύρωσαν πρὶν βληθῆναι τὰς ἐπιβατηρίους ὑπὸ τῶν

Ῥωμαίων μηχανάς.

[24.253] Ὑπὸ δὲ τὴν ἕω Οὐεσπασιανὸς ἐπὶ τὴν κατάληψιν τῆς πόλεως συνῆγεν τὴν στρατιὰν ὀλίγον ἀπὸ τοῦ νυκτερινοῦ πόνου διαναπαύσας. [254] βουλόμενος δ' ἀπὸ τῶν καταρριφθέντων περισπάσαι τοὺς εἴργοντας τοὺς μὲν γενναιοτάτους τῶν ἱππέων ἀποβήσας [τῶν ἵππων] τριχῇ διέταξεν κατὰ τὰ πεπτωκότα τοῦ τείχους, πάντοθεν πεφραγμένους τοῖς ὅπλοις καὶ τοὺς κοντοὺς προΐσχοντας, ὡς ὁπότε τὰς ἐπιβατηρίους βάλλοιεν μηχανὰς κατάρχοιντο τῆς εἰσόδου: [255] κατόπιν δὲ αὐτῶν ἔταξεν τοῦ πεζοῦ τὸ ἀκμαιότατον, τὸ δὲ λοιπὸν ἱππικὸν ἀντιπαρεξέτεινεν τῷ τείχει κατὰ πᾶσαν τὴν ὀρεινὴν πρὸς τὸ μηδένα τῶν ἀναφευγόντων ἐκ τῆς ἁλώσεως διαλαθεῖν. [256] κατόπιν δὲ τούτων περιέστησεν τοὺς τοξότας ἔχειν κελεύσας ἕτοιμα τὰ βέλη πρὸς ἄφεσιν, ὁμοίως δὲ καὶ σφενδονήτας καὶ τοὺς ἐπὶ τῶν μηχανημάτων, [257] ἑτέρους δὲ κλίμακας ἀραμένους προσφέρειν ἐπάνω τοῖς ἀκεραίοις τείχεσιν, ἵν' οἱ μὲν τούτους κωλύειν πειρώμενοι καταλίποιεν τὴν ἐπὶ τοῖς καταρριφθεῖσιν φυλακήν, οἱ λοιποὶ δὲ ὑπ' ἀθρόων βιαζόμενοι τῶν βελῶν εἴξωσιν τῆς εἰσόδου.

[25.258] Ἰώσηπος δὲ συνιεὶς τὴν ἐπίνοιαν ἐπὶ μὲν τοῦ μένοντος τείχους σὺν τοῖς κεκμηκόσιν ἵστησι τοὺς γηραιοὺς ὡς μηδὲν ταύτῃ βλαβησομένους, εἰς δὲ τὰ παρερρωγότα τοῦ τείχους τοὺς δυνατωτάτους καὶ πρὸ πάντων ἀνὰ ἓξ ἄνδρας, μεθ' ὧν καὶ αὐτὸς εἰς τὸ προκινδυνεύειν ἐκληρώσατο. [259] ἐκέλευσέν τε πρὸς μὲν τὸν ἀλαλαγμὸν τῶν ταγμάτων ἀποφράξαι τὰς ἀκοάς, ὡς ἂν μὴ καταπλαγεῖεν, πρὸς δὲ τὸ πλῆθος τῶν βελῶν συνοκλάσαντας καλύψασθαι καθύπερθεν τοῖς θυρεοῖς ὑποχωρῆσαί τε πρὸς ὀλίγον, ἕως τὰς φαρέτρας κενώσωσιν οἱ τοξόται. [260] βαλλόντων δὲ τὰς ἐπιβατηρίους μηχανὰς αὐτοὺς προπηδᾶν καὶ διὰ τῶν ἰδίων ὀργάνων ἀπαντᾶν τοῖς πολεμίοις, ἀγωνίζεσθαί τε ἕκαστον οὐχ ὡς ὑπὲρ σωθησομένης, ἀλλ' ὡς ὑπὲρ ἀπολωλυίας ἤδη τῆς πατρίδος ἀμυνόμενον, [261] λαμβάνειν τε πρὸ ὀφθαλμῶν σφαγησομένους γέροντας καὶ τέκνα καὶ γυναῖκας ἀναιρεθησομένας ὑπὸ τῶν ἐχθρῶν ὅσον οὐδέπω, καὶ τὸν ἐπὶ ταῖς μελλούσαις συμφοραῖς θυμὸν προαλίσαντας ἐναφεῖναι τοῖς δράσουσιν αὐτάς.

[26.262] Ἔταξεν μὲν οὖν οὕτως ἑκάτερον: τὸ δ' ἀργὸν ἀπὸ τῆς πόλεως: πλῆθος, γύναια καὶ παῖδες, ὡς ἐθεάσαντο τριπλῇ μὲν φάλαγγι τὴν πόλιν ἐζωσμένην, οὐδὲν γὰρ εἰς τὴν μάχην μετακεκίνητο τῶν πάλαι φυλακῶν, πρὸς δὲ τοῖς βεβλημένοις τείχεσιν τοὺς πολεμίους ξιφήρεις καὶ τὴν καθύπερθεν ὀρεινὴν λαμπομένην ὅπλοις, τά τε βέλη τοῖς τοξόταις ἐπανέχοντα τῶν Ἀράβων, ὕστατόν τινα κωκυτὸν ἁλώσεως συνήχησαν ὡς οὐκ ἀπειλουμένων ἔτι τῶν κακῶν ἀλλ' ἤδη παρόντων. [263] ὁ δὲ Ἰώσηπος τὰς μὲν γυναῖκας, ὡς μὴ θηλύνοιεν οἴκτῳ τὰς ὁρμὰς τῶν σφετέρων, κατακλείει ταῖς οἰκίαις μετ' ἀπειλῆς ἡσυχάζειν κελεύσας: αὐτὸς δὲ ἐπὶ τῶν ἐρειφθέντων ᾗ ἔλαχεν παρῄει. [264] τοῖς μὲν οὖν καθ' ἕτερα προσφέρουσι τὰς κλίμακας οὐ προσεῖχεν, ἀπεκαραδόκει δὲ τὴν ὁρμὴν τῶν βελῶν.

[27.265] Ὁμοῦ δ' οἵ τε σαλπικταὶ τῶν ταγμάτων ἁπάντων συνήχησαν καὶ δεινὸν ἐπηλάλαξεν ἡ στρατιά, καὶ πάντοθεν ἀφιεμένων ἀπὸ συνθήματος τῶν βελῶν τὸ φῶς ὑπετέμνετο. [266] μεμνημένοι γε μὴν τῶν τοῦ Ἰωσήπου προσταγμάτων οἱ σὺν αὐτῷ τάς τε ἀκοὰς πρὸς τὴν βοὴν καὶ τὰ σώματα πρὸς τὰς ἀφέσεις ἐφράξαντο, [267] καὶ βαλλόντων τὰς μηχανὰς ἐπεξέδραμον δι' αὐτῶν πρὶν ἐπιβῆναι τοὺς βαλόντας, [268] συμπλεκόμενοί τε τοῖς ἀνιοῦσιν παντοῖα καὶ χειρῶν ἔργα καὶ ψυχῆς ἐναπεδείκνυντο, πειρώμενοι παρὰ τὰς ἐσχάτας συμφορὰς μὴ χείρους φαίνεσθαι τῶν ἐν ἀκινδύνῳ τῷ κατὰ σφᾶς ἀνδριζομένων: [269] ὥστε οὐ πρότερον ἀπερρήγνυντο τῶν Ῥωμαίων πρὶν ἢ πεσεῖν ἢ διαφθεῖραι. [270] ὡς δ' οἱ μὲν ἔκαμνον διηνεκῶς ἀμυνόμενοι καὶ τοὺς προμάχους ἀμείβειν οὐκ ἔχοντες, τὸ κεκμηκὸς δὲ τῶν Ῥωμαίων ἀκραιφνεῖς διεδέχοντο καὶ ταχέως ἀντὶ τῶν ἀποβιασθέντων ἐπέβαινον ἕτεροι, παρακελευσάμενοί τε ἀλλήλοις καὶ πλευρὰν μὲν ἑνώσαντες, τοῖς δὲ θυρεοῖς καθύπερθεν φραξάμενοι στῖφος ἄρρηκτον ἐγένοντο καὶ καθάπερ ἑνὶ σώματι πάσῃ τῇ φάλαγγι τοὺς Ἰουδαίους ἀνωθοῦντες ἤδη τοῦ τείχους ἐπέβαινον.

[28.271] Ὁ δὲ Ἰώσηπος ἐν ταῖς ἀμηχανίαις σύμβουλον λαβὼν τὴν ἀνάγκην, ἣ δέ ἐστιν δεινὴ πρὸς ἐπίνοιαν, ὅταν αὐτὴν ἀπόγνωσις ἐρεθίζῃ, ζέον ἔλαιον ἐκέλευσεν καταχέειν τῶν συνησπικότων. [272] οἱ δ' ὡς παρεσκευασμένον ἔχοντες μετὰ τάχους πολλοὶ καὶ πολὺ πάντοθεν τῶν Ῥωμαίων κατέχεον συνεπαφιέντες καὶ τὰ ἀγγεῖα βρασσόμενα τῇ θέρμῃ. [273] τοῦτο καιομένων τῶν Ῥωμαίων διεσκέδασεν τὴν τάξιν, καὶ μετὰ δεινῶν ἀλγηδόνων ἀπεκυλινδοῦντο τοῦ τείχους: [274] ῥᾷστα μὲν γὰρ τὸ ἔλαιον ἀπὸ κορυφῆς μέχρι ποδῶν ὑπὸ τὰς πανοπλίας διέρρει τοῦ σώματος ὅλου καὶ τὴν σάρκα φλογὸς οὐδὲν ἔλασσον ἐπεβόσκετο, θερμαινόμενόν τε φύσει ταχέως καὶ ψυχόμενον βραδέως διὰ τὴν πιότητα. [275] τοῖς δὲ θώραξιν καὶ τοῖς κράνεσιν ἐνδεδεμένων ἀπαλλαγὴ τῆς καύσεως οὐκ ἦν, πηδῶντες δὲ καὶ συνειλούμενοι ταῖς ἀλγηδόσιν ἀπὸ τῶν γεφυρωμάτων ἔπιπτον: οἱ δὲ τραπέντες εἰς τοὺς σφετέρους πρόσω βιαζομένους εὐχείρωτοι τοῖς κατόπιν τιτρώσκουσιν ἦσαν.

[29.276] Ἐπέλιπεν δὲ οὔτε Ῥωμαίους ἐν ταῖς κακοπραγίαις ἰσχὺς οὔτε τοὺς Ἰουδαίους σύνεσις, ἀλλ' οἱ μὲν καίπερ οἰκτρὰ πάσχοντας ὁρῶντες τοὺς καταχυθέντας ὅμως εἰς τοὺς καταχέοντας ἐφέροντο τὸν πρὸ αὐτοῦ κακίζων ἕκαστος ὡς ἐμπόδιον ὄντα τῆς ῥώμης: [277] οἱ δὲ Ἰουδαῖοι δόλῳ δευτέρῳ τὰς προσβάσεις αὐτῶν ἐπέσφαλλον τῆλιν ἑφθὴν ὑποχέοντες ταῖς σανίσιν, ἧς ἐπολισθάνοντες ὑπεσύροντο; [278] καὶ οὔτε τῶν τρεπομένων οὔτε τῶν προσβαινόντων τις ὀρθὸς ἔμενεν, ἀλλ' οἱ μὲν ἐπ' αὐτῶν ὑπτιαζόμενοι τῶν ἐπιβατηρίων μηχανῶν συνεπατοῦντο, πολλοὶ δὲ ἐπὶ τὸ χῶμα κατέπιπτον. [279] ἐπαίοντο δ' ὑπὸ τῶν Ἰουδαίων οἱ πεσόντες: ἐσφαλμένων γὰρ τῶν Ῥωμαίων οὗτοι τῆς κατὰ χεῖρα συμπλοκῆς ἐλευθερωθέντες εἰς τὰς βολὰς εὐσχόλουν. [280] πολλὰ δὲ κακουμένους ἐν τῇ προσβολῇ τοὺς στρατιώτας ὁ στρατηγὸς περὶ δείλην ἀνεκάλει. [281] ἔπεσον δὲ τούτων μὲν οὐκ ὀλίγοι καὶ πλείους ἐτρώθησαν, τῶν δ' ἀπὸ τῆς Ἰωταπάτης ἀπέθανον μὲν ἓξ ἄνδρες, τραυματίαι δ' ὑπὲρ τριακοσίους ἀνεκομίσθησαν. [282] εἰκάδι μὲν Δαισίου μηνὸς ἡ παράταξις ἦν.

[30.283] Οὐεσπασιανὸς δὲ ἐπὶ τοῖς συμβεβηκόσι τὴν στρατιὰν παραμυθούμενος, ὡς θυμουμένους ἑώρα καὶ οὐ προτροπῆς ἀλλ' ἔργων δεομένους, [284] προσυψῶσαι μὲν τὰ χώματα, πύργους δὲ τρεῖς πεντήκοντα ποδῶν τὸ ὕψος ἕκαστον κατασκευάσαι κελεύσας πάντοθεν σιδήρῳ κεκαλυμμένους, ὡς ἑδραῖοί τε εἶεν ὑπὸ βρίθους καὶ δυσάλωτοι πυρί, [285] τῶν χωμάτων ἐπέστησεν, συνεπιβήσας αὐτοῖς ἀκοντιστάς τε καὶ τοξότας καὶ τῶν ἀφετηρίων ὀργάνων τὰ κουφότερα, πρὸς δὲ τοὺς ῥωμαλεωτάτους σφενδονήτας: [286] οἳ μὴ καθορώμενοι διὰ τὸ ὕψος καὶ τὰ θωράκια τῶν πύργων εἰς καθορωμένους τοὺς ἐπὶ τοῦ τείχους ἔβαλλον. [287] οἱ δὲ μήτε κατὰ κόρσης φερομένων τῶν βελῶν ἐκκλίνειν ῥᾳδίως δυνάμενοι μήτε τοὺς ἀφανεῖς ἀμύνεσθαι, καὶ τὸ μὲν ὕψος τῶν πύργων δυσέφικτον ὁρῶντες ἐκ χειρὸς βέλει, πυρὶ δὲ τὸν περὶ αὐτοῖς σίδηρον ἀνάλωτον, ἔφευγον ἀπὸ τοῦ τείχους καὶ προσβάλλειν πειρωμένοις ἐπεξέθεον. [288] καὶ οἱ μὲν ἐπὶ τῆς Ἰωταπάτης ἀντεῖχον οὕτως, ἀναιρούμενοί τε καθ' ἡμέραν πολλοὶ καὶ μηδὲν ἀντικακοῦν τοὺς πολεμίους, ὅτι μὴ μετὰ κινδύνων ἀνείργειν ἔχοντες.

[31.289] Κατὰ δὲ τὰς αὐτὰς ἡμέρας Οὐεσπασιανὸς ἐπί τινα τῶν τῆς Ἰωταπάτης ἀστυγειτόνων πόλιν, Ἴαφα καλεῖται, νεωτερίζουσαν καὶ τῶν Ἰωταπατηνῶν παρὰ δόξαν ἀντεχόντων ἐπαιρομένην, Τραϊανὸν ὄντα τοῦ δεκάτου τάγματος ἡγεμόνα ἐκπέμπει παραδοὺς αὐτῷ χιλίους μὲν ἱππεῖς πεζοὺς δὲ δισχιλίους. [290] ὁ δὲ τὴν μὲν πόλιν δυσάλωτον καταλαβών, πρὸς γὰρ τῷ φύσει καρτερὰ τυγχάνειν οὖσα καὶ διπλῷ περιβόλῳ τετείχιστο, προαπηντηκότας δὲ τοὺς ἐξ αὐτῆς ἑτοίμους εἰς μάχην ἰδὼν συμβάλλει καὶ πρὸς ὀλίγον ἀντισχόντας ἐδίωκεν. [291] συμφυγόντων δὲ εἰς τὸ πρῶτον τεῖχος οἱ Ῥωμαῖοι κατὰ πόδας προσκείμενοι συνεισέπεσον. [292] ὁρμήσαντας δὲ πάλιν εἰς τὸ δεύτερον τεῖχος ἀποκλείουσιν τῆς πόλεως οἱ σφέτεροι δείσαντες μὴ συνεισβάλωσιν οἱ πολέμιοι. [293] θεὸς δ' ἦν ἄρα ὁ Ῥωμαίοις τὰ Γαλιλαίων πάθη χαριζόμενος, ὃς καὶ τότε τὸν τῆς πόλεως λαὸν αὔτανδρον χερσὶν οἰκείαις ἐκκλεισθέντα πρὸς ἀπώλειαν ἔκδοτον φονῶσιν ἐχθροῖς παρέστησεν. [294] ἐμπίπτοντες γὰρ ἀθρόοι ταῖς πύλαις καὶ πολλὰ τοὺς ἐπ' αὐτῶν ὀνομαστὶ καλοῦντες ἐν μέσαις ἀπεσφάττοντο ταῖς ἱκεσίαις. [295] καὶ τὸ μὲν πρῶτον αὐτοῖς τεῖχος οἱ πολέμιοι, τὸ δεύτερον δ' ἔκλεισαν οἱ σφέτεροι, [296] μέσοι δὲ τοῖν δυοῖν κατειλούμενοι περιβόλων βύζην, πολλοὶ μὲν τοῖς ἀλλήλων, πολλοὶ δὲ τοῖς ἰδίοις περιεπείροντο ξίφεσιν, ἄπειροι δὲ ὑπὸ Ῥωμαίων ἔπιπτον οὐδὲ ὅσον εἰς ἄμυναν ἀναθαρροῦντες: πρὸς γὰρ τῷ καταπεπλῆχθαι τοὺς πολεμίους τὰς ψυχὰς αὐτῶν ἔκλασεν ἡ τῶν οἰκείων προδοσία. [297] πέρας ἔθνησκον οὐ Ῥωμαίοις ἀλλὰ τοῖς ἰδίοις καταρώμενοι, μέχρι πάντες ἀπώλοντο μύριοι καὶ δισχίλιοι τὸν ἀριθμὸν ὄντες. [298] κενὴν δὲ μαχίμων λογιζόμενος εἶναι τὴν πόλιν ὁ Τραϊανός, εἰ δὲ καί τινες ἔνδον εἶεν, οἰόμενος μηδὲν αὐτοὺς τολμήσειν ὑπὸ δέους, ἀνετίθει τῷ στρατηγῷ τὴν ἅλωσιν, καὶ στείλας ἀγγέλους πρὸς Οὐεσπασιανὸν ᾐτεῖτο πέμψαι τὸν υἱὸν αὐτῷ Τίτον ἐπιθήσοντα τῇ νίκῃ τέλος. [299] ὁ δὲ συμβαλὼν ὑπολείπεσθαί τινα πόνον μετὰ στρατιᾶς τὸν υἱὸν ἐπιπέμπει πεντακοσίων μὲν ἱππέων χιλίων δὲ πεζῶν. [300] ὁ δὲ πρὸς τὴν πόλιν ἐλθὼν διὰ τάχους καὶ διατάξας τὴν στρατιὰν ἐπὶ μὲν τοῦ λαιοῦ κέρως τὸν Τραϊανὸν ἵστησιν, αὐτὸς δὲ τὸ δεξιὸν ἔχων ἐξηγεῖτο πρὸς τὴν πολιορκίαν. [301] τῶν δὲ στρατιωτῶν κλίμακας πάντοθεν τῷ τείχει προσφερόντων πρὸς ὀλίγον οἱ Γαλιλαῖοι καθύπερθεν ἀμυνόμενοι λείπουσιν τὸν περίβολον, [302] ἐπιπηδήσαντες δὲ οἱ περὶ τὸν Τίτον τῆς μὲν πόλεως ἐκράτησαν ταχέως, πρὸς δὲ τοὺς ἔνδον αὐτοῖς συστραφέντας καρτερὰ μάχη συρρήγνυται: [303] καὶ γὰρ ἐν τοῖς στενωποῖς οἱ δυνατοὶ προσέπιπτον καὶ ἀπὸ τῶν οἰκιῶν αἱ γυναῖκες ἔβαλλον πᾶν τὸ προστυχὸν αὐταῖς. [304] καὶ μέχρι μὲν ἓξ ὡρῶν ἀντεῖχον μαχόμενοι, δαπανηθέντων δὲ τῶν μαχίμων τὸ λοιπὸν πλῆθος ἔν τε τοῖς ὑπαίθροις καὶ κατὰ τὰς οἰκίας ἀπεσφάττοντο νέοι τε ὁμοῦ καὶ γέροντες: οὐδὲν γὰρ ἄρρεν ὑπελείφθη δίχα νηπίων, ἃ μετὰ γυναικῶν ἐξηνδραποδίσαντο. [305] τῶν μὲν οὖν ἀναιρεθέντων ἀνά τε τὴν πόλιν κἀπὶ τῆς προτέρας παρατάξεως ἀριθμὸς μύριοι πρὸς τοῖς πεντακισχιλίοις ἦν, τὰ δ' αἰχμάλωτα δισχίλια ἑκατὸν καὶ τριάκοντα. [306] τοῦτο συνέβη τὸ πάθος Γαλιλαίοις πέμπτῃ καὶ εἰκάδι Δαισίου μηνός.

[32.307] Ἔμειναν δὲ οὐδὲ Σαμαρεῖς ἀπείρατοι συμφορῶν: ἀθροισθέντες γὰρ ἐπὶ τὸ Γαριζεὶν καλούμενον ὄρος, ὅπερ αὐτοῖς ἐστιν ἅγιον, κατὰ χώραν μὲν ἔμενον, πολέμου δ' εἶχεν ἀπειλὴν ἥ τε σύνοδος αὐτῶν καὶ τὰ φρονήματα. [308] καὶ οὐδὲ τοῖς γειτνιῶσι κακοῖς ἐσωφρονίζοντο, πρὸς δὲ τὰς Ῥωμαίων εὐπραγίας ἐν ἀλογίστῳ τὴν κατὰ σφᾶς ἀσθένειαν ᾤδουν καὶ μετέωροι πρὸς ταραχὴν ὑπῆρχον. [309] ἐδόκει δὲ Οὐεσπασιανῷ φθάσαι τὸ κίνημα καὶ τὰς ὁρμὰς αὐτῶν ὑποτέμνεσθαι: καὶ γὰρ φρουραῖς ἡ Σαμαρεῖτις ὅλη διείληπτο τό τε πλῆθος τῶν ἐληλυθότων καὶ ἡ σύνταξις ἦν φοβερά. [310] Κερεάλιον οὖν ἔπαρχον ὄντα τοῦ πέμπτου τάγματος μετὰ ἑξακοσίων ἱππέων καὶ πεζῶν τρισχιλίων πέμπει. [311] τούτῳ προσβαίνειν μὲν τὸ ὄρος καὶ συνάπτειν μάχην οὐκ ἀσφαλὲς ἔδοξεν πολλῶν καθύπερθεν τῶν πολεμίων ὄντων, κυκλωσάμενος δὲ τῇ δυνάμει πᾶσαν τὴν ὑπόρειον δι' ὅλης αὐτοὺς ἐφρούρει τῆς ἡμέρας. [312] συνέβη δὲ ὕδατος ἀπορουμένων τῶν Σαμαρέων ἐκφλεγῆναι τότε καὶ καῦμα δεινόν, ὥρα δ' ἦν θέρους καὶ τῶν ἐπιτηδείων τὸ πλῆθος ἀπαράσκευον, [313] ὡς τοὺς μὲν αὐθημερὸν ὑπὸ τοῦ δίψους ἀποθανεῖν, πολλοὺς δὲ τῆς τοιαύτης ἀπωλείας τὸ δουλεύειν προαιρουμένους Ῥωμαίοις προσφυγεῖν. [314] ἐξ ὧν συνεὶς ὁ Κερεάλιος καὶ τοὺς ἔτι συμμένοντας ὑπὸ τῶν δεινῶν κατεαγότας ἐπαναβαίνει τῷ ὄρει, καὶ τὴν δύναμιν ἐν κύκλῳ περιστήσας τοῖς πολεμίοις τὸ μὲν πρῶτον ἐπὶ δεξιὰς προυκαλεῖτο καὶ σώζεσθαι παρεκάλει διαβεβαιούμενος ἀσφάλειαν τὰ ὅπλα ῥίψασιν:
[315] ὡς δ' οὐκ ἔπειθεν, προσπεσὼν ἀπέκτεινεν πάντας, χιλίους ἑξακοσίους ἐπὶ μυρίοις ὄντας: ἑβδόμῃ καὶ εἰκάδι Δαισίου μηνὸς

ἐπράχθη. καὶ τοιαύταις μὲν συμφοραῖς Σαμαρεῖται ἐχρήσαντο.

[33.316] Τῶν δ' ἀνὰ τὰ Ἰωτάπατα καρτερούντων καὶ παρ' ἐλπίδα τοῖς δεινοῖς ἀντεχόντων τεσσαρακοστῇ μὲν ἡμέρᾳ καὶ ἑβδόμῃ τὰ χώματα τῶν Ῥωμαίων ὑπερήρθη τὸ τεῖχος, [317] αὐτομολεῖ δέ τις πρὸς τὸν Οὐεσπασιανὸν τῆς αὐτῆς ἡμέρας τήν τε ὀλιγότητα τῶν ἐπὶ τῆς πόλεως ἐξαγγέλλων καὶ τὴν ἀσθένειαν, [318] καὶ ὡς ἀγρυπνίᾳ διηνεκεῖ καὶ μάχαις ἐπαλλήλοις δεδαπανημένοι δυνατοὶ μὲν εἶεν οὐδὲ βιαζομένους ἔτι φέρειν, καὶ δόλῳ δ' ἂν ἁλοῖεν, εἴ τις ἐπιθοῖτο: [319] περὶ γὰρ τὴν ἐσχάτην φυλακήν, καθ' ἣν ἄνεσίν τε τῶν δεινῶν ἐδόκουν ἔχειν καὶ καθάπτεται μάλιστα κεκοπωμένων ἑωθινὸς ὕπνος, καταδαρθάνειν ἔφασκεν τοὺς φύλακας συνεβούλευέν τε κατὰ ταύτην τὴν ὥραν ἐπελθεῖν. [320] τῷ δ' ἦν μὲν δι' ὑπονοίας ὁ αὐτόμολος τό τε πρὸς ἀλλήλους πιστὸν εἰδότι τῶν Ἰουδαίων καὶ τὴν πρὸς τὰς κολάσεις ὑπεροψίαν, [321] ἐπειδὴ καὶ πρότερον ληφθείς τις τῶν ἀπὸ τῆς Ἰωταπάτης πρὸς πᾶσαν αἰκίαν βασάνων ἀντέσχεν καὶ μηδὲν διὰ πυρὸς ἐξερευνῶσι τοῖς πολεμίοις περὶ τῶν ἔνδον εἰπὼν ἀνεσταυρώθη τοῦ θανάτου καταμειδιῶν: [322] τά γε μὴν εἰκότα πιστὸν ἐποίει τὸν προδότην, καὶ τάχα μὲν ἀληθεύειν ἐκεῖνον, μηδὲν δ' αὐτὸς ἐξ ἐνέδρας πείσεσθαι μέγα προσδοκῶν, τὸν μὲν φυλάσσειν ἐκέλευσεν, ἐπὶ δὲ τὴν κατάληψιν τῆς πόλεως παρεσκεύαζε τὴν στρατιάν.

[34.323] Κατὰ δὲ τὴν μηνυθεῖσαν ὥραν ἤεσαν ἡσυχῇ πρὸς τὸ τεῖχος. [324] καὶ πρῶτος ἐπιβαίνει Τίτος σὺν ἑνὶ τῶν χιλιάρχων Δομετίῳ Σαβίνῳ τῶν ἀπὸ τοῦ πέμπτου καὶ δεκάτου τάγματος ὀλίγους ἄγων: [325] ἀποσφάξαντες δὲ τοὺς φύλακας εἰσίασιν εἰς τὴν πόλιν, μεθ' οὓς Σέκστος τις Καλουάριος χιλίαρχος καὶ Πλάκιδος τοὺς ὑπὸ σφίσι τεταγμένους εἰσῆγον. [326] κατειλημμένης δὲ τῆς ἄκρας καὶ τῶν πολεμίων ἐν μέσῳ στρεφομένων, ἤδη δὲ καὶ ἡμέρας οὔσης, ὅμως οὔπω τῆς ἁλώσεως τοῖς κρατουμένοις αἴσθησις ἦν: [327] καμάτῳ τε γὰρ οἱ πολλοὶ καὶ ὕπνῳ διαλέλυντο, καὶ τῶν διανισταμένων ὁμίχλη τὰς ὄψεις ἀπήμβλυνεν πολλὴ κατὰ τύχην τότε τῇ πόλει περιχυθεῖσα, [328] μέχρι πάσης τῆς στρατιᾶς εἰσπεσούσης πρὸς μόνην τὴν τῶν κακῶν αἴσθησιν ἐξανέστησαν καὶ τὴν ἅλωσιν ἐπίστευον ἀναιρούμενοι. [329] Ῥωμαίους δὲ κατὰ μνήμην ὧν ἐκ τῆς πολιορκίας ἔπαθον οὔτε φειδὼ εἰσῄει τινὸς οὔτ' ἔλεος, ἀλλ' εἰς τὸ κάταντες ἀπὸ τῆς ἄκρας τὸν λεὼ συνωθοῦντες ἐφόνευον. [330] ἔνθα καὶ τοὺς ἔτι μάχεσθαι δυναμένους ἡ δυσχωρία τὴν ἄμυναν ἀφείλετο: θλιβόμενοι γὰρ ἐν τοῖς στενωποῖς καὶ κατὰ τοῦ πρανοῦς ὑπολισθάνοντες ῥέοντι κατ' ἄκρας ἐκαλύπτοντο τῷ πολέμῳ. [331] τοῦτο πολλοὺς καὶ τῶν περὶ τὸν Ἰώσηπον ἐπιλέκτων ἐπ' αὐτοχειρίαν παρώξυνεν: κατιδόντες γάρ, ὡς οὐδένα τῶν Ῥωμαίων ἀνελεῖν δύνανται, τό γε πεσεῖν αὐτοὺς ὑπὸ Ῥωμαίων προέλαβον καὶ συναθροισθέντες ἐπὶ τὰ καταλήγοντα τῆς πόλεως σφᾶς αὐτοὺς ἀνεῖλον.

[35.332] Ὅσοι γε μὴν ὑπὸ πρώτην τῆς καταλήψεως αἴσθησιν τῶν φυλάκων διαφυγεῖν ἔφθασαν ἀναβάντες εἴς τινα τῶν προσαρκτίων πύργων μέχρι μέν τινος ἀπημύναντο, περισχεθέντες δὲ πλήθει τῶν πολεμίων ὀψὲ παρεῖσαν τὰς δεξιὰς καὶ τοῖς ἐφεστῶσιν τὴν σφαγὴν εὔθυμοι παρέσχον. [333] ἀναίμακτον δ' ἂν ἦν αὐχῆσαι Ῥωμαίοις τὸ τέλος τῆς πολιορκίας, εἰ μὴ κατὰ τὴν ἅλωσιν εἷς ἔπεσέν τις: ἑκατοντάρχης ἦν Ἀντώνιος, θνήσκει δ' ἐξ ἐνέδρας. [334] τῶν γὰρ εἰς τὰ σπήλαιά τις συμπεφευγότων, πολλοὶ δ' οὗτοι πλῆθος ἦσαν, ἱκετεύει τὸν Ἀντώνιον ὀρέξαι δεξιὰν αὐτῷ πίστιν τε σωτηρίας καὶ βοήθειαν πρὸς ἄνοδον: [335] ὁ δ' ἀφυλάκτως ὤρεγε τὴν χεῖρα, καὶ φθάσας αὐτὸν ἐκεῖνος νύττει κάτωθεν ὑπὸ τὸν βουβῶνα δόρατι καὶ παραχρῆμα διεργάζεται.

[36.336] Κατ' ἐκείνην μὲν οὖν τὴν ἡμέραν τὸ φανερὸν πλῆθος ἀνεῖλον οἱ Ῥωμαῖοι, ταῖς δ' ἐπιούσαις ἀνερευνώμενοι τὰς καταδύσεις τοὺς ἐν τοῖς ὑπονόμοις καὶ τοῖς σπηλαίοις ἐπεξῄεσαν καὶ διὰ πάσης ἐχώρουν ἡλικίας πλὴν νηπίων καὶ γυναικῶν. [337] καὶ τὰ μὲν αἰχμάλωτα χίλια πρὸς τοῖς διακοσίοις συνήχθη, νεκροὶ δὲ κατὰ τὴν ἅλωσιν καὶ τὰς πρότερον μάχας συνηριθμήθησαν τετρακισμύριοι. [338] Οὐεσπασιανὸς δὲ τήν τε πόλιν κατασκάψαι κελεύει καὶ τὰ φρούρια πάντα προσεμπίπρησιν αὐτῆς. [339] Ἰωτάπατα μὲν οὖν οὕτως ἑάλω τρεισκαιδεκάτῳ τῆς Νέρωνος ἡγεμονίας ἔτει Πανέμου νουμηνίᾳ.

[1.340] Ῥωμαῖοι δὲ τὸν Ἰώσηπον ἀναζητοῦντες κατά τε ὀργὴν σφετέραν καὶ σφόδρα τοῦ στρατηγοῦ φιλοτιμουμένου, μεγίστη γὰρ ἦν μοῖρα τοῦ πολέμου ληφθείς, τούς τε νεκροὺς διηρεύνων καὶ τοὺς ἀποκρύφους. [341] ὁ δὲ τῆς πόλεως ἁλισκομένης δαιμονίῳ τινὶ συνεργίᾳ χρησάμενος μέσον μὲν ἑαυτὸν ἐκκλέπτει τῶν πολεμίων, καθάλλεται δὲ εἴς τινα βαθὺν λάκκον, ᾧ πλατὺ σπήλαιον διέζευκτο κατὰ πλευρὰν τοῖς ἄνωθεν ἀόρατον. [342] ἔνθα τεσσαράκοντα μὲν τῶν ἐπισήμων ἄνδρας καταλαμβάνει λανθάνοντας, παρασκευὴν δ' ἐπιτηδείων οὐκ ὀλίγαις ἡμέραις διαρκεῖν δυναμένην.
[343] μεθ' ἡμέραν μὲν οὖν ὑπεστέλλετο τῶν πολεμίων πάντα διειληφότων, νυκτὸς δ' ἀνιὼν ἐζήτει δρασμοῦ διάδυσιν καὶ τὰς φυλακὰς κατεσκέπτετο. φρουρουμένων δὲ πανταχόθεν πάντων δι' αὐτὸν ὡς λαθεῖν οὐκ ἦν, αὖθις εἰς τὸ σπήλαιον κατῄει.
[344] δύο μὲν οὖν ἡμέραις διαλανθάνει, τῇ δὲ τρίτῃ γυναικὸς ἁλούσης τῶν ἅμα αὐτοῖς μηνύεται, καὶ Οὐεσπασιανὸς αὐτίκα μετὰ σπουδῆς πέμπει δύο χιλιάρχους Παυλῖνον καὶ Γαλλικανόν, δεξιάς τε τῷ Ἰωσήπῳ δοῦναι κελεύσας καὶ προτρεψομένους ἀνελθεῖν.

[2.345] Ἀφικόμενοι γοῦν παρεκάλουν οὗτοι τὸν ἄνδρα καὶ πίστεις περὶ σωτηρίας ἐδίδοσαν, οὐ μὴν ἔπειθον: [346] ἐκ γὰρ ὧν εἰκὸς ἦν τοσαῦτα δράσαντα παθεῖν, οὐκ ἐκ τοῦ φύσει τῶν παρακαλούντων ἡμέρου τὰς ὑποψίας συνέλεγεν ἐδεδίει τε ὡς ἐπὶ τιμωρίαν προκαλουμένους, ἕως Οὐεσπασιανὸς τρίτον ἐπιπέμπει χιλίαρχον Νικάνορα γνώριμον τῷ Ἰωσήπῳ καὶ συνήθη πάλαι. [347] παρελθὼν δ' οὗτος τό τε φύσει Ῥωμαίων χρηστὸν πρὸς οὓς ἂν ἅπαξ ἕλωσι διεξῄει, καὶ ὡς δι' ἀρετὴν αὐτὸς θαυμάζοιτο μᾶλλον ἢ μισοῖτο πρὸς τῶν ἡγεμόνων, [348] σπουδάζειν τε τὸν στρατηγὸν οὐκ ἐπὶ τιμωρίαν ἀναγαγεῖν αὐτόν, εἶναι γὰρ ταύτην καὶ παρὰ μὴ προϊόντος λαβεῖν, ἀλλὰ σῶσαι προαιρούμενον ἄνδρα γενναῖον. [349] προσετίθει δ' ὡς οὔτ' ἂν Οὐεσπασιανὸς ἐνεδρεύων φίλον ἔπεμπεν, ἵνα τοῦ κακίστου πράγματος προστήσηται τὸ κάλλιστον, ἀπιστίας φιλίαν, οὐδ' ἂν αὐτὸς ἀπατήσων ἄνδρα φίλον ὑπήκουσεν ἐλθεῖν.

[3.350] Ἐνδοιάζοντος δὲ τοῦ Ἰωσήπου καὶ πρὸς τὸν Νικάνορα τὸ μὲν στρατιωτικὸν ὑπ' ὀργῆς ἐκκαίειν τὸ σπήλαιον ὥρμητο, κατεῖχεν δ' αὐτοὺς ὁ πολέμαρχος ζωγρῆσαι τὸν ἄνδρα φιλοτιμούμενος. [351] ὡς δ' ὅ τε Νικάνωρ προσέκειτο λιπαρῶν καὶ τὰς ἀπειλὰς τοῦ πολεμίου πλήθους ὁ Ἰώσηπος ἔμαθεν, ἀνάμνησις αὐτὸν τῶν διὰ νυκτὸς ὀνείρων εἰσέρχεται, δι' ὧν ὁ θεὸς τάς τε μελλούσας αὐτῷ συμφορὰς προεσήμαινεν Ἰουδαίων καὶ τὰ περὶ τοὺς Ῥωμαίων βασιλεῖς ἐσόμενα. [352] ἦν δὲ καὶ περὶ κρίσεις ὀνείρων ἱκανὸς συμβαλεῖν τὰ ἀμφιβόλως ὑπὸ τοῦ θείου λεγόμενα, τῶν γε μὴν ἱερῶν βίβλων οὐκ ἠγνόει τὰς προφητείας ὡς ἂν αὐτός τε ὢν ἱερεὺς καὶ ἱερέων ἔγγονος: [353] ὧν ἐπὶ τῆς τότε ὥρας ἔνθους γενόμενος καὶ τὰ φρικώδη τῶν προσφάτων ὀνείρων σπάσας φαντάσματα προσφέρει τῷ θεῷ λεληθυῖαν εὐχήν, [354] κἀπειδὴ τὸ Ἰουδαίων, ἔφη, φῦλον ὀκλάσαι δοκεῖ σοι τῷ κτίσαντι, μετέβη δὲ πρὸς Ῥωμαίους ἡ τύχη πᾶσα, καὶ τὴν ἐμὴν ψυχὴν ἐπελέξω τὰ μέλλοντα εἰπεῖν, δίδωμι μὲν Ῥωμαίοις τὰς χεῖρας ἑκὼν καὶ ζῶ, μαρτύρομαι δὲ ὡς οὐ προδότης, ἀλλὰ σὸς εἶμι διάκονος."

[4.355] Ταῦτ' εἰπὼν ἐνεδίδου τῷ Νικάνορι. καὶ τῶν Ἰουδαίων οἱ συγκαταφυγόντες ὡς τὸν Ἰώσηπον συνίεσαν εἴκοντα τοῖς παρακαλοῦσιν, [356] ἀθρόοι περιστάντες, "ἦ μεγάλα γ' ἂν στενάξειαν, ἐβόων, οἱ πάτριοι νόμοι, οὓς κατέφησεν θεὸς Ἰουδαίοις ὁ κτίσας ψυχὰς θανάτου καταφρονούσας. [357] φιλοζωεῖς, ὦ Ἰώσηπε, καὶ φῶς ὑπομένεις ὁρᾶν δοῦλον; ὡς ταχέως ἐπελάθου σαυτοῦ. πόσους ὑπὲρ ἐλευθερίας ἀποθνήσκειν ἔπεισας. [358] ψευδῆ μὲν ἄρα δόξαν ἀνδρείας, ψευδῆ δὲ καὶ συνέσεως εἶχες, εἴ γε σωτηρίαν μὲν ἔχειν ἐλπίζεις παρ' οἷς οὕτως ἐπολέμησας, σώζεσθαι δὲ ὑπ' ἐκείνων, κἂν ᾖ βέβαιον, θέλεις. [359] ἀλλ' εἰ καὶ σοὶ λήθην σεαυτοῦ κατέχεεν ἡ Ῥωμαίων τύχη, προνοητέον ἡμῖν τοῦ πατρίου κλέους. χρήσομέν σοι δεξιὰν καὶ ξίφος: σὺ δ' ἂν μὲν ἑκὼν θνήσκῃς, Ἰουδαίων στρατηγός, ἂν δ' ἄκων, προδότης [360] τεθνήξῃ." ταῦθ' ἅμα λέγοντες ἐπανετείναντο τὰ ξίφη καὶ διηπείλουν ἀναιρήσειν αὐτόν, εἰ τοῖς Ῥωμαίοις ἐνδιδοίη.

[5.361] Δείσας δὲ τὴν ἔφοδον ὁ Ἰώσηπος καὶ προδοσίαν ἡγούμενος εἶναι τῶν τοῦ θεοῦ προσταγμάτων, εἰ προαποθάνοι τῆς διαγγελίας, ἤρχετο πρὸς αὐτοὺς φιλοσοφεῖν ἐπὶ τῆς ἀνάγκης: [362] "τί γὰρ τοσοῦτον, ἔφη, σφῶν αὐτῶν, ἑταῖροι, φονῶμεν; ἢ τί τὰ φίλτατα διαστασιάζομεν, σῶμα καὶ ψυχήν; ἠλλάχθαι τις ἐμέ φησιν. [363] ἀλλ' οἴδασιν Ῥωμαῖοι τοῦτό γε. καλὸν ἐν πολέμῳ θνήσκειν, ἀλλὰ πολέμου νόμῳ, τουτέστιν ὑπὸ τῶν κρατούντων. [364] εἰ μὲν οὖν τὸν Ῥωμαίων ἀποστρέφομαι σίδηρον, ἄξιος ἀληθῶς εἰμι τοὐμοῦ ξίφους καὶ χειρὸς τῆς ἐμῆς: εἰ δ' ἐκείνους εἰσέρχεται φειδὼ πολεμίου, πόσῳ δικαιότερον ἂν ἡμᾶς ἡμῶν αὐτῶν εἰσέλθοι; καὶ γὰρ ἠλίθιον ταῦτα δρᾶν σφᾶς αὐτούς, περὶ ὧν πρὸς ἐκείνους διιστάμεθα. [365] καλὸν γὰρ ὑπὲρ τῆς ἐλευθερίας ἀποθνήσκειν: φημὶ κἀγώ, μαχομένους μέντοι, καὶ ὑπὸ τῶν ἀφαιρουμένων αὐτήν. νῦν δ' οὔτ' εἰς μάχην ἀντιάζουσιν ἡμῖν οὔτ' ἀναιροῦσιν ἡμᾶς: δειλὸς δὲ ὁμοίως ὅ τε μὴ βουλόμενος θνήσκειν ὅταν δέῃ καὶ ὁ βουλόμενος, ὅταν μὴ δέῃ. [366] τί δὲ καὶ δεδοικότες πρὸς Ῥωμαίους οὐκ ἄνιμεν; [367] ἆρ' οὐχὶ θάνατον; εἶθ' ὃν δεδοίκαμεν ἐκ τῶν ἐχθρῶν ὑποπτευόμενον ἑαυτοῖς βέβαιον ἐπιστήσομεν; ἀλλὰ δουλείαν, ἐρεῖ τις. πάνυ γοῦν νῦν ἐσμὲν ἐλεύθεροι. [368] γενναῖον γὰρ ἀνελεῖν ἑαυτόν, φήσει τις. οὐ μὲν οὖν, ἀλλ' ἀγενέστατον, ὡς ἔγωγε καὶ κυβερνήτην ἡγοῦμαι δειλότατον, ὅστις χειμῶνα δεδοικὼς πρὸ τῆς θυέλλης ἐβάπτισεν ἑκὼν τὸ σκάφος. [369] ἀλλὰ μὴν ἡ αὐτοχειρία καὶ τῆς κοινῆς ἁπάντων ζῴων φύσεως ἀλλότριον καὶ πρὸς τὸν κτίσαντα θεὸν ἡμᾶς ἐστιν ἀσέβεια. [370] τῶν μέν γε ζῴων οὐδέν ἐστιν ὃ θνήσκει μετὰ προνοίας ἢ δι' αὐτοῦ: φύσεως γὰρ νόμος ἰσχυρὸς ἐν ἅπασιν τὸ ζῆν ἐθέλειν: διὰ τοῦτο καὶ τοὺς φανερῶς ἀφαιρουμένους ἡμᾶς τούτου πολεμίους ἡγούμεθα καὶ τοὺς ἐξ ἐνέδρας τιμωρούμεθα. [371] τὸν δὲ θεὸν οὐκ οἴεσθε ἀγανακτεῖν, ὅταν ἄνθρωπος αὐτοῦ τὸ δῶρον ὑβρίζῃ; καὶ γὰρ εἰλήφαμεν παρ' ἐκείνου τὸ εἶναι καὶ τὸ μηκέτι εἶναι πάλιν ἐκείνῳ δίδομεν. [372] τὰ μέν γε σώματα θνητὰ πᾶσιν καὶ ἐκ φθαρτῆς ὕλης δεδημιούργηται, ψυχὴ δὲ ἀθάνατος ἀεὶ καὶ θεοῦ μοῖρα τοῖς σώμασιν ἐνοικίζεται: εἶτ' ἐὰν μὲν ἀφανίσῃ τις ἀνθρώπου παρακαταθήκην ἢ διαθῆται κακῶς, πονηρὸς εἶναι δοκεῖ καὶ ἄπιστος, εἰ δέ τις τοῦ σφετέρου σώματος ἐκβάλλει τὴν παρακαταθήκην τοῦ θεοῦ, λεληθέναι δοκεῖ τὸν ἀδικούμενον; [373] καὶ κολάζειν μὲν τοὺς ἀποδράντας οἰκέτας δίκαιον νενόμισται κἂν πονηροὺς καταλείπωσι δεσπότας, αὐτοὶ δὲ κάλλιστον δεσπότην ἀποδιδράσκοντες τὸν θεὸν οὐ δοκοῦμεν ἀσεβεῖν; [374] ἆρ' οὐκ ἴστε ὅτι τῶν μὲν ἐξιόντων τοῦ βίου κατὰ τὸν τῆς φύσεως νόμον καὶ τὸ ληφθὲν παρὰ τοῦ θεοῦ χρέος ἐκτινύντων, ὅταν ὁ δοὺς κομίσασθαι θέλῃ, κλέος μὲν αἰώνιον, οἶκοι δὲ καὶ γενεαὶ βέβαιοι, καθαραὶ δὲ καὶ ἐπήκοοι μένουσιν αἱ ψυχαί, χῶρον οὐράνιον λαχοῦσαι τὸν ἁγιώτατον, ἔνθεν ἐκ περιτροπῆς αἰώνων ἁγνοῖς πάλιν ἀντενοικίζονται σώμασιν: [375] ὅσοις δὲ καθ' ἑαυτῶν ἐμάνησαν αἱ χεῖρες, τούτων ᾅδης μὲν δέχεται τὰς ψυχὰς σκοτεινότερος, ὁ δὲ τούτων πατὴρ θεὸς εἰς ἐγγόνους τιμωρεῖται τοὺς τῶν πατέρων ὑβριστάς. [376] διὰ τοῦτο μεμίσηται παρὰ θεῷ τοῦτο καὶ παρὰ τῷ σοφωτάτῳ κολάζεται νομοθέτῃ: [377] τοὺς γοῦν ἀναιροῦντας ἑαυτοὺς παρὰ μὲν ἡμῖν μέχρις ἡλίου δύσεως ἀτάφους ἐκρίπτειν ἔκριναν καίτοι καὶ πολεμίους θάπτειν θεμιτὸν ἡγούμενοι, [378] παρ' ἑτέροις δὲ καὶ τὰς δεξιὰς τῶν τοιούτων νεκρῶν ἀποκόπτειν ἐκέλευσαν, αἷς ἐστρατεύσαντο καθ' ἑαυτῶν, ἡγούμενοι καθάπερ τὸ σῶμα τῆς ψυχῆς ἀλλότριον, οὕτως καὶ τὴν χεῖρα τοῦ σώματος. [379] καλὸν οὖν, ἑταῖροι, δίκαια φρονεῖν καὶ μὴ ταῖς ἀνθρωπίναις συμφοραῖς προσθεῖναι τὴν εἰς τὸν κτίσαντα ἡμᾶς δυσσέβειαν. [380] εἰ σώζεσθαι δοκεῖ, σωζώμεθα: καὶ γὰρ οὐκ ἄδοξος ἡ σωτηρία παρ' οἷς διὰ τοσούτων ἔργων ἐπεδειξάμεθα τὰς ἀρετάς: εἰ τεθνάναι, καλὸν ὑπὸ τῶν ἑλόντων. [381] οὐ μεταβήσομαι δ' ἐγὼ εἰς τὴν τῶν πολεμίων τάξιν, ἵν' ἐμαυτοῦ προδότης γένωμαι: καὶ γὰρ ἂν εἴην πολὺ τῶν αὐτομολούντων πρὸς τοὺς πολεμίους ἠλιθιώτερος, εἴ γ' ἐκεῖνοι μὲν ἐπὶ σωτηρίᾳ τοῦτο πράττουσιν, ἐγὼ δὲ ἐπὶ ἀπωλείᾳ, καί γε τῇ ἐμαυτοῦ. [382] τὴν μέντοι Ῥωμαίων ἐνέδραν εὔχομαι: μετὰ γὰρ δεξιὰν ἀναιρούμενος ὑπ' αὐτῶν εὔθυμος τεθνήξομαι, τὴν τῶν ψευσαμένων ἀπιστίαν νίκης μείζονα ἀποφέρων παραμυθίαν."

[6.383] Ὁ μὲν οὖν Ἰώσηπος πολλὰ τοιαῦτα πρὸς ἀποτροπὴν τῆς αὐτοχειρίας ἔλεγεν: [384] οἱ δὲ πεφραγμένας ἀπογνώσει τὰς ἀκοὰς ἔχοντες ὡς ἂν πάλαι καθοσιώσαντες ἑαυτοὺς τῷ θανάτῳ παρωξύνοντο πρὸς αὐτόν, καὶ προστρέχων ἄλλος ἄλλοθεν ξιφήρεις ἐκάκιζόν τε εἰς ἀνανδρίαν καὶ ὡς ἕκαστος αὐτίκα πλήξων δῆλος ἦν. [385] ὁ δὲ τὸν μὲν ὀνομαστὶ καλῶν, τῷ δὲ στρατηγικώτερον ἐμβλέπων, τοῦ δὲ δρασσόμενος τῆς δεξιᾶς, ὃν δὲ δεήσει δυσωπῶν, καὶ ποικίλοις διαιρούμενος πάθεσιν ἐπὶ τῆς ἀνάγκης εἶργεν ἀπὸ τῆς σφαγῆς πάντων τὸν σίδηρον, ὥσπερ τὰ κυκλωθέντα τῶν θηρίων ἀεὶ πρὸς τὸν καθαπτόμενον ἀντιστρεφόμενος. [386] τῶν δὲ καὶ παρὰ τὰς ἐσχάτας συμφορὰς ἔτι τὸν στρατηγὸν αἰδουμένων παρελύοντο μὲν αἱ δεξιαί, περιωλίσθανεν δὲ τὰ ξίφη, καὶ πολλοὶ τὰς ῥομφαίας ἐπιφέροντες αὐτομάτως παρεῖσαν.

[7.387] Ὁ δ' ἐν ταῖς ἀμηχανίαις οὐκ ἠπόρησεν ἐπινοίας, ἀλλὰ πιστεύων τῷ κηδεμόνι θεῷ τὴν σωτηρίαν παραβάλλεται, [388] κἀπεὶ δέδοκται τὸ θνήσκειν, ἔφη, φέρε κλήρῳ τὰς ἀλλήλων σφαγὰς ἐπιτρέψωμεν, [389] ὁ λαχὼν δ' ὑπὸ τοῦ μετ' αὐτὸν πιπτέτω, καὶ διοδεύσει πάντων οὕτως ἡ τύχη, μηδ' ἐπὶ τῆς ἰδίας κείσθω δεξιᾶς ἕκαστος: ἄδικον γὰρ οἰχομένων τινὰ τῶν ἄλλων μετανοήσαντα σωθῆναι." πιστὸς ἔδοξεν ταῦτα εἰπὼν καὶ συνεκληροῦτο πείσας. [390] ἑτοίμην δ' ὁ λαχὼν τῷ μεθ' αὐτὸν παρεῖχεν τὴν σφαγὴν ὡς αὐτίκα τεθνηξομένου καὶ τοῦ στρατηγοῦ: ζωῆς γὰρ ἡδίω τὸν μετὰ [τοῦ] Ἰωσήπου θάνατον ἡγοῦντο. [391] καταλείπεται δ' οὗτος εἴτε ὑπὸ τύχης χρὴ λέγειν, εἴτε ὑπὸ θεοῦ προνοίας σὺν ἑτέρῳ, καὶ σπουδάζων μήθ' ὑπὸ τοῦ κλήρου καταδικασθῆναι μήτε, εἰ τελευταῖος λείποιτο, μιᾶναι τὴν δεξιὰν ὁμοφύλῳ φόνῳ πείθει κἀκεῖνον ἐπὶ πίστει ζῆν.

[8.392] Ὁ μὲν οὖν οὕτως τόν τε Ῥωμαίων καὶ τὸν οἰκείων διαφυγὼν πόλεμον ἐπὶ Οὐεσπασιανὸν ἤγετο ὑπὸ [τοῦ] Νικάνορος.
[393] οἱ δὲ Ῥωμαῖοι πάντες ἐπὶ θέαν αὐτοῦ συνέτρεχον, καὶ τοῦ πλήθους συνθλιβομένου περὶ τῷ στρατηγῷ θόρυβος ἦν ποικίλος, τῶν μὲν γεγηθότων ἐπὶ τῷ ληφθέντι, τῶν δ' ἀπειλούντων, τῶν δ' ἐγγύθεν ἰδεῖν βιαζομένων. [394] καὶ οἱ μὲν πόρρωθεν κολάζειν ἐβόων τὸν πολέμιον, τῶν δὲ πλησίον ἀνάμνησις αὐτοῦ τῶν ἔργων εἰσῄει καὶ πρὸς τὴν μεταβολὴν θάμβος, [395] τῶν τε ἡγεμόνων οὐδεὶς ἦν, ὃς εἰ καὶ πρότερον ὠργίζετο, τότε πρὸς τὴν ὄψιν οὐκ ἐνέδωκεν αὐτοῦ. [396] μάλιστα δὲ τὸν Τίτον ἐξαιρέτως τό τε καρτερικὸν ἐν ταῖς συμφοραῖς ᾕρει τοῦ Ἰωσήπου καὶ πρὸς τὴν ἡλικίαν ἔλεος, ἀναμιμνησκομένῳ τε τὸν πάλαι μαχόμενον καὶ τὸν ἐν χερσὶν ἐχθρῶν ἄρτι κείμενον ὁρῶντι παρῆν [δὲ] νοεῖν, ὅσον δύναται τύχη, καὶ ὡς ὀξεῖα μὲν πολέμου ῥοπή, τῶν δ' ἀνθρωπίνων οὐδὲν βέβαιον: [397] παρὸ καὶ τότε συνδιέθηκεν μὲν πλείστους ἑαυτῷ καὶ πρὸς οἶκτον τοῦ Ἰωσήπου, πλείστη δ' αὐτῷ καὶ παρὰ τῷ πατρὶ μοῖρα σωτηρίας ἐγένετο. [398] ὁ μέντοι Οὐεσπασιανὸς φρουρεῖν αὐτὸν μετὰ πάσης ἀσφαλείας προσέταττεν ὡς ἀναπέμψων αὐτίκα Νέρωνι.

[9.399] Τοῦτο ἀκούσας ὁ Ἰώσηπος μόνῳ τι διαλεχθῆναι θέλειν ἔλεγεν αὐτῷ. μεταστησαμένου δ' ἐκείνου πλὴν τοῦ παιδὸς Τίτου καὶ δυοῖν φίλων τοὺς ἄλλους ἅπαντας "σὺ μέν, [400] ἔφη, Οὐεσπασιανέ, νομίζεις αἰχμάλωτον αὐτὸ μόνον εἰληφέναι Ἰώσηπον, ἐγὼ δὲ ἄγγελος ἥκω σοι μειζόνων. μὴ γὰρ ὑπὸ θεοῦ προπεμπόμενος ᾔδειν τὸν Ἰουδαίων νόμον, καὶ πῶς στρατηγοῖς ἀποθνήσκειν πρέπει.
[401] Νέρωνί με πέμπεις: τί γάρ; Οἱ μετὰ Νέρωνα μέχρι σοῦ διάδοχοι μενοῦσιν. σὺ Καῖσαρ, Οὐεσπασιανέ, καὶ αὐτοκράτωρ, σὺ καὶ παῖς ὁ σὸς οὗτος. [402] δέσμει δέ με νῦν ἀσφαλέστερον, καὶ τήρει σεαυτῷ: δεσπότης μὲν γὰρ οὐ μόνον ἐμοῦ σὺ Καῖσαρ, ἀλλὰ καὶ γῆς καὶ θαλάττης καὶ παντὸς ἀνθρώπων γένους, ἐγὼ δὲ ἐπὶ

τιμωρίαν δέομαι φρουρᾶς μείζονος, [403] εἰ κατασχεδιάζω καὶ θεοῦ." ταῦτ' εἰπόντος παραχρῆμα μὲν Οὐεσπασιανὸς ἀπιστεῖν ἐδόκει καὶ τὸν Ἰώσηπον ὑπελάμβανεν ταῦτα περὶ σωτηρίας πανουργεῖν, [404] κατὰ μικρὸν δὲ εἰς πίστιν ὑπήγετο τοῦ θεοῦ διεγείροντος αὐτὸν εἰς τὴν ἡγεμονίαν ἤδη καὶ τὰ σκῆπτρα δι' ἑτέρων σημείων προδεικνύντος. [405] ἀτρεκῆ δὲ τὸν Ἰώσηπον καὶ ἐν ἄλλοις κατελάμβανεν: τῶν γὰρ τοῖς ἀπορρήτοις παρατυχόντων φίλων ὁ ἕτερος θαυμάζειν ἔφη πῶς οὔτε τοῖς ἐπὶ τῶν Ἰωταπάτων περὶ ἁλώσεως, οὔθ' ἑαυτῷ προμαντεύσαιτο αἰχμαλωσίαν, εἰ μὴ ταῦτα λῆρος εἴη διακρουομένου τὰς ἐπ' αὐτὸν ὀργάς. [406] ὁ δὲ Ἰώσηπος καὶ τοῖς Ἰωταπατηνοῖς ὅτι μετὰ τεσσαρακοστὴν ἑβδόμην ἡμέραν ἁλώσονται προειπεῖν ἔφη, καὶ ὅτι πρὸς Ῥωμαίων αὐτὸς ζωγρηθήσεται. [407] ταῦτα παρὰ τῶν αἰχμαλώτων κατ' ἰδίαν ὁ Οὐεσπασιανὸς ἐκπυθόμενος ὡς εὕρισκεν ἀληθῆ, οὕτω πιστεύειν περὶ τῶν κατ' αὐτὸν ἤρκτο. [408] φρουρᾶς μὲν οὖν καὶ δεσμῶν οὐκ ἀνίει τὸν Ἰώσηπον, ἐδωρεῖτο δ' ἐσθῆτι καὶ τοῖς ἄλλοις κειμηλίοις φιλοφρονούμενός τε καὶ περιέπων διετέλει τὰ πολλὰ Τίτου τῇ τιμῇ συνεργοῦντος.

[1.409] Τετάρτῃ δὲ Πανέμου μηνὸς ἀναζεύξας εἰς Πτολεμαΐδα κἀκεῖθεν εἰς τὴν παράλιον ἀφικνεῖται Καισάρειαν, μεγίστην τῆς τε Ἰουδαίας πόλιν καὶ τὸ πλέον ὑφ' Ἑλλήνων οἰκουμένην.
[410] ἐδέχοντο δὲ καὶ τὴν στρατιὰν καὶ τὸν στρατηγὸν μετὰ πάσης εὐφημίας καὶ φιλοφροσύνης οἱ ἐπιχώριοι, καὶ κατ' εὔνοιαν μὲν τὴν πρὸς Ῥωμαίους, τὸ δὲ πλέον ἔχθει τῶν κατεστραμμένων: διὸ καὶ τὸν Ἰώσηπον ἀθρόοι καταβοῶντες ἠξίουν κολάζειν. [411] Οὐεσπασιανὸς δὲ τὴν περὶ τούτου δέησιν ὡς ὑπ' ἀκρίτου γινομένην πλήθους ἐξέλυσεν ἡσυχίᾳ: [412] τῶν δὲ ταγμάτων τὰ μὲν δύο χειμερίσοντα ἐκάθισεν ἐπὶ τῆς Καισαρείας ἐπιτήδειον ὁρῶν τὴν πόλιν, τὸ δέκατον δὲ καὶ πέμπτον εἰς Σκυθόπολιν, ὡς μὴ θλίβοι παντὶ τῷ στρατῷ τὴν Καισάρειαν. [413] ἀλεεινὴ δ' ἦν κἀκείνη χειμῶνος ὥρᾳ καθ' ὅσον πνιγώδης θέρους ὑπὸ καυμάτων, πεδιὰς οὖσα καὶ παράλιος.

[2.414] Ἐν δὲ τούτῳ συναθροισθέντες οἵ τε κατὰ στάσιν ἐκπίπτοντες τῶν πόλεων καὶ οἱ διαφυγόντες ἐκ τῶν κατεστραμμένων, πλῆθος οὐκ ὀλίγον, ἀνακτίζουσιν Ἰόππην ὁρμητήριον σφίσιν, ἐρημωθεῖσαν ὑπὸ Κεστίου πρότερον, [415] καὶ τῆς χώρας ἐκπεπολεμωμένης ἀνειργόμενοι μεταβαίνειν ἔγνωσαν εἰς τὴν θάλασσαν.
[416] πηξάμενοί τε πειρατικὰ σκάφη πλεῖστα τόν τε Συρίας καὶ Φοινίκης καὶ τὸν ἐπ' Αἰγύπτου πόρον ἐλῄστευον, ἄπλωτά τε πᾶσιν ἐποίουν τὰ τῇδε πελάγη. [417] Οὐεσπασιανὸς δὲ ὡς ἔγνω τὴν σύνταξιν αὐτῶν, πέμπει πεζούς τε καὶ ἱππεῖς ἐπὶ τὴν Ἰόππην, οἳ νύκτωρ ὡς ἀφύλακτον εἰσέρχονται τὴν πόλιν. [418] οἱ δ' ἐν αὐτῇ προῄσθοντο μὲν τὴν εἰσβολὴν καὶ καταδείσαντες τοῦ μὲν εἴργειν τοὺς Ῥωμαίους ἀπετρέποντο, συμφυγόντες δὲ εἰς τὰς ναῦς ἐξωτέρω βέλους διενυκτέρευσαν.

[3.419] Ἀλιμένου δ' οὔσης φύσει τῆς Ἰόππης, αἰγιαλῷ γὰρ ἐπιλήγει τραχεῖ καὶ τὸ μὲν ἄλλο πᾶν ὀρθίῳ, βραχὺ δὲ συννεύοντι κατὰ τὰς κεραίας ἑκατέρωθεν: [420] αἱ δέ εἰσιν κρημνοὶ βαθεῖς καὶ προύχουσαι σπιλάδες εἰς τὸ πέλαγος, ἔνθα καὶ τῶν Ἀνδρομέδας δεσμῶν ἔτι δεικνύμενοι τύποι πιστοῦνται τὴν ἀρχαιότητα τοῦ μύθου, [421] τύπτων δὲ τὸν αἰγιαλὸν ἐναντίος βορέας καὶ πρὸς ταῖς δεχομέναις πέτραις ὑψηλὸν ἀναπέμπων τὸ κῦμα σφαλερώτερον ἐρημίας τὸν ὅρμον ἀπεργάζεται: [422] κατὰ τοῦτον σαλεύουσιν τοῖς ἀπὸ τῆς Ἰόππης ὑπὸ τὴν ἕω πνεῦμα βίαιον ἐπιπίπτει: μελαμβόριον ὑπὸ τῶν ταύτῃ πλοϊζομένων καλεῖται: [423] καὶ τὰς μὲν ἀλλήλαις τῶν νεῶν αὐτόθι συνήραξεν, τὰς δὲ πρὸς ταῖς πέτραις, πολλὰς δὲ πρὸς ἀντίον κῦμα βιαζομένας εἰς τὸ πέλαγος, τόν τε γὰρ αἰγιαλὸν ὄντα πετρώδη καὶ τοὺς ἐπ' αὐτοῦ πολεμίους ἐδεδοίκεσαν, μετέωρος ὑπεραρθεὶς ὁ κλύδων ἐβάπτιζεν. [424] ἦν δ' οὔτε φυγῆς τόπος οὔτε μένουσιν σωτηρία, βίᾳ μὲν ἀνέμου τῆς θαλάσσης ἐξωθουμένοις, Ῥωμαίων δὲ τῆς πόλεως. καὶ πολλὴ μὲν οἰμωγὴ συρρηγνυμένων ἐγίνετο τῶν σκαφῶν, πολὺς δ' ἀγνυμένων ὁ ψόφος. [425] καὶ τοῦ πλήθους οἱ μὲν ὑπὸ τῶν κυμάτων καλυπτόμενοι διεφθείροντο, πολλοὶ δὲ τοῖς ναυαγίοις ἐμπλεκόμενοι: τινὲς δὲ ὡς κουφοτέρῳ τὴν θάλατταν ἔφθανον τῷ σιδήρῳ σφᾶς αὐτοὺς ἀναιροῦντες. [426] τό γε μὴν πλεῖστον ὑπὸ τῶν κυμάτων ἐκφερόμενον περιεξαίνετο ταῖς ἀπορρῶξιν, ὡς αἱμαχθῆναι μὲν ἐπὶ πλεῖστον τὸ πέλαγος, πληρωθῆναι δὲ νεκρῶν τὴν παράλιον: καὶ γὰρ τοὺς ἐπὶ τὸν αἰγιαλὸν ἐκφερομένους ἐφεστῶτες οἱ Ῥωμαῖοι διέφθειρον. [427] ἀριθμὸς δὲ τῶν ἐκβρασθέντων σωμάτων τετρακισχίλιοι πρὸς τοῖς διακοσίοις ἦν. Ῥωμαῖοι δὲ λαβόντες ἀμαχητὶ τὴν πόλιν κατασκάπτουσιν.

[4.428] Ἰόππη μὲν οὖν ἐν ὀλίγῳ χρόνῳ δεύτερον ὑπὸ Ῥωμαίοις ἑάλω. [429] Οὐεσπασιανὸς δὲ ὡς μὴ πάλιν οἱ πειραταὶ συναλισθεῖεν εἰς αὐτήν, στρατόπεδόν τε ἐπὶ τῆς ἀκροπόλεως ἐγείρει καὶ τὸ ἱππικὸν ἐν αὐτῷ καταλείπει μετὰ πεζῶν ὀλίγων, [430] ἵν' οὗτοι μὲν κατὰ χώραν μένοντες φρουρῶσι τὸ στρατόπεδον, οἱ δ' ἱππεῖς προνομεύωσι τὴν πέριξ καὶ τὰς περιοίκους κώμας τε καὶ πολίχνας ἐξαιρῶσιν τῆς Ἰόππης. [431] οἱ μὲν οὖν κατὰ τὰ προσταχθέντα τὴν χώραν κατατρέχοντες καθ' ἡμέραν ἔτεμνόν τε καὶ ἠρήμουν ἅπασαν.

[5.432] Ὡς δὲ εἰς τὰ Ἱεροσόλυμα τὸ κατὰ τὴν Ἰωταπάτην πάθος ἠγγέλη, τὸ μὲν πρῶτον ἠπίστουν οἱ πολλοὶ καὶ διὰ τὸ μέγεθος τῆς συμφορᾶς καὶ διὰ τὸ μηδένα τῶν λεγομένων αὐτόπτην παρεῖναι: [433] διεσώθη γὰρ οὐδὲ ἄγγελος, ἀλλ' αὐτοματὶ διεκήρυσσεν φήμη τὴν ἅλωσιν οἰκεία φύσει τῶν σκυθρωποτέρων. [434] κατ' ὀλίγον δὲ διὰ τῶν προσχώρων ὥδευε τἀληθὲς καὶ παρὰ πᾶσιν ἀμφιβολίας ἦν ἤδη βεβαιότερον, προσεσχεδιάζετό γε μὴν τοῖς πεπραγμένοις καὶ τὰ μὴ γενόμενα: τεθνεὼς γὰρ ἐπὶ τῆς ἁλώσεως καὶ ὁ Ἰώσηπος ἠγγέλλετο. [435] τοῦτο μεγίστου τὰ Ἱεροσόλυμα πένθους ἐπλήρωσεν: κατὰ μέν γε οἴκους καὶ κατὰ συγγενείας οἷς προσήκων ἕκαστος ἦν τῶν ἀπολωλότων ἐθρηνεῖτο, [436] τὸ δ' ἐπὶ τῷ στρατηγῷ πένθος ἐδημεύθη, καὶ οἱ μὲν ξένους, οἱ δὲ συγγενεῖς, οἱ δὲ φίλους ἐθρήνουν, τὸν Ἰώσηπον δὲ πάντες, [437] ὡς ἐπὶ τριακοστὴν μὲν ἡμέραν μὴ διαλιπεῖν τὰς ὀλοφύρσεις ἐν τῇ πόλει, πλείστους δὲ μισθοῦσθαι τοὺς αὐλητάς, οἳ θρήνων αὐτοῖς ἐξῆρχον.

[6.438] Ὡς δὲ τἀληθῆ διεκαλύπτετο τῷ χρόνῳ καὶ τὰ μὲν κατὰ τὴν Ἰωταπάτην ὥσπερ εἶχεν, ἐσχεδιασμένον δὲ τὸ κατὰ τὸν Ἰώσηπον πάθος εὑρίσκετο, ζῆν δ' αὐτὸν ἔγνωσαν καὶ παρὰ Ῥωμαίοις ὄντα καὶ πρὸς τῶν ἡγεμόνων πλέον ἢ κατ' αἰχμαλώτου τύχην περιέπεσθαι, τοσοῦτον ὀργῆς ἐπὶ ζῶντος ὅσον εὐνοίας ἐπὶ τεθνάναι δοκοῦντος πρότερον ἀνελάμβανον. [439] καὶ παρ' οἷς μὲν εἰς ἀνανδρίαν, παρ' οἷς δὲ εἰς προδοσίαν ἐκακίζετο, πλήρης τε ἀγανακτήσεως ἦν καὶ τῶν κατ' αὐτοῦ βλασφημιῶν ἡ πόλις. [440] παρωξύνοντο δὲ ταῖς πληγαῖς καὶ προσεξεκαίοντο ταῖς κακοπραγίαις: τό γε μὴν πταίειν, ὃ γίνεται τοῖς εὖ φρονοῦσιν ἀσφαλείας καὶ τῶν ὁμοίων φυλακῆς αἴτιον, ἐκείνοις κέντρον ἑτέρων ἐγίνετο συμφορῶν: καὶ τὸ τέλος ἀεὶ τῶν κακῶν αὖθις ἀρχή: [441] μᾶλλον γοῦν ὥρμων ἐπὶ τοὺς Ῥωμαίους ὡς καὶ Ἰώσηπον ἐν αὐτοῖς ἀμυνούμενοι. [442] τοὺς μὲν οὖν ἐπὶ τῶν Ἱεροσολύμων τοιοῦτοι θόρυβοι κατεῖχον.

[7.443] Οὐεσπασιανὸς δὲ καθ' ἱστορίαν τῆς Ἀγρίππα βασιλείας, ἐνῆγεν γὰρ βασιλεὺς αὐτόν, ἅμα καὶ δεξιώσασθαι τὸν ἡγεμόνα σὺν τῇ στρατιᾷ τῷ κατὰ τὸν οἶκον ὄλβῳ προαιρούμενος καὶ καταστεῖλαι δι' αὐτῶν τὰ νοσοῦντα τῆς ἀρχῆς, ἄρας ἀπὸ τῆς παράλου Καισαρείας εἰς τὴν Φιλίππου καλουμένην μεταβαίνει Καισάρειαν. [444] ἔνθα μέχρι μὲν ἡμερῶν εἴκοσι τὴν στρατιὰν διαναπαύων καὶ αὐτὸς ἐν εὐωχίαις ἦν, ἀποδιδοὺς τῷ θεῷ χαριστήρια τῶν κατωρθωμένων. [445] ὡς δ' αὐτῷ Τιβεριὰς μὲν νεωτερίζειν, ἀφεστάναι δὲ ἠγγέλλοντο Ταριχέαι, μοῖρα δὲ τῆς Ἀγρίππα βασιλείας ἦσαν ἀμφότεραι, πανταχόθεν τοὺς Ἰουδαίους καταστρέφεσθαι διεγνωκὼς τὴν ἐπὶ τούτους στρατείαν εὔκαιρον ἡγεῖτο καὶ δι' Ἀγρίππαν, ὡς εἰς ξενίας ἀμοιβὴν σωφρονίσων αὐτῷ τὰς πόλεις. [446] πέμπει δὴ τὸν υἱὸν Τίτον εἰς Καισάρειαν μετάξοντα τὴν ἐκεῖθεν στρατιὰν εἰς Σκυθόπολιν: ἡ δ' ἐστὶν μεγίστη τῆς δεκαπόλεως καὶ γείτων τῆς Τιβεριάδος. [447] ἔνθα καὶ αὐτὸς παραγενόμενος ἐκδέχεται τὸν υἱὸν καὶ μετὰ τριῶν ταγμάτων προελθὼν στρατοπεδεύεται μὲν ἀπὸ τριάκοντα τῆς Τιβεριάδος σταδίων κατά τινα σταθμὸν εὐσύνοπτον τοῖς νεωτερίζουσιν: [448] Ἔνναβρις ὀνομάζεται. πέμπει δὲ δεκαδάρχην Οὐαλεριανὸν σὺν ἱππεῦσιν πεντήκοντα διαλεχθησόμενον εἰρηνικὰ τοῖς κατὰ τὴν πόλιν καὶ προτρεψόμενον ἐπὶ πίστεις: ἀκηκόει γάρ, ὡς ἐπιθυμοίη μὲν εἰρήνης ὁ δῆμος, καταστασιάζοιτο δ' ὑπό τινων πολεμεῖν βιαζομένων. [449] προσελάσας δὲ Οὐαλεριανὸς ἐπεὶ πλησίον ἦν τοῦ τείχους, αὐτός τε καταβαίνει καὶ τοὺς σὺν αὐτῷ τῶν ἱππέων ἀπέβησεν, ὡς μὴ δοκοῖεν ἀκροβολιζόμενοι παρεῖναι. καὶ πρὶν εἰς λόγους ἐλθεῖν [450] ἐπεκθέουσιν αὐτῷ τῶν στασιαστῶν οἱ δυνατώτατοι μεθ' ὅπλων. ἐξηγεῖτο δ' αὐτῶν Ἰησοῦς τις ὄνομα παῖς Τοῦφα τοῦ λῃστρικοῦ στίφους ὁ κορυφαιότατος. [451] Οὐαλεριανὸς δὲ οὔτε παρὰ τὰς ἐντολὰς τοῦ στρατηγοῦ συμβαλεῖν ἀσφαλὲς ἡγούμενος, εἰ καὶ τὸ νικᾶν εἴη βέβαιον, καὶ σφαλερὸν τὸ μάχεσθαι πολλοῖς μετ' ὀλίγων ἀπαρασκευάστοις τε πρὸς ἑτοίμους, [452] καὶ ἄλλως ἐκπλαγεὶς τὴν ἀδόκητον τῶν Ἰουδαίων τόλμαν, φεύγει πεζός, ἕτεροί τε ὁμοίως πέντε τοὺς ἵππους ἀπέλιπον, οὓς οἱ περὶ τὸν Ἰησοῦν ἀπήγαγον εἰς τὴν πόλιν γεγηθότες ὡς μάχῃ ληφθέντας οὐκ ἐνέδρᾳ.

[8.453] Τοῦτο καταδείσαντες οἱ γηραιοὶ τοῦ δήμου καὶ προύχειν δοκοῦντες φεύγουσι μὲν εἰς τὸ τῶν Ῥωμαίων στρατόπεδον, [454] ἐπαγόμενοι δὲ τὸν βασιλέα προσπίπτουσιν ἱκέται Οὐεσπασιανῷ, μὴ σφᾶς περιιδεῖν δεόμενοι, μηδὲ τὴν ὀλίγων ἀπόνοιαν ἡγήσασθαι τῆς πόλεως ὅλης: [455] φείσασθαι δὲ τοῦ δήμου Ῥωμαίοις φίλα φρονοῦντος ἀεί, καὶ τοὺς αἰτίους τιμωρήσασθαι τῆς ἀποστάσεως, ὑφ' ὧν αὐτοὶ φρουρηθῆναι μέχρι νῦν ἐπὶ δεξιὰς ἐπειγόμενοι πάλαι. [456] ταύταις ἐνεδίδου ταῖς ἱκεσίαις ὁ στρατηγὸς καίτοι διὰ τὴν ἁρπαγὴν τῶν ἵππων ἐφ' ὅλην ὠργισμένος τὴν πόλιν: καὶ γὰρ ἀγωνιῶντα περὶ αὐτῆς τὸν Ἀγρίππαν ἑώρα. [457] λαβόντων δὲ τούτων τῷ δήμῳ δεξιὰς οἱ περὶ τὸν Ἰησοῦν οὐκέτι ἀσφαλὲς ἡγούμενοι μένειν ἐπὶ τῆς Τιβεριάδος εἰς Ταριχέας ἀποδιδράσκουσιν. [458] καὶ μεθ' ἡμέραν Οὐεσπασιανὸς σὺν ἱππεῦσιν προπέμπει πρὸς τὴν ἀκρώρειαν Τραϊανὸν ἀποπειραθῆναι τοῦ πλήθους, εἰ πάντες εἰρηνικὰ φρονοῖεν. [459] ὡς δ' ἔγνω τὸν δῆμον ὁμοφρονοῦντα τοῖς ἱκέταις, ἀναλαβὼν τὴν δύναμιν ᾔει πρὸς τὴν πόλιν. οἱ δὲ τάς τε πύλας ἀνοίγουσιν αὐτῷ καὶ μετ' εὐφημιῶν ὑπήντων σωτῆρα καὶ εὐεργέτην ἀνακαλοῦντες. [460] τῆς δὲ στρατιᾶς τριβομένης περὶ τὴν τῶν εἰσόδων στενότητα παραρρῆξαι τοῦ κατὰ μεσημβρίαν τείχους Οὐεσπασιανὸς κελεύσας πλατύνει τὴν εἰσβολὴν αὐτοῖς. [461] ἁρπαγῆς μέντοι καὶ ὕβρεως ἀπέχεσθαι παρήγγειλεν τῷ βασιλεῖ χαριζόμενος, τῶν τε τειχῶν διὰ τοῦτον ἐφείσατο συμμενεῖν πρὸς τὸ λοιπὸν ἐγγυωμένου τοὺς ἐν αὐτοῖς, καὶ πολλὰ κεκακωμένην τὴν πόλιν ἐκ τῆς στάσεως ἀνελάμβανεν.

[1.462] Ἔπειτα προελθὼν αὐτῆς τε μεταξὺ καὶ Ταριχεῶν στρατοπεδεύεται, τειχίζει τε τὴν παρεμβολὴν ὀχυρωτέραν ὑφορώμενος ἐκεῖ πολέμου τριβὴν αὐτῷ γενησομένην: [463] συνέρρει γὰρ εἰς τὰς Ταριχέας πᾶν τὸ νεωτερίζον, τῇ τε τῆς πόλεως ὀχυρότητι καὶ τῇ λίμνῃ πεποιθότες, ἣ καλεῖται Γεννησὰρ πρὸς τῶν ἐπιχωρίων. [464] ἡ μὲν γὰρ πόλις, ὥσπερ ἡ Τιβεριὰς ὑπόρειος οὖσα, καθὰ μὴ τῇ λίμνῃ προσεκλύζετο πάντοθεν ὑπὸ τοῦ Ἰωσήπου τετείχιστο καρτερῶς, ἔλασσον μέντοι τῆς Τιβεριάδος: [465] τὸν μὲν γὰρ ἐκεῖ περίβολον ἐν ἀρχῇ τῆς ἀποστάσεως δαψιλείᾳ χρημάτων καὶ δυνάμεως ἐκρατύνατο, Ταριχέαι δ' αὐτοῦ τὰ λείψανα τῆς φιλοτιμίας μετέλαβον. [466] σκάφη δ' ἦν αὐτοῖς ἐπὶ τῆς λίμνης παρεσκευασμένα πολλὰ πρός τε τὸ συμφεύγειν ἐπὶ γῆς ἡττωμένους, κἂν εἰ δέοι, διαναυμαχεῖν ἐξηρτυμένα. [467] περιβαλλομένων δὲ τῶν Ῥωμαίων τὸ στρατόπεδον οἱ περὶ τὸν Ἰησοῦν οὔτε πρὸς τὸ πλῆθος οὔτε πρὸς τὴν εὐταξίαν τῶν πολεμίων ὑποδείσαντες προθέουσιν, [468] καὶ πρὸς τὴν πρώτην ἔφοδον τῶν τειχοποιῶν σκεδασθέντων ὀλίγα τῆς δομήσεως σπαράξαντες, ὡς ἑώρων τοὺς ὁπλίτας ἀθροιζομένους, πρίν τι παθεῖν εἰς τοὺς σφετέρους ἀνέφευγον: ἐπιδιώξαντες δὲ Ῥωμαῖοι συνελαύνουσιν αὐτοὺς εἰς τὰ σκάφη.

[469] καὶ οἱ μὲν ἀναχθέντες εἰς ὅσον ἐξικνεῖσθαι τῶν Ῥωμαίων βάλλοντες δύναιντο τάς τε ἀγκύρας ἔβαλλον καὶ πυκνώσαντες ὥσπερ φάλαγγα τὰς ναῦς ἐπαλλήλους τοῖς ἐπὶ γῆς πολεμίοις διεναυμάχουν: [470] Οὐεσπασιανὸς δὲ τὸ πολὺ πλῆθος αὐτῶν ἠθροισμένον ἀκούων ἐν τῷ πρὸ τῆς πόλεως πεδίῳ πέμπει τὸν υἱὸν σὺν ἱππεῦσιν ἑξακοσίοις ἐπιλέκτοις.

[2.471] Ὁ δ' ὑπέρογκον εὑρὼν τὴν τῶν πολεμίων πληθὺν πρὸς μὲν τὸν πατέρα πέμπει πλείονος δυνάμεως αὐτῷ δεῖν λέγων. αὐτὸς δὲ τοὺς μὲν πλείους τῶν ἱππέων ὡρμημένους ὁρῶν καὶ πρὶν ἀφικέσθαι βοήθειαν, ἔστιν δ' οὓς ἡσυχῇ πρὸς τὸ πλῆθος τῶν Ἰουδαίων καταπεπληγότας, ἐν ἐπηκόῳ στὰς ἔλεξεν ὧδε: [472] "ἄνδρες, ἔφη, Ῥωμαῖοι, καλὸν γὰρ ἐν ἀρχῇ τῶν λόγων ὑπομνῆσαι τοῦ γένους ὑμᾶς, ἵν' εἰδῆτε, τίνες ὄντες πρὸς τίνας μάχεσθαι μέλλομεν.
[473] τὰς μέν γε ἡμετέρας χεῖρας οὐδὲν εἰς τοῦτο τῶν ἐπὶ τῆς οἰκουμένης διαπέφευγεν, Ἰουδαῖοι δέ, ἵν' εἴπωμεν καὶ ὑπὲρ αὐτῶν, μέχρι νῦν οὐ κοπιῶσιν ἡττώμενοι. καὶ δεινὸν ἐκείνων ἑστώτων ἐν ταῖς κακοπραγίαις ἡμᾶς τοῖς εὐτυχήμασιν ἐγκάμνειν.
[474] προθυμίας μὲν εἰς τὸ φανερὸν ὑμᾶς εὖ ἔχοντας χαίρω βλέπων, δέδοικα δὲ μή τινι τῶν πολεμίων τὸ πλῆθος κατάπληξιν λεληθυῖαν ἐνεργάσηται. [475] λογισάσθω δὴ πάλιν οἷος πρὸς οἵους παρατάξεται, καὶ διότι Ἰουδαῖοι μέν, εἰ καὶ σφόδρα τολμηταὶ καὶ θανάτου καταφρονοῦντες, ἀλλ' ἀσύντακτοί τε καὶ πολέμων ἄπειροι καὶ ὄχλος ἂν ἄλλως, οὐ στρατιὰ λέγοιντο: τὰ δὲ τῆς ἡμετέρας ἐμπειρίας καὶ τάξεως τί δεῖ καὶ λέγειν; ἐπὶ τοῦτο μέντοι γε μόνοι καὶ κατ' εἰρήνην ἀσκούμεθα τοῖς ὅπλοις, ἵν' ἐν πολέμῳ μὴ πρὸς τὸ ἀντίπαλον ἀριθμῶμεν ἑαυτούς. [476] ἐπεὶ τίς ὄνησις τῆς διηνεκοῦς στρατείας, ἂν ἴσοι πρὸς ἀστρατεύτους ἀντιτασσώμεθα;
[477] λογίζεσθε δέ, ὅτι καὶ πρὸς γυμνῆτας ὁπλῖται καὶ ἱππεῖς πρὸς πεζοὺς καὶ στρατηγούμενοι πρὸς ἀστρατηγήτους διαγωνίζεσθε, καὶ ὡς ὑμᾶς μὲν ταῦτα πολλαπλασίους ποιεῖ τὰ πλεονεκτήματα, πολὺ δὲ τοῦ τῶν πολεμίων ἀριθμοῦ [παραιρεῖται τὰ ἐλαττώματα].

[478] κατορθοῖ δὲ τοὺς πολέμους οὐ πλῆθος ἀνθρώπων, κἂν ᾖ μάχιμον, ἀνδρεία δέ, κἂν ἐν ὀλίγοις: οἱ μέν γε καὶ τάξασθαι ῥᾴδιοι καὶ προσαμύνειν ἑαυτοῖς, αἱ δ' ὑπέρογκοι δυνάμεις ὑφ' ἑαυτῶν βλάπτονται πλέον ἢ τῶν πολεμίων. [479] Ἰουδαίων μὲν οὖν τόλμα καὶ θράσος ἡγεῖται καὶ ἀπόνοια, πάθη κατὰ μὲν τὰς εὐπραγίας εὔτονα, σβεννύμενα δὲ ἐν ἐλαχίστοις σφάλμασιν: ἡμῶν δ' ἀρετὴ καὶ εὐπείθεια καὶ τὸ γενναῖον, ὃ κἀν τοῖς ἄλλοις εὐτυχήμασιν ἀκμάζει κἀν τοῖς πταίσμασιν οὐ μέχρι τέλους σφάλλεται. [480] καὶ ὑπὲρ μειζόνων δὲ ἢ Ἰουδαῖοι διαγωνιεῖσθε: καὶ γὰρ εἰ περὶ ἐλευθερίας καὶ πατρίδων ἐκείνοις ὁ πόλεμος κινδυνεύεται, τί μεῖζον ἡμῖν εὐδοξίας καὶ τοῦ μὴ δοκεῖν μετὰ τὴν τῆς οἰκουμένης ἡγεμονίαν ἐν ἀντιπάλῳ τὰ Ἰουδαίων τίθεσθαι; [481] σκεπτέον δ' ὅτι καὶ παθεῖν μὲν οὐδὲν ἀνήκεστον ἡμῖν φόβος: πολλοὶ γὰρ οἱ βοηθήσοντες καὶ πλησίον: ἁρπάσαι δὲ τὴν νίκην δυνάμεθα, καὶ χρὴ τοὺς ὑπὸ τοῦ πατρὸς πεμπομένους ἡμῖν συμμάχους φθάνειν, ἵν' ἀκοινώνητόν τε ᾖ τὸ κατόρθωμα καὶ μεῖζον. [482] νομίζω δ' ἔγωγε ἐπὶ τῆσδε τῆς ὥρας καὶ τὸν πατέρα τὸν ἐμὸν κρίνεσθαι κἀμὲ καὶ ὑμᾶς, εἰ τῶν μὲν προκατωρθωμένων ἄξιος ἐκεῖνος, ἐγὼ δ' ἐκείνου παῖς, στρατιῶται δ' ὑμεῖς ἐμοῦ: καὶ γὰρ ἐκείνῳ τὸ νικᾶν ἔθος, κἀγὼ πρὸς αὐτὸν ὑποστρέφειν οὐκ ἂν ὑπομείναιμι λειφθείς. [483] ὑμεῖς δὲ πῶς οὐκ ἂν αἰσχύνοισθε προκινδυνεύοντος ἡγεμόνος ἡττώμενοι; προκινδυνεύσω γάρ, εὖ ἴστε, καὶ πρῶτος εἰς τοὺς πολεμίους ἐμβαλῶ. [484] μὴ λείπεσθε δ' ὑμεῖς ἐμοῦ πεπεισμένοι τὴν ἐμὴν ὁρμὴν παρακροτεῖσθαι θεῷ συμμάχῳ, καὶ προγινώσκετε σαφῶς, ὅτι τῆς ἔξω μάχης πλέον τι κατορθώσομεν."

[3.485] Ταῦτα τοῦ Τίτου διεξιόντος προθυμία δαιμόνιος ἐμπίπτει τοῖς ἀνδράσιν, καὶ προσγενομένου πρὶν συμβαλεῖν Τραϊανοῦ μετὰ τετρακοσίων ἱππέων ἤσχαλλον ὡς μειουμένης τῆς νίκης αὐτοῖς διὰ τὴν κοινωνίαν. [486] ἔπεμψεν δὲ Οὐεσπασιανὸς καὶ Ἀντώνιον Σίλωνα σὺν δισχιλίοις τοξόταις κελεύσας καταλαβόντας τὸ ἀντικρὺ τῆς πόλεως ὄρος τοὺς ἐπὶ τοῦ τείχους ἀνείργειν. [487] καὶ οἱ μὲν ὡς

προσετέτακτο τοὺς ταύτῃ πειρωμένους ἐκβοηθεῖν περιέσχον, ὁ δὲ Τίτος πρῶτος τὸν ἵππον ἤλαυνεν εἰς τοὺς πολεμίους καὶ σὺν κραυγῇ μετ' αὐτὸν οἱ λοιποὶ παρεκτείναντες ἑαυτοὺς εἰς ὅσον ἐπεῖχον οἱ πολέμιοι τὸ πεδίον: παρὸ καὶ πολὺ πλείους ἔδοξαν.
[488] οἱ δὲ Ἰουδαῖοι καίτοι τήν τε ὁρμὴν καὶ τὴν εὐταξίαν αὐτῶν καταπλαγέντες πρὸς ὀλίγον μὲν ἀντέσχον ταῖς ἐμβολαῖς, νυσσόμενοι δὲ τοῖς κοντοῖς καὶ τῷ ῥοίζῳ τῶν ἱππέων ἀνατρεπόμενοι συνεπατοῦντο. [489] πολλῶν δὲ πανταχοῦ φονευομένων διασκίδνανται καὶ πρὸς τὴν πόλιν ὡς ἕκαστος εἶχεν τάχους ἔφευγον. [490] Τίτος δὲ τοὺς μὲν κατόπιν προσκείμενος ἀνῄρει, τῶν δὲ διεκπαίων ἀθρόων, οὓς δὲ φθάνων κατὰ στόμα διήλαυνεν, πολλοὺς δὲ συνηλοία περὶ ἀλλήλοις πεσόντας ἐμπηδῶν, [491] πᾶσιν δὲ τὰς πρὸς τὸ τεῖχος φυγὰς ὑπετέμνετο καὶ πρὸς τὸ πεδίον ἀπέστρεφεν, ἕως τῷ πλήθει βιασάμενοι καὶ διεκπεσόντες εἰς τὴν πόλιν συνέφευγον.

[4.492] Ἐκδέχεται δὲ αὐτοὺς πάλιν στάσις ἔσω χαλεπή: τοῖς μὲν γὰρ ἐπιχωρίοις διά τε τὰς κτήσεις καὶ τὴν πόλιν οὐκ ἐδόκει πολεμεῖν ἀπ' ἀρχῆς καὶ τότε διὰ τὴν ἧτταν πλέον: [493] ὁ δ' ἔπηλυς πολὺς ὢν πλεῖον ἐβιάζετο, καὶ διωργισμένων ἐπ' ἀλλήλοις κραυγή τε ἦν καὶ θόρυβος ὡς ὅσον οὔπω φερομένων εἰς ὅπλα.
[494] κατακούσας δὲ τῆς ταραχῆς Τίτος, οὐ γὰρ ἦν ἄπωθεν τοῦ τείχους, "οὗτος ἦν ὁ καιρός, ἐκβοᾷ, καὶ τί, συστρατιῶται, μέλλομεν ἐκδιδόντος ἡμῖν Ἰουδαίους θεοῦ; δέξασθε τὴν νίκην.
[495] οὐκ ἀκούετε βοῆς; στασιάζουσιν οἱ τὰς χεῖρας ἡμῶν διεκφυγόντες. ἔχομεν τὴν πόλιν, ἐὰν ταχύνωμεν: δεῖ δὲ πόνου πρὸς τῷ τάχει καὶ λήματος: οὐδὲν γὰρ τῶν μεγάλων φιλεῖ δίχα κινδύνου κατορθοῦσθαι. [496] φθάνειν δ' οὐ μόνον χρὴ τὴν τῶν πολεμίων ὁμόνοιαν, οὓς ἀνάγκη διαλλάξει ταχέως, ἀλλὰ καὶ τὴν τῶν ἡμετέρων βοήθειαν, ἵνα πρὸς τῷ νικῆσαι τοσοῦτον πλῆθος ὀλίγοι καὶ τὴν πόλιν ἕλωμεν μόνοι."

[5.497] Ταῦθ' ἅμα λέγων ἐπὶ τὸν ἵππον ἀνεπήδα καὶ καθηγεῖται πρὸς τὴν λίμνην, δι' ἧς ἐλάσας πρῶτος εἰς τὴν πόλιν εἰσέρχεται καὶ μετ' αὐτὸν οἱ λοιποί. [498] δέος δὲ πρὸς τὴν τόλμαν αὐτοῦ τοῖς ἐπὶ τῶν τειχῶν ἐνέπεσεν, καὶ μάχεσθαι μὲν ἢ διακωλύειν οὐδεὶς ὑπέμεινεν, λιπόντες δὲ τὴν φρουρὰν οἱ μὲν περὶ τὸν Ἰησοῦν διὰ τῆς χώρας ἔφευγον, [499] οἱ δ' ἐπὶ τὴν λίμνην καταθέοντες ὑπαντιάζουσιν τοῖς πολεμίοις περιέπιπτον: ἐκτείνοντο δ' οἱ μὲν ἐπιβαίνοντες τῶν σκαφῶν, οἱ δὲ τοῖς ἀναχθεῖσιν προσπίπτειν πειρώμενοι. πολὺς δὲ τῶν κατὰ τὴν πόλιν ἦν φόνος, [500] τῶν μὲν ἐπηλύδων ὅσοι μὴ διαφυγεῖν ἔφθασαν ἀντιτασσομένων, ἀμαχητὶ δὲ τῶν ἐπιχωρίων: κατὰ γὰρ ἐλπίδα δεξιᾶς καὶ τὸ συνειδὸς τοῦ μὴ βεβουλεῦσθαι πολεμεῖν μάχης ἀπετρέποντο, [501] μέχρι Τίτος τοὺς μὲν αἰτίους ἀνελών, οἰκτείρας δὲ τοὺς ἐπιχωρίους ἀνεπαύσατο φόνου.
[502] καὶ οἱ μὲν εἰς τὴν λίμνην καταφυγόντες ἐπεὶ τὴν πόλιν εἶδον ἑαλωκυῖαν, ὡς πορρωτάτω τῶν πολεμίων ἀνήχθησαν:

[6.503] Τίτος δ' ἐκπέμψας τινὰ τῶν ἱππέων εὐαγγελίζεται τῷ πατρὶ τὸ ἔργον. [504] ὁ δ', ὡς εἰκός, ὑπερησθεὶς τῇ τε τοῦ παιδὸς ἀρετῇ καὶ τῷ κατορθώματι, μεγίστη γὰρ ἐδόκει καθῃρῆσθαι μοῖρα τοῦ πολέμου, τότε μὲν ἐλθὼν περισχόντας τὴν πόλιν φρουρεῖν ἐκέλευσεν, ὡς μὴ διαλάθοι τις ἐξ αὐτῆς, καὶ κτείνειν προσέταξεν [505] τῇ δ' ὑστεραίᾳ πρὸς τὴν λίμνην καταβὰς σχεδίας ἐκέλευσεν πήσσειν ἐπὶ τοὺς καταπεφευγότας: αἱ δ' ἐγίνοντο ταχέως ἀφθονίᾳ τε ὕλης καὶ πλήθει τεχνιτῶν.

[7.506] Ἡ δὲ λίμνη Γεννησὰρ μὲν ἀπὸ τῆς προσεχοῦς χώρας καλεῖται, σταδίων δ' εὖρος οὖσα τεσσαράκοντα καὶ πρὸς τούτοις ἑτέρων ἑκατὸν τὸ μῆκος γλυκεῖά τε ὅμως ἐστὶ καὶ ποτιμωτάτη: [507] καὶ γὰρ τῆς ἑλώδους παχύτητος ἔχει τὸ νᾶμα λεπτότερον καθαρά τ' ἐστὶν πάντοθεν αἰγιαλοῖς ἐπιλήγουσα καὶ ψάμμῳ, πρὸς δὲ εὔκρατος ἀρύσασθαι, ποταμοῦ μὲν ἢ κρήνης προσηνεστέρα, ψυχροτέρα δὲ ἢ κατὰ λίμνης διάχυσιν ἀεὶ μένουσα. [508] τὸ μὲν γὰρ ὕδωρ οὐκ ἀπᾴδει χιόνος ἐξαιθριασθέν, ὅπερ θέρους νυκτὸς ποιεῖν ἔθος τοῖς ἐπιχωρίοις, γένη δὲ ἰχθύων ἐν αὐτῇ διάφορα πρὸς τοὺς ἀλλαχοῦ γεῦσίν τε καὶ ἰδέαν. [509] μέση δ' ὑπὸ τοῦ Ἰορδάνου τέμνεται. καὶ δοκεῖ μὲν Ἰορδάνου πηγὴ τὸ Πάνειον, φέρεται δ' ὑπὸ γῆν εἰς τοῦτο κρυπτῶς ἐκ τῆς καλουμένης Φιάλης: [510] ἡ δ' ἐστὶν ἀνιόντων εἰς τὴν Τραχωνῖτιν ἀπὸ σταδίων ἑκατὸν εἴκοσι Καισαρείας τῆς ὁδοῦ κατὰ τὸ δεξιὸν μέρος οὐκ ἄπωθεν. [511] ἐκ μὲν οὖν τῆς περιφερείας ἐτύμως Φιάλη καλεῖται τροχοειδὴς οὖσα λίμνη, μένει δ' ἐπὶ χείλους αὐτῆς ἀεὶ τὸ ὕδωρ μήθ' ὑπονοστοῦν μήθ' ὑπερχεόμενον. [512] ἀγνοούμενος δὲ τέως ὁ Ἰορδάνης ἐντεῦθεν ἄρχεσθαι διὰ τοῦ τετραρχήσαντος Τραχωνιτῶν ἠλέγχθη Φιλίππου: [513] βαλὼν γὰρ οὗτος εἰς τὴν Φιάλην ἄχυρα κατὰ τὸ Πάνειον, ἔνθεν ἐδόκουν οἱ παλαιοὶ γεννᾶσθαι τὸν ποταμόν, εὗρεν ἀνενεχθέντα. [514] τοῦ μὲν οὖν Πανείου τὸ φυσικὸν κάλλος ὑπὸ τῆς βασιλικῆς προσεξήσκηται πολυτελείας τῷ Ἀγρίππα πλούτῳ κεκοσμημένον: [515] ἀρχόμενος δὲ φανεροῦ ῥεύματος ὁ Ἰορδάνης ἀπὸ τοῦδε τοῦ ἄντρου κόπτει μὲν τὰ τῆς Σεμεχωνίτιδος λίμνης ἕλη καὶ τέλματα, διαμείψας δ' ἑτέρους ἑκατὸν εἴκοσι σταδίους μετὰ πόλιν Ἰουλιάδα διεκπαίει τὴν Γεννησὰρ μέσην, ἔπειτα πολλὴν ἀναμετρούμενος ἐρημίαν εἰς τὴν Ἀσφαλτῖτιν ἔξεισι λίμνην.

[8.516] Παρατείνει δὲ τὴν Γεννησὰρ ὁμώνυμος χώρα θαυμαστὴ φύσιν τε καὶ κάλλος: οὔτε γὰρ αὐτή τι φυτὸν ἀρνεῖται διὰ τὴν πιότητα, καὶ πᾶν πεφυτεύκασιν οἱ νεμόμενοι, τοῦ δ' ἀέρος τὸ εὔκρατον ἁρμόζει καὶ τοῖς διαφόροις. [517] καρύαι μέν γε φυτῶν τὸ χειμεριώτατον ἄπειροι τεθήλασιν ἔνθα φοίνικες, οἳ καύματι τρέφονται, συκαῖ δὲ καὶ ἐλαῖαι πλησίον τούτων, αἷς μαλθακώτερος ἀὴρ ἀποδέδεικται. [518] φιλοτιμίαν ἄν τις εἴποι τῆς φύσεως βιασαμένης εἰς ἓν συναγαγεῖν τὰ μάχιμα καὶ τῶν ὡρῶν ἀγαθὴν ἔριν ἑκάστης ὥσπερ ἀντιποιουμένης τοῦ χωρίου: καὶ γὰρ οὐ μόνον τρέφει παρὰ δόξαν τὰς διαφόρους ὀπώρας ἀλλὰ καὶ διαφυλάσσει. [519] τὰ μέν γε βασιλικώτατα σταφυλήν τε καὶ σῦκον δέκα μησὶν ἀδιαλείπτως χορηγεῖ, τοὺς δὲ λοιποὺς καρποὺς δι' ἔτους ὅλου

περιγηράσκοντας ἑαυτοῖς: πρὸς γὰρ τῇ τῶν ἀέρων εὐκρασίᾳ καὶ πηγῇ διάρδεται γονιμωτάτῃ, Καφαρναοὺμ αὐτὴν οἱ ἐπιχώριοι καλοῦσιν. [520] ταύτην φλέβα τινὲς τοῦ Νείλου ἔδοξαν, ἐπεὶ γεννᾷ τῷ κατὰ τὴν Ἀλεξανδρέων λίμνην κορακίνῳ παραπλήσιον.
[521] μῆκος δὲ τοῦ χωρίου παρατείνει κατὰ τὸν αἰγιαλὸν τῆς ὁμωνύμου λίμνης ἐπὶ σταδίους τριάκοντα, καὶ εὖρος εἴκοσι. ταῦτα μὲν οὕτως φύσεως ἔχει.

[9.522] Οὐεσπασιανὸς δέ, ἐπεὶ παρεσκευάσθησαν αἱ σχεδίαι, τῆς δυνάμεως ἐπιβήσας ὅσον ᾤετο τοῖς κατὰ τὴν λίμνην ἀνταρκέσειν ἐπανήγετο. τοῖς δὲ συνελαυνομένοις οὔτ' ἐπὶ γῆν διαφεύγειν ἦν ἐκπεπολεμωμένων πάντων οὔτ' ἐξ ἴσου διαναυμαχεῖν:
[523] τά τε γὰρ σκάφη μικρὰ ὄντα καὶ λῃστρικὰ πρὸς τὰς σχεδίας ἦν ἀσθενῆ, καὶ καθ' ἕκαστον ἐμπλέοντες ὀλίγοι πρὸς ἀθρόους ἐφεστῶτας τοὺς Ῥωμαίους ἐγγίζειν ἐδεδοίκεισαν. [524] ὅμως δ' οὖν ἐκπεριπλέοντες τὰς σχεδίας, ἔστιν δ' ὅπου καὶ πλησιάζοντες, πόρρωθεν τοὺς Ῥωμαίους ἔβαλλον λίθοις καὶ παραξύοντες ἐγγύθεν ἔπαιον. [525] ἐκακοῦντο δ' αὐτοὶ πλέον κατ' ἀμφότερα: ταῖς τε γὰρ χερμάσιν οὐδὲν δρῶντες ὅτι μὴ κτύπον ἐπάλληλον, εἰς γὰρ πεφραγμένους ἔβαλλον, ἐφικτοὶ τοῖς Ῥωμαίων ἐγίνοντο βέλεσιν, καὶ πλησιάζειν τολμῶντες πρὶν δρᾶσαί τι παθεῖν ἔφθανον καὶ σὺν αὐτοῖς ἐβαπτίζοντο τοῖς σκάφεσιν. [526] τῶν δὲ διεκπαίειν πειρωμένων πολλοὺς μὲν ἐφικνούμενοι κοντοῖς διέπειρον, οὓς δὲ ξιφήρεις ἐπιπηδῶντες εἰς τὰ σκάφη, τινὰς δὲ συντρεχούσαις ταῖς σχεδίαις ἐναποληφθέντας μέσους εἷλον ἅμα ταῖς ἁλιάσιν. [527] τῶν δὲ βαπτισθέντων τοὺς ἀνανεύοντας ἢ βέλος ἔφθανεν ἢ σχεδία κατελάμβανεν, καὶ προσβαίνειν ὑπ' ἀμηχανίας εἰς τοὺς ἐχθροὺς πειρωμένων ἢ κεφαλὰς ἢ χεῖρας ἀπέκοπτον οἱ Ῥωμαῖοι. [528] πολλή τε ἦν αὐτῶν καὶ ποικίλη φθορὰ πανταχοῦ, μέχρι τραπέντες εἰς γῆν ἐξεώσθησαν οἱ λοιποὶ κεκυκλωμένων αὐτοῖς τῶν ἁλιάδων.
[529] ἐκχεόμενοι δὲ πολλοὶ μὲν ἐν αὐτῇ κατηκοντίζοντο τῇ λίμνῃ, πολλοὺς δ' ἐκπηδήσαντας οἱ Ῥωμαῖοι διέφθειραν ἐπὶ γῆς. ἦν δ' ἰδεῖν

κεκερασμένην μὲν αἵματι, πεπληρωμένην δὲ νεκρῶν τὴν λίμνην ἅπασαν: διεσώθη γὰρ οὐδείς. [530] δεινὴ δὲ ταῖς ἑξῆς ἡμέραις περιεῖχε τὴν χώραν ὀδμή τε καὶ ὄψις: οἱ μὲν γὰρ αἰγιαλοὶ ναυαγίων ἅμα καὶ διοιδούντων ἔγεμον σωμάτων, ἐκκαιόμενοι δὲ καὶ μυδῶντες οἱ νεκροὶ τὸν ἀέρα διέφθειρον, ὡς μὴ μόνον οἰκτρὸν Ἰουδαίοις γενέσθαι τὸ πάθος, ἀλλὰ καὶ διὰ μίσους τοῖς δράσασιν ἐλθεῖν. [531] τοῦτο μὲν ἐκείνης τῆς ναυμαχίας τὸ τέλος, ἀπέθανον δὲ σὺν τοῖς ἐπὶ τῆς πόλεως πρότερον πεσοῦσιν ἑξακισχίλιοι ἑπτακόσιοι.

[10.532] Οὐεσπασιανὸς δὲ μετὰ τὴν μάχην καθίζει μὲν ἐπὶ βήματος ἐν Ταριχέαις, διακρίνων δ' ἀπὸ τῶν ἐπιχωρίων τὸν ἔπηλυν λεώ, κατάρξαι γὰρ οὗτος ἐδόκει πολέμου, μετὰ τῶν ἡγεμόνων εἰ χρὴ καὶ τούτους σώζειν ἐσκέπτετο. [533] φαμένων δὲ τούτων βλαβερὰν ἔσεσθαι τὴν ἄφεσιν αὐτῶν, οὐ γὰρ ἠρεμήσειν ἀπολυθέντας ἀνθρώπους ἐστερημένους μὲν τῶν πατρίδων, βιάζεσθαι δὲ καὶ πρὸς οὓς ἂν καταφύγωσιν πολεμεῖν δυναμένους, [534] Οὐεσπασιανὸς ὡς μὲν οὔτ' ἄξιοι σωτηρίας εἶεν καὶ διαφεύξονται κατὰ τῶν ἀφέντων ἐγίνωσκεν, τὸν δὲ τρόπον αὐτῶν τῆς ἀναιρέσεως διενοεῖτο.
[535] καὶ γὰρ αὐτόθι κτείνων ἐκπολεμώσειν ὑφωρᾶτο τοὺς ἐπιχωρίους, οὐ γὰρ ἀνέξεσθαι φονευομένων ἱκετῶν τοσούτων παρ' αὐτοῖς, καὶ μετὰ πίστεις ἐπιθέσθαι προελθοῦσιν οὐχ ὑπέμενεν.
[536] ἐξενίκων δ' οἱ φίλοι μηδὲν κατὰ Ἰουδαίων ἀσεβὲς εἶναι λέγοντες καὶ χρῆναι τὸ συμφέρον αἱρεῖσθαι πρὸ τοῦ πρέποντος, ὅταν ᾖ μὴ δυνατὸν ἄμφω. [537] κατανεύσας οὖν αὐτοῖς ἄδειαν ἀμφίβολον ἐπέτρεψεν ἐξιέναι διὰ μόνης τῆς ἐπὶ Τιβεριάδα φερούσης ὁδοῦ. [538] τῶν δὲ ταχέως πιστευσάντων οἷς ἤθελον καὶ μετὰ φανερῶν ἐν ἀσφαλεῖ τῶν χρημάτων ᾗπερ ἐπετράπη χωρούντων, διαλαμβάνουσιν μὲν οἱ Ῥωμαῖοι τὴν μέχρι Τιβεριάδος πᾶσαν, ὡς μή τις ἀποκλίνειεν, συγκλείουσι δ' αὐτοὺς εἰς τὴν πόλιν.
[539] καὶ Οὐεσπασιανὸς ἐπελθὼν ἵστησι πάντας ἐν τῷ σταδίῳ, καὶ γηραιοὺς μὲν ἅμα τοῖς ἀχρήστοις διακοσίους ἐπὶ χιλίοις ὄντας ἀνελεῖν ἐκέλευσεν, [540] τῶν δὲ νέων ἐπιλέξας τοὺς ἰσχυροτάτους

ἑξακισχιλίους ἔπεμψεν εἰς τὸν ἰσθμὸν Νέρωνι, καὶ τὸ λοιπὸν πλῆθος εἰς τρισμυρίους καὶ τετρακοσίους ὄντας πιπράσκει χωρὶς τῶν Ἀγρίππᾳ χαρισθέντων: [541] τοὺς γὰρ ἐκ τῆς τούτου βασιλείας ἐπέτρεψεν αὐτῷ ποιεῖν εἴ τι βούλοιτο: πιπράσκει δὲ καὶ τούτους ὁ βασιλεύς. [542] ὁ μέντοι γε ἄλλος ὄχλος Τραχωνῖται καὶ Γαυλανῖται καὶ Ἱππηνοὶ καὶ ἐκ τῆς Γαδαρίτιδος τὸ πλέον ὡς στασιασταὶ καὶ φυγάδες καὶ οἷς τὰ τῆς εἰρήνης ὀνείδη τὸν πόλεμον προυξένει ἑάλωσαν δὲ Γορπιαίου μηνὸς ὀγδόῃ.

James H. Charlesworth의 지도

예루살렘

기원전 1세기~기원후 1세기

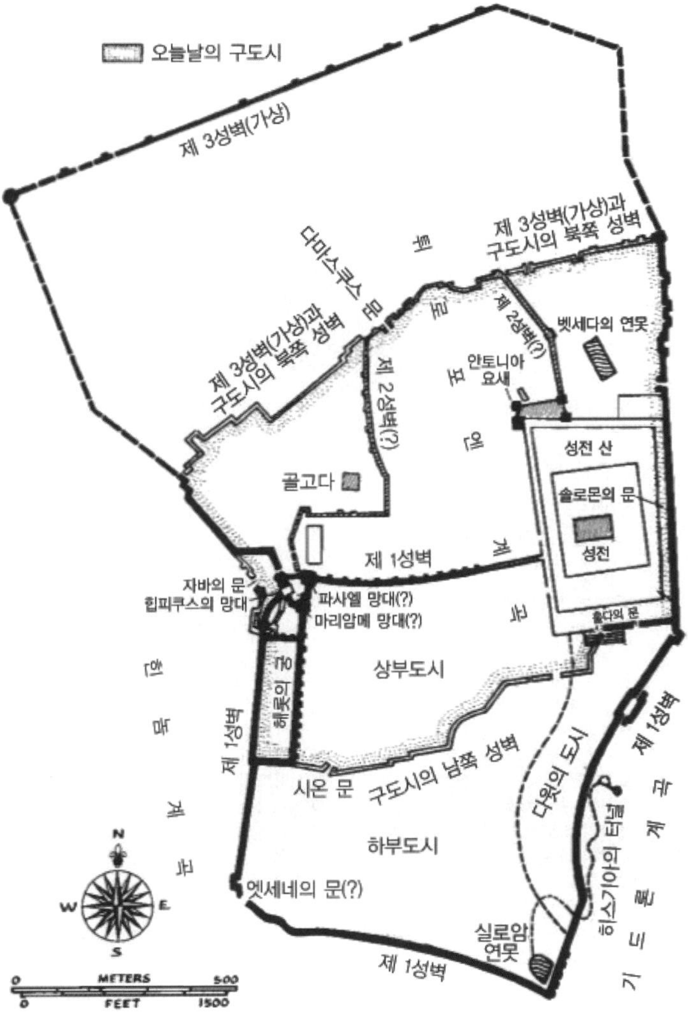

주후 70년의 성전산 (Temple Mount)

(서남쪽에서 본 입면도)

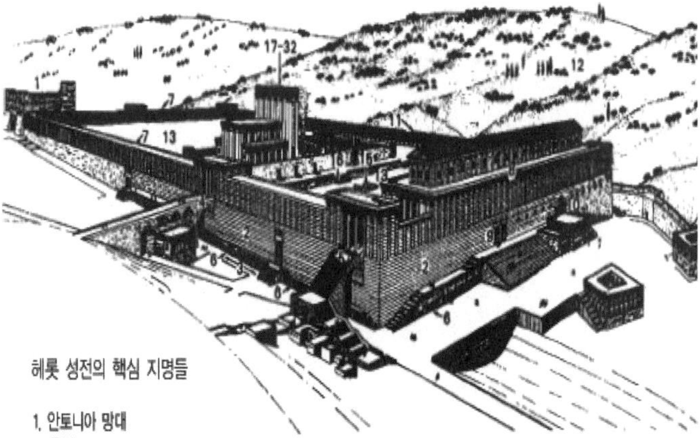

헤롯 성전의 핵심 지명들

1. 안토니아 망대
2. 옹벽
3. 서편 담길
4. 튀로포에온 계곡에 걸쳐 있는 윌슨 아치
5. 아래에 있는 길에 닿아 있는 로빈슨 아치
6. 상점들
7. 행각들
8. 왕의 행각
9. 출구
10. 입구
11. 솔로몬의 행각
12. 올리브 산
13. 이방인의 뜰
14. 단입구, 10과 지하 통로로 연결됨
15. 단출구, 9와 지하 통로로 연결됨
16. 계단과 이방인의 출입을 막기 위한 난간
17. 안쪽 단과 계단
18. 안쪽 벽
19. 이스라엘 남자만 들어갈 수 있는 첫 번째 동편 문
20. 이스라엘 여자가 들어갈 수 있는 남쪽과 북쪽 문
21. 여인들의 뜰
22. 안쪽 행각
23. 남자와 여자를 가르는 벽
24. 이스라엘 남자만 들어가는 두 번째 동편 문. 19~24규빗 높이의 장애물이 있어서 여인들의 뜰에서 남녀가 섞이지 않게 하였을 것이다. 23규빗 높이의 발코니가 있어서, 여인들이 제사장이 하는 일을 볼 수 있었을 것이다.
25. 번제단
26. (일반 남자) 이스라엘의 뜰
27. 제사장, 일반 이스라엘 백성을 가르는 흉벽
28. 제사장의 뜰
29. 현관과 성소 입구
30. 성소 (분향단과 촛대)
31. 지성소
32. 위층들

* 그림 설명은 헤롯 성전 내부구조와 같음

헤롯 성전 내부구조

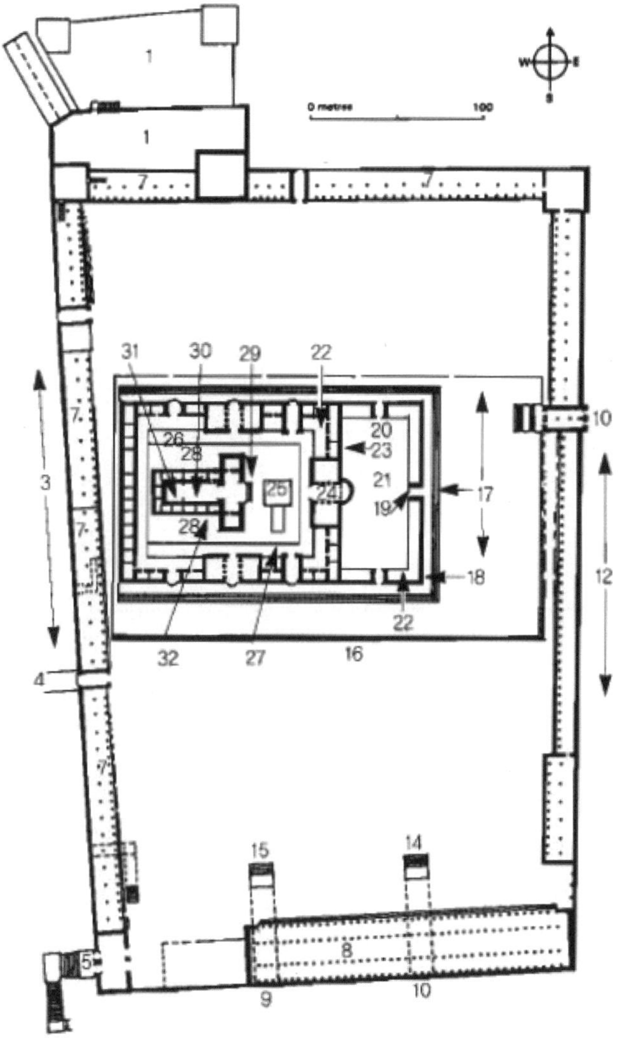
W
E
S
0 metres
100
1
1
7
7
7
7
7
3
4
5
8
9
10
10
12
14
15
16
17
18
19
20
21
22
22
23
24
25
26
27
28
28
29
30
31
32

하스몬 왕조 가계도(연도는 기원전, *주요인물, †사망, …결혼)

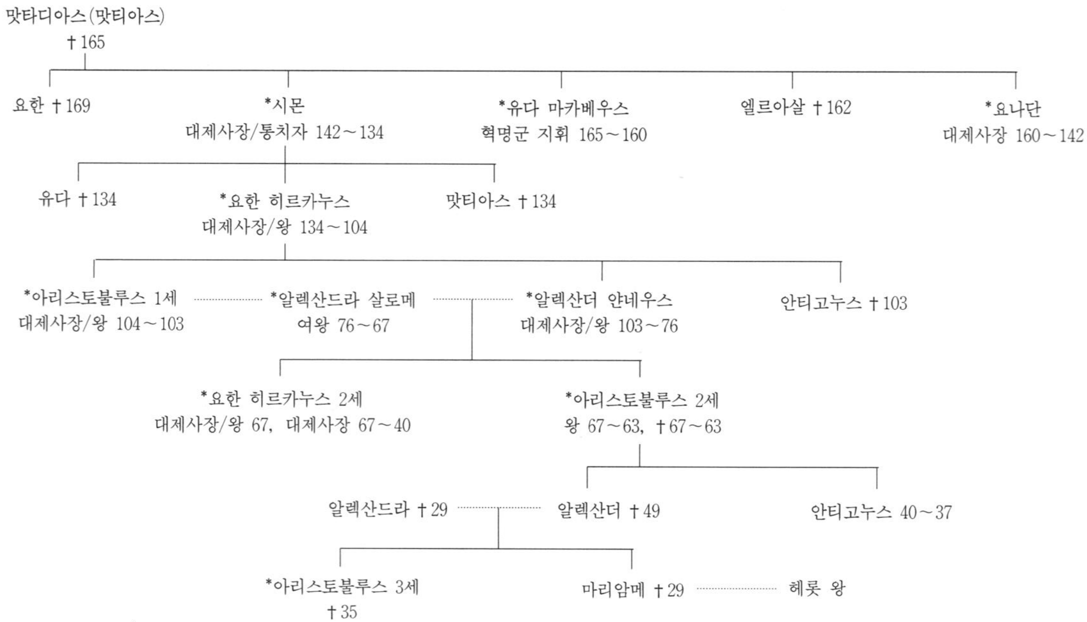

헤롯 왕조 가계도(…결혼, † 사망)

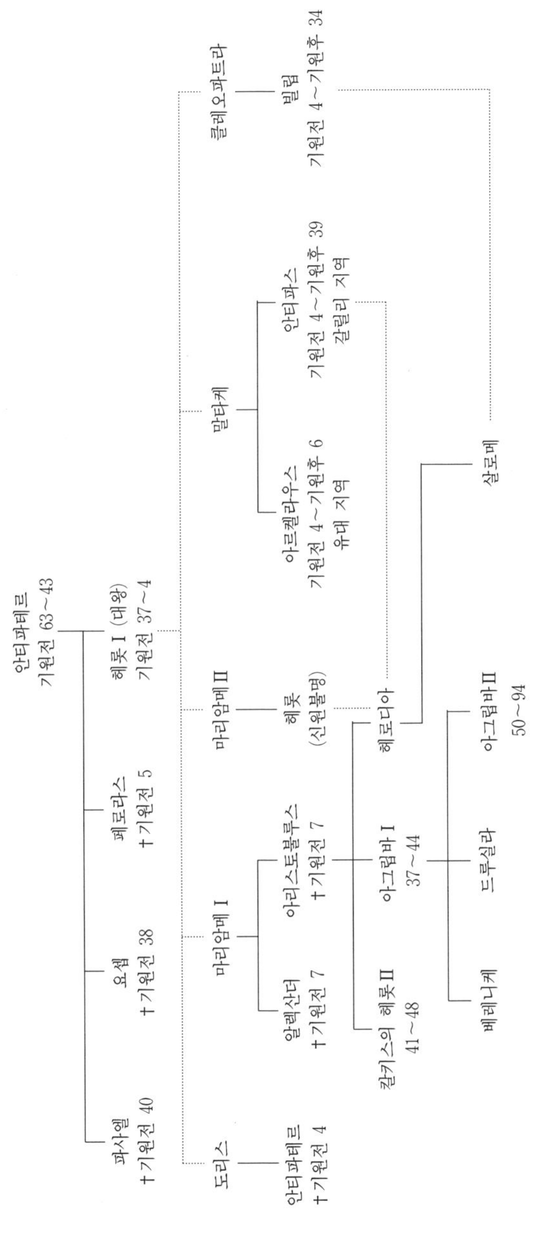

1. 서론: 요세푸스 연구의 중요성

유대인 역사가 요세푸스는 성서 및 역사연구에서 매우 중요한 인물로 알려져 있다. 요세푸스의 작품들이 보존되지 않았다면, 유대인들의 역사에 대한 이해는 물론이고, 신약성서의 역사적 배경에 관한 어떤 윤곽을 그리는 것도 불가능했을 것이고, 따라서 요세푸스는 우리가 갖고 있는 가장 중요한 역사적 자료라고 보아도 과언이 아니다.[1] 요세푸스가 아니면, 우리는 유대-로마 전쟁에 관한 자세한 정보를 알 길이 없을 것이다. 예를 들어 바리새파, 사두개파, 엣세네파 등 유대교 분파에 대해서도 아는 바가 거의 없게 될 것이다. 즉, 요세푸스의 작품들이 없었다면 연구의 폭은 현저하게 좁아질 것이 분명하다. 특히

---

1) M. Hengel, "Zeloten und Sikarier. Zur Frage nach der Einheit und Vielfalt der jüdischen Befreiungsbewegung 6~74 nach Christus", in: O. Betz et al.(eds.), *Josephus Studien. Untersuchuchungen zu Josephus, dem antiken Judentum und dem Neuen Testament. Festschrift für O. Michel*(Göttingen, 1974), 175 참조.

제 2 성전기 유대교나 신약성서를 연구하는 분야에서는 요세푸스의 기록을 매우 중요하게 다룰 수밖에 없을 것이다.[2)]

이 책을 읽고자 하는 독자는 초기 기독교의 역사, 그리고 유대인의 역사에 호기심을 지닌 사람일 것이며, 또 적어도 '요세푸스'라는 이름을 들어본 일이 있을 것이다. 요세푸스라는 인물은 오랫동안, 그리고 지금까지도 편견과 오해의 주인공으로 남아 있다. 많은 사람들은 그를 조국을 배신하고 로마에 충성한 변절자로 여기고 있다. 또한 이 인물에 대한 별다른 편견을 갖지 않은 독자 가운데에는, 성서의 시대적 배경에 대한 정보를 얻기 위해 그의 기록을 활용하려는 의도를 가진 사람이 많을 것이다. 그런데 이러한 목적을 갖고 요세푸스의 저작에 접근하는 독자들도 어떤 선입견을 갖고 그의 글을 대하는 경우가 많다. 그리하여 요세푸스의 기록들, 특히 《유대 전쟁사》는 '로마제국에 대한 충성'이라는 일관된 관점으로 칠해져 있어서, 객관적 사실로 판단된 기록만을 '역사적' 내용으로 사용할 수 있을 뿐이라고 생각할 수 있을 것이다. 로마 황실의 지원을 받았던 그가 《유대 전쟁사》를 통해 일면 로마의 입장을 대변하지 않았다고는 볼 수 없다. 그러나 이것만을 요세푸스의 의도로 파악한다면, 이는 복합적인 그의 기록 목적을 지나치게 단순화하는 것이며, 그의 신학적, 역사적 해석의 다양한 관점을 무시하는 결과가 될 것이다. 게다가 그의 기록에서 이른바 '역사적 사실'만을 읽어내겠다는 시도 역시 문제점을 안고 있다. 이는 '사실'(*fact*)을 다루는 역사가의 독특한 관점과 해석, 그리고 그러한 역사적 사건들을 거시적, 미시적 차원에서 보려는 저자의 통찰력을 도외시하는 태도이

2) 이러한 이유로 T. Keim, *Aus dem Urchristentum* I(Zürich, 1978), 1은 요세푸스의 작품들을 가리켜 "제 5복음서"라고 부른다.

기 때문이다.

고대의 다른 기록들과 마찬가지로 요세푸스의 기록 역시 저자의 개인적 삶, 특정한 시대적 정서, 사회적 구조와 깊이 연관되어 있다. 요세푸스는 유대인으로서 사회정치적으로는 상류층에 속했던 지식인이었다. 그러나 그는 이 책의 서문에서 밝히듯이, 자신의 그러한 사회문화적 배경을 넘어서 이른바 '역사'(*historia*)를 독자들에게 전달해야 했던 일종의 사명감을 자신의 엘리트적 자의식으로 소유한 사람이었다고 할 수 있다. 따라서 그를 단지 군사지휘관, 변절자, 아첨꾼 등의 한마디 말로만 규정하는 태도는, 그의 개인적 역량이나 그의 작품의 깊이를 천박하게 다루는 것이라고 하겠다. 그는 국제정세와 다문화적 헬레니즘의 사상적 특징과 그 본질을 정확히 이해하고 있는 지식인이다. 그러므로 그의 논증은 고도의 사상과 논쟁을 소화하고 있고, 그의 저작 전체에는 그의 철학과 역사관, 그리고 수사학이 스며들어 있는 것이다. 따라서 요세푸스의 저작은 단순한 신약성서의 배경사의 보조자료로서만 다룰 것이 아니라, 그 자체로 고대의 문헌을 다루는 방법론과 해석학을 통해서 진지하게 이해되어야 할 헬레니즘시대 유대교 문헌 가운데, 역사라는 장르로서 연구되어야 할 귀중한 문헌이라고 할 수 있는 것이다.

더욱이 초기의 유대교와 기독교 연구에 있어 요세푸스의 저작의 중요성은 그것의 저작연대가 예루살렘의 성전 멸망(70년) 직후라는 의미에서 특별하다. 왜냐하면 이 사건 이후 유대교와 기독교는 공히 매우 중차대한 국면에 접어들기 때문이다. 성전 파괴와 성도(聖都) 예루살렘 함락은 유대인 및 기독교인 모두에게 가히 충격적이었고, 각자에게 새로운 전환점과 결단의 길을 열어가는 중요한 계기가 되었던 것이다. 유대교는 자신의 제의와 종교체제의 핵심이었던 성전을 상실하고, 성전 없이도 존속할 수 있는 종교의 형태로서 회당 중심, 그리고 토라와 경전의 연구와 다양한 해석, 그리고 새로운 종교의 틀을 형성하여 기원후 약 200년 이후 이른바 '랍비 유대교'를 형성할 수 있었다. 기독교 역시 자신의 모체였던 유대교에서 독립되어 유대교의 경전에 자신의 새로운 경전을 추가할 수 있었고, 성전을 대신하는 새로운 제의적 기능을 준비하기 시작했으니, 그것이 곧 '예수 그리스도'라는 인물 중심의 종교인 초기 기독교였던 것이다. 바로 이러한 두 종교의 중요한 형성기의 한복판에 요세푸스가 있다. 그 역시 변화된 상황에서 자신의 기존종교를 재검토하여 새로운 해석을 시도한 지식인이었다. 그는 양질의 정보를 다량으로 수집할 수 있고, 그것을 문화적, 정치적으로 충분히 해석해낼 수 있는 여건이 갖추어진 제국의 중심부에서 그러한 작업을 수행했던 것이다.

2. 저자 요세푸스에 대한 인물정보

요세푸스의 삶에 관련된 개인적 정보는 그 어떤 다른 고대의 저자보다 풍부하다. 가령 성서의 저자들 가운데에서는 바울의 삶에 대한 정보가 어느 정도 알려져 있지만, 그것은 상당히 제한적이다. 많은 작품을 기록한 알렉산드리아의 유대인 필로의 경우도 전기적 정보를 별로 남기질 않았다. 반면 요세푸스는 자기 삶에 관한 기록을 직접 남겨놓았다. 물론 자서전을 비롯한 그의 모든 저작에 나오는 전기적 보도가 때로는 과장되고 비약된 면이 있겠지만, 이를 토대로 그가 어떠한 삶을 살았는가를 충분히 묘사할 수 있다.

요세푸스의 자서전은 가문에 대한 설명으로 시작한다. 요세푸스는 자신의 가문이 출중하다고 묘사한다. 그의 부계(父系) 혈통은 제사장 가문에 속한다. 더욱이 그의 가문은 24반차 중에서 가장 첫 번째에 속하므로, 그의 표현에 의하면 "제사장 가문들 가운데에서도 가장 우월하고 구별된 집안"으로부터 피를 물려받은 것이다(《요세푸스 자서전》 2).[3] 이러한 혈통적 자부심은 그의 다른 작품 안에서도 종종 발견되곤 한다. 그의 친가가 엘리트 제사장 가문이라면, 그의 모친은 하스몬 왕족가문 출신이었고, 또한 그의 부모 이전 세대에도 요세푸스의 조상들은 하스몬 왕가의 여인들과 혼인관계를 맺어왔다고 기록한다.[4] 따라서 요세푸스의 가문은 제사장 가문과 왕족혈통이 결합된 상류층 집안임을 강조하고 있다.[5]

기원 6년 생인 요세푸스의 부친 맛티아스는 훌륭한 인품으로 많은 존경을 받은 인물이자 예루살렘에서 가장 유명한 인사였다. 요세푸스는 이런 덕망과 고상함을 소유한 부친에게서 교육을 받으며 성장했음

3) 요세푸스는 역대하 24:1~19(특히 7~18절)의 제사장 가문들 중에서도 가장 첫 번째인 여호야립 가문에 속한다.

4) 요세푸스의 기록에서는 하스몬 가문에 대한 우호적 태도가 발견된다. 가령 요하네스 히르카누스를 영웅적으로 묘사하면서 자기 장남에게 히르카누스라는 동일한 이름을 주었다고 언급한다(《요세푸스 자서전》 5). 스티브 메이슨, 《요세푸스와 신약성서》, 유태엽 역(대한기독교서회, 2002), 59 참조(Steve Mason, *Josephus and the New Testament*, Peabody MA, 1992). 요세푸스의 전기적 진술에 전체적으로 드러나는 수사학적 표현방식의 특징에 관해서는 메이슨의 이 책을 참고하라.

5) 요세푸스가 지체 높은 귀족 출신임은 수에토니우스, 《베스파시아누스의 생애》 5.6에도 언급된다.

을 강조한다. 히브리어로 '요셉 벤 맛티아스'라는 이름을 가진 요세푸스는 가이우스 칼리굴라 재위 1년, 즉 37년에 출생하였다. 그는 이러한 가계기록이 공적 문서에 근거한 것임을 강조하며, 또한 그 기록 목적이 자기가문을 비방하는 사람들에 대한 답변을 위한 것이라고 말한다(《요세푸스 자서전》 6). 어떤 부류의 사람들이 어떤 방식으로 요세푸스의 가문을 비난했는지는 잘 알려져 있지 않으나, 요세푸스의 기록에서는 대적자들에 대한 언급이 간간이 발견된다. 바울이 자신의 정통 유대 출신성분을 강조하는 구절은[6] 요세푸스가 자기 가문에 대해 언급하면서 변호적 자세를 취한 것과 흥미롭게 비교할 만하다.

요세푸스는 어린 시절에 이미 뛰어난 학식으로 정평이 나 있었고 사람들로부터 많은 칭찬을 받았다고 스스로를 소개한다. 열네 살의 어린 나이에도 불구하고 대제사장과 예루살렘의 고위층 인사들이 율법의 정확한 이해를 구하고자 자신을 자주 찾았다고 한다. 열여섯이 되었을 때 그는 유대교의 주요 세 종파인 바리새파, 사두개파, 엣세네파가 요구하는 과정을 모두 마쳤지만,[7] 이에 만족할 수 없어서 바누스라고 하는 사람의 제자가 되어 3년의 세월을 보냈다. 광야생활을 한 바누스는 자기 몸을 물로 자주 씻으면서 육신의 정결을 유지하려고 했던 금욕주의자였다. 요세푸스는 바누스의 밑에서 자신의 목적을 성취하

6) 빌립보 3:4~6.

7) 어린 시절의 총명함과 열여섯의 나이에 세 개의 종파를 두루 섭렵했다는 것은 과장된 진술일 가능성이 높다. 이는 어린 시절 예수의 지혜에 사람들이 감탄했다는 누가복음의 보도와 유사한 측면이 있다(누가복음 2:39~52). 물론 누가복음의 이 단락이 창작에 불과하다는 말은 아니다. 다만 주인공의 어린 시절의 지혜로운 면모가 부각되는 것은 전기문적 특징에 속한다는 점만을 언급해둔다.

고,[8] 다시 예루살렘으로 돌아와 바리새파에 부합하는 삶을 영위하기 시작했다(《요세푸스 자서전》 7~12). 이 부분에서 자신이 바리새파 소속임을 밝히는 것인지는 확실하지 않다.[9] 사실 요세푸스는 세 종파 가운데 바리새파가 아닌 엣세네파의 덕목을 가장 고결하다고 평가한다. 또한 그의 작품 다른 곳에서 자신을 바리새인으로 확고부동하게 규정하지도 않기 때문에, 단지 그가 바리새적 가치에 합당하게 살기 시작했다는 정도의 의미로 파악할 수 있다.[10] 물론 이러한 입장에 대한 반론도 제기되고 있으며, 또한 당시 바리새파의 사회적 영향력 및

8) 그 목적이 무엇이었는지에 관해서는 기록되어 있지 않다.

9) 요세푸스가 결국 바리새파의 일원이 되었다는 전통적 해석에 대해 메이슨(S. Mason)은 이의를 제기했다. 그에 의하면, 이 본문에서 '폴리튜에스타이'(*politeuvesqai*) 동사는 '바리새파로 개종했다' 혹은 '바리새법에 따라 살게 되었다'로 번역될 수 없고, 단지 광야생활 후 바리새파가 지배하는 '공적 삶의 영역에서 살게 되었다'는 의미로 이해해야 한다는 것이다. 이런 해석을 따르면, 요세푸스는 바리새파의 일원이 아니며, 본문은 당시 사회가 바리새파의 영향 아래 있었음을 간접적으로 드러내고 있을 뿐이라는 것이다. 메이슨은 오히려 요세푸스는 바리새파에 대해 적대적 입장을 견지했다고 주장한다. S. Mason, *Flavius Josephus on the Pharisees. A Comparison-Critical Study*(Leiden, 1991), 347~356, 특히 359. 또한 P. Schäfer, "Der vorrabbinische Pharisismus" in: M. Hengel/U. Heckel(eds.), *Paulus und das antike Judentum*(Tübingen, 1991), 125~175, 특히 166~172; 박찬웅, "원시 그리스도교 사상 형성과 유대/로마 세계의 상호관계성에 대한 사회사적 연구", 〈신약논단〉 8(2001), 191~192 참조.

10) 한편 메이슨에 의하면, 로마 상류층 사회는 철학에 대한 양면적 태도를 취했는데, 즉 십대의 어린 나이에 철학을 공부하는 것은 당연했지만, 그것이 지나쳐서 완전히 철학에 심취하는 것은 문제시되었다. 왜냐하면 엘리트에게는 공적 사회생활 또한 중요한 것이었기 때문이라는 것이다. 메이슨, 《요세푸스와 신약성서》, 60~61 참조.

조직 수준에 대한 논의는 계속되고 있다.

전쟁발발 이전 네로 황제 통치기간중에 26세의 요세푸스는 로마를 방문한 적이 있다. 이는 벨릭스 총독 재임시절 로마로 압송된 제사장들의 석방을 청원하기 위한 사절단의 일원으로 로마로 파견된 것이며, 이 일을 계기로 네로의 아내 폽페아와 친분을 맺게 되었다. 로마 파견 임무가 성공적으로 마쳐졌는지에 관해서는 언급되지 않지만, 2년 후 요세푸스는 예루살렘으로 돌아왔다. 때마침 예루살렘에서 반(反)로마 저항운동이 일기 시작했다. 상류층 일원인 요세푸스는 사람들에게 로마에 맞서 전쟁을 벌이는 것이 무모하다고 역설했지만 소용이 없었다. 오히려 그는 저항군의 지휘관으로 추대되어 어쩔 수 없이 군대를 이끌고 갈릴리 지역을 담당하게 되었다. 66년 겨울부터 67년 여름까지 그는 이곳 갈릴리에서 베스파시아누스 장군이 이끄는 로마군대의 공격에 맞섰다.[11] 그러나 요세푸스가 이끄는 유대인 병력은 결국 갈릴리 북서부의 요타파타 성에서 패배하고 만다. 47일간 요타파타 성을 포위한 로마군은 결국 기습적 침공에 성공했다. 로마군은 한 유대인 배신자의 제보를 이용해서 야간 기습공격을 감행하여 순식간에 성을 점령하고 초토화시켰다.

요세푸스에 의하면, 자기 자신은 '하나님의 섭리로' 요타파타가 점령되는 순간에 그곳을 빠져나와 동굴 속에 피신할 수 있었다(구체적 정황은 언급되지 않는다). 동굴 안에는 이미 40명 가량이 은신해 있었고 상당량의 비상식량까지 준비되어 있었다. 하지만 이 대피상황은 사흘

11) 군사적 지휘관으로서의 면모가 부각되는 《유대 전쟁사》와는 달리 《요세푸스 자서전》에서는 한 위원회의 구성원으로(아마도 제사장의 자격으로) 파견된 평화의 수호자로서의 이미지가 강조된다(《요세푸스 자서전》 29, 73, 78).

을 넘기지 못했다. 은신처를 찾아낸 로마인들은 사절을 보내어 요세푸스에게 투항을 촉구했다. 저항군의 지휘관을 생포하는 것이 로마인들의 입장에서도 이로운 일이었기 때문이다. 요세푸스 자신은 항복만이 현명한 선택이라고 판단하고 동료들을 설득했으나, 유대인들은 로마인들에게 체포 당하느니 차라리 자결하겠노라고 소리지르며 요세푸스를 변절자로 몰아세우며 살해하려고 위협했다.

요세푸스는 자살이 죄악이며 무모하게 목숨을 버리지 말 것을 간곡히 권했으나, 그들을 설득할 수 없었다. 그러자 요세푸스는 제비를 뽑아 순서에 따라 먼저 뽑힌 사람을 죽이는 일을 반복하여 자살의 죄악을 피하자고 제안하였다. 그에 의하면, 이런 제안은 자신의 기지에서 비롯된 것이며, 또한 하나님이 자신을 보호해준다는 확신을 갖고 있었기 때문이었다고 한다. 제비를 뽑은 결과 요세푸스는 마지막 순서로 결정되었고, 정한 바에 따라 한 사람씩 동료의 손에 의해 죽음을 당하게 되었다. 마침내 요세푸스가 마지막 남은 한 사람을 죽여야 할 순서가 오자, 그는 그 동료를 죽이지 않고 설득하여 함께 투항했다.

요세푸스 자신은 이를 투항이 아니라 하나님의 지시에 대한 순종이라고 말한다. 즉, 꿈속에서 하나님은 유대인과 로마 왕들의 운명에 관한 예언의 말씀을 그에게 주셨고, 이 예언에 따라 행동한 것이라는 점을 역설한다. 꿈의 내용을 자세히 밝히고 있진 않지만, 요세푸스는 그 꿈을 생각하면서 드린 기도를 다음과 같이 기록한다.

> 주님이 창조하신 유대 백성이 무릎 꿇고 굴복하며, 모든 운명이 로마인들에게 넘겨지는 것이 주님의 뜻이라면, 그리고 앞날을 계시하시기 위해 제 영혼을 택하신 것이라면 로마군에게 몸을 맡겨 생명을

> 보전하겠습니다. 이러한 나의 선택이 배신자로서가 아닌 주의 종으로서의 선택이라는 것을 주님이 증거해 주십시오(《유대 전쟁사》 3. 354).

요세푸스는 자신이 요타파타에서 목숨을 부지하고 포로가 된 과정을 다분히 변호적으로 기록하고 있다. 그의 기록이 사실 그대로인지의 여부를 확증할 다른 자료는 없지만, 전쟁에서 살아남은 자신의 행동이 적절하고 정당했다는 자기변호적 의도를 갖고 있음은 분명하다. 이렇게 요세푸스는 포로가 되어 베스파시아누스 장군 앞에 끌려갔다.

많은 로마병사들이 체포된 요세푸스를 욕하고 조롱했지만, 로마 지휘관 중에는 그를 동정한 자들이 많았다. 특히 베스파시아누스의 아들 티투스 장군은 요세푸스의 생명을 살리기 위해 가장 노력한 인물로 묘사된다. 베스파시아누스가 요세푸스를 네로 황제에게 압송시키려고 하자, 요세푸스는 베스파시아누스와의 개인적 만남을 요청하게 되고, 이 대면에서 베스파시아누스와 그 아들 티투스가 장차 로마의 황제가 될 것이라는 다음과 같은 유명한 예언을 하게 된다.

> 베스파시아누스여, 당신은 나 요세푸스를 단지 전쟁포로로 붙잡아 손아귀에 넣었다고만 여기고 있습니다. 그러나 나는 앞으로 일어날 놀라운 사건들에 대해 알려드리려고 당신 앞에 왔습니다. 만약 하나님이 나를 이곳으로 보내시지 않았다면, 나는 유대인의 율법이 명하는 대로 군사령관다운 최후를 맞았을 것입니다. 나를 네로에게 보낼 작정입니까? 왜 그렇게 하려는 것입니까? 당신이 황제로 즉위할 때까지 네로의 후계자들이 계속 지배자로 남아 있게 될까요? 베스파시

> 아누스여, 당신이 황제이자 유일한 통치자가 될 것이며 당신의 이 아들 또한 그렇게 될 것입니다. 이제 저를 좀더 단단히 결박해서 당신 곁에 남겨두십시오. 황제여, 당신은 내 주인이 되실 뿐만 아니라 온 땅과 바다와 모든 민족 위에 군림하는 자가 될 것입니다. 그러나 제가 감히 하나님을 희롱하는 것이라면 저를 형벌에 처할 수 있도록 더욱 엄중히 감시하시길 바랍니다(《유대 전쟁사》 3. 400~402).

베스파시아누스는 처음에는 요세푸스의 예언을 믿지 않았지만, 점차 그를 신뢰하게 되면서 포로의 신분에 과분한 특별대우를 하기 시작했다.[12] 이러한 요세푸스의 예언이 사실 그대로인지는 확인하기 어려우나, 당시 요세푸스가 그런 예언을 했다는 소문이 어느 정도 알려져 있었음은 수에토니우스[13]와 디오 카시우스[14]의 기록을 통해서도 알 수 있다.[15] 이처럼 요세푸스가 향후 로마 황실의 보호를 받으며 역사를 기록할 수 있게 된 결정적 계기는 바로 그의 베스파시아누스 황제 등극 예언이었다고 한다.

한편 예루살렘 저항군들은 요타파타의 함락소식을 듣고 슬픔과 분노에 휩싸였다. 더욱이 요세푸스가 로마에 투항한 사실이 알려지자, 그들은 로마인들뿐만이 아니라 요세푸스에 대해서도 복수를 하겠다고

---

12) 《요세푸스 자서전》 414; 《아피온 반박문》 1. 48.

13) 수에토니우스, 《베스파시아누스의 생애》, 4~5.

14) 디오 카시우스, 《역사》, 65. 1. 4.

15) 이 예언을 정치적 맥락에서 해석하는 대표적 연구는 T. Rajak, *Josephus. The Historian and His Society* (London, 1983), 185~195를 참조하라. 그녀에 의하면, 베스파시아누스에게 필요했던 권력승계의 합법화를 위해 요세푸스의 예언이 이용되었다.

작정했다(《유대 전쟁사》 3. 432~442). 갈릴리의 나머지 지역들은 67년 여름과 가을에(《유대 전쟁사》 3. 443 ~4. 120), 그리고 요단 강 동부와 유대, 이두매의 지방도시들은 68년 봄에 정복되었다. 그리고 68년 6월 베스파시아누스는 예루살렘 성문에 도착하여 진을 치게 된다(《유대 전쟁사》 4. 366~490).

이 상황에서 전쟁은 소강상태에 빠지게 되는데, 그 이유는 로마 정부의 급변하는 정세 때문이었다. 네로가 갑작스럽게 죽고(68년 6월 9일), 뒤를 이어 갈바, 오토, 비텔리우스 세 명의 황제가 짧은 기간 동안에 황제직을 맡게 되었다(《유대 전쟁사》 4. 440 이하, 491 이하). 갈바 황제는 무능하고 겁쟁이라는 비난을 받다가 로마 광장 한가운데서 살해되고, 후임자 오토 황제 역시 비텔리우스와의 권력다툼 가운데 살해되고 말았다. 즉, 로마는 온갖 중상모략과 권력싸움의 장이 되어 있었던 것이다. 베스파시아누스와 그의 추종자들은 비텔리우스 황제에 대해 심한 반감을 갖고 있었다. 비텔리우스는 통치자로서의 자질이 부족할 뿐만 아니라 그의 병사들은 로마에서 온갖 약탈과 무자비한 살육을 자행한 것으로 알려져 있었기 때문이다.

베스파시아누스 장군은 정치적 형세가 어떻게 변화할지를 기다리면서 예루살렘 진격을 유보하고 있었다. 베스파시아누스의 부하들은 공개적으로 혁명을 논의하였다. 그들에 의하면, 베스파시아누스는 통치자질을 소유한 것뿐만 아니라, 그의 젊은 아들 티투스와 도미티아누스가 건재하며, 브레타니아 지역의 총독을 역임하고 당시 로마의 관료로 재직중이었던 베스파시아누스의 형 사비누스도 버티고 있으므로 흩어진 로마의 힘을 결집하기에 그 누구보다도 적임자라는 논리였다. 결국 그의 부하들은 가이사랴에서 베스파시아누스를 황제로 공포하기에 이르렀다.

69년 여름 베스파시아누스는 알렉산드리아를 정복하고 나서 비텔리우스를 몰아내는 반란을 시작한다. 대세를 장악한 베스파시아누스는 이미 황제나 다름없는 상황이 전개되자 요세푸스의 예언이 적중했음을 느끼고 그를 석방시켰다. 티투스는 요세푸스의 전과 역시 말소해줄 것을 탄원했고, 이는 받아들여졌다. 베스파시아누스는 도끼로 요세푸스를 묶고 있던 쇠사슬을 내리침으로써 요세푸스의 예언에 대한 상징적인 감사의 답을 주었다. 요세푸스는 베스파시아누스 플라비우스 가문의 보호를 받게 되고, 요셉 벤 맛티아스라는 유대식 이름 대신에 플라비우스 요세푸스(Flavius Josephus)라는 로마식 이름을 사용하게 된다.

이제 베스파시아누스와 그 지지자들은 비텔리우스를 치러 로마로 가게 되었다. 로마 제3군단 사령관 안토니우스 프리무스는 마케도니아 북쪽에 인접한 모에시아에 주둔한 부대를 이끌고 로마로 떠났다. 안토니우스의 부대가 로마에 곧 당도한다는 소식을 듣고 로마에 있던 베스파시아누스의 형 사비누스는 로마 장악을 시도했다(69년 12월 18일). 다음날 로마에 있던 베스파시아누스의 또다른 아들 도미티아누스를 비롯한 주요 인사들 역시 이에 합세했다. 주피터 신전 카피톨에서 비텔리우스의 부대와 한판 승부를 벌이게 되는데, 이때 반란군이 수세에 몰리게 된다. 사비누스는 체포되어 죽고, 도미티아누스는 후퇴했다. 하지만 그 다음날 안토니우스가 로마에 도착하자 비텔리우스는 결국 패배하게 되고 참수형을 당하게 된다.

한편 석방된 요세푸스는 베스파시아누스, 티투스 부자와 함께 알렉산드리아로 떠났고, 그후 티투스가 예루살렘 정복길에 올랐을 때 수행원으로 그를 따라갔다. 요세푸스는 예루살렘 성안에 포위된 저항군의 항복을 설득하면서 티투스를 도왔다. 그러나 결국 피비린내 나는 살육과 함께 예루살렘은 점령되고 불타게 되고 만다(70년 9월 26일). 요세푸스는 이 모든 과정을 생생하게 목도한 증인으로 《유대 전쟁사》를 기록하게 된다.

요세푸스는 전쟁 이후 특권적 삶을 누림과 동시에 심리적으로 고통스러운 생애를 보냈을 것이라고 추정된다. 로마에 체포되면서 매우 간절히 죽음을 원했다는 진술은 이를 반증한다(《유대 전쟁사》 3. 137). 그러한 고통이 이후의 작품들을 집필하게 되는 한 요인이 되었을 것이다. 아무튼 요세푸스는 플라비우스 황실을 든든한 후원자로 확보했으며, 이 후원자들은 요세푸스가 자기 동족과 관련된 글을 계속해서 저술할 수 있도록 도와주었다. 그의 사망연도는 정확하게 알려져 있지 않으며, 대략 100년경까지 생존했을 것이라고 추측된다.

끝으로 요세푸스가 헤롯 가문 중에 마지막 인물이자, 당대에 현저한 역할을 했던 아그립바 2세와 개인적으로 친밀했음을 지적할 수 있다. 요세푸스는 《유대 고대사》를 집필하면서 아그립바 2세와의 편지와 대화를 통해 많은 자료를 입수했음을 밝히고 있다. 요세푸스는 자신과 아그립바 2세의 관계는 매우 돈독했다고 진술한다.[16] 이를 통해 그는 자신의 기록이 아그립바 2세로부터 얻은 자료를 토대로 기록한 것이기 때문에 공신력이 높다는 점을 강조하고자 했다. 여기서 그는 아그립바 2세가 자신에게 무려 62통의 편지를 보냈으며, 그 중 2통의 편지내용을 소개하기도 한다. 이들 중 한 편지내용에 의하면, 아그립바 2세는 "우리가 다시 만날 때, 일반적으로 잘 알려지지 않은 것들에 대해서도

16) 《요세푸스 자서전》 361~367.

당신에게(요세푸스에게) 알려주겠다"라고 적음으로써, 이들이 적어도 여러 차례 직접 만남을 가져왔음을 암시하고 있다.

한편 신약성서에서도 이 아그립바 2세는 중요한 인물로 묘사된다. 사도행전에서 바울은 아그립바 2세를 거의 설득하는 것으로 묘사된다. 물론 사도행전 26장 29절에서 "네가 나를 그리스도인이 되게 하려고 하는가" 라는 아그립바 2세의 말은 비아냥거리는 말처럼 들릴 수도 있지만, 곧바로 이어지는 "당신도 꼭 저와 같이 되기를 하나님께 빕니다" 라는 바울의 대답은 아그립바 2세를 잠재적인 기독교 신자로까지 묘사한다고 이해할 수도 있다. 이러한 해석이 가능하지 않더라도, 로마 황실과 가까웠던 정치적 엘리트 아그립바 2세가 기독교 공동체와도 상관관계에 있었음을 시사한다. 또한 이는 요세푸스의 기록을 초기 기독교 및 유대교 연구에 적극 활용하는 현대의 학문적 작업들이, 만일 동시대의 다른 문헌들이 보존되었다고 하더라도 그 중 요세푸스의 기록을 기독교와 유대교 연구에 있어 (아마도) 가장 중요한 자료로 채택할 수 있는 근거가 된다. 따라서 오직 요세푸스의 글만이 남아 있는 것이나 마찬가지의 현실상황에서 그의 중요성은 더 이상 강조할 필요가 없을 정도일 것이다.

3. 책의 제목

요세푸스는 《유대 전쟁사》, 《유대 고대사》, 《요세푸스 자서전》, 《아피온 반박문》, 이렇게 네 개의 작품을 남겼다. 요세푸스의 첫 번째 작품의 제목은 일반적으로 《유대 전쟁사》로 알려져 있다. 그런데 많은 헬라어 필사본들은 이 글의 제목을 《정복사》(征服史, περί ἁλώσεως)라고 명명한다.[17] 오리게네스, 히에로니무스(제롬) 등 초기 기독교의 지도자들도 요세푸스가 직접 《정복사》라는 원제(原題)를 붙였을 것이라는 추정을 간접적으로 지지하며,[18] 또한 내용을 살펴보아도 유대-로마 전쟁의 결과를 로마의 입장에서 승리와 정복으로 간주하는 본문들이 발견되므로,[19] 내용적 증거 역시 이 입장을 뒷받침한다고 주장할 수도 있을 것이다.

그러나 이 가설의 약점은, 먼저 사본에 나타나는 통계만으로 원제를 추정하기에는 현재 남아 있는 사본들의 연대가 너무 젊다는 것이다. 《유대 전쟁사》의 헬라어 사본들은 모두 10세기 이후의 것들이며, 더욱이, 흔히 가장 중요한 사본으로 간주되는 P사본에는, 《유대-로마 전쟁사》(Ἰουδαϊκοῦ πολέμου πρὸς Ῥωμαίους)라는 제목이 언급된다. 따라서 《정복사》라는 제목 자체가 주는 '반(反)-유대적' 어감을 감안하면, 유대인 요세푸스가 로마의 입장을 좇아 자기 동족에 대한 호전적 태도를 드러내는 그와 같은 종류의 제목을 택했다고 보기는 어렵다. 요세푸스의 저작을 필사하고 보존한 주체는, 로마제국의 국교가 된 기독교였기 때문에 후대의 필사본들에 그와 같은 제목이 따라다닌 것은, 기독교와 로마제국 내부에 유포된 반-유대적 감정에 기인했을 것이라고 추정할 수 있다.

또한 《정복사》가 원제일 것이라는 추정을 반박할 수 있는 근거는,

17) 헬라어를 직역하면 '정복에 관하여'가 된다.

18) 가령 히에로니무스, 《이사야 주석》, 64.

19) 《유대 전쟁사》 2.454; 4.318; 5.3 등.

요세푸스의 다른 작품에서 이 글을 가리키는 말로 《정복사》라는 말이 사용되지 않는다는 점이다. 요세푸스는 그의 나머지 세 작품, 즉 《유대 고대사》, 《요세푸스 자서전》, 《아피온 반박문》에서 이 글을 가리켜 《유대 전쟁사》(ὁ Ἰουδαϊκὸς πόλεμος),[20] 또는 단순히 《전쟁사》(ὁ πόλεμος)로[21] 부르고 있다. 또한 많은 라틴어 역본들도 이와 동일한 제목(*Bellum Judaicum*)을 채택하고 있다는 점도 《유대 전쟁사》가 원래 제목이었을 것이라는 추정을 간접적으로 지원한다. 그러므로 《정복사》보다는 중립적 어감을 주는 《유대 전쟁사》라는 제목이 더 본래적일 것이라고 볼 수 있다.

4. 구조

《유대 전쟁사》의 전체 구조를 일목요연하게 정리하기란 쉽지 않다. 우선, 요세푸스는 유대-로마 전쟁의 뿌리를 헬라시대로까지 소급하여, 마카비 가문과 헤롯 가문의 등장, 로마의 출현 등 오랜 세월에 걸친 정치적 변화를 상세하게 묘사한다. 이어서 그는 전쟁이 발발하게 된 우연한 계기와 그 발단과정을 묘사하면서, 이 전쟁을 얼마든지 쉽게 막을 수 있었음을 시종일관 강조한다. 다음과 같이 아주 간략하게 전체 구조를 제시하고자 한다. 이 구조는 단순히 통시적인 흐름을 따른 것으로, 본문을 자세히 읽으면 상당히 흥미로운 다양한 주제와 저

20) 《유대 고대사》 20. 258; 《요세푸스 자서전》 412.

21) 《유대 고대사》 1. 6; 《아피온 반박문》 1. 47.

자의 신학적 입장, 역사해석의 관점을 발견하게 될 것이다.[22]

1.1~30	서문
1.31~2.118	전쟁 이전의 역사적 배경
2.119~404	전쟁의 직접적 원인
2.405~654	예루살렘 폭동과 시리아 총독 갈루스의 출정, 유대인의 전쟁준비
3.1~4.120	갈릴리 전투와 요타파타 함락
4.121~5.38	예루살렘의 상황, 유대지역에서의 전투와 로마군의 상황
5.39~572	예루살렘 전투
6.1~442	예루살렘 멸망
7.1~445	전쟁의 종결과 그 직후 상황

5. 독자층 및 기록연대

우선 후원자인 플라비우스 왕조, 특히 베스파시아누스와 티투스가 요세푸스의 글을 읽는 독자로 상정되었을 것이다. 특히 그들의 인내심과 관용을 강조하는 것은 저자의 후원자에 대한 배려로 이해된다(《유대 전쟁사》 1.10, 28). 물론 이보다 더욱 중요하게 상정된 독자는 디아스포라 유대인들, 그리고 유대-로마 전쟁에 관심을 가진 이방인들일 것이다. 요세푸스는 그의 기록이 헬라-로마 세계의 많은 사람들, 특

22) Per Bilde, *Flavius Josephus between Jerusalem and Rome. His Life, his Works, and their Importance*, JSPS 2(JSOT Press, 1988), 71 참조.

히 유대인들을 설득할 수 있기를 원했을 것이다.

기록연대 추정을 위한 몇 가지 고려사항이 있다. 먼저, 《유대전쟁사》 마지막 부분은 마사다의 패망 이야기로 끝나는데, 플라비우스 실바가 마사다를 정복한 때는 73년 5월로 알려져 있다(《유대 전쟁사》 7.252 이하). 그런데 한 비문에 의하면, 실바가 공직에 오른 것은 73년 말 이후이므로, 실제로 마사다가 정복된 것은 74년 이후일 수 있다.[23] 또한 종전 후 베스파시아누스는 진귀한 전리품들로 가득 채운 평화의 신전을 세웠는데, 디오 카시우스에 의하면 이 신전은 베스파시아누스 재위 6년, 즉 75년에 완공되었다.[24] 그리고 요세푸스는 《유대 전쟁사》 발간 후 이를 베스파시아누스에게 헌정했으므로(《요세푸스 자서전》 361) 적어도 79년 이전에 기록되었다고 볼 수 있다. 즉, 《유대 전쟁사》의 기록연대는 베스파시아누스 통치 말기에 완결되었으므로 늦게 잡아도 베스파시아누스가 사망한 79년 이전으로 잡을 수 있으며, 75년까지의 사건들을 기록하고 있기 때문에 75년에서 79년 사이로 추정할 수 있다.[25]

이후 요세푸스는 창조 이야기에서 시작하는 유대민족의 장구한 역사를 《유대 고대사》라는 이름으로 출판하였는데, 집필연대는 요세푸스가 밝히듯이 도미티아누스 13년, 즉 93/94년이다(《유대 고대사》 20.267). 한 권으로 된 《자서전》과 두 권으로 된 《아피온 반박문》(반(反)-유대주의에 대한 논박)은 《유대 고대사》 이후에 발간되었다.

---

23) Per Bilde, *Flavius Josephus between Jerusalem and Rome*, 79 참조.

24) 디오 카시우스, 《역사》, 65.15.

25) 요세푸스는 71년경에 로마에 도착했으므로, 아람어 초판은 72~75년 사이에 발행되었을 것이다.

6. 사본 및 번역본

요세푸스의 작품을 담은 많은 사본들을 체계적, 학문적으로 정리하기 시작한 것은 19세기 후반부터였다. 최초의 편집본(*editio princeps*)은 1544년 바젤에서 출판된 알레니우스(Arnold Arlenius)의 편집본이었다. 19세기 말 이전까지 주로 사용된 이 최초 편집본은 단 한 개의 사본을 기초로 만들어졌으며, 그 기초사본의 중요성 또한 오늘날 그렇게 인정받지 못하고 있다.[26]

현재 가장 표준적인 편집본으로 인정되는 것은 니이제의 요세푸스 전집이다.[27] 이 한국어 번역의 기초가 되는 편집본 역시 이 니이제의 것이다. 니이제의 편집본은 방대한 본문비평 장치를 수록하고 있는데, 슈렉켄베르그에 의하면, 니이제가 간과한 50개 미만의 크고 작은 사본들이 있지만 이 때문에 니이제의 본문비평 장치를 대대적으로 수정해야 한다는 것은 아니다.[28] 그러나 니이제의 편집본이 내포한 문제점은 특정 사본그룹을 지나치게 중시한다는 점이다. 제시된 표를 참조하면, 현존하는 헬라어 사본 중 가장 중요한 것은 크게 두 그룹으로 나

---

26) 1542년 베네치아에서 필사된 Codex Escorialensis Gr. 307(304). Alice Whealey, *Josephus on Jesus. The Testimonium Flavianum Controversy from Late Antiquity to Modern Times*, Studies in Biblical Literature 36 (Peter Lang, 2003), 171 참조.

27) Benedictus Niese, *Flavii Josephi opera edidit et apparatu critico instruxit Benedictus Niese*, 7 Vols. (Berlin, 1885~1895; Nachdruck: Berlin, 1955).

28) Heinz Schreckenberg, *Die Flavius-Josephus-Tradition in Antike und Mittelalter* (Brill, 1972).

뉘는데, 하나는 P와 A, 다른 하나는 V와 R이다. 이 중 니이제는 전자를, 특히 P를 가장 확실한 본문으로 간주하는데, 이러한 입장에 대해서는 다시 충분히 검토해야 한다는 것이 오늘날 학자들의 견해이다.[29] 따라서 요세푸스 원문 재구성 작업이 새롭게 요청되는 실정이다. 학자들이 이 작업에 선뜻 나설 수 없는 이유는, 중요사본들이 10세기 이후에 생성된 것이라는 점,[30] 또한 현존 사본들 사이에 상충되는 많은 부분들을 해결하기 어려운 점, 그래서 보다 초기의 라틴어 번역본과 대조하거나 심지어 슬라브어, 아랍어 등의 자료들과 비교 분석하는 데 따르는 방대한 작업량 때문일 것이다.[31]

다음 도표에서 굵게 표시된 것이 중요사본이며, 앞서 말한 것처럼 상이한 두 그룹으로 나뉘어 형성되기 시작한 것은 아마도 이미 3세기

29) Louis H. Feldman, *Judaism and Hellenism Reconsidered*, Sup. JSJ 107 (Brill, 2006), 334~336 참조. 또한 H. Schreckenberg, "Neue Beiträge zur Kritik des Josephustextes", in W. Dietrich et al. (eds.), *THEOKRATIA: Jahrbuch des Institutum Judaicum Delitzschianum*. FS Karl H. Rengstorf, vol. 2 (Brill, 1973), 81~106 참조.

30) 현존하는 유일한 파피루스는 《유대 전쟁사》 2.576~579, 582~584에 해당하는 본문을 불완전하게 보존하고 있는데, 약 3세기 말의 것으로 추정된다. 니이제의 편집본과 이 파피루스가 서로 충돌하는 부분은 있지만, 그렇다고 해도 니이제의 편집본을 대체하기에는 보존상태가 너무도 좋지 않다. Louis H. Feldman, *Judaism and Hellenism Reconsidered*, 335.

31) 이에 관해, 그리고 중요번역본들에 관해서는, O. Michel/O. Bauernfeind, *Flavius Josephus. De Bello Judaico. Der jüdische Krieg. Griechisch und Deutsch*, Vol. 1 (Darmstadt, 1959), XXX~XXXVI; H. St. J. Thackeray, *Josephus. The Jewish War*, Books I~III, *LCL*, Vol. 2 (Cambridge, 1927), ix~xxxi을 참조하라.

부터일 것이라고 추정된다.[32]

헬라어 본문과 영어번역 대조본은 태커레이와 펠드맨 등이 번역한 이른바 하바드판이 가장 널리 읽히고 있다.[33] 달산출판사에서 나온 한글번역(1992년)은 이 하바드판 영어번역을 중역한 것이다. 휘스턴

사본명	소재지	연대	누락 부분
P(Codex Parisiunus) Gr. Nr. 1425	파리 국립 박물관	10~11세기	1. 12~81; 6:386~7. 44
A(Codex Ambrosianus) D sup. 50	밀라노 암브로시우스 도서관	10~11세기	불완전한 사본
M(Codex Marcianus) Gr. 383	베네치아 마르쿠스 도서관	11~12세기	
L(Codex Laurentianus) plut. 69. Nr. 19	플로렌츠 로렌티아누스 도서관	11~12세기	불완전한 사본
V(Codex Vaticanus) Nr. Gr. 148		11세기	1. 493~623
R(Codex Vat. -Palatinus) Gr. Nr. 284		11~12세기	1. 1~93; 7. 439~454
C(Codex Vat. -Urbinas) Gr. 84		11세기	1. 238-247
T(Codex Philippicus)		12세기	V사본과 가까움
N(Codex N) plut. 69, 17	플로렌츠 로렌티아누스 도서관	12세기	R사본과 가까움

32) H. Schreckenberg, *Die Flavius-Josephus-Tradition*. 또한 각 사본들의 주요 특징에 관해서는 바로 앞의 각주에 지시된 부분과 Louis H. Feldman, *Judaism and Hellenism Reconsidered*, 337 이하를 참조하라.

33) H. St. J. Thackeray/L. H. Feldman, *Josephus*, 9 Vols. (Cambridge, 1926~1965).

이 번역한 영역본 역시 오랫동안 읽혔는데,[34] 이는 니이제의 편집본 이전의 것이기도 하고, 따라서 사본상의 많은 문제를 안고 있어서 전문적 연구자들에게는 적합하지 않다고 평가할 수 있다. 생명의 말씀사가 출판한 《요세푸스 전집》은 이 휘스턴의 영역본을 중역한 것이다(김지찬 역, 1987). 현재 메이슨(S. Mason)과 펠드맨(L. H. Feldman)은 요세푸스 전집에 대한 새로운 영역본을 완성하고 있는 상황이며, 상세한 주석작업도 함께 진행하고 있는 중이다(Brill, 2000~). 헬라어와 독일어 번역 대조본 중 가장 뛰어난 것은 미셸과 바우언파인트의 번역이다.[35] 하지만 이 대조본은 《유대 전쟁사》 이외의 요세푸스의 다른 세 작품은 번역하지 않았다. 또한 클레멘츠의 번역 역시 자주 읽히는 독일어 번역본이다.[36]

《유대 전쟁사》 서문에 의하면,[37] 요세푸스는 헬라어판을 출판하기 얼마 전 파르티아인, 바벨론인, 아라비아인, 메소포타미아 너머의 유대인, 아디아베네인들에게 요세푸스의 모국어, 즉 아람어로 기록된 글을 보냈었다. 그리고 요세푸스는 로마제국 사람 모두를 위해 이전 기록을 헬라어로 번역한다고 설명한다. 그러나 현재 남아 있는 헬라어 《유대 전쟁사》가 그 이전 아람어 기록과 동일한 내용을 담고 있다고 볼 수는 없다. 오히려 이 헬라어판은 과거의 아람어판을 많이 확장한

34) William Whiston, *The Genuine Works of Flavius Josephus* (London, 1737).

35) O. Michel/O. Bauernfeind, *Flavius Josephus. De bello Judaico. Der jüdische Krieg. Griechisch und Deutsch*, 4 vols. (Darmstadt, 1959~1969).

36) H. Clementz, *Des Flavius Josephus Jüdische Altertmer*, 2vols.; *Geschichte des Jüdischen Krieges*; *Kleinere Schriften* (Halle, 1899~1900).

37) 《유대 전쟁사》 1.3, 6.

것이라고 추정할 수 있다. 가령 《유대 고대사》를 기록할 때 요세푸스는 이 작품이 히브리 성서를 번역한 것이고 임의로 가감하지 않았다고 주장하지만,[38] 사실상 칠십인역 성서를 활용하여 자유롭게 재구성했음을 볼 수 있기 때문이다. 또한 헬라어 《유대 전쟁사》가 베스파시아누스의 후원으로 완성되었다는 사실과 더불어 독자층이 로마제국에 사는 모든 사람들로 확대되었다는 점도, 이전의 아람어판과는 다를 것이라는 추정을 가능하게 한다.

7. 기록 목적

《유대 전쟁사》의 기록 목적은 한마디로 복합적이라고 할 수 있다. 물론, 유대-로마 전쟁의 경과를 알려주기 위한 정보제공 목적이 일차적이라는 것은 분명하다. 그러나 요세푸스는 누구나 알고 있는 그 전쟁의 경위와 결과를 단순히 정리하려는 것을 목표로 삼지 않았을 것이다. 그렇다면 그는, 흔히 알려진 대로, 로마의 정복을 정당화하여 자신의 후원자 로마황실에 아부하기 위한 목적을 지녔는가?[39]

1) 로마제국에 대한 변호와 비판

로마제국에 대한 요세푸스의 입장은 양면적이다. 로마 권력과 정책

38) 《유대 고대사》 10. 218.

39) Per Bilde, *Flavius Josephus between Jerusalem and Rome*, 71~78 참조.

에 대해 부정적인 사람도 있고, 또 그렇지 않은 입장도 있다는 점을 그는 잘 알고 있다. 요세푸스를 로마에 절대 충성한 인물로 여기는 태도는 명백한 잘못이다. 오히려 요세푸스는 서문에서 로마제국에게 아부하는 다른 역사가들을 비판하기도 한다.

> 그럼에도 그들은 그 날조된 것을 아직도 '역사서'라고 부르는 것을 주저하지 않는다. 나의 생각으로 그들은 그 기록들을 통해서 어떠한 바른 정보도 제공하지 못했고, 또 자신들의 목적을 얻는 데도 실패한 것으로 보인다. 왜냐하면 그들은 로마인들이 위대하다는 것을 드러내려고 유대인들에 관한 것을 항상 무시하고 보잘것없게 만들어버렸기 때문이다. 그러나 나는 약한 자들을 정복했던 자들이 어떻게 위대해 보일 수 있는지 도무지 이해할 수 없다. 그들은 전쟁이 장기화된 일도, 고통스럽게 전쟁을 수행했던 수많은 로마군의 상태도, 예루살렘을 정복하려고 노력한 땀 흘린 장수들의 능력도 간과하고 있다. 생각건대 이들의 업적을 과소평가한다면, 그것은 이들을 불명예스럽게 하는 것이 될 것이다. 그렇지만 나는 로마인을 찬양하는 자들을 반박하려 하거나, 나의 동족들에 대한 것을 조사하여 그것을 부각시키려는 생각은 없다. 도리어 나는 양자 모두를 객관적이고 상세하게 기록하려 한다(《유대 전쟁사》 1.7~9).

여기서 요세푸스는 로마를 미화하는 것을 근본적으로 반대하거나, 로마의 전쟁 지휘관들의 노고를 과소평가하면 안 된다고 하면서 한편으로는 로마인을 미화하는 것에 동의한다. 하지만 그는 약소민족을 점령한 사실만으로 로마가 위대하게 여겨질 수는 없음을 강조하면서, 유대인과 로마인 모두를 '객관적으로' 묘사하고자 한다고 선언한다. 《유대 전쟁사》 서문의 이러한 언급을 통해서 적어도 우리는, 요세푸스가 일면적 이해방식의 문제점을 충분히 고려하고 있음을 인정해야 하며, 그러한 고려사항이 그의 기록 가운데 드러나도록 노력했을 것이라고 추정할 수 있다.

《유대 전쟁사》에는 로마제국의 황제에 대한 비판도 실려 있다. 가령 네로에 관해서는 직접적 묘사를 피하면서도, 네로 황제에 대한 반감을 숨기려고 하지 않는다.

> 네로가 자행한 모든 일들, 즉 순리를 역행한 행위와 재물에 대한 탐욕과 운명의 힘을 기만하려고 자기 형제와 아내와 어머니를 살해한 행위들, 그리고 이러한 그의 잔혹함에 덧붙여 로마제국의 인재들을 희생시킨 일들, 그래서 결국은 그의 이런 실패들이 무대와 극장에서 우스갯거리로 되어버리게 만들었던 사건들과 관련된 모든 일을 누구나 알고 있는 것으로 간주하여 생략하고자 한다. 그 대신 그의 통치기간 동안 유대지역에서 발생한 일들만을 언급하기로 한다(《유대 전쟁사》 2.250~251).

물론 요세푸스가 당시의 집권세력인 플라비우스 황실을 두둔하고 로마 지배의 일반적 현실을 인정한다는 측면에서는 친(親)로마적 자세를 취했다고 볼 수 있다. 베스파시아누스를 메시아적 존재로 묘사하는 부분에서는 더욱 그러하다(《유대 전쟁사》 6.313). 또한 예루살렘 정복과정에서 티투스는 계속해서 성전을 보존하고자 애를 쓰는 것으로 묘사된다. 전쟁 묘사의 정점에 해당되는 이 본문에서 티투스는 불을 끄려고 안간힘을 쓴다(《유대 전쟁사》 6.260 이하). 그럼으로써 플라비우스 가문의 (훗날 황제가 될) 티투스의 성전파괴 책임이 경감되고 있음은 분명하다. 그럼에도 불구하고 요세푸스는 이 화재가 '로마군 병사'에 의해 발생한 것임을 숨기지 않는다(《유대 전쟁사》 6.252). 또한 전쟁에 진력이 난 로마병사들의 잔인한 폭력성에 대해서도 여과 없이 보도한다.

로마의 지배권을 현실적으로 인정해야 함을 역설하면서도, 요세푸스는 로마 관료들의 실정, 특히 빌라도, 알비누스, 플로루스 총독의 부패상과 잔혹성을 드러내놓고 비판하며, 바로 이런 로마 총독의 잘못 때문에 유대 반란군의 세력이 커지고, 평화주의자들의 목소리가 약화되었음을 지적함으로써, 로마관리들의 실책도 전쟁원인의 중요요인이라고 지목한다.

따라서 요세푸스가 플라비우스 가문을 옹호하려는 입장을 취했다는 것은 부정할 수 없으나, 유대인으로서 비굴하게 로마제국을 위해 철두철미 아부의 자세만을 취했다는 판단에는 오류가 있다. 자신에 대한 유대 동족의 맹비난을 익히 알고 있던 요세푸스는 로마제국에 대한 획일적 묘사가 아니라 변호와 비판의 양면적 입장을 동시에 의도했다고 볼 수 있다.

또한 이 민족에서 저 민족으로 통치권을 넘기는 주체는 오직 '하나님'임을 강조하는 것도 이와 연관된다. 즉, 이 하나님이 권력을 로마에 넘기셨으나 로마의 지배 역시 '한정적'임이 암시되고 있다고 볼 수 있다.[40] 결국 기록 목적 가운데 하나는 로마제국에 대한 양면적 이해

40) 《유대 전쟁사》 5.367. 여기서 사용된 시제 부사 νύν('눈', 지금은)을 이렇게 해석할 수 있을 것이다. Per Bilde, *Flavius Josephus between Jerusalem and Rome*, 77 참조.

방식과 관련되어 있으며, 여기서 요세푸스가 취한 태도를 '변호와 비판자세'라고 말할 수 있다. 더 중요한 것은, 변절자로 오해(!)를 받는 것이 자명한 상황에서 《유대 전쟁사》라는 노작(勞作)을 집필할 용기를 갖게 된 또다른 이유들을 함께 고려해야 한다는 점이다.

2) 유대 전통에 대한 변호 및 재해석

유대-로마 전쟁 이후 유대인의 위치는 매우 불안정했으며, 요세푸스는 이러한 동포들이 직면한 위험한 처지를 개선하고자 했다. 요세푸스의 반복되는 주장에 의하면, 전쟁의 원인 제공자는 '소수'의 전쟁광들이었으며, 유대 상류층 사람들이나 일반백성은 로마에 우호적이고 평화를 사랑했지만, 그 소수의 폭군세력의 강요 때문에 어쩔 수 없이 전쟁에 휘말렸다는 것이다. 요세푸스의 이러한 해석은 팔레스틴 전역에서 반-로마 저항운동이 발생했다는 '사실'을 무색하게 할 정도로 강한 변증적 성격을 지니고 있다. 따라서 그의 기록은 유대 전통에 대한 '변호'를 목적으로 삼고 있다고 볼 수 있다.

또한 요세푸스는 유대 백성의 내부적 분쟁을 전쟁발발의 중요한 원인으로 해석한다(《유대 전쟁사》 1.10). 이와 함께 그는 율법을 위반한 몇몇 사건들을 전쟁의 원인과 결부시켜 강조한다(《유대 전쟁사》 2.454~456; 4.314~318, 383~388). 요세푸스에 의하면, 율법을 준수하여 의를 행하고 하나님에게 순종하면 유대민족의 일치단결이 가능하지만(《유대 전쟁사》 2.345~401; 5.362~419; 《아피온 반박문》 2.179~181), 반대로 율법을 준행하지 않고 경시하면 필연적으로 내부적 분열과 불화가 발생한다(《유대 전쟁사》 5.11~19). 로마에 의한 식민지화,

예루살렘의 멸망과 성전이 불에 타 파괴된 일의 궁극적 이유를, 이스라엘 백성이 지은 죄에 대한 '하나님의 징벌'로 해석한다는 점에서, 그리고 율법에 대한 불순종의 결과로 이해한다는 점에서, 요세푸스의 신학은 예언서와 신명기 사가의 신학노선과 궤도를 같이한다(《유대 전쟁사》 2.455; 5.19). 히브리 성서에서 하나님이 앗시리아와 바벨론 제국을 이용한 것과 마찬가지로 로마 역시 유대인을 벌하는 하나님의 도구로 사용된 것이다. 파국을 면하는 유일한 길은 돌이키는 것, 즉 회개하는 것이다(《유대 전쟁사》 1.10; 5.19, 415). 이러한 측면에서 요세푸스의 《유대 전쟁사》는 유대 전통을 강조하고, 역사적 사건에 대한 신학적 개념화의 목적도 함께 지니고 있다.

이와 연관하여, 《유대 전쟁사》는 로마제국에 대한 평가와 메시아 예언해석에 관한 유대 사회의 '내부적 논의'를 반영한다. 요세푸스는 정치적, 신학적 동기를 근거로, 폭력을 수반한 민족주의 및 메시아주의에 대한 포기를 촉구한다. '로마는 너무 강하며,[41] 심지어 로마의 지배는 하나님의 뜻이고,[42] 로마는 이스라엘을 징벌하려고 하나님이 보내신 도구[43]'라는 메시지를 던진다. 즉, 유대민족은 폭력을 포기하고 회개해야 하며(《유대 전쟁사》 5.19, 415), 하나님의 의지가 확실한 한 로마의 지배에 적응하며 살아야 한다. 이렇게 로마제국에 대한 이해를 강대국에 대한 유대 전통적 해석방식을 적용하여 설명하는 것과 함께, 요세푸스는 메시아 사상에 대한 새로운 해석을 시도한다. 요세푸스에 의하면, 플라비우스 가문의 권력쟁취는 '복음'('유앙겔리아', 복수)이었

41) 《유대 전쟁사》 2.345 이하에 묘사된 아그립바 2세의 장황한 연설을 참조하라.
42) 《유대 전쟁사》 5.367. 로마서 13장의 바울의 국가 이해와 유사한 면이 있다.
43) 《유대 전쟁사》 5.395 참조.

다.[44] 물론 요세푸스가 예수 그리스도에 관한 소식을 의미하는 신약성서의 '복음'('유앙겔리온', 단수) 개념을 의식하고 동일한 어휘를 적용했다고 보기는 어렵다. 플라비우스 가문의 황제들 역시 예언된 자들로 여겨졌고, 그들이 행한 기적 이야기도 유포되었으며, 이는 그들의 통치권을 정당화하는 구실이 되었다.[45] 이는 1세기 유대 사회에서 출현한 다양한 '표적 예언자들'이 놀라운 기적을 정당화의 수단으로 삼은 것과 비교할 만하다.[46] 또한 이방인 베스파시아누스를 메시아로 해석하는 요세푸스의 견해는, 넓은 틀에서 볼 때, 당시의 메시아 이해와 관련된 다양한 해석방식들 가운데 하나라고도 볼 수 있을 것이다.

그러므로 신약성서 기자들이 로마제국에 대한 무력저항을 반대한 점,[47] 그리고 무엇보다도 메시아 주제에 집중한다는 점(십자가에 죽은 예수가 그리스도라는 '독특한' 고백을 통해서)과 비교할 때, 《유대 전쟁사》는 적어도 신약성서와 동일한 주제를 유대 전통적 맥락에서 다루

---

44) 《유대 전쟁사》 4.618, 656.

45) Gerd Theissen, *Die Religion der ersten Christen. Eine Theorie des Urchristeums*(Gütersloh, 2000), 87 이하 참조.

46) 가장 많은 기적전승을 산출한 나사렛 예수와 함께, 사마리아 예언자(《유대 고대사》 18.85~87), 드다(《유대 고대사》 20.97~99; 사도행전 5:36), 이집트 출신 예언자(《유대 전쟁사》 2.261~263; 《유대 고대사》 20.169~172; 사도행전 21:38) 등을 지적할 수 있다. 게르트 타이쎈/아네테 메르츠, 《역사적 예수》, 손성현 역(다산글방, 2001), 223~225 참조(Gerd Theissen/Annete Mertz, *Der historische Jesus. Ein Lehrbuch*(Göttingen: Vanderhoeck & Ruprecht, 1997).

47) 신약성서의 국가 및 정치 이해 주제는 각 문서에 따라서 상이하지만, 국가권력에 대한 폭력적 저항을 거부하는 대신, 종교적 신념과의 충돌상황에서는 비폭력적 저항(내지는 순교)을 가르치고 있다고 대략적으로 말할 수 있다.

고 있다고 볼 수 있다.

덧붙여, 유대 전통을 헬라-로마의 독자들에게 우호적으로 묘사하려는 목적을 언급할 수 있다. 요세푸스는 율법의 중요성, 그리고 유대인들이 전통적으로 율법을 자기 목숨보다 더 소중히 여겨온 사례들을 곳곳에서 강조하고 있다. 유대인들은 오랜 전통을 지닌 보기 드문 민족이며 그 전통의 수호자들이라는 것이다. 또한 요세푸스는 유대교를 대표하는 세 개의 종파, 즉 바리새파, 사두개파, 엣세네파를 장황하게 소개하고 있다(《유대 전쟁사》 2.119~166). 여기서 요세푸스는 이 종파들을 '철학학파'라고 강조함으로써, 유대인들이 지혜를 사랑하는 철학적 민족임을, 그리고 다양한 학파의 공존을 허용하는 민족임을, 그리고 특히 엣세네파와 바리새파와 같이 숭고하고 합리적이며 신앙심 깊은 모범적 종교집단들을 배출한 자들임을 강조한다.

3) 저자 자신에 대한 변론

요세푸스 자신은 《유대 전쟁사》의 등장인물로 현저한 역할을 한다. 전쟁에 참여한 자로서, 그리고 원수인 로마로 전향했다는 비난을 받는 자로서, 자기 자신에 대한 신중한 묘사를 시도했음은 당연한 일이다. 그러므로 이 책의 주인공은 유대민족임과 동시에 요세푸스 자신이라고 말해도 과언이 아니다. 여기서 '저자 자신에 대한 변론' 주제는 앞부분에서 다룬 '저자 요세푸스에 대한 인물정보' 항목에서 이미 다루었다고 볼 수 있으므로 여기서는 다시 반복하지 않겠다.

다만 몇 가지 점을 덧붙여 강조한다면, 첫째, 자기 자신에 대한 기록을 남길 때 누구나 기본적인 자기 미화의 경향을 갖고 있으며, 여기서 요세푸스도 예외가 아니라는 점이다. 더욱이 변증적 성격이 강한 헬레니즘적 역사기록(*Apologetic Historiography*)에서 자기변호적 경향은 오히려 자연스럽다. 어쨌든 자기변호 '현상 자체'는 일반적인 것으로 여겨질 수 있지만, 독자에 따라서는 이것을 정직성과 도덕성의 잣대로 평가할 수도 있을 것이다. 우리 역자들은, 흔히 생각하듯이 요세푸스가 자신을 시종일관 미화하지는 않았다고 생각한다. 자기 자신에 대한 묘사에서 때로는 중립적이고 담담한 태도도 엿보이며, 드물지만 자기 자신의 치부를 드러내기도 한다. 가령 겁이 나서 요타파타 성에서 도망치려다 주민들에게 발각된 보도가 그러하다(《유대 전쟁사》 3. 197). 따라서 《유대 전쟁사》가 지나치게 '저자 옹호적'이라는 시각은 다소 무리한 면이 있다.

둘째, 요세푸스는 주관적 감정을 독자들과 공유하기를 원했다. 요세푸스는 역사가로서 실증적 사실에 집중해야 한다는 점을 잘 알고 있으며, 또한 그렇게 하려고 노력했다. 하지만 조국의 비참한 재난에 충격을 받은 주관적 감정상태가 여과 없이 드러나기도 한다. 이 전쟁은 '민간인 사이에서 발생한 (어쩌면 사소한) 다툼'에서 촉발되었기에 얼마든지 막을 수도 있었으므로 요세푸스는 너무도 허탈한 심정을 토로한다. 여기서 객관적 사실을 보고해야 할 역사가의 임무는 유보되지만, 또한 그 유보는 이론적 정당성을 갖는다. 왜냐하면 객관적 사실만을 다루는 역사서란 사실상 존재할 수 없기 때문이다. 모든 역사는 역사가에 의해 해석된 역사이며, 단순한 사실들의 나열에 의미를 부여하고 교훈을 주는 것 또한 역사가의 임무 중 하나이기 때문이다. 이러한 주관적 감정적용을 목적으로 삼은 요세푸스의 진술을 인용하면 다음과 같다.

> 그렇지만 나는 로마인을 찬양하는 자들을 반박하려 하거나, 나의 동족들에 대한 것을 조사하여 그것을 부각시키려는 생각은 없다. 도리어 나는 양자 모두를 객관적이고 상세하게 기록하려 한다. 하지만 그 사건을 언급함에 있어, 내 조국이 당한 처참함에 대하여 나의 기질과 감정이 표현될 수밖에 없다는 것에 대해서는 양해를 구하고자 한다(《유대 전쟁사》 1.9).

> 나는 슬픔을 가눌 수가 없다. 그러나 만일 동정 같은 것에는 인색한 비평가가 있어, 역사의 사실만을 판단하고자 한다면, 그 슬픔은 이 책을 기록하고 있는 역사가 자신의 것이라고만 생각하면 될 것이다(《유대 전쟁사》 1.12).

4) 유사한 반란의 재발방지 목적: 로마제국의 정치적 안정 추구

당시 로마제국은 초대 황제 아우구스투스 이후 약 한 세기를 영위해 왔다. 제국의 안정은 확보된 듯해 보였지만, 사실상 로마 정부 내외의 상황은 꼭 그렇지만은 않았다. 황제마다 거의 예외 없이 '평화'와 '안정'을 모토로 삼았으며, 이는 그 모토와 부합되지 않는 현실을 역설적으로 반영하는 것이었다. 또한 베스파시아누스 집권은 장기간의 정치적 불안을 극복하려는 새로운 세습체제의 출발을 의미했다. 2세기의 상황도 그리 순탄하지 않아 로마는 소동과 혼란을 무자비한 무력으로 진압하기에 급급한 상황이었다. 따라서 광대한 로마제국의 안정적 운영을 위해서는 국지적 불안요소들이 사전에 제거되는 것이 바람직한 상황이었다.

요세푸스는 서문에서부터 이러한 불안감을 묘사하고 있다. 파르티아인들은 지난 수세기 동안 유대민족과, 그리고 로마와 마찰을 빚어오고 있었다(《유대 전쟁사》 1.6). 그러므로 요세푸스는 유대민족이 겪은 초토화되는 경험을 당하지 않기 위해 다른 민족도 조심해야 하며, 로마제국의 틀 속에서 적응해야 한다는 암시를 주고 있다. 즉, 《유대 전쟁사》는 다른 민족의 반란을 미연에 방지하기 위한 정치적 선전목적을 갖고 있었다고 볼 수 있다.

또한 유대민족의 또다른 반란시도를 막으려는 목적이 담겨 있다고 볼 수 있다(《유대 전쟁사》 3.108). 예루살렘 패망 이후에도 유대인들은 로마제국의 안정을 위협하는 소란을 일으켰다. 70년대 초에는 구레네 지역에서 소요가 발생했으며(《유대 전쟁사》 7.437~453), 트라야누스 황제 시대에는 팔레스틴 밖에서 유대인들이 반란을 일으켰고(115~117년), 마침내 유대 땅에 대한 봉쇄조치를 야기한바 코흐바의 반란이 발생했다(132~135년). 결과적으로 유대인들은 성전 멸망의 참상을 겪은 이후에도 반란을 시도했으며, 《유대 전쟁사》 저술목적 가운데 하나는 예상 가능한 유대인 봉기를 막고자 하는 의도가 담겨 있다고 볼 수 있다. 방금 언급한 유대인들의 후속반란의 증거를 본다면 요세푸스의 의도는 그리 성공을 거두지 못했던 것일까?

8. 번역 원칙

우리 번역자들은 원문 충실성과 번역문의 가독성(可讀性)을 함께 견지하기 위해 많은 노력을 기울였으며, 이 둘이 충돌할 경우 가독성에 더 비중을 두었다. 이 번역작업은 헬라어와 한국어 사이의 평준화를 목적으로 삼은 것이 아니라, 한국인 독자들의 이해를 일차 목적으로 삼았기 때문이다. 헬라어 문장은 앞에서 사용된 어휘를 자주 생략하거나, 복잡한 분사구문을 길게 나열하거나, 다양한 수사학적 방법을 동원하기도 한다. 이러한 경우 우리는 요세푸스가 의도한 바를 가능한 한 알기 쉽게 가독성에 초점을 맞추어 번역했다. 따라서 헬라어로는 생략된 말을 추가하기도 했고, 반대의 경우도 있었다. 그렇다고 해도 '원문 충실성'의 범주 내에서 가독성을 지향하려고 노력했음을 밝혀둔다. 또한 보다 섬세한 해석을 원하는 전문적 연구자들을 위해 헬라어 본문을 함께 실었다.

번역과정에서 헬라어 본문과 함께 우리가 참조한 자료는 크게 두 가지이다. 하나는 미셸/바우언파인트의 독일어 번역이고, 다른 하나는 이른바 하바드판으로 알려진 태커레이/펠드맨의 *LCL* 번역이다. 이 번역서들과 함께 생명의 말씀사 및 달산출판사에서 나온 한글번역도 참고했다. 물론 번역자들이 제일 심혈을 기울인 것은 헬라어 본문이었고, 그러한 학문적 기여도 면에서 자부심을 느끼고 있다. 이와 함께 고유명사, 특히 인명과 지명과 관련된 번역원칙을 밝혀두고자 한다.

첫째, 독자들에게 익숙한 고유명사를 사용한다. 이 책의 주요독자들은 기독교 성서에 익숙한 사람들일 것이다. 따라서 현재 한국에서 널리 읽히는 성서 번역본에 언급된 명사들을 적용하기로 했다. 둘째, 가능한 한 헬라어 내지는 라틴어 용법에 맞게 번역한 경우도 있다. 가령 영어로 '베스파시안'은 라틴어로는 '베스파시아누스'이고, 도미티안과 도미티아누스의 경우도 그렇다. 하지만 이것이 첫째 원칙에 위배될 경우, 가령 헤롯(헤로데스), 요한(요한네스)의 경우 첫째 원칙을 따르기로 했다. 물론 그렇지 않은 경우도 있다. 가령 성서에는 아켈라오, 앗수르, 애굽으로 되어 있는 것을 아르켈라우스, 앗시리아, 이집트로 번역했다. 즉, 우리의 생각에 아주 익숙한 어휘가 아닌 경우, 혹은 상식적으로 독자들이 쉽게 용납할 수 있는 경우에는 이 둘째 원칙을 적용했다. 즉, 고유명사의 번역에 있어 어느 정도 임의성이 적용되었음을 인정한다.

각주에 언급된 내용들은 번역자들의 독창적 견해와 판단에서 출발했지만, 선행 번역본들(독일어판과 영어판)의 각주를 검토하여 응용하기도 했음을 밝혀둔다. 번역자들은 절반씩을 책임지고 번역했다. 박정수는 1권, 4권, 5권 일부(5.1~526)를, 박찬웅은 2권, 3권, 6권, 7권, 5권 일부(5.527~572)를 각각 번역했다. 끝으로 원본과 번역본을 대역하여 독자들이 좌우로 비교하며 읽을 수 있도록 출판하기 위하여 여러 가지로 노력하였으나, 출판 기술적인 문제로 가능하지 않게 되었다. 전문적인 독자들에게는 아쉽지만, 다른 차원에서 본다면 이것은 일반독자가 읽기에는 더 나은 면이 있기에 헬라어 본문을 한국어 번역문 뒤로 편집하기로 했다.

찾아보기

(범례: 1. 102 앞의 숫자는 권수, 뒤의 숫자는 절수)

ㄴ

ㅅ

ㅇ

ㅈ～ㅊ

ㅋ

ㅌ

ㅍ

ㅎ

플라비우스 요세푸스 (Flavius Josephus, 37년~?)

유대인 역사가. 예루살렘의 제사장 가문 출신으로, 제 1차 유대-로마 전쟁(66~70년) 당시 갈릴리지역의 유대 저항군 지휘관으로 참전했다가 베스파시아누스에게 체포되었다. 이후 플라비우스 황실의 도움으로 로마에서 생활하며 유대민족과 관련된 역사기록을 남겼다. 본명은 히브리어로 '요셉 벤 맛티아스'였으나, 로마에 살면서 '플라비우스 요세푸스'로 개명했다. 그는《유대 전쟁사》를 비롯하여《유대 고대사》,《요세푸스 자서전》,《아피온 반박문》, 이렇게 네 개의 저술을 남겼다. 그의 기록은 기독교 및 유대교 역사를 연구하는 데 중요한 역사자료로 활용되고 있다.

박정수

성결대 신약학 교수. 서울대 건축학과와 서울신학 신대원을 졸업(*M.Div.*)하고, 독일 하이델베르크대학에서 신약성서를 전공하여 신약성서학 박사학위(*Dr. theol.*)를 취득하였다. 2004년 이후 성결대에 재직하며 교무처장과 신대원장을 역임하고, 한국신약학회의 편집위원장을 역임했다. 주된 연구 분야는 공관복음(마태복음)과 신구약중간사(제2성전기 유대교)이다. 저서로는《신약의 윤리적 비전과 교회의 소명》(2021),《고대 유대교의 터·무늬》(2018), 역서로는 마르틴 헹엘(M. Hengel)의《유대교와 헬레니즘》1-3(2012),《마태공동체의 예수이야기》(2002)가 있다.

박찬웅

목원대 신약학 교수. 연세대 신학과(학부)와 동대학원 신학과를 졸업(*Th.M.*)하고. 독일 하이델베르크대학에서 타이센(G. Theissen)의 지도로 신약성서학 박사학위(*Dr. theol.*)를 취득하였다. 저서로는《히브리서 주석》(연세신학 백주년기념 성서주석, 2021),《초기 기독교와 요세푸스》(대한민국학술원 우수도서, 소망학술상 수상, 2018) 등이 있고, 공역서로는《신약성서의 내러티브 신학》(세종우수학술도서, 2021),《기독교의 탄생: 예수 운동에서 종교로》(2009),《IVP 성경신학사전》(2004) 등이 있다.